Sachenrechtsbereinigungsgesetz

TEXT- UND DOKUMENTATIONSBAND

Sachenrechtsbereinigungsgesetz – SachenRBerG

Regelungen zur Sachenrechtsbereinigung
in den neuen Bundesländern mit den Änderungen
des EGBGB und der ErbbauVO

mit einer Einführung von Richter am Oberlandesgericht
Dr. Hans-Joachim Czub, z. Z. Bundesjustizministerium, Bonn

- Gesetzestexte

- Amtliche Begründung

- Beschlußempfehlung des Rechts- und des Vermittlungsausschusses

Verlag für die Rechts- und Anwaltspraxis
Herne/Berlin

Die Deutsche Bibliothek – CIP-Einheitsaufnahme

Sachenrechtsbereinigungsgesetz : SachenRBerG ; Regelungen zur Sachenrechtsbereinigung in den neuen Bundesländern / mit einer Einf. von Hans-Joachim Czub. – Herne ; Berlin : Verl. für die Rechts- und Anwaltspraxis, 1994

(Text- und Dokumentationsband)
ISBN 3-927935-45-X

NE: Czub, Hans-Joachim [Hrsg.]; SachenRBerG

ISBN 3-927935-45-X

© Verlag für die Rechts- und Anwaltspraxis GmbH & Co., Herne/Berlin, 1994

Alle Rechte vorbehalten.

Dieses Buch und alle in ihm enthaltenen Beiträge und Abbildungen sind urheberrechtlich geschützt. Mit Ausnahme der gesetzlich zugelassenen Fälle ist eine Verwertung ohne Einwilligung des Verlages unzulässig.

Druck: Griebsch & Rochol Druck GmbH, Hamm

Vorwort

In der ehemaligen DDR beruhte die Nutzung fremden Grundvermögens in weiten Bereichen nicht auf privatautonom ausgehandelten Vereinbarungen, sondern auf Rechten, die durch administrative Entscheidung staatlicher Stellen und anderer Organe nach den Direktiven der SED begründet worden sind. Dies hat nach dem Fortfall einer staatlich gelenkten, sog. vergesellschafteten Bodennutzung zu zunehmenden Spannungen zwischen den Beteiligten (Nutzern und Grundstückseigentümern) geführt. Mit dem am 1. Oktober 1994 in Kraft tretenden Sachenrechtsbereinigungsgesetz (SachenRBerG) sind gesetzliche Maßstäbe für einen Interessenausgleich zwischen den Beteiligten und die Grundlagen geschaffen worden, um für

- die verliehenen und zugewiesenen Nutzungsrechte,
- das selbständige Eigentum am Gebäude,
- die mit Billigung staatlicher Stellen erfolgten Bebauungen fremder Grundstücke sowie
- die hängenden Kaufverträge über Gebäude

mit dem Bürgerlichen Gesetzbuch und seinen Nebengesetzen übereinstimmende Rechte begründen zu können. Das Gesetz enthält weiter Regelungen zur Anpassung der durch das Einführungsgesetz zum Zivilgesetzbuch in unbefristete Rechte umgewandelten Erbbaurechte, der nicht eingetragenen Miteigentumsanteile sowie der rechtlich nicht abgesicherten Mitbenutzungen, soweit diese nicht öffentliche Versorgungsleitungen betreffen.

Zusammen mit dem Schuldrechtsanpassungsgesetz, das zum 1. Januar 1995 in Kraft treten wird, ist damit die gesetzliche Basis vorhanden für:

- den schwierigen Interessenausgleich zwischen den Nutzern und den Grundstückseigentümern, dessen Prinzipien in der politischen Diskussion lange streitig gewesen sind, und
- eine Überführung der im Beitrittsgebiet vorgefundenen Rechtsverhältnisse an Grundstücken, die auf sozialistischen Prinzipien beruhten und nach dem Zivilgesetzbuch der DDR und seinen Nebengesetzen geregelt waren, an marktwirtschaftlich orientierte und BGB-konforme Rechtsformen.

Hierbei darf nicht unerwähnt bleiben, daß die Umsetzung der Sachenrechtsbereinigung nur deshalb mit dem Inkrafttreten des Gesetzes in Angriff genommen werden kann, weil zugleich auch die verfahrensrechtlichen Voraussetzungen

- für eine Vermittlung der Verträge im SachenRBerG selbst und
- für die Feststellung der Grenzen unvermessener Nutzungsrechte und Grundstücke, die für die Vertragsdurchführung unverzichtbar ist, im neuen Bodensonderungsgesetz geschaffen worden sind.

Auf fast allen Gebieten der Gesetzgebung mußte Neuland betreten werden. Es gab keine Vorbilder für die Überführung eines von sozialistischen Prinzipien bestimmten Bodenrechts, über dessen Grundsätze man sich zudem in der Verwaltungspraxis oft hinweggesetzt hatte, an eine marktwirtschaftliche, im wesentlichen auf privatautonomer Rechtsgestaltung basierende Rechtsordnung.

Dies hat zur Folge, daß die im SachenRBerG getroffenen Regelungen sowohl für die Juristen aus den alten als auch aus den neuen Ländern neu sind. Bei der Auslegung kann nicht – wie sonst oft – auf frühere gesetzliche Vorschriften zurückgegriffen werden, mit denen gleiche oder ähnliche Probleme gelöst worden sind. Die nachfolgende Einführung und Zusammenstellung der Materialien soll dazu dienen, den Informationsbedarf zu dem neuen Gesetz zu befriedigen und Material für dessen Auslegung zu geben.

Dem Verfasser der nachstehenden Einführung war als Referent im Sachenrechtsreferat im Bundesministerium der Justiz die Aufgabe der Ausarbeitung eines Gesetzestextes für die Sachenrechtsbereinigung übertragen worden. Die aus der Arbeit gewonnenen Erkenntnisse über den Zweck und die Gestaltung der gesetzlichen Regelungen sollen mit dem nachstehenden Band den Anwendern des Gesetzes zugänglich gemacht werden und ihnen eine Hilfe für die Arbeit mit dem neuen Gesetz sein.

Für alle diejenigen, die eine weitergehende Auseinandersetzung mit dieser Materie wünschen, sei auf das vom Verfasser im selben Verlag erschienene Werk „Sachenrechtsbereinigung – Leitfaden für die Praxis" verwiesen.

Bonn, im August 1994   Hans-Joachim Czub

Inhaltsübersicht

Vorwort	V
Inhaltsübersicht	VII
Inhaltsverzeichnis	VIII
Abkürzungsverzeichnis	XXV
Teil 1: Einführung	1
Teil 2: Gesetzestexte	43
Gesetz zur Änderung sachenrechtlicher Bestimmungen (Sachenrechtsänderungsgesetz – SachenRÄndG)	43
Artikel 1: Gesetz zur Sachenrechtsbereinigung im Beitrittsgebiet	43
Artikel 2: Änderung anderer Vorschriften, Schlußbestimmungen	108
Teil 3: Dokumentation und Materialien	117
I. Gesetzentwurf der Bundesregierung zum SachenRBerG — RegE (BT-Drucks. 12/5992)	117
1. Text des SachenRBerG gem. RegE (Art. 1 SachenRÄndG)	121
2. Allgemeine Begründung zum Gesetzentwurf	156
3. Einzelbegründung zum Gesetzentwurf	204
II. Sonstige Vorschriften (Art. 2 und 3 SachenRÄndG)	291
1. Gesetzestexte gem. dem Regierungsentwurf (RegE)	291
2. Gesetzesbegründung zu Art. 2 SachenRÄndG (BT-Drucks. 12/5992)	294
III. Stellungnahme des Bundesrates vom 24. 9. 1993 (BT-Drucks. 12/5992)	299
IV. Gegenäußerung der Bundesregierung zur Stellungnahme des Bundesrates vom 13. 10. 1993 (BT-Drucks. 12/5992)	315
V. Beschlußempfehlung und Bericht des Rechtsausschusses vom 27. 4. 1994 (BT-Drucks. 12/7425)	332
VI. Anrufung des Vermittlungsausschusses (BT-Drucks. 12/7668 v. 24. 5. 1994)	430

Inhaltsverzeichnis

Vorwort	V
Inhaltsübersicht	VII
Inhaltsverzeichnis	VIII
Abkürzungsverzeichnis	XXV

Teil 1: Einführung ... 1

    I. Vorbemerkung ... 1
        1. Inhalt des Text- und Dokumentationsbandes ... 1
        2. Gang der Gesetzgebung ... 1
            a) Ablauf ... 1
            b) Bewertung ... 2
        3. Andere Gegenstände des Sachenrechtsänderungsgesetzes ... 2
    II. Aufgaben der Sachenrechtsbereinigung: Rechtsänderung und Interessenausgleich ... 2
    III. Grundprinzipien der Sachenrechtsbereinigung ... 7
        1. Hinnahme der vorgefundenen Lagen ... 7
            a) Erforderlichkeit der Anknüpfung an die vorgefundenen Lagen ... 7
            b) Privatrechtlicher Interessenausgleich ... 8
        2. Ausschluß des unredlichen Erwerbs ... 8
        3. Nachzeichnung nach rechtsstaatlichen Grundsätzen ... 9
        4. Bewertung der vorgefundenen Rechtsposition und Teilung des Bodenwerts ... 11
    IV. Bestimmungen des SachenRBerG im einzelnen ... 12
        1. Bestimmung der Gegenstände und des Anwendungsbereichs der Regelungen für die bauliche Nutzung fremder Grundstücke (§§ 1 bis 8 SachenRBerG) ... 12
            a) Regelungsgegenstände ... 12
                aa) Verliehene oder zugewiesene Nutzungsrechte (§ 1 Abs. 1 Nr. 1a SachenRBerG) ... 12
                bb) Selbständiges Gebäudeeigentum (§ 1 Abs. 1 Nr. 1b SachenRBerG) ... 13
                cc) Bebauungen ohne Nutzungsrecht (§ 1 Abs. 1 Nr. 1c SachenRBerG) ... 14
                dd) Nicht vollzogene Grundstückskaufverträge (§ 1 Abs. 1 Nr. 1d SachenRBerG) ... 14
            b) Ausschlußtatbestände (§ 2 SachenRBerG) ... 14
                aa) Nutzungen zur Erholung (§ 2 Abs. 1 Nr. 1 SachenRBerG) ... 14
                bb) Vertragliche Nutzungen (§ 2 Abs. 1 Nr. 2 SachenRBerG) ... 14

   cc) Meliorationsanlagen (§ 2 Abs. 1 Nr. 3 SachenRBerG) 15
   dd) Öffentlicher Sektor (§ 2 Abs. 1 Nr. 4 SachenRBerG) 15
   ee) Fortbestehende öffentlich-rechtliche Nutzungen
     (§ 2 Abs. 1 Nr. 5 SachenRBerG) 16
  c) Beschreibung des Anwendungsbereichs der baulichen Nutzungen
   (§§ 4 bis 7 SachenRBerG) 16
  d) Zeitliche Begrenzung (§ 8 SachenRBerG) 17
 2. Duales System (§ 3 Abs. 1; §§ 14 bis 16 SachenRBerG) 18
  a) Gründe für das Erbbaurecht 18
  b) Gründe für das Ankaufsrecht 18
  c) Wahlrecht des Nutzers und seine Grenzen 18
 3. Verkehrswertbestimmung 19
  a) Allgemeine Grundsätze 19
  b) Komplexe Bebauungen 19
 4. Einreden, Nachzahlungsansprüche, Wechsel des Ankaufsrechts auf den Grundstückseigentümer (§§ 29 bis 31 SachenRBerG) 20
  a) Fehlende Investition, nicht ausgeübte bauliche Nutzung
   (§ 29 SachenRBerG) 20
   aa) Voraussetzungen und Gründe der Einrede 20
   bb) Weitere Rechtsfolgen 20
   cc) Bewertung 21
  b) Unredlicher Erwerb (§ 30 SachenRBerG) 21
  c) Geringe Restnutzungsdauer des Gebäudes (§ 31 SachenRBerG) 21
 5. Anspruch auf Bestellung des Erbbaurechts (§§ 31 bis 60 SachenRBerG) 22
  a) Grundsatz (§ 32 SachenRBerG) 22
  b) Gesetzliche Ansprüche wegen dinglicher Rechte
   (§§ 33–37 SachenRBerG) 23
   aa) Verpflichtung zum Rangrücktritt (§ 33 SachenRBerG) 23
   bb) Regelungen bei bestehendem Gebäudeeigentum
     (§ 34 SachenRBerG) 23
   cc) Dienstbarkeit, Nießbrauch, Wohnungsrecht
     (§ 35 SachenRBerG) 23
   dd) Hypothek, Grundschuld, Reallast, Rentenschuld
     (§ 36 SachenRBerG) 24
  c) Erbbauzins (§§ 43 bis 52 SachenRBerG) 25
   aa) Regelmäßiger Zins (§ 43 SachenRBerG) 25
   bb) Beginn der Verzinsung (§ 44 Abs. 2 SachenRBerG) 25
   cc) Eingangsphase (§ 51 SachenRBerG) 25
   dd) Nutzungsänderungen (§ 47 SachenRBerG) 26

	ee)	Veräußerung des Erbbaurechts (§§ 48 und 49 SachenRBerG)	27
	ff)	Anpassung an veränderte Verhältnisse, Sicherung des Erbbauzinses (§§ 46 und 52 SachenRBerG)	27
d)		Dauer des Erbbaurechts (§ 53 SachenRBerG)	28
e)		Ankaufsrecht im Erbbaurechtsvertrag (§ 57 SachenRBerG)	29
g)		Rechtsfolgen der Bestellung des Erbbaurechts (§§ 59 und 60 SachenRBerG)	29

6. Anspruch des Nutzers auf Ankauf des Grundstücks (§§ 61 und 80 SachenRBerG) 29
   a) Grundsatz 29
   b) Ansprüche Dritter wegen dinglicher Rechte am Grundstück (§§ 62 bis 64 SachenRBerG) 30
   c) Kaufgegenstand (§§ 65 bis 67 SachenRBerG) 30
   d) Kaufpreis (§§ 69 bis 74 SachenRBerG) 31
      aa) Regelmäßiger Preis (§ 69 Abs. 1 SachenRBerG) 31
      bb) Preisnachlaß (§ 69 Abs. 2 SachenRBerG) 31
      cc) Nutzungsänderungen (§ 70 und § 71 Abs. 1 Satz 1 Nr. 2 SachenRBerG) 31
      dd) Weiterveräußerung nach Ankauf (§ 71 Abs. 1 Nr. 1 und 3 SachenRBerG) 32
      ee) Staatlicher oder genossenschaftlicher Wohnungsbau (§ 73 SachenRBerG) 32
      ff) Überlassungsverträge (§ 74 SachenRBerG) 33
   e) Rechtsfolgen des Ankaufs (§§ 79 und 80 SachenRBerG) 33
   f) Leistungsstörungen (§§ 79 und 80 SachenRBerG) 34

7. Anspruch des Grundstückseigentümers auf Erwerb des Gebäudes oder Ablösung der durch die bauliche Investition des Nutzers begründeten Rechte (§ 81 SachenRBerG) 35
   a) Voraussetzungen (§ 81 Abs. 1 SachenRBerG) 35
      aa) Agrarstrukturelle Gründe (§ 81 Abs. 1 Nr. 1 SachenRBerG) 35
      bb) Begründete Einreden gegen den Anspruch des Nutzers auf Erbbaurechtsbestellung oder Ankauf (§ 81 Abs. 1 Nr. 2 SachenRBerG) 35
      cc) Geringe Restnutzungsdauer der baulichen Investition (§ 81 Abs. 1 Nr. 3 SachenRBerG) 35
      dd) Kollision betrieblicher und investiver Interessen (§ 81 Abs. 1 Nr. 4 SachenRBerG) 36
   b) Rechtsfolgen (§ 81 Abs. 2 bis 4 SachenRBerG) 37
      aa) Grundsätze (§ 81 Abs. 2 SachenRBerG) 37
      bb) Nicht mehr genutzte bauliche Investitionen, nicht ausgeübte Nutzungsrechte (§ 81 Abs. 3 bis 4 SachenRBerG) 37

8. Verfahren (§§ 85 und 108 SachenRBerG) 37
   a) Grundzüge des notariellen Vermittlungsverfahrens
      (§§ 87 bis 102 SachenRBerG) 38
      aa) Antragsgrundsatz (§ 87 SachenRBerG) 38
      bb) Zuständigkeit (§ 88 SachenRBerG) 38
      cc) Verfahren bis zum Termin (§§ 90 bis 92 SachenRBerG) 38
      dd) Sicherung der Ansprüche des Nutzers
          (§ 92 Abs. 5 und 6 SachenRBerG) 38
      ee) Aussetzung und Einstellung (§§ 94 und 95 SachenRBerG) 39
      ff) Ermittlungen (§ 97 SachenRBerG) 39
      gg) Vermittlungsvorschlag (§ 98 Abs. 1 SachenRBerG) 39
      hh) Beurkundung oder Abschlußprotokoll
          (§ 98 Abs. 2 und § 99 SachenRBerG) 39
   b) Grundzüge des gerichtlichen Verfahrens
      (§§ 103 bis 108 SachenRBerG) 39
9. Behandlung der hängenden Kaufverträge
   (§ 3 Abs. 3, § 121 SachenRBerG) 39
   a) Kaufverträge in der DDR 40
      aa) Gebäudekaufverträge bis zum 19. März 1990 40
      bb) Kaufverträge nach dem Gesetz vom 7. März 1990 40
   b) Regelung der hängenden Gebäudekaufverträge auf nicht restitutionsbelasteten Grundstücken (§ 3 Abs. 3 SachenRBerG) 40
   c) Regelung der hängenden Kaufverträge auf restitutionsbelasteten Grundstücken (§ 121 SachenRBerG) 41
      aa) Voraussetzungen (§ 121 Abs. 1 bis 3 SachenRBerG) 41
      bb) Rechtsfolgen (§ 121 Abs. 4 bis 6 SachenRBerG) 42

Teil 2: Gesetzestexte 43

Gesetz zur Änderung sachenrechtlicher Bestimmungen
(Sachenrechtsänderungsgesetz – SachenRÄndG)

Artikel 1: Gesetz zur Sachenrechtsbereinigung im Beitrittsgebiet
(Sachenrechtsbereinigungsgesetz – SachenRBerG) 43

Kapitel 1

Gegenstände der Sachenrechtsbereinigung 45

§ 1   Betroffene Rechtsverhältnisse 45

§ 2   Nicht einbezogene Rechtsverhältnisse 46

Kapitel 2

Nutzung fremder Grundstücke durch den Bau oder den Erwerb von Gebäuden 47

Abschnitt 1

Allgemeine Bestimmungen 47

Unterabschnitt 1

Grundsätze 47

§ 3   Regelungsinstrumente und Regelungsziele 47

Unterabschnitt 2

Anwendungsbereich 48

§ 4   Bauliche Nutzungen 48
§ 5   Erwerb oder Bau von Eigenheimen 48
§ 6   Staatlicher oder genossenschaftlicher Wohnungsbau 49
§ 7   Andere bauliche Nutzungen 49
§ 8   Zeitliche Begrenzung 50

Unterabschnitt 3

Begriffsbestimmungen 50

§ 9   Nutzer 50
§ 10 Billigung staatlicher Stellen 52
§ 11 Komplexer Wohnungsbau oder Siedlungsbau 52
§ 12 Bebauung 52
§ 13 Abtrennbare, selbständig nutzbare Teilfläche 53

Unterabschnitt 4

Erbbaurecht und Ankauf 54

§ 14 Berechtigte und Verpflichtete 54
§ 15 Verhältnis der Ansprüche 54
§ 16 Ausübung des Wahlrechts 55
§ 17 Pfleger für Grundstückseigentümer und Inhaber dinglicher Rechte .. 55
§ 18 Aufgebotsverfahren gegen den Nutzer 56

Unterabschnitt 5

Bodenwertermittlung 57

§ 19 Grundsätze 57
§ 20 Bodenwertermittlung in besonderen Fällen 58

Unterabschnitt 6

Erfaßte Flächen 59

§ 21 Vermessene Flächen 59
§ 22 Genossenschaftlich genutzte Flächen 59
§ 23 Unvermessene volkseigene Grundstücke 59
§ 24 Wohn-, Gewerbe- und Industriebauten ohne Klärung der Eigentums-
      verhältnisse 60
§ 25 Andere Flächen 60

§ 26	Übergroße Flächen für den Eigenheimbau	60
§ 27	Restflächen	61

Unterabschnitt 7

Einwendungen und Einreden		62
§ 28	Anderweitige Verfahren und Entscheidungen	62
§ 29	Nicht mehr nutzbare Gebäude und nicht ausgeübte Nutzungen	62
§ 30	Unredlicher Erwerb	64
§ 31	Geringe Restnutzungsdauer	64

Abschnitt 2

Bestellung von Erbbaurechten	65

Unterabschnitt 1

Gesetzliche Ansprüche auf Erbbaurechtsbestellung		65
§ 32	Grundsatz	65

Unterabschnitt 2

Gesetzliche Ansprüche wegen dinglicher Rechte		65
§ 33	Verpflichtung zum Rangrücktritt	65
§ 34	Regelungen bei bestehendem Gebäudeeigentum	65
§ 35	Dienstbarkeit, Nießbrauch, Wohnungsrecht	66
§ 36	Hypothek, Grundschuld, Rentenschuld, Reallast	66
§ 37	Anspruch auf Befreiung von dinglicher Haftung	66

Unterabschnitt 3

Überlassungsverträge		67
§ 38	Bestellung eines Erbbaurechts für einen Überlassungsvertrag	67

Unterabschnitt 4

Besondere Gestaltungen		67
§ 39	Mehrere Erbbaurechte auf einem Grundstück, Gesamterbbaurechte, Nachbarerbbaurechte	67
§ 40	Wohnungserbbaurecht	68
§ 41	Bestimmung des Bauwerks	69

Unterabschnitt 5

Gesetzlicher und vertragsmäßiger Inhalt des Erbbaurechts		69
§ 42	Bestimmungen zum Inhalt des Erbbaurechts	69

Unterabschnitt 6

Bestimmungen zum Vertragsinhalt		70
§ 43	Regelmäßiger Zins	70
§ 44	Fälligkeit des Anspruches auf den Erbbauzins	70
§ 45	Verzinsung bei Überlassungsverträgen	71
§ 46	Zinsanpassung an veränderte Verhältnisse	71
§ 47	Zinsanpassung an Nutzungsänderungen	72
§ 48	Zinserhöhung nach Veräußerung	72
§ 49	Zustimmungsvorbehalt	73
§ 50	Zinsanpassung wegen abweichender Grundstücksgröße	73
§ 51	Eingangsphase	73
§ 52	Sicherung des Erbbauzinses	74
§ 53	Dauer des Erbbaurechts	74
§ 54	Vertraglich zulässige bauliche Nutzung	75
§ 55	Nutzungsbefugnis des Erbbauberechtigten, Grundstücksteilung	76
§ 56	Errichtung und Unterhaltung des Gebäudes, Heimfall	76
§ 57	Ankaufsrecht	77
§ 58	Öffentliche Lasten	77

Unterabschnitt 7

Folgen der Erbbaurechtsbestellung		77
§ 59	Erlöschen des Gebäudeeigentums und des Nutzungsrechts	77
§ 60	Anwendbarkeit der Verordnung über das Erbbaurecht, Kosten und Gewährleistung	77

Abschnitt 3

Gesetzliches Ankaufsrecht 78

Unterabschnitt 1

Gesetzliche Ansprüche auf Vertragsschluß		78
§ 61	Grundsatz	78

Unterabschnitt 2

Gesetzliche Ansprüche wegen dinglicher Rechte		78
§ 62	Dienstbarkeit, Nießbrauch, Wohnungsrecht	78
§ 63	Hypothek, Grundschuld, Rentenschuld, Reallast	78
§ 64	Ansprüche gegen den Grundstückseigentümer	79

Unterabschnitt 3

Bestimmungen zum Inhalt des Vertrages 80

§ 65	Kaufgegenstand	80
§ 66	Teilflächen	80
§ 67	Begründung von Wohnungs- oder Teileigentum	80
§ 68	Regelmäßiger Preis	81
§ 69	Preisanhebung bei kurzer Restnutzungsdauer des Gebäudes	81
§ 70	Preisbemessung nach dem ungeteilten Bodenwert	82
§ 71	Nachzahlungsverpflichtungen	82
§ 72	Ausgleich wegen abweichender Grundstücksgröße	83
§ 73	Preisbemessung im Wohnungsbau	83
§ 74	Preisbemessung bei Überlassungsverträgen	84

Unterabschnitt 4

Folgen des Ankaufs 85

§ 75	Gefahr, Lasten	85
§ 76	Gewährleistung	85
§ 77	Kosten	85
§ 78	Rechtsfolgen des Erwerbs des Grundstückseigentums durch den Nutzer	86

Unterabschnitt 5

Leistungsstörungen 86

§ 79	Durchsetzung des Erfüllungsanspruchs	86
§ 80	Rechte aus § 326 des Bürgerlichen Gesetzbuchs	87

Unterabschnitt 6

Besondere Bestimmungen für den Hinzuerwerb des Gebäudes durch den Grundstückseigentümer 87

§ 81	Voraussetzungen, Kaufgegenstand, Preisbestimmung	87
§ 82	Übernahmeverlangen des Grundstückseigentümers	89
§ 83	Ende des Besitzrechts, Härteklausel	89
§ 84	Rechte des Nutzers bei Zahlungsverzug	90

Abschnitt 4

Verfahrensvorschriften 90

Unterabschnitt 1

Feststellung von Nutzungs- und Grundstücksgrenzen 90

§ 85   Unvermessene Flächen 90
§ 86   Bodenordnungsverfahren 90

Unterabschnitt 2

Notarielles Vermittlungsverfahren 91

§ 87   Antragsgrundsatz 91
§ 88   Sachliche und örtliche Zuständigkeit 91
§ 89   Verfahrensart 91
§ 90   Inhalt des Antrages 91
§ 91   Akteneinsicht und Anforderung von Abschriften durch den Notar ... 92
§ 92   Ladung zum Termin 93
§ 93   Erörterung 94
§ 94   Aussetzung des Verfahrens 94
§ 95   Einstellung des Verfahrens 95
§ 96   Verfahren bei Säumnis eines Beteiligten 95
§ 97   Ermittlungen des Notars 96
§ 98   Vermittlungsvorschlag des Notars 96
§ 99   Abschlußprotokoll über Streitpunkte 97
§ 100 Kosten 97
§ 101 Kostenpflicht 97
§ 102 Prozeßkostenhilfe 98

Unterabschnitt 3

Gerichtliches Verfahren 98

§ 103 Allgemeine Vorschriften 98
§ 104 Verfahrensvoraussetzungen 98
§ 105 Inhalt der Klageschrift 99
§ 106 Entscheidung 99
§ 107 Kosten 99
§ 108 Feststellung der Anspruchsberechtigung 99

Abschnitt 5

Nutzungstausch 100

§ 109 Tauschvertrag über Grundstücke 100

Abschnitt 6

Nutzungsrechte für ausländische Staaten 100

§ 110 Vorrang völkerrechtlicher Abreden 100

Abschnitt 7

Rechtsfolgen nach Wiederherstellung des öffentlichen Glaubens des Grundbuchs 101

§ 111 Gutgläubiger lastenfreier Erwerb 101

Kapitel 3

Alte Erbbaurechte 101

§ 112 Umwandlung alter Erbbaurechte 101

Kapitel 4

Rechte aus Miteigentum nach § 459 des Zivilgesetzbuchs der Deutschen Demokratischen Republik 102

§ 113 Berichtigungsanspruch 102

§ 114 Aufgebotsverfahren 103

§ 115 Ankaufsrecht bei Auflösung der Gemeinschaft 103

Kapitel 5

Ansprüche auf Bestellung von Dienstbarkeiten 104

§ 116 Bestellung einer Dienstbarkeit 104

§ 117 Einwendungen des Grundstückseigentümers 104

§ 118 Entgelt 104

§ 119 Fortbestehende Rechte, andere Ansprüche 105

Kapitel 6

Schlußvorschriften 105

Abschnitt 1

Behördliche Prüfung der Teilung 105

§ 120 Genehmigungen nach dem Baugesetzbuch 105

Abschnitt 2

Rückübertragung von Grundstücken und dinglichen Rechten 106

§ 121 Ansprüche nach Abschluß eines Kaufvertrags 106

§ 122 Entsprechende Anwendung des Sachenrechtsbereinigungsgesetzes ... 107

Abschnitt 3

Übergangsregelung 107

§ 123 Härteklausel bei niedrigen Grundstückswerten 107

Artikel 2: Änderung anderer Vorschriften, Schlußbestimmungen
(Art. 2 SachenRÄndG) 108

§ 1   Änderung der Verordnung über das Erbbaurecht 108
§ 2   Änderung des Gesetzes über die Zwangsversteigerung und die Zwangsverwaltung 109
§ 3   Änderung des Vermögensgesetzes 109
§ 4   Änderung des Bürgerlichen Gesetzbuchs 109
§ 5   Änderung des Einführungsgesetzes zum BGB 109
§ 6   Änderung des Grundbuchbereinigungsgesetzes 113
§ 7   Änderung der Bundesnotarordnung 113
§ 8   Änderung der Verordnung über die Tätigkeit von Notaren in eigener Praxis 114
§ 9   Änderung des Landwirtschaftsanpassungsgesetzes 114
§ 10 Schlußbestimmung 115

Artikel 3: Inkrafttreten 115

Teil 3: Dokumentation und Materialien 117

I. Gesetzentwurf der Bundesregierung zum SachenRBerG — RegE (BT-Drucks. 12/5992) 117
   Zielsetzung 117
   1. Text des SachenRBerG gem. RegE (Art. 1 SachenRÄndG) 121
   2. Allgemeine Begründung zum Gesetzentwurf 156
      A. Grundlagen der Sachenrechtsbereinigung 156
         1. Rechtliche Gestaltung und wirtschaftliche Bedeutung des privaten Grundstückseigentums in der ehemaligen DDR 157
            a) Aushöhlung der Bedeutung des Privateigentums an Grund und Boden 157
            b) Begründung eines Systems öffentlich-rechtlicher Nutzungszuweisung 158
         2. Veränderungen in der DDR nach der Wende 158
         3. Änderungen durch den Einigungsvertrag 158
         4. Wirtschaftliche Folgen 159
         5. Probleme für einen Interessenausgleich 159
      B. Gegenstände der Sachenrechtsbereinigung 159
         1. Anpassung bestehender Nutzungsrechte und Begründung von Ansprüchen zur baulichen Nutzung und zum Erwerb fremder Grundstücke 159
            a) Betroffene Fallgruppen 159
               aa) Verliehene und zugewiesene Nutzungsrechte 159
               bb) Andere bauliche Investitionen 160

			(1) Eigenheime	160
			(2) Staatlicher und genossenschaftlicher Wohnungsbau	161
			(3) Behördliche, gewerblich, land- und forstwirtschaftlich genutzte Bauten	162
			(a) Vormals volkseigene Betriebe, staatliche Bauten	162
			(b) Genossenschaften mit einem handwerklichen oder gewerblichen Geschäftsgegenstand	162
			(c) Landwirtschaftliche Produktionsgenossenschaften	162
		cc)	Nicht im Rahmen der Sachenrechtsbereinigung zu regelnde Bebauungen fremder Grundstücke	162
			(1) Nutzungen zur Erholung, Freizeitgestaltung oder kleingärtnerischen Bewirtschaftung	163
			(a) Rechtliche und tatsächliche Grundlagen	163
			(b) Gründe für eine andere Regelung dieser Sachverhalte	163
			(2) Nutzungen aufgrund von Miet-, Pacht- oder Nutzungsverträgen nach dem Vertragsgesetz	164
			(a) Rechtliche und tatsächliche Grundlagen	164
			(b) Gründe für eine Herausnahme dieser Sachverhalte aus der Sachenrechtsbereinigung	164
	b)	Notwendigkeit der Sachenrechtsbereinigung		165
		aa)	Anpassung der Nutzungsrechte	165
		bb)	Begründung von Rechten für nicht gesicherte Bebauungen	166
		cc)	Interessenausgleich	166
	2. Andere Gegenstände der Sachenrechtsbereinigung			166
	a) Alte Erbbaurechte			166
	b) Miteigentumsanteile			167
	c) Mitbenutzungen			167
	3. Änderung der Verordnung über das Erbbaurecht			167
C. Gesetzliche Ausgangslage				167
D. Grundsätze (Eckwerte) für die Sachenrechtsbereinigung				167
	1. Bebauung fremder Grundstücke			167
	a) Von der rechtlichen Absicherung unabhängiger Bestandsschutz für bauliche Investitionen			168
	b) Anerkennung der in der DDR begründeten Rechte und Besitzstände entsprechend ihrer wirtschaftlichen Bedeutung			168
	c) Aufteilung der nach den heutigen Verkehrswerten zu bemessenden Bodenwerte im Verhältnis 50:50			169

       d) Gleichwertigkeit verschiedener Lösungen im Gesetz 170
       e) Bestimmung des Bodenwerts nach dem vorhandenen Verkehrswert 170
           aa) Wert des unbebauten Grundstücks als Ausgangspunkt . . . 170
           bb) Berücksichtigung von Freilegungskosten, soweit sich diese wertmindernd auswirken 170
           cc) Korrekturen nach der Substanz- und Ertragslage im staatlichen und genossenschaftlichen Wohnungsbau 170
       f) Angemessene Übergangsregelungen 170
       g) Kein Ausgleich für in der Vergangenheit erlittenes Unrecht . . . 170
   2. Andere Gegenstände der Sachenrechtsbereinigung 171
       a) Alte Erbbaurechte 171
       b) Miteigentumsanteile nach § 459 ZGB 171
       c) Nicht abgesicherte Mitbenutzungen 171
E. Grundzüge des Entwurfs 171
   1. Neuregelung der Nutzung fremder Grundstücke 171
       a) Erfaßte Nutzungsrechte und Bebauungen 171
           aa) Bestimmung der Fallgruppen (§ 1 Abs. 1 Nr. 1, §§ 4 bis 7) 171
           bb) Auszuschließende Fallgruppen (§ 2) 172
       b) Zeitliche Begrenzung (§ 8) 173
       c) Begriffsbestimmungen (§§ 9 bis 12) 173
           aa) Nutzer (§ 9) 173
           bb) Billigung staatlicher Stellen (§ 10) 174
           cc) Bebauung (§ 11) 174
           dd) Abtrennbare, selbständig nutzbare Teilflächen (§ 12) 174
       d) Anspruchslösung (§§ 3, 32, 62) 174
       e) Verhältnis der Ansprüche, Wahlrecht (§§ 13 bis 15) 176
           aa) Anspruchsberechtigte und -verpflichtete 176
           bb) Ausübung des Wahlrechts (§ 15) 177
       f) Verkehrswert (§§ 18 bis 20) 177
           aa) Grundsätze (§ 18) 177
               (1) Wertermittlungszeitpunkt 177
               (2) Qualität des Grundstücks 177
           bb) Verkehrswertermittlung in besonderen Fällen (§ 19) 178
               (1) Abbruchkosten 178
               (2) Berücksichtigung von Substanz- und Ertragswertgesichtspunkten 178
               (3) Einheitliche Bewertung 178

g)	Erfaßte Flächen (§§ 21 bis 27)		178
h)	Einwendungen und Einreden (§§ 28 bis 31)		180
	aa)	Anderweitige Verfahren und Entscheidungen (§ 28)	180
	bb)	Nicht mehr nutzbare Gebäude, nicht ausgeübte Nutzungen (§ 29)	180
	cc)	Unredlicher Erwerb (§ 30)	180
	dd)	Geringe Restnutzungsdauer des Gebäudes (§ 31)	181
i)	Gesetzliche Ansprüche auf Erbbaurechtsbestellung (§§ 32 bis 61)		181
	aa)	Gesetzliche Ansprüche	181
		(1) Abschluß des Erbbaurechtsvertrages (§ 32)	181
		(2) Herstellung der Erstrangigkeit des Erbbaurechts (§ 33)	181
		(3) Erbbaurechtsbestellung für Überlassungsverträge (§ 38)	183
	bb)	Besondere Gestaltungen (§§ 39 bis 41)	184
	cc)	Inhalt des Erbbaurechtsvertrages (§§ 42 bis 61)	184
	dd)	Erbbauzins (§§ 43 bis 53)	184
	ee)	Dauer des Erbbaurechts (§ 54)	187
		(1) Grundlagen	187
		(2) Ausgestaltung	188
	ff)	Bauliche Nutzung (§ 55)	188
	gg)	Nutzungsbefugnis des Erbbauberechtigten, Grundstücksteilung (§ 56)	189
	hh)	Errichtung und Unterhaltung des Gebäudes, Heimfall (§ 57)	189
	ii)	Ankaufsrecht im Erbbaurechtsvertrag (§ 58)	189
	jj)	Öffentliche Lasten (§ 59)	190
	kk)	Folgen der Bestellung eines Erbbaurechts (§§ 60, 61)	190
j)	Gesetzliches Ankaufsrecht (§§ 62 bis 85)		190
	aa)	Inhalt der Ansprüche	191
		(1) Gesetzliche Ansprüche auf Vertragsschluß (§ 62)	191
		(2) Gesetzliche Ansprüche wegen dinglicher Rechte (§§ 63 bis 65)	191
	bb)	Dispositive Bestimmungen zum Inhalt des Vertrages	192
		(1) Kaufgegenstand (§§ 66 bis 68)	192
		(2) Preis (§§ 69 bis 75)	192
		(a) Regelmäßiger Preis (§ 69)	192
		(b) Preisanhebung bei kurzer Restnutzungsdauer (§ 70)	192

(c) Preisbemessung nach dem vollen Verkehrswert (§ 71) 193
(d) Nachzahlungsverpflichtungen (§ 72) 193
(e) Preisanpassung wegen abweichender Grundstücksgröße (§ 73) 193
(f) Preisbemessung im Wohnungsbau (§ 74) 194
(g) Preisbemessung bei Überlassungsverträgen (§ 75) 194
(3) Sonstige Regelungen 194
(a) Lasten, Gewährleistung und Kosten (§§ 76 bis 78) 194
(b) Rechtsfolgen des Kaufs (§ 79) 195
cc) Leistungsstörungen (§§ 80, 81) 195
dd) Besondere Bestimmungen für den Hinzuerwerb des Gebäudes durch den Grundstückseigentümer (§§ 82 bis 85) 195
k) Verfahrensvorschriften (§§ 86 bis 109) 196
aa) Feststellungen der Nutzungs- und Grundstücksgrenzen (§§ 86, 87) 196
bb) Notarielles Vermittlungsverfahren (§§ 88 bis 103). 196
cc) Gerichtliches Verfahren (§§ 104 bis 109) 197
2. Andere Gegenstände der Sachenrechtsbereinigung 198
a) Alte Erbbaurechte (§ 112) 198
b) Rechte aus Miteigentum nach § 459 ZGB (§§ 113 bis 115) 198
c) Ansprüche auf Bestellung von Dienstbarkeiten (§§ 116 bis 119) 198
3. Änderung anderer Vorschriften 198
a) Sicherung des Erbbauzinses 198
b) Änderungen des Einführungsgesetzes zum Bürgerlichen Gesetzbuch 199
aa) Verlängerung des Moratoriums 199
bb) Heilung beim Erwerb von Gebäudeeigentum 199
cc) Vorkaufsrechte nach dem ZGB 199
dd) Aufhebung unredlich erworbener Nutzungsrechte 199
c) Änderung des Landwirtschaftsanpassungsgesetzes 199
F. Alternativen 199
1. Modell faktischer Enteignung 199
a) Grundlagen und Argumente 199
b) Einwendungen gegen diese Konzeption 200
2. Raten- oder Rentenkauf 200
a) Konzeption 200
b) Gründe gegen ein Raten- oder Rentenkaufmodell 200

G. Kosten	201
1. Bund	201
2. Länder	201
a) Ausgangszahlen	201
b) Notarielle und gerichtliche Verfahren	201
aa) Schätzung der zu erledigenden Sachen	201
bb) Kostenaufwand	202
c) Grundbuchverfahren	203
3. Gemeinden	203
H. Auswirkungen auf das Verbraucherpreisniveau	203
I. Gesetzgebungsbefugnis, Zustimmungspflichtigkeit	203
3. Einzelbegründung zum Gesetzesentwurf	**204**
II. Sonstige Vorschriften (Art. 2 und 3 SachenRÄndG)	291
1. Gesetzestexte gem. dem Regierungsentwurf (RegE)	291
Artikel 2 Änderungen anderer Vorschriften, Schlußbestimmungen	291
§ 1 Änderung der Verordnung über das Erbbaurecht	291
§ 2 Änderung des Einführungsgesetzes zum Bürgerlichen Gesetzbuche	291
§ 3 Änderung der Bundesnotarordnung	292
§ 4 Änderung der Verordnung über die Tätigkeit von Notaren in eigener Praxis	292
§ 5 Änderung des Landwirtschaftsanpassungsgesetzes	293
Artikel 3 Inkrafttreten	293
2. Gesetzesbegründung zu Art. 2 SachenRÄndG (BT-Drucks. 12/5992)	294
III. Stellungnahme des Bundesrates vom 24. 9. 1993 (BT-Drucks. 12/5992)	299
IV. Gegenäußerung der Bundesregierung zur Stellungnahme des Bundesrates vom 13. 10. 1993 (BT-Drucks. 12/5992)	315
V. Beschlußempfehlung und Bericht des Rechtsausschusses vom 27. 4. 1994 (BT-Drucks. 12/7425)	332
VI. Anrufung des Vermittlungsausschusses (BR-Drucks. 12/7668 v. 24. 5. 1994)	430

Abkürzungsverzeichnis

a. a. O.	am angegebenen Ort
Abs.	Absatz
AcP	Archiv für die civistische Praxis (Zs.)
BAnZ	Bundesanzeiger
BauGB	Baugesetzbuch
Bd.	Band
BGB	Bürgerliches Gesetzbuch
BGBl.	Bundesgesetzblatt
BGH	Bundesgerichtshof
BGHZ	Entscheidungssammlung des Bundesgerichtshofs in Zivilsachen
BR-Drs.	Bundesrats–Drucksache
BT-Drs.	Bundestags-Drucksache
BVerfG	Bundesverfassungsgericht
BVerfGE	Entscheidungssammlung des Bundesverfassungsgerichts
BVerwG	Bundesverwaltungsgericht
BVerwGE	Entscheidungssammlung des Bundesverwaltungsgerichts
DNotZ	Deutsche Notar-Zeitschrift
DRiZ	Deutsche Richterzeitung
DStR	Deutsches Steuerrecht (Zs.)
DStZ	Deutsche Steuer-Zeitung
DtZ	Deutsch-deutsche Rechts-Zeitschrift
EGBGB	Einführungsgesetz zum Bürgerlichen Gesetzbuch
ErbbauVO	Verordnung über das Erbbaurecht
GBl.	Gesetzblatt (der DDR)
GBO	Grundbuchordnung
GG	Grundgesetz
i. d. F.	in der Fassung
JZ	Juristenzeitung
KG	Kammergericht Berlin, Kommanditgesellschaft
LPG	Landwirtschaftliche Produktionsgenossenschaft
LPG-Gesetz	Gesetz über die landwirtschaftlichen Produktionsgenossenschaften
MDR	Monatsschrift für Deutsches Recht (Zs.)
m. w. N.	mit weiteren Nachweisen
NJ	Neue Justiz (Zs.)
NJW	Neue Juristische Wochenschrift (Zs.)
Nr.	Nummer
OV spezial	Informationsdienst zum Vermögens- und Entschädigungsrecht in den neuen Bundesländern (Zs.)

Rdn./Rn.	Randnummer
Reg.Entwurf	Regierungsentwurf
RGZ	Entscheidungssammlung des Reichsgerichts in Zivilsachen
S.	Seite
SachenRBerG	Gesetz zur Sachenrechtsbereinigung im Beitrittsgebiet
SED	Sozialistische Einheitspartei Deutschlands
usw.	und so weiter
VermG	Vermögensgesetz
VermRÄndG	Vermögensrechtsänderungsgesetz
VG	Verwaltungsgericht
vgl.	vergleiche
VIZ	Zeitschrift für Vermögens- und Investitionsrecht
ZAP	Zeitschrift für die Anwaltspraxis
z. B.	zum Beispiel
ZGB	Zivilgesetzbuch (der DDR)
ZIP	Zeitschrift für Wirtschaftsrecht
ZK	Zentralkomitee
ZOV	Zeitschrift für offene Vermögensfragen
ZRP	Zeitschrift für Rechtspolitik
Zs.	Zeitschrift
ZVG	Zwangsversteigerungsgesetz

Teil 1: Einführung

I. Vorbemerkung

1. Inhalt des Text- und Dokumentationsbandes

Dieser Text- und Dokumentationsband enthält neben einem mit dieser Einleitung gegebenen Überblick über das neue Gesetz die Materialien zum Sachenrechtsänderungsgesetz,

- beginnend mit dem Regierungsentwurf nebst Begründung, einschließlich der Stellungnahme des Bundesrates und der Gegenäußerung der Bundesregierung (BT-Drs. 12/5992),
- dem Bericht des Rechtsausschusses (BT-Drs. 12/7425),
- der Unterrichtung des Bundestages über die Anrufung des Vermittlungsausschusses (BT-Drs. 12/7668) und
- dem Vermittlungsergebnis selbst (BT-Drs. 12/8204).

Damit werden die gesamten Materialien dokumentiert, die Gegenstand der parlamentarischen Beratungen gewesen sind. Anhand dieser Materialien kann nicht nur die durch die Beratungen im Parlament bestimmte Weiterentwicklung des Gesetzes nachvollzogen werden; nachstehende Gesetzestexte nebst ihren Begründungen verschaffen vielmehr einen vollständigen Überblick über die Regelungsabsichten und -ziele des Gesetzgebers.

Hierdurch wird auch ein Hilfsmittel für die Auslegung des Gesetzes zur Lösung solcher Fragen, die sich nicht unmittelbar aus dem Gesetzestext beantworten lassen, dem Leser an die Hand gegeben. Bei dem Umfang und der Komplexität der Sachenrechtsbereinigung wird sich ein solcher Rückgriff auf die Regelungsabsichten des Gesetzgebers wahrscheinlich oft nicht vermeiden lassen. Die Bestimmungen der Sachenrechtsbereinigung lassen sich weder allein auf der Grundlage des früheren Rechts der DDR noch auf der Basis des Bürgerlichen Gesetzbuchs und seiner Nebengesetze auslegen. Eine Auslegung auf der Grundlage einer festgefügten Rechtsordnung ist bei der Sachenrechtsbereinigung schon aus der Natur der Sache nicht möglich, da es sich hier um Regelungen für einen Rechtsübergang auf dem Gebiet des Bodenrechts von der Plan- zur Marktwirtschaft handelt. Die Grundsätze, die dem Recht der DDR zugrunde lagen, sind grundverschieden von den Grundwerten, auf denen das Recht der Bundesrepublik Deutschland beruht. Bei der Auslegung der Bestimmungen des SachenRBerG wird mittelbar oft die Frage entschieden, wie weit alte Rechtstitel und Besitzstände fortwirken und wo sie durch Rechtsgrundsätze des BGB und marktwirtschaftliche Prinzipien abzulösen sind. Diese Frage wird sich voraussichtlich kaum ohne Rückgriff auf die einschlägigen Regelungsabsichten des Gesetzgebers beantworten lassen.

2. Gang der Gesetzgebung

a) Ablauf

Mit den Vorarbeiten – es waren insbesondere umfängliche rechtstatsächliche Erhebungen nötig – wurde unmittelbar nach dem Beitritt begonnen. Die Arbeit am Gesetzestext konnte nach der Festlegung der Eckwerte im Sommer 1992 aufgenommen werden. Die Zeit für die Ausarbeitung des Entwurfs im Bundesministerium der Justiz bis zum Beschluß der Bundesregierung belief sich damit auf ein Jahr; die Behandlung des Gesetzentwurfs in den parlamentarischen Gremien hat ein weiteres Jahr in Anspruch genommen.

Das Sachenrechtsbereinigungsgesetz sollte ursprünglich zum 1. Juli 1994 in Kraft treten. Es ist dann wegen einer Randfrage, der Behandlung der hängenden, also der nicht vollzogenen Kaufverträge über Grundstücke und/oder Gebäude auf solchen Grundstücken, die an den Alteigentümer zurückzugeben sind, noch zwischen Regierungskoalition und Opposition streitig geworden. Der Bundesrat hat den Vermittlungsausschuß mit dem Ziel angerufen, insoweit eine Erweiterung des Ausschlusses der Restitution für die nach dem Stichtag (18. Oktober 1989) abgeschlossenen Kaufverträge herbeizuführen. Das Ergebnis der Beratungen des Vermittlungsausschusses ist eine Kompromißregelung (§ 121 Abs. 2 SachenRBerG), die zwar die Restitution nicht abschneidet, dem Nutzer jedoch unter den dort genannten Umständen einen Anspruch auf Erbbaurechtsbestellung oder auf Ankauf des Grundstücks gewährt. Diese Beschlußempfehlung des Vermittlungsausschusses hat der Bundestag am 30. Juni 1994 angenommen; der Bundesrat hat am 8. Juli 1994 dem Gesetzesbeschluß zugestimmt. Das Gesetz kann damit zum 1. Oktober dieses Jahres in Kraft treten.

b) Bewertung

Angesichts des Umfangs der Aufgabe und der erforderlichen Regelungen war die Zeit für die Arbeiten am Gesetz knapp bemessen. Mehr Zeit für das „Feilen" an den Bestimmungen, bei der sicherlich einige jetzt noch unbekannte Probleme entdeckt und im Gesetz gelöst worden wären, stand jedoch nicht zur Verfügung. In den neuen Bundesländern ist nach dem Ende des sozialistischen Bodenrechts eine erhebliche Rechtsunsicherheit auf dem Grundstückssektor eingetreten. Alle im Bundestag vertretenen Fraktionen hielten ein Aufschieben des Vorhabens in die nächste Legislaturperiode für nicht vertretbar.

3. Andere Gegenstände des Sachenrechtsänderungsgesetzes

Das Sachenrechtsbereinigungsgesetz ist nur ein, wenn auch der größte und wohl auch wichtigste Teil des SachenRÄndG. Dieses Rahmengesetz enthält weiter:

- Änderungen der Erbbaurechtsverordnung und des Zwangsversteigerungsgesetzes zur Sicherung des Erbbauzinses gegen einen Ausfall in der Zwangsversteigerung des Erbbaurechts (Stichwort hierzu: „erbbauzinsloses Erbbaurecht") und eine neuartige dingliche Wertsicherung der Erbbauzinsreallast, die die derzeit übliche schuldrechtliche Anpassung und ihre Sicherung durch eine Vormerkung in Zukunft entbehrlich macht,

- einen ersten Schritt zur Harmonisierung des öffentlich-rechtlichen und des zivilrechtlichen Nachbarrechts, die eine Verbindung zwischen der nach § 906 Abs. 1 BGB zu treffenden Entscheidung über die Wesentlichkeit einer Immission und den in Gesetzen, Verordnungen und Verwaltungsvorschriften enthaltenen Richt- und Grenzwerten für Geräuschemissionen herstellt sowie

- schließlich die zur Sachenrechtsbereinigung erforderlichen Änderungen des Einführungsgesetzes zum BGB, der Notarordnungen sowie des Landwirtschaftsanpassungsgesetzes.

II. Aufgaben der Sachenrechtsbereinigung: Rechtsänderung und Interessenausgleich

Über die Aufgaben der Sachenrechtsbereinigung bestehen in der Öffentlichkeit, aber auch bei den Juristen unterschiedliche Vorstellungen. Die Sachenrechtsbereinigung gehört – wie die Anpassung der schuldrechtlichen Nutzungsverhältnisse – zu den gesetzlichen Regelungen,

II. Aufgaben der Sachenrechtsbereinigung

die einen Übergang vom Bodenrecht der ehemaligen DDR zum Bürgerlichen Gesetzbuch und seinen Nebengesetzen herbeiführen sollen.

Die Notwendigkeit der Sachenrechtsbereinigung ergibt sich daraus, daß die vorgefundenen Rechte an Grundstücken Formen eines von der Rechts- und Wirtschaftsordnung der Bundesrepublik Deutschland grundverschiedenen Systems sind. Die bisherigen Rechtsverhältnisse können nicht ohne wesentliche Änderungen in eine auf dem Bürgerlichen Gesetzbuch beruhende und von marktwirtschaftlichen Grundsätzen bestimmte Rechtsordnung übernommen werden.

Das Bodenrecht der DDR beruhte nicht auf Privatautonomie und Marktwirtschaft, sondern auf einer administrativ gelenkten Wirtschaftsordnung. Das Zivilrecht der DDR wurde instrumentalisiert (§ 1 Abs. 1 Satz 2 ZGB) und dementsprechend durch die sozialistischen gesellschaftlichen Verhältnisse bestimmt (§ 6 ZGB). Deren Prinzipien wurden von den von der SED beschlossenen Aufgaben und Anforderungen geprägt[1]. Nach diesem sozialistischen Leitbild war nicht das Eigentum Grundlage umfassender Rechte am Grundstück. Im Vordergrund stand vielmehr ein vom Eigentum getrenntes, vom sozialistischen Staat gewährtes oder anerkanntes Bodennutzungsrecht[2]. Die ein solches Recht begründenden Titel sind im § 286 Abs. 1 ZGB benannt. Das Eigentum ist dabei nur ein Rechtstitel, der zur Bodennutzung berechtigt.

Das Eigentum am Grundstück wurde in § 286 Abs. 1 ZGB aber erst an dritter Stelle, nach den verliehenen oder zugewiesenen Nutzungsrechten, erwähnt. Dies entsprach sowohl der ideologischen Bewertung als auch der wirtschaftlichen Bedeutung des Privateigentums an Grundstücken im sozialistischen Staat. Im Vordergrund standen das Volkseigentum und die daran begründeten Nutzungsbefugnisse. Das (noch vorhandene) persönliche Eigentum am Boden wurde demgegenüber als ein Rechtsinstitut mit bloßem Übergangscharakter angesehen[3]. Der Erwerb von Bauland zur Errichtung von Gebäuden durch Bürger oder Genossenschaften wurde zum Ausnahmefall; die Verleihung von Nutzungsrechten wurde die wichtigste Rechtsform für die Bebauung eines Grundstücks durch Bürger oder Genossenschaften[4].

Dieses Wirtschafts- und Rechtssystem besteht nicht mehr. Es ist mit der „friedlichen" Revolution in der DDR 1989/90, der Wirtschafts- und Währungsunion und schließlich dem Beitritt zur Bundesrepublik untergegangen[5].

In diesem Prozeß sind

- marktwirtschaftliche Rahmenbedingungen mit dem Vertrag über die Schaffung einer Wirtschafts- und Währungsunion geschaffen und

- parallel hierzu die Rechtsgrundlagen, auf denen die administrativ gelenkte Bodennutzung beruhte, schrittweise, zuletzt mit dem Einigungsvertrag, aufgehoben worden.

Die gesetzlichen Bestimmungen, auf denen die administrativ gelenkte Rechts- und Wirtschaftsordnung beruhte, bestehen nicht mehr. Den staatlichen Behörden (und erst recht nicht

---

1 Vgl. Rohde, Bodenrecht (1989), S. 25 bis 28, der hierfür den Terminus „Vergesellschaftung der Bodennutzung" geprägt hat.
2 Vgl. K. Heuer, Grundzüge des Bodenrechts der DDR (1949–1990), Rdn. 45.
3 Vgl. Arlt/Rohde, Bodenrecht (1967), S. 473.
4 Vgl. Rohde, Bodenrecht (1989), S. 92.
5 Die Entwicklung ist im einzelnen im Allgemeinen Teil der Begründung des Regierungsentwurfs des SachenRÄndG beschrieben (BT-Drs. 12/5992, S.52, s. Materialien, S. 158).

den Parteiorganen) stehen keine Befugnisse zur Regelung der Rechtsverhältnisse zur Nutzung der Grundstücke mehr zu.

Damit sind die Grundsätze für die Begründung neuer Rechte an Grundstücken, also für die Zukunft, klargestellt worden. Eine Verleihung oder Zuweisung neuer Nutzungsrechte durch staatliche Entscheidung ist nicht möglich, die Trennung von staatlich gewährleisteten Nutzungsbefugnissen und Grundstückseigentümerrechten ist aufgehoben. Gebrauchs- und Nutzungsbefugnisse gehören (wieder) zum Inhalt des Eigentums am Grundstück. Rechte an Grundstücken müssen daher grundsätzlich durch Rechtsgeschäft mit dem Grundstückseigentümer begründet werden.

Besondere Regelungen waren jedoch für die Rechtsverhältnisse an solchen Grundstücken zu treffen, an denen in der DDR begründete, alte Rechte (sowie durch staatliche Entscheidung begründete, jedoch rechtlich nicht abgesicherte Nutzungsbefugnisse) mit dem Beitritt vorgefunden wurden. In solchen Fällen bedurfte es

- der Sicherung des Bestandes zum Erhalt des Rechtsfriedens sowie
- einer Neuregelung zur Anpassung an das Bürgerliche Gesetzbuch und die durch Einführung der Marktwirtschaft veränderten wirtschaftlichen Verhältnisse.

Die Bestimmungen zur Sicherung des Bestandes sind in den Artikeln 231 und 233 EGBGB enthalten. Das Erfordernis, im Interesse des Erhalts des Rechtsfriedens den Bestand der vorgefundenen Rechte zu sichern, stand außer Streit.

Die Sachenrechtsbereinigung geht indessen darüber hinaus. Die vorgefundenen Rechtsverhältnisse werden so verändert, daß BGB-konforme Rechte entstehen. Die alten Rechte (Gebäudeeigentum, verliehene oder zugewiesene Nutzungsrechte, Überlassungsverträge usw.) werden durch andere Rechte (Erbbaurecht; Erwerb des Grundeigentums mit dem Ziel der Aufhebung des selbständigen Eigentums an einem Gebäude) ersetzt. Nach der Durchführung der Sachenrechtsbereinigung sind die in der DDR begründeten Rechte verschwunden und solche Rechtsformen an den Grundstücken entstanden, wie sie auch in den alten Ländern üblich sind. Am Schluß wird wieder eine Rechtseinheit auf dem Gebiet des Immobiliarsachenrechts in den alten und in den neuen Ländern herbeigeführt worden sein.

Die Herbeiführung einheitlicher Rechtsformen ist allerdings nicht das primäre Ziel der Sachenrechtsbereinigung, sondern ein wohl positiv zu bewertender Nebeneffekt. Dies zeigt sich u. a. daran, daß das Gesetz die Bereinigung nicht erzwingt, sondern in die Hände der Beteiligten (Nutzer und Grundstückseigentümer) legt. Diese können, müssen aber nicht einen Vertrag abschließen, mit dessen Vollzug BGB-konforme Rechtsverhältnisse an den Grundstücken entstehen.

Anders als bei dem im EGBGB geregelten Bestandsschutz stellte sich für die Sachenrechtsbereinigung die Frage, ob es einer solchen Änderung bedurfte oder ob hier nicht eine Übernahme der vorgefundenen Rechte – gegebenenfalls mit einigen Modifikationen – genügt hätte. Eine Übernahme der vorgefundenen Rechte war jedoch aus den nachfolgenden Gründen nicht möglich:

- Die Nutzungsrechte unterscheiden sich grundlegend von einem dinglichen Recht am Grundstück. Die Umwandlung in ein dingliches Recht mit dem Einigungsvertrag hat zu zahlreichen Problemen geführt, die sich letztlich nur durch eine BGB-konforme Neuregelung im Wege der Sachenrechtsbereinigung lösen lassen.
- Der Inhalt der Nutzungsrechte hat sich nach dem Wegfall der staatlichen Lenkungsbefugnisse wesentlich verändert. Art. 233 § 3 Abs. 1 Satz 1 EGBGB in der Fassung durch den

Einigungsvertrag bestimmte zwar, daß die Rechte, mit denen eine Sache am Beitrittstag belastet ist, mit ihrem bisherigen Inhalt und Rang bestehen bleiben. Dieser Grundsatz ließ sich für die an Staatsbürger verliehenen, subjektiv-öffentlichen Nutzungsrechte nicht aufrechterhalten. Die Bestimmungen über die beschränkte Vererbbarkeit an Staatsbürger und über den Entzug des Nutzungsrechts[1] sind mit einem dinglichen Recht an einem Grundstück unvereinbar und mußten daher aufgehoben werden[2].

– Das Nutzungsrecht ist dem Gebäude, nicht dem Grundstück zuzuordnen. Es ist insoweit nicht – wie andere dingliche Rechte – ein vom Eigentum am Grundstück abgespaltenes und auf einen Dritten übertragenes Recht. Das Nutzungsrecht läßt sich daher auch nicht stimmig in das Rangsystem nach §§ 879 ff. BGB integrieren.

– Mit der Umwandlung der Nutzungsrechte in dingliche Rechte am Grundstück war es jedoch erforderlich, die Nutzungsrechte in das Rangsystem nach §§ 879 ff. BGB einzufügen. Hierfür gelten die in Art. 233 § 9 EGBGB bestimmten Grundsätze. Diese können jedoch dazu führen, daß das Nutzungsrecht als nachrangiges Recht einzutragen ist und deshalb im Falle einer Versteigerung des Grundstücks mit dem Zuschlag gem. § 52 Abs. 1 und § 92 Abs. 1 ZVG erlöschen würde. Um dies zu vermeiden, ist mit dem Zweiten Vermögensrechtsänderungsgesetz in Art. 233 § 4 Abs. 4 EGBGB das Bestehenbleiben eines Nutzungsrechts, das Grundlage für die Entstehung selbständigen Gebäudeeigentums ist, auch für den Fall angeordnet worden, daß es bei der Feststellung des geringsten Gebots nicht berücksichtigt ist[3]. Mit dem Registerverfahrenbeschleunigungsgesetz ist diese Wirkung im Interesse der Wiederherstellung der Publizität und der Beleihbarkeit der Grundstücke auf die vor dem 31. Dezember 1996 angeordneten Zwangsversteigerungsverfahren beschränkt worden[4].

– Damit ist klargestellt, daß nicht eingetragene, nachrangige Nutzungsrechte mit dem Zuschlag erlöschen. Bei der Versteigerung des Grundstücks ergeben sich insoweit für das Nutzungsrecht die gleichen Rechtsfolgen wie bei anderen nachrangigen dinglichen Rechten.

– Das eingetragene, nachrangige Nutzungsrecht wird im Falle der Versteigerung nicht wie eine Belastung des Grundstücks behandelt. Nach dem Wortlaut[5] des Art. 233 § 4 Abs. 4 EGBGB müßte allerdings auch das eingetragene, gegenüber dem Recht des betreibenden Gläubigers jedoch nachrangige Nutzungsrecht mit dem Zuschlag erlöschen. Diese Rechtsfolge kann der Inhaber des Nutzungsrechts jedoch dadurch abwenden, daß er nach § 9a Abs. 2 ZVG (i. d. F. durch Art. 12 des Registerverfahrenbeschleunigungsgesetz) geltend macht, daß sein Gebäudeeigentum nicht zum Schuldnervermögen gehört und die Aufhebung oder Einstellung der Zwangsversteigerung beantragt.

– Die Zwangsversteigerung des Grundstücks wird damit aus einem dem Recht des betreibenden Gläubigers nachrangigen Nutzungsrecht blockiert, was letztlich seinen Grund darin hat, daß das selbständige Eigentum am Gebäude und das Nutzungsrecht als dessen Bestandteil in ihrem Wesen keine Belastung des Grundstücks sind[6].

Verkehrsfähigkeit läßt sich mithin nur dann erreichen, wenn man sich von den vorgefundenen Rechtsformen löst und entweder ein erstrangiges Erbbaurecht begründet oder Grundstücks- und Gebäudeeigentum zusammenführt und auf eine Aufhebung des Gebäudeeigentums hinwirkt.

● Die Nutzungsrechte waren nicht preisorientiert[7]. Genossenschaften und Vereinigungen wurden die Grundstücke unentgeltlich zur Verfügung gestellt, um den Genossenschaften

---

1 § 5 Abs. 2 Satz 2 und § 6 des Gesetzes über die Verleihung von Nutzungsrechten an volkseigenen Grundstücken vom 14. Dezember 1970 (GBl. I Nr. 24, S. 372) – im folgenden: Nutzungsrechtsgesetz.
2 Art. 233 § 3 Abs. 1 Sätze 2 und 3 EGBGB; diese Klarstellung ist mit dem Registerverfahrenbeschleunigungsgesetz und dem SachenRÄndG erfolgt.
3 Vgl. BT-Drs. 12/2480, S. 79.
4 Vgl. BT-Drs. 12/5553, S. 133.
5 Nicht nach der Begründung; vgl. Fußn. 4.
6 Auf diesen schwer zu bewältigenden „dogmatischen" Widerspruch hat bereits Eickmann, Grundstücksrecht in den neuen Bundesländern, Rdn. 122, hingewiesen.
7 Stürner, JZ 1993, 1074, 1079.

eine Produktionshilfe zu gewähren und die anderen Organisationen bei der Erfüllung ihrer im Interesse der sozialistischen Entwicklung liegenden Aufgabe zu unterstützen[1]. Für die Verleihung von Nutzungsrechten an Bürger war zwar in § 288 Abs. 3 Satz 1 ZGB die Entgeltlichkeit als Regel vorgesehen; in der Praxis erfolgte die Bereitstellung des Baulandes jedoch nach § 9 Abs. 5 der Durchführungsverordnung zur Eigenheimverordnung meist unentgeltlich[2].

Ob dieses System auf der Grundlage eines sozialistischen Bodenrechts, welches die Bodenpreise auf Vorkriegsniveau einfror und den Handel mit Nutzungsrechten ausschloß, in sich stimmig war oder nicht bereits eine Begünstigung Weniger zu Lasten der Allgemeinheit herbeigeführt hat, soll hier nicht untersucht werden.

Unter marktwirtschaftlichen Bedingungen gehört die Erzielung am Verkehrswert orientierter Veräußerungserlöse und Nutzungsentgelte zu einer ordnungsgemäßen Grundstücksverwaltung[3]. Dies gilt auch für den Staat, der schon nach den allgemeinen Haushaltsgrundsätzen nichts verschenken darf.

Eine unentgeltliche Nutzung ist hiermit unvereinbar. Sie würde für eine Gruppe, denen in der DDR eine solche Nutzungsbefugnis gewährt worden ist, die Grundsätze der Bodenordnung des sozialistischen Staates fortbestehen lassen, während alle anderen natürlichen und juristischen Personen marktübliche Entgelte zu zahlen haben. Auf der anderen Seite würde den Grundstückseigentümern insoweit ein besonderes Opfer auferlegt, als sie von den Folgen der Umstellung auf marktwirtschaftliche Verhältnisse ausgeschlossen blieben[4].

- Auf der Grundlage der bisherigen Nutzungsrechte könnte jedenfalls dort kein Interessenausgleich zwischen den Grundstückseigentümern und den Nutzern herbeigeführt werden, wo das Nutzungsrecht ohne oder gegen den Willen des Grundstückseigentümers auf Grundlage einer staatlichen Entscheidung oder mit Zustimmung staatlicher Organe begründet worden ist. Dies ist bei den dem genossenschaftlichen Bodennutzungsrecht unterliegenden, jedoch in Privateigentum verbliebenen Grundstücken der Fall. Hier stehen sich nunmehr zwei private Interessen gegenüber, die gegeneinander abgewogen und bewertet werden müssen[5].

- Der Weg zu einer Sachenrechtsbereinigung durch Anpassung der vorgefundenen Rechte war von vornherein dort nicht gangbar, wo fremde Grundstücke mit Billigung staatlicher Stellen bebaut worden sind, die rechtliche Absicherung jedoch ausblieb. In solchen Fällen fehlt es bereits an dem Substrat für eine Rechtsanpassung; hier müssen BGB-konforme Rechte erst begründet werden.

---

[1] Vgl. Arlt/Rohde, Bodenrecht (1967), S. 205.
[2] Siehe BT-Drs. 12/5992, S. 60, s. Materialien S. 166; K. Heuer, Grundzüge des Bodenrechts der DDR 1949–1990, Rdn. 48.
[3] Vgl. Köhler, VIZ 1992, 479, 484.
[4] BT-Drs. 12/5992, S. 60, s. Materialien S. 166.
[5] Vgl. Göhring, NJ 1994, 152, der in seiner Stellungnahme zum Regierungsentwurf des SachenRÄndG auf diesen Umstand besonders hinweist.

III. Grundprinzipien der Sachenrechtsbereinigung

Die Grundprinzipien der Sachenrechtsbereinigung können im Rahmen dieser Einleitung nur kurz skizziert werden[1].

1. Hinnahme der vorgefundenen Lagen

a) Erforderlichkeit der Anknüpfung an die vorgefundenen Lagen

Auch der Sachenrechtsbereinigung liegen Regelungen der DDR zugrunde, die nach den Maßstäben des Grundgesetzes in der Regel als unrechtmäßige Eingriffe des Staates in das Eigentum an den Grundstücken zu bewerten sind. Eine Abtrennung von vergesellschafteter Nutzungsbefugnis und bestehenbleibenden Rechtstiteln ist mit der Gewährleistung des Eigentums in Art. 14 Abs. 1 Satz 1 GG unvereinbar. Auch die Sozialbindung nach Art. 14 Abs. 1 Satz 2 GG erlaubt keine staatliche Instrumentalisierung des Eigentums; der dem Grundgesetz verpflichtete Gesetzgeber darf nicht Nutzungsrechte am Eigentumsobjekt nach Maßgabe ihrer sozialen oder öffentlichen Nützlichkeit zuteilen[2]. Ein Erwerb von Nutzungsrechten aufgrund vom Staat angemaßter Befugnisse zur Verteilung von Nutzungsrechten widerspricht daher der Gewährleistung des Eigentums im Grundgesetz.

Das vom sozialistischen Staat begangene Unrecht wird jedoch nicht zum Maßstab der gesetzlichen Regelung bestimmt. Im SachenRBerG werden die vorgefundenen Lagen hingenommen und daraus Rechte und Pflichten für die Beteiligten (Grundstückseigentümer und Nutzer) für die künftige Bodennutzung begründet.

Die Sachenrechtsbereinigung konnte aus den folgenden Gründen keine Unrechtsbereinigung sein, sondern mußte die vorgefundenen Verhältnisse an den Grundstücken als Ausgangspunkt der gesetzlichen Regelung für die Zukunft hinnehmen:

- Die Betroffenen konnten in der DDR ihre Grundstücksgeschäfte nicht nach denselben oder ähnlichen Rechtsgrundsätzen regeln, wie sie in den alten Ländern galten. Die sog. vergesellschaftete, von Staat und Partei gelenkte Bodennutzung schloß solche Freiräume für privatautonome Regelungen weitgehend aus. Die Rechtsgestaltung auf dem Grundstückssektor konnte sich nur auf der Basis der vorgefundenen Regelungen vollziehen.

- Die Probleme der Sachenrechtsbereinigung wären nicht gelöst worden, wenn man deren Aufgabe als Wiedergutmachung von Unrecht bestimmt hätte. Die Nutzungsrechte, die vom Staat auf volkseigenen Grundstücken verliehenen oder mit seiner Genehmigung auf in Privateigentum verbliebenen Bodenflächen zugewiesen worden sind, hätte man zwar als Instrumente des sozialistischen Bodenrechts grundsätzlich in Frage stellen können. Die Kollision zwischen Grundstücks- und selbständigem Gebäudeeigentum bliebe jedoch bestehen. Diese muß in der Sachenrechtsbereinigung geregelt werden. Das in der DDR

---

[1] Eine eingehende Darstellung der Regelungsprinzipien des SachenRBerG einschließlich einer Auseinandersetzung mit den in Betracht kommenden, im Ergebnis jedoch verworfenen Alternativen ist enthalten in: Czub, Sachenrechtsbereinigung – Leitfaden für die Praxis, 1994. Insoweit muß an dieser Stelle auf die dortigen Ausführungen (Abschnitt A.I.1 bis 4) verwiesen werden.

[2] Krohn/Löwisch, Eigentumsgarantie, Enteignung, Entschädigung, 3. Auflage, Rdn. 63.

begründete Eigentum am Gebäude ist Folge einer Investition des Nutzers. Den Gebrauchs- und Sachwert des Gebäudes kann man nicht einfach dem Grundstückseigentümer zuweisen[1].

b) Privatrechtlicher Interessenausgleich

Die Sachenrechtsbereinigung führt zu einem privatrechtlich gestalteten Interessenausgleich zwischen dem Grundstückseigentümer und dem Nutzer. Der Nutzer kann sich ein Erbbaurecht bestellen lassen oder das Grundstück erwerben, hat dafür jedoch ein Entgelt zu zahlen.

Die vorgefundene Berechtigung des Nutzers beruht jedoch auf einem Eingriff staatlicher Stellen in das Grundeigentum, der nach der Wertordnung des Grundgesetzes unrechtmäßig wäre. Dieses Unrecht könnte auch durch eine von der Bundesrepublik Deutschland zu leistende Entschädigung wiedergutgemacht werden. Es ist deshalb vertreten worden, daß die Sachenrechtsbereinigung in Wahrheit allein auf dem Grundsatz der „Haushaltsneutralität" beruhe; m. a. W. durch den privatrechtlich gestalteten Interessenausgleich werde die Entschädigungspflicht des Staates auf den Nutzer abgewälzt[2]. Hierzu ist bereits Stellung genommen worden, zur Begründung der nachstehenden Ergebnisse muß darauf verwiesen werden[3].

Das in der Vergangenheit liegende Unrecht wird nicht entschädigt[4]. Der Grundstückseigentümer erhält keinen Ausgleich dafür, daß er das Grundstück meist über viele Jahre nicht hat privatnützig verwenden können. Eine solche Entschädigungspflicht der Bundesrepublik Deutschland für das von staatlichen Organen der DDR begangene Unrecht besteht nicht.

Die Sachenrechtsbereinigung kann indessen nicht auf eine Entschädigungsfrage verkürzt werden. Das Ziel der Sachenrechtsbereinigung ist nicht Ausgleich für in der DDR begangenes Unrecht, sondern eine Regelung der Rechte am Grundstück für die Zukunft. Die Sachenrechtsbereinigung erfordert eine Rechtsänderung durch Erwerb. Der vorgefundene Status wird durch die Bestellung von Erbbaurechten oder den Kauf der Grundstücke verändert. Diese Veränderung kann nicht durch Entschädigung allein herbeigeführt werden.

Dem Entwurf eines Entschädigungsgesetzes liegt hingegen eine andere Zielsetzung (Wiedergutmachung) zugrunde. Die Entschädigung folgt daher auch anderen Prinzipien. Der Rückzug auf das Zivilrecht (die Deregulierung) ist daher – entgegen der Auffassung Stürners[5] – kein Systembruch, sondern Folge der Verschiedenartigkeit der Regelungsgegenstände.

2. Ausschluß des unredlichen Erwerbs

Das Gesetz schließt die Ansprüche aus der Sachenrechtsbereinigung aus (§ 30 SachenRBerG), wenn der Nutzer unredlich handelte. Die Aufnahme der Einrede war aus den nachstehenden zwei Gründen unverzichtbar:

---

1 Insoweit war die Hinnahme der vorgefundenen Lagen schon aus sachlichen Gründen unverzichtbar. Der Kritik Strobels, daß die Sachenrechtsbereinigung mit der Hinnahme der vorgefundenen Lagen auf einer „anrüchigen" Grundlage beruhe (DStZ 1993, 479, 484), ist entgegenzuhalten, daß dieser Ansatz schon aus den dargestellten wirtschaftlichen Überlegungen notwendig war.
2 Vgl. Hoffmeister, ZoV 1994, 9, 10.
3 Vgl. Czub/Rövekamp, OV spezial, Heft 14/1994, S. 4.
4 Dies wird in der Begründung zum Regierungsentwurf ausdrücklich hervorgehoben (BT-Drs. 12/5992, S. 64, s. Materialien S. 170.
5 JZ 1993, 1074, 1081.

III. Grundprinzipien der Sachenrechtsbereinigung

- Der Nutzer, der selbst unredlich handelte, verdient keinen Schutz. Das Ziel, den Rechtsfrieden erhalten zu müssen, vermag einen Schutz des unredlichen Erwerbers ebenfalls nicht zu rechtfertigen, wenn die rechtsstaatliche Ordnung nicht vor den geschaffenen Fakten kapitulieren soll.

- Der Ausschluß der Ansprüche auf Erbbaurechtsbestellung oder Ankauf des Grundstücks war notwendig, um Wertungswidersprüche zwischen SachenRBerG und VermG zu vermeiden. Entscheidend hierfür war die Erwägung, daß man dem Grundstückseigentümer nicht Ansprüche versagen kann, die das VermG dem enteigneten Alteigentümer zugesteht.

3. Nachzeichnung nach rechtsstaatlichen Grundsätzen

Dieses Prinzip ist in den Gesetzestext selbst (§ 3 Abs. 2 Satz 2 SachenRBerG) aufgenommen worden. Es hat unmittelbare Bedeutung für die Bestimmung der Gegenstände und des Anwendungsbereichs des Gesetzes.

Die Sachenrechtsbereinigung hat zwei Rechte an einem Standort zum Ausgleich zu bringen. Dies sind auf Seiten des Nutzers das Eigentum am Gebäude und das verliehene oder zugewiesene Nutzungsrecht und auf Seiten des Grundstückseigentümers das fortbestehende Eigentum am Grundstück.

Der Gegenstand des Gesetzes hätte auf diese Rechte beschränkt werden können, wenn sich

- die staatlichen Stellen der DDR an die vorgegebenen gesetzlichen Regelungen gehalten hätten und

- den vorgefundenen Rechtsformen die gleiche Bedeutung zukäme wie ähnlichen Regelungen in den alten Ländern.

Aus den rechtstatsächlichen Erhebungen[1] ergab sich jedoch folgender Befund:

- Für die bauliche Inanspruchnahme eines fremden Grundstücks kam es in der DDR im wesentlichen auf die Entscheidungen von Staats- sowie Parteiorganen und den Vorständen der landwirtschaftlichen Produktionsgenossenschaften an. Die hierfür gewählte Rechtsform sowie die Absicherung der Bodennutzung überhaupt waren demgegenüber von untergeordneter Bedeutung.

- Für die Betroffenen machte es in der Regel keinen Unterschied, ob ihnen ein Nutzungsrecht verliehen oder zugewiesen wurde oder sie das Grundstück aufgrund eines Nutzungsvertrages für bauliche Zwecke in Anspruch nehmen durften. Die Abgrenzungslinien zwischen den Nutzungsrechten und den Verträgen, also zwischen Sachen- und Schuldrecht wurden durch den weitgehenden Einfluß des Staates verwischt. Die vertragliche Nutzung war fast genauso sicher wie die aufgrund eines verliehenen oder zugewiesenen Nutzungsrechts. Die staatliche Entscheidung (durch Wohn- oder Gewerberaumzuweisung) begründete für den Eigentümer einen Kontrahierungszwang, die Nutzungsentgelte waren festgesetzt und äußerst gering, die Möglichkeiten zur Kündigung der Verträge schließlich stark eingeschränkt.

---

1 Die Ergebnisse beruhen im wesentlichen auf einer vom Bundesministerium der Justiz 1991 durchgeführten Fragebogenaktion über „Nutzungsrecht und Eigentum an Grund und Boden in den neuen Ländern" sowie auf den im Laufe des Gesetzgebungsverfahrens durch Mitteilungen der Länder, der Kommunen, der Verbände und der Bürger, die dann weitere Erkundigungen auslösten, bekannt gewordenen Sachverhalten.

- Die Entscheidung staatlicher Stellen wurde für die Betroffenen auch deshalb zur ausschlaggebenden Grundlage für die Nutzung eines fremden Grundstücks, weil die rechtliche Absicherung in der Regel der Bebauung oder Inbesitznahme des Grundstücks nachfolgte und häufig auch ausblieb. Die Einhaltung der einschlägigen Rechtsvorschriften wurde weithin als lästige, auf einen späteren Zeitpunkt verschiebbare „Förmelei" angesehen. Dies hat zu den sog. „hängenden" Fällen geführt, worunter die Bebauungen ohne Bestellung eines Nutzungsrechts, die Gebäudekaufverträge ohne Anlegung eines Gebäudegrundbuchs usw. zu verstehen sind.

Die Begrenzung der Sachenrechtsbereinigung auf die Fälle, in denen selbständiges Gebäudeeigentum entstanden ist oder Nutzungsrechte verliehen oder zugewiesen worden sind, hätte insoweit im Widerspruch zu den tatsächlichen Gegebenheiten in der DDR gestanden. Die Grundsätze für die Bestimmung des Anwendungsbereichs des Gesetzes mußten daher überprüft und neu bestimmt werden. Insoweit standen drei Regelungsgrundsätze zur Diskussion:

- Anknüpfung an vorgefundene Rechtsformen,
- Neuregelung allein nach wirtschaftlichen Gesichtspunkten,
- Nachzeichnungslösung.

Es würde den Rahmen dieser Einleitung sprengen, die einzelnen Regelungsgrundsätze darzustellen und die jeweiligen Konsequenzen für die Gestaltung des Gesetzes aufzuzeigen[1]. Dem Gesetz liegt die Nachzeichnungslösung zugrunde. Die Anpassung des Bodenrechts der DDR an das BGB und an marktwirtschaftliche Gegebenheiten mußte daher zwei gegensätzlichen Anforderungen genügen:

- Es war auf der einen Seite nicht möglich, sich vollkommen von den gesetzlichen Regelungen des Bodenrechts zu lösen, wie es in der DDR bestand. Nutzern und Grundstückseigentümern durfte nicht hiervon losgelöst Vorteile verschaffen oder Nachteile zugefügt werden.

- Auf der anderen Seite mußten jedoch Willkürlichkeiten und Zufälligkeiten, die u. a. aus Vollzugsdefiziten entstanden waren, ausgeglichen werden. Solche rechtsstaatlichen Defizite in der DDR durften nicht zu willkürlichen, wirtschaftlich unvertretbaren und daher für die Betroffenen nicht nachvollziehbaren Ergebnissen führen.

Allein die Nachzeichnungslösung führt zu Ergebnissen, die diesen Vorgaben gerecht werden. Bei der Nachzeichnungslösung werden die vorgefundenen Sachverhalte unter Anwendung der bisher geltenden Bestimmungen systemimmanent zu Ende gedacht. Bei der Bestimmung des Gegenstands der Sachenrechtsbereinigung wird insoweit von den Strukturen der Rechtsordnung der ehemaligen DDR ausgegangen. Der Sachenrechtsbereinigung werden jedoch nicht allein die vorgefundenen, oft auf Nachlässigkeit und/oder Willkür staatlicher Stellen beruhenden Rechte, sondern die Rechtslage zugrunde gelegt, wie sie sich bei gesetzeskonformem Vorgehen ergeben hätte.

Mit der Nachzeichnung wird ein grundsätzliches rechtsstaatliches Defizit aufgefangen. Die Gesetze der DDR, die die Bestellung von Nutzungsrechten und die Entstehung des selbständigen Gebäudeeigentums regelten, sahen vor, daß dem Bürger für den Bau oder den Kauf

---

1 Für eine weitergehende Erörterung wird auf die Ausführungen im Abschnitt A.I.4.b) verwiesen, in: Czub, Sachenrechtsbereinigung – Leitfaden für die Praxis, 1994.

eines Eigenheims ein Nutzungsrecht zu bestellen war und das Gebäude persönliches Eigentum werden sollte. Einen einklagbaren Anspruch des Bürgers, der ein Haus gebaut oder gekauft hatte, auf Verleihung oder Zuweisung eines solchen Nutzungsrechts gab es jedoch nicht.

Gleiches galt im übrigen für die Wirtschaftsgebäude der Genossenschaften, wenn sie Grundstücke unter Verwendung eigener Mittel bebaut haben. Hier war folgende Unterscheidung vorgesehen. Die Bebauung eines volkseigenen Grundstücks durch die Genossenschaft sollte unter Verleihung eines Nutzungsrechts, die Nutzung eines vom Staat errichteten volkseigenen Gebäudes dagegen aufgrund sog. nutznießender Rechtsträgerschaft oder durch Übertragung des Grundmittels (darunter sind Gebäude und Anlagen zu verstehen) durch Nutzungsvertrag erfolgen[1]. In der Praxis ging dies oft durcheinander oder es wurde auf die rechtliche Absicherung der Bebauung ganz verzichtet.

4. Bewertung der vorgefundenen Rechtspositionen und Teilung des Bodenwerts

Die für den Interessenausgleich entscheidende Frage war die, nach welchen Grundsätzen sich das Entgelt für die Bestellung eines Erbbaurechts oder den Ankauf des Grundstücks bestimmen soll. Das Gesetz beruht insoweit auf dem Grundsatz der Teilung der durch den Beitritt entstandenen Bodenwerte.

Das Teilungsmodell ist von der Bundesministerin der Justiz im Zusammenhang mit der Festlegung der Eckwerte der Sachenrechtsbereinigung durch die Bundesregierung vorgestellt und erläutert worden[2]. Der Grundsatz der Teilung wird von einigen Autoren als unzulässige Entwertung des Grundstückseigentums[3] von anderen als eine den Nutzern (insbesondere bei hohen Bodenwerten) unzumutbare Belastung bezeichnet[4]. In der vom Rechtsausschuß des Bundestages durchgeführten Anhörung zum Regierungsentwurf des Gesetzes hat vor allem die Frage der verfassungsrechtlichen Zulässigkeit einer Sachenrechtsbereinigung durch Teilung des Bodenwerts breiten Raum eingenommen[5].

Im Rahmen dieser Einleitung können nur die Grundlagen der Teilung des Bodenwerts kurz skizziert werden. Die Teilung ist eine Billigkeitslösung, mit der ein Widerspruch zwischen

- dem Vorhandensein von zwei Eigentumsrechten (Gebäudeeigentum und Grundstückseigentum) an einem Standort und
- in der DDR begründeten Nutzungsbefugnissen und fortbestehenden Grundstückseigentümerrechten

aufgelöst werden soll.

Die vorgefundene Kollision zweier Eigentumsrechte an einem Standort ist Folge des Endes einer planwirtschaftlich bestimmten, vergesellschafteten Bodennutzung. Nur in einer staatlich gelenkten Rechts- und Wirtschaftsordnung war es möglich, die Nutzungsbefugnisse umfas-

---

1 Vgl. Rohde, Bodenrecht (1989), S. 89.
2 Leutheusser-Schnarrenberger, DtZ 1993, 34, 35 f.
3 Vgl.Schulz-Schaeffer, MDR 1993, 921, 922.
4 Vgl. Göhring, NJ 1994, 152, 153.
5 Vgl. die Stellungnahmen der Gutachter Degenhart und v. Brünneck; letztere ist abgedruckt in NJ 1994, 150 ff.

send auf den Nutzer zu übertragen, jedoch das Eigentum und auch den noch verbliebenen Bodenwert beim Grundstückseigentümer zu belassen.

Diese Trennung behielt Bedeutung in Enteignungsfällen, in denen der Nutzer für das Gebäude, die Grundstückseinrichtungen und die Anpflanzungen, der Eigentümer jedoch für den Rechtsverlust an Grund und Boden zu entschädigen war. (§ 2 Abs. 2 des Entschädigungsgesetzes der DDR vom 15. Juni 1984 – GBl. I Nr. 17 S. 209).

In einer Marktwirtschaft, bei der die privatnützige Verwendung eines Wirtschaftsgutes auf dem Eigentum oder aus ihm folgenden Rechten beruht, ist eine solche Trennung von Nutzungsrecht und Bodenwert nicht möglich. Bei der Suche nach einem gerechten Interessenausgleich für die Neuordnung der Rechtsverhältnisse an den Grundstücken ergab sich vielmehr ein Widerspruch zwischen dem rechtlichen Zuweisungsgehalt und den wirtschaftlichen Auswirkungen der vorgefundenen Rechtspositionen:

- Der Bodenwert war auch in der DDR nicht dem Nutzungsrecht, sondern dem Eigentum zugewiesen. Mit einer Zuordnung des Bodenwerts auf den Nutzer wäre die Sachenrechtsbereinigung über den Zuweisungsgehalt seines Rechts hinausgegangen.
- In wirtschaftlicher Hinsicht höhlen unbefristete, niedrig oder nicht verzinsliche Nutzungsrechte den Wert des Eigentums jedoch aus. Ein wesentlicher Anteil des Bodenwerts steckt dann im Nutzungsrecht, das am Markt entsprechend bewertet wird.

Dieses Paradoxon in bezug auf den Bodenwert unter den veränderten Verhältnissen muß in der Sachenrechtsbereinigung aufgelöst werden. – Eine in jeder Hinsicht befriedigende Lösung gibt es hierfür nicht. Geht man indessen davon aus, daß

- sowohl die aufzulösende Kollision der vorgefundenen Rechte an einem Standort
- als auch die Bodenwerte, über deren Zuordnung bei der Gestaltung der Sachenrechtsbereinigung entschieden wird,

Folgen eines für beide Seiten in gleicher Weise zufälligen Systemwechsels sind, so ist eine Gleichbehandlung durch hälftige Aufteilung des Bodenwerts eine angemessene Lösung. Eine solche Regelung hat Vergleichscharakter und den Vorzug, daß keine Seite leer ausgeht.

IV. Bestimmungen des SachenRBerG im einzelnen

1. Bestimmung der Gegenstände und des Anwendungsbereichs der Regelungen für die bauliche Nutzung fremder Grundstücke (§§ 1 bis 8 SachenRBerG)

a) Regelungsgegenstände

Die Gegenstände, die das SachenRBerG regelt, werden in § 1 Abs. 1 aufgelistet. Die Nummer 1 beschreibt die vier Grundfälle der baulichen Nutzung fremder Grundstücke, die Gegenstand der Sachenrechtsbereinigung sind.

aa) Verliehene oder zugewiesene Nutzungsrechte (§ 1 Abs. 1 Nr. 1a SachenRBerG)

An erster Stelle werden die Nutzungsrechte genannt. Dies sind die nach dem Nutzungsrechtsgesetz der DDR auf volkseigenen Grundstücken verliehenen oder nach der Bereitstellungsverordnung auf genossenschaftlich genutzten Grundstücken von den LPG-Vorständen mit Zustimmung des Rates der Gemeinde zugewiesenen Nutzungsrechte. Diese Rechte waren durch Verwaltungsakt begründete subjektiv-öffentliche Rechte, die Grundlage für den Bau oder den Erwerb eines Gebäudes waren.

• Die Grundlagen für die **Verleihung** von Nutzungsrechten auf **volkseigenen** Grundstücken für den **Bau** von Gebäuden waren in verschiedenen Gesetzen geregelt. Eine Auflistung der verschiedenen Rechtsgrundlagen bis zum Inkrafttreten des Nutzungsrechtsgesetzes vom 14. Dezember 1970 (GBl. I Nr. 24 S. 372) ist im Zweiten Gesetz über die Verleihung von Nutzungsrechten vom 3. April 1959 (GBl. I Nr. 21 S. 277) enthalten. Das Nutzungsrechtsgesetz von 1970 führte insoweit zu einer einheitlichen Rechtsgrundlage.

• Neben den Nutzungsrechten zur Bebauung eines Grundstücks gab es die Nutzungsrechte, die nach den Gesetzen über den **Verkauf volkseigener Gebäude** vom 15. September 1954 (GBl. I Nr. 81 S. 784), vom 19. Dezember 1973 (GBl. I Nr. 58 S. 578) und vom 7. März 1990 (GBl. I Nr. 18 S. 157) zu bestellen waren. Diese Rechte waren Voraussetzung dafür, daß das Gebäude seine Eigenschaft als Bestandteil des Grundstücks verlor und selbständiges Eigentum an ihm entstehen konnte.

Bei diesen Nutzungsrechten sind einige Besonderheiten vor allem in bezug auf Restitutionsansprüche zu beachten, die auch in der Sachenrechtsbereinigung Bedeutung gewinnen. Im Gegensatz zu den zur Bebauung verliehenen Nutzungsrechten schließt die Verleihung eines Nutzungsrechts aufgrund eines Kaufvertrages die Restitution nicht aus, wenn der Vertrag nach dem sog. Stichtag abgeschlossen worden ist[1]. Der Grund hierfür liegt darin, daß das Vermögensgesetz denjenigen, der das Grundstück mit eigenen Investitionen selbst bebaut hat, mehr schützt als denjenigen, der eine enteignete, an den Alteigentümer zurückzugewährende Sache gekauft hat. Dort wird dem Restitutionsinteresse grundsätzlich Vorrang vor dem Schutz des Vertrauens in den Erwerb aufgrund eines erst nach dem Stichtag abgeschlossenen Vertrages gegeben. – In diesen Fällen führt die Verleihung des Nutzungsrechts auch nicht ohne weiteres zu den Ansprüchen aus der Sachenrechtsbereinigung. § 3 Abs. 3 ist aufgrund der Regelung in Satz 2 Nr. 3 nicht anzuwenden; es gilt vielmehr die besondere Regelung in § 121 SachenRBerG. Der Nutzer hat hiernach nicht schon aufgrund des Nutzungsrechts, sondern nur unter den in den Absätzen 1 und 2 bestimmten Voraussetzungen nach der Restitution Ansprüche gegen den Alteigentümer.

• Zu den Nutzungsrechten gehören schließlich die auf den **genossenschaftlich** genutzten Grundstücken nach der Verordnung über die Bereitstellung von genossenschaftlich genutzten Bodenflächen zur Errichtung von Eigenheimen auf dem Lande vom 9. September 1976 (GBl. I Nr. 35 S. 426 – im folgenden: Bereitstellungsverordnung) zugewiesenen Nutzungsrechte. Diese Nutzungsrechte waren nach § 3 jener Verordnung für den **Bau** eines Gebäudes durch den Vorstand einer LPG zu bestellen und durch den Rat der Gemeinde zu bestätigen. Nach § 5 erster Spiegelstrich konnte die Zuweisung von Nutzungsrechten auch für die rechtliche Absicherung der Bodennutzung in den Fällen eines **Verkaufs** eines von der LPG errichteten Gebäudes eingesetzt werden.

bb) Selbständiges Gebäudeeigentum (§ 1 Abs. 1 Nr. 1b SachenRBerG)

Der zweite Regelungsgegenstand der Sachenrechtsbereinigung ist das selbständige Eigentum am Gebäude. Das Gebäude war persönliches Eigentum des Bürgers (oder Eigentum der Genossenschaft), das im Grundstücksverkehr dem persönlichen Eigentum am Grundstück gleichstand (§ 295 Abs. 2 Satz 2 ZGB), über das verfügt und das vererbt werden konnte (§ 289 Abs. 1 ZGB und § 293 Abs. 1 und Abs. 2 ZGB). Das selbständige Eigentum am Gebäude besteht nach dem Einigungsvertrag fort (Art. 231 § 5 Abs. 1 EGBGB).

---

[1] Vgl. BT-Drs. 11/7831, S. 5 und 12/2480, S. 44.

Selbständiges Eigentum an einem Gebäude konnte aufgrund eines verliehenen oder zugewiesenen Nutzungsrechts entstehen. Für diese Sachverhalte hat die Regelung in § 1 Abs. 1 Nr. 1 Buchstabe b SachenRBerG keine selbständige Bedeutung, da sie auch schon durch die Bestimmung in § 1 Abs. 1 Nr. 1 Buchstabe a SachenRBerG erfaßt werden.

Anders ist dies bei dem ohne Nutzungsrecht kraft Gesetzes entstandenen Gebäudeeigentum nach

- § 27 LPG-Gesetz von 1982 (vorher: § 13 Abs. 1 LPG-Gesetz 1959),
- § 459 Abs. 1 Satz 1 ZGB und
- Art. 233 § 2b Abs. 1 EGBGB.

Auch bei dem kraft Gesetzes entstandenen Gebäudeeigentum besteht nunmehr eine Kollision zwischen zwei dinglichen Rechten an einem Standort. Diese Fälle werden durch den Buchstaben b in die Sachenrechtsbereinigung einbezogen.

cc) Bebauungen ohne Nutzungsrecht (§ 1 Abs. 1 Nr. 1c SachenRBerG)

Die nächste Fallgruppe, die in der Sachenrechtsbereinigung geregelt wird, sind die mit Billigung staatlicher Stellen erfolgten Bebauungen. Mit dieser Bestimmung werden vor allem die rechtlich nicht durch ein Nutzungsrecht abgesicherten Bebauungen (also die hängenden Fälle) in die Sachenrechtsbereinigung einbezogen.

dd) Nicht vollzogene Grundstückskaufverträge (§ 1 Abs. 1 Nr. 1d SachenRBerG)

Die Nummer 1 ist mit dem Gesetzesbeschluß des Bundestages um eine weitere Fallgruppe ergänzt worden. Hierdurch werden die Kaufverträge über sog. volkseigene Gebäude erfaßt, bei denen nach dem Vertrag selbständiges Eigentum am Gebäude oder einer baulichen Anlage entstehen sollte, wenn die Erfüllung des Vertrages hängen geblieben ist.

Diese Fallgruppe hat mit der Sachenrechtsbereinigung unmittelbar nichts zu tun und wirft besondere Probleme auf den restitutionsbelasteten (also an einen Alteigentümer zurückzugebenden) Grundstücken auf. Auf die hängenden Kaufverträge wird am Schluß dieser Einleitung noch kurz eingegangen.

b) Ausschlußtatbestände (§ 2 SachenRBerG)

Das Sachenrechtsbereinigungsgesetz ist dann nicht anzuwenden, wenn die in § 2 SachenRBerG bezeichneten Ausschlußtatbestände vorliegen.

aa) Nutzungen zur Erholung (§ 2 Abs. 1 Nr. 1 SachenRBerG)

Kein Gegenstand der Sachenrechtsbereinigung sind einmal – unabhängig von der dem Nutzungsverhältnis zugrunde liegenden rechtlichen Grundlage – die Nutzungen von Grundstücken durch Bürger zur Erholung, Freizeitgestaltung oder kleingärtnerischen Bewirtschaftung.

bb) Vertragliche Nutzungen (§ 2 Abs. 1 Nr. 2 SachenRBerG)

Ebenfalls nicht in die Sachenrechtsbereinigung gehören die Nutzungen auf der Grundlage von Miet-, Pacht- und anderen Nutzungsverträgen und zwar auch dann, wenn der Nutzer das Grundstück mit Billigung staatlicher Stellen bebaut hat.

Dieser Ausschluß wird aber für die Fälle durchbrochen, in denen zur Absicherung der Bebauung das Grundstück als Bauland bereitgestellt und dem Nutzer ein Nutzungsrecht hätte verliehen oder zugewiesen werden müssen.

IV. Bestimmungen des SachenRBerG im einzelnen

Die wichtigsten Sachverhalte werden in den Regelbeispielen in §§ 5 und 7 SachenRBerG ausdrücklich benannt. In § 2 Abs. 1 Nr. 2 Buchstabe a SachenRBerG wird auf die dort genannten Fallgruppen in Form einer Unterausnahme zum Ausschlußtatbestand hingewiesen. Beispiele hierfür sind die vorläufige Bereitstellung von Bauland für den Bau eines Eigenheims auf vertraglicher Grundlage (§ 5 Abs. 1 Nr. 3 Buchstabe d SachenRBerG) oder der mit Billigung staatlicher Stellen erfolgte Umbau eines Wochenendhauses (Datsche) zu einem Wohnhaus ohne Anpassung der Rechtsverhältnisse an Grundstücken durch Verleihung eines Nutzungsrechts (§ 5 Abs. 1 Nr. 3 Buchstabe e SachenRBerG).

Die Ausschlußtatbestände in § 2 Abs. 1 Nr. 1 und 2 SachenRBerG beruhen auf dem Grundprinzip der Nachzeichnung des DDR-Rechts nach rechtsstaatlichen Grundsätzen. Vertragliche Nutzungen gehören danach grundsätzlich nicht in die Sachenrechtsbereinigung. Die Nutzungsverträge zur Erholung und die Pachtverträge zur Bebauung eines Grundstücks werden vielmehr im ebenfalls neuen Schuldrechtsanpassungsgesetz[1] geregelt. Das SachenRBerG setzt sich jedoch über die vorgefundene Rechtsform dann hinweg, wenn das Gesetzesrecht nicht korrekt angewendet worden ist und dem Nutzer hiernach ein Nutzungsrecht mit der Folge der Entstehung selbständigen Eigentums am Gebäude hätte verliehen oder zugewiesen werden müssen.

cc) Meliorationsanlagen (§ 2 Abs. 1 Nr. 3 SachenRBerG)

Die Regelung der Rechtsverhältnisse an den Meliorationsanlagen erfolgt in einem besonderen Gesetz (Art. 4 des Schuldrechtsänderungsgesetzes). Diese Anlagen dienen der Bodenbewirtschaftung; an ihnen besteht derzeit gesondertes Eigentum. Die allgemeinen Rechtsfolgen der Sachenrechtsbereinigung (Erbbaurecht und Ankaufsrecht) passen hier nicht. Die Folgen der Aufhebung des gesetzlichen Nutzungsrechts der landwirtschaftlichen Produktionsgenossenschaften würden nämlich überall dort unterlaufen, wo solche Anlagen bestehen.

dd) Öffentlicher Sektor (§ 2 Abs. 1 Nr. 4 SachenRBerG)

Der Ausschluß solcher Grundstücke, die

- mit öffentlichen Zwecken gewidmeten und Verwaltungsaufgaben dienenden Gebäuden bebaut oder
- für die Errichtung dem Gemeingebrauch dienender Anlagen verwendet

worden sind, beruht auf anderen Gründen. Die Entscheidung für die Herausnahme der für öffentliche Zwecke verwendeten Grundstücke ergab sich vor allem aus folgenden Erwägungen:

- Die Maßstäbe für den Ausgleich privater Interessen am Besitz des Grundstücks im Sachenrechtsbereinigungsgesetz passen hier nicht. Bei den Grundstücken, die für Gebäude im Verwaltungsgebrauch oder für Zwecke des Gemeingebrauchs verwendet worden sind, erfolgt der Erwerb zu dem Zweck, der öffentlichen Nutzung (durch Widmung) entsprechende Eigentumsverhältnisse herbeizuführen. Bei einem aus Gründen des öffentlichen Wohls gebotenen Grunderwerb kann es z. B. keine Abwägung des Inhalts geben, ob der Grundstückseigentümer oder der Nutzer der bessere Investor ist. Das Gesetz sieht in § 81 Abs. 1 Satz 1 Nr. 4 eine solche Abwägung bei den Wirtschaftsgebäuden des Nutzers, die

---

[1] Zu dessen Inhalt – vgl. BT-Drs. 12/8038.

auf Betriebsgrundstücken des Grundstückseigentümers stehen, unter bestimmten Voraussetzungen vor.

- Das Gleiche gilt für die Maßstäbe, die dem finanziellen Interessenausgleich zugrunde liegen. Das Prinzip der Bodenwertteilung läßt sich nicht – jedenfalls nicht ohne wesentliche Änderungen – auf die für öffentliche Zwecke verwendeten Grundstücke übertragen, die infolge der Widmung dem Markt entzogen sind und keinen Verkehrswert haben. Eine Preisbestimmung durch Teilung des Verkehrswerts dieses Grundstücks ist nicht möglich. Hier muß grundsätzlich ein Entschädigungswert gefunden werden.

Insoweit war es sachgerecht, die für öffentliche Zwecke verwendeten Grundstücke insgesamt aus dem Anwendungsbereich des Gesetzes herauszunehmen. Für diese Fälle wird es bis zu einer bundesgesetzlichen Regelung, zu deren Vorlage in der kommenden Legislaturperiode die Bundesregierung durch Entschließung des Bundestages aufgefordert worden ist, ein niedrig verzinsliches Moratorium geben (Art. 233 § 2a Abs. 9 EGBGB). Die Ausgestaltung einer künftigen gesetzlichen Regelung entweder entsprechend der Sachenrechtsbereinigung oder im Wege der Enteignung bleibt offen.

ee) Fortbestehende öffentlich-rechtliche Nutzungen (§ 2 Abs. 1 Nr. 5 SachenRBerG)

Der Ausschlußtatbestand dürfte voraussichtlich leerlaufen. Er hatte zunächst Bedeutung für die Energiefortleitungsanlagen. Die bisherigen Mitbenutzungsrechte bestehen nach dem Einigungsvertrag bis zum 31. 12. 2010 fort. Häufig waren solche Rechte jedoch nicht begründet worden. § 8 Grundbuchbereinigungsgesetz i. d. F. durch das Registerverfahrenbeschleunigungsgesetz hat deshalb für die Energieversorgungsunternehmen nunmehr kraft Gesetzes Dienstbarkeiten an den Grundstücken begründet, auf denen solche Energiefortleitungsanlagen stehen.

c) Beschreibung des Anwendungsbereichs der baulichen Nutzungen (§§ 4 bis 7 SachenRBerG)

Die in § 1 Abs. 1 Nr. 1 bezeichneten Rechtsverhältnisse werden in den §§ 4 bis 7 nach vorwiegend tatsächlichen Merkmalen näher beschrieben. Das Gesetz regelt

a) den Eigenheimbau und -erwerb (§ 5 SachenRBerG)

b) den staatlichen oder genossenschaftlichen Wohnungsbau auf in Privateigentum befindlichen Grundstücken (§ 6 SachenRBerG) und

c) andere bauliche Nutzungen (§ 7 SachenRBerG).

§ 7 des Gesetzes faßt folgende Sachverhalte zusammen:

- den Wohnungsbau der landwirtschaftlichen Produktionsgenossenschaften (§ 7 Abs. 1 2. Alt SachenRBerG),

- an Genossenschaften verliehene Nutzungsrechte (§ 7 Abs. 2 Nr. 1 SachenRBerG),

- den Bau von Wirtschaftsgebäuden durch die landwirtschaftlichen Produktionsgenossenschaften und andere Genossenschaften, z. B. die Konsumgenossenschaften (§ 7 Abs. 2 Nr. 2 und Nr. 5 SachenRBerG),

- die Verleihung von Nutzungsrechten an und den Bau von Gebäuden durch Vereinigungen (§ 7 Abs. 2 Nr. 3 SachenRBerG),

IV. Bestimmungen des SachenRBerG im einzelnen

- die Bebauung volkseigener Grundstücke durch Handwerker und Gewerbetreibende (§ 7 Abs. 2 Nr. 6 SachenRBerG) und

- schließlich den Bau durch volkseigene Betriebe oder den Staat, auf in Privateigentum befindlichen Grundstücken auf vertraglicher Grundlage oder ohne Rechtstitel und ohne Klärung der Eigentumsverhältnisse (§ 7 Abs. 2 Nr. 4 und 7 SachenRBerG).

Im Falle der Bebauung durch den Staat ist das SachenRBerG aber nur anzuwenden, wenn

- die errichteten Gebäude oder Anlagen nicht öffentlichen Zwecken gewidmet sind und nicht unmittelbar Verwaltungsaufgaben dienen und

- nicht für Zwecke das Gemeingebrauchs verwendet worden sind.

Die Sachenrechtsbereinigunq erfaßt damit „nur" das fiskalischen Zwecken dienende und kommerziell genutzte Vermögen der öffentlichen Hand. Insoweit stehen die Unternehmen der öffentlichen Gebietskörperschaften den privaten Unternehmen gleich. Eine Herausnahme der für fiskalische Zwecke verwendeten und kommerziell genutzten Grundstücke aus dem Anwendungsbereich der Sachenrechtsbereinigung wäre aus den oben zu b) dd) genannten Gründen nicht gerechtfertigt.

Die Regelungen in den §§ 5 bis 7 SachenRBerG haben vor allem Bedeutung für die rechtlich nicht durch ein Nutzungsrecht abgesicherten Bebauungen, die in § 1 Abs. 1 Nr. 1 Buchstabe c SachenRBerG benannten hängenden Fälle. Hätte man auf die Regelbeispiele verzichtet, wäre in jedem Einzelfall anhand der in § 3 Abs. 2 SachenRBerG benannten Regelungsgrundsätze zu prüfen, ob der zu entscheidende Sachverhalt unter das Gesetz fällt oder nicht. Ist der Sachverhalt jedoch einer der in den §§ 5 bis 7 SachenRBerG benannten Fallgruppen zuzuordnen, so ist die Einbeziehung in die Sachenrechtsbereinigung entschieden. Die Beteiligten sind nach dem Gesetz berechtigt und verpflichtet.

d) Zeitliche Begrenzung (§ 8 SachenRBerG)

Die Sachenrechtsbereinigung erfaßt nur die Rechtsverhältnisse, die aufgrund einer sozialistischen, staatlich gelenkten und nicht an marktwirtschaftlichen Grundsätzen ausgerichteten Bodenordnung entstanden sind[1]. Diese begann mit der sowjetischen Besatzungszeit. Das zu regelnde Rechtsverhältnis muß deshalb nach dem 8. Mai 1945 entstanden sein.

Der Endzeitpunkt wird unterschiedlich bestimmt.

Sofern selbständiges Eigentum an einem Gebäude besteht, liegt grundsätzlich ein Gegenstand der Sachenrechtsbereinigung vor. Diese Rechtsform wurde erst nach den Verstaatlichungen (mit dem Verbot der Reprivatisierung des volkseigenen Bodens) begründet. Es kann nach der Wiedereinführung des BGB grundsätzlich nicht mehr bestellt werden. – Eine Befristung des zeitlichen Anwendungsbereiches auf die Zeit vor dem 3. Oktober 1990 war jedoch insoweit nicht möglich. Gegenstand der Sachenrechtsbereinigung ist auch das durch Art. 233 § 2b Abs. 1 EGBGB erst begründete selbständige Eigentum am Gebäude, das zum Schutz der baulichen Investitionen der landwirtschaftlichen Produktionsgenossenschaften auf volkseigenen Grundstücken begründet worden ist[2]. Auch insoweit bedarf es der Begründung BGB-konformer Rechtsverhältnisse an den Grundstücken.

---

1 BT-Drs. 12/7425, S. 64, s. Materialien S. 395.

2 Das selbständige Gebäudeeigentum der Wohnungsbaugenossenschaften gehört nicht hierher. Insoweit ist ein Übergang des Eigentums der Kommunen an den Grundstücken auf die Wohnungsbaugenossenschaften kraft Gesetzes (§ 1 Wohnungsgenossenschafts-Vermögensgesetz) erfolgt. Das Gebäudeeigentum der Wohnungsbaugenossenschaften auf volkseigenen Grundstücken ist daher nach § 1 Abs. 2 SachenRBerG kein Gegenstand der Sachenrechtsbereinigung.

Das gesetzliche Bodennutzungsrecht der landwirtschaftlichen Produktionsgenossenschaften ist mit Ablauf des 30. Juni 1990 erloschen. Nutzungsrechte, auf solchen Grundstücken, müssen daher vor dem 30. Juni 1990 zugewiesen worden sein; falls kein Nutzungsrecht zugewiesen worden ist, muß mit dem Bau des Gebäudes bis zu diesem Zeitpunkt begonnen worden sein. Danach war die Wirkung der Kollektivierung aufgehoben und der Grundstückseigentümer wieder befugt, über die Nutzung seines Grundstücks zu bestimmen.

In den anderen Fällen muß die Verleihung des Nutzungsrechts vor Ablauf des 2. Oktober 1990 erfolgt oder mit dem Bau vor diesem Zeitpunkt begonnen worden sein.

2. Duales System (§ 3 Abs. l; §§ 14 bis 16 SachenRBerG)

Die Sachenrechtsbereinigung erfolgt grundsätzlich nach Wahl des Nutzers durch Bestellung eines Erbbaurechts oder durch Ankauf des Grundstücks. Nur unter besonderen, engen Voraussetzungen ist der Grundstückseigentümer berechtigt, (auch gegen eine Entscheidung des Nutzers) dessen Gebäude anzukaufen oder dessen Rechte aus der baulichen Investition abzulösen (§§ 3 Abs. 1, 15 Abs. 1 und Abs. 4 SachenRBerG).

a) Gründe für das Erbbaurecht

Das Erbbaurecht erwies sich deshalb als notwendig, weil der mit diesem Rechtsinstitut verfolgte soziale Zweck, auch solchen Bevölkerungskreisen den Bau eines Hauses zu ermöglichen, die sich den Ankauf des Grundstücks nicht leisten können, auf das Beitrittsgebiet in besonderer Weise zutrifft.

Mit dem Erbbaurecht steht ein Instrument zur Verfügung, durch das die finanziellen Belastungen für den Nutzer in weiten Bereichen in einem erträglichen Rahmen gehalten werden können.

b) Gründe für das Ankaufsrecht

Für das Ankaufsrecht sprechen folgende rechtspolitische Erwägungen:

- Das Ankaufsrecht hat im Vergleich zum Erbbaurecht den Vorteil, daß es zu einer schnelleren Bereinigung führt, ohne die Beteiligten über Jahre hinweg aneinander zu ketten. Der Eigentümer erhält sogleich einen namhaften Geldbetrag, über den er disponieren kann. Der Nutzer wird Eigentümer des Grundstücks mit allen sich daraus ergebenden Rechten und Pflichten.
- Das Ankaufsrecht führt zu einer wirtschaftlich gleichartigen Lösung in verschiedenen Verfahrensarten. In den Bodenordnungsverfahren nach § 64 LwAnpG und § 15 Abs. 2 BoSoG werden entsprechend der Bebauung Grundstücke neu gebildet, das Eigentum an den überbauten Grundstücken in der Regel auf die Nutzer übertragen und der Eigentümer des Grundstücks für den Rechtsverlust entschädigt.

c) Wahlrecht des Nutzers und seine Grenzen

Der Nutzer soll grundsätzlich zwischen diesen Rechtsinstituten nach seinen Bedürfnissen und finanziellen Möglichkeiten wählen können. Die Grenzen des Wahlrechts ergeben sich aus dem Zweck, der den Rechtsinstituten zugrunde liegt.

Wenn der Ankauf für den Nutzer zu vergleichsweise geringen finanziellen Belastungen, das Erbbaurecht jedoch für den Grundstückseigentümer zu einer langen Vorenthaltung seines Grundstücks ohne eine nennenswerte Verzinsung bei hohem Verwaltungsaufwand führt, ist

IV. Bestimmungen des SachenRBerG im einzelnen

ein Ausschluß des Wahlrechts und eine Konzentration auf das Ankaufsrecht geboten. Aus diesen Erwägungen ist in § 15 Abs. 2 SachenRBerG bei Grundstückswerten unter 30 000 DM im Eigenheimbau und unter 100 000 DM in allen anderen Fällen das Wahlrecht ausgeschlossen.

Die Beschränkung auf das Ankaufsrecht wird durch eine Härteklausel (§ 123 SachenRBerG) gemildert. Die Nutzer, die im gegenwärtigen Zeitpunkt die für den Ankauf erforderlichen Mittel nicht aufbringen können, sollen für längstens sechs Jahre das Grundstück aufgrund eines Nutzungsvertrages gegen Zahlung eines dem Erbbauzins entsprechenden Entgelts nutzen können.

Das Ankaufsrecht ist dagegen auszuschließen, wenn der Grundstückseigentümer aufgrund seiner Statuten das Grundstück nicht veräußern darf. Dies trifft insbesondere für Kirchen und Stiftungen zu. Hier könnte eine Veräußerung die Erfüllung ihrer Aufgaben erschweren oder vereiteln. Liegt ein solches besonderes Interesse des Eigentümers dafür vor, das Grundstück zu behalten, so soll der Grundstückseigentümer den Nutzer auf das Erbbaurecht verweisen können (§ 15 Abs. 3 Satz 1 SachenRBerG).

3. Verkehrswertbestimmung

a) Allgemeine Grundsätze

Bei der Umsetzung des Teilungsmodells war an den Verkehrswert des Bodens zum Zeitpunkt des Vertragsschlusses anzuknüpfen. § 19 Abs. 1 SachenRBerG bestimmt den Zeitpunkt der Abgabe eines dem Gesetz entsprechenden Vertragsangebots zum Wertermittlungszeitpunkt. Der Zweck der Regelung besteht darin, daß jede Seite damit selbst den für die Wertermittlung maßgebenden Zeitpunkt festlegen kann und keine Seite durch eine Verzögerung im Verfahren sich Vorteile verschaffen können soll.

Die Regelung entspricht dem in § 95 Abs. 2 Nr. 3 BauGB normierten Rechtsgrundsatz für das Enteignungsverfahren, wonach Werterhöhungen nach Abgabe eines Kauf- oder Tauschangebots zu angemessenen Bedingungen unberücksichtigt bleiben[1].

Auszugehen ist vom Wert des baureifen Grundstücks (§ 19 Abs. 2 Satz 1 SachenRBerG), da das Grundstück mit der Zuweisung zur Bebauung durch eine staatliche Stelle Bauland war.

Aufwendungen des Nutzers für die Baureifmachung werden durch eine nach Gemeindegrößenklassen gestaffelte Pauschale abgezogen (§ 18 Abs. 3 SachenRBerG), wobei der für Rohbauland gezahlte Preis die Untergrenze bildet.

b) Komplexe Bebauungen

Besondere Regelungen gelten für die gebietsbezogene Überbauung im komplexen Wohnungsbau oder im Siedlungsbau. Die Regelungen sollen dem hier in der Regel höheren Entwicklungsaufwand des Investors durch einen pauschalen Vorwegabzug von einem Drittel des heutigen Bodenwerts (§ 20 Abs. 3 SachenRBerG) Rechnung tragen. Zugleich soll hiermit eine einheitliche Bewertung für die Entschädigungsleistungen ermöglicht werden, die in den Verfahren nach dem Bodensonderungsgesetz für den Rechtsverlust zu zahlen sein werden (§ 20 Abs. 4 bis 6 SachenRBerG).

---

1 BT-Drs. 12/5992, S. 118, s. Materialien S. 225.

4. Einreden, Nachzahlungsansprüche, Wechsel des Ankaufsrechts auf den Grundstückseigentümer (§ 29 bis 31 SachenRBerG)

Der Grundstückseigentümer soll die Erfüllung der Ansprüche beim Vorliegen bestimmter Voraussetzungen verweigern dürfen.

a) Fehlende Investition, nicht ausgeübte bauliche Nutzung (§ 29 SachenRBerG)

aa) Voraussetzungen und Gründe der Einrede

Einreden gegen die Bestellung von Erbbaurechten oder den Ankauf des Grundstücks sollen dem Grundstückseigentümer auch dann zustehen, wenn der Investitionswert oder der Gebrauchswert des Gebäudes nicht vorhanden sind.

Dies betrifft folgende Sachverhalte:

- Das vom Nutzer errichtete Gebäude ist verfallen; ein Wiederaufbau nicht möglich oder nicht beabsichtigt (§ 29 Abs. 1 Satz 1 Nr. 1 SachenRBerG).

- Das Gebäude wird vom Nutzer nicht mehr genutzt; es könnte allerdings weiterveräußert und nach Umbau zu anderen Zwecken genutzt werden (§ 29 Abs. 1 Nr. 2 SachenRBerG).

  Solche Sachverhalte sind vor allem bei den Wirtschaftsgebäuden (dort insbesondere bei den Gebäuden der früheren landwirtschaftlichen Produktionsgenossenschaften) häufig vorzufinden.

- Schließlich ist noch der Fall zu nennen, in dem ein Nutzungsrecht verliehen oder zugewiesen, das Grundstück jedoch nicht bebaut worden ist (§ 29 Abs. 2 SachenRBerG).

Die rechtspolitischen Gründe für die Einrede bestehen in folgendem:

- Der Bezug zu der in der DDR begründeten Nutzung ist nicht mehr vorhanden und

- die Befugnisse des Nutzers am Grundstück dürfen grundsätzlich nicht über das in der DDR bestellte Nutzungsrecht hinausgehen[1].

Der Einigungsvertrag hat das Nutzungsrecht mit seinem bisherigen Inhalt anerkannt. Der Grundstückseigentümer muß die vorgefundene Berechtigung hinnehmen. Diese war auf **eine** Nutzung bezogen; insbesondere die Erzielung von Gewinnen aus Ankauf und anschließender Veräußerung entsprach nicht dem Zweck der vorgefundenen Nutzungsrechte.

Die Einrede ist ein Instrument, um ungerechtfertigte Gewinnmitnahmen aus der Bodenwertteilung durch Veräußerung alter Rechtstitel (Gebäudeeigentum sowie Nutzungsrecht ohne bauliche Investition) zu verhindern.

bb) Weitere Rechtsfolgen

Dieses Instrument wird ergänzt durch folgende Regelungen:

- Einen Einwendungsdurchgriff gegenüber Erwerbern des Gebäudeeigentums, wenn diese keine Investitionen in das Gebäude vorgenommen haben (§ 29 Abs. 3 SachenRBerG),

- Regelungen zur Anpassung des Erbbauzinses und zur Preisbemessung nach dem ungeteilten Bodenwert, wenn der Erwerber bauliche Investitionen vorgenommen hat und nunmehr

---

1 BT-Drs. 12/5992, S. 128 f., s. Materialien S. 235 f.

IV. Bestimmungen des SachenRBerG im einzelnen

die Bestellung eines Erbbaurechts oder den Ankauf des Grundstücks verlangt (§ 47 Abs. 3 und § 70 Abs. 4 SachenRBerG) und schließlich

- Zinsanpassungsverpflichtungen sowie Nachzahlungsverpflichtungen des Nutzers, wenn kurze Zeit nach Bestellung eines Erbbaurechts oder dem Ankauf des Grundstücks das Ensemble aus Grundstück und Gebäude weiterveräußert wird (§ 48 Abs. 1 und 2, § 71 Abs. 1 und 2 SachenRBerG).

cc) Bewertung

In den Beratungen ist erörtert worden, daß die Bestimmungen in ihrer Anwendung kompliziert sind und den Handel mit Grundstücken im Beitrittsgebiet – jedenfalls in den ersten Jahren nach dem Inkrafttreten des Gesetzes – zwar nicht aus rechtlichen, aber aus wirtschaftlichen Gründen einschränken werden. Es sollten jedoch einerseits alle Nutzungsrechte gleich behandelt und andererseits Verwertungsmöglichkeiten, die über den eng zweckgebundenen Zuweisungsgehalt der vorgefundenen Rechtspositionen hinausgingen (insbesondere Spekulationsgeschäfte), ausgeschlossen werden[1]. Beide Ziele ließen sich nur erreichen, wenn der Grundsatz der Bodenwertteilung beibehalten wird, gleichzeitig jedoch Rechtsbehelfe für den Fall zweckwidriger Nutzung und spekulativer Weiterveräußerung begründet werden[2].

b) Unredlicher Erwerb (§ 30 SachenRBerG)

Dies ist einmal der Fall, wenn der Nutzer bei der Bestellung des Nutzungsrechts oder – falls ein solches nicht bestellt worden ist – bei der Erlangung des Besitzes unredlich gewesen ist (§ 30 SachenRBerG).

Die Vorschrift wahrt die Parallelität zu den Wertungen in § 4 Abs. 3 und § 16 Abs. 3 des Vermögensgesetzes. Nach diesen Bestimmungen kann die Aufhebung eines in unredlicher Weise erworbenen Nutzungsrechts durch Entscheidung des Amtes zur Regelung offener Vermögensfragen verlangt werden.

Für die Entscheidung über entsprechende Einreden der Eigentümer nicht staatlich verwalteter Grundstücke sind die Ämter jedoch nicht zuständig, da hier kein im Vermögensgesetz geregelter Sachverhalt vorliegt.

Es würde ein nicht zu begründender Wertungswiderspruch entstehen, wenn diese Eigentümer auch die in unredlicher Weise erworbenen Nutzungsrechte hinzunehmen hätten und die Nutzer daraus Ansprüche auf Erbbaurechtsbestellung oder auf Ankauf des Grundstücks begründen könnten.

c) Geringe Restnutzungsdauer des Gebäudes (§ 31 SachenRBerG)

§ 31 SachenRBerG gibt dem Grundstückseigentümer eine Einrede, wenn

- ein Nutzungsrecht nicht bestellt worden ist und
- die Restnutzungsdauer eines Wirtschaftsgebäudes weniger als 25 Jahre beträgt.

Ein zur Bodennutzung berechtigender Rechtstitel liegt in diesem Falle nicht vor. Der Gebrauchswert des Gebäudes ist wegen der kurzen Restnutzungsdauer gering.

---

1 BT-Drs. 12/7425, S. 53, s. Materialien S. 384.
2 Die Erwägungen für die gesetzliche Regelung sind im Bericht des Rechtsausschusses ausführlich dargestellt worden (BT-Drs. 12/7425, S. 53 und 54, s. Materialien S. 384 ff.).

Eine Bodenwertteilung ist hier wegen der Geringwertigkeit der zu schützenden Investition nicht gerechtfertigt. Ein Ankaufsrecht zum halben Preis würde zu einem Mißverhältnis zwischen dem Wert eines auf die Restnutzungsdauer des Gebäudes bezogenen Bodennutzungsrechts und dem Bodenwert führen. Ein auf relativ kurze Zeit bestelltes Erbbaurecht enthält jedoch – auch wenn es zinsgünstig ist – keinen nennenswerten Bodenwertanteil.

Da Erbbaurechte mit einer Laufzeit von weniger als 25 Jahren in der Regel nicht beliehen werden, soll der Grundstückseigentümer hier auch die Bestellung eines Erbbaurechts verweigern können. Der Nutzer kann in diesen Fällen den Abschluß eines nach der Restnutzungsdauer bemessenen Mietvertrages über die für das Gebäude benötigte Fläche verlangen, wobei der Zins dem Teilungsprinzip entsprechend die Hälfte des Ortsüblichen betragen soll (§ 31 Abs. 3 SachenRBerG).

5. Anspruch auf Bestellung des Erbbaurechts (§§ 31 bis 60 SachenRBerG)

a) Grundsatz (§ 32 SachenRBerG)

Nach dem Sachenrechtsbereinigungsgesetz werden nicht kraft Gesetzes Erbbaurechte mit einem bestimmten Inhalt entstehen. Es wird vielmehr ein gesetzlicher Anspruch auf Bestellung eines Erbbaurechts begründet.

Der wesentliche Inhalt des Erbbaurechtsvertrags wird durch gesetzliche Regelungen vorgegeben. Die gesetzliche Regelung ist insoweit einem Vorvertrag vergleichbar, aus dem die Beteiligten auf den Abschluß eines Vertrages klagen können.

Der Weg über den Abschluß eines Vertrages ist nicht einfach. Die Gestaltung eines Erbbaurechtsvertrages ist kompliziert, woran auch die gesetzlichen Vorgaben nichts ändern. Wegen der Schwierigkeiten bei der Umsetzung des Entwurfs ist erwogen worden, für die vorhandenen Nutzungsrechte – nur dort wäre dieser Weg denkbar gewesen – Erbbaurechte mit einem bestimmten Inhalt kraft Gesetzes zu begründen. Dieser Lösungsansatz ist jedoch aus folgenden Gründen nicht weiter verfolgt worden[1]:

- Es fehlt derzeit oft an den förmlichen Voraussetzungen für die Belastung eines Grundstücks. Die von den landwirtschaftlichen Produktionsgenossenschaften zugewiesenen Nutzungsrechte sind auf eine Fläche, nicht auf ein Grundstück bezogen. Muß das mit dem Erbbaurecht zu belastende Grundstück erst ermittelt werden, so ist ein Verfahren notwendig und insoweit ein Gewinn im Vergleich zu einer Anspruchslösung kaum noch gegeben.

- Eine gesetzliche Umwandlung der Nutzungsrechte kann nur eine grob pauschalierende Regelung in bezug auf den zu zahlenden Erbbauzins enthalten. Eine Erbbauzinsbestimmung nach dem Bodenwert des jeweiligen Grundstücks ist im Falle der Begründung von Erbbaurechten durch eine abstrakt-generelle gesetzliche Regelung nicht möglich. Im Falle einer gesetzlichen Umwandlung hätte das Entgelt im Nachhinein an die konkreten Verhältnisse angepaßt werden müssen. Hierzu hätte es eines Anspruches auf Erbbauzinsanpassung bedurft, der wiederum notfalls im Prozeßwege hätte durchgesetzt werden müssen.

- Die durch Gesetz begründeten Erbbaurechte würden oft der tatsächlichen Nutzung nicht entsprechen. Die Umwandlung durch Gesetz müßte an den bisherigen Inhalt der Nutzungsrechte anknüpfen. Viele Gebäude werden jedoch wegen des Strukturwandels im Beitrittsgebiet nicht mehr wie ehemals in der DDR genutzt. Ein solches Erbbaurecht würde daher dem Nutzer oft nichts nützen, da es ihn nicht zur jetzt ausgeübten Nutzung berechtigte.

- Die Umwandlung kraft Gesetzes würde schließlich auch dort Erbbaurechte entstehen lassen, wo es unangemessen wäre. Dies wäre in all den Fällen der Fall, in denen der Grundstückseigentümer nach dem Entwurf eine Einrede erheben kann. Eine gesetzliche Umwandlung der Nutzungsrechte ließe auch

---

1 Die Gründe für die Anspruchslösung sind in der Allgemeinen Begründung zum Regierungsentwurf (BT-Drs. 12/5992, S. 68 bis 69, s. Materialien S. 174 f.) im einzelnen dargelegt worden.

in diesen Fällen Erbbaurechte entstehen. Der Grundstückseigentümer wäre darauf angewiesen, auf Aufhebung des kraft Gesetzes entstandenen Erbbaurechts zu klagen. Die Umsetzung eines solchen Anspruchs wäre insbesondere dann schwierig, wenn über das Erbbaurecht bereits verfügt oder das Erbbaurecht bereits belastet worden wäre.

Aus den vorstehenden Gründen erschien der Weg über eine gesetzliche Umwandlung der bestehenden Nutzungsrechte nicht lohnend. Demgegenüber wurde die Gleichbehandlung sowohl der Nutzungsrechte als auch der „hängenden" Fälle im Hinblick auf die vorgefundenen Verhältnisse als insgesamt angemessene Lösung angesehen.

b) Gesetzliche Ansprüche wegen dinglicher Rechte (§§ 33 – 37 SachenRBerG)

aa) Verpflichtung zum Rangrücktritt (§ 33 SachenRBerG)

Ein Erbbaurecht kann nur zur ersten Rangstelle bestellt werden. Die Durchsetzung des gesetzlichen Anspruchs auf Erbbaurechtsbestellung bereitet daher Probleme, wenn das Grundstück mit Rechten Dritter belastet ist.

§ 33 SachenRBerG gibt dem Nutzer einen gesetzlichen Anspruch gegen die Inhaber dinglicher Rechte am Grundstück, im Rang hinter das einzutragende Erbbaurecht zurückzutreten. Die Inhaber dinglicher Rechte sollen jedoch Gegenrechte auf eine Belastung des Erbbaurechts nach §§ 35 und 36 SachenRBerG geltend machen können. Im einzelnen sind auch insoweit Regelungen für unterschiedliche Fallgruppen zu treffen gewesen.

bb) Regelungen bei bestehendem Gebäudeeigentum (§ 34 SachenRBerG)

Besteht selbständiges Eigentum des Nutzers am Gebäude, so ist die Lösung relativ einfach. Der Anspruch auf Rangrücktritt greift durch. Dem Inhaber dinglicher Rechte stehen keine Einreden zu. Ihre Rechtsposition wird insoweit nicht verschlechtert. Ihnen wird kein Objekt entzogen, auf das sich ihr Recht erstreckt hat.

Das selbständige Eigentum am Gebäude war eine vom Eigentum am Grundstück getrennte Sache. Das Nutzungsrecht gehörte als subjektiv-öffentliches Recht ebenfalls nicht zum Haftungsverband eines auf dem Grundstück lastenden Grundpfandrechts.

Die Grundstücksvollstreckungsverordnung der DDR vom 6. Juni 1990 (GBl. I Nr. 32 S. 288) bestimmte z. B., daß eine Zwangsvollstreckung in das Grundstück sich nicht auf das selbständige Eigentum am Gebäude erstreckte. Diese Regelung ist in Art. 233 § 4 Abs. 4 EGBGB aufgegriffen worden.

cc) Dienstbarkeit, Nießbrauch, Wohnungsrecht (§ 35 SachenRBerG)

Schwieriger wird es, wenn selbständiges Eigentum am Gebäude nicht besteht. Die dinglichen Rechte am Grundstück, die dem Inhaber die Befugnis einräumen, Nutzungen aus der Sache zu ziehen oder das Grundstück in bestimmten Beziehungen zu benutzen (wie Dienstbarkeit, Nießbrauch, Wohnungsrecht) sollen die Sachenrechtsbereinigung nicht ausschließen, allerdings durch die Sachenrechtsbereinigung auch nicht verkürzt werden.

Die Inhaber solcher Rechte sollen deshalb nach § 33 SachenRBerG der erstrangigen Belastung des Grundstücks zustimmen müssen; sie können jedoch vom Nutzer eine ihrem Recht entsprechende Belastung des Erbbaurechts verlangen, soweit dies zur Ausübung ihres Rechts erforderlich ist.

dd) Hypothek, Grundschuld, Reallast, Rentenschuld (§ 36 SachenRBerG)

Die dinglichen Rechte, deren Inhalt auf Zahlung oder Befriedigung aus dem Grundstück gerichtet ist (Hypothek, Grundschuld, Reallast, Rentenschuld), sollen durch die Sachenrechtsbereinigung in ihrer Werthaltigkeit nicht verkürzt werden. Die Inhaber dieser Rechte sind daher grundsätzlich nur dann verpflichtet, einem Rangrücktritt für die Bestellung eines Erbbaurechts zuzustimmen, wenn auf dem Erbbaurecht an gleicher Rangstelle ein entsprechendes Recht eingetragen wird.

Das Risiko für den Nutzer aus Belastungen infolge der Aufnahme von Krediten durch den Grundstückseigentümer, auf deren Vergabe er in der Regel keinen Einfluß hatte, wird jedoch begrenzt. Der Nutzer soll deshalb nur im Umfang des Werts seines Erbbaurechts und nicht wie aus einer Gesamthypothek haften. Das Erbbaurecht ist deshalb grundsätzlich nur anteilig in der Höhe zu belasten, die dem Wert des Erbbaurechts im Verhältnis zum Wert des belasteten Grundstücks entspricht (§ 36 Abs. 1 Satz 1 SachenRBerG).

Dieser Grundsatz wird zugunsten des Nutzers weiter eingeschränkt.

- Der Inhaber des Grundpfandrechts soll keinen Anspruch auf eine Belastung des Erbbaurechts haben, wenn er kollusiv mit dem Grundstückseigentümer an einem Verstoß gegen dessen gesetzliche Verpflichtungen mitgewirkt hat. Der Grundstückseigentümer ist nach Art. 233 § 2a Abs. 3 Satz 2 EGBGB i. d. F. des Zweiten Vermögensrechtsänderungsgesetzes verpflichtet, Belastungen des Grundstücks zu unterlassen, wenn der Nutzer das Grundstück mit Billigung staatlicher Stellen bebaut hat. Der Inhaber eines dinglichen Rechts, der in Kenntnis eines Verstoßes des Grundstückseigentümers gegen diese Verpflichtung sich ein dingliches Recht hat bewilligen lassen, verdient gegenüber dem Nutzer keinen Schutz (vgl. § 36 Abs. 1 Satz 2 Nr. 1 SachenRBerG).

- Eine Belastung des Erbbaurechts ist ebenfalls nicht berechtigt, wenn das Gebäude oder die bauliche Anlage des Nutzers und die dafür in Anspruch genommene Fläche nach den bei der Kreditgewährung getroffenen Abreden nicht zum Haftungsverband des Grundpfandrechts gehören sollten (§ 36 Abs. 1 Satz 2 Nr. 2 1. Alt. SachenRBerG). Damit werden die Fälle erfaßt, in denen dem Inhaber des Grundpfandrechts die Bebauung des Grundstücks durch einen Dritten bekannt war, und er das Grundstück in Kenntnis der noch ausstehenden gesetzlichen Regelung der Sachenrechtsbereinigung beliehen hat.

Die an der Sicherungsabrede Beteiligten haben in solchen Fällen in der Regel bereits schuldrechtlich eine Trennung zwischen den Rechten des Nutzers und denen des Grundstückseigentümers wie im Falle der Begründung selbständigen Gebäudeeigentums vollzogen. Die Belastung des Erbbaurechts wäre dann eine unangemessene Sicherung und soll daher auch nicht verlangt werden können.

- Der Inhaber des dinglichen Rechts soll schließlich auch dann keine Belastung des Erbbaurechts verlangen können, wenn er die Nichtzugehörigkeit des Gebäudes zum Haftungsverband hätte erkennen können. Die Regelung ist Folge eines Verstoßes gegen die Obliegenheitspflicht, sich vor Abschluß eines Grundstücksgeschäfts in den neuen Ländern nach den tatsächlichen und rechtlichen Verhältnissen erkundigen zu müssen. In den neuen Ländern bestehen derzeit noch viele nicht im Grundbuch eingetragene Rechte an Grundstücken. Ein gutgläubig lastenfreier Erwerb aufgrund der Eintragungen im Grundbuch ist insoweit (noch) nicht möglich (vgl. Art. 231 § 5 Abs. 1 und Art. 233 § 4 Abs. 2 EGBGB).

Wenn der Inhaber des dinglichen Rechts bei den gebotenen Nachfragen die Bebauung des Grundstücks durch einen Dritten und das Bestehen etwaiger Ansprüche aus der Sachenrechtsbereinigung hätte erkennen können, soll er sich gegenüber dem Nutzer nicht auf den gesetzlichen Haftungsumfang der Grundpfandrechte berufen können (§ 36 Abs. 1 Satz 2 2. Alt. SachenRBerG).

Soweit der Nutzer eine Belastung des Erbbaurechts hinnehmen muß, soll er entsprechend §§ 1150, 268 BGB berechtigt sein, die übernommene Haftung durch eine entsprechende Befriedigung des Gläubigers zum nächsten Termin abzulösen (§ 36 Abs. 2 SachenRBerG).

c) Erbbauzins (§§ 43 bis 52 SachenRBerG)

aa) Regelmäßiger Zins (§ 43 SachenRBerG)

Die für die Beteiligten wichtigste Frage ist die, welches Entgelt für die künftige Nutzung des Grundstücks gezahlt werden muß. Der regelmäßige Erbbauzins (§ 43 SachenRBerG) wird grundsätzlich die Hälfte des für die entsprechende Nutzung üblichen Zinses betragen (2 v. Hundert des Bodenwerts bei einer Nutzung zu Wohnzwecken, 3,5 v. Hundert für die anderen Nutzungsarten). Durch die Halbierung des Zinssatzes wird das Teilungsmodell beim Erbbaurecht umgesetzt.

bb) Beginn der Verzinsung (§ 44 Abs. 2 SachenRBerG)

Die Verzinsung soll in dem Zeitpunkt beginnen, in dem

- der Grundstückseigentümer dem Nutzer ein dem Gesetz entsprechendes Angebot unterbreitet oder

- der Nutzer zu einem Termin im notariellen Vermittlungsverfahren geladen wird und der Grundstückseigentümer sich auf eine Verhandlung über den Inhalt des Erbbaurechts einläßt.

Der Zweck dieser Regelungen (§ 44 Abs. 2 SachenRBerG) besteht in folgendem: Der Nutzer hat derzeit ein in der DDR begründetes oder durch das Moratorium (Art. 233 § 2a EGBGB) gesichertes unentgeltliches Besitzrecht. Der Grundstückseigentümer soll daher grundsätzlich nur dann einen dem Erbbaurecht entsprechenden Zins verlangen können, wenn er an einer Rechtsänderung zugunsten des Nutzers mitwirkt, d. h. dessen Ansprüche nach dem Sachenrechtsbereinigungsgesetz nicht dem Grunde nach bestreitet. Die Dauer des Verfahrens soll dagegen nicht zu seinem Nachteil gereichen.

Der Nutzer soll auf der anderen Seite durch eine Verzögerung im Verfahren keine Vorteile erlangen können.

cc) Eingangsphase (§ 51 SachenRBerG)

In der DDR war die Nutzung des Bodens für bauliche Zwecke in der Regel unentgeltlich. Dies gilt vor allem für den Eigenheimbau. Es kommt hinzu, daß viele Nutzer in sehr teuren Lagen sich auch den sehr moderaten Erbbauzins von 2 vom Hundert des Bodenwerts nicht auf Dauer werden leisten können. (Bei einem Grundstückswert von 250 000 DM wird sich schließlich eine Belastung von 418 DM mtl. einstellen).

Dies macht einen allmählichen Übergang von einer zinslosen zu einer verzinslichen Grundstücksnutzung erforderlich, um dem Nutzer Zeit für Dispositionen zu geben. Das Gesetz sieht eine neunjährige Eingangsphase vor, in der der Zins in vier Stufen auf den schließlich zu zahlenden Zinssatz ansteigen soll (§ 52 Abs. 1 SachenRBerG). Bei den teuren Grundstücken mit einem Bodenwert über 250 000 DM, die für das Eigenheim verwendet worden sind, wird die Eingangsphase auf zwölf Jahre verlängert (§ 52 Abs. 2 SachenRBerG).

dd) Nutzungsänderungen (§ 47 SachenRBerG)

Der Erbbauzins ist von der Nutzung des Grundstücks abhängig. Die für eine Nutzung zu Wohnzwecken vereinbarten Zinssätze sind niedriger als die für eine Nutzung zu gewerblichen Zwecken. Nutzungsänderungen müssen insoweit Zinsanpassungen auslösen. In der Sachenrechtsbereinigung ergeben sich weitere Probleme daraus, daß

- die in der DDR begründete Nutzungsbefugnis Grundlage für eine Halbierung des Erbbauzinses ist,

- diese Befugnisse jedoch auf einen ganz bestimmten Zweck bezogen waren, zu dem der Staat die Nutzung gestattete.

Im Falle einer Nutzungsänderung war zu bestimmen, wann statt des halben der volle, übliche Erbbauzins gezahlt werden muß. Die Regelung im Gesetz (§§ 47, 54) ist das Ergebnis einer Abwägung widerstreitender Gesichtspunkte.

- Die Zweckbindung des Nutzungsrechts beruhte auf staatlichen (planwirtschaftlichen) Vorgaben, nicht auf Rücksichtnahmen gegenüber dem Grundstückseigentümer. Es wäre jedoch sinnwidrig, den Grundstückseigentümer nunmehr zum Hüter früherer planwirtschaftlicher Dirigismen zu bestimmen. – Die Grundstücksnutzung war in der DDR in der Regel unentgeltlich. Insoweit wäre es nur billig, mit dem Übergang zu einer an marktwirtschaftliche Verhältnisse angepaßten verzinslichen Bodennutzung auch die alten Nutzungsbeschränkungen aufzuheben.

- Die Zweckbindung des Nutzungsrechts bestimmt jedoch den Umfang der vorgefundenen und mit dem Einigungsvertrag anerkannten Befugnisse des Nutzers gegenüber dem Grundstückseigentümer. Man kann dem Eigentümer nicht zumuten, sich im Falle der gewerblichen Nutzung seines Grundstücks mit einem Erbbauzins in Höhe der Hälfte des Zinses zu begnügen, wie er für eine Nutzung zum Wohnen üblich ist, wenn der Nutzer nach dem Inhalt des ihm in der DDR verliehenen Rechts das Grundstück nur zum Wohnen nutzen durfte.

Die gefundene Lösung besteht darin, daß grundsätzlich nur ein Wechsel der Nutzungsart (also z. B. ein Übergang von einer Nutzung zu Wohnzwecken zu einer gewerblichen Nutzung) zu einem Fortfall der Halbteilung und zu einer Anpassung an den üblichen (vollen) Zinssatz führt (§ 47 Abs. 1 Satz 2 Nr. 1 SachenRBerG). Ein Bezug zu der in der DDR begründeten Nutzungsbefugnis ist dann nicht mehr gegeben. Ansonsten sind Änderungen innerhalb einer Nutzungsart und kleinere Veränderungen der baulichen Inanspruchnahme des Grundstücks zinsunschädlich (§ 47 Abs. 1 Satz 1 in Verb. mit § 54 Abs. 3 SachenRBerG). Für Eigenheime sind noch weitere Öffnungen vorgesehen worden (§ 47 Abs. 1 Satz 1 in Verb. mit § 54 Abs. 2 SachenRBerG). Mit der Einführung einer Verzinsung soll insoweit eine Aufhebung der aus der Planwirtschaft kommenden Nutzungsbeschränkungen einhergehen und dem Nutzer eine Anpassung an die Strukturänderungen ermöglicht werden.

ee) Veräußerung des Erbbaurechts (§§ 48 und 49 SachenRBerG)

Das Gesetz sieht Zinsanpassungen auch dann vor, wenn das Erbbaurecht kurze Zeit nach seiner Bestellung veräußert wird. Die einschlägige Regelung befindet sich in § 48 SachenRBerG. Beim Erbbaurecht ist eine Veräußerung kurze Zeit nach seiner Bestellung aus spekulativen Zwecken weniger zu befürchten als beim Ankaufsrecht. Der Vorteil aus einem Ankauf und anschließender Weiterveräußerung wird nur dann in vollem Umfang erzielt, wenn der Anteil des Nutzers von 50 vom Hundert des Bodenwertes durch den Verkauf kapitalisiert wird und dem Nutzer durch den vom Dritten gezahlten, in der Regel nach dem Verkehrswert bemessenen Kaufpreis zur Verfügung steht.

Bei der Veräußerung von Erbbaurechten ist dies schon deshalb schwieriger, weil diejenigen, die am Erwerb eines Erbbaurechts interessiert sind, in der Regel einen Preis, wie er für den Erwerb des Grundstücks zu zahlen wäre, nicht aufbringen können oder wollen. Der sich aus der Teilung des Zinssatzes ergebende Vorteil wird allerdings bei der Preisfindung berücksichtigt werden und zu einem höheren Entgelt führen[1].

Die Grundlage für solche Spekulationsgeschäfte entfällt jedoch, wenn die Veräußerung eine Anhebung des Zinssatzes zur Folge hat. Der Erwerber hat dann keinen Zinsvorteil und wird dem Nutzer ein Entgelt nur für das Gebäude zahlen.

Der Weg über eine gesetzliche Anhebung des Zinssatzes schied deshalb aus, weil dieser nicht gesetzlicher Inhalt des Erbbaurechts ist und von den Beteiligten vereinbart werden kann. Im Gesetz ist deshalb vorgesehen worden, daß der Grundstückseigentümer die Aufnahme einer Bestimmung im Erbbaurechtsvertrag verlangen kann, in der sich der Erbbauberechtigte verpflichtet, im Falle einer Veräußerung des Erbbaurechts innerhalb bestimmter Fristen (max. sechs Jahre nach Bestellung des Erbbaurechts) den Vertrag über die Veräußerung so abzuschließen, daß sich der Erwerber gegenüber dem Grundstückseigentümer zu einer solchen Zinsanpassung verpflichtet (§ 48 Abs. 1 SachenRBerG). Die Erfüllung der Verpflichtung kann durch einen Zustimmungsvorbehalt des Grundstückseigentümers zur Veräußerung nach § 5 Abs. 1 ErbbauVO gesichert werden (§ 49 SachenRBerG).

ff) Anpassung an veränderte Verhältnisse, Sicherung des Erbbauzinses (§§ 46 und 52 SachenRBerG)

Anpassungsklauseln an die veränderten Verhältnisse sind wegen der langen Dauer der Erbbaurechtsverträge notwendig, da andernfalls wegen des allmählichen Verfalls des Geldwertes ein Mißverhältnis von Leistung und Gegenleistung eintritt. Im SachenRBerG, daß den Grundstückseigentümer auf Verlangen des Nutzers zum Abschluß eines Erbbaurechtsvertrages zwingt, muß eine Regelung zur Zinsanpassung und über deren Gestaltung enthalten sein.

---

1 Die Auswirkungen auf die Preisbildung sind in den Einzelfällen unterschiedlich. Die finanzmathematischen Methoden, nach der der Bodenwertanteil des Erbbaurechts nach dem Barwert der Differenz zwischen dem angemessenen (= üblichen) und dem gezahlten Erbbauzins bestimmt wird, bedürfen in der Praxis einer Korrektur durch den Ansatz von Wertfaktoren zwischen 0,3 und 0,8. Empirische Erkenntnisse liegen nur für einen bestimmten zeitlich und regional begrenzten Raum vor, wobei die Ergebnisse sich im wesentlichen auf die Verkäufe von Grundstücken vom Eigentümer auf den Erbbauberechtigten beziehen (vgl. Vogels, Grundstücks- und Gebäudebewertung – marktgerecht –, 3. Auflage, S. 263 bis 269).
Diese Verkaufsfälle sind für die Frage, ob eine gesetzlich angeordnete Teilung des Erbbauzinses in großem Umfang hohe Gewinne der Nutzer und damit eine Vielzahl spekulativer Weiterveräußerungen provozieren würde, jedoch weniger interessant.

§ 47 Abs. 1 Satz 1 SachenRBerG bestimmt den Grundsatz, daß die Beteiligten jeweils verpflichtet sind, eine Anpassungsklausel an die veränderten Verhältnisse aufzunehmen. Auch diese Regelung ist – wie alle Bestimmungen zum Inhalt des Erbbaurechtsvertrages – dispositiv. Die Beteiligten können auch auf eine solche Absicherung verzichten, wenn sie dies für angemessen erachten.

Die Anpassung kann erstmals nach zehn Jahren verlangt werden. Vorher ergibt sich eine Steigerung durch die in § 51 SachenRBerG bestimmte Eingangsphase, die nicht durch eine Anpassung an die in den Sätzen 3 und 4 genannten Umstände zusätzlich beschleunigt werden soll.

§ 46 Abs. 1 Satz 3 SachenRBerG verweist bei der Bestellung eines Erbbaurechts zu Wohnzwecken auf die in § 9a Absatz 1 Satz 2 ErbbauVO bestimmte Obergrenze für vertraglich vereinbarte Anpassungsklauseln. Der dort genannte unbestimmte Rechtsbegriff hat durch die Rechtsprechung des Bundesgerichtshofes einen konkreten, inzwischen gefestigten Inhalt bekommen. Die zulässige Anpassung ergibt sich hiernach aus dem Mittelwert zwischen der Entwicklung der Lebenshaltungskosten und der Einkommensentwicklung[1].

Für die Verwendung eines Erbbaurechts zum Bau eines gewerblichen oder landwirtschaftlichen Zwecken dienenden Gebäudes enthält die ErbbauVO keinen Maßstab für zulässige Zinsanpassungen. In Absatz 1 Satz 4 werden Maßstäbe für Zinsanpassungen vorgegeben, deren Genehmigung die Bundesbank in ihren Richtlinien in Aussicht gestellt hat.

§ 46 Abs. 2 Satz 1 SachenRBerG schreibt eine Obergrenze für die Zinsanpassung nach der Entwicklung der Bodenpreise vor. Die Bestimmung einer Obergrenze ist aufgrund der Sicherung der nachrangigen Erbbauzinsreallast in der Zwangsversteigerung erforderlich geworden. Das Gesetz trifft dadurch Vorsorge dafür, daß keine über die Entwicklung des Bodenwertes hinausgehende Erbbauzinsanpassung erfolgen kann, wodurch der Wert dinglicher Rechte am Erbbaurecht ausgehöhlt werden könnte.

Dies hat vor allem deshalb Bedeutung, weil nach den Änderungen zu § 9 Abs. 2 und Abs. 3 (neu) ErbbauVO durch Art. 2 § 1 des SachenRÄndG künftig die Wertsicherung als Inhalt der Erbbauzinsreallast bestimmt und das Bestehenbleiben der Reallast im Falle der Zwangsversteigerung des Erbbaurechts vereinbart werden kann. Der Grundstückseigentümer kann nach § 52 Abs. 1 SachenRBerG eine solche Sicherung des Erbbauzinses und der Nutzer nach § 52 Abs. 2 SachenRBerG den Rangrücktritt hinter ein erstrangiges Grundpfandrecht verlangen. Würde keine am Bodenwert orientierte Obergrenze für die Zinsanpassung im Gesetz festgelegt, könnte die gegenüber den Inhaber dinglicher Rechte gesicherte, zwangsversteigerungsfeste Erbbauzinsreallast allmählich den Wert vorrangiger Grundpfandrechte aushöhlen. Dies würde die Beleihbarkeit der nach den SachenRBerG bestellten Erbbaurechte insgesamt gefährden.

d) Dauer des Erbbaurechts (§ 53 SachenRBerG)

Die Laufzeit des abzuschließenden Erbbaurechtsvertrages wird grundsätzlich so bemessen, wie sie für ein zum Neubau bestelltes Erbbaurecht üblich ist. 90 Jahre für Eigenheime, 80 Jahre im staatlichen oder genossenschaftlichen Wohnungsbau, 50 Jahre für land-, forstwirtschaftlich oder gewerblich genutzte Bauten (§ 53 Abs. 1 und 2 SachenRBerG). Die Regelung beruht darauf, daß das Nutzungsrecht zum Neubau berechtigte.

Bei den land-, forstwirtschaftlichen oder gewerblichen Bauten wird die Laufzeit des Erbbaurechts auf die Restnutzungsdauer des Gebäudes beschränkt, wenn ein Nutzungsrecht nicht

---

[1] BGHZ 75. 279. 283: 77. 188. 190.

bestellt worden ist und die Nutzung auf Basis eines befristeten Vertrages oder ohne vergleichbare Rechtsgrundlage erfolgte (§ 53 Abs. 3 SachenRBerG). Hier fehlt es an einem Rechtstitel, der eine Bemessung nach der Nutzungsdauer eines Neubaus gebietet. Für den notwendigen Investitionsschutz ist eine an der Restnutzungsdauer des Bauwerks orientierte Vertragslaufzeit ausreichend.

e) Ankaufsrecht im Erbbaurechtsvertrag (§ 57 SachenRBerG)

Die meisten Nutzer im Beitrittsgebiet haben den Wunsch, das Grundstück anzukaufen und damit Grundeigentümer zu werden. Die Realisierung dieses Wunsches scheitert oft an den zur Zeit nicht ausreichenden finanziellen Mitteln.

Diese Nutzer können sich insoweit ein Ankaufsrecht im Erbbaurechtsvertrag für die ersten zwölf Jahre nach dessen Abschluß ausbedingen (§ 57 SachenRBerG). Das eröffnet den Nutzern die Möglichkeit, den Erwerb auch nach der für dessen Finanzierung erforderlichen Ansparphase vornehmen zu können.

g) Rechtsfolgen der Bestellung des Erbbaurechts (§ 59 und 60 SachenRBerG)

Bei der Bestimmung der Rechtsfolgen bereitet das Erbbaurecht verhältnismäßig geringe Probleme, da die Trennung von dem Grundstückseigentum und dem Eigentum am Gebäude fortbesteht. Das Gebäude wird Bestandteil des Erbbaurechts; das selbständige Gebäudeeigentum kann erlöschen, da die auf dem Gebäude ruhenden Belastungen auf das Erbbaurecht übertragen werden können (vgl. § 59 SachenRBerG).

6. Anspruch des Nutzers auf Ankauf des Grundstücks (§§ 61 bis 80 SachenRBerG)

a) Grundsatz

Anders als beim Erbbaurecht, wo eine gesetzliche Umwandlung des Nutzungsrechts in ein Erbbaurecht möglich wäre, stand beim Ankaufsrecht ein gesetzlicher Übergang des Eigentums nicht zur Diskussion. Dies wäre ein gesetzlicher Entzug des Eigentumsrechts zugunsten des Nutzers gewesen, der in den meisten Fällen eine natürliche Person (Bürger) oder eine juristische Person des Privatrechts ist.

Ein solches Gesetz hätte den Interessenausgleich zwischen Privaten durch Enteignung der Grundstückseigentümer verwirklicht. Nun sind bürgerlich-rechtliche Regelungen, die bei einer Kollision von Rechten einer Seite das Eigentum übertragen und der anderen einen Anspruch auf einen Wertausgleich geben, nicht ausgeschlossen. Dies zeigt z. B. die Regelung der Rechtsfolgen einer Verbindung, Vermischung oder Verarbeitung in den §§ 946 ff. BGB, deren verfassungsrechtliche Zulässigkeit bisher außer Streit ist[1]. Bei den Regelungen zur Lösung des Interessengegensatzes von Grundstückseigentümern und Nutzern hatte der Gesetzgeber aber die Gebote der Gleichbehandlung und der Verhältnismäßigkeit zu beachten. Die gesetzliche Übertragung des Eigentums auf die Nutzer wäre eine rigorose Lösung zugunsten der Nutzer gewesen, die den zu regelnden Sachverhalten nicht gerecht geworden wäre. Dies zeigt sich z. B. daran, daß der Nutzer wegen der hohen finanziellen Belastungen durch den Grunderwerb an der Bestellung eines Erbbaurechts interessiert sein kann oder unter besonderen Umständen (siehe nachfolgend unter 7) auch der Grundstückseigentümer zum Erwerb des Gebäudes des Nutzers berechtigt sein muß.

---

1 In dem Leitfaden habe ich im einzelnen in Auseinandersetzung mit den Ausführungen von Schulz-Schaeffer (MDR 1993, 921, 923) dargelegt, daß die Eigentumsgewährleistung der Verfassung die Möglichkeiten für Eingriffe der öffentlichen Hand in das Privateigentum begrenzt, aber einer bürgerlich-rechtlichen Regelung, die zur Auflösung einer Kollision zweier unter dem Schutz des Art. 14 GG stehender Rechte in bezug auf einen Gegenstand eine Regelung zuläßt, die einer Seite Eigentum zuweist und der anderen Seite einen Ausgleichsanspruch gibt (vgl. Czub, Sachenrechtsbereinigung – Leitfaden für die Praxis, A.IV.2.c.bb).

Die Anspruchsgrundlage für den Nutzer befindet sich in § 61 SachenRBerG. In § 61 Abs. 2 SachenRBerG ist festgelegt, wann der Grundstückseigentümer den Ankauf durch den Nutzer verlangen kann. Dies ist der Fall

- bei geringen Bodenwerten,

- nach einer Wahl des Nutzers oder

- nach einem Übergang des Wahlrechts auf den Grundstückseigentümer, der nach erfolgloser Nachfristsetzung erfolgen soll (§ 16 Abs. 3 SachenRBerG).

b) Ansprüche Dritter wegen dinglicher Rechte am Grundstück (§§ 62 bis 64 SachenRBerG)

Die Bestimmungen hinsichtlich der auf dem zu übertragenden Grundstück lastenden dinglichen Rechte Dritter entsprechen den für die Erbbaurechtsbestellung genannten Prinzipien. Inhaltlich geht der Anspruch des Nutzers in diesen Fällen gegen die Inhaber allerdings nicht auf Zustimmung zu einem Rangrücktritt, sondern auf lastenfreie Umschreibung oder Abschreibung des Grundstücks, wenn der Nutzer allein eine Teilfläche erwirbt. Die Durchsetzung der in §§ 62 und 63 SachenRBerG bezeichneten Ansprüche wird in der Regel für die Inhaber dinglicher Rechte zu einem Rechtsverlust führen. Die Inhaber der dinglichen Rechte sollen insoweit ein gesetzliches Pfandrecht an dem Anspruch auf den vom Nutzer zu zahlenden Kaufpreis erwerben (vgl. § 64 Abs. 2 SachenRBerG).

Der Grundstückseigentümer ist grundsätzlich verpflichtet, dem Nutzer das Eigentum frei von Rechten Dritter zu verschaffen (§ 64 Abs. 1 SachenRBerG). Dies entspricht allgemeinem Kaufrecht (§ 434 BGB). Diese Verpflichtung besteht allerdings nicht bezüglich solcher Belastungen (Vorkaufsrechte, Dienstbarkeiten), die vor der Nutzungsrechtsbestellung oder Bebauung erfolgt sind, die der Grundstückseigentümer nicht verhindern konnte oder denen der Nutzer zugestimmt hat. Dies sind z. B. die gesetzlich oder vertraglich begründeten Vorkaufsrechte sowie andere Belastungen, die in der DDR auf Veranlassung staatlicher Stellen eingetragen worden sind.

c) Kaufgegenstand (§§ 65 bis 67 SachenRBerG)

Kaufgegenstand ist das Grundstück insgesamt oder eine abzuschreibende Teilfläche (§ 65 Abs. 1 SachenRBerG).

Das Grundstück ist insgesamt an den Nutzer zu veräußern, wenn das Nutzungsrecht sich auf ein vermessenes Grundstück bezieht und die Nutzungsbefugnis mit den Grenzen des Grundstücks übereinstimmt (§ 21 SachenRBerG). Eine Beschränkung auf eine Teilfläche tritt in diesen Fällen nur dann ein, wenn das Nutzungsrecht sich zwar auf das gesamte Grundstück erstreckt, die Größe des verliehenen oder zugewiesenen Nutzungsrechts jedoch die Regelgröße von 500 m^2 übersteigt, abtrennbar und selbständig baulich nutzbar ist (oder bei mehr als 1000 m^2 angemessen wirtschaftlich nutzbar ist) und eine Seite (Grundstückseigentümer oder Nutzer) eine solche Abtrennung verlangt (§ 26 SachenRBerG).

Im übrigen wird sich der Kaufgegenstand überall dort auf eine abzuschreibende Teilfläche beziehen, wo Nutzungsrechte an unvermessenen Grundstücken verliehen worden sind, die Zuweisung eines Nutzungsrechts ohne Rücksicht auf die Grundstücksgrenzen erfolgte oder die Bebauung im komplexen Wohnungs- oder Siedlungsbau über Grundstücksgrenzen hinweg erfolgt ist. Auf welche Flächen sich die Ansprüche des Nutzers insoweit erstrecken ist in den §§ 22 bis 27 SachenRBerG geregelt.

Wohnungs- oder Teileigentum ist schließlich dort zu begründen, wo eine Teilung nicht möglich oder unzweckmäßig ist (§ 66 Abs. 2 SachenRBerG). Statt Wohnungs- oder Teileigentum sind Wohnungs- oder Teilerbbaurechte zu bestellen, wenn der von einem Nutzer zu zahlende Preis für ein Eigenheim 30 000 DM oder für ein anderes Gebäude 100 000 DM übersteigt und der Nutzer die Bestellung von Wohnungserbbaurechten verlangt (§ 67 Abs. 2 SachenRBerG), wodurch dem Nutzer das Wahlrecht aus § 15 Abs. 1 SachenRBerG auch in den Fällen erhalten bleibt, in denen eine Teilung des Grundstücks nicht möglich ist oder unzweckmäßig wäre.

d) Kaufpreis (§ 69 bis 74 SachenRBerG)

aa) Regelmäßiger Preis (§ 69 Abs. 1 SachenRBerG)

Der regelmäßige Preis beträgt die Hälfte des Bodenwerts (§ 69 Abs. 1 SachenRBerG). Dieser soll sich grundsätzlich nach dem Verkehrswert des Grundstücks bestimmen. Dies entspricht dem Teilungsgrundsatz.

bb) Preisnachlaß (§ 69 Abs. 2 SachenRBerG)

Wird das Ankaufsrecht im ersten Jahr nach dem Inkrafttreten des Gesetzes ausgeübt und der Preis unverzüglich beglichen, nachdem alle zur Umschreibung erforderlichen Voraussetzungen vorliegen, soll sich der Preis um 5 vom Hundert ermäßigen (§ 69 Abs. 2 SachenRBerG). Bei einer Ausübung des Ankaufsrechts im zweiten Jahr nach dem Inkrafttreten des Gesetzes beträgt der Nachlaß 2,5 vom Hundert. Der Grund für diese Ermäßigung besteht darin, beim Ankauf ein Äquivalent zur Eingangsphase beim Erbbaurecht herzustellen. Der Nachlaß liefert einen Anreiz für schnelle Bereinigung durch einen Ankauf. Der Nutzer, der kaufen kann, soll möglichst nicht den Weg gehen, sich zunächst ein Erbbaurecht bestellen zu lassen und sich darin die Option für einen späteren Ankauf vorzubehalten.

cc) Nutzungsänderungen (§ 70 und § 71 Abs. 1 Satz 1 Nr. 2 SachenRBerG)

Wie beim Erbbaurecht sollen Änderungen der Nutzungsart, mit denen die in der DDR begründete, vorgefundene Berechtigung überschritten worden ist, eine Preisbemessung nach dem ungeteilten Bodenwert zur Folge haben. § 70 SachenRBerG sieht deshalb eine Preisbestimmung nach dem ungeteilten Bodenwert vor, wenn beim Abschluß des Vertrages bereits eine Nutzungsänderung vorliegt. Nutzungsänderung ist auch hier grundsätzlich nur der Wechsel zu einer anderen Nutzungsart (§ 70 Abs. 1 Satz 2 SachenRBerG). Für Eigenheime sind weitere Öffnungen vorgesehen (§ 70 Abs. 2 SachenRBerG).

Einer besonderen Regelung bedurfte es für die Fälle, in denen die Nutzungsänderung nach Vertragsschluß erfolgt. Hier konnte auf eine Nachzahlungspflicht nicht verzichtet werden. Die Preisbestimmung nach dem ungeteilten Bodenwert könnte sonst so umgangen werden, daß erst angekauft wird und anschließend die Nutzungsänderung erfolgt. Andererseits kann der Nutzer als neuer Eigentümer nicht auf unbegrenzte Zeit dem früheren Eigentümer noch zu einer bestimmten Nutzung oder Nachzahlung verpflichtet sein. § 71 Abs. 1 Nr. 2 SachenRBerG begründet deshalb Nachzahlungspflichten für die Fälle, in denen eine solche Nutzungsänderung innerhalb einer Frist von maximal sechs Jahren nach dem Ankauf durch den Nutzer erfolgt.

dd) Weiterveräußerung nach Ankauf (§ 71 Abs. 1 Nr. 1 und 3 SachenRBerG)

Nachzahlungspflichten sind darüber hinaus in den Fällen der Weiterveräußerung innerhalb der genannten Fristen geboten, wenn

- das Grundstück unbebaut oder mit einem nicht mehr nutzbaren, abbruchreifen Gebäude veräußert wird oder
- land-, forstwirtschaftlich oder gewerblich genutzte Grundstücke kurz nach dem Erwerb weiterveräußert werden.

Diese Nachzahlungspflichten (§ 71 SachenRBerG) sind – noch mehr als die schon dargestellten Einreden – verkehrsfeindlich. Sie reizen zu Umgehungsgeschäften und geben Anlaß zu Streitigkeiten. Sie waren jedoch leider unverzichtbar. Grundlagen der Bodenwertteilung sind die Anerkennung der vorgefundenen Rechtspositionen und die Notwendigkeit, Bestandsschutz für die (Alt-) Nutzungen zu gewähren. Die Mitnahme von Gewinnen aus einer staatlichen Zuweisung, von der kein Gebrauch gemacht worden ist (Veräußerung eines Bauplatzes), oder das Auffüllen von Liquidations- und Konkursmassen zu Lasten des Grundstückseigentümers wäre mit diesen Grundlagen der Bodenwertteilung unvereinbar. Die Nachzahlungspflichten sind ein schlechter, aber wohl der einzig mögliche Behelf, um dem entgegenzuwirken.

ee) Staatlicher oder genossenschaftlicher Wohnungsbau (§ 73 SachenRBerG)

§ 73 Abs. 1 Satz 2 SachenRBerG gibt dem Grundstückseigentümer einen Anspruch, eine Vereinbarung zu treffen, die den Nutzer für eine lange Zeit zu einer Nachzahlung verpflichtet, wenn die Nutzung geändert wird oder eine Weiterveräußerung erfolgt. Diese Nachzahlungspflichten begründen sich daraus, daß die Verwendung des Grundstücks für den Wohnungsbau Einfluß auf die Ermittlung des Grundstückswerts behält. Die Wertermittlung nach § 20 Abs. 2 SachenRBerG ist ausdrücklich unter Berücksichtigung der vorhandenen Bebauung vorzunehmen. Grundlage hierfür ist die Erkenntnis, daß der Bodenwert von der erzielbaren Verzinsung abhängt. Bei diesen Grundstücken schlägt die Verwendung für den staatlichen oder genossenschaftlichen Wohnungsbau auf den Bodenwert durch, da infolge öffentlich-rechtlicher Bestimmungen (Verbot der Zweckentfremdung von Wohnraum) ein Übergang zu einer höherwertigen (gewerblichen) Nutzung in der Regel nicht möglich ist und das Gebäude auch nicht abgerissen werden darf[1]. Die Grundlagen der Wertermittlung stellen sich jedoch im Nachhinein als irrtümlich heraus, wenn doch eine Nutzungsänderung oder Freilegung erfolgt. Für solche Fälle ist daher eine Nachzahlungspflicht vorzusehen.

Die besonderen Nachzahlungspflichten sind allerdings nicht gerechtfertigt, wenn der Bodenwert nach den in § 19 SachenRBerG genannten allgemeinen Wertermittlungsgrundsätzen bestimmt wird. Der Nutzer kann sich deshalb der Aufnahme einer Nachzahlungsverpflichtung in den Kaufvertrag entziehen, wenn er dem Grundstückseigentümer eine Kaufpreisbemessung auf der Basis der allgemeinen Grundsätze zur Wertermittlung anbietet (§ 73 Abs. 1 Satz 3 SachenRBerG).

Wird der Preis jedoch nach den in § 20 SachenRBerG genannten Grundsätzen bestimmt, so sind auf Verlangen des Grundstückseigentümers im Vertrag Nachzahlungsfristen für den Fall

---

[1] Vgl. BT-Drs. 12/7425, S. 67 f. unter Bezugnahme auf Vogels, Grundstücks- und Gebäudebewertung – marktgerecht – 3. Auflage, S. 71.

einer Nutzungsänderung oder Freilegung des Grundstücks in den folgenden zwanzig Jahren (§ 73 Abs. 1 Satz 2 Nr. 1 SachenRBerG) und für den Fall einer Weiterveräußerung in den folgenden zehn Jahren zu vereinbaren (§ 73 Abs. 1 Satz 2 Nr. 2 SachenRBerG).

§ 73 Abs. 2 SachenRBerG bestimmt im einzelnen die Voraussetzungen für das Entstehen der Nachzahlungsverpflichtung wegen Nutzungsänderung und die Berechnung der Nachzahlung. § 73 Abs. 3 SachenRBerG enthält eine gleichartige Regelung für den Fall einer Weiterveräußerung des Grundstücks in den ersten zehn Jahren nach dem Ankauf des Grundstücks.

§ 73 Abs. 4 SachenRBerG enthält eine Klarstellung bezüglich der an den Erblastentilgungsfonds abzuführenden Erlösanteile. Nach § 5 Abs. 2 des Altschuldenhilfe-Gesetzes hat das Wohnungsunternehmen, das Altschuldenhilfen in Anspruch genommen hat, alle Erlöse, die über 150 DM/m^2 Wohnfläche hinausgehen, an den Fonds abzuführen. Die an den Grundstückseigentümer zu leistenden Zahlungen stehen jedoch nicht als ein an diesen Fonds abzuführender Mehrerlös zur Verfügung.

§ 73 Abs. 5 SachenRBerG sichert den Wohnungsunternehmen den für erstrangige Finanzierungen notwendigen Raum.

ff) Überlassungsverträge (§ 74 SachenRBerG)

Bei den Überlassungsverträgen ist – wenn dem Nutzer ein Gebäude überlassen worden ist – der Restwert des Gebäudes in die Preisbemessungsgrundlage einzubeziehen (§ 74 Abs. 1 SachenRBerG). Dieser ist nach dem Sachwert zur Zeit der Überlassung abzüglich der danach eingetretenen Wertminderungen zu bestimmen.

Die vom Nutzer bei Abschluß des Überlassungsvertrages auf ein Hinterlegungskonto gezahlten Beträge sind auf den Kaufpreis anzurechnen, soweit sie zur Auszahlung verfügbar sind (§ 74 Abs. 3 Satz 1 SachenRBerG). Soweit eine Auszahlung nicht erfolgen kann, hat der Grundstückseigentümer etwaige Ersatzansprüche gegen den staatlichen Verwalter an den Nutzer abzutreten und dies dem Verwalter anzuzeigen (§ 74 Abs. 4 SachenRBerG).

e) Rechtsfolgen des Ankaufs (§§ 75 bis 78 SachenRBerG)

Nach dem Ankauf durch den Nutzer vereinigen sich das Eigentum am Grundstück und das Eigentum am Gebäude in einer Person. Das Gesetz kann jedoch nicht das Gebäude dem Grundstück als Bestandteil zuschreiben und das Erlöschen des Gebäudeeigentums anordnen, da am Gebäude noch Rechte Dritter (insbesondere Grundpfandrechte) bestehen können. Der Fortbestand des selbständigen Gebäudeeigentums birgt die Gefahr, daß Grundstücks- und Gebäudeeigentum wieder in die Hände verschiedener Personen geraten und erneut die Notwendigkeit einer Sachenrechtsbereinigung entsteht.

§ 78 SachenRBerG enthält deshalb eine Reihe von Instrumenten, um diese Rechtsfolgen zu vermeiden.

- Selbständige Verfügungen und Belastungen des Gebäudeeigentums sollen grundsätzlich nicht mehr zulässig sein, sobald sich Grundstücks- und Gebäudeeigentum in einer Person vereinigt haben. Der Grundstückseigentümer ist verpflichtet, das Eigentum am Gebäude aufzugeben, sobald dieses unbelastet ist. Das Grundbuchamt hat den Grundstückseigentümer zur Abgabe einer Löschungserklärung anzuhalten und dies – gegebenenfalls mit den für den Grundbuchberichtigungszwang vorgesehenen Mitteln – durchzusetzen.

- Das gesetzliche Verfügungsverbot sieht nur eine Ausnahme für die Inhaber dinglicher Rechte am Gebäude vor. Deren Grundpfandrechte dürfen nicht entwertet werden. Zwangsversteigerungen in das Gebäude sowie Veräußerungen zur Abwehr der Zwangsversteigerung bleiben daher zulässig.

Auch in diesen Fällen sollen die Folgen der Sachenrechtsbereinigung möglichst nicht rückgängig gemacht werden. Dem Ersteher des Gebäudes steht daher gegen den bisherigen Grundstückseigentümer (in der Regel den Nutzer) ein gesetzlicher Anspruch auf Hinzuerwerb des Grundstücks zum Verkehrswert (§ 78 Abs. 3 SachenRBerG) zu. Dem Eigentum am Gebäude folgt auch hier das Recht zum Erwerb des Eigentums am Grundstück nach.

f) Leistungsstörungen (§§ 79 und 80 SachenRBerG)

Zahlt der Nutzer den Kaufpreis nicht, so kann der Grundstückseigentümer nach dem BGB entweder die Ansprüche auf Erfüllung des Kaufvertrages oder die Rechte wegen Nichterfüllung geltend machen. Beides würde zu Ergebnissen führen, die dem Ziel der Sachenrechtsbereinigung widersprächen.

Verlangt der Grundstückseigentümer die Erfüllung, so könnte er die Kaufpreisforderung titulieren lassen und daraus die Zwangsversteigerung in das Gebäude betreiben. Die Folgen wären, daß

1. ein Dritter (der Ersteher) das Gebäude erwerben würde und
2. der Nutzer Eigentümer des Grundstücks werden würde, wenn nach Auskehr des Versteigerungserlöses an den Grundstückseigentümer der Vertrag erfüllt wird.

Für die Sachenrechtsbereinigung wäre dies nicht sinnvoll. Die Lösung in § 79 SachenRBerG sieht so aus, daß der Grundstückseigentümer aufgrund eines Titels gegen den Nutzer sowohl das Gebäude als auch das verkaufte Grundstück in Wege eines sog. Deckungsverkaufs zur Zwangsversteigerung bringen kann. An die Stelle des Anspruchs des Nutzers auf Übereignung des Grundstücks tritt der Anspruch auf Auskehr des Erlöses aus der Versteigerung des Ensembles von Gebäude und Grundstück, der nach Abzug der Kosten und der titulierten Kaufpreisforderung verbleibt (§ 79 Abs. 4 SachenRBerG).

Macht der Grundstückseigentümer dagegen im Zahlungsverzug die Rechte nach § 326 BGB geltend, so könnte er entweder vom Vertrag zurücktreten oder Schadensersatz wegen Nichterfüllung verlangen.

Auch dann würde das Ziel der Sachenrechtsbereinigung verfehlt.

- Ein Rücktritt ließe die Rechtslage entstehen, wie sie vor Abschluß des Vertrages bestanden hätte. Hierdurch wäre nichts gewonnen.
- Schadensersatz nach der sog. Differenzhypothese wird der Grundstückseigentümer in der Regel schon deshalb nicht mit Erfolg geltend machen können, weil er gegenüber dem Nutzer zum halben Verkehrswert verkaufen muß und ihm insoweit aus der Nichterfüllung kein Schaden entsteht. Ein Deckungsverkauf an einen Dritten ist ebenfalls kein Ausweg. Das Problem des Auseinanderfallens von Grundstücks- und Gebäudeeigentum wird hierdurch nur auf den Dritten verlagert.

Die Lösung im Gesetz sieht für diese Fälle so aus, daß der Grundstückseigentümer entweder den Abschluß eines Erbbaurechtsvertrages verlangen oder seinerseits das Gebäude des Nutzers ankaufen kann (§ 80 Abs. 1 Satz 2 SachenRBerG). Der Anspruch auf Ersatz der durch den Vertragsschluß entstandenen weiteren Vermögensnachteile (Vertragskosten, Verzugszinsen usw.) bleibt hiervon unberührt.

7. Anspruch des Grundstückseigentümers auf Erwerb des Gebäudes oder Ablösung der durch die bauliche Investition des Nutzers begründeten Rechte (§ 81 SachenRBerG)

a) Voraussetzungen (§ 81 Abs. 1 SachenRBerG)

aa) Agrarstrukturelle Gründe (§ 81 Abs. 1 Nr. 1 SachenRBerG)

Bei der Neuregelung der Rechte an den Grundstücken, die für den Bau land- oder forstwirtschaftlichen Zwecken dienender Wirtschaftsgebäude verwendet worden sind, tritt die Sachenrechtsbereinigung in Konkurrenz zur Bodenneuordnung nach dem achten Abschnitt des Landwirtschaftsanpassungsgesetzes (LwAnpG) und dem Flurbereinigungsrecht. Die privatrechtliche Neuregelung der Eigentumsverhältnisse hat in den Fällen, in denen die Beteiligten keine Einigung erzielen, zu denselben Ergebnissen zu führen wie ein Bodenordnungsverfahren nach § 64 LwAnpG, das die Beteiligten wahlweise beantragen könnten.

In diesen Verfahren kann das Eigentum an einem Wirtschaftsgebäude auch dem Eigentum am Grundstück zugeordnet werden, wenn dies aus den in § 3 LwAnpG genannten Zwecken geboten ist. In den Verfahren nach dem SachenRBerG kann dies nicht anders sein. Über die Zweckmäßigkeit der Übertragung eines Wirtschaftsgebäudes auf den Grundstückseigentümer hat die Flurneuordnungsbehörde zu befinden. Deren Stellungnahme wird daher im Streitfall in der Regel die ausschlaggebende Bedeutung zukommen.

bb) Begründete Einreden gegen den Anspruch des Nutzers auf Erbbaurechtsbestellung oder Ankauf (§ 81 Abs. 1 Nr. 2 SachenRBerG)

Ohne das Ankaufsrecht des Grundstückseigentümers würde in diesen Fällen die Sachenrechtsbereinigung auf Dauer blockiert. Der Nutzer könnte wegen der Erhebung der Einrede sich kein Erbbaurecht bestellen lassen oder das Grundstück nicht ankaufen. Könnte nicht der Grundstückseigentümer seinerseits das Gebäude erwerben oder die Rechte des Nutzers aus seiner baulichen Investition ablösen, so würde auf Dauer ein Stillstand eintreten; nicht verkehrsfähige und nicht preisorientierte Rechtsverhältnisse würden perpetuiert.

Das Ankaufsrecht des Grundstückseigentümers wird durch die in § 29 Abs. 5 SachenRBerG begründeten Ansprüche des Nutzers ergänzt. Hat der Grundstückseigentümer zwar die Einrede erhoben, macht er jedoch von seinem Ankaufsrecht keinen Gebrauch, so kann der Nutzer eine Bereinigung und Verwertung seines Eigentums am Gebäude oder seiner Investition erzwingen, indem er vom Grundstückseigentümer nach dessen Wahl entweder den Ankauf des Gebäudes oder die gemeinsame Veräußerung von Grundstück und Gebäude an einen Dritten verlangt.

cc) Geringe Restnutzungsdauer der baulichen Investition (§ 81 Abs. 1 Nr. 3 SachenRBerG)

Ist ein Nutzungsrecht für ein Wirtschaftsgebäude nicht bestellt worden und die Restnutzungsdauer des Gebäudes kurz, so kann der Grundstückseigentümer die Bestellung eines Erbbaurechts oder den Ankauf des Grundstücks ebenfalls verweigern (§ 31 Abs. 1 SachenRBerG). Auf Verlangen des Nutzers ist dann ein Mietvertrag abzuschließen, dessen Laufzeit nach der Restnutzungsdauer des Gebäudes zu bemessen ist (§ 31 Abs. 2 SachenRBerG).

Da in diesen Fällen das Wirtschaftsgebäude bereits zu einem großen Teil abgeschrieben ist, soll das Interesse des Nutzers an der Nutzung seiner Investition hinter das Interesse des

Grundstückseigentümers zurücktreten, wenn dieser für Wohn- oder betriebliche Zwecke auf die Nutzung dieses Grundstücks angewiesen ist. Dem Nutzer steht insoweit ein Anspruch auf Entschädigung für das Gebäude und auf Ersatz der Vermögensnachteile zu, die dadurch entstehen, daß ein nach der Restnutzungsdauer des Gebäudes bemessener Mietvertrag nicht abgeschlossen wird (§ 81 Abs. 3 SachenRBerG).

dd) Kollision betrieblicher und investiver Interessen (§ 81 Abs. 1 Nr. 4 SachenRBerG)

Dem Grundstückseigentümer steht ein Ankaufs- oder Ablösungsrecht einmal dann zu, wenn die Nutzung seines Betriebsgrundstückes durch das Wirtschaftsgebäude des Nutzers erheblich beeinträchtigt wird (§ 81 Abs. 1 Nr. 4 Buchstabe a SachenRBerG). Die Sachenrechtsbereinigung soll nicht dazu führen, daß der Grundstückseigentümer seinen Betrieb auf Dauer auf einem Grundstück nicht entsprechend den betrieblichen Erfordernissen ausüben kann. In den Fällen dieses „besonderen Eigenbedarfs aus betrieblichen Gründen" ist das Nutzungsinteresse des Grundstückseigentümers höher zu bewerten als das Amortisationsinteresse des Nutzers an seiner baulichen Investition. Der Nutzer hat deshalb notfalls den Standort für sein Unternehmen zu verlegen, wobei ihm eine Frist von fünf Jahren nach dem Ankauf des Gebäudes verbleibt, wenn er sich nicht vorher ein anderes Betriebsgrundstück zu angemessenen Bedingungen beschaffen kann.

Ansprüche auf Ankauf des Gebäudes oder auf Ablösung der baulichen Investition kann der Grundstückseigentümer jedoch auch dann geltend machen, wenn dies zur Verwirklichung seiner investiven Interessen notwendig ist (§ 81 Abs. 1 Nr. 4 Buchstabe b SachenRBerG).

- Dies ist einmal der Fall, wenn der Nutzer keine Gewähr für eine Fortsetzung der betrieblichen Nutzung seines Wirtschaftsgebäudes bietet. In den Fällen der Betriebsstillegung, der Liquidation des Unternehmens des Nutzers soll der Grundstückseigentümer sein Vorhaben verwirklichen können, ohne die in § 29 Abs. 1 und 2 SachenRBerG genannten Voraussetzungen nachweisen zu müssen.

- Der Grundstückseigentümer, der die in § 3 Abs. 1 Nr. 1 InVorG genannten Zwecke verfolgt, kann die Ansprüche auch dann geltend machen, wenn der Nutzer seine betriebliche Nutzung am bisherigen Standort fortsetzen möchte. Diese Regelung war schon deshalb geboten, um den Zweck des InVorG zu sichern. Die Veräußerung des Grundstücks an den Investor und dessen Zahlung sind gerade zu dem Zweck erfolgt, das Vorhaben durchzuführen. Der Investor ist hierzu gem. § 13 InVorG gegenüber der den Bescheid ausstellenden Stelle verpflichtet. Der Investitionsvorrang hat zwar keine unmittelbare Wirkung gegenüber dem Nutzer; es würde jedoch ein Wertungswiderspruch zu der Entscheidung in jenem Verfahren (mit der Verweisung des Alteigentümers auf die Entschädigung) entstehen, wenn ein auf dem Grundstück stehendes Wirtschaftsgebäude des Nutzers die Verwirklichung der für das Beitrittsgebiet wichtigen Investitionen ausschließen könnte.

- Der Grundstückseigentümer kann das Gebäude jedoch dann nicht ankaufen oder die Rechte des Nutzers aus seiner baulichen Investition ablösen, wenn den betrieblichen Belangen des Nutzers eine höhere Bedeutung zukommt als den investiven Interessen des Grundstückseigentümers (§ 81 Abs. 1 Nr. 4 Satz 2 SachenRBerG). Der Grundstückseigentümer soll nicht wegen einer kleinen Investition einem Betrieb des Nutzers mit bedeutenden baulichen

Investitionen, einer hohen Zahl von Arbeitsplätzen usw. seine bisherige Betriebsstätte entziehen können[1].

b) Rechtsfolgen (§ 81 Abs. 2 bis 4 SachenRBerG)

aa) Grundsätze (§ 81 Abs. 2 SachenRBerG)

Macht der Grundstückseigentümer den Anspruch nach Absatz 1 geltend, so hat er grundsätzlich einen Preis zu zahlen, der sich nach dem Wert des Gebäudes oder der baulichen Anlage bemißt. Zusätzlich hat der Grundstückseigentümer in den Fällen des Absatzes 1 Nr. 1 und Nr. 4 eine Ablösung für den Bodenwertanteil des Nutzers zu zahlen. Die Zahlung für den Bodenwertanteil ist ein Ausgleich für die Nutzungsbefugnis, die der Nutzer mit dem Ankauf durch den Grundstückseigentümer verliert. In den Fällen des Absatzes 1 Nr. 3 (Gebäude mit geringer Restnutzungsdauer) tritt an die Stelle der Ablösung des Bodenwertanteils eine Entschädigung für den Nichtabschluß eines zinsgünstigen Mietvertrages.

bb) Nicht mehr genutzte bauliche Investitionen, nicht ausgeübte Nutzungsrechte (§ 81 Abs. 3 bis 4 SachenRBerG)

Insoweit ist zu unterscheiden, ob ein Nutzungsrecht bestellt worden ist oder nicht.

Ein (noch) nicht ausgeübtes Nutzungsrecht berechtigt zur Bebauung, so daß in diesen Fällen auch eine Ablösung für den Bodenwertanteil zu zahlen ist (§ 81 Abs. 3 Satz 1 SachenRBerG). Dies gilt jedoch nicht, wenn

● mit einer Bebauung durch den Nutzer nicht mehr zu rechnen ist und der Grundstückseigentümer deswegen gegen einen Anspruch des Nutzers auf Erbbaurechtsbestellung oder Ankauf die in § 29 Abs. 2 SachenRBerG bestimmte Einrede erhoben hat oder erheben könnte (§ 81 Abs. 3 Satz 2 SachenRBerG) oder

● ein Gebäude zwar vorhanden, aber mit einem Gebrauch durch den Nutzer nicht mehr zu rechnen ist (§ 81 Abs. 4 SachenRBerG).

Die Fälle unterscheiden sich dadurch, daß bei dem nicht ausgeübten Nutzungsrecht der Grundstückseigentümer auch für das Gebäude kein Entgelt zu zahlen hat. Die Aufhebung des Nutzungsrechts (§ 81 Abs. 2 Satz 3 SachenRBerG) erfolgt dann ohne Gegenleistung.

Ist kein Nutzungsrecht bestellt, so ist kein Bodenwertanteil des Nutzers vorhanden, der abgelöst werden müßte. Es ist allein ein nach dem Wert des Gebäudes bemessener Preis zu leisten, sofern dieses noch vorhanden ist und einen Wert hat. (Für abbruchreife Gebäude gilt die Sonderregelung in § 82 SachenRBerG).

8. Verfahren (§§ 85 bis 108 SachenRBerG)

Das SachenRBerG begründet Ansprüche auf Abschluß eines Grundstücksgeschäfts. Der dafür notwendige Vertrag bedarf notarieller Beurkundung.

Ein Anspruch auf Abschluß eines solchen Vertrages ist in der Praxis schwierig durchzusetzen. In der Sachenrechtsbereinigung treten zudem in der Regel besondere Probleme bei der Gestaltung des Vertrages (Bestimmung des Bodenwerts, der vom Anspruch erfaßten Bodenflächen usw.) hinzu. Die einzelnen Punkte des Vertrages bedürfen insoweit einer Erörterung in einer Verhandlung zwischen den Beteiligten, die den Abschluß eines Vertrages zum Ziel

---

[1] In solchen Fällen liegen mithin die Voraussetzungen für die Durchführung des beabsichtigten Vorhabens (§ 4 Abs. 1 Satz 1 InVorG) nicht vor, so daß dann ein Investitionsvorrangbescheid nicht erteilt werden darf.

hat. Das Gesetz sieht hierfür nach dem Vorbild einer Vermittlung zur Nachlaßauseinandersetzung in §§ 86 bis 98 FGG eine Vertragsvermittlung durch die Notare vor.

a) Grundzüge des notariellen Vermittlungsverfahrens (§§ 87 bis 102 SachenRBerG)

aa) Antragsgrundsatz (§ 87 SachenRBerG)

Der Notar wird auf Antrag eines der Beteiligten um Vermittlung eines Vertragsschlusses tätig. Antragsberechtigt sind der Nutzer oder der Grundstückseigentümer.

bb) Zuständigkeit (§ 88 SachenRBerG)

Die Vermittlungstätigkeit ist eine an sich den Richtern oder Rechtspflegern übertragene Aufgabe. Die Zuständigkeit der Notare wäre dementsprechend auf den Amtsbezirk zu begrenzen, in dem das Grundstück belegen ist.

Wegen der Größe der Aufgabe (Schätzung: rd. 100 000 Verfahren in den nächsten 5 Jahren) und der beschränkten Zahl der Notare ist die Zuständigkeit insoweit auf alle Notare des jeweiligen Bundeslandes erstreckt worden. Wenn sich jedoch beide Beteiligten auf einen Notar mit Amtsbezirk in einem anderen Bundesland verständigen, wird damit auch dieser Notar zuständig. Auch die sog. West-Notare aus den alten Bundesländern können auf diesem Wege mit der Durchführung eines Vermittlungsverfahrens beauftragt werden.

cc) Verfahren bis zum Termin (§§ 90 bis 92 SachenRBerG)

Der Notar hat nach Eingang des Antrags die Zulässigkeit zu prüfen und gegebenenfalls den Antragsteller zur Ergänzung aufzufordern (§ 90 Abs. 5 SachenRBerG).

Der Antrag ist zulässig, wenn die in § 90 Abs. 1 SachenRBerG bezeichneten Mindestvoraussetzungen vorliegen. Der Notar hat beim Amt zur Regelung offener Vermögensfragen anzufragen, ob ein Antrag auf Rückübertragung des Grundstücks oder auf Aufhebung eines Nutzungsrechts gestellt worden ist (§ 91 Satz 2 SachenRBerG). Nicht vorgeschrieben, aber in der Praxis unverzichtbar, ist die Einsicht in das Grundbuch und gegebenenfalls die Anforderung von Abschriften (§ 91 Satz 1 SachenRBerG). Dem Notar steht insoweit ein umfassendes Einsichtsrecht zu. Für die Auskünfte und Abschriften werden keine Gebühren erhoben (§ 91 Satz 3 SachenRBerG).

Der Notar hat den anderen Beteiligten unter Mitteilung des Antrages und gegebenenfalls auch Dritte (z. B. Grundpfandgläubiger) zu einem Vermittlungstermin zu laden (§ 92 SachenRBerG).

dd) Sicherung der Ansprüche des Nutzers (§ 92 Abs. 5 und 6 SachenRBerG)

Der Notar hat beim Grundbuchamt zu beantragen, daß auf dem Grundstück, auf dem das Erbbaurecht bestellt oder das angekauft werden soll, ein Vermerk über die Eröffnung des Verfahrens eingetragen wird (§ 92 Abs. 5 SachenRBerG). Der Vermerk soll die Ansprüche aus der Sachenrechtsbereinigung sichern. Vom 1. Januar 1997 an soll die Publizität des Grundbuchs auch in den neuen Ländern gelten. Im Interesse des Verkehrsschutzes soll dann auch ein gutgläubig lastenfreier Erwerb gegenüber den gesetzlichen Ansprüchen aus der Sachenrechtsbereicherung möglich werden (§ 111 SachenRBerG). Hiervor schützt der Vermerk über die Eröffnung des Verfahrens nach dem SachenRBerG.

ee) Aussetzung und Einstellung (§§ 94 und 95 SachenRBerG)

Restitutionsverfahren oder Verfahren auf Aufhebung eines Nutzungsrechts nach dem Vermögensgesetz gehen der Sachenrechtsbereinigung vor. Wer Anspruchsberechtigter oder -verpflichteter ist, steht erst nach dem Abschluß dieser Verfahren fest. Eine Vermittlung ist daher auszusetzen, solange solche Verfahren anhängig sind (§ 94 Abs. 1 SachenRBerG).

Wenn die Regelung der Rechtsverhältnisse in einem öffentlich- rechtlich ausgestalteten Verfahren nach dem Landwirtschaftsanpassungsgesetz oder dem neuen Bodensonderungsgesetz erfolgt, ist die notarielle Vermittlung einzustellen (§ 95 Abs. 1 SachenRBerG).

ff) Ermittlungen (§ 97 SachenRBerG)

Ein sinnvoller Vermittlungsvorschlag durch den Notar ist nur möglich, wenn dieser

- Auskünfte und gegebenenfalls ein Gutachten über den Verkehrswert einholen kann und
- die Grenzen der Nutzungsrechte durch Vermessung oder Bodensonderungsverfahren bestimmen kann, wenn sich die Nutzungsbefugnis nicht auf ein bestimmtes Grundstück bezieht (was auf den von den landwirtschaftlichen Produktionsgenossenschaften genutzten Grundstücken in der Regel der Fall ist).

Der Notar kann auf Antrag eines Beteiligten solche Ermittlungen durchführen (§ 97 Abs. 1 und 2 SachenRBerG); die Beweisergebnisse sind wie die eines selbständigen gerichtlichen Beweisverfahrens in einem anschließenden Rechtsstreit verwertbar (§ 97 Abs. 3 SachenRBerG).

gg) Vermittlungsvorschlag (§ 98 Abs. 1 SachenRBerG)

Am Schluß der Vermittlung steht der Vorschlag des Notars, der ein den Vorgaben des Gesetzes entsprechender Vertragsentwurf ist (§ 98 SachenRBerG).

hh) Beurkundung oder Abschlußprotokoll (§ 98 Abs. 2 und § 99 SachenRBerG)

Ergibt sich auf der Grundlage des Vorschlags des Notars eine Einigung, so ist zu beurkunden. Bleibt die Angelegenheit dagegen streitig, so hat der Notar ein die streitigen und die unstreitigen Punkte enthaltendes Abschlußprotokoll anzufertigen.

b) Grundzüge des gerichtlichen Verfahrens (§§ 103 bis 108 SachenRBerG)

Das gerichtliche Verfahren wird mit der Klage auf Feststellung des Inhalts des Erbbaurechts oder des Ankaufsrechts eine neue Verfahrensart bringen. Das Gericht stellt auf der Grundlage des Vermittlungsvorschlages des Notars die sich aus dem SachenRBerG ergebenden Rechte und Pflichten der Parteien fest. Das Gericht ist dabei wegen des bestehenden Kontrahierungszwangs und des durch das Gesetz vorgegebenen Inhalts des Erbbaurechts oder des Ankaufsrechts nicht an die Klageanträge, sondern nur an eine Verständigung der Parteien über einzelne Vertragspunkte oder nicht streitig gestellte Elemente des Vermittlungsvorschlags gebunden. Mit der Rechtskraft des Urteils sind die Parteien wie aus einem abgeschlossenen Vertrag gebunden (§ 106 Abs. 2 SachenRBerG).

9. Behandlung der hängenden Kaufverträge (§ 3 Abs. 3, § 121 SachenRBerG)

An der Regelung dieser Fälle entzündete sich der politische Streit um das Gesetz, wobei es vor allem um die restitutionsbelasteten Grundstücke ging.

a) Kaufverträge in der DDR

aa) Gebäudekaufverträge bis zum 19. März 1990

Die bis zum März 1990 in der DDR mit staatlichen Stellen abgeschlossenen Kaufverträge bezogen sich in der Regel auf Gebäude. Die Veräußerung volkseigenen Bodens an Bürger war unzulässig. Das sozialistische Eigentum an Grundstücken war nach § 20 Abs. 1 Satz 1 ZGB unantastbar. Verfügungen, die eine Reprivatisierung volkseigenen Grund und Bodens herbeigeführt hätten, waren verboten.

Diese Kaufverträge betrafen im wesentlichen folgende Objekte:

- Eigenheime, die durch volkseigene Betriebe, landwirtschaftliche Produktionsgenossenschaften und andere Genossenschaften für Betriebsangehörige errichtet worden waren.

   Diese Fälle sind relativ unproblematisch. Soweit selbständiges Gebäudeeigentum entstanden war, kann der Kaufvertrag über das Gebäude erfüllt werden. Der Käufer ist dann als neuer Eigentümer der Gebäudes gegenüber dem Grundstückseigentümer nach § 9 Abs. 1 Satz 1 Nr. 3 SachenRBerG anspruchsberechtigter Nutzer. – Soweit selbständiges Gebäudeeigentum nicht entstanden ist (z. B. Bau eines Eigenheimes für einen Angestellten durch einen volkseigenen Betrieb) ist der Käufer als Rechtsnachfolger des Errichters gem. § 9 Abs. 2 Nr. 1 SachenRBerG anspruchsberechtigt.

- Enteignete und in Volkseigentum überführte Ein- und Zweifamilienhäuser.

   In diesen Fällen war in Vollzug des Kaufvertrages durch Nutzungsrechtsverleihung und Anlegung eines Gebäudegrundbuches selbständiges Eigentum an einem Gebäude zu begründen. Soweit der Kaufvertrag ein Objekt betrifft, das auf einem nicht restitutionsbelasteten Grundstück steht, ist § 3 Abs. 3 SachenRBerG einschlägig; andernfalls ist § 121 SachenRBerG anzuwenden. In den letztgenannten Fällen besteht ein unmittelbarer Bezug zur Restitutionsproblematik, was die Regelung weiter komplizierte und streitträchtig machte.

bb) Kaufverträge nach dem Gesetz vom 7. März 1990

Nach § 4 Abs. 2 Sätze 2 und 3 des Gesetzes über den Verkauf volkseigener Gebäude vom 7. März 1990 wurde vom 19. März 1990 an auch der Erwerb volkseigener Grundstücke zulässig. Die Probleme dieser Verkäufe[1] liegen in

- einem zum Zeitpunkt der Verkäufe bereits absehbaren, außerordentlichen Mißverhältnis von Leistung und Gegenleistung und

- der besonderen Verschärfung der Restitutionsproblematik durch die große Zahl von Verkäufen, die in der Endphase der DDR, während und noch nach den Verhandlungen zwischen der Bundesrepublik Deutschland und der Deutschen Demokratischen Republik über die Rückgabe rechtsstaatswidrig enteigneten Grundvermögens an die Alteigentümer vorgenommen worden sind.

b) Regelung der hängenden Gebäudekaufverträge auf nicht restitutionsbelasteten Grundstücken (§ 3 Abs. 3 SachenRBerG)

Insoweit war von folgender Ausgangslage auszugehen. Der Verkäufer hat sich zur Übereignung des Gebäudes vertraglich verpflichtet. Der Erfüllung des Vertrages steht jedoch ein auf Rechtsänderung beruhendes Hindernis entgegen. Die für die Erfüllung des Vertrages in der Regel notwendige Verleihung eines Nutzungsrechts kann nicht mehr erfolgen; darüber hinaus

---

1 Für eine Erörterung und Stellungnahme ist im Rahmen dieser Einführung kein Raum. Insoweit muß auf die Ausführungen im Leitfaden zur Sachenrechtsbereinigung Bezug genommen werden, s. Czub, Sachenrechtsbereinigung – Leitfaden für die Praxis.

ist die Begründung selbständigen Eigentums an einem Gebäude durch Rechtsgeschäft nicht mehr zulässig.

Mit dem Einigungsvertrag hatte der Gesetzgeber in Art. 233 § 7 Abs. 1 Satz 2 EGBGB nur für die Fälle Vorsorge getroffen, in denen der Antrag auf Begründung des selbständigen Gebäudeeigentums am Beitrittstage bereits beim Grundbuchamt vorlag. Hier war das Gebäudeeigentum noch zu bestellen und einzutragen.

Hätte man für die anderen Fälle nichts getan, so wäre die Erfüllung des Vertrages infolge Rechtsänderung unmöglich geworden. Dies hätte zu einer unverdienten Leistungsbefreiung des Verkäufers geführt. Er könnte das Gebäude zusammen mit dem Grundstück nunmehr zum Verkehrswert an den Käufer oder an einen Dritten veräußern. Für den Käufer hätte dies zu besonderen Härten geführt. Ihm gingen nicht nur eventuelle Preisvorteile verloren, sondern er hätte auch das bereits bezogene Gebäude wieder herauszugeben. Diese Rechtsfolgen würden allein auf der Wiedereinführung des Bürgerlichen Gesetzbuchs in den neuen Ländern beruhen, die keiner Vertragspartei zugerechnet werden kann.

Die Begründung selbständigen Eigentums am Gebäude auch für diese Fälle vier Jahre nach dem Beitritt wäre jedoch nicht opportun gewesen. Man hätte dann einen Sachverhalt (Auseinanderfallen von Grundstücks- und Gebäudeeigentum) erst geschaffen, den man sogleich wieder zu bereinigen hätte. Die Lösung des Gesetzes (§ 3 Abs. 3 SachenRBerG) besteht darin, mit der Erfüllung des Kaufvertrages über das Gebäude zugleich die Sachenrechtsbereinigung vorzunehmen, Der Käufer kann also nach seiner Wahl entweder die Bestellung eines Erbbaurechts oder den Ankauf des Grundstücks verlangen. Das Entgelt für das Erbbaurecht oder den Ankauf bestimmt sich nach den allgemeinen Grundsätzen der Sachenrechtsbereinigung.

c) **Regelung der hängenden Kaufverträge auf restitutionsbelasteten Grundstücken (§ 121 SachenRBerG)**

Für diese Fälle stellte sich die Frage, ob man

- es bei dem bisherigen Rechtszustand beläßt und dem Käufer nichts gibt,
- die Restitution ausschließt und den Alteigentümer auf die Entschädigung verweist oder
- dem Nutzer aufgrund der durch den Kaufvertrag begründeten Erwerbserwartung einen gesetzlichen Anspruch gegen den Alteigentümer zum Ankauf des Grundstücks oder zur Bestellung eines Erbbaurechts gewährt.

Die Entscheidung für die letztgenannte Lösung ist im Vermittlungsverfahren gefallen[1].

aa) **Voraussetzungen (§ 121 Abs. 1 bis 3 SachenRBerG)**

§ 121 gilt nur für die Kaufverträge über restitutionsbelastete, an den Berechtigten (Alteigentümer oder einen Zessionar) nach dem VermG zurückzugebende Grundstücke oder Gebäude, die mit staatlichen Stellen der DDR abgeschlossen worden sind. Die Bestimmung enthält im übrigen drei Fallgruppen [2]:

---

1 Die für und gegen die jeweiligen Lösungen sprechenden Gründe können hier nicht dargestellt werden, auch insoweit muß auf den Leitfaden verwiesen werden, s. o. S. 40 Fn. 1.
2 Die Vorschrift ist insoweit nicht „aus einem Guß", was sich daraus erklärt, daß der Anwendungsbereich der Norm im Laufe des Gesetzgebungsverfahrens immer mehr erweitert worden ist. Die gefundene Lösung war nicht von vornherein unstrittig; die jeweiligen Tatbestände sind das Ergebnis einer langen Suche nach Kompromissen zwischen zu Anfang grundsätzlich unterschiedlichen Standpunkten.

- vor dem 18. Oktober 1989 abgeschlossene Kaufverträge (§ 121 Abs. 1 Satz 1 SachenRBerG),
- nach dem 18. Oktober 1989 abgeschlossene Kaufverträge, wenn die in § 4 Abs. 2 Satz 2 Buchstaben a bis c VermG bezeichneten Voraussetzungen vorliegen, also wenn
  - der Kaufvertrag vor dem 19. Oktober 1989 schriftlich beantragt oder sonst aktenkundig angebahnt worden ist,
  - ein Wirtschaftsgebäude an einen Handwerker oder Gewerbetreibenden nach § 1 des Verkaufsgesetzes vom 7. März 1990 (GBl. I Nr. 18 S. 157) verkauft worden ist oder
  - der Nutzer vor dem 19. Oktober 1989 in einem wesentlichen Umfang werterhöhende oder substanzerhaltende Investitionen vorgenommen hat,
- schließlich nach dem 18. Oktober 1989 abgeschlossene Kaufverträge über Eigenheime, wenn
  - der Nutzer das Eigenheim aufgrund eines bis zum Ablauf des 18. Oktober 1989 abgeschlossenen Miet-, Pacht- oder sonstigen Nutzungsvertrages am 18. Oktober 1989 genutzt hat,
  - bis zum Ablauf des 14. Juni 1990[1] ein Kaufvertrag über den Erwerb des Eigenheimes durch den Nutzer abgeschlossen worden und
  - der Nutzer dieses Eigenheim am 1. Oktober 1994 noch nutzt[2].

Die nachstehenden Rechtsfolgen finden keine Anwendung, wenn die Parteien bereits eine abweichende rechtsgeschäftliche Vereinbarung erzielt haben oder der Nutzer auf Klage des Grundeigentümers rechtskräftig zur Herausgabe verurteilt worden ist (§ 121 Abs. 3 SachenRBerG). Der Zweck dieser Vorschrift besteht darin, daß nicht der Nutzer, der aufgrund einer Vereinbarung oder einer rechtskräftigen Verurteilung zur Herausgabe das Grundstück geräumt hat, nunmehr wieder von dem Eigentümer den Ankauf oder den Abschluß eines Erbbaurechtsvertrages und damit auch die Übergabe des Besitzes verlangen kann. Ein solches Hin und Her in bezug auf den Besitz an der Sache sollte es nicht geben.

bb) Rechtsfolgen (§ 121 Abs. 4 bis 6 SachenRBerG)

Der Nutzer kann die Bestellung eines Erbbaurechts oder den Ankauf wählen, muß es jedoch nicht (§ 121 Abs. 5 SachenRBerG). Er kann das Grundstück oder das Gebäude auch weiter – wie vor dem Abschluß des Kaufvertrages mit der staatlichen Stelle der DDR – als Mieter oder Pächter nutzen. In diesem Fall kann er von der Gebietskörperschaft, die den Kaufpreis erhalten hat, dessen Rückzahlung nach § 323 Abs. 3 und § 818 BGB verlangen (§ 121 Abs. 6 SachenRBerG).

Wenn der Nutzer sich für den Ankauf entscheidet, ist auch der Wert eines Gebäudes, soweit dieses vom (wieder restituierten) Grundstückseigentümer errichtet oder erworben worden ist, in die Bemessungsgrundlage für das vertragliche Entgelt einzubeziehen (§ 121 Abs. 4 SachenRBerG). Eine Teilung – wie beim Bodenwert – findet bei diesem auf eine Investition des Rückgabeberechtigten beruhenden Wert nicht statt.

---

[1] Dies ist der Tag der Gemeinsamen Erklärung der Regierungen der Bundesrepublik Deutschland und der Deutschen Demokratischen Republik zur Regelung offener Vermögensfragen, in der die Einigung über den Grundsatz der Rückgabe des enteigneten Grundvermögens festgehalten und danach publiziert worden ist.

[2] Tag des Inkrafttretens des SachenRBerG.

Teil 2: Gesetzestexte

Gesetz zur Änderung sachenrechtlicher Bestimmungen (Sachenrechtsänderungsgesetz — SachenRÄndG)

vom 21. 9. 1994 (BGBl I S. 2457)

Artikel 1: Gesetz zur Sachenrechtsbereinigung im Beitrittsgebiet (Sachenrechtsbereinigungsgesetz — SachenRBerG)

Inhaltsübersicht

Kapitel 1
Gegenstände der Sachenrechtsbereinigung
§§ 1 bis 2

Kapitel 2
Nutzung fremder Grundstücke durch den Bau oder den Erwerb von Gebäuden
§§ 3 bis 111

Abschnitt 1
Allgemeine Bestimmungen
§§ 3 bis 31

Unterabschnitt 1	Grundsätze § 3
Unterabschnitt 2	Anwendungsbereich §§ 4 bis 8
Unterabschnitt 3	Begriffsbestimmungen §§ 9 bis 13
Unterabschnitt 4	Erbbaurecht und Ankauf §§ 14 bis 18
Unterabschnitt 5	Bodenwertermittlung §§ 19 bis 20
Unterabschnitt 6	Erfaßte Flächen §§ 21 bis 27
Unterabschnitt 7	Einwendungen und Einreden §§ 28 bis 31

Abschnitt 2
Bestellung von Erbbaurechten
§§ 32 bis 60

Unterabschnitt 1	Gesetzliche Ansprüche auf Erbbaurechtsbestellung § 32
Unterabschnitt 2	Gesetzliche Ansprüche wegen dinglicher Rechte §§ 33 bis 37
Unterabschnitt 3	Überlassungsverträge § 38
Unterabschnitt 4	Besondere Gestaltungen §§ 39 bis 41
Unterabschnitt 5	Gesetzlicher und vertragsmäßiger Inhalt des Erbbaurechts § 42
Unterabschnitt 6	Bestimmungen zum Vertragsinhalt §§ 43 bis 58
Unterabschnitt 7	Folgen der Erbbaurechtsbestellung §§ 59 bis 60

Abschnitt 3
Gesetzliches Ankaufsrecht
§§ 61 bis 84

Unterabschnitt 1	Gesetzliche Ansprüche auf Vertragsschluß § 61
Unterabschnitt 2	Gesetzliche Ansprüche wegen dinglicher Rechte §§ 62 bis 64
Unterabschnitt 3	Bestimmungen zum Inhalt des Vertrages §§ 65 bis 74
Unterabschnitt 4	Folgen des Ankaufs §§ 75 bis 78
Unterabschnitt 5	Leistungsstörungen §§ 79 bis 80

Unterabschnitt 6 Besondere Bestimmungen für den Hinzuerwerb des Gebäudes durch den Grundstückseigentümer §§ 81 bis 84

Abschnitt 4
Verfahrensvorschriften

§§ 85 bis 108

Unterabschnitt 1 Feststellung von Nutzungs- und Grundstücksgrenzen §§ 85 bis 86
Unterabschnitt 2 Notarielles Vermittlungsverfahren §§ 87 bis 102
Unterabschnitt 3 Gerichtliches Verfahren §§ 103 bis 108

Abschnitt 5
Nutzungstausch

§ 109

Abschnitt 6
Nutzungsrechte für ausländische Staaten

§ 110

Abschnitt 7
Rechtsfolgen nach Wiederherstellung des öffentlichen Glaubens des Grundbuchs

§ 111

Kapitel 3
Alte Erbbaurechte

§ 112

Kapitel 4
Rechte aus Miteigentum nach § 459 des Zivilgesetzbuchs der Deutschen Demokratischen Republik

§§ 113 bis 115

Kapitel 5
Ansprüche auf Bestellung von Dienstbarkeiten

§§ 116 bis 119

Kapitel 6
Schlußvorschriften

§§ 120 bis 123

Abschnitt 1
Behördliche Prüfung der Teilung

§ 120

Abschnitt 2
Rückübertragung von Grundstücken und dinglichen Rechten

§§ 121 bis 122

Abschnitt 3
Übergangsregelung

§ 123

Kapitel 1:
Gegenstände der Sachenrechtsbereinigung

§ 1
Betroffene Rechtsverhältnisse

(1) Dieses Gesetz regelt Rechtsverhältnisse an Grundstücken in dem in Artikel 3 des Einigungsvertrages genannten Gebiet (Beitrittsgebiet),

1. a) an den Nutzungsrechte verliehen oder zugewiesen wurden,

   b) auf denen vom Eigentum am Grundstück getrenntes selbständiges Eigentum an Gebäuden oder an baulichen Anlagen entstanden ist,

   c) die mit Billigung staatlicher Stellen von einem anderen als dem Grundstückseigentümer für bauliche Zwecke in Anspruch genommen wurden, oder

   d) auf denen nach einem nicht mehr erfüllten Kaufvertrag ein vom Eigentum am Grundstück getrenntes selbständiges Eigentum am Gebäude oder an einer baulichen Anlage entstehen sollte,

2. die mit Erbbaurechten, deren Inhalt gemäß § 5 Abs. 2 des Einführungsgesetzes zum Zivilgesetzbuch der Deutschen Demokratischen Republik umgestaltet wurde, belastet sind,

3. an denen nach § 459 des Zivilgesetzbuchs der Deutschen Demokratischen Republik kraft Gesetzes ein Miteigentumsanteil besteht, oder

4. auf denen andere natürliche oder juristische Personen als der Grundstückseigentümer bauliche Erschließungs-, Entsorgungs- oder Versorgungsanlagen, die nicht durch ein mit Zustimmung des Grundstückseigentümers begründetes Mitbenutzungsrecht gesichert sind, errichtet haben.

(2) Ist das Eigentum an einem Grundstück dem Nutzer nach Maßgabe besonderer Gesetze zugewiesen worden oder zu übertragen, finden die Bestimmungen dieses Gesetzes keine Anwendung.

(3) Die Übertragung des Eigentums an einem für den staatlichen oder genossenschaftlichen Wohnungsbau verwendeten Grundstück auf die Kommune erfolgt nach dem Einigungsvertrag und dem Vermögenszuordnungsgesetz und auf ein in § 9 Abs. 2 Nr. 2 genanntes Wohnungsunternehmen nach dem Wohnungsgenossenschafts-Vermögensgesetz, wenn das Eigentum am Grundstück

1. durch Inanspruchnahmeentscheidung nach dem Aufbaugesetz vom 6. September 1950 (GBl. Nr. 104 S. 965) und die zu seinem Vollzug erlassenen Vorschriften oder

2. durch bestandskräftigen Beschluß über den Entzug des Eigentumsrechts nach dem Baulandgesetz vom 15. Juni 1984 (GBl. I Nr. 17 S. 201) und die zu seinem Vollzug erlassenen Vorschriften

entzogen worden ist oder in sonstiger Weise Volkseigentum am Grundstück entstanden war. Grundbucheintragungen, die abweichende Eigentumsverhältnisse ausweisen, sind unbeachtlich.

§ 2
Nicht einbezogene Rechtsverhältnisse

(1) Dieses Gesetz ist nicht anzuwenden, wenn der Nutzer das Grundstück

1. am 2. Oktober 1990 aufgrund eines Vertrages oder eines verliehenen Nutzungsrechts zur Erholung, Freizeitgestaltung oder kleingärtnerischen Bewirtschaftung oder als Standort für ein persönliches, jedoch nicht Wohnzwecken dienendes Gebäude genutzt hat,

2. aufgrund eines Miet-, Pacht- oder sonstigen Nutzungsvertrages zu anderen als den in Nummer 1 genannten Zwecken bebaut hat, es sei denn, daß der Nutzer auf vertraglicher Grundlage eine bauliche Investition vorgenommen hat,

   a) die in den §§ 5 bis 7 bezeichnet ist oder

   b) zu deren Absicherung nach den Rechtsvorschriften der Deutschen Demokratischen Republik das Grundstück hätte als Bauland bereitgestellt werden und eine der in § 3 Abs. 2 Satz 1 bezeichneten Rechtspositionen begründet werden müssen,

3. mit Anlagen zur Verbesserung der land- und forstwirtschaftlichen Bodennutzung (wie Anlagen zur Beregnung, Drainagen) bebaut hat,

4. mit Gebäuden, die öffentlichen Zwecken gewidmet sind und bestimmten Verwaltungsaufgaben dienen (insbesondere Dienstgebäude, Universitäten, Schulen), oder mit dem Gemeingebrauch gewidmeten Anlagen bebaut hat, es sei denn, daß die Grundstücke im komplexen Wohnungsbau oder Siedlungsbau verwendet wurden oder in einem anderen nach einer einheitlichen Bebauungskonzeption überbauten Gebiet liegen, oder

5. aufgrund öffentlich-rechtlicher Bestimmungen der Deutschen Demokratischen Republik, die nach dem Einigungsvertrag fortgelten, bebaut hat.

Satz 1 Nr. 1 ist entsprechend anzuwenden auf die von den in § 459 Abs. 1 Satz 1 des Zivilgesetzbuchs der Deutschen Demokratischen Republik bezeichneten juristischen Personen auf vertraglich genutzten Grundstücken zur Erholung, Freizeitgestaltung oder kleingärtnerischen Bewirtschaftung errichteten Gebäude, wenn diese allein zur persönlichen Nutzung durch Betriebsangehörige oder Dritte bestimmt waren. Dies gilt auch für Gebäude und bauliche Anlagen, die innerhalb einer Ferienhaus- oder Wochenendhaus- oder anderen Erholungszwecken dienenden Siedlung belegen sind und dieser als gemeinschaftliche Einrichtung dienen oder gedient haben.

(2) Dieses Gesetz gilt ferner nicht, wenn der Nutzer

1. eine Partei, eine mit ihr verbundene Massenorganisation oder eine juristische Person im Sinne der §§ 20a und 20b des Parteiengesetzes der Deutschen Demokratischen Republik ist, oder

2. ein Unternehmen oder ein Rechtsnachfolger eines Unternehmens ist, das bis zum 31. März 1990 oder zu einem früheren Zeitpunkt zum Bereich „Kommerzielle Koordinierung" gehört hat.

(3) Die Bestimmungen über die Ansprüche eines Mitglieds einer landwirtschaftlichen Produktionsgenossenschaft oder des Nachfolgeunternehmens nach §§ 43 bis 50 und 64b des Landwirtschaftsanpassungsgesetzes gehen den Regelungen dieses Gesetzes vor.

Kapitel 2:
Nutzung fremder Grundstücke durch den Bau oder den Erwerb von Gebäuden

Abschnitt 1:
Allgemeine Bestimmungen

Unterabschnitt 1:
Grundsätze

§ 3
Regelungsinstrumente und Regelungsziele

(1) In den in § 1 Abs. 1 Nr. 1 bezeichneten Fällen können Grundstückseigentümer und Nutzer (Beteiligte) zur Bereinigung der Rechtsverhältnisse an den Grundstücken Ansprüche auf Bestellung von Erbbaurechten oder auf Ankauf der Grundstücke oder der Gebäude nach Maßgabe dieses Kapitels geltend machen. Die Beteiligten können von den gesetzlichen Bestimmungen über den Vertragsinhalt abweichende Vereinbarungen treffen.

(2) Die Bereinigung erfolgt zur

1. Anpassung der nach dem Recht der Deutschen Demokratischen Republik bestellten Nutzungsrechte an das Bürgerliche Gesetzbuch und seine Nebengesetze,
2. Absicherung aufgrund von Rechtsträgerschaften vorgenommener baulicher Investitionen, soweit den Nutzern nicht das Eigentum an den Grundstücken zugewiesen worden ist, und
3. Regelung der Rechte am Grundstück beim Auseinanderfallen von Grundstücks- und Gebäudeeigentum.

Nach Absatz 1 sind auch die Rechtsverhältnisse zu bereinigen, denen bauliche Investitionen zugrunde liegen, zu deren Absicherung nach den Rechtsvorschriften der Deutschen Demokratischen Republik eine in Satz 1 bezeichnete Rechtsposition vorgesehen war, auch wenn die Absicherung nicht erfolgt ist.

(3) Nach diesem Gesetz sind auch die Fälle zu bereinigen, in denen der Nutzer ein Gebäude oder eine bauliche Anlage gekauft hat, die Bestellung eines Nutzungsrechts aber ausgeblieben und selbständiges, vom Eigentum am Grundstück getrenntes Eigentum am Gebäude nicht entstanden ist, wenn der Nutzer aufgrund des Vertrags Besitz am Grundstück erlangt hat oder den Besitz ausgeübt hat. Dies gilt nicht, wenn der Vertrag

1. wegen einer Pflichtverletzung des Käufers nicht erfüllt worden ist,
2. wegen Versagung einer erforderlichen Genehmigung aus anderen als den in § 6 der Verordnung über die Anmeldung vermögensrechtlicher Ansprüche in der Fassung der Bekanntmachung vom 11. Oktober 1990 (BGBl. I S. 2162) genannten Gründen nicht durchgeführt werden konnte oder
3. nach dem 18. Oktober 1989 abgeschlossen worden ist und das Grundstück nach den Vorschriften des Vermögensgesetzes an den Grundstückseigentümer zurückzuübertragen ist oder zurückübertragen wurde; für diese Fälle gilt § 121.

**Unterabschnitt 2:
Anwendungsbereich**

**§ 4
Bauliche Nutzungen**

Die Bestimmungen dieses Kapitels sind anzuwenden auf
1. den Erwerb oder den Bau eines Eigenheimes durch oder für natürliche Personen (§ 5),
2. den staatlichen oder genossenschaftlichen Wohnungsbau (§ 6),
3. den Bau von Wohngebäuden durch landwirtschaftliche Produktionsgenossenschaften sowie die Errichtung gewerblicher, landwirtschaftlicher oder öffentlichen Zwecken dienender Gebäude (§ 7) und
4. die von der Deutschen Demokratischen Republik an ausländische Staaten verliehenen Nutzungsrechte (§ 110).

**§ 5
Erwerb oder Bau von Eigenheimen**

(1) Auf den Erwerb oder den Bau von Eigenheimen ist dieses Gesetz anzuwenden, wenn
1. nach den Gesetzen der Deutschen Demokratischen Republik über den Verkauf volkseigener Gebäude vom 15. September 1954 (GBl. I Nr. 81 S. 784), vom 19. Dezember 1973 (GBl. I Nr. 58 S. 578) und vom 7. März 1990 (GBl. I Nr. 18 S. 157) Eigenheime verkauft worden sind und selbständiges Eigentum an den Gebäuden entstanden ist,
2. Nutzungsrechte verliehen oder zugewiesen worden sind (§§ 287, 291 des Zivilgesetzbuchs der Deutschen Demokratischen Republik) oder
3. Grundstücke mit Billigung staatlicher Stellen in Besitz genommen und mit einem Eigenheim bebaut worden sind. Dies ist insbesondere der Fall, wenn
    a) Wohn- und Stallgebäude für die persönliche Hauswirtschaft auf zugewiesenen, ehemals genossenschaftlich genutzten Grundstücken nach den Musterstatuten für die landwirtschaftlichen Produktionsgenossenschaften errichtet wurden,
    b) Eigenheime von einem Betrieb oder einer Produktionsgenossenschaft errichtet und anschließend auf einen Bürger übertragen wurden,
    c) Bebauungen mit oder an Eigenheimen aufgrund von Überlassungsverträgen erfolgten,
    d) Eigenheime aufgrund von Nutzungsverträgen auf Flächen gebaut wurden, die Gemeinden oder anderen staatlichen Stellen von einer landwirtschaftlichen Produktionsgenossenschaft als Bauland übertragen wurden,
    e) als Wohnhäuser geeignete und hierzu dienende Gebäude aufgrund eines Vertrages zur Nutzung von Bodenflächen zur Erholung (§§ 312 bis 315 des Zivilgesetzbuchs der Deutschen Demokratischen Republik) mit Billigung staatlicher Stellen errichtet wurden, es sei denn, daß der Überlassende dieser Nutzung widersprochen hatte,
    f) Eigenheime auf vormals volkseigenen, kohlehaltigen Siedlungsflächen, für die Bodenbenutzungsscheine nach den Ausführungsverordnungen zur Bodenreform ausgestellt wurden, mit Billigung staatlicher Stellen errichtet worden sind, oder

g) Eigenheime aufgrund einer die bauliche Nutzung des fremden Grundstücks gestattenden Zustimmung nach der Eigenheimverordnung der Deutschen Demokratischen Republik vom 31. August 1978 (GBl. I Nr. 40 S. 425) oder einer anderen Billigung staatlicher Stellen errichtet wurden, die Verleihung oder Zuweisung eines Nutzungsrechts jedoch ausblieb, die nach den Rechtsvorschriften der Deutschen Demokratischen Republik für diese Art der Bebauung vorgeschrieben war.

(2) Eigenheime sind Gebäude, die für den Wohnbedarf bestimmt sind und eine oder zwei Wohnungen enthalten. Die Bestimmungen über Eigenheime gelten auch für mit Billigung staatlicher Stellen errichtete Nebengebäude (wie Werkstätten, Lagerräume).

(3) Gebäude, die bis zum Ablauf des 2. Oktober 1990 von den Nutzern zur persönlichen Erholung, Freizeitgestaltung oder zu kleingärtnerischen Zwecken genutzt wurden, sind auch im Falle einer späteren Nutzungsänderung keine Eigenheime. Eine Nutzung im Sinne des Satzes 1 liegt auch vor, wenn der Nutzer in dem Gebäude zwar zeitweise gewohnt, dort jedoch nicht seinen Lebensmittelpunkt hatte.

§ 6
Staatlicher oder genossenschaftlicher Wohnungsbau

Auf den staatlichen oder genossenschaftlichen Wohnungsbau findet dieses Kapitel Anwendung, wenn

1. staatliche Investitionsauftraggeber oder ehemals volkseigene Betriebe der Wohnungswirtschaft mit privaten Grundstückseigentümern oder staatlichen Verwaltern Nutzungsverträge, die die Bebauung des Grundstücks gestattet haben, abgeschlossen und die Grundstücke bebaut haben oder

2. Grundstücke mit Billigung staatlicher Stellen ohne eine der Bebauung entsprechende Regelung der Eigentumsverhältnisse mit Gebäuden bebaut worden sind.

§ 7
Andere bauliche Nutzungen

(1) Dieses Kapitel regelt auch die bauliche Nutzung fremder Grundstücke für land-, forstwirtschaftlich, gewerblich (einschließlich industriell) genutzte oder öffentlichen Zwecken dienende Gebäude sowie für Wohnhäuser, die durch landwirtschaftliche Produktionsgenossenschaften errichtet oder erworben worden sind.

(2) Eine bauliche Nutzung im Sinne des Absatzes 1 liegt insbesondere dann vor, wenn

1. Genossenschaften mit gewerblichem oder handwerklichem Geschäftsgegenstand Nutzungsrechte auf volkseigenen Grundstücken verliehen worden sind,

2. den in Nummer 1 bezeichneten Genossenschaften Rechtsträgerschaften an Grundstücken übertragen worden sind, sie die Grundstücke bebaut und sie den Bau ganz oder überwiegend mit eigenen Mitteln finanziert haben,

3. Vereinigungen Nutzungsrechte verliehen worden sind oder sie Grundstücke als Rechtsträger bebaut und den Bau ganz oder überwiegend mit eigenen Mitteln finanziert haben,

4. vormals im Register der volkseigenen Wirtschaft eingetragene oder einzutragende Betriebe oder staatliche Stellen mit privaten Grundstückseigentümern oder staatlichen Verwaltern Nutzungsverträge geschlossen haben, die die Bebauung der Grundstücke gestattet haben, und sie die Grundstücke bebaut haben,

5. landwirtschaftliche Produktionsgenossenschaften ihrem vormaligen gesetzlich begründeten genossenschaftlichen Bodennutzungsrecht unterliegende Grundstücke bebaut oder auf ihnen stehende Gebäude erworben haben,

6. Handwerker oder Gewerbetreibende für die Ausübung ihres Berufes genutzte, vormals volkseigene Grundstücke mit Billigung staatlicher Stellen mit einem Gebäude oder einer baulichen Anlage bebaut haben oder

7. a) staatliche Stellen fremde, in Privateigentum stehende Grundstücke

    aa) mit Gebäuden oder baulichen Anlagen bebaut haben, die nicht öffentlichen Zwecken gewidmet sind und nicht unmittelbar Verwaltungsaufgaben dienen oder

    bb) für den Bau von Gebäuden, baulichen Anlagen, Verkehrsflächen und für Zwecke des Gemeingebrauchs verwendet haben, wenn diese im komplexen Wohnungsbau oder im Siedlungsbau (§ 11) belegen sind,

  b) vormals volkseigene Betriebe im Sinne der Nummer 4 oder Genossenschaften im Sinne der Nummer 1 fremde, in Privateigentum stehende Grundstücke mit betrieblich genutzten Gebäuden oder baulichen Anlagen ohne eine der Bebauung entsprechende Regelung der Eigentumsverhältnisse oder ohne vertragliche Berechtigung bebaut haben.

§ 8
Zeitliche Begrenzung

Die Bestimmungen dieses Kapitels sind nur anzuwenden, wenn der Bau oder Erwerb des Gebäudes oder der baulichen Anlage nach dem 8. Mai 1945 erfolgt ist und

1. selbständiges Eigentum an einem Gebäude oder an einer baulichen Anlage entstanden ist,

2. ein Nutzungsrecht bis zum Ablauf des 30. Juni 1990 zugewiesen oder bis zum Ablauf des 2. Oktober 1990 verliehen worden ist oder

3. auf den Flächen, die dem aufgehobenen Bodennutzungsrecht der landwirtschaftlichen Produktionsgenossenschaften unterlagen, bis zum Ablauf des 30. Juni 1990, auf allen anderen Flächen bis zum Ablauf des 2. Oktober 1990, mit dem Bau eines Gebäudes oder einer baulichen Anlage begonnen worden ist.

Unterabschnitt 3:
Begriffsbestimmungen

§ 9
Nutzer

(1) Nutzer im Sinne dieses Gesetzes sind natürliche oder juristische Personen des privaten und des öffentlichen Rechts in nachstehender Reihenfolge:

1. der im Grundbuch eingetragene Eigentümer eines Gebäudes,
2. der Inhaber eines verliehenen oder zugewiesenen Nutzungsrechts,
3. der Eigentümer des Gebäudes oder der baulichen Anlage, wenn außerhalb des Grundbuchs selbständiges, vom Eigentum am Grundstück unabhängiges Eigentum entstanden ist,
4. der aus einem Überlassungsvertrag berechtigte Nutzer,
5. derjenige, der mit Billigung staatlicher Stellen ein Gebäude oder eine bauliche Anlage errichtet hat,
6. derjenige, der ein Gebäude oder eine bauliche Anlage gekauft hat, wenn die Bestellung eines Nutzungsrechts ausgeblieben und selbständiges, vom Eigentum am Grundstück getrenntes Eigentum am Gebäude nicht entstanden ist,
7. der in § 121 bezeichnete Käufer eines Grundstücks, eines Gebäudes oder einer baulichen Anlage

oder deren Rechtsnachfolger. Satz 1 ist nicht anzuwenden, wenn eine andere Person rechtskräftig als Nutzer festgestellt und in dem Rechtsstreit dem Grundstückseigentümer der Streit verkündet worden ist.

(2) Rechtsnachfolger sind auch

1. Käufer eines Gebäudes oder einer baulichen Anlage, wenn der Kaufvertrag bis zum Ablauf des 2. Oktober 1990 abgeschlossen wurde und nach den Rechtsvorschriften der Deutschen Demokratischen Republik selbständiges Gebäudeeigentum nicht entstanden war,
2. die aus den volkseigenen Betrieben der Wohnungswirtschaft oder Arbeiterwohnungsbaugenossenschaften, gemeinnützigen Wohnungsbaugenossenschaften und sonstigen Wohnungsgenossenschaften, denen Gebäude oder Gebäudeteile nach Durchführung eines Investitionsvorhabens des staatlichen oder genossenschaftlichen Wohnungsbaus zur Nutzung sowie zur selbständigen Bewirtschaftung und Verwaltung übertragen worden waren, hervorgegangenen kommunalen Wohnungsgesellschaften, Wohnungsunternehmen sowie Wohnungsgenossenschaften und die Kommunen, oder
3. Genossenschaften mit gewerblichem oder handwerklichem Geschäftsgegenstand sowie Vereinigungen nach Absatz 3, wenn sie als Investitionsauftraggeber den Bau von Gebäuden oder baulichen Anlagen, die ihnen von staatlichen Hauptauftraggebern nach Errichtung zur Nutzung sowie zur selbständigen Bewirtschaftung und Verwaltung zur Verfügung gestellt worden sind, ganz oder überwiegend mit eigenen Mitteln finanziert haben.

(3) Landwirtschaftliche Produktionsgenossenschaften im Sinne dieses Kapitels sind auch die in § 46 des Gesetzes über die landwirtschaftlichen Produktionsgenossenschaften vom 2. Juli 1982 (GBl. I Nr. 25 S. 443), zuletzt geändert durch das Gesetz über die Änderung oder Aufhebung von Gesetzen der Deutschen Demokratischen Republik vom 28. Juni 1990 (GBl. I Nr. 38 S. 483), bezeichneten Genossenschaften und rechtsfähigen Kooperationsbeziehungen sowie die durch Umwandlung, Zusammenschluß oder Teilung entstandenen Nachfolgeunternehmen. Vereinigungen im Sinne dieses Kapitels sind auch gesellschaftliche Organisationen nach § 18 Abs. 4 des Zivilgesetzbuchs der Deutschen Demokratischen Republik, die als rechtsfähige Vereine nach den §§ 21 und 22 des Bürgerlichen Gesetzbuchs fortbestehen und

nicht Parteien, mit ihnen verbundene Organisationen, juristische Personen oder Massenorganisationen nach § 2 Abs. 2 Nr. 1 sind.

(4) Auf die Ausübung der in diesem Kapitel begründeten Ansprüche durch Ehegatten sind in den Fällen des Absatzes 1 Nr. 4 und 5 die Bestimmungen über das gemeinschaftliche Eigentum der Ehegatten in Artikel 234 § 4a des Einführungsgesetzes zum Bürgerlichen Gesetzbuche entsprechend anzuwenden, wenn der Vertragsschluß oder die Bebauung des Grundstücks vor Ablauf des 2. Oktober 1990 und während der Ehe erfolgte.

§ 10
Billigung staatlicher Stellen

(1) Billigung staatlicher Stellen ist jede Handlung, insbesondere von Verwaltungsstellen, Vorständen landwirtschaftlicher Produktionsgenossenschaften oder sonstigen Organen, die nach in der Deutschen Demokratischen Republik üblicher Staats- oder Verwaltungspraxis die bauliche Nutzung fremder Grundstücke vor Klärung der Eigentumsverhältnisse oder ohne Bestellung eines Nutzungsrechts ausdrücklich anordnete oder gestattete. Dies gilt auch, wenn die zu beachtenden Rechtsvorschriften nicht eingehalten worden sind.

(2) Ist für die bauliche Maßnahme eine Bauzustimmung oder Baugenehmigung erteilt worden, ist zugunsten des Nutzers zu vermuten, daß die bauliche Nutzung des Grundstücks mit Billigung staatlicher Stellen erfolgt ist. Das gleiche gilt, wenn in einem Zeitraum von fünf Jahren nach Fertigstellung des Gebäudes vor Ablauf des 2. Oktober 1990 eine behördliche Verfügung zum Abriß nicht ergangen ist.

§ 11
Komplexer Wohnungsbau oder Siedlungsbau

(1) Komplexer Wohnungsbau im Sinne dieses Gesetzes sind Wohngebiete für den staatlichen oder genossenschaftlichen Wohnungsbau, die entsprechend den Rechtsvorschriften der Deutschen Demokratischen Republik im Zeitraum vom 7. Oktober 1949 bis zum Ablauf des 2. Oktober 1990 nach einer einheitlichen Bebauungskonzeption oder einem Bebauungsplan für die Gesamtbebauung des jeweiligen Bauvorhabens (Standort) vorbereitet und gebaut worden sind. Wohngebiete im Sinne von Satz 1 sind insbesondere großflächige Wohnanlagen in randstädtischen oder innerstädtischen Lagen sowie Wohnanlagen an Einzelstandorten in städtischen oder dörflichen Lagen jeweils einschließlich Nebenanlagen, Versorgungseinrichtungen und Infrastruktur.

(2) Siedlungsbau im Sinne dieses Gesetzes sind Wohngebiete für den Eigenheimbau, die entsprechend den Rechtsvorschriften der Deutschen Demokratischen Republik in dem in Absatz 1 genannten Zeitraum nach einer einheitlichen Bebauungskonzeption oder einem Bebauungsplan für die Gesamtbebauung des jeweiligen Bauvorhabens (Standort) vorbereitet und neu bebaut worden sind.

§ 12
Bebauung

(1) Bebauungen im Sinne dieses Kapitels sind die Errichtung von Gebäuden sowie bauliche Maßnahmen an bestehenden Gebäuden, wenn

1. schwere Bauschäden vorlagen und die Nutzbarkeit des Gebäudes wiederhergestellt wurde (Rekonstruktion) oder
2. die Nutzungsart des Gebäudes verändert wurde

und die baulichen Maßnahmen nach ihrem Umfang und Aufwand einer Neuerrichtung entsprechen.

(2) Hat der Nutzer das Grundstück aufgrund eines Überlassungsvertrages vom staatlichen Verwalter erhalten, sind

1. Aus- und Umbauten, durch die die Wohn- oder Nutzfläche des Gebäudes um mehr als 50 vom Hundert vergrößert wurde, oder
2. Aufwendungen für bauliche Investitionen, deren Wert die Hälfte des Sachwerts des Gebäudes ohne Berücksichtigung der baulichen Investitionen des Nutzers zum Zeitpunkt der Vornahme der Aufwendungen überstiegen,

baulichen Maßnahmen im Sinne des Absatzes 1 gleichzustellen; für die Zeit vom Abschluß des Überlassungsvertrages bis zum Ablauf des 2. Oktober 1990 sind jährlich

a) zwei vom Hundert des Gebäuderestwertes in den ersten fünf Jahren nach dem Vertragsschluß,

b) einhalb vom Hundert des Gebäuderestwertes in den folgenden Jahren

für nicht nachweisbare bauliche Investitionen des Nutzers zusätzlich zu den nachgewiesenen Aufwendungen in Ansatz zu bringen. Frühere Investitionen des Nutzers sind mit ihrem Restwert zu berücksichtigen. Ist der Zeitpunkt der Aufwendungen nicht festzustellen, ist der 2. Oktober 1990 als Wertermittlungsstichtag zugrunde zu legen. Hat der Nutzer nach Ablauf des 2. Oktober 1990 notwendige Verwendungen vorgenommen, sind die dadurch entstandenen Aufwendungen dem nach Satz 1 Nr. 2 zu ermittelnden Wert seiner baulichen Investitionen hinzuzurechnen. Satz 4 ist nicht anzuwenden, wenn mit den Arbeiten nach dem 20. Juli 1993 begonnen wurde.

(3) Der Bebauung eines Grundstücks mit einem Gebäude steht die Errichtung oder die bauliche Maßnahme an einer baulichen Anlage im Sinne des Satzes 2 gleich. Bauliche Anlagen sind alle Bauwerke, die nicht Gebäude sind, wenn

1. deren bestimmungsgemäßer Gebrauch durch den Nutzer einen Ausschluß des Grundstückseigentümers von Besitz und Nutzung des Grundstücks voraussetzt,
2. die zur bestimmungsgemäßen Nutzung der baulichen Anlage erforderliche Fläche (Funktionsfläche) sich so über das gesamte Grundstück erstreckt, daß die Restfläche nicht baulich oder wirtschaftlich nutzbar ist, oder
3. die Funktionsfläche der baulichen Anlage nach den baurechtlichen Bestimmungen selbständig baulich nutzbar ist und vom Grundstück abgetrennt werden kann.

§ 13
Abtrennbare, selbständig nutzbare Teilfläche

(1) Eine Teilfläche ist abtrennbar, wenn sie nach Vermessung vom Stammgrundstück abgeschrieben werden kann.

(2) Eine Teilfläche ist selbständig baulich nutzbar, wenn sie gegenwärtig oder nach der in absehbarer Zeit zu erwartenden städtebaulichen Entwicklung bebaut werden kann. Sie ist

auch dann selbständig baulich nutzbar, wenn sie zusammen mit einem anderen Grundstück oder mit einer von einem solchen Grundstück abtrennbaren Teilfläche ein erstmals selbständig bebaubares Grundstück ergibt.

(3) Abtrennbarkeit und selbständige bauliche Nutzbarkeit sind gegeben, wenn eine Teilungsgenehmigung nach § 120 erteilt worden ist.

Unterabschnitt 4:
Erbbaurecht und Ankauf

§ 14
Berechtigte und Verpflichtete

(1) Durch die in diesem Kapitel begründeten Ansprüche werden der jeweilige Nutzer und Grundstückseigentümer berechtigt und verpflichtet. Kommen nach § 9 Abs. 1 Satz 1 mehrere Personen als Nutzer in Betracht, ist im Verhältnis zueinander derjenige Nutzer, der eine Bebauung nach § 12 vorgenommen hat.

(2) Die begründeten Ansprüche können nur mit dem Eigentum am Grundstück oder dem selbständigen Eigentum am Gebäude, dem Nutzungsrecht, den Rechten des Nutzers aus einem Überlassungsvertrag oder dem Besitz an dem mit Billigung staatlicher Stellen vom Nutzer errichteten oder erworbenen Gebäude übertragen werden, es sei denn, daß die Abtretung zu dem Zweck erfolgt, Grundstücke entsprechend der Bebauung zu bilden und an diesen Erbbaurechte zu bestellen oder die Grundstücke an die Nutzer zu veräußern.

(3) Ein Vertrag, aus dem ein Teil verpflichtet wird, die Ansprüche auf Bestellung eines Erbbaurechts oder zum Ankauf des Grundstücks oder eines Gebäudes oder einer baulichen Anlage zu übertragen, bedarf vom 1. Oktober 1994 an der notariellen Beurkundung. Ein ohne Beobachtung der Form geschlossener Vertrag wird seinem ganzen Inhalt nach gültig, wenn

1. der Erwerber als neuer Eigentümer des Grundstücks oder Gebäudes in das Grundbuch eingetragen wird,
2. ein die Rechte des Erwerbers sichernder Vermerk nach Artikel 233 § 2c Abs. 2 des Einführungsgesetzes zum Bürgerlichen Gesetzbuche oder nach § 92 Abs. 5 in das Grundbuch eingetragen wird oder
3. die in diesem Gesetz für den Grundstückseigentümer oder den Nutzer begründeten Ansprüche erfüllt worden sind.

§ 15
Verhältnis der Ansprüche

(1) Der Nutzer kann wählen, ob er die Bestellung eines Erbbaurechts verlangen oder das Grundstück ankaufen will.

(2) Die gesetzlichen Ansprüche des Nutzers beschränken sich auf den Ankauf des Grundstücks, wenn der nach § 19 in Ansatz zu bringende Bodenwert des Grundstücks nicht mehr als 100 000 Deutsche Mark oder im Falle der Bebauung mit einem Eigenheim nicht mehr als 30 000 Deutsche Mark beträgt.

(3) Ist der Grundstückseigentümer eine juristische Person, die nach ihrem Statut ihr Grundvermögen nicht veräußern darf, so kann er den Nutzer auf die Bestellung eines Erbbaurechts verweisen. Satz 1 ist nicht anzuwenden, wenn das Grundstück im komplexen Wohnungsbau oder Siedlungsbau bebaut oder für gewerbliche Zwecke in Anspruch genommen wurde, die Grenzen der Bebauung die Grundstücksgrenzen überschreiten und zur Absicherung der Bebauung neue Grundstücke gebildet werden müssen.

(4) Der Grundstückseigentümer kann ein vom Nutzer errichtetes oder erworbenes Wirtschaftsgebäude oder eine bauliche Anlage ankaufen oder, sofern selbständiges Gebäudeeigentum nicht besteht, die aus der baulichen Investition begründeten Rechte des Nutzers ablösen, wenn die in § 81 Abs. 1 bezeichneten Voraussetzungen vorliegen. Macht der Grundstückseigentümer von seinem Recht nach Satz 1 Gebrauch, so sind die in Absatz 1 bezeichneten Ansprüche des Nutzers ausgeschlossen.

§ 16
Ausübung des Wahlrechts

(1) Die Wahl erfolgt durch schriftliche Erklärung gegenüber dem anderen Teil. Mit der Erklärung erlischt das Wahlrecht.

(2) Auf Verlangen des Grundstückseigentümers hat der Nutzer innerhalb einer Frist von fünf Monaten die Erklärung über seine Wahl abzugeben.

(3) Gibt der Nutzer eine Erklärung nicht ab, kann der Grundstückseigentümer eine angemessene Nachfrist setzen. Eine Nachfrist von einem Monat ist angemessen, wenn nicht besondere Umstände eine längere Nachfrist erfordern. Mit dem Ablauf der Nachfrist geht das Wahlrecht auf den Grundstückseigentümer über, wenn nicht der Nutzer rechtzeitig die Wahl vornimmt.

§ 17
Pfleger für Grundstückseigentümer und Inhaber dinglicher Rechte

(1) Zur Verfolgung der Ansprüche des Nutzers ist auf dessen Antrag für den Grundstückseigentümer oder den Inhaber eines eingetragenen dinglichen Rechts ein Pfleger zu bestellen, wenn

1. nach den Eintragungen im Grundbuch das Eigentum oder das dingliche Recht an der mit einem Nutzungsrecht belasteten oder bebauten Fläche einer bestimmten Person nicht zugeordnet werden kann,
2. die Person des Berechtigten unbekannt ist,
3. der Aufenthaltsort des abwesenden Berechtigten unbekannt ist oder dessen Aufenthalt zwar bekannt, der Berechtigte jedoch an der Besorgung seiner Angelegenheiten verhindert ist,
4. die Beteiligung in Gesamthandsgemeinschaften, Miteigentümergemeinschaften nach Bruchteilen oder gleichartigen Berechtigungen an einem dinglichen Recht unbekannt ist und die Berechtigten einen gemeinsamen Vertreter nicht bestellt haben oder
5. das Grundstück herrenlos ist.

(2) Für die Bestellung und die Tätigkeit des Pflegers sind die Vorschriften des Bürgerlichen Gesetzbuchs über die Pflegschaft entsprechend anzuwenden. Zuständig für die Bestellung des Pflegers ist das Vormundschaftsgericht, in dessen Bezirk das Grundstück ganz oder zum größten Teil belegen ist.

(3) Der nach § 11b Abs. 1 des Vermögensgesetzes oder Artikel 233 § 2 Abs. 3 des Einführungsgesetzes zum Bürgerlichen Gesetzbuche bestellte Vertreter nimmt auch die Aufgaben eines Pflegers nach diesem Kapitel wahr. Er kann den Grundstückseigentümer jedoch nicht vertreten bei einem Vertragsschluß zwischen diesem und

1. ihm selbst, seinem Ehegatten oder einem seiner Verwandten in gerader Linie,

2. einer Gebietskörperschaft oder einer von ihr beherrschten juristischen Person, wenn der Vertreter bei dieser als Organ oder gegen Entgelt beschäftigt ist, oder

3. einer anderen juristischen Person des öffentlichen oder privaten Rechts, wenn der Vertreter bei dieser als Mitglied des Vorstands, Aufsichtsrats oder eines gleichartigen Organs tätig oder gegen Entgelt beschäftigt ist.

Der Vertreter ist für den Abschluß von Erbbaurechtsverträgen oder Kaufverträgen über das Grundstück oder das Gebäude von den Beschränkungen des § 181 des Bürgerlichen Gesetzbuchs nicht befreit. Für die Erteilung der Genehmigung nach § 1821 des Bürgerlichen Gesetzbuchs ist statt des Landkreises das Vormundschaftsgericht zuständig.

§ 18
Aufgebotsverfahren gegen den Nutzer

(1) Liegen die in § 17 Abs. 1 Nr. 1, 2 oder 3 (erste Alternative) bezeichneten Umstände in der Person des Nutzers vor, ist der Grundstückseigentümer berechtigt, den Nutzer mit seinen Rechten am Grundstück und am Gebäude, seinen vertraglichen Ansprüchen gegen den Grundstückseigentümer und seinen Ansprüchen aus diesem Kapitel im Wege des Aufgebotsverfahrens auszuschließen.

(2) Das Aufgebotsverfahren ist nur zulässig, wenn der Nutzer den Besitz verloren oder zehn Jahre nicht ausgeübt hat und, wenn für den Nutzer ein Recht am Grundstück oder selbständiges Gebäudeeigentum eingetragen worden ist, zehn Jahre seit der letzten sich auf das Recht des Nutzers beziehenden Eintragung in das Grundbuch verstrichen sind.

(3) Für das Aufgebotsverfahren sind die Vorschriften der §§ 983 bis 986 der Zivilprozeßordnung entsprechend anzuwenden.

(4) Mit dem Ausschlußurteil erlöschen die in Absatz 1 bezeichneten Ansprüche. Das Gebäudeeigentum und das Nutzungsrecht gehen auf den Grundstückseigentümer über. Der Nutzer kann von dem Grundstückseigentümer entsprechend § 818 des Bürgerlichen Gesetzbuchs eine Vergütung in Geld für den Rechtsverlust verlangen.

Unterabschnitt 5:
Bodenwertermittlung

§ 19
Grundsätze

(1) Erbbauzins und Ankaufspreis sind nach dem Bodenwert in dem Zeitpunkt zu bestimmen, in dem ein Angebot zum Vertragsschluß nach diesem Kapitel abgegeben wird.

(2) Der Bodenwert bestimmt sich nach dem um die Abzugsbeträge nach Satz 3 verminderten Wert eines baureifen Grundstücks. Der Wert eines baureifen Grundstücks ist, vorbehaltlich der Regelung in § 20, der Verkehrswert im Sinne des § 194 des Baugesetzbuchs, der sich ergeben würde, wenn das Grundstück unbebaut wäre. Der Wert des baureifen Grundstücks ist zu vermindern um

1. einen nach Absatz 3 zu bemessenden Abzug für die Erhöhung des Werts des baureifen Grundstücks durch Aufwendungen zur Erschließung, zur Vermessung und für andere Kosten zur Baureifmachung des Grundstücks, es sei denn, daß der Grundstückseigentümer diese Kosten getragen hat oder das Grundstück bereits während der Dauer seines Besitzes erschlossen und vermessen war, und

2. die gewöhnlichen Kosten des Abbruchs eines aufstehenden Gebäudes oder einer baulichen Anlage, wenn ein alsbaldiger Abbruch erforderlich und zu erwarten ist, soweit diese Kosten im gewöhnlichen Geschäftsverkehr berücksichtigt werden.

(3) Der Abzug nach Absatz 2 Satz 3 Nr. 1 beträgt

1. 25 DM/m^2 in Gemeinden mit mehr als 100 000 Einwohnern,

2. 15 DM/m^2 in Gemeinden mit mehr als 10 000 bis zu 100 000 Einwohnern und

3. 10 DM/m^2 in Gemeinden bis zu 10 000 Einwohnern.

Als Bodenwert ist jedoch mindestens der Wert zugrunde zu legen, der sich für das Grundstück im Entwicklungszustand des Rohbaulandes ergeben würde.

(4) Der Abzug nach Absatz 2 Satz 3 Nr. 2 darf nicht zu einer Minderung des Bodenwerts unter das Doppelte des in § 82 Abs. 5 bestimmten Entschädigungswertes führen. Der Abzug ist nicht vorzunehmen, wenn die Erforderlichkeit alsbaldigen Abbruchs auf unterlassener Instandhaltung des Gebäudes oder der baulichen Anlage durch den Nutzer beruht oder der Nutzer sich vertraglich zum Abbruch verpflichtet hat.

(5) Soweit für das Grundstück Bodenrichtwerte nach § 196 des Baugesetzbuchs vorliegen, soll der Wert des baureifen Grundstücks hiernach bestimmt werden. Jeder Beteiligte kann eine hiervon abweichende Bestimmung verlangen, wenn

1. Anhaltspunkte dafür vorliegen, daß die Bodenrichtwerte nicht den tatsächlichen Marktverhältnissen entsprechen, oder

2. aufgrund untypischer Lage oder Beschaffenheit des Grundstücks die Bodenrichtwerte als Ermittlungsgrundlage ungeeignet sind.

§ 20
Bodenwertermittlung in besonderen Fällen

(1) Bei der Bemessung des Bodenwerts eines Grundstücks, das vor dem Ablauf des 2. Oktober 1990 im staatlichen oder genossenschaftlichen Wohnungsbau verwendet worden ist, ist nicht die im Gebiet baurechtlich zulässige Nutzung des Grundstücks, sondern die auf dem betreffenden Grundstück vorhandene Bebauung und Nutzung maßgeblich.

(2) § 19 Abs. 2 bis 4 ist auf die Grundstücke nicht anzuwenden, die im komplexen Wohnungsbau oder Siedlungsbau bebaut und für

1. den staatlichen oder genossenschaftlichen Wohnungsbau,

2. den Bau von Gebäuden oder baulichen Anlagen, die öffentlichen Zwecken gewidmet sind und unmittelbar Verwaltungsaufgaben dienen, oder

3. die Errichtung der im Gebiet belegenen Maßnahmen der Infrastruktur

verwendet worden sind. Der Bodenwert dieser Grundstücke ist in der Weise zu bestimmen, daß von dem nach § 19 Abs. 2 Satz 2 ermittelten Wert des baureifen Grundstücks ein Betrag von einem Drittel für die Maßnahmen zur Baureifmachung des Grundstücks und anderer Maßnahmen zur Entwicklung des Gebiets sowie wegen der eingeschränkten oder aufgrund der öffentlichen Zweckbestimmung nicht vorhandenen Ertragsfähigkeit des Grundstücks abzuziehen ist.

(3) In den Verfahren zur Bodenneuordnung nach § 5 des Bodensonderungsgesetzes ist für die Bestimmung der nach § 15 Abs. 1 jenes Gesetzes zu leistenden Entschädigungen der Bodenwert der Grundstücke im Plangebiet nach § 8 des Bodensonderungsgesetzes nach dem durchschnittlichen Bodenwert aller im Gebiet belegenen Grundstücke zu ermitteln. Für die Bemessung der Entschädigung für den Rechtsverlust ist § 68 entsprechend anzuwenden.

(4) Ein im Plangebiet belegenes nicht bebautes und selbständig baulich nutzbares Grundstück oder eine in gleicher Weise nutzbare Grundstücksteilfläche ist in die Ermittlung des durchschnittlichen Bodenwerts nach Absatz 3 nicht einzubeziehen, sondern gesondert zu bewerten. Die Entschädigung für dieses Grundstück oder für diese Teilfläche ist nach § 15 Abs. 2 des Bodensonderungsgesetzes zu bestimmen.

(5) Die den Erwerbern durch den Ansatz eines durchschnittlichen Bodenwerts nach Absatz 3 Satz 1 entstehenden Vor- und Nachteile sind zum Ausgleich zu bringen. Vor- und Nachteile sind nach dem Verhältnis zwischen dem durchschnittlichen Bodenwert und dem Bodenwert, der sich nach den §§ 19 und 20 ergeben würde, in dem Zeitpunkt zu bemessen, in dem der Sonderungsbescheid bestandskräftig geworden ist. Die Abgabe hat der Träger der Sonderungsbehörde von denjenigen zu erheben, die durch die gebietsbezogene Bodenwertbestimmung und die darauf bezogene Bemessung der Beträge für Entschädigungsleistungen nach § 15 Abs. 1 des Bodensonderungsgesetzes Vorteile erlangt haben. Die Einnahme aus der Abgabe ist als Ausgleich an diejenigen auszukehren, die dadurch Nachteile erlitten haben. Über Abgaben- und Ausgleichsleistungen kann auch außerhalb des Sonderungsbescheids entschieden werden. Diese sind spätestens ein Jahr nach Eintritt der Bestandskraft des Sonderungsbescheids festzusetzen und einen Monat nach Bekanntgabe des Bescheids fällig.

(6) Liegt das Grundstück in einem städtebaulichen Sanierungsgebiet oder Entwicklungsbereich, bleiben § 153 Abs. 1 und § 169 Abs. 4 des Baugesetzbuchs unberührt.

Unterabschnitt 6:
Erfaßte Flächen

§ 21
Vermessene Flächen

Die Ansprüche auf Bestellung eines Erbbaurechts oder den Ankauf erstrecken sich auf das Grundstück insgesamt, wenn dessen Grenzen im Liegenschaftskataster nachgewiesen sind (vermessenes Grundstück) und die Nutzungsbefugnis aus einem Nutzungsrecht oder einem Vertrag mit den Grenzen des Grundstücks übereinstimmt. Im übrigen sind die §§ 22 bis 27 anzuwenden.

§ 22
Genossenschaftlich genutzte Flächen

(1) Soweit ein Nutzungsrecht für den Eigenheimbau zugewiesen worden ist oder ein Eigenheim von oder mit Billigung der landwirtschaftlichen Produktionsgenossenschaft oder aufgrund Nutzungsvertrages mit der Gemeinde errichtet worden ist, beziehen sich die gesetzlichen Ansprüche nach den §§ 32, 61 auf die Fläche,

1. auf die sich nach der ehemaligen Liegenschaftsdokumentation das Nutzungsrecht erstreckt,
2. die in den Nutzungsverträgen mit den Gemeinden bezeichnet ist, soweit die Fläche für den Bau des Hauses überlassen worden ist, oder
3. die durch die landwirtschaftliche Produktionsgenossenschaft oder die Gemeinde dem Nutzer für den Bau des Eigenheimes oder im Zusammenhang mit dem Bau zugewiesen worden ist.

(2) Absatz 1 ist auf andere Bebauungen genossenschaftlich genutzter Flächen entsprechend anzuwenden, soweit die Errichtung des Gebäudes oder der baulichen Anlage aufgrund zugewiesenen Nutzungsrechts erfolgte.

(3) Die Ansprüche des Nutzers beschränken sich auf die Funktionsfläche (§ 12 Abs. 3 Satz 2 Nr. 2) des Gebäudes oder der baulichen Anlage, wenn die Bebauung aufgrund des aufgehobenen gesetzlichen Nutzungsrechts der landwirtschaftlichen Produktionsgenossenschaften vorgenommen worden ist oder durch Einbringung des Bauwerks in die landwirtschaftliche Produktionsgenossenschaft selbständiges Gebäudeeigentum entstanden ist. Handelt es sich um Betriebsgebäude, so sind die Flächen einzubeziehen, die für die zweckentsprechende Nutzung des Gebäudes im Betrieb des Nutzers notwendig sind.

§ 23
Unvermessene volkseigene Grundstücke

Soweit Nutzungsrechte auf unvermessenen, vormals volkseigenen Grundstücken verliehen wurden, sind die Grenzen in folgender Reihenfolge zu bestimmen nach

1. einem Bescheid über die Vermögenszuordnung, soweit ein solcher ergangen ist und über die Grenzen der Nutzungsrechte Aufschluß gibt,
2. Vereinbarungen in Nutzungsverträgen oder

3. dem für ein Gebäude der entsprechenden Art zweckentsprechenden, ortsüblichen Umfang oder der Funktionsfläche der baulichen Anlage.

§ 24
Wohn-, Gewerbe- und Industriebauten ohne Klärung der Eigentumsverhältnisse

(1) Soweit im komplexen Wohnungsbau oder Siedlungsbau oder durch gewerbliche (einschließlich industrielle) Vorhaben Bebauungen ohne Klärung der Eigentumsverhältnisse über Grundstücksgrenzen hinweg vorgenommen worden sind, erstrecken sich die Ansprüche nach diesem Kapitel in folgender Reihenfolge auf die Flächen,

1. deren Grenzen in Aufteilungs- oder Vermessungsunterlagen als Grundstücksgrenzen bis zum Ablauf des 2. Oktober 1990 ausgewiesen worden sind,

2. die entsprechend den Festsetzungen in einem Zuordnungsplan für die in dem Gebiet belegenen vormals volkseigenen Grundstücke für die zweckentsprechende Nutzung der zugeordneten Grundstücke erforderlich sind, oder

3. die für eine zweckentsprechende Nutzung einer Bebauung der entsprechenden Art ortsüblich sind.

(2) Entstehen durch die Bestellung von Erbbaurechten oder den Ankauf von Grundstücksteilen Restflächen, die für den Grundstückseigentümer nicht in angemessenem Umfang baulich oder wirtschaftlich nutzbar sind, so kann dieser von der Gemeinde den Ankauf der Restflächen verlangen. Der Kaufpreis ist nach den §§ 19, 20, 68 zu bestimmen. Der Anspruch nach Satz 1 kann nicht vor dem 1. Januar 2000 geltend gemacht werden. Eine Bereinigung dieser Rechtsverhältnisse durch Enteignung, Umlegung oder Bodenneuordnung bleibt unberührt.

§ 25
Andere Flächen

Ergibt sich der Umfang der Flächen, auf die sich die Ansprüche des Nutzers erstrecken, nicht aus den vorstehenden Bestimmungen, so ist Artikel 233 § 4 Abs. 3 Satz 3 des Einführungsgesetzes zum Bürgerlichen Gesetzbuche entsprechend anzuwenden.

§ 26
Übergroße Flächen für den Eigenheimbau

(1) Ist dem Nutzer ein Nutzungsrecht verliehen oder zugewiesen worden, das die für den Eigenheimbau vorgesehene Regelgröße von 500 Quadratmetern übersteigt, so können der Nutzer oder der Grundstückseigentümer verlangen, daß die Fläche, auf die sich die Nutzungsbefugnis des Erbbauberechtigten (§ 55) erstreckt oder die Gegenstand des Kaufvertrages (§ 65) ist, im Vertrag nach Satz 3 abweichend vom Umfang des Nutzungsrechts bestimmt wird. Das gleiche gilt, wenn der Anspruch des Nutzers nach den §§ 21 bis 23 sich auf eine über die Regelgröße hinausgehende Fläche erstreckt. Die Ansprüche aus den Sätzen 1 und 2 können nur geltend gemacht werden, soweit

1. eine über die Regelgröße von 500 Quadratmetern hinausgehende Fläche abtrennbar und selbständig baulich nutzbar oder
2. eine über die Größe von 1 000 Quadratmetern hinausgehende Fläche abtrennbar und angemessen wirtschaftlich nutzbar ist.

(2) Macht der Grundstückseigentümer den in Absatz 1 bestimmten Anspruch geltend, kann der Nutzer von dem Grundstückseigentümer die Übernahme der abzuschreibenden Teilfläche gegen Entschädigung nach dem Zeitwert für die aufstehenden Gebäude, Anlagen und Anpflanzungen verlangen, soweit der Nutzer diese erworben oder in anderer Weise veranlaßt hat. In anderen Fällen hat der Grundstückseigentümer in dem Umfang Entschädigung für die Gebäude, Anlagen und Anpflanzungen zu leisten, wie der Wert seines Grundstücks im Zeitpunkt der Räumung der abzuschreibenden Teilfläche noch erhöht ist. Der Grundstückseigentümer kann nach Bestellung des Erbbaurechts oder dem Ankauf durch den Nutzer von diesem die Räumung der in Absatz 1 bezeichneten Teilfläche gegen eine Entschädigung nach den Sätzen 1 und 2 verlangen.

(3) Der Nutzer darf der Begrenzung seiner Ansprüche nach Absatz 1 widersprechen, wenn diese zu einer unzumutbaren Härte führte. Eine solche Härte liegt insbesondere dann vor, wenn

1. die abzutrennende Teilfläche mit einem Bauwerk (Gebäude oder bauliche Anlage) bebaut worden ist, das
   a) den Wert der Nutzung des Eigenheims wesentlich erhöht oder
   b) für den vom Nutzer ausgeübten Beruf unentbehrlich ist und für das in der Nähe mit einem für den Nutzer zumutbaren Aufwand kein Ersatz bereitgestellt werden kann, oder
2. durch die Abtrennung ein ungünstig geschnittenes und im Wert besonders vermindertes Grundstück entstehen würde.

Auf Flächen, die über eine Gesamtgröße von 1 000 Quadratmetern hinausgehen, ist Satz 1 in der Regel nicht anzuwenden.

(4) Der Nutzer kann den Anspruch des Grundstückseigentümers nach Absatz 1 abwenden, indem er diesem ein nach Lage, Bodenbeschaffenheit und Größe gleichwertiges Grundstück zur Verfügung stellt.

(5) Die Absätze 1 bis 4 sind entsprechend anzuwenden, wenn die Befugnis des Nutzers auf einem Vertrag beruht.

§ 27
Restflächen

(1) Die Ansprüche nach den §§ 32 und 61 erfassen auch Restflächen. Restflächen sind Grundstücksteile, auf die sich der Anspruch des Nutzers nach den §§ 21 bis 23 und § 25 nicht erstreckt, wenn diese nicht in angemessenem Umfang baulich oder wirtschaftlich nutzbar sind. Der Nutzer oder der Grundstückseigentümer ist berechtigt, eine Einbeziehung der Restflächen in den Erbbaurechts- oder Grundstückskaufvertrag zu verlangen, wenn hierdurch ein nach Lage, Form und Größe zweckmäßig gestaltetes Erbbaurecht oder Grundstück entsteht. Der Nutzer kann die Einbeziehung der Restflächen in den Erbbaurechts- oder Grundstückskaufvertrag verweigern, wenn sich dadurch eine für ihn unzumutbare Mehrbelastung ergäbe.

(2) Ist für eine dem Grundstückseigentümer verbleibende Fläche die zur ordnungsgemäßen Nutzung notwendige Verbindung zu einem öffentlichen Weg nicht vorhanden, kann der Grundstückseigentümer vom Nutzer die Bestellung eines Wege- oder Leitungsrechts und zu dessen Sicherung die Übernahme einer Baulast gegenüber der Bauaufsichtsbehörde sowie die Bewilligung einer an rangbereiter Stelle in das Grundbuch einzutragenden Grunddienstbarkeit verlangen. Der Grundstückseigentümer ist zur Löschung der Grunddienstbarkeit verpflichtet, sobald eine anderweitige Erschließung der ihm verbleibenden Fläche hergestellt werden kann. Für die Zeit bis zur Herstellung dieser Erschließung ist § 117 Abs. 2 entsprechend anzuwenden.

(3) Kann ein Wege- oder Leitungsrecht nach Absatz 2 aus tatsächlichen Gründen nicht begründet werden, so hat der Grundstückseigentümer gegen den Nachbarn den in § 917 Abs. 1 des Bürgerlichen Gesetzbuchs bezeichneten Anspruch auf Duldung eines Notwegs. § 918 Abs. 1 des Bürgerlichen Gesetzbuchs ist nicht anzuwenden, wenn das Restgrundstück wegen Abschreibung der mit dem Nutzungsrecht belasteten oder der bebauten und dem Nutzer zuzuordnenden Teilfläche die Verbindung zum öffentlichen Weg verliert.

(4) Für die in § 24 bezeichneten Bebauungen gelten die dort genannten besonderen Regelungen.

Unterabschnitt 7:
Einwendungen und Einreden

§ 28
Anderweitige Verfahren und Entscheidungen

Die Beteiligten können Ansprüche nach diesem Kapitel nicht verfolgen, wenn

1. für das Gebiet, in dem das Grundstück belegen ist, ein Bodenneuordnungsverfahren nach dem Bodensonderungsgesetz eingeleitet worden ist, in dem über einen Ausgleich des Grundstückseigentümers für einen Rechtsverlust entschieden wird, oder
2. in einem Verfahren auf Zusammenführung des Grundstücks- und Gebäudeeigentums nach § 64 des Landwirtschaftsanpassungsgesetzes Anordnungen zur Durchführung eines freiwilligen Landtausches oder eines Bodenordnungsverfahrens ergangen sind.

Nummer 2 ist nicht anzuwenden, wenn das Verfahren ohne einen Landtausch oder eine bestandskräftige Entscheidung zur Feststellung und Neuordnung der Eigentumsverhältnisse beendet worden ist.

§ 29
Nicht mehr nutzbare Gebäude und nicht ausgeübte Nutzungen

(1) Der Grundstückseigentümer kann die Bestellung des Erbbaurechts oder den Verkauf des Grundstücks an den Nutzer verweigern, wenn das Gebäude oder die bauliche Anlage

1. nicht mehr nutzbar und mit einer Rekonstruktion durch den Nutzer nicht mehr zu rechnen ist, oder
2. nicht mehr genutzt wird und mit einem Gebrauch durch den Nutzer nicht mehr zu rechnen ist.

Ist die Nutzung für mindestens ein Jahr aufgegeben worden, so ist zu vermuten, daß eine Nutzung auch in Zukunft nicht stattfinden wird.

(2) Ist ein Nutzungsrecht bestellt worden, steht dem Grundstückseigentümer die in Absatz 1 bezeichnete Einrede nur dann zu, wenn

1. die in Absatz 1 bezeichneten Voraussetzungen vorliegen oder der Nutzer das Grundstück nicht bebaut hat und

2. nach den persönlichen oder wirtschaftlichen Verhältnissen des Nutzers nur eine Verwertung durch Veräußerung zu erwarten ist oder das Gebäude oder die bauliche Anlage, für die das Nutzungsrecht bestellt wurde, an anderer Stelle errichtet wurde.

(3) Der Grundstückseigentümer kann die Einreden aus Absatz 1 und 2 auch gegenüber dem Rechtsnachfolger des Nutzers erheben, wenn

1. der Nutzer bei Abschluß des der Veräußerung zugrunde liegenden Vertrages das Grundstück nicht bebaut hatte oder das Gebäude oder die bauliche Anlage nicht mehr nutzbar war,

2. das Eigentum am Gebäude aufgrund eines nach dem 20. Juli 1993 abgeschlossenen Vertrages übertragen worden ist und

3. der Rechtsnachfolger das Grundstück nicht bebaut oder das Gebäude oder die bauliche Anlage nicht wiederhergestellt hat.

Hat der Rechtsnachfolger des Nutzers das Grundstück bebaut, so kann der Grundstückseigentümer die Bestellung eines Erbbaurechts oder den Ankauf des Grundstücks nicht verweigern. In diesem Fall bestimmt sich der Erbbauzins nach § 47 Abs. 3 und der Ankaufspreis nach § 70 Abs. 4.

(4) Die Absätze 1 und 2 sind nicht anzuwenden, wenn

1. das Gebäude oder die bauliche Anlage noch nutzbar ist,

2. als Teil eines Unternehmens veräußert wird und

3. der Erwerber das Gebäude oder die bauliche Anlage nutzt und das Geschäft des Veräußerers fortführt.

Satz 1 ist auf Veräußerungen von Unternehmen oder Unternehmensteilen durch einen Verwalter im Wege eines Verfahrens nach der Gesamtvollstreckungsordnung entsprechend anzuwenden.

(5) Erhebt der Grundstückseigentümer die in den Absätzen 1 und 2 bezeichnete Einrede, kann der Nutzer vom Grundstückseigentümer den Ankauf des Gebäudes oder der baulichen Anlage oder die Ablösung der aus der baulichen Investition begründeten Rechte nach § 81 Abs. 1 Satz 1 Nr. 2 verlangen. Der Grundstückseigentümer kann den Anspruch des Nutzers aus Satz 1 abwenden, indem er das Grundstück oder die Teilfläche, auf die sich die Ansprüche nach diesem Kapitel erstrecken, zu einem Verkauf mit dem Gebäude oder der baulichen Anlage bereitstellt. § 79 Abs. 1, Abs. 2 Satz 2, Abs. 3 ist entsprechend anzuwenden. Eine Versteigerung ist entsprechend den §§ 180 bis 185 des Gesetzes über die Zwangsversteigerung und die Zwangsverwaltung vorzunehmen.

§ 30
Unredlicher Erwerb

(1) Der Grundstückseigentümer kann die Bestellung eines Erbbaurechts oder den Verkauf verweigern, wenn der Nutzer bei der Bestellung des Nutzungsrechts oder, falls ein Nutzungsrecht nicht bestellt wurde, der Nutzer bei der Erlangung des Besitzes am Grundstück unredlich im Sinne des § 4 des Vermögensgesetzes gewesen ist. Ist ein Nutzungsrecht begründet worden, kann der Grundstückseigentümer die Einrede nach Satz 1 nur dann erheben, wenn er auch die Aufhebung des Nutzungsrechts beantragt.

(2) Der Grundstückseigentümer, der die Aufhebung des Nutzungsrechts nicht innerhalb der gesetzlichen Ausschlußfristen beantragt hat, ist zur Erhebung der in Absatz 1 Satz 1 bezeichneten Einrede nicht berechtigt.

(3) Die in Absatz 1 Satz 1 bezeichnete Einrede ist ausgeschlossen, wenn das Grundstück dem Gemeingebrauch gewidmet oder im komplexen Wohnungsbau oder Siedlungsbau verwendet wurde. Hatte die für die Entscheidung über den Entzug des Eigentumsrechts zuständige staatliche Stelle vor Baubeginn der Inanspruchnahme des Grundstücks widersprochen, so sind der Erbbauzins nach den für die jeweilige Nutzung üblichen Zinssätzen und der Ankaufspreis nach dem ungeteilten Bodenwert zu bestimmen. § 51 ist nicht anzuwenden.

§ 31
Geringe Restnutzungsdauer

(1) Der Grundstückseigentümer kann den Abschluß eines Erbbaurechtsvertrages oder eines Grundstückskaufvertrages verweigern, wenn das vom Nutzer errichtete Gebäude oder die bauliche Anlage öffentlichen Zwecken dient oder land-, forstwirtschaftlich oder gewerblich genutzt wird, dem Nutzer ein Nutzungsrecht nicht bestellt wurde und die Restnutzungsdauer des Gebäudes oder der baulichen Anlage in dem Zeitpunkt, in dem der Nutzer Ansprüche nach diesem Kapitel geltend macht, weniger als 25 Jahre beträgt.

(2) Der Nutzer kann in diesem Fall vom Grundstückseigentümer den Abschluß eines Mietvertrages über die erforderliche Funktionsfläche (§ 12 Abs. 3 Satz 2 Nr. 2) verlangen, dessen Laufzeit nach der Restnutzungsdauer des Gebäudes zu bemessen ist.

(3) Der Zins ist nach der Hälfte des ortsüblichen Entgelts zu bemessen, wenn für ein Erbbaurecht der regelmäßige Zinssatz nach § 43 in Ansatz zu bringen wäre; andernfalls ist der Zins nach dem ortsüblichen Entgelt zu bestimmen. Die §§ 47, 51 und § 54 sind entsprechend anzuwenden.

(4) Jede Vertragspartei kann eine Anpassung des Zinses verlangen, wenn

1. zehn Jahre seit dem Beginn der Zinszahlungspflicht oder bei späteren Anpassungen drei Jahre seit der letzten Zinsanpassung vergangen sind und

2. der ortsübliche Zins sich seit der letzten Anpassung um mehr als zehn vom Hundert verändert hat.

Das Anpassungsverlangen ist gegenüber dem anderen Teil schriftlich geltend zu machen und zu begründen. Der angepaßte Zins wird von dem Beginn des dritten Kalendermonats an geschuldet, der auf den Zugang des Anpassungsverlangens folgt.

(5) Nach Beendigung des Mietverhältnisses kann der Nutzer vom Grundstückseigentümer den Ankauf oder, wenn selbständiges Gebäudeeigentum nicht begründet worden ist, Wertersatz für das Gebäude oder die bauliche Anlage verlangen. Der Grundstückseigentümer kann den Anspruch dadurch abwenden, daß er dem Nutzer die Verlängerung des Mietvertrages für die restliche Standdauer des Gebäudes oder der baulichen Anlage anbietet; § 27 Abs. 4 der Verordnung über das Erbbaurecht ist entsprechend anzuwenden. Ist das Gebäude oder die bauliche Anlage nicht mehr nutzbar, bestimmen sich die Ansprüche des Grundstückseigentümers gegen den Nutzer nach § 82.

Abschnitt 2:
Bestellung von Erbbaurechten

Unterabschnitt 1:
Gesetzliche Ansprüche auf Erbbaurechtsbestellung

§ 32
Grundsatz

Der Nutzer kann vom Grundstückseigentümer die Annahme eines Angebots auf Bestellung eines Erbbaurechts verlangen, wenn der Inhalt des Angebots den §§ 43 bis 58 entspricht. Dasselbe Recht steht dem Grundstückseigentümer gegen den Nutzer zu, wenn dieser eine entsprechende Wahl getroffen hat oder das Wahlrecht auf den Grundstückseigentümer übergegangen ist.

Unterabschnitt 2:
Gesetzliche Ansprüche wegen dinglicher Rechte

§ 33
Verpflichtung zum Rangrücktritt

Die Inhaber dinglicher Rechte am Grundstück sind nach Maßgabe der nachfolgenden Bestimmungen auf Verlangen des Nutzers verpflichtet, im Rang hinter das Erbbaurecht zurückzutreten.

§ 34
Regelungen bei bestehendem Gebäudeeigentum

(1) Soweit selbständiges Gebäudeeigentum besteht, können die Inhaber dinglicher Rechte am Grundstück eine Belastung des Erbbaurechts nicht verlangen. Belastungen des Gebäudes bestehen am Erbbaurecht fort.

(2) Erstreckt sich die Nutzungsbefugnis aus dem zu bestellenden Erbbaurecht auf eine Teilfläche des Grundstücks, so kann der Inhaber des dinglichen Rechts vom Grundstückseigentümer die Abschreibung des mit dem Erbbaurecht belasteten Grundstücksteils verlangen. Dieser Anspruch kann gegenüber dem Verlangen des Nutzers auf Rangrücktritt einredeweise geltend gemacht werden.

(3) Der Inhaber kann vom Grundstückseigentümer Ersatz der durch die Abschreibung entstandenen Kosten verlangen. Die Kosten sind den Kosten für die Vertragsdurchführung zuzurechnen. § 60 Abs. 2 ist entsprechend anzuwenden.

§ 35
Dienstbarkeit, Nießbrauch, Wohnungsrecht

Soweit selbständiges Gebäudeeigentum nicht besteht, können die Inhaber solcher dinglicher Rechte, die einen Anspruch auf Zahlung oder Befriedigung aus dem Grundstück nicht gewähren, eine der Belastung des Grundstücks entsprechende Belastung des Erbbaurechts verlangen, wenn diese zur Ausübung ihres Rechts erforderlich ist. Macht der jeweilige Erbbauberechtigte die in den §§ 27, 28 der Verordnung über das Erbbaurecht bestimmten Ansprüche geltend, so darf er die Zwangsversteigerung des Grundstücks nur unter der Bedingung des Bestehenbleibens dieser Rechte am Grundstück betreiben.

§ 36
Hypothek, Grundschuld, Rentenschuld, Reallast

(1) Soweit selbständiges Gebäudeeigentum nicht besteht, können die Inhaber solcher dinglichen Rechte, die Ansprüche auf Zahlung oder Befriedigung aus dem Grundstück gewähren, den Rangrücktritt hinter das Erbbaurecht verweigern, es sei denn, daß der Nutzer ihnen eine Belastung des Erbbaurechts mit einem dinglichen Recht an gleicher Rangstelle wie am Grundstück und in Höhe des Betrages bewilligt, der dem Verhältnis des Werts des Erbbaurechts zu dem Wert des belasteten Grundstücks nach den für die Wertermittlung maßgebenden Grundsätzen entspricht. Das in Satz 1 bestimmte Recht besteht nicht, wenn

1. der Antrag auf Eintragung der Belastung nach dem 21. Juli 1992 beim Grundbuchamt einging und dem Inhaber des dinglichen Rechts bekannt war, daß der Grundstückseigentümer vorsätzlich seiner Verpflichtung aus Artikel 233 § 2a Abs. 3 Satz 2 des Einführungsgesetzes zum Bürgerlichen Gesetzbuche zuwiderhandelte, das vom Nutzer bebaute Grundstück nicht zu belasten, oder

2. das vom Nutzer errichtete oder erworbene Gebäude oder dessen bauliche Anlage und die hierfür in Anspruch genommene Fläche nach den vertraglichen Regelungen nicht zum Haftungsverband gehören sollten oder deren Nichtzugehörigkeit zum Haftungsverband für den Inhaber des dinglichen Rechts bei dessen Begründung oder Erwerb erkennbar war.

Ist ein Darlehen für den Betrieb des Grundstückseigentümers gewährt worden, ist zu vermuten, daß ein vom Nutzer errichtetes oder erworbenes Eigenheim und die ihm zuzuordnende Fläche nicht als Sicherheit für das Darlehen dienen sollten.

(2) Der Nutzer ist berechtigt, das dingliche Recht nach Absatz 1 Satz 1 durch eine dem Umfang des Rechts entsprechende Befriedigung des Gläubigers zum nächstmöglichen Kündigungstermin abzulösen.

§ 37
Anspruch auf Befreiung von dinglicher Haftung

Der Nutzer kann vom Grundstückseigentümer Befreiung von einer dinglichen Haftung verlangen, die er nach § 36 Abs. 1 zu übernehmen hat. Ist eine grundpfandrechtlich gesicherte

Kreditschuld noch nicht ablösbar, so hat der Grundstückseigentümer dem Nutzer statt der Befreiung auf Verlangen Sicherheit zu leisten.

Unterabschnitt 3:
Überlassungsverträge

§ 38
Bestellung eines Erbbaurechts für einen Überlassungsvertrag

(1) Ist dem Nutzer das Grundstück aufgrund eines Überlassungsvertrages übergeben worden, so kann der Grundstückseigentümer vom Nutzer verlangen, daß dieser auf seine vertraglichen Ansprüche für Werterhöhungen des Grundstücks verzichtet und die zur Absicherung dieser Forderung eingetragene Hypothek aufgibt. Der Nutzer hat den Grundstückseigentümer freizustellen, wenn er den Anspruch auf Wertersatz und die Hypothek an einen Dritten abgetreten hat.

(2) Der Grundstückseigentümer hat dem Nutzer die Beträge zu erstatten, die der staatliche Verwalter aus den vom Nutzer eingezahlten Beträgen zur Ablösung von Verbindlichkeiten des Grundstückseigentümers und Grundpfandrechten, die zu deren Sicherung bestellt wurden, verwendet hat. Der Aufwendungsersatzanspruch des Nutzers nach Satz 1 gilt als erloschen, soweit aus der Zahlung des Nutzers Verbindlichkeiten und Grundpfandrechte getilgt wurden, die der Grundstückseigentümer nach § 16 Abs. 2 Satz 2, Abs. 5 bis 7 in Verbindung mit § 18 Abs. 2 des Vermögensgesetzes nicht übernehmen müßte, wenn diese im Falle der Aufhebung oder der Beendigung der staatlichen Verwaltung noch fortbestanden hätten. Satz 2 ist auf eine zur Absicherung des Aufwendungsersatzanspruchs des Nutzers eingetragene Hypothek entsprechend anzuwenden. Auf Abtretungen, die nach Ablauf des 31. Dezember 1996 erfolgen, sind die §§ 892, 1157 Satz 2 des Bürgerlichen Gesetzbuchs entsprechend anzuwenden.

(3) Soweit Ansprüche und Rechte nach Absatz 2 Satz 2 und 3 erlöschen, ist § 16 Abs. 9 Satz 3 des Vermögensgesetzes entsprechend anzuwenden.

(4) Der Nutzer ist berechtigt, die hinterlegten Beträge mit Ausnahme der aufgelaufenen Zinsen zurückzufordern. Der Grundstückseigentümer kann vom Nutzer die Zustimmung zur Auszahlung der aufgelaufenen Zinsen verlangen.

Unterabschnitt 4:
Besondere Gestaltungen

§ 39
Mehrere Erbbaurechte auf einem Grundstück, Gesamterbbaurechte, Nachbarerbbaurechte

(1) An einem Grundstück können mehrere Erbbaurechte bestellt werden, wenn jedes von ihnen nach seinem Inhalt nur an einer jeweils anderen Grundstücksteilfläche ausgeübt werden kann. In den Erbbaurechtsverträgen muß jeweils in einem Lageplan bestimmt sein, auf welche Teilfläche des Grundstücks sich die Nutzungsbefugnis des Erbbauberechtigten erstreckt. Der Lageplan hat den in § 8 Abs. 2 Satz 1 bis 3 des Bodensonderungsgesetzes genannten

Anforderungen für eine nach jenem Gesetz aufzustellende Grundstückskarte zu entsprechen. Der Vertrag muß die Verpflichtung für die jeweiligen Erbbauberechtigten und Grundstückseigentümer enthalten, die Teilfläche nach Vermessung vom belasteten Grundstück abzuschreiben und der Eintragung als selbständiges Grundstück in das Grundbuch zuzustimmen. Mehrere nach Satz 1 bestellte Erbbaurechte haben untereinander Gleichrang, auch wenn sie zu unterschiedlichen Zeiten in das Grundbuch eingetragen werden. Der gleiche Rang ist im Grundbuch zu vermerken; einer Zustimmung der Inhaber der anderen Erbbaurechte wie der Inhaber dinglicher Rechte an diesen bedarf es nicht. Wird eines dieser Erbbaurechte zwangsweise versteigert, so sind die anderen im Gleichrang an erster Rangstelle bestellten Erbbaurechte wie Rechte an einem anderen Grundstück zu behandeln.

(2) Das Erbbaurecht kann sich auf mehrere Grundstücke erstrecken (Gesamterbbaurecht). Die Belastung durch das Gesamterbbaurecht kann ein Grundstück einbeziehen, das nicht bebaut worden ist, wenn der Anspruch des Nutzers auf Erbbaurechtsbestellung sich nach den §§ 21 bis 27 auch auf dieses Grundstück erstreckt.

(3) Erstreckt sich die Bebauung auf ein benachbartes Grundstück, so kann zu deren Absicherung ein Erbbaurecht bestellt werden (Nachbarerbbaurecht), wenn

1. der Nutzer Eigentümer des herrschenden Grundstücks und Inhaber eines auf dem benachbarten Grundstück bestellten Nachbarerbbaurechts wird,
2. die grundpfandrechtlichen Belastungen und die Reallast zur Absicherung des Erbbauzinses auf dem Grundstückseigentum und dem Erbbaurecht als Gesamtbelastung mit gleichem Rang eingetragen werden und
3. die Erbbaurechtsverträge keinen Anspruch auf den Erwerb des Erbbaurechts (Heimfall) enthalten oder das Heimfallrecht nur dann ausgeübt werden kann, wenn das Grundstückseigentum und die sich auf das Gebäude beziehenden Erbbaurechte in einer Hand bleiben.

Über das Erbbaurecht kann nur zusammen mit dem Eigentum am herrschenden Grundstück verfügt werden. Das Erbbaurecht ist im Grundbuch als Nachbarerbbaurecht zu bezeichnen, im Grundbuch des belasteten Grundstücks als Belastung und im Grundbuch des herrschenden Grundstücks als Bestandteil einzutragen.

§ 40
Wohnungserbbaurecht

(1) Der Anspruch ist auf die Erbbaurechtsbestellung und Begründung von Erbbaurechten nach § 30 des Wohnungseigentumsgesetzes zu richten, wenn

1. natürliche Personen Gebäude (Mehrfamilien- und zusammenhängende Siedlungshäuser) als Miteigentümer erworben oder gemeinsam errichtet haben und abgeschlossene Teile eines Gebäudes unter Ausschluß der anderen nutzen,
2. staatliche Stellen, Gemeinden oder Genossenschaften Gebäude gemeinsam errichtet haben und abgeschlossene Teile des Gebäudes unter Ausschluß der anderen nutzen.

Ein Wohnungserbbaurecht ist auch dann zu bestellen, wenn die Genehmigung zu einer Teilung durch Abschreibung der mit den Erbbaurechten belasteten Grundstücke nach § 120 Abs. 1 versagt wird.

(2) Jeder Nutzer kann von den anderen Nutzern und von dem Grundstückseigentümer den Abschluß der für die Begründung eines Erbbaurechts und die Bestellung von Wohnungserb-

baurechten erforderlichen Verträge auch dann verlangen, wenn eine Teilung des Grundstücks wegen gemeinschaftlicher Erschließungsanlagen oder gemeinschaftlich genutzter Anbauten unzweckmäßig ist. Eine Realteilung ist in der Regel unzweckmäßig, wenn zur Sicherung der Nutzung der Gebäude mehrere Dienstbarkeiten auf verschiedenen Grundstücken zu bestellen sind und Verträge über die Unterhaltung gemeinschaftlicher Anlagen und Anbauten zu schließen sind, die auch für Rechtsnachfolger verbindlich sein müssen.

(3) Jeder Nutzer kann von den anderen Beteiligten den Abschluß einer Vereinbarung über den Erbbauzins verlangen, nach der die Nutzer nach der Größe ihrer Erbbaurechtsanteile dem Grundstückseigentümer allein zur Zahlung des bezeichneten Erbbauzinses verpflichtet sind. Einer Zustimmung der Grundpfandrechtsgläubiger bedarf es nicht.

(4) Nutzer und Grundstückseigentümer sind verpflichtet, an der Aufteilung und der Erlangung der in § 7 Abs. 4 des Wohnungseigentumsgesetzes bezeichneten Unterlagen mitzuwirken. Die dadurch entstehenden Kosten haben die künftigen Inhaber der Wohnungserbbaurechte nach dem Verhältnis ihrer Anteile zu tragen.

§ 41
Bestimmung des Bauwerks

Ein Erbbaurechtsvertrag nach diesem Kapitel kann mit dem Inhalt abgeschlossen werden, daß der Erbbauberechtigte jede baurechtlich zulässige Zahl und Art von Gebäuden oder Bauwerken errichten darf.

Unterabschnitt 5:
Gesetzlicher und vertragsmäßiger Inhalt des Erbbaurechts

§ 42
Bestimmungen zum Inhalt des Erbbaurechts

(1) Zum Inhalt eines nach diesem Kapitel begründeten Erbbaurechts gehören die Vereinbarungen im Erbbaurechtsvertrag über

1. die Dauer des Erbbaurechts (§ 53),
2. die vertraglich zulässige bauliche Nutzung (§ 54) und
3. die Nutzungsbefugnis des Erbbauberechtigten an den nicht überbauten Flächen (§ 55).

(2) Jeder Beteiligte kann verlangen, daß

1. die Vereinbarungen zur Errichtung und Unterhaltung von Gebäuden und zum Heimfallanspruch (§ 56),
2. die Abreden über ein Ankaufsrecht des Erbbauberechtigten (§ 57),
3. die Abreden darüber, wer die öffentlichen Lasten zu tragen hat (§ 58),
4. die Vereinbarung über eine Zustimmung des Grundstückseigentümers zur Veräußerung (§ 49) und
5. die Vereinbarung über die Sicherung künftig fällig werdender Erbbauzinsen (§ 52)

als Inhalt des Erbbaurechts bestimmt werden.

Unterabschnitt 6:
Bestimmungen zum Vertragsinhalt

§ 43
Regelmäßiger Zins

(1) Der regelmäßige Zins beträgt die Hälfte des für die entsprechende Nutzung üblichen Zinses.

(2) Als Zinssatz ist in Ansatz zu bringen

1. für Eigenheime

    a) zwei vom Hundert jährlich des Bodenwerts,

    b) vier vom Hundert jährlich des Bodenwerts, soweit die Größe des belasteten Grundstücks die gesetzliche Regelgröße von 500 Quadratmetern übersteigt und die darüber hinausgehende Fläche abtrennbar und selbständig baulich nutzbar ist oder soweit die Größe des belasteten Grundstücks 1 000 Quadratmeter übersteigt und die darüber hinausgehende Fläche abtrennbar und angemessen wirtschaftlich nutzbar ist,

2. für im staatlichen oder genossenschaftlichen Wohnungsbau errichtete Gebäude zwei vom Hundert jährlich des Bodenwerts,

3. für öffentlichen Zwecken dienende oder land-, forstwirtschaftlich oder gewerblich genutzte Gebäude dreieinhalb vom Hundert jährlich des Bodenwerts.

In den Fällen des Satzes 1 Nr. 3 kann jeder Beteiligte verlangen, daß ein anderer Zinssatz der Erbbauzinsberechnung zugrunde gelegt wird, wenn der für diese Nutzung übliche Zinssatz mehr oder weniger als sieben vom Hundert jährlich beträgt.

§ 44
Fälligkeit des Anspruchs auf den Erbbauzins

(1) Der Erbbauzins ist vierteljährlich nachträglich am 31. März, 30. Juni, 30. September und 31. Dezember eines Jahres zu zahlen.

(2) Die Zahlungspflicht beginnt mit

1. der Ladung des Nutzers zum Termin im notariellen Vermittlungsverfahren auf Abschluß eines Erbbaurechtsvertrages, wenn der Grundstückseigentümer den Antrag gestellt hat oder sich auf eine Verhandlung über den Inhalt des Erbbaurechts einläßt oder

2. einem § 32 entsprechenden Verlangen des Grundstückseigentümers zur Bestellung eines Erbbaurechts oder der Annahme eines entsprechenden Angebots des Nutzers.

Der Nutzer hat auch dann ein Entgelt zu zahlen, wenn das Angebot von dem Inhalt des abzuschließenden Vertrages verhältnismäßig geringfügig abweicht. Bis zur Eintragung des Erbbaurechts in das Grundbuch hat der Nutzer an den Grundstückseigentümer ein Nutzungsentgelt in Höhe des Erbbauzinses zu zahlen.

§ 45
Verzinsung bei Überlassungsverträgen

(1) Ist dem Nutzer aufgrund eines mit dem staatlichen Verwalter geschlossenen Vertrages ein Grundstück mit aufstehendem Gebäude überlassen worden, so ist auf Verlangen des Grundstückseigentümers über den Erbbauzins hinaus der Restwert des überlassenen Gebäudes und der überlassenen Grundstückseinrichtungen für die Zeit der üblichen Restnutzungsdauer zu verzinsen. Der Restwert bestimmt sich nach dem Sachwert des Gebäudes zum Zeitpunkt der Überlassung abzüglich der Wertminderung, die bis zu dem Zeitpunkt der Abgabe eines Angebots auf Abschluß eines Erbbaurechtsvertrages gewöhnlich eingetreten wäre. Er ist mit vier vom Hundert jährlich zu verzinsen.

(2) § 51 Abs. 1 ist auf die Verzinsung des Gebäuderestwerts entsprechend anzuwenden.

(3) Eine Zahlungspflicht nach Absatz 1 entfällt, wenn der Nutzer auf dem Grundstück anstelle des bisherigen ein neues Gebäude errichtet hat.

§ 46
Zinsanpassung an veränderte Verhältnisse

(1) Nutzer und Grundstückseigentümer sind verpflichtet, in den Erbbaurechtsvertrag eine Bestimmung aufzunehmen, die eine Anpassung des Erbbauzinses an veränderte Verhältnisse vorsieht. Die Anpassung kann erstmals nach Ablauf von zehn Jahren seit Bestellung des Erbbaurechts verlangt werden. Bei einer zu Wohnzwecken dienenden Nutzung bestimmt sich die Anpassung nach dem in § 9a der Verordnung über das Erbbaurecht bestimmten Maßstab. Bei anderen Nutzungen ist die Anpassung nach

1. den Erzeugerpreisen für gewerbliche Güter bei gewerblicher oder industrieller Nutzung des Grundstücks,

2. den Erzeugerpreisen für landwirtschaftliche Produkte bei land- und forstwirtschaftlicher Bewirtschaftung des Grundstücks oder

3. den Preisen für die allgemeine Lebenshaltung in allen übrigen Fällen

vorzunehmen. Die Vereinbarung über die Anpassung des Erbbauzinses ist nur wirksam, wenn die Genehmigung nach § 3 des Währungsgesetzes oder entsprechenden währungsrechtlichen Vorschriften erteilt wird. Weitere Anpassungen des Erbbauzinses können frühestens nach Ablauf von drei Jahren seit der jeweils letzten Anpassung des Erbbauzinses geltend gemacht werden.

(2) Die Anpassung nach Absatz 1 Satz 3 und 4 ist auf den Betrag zu begrenzen, der sich aus der Entwicklung der Grundstückspreise ergibt. Die Begrenzung ist auf der Grundlage der Bodenrichtwerte nach § 196 des Baugesetzbuchs, soweit diese vorliegen, andernfalls in folgender Reihenfolge nach der allgemeinen Entwicklung der Grundstückspreise in dem Land, in dem das Grundstück ganz oder zum größten Teil belegen ist, dem in § 1 bezeichneten Gebiet oder im gesamten Bundesgebiet zu bestimmen. Abweichende Vereinbarungen und Zinsanpassungen sind gegenüber den Inhabern dinglicher Rechte am Erbbaurecht, die einen Anspruch auf Zahlung oder Befriedigung gewähren, unwirksam, es sei denn, daß der Erbbauzins nur als schuldrechtliche Verpflichtung zwischen dem Grundstückseigentümer und dem Nutzer vereinbart wird.

§ 47
Zinsanpassung an Nutzungsänderungen

(1) Nutzungsänderungen, zu denen der Erbbauberechtigte nach § 54 Abs. 2 und 3 berechtigt ist, rechtfertigen keine Anpassung des Erbbauzinses. Für Nutzungsänderungen nach § 54 Abs. 1 und 4 kann die Aufnahme der folgenden Zinsanpassungen im Erbbaurechtsvertrag verlangt werden:

1. der Zinssatz ist heraufzusetzen,
   a) von zwei auf sieben vom Hundert jährlich des Bodenwerts, wenn ein zu Wohnzwecken errichtetes Gebäude zu gewerblichen, land-, forstwirtschaftlichen oder zu öffentlichen Zwecken genutzt wird,
   b) ==von dreieinhalb auf sieben vom Hundert jährlich des Bodenwerts, wenn land- oder forstwirtschaftlich genutzte Gebäude gewerblich genutzt werden oder wenn ein anderer Wechsel in der bisherigen Art der Nutzung erfolgt;==
2. der Zinssatz ist von dreieinhalb auf zwei vom Hundert jährlich des Bodenwerts herabzusetzen, wenn eine am 2. Oktober 1990 ausgeübte gewerbliche Nutzung nicht mehr ausgeübt werden kann und das Gebäude zu Wohnzwecken genutzt wird.

In den Fällen des Satzes 2 Nr. 1 kann jeder Beteiligte verlangen, daß ein anderer Zinssatz zugrunde gelegt wird, wenn der für diese Nutzung übliche Zins mehr oder weniger als sieben vom Hundert jährlich beträgt. Wird in den Fällen des Satzes 2 Nr. 2 das Gebäude nunmehr zu land- oder forstwirtschaftlichen Zwecken genutzt, kann der Nutzer eine Anpassung des regelmäßigen Zinses verlangen, wenn der für diese Nutzung übliche Zins weniger als sieben vom Hundert jährlich beträgt.

(2) Der Grundstückseigentümer kann vom Erbbauberechtigten verlangen, daß sich dieser ihm gegenüber verpflichtet, in einem Vertrag über die Veräußerung des Erbbaurechts die in den Absätzen 1 und 2 bestimmten Pflichten zur Zinsanpassung seinem Rechtsnachfolger aufzuerlegen.

(3) Der Erbbauzins ist nach den in Absatz 1 Satz 2 Nummer 1 Buchstabe a und b genannten Zinssätzen zu bemessen, wenn der Nutzer das Gebäude oder die bauliche Anlage nach dem Ablauf des 20. Juli 1993 erworben hat und zum Zeitpunkt des der Veräußerung zugrunde liegenden Rechtsgeschäfts die in § 29 Abs. 3 Satz 1 bezeichneten Voraussetzungen vorlagen. Satz 1 ist nicht anzuwenden, wenn das Gebäude oder die bauliche Anlage als Teil eines Unternehmens veräußert wird und der Nutzer das Geschäft seines Rechtsvorgängers fortführt.

§ 48
Zinserhöhung nach Veräußerung

(1) Der Grundstückseigentümer kann verlangen, daß in den Erbbaurechtsvertrag eine Bestimmung aufgenommen wird, in der sich der Erbbauberechtigte im Falle einer Veräußerung des Erbbaurechts in den ersten drei Jahren nach dessen Bestellung verpflichtet, einen Vertrag über die Veräußerung des Erbbaurechts in der Weise abzuschließen, daß der Erwerber des Erbbaurechts gegenüber dem Grundstückseigentümer zu einer Zinsanpassung nach Absatz 2 verpflichtet ist, wenn die in § 71 Abs. 1 Satz 1 Nr. 1 und 3 bezeichneten Voraussetzungen vorliegen.

(2) Der Zins erhöht sich von
1. zwei auf vier vom Hundert jährlich des Bodenwerts, wenn das Erbbaurecht für eine Nutzung des Gebäudes zu Wohnzwecken bestellt wurde, oder
2. dreieinhalb auf sieben vom Hundert jährlich bei land-, forstwirtschaftlicher, gewerblicher oder einer Nutzung des Erbbaurechts für öffentliche Zwecke.

(3) Im Falle einer Veräußerung in den folgenden drei Jahren kann der Grundstückseigentümer eine Absatz 1 entsprechende Verpflichtung des Erbbauberechtigten zur Anpassung des Erbbauzinses bis auf drei vom Hundert jährlich des Bodenwerts bei einer Nutzung zu Wohnzwecken und bis auf fünf und ein Viertel vom Hundert jährlich des Bodenwerts bei allen anderen Nutzungen verlangen.

(4) Im Falle einer land-, forstwirtschaftlichen oder gewerblichen Nutzung oder einer Nutzung für öffentliche Zwecke kann der Nutzer eine Bemessung des Zinssatzes nach dem für die Nutzung üblichen Zins verlangen, wenn dieser mehr oder weniger als sieben vom Hundert beträgt. Maßgebender Zeitpunkt für die in den Absätzen 2 und 3 bestimmten Fristen ist der Zeitpunkt des Abschlusses des die Verpflichtung zur Übertragung des Erbbaurechts begründenden schuldrechtlichen Geschäfts.

(5) Der Grundstückseigentümer kann verlangen, daß der Nutzer sich im Erbbaurechtsvertrag ihm gegenüber verpflichtet, einen Vertrag über die Veräußerung des Erbbaurechts so abzuschließen, daß der Erwerber die Pflichten zur Zinsanpassung wegen der in § 70 Abs. 1 bezeichneten Nutzungsänderungen übernimmt.

§ 49
Zustimmungsvorbehalt

Der Grundstückseigentümer kann verlangen, daß die Veräußerung nach § 5 Abs. 1 der Verordnung über das Erbbaurecht seiner Zustimmung bedarf. Der Grundstückseigentümer hat diese zu erteilen, wenn die in § 47 Abs. 1, 48 Abs. 1 bis 3 und Abs. 5 bezeichneten Voraussetzungen erfüllt sind.

§ 50
Zinsanpassung wegen abweichender Grundstücksgröße

Jeder Beteiligte kann verlangen, daß sich der andere Teil zu einer Zinsanpassung verpflichtet, wenn sich nach dem Ergebnis einer noch durchzuführenden Vermessung herausstellt, daß die tatsächliche Grundstücksgröße von der im Vertrag zugrunde gelegten mehr als geringfügig abweicht. § 72 Abs. 2 und 3 ist entsprechend anzuwenden.

§ 51
Eingangsphase

(1) Der Erbbauberechtigte kann vom Grundstückseigentümer eine Ermäßigung des Erbbauzinses in den ersten Jahren verlangen (Eingangsphase). Der ermäßigte Zins beträgt
1. ein Viertel in den ersten drei Jahren,
2. die Hälfte in den folgenden drei Jahren und
3. drei Viertel in den darauf folgenden drei Jahren

des sich aus den vorstehenden Bestimmungen ergebenden Erbbauzinses. Die Eingangsphase beginnt mit dem Eintritt der Zahlungspflicht nach § 44, spätestens am 1. Januar 1995.

(2) Ist ein Erbbaurecht für ein Eigenheim (§ 5 Abs. 2) zu bestellen und beträgt der zu verzinsende Bodenwert mehr als 250 000 Deutsche Mark, so verlängert sich der für die Stufen der Zinsanhebung in Absatz 1 Satz 2 genannte Zeitraum von jeweils drei auf vier Jahre. Der vom Nutzer zu zahlende Erbbauzins beträgt in diesem Falle mindestens

1. 104 Deutsche Mark monatlich in den ersten drei Jahren,
2. 209 Deutsche Mark monatlich in den folgenden drei Jahren,
3. 313 Deutsche Mark monatlich in den darauf folgenden drei Jahren und
4. 418 Deutsche Mark monatlich in den darauf folgenden drei Jahren.

(3) Haben die Parteien ein vertragliches Nutzungsentgelt vereinbart, kann der Nutzer eine Ermäßigung nur bis zur Höhe des vereinbarten Entgelts verlangen. Übersteigt das vertraglich vereinbarte Entgelt den nach diesem Kapitel zu zahlenden Erbbauzins, kann der Nutzer nur eine Anpassung des Erbbauzinses auf den nach Ablauf der Eingangsphase zu zahlenden Betrag verlangen.

§ 52
Sicherung des Erbbauzinses

(1) Der Grundstückseigentümer kann die Absicherung des regelmäßigen Erbbauzinses durch Eintragung einer Reallast an rangbereiter Stelle sowie eine Vereinbarung über die Sicherung der Reallast nach § 9 Abs. 3 der Verordnung über das Erbbaurecht verlangen.

(2) Auf Verlangen des Nutzers ist in den Erbbaurechtsvertrag eine Bestimmung aufzunehmen, nach der sich der Grundstückseigentümer zu einem Rangrücktritt der Reallast zugunsten eines für Baumaßnahmen des Nutzers innerhalb des in den §§ 11, 12 des Hypothekenbankgesetzes und § 21 der Verordnung über das Erbbaurecht bezeichneten Finanzierungsraums verpflichtet, wenn nach § 9 Abs. 3 der Verordnung über das Erbbaurecht das Bestehenbleiben des Erbbauzinses als Inhalt der Reallast vereinbart wird.

§ 53
Dauer des Erbbaurechts

(1) Die regelmäßige Dauer des Erbbaurechts ist entsprechend der nach dem Inhalt des Nutzungsrechts zulässigen Bebauung zu bestimmen. Ist ein Nutzungsrecht nicht bestellt worden, so ist von der tatsächlichen Bebauung auszugehen, wenn sie nach den Rechtsvorschriften zulässig gewesen oder mit Billigung staatlicher Stellen erfolgt ist.

(2) Die regelmäßige Dauer des Erbbaurechts beträgt vom Vertragsschluß an

1. 90 Jahre
   a) für Ein- und Zweifamilienhäuser oder
   b) für die sozialen Zwecken dienenden Gebäude (insbesondere Schulen, Krankenhäuser, Kindergärten),

2. 80 Jahre für die im staatlichen oder genossenschaftlichen Wohnungsbau errichteten Gebäude sowie für Büro- und andere Dienstgebäude,

3. 50 Jahre für die land-, forstwirtschaftlichen oder gewerblichen Zwecken dienenden Gebäude und alle anderen baulichen Anlagen.

(3) Auf Verlangen des Grundstückseigentümers ist eine verkürzte Laufzeit nach der Restnutzungsdauer des Gebäudes zu vereinbaren, wenn diese weniger als 50, jedoch mehr als 25 Jahre beträgt, das Grundstück mit einem land-, forstwirtschaftlich, gewerblich oder einem öffentlichen Zwecken dienenden Gebäude oder einer baulichen Anlage bebaut worden ist und für die Bebauung ein dingliches Nutzungsrecht nicht bestellt oder ein unbefristeter Nutzungsvertrag, der nur aus besonderen Gründen gekündigt werden konnte, nicht geschlossen wurde. Ist ein Vertrag mit einer über die Restnutzungsdauer des Gebäudes hinausgehenden Laufzeit abgeschlossen worden, kann der Nutzer die Bestellung eines Erbbaurechts für den Zeitraum verlangen, der wenigstens der Restlaufzeit des Vertrages entspricht, jedoch nicht über den in Absatz 2 bestimmten Zeitraum hinaus. Beträgt die Restnutzungsdauer weniger als 25 Jahre, so ist § 31 Abs. 2 bis 5 anzuwenden.

§ 54
Vertraglich zulässige bauliche Nutzung

(1) Die vertraglich zulässige bauliche Nutzung ist nach dem Inhalt des Nutzungsrechts oder, falls ein solches Recht nicht bestellt wurde, nach der Nutzung zu bestimmen, die auf genossenschaftlich genutzten Flächen am 30. Juni 1990, auf anderen Flächen am 2. Oktober 1990, ausgeübt wurde. Befand sich das Gebäude zu dem nach Satz 1 maßgebenden Zeitpunkt noch im Bau, so ist die vorgesehene Nutzung des im Bau befindlichen Gebäudes zugrunde zu legen.

(2) Ist ein Nutzungsrecht für den Bau eines Eigenheimes bestellt oder das Grundstück mit einem Eigenheim bebaut worden, so ist auf Verlangen des Nutzers zu vereinbaren, daß das Gebäude auch zur Ausübung freiberuflicher Tätigkeit, eines Handwerks-, Gewerbe- oder Pensionsbetriebes genutzt werden kann.

(3) Für land-, forstwirtschaftlich oder gewerblich genutzte oder öffentlichen Zwecken dienende Gebäude oder bauliche Anlagen kann der Nutzer, der diese bereits bis zum Ablauf des 2. Oktober 1990 genutzt hat, die Bestellung eines Erbbaurechts unter Anpassung an veränderte Umstände verlangen, wenn sich die bauliche Nutzung des Grundstücks hierdurch nicht oder nur unwesentlich verändert hat. Unwesentliche Veränderungen der baulichen Nutzung des Grundstücks sind insbesondere kleine Aus- oder Anbauten an bestehenden Gebäuden.

(4) Der Nutzer kann eine Vereinbarung beanspruchen, nach der Änderungen zulässig sein sollen, die über den in den Absätzen 2 und 3 benannten Umfang hinausgehen. Zulässig ist auch ein Wechsel der Nutzungsart nach § 70 Abs. 1, wenn dies für eine wirtschaftlich sinnvolle Nutzung der errichteten Gebäude erforderlich ist. Der Grundstückseigentümer kann dem widersprechen, wenn der Nutzer nicht bereit ist, die in § 47 bezeichneten Verpflichtungen in den Vertrag aufzunehmen.

§ 55
Nutzungsbefugnis des Erbbauberechtigten, Grundstücksteilung

(1) Die Befugnis des Erbbauberechtigten, über die Grundfläche des Gebäudes hinausgehende Teile des Grundstücks zu nutzen, ist nach den §§ 21 bis 27 zu bestimmen. Der Erbbauberechtigte ist berechtigt, auch die nicht bebauten Flächen des belasteten Grundstücks zu nutzen.

(2) Grundstückseigentümer und Nutzer können eine Abschreibung des mit dem Erbbaurecht belasteten Grundstücks verlangen, wenn die Nutzungsbefugnis sich nicht auf das Grundstück insgesamt erstreckt, das Restgrundstück selbständig baulich nutzbar ist, eine Teilungsgenehmigung nach § 120 erteilt wird und eine Vermessung durchgeführt werden kann. Die Kosten der Vermessung sind zu teilen.

§ 56
Errichtung und Unterhaltung des Gebäudes, Heimfall

(1) Der Grundstückseigentümer, der mit der Ausgabe von Erbbaurechten besondere öffentliche, soziale oder vergleichbare Zwecke in bezug auf die Bebauung des Grundstücks verfolgt, kann vom Nutzer die Zustimmung zu vertraglichen Bestimmungen verlangen, in denen sich dieser verpflichtet,

1. innerhalb von sechs Jahren nach Abschluß des Erbbaurechtsvertrages das Grundstück zu bebauen,

2. ein errichtetes Gebäude in gutem Zustand zu halten und die erforderlichen Reparaturen und Erneuerungen unverzüglich vorzunehmen.

(2) Die in Absatz 1 Nr. 1 bestimmte Frist ist vom Grundstückseigentümer auf Verlangen des Erbbauberechtigten um weitere sechs Jahre zu verlängern, wenn dieser aus wirtschaftlichen Gründen innerhalb der ersten sechs Jahre nach Abschluß des Erbbaurechtsvertrages zur Bebauung des Grundstücks nicht in der Lage oder aus besonderen persönlichen Gründen daran gehindert war. Eine Veräußerung des Erbbaurechts führt nicht zur Verlängerung der in Satz 1 bezeichneten Fristen.

(3) Sind an dem Gebäude bei Abschluß des Erbbaurechtsvertrages erhebliche Bauschäden vorhanden, so kann im Falle des Absatzes 1 Nr. 2 die Frist zur Behebung dieser Bauschäden auf Verlangen des Erbbauberechtigten bis auf sechs Jahre erstreckt werden, wenn nicht eine sofortige Behebung der Schäden aus Gründen der Bausicherheit erforderlich ist.

(4) Der Grundstückseigentümer hat das Recht, vom Nutzer zu verlangen, daß dieser sich ihm gegenüber verpflichtet, das Erbbaurecht auf ihn zu übertragen, wenn der Erbbauberechtigte den in den Absätzen 1 bis 3 bestimmten Pflichten auch nach einer vom Grundstückseigentümer zu setzenden angemessenen Nachfrist schuldhaft nicht nachgekommen ist (Heimfallklausel).

(5) Jeder Grundstückseigentümer kann verlangen, daß der Erbbauberechtigte sich zum Abschluß einer den Wert des Gebäudes deckenden Versicherung verpflichtet.

§ 57
Ankaufsrecht

(1) Der Nutzer kann verlangen, daß in den Erbbaurechtsvertrag eine Verpflichtung des Grundstückseigentümers aufgenommen wird, das Grundstück an den jeweiligen Erbbauberechtigten zu verkaufen. Die Frist für das Ankaufsrecht ist auf zwölf Jahre von der Bestellung des Erbbaurechts an zu beschränken, wenn der Grundstückseigentümer eine Befristung verlangt.

(2) Der Preis ist entsprechend den Vorschriften in Abschnitt 3 über das Ankaufsrecht zu vereinbaren. Der Bodenwert ist auf den Zeitpunkt festzustellen, in dem ein den Vereinbarungen im Erbbaurechtsvertrag entsprechendes Angebot zum Ankauf des Grundstücks abgegeben wird. Die Grundlagen der Bemessung des Preises sind in den Vertrag aufzunehmen.

(3) Im Falle einer Weiterveräußerung des Grundstücks nach dem Ankauf ist § 71 entsprechend anzuwenden.

§ 58
Öffentliche Lasten

Der Grundstückseigentümer kann verlangen, daß der Erbbauberechtigte vom Tage der Bestellung des Erbbaurechts an die auf dem Grundstück ruhenden öffentlichen Lasten zu tragen hat, soweit diese dem Gebäude und der vom Erbbauberechtigten genutzten Fläche zuzurechnen sind. Die gesetzlichen und vertraglichen Regelungen über die entsprechenden Verpflichtungen des Nutzers bleiben bis zur Bestellung des Erbbaurechts unberührt.

Unterabschnitt 7:
Folgen der Erbbaurechtsbestellung

§ 59
Erlöschen des Gebäudeeigentums und des Nutzungsrechts

(1) Das Gebäude wird Bestandteil des Erbbaurechts. Das selbständige Gebäudeeigentum erlischt mit dessen Entstehung.

(2) Mit der Bestellung des Erbbaurechts erlöschen zugleich ein nach bisherigem Recht begründetes Nutzungsrecht und etwaige vertragliche oder gesetzliche Besitzrechte des Nutzers.

§ 60
Anwendbarkeit der Verordnung über das Erbbaurecht, Kosten und Gewährleistung

(1) Auf die nach den Bestimmungen dieses Kapitels bestellten Erbbaurechte findet, soweit nicht Abweichendes gesetzlich angeordnet oder zugelassen ist, die Verordnung über das Erbbaurecht Anwendung.

(2) Die Kosten des Vertrages und seiner Durchführung sind zwischen den Vertragsparteien zu teilen.

(3) Der Grundstückseigentümer haftet nicht für Sachmängel des Grundstücks.

Abschnitt 3:
Gesetzliches Ankaufsrecht

Unterabschnitt 1:
Gesetzliche Ansprüche auf Vertragsschluß

§ 61
Grundsatz

(1) Der Nutzer kann vom Grundstückseigentümer die Annahme eines Angebots für einen Grundstückskaufvertrag verlangen, wenn der Inhalt des Angebots den Bestimmungen der §§ 65 bis 74 entspricht.

(2) Der Grundstückseigentümer kann vom Nutzer den Ankauf des Grundstücks verlangen, wenn

1. der in Ansatz zu bringende Bodenwert nicht mehr als 100 000 Deutsche Mark, im Falle der Bebauung mit einem Eigenheim nicht mehr als 30 000 Deutsche Mark, beträgt,
2. der Nutzer eine entsprechende Wahl getroffen hat oder
3. das Wahlrecht auf den Grundstückseigentümer übergegangen ist.

Unterabschnitt 2:
Gesetzliche Ansprüche wegen dinglicher Rechte

§ 62
Dienstbarkeit, Nießbrauch, Wohnungsrecht

(1) Dingliche Rechte am Grundstück, die einen Anspruch auf Zahlung oder Befriedigung aus dem Grundstück nicht gewähren, erlöschen auf den nach § 66 abzuschreibenden Teilflächen, die außerhalb der Ausübungsbefugnis des Inhabers des dinglichen Rechts liegen. Dasselbe gilt, wenn diese Rechte seit ihrer Bestellung nur auf einer Teilfläche ausgeübt wurden. Die Vertragsparteien können von den Inhabern dieser Rechte am Grundstück die Zustimmung zur Berichtigung des Grundbuchs verlangen.

(2) Für die nach dem 21. Juli 1992 beantragten Belastungen des Grundstücks ist § 63 Abs. 1 entsprechend anzuwenden.

§ 63
Hypothek, Grundschuld, Rentenschuld, Reallast

(1) Der Nutzer kann von den Inhabern dinglicher Rechte, die einen Anspruch auf Zahlung oder Befriedigung aus dem Grundstück gewähren, verlangen, auf ihr Recht zu verzichten, wenn der Antrag auf Eintragung der Belastung nach dem 21. Juli 1992 beim Grundbuchamt

einging und dem Inhaber des dinglichen Rechts bekannt war, daß der Grundstückseigentümer vorsätzlich seiner Verpflichtung aus Artikel 233 § 2a Abs. 3 Satz 2 des Einführungsgesetzes zum Bürgerlichen Gesetzbuche zuwiderhandelte, das vom Nutzer bebaute Grundstück nicht zu belasten. Erwirbt der Nutzer eine Teilfläche, so beschränkt sich der Anspruch nach Satz 1 auf die Zustimmung zur lastenfreien Abschreibung.

(2) Der Nutzer kann von dem Inhaber eines in Absatz 1 bezeichneten Rechts verlangen, einer lastenfreien Um- oder Abschreibung einer von ihm zu erwerbenden Teilfläche zuzustimmen, wenn das vom Nutzer errichtete oder erworbene Gebäude oder dessen bauliche Anlage und die hierfür in Anspruch genommene Fläche nach den vertraglichen Regelungen nicht zum Haftungsverband gehören sollten oder deren Nichtzugehörigkeit zum Haftungsverband für den Inhaber des dinglichen Rechts bei Bestellung oder Erwerb erkennbar war. Ist ein Darlehen für den Betrieb des Grundstückseigentümers gewährt worden, so ist zu vermuten, daß ein vom Nutzer bewohntes Eigenheim und die ihm zuzuordnende Fläche nicht als Sicherheit für das Darlehen haften sollen.

(3) Liegen die in Absatz 2 genannten Voraussetzungen nicht vor, kann der Nutzer verlangen, daß der Inhaber des dinglichen Rechts die Mithaftung des Trennstücks auf den Betrag beschränkt, dessen Wert im Verhältnis zu dem beim Grundstückseigentümer verbleibenden Grundstück entspricht. § 1132 Abs. 2 des Bürgerlichen Gesetzbuchs findet entsprechende Anwendung.

§ 64
Ansprüche gegen den Grundstückseigentümer

(1) Der Grundstückseigentümer ist vorbehaltlich der nachfolgenden Bestimmungen verpflichtet, dem Nutzer das Grundstück frei von Rechten Dritter zu übertragen, die gegen den Nutzer geltend gemacht werden können. Satz 1 ist nicht anzuwenden auf

1. Vorkaufsrechte, die aufgrund gesetzlicher Bestimmungen oder aufgrund Überlassungsvertrags eingetragen worden sind, und
2. die in § 62 Abs. 1 bezeichneten Rechte, wenn
    a) das Grundstück bereits vor der Bestellung des Nutzungsrechts oder der Bebauung des Grundstücks belastet war,
    b) die Belastung vor Ablauf des 2. Oktober 1990 auf Veranlassung staatlicher Stellen erfolgt ist,
    c) der Grundstückseigentümer aufgrund gesetzlicher Bestimmungen zur Belastung seines Grundstücks mit einem solchen Recht verpflichtet gewesen ist oder
    d) der Nutzer der Belastung zugestimmt hat.

(2) Übernimmt der Nutzer nach § 63 Abs. 3 eine dingliche Haftung für eine vom Grundstückseigentümer eingegangene Verpflichtung, so kann er von diesem Befreiung verlangen. Ist die gesicherte Forderung noch nicht fällig, so kann der Nutzer vom Grundstückseigentümer statt der Befreiung Sicherheit fordern.

(3) Der Inhaber eines in § 63 Abs. 1 bezeichneten dinglichen Rechts, der einer lastenfreien Um- oder Abschreibung zuzustimmen verpflichtet ist, erwirbt im Range und Umfang seines Rechts am Grundstück ein Pfandrecht am Anspruch auf den vom Nutzer zu zahlenden Kaufpreis. Ist das Recht nicht auf Leistung eines Kapitals gerichtet, sichert das Pfandrecht den

Anspruch auf Wertersatz. Jeder Inhaber eines solchen Rechts kann vom Nutzer die Hinterlegung des Kaufpreises verlangen.

Unterabschnitt 3:
Bestimmungen zum Inhalt des Vertrages

§ 65
Kaufgegenstand

(1) Kaufgegenstand ist das mit dem Nutzungsrecht belastete oder bebaute Grundstück oder eine abzuschreibende Teilfläche.

(2) Ist eine Teilung eines bebauten Grundstücks nicht möglich oder unzweckmäßig (§ 66 Abs. 2), ist als Kaufgegenstand ein Miteigentumsanteil am Grundstück in Verbindung mit dem Sondereigentum an Wohnungen oder dem Teileigentum an nicht zu Wohnzwecken dienenden Räumen eines Gebäudes zu bestimmen.

§ 66
Teilflächen

(1) Die Bestimmung abzuschreibender Teilflächen ist nach §§ 22 bis 27 vorzunehmen. Die Grenzen dieser Flächen sind in dem Vertrag zu bezeichnen nach
1. einem Sonderungsplan, wenn die Grenzen der Nutzungsrechte in einem Sonderungsbescheid festgestellt worden sind,
2. einem Lageplan oder
3. festen Merkmalen in der Natur.

(2) Eine Abschreibung von Teilflächen ist nicht möglich, wenn mehrere Nutzer oder der Nutzer und der Grundstückseigentümer abgeschlossene Teile eines Gebäudes unter Ausschluß des anderen nutzen oder wenn die Teilungsgenehmigung nach § 120 zu einer Teilung des Grundstücks versagt wird. Eine Teilung ist unzweckmäßig, wenn gemeinschaftliche Erschließungsanlagen oder gemeinsame Anlagen und Anbauten genutzt werden und die Regelungen für den Gebrauch, die Unterhaltung der Anlagen sowie die Verpflichtung von Rechtsnachfolgern der Vertragsparteien einen außerordentlichen Aufwand verursachen würden. § 40 Abs. 2 ist entsprechend anzuwenden.

§ 67
Begründung von Wohnungs- oder Teileigentum

(1) In den Fällen des § 66 Abs. 2 kann jeder Beteiligte verlangen, daß anstelle einer Grundstücksteilung und Veräußerung einer Teilfläche Wohnungs- oder Teileigentum begründet und veräußert wird. Die Verträge sollen folgende Bestimmungen enthalten:
1. Sofern selbständiges Gebäudeeigentum besteht, ist Wohnungs- oder Teileigentum durch den Abschluß eines Vertrages nach § 3 des Wohnungseigentumsgesetzes über das Gebäude und eine Teilung des Grundstücks nach § 8 des Wohnungseigentumsgesetzes zu begründen und auf die Nutzer zu übertragen.
2. In anderen Fällen hat der Grundstückseigentümer eine Teilung entsprechend § 8 des Wohnungseigentumsgesetzes vorzunehmen und Sondereigentum und Miteigentumsanteile an die Nutzer zu veräußern.

(2) Der Anspruch nach Absatz 1 besteht nicht, wenn

1. der von einem Nutzer zu zahlende Kaufpreis bei der Begründung von Wohnungseigentum nach § 1 Abs. 2 des Wohnungseigentumsgesetzes mehr als 30 000 Deutsche Mark oder von Teileigentum nach § 1 Abs. 3 jenes Gesetzes mehr als 100 000 Deutsche Mark betragen würde und

2. der betreffende Nutzer die Begründung von Wohnungserbbaurechten verlangt.

(3) Wird Wohnungs- oder Teileigentum begründet, so können die Nutzer eine Kaufpreisbestimmung verlangen, nach der sie dem Grundstückseigentümer gegenüber anteilig nach der Größe ihrer Miteigentumsanteile zur Zahlung des Kaufpreises verpflichtet sind.

(4) Die Beteiligten sind verpflichtet, an der Erlangung der für die Aufteilung erforderlichen Unterlagen mitzuwirken. § 40 Abs. 4 ist entsprechend anzuwenden.

§ 68
Regelmäßiger Preis

(1) Der Kaufpreis beträgt die Hälfte des Bodenwerts, soweit nicht im folgenden etwas anderes bestimmt ist.

(2) Macht der Nutzer dem Grundstückseigentümer im ersten Jahr nach dem 1. Oktober 1994 ein Angebot für einen Grundstückskaufvertrag oder beantragt er innerhalb dieser Zeit das notarielle Vermittlungsverfahren zum Abschluß eines solchen Vertrages, so kann er eine Ermäßigung des nach Absatz 1 ermittelten Kaufpreises um fünf vom Hundert für den Fall verlangen, daß der ermäßigte Kaufpreis innerhalb eines Monats gezahlt wird, nachdem der Notar dem Käufer mitgeteilt hat, daß alle zur Umschreibung erforderlichen Voraussetzungen vorliegen. Wird das Angebot im zweiten Jahr nach dem 1. Oktober 1994 gemacht oder innerhalb dieser Zeit das notarielle Vermittlungsverfahren beantragt, so beträgt die Ermäßigung zweieinhalb vom Hundert. Die Ermäßigung ist ausgeschlossen, wenn zuvor ein Erbbauzins an den Grundstückseigentümer zu zahlen war. Die Ermäßigung fällt weg, wenn der Käufer den Vertragsschluß wider Treu und Glauben erheblich verzögert.

§ 69
Preisanhebung bei kurzer Restnutzungsdauer des Gebäudes

(1) Der nach § 68 zu bestimmende Kaufpreis ist auf Verlangen des Grundstückseigentümers wegen kurzer Restnutzungsdauer des Gebäudes zu erhöhen, wenn

1. das Gebäude zu anderen als zu Wohnzwecken genutzt wird,

2. dem Nutzer ein Nutzungsrecht nicht verliehen oder nicht zugewiesen worden ist oder die Restlaufzeit eines Nutzungs- oder Überlassungsvertrages kürzer ist als die regelmäßige Dauer des Erbbaurechts und

3. die Restnutzungsdauer des Gebäudes zum Zeitpunkt des Ankaufverlangens kürzer ist als die regelmäßige Dauer eines Erbbaurechts.

(2) Zur Bestimmung der Preisanhebung sind die Bodenwertanteile eines Erbbaurechts mit der Restnutzungsdauer des Gebäudes und eines Erbbaurechts mit der regelmäßigen Laufzeit nach § 53 zu errechnen. Der Bodenwertanteil des Nutzers ist nach dem Verhältnis der Boden-

wertanteile der in Satz 1 bezeichneten Erbbaurechte zu ermitteln. Der angehobene Preis errechnet sich durch Abzug des Anteils des Nutzers vom Bodenwert.

§ 70
Preisbemessung nach dem ungeteilten Bodenwert

(1) Der Kaufpreis ist nach dem ungeteilten Bodenwert zu bemessen, wenn die Nutzung des Grundstücks geändert wird. Eine Nutzungsänderung im Sinne des Satzes 1 liegt vor, wenn

1. ein Gebäude zu land-, forstwirtschaftlichen, gewerblichen oder öffentlichen Zwecken genutzt wird, obwohl das Nutzungsrecht zu Wohnzwecken bestellt oder das Gebäude am 2. Oktober 1990 zu Wohnzwecken genutzt wurde,
2. ein Gebäude oder eine bauliche Anlage gewerblichen Zwecken dient und das Gebäude auf den dem gesetzlichen Nutzungsrecht der landwirtschaftlichen Produktionsgenossenschaften unterliegenden Flächen errichtet und am 30. Juni 1990 land- oder forstwirtschaftlich genutzt wurde oder
3. ein Gebäude oder eine bauliche Anlage abweichend von der nach dem Inhalt des Nutzungsrechts vorgesehenen oder der am Ablauf des 2. Oktober 1990 ausgeübten Nutzungsart genutzt wird.

(2) Die Nutzung eines Eigenheimes für die Ausübung freiberuflicher Tätigkeit, eines Handwerks-, Gewerbe- oder Pensionsbetriebes sowie die Änderung der Art der Nutzung ohne verstärkte bauliche Ausnutzung des Grundstücks durch einen Nutzer, der das Grundstück bereits vor dem 3. Oktober 1990 in Anspruch genommen hatte (§ 54 Abs. 2 und 3), sind keine Nutzungsänderungen im Sinne des Absatzes 1.

(3) Ist ein Nutzungsrecht für den Bau eines Eigenheimes bestellt oder das Grundstück mit einem Eigenheim bebaut worden, ist der ungeteilte Bodenwert für den Teil des Grundstücks in Ansatz zu bringen, der die Regelgröße übersteigt, wenn dieser abtrennbar und selbständig baulich nutzbar ist. Gleiches gilt hinsichtlich einer über 1 000 Quadratmeter hinausgehenden Fläche, wenn diese abtrennbar und angemessen wirtschaftlich nutzbar ist.

(4) Der Kaufpreis ist auch dann nach dem ungeteilten Bodenwert zu bemessen, wenn der Nutzer das Gebäude oder die bauliche Anlage nach dem Ablauf des 20. Juli 1993 erworben hat und zum Zeitpunkt des der Veräußerung zugrunde liegenden Rechtsgeschäfts die in § 29 Abs. 3 bezeichneten Voraussetzungen vorlagen. Satz 1 ist nicht anzuwenden, wenn das Gebäude oder die bauliche Anlage als Teil eines Unternehmens veräußert wird und der Nutzer das Geschäft seines Rechtsvorgängers fortführt.

§ 71
Nachzahlungsverpflichtungen

(1) Der Grundstückseigentümer kann im Falle des Verkaufs zum regelmäßigen Preis (§ 68) verlangen, daß sich der Nutzer ihm gegenüber verpflichtet, die Differenz zu dem ungeteilten Bodenwert (§ 70) zu zahlen, wenn innerhalb einer Frist von drei Jahren nach dem Erwerb

1. das Grundstück unbebaut oder mit einem nicht mehr nutzbaren, abbruchreifen Gebäude veräußert wird,
2. eine Nutzungsänderung nach § 70 erfolgt oder

3. der Nutzer das erworbene land-, forstwirtschaftlich oder gewerblich genutzte oder öffentlichen Zwecken dienende Grundstück an einen Dritten veräußert.

Dies gilt nicht, wenn das Grundstück als Teil eines Unternehmens veräußert wird und der Erwerber das Geschäft des Veräußerers fortführt.

(2) Für Nutzungsänderungen oder Veräußerungen nach Absatz 1 in den folgenden drei Jahren kann der Grundstückseigentümer vom Nutzer die Begründung einer Verpflichtung in Höhe der Hälfte des in Absatz 1 bestimmten Differenzbetrags verlangen.

(3) Maßgebender Zeitpunkt für die in den Absätzen 1 und 2 bezeichneten Fristen ist der jeweilige Zeitpunkt des Abschlusses des die Verpflichtung zum Erwerb und zur Veräußerung begründenden schuldrechtlichen Geschäfts.

(4) Vermietungen, Verpachtungen sowie die Begründung von Wohnungs- und Nießbrauchsrechten oder ähnliche Rechtsgeschäfte, durch die einem Dritten eigentümerähnliche Nutzungsbefugnisse übertragen werden oder werden sollen, stehen einer Veräußerung nach den Absätzen 1 und 2 gleich.

§ 72
Ausgleich wegen abweichender Grundstücksgröße

(1) Jeder Beteiligte kann verlangen, daß sich der andere Teil ihm gegenüber verpflichtet, eine Ausgleichszahlung zu leisten, wenn der Kaufpreis nach der Quadratmeterzahl des Grundstücks bemessen wird und die Größe des Grundstücks von der im Vertrag zugrunde gelegten nach dem Ergebnis einer Vermessung mehr als geringfügig abweicht. Ansprüche nach §§ 459 und 468 des Bürgerlichen Gesetzbuchs sind ausgeschlossen, es sei denn, daß eine Gewährleistung wegen abweichender Grundstücksgröße im Vertrag ausdrücklich vereinbart wird.

(2) Größenunterschiede sind als geringfügig anzusehen, wenn sie bei einem Bodenwert je Quadratmeter

1. unter 100 Deutsche Mark fünf vom Hundert,
2. unter 200 Deutsche Mark vier vom Hundert oder
3. ab 200 Deutsche Mark drei vom Hundert

nicht überschreiten.

(3) Ansprüche nach Absatz 1 verjähren in einem Jahr nach der Vermessung.

§ 73
Preisbemessung im Wohnungsbau

(1) Für die im staatlichen oder genossenschaftlichen Wohnungsbau verwendeten Grundstücke ist der Kaufpreis unter Zugrundelegung des sich aus § 20 Abs. 1 und 2 ergebenden Bodenwerts zu bestimmen. Der Grundstückseigentümer kann vom Nutzer eines im staatlichen oder genossenschaftlichen Wohnungsbau verwendeten Grundstücks verlangen, daß der Nutzer sich im Vertrag ihm gegenüber zu einer Nachzahlung verpflichtet, wenn

1. das Grundstück innerhalb von 20 Jahren nach dem Vertragsschluß nicht mehr zu Wohnzwecken genutzt wird (Absatz 2) oder

2. das Grundstück innerhalb von zehn Jahren nach dem Vertragsschluß weiterveräußert wird (Absatz 3).

Der Nutzer kann die Vereinbarung von Nachzahlungspflichten verweigern und verlangen, daß im Grundstückskaufvertrag der Kaufpreis nach dem sich aus § 19 Abs. 2 ergebenden Bodenwert bestimmt wird.

(2) Eine Nutzungsänderung nach Absatz 1 Satz 2 Nr. 1 tritt ein, wenn das Gebäude nicht mehr zu Wohnzwecken genutzt oder abgebrochen wird. Satz 1 ist nicht anzuwenden, wenn nur einzelne Räume des Gebäudes zu anderen Zwecken, aber mehr als 50 vom Hundert der gesamten Nutzfläche zu Wohnzwecken genutzt werden. Die Höhe des Nachzahlungsanspruchs bestimmt sich nach

1. der Differenz zwischen dem gezahlten und dem regelmäßigen Kaufpreis auf der Basis des Werts eines unbebauten Grundstücks nach § 19 Abs. 2, wenn die Veränderung innerhalb von zehn Jahren nach Vertragsschluß eintritt,
2. der Hälfte dieses Betrags in den folgenden zehn Jahren.

Der Bodenwert ist auf den Zeitpunkt festzustellen, in dem der Nachzahlungsanspruch entstanden ist.

(3) Veräußerungen nach Absatz 1 Satz 2 Nr. 2 sind auch die Begründung und Veräußerung von Wohnungseigentum oder Wohnungserbbaurechten sowie ähnliche Rechtsgeschäfte, durch die einem Dritten eigentümerähnliche Rechte übertragen werden. Die Nachzahlungspflicht bemißt sich nach dem bei der Veräußerung erzielten Mehrerlös für den Bodenanteil. Der Mehrerlös ist die Differenz zwischen dem auf den Boden entfallenden Teil des bei der Weiterveräußerung erzielten Kaufpreises und dem bei der Veräußerung zwischen dem Grundstückseigentümer und dem Nutzer vereinbarten Kaufpreis. Der Nutzer ist verpflichtet, in dem Vertrag mit dem Dritten den auf Grund und Boden entfallenden Teil des Kaufpreises gesondert auszuweisen und die Weiterveräußerung dem früheren Grundstückseigentümer anzuzeigen. Die Höhe des Nachzahlungsanspruchs bestimmt sich nach

1. der Hälfte des Mehrerlöses, wenn die Veräußerung in den ersten fünf Jahren nach dem Erwerb des Grundstücks nach diesem Gesetz erfolgt,
2. einem Viertel des Mehrerlöses im Falle einer Veräußerung in den folgenden fünf Jahren.

(4) Der vom Nutzer an den Grundstückseigentümer nach Absatz 1 zu zahlende Kaufpreis sowie eine nach den Absätzen 2 und 3 zu leistende Nachzahlung sind von dem Erlös abzuziehen, der nach § 5 Abs. 2 des Altschuldenhilfe-Gesetzes der Ermittlung der an den Erblastentilgungsfonds abzuführenden Erlösanteile zugrunde zu legen ist.

(5) Der Grundstückseigentümer kann eine Sicherung des Anspruches nach Absatz 1 Satz 2 Nr. 1 durch ein Grundpfandrecht innerhalb des in § 11 des Hypothekenbankgesetzes bezeichneten Finanzierungsraums nicht beanspruchen.

(6) Der Anspruch aus § 71 bleibt unberührt.

§ 74
Preisbemessung bei Überlassungsverträgen

(1) Der Grundstückseigentümer kann eine Anhebung des Kaufpreises durch Anrechnung des Restwerts des überlassenen Gebäudes und der Grundstückseinrichtungen verlangen. Die

Erhöhung des Preises ist pauschal nach dem Sachwert des Gebäudes und der Grundstückseinrichtungen zum Zeitpunkt der Überlassung abzüglich der Wertminderungen, die bis zum Zeitpunkt der Abgabe eines Angebots zum Vertragsschluß eingetreten wären, zu bestimmen. Die Wertminderung ist nach der Nutzungsdauer von Gebäuden und Einrichtungen der entsprechenden Art und den üblichen Wertminderungen wegen Alters und Abnutzung zu berechnen. Eine andere Berechnung kann verlangt werden, wenn dies wegen besonderer Umstände, insbesondere erheblicher Bauschäden zum Zeitpunkt der Überlassung, geboten ist.

(2) Zahlungen des Überlassungsnehmers, die zur Ablösung von Verbindlichkeiten des Grundstückseigentümers und von Grundpfandrechten verwandt wurden, sind auf Verlangen des Nutzers auf den Kaufpreis anzurechnen. § 38 Abs. 2 und 3 gilt entsprechend.

(3) Die vom Überlassungsnehmer gezahlten und hinterlegten Geldbeträge sind auf den Kaufpreis anzurechnen, wenn sie bereits an den Grundstückseigentümer ausgezahlt wurden oder zur Zahlung an ihn verfügbar sind. Eine Verfügbarkeit der Beträge liegt vor, wenn diese binnen eines Monats nach Vertragsschluß an den verkaufenden Grundstückseigentümer gezahlt werden oder auf einem Treuhandkonto des beurkundenden Notars zur Verfügung bereitstehen.

(4) Ist eine Anrechnung nach Absatz 3 nicht möglich, so ist der Grundstückseigentümer verpflichtet, insoweit seine Ersatzansprüche gegen den staatlichen Verwalter auf den Nutzer zu übertragen und dies dem Verwalter anzuzeigen.

Unterabschnitt 4:
Folgen des Ankaufs

§ 75
Gefahr, Lasten

(1) Der Nutzer trägt die Gefahr für ein von ihm errichtetes Gebäude. Er hat vom Kaufvertragsschluß an die auf dem Grundstück ruhenden Lasten zu tragen.

(2) Gesetzliche oder vertragliche Regelungen, nach denen der Nutzer die Lasten schon vorher zu tragen hatte, bleiben bis zum Vertragsschluß unberührt. Ansprüche des Nutzers auf Aufwendungsersatz bestehen nicht.

§ 76
Gewährleistung

Der Verkäufer haftet nicht für Sachmängel des Grundstücks.

§ 77
Kosten

Die Kosten des Vertrages und seiner Durchführung sind zwischen den Vertragsparteien zu teilen.

§ 78
Rechtsfolgen des Erwerbs des Grundstückseigentums durch den Nutzer

(1) Vereinigen sich Grundstücks- und Gebäudeeigentum in einer Person, so ist eine Veräußerung oder Belastung allein des Gebäudes oder des Grundstücks ohne das Gebäude nicht mehr zulässig. Die Befugnis zur Veräußerung im Wege der Zwangsversteigerung oder zu deren Abwendung bleibt unberührt. Der Eigentümer ist verpflichtet, das Eigentum am Gebäude nach § 875 des Bürgerlichen Gesetzbuchs aufzugeben, sobald dieses unbelastet ist oder sich die dinglichen Rechte am Gebäude mit dem Eigentum am Gebäude in seiner Person vereinigt haben. Der Eigentümer des Gebäudes und der Inhaber einer Grundschuld sind verpflichtet, das Recht aufzugeben, wenn die Forderung, zu deren Sicherung die Grundschuld bestellt worden ist, nicht entstanden oder erloschen ist. Das Grundbuchamt hat den Eigentümer zur Erfüllung der in den Sätzen 3 und 4 bestimmten Pflichten anzuhalten. Die Vorschriften über den Grundbuchberichtigungszwang im Fünften Abschnitt der Grundbuchordnung finden entsprechende Anwendung.

(2) Der Eigentümer kann von den Inhabern dinglicher Rechte am Gebäude verlangen, die nach § 876 des Bürgerlichen Gesetzbuchs erforderliche Zustimmung zur Aufhebung zu erteilen, wenn sie Rechte am Grundstück an der gleichen Rangstelle und im gleichen Wert erhalten und das Gebäude Bestandteil des Grundstücks wird.

(3) Im Falle einer Veräußerung nach Absatz 1 Satz 2 kann der Erwerber vom Eigentümer auch den Ankauf des Grundstücks oder des Gebäudes oder der baulichen Anlage nach diesem Abschnitt verlangen. Der Preis ist nach dem vollen Verkehrswert (§ 70) zu bestimmen. Im Falle der Veräußerung des Grundstücks ist § 71 anzuwenden. Eine Preisermäßigung nach § 73 kann der Erwerber vom Eigentümer nur verlangen, wenn

1. die in § 73 Abs. 1 bezeichneten Voraussetzungen vorliegen und
2. er sich gegenüber dem Eigentümer wie in § 74 Abs. 1 Satz 2 verpflichtet.

Der frühere Grundstückseigentümer erwirbt mit dem Entstehen einer Nachzahlungsverpflichtung des Eigentümers aus § 73 Abs. 2 ein vorrangiges Pfandrecht an den Ansprüchen des Eigentümers gegen den Erwerber aus einer Nutzungsänderung.

Unterabschnitt 5:
Leistungsstörungen

§ 79
Durchsetzung des Erfüllungsanspruchs

(1) Der Grundstückseigentümer kann wegen seiner Ansprüche aus dem Kaufvertrag die Zwangsversteigerung des Gebäudes oder der baulichen Anlage des Nutzers nur unter gleichzeitiger Versteigerung des nach dem Vertrag zu veräußernden Grundstücks betreiben. Der Grundstückseigentümer darf einen Antrag auf Versteigerung des Gebäudes und des Grundstücks erst stellen, wenn er dem Nutzer die Versteigerung des verkauften Grundstücks zuvor angedroht, dem Nutzer eine Nachfrist zur Zahlung von mindestens zwei Wochen gesetzt hat und diese Frist fruchtlos verstrichen ist.

(2) Für die Vollstreckung in das Grundstück ist ein vollstreckbarer Titel gegen den Nutzer ausreichend. Die Zwangsversteigerung darf nur angeordnet werden, wenn

1. der Antragsteller als Eigentümer des Grundstücks im Grundbuch eingetragen oder als Rechtsvorgänger des Nutzers eingetragen gewesen ist oder Erbe des eingetragenen Grundstückseigentümers ist, und

2. das Grundstück frei von Rechten ist, die Ansprüche auf Zahlung oder Befriedigung aus dem Grundstück gewähren.

(3) Der Zuschlag für das Gebäude und das Grundstück muß an dieselbe Person erteilt werden. Mit dem Zuschlag erlöschen die Rechte des Nutzers zum Besitz aus dem Moratorium nach Artikel 233 § 2a des Einführungsgesetzes zum Bürgerlichen Gesetzbuche, aus diesem Gesetz und aus dem Grundstückskaufvertrag.

(4) An die Stelle des Anspruchs des Nutzers auf Übereignung tritt der Anspruch auf Auskehr des nach Berichtigung der Kosten und Befriedigung des Grundstückseigentümers verbleibenden Resterlöses.

§ 80
Rechte aus § 326 des Bürgerlichen Gesetzbuchs

Dem Grundstückseigentümer stehen nach fruchtlosem Ablauf einer nach § 326 Abs. 1 Satz 1 des Bürgerlichen Gesetzbuchs bestimmten Nachfrist statt der in § 326 Abs. 1 Satz 2 bezeichneten Ansprüche folgende Rechte zu. Der Grundstückseigentümer kann

1. vom Nutzer den Abschluß eines Erbbaurechtsvertrages nach Maßgabe des Abschnitts 2 verlangen oder

2. das Gebäude oder die bauliche Anlage nach Maßgabe des nachfolgenden Unterabschnitts ankaufen.

Der Grundstückseigentümer kann über die in Satz 1 bezeichneten Ansprüche hinaus vom Nutzer Ersatz der ihm durch den Vertragsschluß entstandenen Vermögensnachteile sowie vom Ablauf der Nachfrist an ein Nutzungsentgelt in Höhe des nach dem Abschnitt 2 zu zahlenden Erbbauzinses verlangen. Die Regelungen über eine Zinsermäßigung in § 51 sind nicht anzuwenden, auch wenn nach Satz 1 Nr. 1 auf Verlangen des Grundstückseigentümers ein Erbbaurechtsvertrag geschlossen wird.

Unterabschnitt 6:
Besondere Bestimmungen für den Hinzuerwerb des Gebäudes durch den Grundstückseigentümer

§ 81
Voraussetzungen, Kaufgegenstand, Preisbestimmung

(1) Der Grundstückseigentümer ist berechtigt, ein vom Nutzer errichtetes oder erworbenes Wirtschaftsgebäude oder dessen bauliche Anlage anzukaufen oder, wenn kein selbständiges Gebäudeeigentum entstanden ist, die aus der baulichen Investition begründeten Rechte abzulösen, wenn

1. die Rechtsverhältnisse an land- und forstwirtschaftlich genutzten Grundstücken, Gebäuden oder baulichen Anlagen neu geregelt werden sollen und der Erwerb des Gebäudes oder der baulichen Anlage in einer vom Grundstückseigentümer von der Flurneuordnungsbehörde einzuholenden Stellungnahme befürwortet wird,

2. der Grundstückseigentümer die Bestellung eines Erbbaurechts oder den Ankauf des Grundstücks nach § 29 verweigert hat,

3. der Anspruch des Nutzers auf Bestellung eines Erbbaurechts oder auf Ankauf des Grundstücks nach § 31 wegen geringer Restnutzungsdauer des Gebäudes oder der baulichen Anlage ausgeschlossen ist und der Grundstückseigentümer für Wohn- oder betriebliche Zwecke auf eine eigene Nutzung des Grundstücks angewiesen ist oder

4. der Grundstückseigentümer Inhaber eines Unternehmens ist und

   a) das Gebäude oder die bauliche Anlage auf dem Betriebsgrundstück steht und die betriebliche Nutzung des Grundstücks erheblich beeinträchtigt oder

   b) das Gebäude, die bauliche Anlage oder die Funktionsfläche für betriebliche Erweiterungen in Anspruch genommen werden soll und der Grundstückseigentümer die in § 3 Abs. 1 Nr. 1 des Investitionsvorranggesetzes bezeichneten Zwecke verfolgt oder der Nutzer keine Gewähr für eine Fortsetzung der betrieblichen Nutzung des Wirtschaftsgebäudes bietet.

Satz 1 Nr. 4 Buchstabe b ist nicht anzuwenden, wenn den betrieblichen Belangen des Nutzers eine höhere Bedeutung zukommt als den investiven Interessen des Grundstückseigentümers.

(2) Der vom Grundstückseigentümer zu zahlende Kaufpreis ist nach dem Wert des Gebäudes oder der baulichen Anlage zu dem Zeitpunkt zu bemessen, in dem ein Beteiligter ein Angebot zum Ankauf macht. In den Fällen des Absatzes 1 Nr. 1 und 4 hat der Grundstückseigentümer auch den durch Nutzungsrecht oder bauliche Investition begründeten Bodenwertanteil abzulösen. Der Bodenwertanteil des Nutzers wird dadurch bestimmt, daß vom Verkehrswert der Betrag abgezogen wird, den der Nutzer im Falle des Hinzuerwerbs des Grundstücks zu zahlen hätte. In den Fällen des Absatzes 1 Nr. 3 kann der Nutzer eine Entschädigung verlangen, soweit ihm dadurch ein Vermögensnachteil entsteht, daß ein Mietvertrag mit einer nach der Restnutzungsdauer des Gebäudes bemessenen Laufzeit (§ 31 Abs. 2) nicht abgeschlossen wird.

(3) Ist das vom Nutzer errichtete oder erworbene Gebäude oder die bauliche Anlage nicht mehr nutzbar oder das Grundstück nicht bebaut, so kann der Nutzer vom Grundstückseigentümer eine Zahlung nach Absatz 2 Satz 2 nur verlangen, wenn ein Nutzungsrecht bestellt wurde. Der Anspruch entfällt, wenn die in § 29 Abs. 2 bestimmten Voraussetzungen vorliegen. In diesem Fall kann der Grundstückseigentümer vom Nutzer die Aufhebung des Nutzungsrechts verlangen.

(4) Ist das Gebäude noch nutzbar, mit einem Gebrauch durch den Nutzer aber nicht mehr zu rechnen (§ 29 Abs. 1), ist der Kaufpreis auch dann nur nach dem Wert des Gebäudes zu bemessen, wenn dem Nutzer ein Nutzungsrecht bestellt wurde.

(5) Erwirbt der Grundstückseigentümer selbständiges Gebäudeeigentum, ist § 78 entsprechend anzuwenden.

§ 82
Übernahmeverlangen des Grundstückseigentümers

(1) Ist das vom Nutzer errichtete oder erworbene Gebäude oder die bauliche Anlage nicht mehr nutzbar und beruht die Erforderlichkeit alsbaldigen Abbruchs auf unterlassener Instandhaltung durch den Nutzer, kann der Grundstückseigentümer vom Nutzer

1. Ersatz seiner Aufwendungen für die Beseitigung der vorhandenen Bausubstanz oder
2. den Erwerb der Fläche, auf der das Gebäude oder die bauliche Anlage errichtet wurde,

verlangen.

(2) Ist die Nutzung des vom Nutzer errichteten oder erworbenen Gebäudes oder der baulichen Anlage aus anderen als den in Absatz 1 genannten Gründen, insbesondere infolge der durch den Beitritt nach dem Einigungsvertrag eingetretenen Veränderungen, aufgegeben worden und der alsbaldige Abbruch des Gebäudes oder der baulichen Anlage zur ordnungsgemäßen Bewirtschaftung des Grundstücks erforderlich, kann der Grundstückseigentümer vom Nutzer

1. den hälftigen Ausgleich des Betrages verlangen, um den die Kosten des Abbruchs der vorhandenen Bausubstanz den Bodenwert des unbebauten Grundstücks im Zeitpunkt des Inkrafttretens dieses Gesetzes übersteigen, oder
2. den Erwerb der Fläche gegen Zahlung des nach Absatz 5 zu berechnenden Entschädigungswerts verlangen, auf der das Gebäude oder die bauliche Anlage errichtet wurde.

(3) Der Grundstückseigentümer kann die in den Absätzen 1 und 2 bestimmten Ansprüche erst geltend machen, nachdem er dem Nutzer Gelegenheit gegeben hat, das Gebäude oder die bauliche Anlage zu beseitigen. Der Grundstückseigentümer hat dem Nutzer hierzu eine angemessene Frist zu setzen. Die Ansprüche verjähren in drei Jahren.

(4) Der Nutzer kann den Anspruch des Grundstückseigentümers aus Absatz 2 Nr. 1 durch Erwerb der Fläche, auf der das abzureißende Gebäude steht, gegen Zahlung des nach Absatz 5 zu berechnenden Entschädigungswerts abwenden.

(5) Der Entschädigungswert bestimmt sich nach der Höhe der Entschädigung für Grundvermögen in dem nach § 9 Abs. 3 des Vermögensgesetzes zu erlassenden Gesetz.

(6) Abweichende vertragliche Vereinbarungen bleiben unberührt.

§ 83
Ende des Besitzrechts, Härteklausel

(1) Der Nutzer gilt gegenüber dem Grundstückseigentümer bis zum Ablauf eines Jahres nach dem Abschluß des Kaufvertrages als zum Besitz berechtigt. Der Grundstückseigentümer kann für die Nutzung des Gebäudes ein Entgelt in Höhe des ortsüblichen Mietzinses verlangen.

(2) Ist das Gebäude für den Betrieb des Nutzers unentbehrlich und ein anderes Gebäude zu angemessenen Bedingungen nicht zu beschaffen, ist der Nutzer berechtigt, vom Grundstückseigentümer den Abschluß eines Mietvertrages für längstens fünf Jahre nach dem Kauf des Gebäudes durch den Grundstückseigentümer zu verlangen.

§ 84
Rechte des Nutzers bei Zahlungsverzug

(1) Der Nutzer darf wegen seiner Ansprüche aus dem Kaufvertrag die Zwangsversteigerung in das Grundstück nur unter gleichzeitiger Versteigerung seines Gebäudes oder seiner baulichen Anlage, sofern daran selbständiges Eigentum besteht, sowie mit der Bedingung des Erlöschens seines Rechts zum Besitz aus Artikel 233 § 2a des Einführungsgesetzes zum Bürgerlichen Gesetzbuche betreiben. § 79 Abs. 2 und 3 ist entsprechend anzuwenden.

(2) Nach fruchtlosem Ablauf einer nach § 326 Abs. 1 Satz 1 des Bürgerlichen Gesetzbuchs gesetzten Nachfrist kann der Nutzer vom Grundstückseigentümer

1. den Abschluß eines Erbbaurechtsvertrages nach Abschnitt 2 oder, wenn ein Nutzungsrecht nicht bestellt wurde und die Restnutzungsdauer des Gebäudes weniger als 25 Jahre beträgt, den Abschluß eines Mietvertrages nach § 31 oder

2. den Abschluß eines Grundstückskaufvertrages nach Abschnitt 3

verlangen. Dem Nutzer stehen weiter die in § 80 Satz 2 bezeichneten Ansprüche zu.

Abschnitt 4:
Verfahrensvorschriften

Unterabschnitt 1:
Feststellung von Nutzungs- und Grundstücksgrenzen

§ 85
Unvermessene Flächen

(1) Sind die Grenzen der Flächen, auf die sich das Nutzungsrecht erstreckt, nicht im Liegenschaftskataster nachgewiesen (unvermessene Flächen) oder wurde eine Bebauung nach den §§ 4 bis 7, 12 ohne Bestellung eines Nutzungsrechts vorgenommen, erfolgt die Bestimmung des Teils des Grundstücks, auf den sich die Nutzungsbefugnis des Erbbauberechtigten erstreckt oder der vom Stammgrundstück abgeschrieben werden soll, nach den Vorschriften des Bodensonderungsgesetzes.

(2) Einigungen der Beteiligten über den Verlauf der Nutzungsrechtsgrenzen und des Grundstücks sind zulässig.

§ 86
Bodenordnungsverfahren

Die Neuregelung der Grundstücksgrenzen in Verfahren zur Flurbereinigung nach dem Flurbereinigungsgesetz, zur Feststellung und Neuordnung der Eigentumsverhältnisse nach den §§ 53 bis 64b des Landwirtschaftsanpassungsgesetzes, zur Umlegung und Grenzregelung nach den §§ 45 bis 84 des Baugesetzbuchs sowie der Bodenneuordnung nach § 5 des Bodensonderungsgesetzes bleibt unberührt.

Unterabschnitt 2:
Notarielles Vermittlungsverfahren

§ 87
Antragsgrundsatz

(1) Auf Antrag ist der Abschluß von Verträgen zur Bestellung von Erbbaurechten oder zum Kauf des Grundstücks oder des Gebäudes oder, wenn kein selbständiges Gebäudeeigentum entstanden ist, zur Ablösung der aus der baulichen Investition begründeten Rechte, nach diesem Gesetz durch den Notar zu vermitteln.

(2) Antragsberechtigt ist der Nutzer oder der Grundstückseigentümer, der den Abschluß eines in Absatz 1 bezeichneten Vertrages geltend machen kann.

§ 88
Sachliche und örtliche Zuständigkeit

(1) Für die Vermittlung ist jeder Notar zuständig, dessen Amtsbezirk sich in dem Land befindet, in dem das zu belastende oder zu veräußernde Grundstück oder Gebäude ganz oder zum größten Teil belegen ist. Die Beteiligten können auch die Zuständigkeit eines nach Satz 1 nicht zuständigen Notars für das Vermittlungsverfahren vereinbaren.

(2) Können sich Grundstückseigentümer und Nutzer nicht auf einen Notar verständigen, so wird der zuständige Notar durch das Landgericht bestimmt, in dessen Bezirk das Grundstück oder Gebäude ganz oder zum größten Teil belegen ist. Die Entscheidung ist unanfechtbar.

(3) Bei den nach den Vorschriften der Zivilprozeßordnung erfolgenden Zustellungen obliegen dem Notar auch die Aufgaben des Urkundsbeamten der Geschäftsstelle.

§ 89
Verfahrensart

(1) Soweit dieses Gesetz nichts anderes bestimmt, sind auf das notarielle Vermittlungsverfahren die Vorschriften des Gesetzes über die Angelegenheiten der freiwilligen Gerichtsbarkeit sinngemäß anzuwenden.

(2) Über Beschwerden gegen die Amtstätigkeit des Notars entscheidet das Landgericht, in dessen Bezirk das Grundstück oder das Gebäude ganz oder zum größten Teil belegen ist.

§ 90
Inhalt des Antrags

(1) In dem Antrag sind anzugeben
1. der Nutzer und der Grundstückseigentümer,
2. das betroffene Grundstück unter Angabe seiner Bezeichnung im Grundbuch und das Gebäude, soweit selbständiges Eigentum besteht,
3. die Inhaber dinglicher Rechte am Grundstück und am Gebäude und
4. die Bezeichnung des gewünschten Vertrages.

(2) Wird die Bestellung eines Erbbaurechts begehrt, soll der Antrag auch Angaben über
1. den Erbbauzins,
2. die Dauer des Erbbaurechts,
3. die Art der nach dem Erbbaurechtsvertrag zulässigen baulichen Nutzung,
4. die Konditionen des Ankaufsrechts sowie
5. die Fläche, auf die sich die Nutzungsbefugnis des Erbbauberechtigten erstrecken soll,

enthalten.

Wird der Ankauf des Grundstücks oder des Gebäudes begehrt, soll der Antrag auch Angaben über
1. das Grundstück oder die davon abzutrennende Teilfläche oder das Gebäude und
2. den Kaufpreis

enthalten. Satz 2 ist entsprechend anzuwenden, wenn der Antragsteller nach § 81 Abs. 1 Satz 1 die Ablösung der aus der baulichen Investition des Nutzers begründeten Rechte begehrt.

(3) Der Antragsteller soll außerdem erklären, ob
1. ein Anspruch auf Rückübertragung des Grundstücks nach den Vorschriften des Vermögensgesetzes angemeldet,
2. die Aufhebung eines Nutzungsrechts nach § 16 Abs. 3 des Vermögensgesetzes beantragt oder eine Klage auf Aufhebung des Nutzungsrechts erhoben,
3. die Durchführung eines Bodensonderungsverfahrens beantragt oder ein Bodenneuordnungsverfahren eingeleitet oder
4. die Zusammenführung von Grundstücks- und Gebäudeeigentum nach § 64 des Landwirtschaftsanpassungsgesetzes beantragt

worden ist. Der Antrag soll weiter Angaben darüber enthalten, wie das Grundstück, das Gebäude oder die bauliche Anlage am Ablauf des 2. Oktober 1990 genutzt wurde und zum Zeitpunkt der Antragstellung genutzt wird.

(4) Beantragt der Nutzer die Durchführung eines Vermittlungsverfahrens, so soll er in dem Antrag auch erklären, wie das Grundstück in den in § 8 genannten Zeitpunkten genutzt worden ist.

(5) Fehlt es an den in Absatz 1 bezeichneten Erklärungen, hat der Notar dem Antragsteller eine angemessene Frist zur Ergänzung des Antrags zu bestimmen. Verstreicht die Frist fruchtlos, so weist der Notar den Antrag auf Kosten des Antragstellers als unzulässig zurück. Der Antragsteller kann ein neues Verfahren beantragen, wenn er seinen Antrag vervollständigt hat.

§ 91
Akteneinsicht und Anforderung von Abschriften durch den Notar

Der Notar ist berechtigt, die Akten der betroffenen Grundstücke und Gebäude bei allen Gerichten und Behörden einzusehen und Abschriften hieraus anzufordern. Er hat beim Amt zur Regelung offener Vermögensfragen, oder, falls das Grundstück zu einem Unternehmen gehört, auch beim Landesamt zur Regelung offener Vermögensfragen, in deren Bezirk das

Grundstück belegen ist, nachzufragen, ob ein Anspruch auf Rückübertragung des Grundstücks oder des Gebäudes angemeldet oder ein Antrag auf Aufhebung des Nutzungsrechts gestellt worden ist. Für Auskünfte und Abschriften werden keine Gebühren erhoben.

§ 92
Ladung zum Termin

(1) Der Notar hat den Nutzer und den Grundstückseigentümer unter Mitteilung des Antrages für den anderen Teil zu einem Verhandlungstermin zu laden. Die Ladung durch öffentliche Zustellung ist unzulässig. Die Frist zwischen der Ladung und dem ersten Termin muß mindestens zwei Wochen betragen. Anträge nach § 88 Abs. 2 sind von den Beteiligten vor dem Verhandlungstermin bei dem zuständigen Landgericht zu stellen und dem Notar mitzuteilen.

(2) Ist die Bestellung eines Erbbaurechts oder der Verkauf des Grundstücks oder einer abzuschreibenden Teilfläche beantragt, so sind die Inhaber dinglicher Rechte am Grundstück und am Gebäude von dem Termin zu unterrichten. Die Inhaber dinglicher Rechte am Grundstück sind zu laden, wenn

1. die für die erstrangige Bestellung des Erbbaurechts erforderlichen Zustimmungen zu einem Rangrücktritt nicht in der in § 29 der Grundbuchordnung vorgesehenen Form vorgelegt worden sind oder dies einer der in § 90 Abs. 1 bezeichneten Beteiligten beantragt,

2. von dem Nutzer oder dem Grundstückseigentümer Ansprüche nach § 33 oder § 63 geltend gemacht werden.

Einer Ladung der Inhaber dinglicher Rechte bedarf es nicht, wenn das Verfahren aus den in den §§ 94, 95 genannten Gründen auszusetzen oder einzustellen ist.

(3) Sind für das Grundstück oder das vom Nutzer errichtete oder erworbene Gebäude Rückübertragungsansprüche nach dem Vermögensgesetz angemeldet worden, hat der Notar auch den Anmelder von dem Termin zu unterrichten.

(4) Ladung und Unterrichtung vom Termin sind mit dem Hinweis zu versehen, daß, falls der Termin vertagt oder ein weiterer Termin anberaumt werden sollte, eine Ladung und Unterrichtung zu dem neuen Termin unterbleiben kann. Sind vom Antragsteller Unterlagen zu den Akten gereicht worden, ist in der Ladung zu bemerken, daß die Unterlagen nach Anmeldung am Amtssitz oder der Geschäftsstelle des Notars eingesehen werden können.

(5) Der Notar hat das Grundbuchamt um Eintragung eines Vermerks über die Eröffnung eines Vermittlungsverfahrens nach dem Sachenrechtsbereinigungsgesetz in das Grundbuch des Grundstücks zu ersuchen, das mit einem Erbbaurecht belastet oder vom Nutzer gekauft werden soll. Das Grundbuchamt hat dem Ersuchen zu entsprechen. Ist ein Gebäudegrundbuch angelegt, sind die Sätze 1 und 2 entsprechend anzuwenden. Für die Eintragung des Vermerks werden Gebühren nicht erhoben.

(6) Der Vermerk hat die Wirkung einer Vormerkung zur Sicherung der nach diesem Gesetz begründeten Ansprüche auf Erbbaurechtsbestellung und Ankauf des Grundstücks oder des Gebäudes oder der baulichen Anlage und des Vollzugs. Artikel 233 § 2c Abs. 2 des Einführungsgesetzes zum Bürgerlichen Gesetzbuche ist entsprechend anzuwenden. Ist bereits eine Eintragung nach jener Bestimmung erfolgt, ist bei dieser die Eröffnung des notariellen Vermittlungsverfahrens zu vermerken.

§ 93
Erörterung

(1) Der Notar erörtert mit den Beteiligten den Sachverhalt in tatsächlicher und rechtlicher Hinsicht. Er hat vor einer Verhandlung über den Inhalt des abzuschließenden Vertrages mit den Beteiligten zu erörtern, ob Gründe für eine Aussetzung oder Einstellung des Vermittlungsverfahrens vorliegen oder geltend gemacht werden und auf welchen rechtlichen oder tatsächlichen Gründen die bauliche Nutzung beruht.

(2) Liegt ein Grund für eine Aussetzung oder Einstellung des Verfahrens nicht vor, fertigt der Notar ein Protokoll an, in dem er alle für die Bestellung des Erbbaurechts oder den Ankauf eines Grundstücks oder Gebäudes unstreitigen und streitigen Punkte feststellt (Eingangsprotokoll).

(3) Der Notar soll dem Grundstückseigentümer und dem Nutzer Vorschläge unterbreiten. Er ist dabei an die von diesen Beteiligten geäußerten Vorstellungen über den Inhalt des abzuschließenden Vertrages nicht gebunden. Ermittlungen nach § 97 darf der Notar jedoch nur innerhalb der gestellten Anträge erheben.

(4) Mit den Inhabern dinglicher Rechte ist zu erörtern
1. im Falle der Bestellung von Erbbaurechten,
   a) welche Hindernisse einem Rangrücktritt entgegenstehen,
   b) ob und welche anderweitige Sicherheit für eine vom Nutzer nach § 36 Abs. 1 Satz 1 zu übernehmende Sicherheit in Betracht kommt,
2. im Falle des Ankaufs des Grundstücks,
   a) welche Hindernisse einer lastenfreien Abschreibung entgegenstehen,
   b) ob und welche andere Sicherheit für eine vom Nutzer nach § 63 übernommene Sicherheit gestellt werden kann.

§ 94
Aussetzung des Verfahrens

(1) Der Notar hat die Vermittlung auszusetzen, wenn
1. eine Anmeldung auf Rückübertragung des Grundstücks oder des Gebäudes oder der baulichen Anlage nach § 3 Abs. 1 des Vermögensgesetzes vorliegt oder
2. ein Antrag auf Aufhebung des Nutzungsrechts nach § 16 Abs. 3 des Vermögensgesetzes gestellt worden ist

und noch keine bestandskräftige Entscheidung des Amtes zur Regelung offener Vermögensfragen vorliegt.

(2) Der Notar soll die Vermittlung aussetzen, wenn
1. ein Antrag auf Feststellung der Eigentums- oder Nutzungsrechtsgrenzen in einem Bodensonderungsverfahren gestellt und das Verfahren noch nicht abgeschlossen worden ist,
2. der Grundstückseigentümer oder der Nutzer die Anspruchsberechtigung bestreitet oder
3. ein Inhaber eines dinglichen Rechts am Grundstück dem Anspruch auf Rangrücktritt für ein an erster Rangstelle einzutragendes Erbbaurecht oder einer lastenfreien Um- oder Abschreibung des Grundstücks auf den Nutzer widerspricht.

In den Fällen des Satzes 1 Nr. 2 und 3 sind die Beteiligten auf den Klageweg zu verweisen, wenn in der Erörterung mit den Beteiligten keine Einigung erzielt werden kann.

(3) Der Notar kann die in § 100 Abs. 1 Satz 2 Nr. 2 bestimmte Gebühr bei einer Aussetzung in Ansatz bringen. Die Gebühr ist nach Aufnahme des ausgesetzten Vermittlungsverfahrens auf die danach entstehenden Gebühren anzurechnen.

§ 95
Einstellung des Verfahrens

(1) Der Notar hat die Vermittlung einzustellen, wenn

1. ein Bodenneuordnungsverfahren eingeleitet worden ist, in das das Grundstück einbezogen ist, oder
2. ein Antrag auf Zusammenführung von Grundstücks- und Gebäudeeigentum nach § 64 des Landwirtschaftsanpassungsgesetzes vor Einleitung des Vermittlungsverfahrens gestellt worden ist.

(2) Wird ein Antrag nach Absatz 1 Nr. 2 während des notariellen Vermittlungsverfahrens gestellt, so hat der Notar die Beteiligten aufzufordern, mitzuteilen, ob sie das Bodenordnungsverfahren fortsetzen wollen. Wird das von einem Beteiligten erklärt, so ist nach Absatz 1 zu verfahren.

§ 96
Verfahren bei Säumnis eines Beteiligten

(1) Erscheint ein Beteiligter (Grundstückseigentümer oder Nutzer) nicht, hat der Notar auf Antrag des anderen Beteiligten einen Vermittlungsvorschlag nach § 98 anzufertigen.

(2) Der Vermittlungsvorschlag ist beiden Beteiligten mit einer Ladung zu einem neuen Termin zuzustellen. Die Ladung hat den Hinweis zu enthalten, daß das Einverständnis eines Beteiligten mit dem Vermittlungsvorschlag angenommen wird, wenn dieser zu dem neuen Termin nicht erscheint, und auf Antrag des anderen Beteiligten ein dem Vermittlungsvorschlag entsprechender Vertrag beurkundet wird.

(3) Ist in diesem Termin nur ein Beteiligter erschienen, so hat der Notar, wenn der erschienene Beteiligte es beantragt, den Vorschlag als vertragliche Vereinbarung zu beurkunden. In der Urkunde ist anzugeben, daß das Einverständnis des anderen Beteiligten wegen Nichterscheinens angenommen worden ist. Stellt der erschienene Beteiligte keinen Antrag, ist das Vermittlungsverfahren beendet. Die Beteiligten sind unter Zusendung des Abschlußprotokolls und des Vermittlungsvorschlags auf den Klageweg zu verweisen.

(4) Eine Ausfertigung des Vertrages ist dem nicht erschienenen Beteiligten mit dem Hinweis zuzustellen, daß der Notar den Vertrag bestätigen werde, wenn der Beteiligte nicht in einer Notfrist von zwei Wochen nach Zustellung der Ausfertigung einen neuen Termin beantragt oder in dem Termin nicht erscheint.

(5) Beantragt der nicht erschienene Beteiligte rechtzeitig einen neuen Termin und erscheint er in diesem Termin, so ist das Vermittlungsverfahren fortzusetzen. Andernfalls hat der Notar den Vertrag zu bestätigen. War der Beteiligte ohne sein Verschulden verhindert, die Anberaumung eines neuen Termins zu beantragen oder im neuen Termin zu erscheinen, so ist ihm

auf Antrag durch den Notar Wiedereinsetzung in den vorigen Stand zu erteilen. § 92 des Gesetzes über die Angelegenheiten der freiwilligen Gerichtsbarkeit ist entsprechend anzuwenden. Die Wirkungen eines bestätigten Vertrages bestimmen sich nach § 97 Abs. 1 des Gesetzes über die Angelegenheiten der freiwilligen Gerichtsbarkeit.

(6) Gegen den Bestätigungsbeschluß und den Beschluß über den Antrag auf Wiedereinsetzung ist die sofortige Beschwerde zulässig. Zuständig ist das Landgericht, in dessen Bezirk das Grundstück ganz oder zum größten Teil belegen ist. § 96 des Gesetzes über die Angelegenheiten der freiwilligen Gerichtsbarkeit ist entsprechend anzuwenden.

§ 97
Ermittlungen des Notars

(1) Der Notar kann auf Antrag eines Beteiligten Ermittlungen durchführen. Er kann insbesondere

1. Auskünfte aus der Kaufpreissammlung und über Bodenrichtwerte (§ 195 Abs. 3 und § 196 Abs. 3 des Baugesetzbuchs) einholen,
2. ein Verfahren zur Bodensonderung beantragen,
3. die das Liegenschaftskataster führende Stelle oder eine Person, die nach Landesrecht zu Katastervermessungen befugt ist, mit der Vermessung der zu belastenden oder abzuschreibenden Flächen beauftragen und den Antrag auf Erteilung einer Teilungsgenehmigung nach § 120 stellen.

(2) Der Notar kann nach Erörterung auf Antrag eines Beteiligten auch schriftliche Gutachten eines Sachverständigen oder des zuständigen Gutachterausschusses für die Grundstückswerte nach § 192 des Baugesetzbuchs über

1. den Verkehrswert des zu belastenden Grundstücks,
2. das in § 36 Abs. 1 und § 63 Abs. 3 bestimmte Verhältnis des Werts der mit dem Erbbaurecht belasteten oder zu veräußernden Fläche zu dem des Gesamtgrundstücks und
3. den Umfang und den Wert baulicher Maßnahmen im Sinne des § 12

einholen und diese seinem Vorschlag nach § 98 zugrunde legen.

(3) Eine Beweiserhebung im Vermittlungsverfahren nach Absatz 2 steht in einem anschließenden Rechtsstreit einer Beweisaufnahme vor dem Prozeßgericht gleich. § 493 der Zivilprozeßordnung ist entsprechend anzuwenden.

(4) Werden Zeugen und Sachverständige von dem Notar nach Absatz 2 zu Beweiszwecken herangezogen, so werden sie in entsprechender Anwendung des Gesetzes über die Entschädigung von Zeugen und Sachverständigen entschädigt.

§ 98
Vermittlungsvorschlag des Notars

(1) Nach Durchführung der Erhebungen macht der Notar einen Vorschlag in Form eines Vertragsentwurfs, der den gesetzlichen Bestimmungen zu entsprechen und alle für einen Vertragsschluß erforderlichen Punkte und, wenn dies von einem Beteiligten beantragt worden ist, auch die für dessen Erfüllung notwendigen Erklärungen zu umfassen hat.

(2) Sobald sich eine Einigung im Sinne des Absatzes 1 zwischen den Beteiligten ergibt, hat der Notar den Inhalt dieser Vereinbarung zu beurkunden. Der Notar hat mit dem Antrag auf Eintragung des Erbbaurechts oder des Nutzers als Erwerber, spätestens jedoch sechs Monate nach der Beurkundung, die Löschung des Vermerks nach § 92 Abs. 5 zu beantragen. Der Ablauf der in Satz 2 bestimmten Frist ist gehemmt, solange ein für den Vollzug der Vereinbarung erforderliches behördliches oder gerichtliches Verfahren beantragt worden, aber noch keine Entscheidung ergangen ist.

§ 99
Abschlußprotokoll über Streitpunkte

Kommt es nicht zu einer Einigung, so hält der Notar das Ergebnis des Verfahrens unter Protokollierung der unstreitigen und der streitig gebliebenen Punkte fest (Abschlußprotokoll). Sind wesentliche Teile des abzuschließenden Vertrages unstreitig, so können die Beteiligten verlangen, daß diese Punkte im Protokoll als vereinbart festgehalten werden. Die Verständigung über diese Punkte ist in einem nachfolgenden Rechtsstreit bindend.

§ 100
Kosten

(1) Für das notarielle Vermittlungsverfahren erhält der Notar das Vierfache der vollen Gebühr nach § 32 der Kostenordnung. Die Gebühr ermäßigt sich auf

1. das Doppelte der vollen Gebühr, wenn das Verfahren vor Ausarbeitung eines Vermittlungsvorschlags beendet wird,
2. die Hälfte einer vollen Gebühr, wenn sich das Verfahren vor dem Erörterungstermin erledigt.

Als Auslagen des Verfahrens erhebt der Notar auch die durch Ermittlungen nach § 97 Abs. 1 entstandenen Kosten.

(2) Die Gebühren nach Absatz 1 bestimmen sich nach dem Geschäftswert, der sich aus den folgenden Vorschriften ergibt. Maßgebend ist das Fünfundzwanzigfache des Jahreswertes des Erbbauzinses ohne Rücksicht auf die Zinsermäßigung in der Eingangsphase oder der Kaufpreis, in jedem Fall jedoch mindestens die Hälfte des nach den §§ 19 und 20 Abs. 1 und 6 ermittelten Wertes. Endet das Verfahren ohne eine Vermittlung, bestimmt sich die Gebühr nach dem in Satz 2 genannten Mindestwert.

(3) Wird mit einem Dritten eine Vereinbarung über die Bestellung oder den Verzicht auf dingliche Rechte geschlossen, erhält der Notar für deren Vermittlung die Hälfte der vollen Gebühr. Der Wert richtet sich nach den Bestimmungen über den Geschäftswert in der Kostenordnung; in den Fällen der §§ 36 und 63 jedoch nicht über den Anteil hinaus, für den der Nutzer nach Maßgabe dieser Vorschriften mithaftet.

§ 101
Kostenpflicht

(1) Für die Kosten des Vermittlungsverfahrens haften Grundstückseigentümer und Nutzer als Gesamtschuldner. Sie haben die Kosten zu teilen. Eine Erstattung der den Beteiligten entstandenen Auslagen findet nicht statt.

(2) Die für das notarielle Vermittlungsverfahren im Falle einer Einstellung nach § 95 entstandenen Kosten sind

1. in den Fällen des § 95 Abs. 1 Nr. 1 zwischen Eigentümer und Nutzer zu teilen,
2. in den Fällen des § 95 Abs. 1 Nr. 2 von dem Antragsteller zu tragen,
3. in den Fällen des § 95 Abs. 2 von dem Beteiligten zu tragen, der das Verfahren nach § 64 des Landwirtschaftsanpassungsgesetzes beantragt hat.

§ 102
Prozeßkostenhilfe

(1) Für das notarielle Vermittlungsverfahren finden die Vorschriften der Zivilprozeßordnung über die Prozeßkostenhilfe mit Ausnahme des § 121 Abs. 1 bis 3 entsprechende Anwendung. Einem Beteiligten ist auf Antrag ein Rechtsanwalt beizuordnen, wenn der andere Beteiligte durch einen Rechtsanwalt vertreten ist und die Beiordnung zur zweckentsprechenden Rechtsverfolgung erforderlich ist.

(2) Für die Entscheidung nach Absatz 1 ist das Gericht zuständig, das nach § 103 Abs. 1 über eine Klage auf Feststellung des Erbbaurechts oder des Ankaufsrechts zu entscheiden hat.

(3) Der Notar hat dem Gericht die Antragsunterlagen zu übermitteln.

Unterabschnitt 3:
Gerichtliches Verfahren

§ 103
Allgemeine Vorschriften

(1) Die gerichtlichen Verfahren, die die Bestellung von Erbbaurechten oder den Ankauf des Grundstücks oder des Gebäudes oder der baulichen Anlage betreffen, sind nach den Vorschriften der Zivilprozeßordnung zu erledigen. Ausschließlich zuständig ist das Gericht, in dessen Bezirk das Grundstück ganz oder zum größten Teil belegen ist.

(2) Bei den Landgerichten können Kammern für die Verfahren zur Sachenrechtsbereinigung gebildet werden.

§ 104
Verfahrensvoraussetzungen

Der Kläger hat für eine Klage auf Feststellung über den Inhalt eines Erbbaurechts oder eines Ankaufsrechts nach Maßgabe der §§ 32, 61, 81 und 82 den notariellen Vermittlungsvorschlag und das notarielle Abschlußprotokoll oder das Abschlußprotokoll des anwaltlichen Vertragshilfeverfahrens vorzulegen. Fehlt es an dem in Satz 1 bezeichneten Erfordernis, hat das Gericht den Kläger unter Fristsetzung zur Vorlage aufzufordern. Verstreicht die Frist fruchtlos, ist die Klage als unzulässig abzuweisen. Die Entscheidung kann ohne mündliche Verhandlung durch Beschluß ergehen.

§ 105
Inhalt der Klageschrift

In der Klageschrift hat sich der Kläger auf den notariellen Vermittlungsvorschlag zu beziehen und darzulegen, ob und in welchen Punkten er eine hiervon abweichende Feststellung begehrt.

§ 106
Entscheidung

(1) Das Gericht kann bei einer Entscheidung über eine Klage nach § 104 im Urteil auch vom Klageantrag abweichende Rechte und Pflichten der Parteien feststellen. Vor dem Ausspruch sind die Parteien zu hören. Das Gericht darf ohne Zustimmung der Parteien keine Feststellung treffen, die

1. einem von beiden Parteien beantragten Grundstücksgeschäft,
2. einer Verständigung der Parteien über einzelne Punkte oder
3. einer im Vermittlungsvorschlag vorgeschlagenen Regelung, die von den Parteien nicht in den Rechtsstreit einbezogen worden ist,

widerspricht.

(2) Im Urteil sind die Rechte und Pflichten der Parteien festzustellen. Die rechtskräftige Feststellung ist für die Parteien in gleicher Weise verbindlich wie eine vertragsmäßige Vereinbarung.

(3) Das Gericht kann auf Antrag einer Partei im Urteil einen Notar und eine andere geeignete Person im Namen der Parteien beauftragen, die zur Erfüllung notwendigen Rechtshandlungen vorzunehmen, sobald die hierfür erforderlichen Voraussetzungen vorliegen. Die Beauftragten sind für beide Parteien vertretungsberechtigt.

(4) Der Urkundsbeamte der Geschäftsstelle teilt dem Notar, der das Vermittlungsverfahren durchgeführt hat, nach Eintritt der Rechtskraft den Inhalt der Entscheidung mit. Der Notar hat entsprechend § 98 Abs. 2 Satz 2 zu verfahren.

§ 107
Kosten

Über die Kosten entscheidet das Gericht unter Berücksichtigung des Sach- und Streitstands nach billigem Ermessen. Es kann hierbei berücksichtigen, inwieweit der Inhalt der richterlichen Feststellung von den im Rechtsstreit gestellten Anträgen abweicht und eine Partei zur Erhebung im Rechtsstreit zusätzlich entstandener Kosten Veranlassung gegeben hat.

§ 108
Feststellung der Anspruchsberechtigung

(1) Nutzer und Grundstückseigentümer können Klage auf Feststellung des Bestehens oder Nichtbestehens der Anspruchsberechtigung nach diesem Gesetz erheben, wenn der Kläger ein rechtliches Interesse an alsbaldiger Feststellung hat.

(2) Ein Interesse an alsbaldiger Feststellung besteht nicht, wenn wegen der Anmeldung eines Rückübertragungsanspruchs aus § 3 des Vermögensgesetzes über das Grundstück, das Gebäude oder die bauliche Anlage noch nicht verfügt werden kann.

(3) Nehmen mehrere Personen die Rechte als Nutzer für sich in Anspruch und ist in einem Rechtsstreit zwischen ihnen die Anspruchsberechtigung festzustellen, können beide Parteien dem Grundstückseigentümer den Streit verkünden.

(4) § 106 Abs. 4 ist entsprechend anzuwenden.

Abschnitt 5:
Nutzungstausch

§ 109
Tauschvertrag über Grundstücke

(1) Jeder Grundstückseigentümer, dessen Grundstück von einem nach § 20 des LPG-Gesetzes vom 2. Juli 1982 sowie nach § 12 des LPG-Gesetzes vom 3. Juni 1959 durchgeführten Nutzungstausch betroffen ist, kann von dem anderen Grundstückseigentümer verlangen, daß das Eigentum an den Grundstücken entsprechend dem Nutzungstausch übertragen wird, wenn

1. eine oder beide der getauschten Flächen bebaut worden sind und
2. der Tausch in einer von der Flurneuordnungsbehörde einzuholenden Stellungnahme befürwortet wird.

(2) Der andere Grundstückseigentümer kann die Erfüllung des Anspruchs aus Absatz 1 verweigern, wenn das an ihn zu übereignende Grundstück von einem Dritten bebaut worden ist.

(3) Soweit sich die Werte von Grund und Boden der getauschten Grundstücke unterscheiden, kann der Eigentümer des Grundstücks mit dem höheren Wert von dem anderen einen Ausgleich in Höhe der Hälfte des Wertunterschieds verlangen.

(4) Im übrigen finden auf den Tauschvertrag die Vorschriften über den Ankauf in den §§ 65 bis 74 entsprechende Anwendung.

Abschnitt 6:
Nutzungsrechte für ausländische Staaten

§ 110
Vorrang völkerrechtlicher Abreden

Die von der Deutschen Demokratischen Republik an andere Staaten verliehenen Nutzungsrechte sind nach den Regelungen in diesem Kapitel anzupassen, soweit dem nicht völkerrechtliche Vereinbarungen entgegenstehen. Artikel 12 des Einigungsvertrages bleibt unberührt.

Abschnitt 7:
Rechtsfolgen nach Wiederherstellung des öffentlichen Glaubens des Grundbuchs

§ 111
Gutgläubiger lastenfreier Erwerb

(1) Ansprüche nach Maßgabe dieses Kapitels können gegenüber demjenigen, der durch ein nach Ablauf des 31. Dezember 1996 abgeschlossenes Rechtsgeschäft das Eigentum am Grundstück, ein Recht am Grundstück oder ein Recht an einem solchen Recht erworben hat, nicht geltend gemacht werden, es sei denn, daß im Zeitpunkt des Antrags auf Eintragung des Erwerbs in das Grundbuch

1. selbständiges Eigentum am Gebäude oder ein Nutzungsrecht nach Artikel 233 § 4 des Einführungsgesetzes zum Bürgerlichen Gesetzbuche, ein Vermerk nach Artikel 233 § 2c Abs. 2 des Einführungsgesetzes zum Bürgerlichen Gesetzbuche oder ein Vermerk nach § 92 Abs. 5 im Grundbuch des Grundstücks eingetragen oder deren Eintragung beantragt worden ist,

2. ein Zustimmungsvorbehalt zu Verfügungen über das Grundstück in einem Verfahren zur Bodensonderung oder zur Neuordnung der Eigentumsverhältnisse nach dem Achten Abschnitt des Landwirtschaftsanpassungsgesetzes eingetragen oder dessen Eintragung beantragt worden ist oder

3. dem Erwerber bekannt war, daß

   a) ein im Grundbuch nicht eingetragenes selbständiges Eigentum am Gebäude oder dingliches Nutzungsrecht besteht oder

   b) ein anderer als der Eigentümer des Grundstücks mit Billigung staatlicher Stellen ein Gebäude oder eine bauliche Anlage errichtet hatte und Ansprüche auf Erbbaurechtsbestellung oder Ankauf des Grundstücks nach diesem Kapitel bestanden.

(2) Mit dem Erwerb des Eigentums am Grundstück erlöschen die in diesem Kapitel begründeten Ansprüche. Der Nutzer kann vom Veräußerer Wertersatz für den Rechtsverlust verlangen. Artikel 231 § 5 Abs. 3 Satz 2 des Einführungsgesetzes zum Bürgerlichen Gesetzbuche ist entsprechend anzuwenden.

Kapitel 3:
Alte Erbbaurechte

§ 112
Umwandlung alter Erbbaurechte

(1) War das Grundstück am 1. Januar 1976 mit einem Erbbaurecht belastet, so endet das Erbbaurecht zu dem im Erbbaurechtsvertrag bestimmten Zeitpunkt, frühestens jedoch am 31. Dezember 1995, wenn sich nicht aus dem folgenden etwas anderes ergibt. Das Erbbaurecht verlängert sich bis zum 31. Dezember 2005, wenn ein Wohngebäude aufgrund des Erbbaurechts errichtet worden ist, es sei denn, daß der Grundstückseigentümer ein berechtigtes Interesse an der Beendigung des Erbbaurechts entsprechend § 564b Abs. 2 Nr. 2 und 3 des Bürgerlichen Gesetzbuchs geltend machen kann.

(2) Hat der Erbbauberechtigte nach dem 31. Dezember 1975 das Grundstück bebaut oder bauliche Maßnahmen nach § 12 Abs. 1 vorgenommen, so endet das Erbbaurecht mit dem Ablauf von

1. 90 Jahren, wenn

   a) ein Ein- oder Zweifamilienhaus errichtet wurde oder

   b) ein sozialen Zwecken dienendes Gebäude gebaut wurde,

2. 80 Jahren, wenn das Grundstück im staatlichen oder genossenschaftlichen Wohnungsbau bebaut wurde, oder

3. 50 Jahren in allen übrigen Fällen

nach dem Inkrafttreten dieses Gesetzes. Ein Heimfallanspruch kann nur aus den in § 56 genannten Gründen ausgeübt werden. Die Verlängerung der Laufzeit des Erbbaurechts ist in das Grundbuch einzutragen. Der Grundstückseigentümer ist berechtigt, eine Anpassung des Erbbauzinses bis zu der sich aus den §§ 43, 45 bis 48, 51 ergebenden Höhe zu verlangen.

(3) Vorstehende Bestimmungen finden keine Anwendung, wenn das Erbbaurecht auf einem vormals volkseigenen Grundstück bestellt worden ist und bei Ablauf des 2. Oktober 1990 noch bestand. Auf diese Erbbaurechte finden die Bestimmungen dieses Gesetzes für verliehene Nutzungsrechte entsprechende Anwendung.

(4) § 5 Abs. 2 des Einführungsgesetzes zum Zivilgesetzbuch der Deutschen Demokratischen Republik ist vom Inkrafttreten dieses Gesetzes an nicht mehr anzuwenden.

Kapitel 4:
Rechte aus Miteigentum nach § 459 des Zivilgesetzbuchs der Deutschen Demokratischen Republik

§ 113
Berichtigungsanspruch

(1) Haben vormals volkseigene Betriebe, staatliche Organe und Einrichtungen oder Genossenschaften auf vertraglich genutzten, vormals nichtvolkseigenen Grundstücken nach dem 31. Dezember 1975 und bis zum Ablauf des 30. Juni 1990 bedeutende Werterhöhungen durch Erweiterungs- und Erhaltungsmaßnahmen am Grundstück vorgenommen, so können beide Vertragsteile verlangen, daß der kraft Gesetzes nach § 459 Abs. 1 Satz 2 und Abs. 4 Satz 1 des Zivilgesetzbuchs der Deutschen Demokratischen Republik entstandene Miteigentumsanteil in das Grundbuch eingetragen wird.

(2) Eine bedeutende Werterhöhung liegt in der Regel vor, wenn der Wert des Grundstücks durch Aufwendungen des Besitzers um mindestens 30 000 Mark der Deutschen Demokratischen Republik erhöht wurde. Im Streitfall ist die durch Erweiterungs- und Erhaltungsmaßnahmen eingetretene Werterhöhung durch ein Gutachten zu ermitteln. Die Kosten des Gutachtens hat der zu tragen, zu dessen Gunsten der Miteigentumsanteil in das Grundbuch eingetragen werden soll.

(3) Der Anspruch aus Absatz 1 kann gegenüber denjenigen nicht geltend gemacht werden, die durch ein nach Ablauf des 31. Dezember 1996 abgeschlossenes Rechtsgeschäft das Eigentum am Grundstück, ein Recht am Grundstück oder ein Recht an einem solchen Recht erwor-

ben haben, es sei denn, daß im Zeitpunkt des Antrags auf Eintragung des Erwerbs in das Grundbuch

1. die Berichtigung des Grundbuchs nach Absatz 1 beantragt worden ist,
2. ein Widerspruch zugunsten des aus Absatz 1 berechtigten Miteigentümers eingetragen oder dessen Eintragung beantragt worden ist oder
3. dem Erwerber bekannt war, daß das Grundbuch in Ansehung eines nach § 459 Abs. 1 Satz 2 oder Abs. 4 Satz 1 des Zivilgesetzbuchs der Deutschen Demokratischen Republik entstandenen Miteigentumsanteils unrichtig gewesen ist.

Ist ein Rechtsstreit um die Eintragung des Miteigentumsanteils anhängig, so hat das Prozeßgericht auf Antrag einer Partei das Grundbuchamt über die Eröffnung und das Ende des Rechtsstreits zu unterrichten und das Grundbuchamt auf Ersuchen des Prozeßgerichts einen Vermerk über den anhängigen Berichtigungsanspruch einzutragen. Der Vermerk hat die Wirkung eines Widerspruchs.

(4) § 111 Abs. 2 ist entsprechend anzuwenden.

§ 114
Aufgebotsverfahren

(1) Der Eigentümer eines nach § 459 des Zivilgesetzbuchs der Deutschen Demokratischen Republik entstandenen Miteigentumsanteils kann von den anderen Miteigentümern im Wege eines Aufgebotsverfahrens mit seinem Recht ausgeschlossen werden, wenn der Miteigentumsanteil weder im Grundbuch eingetragen noch in einer Frist von fünf Jahren nach dem Inkrafttreten dieses Gesetzes die Berichtigung des Grundbuchs nach § 113 beantragt worden ist.

(2) Für das Verfahren gelten, soweit nicht im folgenden etwas anderes bestimmt ist, die §§ 977 bis 981 der Zivilprozeßordnung entsprechend. Meldet der Miteigentümer sein Recht im Aufgebotstermin an, so tritt die Ausschließung nur dann nicht ein, wenn der Berichtigungsanspruch bis zum Termin rechtshängig gemacht oder anerkannt worden ist. Im Aufgebot ist auf diese Rechtsfolge hinzuweisen.

(3) Mit einem Ausschlußurteil erwirbt der andere Miteigentümer den nach § 459 des Zivilgesetzbuchs der Deutschen Demokratischen Republik entstandenen Anteil. Der ausgeschlossene Miteigentümer kann entsprechend der Regelung in § 818 des Bürgerlichen Gesetzbuchs Ausgleich für den Eigentumsverlust verlangen.

§ 115
Ankaufsrecht bei Auflösung der Gemeinschaft

Das Rechtsverhältnis der Miteigentümer bestimmt sich nach den Vorschriften über das Miteigentum und über die Gemeinschaft im Bürgerlichen Gesetzbuch. Im Falle der Auflösung der Gemeinschaft kann der bisher durch Vertrag zum Besitz berechtigte Miteigentümer den Ankauf des Miteigentumsanteils des anderen zum Verkehrswert verlangen, wenn hierfür ein dringendes öffentliches oder betriebliches Bedürfnis besteht.

Kapitel 5:
Ansprüche auf Bestellung von Dienstbarkeiten

§ 116
Bestellung einer Dienstbarkeit

(1) Derjenige, der ein Grundstück in einzelnen Beziehungen nutzt oder auf diesem Grundstück eine Anlage unterhält (Mitbenutzer), kann von dem Eigentümer die Bestellung einer Grunddienstbarkeit oder einer beschränkten persönlichen Dienstbarkeit verlangen, wenn

1. die Nutzung vor Ablauf des 2. Oktober 1990 begründet wurde,
2. die Nutzung des Grundstücks für die Erschließung oder Entsorgung eines eigenen Grundstücks oder Bauwerks erforderlich ist und
3. ein Mitbenutzungsrecht nach den §§ 321 und 322 des Zivilgesetzbuchs der Deutschen Demokratischen Republik nicht begründet wurde.

(2) Zugunsten derjenigen, die durch ein nach Ablauf des 31. Dezember 1996 abgeschlossenes Rechtsgeschäft gutgläubig Rechte an Grundstücken erwerben, ist § 122 entsprechend anzuwenden. Die Eintragung eines Vermerks über die Klageerhebung erfolgt entsprechend § 113 Abs. 3.

§ 117
Einwendungen des Grundstückseigentümers

(1) Der Grundstückseigentümer kann die Bestellung einer Dienstbarkeit verweigern, wenn
1. die weitere Mitbenutzung oder der weitere Fortbestand der Anlage die Nutzung des belasteten Grundstücks erheblich beeinträchtigen würde, der Mitbenutzer der Inanspruchnahme des Grundstücks nicht bedarf oder eine Verlegung der Ausübung möglich ist und keinen unverhältnismäßigen Aufwand verursachen würde oder
2. die Nachteile für das zu belastende Grundstück die Vorteile für das herrschende Grundstück überwiegen und eine anderweitige Erschließung oder Entsorgung mit einem im Verhältnis zu den Nachteilen geringen Aufwand hergestellt werden kann.

Die Kosten einer Verlegung haben die Beteiligten zu teilen.

(2) Sind Erschließungs- oder Entsorgungsanlagen zu verlegen, so besteht ein Recht zur Mitbenutzung des Grundstücks im bisherigen Umfange für die Zeit, die für eine solche Verlegung erforderlich ist. Der Grundstückseigentümer hat dem Nutzer eine angemessene Frist einzuräumen. Können sich die Parteien über die Dauer, für die das Recht nach Satz 1 fortbesteht, nicht einigen, so kann die Frist durch gerichtliche Entscheidung bestimmt werden. Eine richterliche Fristbestimmung wirkt auch gegenüber den Rechtsnachfolgern der Parteien.

§ 118
Entgelt

(1) Der Eigentümer des belasteten Grundstücks kann die Zustimmung zur Bestellung einer Dienstbarkeit von der Zahlung eines einmaligen oder eines in wiederkehrenden Leistungen zu zahlenden Entgelts (Rente) abhängig machen. Es kann ein Entgelt gefordert werden

1. bis zur Hälfte der Höhe, wie sie für die Begründung solcher Belastungen üblich ist, wenn die Inanspruchnahme des Grundstücks auf den von landwirtschaftlichen Produktionsgenossenschaften bewirtschafteten Flächen bis zum Ablauf des 30. Juni 1990, in allen anderen Fällen bis zum Ablauf des 2. Oktober 1990 begründet wurde und das Mitbenutzungsrecht in der bisherigen Weise ausgeübt wird, oder
2. in Höhe des üblichen Entgelts, wenn die Nutzung des herrschenden Grundstücks und die Mitbenutzung des belasteten Grundstücks nach den in Nummer 1 genannten Zeitpunkten geändert wurde.

(2) Das in Absatz 1 bestimmte Entgelt steht dem Eigentümer nicht zu, wenn

1. nach dem 2. Oktober 1990 ein Mitbenutzungsrecht bestand und dieses nicht erloschen ist, oder
2. der Eigentümer sich mit der Mitbenutzung einverstanden erklärt hat.

§ 119
Fortbestehende Rechte, andere Ansprüche

Die Vorschriften dieses Kapitels finden keine Anwendung, wenn die Mitbenutzung des Grundstücks

1. aufgrund nach dem Einigungsvertrag fortgeltender Rechtsvorschriften der Deutschen Demokratischen Republik oder
2. durch andere Rechtsvorschriften

gestattet ist.

Kapitel 6:
Schlußvorschriften

Abschnitt 1:
Behördliche Prüfung der Teilung

§ 120
Genehmigungen nach dem Baugesetzbuch

(1) Die Teilung eines Grundstücks nach diesem Gesetz bedarf der Teilungsgenehmigung nach den Vorschriften des Baugesetzbuchs. Dabei ist § 20 des Baugesetzbuchs mit folgenden Maßgaben anzuwenden:

1. die Teilungsgenehmigung ist zu erteilen, wenn die beabsichtigte Grundstücksteilung den Nutzungsgrenzen in der ehemaligen Liegenschaftsdokumentation oder dem Inhalt einer Nutzungsurkunde entspricht, in der die Grenzen des Nutzungsrechts in einer grafischen Darstellung (Karte) ausgewiesen sind,
2. für die Teilungsgenehmigung ist ein Vermögenszuordnungsbescheid zugrunde zu legen, soweit dieser über die Grenzen der betroffenen Grundstücke Aufschluß gibt,
3. in anderen als den in den Nummern 1 und 2 bezeichneten Fällen ist die Teilungsgenehmigung nach dem Bestand zu erteilen,

4. ist eine Teilung zum Zwecke der Vorbereitung einer Nutzungsänderung oder baulichen Erweiterung beantragt, die nach § 20 des Baugesetzbuchs nicht genehmigungsfähig wäre, kann eine Teilungsgenehmigung nach dem Bestand erteilt werden.

Wird die Teilungsgenehmigung nach Satz 2 erteilt, findet § 21 des Baugesetzbuchs keine Anwendung. Die Maßgaben nach Satz 2 gelten entsprechend für die Erteilung einer Teilungsgenehmigung nach § 144 Abs. 1 Nr. 2 und § 145 des Baugesetzbuchs im förmlich festgelegten Sanierungsgebiet sowie nach § 169 Abs. 1 Nr. 1 in Verbindung mit § 144 Abs. 1 Nr. 2 und § 145 des Baugesetzbuchs im städtebaulichen Entwicklungsbereich.

(2) Die Bestellung eines Erbbaurechts nach diesem Gesetz bedarf einer Genehmigung entsprechend Absatz 1, wenn nach dem Erbbaurechtsvertrag die Nutzungsbefugnis des Erbbauberechtigten sich nicht auf das Grundstück insgesamt erstreckt.

(3) Ist die Genehmigung für die Bestellung eines Erbbaurechts nach Absatz 2 erteilt worden, gilt § 21 des Baugesetzbuchs entsprechend für den Antrag auf Erteilung einer Teilungsgenehmigung, der innerhalb von sieben Jahren seit der Erteilung der Genehmigung nach Absatz 2 gestellt wurde.

(4) Der Ankauf von Grundstücken sowie die Bestellung eines Erbbaurechts nach diesem Gesetz bedürfen innerhalb eines förmlich festgelegten Sanierungsgebiets nicht der Genehmigung nach § 144 Abs. 2 Nr. 1 und 2 des Baugesetzbuchs und innerhalb eines förmlich festgelegten Entwicklungsbereichs nicht der Genehmigung nach § 169 Abs. 1 Nr. 1 des Baugesetzbuchs.

(5) Im übrigen bleiben die Vorschriften des Baugesetzbuchs unberührt.

Abschnitt 2:
Rückübertragung von Grundstücken und dinglichen Rechten

§ 121
Ansprüche nach Abschluß eines Kaufvertrags

(1) Dem Nutzer, der bis zum Ablauf des 18. Oktober 1989 mit einer staatlichen Stelle der Deutschen Demokratischen Republik einen wirksamen, beurkundeten Kaufvertrag über ein Grundstück, ein Gebäude oder eine bauliche Anlage abgeschlossen und aufgrund dieses Vertrages oder eines Miet- oder sonstigen Nutzungsvertrages Besitz erlangt oder den Besitz ausgeübt hat, stehen die Ansprüche nach Kapitel 2 gegenüber dem jeweiligen Grundstückseigentümer auch dann zu, wenn das Grundstück, das Gebäude oder die bauliche Anlage nach dem Vermögensgesetz zurückübertragen worden ist. Satz 1 findet keine Anwendung, wenn der Vertrag aus den in § 3 Abs. 3 Satz 2 Nr. 1 und 2 genannten Gründen nicht erfüllt worden ist. Die Ansprüche aus Satz 1 stehen dem Nutzer auch dann zu, wenn der Kaufvertrag nach dem 18. Oktober 1989 abgeschlossen worden ist und

a) der Kaufvertrag vor dem 19. Oktober 1989 schriftlich beantragt oder sonst aktenkundig angebahnt worden ist,

b) der Vertragsschluß auf der Grundlage des § 1 des Gesetzes über den Verkauf volkseigener Gebäude vom 7. März 1990 (GBl. I Nr. 18 S. 157) erfolgte oder

c) der Nutzer vor dem 19. Oktober 1989 in einem wesentlichen Umfang werterhöhende oder substanzerhaltende Investitionen vorgenommen hat.

(2) Die in Absatz 1 bezeichneten Ansprüche stehen auch dem Nutzer zu,

a) der aufgrund eines bis zum Ablauf des 18. Oktober 1989 abgeschlossenen Miet-, Pacht- oder sonstigen Nutzungsvertrages ein Eigenheim am 18. Oktober 1989 genutzt hat,

b) bis zum Ablauf des 14. Juni 1990 einen wirksamen, beurkundeten Kaufvertrag mit einer staatlichen Stelle der Deutschen Demokratischen Republik über dieses Eigenheim geschlossen hat und

c) dieses Eigenheim am 1. Oktober 1994 zu eigenen Wohnzwecken nutzt.

(3) Entgegenstehende rechtskräftige Entscheidungen und abweichende rechtsgeschäftliche Vereinbarungen zwischen dem Grundstückseigentümer und dem Nutzer bleiben unberührt.

(4) Bei der Bemessung von Erbbauzins und Ankaufspreis ist auch der Restwert eines vom Grundstückseigentümer errichteten oder erworbenen Gebäudes, einer baulichen Anlage und der Grundstückseinrichtungen in Ansatz zu bringen. Für die Bestimmung des Restwerts ist § 74 Abs. 1 Satz 2 bis 4 entsprechend anzuwenden.

(5) Der Nutzer hat auf Verlangen des Grundstückseigentümers innerhalb der in § 16 Abs. 2 bestimmten Frist zu erklären, ob er von den Ansprüchen auf Erbbaurechtsbestellung oder Ankauf des Grundstücks Gebrauch machen will, und die Wahl auszuüben. Erklärt der Nutzer, daß er die in Satz 1 bestimmten Ansprüche nicht geltend machen will, ist § 17 Satz 5 des Vermögensgesetzes entsprechend anzuwenden.

(6) Der Nutzer kann von der Gemeinde oder der Gebietskörperschaft, die den Kaufpreis erhalten hat, nach § 323 Abs. 3 und § 818 des Bürgerlichen Gesetzbuchs die Herausgabe des Geleisteten verlangen, soweit diese durch seine Zahlung bereichert ist. Ansprüche auf Schadensersatz wegen Nichterfüllung sind ausgeschlossen.

§ 122
Entsprechende Anwendung des Sachenrechtsbereinigungsgesetzes

Hat das Amt zur Regelung offener Vermögensfragen nach dem 2. Oktober 1990 für ein entzogenes Nutzungsrecht nach § 287 Abs. 1 und § 291 des Zivilgesetzbuchs der Deutschen Demokratischen Republik ein Erbbaurecht oder ein anderes beschränktes dingliches Recht begründet, so sind die Bestimmungen in Kapitel 2 entsprechend anzuwenden.

Abschnitt 3:
Übergangsregelung

§ 123
Härteklausel bei niedrigen Grundstückswerten

(1) Der Nutzer eines Grundstücks, dessen Verkehrswert die in § 15 Abs. 2 bezeichneten Beträge nicht übersteigt, kann einem Ankaufsverlangen des Grundstückseigentümers widersprechen und den Abschluß eines längstens auf sechs Jahre nach dem Inkrafttreten dieses Gesetzes befristeten Nutzungsvertrages verlangen, wenn er die für den Ankauf erforderlichen

Mittel zum gegenwärtigen Zeitpunkt aus besonderen persönlichen oder wirtschaftlichen Gründen nicht aufzubringen vermag.

(2) Das Entgelt für die Nutzung bestimmt sich nach dem Betrag, der nach diesem Gesetz als Erbbauzins zu zahlen wäre. Im übrigen bleiben die Rechte und Pflichten der Beteiligten für die Vertragsdauer unberührt.

Artikel 2: Änderung anderer Vorschriften, Schlußbestimmungen

§ 1
Änderung der Verordnung über das Erbbaurecht

Die Verordnung über das Erbbaurecht in der im Bundesgesetzblatt Teil III, Gliederungsnummer 403-6, veröffentlichten bereinigten Fassung, zuletzt geändert durch das Gesetz vom 8. Juni 1988 (BGBl. I S. 710), wird wie folgt geändert:

1. § 9 wird wie folgt geändert:

    a) Absatz 2 wird wie folgt geändert:

    aa) Satz 1 wird wie folgt gefaßt:

    „Der Erbbauzins **kann** nach Zeit und Höhe für die **gesamte** Erbbauzeit im voraus bestimmt **werden**."

    bb) Nach Satz 1 werden folgende Sätze 2 und 3 eingefügt:

    „Inhalt des Erbbauzinses kann auch eine Verpflichtung zu seiner Anpassung an veränderte Verhältnisse sein, wenn die Anpassung nach Zeit und Wertmaßstab bestimmbar ist. Für die Vereinbarung über die Anpassung des Erbbauzinses ist die Zustimmung der Inhaber dinglicher Rechte am Erbbaurecht erforderlich; § 880 Abs. 2 Satz 3 des Bürgerlichen Gesetzbuchs ist entsprechend anzuwenden."

    b) Nach Absatz 2 wird folgender Absatz 3 eingefügt:

    „(3) Als Inhalt des Erbbauzinses kann vereinbart werden, daß

    1. die Reallast abweichend von § 52 Abs. 1 des Gesetzes über die Zwangsversteigerung und die Zwangsverwaltung mit ihrem Hauptanspruch bestehenbleibt, wenn der Grundstückseigentümer aus der Reallast oder der Inhaber eines im Range vorgehenden oder gleichstehenden dinglichen Rechts die Zwangsversteigerung des Erbbaurechts betreibt und

    2. der jeweilige Erbbauberechtigte dem jeweiligen Inhaber der Reallast gegenüber berechtigt ist, das Erbbaurecht in einem bestimmten Umfang mit einer der Reallast im Rang vorgehenden Grundschuld, Hypothek oder Rentenschuld im Erbbaugrundbuch zu belasten.

    Ist das Erbbaurecht mit dinglichen Rechten belastet, ist für die Wirksamkeit der Vereinbarung die Zustimmung der Inhaber der der Erbbauzinsreallast im Rang vorgehenden oder gleichstehenden dinglichen Rechte erforderlich."

    c) Der bisherige Absatz 3 wird Absatz 4.

2. Dem § 19 Abs. 2 wird folgender Satz angefügt:

    „Dies gilt nicht, wenn eine Vereinbarung nach § 9 Abs. 3 Satz 1 getroffen worden ist."

§ 2
Änderung des Gesetzes über die Zwangsversteigerung und die Zwangsverwaltung

Dem § 52 Abs. 2 des Gesetzes über die Zwangsversteigerung und die Zwangsverwaltung in der im Bundesgesetzblatt Teil III, Gliederungsnummer 310-14, veröffentlichten bereinigten Fassung, das zuletzt durch Artikel 12 des Registerverfahrenbeschleunigungsgesetzes vom 20. Dezember 1993 (BGBl. I S. 2182, 2210) geändert worden ist, wird folgender Satz angefügt:

„**Satz 1 ist entsprechend auf den Erbbauzins anzuwenden, wenn nach § 9 Abs. 3 der Verordnung über das Erbbaurecht das Bestehenbleiben des Erbbauzinses als Inhalt der Reallast vereinbart worden ist.**"

§ 3
Änderung des Vermögensgesetzes

Dem § 2 Abs. 1 des Vermögensgesetzes in der Fassung der Bekanntmachung vom 3. August 1992 (BGBl. I S. 1446), das zuletzt durch Artikel 19 des Gesetzes zur Bekämpfung des Mißbrauchs und zur Bereinigung des Steuerrechts vom 21. Dezember 1993 (BGBl. I S. 2310) geändert worden ist, wird folgender Satz angefügt:

„Im übrigen gelten in den Fällen des § 1 Abs. 6 als Rechtsnachfolger von aufgelösten oder zur Selbstauflösung gezwungenen Vereinigungen die Nachfolgeorganisationen, die diesen Vereinigungen nach ihren Organisationsstatuten entsprechen und deren Funktionen oder Aufgaben wahrnehmen oder deren satzungsmäßige Zwecke verfolgen; als Rechtsnachfolger gelten insbesondere die Organisationen, die aufgrund des Rückerstattungsrechts als Nachfolgeorganisationen anerkannt worden sind."

§ 4
Änderung des Bürgerlichen Gesetzbuchs

Dem § 906 Abs. 1 des Bürgerlichen Gesetzbuchs in der im Bundesgesetzblatt Teil III, Gliederungsnummer 400-2, veröffentlichten bereinigten Fassung, das zuletzt durch Artikel 4 des Gesetzes vom 18. März 1994 (BGBl. I S. 560) geändert worden ist, werden die folgenden Sätze angefügt:

„**Eine unwesentliche Beeinträchtigung liegt in der Regel vor, wenn die in Gesetzen oder Rechtsverordnungen festgelegten Grenz- oder Richtwerte von den nach diesen Vorschriften ermittelten und bewerteten Einwirkungen nicht überschritten werden. Gleiches gilt für Werte in allgemeinen Verwaltungsvorschriften, die nach § 48 des Bundes-Immissionsschutzgesetzes erlassen worden sind und den Stand der Technik wiedergeben.**"

§ 5
Änderung des Einführungsgesetzes zum Bürgerlichen Gesetzbuche

Das Einführungsgesetz zum Bürgerlichen Gesetzbuche in der im Bundesgesetzblatt Teil III, Gliederungsnummer 400-1, veröffentlichten bereinigten Fassung, zuletzt geändert durch Artikel 13 des Registerverfahrenbeschleunigungsgesetzes vom 20. Dezember 1993 (BGBl. I S. 2182, 2211), wird wie folgt geändert:

1. In Artikel 231 wird nach § 7 folgender § 8 angefügt:

§ 8 Vollmachtsurkunden staatlicher Organe

Eine von den in den §§ 2 und 3 der Siegelordnung der Deutschen Demokratischen Republik vom 29. November 1966 (GBl. 1967 II Nr. 9 S. 49) und in § 1 der Siegelordnung der Deutschen Demokratischen Republik vom 16. Juli 1981 (GBl. I Nr. 25 S. 309) bezeichneten staatlichen Organen erteilte Vollmachtsurkunde ist wirksam, wenn die Urkunde vom vertretungsberechtigten Leiter des Organs oder einer von diesem nach den genannten Bestimmungen ermächtigten Person unterzeichnet und mit einem ordnungsgemäßen Dienstsiegel versehen worden ist. Die Beglaubigung der Vollmacht nach § 57 Abs. 2 Satz 2 des Zivilgesetzbuchs der Deutschen Demokratischen Republik wird durch die Unterzeichnung und Siegelung der Urkunde ersetzt."

2. Artikel 233 wird wie folgt geändert:

a) § 2a wird wie folgt geändert:

aa) In Absatz 1 werden nach Satz 2 folgende Sätze eingefügt:

„In den in § 3 Abs. 3, §§ 4 und 121 des Sachenrechtsbereinigungsgesetzes bezeichneten Fällen besteht das in Satz 1 bezeichnete Recht zum Besitz bis zur Bereinigung dieser Rechtsverhältnisse nach jenem Gesetz fort. Erfolgte die Nutzung bisher unentgeltlich, kann der Grundstückseigentümer vom 1. Januar 1995 an vom Nutzer ein Entgelt bis zur Höhe des nach dem Sachenrechtsbereinigungsgesetz zu zahlenden Erbbauzinses verlangen, wenn ein Verfahren zur Bodenneuordnung nach dem Bodensonderungsgesetz eingeleitet wird, er ein notarielles Vermittlungsverfahren nach den §§ 87 bis 102 des Sachenrechtsbereinigungsgesetzes oder ein Bodenordnungsverfahren nach dem 8. Abschnitt des Landwirtschaftsanpassungsgesetzes beantragt oder sich in den Verfahren auf eine Verhandlung zur Begründung dinglicher Rechte oder eine Übereignung eingelassen hat. Vertragliche oder gesetzliche Regelungen, die ein abweichendes Nutzungsentgelt oder einen früheren Beginn der Zahlungspflicht begründen, bleiben unberührt."

bb) Absatz 8 wird wie folgt neu gefaßt:

„(8) Für die Zeit bis zum Ablauf des 31. Dezember 1994 ist der nach Absatz 1 Berechtigte gegenüber dem Grundstückseigentümer sowie sonstigen dinglichen Berechtigten zur Herausgabe von Nutzungen nicht verpflichtet, es sei denn, daß die Beteiligten andere Abreden getroffen haben. Ist ein in Absatz 1 Satz 1 Buchstabe d bezeichneter Kaufvertrag unwirksam oder sind die Verhandlungen auf Abschluß des beantragten Kaufvertrages gescheitert, so ist der Nutzer von der Erlangung der Kenntnis der Unwirksamkeit des Vertrages oder der Ablehnung des Vertragsschlusses an nach § 987 des Bürgerlichen Gesetzbuchs zur Herausgabe von Nutzungen verpflichtet."

cc) Es wird folgender Absatz 9 angefügt:

„(9) Für die Zeit vom 1. Januar 1995 bis zum 31. Dezember 1998 kann der Grundstückseigentümer von der öffentlichen Körperschaft, die das Grundstück zur Erfüllung ihrer öffentlichen Aufgaben nutzt oder im Falle der Widmung zum Gemeingebrauch für das Gebäude oder die Anlage unterhaltungspflichtig ist, nur ein Entgelt in Höhe von jährlich 0,8 vom Hundert des Bodenwerts eines in gleicher Lage belegenen unbebauten Grundstücks sowie die Freistellung von den Lasten des Grundstücks verlangen. Der Bodenwert ist nach den Bodenrichtwerten zu bestimmen; § 19 Abs. 5 des Sachenrechtsbereinigungsgesetzes gilt entsprechend. Der Anspruch aus Satz 1 entsteht von dem Zeitpunkt an, in dem der Grundstückseigentümer ihn gegenüber der Körperschaft schriftlich geltend macht. Abweichende vertragliche Vereinbarungen bleiben unberührt."

b) § 2b wird wie folgt geändert:

aa) Die Absätze 3 und 4 werden wie folgt gefaßt:

„(3) Ob Gebäudeeigentum entstanden ist und wem es zusteht, wird durch Bescheid des Präsidenten der Oberfinanzdirektion festgestellt, in dessen Bezirk das Gebäude liegt. Das Vermögenszuordnungsgesetz ist anzuwenden. Den Grundbuchämtern bleibt es unbenommen, Gebäudeeigentum und seinen Inhaber nach Maßgabe der Bestimmungen des Grundbuchrechts festzustellen; ein Antrag nach den Sätzen 1 und 2 darf nicht von der vorherigen Befassung der Grundbuchämter abhängig gemacht werden. Im Antrag an den Präsidenten der Oberfinanzdirektion oder an das Grundbuchamt hat der Antragsteller zu versichern, daß bei keiner anderen Stelle ein vergleichbarer Antrag anhängig oder ein Antrag nach Satz 1 abschlägig beschieden worden ist.

(4) § 4 Abs. 1 und 3 Satz 1 bis 3 sowie Absatz 6 ist entsprechend anzuwenden."

bb) Absatz 5 wird gestrichen. Der bisherige Absatz 6 wird Absatz 5.

cc) Es wird folgender Absatz 6 angefügt:

„(6) Eine bis zum Ablauf des 21. Juli 1992 vorgenommene Übereignung des nach § 27 des Gesetzes über die landwirtschaftlichen Produktionsgenossenschaften oder nach § 459 Abs. 1 Satz 1 des Zivilgesetzbuchs der Deutschen Demokratischen Republik entstandenen selbständigen Gebäudeeigentums ist nicht deshalb unwirksam, weil sie nicht nach den für die Übereignung von Grundstücken geltenden Vorschriften des Bürgerlichen Gesetzbuchs vorgenommen worden ist. Gleiches gilt für das Rechtsgeschäft, mit dem die Verpflichtung zur Übertragung und zum Erwerb begründet worden ist. Die Sätze 1 und 2 sind nicht anzuwenden, soweit eine rechtskräftige Entscheidung entgegensteht."

c) § 2c Abs. 2 wird wie folgt geändert:

aa) In Satz 1 werden die Wörter „in § 3 Abs. 2 genannten Gesetz" durch das Wort „Sachenrechtsbereinigungsgesetz" ersetzt.

bb) Nach Satz 1 wird folgender Satz eingefügt:

„In den in § 121 Abs. 1 und 2 des Sachenrechtsbereinigungsgesetzes genannten Fällen kann die Eintragung des Vermerks auch gegenüber dem Verfügungsberechtigten mit Wirkung gegenüber dem Berechtigten erfolgen, solange das Rükübertragungsverfahren nach dem Vermögensgesetz nicht unanfechtbar abgeschlossen ist."

d) § 3 wird wie folgt geändert:

aa) In Absatz 1 wird Satz 3 wie folgt gefaßt:

„**Satz 2 gilt entsprechend für die Bestimmungen des Nutzungsrechtsgesetzes und des Zivilgesetzbuchs über den Entzug eines Nutzungsrechts.**"

bb) Absatz 2 wird gestrichen. Der bisherige Absatz 3 wird Absatz 2. Dem Absatz 2 werden folgende Absätze 3 und 4 angefügt.

„(3) Die Anpassung **des vom Grundstückseigentum unabhängigen Eigentums am Gebäude und des in § 4 Abs. 2 bezeichneten Nutzungsrechts** an das Bürgerliche Gesetzbuch und seine Nebengesetze und an die veränderten Verhältnisse sowie die Begründung von Rechten zur Absicherung der in § 2a bezeichneten Bebauungen erfolgen nach Maßgabe des Sachenrechtsbereinigungsgesetzes. Eine Anpassung im übrigen bleibt vorbehalten.

(4) Auf Vorkaufsrechte, die nach den Vorschriften des Zivilgesetzbuchs der Deutschen Demokratischen Republik bestellt wurden, sind vom 1. Oktober 1994 an die Bestimmungen des Bürgerlichen Gesetzbuchs nach den §§ 1094 bis 1104 anzuwenden."

e) § 4 wird wie folgt geändert:

aa) Nach Absatz 4 wird folgender Absatz 5 eingefügt:

„(5) War der Nutzer beim Erwerb des Nutzungsrechts unredlich im Sinne des § 4 des Vermögensgesetzes, kann der Grundstückseigentümer die Aufhebung des Nutzungsrechts durch gerichtliche Entscheidung verlangen. Der Anspruch nach Satz 1 ist ausgeschlossen, wenn er nicht bis zum 31. Dezember 1996 rechtshängig geworden ist. Ein Klageantrag auf Aufhebung ist unzulässig, wenn der Grundstückseigentümer zu einem Antrag auf Aufhebung des Nutzungsrechts durch Bescheid des Amtes zur Regelung offener Vermögensfragen berechtigt oder berechtigt gewesen ist. **Mit der Aufhebung des Nutzungsrechts erlischt das Eigentum am Gebäude nach § 288 Abs. 4 und § 292 Abs. 3 des Zivilgesetzbuchs der Deutschen Demokratischen Republik. Das Gebäude wird Bestandteil des Grundstücks. Der Nutzer kann für Gebäude, Anlagen und Anpflanzungen, mit denen er das Grundstück ausgestattet hat, Ersatz verlangen, soweit der Wert des Grundstücks hierdurch noch zu dem Zeitpunkt der Aufhebung des Nutzungsrechts erhöht ist.** Grundpfandrechte an einem aufgrund des Nutzungsrechts errichteten Gebäude setzen sich am Wertersatzanspruch des Nutzers gegen den Grundstückseigentümer fort. § 16 Abs. 3 Satz 5 des Vermögensgesetzes ist entsprechend anzuwenden."

bb) Die Absätze 5 und 6 werden Absätze 6 und 7.

f) § 8 Satz 1 wird wie folgt gefaßt:

„Soweit Rechtsverhältnisse und Ansprüche aufgrund des § 459 des Zivilgesetzbuchs der Deutschen Demokratischen Republik und der dazu ergangenen Ausführungsvorschriften am Ende des Tages vor dem Wirksamwerden des Beitritts bestehen, bleiben sie vorbehaltlich des § 2 und der im Sachenrechtsbereinigungsgesetz getroffenen Bestimmungen unberührt."

3. In Artikel 234 wird § 4a Absatz 1 wie folgt geändert:

In Satz 5 werden hinter dem Wort „angeordnet" die Worte **„oder wenn bei dem Grundbuchamt die Eintragung einer Zwangshypothek beantragt"** eingefügt.

§ 6
Änderung des Grundbuchbereinigungsgesetzes

Das Grundbuchbereinigungsgesetz vom 20. Dezember 1993 (BGBl. I S. 2192) wird wie folgt geändert:

1. § 5 Abs. 2 wird wie folgt geändert:

   a) In Satz 1 werden hinter dem Wort „Dienstbarkeiten" ein Komma und das Wort **„Vormerkungen"** eingefügt.

   b) In Satz 2 werden hinter dem Wort „Dienstbarkeit" ein Komma und die Worte **„der Vormerkung"** eingefügt.

2. In § 6 wird folgender Absatz 1a eingefügt:

   „(1a) Soweit auf § 1170 des Bürgerlichen Gesetzbuchs verwiesen wird, ist diese Bestimmung auf die vor dem 3. Oktober 1990 begründeten Rechte auch dann anzuwenden, wenn der Aufenthalt des Gläubigers unbekannt ist. § 1104 Abs. 2 des Bürgerlichen Gesetzbuchs findet auf die vor dem 3. Oktober 1990 begründeten Vorkaufsrechte und Reallasten keine Anwendung."

3. Dem § 8 wird folgender Absatz 4 angefügt:

   „(4) Wird eine Klage nach Absatz 1 rechtshängig, so ersucht das Gericht auf Antrag des Klägers das Grundbuchamt um Eintragung eines Rechtshängigkeitsvermerks zugunsten des Klägers. Der Vermerk hat die Wirkungen eines Widerspruchs. Er wird mit rechtskräftiger Abweisung der Klage gegenstandslos."

4. Dem § 13 wird folgender Satz 2 angefügt:

   „Die Bestimmung über die Eintragung eines Zustimmungsvorbehalts für Veräußerungen in § 6 Abs. 4 des Bodensonderungsgesetzes ist entsprechend anzuwenden."

5. § 14 wird wie folgt geändert:

   a) Satz 2 wird gestrichen.

   b) In dem bisherigen Satz 3 wird das Wort „auch" durch die Worte **„durch Berufung auf die Vermutung nach Artikel 234 § 4a Abs. 3 des Einführungsgesetzes zum Bürgerlichen Gesetzbuche oder"** ersetzt.

   c) Nach dem bisherigen Satz 3 wird folgender Satz angefügt:

   „Die Berichtigung ist in allen Fällen des Artikels 234 § 4a des Einführungsgesetzes zum Bürgerlichen Gesetzbuche gebührenfrei."

§ 7
Änderung der Bundesnotarordnung

Die Bundesnotarordnung in der im Bundesgesetzblatt Teil III, Gliederungs- Nr. 303-1, veröffentlichten bereinigten Fassung, zuletzt geändert durch das Gesetz vom 29. Januar 1991 (BGBl. I S. 150), wird wie folgt geändert:

1. In § 14 Abs. 4 Satz 1 werden nach den Wörtern „Darlehen sowie," die Wörter „abgesehen von den ihm durch Gesetz zugewiesenen Vermittlungstätigkeiten" und ein Komma eingefügt.
2. § 20 wird wie folgt geändert:
    a) Nach Absatz 3 wird folgender Absatz 4 eingefügt:
    „(4) Die Notare sind auch zur Vermittlung nach den Bestimmungen des Sachenrechtsbereinigungsgesetzes zuständig."
    b) Der bisherige Absatz 4 wird Absatz 5.

§ 8
Änderung der Verordnung über die Tätigkeit von Notaren in eigener Praxis

Die Verordnung über die Tätigkeit von Notaren in eigener Praxis vom 20. Juni 1990 (GBl. I Nr. 37 S. 475), die nach den Maßgaben der Anlage II Kapitel III Sachgebiet A Abschnitt III Nr. 2 des Einigungsvertrages vom 31. August 1990 in Verbindung mit Artikel 1 des Gesetzes vom 23. September 1990 (BGBl. II S. 885, 1156) fortgilt, zuletzt geändert **durch § 12 des Gesetzes zur Prüfung von Rechtsanwaltszulassungen, Notarbestellungen und Berufungen ehrenamtlicher Richter vom 24. Juli 1992 (BGBl. I S. 1386),** wird wie folgt geändert:

1. § 2 wird wie folgt geändert:
    a) Nach Absatz 4 wird folgender Absatz 5 eingefügt:
    „(5) Die Notare sind auch zur Vermittlung nach den Bestimmungen des Sachenrechtsbereinigungsgesetzes zuständig."
    b) Die bisherigen Absätze 5 und 6 werden Absätze 6 und 7.
2. In § 8 Abs. 4 Satz 1 werden nach den Worten „ist es" die Worte „abgesehen von den ihm durch Gesetz zugewiesenen Vermittlungstätigkeiten" eingefügt.

§ 9
Änderung des Landwirtschaftsanpassungsgesetzes

Nach § 64a des Landwirtschaftsanpassungsgesetzes in der Fassung der Bekanntmachung vom 3. Juli 1991 (BGBl. I S. 1418), das zuletzt durch das Gesetz vom 31. März 1994 (BGBl. I S. 736) geändert worden ist, wird folgender § 64b eingefügt:

„§ 64b
Eingebrachte Gebäude

(1) Der Anteilsinhaber eines aus einer LPG durch Formwechsel hervorgegangenen Unternehmens neuer Rechtsform oder eines durch Teilung einer LPG entstandenen Unternehmens kann von diesem die Rückübereignung der nach § 13 Abs. 1 des Gesetzes über die landwirtschaftlichen Produktionsgenossenschaften vom 3. Juni 1959 (GBl. I S. 577) eingebrachten Wirtschaftsgebäude zum Zwecke der Zusammenführung mit dem Eigentum am Grundstück verlangen. Der in Satz 1 bestimmte Anspruch steht auch einem Rechtsnachfolger des Grundstückseigentümers zu, der nicht Anteilsinhaber ist.

(2) Wird der Anspruch nach Absatz 1 geltend gemacht, hat der Grundstückseigentümer dem Unternehmen einen Ausgleich in Höhe des Verkehrswerts des Gebäudes zum Zeitpunkt des Rückübereignungsverlangens zu leisten.

(3) § 83 des Sachenrechtsbereinigungsgesetzes ist entsprechend anzuwenden.

(4) Das Unternehmen kann dem Grundstückseigentümer eine Frist von mindestens drei Monaten zur Ausübung seines in Absatz 1 bezeichneten Anspruchs setzen, wenn dieser nicht innerhalb eines Jahres nach dem 1. Oktober 1994 die Rückübereignung des eingebrachten Wirtschaftsgebäudes verlangt hat. Nach fruchtlosem Ablauf der in Satz 1 bezeichneten Frist kann das Unternehmen von dem Grundstückseigentümer den Ankauf der für die Bewirtschaftung des Gebäudes erforderlichen Funktionsfläche zum Verkehrswert verlangen. Macht das Unternehmen den Anspruch geltend, erlischt der Rückübereignungsanspruch.

(5) Die Ansprüche nach den Absätzen 1 bis 4 können in einem Verfahren nach den Vorschriften dieses Abschnitts geltend gemacht werden."

§ 10
Schlußbestimmung

(1) Das jeweils zuständige Bundesministerium kann den Wortlaut der durch diesen Artikel geänderten Gesetze sowie der Grundbuchordnung in ihrer von dem 1. Oktober 1994 an geltenden Fassung neu bekanntmachen.

(2) Soweit vor dem Inkrafttreten dieses Gesetzes Gebühren für die Berichtigung des Grundbuchs in den Fällen des Artikels 234 § 4a des Einführungsgesetzes zum Bürgerlichen Gesetzbuche erhoben und gezahlt worden sind, bleibt es dabei. Erhobene, aber noch nicht gezahlte Gebühren werden niedergeschlagen. Noch nicht erhobene Gebühren werden auch dann nicht erhoben, wenn der Antrag vor Inkrafttreten dieses Gesetzes gestellt worden ist.

Artikel 3: Inkrafttreten

Dieses Gesetz tritt am 1. Oktober 1994 in Kraft.

Teil 3: Dokumentation und Materialien

I. Gesetzentwurf der Bundesregierung zum Sachenrechtsbereinigungsgesetz – RegE (BT-Drucks. 12/5992 v. 27. 10. 1993)

Zielsetzung

In der ehemaligen Deutschen Demokratischen Republik wurden durch Entscheidung staatlicher Stellen, der Vorstände landwirtschaftlicher Produktionsgenossenschaften usw. Bebauungen fremder Grundstücke gestattet. Das konnte in verschiedenen Rechtsformen geschehen (Bestellung von Nutzungsrechten, Übertragung von Rechtsträgerschaften). Bei den auf Grund Nutzungsrechts erfolgten Bebauungen entstand in der Regel selbständiges Eigentum am Gebäude.

Nicht selten erfolgte die bauliche Inanspruchnahme privater Grundstücke jedoch allein auf Grund formlos erteilter Billigung einer staatlichen Stelle und ohne Rücksicht auf bestehende Eigentumsverhältnisse. In diesen Fällen entstand kein selbständiges Gebäudeeigentum; das neu errichtete Gebäude wurde Bestandteil des Grundstücks.

Die derzeitige Rechtslage führt zu rechtlichen Ungewißheiten und erheblichen Hemmnissen, die sich außerordentlich nachteilig auf den Grundstücksverkehr und damit auch auf die für den wirtschaftlichen Aufschwung dringenden Investitionen auswirken. Zudem muß zwischen den Grundstückseigentümern und den Nutzern der Gebäude rasch Klarheit und Rechtsfrieden hergestellt werden.

Neben der Neuregelung von Rechtsverhältnissen aus der mit Billigung staatlicher Stellen erfolgten baulichen Nutzung fremden Grundeigentums sind im Entwurf Regelungen zu treffen für

— alte, durch das Einführungsgesetz zum Zivilgesetzbuch umgestaltete Erbbaurechte,

— kraft Gesetzes entstandene Miteigentumsanteile an Grundstücken,

— Nutzungen der Grundstücke in einzelnen Beziehungen.

Im Zusammenhang mit der Sachenrechtsbereinigung sollen auch die Folgen aus einem Rangrücktritt des Grundstückseigentümers mit der Erbbauzinsreallast neu bestimmt werden.

Lösung

1. *Neuregelung der baulichen Nutzung fremder Grundstücke*

Nach dem Entwurf sollen an den in der ehemaligen Deutschen Demokratischen Republik bebauten Grundstücken dem Bürgerlichen Gesetzbuch entsprechende, verkehrsfähige und beleihbare Rechte entstehen. Der Entwurf gibt den Beteiligten (Nutzer und Grundstückseigentümer) Ansprüche, aus denen sie eine solche Veränderung herbeiführen können.

Die Ansprüche sind auf die Bestellung von Erbbaurechten oder den Ankauf der Grundstücke durch die Nutzer oder der Gebäude durch die Grundstückseigentümer gerichtet (duales System). Im Interesse des Investitionsschutzes und des Erhalts von Wohnungen im Eigenheim- und im komplexen Wohnungsbau soll grundsätzlich der Nutzer wählen können, in welcher Form er seine Bebauung absichern will. Bei geringen Grundstückswerten würden die Erbbauzinsen die Kosten der Verwaltung nicht decken; hier soll der Nutzer das Grundstück nur ankaufen können.

In besonderen Fällen soll der Grundstückseigentümer ein Wirtschaftsgebäude ankaufen können, wenn dies aus agrarstrukturellen Gründen oder im gewerblichen Bereich bei überwiegendem Investitionsinteresse des Grundstückseigentümers erforderlich ist.

Erbbauzins und Ankaufspreis sollen auf der Basis der heutigen Verkehrswerte geteilt werden. Bei der Preisbemessung sind sowohl die vorhandenen Werte als auch die in der DDR begründeten Nutzungsrechte sowie die gewachsenen faktischen Strukturen zu berücksichtigen. Der vorgesehene Interessenausgleich behandelt die Positionen von Grundstückseigentümer und Nutzer als im Grundsatz gleichwertig. Beide Seiten sollen hälftig an den durch Einführung der Marktwirtschaft entstandenen Bodenwerten teilhaben.

Schließlich ist für die ersten neun Jahre eine schrittweise Anhebung des Erbbauzinses in drei Stufen bis auf den halben üblichen Zins vorgesehen. Zudem können sich die Nutzer im Erbbaurechtsvertrag für einen Zeitraum bis zu zwölf Jahren eine Option zum Ankauf des Grundstücks vorbehalten. Damit wird den Nutzern die Möglichkeit eröffnet, die für eine Finanzierung nötigen Eigenmittel anzusparen.

Die Grundzüge für die abzuschließenden Erbbaurechts- oder Kaufverträge werden vorgegeben. Abweichende vertragliche Vereinbarungen zwischen den Parteien sind jedoch zulässig.

Die Ansprüche sind in einem obligatorischen notariellen Vermittlungsverfahren geltend zu machen. Die Parteien werden oft ohne sachkundige Hilfe nicht in der Lage sein, die Grundlagen für einen Vertragsschluß (Höhe des Verkehrswerts, einzubeziehende Flächen usw.) zu ermitteln und einen den Vorgaben der Regelung entsprechenden Erbbaurechts- oder Kaufvertrag zu formulieren. Ziel des Verfahrens ist die Formulierung eines den Vorgaben des Gesetzes entsprechenden Vermittlungsvorschlages in Form eines Vertragsentwurfes. Falls sich ein entsprechender übereinstimmender Wille der Parteien ergibt, kann der Vertrag sogleich beurkundet werden.

Das notarielle Vermittlungsverfahren ist notwendiges Vorverfahren vor einer gerichtlichen Auseinandersetzung, um insoweit die Gerichte von der Aufgabe einer Vertragsvermittlung zu entlasten.

2. Alte Erbbaurechte

Die alten Erbbaurechte werden wieder in befristete Rechte umgewandelt. Zugunsten der Nutzer sind allerdings Anpassungsphasen vorgesehen. Hat der Nutzer das Grundstück neu bebaut, nachdem das Erbbaurecht kraft Gesetzes in ein unbefristetes Erbbaurecht umgewandelt wurde, so soll er insoweit wie der Inhaber eines Nutzungsrechts behandelt werden. Das Erbbaurecht soll hier der Nutzungsdauer eines Neubaus angepaßt sein.

3. Miteigentumsanteile

Die kraft Gesetzes entstandenen Miteigentumsanteile müssen aus dem Grundbuch ersichtlich sein. Dem Miteigentümer wird eine Möglichkeit zur Grundbuchberichtigung eröffnet.

4. Dienstbarkeiten

Soweit in der ehemaligen DDR keine Mitbenutzungsrechte bestellt wurden, wird für diejenigen, die auf anderen Grundstücken Erschließungs- oder Versorgungsleitungen unterhalten, ein Anspruch auf Bestellung von Dienstbarkeiten begründet.

5. Änderung der Verordnung über das Erbbaurecht

Zur Sicherung des Anspruchs auf den künftig fällig werdenden Erbbauzins in der Zwangsversteigerung soll die Erbbauzinsabrede verdinglicht werden.

Alternativen

Keine

Kosten

Für den Bund ergeben sich keine Kosten.

Für die Länder ergeben sich Kosten im wesentlichen durch die im notariellen Vermittlungsverfahren zu zahlende Prozeßkostenhilfe. Die sich daraus ergebenden finanziellen Belastungen lassen sich wegen der unsicheren Ausgangszahlen nur grob schätzen. Es ist insoweit mit einem Kostenaufwand zwischen 1 und 1,3 Mio. DM jährlich für die neuen Bundesländer und Berlin in den ersten fünf Jahren nach Inkrafttreten des Gesetzes zu rechnen. Die Kostenbelastung wird danach — wegen der Erledigung der meisten der zu bereinigenden Fälle — wesentlich zurückgehen.

1. Text des SachenRBerG gem. RegE

Der Bundestag hat mit Zustimmung des Bundesrates das folgende Gesetz beschlossen:

ARTIKEL 1

Gesetz zur Sachenrechtsbereinigung im Beitrittsgebiet (Sachenrechtsbereinigungsgesetz — SachenRBerG)

Inhaltsübersicht

KAPITEL 1

Gegenstände der Sachenrechtsbereinigung

§§ 1 bis 2

KAPITEL 2

Bebauung fremder Grundstücke

§§ 3 bis 111

ABSCHNITT 1

Allgemeine Bestimmungen

§§ 3 bis 31

Unterabschnitt 1 Grundsätze § 3

Unterabschnitt 2 Anwendungsbereich §§ 4 bis 8

Unterabschnitt 3 Begriffsbestimmungen §§ 9 bis 12

Unterabschnitt 4 Erbbaurecht und Ankauf §§ 13 bis 17

Unterabschnitt 5 Verkehrswertermittlung §§ 18 bis 20

Unterabschnitt 6 Erfaßte Flächen §§ 21 bis 27

Unterabschnitt 7 Einwendungen und Einreden §§ 28 bis 31

ABSCHNITT 2

Bestellung von Erbbaurechten

§§ 32 bis 61

Unterabschnitt 1 Gesetzliche Ansprüche auf Erbbaurechtsbestellung § 32

Unterabschnitt 2 Gesetzliche Ansprüche wegen dinglicher Rechte §§ 33 bis 37

Unterabschnitt 3 Überlassungsverträge § 38

Unterabschnitt 4 Besondere Gestaltungen §§ 39 bis 41

Unterabschnitt 5 Gesetzlicher und vertragsmäßiger Inhalt des Erbbaurechts § 42

Unterabschnitt 6 Bestimmungen zum Vertragsinhalt §§ 43 bis 59

Unterabschnitt 7 Folgen der Erbbaurechtsbestellung §§ 60 bis 61

ABSCHNITT 3

Gesetzliches Ankaufsrecht

§§ 62 bis 85

Unterabschnitt 1 Gesetzliche Ansprüche auf Vertragsschluß § 62

Unterabschnitt 2 Gesetzliche Ansprüche wegen dinglicher Rechte §§ 63 bis 65

Unterabschnitt 3 Bestimmungen zum Inhalt des Vertrages §§ 66 bis 75

Unterabschnitt 4 Folgen des Ankaufs §§ 76 bis 79

Unterabschnitt 5 Leistungsstörungen §§ 80 bis 81

Unterabschnitt 6 Besondere Bestimmungen für den Hinzuerwerb des Gebäudes durch den Grundstückseigentümer §§ 82 bis 85

ABSCHNITT 4

Verfahrensvorschriften

§§ 86 bis 109

Unterabschnitt 1 Feststellung von Nutzungs- und Grundstücksgrenzen §§ 86 bis 87

Unterabschnitt 2 Notarielles Vermittlungsverfahren §§ 88 bis 103

Unterabschnitt 3 Gerichtliches Verfahren §§ 104 bis 109

ABSCHNITT 5

Nutzungstausch

§ 110

ABSCHNITT 6

Nutzungsrechte für ausländische Staaten

§ 111

KAPITEL 3

Alte Erbbaurechte

§ 112

KAPITEL 4

Rechte aus Miteigentum
nach § 459 des Zivilgesetzbuchs
der Deutschen Demokratischen Republik

§§ 113 bis 115

KAPITEL 5

Ansprüche auf Bestellung von Dienstbarkeiten

§§ 116 bis 119

KAPITEL 6

Schlußvorschriften

§§ 120 bis 122

ABSCHNITT 1

Behördliche Prüfung der Teilung

§ 120

ABSCHNITT 2

*Rückübertragung
von dinglichen Rechten*

§ 121

ABSCHNITT 3

Übergangsregelung

§ 122

KAPITEL 1

Gegenstände der Sachenrechtsbereinigung

§ 1

Betroffene Rechtsverhältnisse

(1) Dieses Gesetz regelt Rechtsverhältnisse an Grundstücken in dem in Artikel 3 des Einigungsvertrages genannten Gebiet (Beitrittsgebiet),

1. a) an denen Nutzungsrechte verliehen oder zugewiesen wurden,

   b) auf denen ein vom Eigentum am Grundstück getrenntes selbständiges Eigentum an Gebäuden oder an baulichen Anlagen entstanden ist, oder

   c) die mit Billigung staatlicher Stellen von einem anderen als dem Grundstückseigentümer für bauliche Zwecke in Anspruch genommen wurden,

2. die mit Erbbaurechten, deren Inhalt gemäß § 5 Abs. 2 des Einführungsgesetzes zum Zivilgesetzbuch der Deutschen Demokratischen Republik umgestaltet wurde, belastet sind,

3. an denen nach § 459 des Zivilgesetzbuchs der Deutschen Demokratischen Republik kraft Gesetzes ein Miteigentumsanteil besteht, oder

4. auf denen andere natürliche oder juristische Personen als der Grundstückseigentümer bauliche Erschließungs-, Entsorgungs- oder Versorgungsanlagen, die nicht durch ein mit Zustimmung des Grundstückseigentümers begründetes Mitbenutzungsrecht gesichert sind, errichtet haben.

(2) Ist das Eigentum an einem Grundstück dem Nutzer nach Maßgabe besonderer Gesetze zugewiesen worden oder zu übertragen, finden die Bestimmungen dieses Gesetzes keine Anwendung.

§ 2

Nicht einbezogene Rechtsverhältnisse

(1) Dieses Gesetz ist nicht anzuwenden, wenn der Nutzer das Grundstück

1. am 2. Oktober 1990 zur Erholung, Freizeitgestaltung, kleingärtnerischen Bewirtschaftung oder als Standort für ein persönlichen, jedoch nicht Wohnzwecken dienendes Gebäude nutzte,

2. aufgrund eines Miet- oder Pachtvertrages oder eines Nutzungsvertrages nach § 71 des Vertragsgesetzes der Deutschen Demokratischen Republik bebaut hat, es sei denn, daß der Nutzer für seinen Handwerks- oder Gewerbebetrieb auf einem ehemals volkseigenen Grundstück einen Neubau errichtet oder eine bauliche Maßnahme nach § 11 Abs. 1 vorgenommen hat,

3. mit Anlagen zur Verbesserung der land- und forstwirtschaftlichen Bodennutzung (wie Anlagen zur Beregnung, Drainagen) bebaut hat,

4. mit Verkehrsflächen und anderen dem Gemeingebrauch gewidmeten Anlagen bebaut hat, es sei denn, daß diese in einem nach einer einheitlichen Bebauungskonzeption überbauten Gebiet liegen, oder

5. aufgrund öffentlich-rechtlicher Bestimmungen der Deutschen Demokratischen Republik, die nach dem Einigungsvertrag fortgelten, bebaut hat.

Satz 1 Nr. 1 ist entsprechend anzuwenden auf die von den in § 459 Abs. 1 Satz 1 des Zivilgesetzbuchs der Deutschen Demokratischen Republik bezeichneten juristischen Personen auf vertraglich genutzten Grundstücken zur Erholung, Freizeitgestaltung oder kleingärtnerischen Bewirtschaftung errichteten Gebäude, wenn diese allein zur persönlichen Nutzung durch Betriebsangehörige oder Dritte bestimmt waren.

(2) Dieses Gesetz gilt ferner nicht, wenn der Nutzer

1. eine Partei, eine mit ihr verbundene Massenorganisation oder eine juristische Person im Sinne der §§ 20a und 20b des Parteiengesetzes der Deutschen Demokratischen Republik ist, oder

2. dem Bereich der Kommerziellen Koordinierung zuzuordnen ist.

(3) Die Bestimmungen über die Ansprüche eines Mitglieds einer landwirtschaftlichen Produktionsgenossenschaft oder ihrer Nachfolgeunternehmen nach §§ 43 bis 50 und 64 b des Landwirtschaftsanpassungsgesetzes gehen den Regelungen dieses Gesetzes vor.

KAPITEL 2

Bebauung fremder Grundstücke

ABSCHNITT 1

Allgemeine Bestimmungen

UNTERABSCHNITT 1

Grundsätze

§ 3

Regelungsinstrumente und Regelungsziele

(1) In den in § 1 Abs. 1 Nr. 1 bezeichneten Fällen können Grundstückseigentümer und Nutzer (Beteiligte) zur Bereinigung der Rechtsverhältnisse an den Grundstücken Ansprüche auf Bestellung von Erbbau-

rechten oder auf Ankauf der Grundstücke oder der Gebäude nach Maßgabe dieses Kapitels geltend machen. Die Beteiligten können von den gesetzlichen Bestimmungen über den Vertragsinhalt abweichende Vereinbarungen treffen.

(2) Die Bereinigung erfolgt zur

1. Anpassung der nach dem Recht der Deutschen Demokratischen Republik bestellten Nutzungsrechte an das Bürgerliche Gesetzbuch und seine Nebengesetze,

2. Absicherung aufgrund von Rechtsträgerschaften vorgenommener baulicher Investitionen, soweit den Nutzern nicht das Eigentum an den Grundstücken zugewiesen worden ist, und

3. Regelung der Rechte am Grundstück beim Auseinanderfallen von Grundstücks- und Gebäudeeigentum.

Nach Absatz 1 sind auch die Rechtsverhältnisse zu bereinigen, denen bauliche Investitionen zugrunde liegen, zu deren Absicherung nach den Rechtsvorschriften der Deutschen Demokratischen Republik eine in Satz 1 bezeichnete Rechtsposition vorgesehen war, auch wenn diese nicht erfolgt ist.

UNTERABSCHNITT 2

Anwendungsbereich

§ 4
Bauliche Nutzungen

Die Bestimmungen dieses Kapitels sind anzuwenden auf

1. den Eigenheimbau durch oder für natürliche Personen (§ 5),

2. den ehemals staatlichen oder genossenschaftlichen komplexen Wohnungsbau (§ 6),

3. den Bau von Wohngebäuden durch landwirtschaftliche Produktionsgenossenschaften sowie die Errichtung gewerblicher, landwirtschaftlicher oder öffentlichen Zwecken dienender Gebäude (§ 7) und

4. die von der Deutschen Demokratischen Republik an ausländische Staaten verliehenen Nutzungsrechte (§ 111).

§ 5
Eigenheimbau

(1) Auf den Eigenheimbau ist dieses Gesetz anzuwenden, wenn

1. Nutzungsrechte verliehen oder zugewiesen worden sind (§§ 287, 291 des Zivilgesetzbuchs der Deutschen Demokratischen Republik) oder

2. Grundstücke mit Billigung staatlicher Stellen in Besitz genommen und mit einem Eigenheim

bebaut worden sind. Dies ist insbesondere der Fall, wenn

a) Wohn- und Stallgebäude für die persönliche Hauswirtschaft auf zugewiesenen, ehemals genossenschaftlich genutzten Grundstücken nach den Musterstatuten für die landwirtschaftlichen Produktionsgenossenschaften errichtet wurden,

b) Eigenheime von einem Betrieb oder einer Produktionsgenossenschaft errichtet und anschließend auf einen Bürger übertragen wurden,

c) Bebauungen mit oder an Eigenheimen aufgrund von Überlassungsverträgen erfolgten,

d) Eigenheime aufgrund von Nutzungsverträgen auf Flächen gebaut wurden, die Gemeinden oder anderen staatlichen Stellen von einer landwirtschaftlichen Produktionsgenossenschaft als Bauland übertragen wurden,

e) als Wohnhäuser geeignete und hierzu dienende Gebäude aufgrund eines Vertrages zur Nutzung von Bodenflächen zur Erholung (§§ 312 bis 315 des Zivilgesetzbuchs der Deutschen Demokratischen Republik) mit Billigung staatlicher Stellen errichtet wurden, es sei denn, daß der Überlassende dieser Nutzung widersprochen hatte, oder

f) Eigenheime aufgrund einer die bauliche Nutzung des fremden Grundstücks gestattenden Zustimmung nach der Eigenheimverordnung der Deutschen Demokratischen Republik vom 31. August 1978 (GBl. I Nr. 40 S. 425) oder einer anderen Billigung staatlicher Stellen errichtet wurden, die Bestellung eines Nutzungsrechts jedoch ausblieb.

(2) Eigenheime sind Gebäude, die für den Wohnbedarf bestimmt sind und eine oder zwei Wohnungen enthalten. Die Bestimmungen über Eigenheime gelten auch für mit Billigung staatlicher Stellen errichtete Nebengebäude (wie Werkstätten, Lagerräume).

(3) Gebäude, die bis zum Ablauf des 2. Oktober 1990 von den Nutzern zur persönlichen Erholung, Freizeitgestaltung oder zu kleingärtnerischen Zwecken genutzt wurden, sind auch im Falle einer späteren Nutzungsänderung keine Eigenheime. Eine Nutzung im Sinne des Satzes 1 liegt auch vor, wenn der Nutzer in dem Gebäude zwar zeitweise gewohnt, dort jedoch nicht seinen Lebensmittelpunkt hatte.

§ 6
Staatlicher oder genossenschaftlicher
komplexer Wohnungsbau

Auf den staatlichen oder genossenschaftlichen komplexen Wohnungsbau findet dieses Kapitel Anwendung, wenn

1. staatliche Investitionsauftraggeber, ehemals volkseigene Betriebe der Wohnungswirtschaft mit privaten Grundstückseigentümern oder staatlichen Verwaltern Nutzungsverträge, die die Bebauung des

Grundstücks gestattet haben, abgeschlossen und die Grundstücke bebaut haben oder

2. Grundstücke mit Billigung staatlicher Stellen ohne eine der Bebauung entsprechende Regelung der Eigentumsverhältnisse mit Gebäuden bebaut worden sind.

§ 7
Andere bauliche Nutzungen

(1) Dieses Kapitel regelt auch die bauliche Nutzung fremder Grundstücke für land-, forstwirtschaftlich, gewerblich (einschließlich industriell) genutzte oder öffentlichen Zwecken dienende Gebäude sowie für Wohnhäuser, die durch landwirtschaftliche Produktionsgenossenschaften errichtet oder erworben worden sind.

(2) Eine bauliche Nutzung im Sinne des Absatzes 1 liegt insbesondere dann vor, wenn

1. Genossenschaften mit gewerblichem oder handwerklichem Geschäftsgegenstand Nutzungsrechte auf volkseigenen Grundstücken verliehen worden sind,

2. den in Nummer 1 bezeichneten Genossenschaften Rechtsträgerschaften an Grundstücken übertragen worden sind und sie die Grundstücke bebaut haben,

3. Vereinigungen, die nicht Parteien oder Massenorganisationen nach § 2 Abs. 2 Nr. 1 sind, Nutzungsrechte verliehen worden sind oder sie Grundstücke als Rechtsträger bebaut haben,

4. vormals im Register der volkseigenen Wirtschaft eingetragene oder einzutragende Betriebe oder staatliche Stellen mit privaten Grundstückseigentümern oder staatlichen Verwaltern Nutzungsverträge geschlossen haben, die die Bebauung der Grundstücke gestattet haben, und sie die Grundstücke bebaut haben,

5. landwirtschaftliche Produktionsgenossenschaften ihrem vormaligen gesetzlich begründeten genossenschaftlichen Bodennutzungsrecht unterliegende Grundstücke bebaut oder auf ihnen stehende Gebäude erworben haben,

6. Handwerker oder Gewerbetreibende für die Ausübung ihres Berufes genutzte, vormals volkseigene Grundstücke mit Billigung staatlicher Stellen mit einem Gebäude oder einer baulichen Anlage bebaut haben oder

7. a) staatliche Stellen mit Gebäuden (insbesondere Dienstgebäuden, Schulen, Kindergärten) oder baulichen Anlagen oder

   b) vormals volkseigene Betriebe im Sinne der Nummer 4 oder Genossenschaften im Sinne der Nummer 1 mit betrieblich genutzten Bauwerken oder baulichen Anlagen

fremde, in Privateigentum stehende Grundstücke ohne eine der Bebauung entsprechende Regelung der Eigentumsverhältnisse oder ohne vertragliche Berechtigung bebaut haben.

§ 8
Zeitliche Begrenzung

Die Bestimmungen dieses Kapitels sind nur anzuwenden, wenn

1. das Nutzungsrecht bis zum Ablauf des 30. Juni 1990 zugewiesen oder bis zum Ablauf des 2. Oktober 1990 verliehen wurde oder

2. auf den Flächen, die dem aufgehobenen gesetzlichen Bodennutzungsrecht der landwirtschaftlichen Produktionsgenossenschaften unterlagen, bis zum Ablauf des 30. Juni 1990, auf allen anderen Flächen bis zum Ablauf des 2. Oktober 1990, mit dem Bau eines Gebäudes begonnen wurde.

UNTERABSCHNITT 3

Begriffsbestimmungen

§ 9
Nutzer

(1) Nutzer im Sinne dieses Gesetzes sind natürliche oder juristische Personen des privaten und des öffentlichen Rechts in nachstehender Reihenfolge:

1. der im Grundbuch eingetragene Eigentümer eines Gebäudes,

2. der Inhaber eines verliehenen oder zugewiesenen Nutzungsrechts,

3. der Eigentümer des Gebäudes oder der baulichen Anlage, wenn außerhalb des Grundbuchs selbständiges, vom Eigentum am Grundstück unabhängiges Eigentum entstanden ist,

4. der aus einem Überlassungsvertrag berechtigte Nutzer,

5. derjenige, der mit Billigung staatlicher Stellen ein Gebäude oder eine bauliche Anlage errichtet hat,

oder deren Rechtsnachfolger. Satz 1 ist nicht anzuwenden, wenn eine andere Person rechtskräftig als Nutzer festgestellt und in dem Rechtsstreit dem Grundstückseigentümer der Streit verkündet worden ist.

(2) Rechtsnachfolger sind auch

1. Käufer eines Gebäudes oder einer baulichen Anlage, wenn der Kaufvertrag bis zum Ablauf des 2. Oktober 1990 abgeschlossen wurde und nach den Rechtsvorschriften der Deutschen Demokratischen Republik selbständiges Gebäudeeigentum nicht entstanden war, oder

2. ehemals volkseigene Betriebe der Wohnungswirtschaft oder Wohnungsgenossenschaften, denen Gebäude oder Gebäudeteile nach Durchführung eines Investitionsvorhabens des ehemals staatli-

chen oder genossenschaftlichen komplexen Wohnungsbaus zur eigenen Bewirtschaftung zur Verfügung gestellt worden sind.

(3) Landwirtschaftliche Produktionsgenossenschaften im Sinne dieses Kapitels sind auch die in § 46 des Gesetzes über die landwirtschaftlichen Produktionsgenossenschaften vom 2. Juli 1982 (GBl. I S. 443), zuletzt geändert durch das Gesetz über die Änderung oder Aufhebung von Gesetzen der Deutschen Demokratischen Republik vom 28. Juni 1990 (GBl. I S. 483), bezeichneten Genossenschaften und rechtsfähigen Kooperationsbeziehungen sowie die durch Umwandlung, Zusammenschluß oder Teilung entstandenen Nachfolgeunternehmen.

(4) Bei Ehegatten wird in den Fällen des Absatzes 1 Nr. 3 bis 5 eine gemeinschaftliche Berechtigung zur Ausübung der dem Nutzer nach diesem Gesetz zustehenden Rechte vermutet, wenn ein Nutzungsrecht bestellt oder der Erwerb des Gebäudes oder die Bebauung des Grundstücks vor Ablauf des 2. Oktober 1990 und während der Ehe erfolgte. § 299 Abs. 2 des Zivilgesetzbuchs der Deutschen Demokratischen Republik ist in diesen Fällen sinngemäß anzuwenden.

§ 10
Billigung staatlicher Stellen

(1) Billigung staatlicher Stellen ist jede Handlung, insbesondere von Verwaltungsstellen, Vorständen landwirtschaftlicher Produktionsgenossenschaften oder Parteiorganen, die nach in der Deutschen Demokratischen Republik üblicher Verwaltungspraxis die bauliche Nutzung fremder Grundstücke vor Klärung der Eigentumsverhältnisse oder ohne Bestellung eines Nutzungsrechts anordnete oder gestattete. Dies gilt auch, wenn die zu beachtenden Rechtsvorschriften nicht eingehalten worden sind.

(2) Ist für die bauliche Maßnahme eine Bauzustimmung oder Baugenehmigung erteilt worden, ist zugunsten des Nutzers zu vermuten, daß die bauliche Nutzung des Grundstücks mit Billigung staatlicher Stellen erfolgt ist. Das gleiche gilt, wenn in einem Zeitraum von fünf Jahren nach Fertigstellung des Gebäudes vor Ablauf des 2. Oktober 1990 eine behördliche Verfügung zum Abriß nicht ergangen ist.

§ 11
Bebauung

(1) Bebauungen im Sinne dieses Kapitels sind die Errichtung von Gebäuden sowie bauliche Maßnahmen an bestehenden Gebäuden, wenn

1. schwere Bauschäden vorlagen und die Nutzbarkeit des Bauwerks wiederhergestellt wurde (Rekonstruktion) oder

2. die Nutzungsart des Gebäudes verändert wurde

und die baulichen Maßnahmen nach ihrem Umfang und Aufwand einer Neuerrichtung entsprechen.

(2) Hat der Nutzer das Grundstück aufgrund eines Überlassungsvertrages vom staatlichen Verwalter erhalten, sind

1. Aus- und Umbauten, durch die die Wohn- oder Nutzfläche des Gebäudes um mehr als 50 vom Hundert vergrößert wurde, oder

2. Aufwendungen für bauliche Investitionen, deren Wert die Hälfte des Sachwerts des Gebäudes ohne Berücksichtigung der baulichen Investitionen des Nutzers zum Zeitpunkt der Vornahme der Aufwendungen überstiegen,

baulichen Maßnahmen im Sinne des Absatzes 1 gleichzustellen. Frühere Investitionen des Nutzers sind mit ihrem Restwert zu berücksichtigen. Ist der Zeitpunkt der Aufwendungen nicht festzustellen, ist der 2. Oktober 1990 als Wertermittlungsstichtag zugrunde zu legen. Hat der Nutzer nach Ablauf des 2. Oktober 1990 notwendige Verwendungen vorgenommen, sind die dadurch entstandenen Aufwendungen dem nach Satz 1 Nr. 2 zu ermittelnden Wert seiner baulichen Investitionen hinzuzurechnen. Satz 4 ist nicht anzuwenden, wenn mit den Arbeiten nach dem 20. Juli 1993 begonnen wurde.

(3) Der Bebauung eines Grundstücks mit einem Gebäude steht die Errichtung oder die bauliche Maßnahme an einer baulichen Anlage im Sinne des Satzes 2 gleich. Bauliche Anlagen sind alle Bauwerke, die nicht Gebäude sind, wenn

1. deren bestimmungsgemäßer Gebrauch durch den Nutzer einen Ausschluß des Grundstückseigentümers von Besitz und Nutzung des Grundstücks voraussetzt,

2. die zur bestimmungsgemäßen Nutzung der baulichen Anlage erforderliche Fläche (Funktionsfläche) sich so über das gesamte Grundstück erstreckt, daß die Restfläche nicht baulich oder wirtschaftlich nutzbar ist, oder

3. die Funktionsfläche der baulichen Anlage nach den baurechtlichen Bestimmungen selbständig baulich nutzbar ist und vom Grundstück abgetrennt werden kann.

§ 12
Abtrennbare, selbständig nutzbare Teilfläche

(1) Eine Teilfläche ist abtrennbar, wenn sie nach Vermessung vom Stammgrundstück abgeschrieben werden kann.

(2) Eine Teilfläche ist selbständig baulich nutzbar, wenn sie gegenwärtig oder nach der in absehbarer Zeit zu erwartenden städtebaulichen Entwicklung bebaut werden kann. Sie ist auch dann selbständig baulich nutzbar, wenn sie zusammen mit einem anderen Grundstück oder mit einer von einem solchen Grundstück abtrennbaren Teilfläche ein erstmals selbständig bebaubares Grundstück ergibt.

(3) Abtrennbarkeit und selbständige bauliche Nutzbarkeit sind gegeben, wenn eine Teilungsgenehmigung nach § 120 erteilt worden ist.

UNTERABSCHNITT 4
Erbbaurecht und Ankauf

§ 13
Berechtigte und Verpflichtete

(1) Durch die in diesem Kapitel begründeten Ansprüche werden der jeweilige Nutzer und Grundstückseigentümer berechtigt und verpflichtet. Kommen nach § 9 Abs. 1 Satz 1 mehrere Personen als Nutzer in Betracht, ist im Verhältnis zueinander derjenige Nutzer, der eine Bebauung nach § 11 vorgenommen hat.

(2) Die begründeten Ansprüche können nur mit dem Eigentum am Grundstück oder dem selbständigen Eigentum am Gebäude, dem Nutzungsrecht, den Rechten des Nutzers aus einem Überlassungsvertrag oder dem Besitz an dem mit Billigung staatlicher Stellen vom Nutzer errichteten oder erworbenen Gebäude übertragen werden, es sei denn, daß die Abtretung zu dem Zweck erfolgt, Grundstücke entsprechend der Bebauung zu bilden und an diesen Erbbaurechte zu bestellen oder die Grundstücke an die Nutzer zu veräußern.

(3) Ein Vertrag, aus dem ein Teil verpflichtet wird, die Ansprüche auf Bestellung eines Erbbaurechts oder zum Ankauf des Grundstücks oder eines Gebäudes oder einer baulichen Anlage zu übertragen, bedarf vom [einsetzen: Tag des Inkrafttretens dieses Gesetzes] an der notariellen Beurkundung. Ein ohne Beobachtung der Form geschlossener Vertrag wird seinem ganzen Inhalt nach gültig, wenn

1. der Erwerber als neuer Eigentümer des Grundstücks oder Gebäudes in das Grundbuch eingetragen wird,
2. ein die Rechte des Erwerbers sichernder Vermerk nach [Artikel 233 § 2c Abs. 2 des Einführungsgesetzes zum Bürgerlichen Gesetzbuche] oder nach § 93 Abs. 5 in das Grundbuch eingetragen wird oder
3. die in diesem Gesetz für den Grundstückseigentümer oder den Nutzer begründeten Ansprüche erfüllt worden sind.

§ 14
Verhältnis der Ansprüche

(1) Der Nutzer kann wählen, ob er die Bestellung eines Erbbaurechts verlangen oder das Grundstück ankaufen will.

(2) Die gesetzlichen Ansprüche des Nutzers beschränken sich auf den Ankauf des Grundstücks, wenn der nach § 18 in Ansatz zu bringende Verkehrswert des Grundstücks nicht mehr als 100 000 Deutsche Mark oder im Falle der Bebauung mit einem Eigenheim nicht mehr als 30 000 Deutsche Mark beträgt.

(3) Ist der Grundstückseigentümer eine juristische Person, die nach ihrem Statut ihr Grundvermögen nicht veräußern darf, so kann er den Nutzer auf die Bestellung eines Erbbaurechts verweisen. Satz 1 ist nicht anzuwenden, wenn das Grundstück im komplexen Wohnungs- oder Siedlungsbau bebaut oder für gewerbliche Zwecke in Anspruch genommen wurde, die Grenzen der Bebauung die Grundstücksgrenzen überschreiten und zur Absicherung der Bebauung neue Grundstücke gebildet werden müssen.

(4) Der Grundstückseigentümer kann ein vom Nutzer errichtetes oder erworbenes Wirtschaftsgebäude oder eine bauliche Anlage ankaufen oder, sofern selbständiges Gebäudeeigentum nicht besteht, die aus der baulichen Investition begründeten Rechte des Nutzers ablösen, wenn die in § 82 Abs. 1 bezeichneten Voraussetzungen vorliegen. Macht der Grundstückseigentümer von seinem Recht nach Satz 1 Gebrauch, so sind die in Absatz 1 bezeichneten Ansprüche des Nutzers ausgeschlossen.

§ 15
Ausübung des Wahlrechts

(1) Die Wahl erfolgt durch schriftliche Erklärung gegenüber dem anderen Teil. Mit der Erklärung erlischt das Wahlrecht.

(2) Auf Verlangen des Grundstückseigentümers hat der Nutzer innerhalb einer Frist von fünf Monaten die Erklärung über seine Wahl abzugeben.

(3) Gibt der Nutzer eine Erklärung nicht ab, kann der Grundstückseigentümer eine angemessene Nachfrist setzen. Eine Nachfrist von einem Monat ist angemessen, wenn nicht besondere Umstände eine längere Nachfrist erfordern. Mit dem Ablauf der Nachfrist geht das Wahlrecht auf den Grundstückseigentümer über, wenn nicht der Nutzer rechtzeitig die Wahl vornimmt.

§ 16
Pfleger für Grundstückseigentümer und Inhaber dinglicher Rechte

(1) Zur Verfolgung der Ansprüche des Nutzers ist auf dessen Antrag für den Grundstückseigentümer oder den Inhaber eines eingetragenen dinglichen Rechts ein Pfleger zu bestellen, wenn

1. nach den Eintragungen im Grundbuch das Eigentum oder das dingliche Recht an der mit einem Nutzungsrecht belasteten oder bebauten Fläche einer bestimmten Person nicht zugeordnet werden kann,
2. die Person des Berechtigten unbekannt ist,
3. der Aufenthaltsort des abwesenden Berechtigten unbekannt ist oder dessen Aufenthalt zwar bekannt, der Berechtigte jedoch an der Besorgung seiner Angelegenheiten verhindert ist,
4. die Beteiligung in Gesamthandsgemeinschaften, Miteigentümergemeinschaften nach Bruchteilen

oder gleichartigen Berechtigungen an einem dinglichen Recht unbekannt ist und die Berechtigten einen gemeinsamen Vertreter nicht bestellt haben oder

5. das Grundstück herrenlos ist.

(2) Für die Bestellung und die Tätigkeit des Pflegers sind die Vorschriften des Bürgerlichen Gesetzbuchs über die Pflegschaft entsprechend anzuwenden. Zuständig für die Bestellung des Pflegers ist das Vormundschaftsgericht, in dessen Bezirk das Grundstück ganz oder zum größten Teil belegen ist.

(3) Der nach § 11b Abs. 1 des Vermögensgesetzes [oder Artikel 233 § 2 Abs. 3 des Einführungsgesetzes zum Bürgerlichen Gesetzbuche] bestellte Vertreter nimmt auch die Aufgaben eines Pflegers nach diesem Kapitel wahr. Er kann den Grundstückseigentümer jedoch nicht vertreten bei einem Vertragsschluß zwischen diesem und

1. ihm selbst, seinem Ehegatten oder einem seiner Verwandten in gerader Linie,

2. einer Gebietskörperschaft oder einer von ihr beherrschten juristischen Person, wenn der Vertreter bei dieser als Organ oder gegen Entgelt beschäftigt ist, oder

3. einer anderen juristischen Person des öffentlichen oder privaten Rechts, wenn der Vertreter bei dieser als Mitglied des Vorstands, Aufsichtsrats oder eines gleichartigen Organs tätig oder gegen Entgelt beschäftigt ist.

Der Vertreter ist für den Abschluß von Erbbaurechtsverträgen oder Kaufverträgen über das Grundstück oder das Gebäude von den Beschränkungen des § 181 des Bürgerlichen Gesetzbuchs nicht befreit. Für die Erteilung der Genehmigung nach § 1821 des Bürgerlichen Gesetzbuchs ist statt des Landkreises das Vormundschaftsgericht zuständig.

§ 17
Aufgebotsverfahren gegen den Nutzer

(1) Liegen die in § 16 Abs. 1 Nr. 1 bis 3 bezeichneten Umstände in der Person des Nutzers vor, ist der Grundstückseigentümer berechtigt, den Nutzer mit seinen Rechten am Grundstück und am Gebäude, seinen vertraglichen Ansprüchen gegen den Grundstückseigentümer und seinen Ansprüchen aus diesem Kapitel im Wege des Aufgebotsverfahrens auszuschließen.

(2) Das Aufgebotsverfahren ist nur zulässig, wenn der Nutzer den Besitz verloren oder zehn Jahre nicht ausgeübt hat oder, wenn für den Nutzer ein Recht am Grundstück oder selbständiges Gebäudeeigentum eingetragen worden ist, zehn Jahre seit der letzten sich auf das Recht des Nutzers beziehenden Eintragung in das Grundbuch verstrichen sind.

(3) Für das Aufgebotsverfahren sind die Vorschriften der §§ 982 bis 986 der Zivilprozeßordnung entsprechend anzuwenden.

(4) Mit dem Ausschlußurteil erlöschen die in Absatz 1 bezeichneten Ansprüche. Das Gebäudeeigentum und das Nutzungsrecht gehen auf den Grundstückseigentümer über. Der Nutzer kann von dem Grundstückseigentümer entsprechend § 818 des Bürgerlichen Gesetzbuchs eine Vergütung in Geld für den Rechtsverlust verlangen.

UNTERABSCHNITT 5

Verkehrswertermittlung

§ 18
Grundsätze

(1) Der Verkehrswert des Grundstücks ist Bemessungsgrundlage für die Berechnung von Erbbauzins und Ankaufspreis. Maßgebend ist der Verkehrswert in dem Zeitpunkt, in dem ein Angebot zum Vertragsschluß nach diesem Kapitel abgegeben wird.

(2) Der Verkehrswert wird vorbehaltlich der Regelungen in § 19 durch den Preis bestimmt, der für das unbebaute Grundstück im gewöhnlichen Geschäftsverkehr nach den rechtlichen Gegebenheiten und tatsächlichen Eigenschaften, der sonstigen Beschaffenheit und der Lage des Grundstücks ohne Rücksicht auf ungewöhnliche oder persönliche Verhältnisse zu erzielen wäre. Der anteilige Vermessungs- und Erschließungsaufwand ist abzuziehen, es sei denn, daß der Grundstückseigentümer diese Kosten getragen hat oder das Grundstück bereits während der Dauer seines Besitzes erschlossen und vermessen war.

(3) Soweit für das Grundstück Bodenrichtwerte nach § 196 des Baugesetzbuchs vorliegen, soll der Verkehrswert des Grundstücks hiernach bestimmt werden. Jeder Beteiligte kann eine hiervon abweichende Bestimmung des Verkehrswerts verlangen, wenn

1. Anhaltspunkte dafür vorliegen, daß die Bodenrichtwerte nicht den tatsächlichen Marktverhältnissen entsprechen, oder

2. aufgrund untypischer Lage oder Beschaffenheit des Grundstücks die Bodenrichtwerte als Ermittlungsgrundlage ungeeignet sind.

§ 19
Verkehrswertermittlung in besonderen Fällen

(1) Soweit die Kosten des Abbruchs eines aufstehenden Gebäudes oder einer baulichen Anlage nach § 11 Abs. 3 im gewöhnlichen Geschäftsverkehr berücksichtigt werden, sind diese vom Verkehrswert des unbebauten Grundstücks abzuziehen, wenn ein alsbaldiger Abbruch für die ordnungsgemäße Bewirtschaftung des Grundstücks erforderlich und zu erwarten ist. Der Abzug ist nicht vorzunehmen, wenn die

Erforderlichkeit alsbaldigen Abbruchs auf unterlassener Instandhaltung des Gebäudes oder der baulichen Anlage durch den Nutzer beruht oder der Nutzer sich vertraglich zum Abbruch verpflichtet hat. Für das Grundstück ist mindestens der in Absatz 3 benannte Wert in Ansatz zu bringen.

(2) Soweit eine Verkehrswertermittlung unter Sach- und Ertragswertgesichtspunkten vorzunehmen ist (§§ 45, 74), sind die Bauweise und der bauliche Zustand des Gebäudes sowie die eingeschränkte Ertragsfähigkeit des Grundstücks sowohl der Höhe als auch der Dauer nach angemessen zu berücksichtigen.

(3) Grundstücke oder Grundstücksteile, die mit öffentlichen Zwecken dienenden, dem Gemeingebrauch gewidmeten Anlagen überbaut worden sind (insbesondere mit Verkehrsanlagen oder Grünflächen), sind mit dem 1,3fachen des nach den Vorschriften des Reichsbewertungsgesetzes vom 16. Oktober 1934 (RGBl. I S. 1035) in der Fassung des Bewertungsgesetzes der Deutschen Demokratischen Republik vom 18. September 1970 (Sonderdruck Nr. 674 des Gesetzblattes) festgestellten Einheitswerts zu bewerten.

[(4) In den Verfahren zur Bodenneuordnung nach § 5 des Bodensonderungsgesetzes ist der Verkehrswert der Grundstücke, die für Zwecke der öffentlichen Wohnungsversorgung im komplexen Wohnungs- oder Siedlungsbau, in vergleichbarer Weise oder hierfür im Zusammenhang stehende Maßnahmen der Infrastruktur genutzt werden, nach einem einheitlichen Wert entsprechend der baulichen Nutzung aller im Gebiet belegenen Grundstücke zu ermitteln. Für die Bestimmung der nach § 15 Abs. 1 jenes Gesetzes zu leistenden Ausgleichszahlungen ist § 69 entsprechend anzuwenden. Befindet sich in dem Gebiet ein nicht bebautes, selbständig baulich nutzbares Grundstück, ist die Ausgleichszahlung nach dem vollen Verkehrswert zu bestimmen.

(5) Die den Erwerbern durch die einheitliche Preisbemessung entstehenden Vor- und Nachteile sind zum Ausgleich zu bringen. Vor- und Nachteile sind nach dem Verhältnis zwischen dem gebietsbezogenen und dem tatsächlichen Verkehrswert des Grundstücks in dem Zeitpunkt zu bemessen, in der der Sonderungsbescheid bestandskräftig geworden ist. Die Abgabe ist vom Träger der Bodensonderungsbehörde von denjenigen zu erheben, die durch die gebietsbezogene Verkehrswertbestimmung und die einheitliche Bemessung der Entschädigungsleistungen nach § 15 Abs. 5 des Bodensonderungsgesetzes Vorteile erlangt, und ist an diejenigen auszukehren, die dadurch Nachteile erlitten haben. Über Abgaben und Ausgleichsleistungen kann auch außerhalb des Sonderungsbescheids entschieden werden. Diese sind spätestens ein Jahr nach Eintritt der Bestandskraft des Sonderungsbescheids festzusetzen und einen Monat nach Bekanntgabe des Bescheids fällig.]

(6) Liegt das Grundstück in einem städtebaulichen Sanierungsgebiet oder Entwicklungsbereich, bleibt § 153 Abs. 1 des Baugesetzbuchs unberührt.

§ 20

Verordnungsermächtigung

Das Bundesministerium für Raumordnung, Bauwesen und Städtebau wird ermächtigt, mit Zustimmung des Bundesrates durch Rechtsverordnung Vorschriften über

1. die Feststellung und die Bewertung der in § 19 Abs. 2 genannten wertbeeinflussenden rechtlichen Gegebenheiten und tatsächlichen Eigenschaften sowie nach Lage des Grundstücks, Alter des Gebäudes und Mieterträgen durchschnittliche, die Bewertung im Einzelfall nicht ausschließende Richtsätze für die Bestimmung des Verkehrswerts von Grund und Boden,

2. die Ermittlung des anteiligen Vermessungs- und Erschließungsaufwands nach § 18 Abs. 2 und

3. die Ermittlung und die Feststellung der für die Wertermittlung erforderlichen Daten

zu erlassen.

UNTERABSCHNITT 6

Erfaßte Flächen

§ 21

Vermessene Flächen

Die Ansprüche auf Bestellung eines Erbbaurechts oder den Ankauf erstrecken sich auf das Grundstück insgesamt, wenn dessen Grenzen im Liegenschaftskataster nachgewiesen sind (vermessenes Grundstück) und die Nutzungsbefugnis aus einem Nutzungsrecht oder einem Vertrag mit den Grenzen des Grundstücks übereinstimmt. Im übrigen sind die §§ 22 bis 27 anzuwenden.

§ 22

Genossenschaftlich genutzte Flächen

(1) Soweit ein Nutzungsrecht für den Eigenheimbau zugewiesen worden ist oder ein Eigenheim von oder mit Billigung der landwirtschaftlichen Produktionsgenossenschaft oder aufgrund Nutzungsvertrages mit der Gemeinde errichtet worden ist, beziehen sich die gesetzlichen Ansprüche nach §§ 32, 62 auf die Fläche,

1. auf die sich nach der ehemaligen Liegenschaftsdokumentation das Nutzungsrecht erstreckt,

2. die in den Nutzungsverträgen mit den Gemeinden bezeichnet ist, soweit die Fläche für den Bau des Hauses überlassen worden ist, oder

3. die durch die landwirtschaftliche Produktionsgenossenschaft oder die Gemeinde dem Nutzer für den Bau des Eigenheimes oder im Zusammenhang mit dem Bau zugewiesen worden ist.

(2) Absatz 1 ist auf andere Bebauungen genossenschaftlich genutzter Flächen entsprechend anzuwen-

den, soweit die Errichtung des Gebäudes oder der baulichen Anlage aufgrund zugewiesenen Nutzungsrechts erfolgte.

(3) Die Ansprüche des Nutzers beschränken sich auf die Funktionsfläche (§ 11 Abs. 3 Nr. 2) des Gebäudes oder der baulichen Anlage, wenn die Bebauung aufgrund des aufgehobenen gesetzlichen Nutzungsrechts der landwirtschaftlichen Produktionsgenossenschaften vorgenommen worden ist oder durch Einbringung des Bauwerks in die landwirtschaftliche Produktionsgenossenschaft selbständiges Gebäudeeigentum entstanden ist. Handelt es sich um Betriebsgebäude, so sind die Flächen einzubeziehen, die für die zweckentsprechende Nutzung des Gebäudes im Betrieb des Nutzers notwendig sind.

§ 23
Unvermessene volkseigene Grundstücke

Soweit Nutzungsrechte auf unvermessenen, vormals volkseigenen Grundstücken verliehen wurden, sind die Grenzen in folgender Reihenfolge zu bestimmen nach

1. einem Bescheid über die Vermögenszuordnung, soweit ein solcher ergangen ist und über die Grenzen der Nutzungsrechte Aufschluß gibt,

2. Vereinbarungen in Nutzungsverträgen oder

3. dem für ein Gebäude der entsprechenden Art zweckentsprechenden, ortsüblichen Umfang oder der Funktionsfläche der baulichen Anlage.

§ 24
Wohn-, Gewerbe- und Industriebauten
ohne Klärung der Eigentumsverhältnisse

(1) Soweit im staatlichen oder genossenschaftlichen komplexen Wohnungs- oder Siedlungsbau oder durch gewerbliche (einschließlich industrielle) Vorhaben Bebauungen ohne Klärung der Eigentumsverhältnisse über Grundstücksgrenzen hinweg vorgenommen worden sind, erstrecken sich die Ansprüche nach diesem Kapitel in folgender Reihenfolge auf die Flächen,

1. deren Grenzen in Aufteilungs- oder Vermessungsunterlagen als Grundstücksgrenzen bis zum Ablauf des 2. Oktober 1990 ausgewiesen worden sind,

2. die entsprechend den Festsetzungen in einem Zuordnungsplan für die in dem Gebiet belegenen vormals volkseigenen Grundstücke für die zweckentsprechende Nutzung der zugeordneten Grundstücke erforderlich sind, oder

3. die für eine zweckentsprechende Nutzung einer Bebauung der entsprechenden Art ortsüblich sind.

(2) Entstehen durch die Bestellung von Erbbaurechten oder den Ankauf von Grundstücksteilen Restflächen, die für den Grundstückseigentümer nicht in angemessenem Umfang baulich oder wirtschaftlich nutzbar sind, so kann dieser von der Gemeinde den Ankauf der Restflächen verlangen. Der Kaufpreis ist nach den §§ 18, 19, 69 zu bestimmen. Der Anspruch nach Satz 1 kann nicht vor dem 1. Januar 2000 geltend gemacht werden. Eine Bereinigung dieser Rechtsverhältnisse durch Enteignung, Umlegung oder Bodenneuordnung bleibt unberührt.

§ 25
Andere Flächen

Ergibt sich der Umfang der Flächen, auf die sich die Ansprüche des Nutzers erstrecken, nicht aus den vorstehenden Bestimmungen, so ist Artikel 233 § 4 Abs. 3 Satz 3 des Einführungsgesetzes zum Bürgerlichen Gesetzbuche entsprechend anzuwenden.

§ 26
Übergroße Flächen für den Eigenheimbau

(1) Der Grundstückseigentümer kann eine Begrenzung der Ansprüche des Nutzers auf eine Teilfläche des Grundstücks verlangen, wenn das Nutzungsrecht oder die Fläche, auf die sich der Anspruch des Nutzers nach den §§ 21 bis 23, 25 erstreckt, die für den Eigenheimbau vorgesehene Regelgröße von 500 Quadratmetern übersteigt und die Regelgröße übersteigende Fläche abtrennbar und selbständig baulich nutzbar ist. Das Recht aus Satz 1 steht dem Grundstückseigentümer auch hinsichtlich einer über 1 000 Quadratmeter hinausgehenden Fläche zu, die abtrennbar und angemessen wirtschaftlich nutzbar ist.

(2) Unter den in Absatz 1 bezeichneten Voraussetzungen kann der Nutzer von dem Grundstückseigentümer die Übernahme der abzuschreibenden Teilfläche gegen Entschädigung für die aufstehenden Gebäude, baulichen Anlagen und Anpflanzungen verlangen, soweit der Nutzer diese erworben oder in anderer Weise veranlaßt hat. Der Grundstückseigentümer kann nach Bestellung des Erbbaurechts oder dem Ankauf durch den Nutzer von diesem die Räumung der in Absatz 1 bezeichneten Teilfläche gegen eine Entschädigung nach Satz 1 verlangen.

(3) Der Nutzer darf der Begrenzung seiner Ansprüche nach Absatz 1 widersprechen, wenn diese zu einer unzumutbaren Härte führte. Eine solche Härte liegt insbesondere dann vor, wenn

1. die abzutrennende Teilfläche vom Nutzer mit einem Bauwerk bebaut worden ist, das

    a) den Wert der Nutzung des Eigenheims wesentlich erhöht oder

    b) für den vom Nutzer ausgeübten Beruf unentbehrlich ist und in der Nähe mit einem für den Nutzer zumutbaren Aufwand kein Ersatz bereitgestellt werden kann, oder

2. durch die Abtrennung ein ungünstig geschnittenes und im Wert besonders vermindertes Grundstück entstehen würde.

Auf Flächen, die über eine Gesamtgröße von 1 000 Quadratmetern hinausgehen, ist Satz 1 in der Regel nicht anzuwenden.

(4) Der Nutzer kann den Anspruch des Grundstückseigentümers nach Absatz 1 abwenden, indem er diesem ein nach Lage, Bodenbeschaffenheit und Größe gleichwertiges Grundstück zur Verfügung stellt.

(5) Die Absätze 1 bis 4 sind entsprechend anzuwenden, wenn die Befugnis des Nutzers auf einem Vertrag beruht.

§ 27
Restflächen

(1) Die Ansprüche nach §§ 32 und 62 erfassen auch Restflächen. Restflächen sind Grundstücksteile, auf die sich der Anspruch des Nutzers nach §§ 21 bis 23 und 25 nicht erstreckt, wenn diese nicht in angemessenem Umfang baulich oder wirtschaftlich nutzbar sind. Der Nutzer oder der Grundstückseigentümer ist berechtigt, eine Einbeziehung der Restflächen in den Erbbaurechts- oder Grundstückskaufvertrag zu verlangen, wenn hierdurch ein nach Lage, Form und Größe zweckmäßig gestaltetes Erbbaurecht oder Grundstück entsteht. Der Nutzer kann die Einbeziehung der Restflächen in den Erbbaurechts- oder Grundstückskaufvertrag verweigern, wenn sich dadurch eine für ihn unzumutbare Mehrbelastung ergäbe.

(2) Ist für eine dem Grundstückseigentümer verbleibende Fläche die für ordnungsgemäßen Nutzung notwendige Verbindung zu einem öffentlichen Weg nicht vorhanden, kann der Grundstückseigentümer vom Nutzer die Bestellung eines Wege- oder Leitungsrechts und zu dessen Sicherung die Übernahme einer Baulast gegenüber der Bauaufsichtsbehörde sowie die Bewilligung einer an rangbereiter Stelle in das Grundbuch einzutragenden Grunddienstbarkeit verlangen. Der Grundstückseigentümer ist zur Löschung der Grunddienstbarkeit verpflichtet, sobald eine anderweitige Erschließung der ihm verbleibenden Fläche hergestellt werden kann. Für die Zeit bis zur Herstellung dieser Erschließung ist § 117 Abs. 2 entsprechend anzuwenden.

(3) Kann ein Wege- oder Leitungsrecht nach Absatz 2 aus tatsächlichen Gründen nicht begründet werden, so hat der Grundstückseigentümer gegen den Nachbarn den in § 917 Abs. 1 des Bürgerlichen Gesetzbuchs bezeichneten Anspruch auf Duldung eines Notwegs. § 918 Abs. 1 des Bürgerlichen Gesetzbuchs ist nicht anzuwenden, wenn das Restgrundstück wegen Abschreibung der mit dem Nutzungsrecht belasteten oder der bebauten und dem Nutzer zuzuordnenden Teilfläche die Verbindung zum öffentlichen Weg verliert.

(4) Für die in § 24 bezeichneten Bebauungen gelten die dort genannten besonderen Regelungen.

UNTERABSCHNITT 7
Einwendungen und Einreden

§ 28
Anderweitige Verfahren
und Entscheidungen

Die Beteiligten können Ansprüche nach diesem Kapitel nicht verfolgen, wenn

1. für das Gebiet, in dem das Grundstück belegen ist, ein Bodenneuordnungsverfahren [nach dem Bodensonderungsgesetz] eingeleitet worden ist, in dem über einen Ausgleich des Grundstückseigentümers für einen Rechtsverlust entschieden wird, oder

2. in einem Verfahren auf Zusammenführung des Grundstücks- und Gebäudeeigentums nach § 64 des Landwirtschaftsanpassungsgesetzes Anordnungen zur Durchführung eines freiwilligen Landtausches oder eines Bodenordnungsverfahrens ergangen sind.

Nummer 2 ist nicht anzuwenden, wenn das Verfahren ohne einen Landtausch oder eine bestandskräftige Entscheidung zur Feststellung und Neuordnung der Eigentumsverhältnisse beendet worden ist.

§ 29
Nicht mehr nutzbare Gebäude
und nicht ausgeübte Nutzungen

(1) Der Grundstückseigentümer kann die Bestellung des Erbbaurechts oder den Verkauf des Grundstücks an den Nutzer verweigern, wenn

1. das Gebäude oder die bauliche Anlage nicht mehr nutzbar und mit einer Rekonstruktion durch den Nutzer nicht mehr zu rechnen ist, oder

2. nicht mehr genutzt wird und mit einem Gebrauch durch den Nutzer nicht mehr zu rechnen ist.

Ist die Nutzung für mindestens ein Jahr aufgegeben worden, so ist zu vermuten, daß eine Nutzung auch in Zukunft nicht stattfinden wird.

(2) Ist ein Nutzungsrecht bestellt worden, steht dem Grundstückseigentümer die in Absatz 1 bezeichnete Einrede nur dann zu, wenn

1. die in Absatz 1 bezeichneten Voraussetzungen vorliegen oder der Nutzer das Grundstück nicht bebaut hat und

2. nach den persönlichen oder wirtschaftlichen Verhältnissen des Nutzers nur eine Verwertung durch Veräußerung zu erwarten ist oder das Gebäude oder die bauliche Anlage, für die das Nutzungsrecht bestellt wurde, an anderer Stelle errichtet wurde.

Der Grundstückseigentümer kann die Einrede auch gegenüber dem Rechtsnachfolger des Nutzers erheben, wenn

1. der Nutzer das Grundstück nicht bebaut hat oder das Gebäude oder die bauliche Anlage nicht mehr nutzbar ist und

2. das Nutzungsrecht aufgrund eines nach dem 20. Juli 1993 geschlossenen Vertrags übertragen wird.

(3) Erhebt der Grundstückseigentümer die in den Absätzen 1 und 2 bezeichnete Einrede, kann der Nutzer vom Grundstückseigentümer den Ankauf des Gebäudes oder der baulichen Anlage nach § 82 Abs. 1 Nr. 2 verlangen. Der Grundstückseigentümer kann den Anspruch des Nutzers aus Satz 1 abwenden, indem er das Grundstück oder die Teilfläche, auf die sich die Ansprüche nach diesem Kapitel erstrecken, zu einem Verkauf mit dem Gebäude oder der baulichen Anlage bereitstellt. § 80 Abs. 1, Abs. 2 Satz 2, Abs. 3 ist entsprechend anzuwenden. Eine Versteigerung ist entsprechend den §§ 180 bis 185 des Gesetzes über die Zwangsversteigerung und die Zwangsverwaltung vorzunehmen.

§ 30

Unredlicher Erwerb

(1) Der Grundstückseigentümer kann die Bestellung eines Erbbaurechts oder den Verkauf verweigern, wenn der Nutzer bei der Bestellung des Nutzungsrechts oder, falls ein Nutzungsrecht nicht bestellt wurde, der Nutzer bei der Erlangung des Besitzes am Grundstück unredlich im Sinne des § 4 des Vermögensgesetzes gewesen ist. Ist ein Nutzungsrecht begründet worden, kann der Grundstückseigentümer die Einrede nach Satz 1 nur dann erheben, wenn er auch die Aufhebung des Nutzungsrechts beantragt.

(2) Der Grundstückseigentümer, der die Aufhebung des Nutzungsrechts nicht innerhalb der gesetzlichen Ausschlußfristen beantragt hat, ist zur Erhebung der in Absatz 1 Satz 1 bezeichneten Einrede nicht berechtigt.

(3) Die in Absatz 1 Satz 1 bezeichnete Einrede ist ausgeschlossen, wenn das Grundstück dem Gemeingebrauch gewidmet oder im komplexen Wohnungs- oder Siedlungsbau verwendet wurde.

§ 31

Geringe Restnutzungsdauer

(1) Der Grundstückseigentümer kann den Abschluß eines Erbbaurechtsvertrages oder eines Grundstückskaufvertrages verweigern, wenn das vom Nutzer errichtete Gebäude oder die bauliche Anlage öffentlichen Zwecken dient oder land-, forstwirtschaftlich oder gewerblich genutzt wird, dem Nutzer ein Nutzungsrecht nicht bestellt wurde und die Restnutzungsdauer des Gebäudes oder der baulichen Anlage in dem Zeitpunkt, in dem der Nutzer Ansprüche nach diesem Kapitel geltend macht, weniger als 25 Jahre beträgt.

(2) Der Nutzer kann in diesem Fall vom Grundstückseigentümer den Abschluß eines Mietvertrages über die erforderliche Funktionsfläche (§ 11 Abs. 3 Satz 2 Nr. 2) verlangen, dessen Laufzeit nach der Restnutzungsdauer des Gebäudes zu bemessen ist.

(3) Der Zins ist nach der Hälfte des ortsüblichen Entgelts zu bemessen, wenn für ein Erbbaurecht der regelmäßige Zinssatz nach § 43 in Ansatz zu bringen wäre; andernfalls ist der Zins nach dem ortsüblichen Entgelt zu bestimmen. Die §§ 48, 52 und 55 sind entsprechend anzuwenden.

(4) Jede Vertragspartei kann eine Anpassung des Zinses verlangen, wenn

1. zehn Jahre seit dem Beginn der Zinszahlungspflicht oder bei späteren Anpassungen drei Jahre seit der letzten Zinsanpassung vergangen sind und

2. der ortsübliche Zins sich seit der letzten Anpassung um mehr als zehn vom Hundert verändert hat.

Das Anpassungsverlangen ist gegenüber dem anderen Teil schriftlich geltend zu machen und zu begründen. Der angepaßte Zins wird von dem Beginn des dritten Kalendermonats an geschuldet, der auf den Zugang des Anpassungsverlangens folgt.

(5) Nach Beendigung des Mietverhältnisses kann der Nutzer vom Grundstückseigentümer den Ankauf oder, wenn selbständiges Gebäudeeigentum nicht begründet worden ist, Wertersatz für das Gebäude oder die bauliche Anlage verlangen. Der Grundstückseigentümer kann den Anspruch dadurch abwenden, daß er dem Nutzer die Verlängerung des Mietvertrages für die restliche Standdauer des Gebäudes oder der baulichen Anlage anbietet; § 27 Abs. 4 der Verordnung über das Erbbaurecht ist entsprechend anzuwenden. Ist das Gebäude oder die bauliche Anlage nicht mehr nutzbar, bestimmen sich die Ansprüche des Grundstückseigentümers gegen den Nutzer nach § 83.

ABSCHNITT 2

Bestellung von Erbbaurechten

UNTERABSCHNITT 1

Gesetzliche Ansprüche
auf Erbbaurechtsbestellung

§ 32

Grundsatz

Der Nutzer kann vom Grundstückseigentümer die Annahme eines Angebots auf Bestellung eines Erbbaurechts verlangen, wenn der Inhalt des Angebots den §§ 43 bis 59 entspricht. Dasselbe Recht steht dem

Grundstückseigentümer gegen den Nutzer zu, wenn dieser eine entsprechende Wahl getroffen hat oder das Wahlrecht auf den Grundstückseigentümer übergegangen ist.

UNTERABSCHNITT 2

Gesetzliche Ansprüche
wegen dinglicher Rechte

§ 33

Verpflichtung zum Rangrücktritt

Die Inhaber dinglicher Rechte am Grundstück sind nach Maßgabe der nachfolgenden Bestimmungen auf Verlangen des Nutzers verpflichtet, im Rang hinter das Erbbaurecht zurückzutreten.

§ 34

Regelungen bei bestehendem Gebäudeeigentum

(1) Soweit selbständiges Gebäudeeigentum besteht, können die Inhaber dinglicher Rechte am Grundstück keine Belastung des Erbbaurechts verlangen. Belastungen des Gebäudes bestehen am Erbbaurecht fort.

(2) Erstreckt sich die Nutzungsbefugnis aus dem zu bestellenden Erbbaurecht auf eine Teilfläche des Grundstücks, so kann der Inhaber des dinglichen Rechts vom Grundstückseigentümer die Abschreibung des mit dem Erbbaurecht belasteten Grundstücksteils verlangen. Dieser Anspruch kann gegenüber dem Verlangen des Nutzers auf Rangrücktritt einredeweise geltend gemacht werden.

(3) Der Inhaber kann vom Grundstückseigentümer Ersatz der durch die Abschreibung entstandenen Kosten verlangen. Die Kosten sind den Kosten für die Vertragsdurchführung zuzurechnen. § 61 Abs. 2 ist entsprechend anzuwenden.

§ 35

Dienstbarkeit, Nießbrauch, Wohnungsrecht

Soweit selbständiges Gebäudeeigentum nicht besteht, können die Inhaber solcher dinglichen Rechte, die einen Anspruch auf Zahlung oder Befriedigung aus dem Grundstück nicht gewähren, eine der Belastung des Grundstücks entsprechende Belastung des Erbbaurechts verlangen, wenn diese zur Ausübung ihres Rechts erforderlich ist. Macht der jeweilige Erbbauberechtigte die in den §§ 27, 28 der Verordnung über das Erbbaurecht bestimmten Ansprüche geltend, so darf er die Zwangsversteigerung des Grundstücks nur unter der Bedingung des Bestehenbleibens dieser Rechte am Grundstück betreiben.

§ 36

Hypothek, Grundschuld, Rentenschuld, Reallast

(1) Soweit selbständiges Gebäudeeigentum nicht besteht, können die Inhaber solcher dinglichen Rechte, die Ansprüche auf Zahlung oder Befriedigung aus dem Grundstück gewähren, den Rangrücktritt hinter das Erbbaurecht verweigern, es sei denn, daß der Nutzer ihnen eine Belastung des Erbbaurechts mit einem gleichrangigen dinglichen Recht in Höhe des Betrages bewilligt, der dem Verhältnis des Werts des Erbbaurechts zu dem Wert des belasteten Grundstücks nach dem für die Wertermittlung maßgebenden Grundsätzen entspricht. Das in Satz 1 bestimmte Recht besteht nicht, wenn

1. der Antrag auf Eintragung der Belastung nach dem 21. Juli 1992 beim Grundbuchamt einging und dem Inhaber des dinglichen Rechts bekannt war, daß der Grundstückseigentümer vorsätzlich seiner Verpflichtung aus Artikel 233 § 2a Abs. 3 Satz 2 des Einführungsgesetzes zum Bürgerlichen Gesetzbuche zuwiderhandelte, das vom Nutzer bebaute Grundstück nicht zu belasten, oder

2. das vom Nutzer errichtete oder erworbene Gebäude oder dessen bauliche Anlage und die hierfür in Anspruch genommene Fläche nach den vertraglichen Regelungen nicht zum Haftungsverband gehören sollten oder deren Nichtzugehörigkeit zum Haftungsverband für den Inhaber des dinglichen Rechts bei dessen Begründung oder Erwerb erkennbar war.

Ist ein Darlehen für den Betrieb des Grundstückseigentümers gewährt worden, ist zu vermuten, daß ein vom Nutzer errichtetes oder erworbenes Eigenheim und die ihm zuzuordnende Fläche nicht als Sicherheit für das Darlehen dienen sollten.

(2) Der Nutzer ist berechtigt, das dingliche Recht nach Absatz 1 Satz 1 durch eine dem Umfang des Rechts entsprechende Befriedigung des Gläubigers zum nächstmöglichen Kündigungstermin abzulösen.

§ 37

**Anspruch auf Befreiung
von dinglicher Haftung**

Der Nutzer kann vom Grundstückseigentümer Befreiung von einer dinglichen Haftung verlangen, die er nach § 36 Abs. 1 zu übernehmen hat. Ist eine grundpfandrechtlich gesicherte Kreditschuld noch nicht ablösbar, so hat der Grundstückseigentümer dem Nutzer statt der Befreiung auf Verlangen Sicherheit zu leisten.

UNTERABSCHNITT 3

Überlassungsverträge

§ 38

Bestellung eines Erbbaurechts
für einen Überlassungsvertrag

(1) Ist dem Nutzer das Grundstück aufgrund eines Überlassungsvertrages übergeben worden, so kann der Grundstückseigentümer vom Nutzer verlangen, daß dieser auf seine vertraglichen Ansprüche für Werterhöhungen des Grundstücks verzichtet und die zur Absicherung dieser Forderung eingetragene Hypothek aufgibt. Der Nutzer hat den Grundstückseigentümer freizustellen, wenn er den Anspruch auf Wertersatz und die Hypothek an einen Dritten abgetreten hat.

(2) Der Grundstückseigentümer hat dem Nutzer die Beträge zu erstatten, die der staatliche Verwalter aus den vom Nutzer eingezahlten Beträgen zur Ablösung von Verbindlichkeiten des Grundstückseigentümers und Grundpfandrechten, die zu deren Sicherung bestellt wurden, verwendet hat. Liegen die Voraussetzungen des Satzes 1 vor, so hat der Grundstückseigentümer einen Anspruch auf Erstattung seiner Zahlungen aus dem Entschädigungsfonds, soweit die Verbindlichkeiten und Grundpfandrechte, zu deren Ablösung die vom Nutzer eingezahlten Beträge verwandt worden sind, nach § 16 Abs. 2 Satz 2, Abs. 5 bis 7 des Vermögensgesetzes nicht zu übernehmen wären.

(3) Der Nutzer ist berechtigt, die hinterlegten Beträge mit Ausnahme der aufgelaufenen Zinsen zurückzufordern. Der Grundstückseigentümer kann vom Nutzer die Zustimmung zur Auszahlung der aufgelaufenen Zinsen verlangen.

UNTERABSCHNITT 4

Besondere Gestaltungen

§ 39

Mehrere Erbbaurechte auf einem Grundstück,
Gesamterbbaurechte, Nachbarerbbaurechte

(1) Mehrere Erbbaurechte können gleichrangig an erster Rangstelle auf einem Grundstück bestellt werden. In den Erbbaurechtsverträgen muß jeweils in einem Lageplan bestimmt sein, auf welche Teilfläche des Grundstücks sich die Nutzungsbefugnis des Erbbauberechtigten erstreckt. [Der Lageplan hat den in § 8 Abs. 2 Satz 1 bis 3 des Bodensonderungsgesetzes genannten Anforderungen für eine nach jenem Gesetz aufzustellende Grundstückskarte zu entsprechen.] Der Vertrag muß die Verpflichtung für die jeweiligen Erbbauberechtigten und Grundstückseigentümer enthalten, die Teilfläche nach Vermessung vom belasteten Grundstück abzuschreiben und der Eintragung als selbständiges Grundstück in das Grundbuch zuzustimmen. Wird eines dieser Erbbaurechte zwangsweise versteigert, so sind die anderen im Gleichrang an erster Rangstelle bestellten Erbbaurechte wie Rechte an einem anderen Grundstück zu behandeln.

(2) Das Erbbaurecht kann sich auf mehrere Grundstücke erstrecken (Gesamterbbaurecht).

(3) Erstreckt sich die Bebauung auf ein benachbartes Grundstück, so kann zu deren Absicherung ein Erbbaurecht bestellt werden (Nachbarerbbaurecht), wenn

1. der Eigentümer des Grundstücks, von dem aus das benachbarte Grundstück überbaut worden ist, Inhaber des Nachbarerbbaurechts wird,

2. die grundpfandrechtlichen Belastungen und die Reallast zur Absicherung des Erbbauzinses auf dem Grundstückseigentum und dem Erbbaurecht als Gesamtbelastung mit gleichem Rang eingetragen werden und

3. die Erbbaurechtsverträge keinen Anspruch auf den Erwerb des Erbbaurechts (Heimfall) enthalten oder das Heimfallrecht nur ausgeübt werden kann, wenn das Grundstückseigentum und die sich auf das Gebäude beziehenden Erbbaurechte in einer Hand bleiben.

Über das Erbbaurecht kann nur zusammen mit dem Eigentum am herrschenden Grundstück verfügt werden. Die Erbbaurechte sind im Grundbuch als Nachbarerbbaurechte zu bezeichnen; im Grundbuch für das Grundstück des Überbauberechtigten ist ein Vermerk über das Bestehen des Nachbarerbbaurechts einzutragen.

§ 40

Wohnungserbbaurecht

(1) Der Anspruch ist auf die Erbbaurechtsbestellung und Begründung von Erbbaurechten nach § 30 des Wohnungseigentumsgesetzes zu richten, wenn

1. natürliche Personen Gebäude (Mehrfamilien- und zusammenhängende Siedlungshäuser) als Miteigentümer erworben oder gemeinsam errichtet haben und abgeschlossene Teile eines Gebäudes unter Ausschluß der anderen nutzen,

2. Genossenschaften, Gemeinden oder staatliche Stellen Gebäude gemeinsam errichtet haben und abgeschlossene Teile des Gebäudes unter Ausschluß der anderen nutzen.

Ein Wohnungserbbaurecht ist auch dann zu bestellen, wenn die Genehmigung zu einer Teilung durch Abschreibung der mit den Erbbaurechten belasteten Grundstücke nach § 120 Abs. 1 versagt wird.

(2) Jeder Nutzer kann von den anderen Nutzern und von dem Grundstückseigentümer den Abschluß der für die Begründung eines Erbbaurechts und Bestellung von Wohnungserbbaurechten erforderlichen Verträge auch dann verlangen, wenn eine Teilung des Grundstücks wegen gemeinschaftlicher Erschließungsanlagen oder gemeinschaftlich genutzter Anbauten unzweckmäßig ist. Eine Realteilung ist in der Regel unzweckmäßig, wenn zur Sicherung der Nutzung der Gebäude mehrere Dienstbarkeiten auf

verschiedenen Grundstücken zu bestellen sind und Verträge über die Unterhaltung gemeinschaftlicher Anlagen und Anbauten zu schließen sind, die auch für Rechtsnachfolger verbindlich sein müssen.

(3) Jeder Nutzer kann von den anderen Beteiligten den Abschluß einer Vereinbarung über den Erbbauzins verlangen, nach der die Nutzer nach der Größe ihrer Erbbaurechtsanteile dem Grundstückseigentümer allein zur Zahlung des bezeichneten Erbbauzinses verpflichtet sind. Einer Zustimmung der Grundpfandrechtsgläubiger bedarf es nicht.

(4) Nutzer und Grundstückseigentümer sind verpflichtet, an der Aufteilung und der Erlangung der in § 7 Abs. 4 des Wohnungseigentumsgesetzes bezeichneten Unterlagen mitzuwirken. Die dadurch entstehenden Kosten haben die künftigen Inhaber der Wohnungserbbaurechte nach dem Verhältnis ihrer Anteile zu tragen.

§ 41
Bestimmung des Bauwerks

Ein Erbbaurechtsvertrag nach diesem Kapitel kann mit dem Inhalt abgeschlossen werden, daß der Erbbauberechtigte jede baurechtlich zulässige Zahl und Art von Gebäuden oder Bauwerken errichten darf.

UNTERABSCHNITT 5

Gesetzlicher und vertragsmäßiger Inhalt des Erbbaurechts

§ 42
Bestimmungen zum Inhalt des Erbbaurechts

(1) Zum Inhalt eines nach diesem Kapitel begründeten Erbbaurechts gehören die Vereinbarungen im Erbbaurechtsvertrag über

1. die Dauer des Erbbaurechts (§ 54),
2. die vertraglich zulässige bauliche Nutzung (§ 55) und
3. die Nutzungsbefugnis des Erbbauberechtigten an den nicht überbauten Flächen (§ 56).

(2) Jeder Beteiligte kann verlangen, daß

1. die Vereinbarungen zur Errichtung und Unterhaltung von Gebäuden und zum Heimfallanspruch (§ 57),
2. die Abreden über ein Ankaufsrecht des Erbbauberechtigten (§ 58),
3. die Abreden darüber, wer die öffentlichen Lasten zu tragen hat (§ 59),
4. die Vereinbarung über eine Zustimmung des Grundstückseigentümers zur Veräußerung (§ 50) und
5. die Vereinbarung über die Sicherung künftig fällig werdender Erbbauzinsen (§ 53)

als Inhalt des Erbbaurechts bestimmt werden.

UNTERABSCHNITT 6

Bestimmungen zum Vertragsinhalt

§ 43
Regelmäßiger Zins

(1) Der regelmäßige Zins beträgt die Hälfte des für die entsprechenden Nutzungen üblichen Zinses, mindestens jedoch vier vom Hundert jährlich des 1,3fachen des nach den Vorschriften des Reichsbewertungsgesetzes festgestellten Einheitswerts des Grundstücks (§ 19 Abs. 3) bei einer Nutzung des Grundstücks zu Wohnzwecken und sieben vom Hundert bei einer Nutzung zu anderen Zwecken.

(2) Als Zinssatz ist in Ansatz zu bringen

1. für Eigenheime

    a) zwei vom Hundert jährlich des Verkehrswerts,

    b) vier vom Hundert jährlich des Verkehrswerts, soweit die Größe des belasteten Grundstücks die gesetzliche Regelgröße von 500 Quadratmetern übersteigt und die darüber hinausgehende Fläche abtrennbar und selbständig baulich nutzbar ist,

2. für im staatlichen oder genossenschaftlichen komplexen Wohnungsbau errichtete Gebäude zwei vom Hundert jährlich des Verkehrswerts,

3. für behördlichen Zwecken dienende, land-, forstwirtschaftlich oder gewerblich genutzte Gebäude dreieinhalb vom Hundert jährlich des Verkehrswerts.

In den Fällen des Satzes 1 Nr. 3 kann jeder Beteiligte verlangen, daß ein anderer Zinssatz der Erbbauzinsberechnung zugrunde gelegt wird, wenn der für diese Nutzungen übliche Zinssatz mehr oder weniger als sieben vom Hundert jährlich beträgt.

(3) Der Verkehrswert ist nach den §§ 18, 19 Abs. 1, 3 und 6 zu bestimmen.

§ 44
Fälligkeit des Anspruchs auf den Erbbauzins

(1) Der Erbbauzins ist vierteljährlich nachträglich am 31. März, 30. Juni, 30. September und 31. Dezember eines Jahres zu zahlen.

(2) Die Zahlungspflicht beginnt mit

1. der Ladung des Nutzers zum Termin im notariellen Vermittlungsverfahren auf Abschluß eines Erbbaurechtsvertrages, wenn der Grundstückseigentümer den Antrag gestellt hat oder sich auf eine Verhandlung über den Inhalt des Erbbaurechts einläßt oder

2. einem § 32 entsprechenden Verlangen des Grundstückseigentümers zur Bestellung eines Erbbau-

rechts oder der Annahme eines entsprechenden Angebots des Nutzers.

Der Nutzer hat auch dann ein Entgelt zu zahlen, wenn das Angebot von dem Inhalt des abzuschließenden Vertrages verhältnismäßig geringfügig abweicht. Bis zur Eintragung des Erbbaurechts in das Grundbuch hat der Nutzer an den Grundstückseigentümer ein Nutzungsentgelt in Höhe des Erbbauzinses zu zahlen.

§ 45
Zinsermäßigung für den staatlichen oder genossenschaftlichen komplexen Wohnungsbau

(1) Für im staatlichen oder genossenschaftlichen komplexen Wohnungsbau errichtete Wohngebäude, in denen Mietverhältnisse bis zum Ablauf des 2. Oktober 1990 begründet worden sind, können die Nutzer zusätzlich zur Ermäßigung nach § 52 einen Teilerlaß für die ersten neun Jahre nach Bestellung des Erbbaurechts verlangen. Satz 1 ist auf die von den landwirtschaftlichen Produktionsgenossenschaften errichteten Wohngebäude entsprechend anzuwenden. Der Zins ist nach dem unter Berücksichtigung von Sach- und Ertragswertgesichtspunkten zu bestimmenden Verkehrswert des Bodens zu bemessen (§ 19 Abs. 2).

(2) Das Bundesministerium für Raumordnung, Bauwesen und Städtebau wird ermächtigt, durch Rechtsverordnung mit Zustimmung des Bundesrates die in Absatz 1 bestimmte Frist zu verlängern, wenn dies wegen der Entwicklung der Mieten im Beitrittsgebiet angezeigt ist.

§ 46
Verzinsung bei Überlassungsverträgen

(1) Ist dem Nutzer aufgrund eines mit dem staatlichen Verwalter geschlossenen Vertrages ein Grundstück mit aufstehendem Gebäude überlassen worden, so ist auf Verlangen des Grundstückseigentümers über den Erbbauzins hinaus der Restwert des überlassenen Gebäudes und der überlassenen Grundstückseinrichtungen für die Zeit der üblichen Restnutzungsdauer zu verzinsen. Der Restwert bestimmt sich nach dem Sachwert des Gebäudes zum Zeitpunkt der Überlassung abzüglich der Wertminderung, die bis zu dem Zeitpunkt der Abgabe eines Angebots auf Abschluß eines Erbbaurechtsvertrages gewöhnlich eingetreten wäre. Er ist mit vier vom Hundert jährlich zu verzinsen.

(2) § 52 Abs. 1 ist auf die Verzinsung des Gebäuderestwerts entsprechend anzuwenden.

(3) Eine Zahlungspflicht nach Absatz 1 entfällt, wenn der Nutzer auf dem Grundstück anstelle des bisherigen ein neues Gebäude errichtet hat.

§ 47
Zinsanpassung an veränderte Verhältnisse

Nutzer und Grundstückseigentümer sind verpflichtet, in den Erbbaurechtsvertrag eine Bestimmung aufzunehmen, die eine Anpassung des Erbbauzinses an veränderte Verhältnisse vorsieht. Die Anpassung kann erstmals nach Ablauf von zehn Jahren seit Bestellung des Erbbaurechts verlangt werden. Bei einer zu Wohnzwecken dienenden Nutzung bestimmt sich die Anpassung nach dem in § 9a der Verordnung über das Erbbaurecht bestimmten Maßstab. Bei anderen Nutzungen ist die Anpassung nach

1. den Erzeugerpreisen für gewerbliche Güter bei gewerblicher oder industrieller Nutzung des Grundstücks,

2. den Erzeugerpreisen für landwirtschaftliche Produkte bei land- und forstwirtschaftlicher Bewirtschaftung des Grundstücks oder

3. den Preisen für die allgemeine Lebenshaltung in allen übrigen Fällen

vorzunehmen. Die Vereinbarung über die Anpassung des Erbbauzinses ist nur wirksam, wenn die Genehmigung nach § 3 des Währungsgesetzes oder entsprechenden währungsrechtlichen Vorschriften erteilt wird.

§ 48
Zinsanpassung an Nutzungsänderungen

(1) Nutzungsänderungen, zu denen der Erbbauberechtigte nach § 55 Abs. 2 und 3 berechtigt ist, rechtfertigen keine Anpassung des Erbbauzinses. Für Nutzungsänderungen nach § 55 Abs. 1 und 4 kann die Aufnahme der folgenden Zinsanpassungen im Erbbaurechtsvertrag verlangt werden:

1. der Zinssatz ist heraufzusetzen,

   a) von zwei auf sieben vom Hundert jährlich des Verkehrswerts, wenn ein zu Wohnzwecken errichtetes Gebäude zu gewerblichen oder zu öffentlichen Zwecken genutzt wird,

   b) von dreieinhalb auf sieben vom Hundert jährlich des Verkehrswerts, wenn land- oder forstwirtschaftlich genutzte Gebäude gewerblich genutzt werden oder wenn ein anderer Wechsel in der bisherigen Art der Nutzung erfolgt;

2. der Zinssatz ist herabzusetzen, wenn eine am 2. Oktober 1990 ausgeübte, gewerbliche Nutzung nicht mehr ausgeübt werden kann und das Gebäude zu land- oder forstwirtschaftlichen oder zu Wohnzwecken genutzt wird.

In den Fällen des Satzes 2 Nr. 2 ist der Zins nach dem regelmäßigen Zinssatz für die nunmehr ausgeübte Nutzung zu bemessen. Jeder Beteiligte kann verlangen, daß ein anderer Zinssatz zugrunde gelegt wird, wenn der für diese Nutzungen übliche Satz mehr oder weniger als sieben vom Hundert beträgt; § 43 Abs. 2 Satz 2 ist entsprechend anzuwenden.

(2) Der Anspruch auf eine besondere Zinsermäßigung nach § 45 entfällt, wenn ein Abbruch der im staatlichen oder genossenschaftlichen komplexen Wohnungsbau errichteten Gebäude erfolgt.

(3) Der Grundstückseigentümer kann vom Erbbauberechtigten verlangen, daß sich dieser ihm gegenüber verpflichtet, in einem Vertrag über die Veräußerung des Erbbaurechts die in den Absätzen 1 und 2 bestimmten Pflichten zur Zinsanpassung seinem Rechtsnachfolger aufzuerlegen.

§ 49
Zinserhöhung nach Veräußerung

(1) Der Grundstückseigentümer kann verlangen, daß in den Erbbaurechtsvertrag eine Bestimmung aufgenommen wird, in der der Erbbauberechtigte im Falle einer Veräußerung des Erbbaurechts in den ersten drei Jahren nach dessen Bestellung,

1. einer Zinserhöhung nach Absatz 2 zuzustimmen hat, wenn die in § 71 Abs. 1 bezeichneten Voraussetzungen eintreten, und

2. den Veräußerungsvertrag in der Weise abzuschließen hat, daß der Erwerber des Erbbaurechts gegenüber dem Grundstückseigentümer zu einer Zinsanpassung nach Absatz 2 verpflichtet ist, wenn die in § 72 Abs. 1 bezeichneten Voraussetzungen vorliegen.

(2) Der Zins erhöht sich von

1. zwei auf vier vom Hundert jährlich des Verkehrswerts, wenn das Erbbaurecht für eine Nutzung des Gebäudes zu Wohnzwecken bestellt wurde, oder

2. dreieinhalb auf sieben vom Hundert jährlich bei land-, forstwirtschaftlicher, gewerblicher oder einer Nutzung des Erbbaurechts für öffentliche Zwecke.

(3) Im Falle einer Veräußerung in den folgenden drei Jahren kann der Grundstückseigentümer eine Absatz 1 entsprechende Verpflichtung des Erbbauberechtigten zur Anpassung des Erbbauzinses bis auf drei vom Hundert jährlich des Verkehrswerts bei einer Nutzung zu Wohnzwecken und bis auf fünf und ein Viertel vom Hundert jährlich des Verkehrswerts bei allen anderen Nutzungen verlangen.

(4) Im Falle einer land-, forstwirtschaftlichen oder gewerblichen Nutzung oder einer Nutzung für öffentliche Zwecke kann der Nutzer eine Bemessung des Zinssatzes nach dem für die Nutzung üblichen Zins verlangen, wenn dieser mehr oder weniger als sieben vom Hundert beträgt. Maßgebender Zeitpunkt für die in den Absätzen 2 und 3 bestimmten Fristen ist der Zeitpunkt des Abschlusses der die Verpflichtung zur Übertragung des Erbbaurechts begründenden schuldrechtlichen Geschäfts.

(5) Die Verpflichtung zur Zinsanpassung wegen Nutzungsänderung bleibt unberührt. Absatz 1 ist entsprechend anzuwenden.

§ 50
Zustimmungsvorbehalt

Der Grundstückseigentümer kann verlangen, daß die Veräußerung nach § 5 Abs. 1 der Verordnung über das Erbbaurecht seiner Zustimmung bedarf. Der Grundstückseigentümer hat diese zu erteilen, wenn die in § 48 Abs. 1, § 49 Abs. 1 bis 3 bezeichneten Voraussetzungen erfüllt sind.

§ 51
Zinsanpassung
wegen abweichender Grundstücksgröße

Jeder Beteiligte kann verlangen, daß sich der andere Teil zu einer Zinsanpassung verpflichtet, wenn sich nach dem Ergebnis einer noch durchzuführenden Vermessung herausstellt, daß die tatsächliche Grundstücksgröße von der im Vertrag zugrunde gelegten mehr als geringfügig abweicht. § 73 Abs. 2 und 3 ist entsprechend anzuwenden.

§ 52
Eingangsphase

(1) Der Erbbauberechtigte kann vom Grundstückseigentümer eine Ermäßigung des Erbbauzinses in den ersten Jahren verlangen (Eingangsphase). Der ermäßigte Zins beträgt

1. ein Viertel in den ersten drei Jahren,

2. die Hälfte in den folgenden drei Jahren und

3. drei Viertel in den darauf folgenden drei Jahren

des sich aus den vorstehenden Bestimmungen ergebenden Erbbauzinses. Die Eingangsphase beginnt mit dem Eintritt der Zahlungspflicht nach § 44, spätestens am 1. Januar 1995.

(2) Haben die Parteien ein vertragliches Nutzungsentgelt vereinbart, kann der Nutzer eine Ermäßigung nur bis zur Höhe des vereinbarten Entgelts verlangen. Übersteigt das vertraglich vereinbarte Entgelt den nach diesem Kapitel zu zahlenden Erbbauzins, kann der Nutzer nur eine Anpassung des Erbbauzinses auf den nach Ablauf der Eingangsphase zu zahlenden Betrag verlangen.

§ 53
Sicherung des Erbbauzinses

(1) Der Grundstückseigentümer kann die Absicherung des regelmäßigen Erbbauzinses durch Eintragung einer Reallast an rangbereiter Stelle sowie eine Vereinbarung über die Verpflichtung zur Zahlung der künftig fällig werdenden Zinsen und deren Sicherung nach § 2 Nr. 8 der Verordnung über das Erbbaurecht verlangen.

(2) Auf Verlangen des Nutzers ist in den Erbbaurechtsvertrag eine Bestimmung aufzunehmen, nach

der sich der Grundstückseigentümer zu einem Rangrücktritt der Reallast und einer Vormerkung für eine Anpassung des Erbbauzinses an veränderte Verhältnisse zugunsten von Grundpfandrechten verpflichtet, wenn

1. diese zugunsten von Kreditinstituten bestellt werden,
2. die Valuta zur Finanzierung bestimmter baulicher Maßnahmen auf dem Erbbaugrundstück verwendet wird,
3. der Erbbauberechtigte im Falle der Bestellung einer Grundschuld seine bestehenden und künftigen Rechte auf vollständige oder teilweise Aufgabe des Grundpfandrechts sowie den Anspruch auf Herausgabe des Erlöses aus einer Verwertung der im Range vorgetretenen Grundschuld, soweit dieser die gesicherten Forderungen übersteigt, auf den Grundstückseigentümer überträgt und
4. der Erbbauberechtigte im Falle der Bestellung einer Hypothek sich verpflichtet, diese auf seine Kosten löschen zu lassen, wenn die Hypothek ganz oder teilweise dem Erbbauberechtigten zusteht oder sich mit dem Erbbaurecht in einer Person vereinigt hat.

§ 54
Dauer des Erbbaurechts

(1) Die regelmäßige Dauer des Erbbaurechts ist entsprechend der nach dem Inhalt des Nutzungsrechts zulässigen Bebauung zu bestimmen. Ist ein Nutzungsrecht nicht bestellt worden, so ist von der tatsächlichen Bebauung auszugehen, wenn sie nach den Rechtsvorschriften zulässig gewesen oder mit Billigung staatlicher Stellen erfolgt ist.

(2) Die regelmäßige Dauer des Erbbaurechts beträgt vom Vertragsschluß an

1. 90 Jahre
   a) für Ein- und Zweifamilienhäuser,
   b) für die sozialen Zwecken dienenden Gebäude (insbesondere Schulen, Krankenhäuser, Kindergärten),
2. 80 Jahre für die im staatlichen oder genossenschaftlichen Wohnungsbau errichteten Gebäude sowie für Büro- und andere Dienstgebäude,
3. 50 Jahre für die land-, forstwirtschaftlichen oder gewerblichen Zwecken dienenden Gebäude und alle anderen baulichen Anlagen.

(3) Auf Verlangen des Grundstückseigentümers ist eine verkürzte Laufzeit nach der Restnutzungsdauer des Gebäudes zu vereinbaren, wenn diese weniger als 50, jedoch mehr als 25 Jahre beträgt, das Grundstück mit einem land-, forstwirtschaftlich, gewerblich genutzten oder einem öffentlichen Zwecken dienenden Gebäude oder einer baulichen Anlage bebaut worden ist und für die Bebauung ein dingliches Nutzungsrecht nicht bestellt oder ein unbefristeter Nutzungsvertrag, der nur aus besonderen Gründen gekündigt werden konnte, nicht geschlossen wurde. Ist ein Vertrag mit einer über die Restnutzungsdauer des Gebäudes hinausgehenden Laufzeit abgeschlossen worden, kann der Nutzer die Bestellung eines Erbbaurechts für den Zeitraum verlangen, der wenigstens der Restlaufzeit des Vertrages entspricht, jedoch nicht über den in Absatz 2 bestimmten Zeitraum hinaus. Beträgt die Restnutzungsdauer weniger als 25 Jahre, so ist § 31 Abs. 2 bis 5 anzuwenden.

§ 55
Vertraglich zulässige bauliche Nutzung

(1) Die vertraglich zulässige bauliche Nutzung ist nach dem Inhalt des Nutzungsrechts oder, falls ein solches Recht nicht bestellt ist, nach der Nutzung zu bestimmen, die auf genossenschaftlich genutzten Flächen am 30. Juni 1990, auf anderen Flächen am 2. Oktober 1990, ausgeübt wurde. Befand sich das Gebäude zu dem nach Satz 1 maßgebenden Zeitpunkt noch im Bau, so ist die vorgesehene Nutzung des im Bau befindlichen Gebäudes zugrunde zu legen.

(2) Ist ein Nutzungsrecht für den Bau eines Eigenheimes bestellt oder das Grundstück mit einem Eigenheim bebaut worden, so ist auf Verlangen des Nutzers zu vereinbaren, daß das Gebäude auch zur Ausübung freiberuflicher Tätigkeit, eines Handwerks-, Gewerbe- oder Pensionsbetriebes genutzt werden kann.

(3) Für land-, forstwirtschaftlich oder gewerblich genutzte oder öffentlichen Zwecken dienende Gebäude oder bauliche Anlagen kann der Nutzer, der diese bereits bis zum Ablauf des 2. Oktober 1990 genutzt hat, die Bestellung eines Erbbaurechts unter Anpassung an veränderte Umstände verlangen, wenn sich die bauliche Nutzung des Grundstücks hierdurch nicht oder nur unwesentlich verändert hat. Unwesentliche Veränderungen der baulichen Nutzung des Grundstücks sind insbesondere kleine Aus- oder Anbauten an bestehenden Gebäuden.

(4) Der Nutzer kann eine Vereinbarung beanspruchen, nach der Änderungen zulässig sein sollen, die über den in den Absätzen 2 und 3 benannten Umfang hinausgehen. Zulässig ist auch ein Wechsel der Nutzungsart nach § 71 Abs. 1, wenn dies für eine wirtschaftlich sinnvolle Nutzung der errichteten Gebäude erforderlich ist. Der Grundstückseigentümer kann dem widersprechen, wenn der Nutzer nicht bereit ist, die in § 48 bezeichneten Verpflichtungen in den Vertrag aufzunehmen.

§ 56
Nutzungsbefugnis des Erbbauberechtigten, Grundstücksteilung

(1) Die Befugnis des Erbbauberechtigten, über die Grundfläche des Gebäudes hinausgehende Teile des Grundstücks zu nutzen, ist nach den §§ 21 bis 27 zu bestimmen. Der Erbbauberechtigte ist berechtigt,

auch die nicht bebauten Flächen des belasteten Grundstücks zu nutzen.

(2) Grundstückseigentümer und Nutzer können eine Abschreibung des mit dem Erbbaurecht belasteten Grundstücks verlangen, wenn die Nutzungsbefugnis sich nicht auf das Grundstück insgesamt erstreckt, das Restgrundstück selbständig baulich nutzbar ist, eine Teilungsgenehmigung nach § 120 erteilt wird und eine Vermessung durchgeführt werden kann. Die Kosten der Vermessung sind zu teilen.

§ 57
Errichtung und Unterhaltung des Gebäudes, Heimfall

(1) Der Grundstückseigentümer, der mit der Ausgabe von Erbbaurechten besondere öffentliche, soziale oder vergleichbare Zwecke in bezug auf die Bebauung des Grundstücks verfolgt, kann vom Nutzer die Zustimmung zu vertraglichen Bestimmungen verlangen, in denen sich dieser verpflichtet,

1. innerhalb von sechs Jahren nach Abschluß des Erbbaurechtsvertrages das Grundstück zu bebauen,

2. ein errichtetes Gebäude in gutem Zustand zu halten und die erforderlichen Reparaturen und Erneuerungen unverzüglich vorzunehmen.

(2) Die in Absatz 1 Nr. 1 bestimmte Frist ist vom Grundstückseigentümer auf Verlangen des Erbbauberechtigten um weitere sechs Jahre zu verlängern, wenn dieser aus wirtschaftlichen Gründen innerhalb der ersten sechs Jahre nach Abschluß des Erbbaurechtsvertrages zur Bebauung des Grundstücks nicht in der Lage oder aus besonderen persönlichen Gründen daran gehindert war. Eine Veräußerung des Erbbaurechts führt nicht zur Verlängerung der in Satz 1 bezeichneten Fristen.

(3) Sind an dem Gebäude bei Abschluß des Erbbaurechtsvertrages erhebliche Bauschäden vorhanden, so kann die Frist nach Absatz 1 Nr. 2 zur Behebung dieser Bauschäden auf Verlangen des Erbbauberechtigten bis auf sechs Jahre erstreckt werden, wenn nicht eine sofortige Behebung der Schäden aus Gründen der Bausicherheit erforderlich ist.

(4) Der Grundstückseigentümer hat das Recht, vom Nutzer zu verlangen, daß dieser sich ihm gegenüber verpflichtet, das Erbbaurecht auf ihn zu übertragen, wenn der Erbbauberechtigte den in den Absätzen 1 bis 3 bestimmten Pflichten auch nach einer vom Grundstückseigentümer zu setzenden angemessenen Nachfrist schuldhaft nicht nachgekommen ist (Heimfallklausel).

(5) Jeder Grundstückseigentümer kann verlangen, daß der Erbbauberechtigte sich zum Abschluß einer den Wert des Gebäudes deckenden Versicherung verpflichtet.

§ 58
Ankaufsrecht

(1) Der Nutzer kann verlangen, daß in den Erbbaurechtsvertrag eine Verpflichtung des Grundstückseigentümers aufgenommen wird, das Grundstück an den jeweiligen Erbbauberechtigten zu verkaufen. Die Frist für das Ankaufsrecht ist auf zwölf Jahre von der Bestellung des Erbbaurechts an zu beschränken, wenn der Grundstückseigentümer eine Befristung verlangt.

(2) Der Preis ist entsprechend den Vorschriften in Abschnitt 3 über das Ankaufsrecht zu vereinbaren. Der Verkehrswert ist auf den Zeitpunkt festzustellen, in dem ein den Vereinbarungen im Erbbaurechtsvertrag entsprechendes Angebot zum Ankauf des Grundstücks abgegeben wird. Die Grundlagen der Bemessung des Preises sind in den Vertrag aufzunehmen.

(3) Im Falle einer Weiterveräußerung des Grundstücks nach dem Ankauf ist § 72 entsprechend anzuwenden.

§ 59
Öffentliche Lasten

Der Grundstückseigentümer kann verlangen, daß der Erbbauberechtigte vom Tage der Bestellung des Erbbaurechts an die auf dem Grundstück ruhenden öffentlichen Lasten zu tragen hat, soweit diese dem Gebäude und der vom Erbbauberechtigten genutzten Fläche zuzurechnen sind. Die gesetzlichen und vertraglichen Regelungen über die entsprechenden Verpflichtungen des Nutzers bleiben bis zur Bestellung des Erbbaurechts unberührt.

UNTERABSCHNITT 7
Folgen der Erbbaurechtsbestellung

§ 60
Erlöschen des Gebäudeeigentums und des Nutzungsrechts

(1) Das Gebäude wird Bestandteil des Erbbaurechts. Das selbständige Gebäudeeigentum erlischt mit dessen Entstehung.

(2) Mit der Bestellung des Erbbaurechts erlöschen zugleich ein nach bisherigem Recht begründetes Nutzungsrecht und etwaige vertragliche oder gesetzliche Besitzrechte des Nutzers.

§ 61
Anwendbarkeit der Verordnung über das Erbbaurecht, Kosten

(1) Auf die nach den Bestimmungen dieses Kapitels bestellten Erbbaurechte findet, soweit nicht Abweichendes gesetzlich angeordnet oder zugelassen ist, die Verordnung über das Erbbaurecht Anwendung.

(2) Die Kosten des Vertrages und seiner Durchführung sind zwischen den Vertragsparteien zu teilen.

ABSCHNITT 3
Gesetzliches Ankaufsrecht

UNTERABSCHNITT 1
Gesetzliche Ansprüche auf Vertragsschluß

§ 62
Grundsatz

(1) Der Nutzer kann vom Grundstückseigentümer die Annahme eines Angebots für einen Grundstückskaufvertrag verlangen, wenn der Inhalt des Angebots den Bestimmungen der §§ 66 bis 75 entspricht.

(2) Der Grundstückseigentümer kann vom Nutzer den Ankauf des Grundstücks verlangen, wenn

1. der in Ansatz zu bringende Verkehrswert nicht mehr als 100 000 Deutsche Mark, im Falle der Bebauung mit einem Eigenheim nicht mehr als 30 000 Deutsche Mark, beträgt,

2. der Nutzer eine entsprechende Wahl getroffen hat oder

3. das Wahlrecht auf den Grundstückseigentümer übergegangen ist.

UNTERABSCHNITT 2
Gesetzliche Ansprüche wegen dinglicher Rechte

§ 63
Dienstbarkeit, Nießbrauch, Wohnungsrecht

(1) Dingliche Rechte am Grundstück, die einen Anspruch auf Zahlung oder Befriedigung aus dem Grundstück nicht gewähren, erlöschen auf den nach § 67 abzuschreibenden Teilflächen, die außerhalb der Ausübungsbefugnis des Inhabers des dinglichen Rechts liegen. Dasselbe gilt, wenn diese Rechte seit ihrer Bestellung nur auf einer Teilfläche ausgeübt wurden. Die Vertragsparteien können von den Inhabern dieser Rechte am Grundstück die Zustimmung zur Berichtigung des Grundbuchs verlangen.

(2) Für die nach dem 21. Juli 1992 beantragten Belastungen des Grundstücks ist § 64 Abs. 1 entsprechend anzuwenden.

§ 64
Hypothek, Grundschuld, Rentenschuld, Reallast

(1) Der Nutzer kann von den Inhabern dinglicher Rechte, die einen Anspruch auf Zahlung oder Befriedigung aus dem Grundstück gewähren, verlangen, auf ihr Recht zu verzichten, wenn der Antrag auf Eintragung der Belastung nach dem 21. Juli 1992 beim Grundbuchamt einging und dem Inhaber des dinglichen Rechts bekannt war, daß der Grundstückseigentümer vorsätzlich seiner Verpflichtung aus Artikel 233 § 2a Abs. 3 Satz 2 des Einführungsgesetzes zum Bürgerlichen Gesetzbuche zuwiderhandelte, das vom Nutzer bebaute Grundstück nicht zu belasten. Erwirbt der Nutzer eine Teilfläche, so beschränkt sich der Anspruch nach Satz 1 auf die Zustimmung zur lastenfreien Abschreibung.

(2) Der Nutzer kann von dem Inhaber eines in Absatz 1 bezeichneten Rechts verlangen, einer lastenfreien Um- oder Abschreibung einer von ihm zu erwerbenden Teilfläche zuzustimmen, wenn das vom Nutzer errichtete oder erworbene Gebäude oder dessen bauliche Anlage und die hierfür in Anspruch genommene Fläche nach den vertraglichen Regelungen nicht zum Haftungsverband gehören sollten oder deren Nichtzugehörigkeit zum Haftungsverband für den Inhaber des dinglichen Rechts bei Bestellung oder Erwerb erkennbar war. Ist ein Darlehen für den Betrieb des Grundstückseigentümers gewährt worden, so ist zu vermuten, daß ein vom Nutzer bewohntes Eigenheim und die ihm zuzuordnende Fläche nicht als Sicherheit für das Darlehen haften sollen.

(3) Liegen die in Absatz 2 genannten Voraussetzungen nicht vor, kann der Nutzer verlangen, daß der Inhaber des dinglichen Rechts die Mithaftung des Trennstücks auf den Betrag beschränkt, dessen Wert im Verhältnis zu dem beim Grundstückseigentümer verbleibenden Grundstück entspricht. § 1132 Abs. 2 des Bürgerlichen Gesetzbuchs findet entsprechende Anwendung.

§ 65
Ansprüche gegen den Grundstückseigentümer

(1) Der Grundstückseigentümer ist vorbehaltlich der nachfolgenden Bestimmungen verpflichtet, dem Nutzer das Grundstück frei von Rechten Dritter zu übertragen, die gegen den Nutzer geltend gemacht werden können. Satz 1 ist nicht anzuwenden auf

1. Vorkaufsrechte, die aufgrund gesetzlicher Bestimmungen oder aufgrund Überlassungsvertrags eingetragen worden sind, und

2. die in § 63 Abs. 1 bezeichneten Rechte, wenn

   a) das Grundstück bereits vor der Bestellung des Nutzungsrechts oder der Bebauung des Grundstücks belastet war,

   b) die Belastung vor Ablauf des 2. Oktober 1990 auf Veranlassung staatlicher Stellen erfolgt ist,

   c) der Grundstückseigentümer aufgrund gesetzlicher Bestimmungen zur Belastung seines Grundstücks mit einem solchen Recht verpflichtet gewesen ist oder

   d) der Nutzer der Belastung zugestimmt hat.

(2) Übernimmt der Nutzer nach § 64 Abs. 3 eine dingliche Haftung für eine vom Grundstückseigentümer eingegangene Verpflichtung, so kann er von diesem Befreiung verlangen. Ist die gesicherte Forderung noch nicht fällig, so kann der Nutzer vom

Grundstückseigentümer statt der Befreiung Sicherheit fordern.

(3) Der Inhaber eines in § 64 Abs. 1 bezeichneten dinglichen Rechts, der einer lastenfreien Um- oder Abschreibung zuzustimmen verpflichtet ist, erwirbt im Range und Umfang seines Rechts am Grundstück ein Pfandrecht am Anspruch auf den vom Nutzer zu zahlenden Kaufpreis. Ist das Recht nicht auf Leistung eines Kapitals gerichtet, sichert das Pfandrecht den Anspruch auf Wertersatz. Jeder Inhaber eines solchen Rechts kann vom Nutzer die Hinterlegung des Kaufpreises verlangen.

UNTERABSCHNITT 3

Bestimmungen zum Inhalt des Vertrages

§ 66

Kaufgegenstand

(1) Kaufgegenstand ist das mit dem Nutzungsrecht belastete oder bebaute Grundstück oder eine abzuschreibende Teilfläche.

(2) Ist eine Teilung eines bebauten Grundstücks nicht möglich oder unzweckmäßig (§ 67 Abs. 2), ist als Kaufgegenstand ein Miteigentumsanteil am Grundstück in Verbindung mit dem Sondereigentum an Wohnungen oder dem Teileigentum an nicht zu Wohnzwecken dienenden Räumen eines Gebäudes zu bestimmen.

§ 67

Teilflächen

(1) Die Bestimmung abzuschreibender Teilflächen ist nach §§ 22 bis 27 vorzunehmen. Die Grenzen dieser Flächen sind in dem Vertrag zu bezeichnen nach

1. einem Sonderungsplan, wenn die Grenzen der Nutzungsrechte in einem Sonderungsbescheid festgestellt worden sind,

2. einem Lageplan oder

3. festen Merkmalen in der Natur.

(2) Eine Abschreibung von Teilflächen ist nicht möglich, wenn mehrere Nutzer oder der Nutzer und der Grundstückseigentümer abgeschlossene Teile eines Gebäudes unter Ausschluß des anderen nutzen oder wenn die Teilungsgenehmigung nach § 120 zu einer Teilung des Grundstücks versagt wird. Eine Teilung ist unzweckmäßig, wenn gemeinschaftliche Erschließungsanlagen oder gemeinsame Anlagen und Anbauten genutzt werden und die Regelungen für den Gebrauch, die Unterhaltung der Anlagen sowie die Verpflichtung von Rechtsnachfolgern der Vertragsparteien einen außerordentlichen Aufwand verursachen würden. § 40 Abs. 2 ist entsprechend anzuwenden.

§ 68

Begründung von Wohnungs- oder Teileigentum

(1) In den Fällen des § 67 Abs. 2 kann jeder Beteiligte verlangen, daß anstelle einer Grundstücksteilung und Veräußerung einer Teilfläche Wohnungs- oder Teileigentum begründet und veräußert wird. Die Verträge sollen folgende Bestimmungen enthalten:

1. Sofern selbständiges Gebäudeeigentum besteht, ist Wohnungs- oder Teileigentum durch den Abschluß eines Vertrages nach § 3 des Wohnungseigentumsgesetzes über das Gebäude und eine Teilung des Grundstücks nach § 8 des Wohnungseigentumsgesetzes zu begründen und auf die Nutzer zu übertragen.

2. In anderen Fällen hat der Grundstückseigentümer eine Teilung entsprechend § 8 des Wohnungseigentumsgesetzes vorzunehmen und Sondereigentum und Miteigentumsanteile an die Nutzer zu veräußern.

(2) Der Anspruch nach Absatz 1 besteht nicht, wenn

1. der von einem Nutzer zu zahlende Kaufpreis bei der Begründung von Wohnungseigentum nach § 1 Abs. 2 des Wohnungseigentumsgesetzes mehr als 30 000 Deutsche Mark oder von Teileigentum nach § 1 Abs. 3 jenes Gesetzes mehr als 100 000 Deutsche Mark betragen würde und

2. der betreffende Nutzer die Begründung von Wohnungserbbaurechten verlangt.

(3) Wird Wohnungs- oder Teileigentum begründet, so können die Nutzer eine Kaufpreisbestimmung verlangen, nach der sie dem Grundstückseigentümer gegenüber anteilig nach der Größe ihrer Miteigentumsanteile zur Zahlung des Kaufpreises verpflichtet sind.

(4) Die Beteiligten sind verpflichtet, an der Erlangung der für die Aufteilung erforderlichen Unterlagen mitzuwirken. § 40 Abs. 4 ist entsprechend anzuwenden.

§ 69

Regelmäßiger Preis

(1) Der Kaufpreis beträgt die Hälfte des Verkehrswerts, soweit nicht im folgenden etwas anderes bestimmt ist, mindestens jedoch das 1,3fache des nach den Vorschriften des Reichsbewertungsgesetzes vom 16. Oktober 1934 (RGBl. I S. 1035) festgestellten Einheitswerts. Der Verkehrswert ist nach den §§ 18 und 19 Abs. 1, 3 und 6 zu ermitteln.

(2) Entscheidet sich der Nutzer im ersten Jahr nach dem Inkrafttreten dieses Gesetzes für den Ankauf und wird der Kaufpreis beglichen, sobald alle zur Umschreibung erforderlichen Voraussetzungen vorliegen, kann der Käufer vom Grundstückseigentümer einen Teilerlaß in Höhe von fünf vom Hundert des nach Absatz 1 ermittelten Kaufpreises verlangen; wird das Ankaufsrecht im zweiten Jahre nach dem Inkraft-

treten dieses Gesetzes ausgeübt, so kann ein Teilerlaß in Höhe von zweieinhalb vom Hundert verlangt werden. Der Anspruch auf Ermäßigung ist ausgeschlossen, wenn zuvor ein Erbbauzins an den Grundstückseigentümer zu zahlen war. Verzögert sich der Vertragsschluß oder die Zahlung aus einem vom Käufer zu vertretenden Umstand, entfällt der Anspruch auf den Teilerlaß.

§ 70
Preisanhebung bei kurzer Restnutzungsdauer des Gebäudes

(1) Der nach § 69 zu bestimmende Kaufpreis ist auf Verlangen des Grundstückseigentümers wegen kurzer Restnutzungsdauer des Gebäudes zu erhöhen, wenn

1. das Gebäude zu anderen als zu Wohnzwecken genutzt wird,

2. dem Nutzer ein Nutzungsrecht nicht verliehen oder nicht zugewiesen worden ist oder die Restlaufzeit eines Nutzungs- oder Überlassungsvertrages kürzer ist als die regelmäßige Dauer des Erbbaurechts und

3. die Restnutzungsdauer des Gebäudes zum Zeitpunkt des Ankaufverlangens kürzer ist als die regelmäßige Dauer eines Erbbaurechts.

(2) Zur Bestimmung der Preisanhebung sind die Bodenwertanteile eines Erbbaurechts mit der Restnutzungsdauer des Gebäudes und eines Erbbaurechts mit der regelmäßigen Laufzeit nach § 54 zu errechnen. Der Bodenwertanteil des Nutzers ist nach dem Verhältnis der Bodenwertanteile der in Satz 1 bezeichneten Erbbaurechte zu ermitteln. Der angehobene Preis errechnet sich durch Abzug des Bodenwertanteils des Nutzers vom Verkehrswert.

§ 71
Preisbemessung nach dem vollen Verkehrswert

(1) Der Kaufpreis ist nach dem vollen Verkehrswert zu bemessen, wenn die Nutzung des Grundstücks geändert wird. Eine Nutzungsänderung im Sinne des Satzes 1 liegt vor, wenn

1. ein Gebäude zu land-, forstwirtschaftlichen, gewerblichen oder öffentlichen Zwecken genutzt wird, obwohl das Nutzungsrecht zu Wohnzwecken bestellt oder das Gebäude am 2. Oktober 1990 zu Wohnzwecken genutzt wurde,

2. ein Gebäude oder eine bauliche Anlage gewerblichen Zwecken dient und das Gebäude auf den dem gesetzlichen Nutzungsrecht der landwirtschaftlichen Produktionsgenossenschaften unterliegenden Flächen errichtet und am 30. Juni 1990 land- oder forstwirtschaftlich genutzt wurde oder

3. ein Gebäude oder eine bauliche Anlage abweichend von der nach dem Inhalt des Nutzungsrechts vorgesehenen oder der am Ablauf des 2. Oktober 1990 ausgeübten Nutzungsart genutzt wird.

(2) Die Nutzung eines Eigenheimes für die Ausübung freiberuflicher Tätigkeit, eines Handwerks-, Gewerbe- oder Pensionsbetriebes sowie die Änderung der Art der Nutzung ohne verstärkte bauliche Ausnutzung des Grundstücks durch einen Nutzer, der das Grundstück bereits vor dem 3. Oktober 1990 in Anspruch genommen hatte (§ 55 Abs. 2 und 3), sind keine Nutzungsänderungen im Sinne des Absatzes 1.

(3) Ist ein Nutzungsrecht für den Bau eines Eigenheimes bestellt oder das Grundstück mit einem Eigenheim bebaut worden, ist der volle Verkehrswert für den Teil des Grundstücks in Ansatz zu bringen, der die Regelgröße übersteigt, wenn dieser abtrennbar und selbständig baulich nutzbar ist.

§ 72
Nachzahlungsverpflichtungen

(1) Der Grundstückseigentümer kann im Falle des Verkaufs zum regelmäßigen Preis (§ 69) verlangen, daß sich der Nutzer ihm gegenüber verpflichtet, die Differenz zu dem vollen Verkehrswert (§ 71) zu zahlen, wenn innerhalb einer Frist von drei Jahren nach dem Erwerb

1. das Grundstück unbebaut oder mit einem nicht mehr nutzbaren, abbruchreifen Gebäude veräußert wird,

2. eine Nutzungsänderung nach § 71 erfolgt oder

3. der Nutzer das erworbene land-, forstwirtschaftlich oder gewerblich genutzte oder öffentlichen Zwecken dienende Grundstück an einen Dritten veräußert.

Dies gilt nicht, wenn das Grundstück als Teil eines Unternehmens veräußert wird und der Erwerber das Geschäft des Veräußerers fortführt.

(2) Für Nutzungsänderungen oder Veräußerungen nach Absatz 1 in den folgenden drei Jahren kann der Grundstückseigentümer vom Nutzer die Begründung einer Verpflichtung in Höhe der Hälfte des in Absatz 1 bestimmten Differenzbetrags verlangen.

(3) Maßgebender Zeitpunkt für die in den Absätzen 1 und 2 bezeichneten Fristen ist der jeweilige Zeitpunkt des Abschlusses des die Verpflichtung zum Erwerb und zur Veräußerung begründenden schuldrechtlichen Geschäfts.

(4) Vermietungen, Verpachtungen sowie die Begründung von Wohnungs- und Nießbrauchsrechten oder ähnliche Rechtsgeschäfte, durch die einem Dritten eigentümerähnliche Nutzungsbefugnisse übertragen werden oder werden sollen, stehen einer Veräußerung nach den Absätzen 1 und 2 gleich.

§ 73
Ausgleich wegen abweichender Grundstücksgröße

(1) Jeder Beteiligte kann verlangen, daß sich der andere Teil ihm gegenüber verpflichtet, eine Ausgleichszahlung zu leisten, wenn der Kaufpreis nach der Quadratmeterzahl des Grundstücks bemessen wird und die Größe des Grundstücks von der im Vertrag zugrunde gelegten nach dem Ergebnis einer Vermessung mehr als geringfügig abweicht. Ansprüche nach §§ 459 und 468 des Bürgerlichen Gesetzbuchs sind ausgeschlossen, es sei denn, daß eine Gewährleistung wegen abweichender Grundstücksgröße im Vertrag ausdrücklich vereinbart wird.

(2) Größenunterschiede von

1. 5 vom Hundert bei einem Preis für den Quadratmeter unter 50 Deutsche Mark,
2. 4 vom Hundert bei einem Preis für den Quadratmeter unter 100 Deutsche Mark oder
3. 3 vom Hundert bei einem Preis für den Quadratmeter ab 100 Deutsche Mark

sind als geringfügig anzusehen.

(3) Ansprüche nach Absatz 1 verjähren in einem Jahr nach der Vermessung.

§ 74
Preisbemessung im Wohnungsbau

(1) Der Nutzer eines im staatlichen oder genossenschaftlichen komplexen Wohnungsbau oder eines von einer landwirtschaftlichen Produktionsgenossenschaft errichteten, nicht als Eigenheim genutzten Wohngebäudes, in dem Mietverhältnisse bis zum Ablauf des 2. Oktober 1990 begründet worden sind, kann vom Eigentümer des überbauten Grundstücks eine Verkehrswertbestimmung nach Sach- und Ertragswertgesichtspunkten (§ 19 Abs. 2) verlangen. Die Berücksichtigung der eingeschränkten Ertragsfähigkeit des Gebäudes setzt voraus, daß aus dem Gebäudeertrag eine dem Bodenwert angemessene Verzinsung nicht erzielt werden kann, einem Abbruch des Gebäudes rechtliche oder andere Gründe entgegenstehen, dem Gebäude aber nach den Verhältnissen auf dem Grundstücksmarkt noch ein eigener Wert beigemessen wird.

(2) Wird der Kaufpreis nach Absatz 1 bemessen, kann der Grundstückseigentümer vom Nutzer verlangen, daß sich dieser ihm gegenüber verpflichtet, einen Differenzbetrag zum regelmäßigen Preis auf Vergleichswertbasis zu entrichten, wenn das Grundstück innerhalb von zwanzig Jahren nach Vertragsschluß nicht mehr zu Wohnzwecken genutzt oder für einen Neubau freigelegt wird. Die Höhe des Anspruchs bestimmt sich nach

1. der Differenz zwischen dem gezahlten und dem regelmäßigen Kaufpreis auf Vergleichswertbasis (§ 69), wenn die Veränderung innerhalb von zehn Jahren nach Vertragsschluß eintritt,
2. der Hälfte dieses Betrags in den folgenden zehn Jahren.

Der Verkehrswert auf Vergleichswertbasis ist für den Zeitpunkt festzustellen, in dem der Anspruch aus Satz 1 entstanden ist. Eine Nutzungsänderung im Sinne des Satzes 1 liegt nicht vor, wenn einzelne Räume des Gebäudes zu anderen, aber mehr als 50 vom Hundert der gesamten Nutzfläche zu Wohnzwecken genutzt werden.

(3) Der Grundstückseigentümer kann vom Nutzer verlangen, daß dieser sich ihm gegenüber verpflichtet, im Falle der Veräußerung des Grund und Bodens oder eines Teils davon innerhalb von zehn Jahren nach dem Vertragsschluß einen Teil des aus der Veräußerung erzielten Mehrerlöses an den Grundstückseigentümer herauszugeben. Die Höhe des Anspruchs bestimmt sich nach

1. der Hälfte des Mehrerlöses, wenn die Veräußerung in den ersten fünf Jahren nach dem Erwerb des Grundstücks nach diesem Gesetz erfolgt,
2. einem Viertel des Mehrerlöses im Falle einer Veräußerung in den folgenden fünf Jahren.

Mehrerlös ist der Unterschied zwischen dem auf Grund und Boden entfallenden Teil des bei der Weiterveräußerung erzielten Kaufpreises und dem bei der Veräußerung zwischen dem Grundstückseigentümer und dem Nutzer vereinbarten Kaufpreis. Der Nutzer ist verpflichtet, in dem Vertrag mit dem Dritten den auf Grund und Boden entfallenden Teil des Kaufpreises gesondert auszuweisen und die Weiterveräußerung dem früheren Grundstückseigentümer anzuzeigen.

(4) Der Grundstückseigentümer kann eine Sicherung des Anspruches nach Absatz 2 Satz 1 durch ein Grundpfandrecht innerhalb des in § 11 des Hypothekenbankgesetzes bezeichneten Finanzierungsraums nicht beanspruchen.

(5) Der Anspruch aus § 72 bleibt unberührt.

§ 75
Preisbemessung bei Überlassungsverträgen

(1) Der Grundstückseigentümer kann eine Anhebung des Kaufpreises durch Anrechnung des Restwerts des überlassenen Gebäudes und der Grundstückseinrichtungen verlangen. Die Erhöhung des Preises ist pauschal nach dem Sachwert des Gebäudes und der Grundstückseinrichtungen zum Zeitpunkt der Überlassung abzüglich der Wertminderungen, die bis zum Zeitpunkt der Abgabe eines Angebots zum Vertragsschluß eingetreten wären, zu bestimmen. Die Wertminderung ist nach der Nutzungsdauer von Gebäuden und Einrichtungen der entsprechenden Art und den üblichen Wertminderungen wegen Alters und Abnutzung zu berechnen. Eine andere Berechnung kann verlangt werden, wenn dies wegen besonderer Umstände, insbesondere erheblicher Bauschäden zum Zeitpunkt der Überlassung, geboten ist.

(2) Zahlungen des Überlassungsnehmers, die zur Ablösung von Verbindlichkeiten des Grundstücks-

eigentümers und von Grundpfandrechten verwandt wurden, sind auf Verlangen des Nutzers auf den Kaufpreis anzurechnen. § 38 Abs. 2 gilt entsprechend.

(3) Die vom Überlassungsnehmer gezahlten und hinterlegten Geldbeträge sind auf den Kaufpreis anzurechnen, wenn sie bereits an den Grundstückseigentümer ausgezahlt wurden oder zur Zahlung an ihn verfügbar sind. Eine Verfügbarkeit der Beträge liegt vor, wenn diese binnen eines Monats nach Vertragsschluß an den verkaufenden Grundstückseigentümer gezahlt oder auf einem Treuhandkonto des beurkundenden Notars zur Verfügung bereitstehen.

(4) Ist eine Anrechnung nach Absatz 3 nicht möglich, so ist der Grundstückseigentümer verpflichtet, insoweit seine Ersatzansprüche gegen den staatlichen Verwalter auf den Nutzer zu übertragen und dies dem Verwalter anzuzeigen.

UNTERABSCHNITT 4

Folgen des Ankaufs

§ 76

Gefahr, Lasten

(1) Der Nutzer trägt die Gefahr für ein von ihm errichtetes Gebäude. Er hat vom Kaufvertragsschluß an die auf dem Grundstück ruhenden Lasten zu tragen.

(2) Gesetzliche oder vertragliche Regelungen, nach denen der Nutzer die Lasten schon vorher zu tragen hatte, bleiben bis zum Vertragsschluß unberührt. Ansprüche des Nutzers auf Aufwendungsersatz bestehen nicht.

§ 77

Gewährleistung

Der Verkäufer haftet nicht für Sachmängel des Grundstücks.

§ 78

Kosten

Die Kosten des Vertrages und seiner Durchführung sind zwischen den Vertragsparteien zu teilen.

§ 79

Rechtsfolgen des Erwerbs
des Grundstückseigentums durch den Nutzer

(1) Vereinigen sich Grundstücks- und Gebäudeeigentum in einer Person, so ist eine Veräußerung oder Belastung allein des Gebäudes oder des Grundstücks ohne das Gebäude nicht mehr zulässig. Die Befugnis zur Veräußerung im Wege der Zwangsversteigerung oder zu deren Abwendung bleibt unberührt. Der Eigentümer ist verpflichtet, das Eigentum am Gebäude nach § 875 des Bürgerlichen Gesetzbuchs aufzugeben, sobald dieses unbelastet ist. Das Grundbuchamt hat den Eigentümer hierzu anzuhalten. Die Vorschriften über den Grundbuchberichtigungszwang im Fünften Abschnitt der Grundbuchordnung finden entsprechende Anwendung.

(2) Der Eigentümer kann von den Inhabern dinglicher Rechte am Gebäude verlangen, die nach § 876 des Bürgerlichen Gesetzbuchs erforderliche Zustimmung zur Aufhebung zu erteilen, wenn sie gleichrangige Rechte am Grundstück erhalten und das Gebäude Bestandteil des Grundstücks wird.

(3) Im Falle einer Veräußerung nach Absatz 1 Satz 2 kann der Erwerber vom Eigentümer auch den Ankauf des Grundstücks oder des Gebäudes oder der baulichen Anlage nach diesem Abschnitt verlangen. Der Preis ist nach dem vollen Verkehrswert (§ 71) zu bestimmen. Im Falle der Veräußerung des Grundstücks ist § 72 anzuwenden. Eine Preisermäßigung nach § 74 kann der Erwerber vom Eigentümer nur verlangen, wenn

1. die in § 74 Abs. 1 bezeichneten Voraussetzungen vorliegen und

2. er sich gegenüber dem Eigentümer wie in § 74 Abs. 2 und 3 verpflichtet.

Der frühere Grundstückseigentümer erwirbt mit dem Entstehen einer Nachzahlungsverpflichtung des Eigentümers aus § 74 Abs. 2 ein vorrangiges Pfandrecht an den Ansprüchen des Eigentümers gegen den Erwerber aus einer Nutzungsänderung.

UNTERABSCHNITT 5

Leistungsstörungen

§ 80

Durchsetzung des Erfüllungsanpruchs

(1) Der Grundstückseigentümer kann wegen seiner Ansprüche aus dem Kaufvertrag die Zwangsversteigerung des Gebäudes oder der baulichen Anlage des Nutzers nur unter gleichzeitiger Versteigerung des nach dem Vertrag zu veräußernden Grundstücks betreiben. Der Grundstückseigentümer darf einen Antrag auf Versteigerung des Gebäudes und des Grundstücks erst stellen, wenn er dem Nutzer die Versteigerung des verkauften Grundstücks zuvor angedroht, dem Nutzer eine Nachfrist zur Zahlung von mindestens zwei Wochen gesetzt hat und diese Frist fruchtlos verstrichen ist.

(2) Für die Vollstreckung in das Grundstück ist ein vollstreckbarer Titel gegen den Nutzer ausreichend. Die Zwangsversteigerung darf nur angeordnet werden, wenn

1. der Antragsteller als Eigentümer des Grundstücks im Grundbuch eingetragen oder als Rechtsvorgänger des Nutzers eingetragen gewesen ist oder Erbe des eingetragenen Grundstückseigentümers ist, und

2. das Grundstück frei von Rechten ist, die Ansprüche auf Zahlung oder Befriedigung aus dem Grundstück gewähren.

(3) Der Zuschlag für das Gebäude und das Grundstück muß an dieselbe Person erteilt werden. Mit dem Zuschlag erlöschen die Rechte des Nutzers zum Besitz aus dem Moratorium nach Artikel 233 § 2a des Einführungsgesetzes zum Bürgerlichen Gesetzbuche, aus diesem Gesetz und aus dem Grundstückskaufvertrag.

(4) An die Stelle des Anspruchs des Nutzers auf Übereignung tritt der Anspruch auf Auskehr des nach Berichtigung der Kosten und Befriedigung des Grundstückseigentümers verbleibenden Resterlöses.

§ 81
Rechte aus § 326 des Bürgerlichen Gesetzbuchs

Dem Grundstückseigentümer stehen nach fruchtlosem Ablauf einer nach § 326 Abs. 1 Satz 1 des Bürgerlichen Gesetzbuchs bestimmten Nachfrist statt der in § 326 Abs. 1 Satz 2 bezeichneten Ansprüche folgende Rechte zu. Der Grundstückseigentümer kann

1. vom Nutzer den Abschluß eines Erbbaurechtsvertrages nach Maßgabe des Abschnitts 2 verlangen oder

2. das Gebäude oder die bauliche Anlage nach Maßgabe des nachfolgenden Unterabschnitts ankaufen.

Der Grundstückseigentümer kann über die in Satz 1 bezeichneten Ansprüche hinaus vom Nutzer Ersatz der ihm durch den Vertragsschluß entstandenen Vermögensnachteile sowie nach Ablauf der Nachfrist ein Nutzungsentgelt in Höhe des nach dem Abschnitt 2 zu zahlenden Erbbauzinses verlangen. Die Regelungen über eine Zinsermäßigung in § 52 sind nicht anzuwenden, auch wenn nach Satz 1 Nr. 1 auf Verlangen des Grundstückseigentümers ein Erbbaurechtsvertrag geschlossen wird.

UNTERABSCHNITT 6
Besondere Bestimmungen
für den Hinzuerwerb des Gebäudes
durch den Grundstückseigentümer

§ 82
Voraussetzungen, Kaufgegenstand,
Preisbestimmung

(1) Der Grundstückseigentümer ist berechtigt, ein vom Nutzer errichtetes oder erworbenes Wirtschaftsgebäude oder dessen bauliche Anlage anzukaufen oder, wenn kein selbständiges Gebäudeeigentum entstanden ist, die aus der baulichen Investition begründeten Rechte abzulösen, wenn

1. die in § 53 Abs. 1 des Landwirtschaftsanpassungsgesetzes bezeichneten Voraussetzungen vorliegen und der Erwerb des Gebäudes oder der baulichen Anlage in einer vom Grundstückseigentümer einzuholenden Stellungnahme der Flurneuordnungsbehörde befürwortet wird,

2. der Grundstückseigentümer die Bestellung eines Erbbaurechts oder den Ankauf des Grundstücks nach § 29 verweigert hat,

3. der Anspruch des Nutzers auf Bestellung eines Erbbaurechts oder auf Ankauf des Grundstücks nach § 31 wegen geringer Restnutzungsdauer des Gebäudes oder der baulichen Anlage ausgeschlossen ist und der Grundstückseigentümer für Wohn- oder betriebliche Zwecke auf eine eigene Nutzung des Grundstücks angewiesen ist oder

4. der Grundstückseigentümer Inhaber eines Unternehmens ist und

a) das Gebäude oder die bauliche Anlage auf dem Betriebsgrundstück steht und die betriebliche Nutzung des Grundstücks erheblich beeinträchtigt oder

b) das Gebäude, die bauliche Anlage oder die Funktionsfläche für betriebliche Erweiterungen in Anspruch genommen werden soll und der Grundstückseigentümer die in § 3 Abs. 1 Nr. 1 des Investitionsvorranggesetzes bezeichneten Zwecke verfolgt oder der Nutzer keine Gewähr für eine Fortsetzung der betrieblichen Nutzung des Wirtschaftsgebäudes bietet.

Satz 1 Nr. 4 Buchstabe b ist nicht anzuwenden, wenn den betrieblichen Belangen des Nutzers eine erheblich höhere Bedeutung zukommt als den investiven Interessen des Grundstückseigentümers.

(2) Der vom Grundstückseigentümer zu zahlende Kaufpreis ist nach dem Wert des Gebäudes oder der baulichen Anlage zu dem Zeitpunkt zu bemessen, in dem ein Beteiligter ein Angebot zum Ankauf macht. In den Fällen des Absatzes 1 Nr. 1 und 4 hat der Grundstückseigentümer auch den Nutzungsrecht oder bauliche Investition begründeten Bodenwertanteil abzulösen. Der Bodenwertanteil des Nutzers wird dadurch bestimmt, daß vom Verkehrswert der Betrag abgezogen wird, den der Nutzer im Falle des Hinzuerwerbs des Grundstücks zu zahlen hätte. In den Fällen des Absatzes 1 Nr. 3 kann der Nutzer eine Entschädigung verlangen, soweit ihm dadurch ein Vermögensnachteil entsteht, daß ein Mietvertrag mit einer nach der Restnutzungsdauer des Gebäudes bemessenen Laufzeit (§ 31 Abs. 2) nicht abgeschlossen wird.

(3) Ist das vom Nutzer errichtete oder erworbene Gebäude oder die bauliche Anlage nicht mehr nutzbar oder das Grundstück nicht bebaut, so kann der Nutzer vom Grundstückseigentümer eine Zahlung nach Absatz 2 Satz 2 nur verlangen, wenn ein Nutzungsrecht bestellt wurde. Der Anspruch entfällt, wenn die in § 29 Abs. 2 bestimmten Voraussetzungen vorliegen. In diesem Fall kann der Grundstückseigentümer vom Nutzer die Aufhebung des Nutzungsrechts verlangen.

(4) Ist das Gebäude noch nutzbar, mit einem Gebrauch durch den Nutzer aber nicht mehr zu rechnen (§ 29 Abs. 1), ist der Kaufpreis auch dann nur

nach dem Wert des Gebäudes zu bemessen, wenn dem Nutzer ein Nutzungsrecht bestellt wurde.

(5) Erwirbt der Grundstückseigentümer selbständiges Gebäudeeigentum, ist § 79 entsprechend anzuwenden.

§ 83
Übernahmeverlangen des Grundstückseigentümers

(1) Ist das vom Nutzer errichtete oder erworbene Gebäude oder die bauliche Anlage nicht mehr nutzbar und beruht die Erforderlichkeit alsbaldigen Abbruchs auf unterlassener Instandhaltung durch den Nutzer, kann der Grundstückseigentümer vom Nutzer

1. Ersatz seiner Aufwendungen für die Beseitigung der vorhandenen Bausubstanz oder
2. den Erwerb der Fläche, auf der das Gebäude oder die bauliche Anlage errichtet wurde,

verlangen.

(2) Ist die Nutzung des vom Nutzer errichteten oder erworbenen Gebäudes oder der baulichen Anlage aus anderen als den in Absatz 1 genannten Gründen, insbesondere infolge der durch den Beitritt eingetretenen Veränderungen, aufgegeben worden und der alsbaldige Abbruch des Gebäudes oder der baulichen Anlage zur ordnungsgemäßen Bewirtschaftung des Grundstücks erforderlich, kann der Grundstückseigentümer vom Nutzer

1. den hälftigen Ausgleich des Betrags verlangen, um den die Kosten des Abbruchs der vorhandenen Bausubstanz und der Verkehrswert des unbebauten Grundstücks im Zeitpunkt des Inkrafttretens dieses Gesetzes übersteigen, oder
2. den Erwerb der Fläche gegen Zahlung des nach § 19 Abs. 3 zu berechnenden Grundstückswerts verlangen, auf der das Gebäude oder die bauliche Anlage errichtet wurde.

(3) Der Grundstückseigentümer kann die in den Absätzen 1 und 2 bestimmten Ansprüche erst geltend machen, nachdem er dem Nutzer Gelegenheit gegeben hat, das Gebäude oder die bauliche Anlage zu beseitigen. Der Grundstückseigentümer hat dem Nutzer hierzu eine angemessene Frist zu setzen. Die Ansprüche verjähren in drei Jahren.

(4) Der Nutzer kann den Anspruch des Grundstückseigentümers aus Absatz 2 Nr. 1 durch Erwerb der Fläche, auf der das abzureißende Gebäude steht, gegen Zahlung des sich aus § 19 Abs. 3 ergebenden Grundstückswerts abwenden.

(5) Abweichende vertragliche Vereinbarungen bleiben unberührt.

§ 84
Ende des Besitzrechts, Härteklausel

(1) Der Nutzer gilt gegenüber dem Grundstückseigentümer bis zum Ablauf eines Jahres nach dem Abschluß des Kaufvertrages als zum Besitz berechtigt. Der Grundstückseigentümer kann für die Nutzung des Gebäudes ein Entgelt in Höhe des ortsüblichen Mietzinses verlangen.

(2) Ist das Gebäude für den Betrieb des Nutzers unentbehrlich und ein anderes Gebäude zu angemessenen Bedingungen nicht zu beschaffen, ist der Nutzer berechtigt, vom Grundstückseigentümer den Abschluß eines Mietvertrages für längstens fünf Jahre nach dem Kauf des Gebäudes durch den Grundstückseigentümer zu verlangen.

§ 85
Rechte des Nutzers bei Zahlungsverzug

(1) Der Nutzer darf wegen seiner Ansprüche aus dem Kaufvertrag die Zwangsversteigerung in das Grundstück nur unter gleichzeitiger Versteigerung seines Gebäudes oder seiner baulichen Anlage, sofern daran selbständiges Eigentum besteht, sowie mit der Bedingung des Erlöschens seines Rechts zum Besitz aus Artikel 233 § 2a des Einführungsgesetzes zum Bürgerlichen Gesetzbuche betreiben. § 80 Abs. 2 und 3 ist entsprechend anzuwenden.

(2) Nach fruchtlosem Ablauf einer nach § 326 Abs. 1 Satz 1 des Bürgerlichen Gesetzbuchs gesetzten Nachfrist kann der Nutzer vom Grundstückseigentümer

1. den Abschluß eines Erbbaurechtsvertrages nach Abschnitt 2 oder, wenn ein Nutzungsrecht nicht bestellt wurde und die Restnutzungsdauer des Gebäudes weniger als 25 Jahre beträgt, den Abschluß eines Mietvertrages nach § 31 oder
2. den Abschluß eines Grundstückskaufvertrages nach Abschnitt 3

verlangen. Dem Nutzer stehen weiter die in § 81 Satz 2 bezeichneten Ansprüche zu.

ABSCHNITT 4
Verfahrensvorschriften

UNTERABSCHNITT 1
Feststellung von Nutzungs- und Grundstücksgrenzen

§ 86
Unvermessene Flächen

[(1) Sind die Grenzen der Flächen, auf die sich das Nutzungsrecht erstreckt, nicht im Liegenschaftskataster nachgewiesen (unvermessene Flächen) oder wurde eine Bebauung nach den §§ 4 bis 7, 11 ohne Bestellung eines Nutzungsrechts vorgenommen, erfolgt die Bestimmung des Teils des Grundstücks, auf den sich die Nutzungsbefugnis des Erbbauberechtigten erstreckt oder der vom Stammgrundstück abgeschrieben werden soll, nach den Vorschriften des Bodensonderungsgesetzes.]

(2) Einigungen der Beteiligten über den Verlauf der Nutzungsrechtsgrenzen und des Grundstücks sind zulässig.

§ 87
Bodenordnungsverfahren

Die Neuregelung der Grundstücksgrenzen in Verfahren zur Flurbereinigung nach dem Flurbereinigungsgesetz, zur Feststellung und Neuordnung der Eigentumsverhältnisse nach den §§ 53 bis 64b des Landwirtschaftsanpassungsgesetzes, zur Umlegung und Grenzregelung nach den §§ 45 bis 84 des Baugesetzbuchs [sowie der Bodenneuordnung nach § 5 des Bodensonderungsgesetzes] bleibt unberührt.

UNTERABSCHNITT 2
Notarielles Vermittlungsverfahren

§ 88
Antragsgrundsatz

(1) Auf Antrag ist der Abschluß von Verträgen zur Bestellung von Erbbaurechten oder zum Kauf des Grundstücks oder des Gebäudes oder, wenn kein selbständiges Gebäudeeigentum entstanden ist, zur Ablösung der aus der baulichen Investition begründeten Rechte, nach diesem Gesetz durch den Notar zu vermitteln.

(2) Antragsberechtigt ist der Nutzer oder der Grundstückseigentümer, der den Abschluß eines in Absatz 1 bezeichneten Vertrages geltend machen kann.

§ 89
Sachliche und örtliche Zuständigkeit

(1) Für die Vermittlung ist der Notar zuständig, dessen Amtsbezirk sich in dem Land befindet, in dem das zu belastende oder zu veräußernde Grundstück oder Gebäude ganz oder zum größten Teil belegen ist. Die Beteiligten können auch die Zuständigkeit eines nach Satz 1 nicht zuständigen Notars für das Vermittlungsverfahren vereinbaren.

(2) Können sich Grundstückseigentümer und Nutzer nicht auf einen Notar verständigen, so wird der zuständige Notar durch das Landgericht bestimmt, in dessen Bezirk das Grundstück oder Gebäude ganz oder zum größten Teil belegen ist. Die Entscheidung ist unanfechtbar.

(3) Bei den nach den Vorschriften der Zivilprozeßordnung erfolgenden Zustellungen obliegen dem Notar auch die Aufgaben des Urkundsbeamten der Geschäftsstelle.

§ 90
Verfahrensart

(1) Soweit dieses Gesetz nichts anderes bestimmt, sind auf das notarielle Vermittlungsverfahren die Vorschriften des Gesetzes über die Angelegenheiten der freiwilligen Gerichtsbarkeit sinngemäß anzuwenden.

(2) Über Beschwerden gegen die Amtstätigkeit des Notars entscheidet das Landgericht, in dessen Bezirk das Grundstück oder das Gebäude ganz oder zum größten Teil belegen ist.

§ 91
Inhalt des Antrags

(1) In dem Antrag sind anzugeben

1. der Nutzer und der Grundstückseigentümer,
2. das betroffene Grundstück unter Angabe seiner Bezeichnung im Grundbuch und das Gebäude, soweit selbständiges Eigentum besteht,
3. die Inhaber dinglicher Rechte am Grundstück und am Gebäude und
4. die Bezeichnung des gewünschten Vertrages.

(2) Wird die Bestellung eines Erbbaurechts begehrt, soll der Antrag auch Angaben über

1. den Erbbauzins,
2. die Dauer des Erbbaurechts,
3. die Art der nach dem Erbbaurechtsvertrag zulässigen baulichen Nutzung,
4. die Konditionen des Ankaufsrechts sowie
5. die Fläche, auf die sich die Nutzungsbefugnis des Erbbauberechtigten erstrecken soll,

enthalten.

Will der Antragsteller von einem Ankaufsrecht Gebrauch machen, soll er

1. das Grundstück oder die davon abzutrennende Teilfläche oder das Gebäude und
2. den Kaufpreis

im Antrag angeben.

(3) Der Antragsteller soll außerdem erklären, ob

1. ein Anspruch auf Rückübertragung des Grundstücks nach den Vorschriften des Vermögensgesetzes angemeldet,
2. die Aufhebung eines Nutzungsrechts nach § 16 Abs. 3 des Vermögensgesetzes beantragt oder eine Klage auf Aufhebung des Nutzungsrechts erhoben,
3. die Durchführung eines Bodensonderungsverfahrens beantragt oder ein Bodenneuordnungsverfahren eingeleitet oder

4. die Zusammenführung von Grundstücks- und Gebäudeeigentum nach § 64 des Landwirtschaftsanpassungsgesetzes beantragt

worden ist. Der Antrag soll weiter Angaben darüber enthalten, wie das Grundstück, das Gebäude oder die bauliche Anlage am Ablauf des 2. Oktober 1990 genutzt wurde und zum Zeitpunkt der Antragstellung genutzt wird.

(4) Fehlt es an den in Absatz 1 bezeichneten Erklärungen, hat der Notar dem Antragsteller eine angemessene Frist zur Ergänzung des Antrags zu bestimmen. Verstreicht die Frist fruchtlos, so weist der Notar den Antrag auf Kosten des Antragstellers als unzulässig zurück. Der Antragsteller kann ein neues Verfahren beantragen, wenn er seinen Antrag vervollständigt hat.

§ 92
Akteneinsicht und Anforderung von Abschriften durch den Notar

Der Notar ist berechtigt, die Akten der betroffenen Grundstücke und Gebäude bei allen Gerichten und Behörden einzusehen und Abschriften hieraus anzufordern. Er hat beim Amt zur Regelung offener Vermögensfragen, oder, falls das Grundstück zu einem Unternehmen gehört, auch beim Landesamt zur Regelung offener Vermögensfragen, in deren Bezirk das Grundstück belegen ist, nachzufragen, ob ein Anspruch auf Rückübertragung des Grundstücks oder des Gebäudes angemeldet oder ein Antrag auf Aufhebung des Nutzungsrechts gestellt worden ist. Für Auskünfte und Abschriften werden keine Gebühren erhoben.

§ 93
Ladung zum Termin

(1) Der Notar hat den Nutzer und den Grundstückseigentümer unter Mitteilung des Antrages für den anderen Teil zu einem Verhandlungstermin zu laden. Die Ladung durch öffentliche Zustellung ist unzulässig. Die Frist zwischen der Ladung und dem ersten Termin muß mindestens zwei Wochen betragen.

(2) Ist die Bestellung eines Erbbaurechts oder der Verkauf des Grundstücks oder einer abzuschreibenden Teilfläche beantragt, so sind die Inhaber dinglicher Rechte am Grundstück und am Gebäude von dem Termin zu unterrichten. Die Inhaber dinglicher Rechte am Grundstück sind zu laden, wenn

1. die für die erstrangige Bestellung des Erbbaurechts erforderlichen Zustimmungen zu einem Rangrücktritt nicht in der in § 29 der Grundbuchordnung vorgesehenen Form vorgelegt worden sind oder dies einer der in § 91 Abs. 1 bezeichneten Beteiligten beantragt,

2. von dem Nutzer oder dem Grundstückseigentümer Ansprüche nach § 33 oder § 64 geltend gemacht werden.

Einer Ladung der Inhaber dinglicher Rechte bedarf es nicht, wenn das Verfahren aus den in den §§ 95, 96 genannten Gründen auszusetzen oder einzustellen ist.

(3) Sind für das Grundstück oder das vom Nutzer errichtete oder erworbene Gebäude Rückübertragungsansprüche nach dem Vermögensgesetz angemeldet worden, hat der Notar auch den Anmelder von dem Termin zu unterrichten.

(4) Ladung und Unterrichtung vom Termin sind mit dem Hinweis zu versehen, daß, falls der Termin vertagt oder ein weiterer Termin anberaumt werden sollte, eine Ladung und Unterrichtung zu dem neuen Termin unterbleiben kann. Sind vom Antragsteller Unterlagen zu den Akten gereicht worden, ist in der Ladung zu bemerken, daß die Unterlagen nach Anmeldung am Amtssitz oder der Geschäftsstelle des Notars eingesehen werden können.

(5) Der Notar hat das Grundbuchamt um Eintragung eines Vermerks über die Eröffnung eines Vermittlungsverfahrens nach dem Sachenrechtsbereinigungsgesetz in das Grundbuch des Grundstücks zu ersuchen, das mit einem Erbbaurecht belastet oder vom Nutzer gekauft werden soll. Das Grundbuchamt hat dem Ersuchen zu entsprechen. Ist ein Gebäudegrundbuch angelegt, sind die Sätze 1 und 2 entsprechend anzuwenden. Für die Eintragung des Vermerks werden Gebühren nicht erhoben.

(6) Der Vermerk hat die Wirkung einer Vormerkung zur Sicherung der nach diesem Gesetz begründeten Ansprüche auf Erbbaurechtsbestellung und Ankauf des Grundstücks oder des Gebäudes oder der baulichen Anlage und des Vollzugs. [Art. 233 § 2c Abs. 2 des Einführungsgesetzes zum Bürgerlichen Gesetzbuche ist entsprechend anzuwenden. Ist bereits eine Eintragung nach jener Bestimmung erfolgt, ist bei dieser die Eröffnung des notariellen Vermittlungsverfahrens zu vermerken.]

§ 94
Erörterung

(1) Der Notar erörtert mit den Beteiligten den Sachverhalt in tatsächlicher und rechtlicher Hinsicht. Er hat vor einer Verhandlung über den Inhalt des abzuschließenden Vertrages mit den Beteiligten zu erörtern, ob Gründe für eine Aussetzung oder Einstellung des Vermittlungsverfahrens vorliegen oder geltend gemacht werden und auf welchen rechtlichen oder tatsächlichen Gründen die bauliche Nutzung beruht.

(2) Liegt ein Grund für eine Aussetzung oder Einstellung des Verfahrens nicht vor, fertigt der Notar ein Protokoll an, in dem er alle für die Bestellung des Erbbaurechts oder den Ankauf eines Grundstücks oder Gebäudes unstreitigen und streitigen Punkte feststellt (Eingangsprotokoll).

(3) Der Notar soll dem Grundstückseigentümer und dem Nutzer Vorschläge unterbreiten. Er ist dabei an die von diesen Beteiligten geäußerten Vorstellungen über den Inhalt des abzuschließenden Vertrages nicht

gebunden. Ermittlungen nach § 98 darf der Notar jedoch nur innerhalb der gestellten Anträge erheben.

(4) Mit den Inhabern dinglicher Rechte ist zu erörtern

1. im Falle der Bestellung von Erbbaurechten,

   a) welche Hindernisse einem Rangrücktritt entgegenstehen,

   b) ob und welche anderweitige Sicherheit für eine vom Nutzer nach § 36 Abs. 1 Satz 1 zu übernehmende Sicherheit in Betracht kommt,

2. im Falle des Ankaufs des Grundstücks,

   a) welche Hindernisse einer lastenfreien Abschreibung entgegenstehen,

   b) ob und welche andere Sicherheit für eine vom Nutzer nach § 64 übernommene Sicherheit gestellt werden kann.

§ 95
Aussetzung des Verfahrens

(1) Der Notar hat die Vermittlung auszusetzen, wenn

1. eine Anmeldung auf Rückübertragung des Grundstücks oder des Gebäudes oder der baulichen Anlage nach § 3 Abs. 1 des Vermögensgesetzes vorliegt oder

2. ein Antrag auf Aufhebung des Nutzungsrechts nach § 16 Abs. 3 des Vermögensgesetzes gestellt worden ist

und noch keine bestandskräftige Entscheidung des Amtes zur Regelung offener Vermögensfragen vorliegt.

(2) Der Notar soll die Vermittlung aussetzen, wenn

1. ein Antrag auf Feststellung der Eigentums- oder Nutzungsrechtsgrenzen in einem Bodensonderungsverfahren gestellt und das Verfahren noch nicht abgeschlossen worden ist,

2. der Grundstückseigentümer Einreden nach den §§ 29 bis 31 erhebt oder

3. ein Inhaber eines dinglichen Rechts am Grundstück dem Anspruch auf Rangrücktritt für ein an erster Rangstelle einzutragendes Erbbaurecht oder einer lastenfreien Um- oder Abschreibung des Grundstücks auf den Nutzer widerspricht.

In den Fällen des Satzes 1 Nr. 2 und 3 sind die Beteiligten auf den Klageweg zu verweisen, wenn in der Erörterung mit den Beteiligten keine Einigung erzielt werden kann.

(3) Der Notar kann die in § 101 Abs. 1 Satz 2 Nr. 2 bestimmte Gebühr bei einer Aussetzung in Ansatz bringen. Die Gebühr ist nach Aufnahme des ausgesetzten Vermittlungsverfahrens auf die danach entstehenden Gebühren anzurechnen.

§ 96
Einstellung des Verfahrens

(1) Der Notar hat die Vermittlung einzustellen, wenn

1. ein Bodenneuordnungsverfahren eingeleitet worden ist, in das das Grundstück einbezogen ist, oder

2. ein Antrag auf Zusammenführung von Grundstücks- und Gebäudeeigentum nach § 64 des Landwirtschaftsanpassungsgesetzes vor Einleitung des Vermittlungsverfahrens gestellt worden ist.

(2) Wird ein Antrag nach Absatz 1 Nr. 2 während des notariellen Vermittlungsverfahrens gestellt, so hat der Notar die Beteiligten aufzufordern, mitzuteilen, ob sie das Bodenordnungsverfahren fortsetzen wollen. Wird das von einem Beteiligten erklärt, so ist nach Absatz 1 zu verfahren.

§ 97
Verfahren bei Säumnis eines Beteiligten

(1) Erscheint ein Beteiligter (Grundstückseigentümer oder Nutzer) nicht, hat der Notar auf Antrag des anderen Beteiligten einen Vermittlungsvorschlag nach § 99 anzufertigen.

(2) Der Vermittlungsvorschlag ist beiden Beteiligten mit einer Ladung zu einem neuen Termin zuzustellen. Die Ladung hat den Hinweis zu enthalten, daß das Einverständnis eines Beteiligten mit dem Vermittlungsvorschlag angenommen wird, wenn dieser zu dem neuen Termin nicht erscheint, und auf Antrag des anderen Beteiligten ein dem Vermittlungsvorschlag entsprechender Vertrag beurkundet wird.

(3) Ist in diesem Termin nur ein Beteiligter erschienen, so hat der Notar, wenn der erschienene Beteiligte es beantragt, den Vorschlag als vertragliche Vereinbarung zu beurkunden. In der Urkunde ist anzugeben, daß das Einverständnis des anderen Beteiligten wegen Nichterscheinens angenommen worden ist. Stellt der erschienene Beteiligte keinen Antrag, ist das Vermittlungsverfahren beendet. Die Beteiligten sind unter Zusendung des Abschlußprotokolls und des Vermittlungsvorschlags auf den Klageweg zu verweisen.

(4) Eine Ausfertigung des Vertrages ist dem nicht erschienenen Beteiligten mit dem Hinweis zuzustellen, daß der Notar den Vertrag bestätigen werde, wenn der Beteiligte nicht in einer Notfrist von zwei Wochen nach Zustellung der Ausfertigung einen neuen Termin beantragt oder in dem Termin nicht erscheint.

(5) Beantragt der nicht erschienene Beteiligte rechtzeitig einen neuen Termin und erscheint er in diesem Termin, so ist die Vermittlungsverfahren fortzusetzen. Andernfalls hat der Notar den Vertrag zu bestätigen. War der Beteiligte ohne sein Verschulden verhindert, die Anberaumung eines neuen Termins zu beantragen oder im neuen Termin zu erscheinen, so ist ihm

auf Antrag durch den Notar Wiedereinsetzung in den vorigen Stand zu erteilen. § 92 des Gesetzes über die Angelegenheiten der freiwilligen Gerichtsbarkeit ist entsprechend anzuwenden. Die Wirkungen eines bestätigten Vertrages bestimmen sich nach § 97 Abs. 1 des Gesetzes über die Angelegenheiten der freiwilligen Gerichtsbarkeit.

(6) Gegen den Bestätigungsbeschluß und den Beschluß über den Antrag auf Wiedereinsetzung ist die sofortige Beschwerde zulässig. Zuständig ist das Landgericht, in dessen Bezirk das Grundstück ganz oder zum größten Teil belegen ist. § 96 des Gesetzes über die Angelegenheiten der freiwilligen Gerichtsbarkeit ist entsprechend anzuwenden.

§ 98
Ermittlungen des Notars

(1) Der Notar kann auf Antrag eines Beteiligten Ermittlungen durchführen. Er kann insbesondere

1. Auskünfte aus der Kaufpreissammlung und über Bodenrichtwerte (§ 195 Abs. 3 und § 196 Abs. 3 des Baugesetzbuchs) einholen,
2. ein Verfahren zur Bodensonderung beantragen,
3. die das Liegenschaftskataster führende Stelle oder eine Person, die nach Landesrecht zu Katastervermessungen befugt ist, mit der Vermessung der zu belastenden oder abzuschreibenden Flächen beauftragen und den Antrag auf Erteilung einer Teilungsgenehmigung nach § 120 stellen.

(2) Der Notar kann nach Erörterung auf Antrag eines Beteiligten auch schriftliche Gutachten eines Sachverständigen oder des zuständigen Gutachterausschusses für die Grundstückswerte nach § 192 des Baugesetzbuchs über

1. den Verkehrswert des zu belastenden Grundstücks,
2. das in § 36 Abs. 1 und § 64 Abs. 3 bestimmte Verhältnis des Werts der mit dem Erbbaurecht belasteten oder zu veräußernden Fläche zu dem des Gesamtgrundstücks und
3. den Umfang und den Wert baulicher Maßnahmen im Sinne des § 11

einholen und diese seinem Vorschlag nach § 99 zugrunde legen.

(3) Eine Beweiserhebung im Vermittlungsverfahren nach Absatz 2 steht in einem anschließenden Rechtsstreit einer Beweisaufnahme vor dem Prozeßgericht gleich. § 493 der Zivilprozeßordnung ist entsprechend anzuwenden.

§ 99
Vermittlungsvorschlag des Notars

(1) Nach Durchführung der Erhebungen macht der Notar einen Vorschlag in Form eines Vertragsentwurfs, der den gesetzlichen Bestimmungen zu entsprechen und alle für einen Vertragsschluß erforderlichen Punkte und, wenn dies von einem Beteiligten beantragt worden ist, auch die für dessen Erfüllung notwendigen Erklärungen zu umfassen hat.

(2) Sobald sich eine Einigung im Sinne des Absatzes 1 zwischen den Beteiligten ergibt, hat der Notar den Inhalt dieser Vereinbarung zu beurkunden. Der Notar hat mit dem Antrag auf Eintragung des Erbbaurechts oder des Nutzers als Erwerber, spätestens jedoch sechs Monate nach der Beurkundung, die Löschung des Vermerks nach § 93 Abs. 5 zu beantragen. Der Ablauf der in Satz 2 bestimmten Frist ist gehemmt, solange ein für den Vollzug der Vereinbarung erforderliches behördliches oder gerichtliches Verfahren beantragt worden ist, aber noch keine Entscheidung ergangen ist.

§ 100
Abschlußprotokoll über Streitpunkte

Kommt es nicht zu einer Einigung, so hält der Notar das Ergebnis des Verfahrens unter Protokollierung der unstreitigen und der streitig gebliebenen Punkte fest (Abschlußprotokoll). Sind wesentliche Teile des abzuschließenden Vertrages unstreitig, so können die Beteiligten verlangen, daß diese Punkte im Protokoll als vereinbart festgehalten werden. Die Verständigung über diese Punkte ist in einem nachfolgenden Rechtsstreit bindend.

§ 101
Kosten

(1) Für das notarielle Vermittlungsverfahren erhält der Notar das Vierfache der vollen Gebühr nach § 32 der Kostenordnung. Die Gebühr ermäßigt sich auf

1. das Doppelte der vollen Gebühr, wenn das Verfahren vor Ausarbeitung eines Vermittlungsvorschlags beendet wird,
2. die Hälfte einer vollen Gebühr, wenn sich das Verfahren vor dem Erörterungstermin erledigt.

(2) Die Gebühren nach Absatz 1 bestimmen sich nach dem Geschäftswert, der sich aus den folgenden Vorschriften ergibt. Maßgebend ist das Fünfundzwanzigfache des Jahreswertes des Erbbauzinses ohne Rücksicht auf die Zinsermäßigung in der Eingangsphase oder der Kaufpreis, in jedem Fall jedoch mindestens die Hälfte des nach den §§ 18, 19 Abs. 1, 3 und 6 ermittelten Wertes. Endet das Verfahren ohne eine Vermittlung, bestimmt sich die Gebühr nach dem in Satz 2 genannten Mindestwert.

(3) Wird mit einem Dritten eine Vereinbarung über die Bestellung oder den Verzicht auf dingliche Rechte geschlossen, erhält der Notar für deren Vermittlung die Hälfte der vollen Gebühr. Der Wert richtet sich nach den Bestimmungen über den Geschäftswert in der Kostenordnung; in den Fällen der §§ 36 und 64 jedoch nicht über den Anteil hinaus, für den der Nutzer nach Maßgabe dieser Vorschriften mithaftet.

§ 102
Kostenpflicht, Beschwerde

(1) Für die Kosten des Vermittlungsverfahrens haften Grundstückseigentümer und Nutzer als Gesamtschuldner. Sie haben die Kosten zu teilen. Eine Erstattung der den Beteiligten entstandenen Auslagen findet nicht statt.

(2) Die für das notarielle Vermittlungsverfahren im Falle einer Einstellung nach § 96 entstandenen Kosten sind

1. in den Fällen des § 96 Abs. 1 Nr. 1 zwischen Eigentümer und Nutzer zu teilen,

2. in den Fällen des § 96 Abs. 1 Nr. 2 von dem Antragsteller zu tragen,

3. in den Fällen des § 96 Abs. 2 von dem Beteiligten zu tragen, der das Verfahren nach § 64 des Landwirtschaftsanpassungsgesetzes beantragt hat.

§ 103
Prozeßkostenhilfe

(1) Für das notarielle Vermittlungsverfahren finden die Vorschriften der Zivilprozeßordnung über die Prozeßkostenhilfe mit Ausnahme des § 121 Abs. 1 bis 3 entsprechende Anwendung. Einem Beteiligten ist auf Antrag ein Rechtsanwalt beizuordnen, wenn der andere Beteiligte durch einen Rechtsanwalt vertreten ist und die Beiordnung zur zweckentsprechenden Rechtsverfolgung erforderlich ist.

(2) Für die Entscheidung nach Absatz 1 ist das Gericht zuständig, das nach § 104 Abs. 1 über eine Klage auf Feststellung des Erbbaurechts oder des Ankaufsrechts zu entscheiden hat.

(3) Der Notar hat dem Gericht die Antragsunterlagen zu übermitteln.

UNTERABSCHNITT 3
Gerichtliches Verfahren

§ 104
Allgemeine Vorschriften

(1) Die gerichtlichen Verfahren, die die Bestellung von Erbbaurechten oder den Ankauf des Grundstücks oder des Gebäudes oder der baulichen Anlage betreffen, sind nach den Vorschriften der Zivilprozeßordnung zu erledigen. Ausschließlich zuständig ist das Gericht, in dessen Bezirk das Grundstück ganz oder zum größten Teil belegen ist.

(2) Bei den Landgerichten können Kammern für die Verfahren zur Sachenrechtsbereinigung gebildet werden.

§ 105
Verfahrensvoraussetzungen

Der Kläger hat für eine Klage auf Feststellung über den Inhalt eines Erbbaurechts oder eines Ankaufsrechts nach Maßgabe der §§ 32, 62, 82 und 83 den notariellen Vermittlungsvorschlag und das Abschlußprotokoll vorzulegen. Fehlt es an dem in Satz 1 bezeichneten Erfordernis, hat das Gericht den Kläger unter Fristsetzung zur Vorlage aufzufordern. Verstreicht die Frist fruchtlos, ist die Klage als unzulässig abzuweisen. Die Entscheidung kann ohne mündliche Verhandlung durch Beschluß ergehen.

§ 106
Inhalt der Klageschrift

In der Klageschrift hat sich der Kläger auf den notariellen Vermittlungsvorschlag zu beziehen und darzulegen, ob und in welchen Punkten er eine hiervon abweichende Entscheidung begehrt.

§ 107
Entscheidung

(1) Das Gericht kann bei einer Entscheidung über eine Klage nach § 105 im Urteil auch vom Klageantrag abweichende Rechte und Pflichten der Parteien feststellen. Vor dem Ausspruch sind die Parteien zu hören. Das Gericht darf ohne Zustimmung der Parteien keine Feststellung treffen, die

1. einem von beiden Parteien beantragten Grundstücksgeschäft,

2. einer Verständigung der Parteien über einzelne Punkte oder

3. einer im Vermittlungsvorschlag vorgeschlagenen Regelung, die von den Parteien nicht in den Rechtsstreit einbezogen worden ist,

widerspricht.

(2) Im Urteil sind die Rechte und Pflichten der Parteien festzustellen. Die rechtskräftige Feststellung ist für die Parteien in gleicher Weise verbindlich wie eine vertragsmäßige Vereinbarung.

(3) Das Gericht kann auf Antrag einer Partei im Urteil einen Notar und eine andere geeignete Person im Namen der Parteien beauftragen, die zur Erfüllung notwendigen Rechtshandlungen vorzunehmen, sobald die hierfür erforderlichen Voraussetzungen vorliegen. Die Beauftragten sind für beide Parteien vertretungsberechtigt.

(4) Der Urkundsbeamte der Geschäftsstelle teilt dem Notar, der das Vermittlungsverfahren durchgeführt hat, nach Eintritt der Rechtskraft den Inhalt der Entscheidung mit. Der Notar hat entsprechend § 99 Abs. 2 Satz 2 zu verfahren.

§ 108
Kosten

Über die Kosten entscheidet das Gericht unter Berücksichtigung des Sach- und Streitstands nach billigem Ermessen. Es kann hierbei berücksichtigen, inwieweit der Inhalt der richterlichen Feststellung von den im Rechtsstreit gestellten Anträgen abweicht und eine Partei zur Erhebung im Rechtsstreit zusätzlich entstandener Kosten Veranlassung gegeben hat.

§ 109
Feststellung der Anspruchsberechtigung

(1) Nutzer und Grundstückseigentümer können Klage auf Feststellung des Bestehens oder Nichtbestehens der Anspruchsberechtigung nach diesem Gesetz erheben, wenn der Kläger ein rechtliches Interesse an alsbaldiger Feststellung hat.

(2) Ein Interesse an alsbaldiger Feststellung besteht nicht, wenn wegen der Anmeldung eines Rückübertragungsanspruchs aus § 3 des Vermögensgesetzes über das Grundstück, das Gebäude oder die bauliche Anlage noch nicht verfügt werden kann.

(3) Nehmen mehrere Personen die Rechte als Nutzer für sich in Anspruch und ist in einem Rechtsstreit zwischen ihnen die Anspruchsberechtigung festzustellen, können beide Parteien dem Grundstückseigentümer den Streit verkünden.

(4) § 107 Abs. 4 ist entsprechend anzuwenden.

ABSCHNITT 5
Nutzungstausch

§ 110
Tauschvertrag über Grundstücke

(1) Jeder Grundstückseigentümer, dessen Grundstück von einem nach § 20 des LPG-Gesetzes vom 2. Juli 1982 durchgeführten Nutzungstausch betroffen ist, kann von dem anderen Grundstückseigentümer verlangen, daß das Eigentum an den Grundstücken entsprechend dem Nutzungstausch übertragen wird, wenn

1. eine oder beide der getauschten Flächen bebaut worden sind und

2. der Tausch in einer von der Flurneuordnungsbehörde einzuholenden Stellungnahme befürwortet wird.

(2) Der andere Grundstückseigentümer kann die Erfüllung des Anspruchs aus Absatz 1 verweigern, wenn das an ihn zu übereignende Grundstück von einem Dritten bebaut worden ist.

(3) Soweit sich die Werte von Grund und Boden der getauschten Grundstücke unterscheiden, kann der Eigentümer des Grundstücks mit dem höheren Wert von dem anderen einen Ausgleich in Höhe der Hälfte des Wertunterschieds verlangen.

(4) Im übrigen finden auf den Tauschvertrag die Vorschriften über den Ankauf in §§ 66 bis 75 entsprechende Anwendung.

ABSCHNITT 6
Nutzungsrechte für ausländische Staaten

§ 111
Vorrang völkerrechtlicher Abreden

Die von der Deutschen Demokratischen Republik an andere Staaten verliehenen Nutzungsrechte sind nach den Regelungen in diesem Kapitel anzupassen, soweit dem nicht völkerrechtliche Vereinbarungen entgegenstehen. Artikel 12 des Einigungsvertrages bleibt unberührt.

KAPITEL 3
Alte Erbbaurechte

§ 112
Umwandlung alter Erbbaurechte

(1) War das Grundstück am 1. Januar 1976 mit einem Erbbaurecht belastet, so endet das Erbbaurecht zu dem im Erbbaurechtsvertrag bestimmten Zeitpunkt, frühestens jedoch am 31. Dezember 1995, wenn sich nicht aus dem folgenden etwas anderes ergibt. Das Erbbaurecht verlängert sich bis zum 31. Dezember 2005, wenn ein Wohngebäude aufgrund des Erbbaurechts errichtet worden ist, es sei denn, daß der Grundstückseigentümer ein berechtigtes Interesse an der Beendigung des Erbbaurechts entsprechend § 564 b Abs. 2 Nr. 2 und 3 des Bürgerlichen Gesetzbuchs geltend machen kann.

(2) Hat der Erbbauberechtigte nach dem 31. Dezember 1975 das Grundstück bebaut oder bauliche Maßnahmen nach § 11 Abs. 1 vorgenommen, so endet das Erbbaurecht mit dem Ablauf von

1. 90 Jahren, wenn

   a) ein Ein- oder Zweifamilienhaus errichtet wurde,

   b) ein sozialen Zwecken dienendes Gebäude gebaut wurde,

2. 80 Jahren, wenn das Grundstück im staatlichen oder genossenschaftlichen komplexen Wohnungsbau bebaut wurde,

3. 50 Jahren in allen übrigen Fällen

nach dem Inkrafttreten dieses Gesetzes. Ein Heimfallanspruch kann nur aus den in § 57 genannten Gründen ausgeübt werden. Die Verlängerung der Laufzeit des Erbbaurechts ist in das Grundbuch einzutragen. Der Grundstückseigentümer ist berechtigt, eine Anpassung des Erbbauzinses bis zu der sich aus den §§ 43, 46 bis 49, 52 ergebenden Höhe zu verlangen.

(3) Vorstehende Bestimmungen finden keine Anwendung, wenn das Erbbaurecht auf einem vor-

mals volkseigenen Grundstück bestellt worden ist und bei Ablauf des 2. Oktober 1990 noch bestand. Auf diese Erbbaurechte finden die Bestimmungen dieses Gesetzes für verliehene Nutzungsrechte entsprechende Anwendung.

(4) § 5 Abs. 2 des Einführungsgesetzes zum Zivilgesetzbuch der Deutschen Demokratischen Republik ist vom Inkrafttreten dieses Gesetzes an nicht mehr anzuwenden.

KAPITEL 4

Rechte aus Miteigentum nach § 459
des Zivilgesetzbuchs
der Deutschen Demokratischen Republik

§ 113

Berichtigungsanspruch

(1) Haben vormals volkseigene Betriebe, staatliche Organe und Einrichtungen oder Genossenschaften auf vertraglich genutzten, vormals nichtvolkseigenen Grundstücken nach dem 31. Dezember 1975 und bis zum Ablauf des 30. Juni 1990 bedeutende Werterhöhungen durch Erweiterungs- und Erhaltungsmaßnahmen am Grundstück vorgenommen, so können beide Vertragsteile verlangen, daß der kraft Gesetzes nach § 459 Abs. 1 Satz 2 und Abs. 4 Satz 1 des Zivilgesetzbuchs der Deutschen Demokratischen Republik entstandene Miteigentumsanteil in das Grundbuch eingetragen wird.

(2) Eine bedeutende Werterhöhung liegt in der Regel vor, wenn der Wert des Grundstücks durch Aufwendungen des Besitzers um mindestens 30 000 Mark der Deutschen Demokratischen Republik erhöht wurde. Im Streitfall ist die durch Erweiterungs- und Erhaltungsmaßnahmen eingetretene Werterhöhung durch ein Gutachten zu ermitteln. Die Kosten des Gutachtens hat der zu tragen, zu dessen Gunsten der Miteigentumsanteil in das Grundbuch eingetragen werden soll.

§ 114

Aufgebotsverfahren

(1) Der Eigentümer eines nach § 459 des Zivilgesetzbuchs der Deutschen Demokratischen Republik entstandenen Miteigentumsanteils kann von den anderen Miteigentümern im Wege eines Aufgebotsverfahrens mit seinem Recht ausgeschlossen werden, wenn der Miteigentumsanteil weder im Grundbuch eingetragen noch in einer Frist von fünf Jahren nach dem Inkrafttreten dieses Gesetzes die Berichtigung des Grundbuchs nach § 113 beantragt worden ist.

(2) Für das Verfahren gelten, soweit nicht im folgenden etwas anderes bestimmt ist, die §§ 977 bis 981 der Zivilprozeßordnung entsprechend. Meldet der Miteigentümer sein Recht im Aufgebotstermin an, so tritt die Ausschließung nur dann nicht ein, wenn der Berichtigungsanspruch bis zum Termin rechtshängig gemacht oder anerkannt worden ist. Im Aufgebot ist auf diese Rechtsfolge hinzuweisen.

(3) Mit dem Ausschlußurteil erwirbt der andere Miteigentümer den nach § 459 des Zivilgesetzbuchs der Deutschen Demokratischen Republik entstandenen Anteil. Der ausgeschlossene Miteigentümer kann entsprechend der Regelung in § 818 des Bürgerlichen Gesetzbuchs Ausgleich für den Eigentumsverlust verlangen.

§ 115

Ankaufsrecht bei Auflösung der Gemeinschaft

Das Rechtsverhältnis der Miteigentümer bestimmt sich nach den Vorschriften über das Miteigentum und über die Gemeinschaft im Bürgerlichen Gesetzbuch. Im Falle der Auflösung der Gemeinschaft kann der bisher durch Vertrag zum Besitz berechtigte Miteigentümer den Ankauf des Miteigentumsanteils des anderen zum Verkehrswert verlangen, wenn hierfür ein dringendes öffentliches oder betriebliches Bedürfnis besteht.

KAPITEL 5

Ansprüche auf Bestellung von Dienstbarkeiten

§ 116

Bestellung einer Dienstbarkeit

Derjenige, der ein Grundstück in einzelnen Beziehungen nutzt oder auf diesem Grundstück eine Anlage unterhält (Mitbenutzer), kann von dem Eigentümer die Bestellung einer Grunddienstbarkeit oder einer beschränkten persönlichen Dienstbarkeit verlangen, wenn

1. die Nutzung vor den in § 8 genannten Zeitpunkten begründet wurde,

2. die Nutzung des Grundstücks für die Erschließung oder Entsorgung eines eigenen Grundstücks oder Bauwerks erforderlich ist und

3. ein Mitbenutzungsrecht nach den §§ 321 und 322 des Zivilgesetzbuchs der Deutschen Demokratischen Republik nicht begründet wurde.

Der in Satz 1 bezeichnete Anspruch steht auch öffentlichen Versorgungsunternehmen zu, wenn die Anlage vor den in § 8 bestimmten Zeitpunkten errichtet wurde und die Mitbenutzung nicht durch andere Rechtsvorschriften oder ein Mitbenutzungsrecht gesichert ist.

§ 117

Einwendungen des Grundstückseigentümers

(1) Der Grundstückseigentümer kann die Bestellung einer Dienstbarkeit verweigern, wenn

1. die weitere Mitbenutzung oder der weitere Fortbestand der Anlage die Nutzung des belasteten Grundstücks erheblich beeinträchtigen würde, der

Mitbenutzer der Inanspruchnahme des Grundstücks nicht bedarf oder eine Verlegung der Ausübung möglich ist und keinen unverhältnismäßigen Aufwand verursachen würde oder

2. die Nachteile für das zu belastende Grundstück die Vorteile für das herrschende Grundstück überwiegen und eine anderweitige Erschließung oder Entsorgung mit einem im Verhältnis zu den Nachteilen geringen Aufwand hergestellt werden kann.

Die Kosten einer Verlegung haben die Beteiligten zu teilen.

(2) Sind Erschließungs- oder Entsorgungsanlagen zu verlegen, so besteht ein Recht zur Mitbenutzung des Grundstücks im bisherigen Umfange für die Zeit, die für eine solche Verlegung erforderlich ist. Der Grundstückseigentümer hat dem Nutzer eine angemessene Frist einzuräumen. Können sich die Parteien über die Dauer, für die das Recht nach Satz 1 fortbesteht, nicht einigen, so kann die Frist durch gerichtliche Entscheidung bestimmt werden. Eine richterliche Fristbestimmung wirkt auch gegenüber den Rechtsnachfolgern der Parteien.

(3) Die Absätze 1 und 2 sind auf die Leitungen öffentlicher Versorgungsunternehmen nicht anzuwenden.

§ 118
Entgelt

(1) Der Eigentümer des belasteten Grundstücks kann die Zustimmung zur Bestellung einer Dienstbarkeit von der Zahlung eines einmaligen oder eines in wiederkehrenden Leistungen zu zahlenden Entgelts (Rente) abhängig machen. Es kann ein Entgelt gefordert werden

1. bis zur Hälfte der Höhe, wie sie für die Begründung solcher Belastungen üblich ist, wenn die Inanspruchnahme des Grundstücks auf den von landwirtschaftlichen Produktionsgenossenschaften bewirtschafteten Flächen bis zum Ablauf des 30. Juni 1990, in allen anderen Fällen bis zum Ablauf des 2. Oktober 1990 begründet wurde und das Mitbenutzungsrecht in der bisherigen Weise ausgeübt wird, oder

2. in Höhe des üblichen Entgelts, wenn die Nutzung des herrschenden Grundstücks und die Mitbenutzung des belasteten Grundstücks nach den in Nummer 1 genannten Zeitpunkten geändert wurde.

(2) Das in Absatz 1 bestimmte Entgelt steht dem Eigentümer nicht zu, wenn

1. nach dem 2. Oktober 1990 ein Mitbenutzungsrecht bestand und dieses nicht erloschen ist, oder

2. der Eigentümer sich mit der Mitbenutzung einverstanden erklärt hat.

§ 119
Fortbestehende Rechte, andere Ansprüche

Die Vorschriften dieses Kapitels finden keine Anwendung, wenn die Mitbenutzung des Grundstücks

1. aufgrund nach dem Einigungsvertrag fortgeltender Rechtsvorschriften der Deutschen Demokratischen Republik oder

2. durch andere Rechtsvorschriften

gestattet ist.

KAPITEL 6

Schlußvorschriften

ABSCHNITT 1

Behördliche Prüfung der Teilung

§ 120
Genehmigungen nach dem Baugesetzbuch

(1) Die Teilung eines Grundstücks nach diesem Gesetz bedarf der Teilungsgenehmigung nach den Vorschriften des Baugesetzbuchs. Dabei ist § 20 des Baugesetzbuchs mit folgenden Maßgaben anzuwenden:

1. die Teilungsgenehmigung ist zu erteilen, wenn die beabsichtigte Grundstücksteilung den Nutzungsgrenzen in der ehemaligen Liegenschaftsdokumentation oder dem Inhalt einer Nutzungsurkunde entspricht, in der die Grenzen des Nutzungsrechts in einer grafischen Darstellung (Karte) ausgewiesen sind,

2. für die Teilungsgenehmigung ist ein Vermögenszuordnungsbescheid zugrunde zu legen, soweit dieser über die Grenzen der betroffenen Grundstücke Aufschluß gibt,

3. in anderen als den in den Nummern 1 und 2 bezeichneten Fällen ist die Teilungsgenehmigung nach dem Bestand zu erteilen,

4. ist eine Teilung zum Zwecke der Vorbereitung einer Nutzungsänderung oder baulichen Erweiterung beantragt, die nach § 20 des Baugesetzbuchs nicht genehmigungsfähig wäre, kann eine Teilungsgenehmigung nach dem Bestand erteilt werden.

Wird die Teilungsgenehmigung nach Satz 2 erteilt, findet § 21 des Baugesetzbuchs keine Anwendung. Die Maßgaben nach Satz 2 gelten entsprechend für die Erteilung einer Teilungsgenehmigung nach § 144 Abs. 1 Nr. 2 und § 145 des Baugesetzbuchs im förmlich festgelegten Sanierungsgebiet sowie nach § 169 Abs. 1 Nr. 1 in Verbindung mit § 144 Abs. 1 Nr. 2 und § 145 des Baugesetzbuchs im städtebaulichen Entwicklungsbereich.

(2) Die Bestellung eines Erbbaurechts nach diesem Gesetz bedarf einer Genehmigung entsprechend

Absatz 1, wenn nach dem Erbbaurechtsvertrag die Nutzungsbefugnis des Erbbauberechtigten sich nicht auf das Grundstück insgesamt erstreckt.

(3) Ist die Genehmigung für die Bestellung eines Erbbaurechts nach Absatz 2 erteilt worden, gilt § 21 des Baugesetzbuchs entsprechend für den Antrag auf Erteilung einer Teilungsgenehmigung, der innerhalb von sieben Jahren seit der Erteilung der Genehmigung nach Absatz 2 gestellt wurde.

(4) Der Ankauf von Grundstücken sowie die Bestellung eines Erbbaurechts nach diesem Gesetz bedürfen innerhalb eines förmlich festgelegten Sanierungsgebiets nicht der Genehmigung nach § 144 Abs. 2 Nr. 1 und 2 des Baugesetzbuchs und innerhalb eines förmlich festgelegten Entwicklungsbereichs nicht der Genehmigung nach § 169 Abs. 1 Nr. 1 des Baugesetzbuchs.

(5) Im übrigen bleiben die Vorschriften des Baugesetzbuchs unberührt.

ABSCHNITT 2

Rückübertragung von dinglichen Rechten

§ 121

Entsprechende Anwendung des Sachenrechtsbereinigungsgesetzes

Hat das Amt zur Regelung offener Vermögensfragen nach dem 2. Oktober 1990 für ein entzogenes Nutzungsrecht nach § 287 Abs. 1 und § 291 des Zivilgesetzbuchs der Deutschen Demokratischen Republik ein Erbbaurecht oder ein anderes beschränktes dingliches Recht begründet, so sind die Bestimmungen in KAPITEL 2 entsprechend anzuwenden.

ABSCHNITT 3

Übergangsregelung

§ 122

Härteklausel bei niedrigen Grundstückswerten

(1) Der Nutzer eines Grundstücks, dessen Verkehrswert die in § 14 Abs. 2 bezeichneten Beträge nicht übersteigt, kann einem Ankaufsverlangen des Grundstückseigentümers widersprechen und den Abschluß eines längstens auf sechs Jahre nach dem Inkrafttreten dieses Gesetzes befristeten Nutzungsvertrages verlangen, wenn er die für den Ankauf erforderlichen Mittel zum gegenwärtigen Zeitpunkt aus besonderen persönlichen oder wirtschaftlichen Gründen nicht aufzubringen vermag.

(2) Das Entgelt für die Nutzung bestimmt sich nach dem Betrag, der nach diesem Gesetz als Erbbauzins zu zahlen wäre. Im übrigen bleiben die Rechte und Pflichten der Beteiligten für die Vertragsdauer unberührt.

2. Allgemeine Begründung zum Gesetzentwurf

ERSTER TEIL

Allgemeine Begründung

A. Grundlagen der Sachenrechtsbereinigung

In den neuen Bundesländern trifft man als Besonderheit an, daß die Errichtung von Bauwerken weithin nicht mit dem Eigentumserwerb an dem Grundstück verbunden war. Die Inanspruchnahme der Grundstücke beruhte auf Entscheidungen staatlicher Stellen, die die Vorgaben einer sozialistischen Planwirtschaft zu vollziehen hatten.

Die Zuweisung von Grund und Boden zum Zwecke der Bebauung erfolgte in unterschiedlichen Rechtsformen (Nutzungsrechte, Rechtsträgerschaften u. a.), nicht selten aber auch formlos ohne Rücksicht auf bestehende Eigentumsverhältnisse. So gibt es ganze Plattenbausiedlungen, die auf Privatgrund errichtet worden sind, ohne daß das Grundeigentum enteignet war oder hierfür andere rechtliche Regelungen vertraglich vereinbart worden wären. An den Gebäuden entstand überwiegend selbständiges Gebäudeeigentum, während die Eigentumsverhältnisse am Grundstück unverändert blieben. Solche Rechtsverhältnisse finden sich in allen Bereichen (Einfamilienhäuser, Miethäuser und Plattenbauten, gewerbliche Objekte sowie Gebäude und bauliche Anlagen im landwirtschaftlichen Bereich).

Die rechtliche Regelung der Bodennutzung durch Begründung und Übertragung von Rechtsträgerschaften sowie die Bestellung von Nutzungsrechten entsprach dem sozialistischen System, in dem die öffentlich-rechtliche Nutzungszuweisung in weiten Bereichen die auf dem Eigentum beruhende privatnützige Bewirtschaftung ersetzte. Rechtsträgerschaft und Nutzungsrecht unterscheiden sich insofern grundlegend von einem durch Rechtsgeschäft begründeten dinglichen Recht.

Das Recht hatte in der Planwirtschaft dem Vollzug des Planes zu dienen, der die entscheidenden wirtschaftlichen Daten setzte. Die Klärung der tatsächlichen und der rechtlichen Verhältnisse an den Grundstücken war in der Regel nicht Voraussetzung einer baulichen Investition, sondern folgte dieser nach. In vielen Fällen blieb eine der Bebauung entsprechende Vermessung und Regelung der Eigentumsverhältnisse an den Grundstücken jedoch aus. Die Sachenrechtsbereinigung findet somit dem Bürgerlichen Gesetzbuch (im folgenden: BGB) und einer marktwirtschaftlich bestimmten Wirtschaftsordnung nicht entsprechende Rechtsformen der Bodennutzung sowie gänzlich ungeregelte Bebauungen fremder Grundstücke vor.

Mit der Marktwirtschaft ist der Boden wieder ein werthaltiges, verkehrsgängiges Wirtschaftsgut geworden. Das Verhältnis zwischen dem das Grundstück nutzenden Gebäudeinhaber und dem Grundstückseigentümer muß deshalb neu geregelt werden.

Die hierzu bis jetzt ergangenen rechtlichen Regelungen hatten den im Interesse des Erhalts des Rechtsfriedens notwendigen Schutz des vorgefundenen Besitzstands zum Ziel. Mit dem Einigungsvertrag wurden die Nutzungsrechte gesichert, indem sie wie ein nach dem BGB begründetes dingliches Recht am Grundstück fortbestehen. Das Zweite Vermögensrechtsänderungsgesetz hat mit dem Moratorium für die rechtlich nicht gesicherten Bebauungen einen befristeten Besitzschutz begründet.

Mit der Sachenrechtsbereinigung ist nunmehr für die Zukunft ein endgültiger Interessenausgleich zwischen den Nutzern und den Eigentümern der überbauten Grundstücke herzustellen. Dies ist ein wichtiges Element für den Erhalt des Rechtsfriedens im Beitrittsgebiet. Die Rechtsverhältnisse müssen an das BGB und seine Nebengesetze angepaßt werden, um die Verfügbarkeit und Beleihbarkeit für die baulichen Investitionen wesentlich zu erleichtern oder erst zu schaffen. Die Regelung hat dabei den durch die Einführung der Marktwirtschaft völlig veränderten Verhältnissen auf dem Grundstücksmarkt Rechnung zu tragen. Insoweit ist ein hohes Maß an Sensibilität auch deshalb gefordert, weil die Bestellung der Nutzungsrechte und die eine Bebauung ermöglichende Entscheidung staatlicher Stellen nicht nach rechtsstaatlichen Grundsätzen erfolgte, wobei man sich über einen entgegenstehenden Willen des Grundstückseigentümers einfach hinwegsetzte.

Nicht zuletzt sind mit der Sachenrechtsbereinigung weitere Investitionshindernisse abzubauen. In einem Rechtsstaat muß die rechtliche Regelung Voraussetzung einer Investition sein; es ist nicht zulässig, durch die Bebauung Tatsachen zu schaffen und die Klärung der Rechtsverhältnisse an den Grundstücken auf einen späteren Zeitpunkt zu verschieben. Indem die Sachenrechtsbereinigung die Eckdaten und Instrumente für die Anpassung der Nutzungsrechte und die Absicherung der Bebauungen ohne Nutzungsrechtsbestellung zur Verfügung stellt, schafft sie zugleich die Voraussetzungen für weitere Investitionen auf diesem Grundstück. Die Anwendung dieser Instrumente liegt jedoch in der Hand der betroffenen Nutzer und Grundstückseigentümer; sie müssen sich entscheiden, ob und wann sie von den angebotenen Möglichkeiten Gebrauch machen.

1. Rechtliche Gestaltung und wirtschaftliche Bedeutung des privaten Grundstückseigentums in der ehemaligen DDR

Das Privateigentum an Grund und Boden war in der ehemaligen DDR kein wirtschaftlich bedeutender Faktor. Das Recht zur Nutzung eines Grundstücks beruhte weitgehend auf einem System öffentlich-rechtlicher Nutzungszuweisung. Das war Folge der Verstaatlichung großer Bodenflächen und der Kollektivierung nahezu des gesamten Grundeigentums auf dem Lande unter das gesetzliche Nutzungsrecht der landwirtschaftlichen Produktionsgenossenschaften.

a) Aushöhlung der Bedeutung des Privateigentums an Grund und Boden

— Wesentliche Teile der Wirtschaft wurden unmittelbar nach dem Kriegsende verstaatlicht. Bereits unter Leitung der sowjetischen Besatzungsmacht wurde das Privateigentum an Industriebetrieben, Banken und Versicherungsanstalten (einschließlich des diesen Gesellschaften gehörenden Grundvermögens) enteignet und in sog. Volkseigentum überführt. — Der noch in der Besatzungszeit im Zuge der Bodenreform enteignete Großgrundbesitz wurde zwar zum Teil an landlose und landarme Bauern übereignet; die daraus entstandenen Bodenreformwirtschaften unterlagen jedoch als „Arbeitseigentum" zahlreichen Verfügungsbeschränkungen und waren unter bestimmten Voraussetzungen — z. B. wenn sie nicht mehr landwirtschaftlich genutzt wurden — in den staatlichen Bodenfonds „zurückzuführen".

— Im ländlichen Bereich bestand das private Grundeigentum zwar in weiten Bereichen formell als Rechtstitel fort; es wurde jedoch von dem Bodennutzungsrecht der landwirtschaftlichen Produktionsgenossenschaften überlagert und damit in seiner wirtschaftlichen Bedeutung ausgehöhlt.

— Soweit das Eigentum an Grundstücken weder enteignet noch auf dem Lande einer kollektiven Bewirtschaftung unterworfen wurde, war seine wirtschaftliche Nutzung wesentlichen Beschränkungen unterworfen. Dies galt sowohl für die Veräußerung als auch für die Vermietung und Verpachtung von Grundstücken.

Der Verkauf von Grundstücken wurde durch das umfassende Erfordernis einer Grundstücksverkehrsgenehmigung und die Preisbindung wesentlichen Beschränkungen unterworfen:

— Die Versagungsgründe für die staatliche Genehmigung waren in § 3 Abs. 4 der Grundstücksverkehrsverordnung vom 15. Dezember 1977 — GBl. I 1978 Nr. 5 S. 73, die zuvor geltende ähnliche Bestimmungen ablösten, weit gefaßt. So war die Genehmigung u. a. zu versagen, wenn „die ordnungsgemäße Verwaltung oder die gesellschaftlich effektive Nutzung des Grundstücks nicht gewährleistet" war oder „in anderer Weise staatliche oder gesellschaftliche Interessen verletzt" wurden. Die Grundstücksverkehrsgenehmigung wurde hierdurch als Instrument umfassender staatlicher Kontrolle eingesetzt und auch für willkürliche Entscheidungen der örtlichen Stellen mißbraucht. In der Praxis reduzierte der Genehmigungsvorbehalt für die Eigentumsübertragung an Grundstücken und rechtlich selbständigen Gebäuden radikal das Wahlrecht des Verkäufers bei der Auswahl des Käufers. Die Grundstücksverkehrsgenehmigung ist deshalb — selbst von Juristen der DDR — nach der Wende als ein besonders penetrantes Beispiel für die administrative Leitung der Gesellschaft und ihrer Bürger bezeichnet worden (K. Heuer, Grundzüge des Bodenrechts der DDR 1949—1990, Rdn. 105).

— Der Kaufpreis mußte den gesetzlichen Preisvorschriften entsprechen (§ 305 Abs. 1 des Zivilgesetzbuchs der DDR — im folgenden: ZGB). Diese waren nach der umfassenden Preisanordnung Nr. 415 vom 6. Mai 1955 (GBl. I Nr. 39 S. 330) auf die bis dahin behördlich akzeptierten Sätze festgeschrieben und damit „eingefroren". Frei vereinbarte Preisfindungen sowie Anpassungen der Grundstückspreise an die allgemeine wirtschaftliche Entwicklung waren damit ausgeschlossen.

Für die Einkünfte aus Vermietung und Verpachtung galten noch weitergehende preisrechtliche Einschränkungen:

— Eine wirtschaftlich sinnvolle Vermietung war durch Festhalten am Mietzinsniveau von 1936(!) ausgeschlossen. Die bereits erwähnte allgemeine Preisanordnung Nr. 415 verwies auf die bestehenden preisrechtlichen Bestimmungen; in der ehemaligen DDR galt der nach Abschnitt III Absatz 1 der Ersten AusführungsVO zur Verordnung über das Verbot von Preiserhöhungen vom 30. November 1936 (RGBl. II S. 956) eingeführte Mietpreisstopp fort (vgl. zu den DDR-Mieten Möschel, DDRZ 1991, 72; Pfeifer, ZMR 1991, 321, 322; K. Heuer, a.a.O., Rdn. 72).

Die die später errichteten Bauten betreffenden Bestimmungen (Verordnung vom 10. Mai 1972 — GBl. II Nr. 27 S. 318 in der Fassung der Verordnung vom 19. November 1981 Nr. 34 S. 389, die mit Höchstsätzen von 1,25 M/qm in Ost-Berlin auch keine kostendeckende Vermietung ermöglichte) galten allein für den staatlichen und genossenschaftlichen Wohnungsbau. Einen freien Wohnungsbau gab es in der ehemaligen DDR nicht.

— Die Erzielung von Einkünften aus der Verpachtung von Grundstücken wurde wirtschaftlich ausgehöhlt durch

— die Kollektivierung der land- und forstwirtschaftlichen Produktion,

— den Zwang zum Abschluß solcher Verträge über den Rat des Kreises nach der Verordnung über die einheitliche Bewirtschaftung landwirtschaftlicher Nutzflächen durch die landwirtschaftlichen Produktionsgenossenschaften vom 20. Januar 1955 (GBl. I Nr. 10 S. 97),

— die Festsetzung von Höchstpreisen gemäß Erster Durchführungsbestimmung vom

30. September 1953 (GBl. Nr. 105 S. 1013) zur Verordnung über die Bewirtschaftung freier Betriebe und Flächen und die Schaffung von Betrieben der örtlichen Landwirtschaft (GBl. Nr. 99 S. 983).

In der Praxis wurden von den Räten der Kreise zunehmend der Abschluß solcher Pachtverträge abgelehnt und statt dessen Nutzungsverträge abgeschlossen, die dem Eigentümer keine Zinseinkünfte überließen, sondern allein eine Bezahlung der Lasten des Grundstücks vorsahen. Im ZGB war schließlich der Pachtvertrag als typische Rechtsform der Einkunftserzielung aus Grundvermögen nicht mehr vorgesehen. (In Einzelfällen wurde auf § 45 Abs. 3 ZGB zurückgegriffen, der von dem ZGB abweichende Vertragsgestaltungen zuließ, wenn diese nicht gegen Inhalt und Zweck des Gesetzes verstießen.)

b) Begründung eines Systems öffentlich-rechtlicher Nutzungszuweisung

Die Enteignung großer Flächen ohne Bindung an bestimmte Vorhaben führte zur Begründung eines selbständigen Gebäudeeigentums und zu einem System der Verleihung von Nutzungsrechten. Nach den allgemeinen Grundsätzen des Sachenrechts des BGB, das in der DDR bis zum 31. Dezember 1975 galt, wären die auf solchen Flächen errichteten Gebäude Bestandteile des Grundstücks und damit Volkseigentum geworden. Alle baulichen Aufwendungen wären — wenn es kein selbständiges Gebäudeeigentum gegeben hätte — dem Volkseigentum (also letztlich dem Staat) angefallen.

Damit wäre der Anreiz zum Hausbau durch Bürger und Genossenschaften entfallen; die Bautätigkeit wäre insoweit zum Erliegen gekommen. Der Ausweg bestand in der Einführung eines vom Grund und Boden getrennten Gebäudeeigentums, das Bürger als persönliches, die Genossenschaften als sozialistisches, genossenschaftliches Eigentum erwerben konnten. Entsprechend sowjetischen Vorbildern wurde das selbständige Eigentum am Gebäude in den frühen fünfziger Jahren als eine neben dem BGB bestehende Eigentumsform eingeführt. Das Eigentum am Gebäude durfte jedoch nur in Übereinstimmung mit den Interessen der Gesellschaft ausgeübt werden und war deshalb zahlreichen, in der Ideologie begründeten Einschränkungen unterworfen (vgl. Strohbach, NJ 1954, 689, 691). So waren z. B. Verfügungen über solche Häuser nur in beschränktem Umfang möglich und eine Vermietung der Eigenheime auf volkseigenen Grundstücken ausgeschlossen.

Der Staat verlieh vielmehr einen Teil seiner Nutzungsbefugnisse und -pflichten an Grundstücken bezüglich des Volkseigentums vor allem an Bürger und Genossenschaften. Entscheidend war der Verleihungsakt; dieser und nicht die so entstandene Belastung des Grundstücks wurde in das Grundbuch eingetragen. Ein in dieser Weise verliehenes Nutzungsrecht konnte nur entsprechend dem Verleihungszweck ausgeübt und bei nicht entsprechender Nutzung gegebenenfalls auch wieder entzogen werden.

Das Nutzungsrecht der landwirtschaftlichen Produktionsgenossenschaften wurde ebenfalls als ein gesellschaftliches Institut verstanden. Wie das verliehene Nutzungsrecht ermöglichte es die Begründung selbständigen Gebäudeeigentums auf den dem Nutzungsrecht unterliegenden Flächen (Eggers-Lorenz, NJ 1953, 704, 705).

Mit der immer weitergehenden Überführung des Grund und Bodens in sog. Volkseigentum und der umfassenden kollektiven Bewirtschaftung der landwirtschaftlich genutzten Flächen gewann die öffentlich-rechtliche Zuweisung des Baugrunds eine für die Bebauung mehr und mehr ausschlaggebende Bedeutung. Die staatliche Entscheidung (oder im LPG-Bereich die des LPG-Vorstands) war bestimmend; auf den Erwerb von Rechten an Grundstücken und die Eigentumsverhältnisse kam es aus der Sicht der Betroffenen immer weniger an.

2. Veränderungen in der DDR nach der Wende

Die Änderungen der rechtlichen und wirtschaftlichen Rahmenbedingungen für die Nutzung und Bewirtschaftung von Grundstücken wurden nach der Wende durch die Wahlen zur Volkskammer vom 18. März 1990 und durch den Vertrag über die Schaffung einer Währungs-, Wirtschafts- und Sozialunion vom 18. Mai 1990 (BGBl. II S. 537) eingeleitet. Beispielhaft sind hier nur zu nennen:

— Überführung der früheren volkseigenen Betriebe in privatwirtschaftliche Unternehmensformen unter Übertragung der in Rechtsträgerschaft genutzten Grundstücke in das Eigentum der Unternehmen (§ 11 Abs. 2 Treuhandgesetz) mit der Folge einer auf dem Eigentum an den Grundstücken beruhenden Bodennutzung,

— Aufhebung der Zwangskollektivierung und die schrittweise Wiederherstellung einer auf dem Privateigentum beruhenden Bodennutzung im ländlichen Bereich (§ 1 Landwirtschaftsanpassungsgesetz), womit auch die Befugnis zur Begründung von Nutzungsrechten entfiel,

— der Übergang zum Grundsatz der freien Preisbildung (§ 1 Preisgesetz vom 22. Juni 1990 — GBl. I Nr. 37 S. 471), wovon aus sozialen und wohnungswirtschaftlichen Gründen die Mieten und Pachten zunächst ausgenommen blieben.

3. Änderungen durch den Einigungsvertrag

— Der Einigungsvertrag hat die Grundlagen für die Wiederherstellung der Rechtseinheit auch auf dem Gebiet des Grundstücksrechts geschaffen. Das BGB und die Grundbuchordnung traten mit dem Wirksamwerden des Beitritts in den neuen Ländern wieder in Kraft. Die Reste des Systems der Zuweisung von Nutzungsrechten wurden aufgehoben. Im Interesse des Erhalts des Rechtsfriedens sowie der redlich erworbenen Besitzstände blieben die in der ehemaligen DDR begründeten Bodennutzungsrechte und das selbständige Gebäudeeigentum erhalten. Eine Anpassung dieser Rechte an das BGB oder an veränderte Verhältnisse blieb jedoch vorbehalten.

— Bisherige Verfügungsbeschränkungen in der Grundstücksverkehrsverordnung wurden aufgehoben. Das Genehmigungserfordernis dient nur noch der Sicherung angemeldeter Rückübertragungsansprüche nach § 3 Abs. 1 Satz 1 des Vermögensgesetzes.

— Im Wohnungsmietrecht gelten für die nach dem 3. Oktober 1990 fertiggestellten Gebäude grundsätzlich die allgemeinen Bestimmungen im Gesetz zur Regelung der Miethöhe, die keine preisrechtlichen Festlegungen auf eine bestimmte Miethöhe enthalten. Für die vorher errichteten Gebäude werden durch die Grundmietenverordnungen die bisher extrem niedrigen Mietzinsen schrittweise angehoben und so allmählich an marktwirtschaftliche Strukturen herangeführt.

4. Wirtschaftliche Folgen

Der Übergang von der sozialistischen Planwirtschaft zur sozialen Marktwirtschaft hat auch auf dem Immobilienmarkt zu grundlegenden Veränderungen geführt. Sichtbar wird dies vor allem an dem explosionsartigen Anstieg der Grundstückspreise in den neuen Ländern in den ersten zwei Jahren nach dem Beitritt. (Dabei ist allerdings zu berücksichtigen, daß das durch den Preisstopp administrativ niedrig gehaltene Preisniveau die Ausgangsbasis war.)

So sind z. B. nach den von Maklern mitgeteilten Beobachtungen die Baulandpreise von Anfang 1991 zu Anfang 1992 in Schwerin von 50 DM/qm auf 150 DM/qm, in Leipzig von 60 DM/qm auf 390 DM/qm, in Erfurt von 90 DM/qm auf 400 DM/qm und in Dresden von 200 DM/qm auf 300 DM/qm gestiegen. Aufgrund der Zunahme des Angebots an Grundstücken sei danach allerdings wieder ein leichter Rückgang der Baulandpreise eingetreten.

Die in den alten Ländern in über vierzig Jahren eingetretenen Wertveränderungen haben sich in den neuen Ländern im Zeitraffer von zwei Jahren nachvollzogen. In einer längerfristigen Prognose ist zu erwarten, daß mit der Rechtsangleichung in den neuen Ländern die gleichen Verhältnisse eintreten wie in den alten.

Diese Entwicklung hat auch zu einer Veränderung der Relationen zwischen den in den Gebäuden und in den Grundstücken verkörperten Werten geführt. Waren die Gebäude im sozialistischen Rechts- und Wirtschaftssystem die allein werthaltigen Objekte, so stellen jetzt die Grundstücke erhebliche Vermögenswerte dar. In vielen Fällen geht der Wert der Grundstücke dabei über den der Gebäude (vor allem bei älteren, abgeschriebenen oder verfallenen Objekten) weit hinaus.

5. Probleme für einen Interessenausgleich

Die Sachenrechtsbereinigung muß die Rechte zwischen den Grundstückseigentümern und den Nutzern neu regeln und dabei einen sachgerechten Interessenausgleich herbeiführen. Die Veränderung der wirtschaftlichen Werte erleichtert dies nicht. Das Grundeigentum ist nicht mehr ein in wirtschaftlicher Bedeutung ausgehöhlter, leerer Rechtstitel; es hat durch die Einführung der Marktwirtschaft einen erheblichen Wertzuwachs erfahren. Mit der gesetzlichen Regelung wird eine Entscheidung über die Verteilung dieses Wertzuwachses geschaffen. Die Vorstellungen der betroffenen Grundstückseigentümer und Nutzer hierzu gehen, wie nicht anders zu erwarten, in der Regel weit auseinander.

B. Gegenstände der Sachenrechtsbereinigung

1. Anpassung bestehender Nutzungsrechte und Begründung von Ansprüchen zur baulichen Nutzung und zum Erwerb fremder Grundstücke

a) Betroffene Fallgruppen

aa) Verliehene und zugewiesene Nutzungsrechte

Die in der ehemaligen DDR bestellten Nutzungsrechte beruhen auf öffentlich-rechtlicher Nutzungszuweisung. Ihre Ausgestaltung entsprach mehr staatlichen Lehen als dinglichen Rechten im Sinne des BGB. Mit der Sachenrechtsbereinigung muß dafür gesorgt werden, daß entweder aus diesen Nutzungsrechten dem BGB konforme verkehrsfähige dingliche Rechte entstehen oder eine Auflösung des Konflikts zwischen Nutzer und Grundstückseigentümer durch Hinzuerwerb des Grundstücks durch den Nutzer (Komplettierung) herbeigeführt wird. Im einzelnen handelt es sich hier um die folgenden drei Fallgruppen:

— Bürgern für den Bau von Eigenheimen verliehene oder zugewiesene Nutzungsrechte (§§ 287 bis 290; §§ 291 bis 294 ZGB);

— Nutzungsrechte für Arbeiterwohnungsbaugenossenschaften zum genossenschaftlichen Wohnungsbau auf volkseigenen Grundstücken (§ 7 der Verordnung vom 21. November 1963 — GBl. I Nr. 12 S. 109);

— Nutzungsrechte für andere Genossenschaften, die meist für gewerblichen Zwecken dienende Gebäude verliehen wurden (§ 1 des Gesetzes über die Verleihung von Nutzungsrechten an volkseigenen Grundstücken vom 14. Dezember 1970 — GBl. I Nr. 24 S. 372).

Diese Rechte bestehen nach Artikel 233 § 3 Abs. 1 des Einführungsgesetzes zum Bürgerlichen Gesetzbuche (im folgenden: EGBGB) in der Fassung durch die Anlage I zum Einigungsvertrag nunmehr mit dem bisherigen Inhalt und Rang als dingliche Rechte am Grundstück fort; ihre Anpassung an das BGB und seine Nebengesetze oder an veränderte Verhältnisse nach Artikel 233 § 3 Abs. 2 EGBGB bleibt jedoch vorbehalten. Die Anpassung läßt sich hier nur im Wege der Rechtsumwandlung herbeiführen, wobei sowohl die Rechtsform als auch der Inhalt der Nutzungsrechte verändert werden müssen.

bb) *Andere bauliche Investitionen*

Die Bebauung fremder Grundstücke in der ehemaligen DDR erfolgte nicht allein auf der Grundlage von Nutzungsrechten. Bei einer Betrachtung aller von der Sachenrechtsbereinigung zu regelnden Fälle sind die Nutzungsrechte nur ein Teilbereich, der nicht einmal die Mehrzahl der betroffenen Sachverhalte darstellen dürfte.

Die bauliche Inanspruchnahme des fremden Grundstücks konnte auf gesetzlichen Regelungen beruhen, die im ZGB keine Aufnahme gefunden hatten, auf Musterstatuten für die landwirtschaftlichen Produktionsgenossenschaften und schließlich auf schlichtem, teilweise rechtswidrigem, jedoch üblichem Verwaltungshandeln. Im einzelnen sind hier, ohne daß eine Gewähr für die Vollständigkeit der nachfolgenden Darstellung gegeben werden könnte, folgende Gestaltungen anzutreffen und zu regeln:

(1) Eigenheime

— Auf den landwirtschaftlichen Produktionsgenossenschaften zugewiesenen Flächen wurden Eigenheime und Nebengebäude als sogenannte Hauswirtschaftsgebäude nach den Musterstatuten (Nr. 67 des Musterstatuts für den Typ I vom 9. April 1959 und Nr. 69 des Musterstatuts für den Typ III vom 9. April 1959) errichtet. An diesen Gebäuden besteht selbständiges Gebäudeeigentum.

Selbständiges Gebäudeeigentum entstand ferner an den von den landwirtschaftlichen Produktionsgenossenschaften errichteten Gebäuden (§ 27 LPG-Gesetz vom 2. Juli 1982, GBl. I Nr. 25 S. 443 — im folgenden: LPG-Gesetz 1982, vorher § 13 LPG-Gesetz vom 3. Juni 1959, GBl. I Nr. 36 S. 577 — im folgenden: LPG-Gesetz 1959). Dies konnten auch Eigenheime sein, mit deren Bau die landwirtschaftliche Produktionsgenossenschaft nach § 2 Abs. 2 der Eigenheimverordnung (vom 31. August 1978, GBl. I Nr. 40 S. 425) beginnen und die sie später während des Baus oder nach dessen Fertigstellung auf einen Bürger übertragen konnte.

Nutzungsrechte wurden hier häufig nicht zugewiesen. Solange das gesetzliche Nutzungsrecht der landwirtschaftlichen Produktionsgenossenschaften bestand, war der Besitz des Gebäudeeigentümers durch das zwischen ihm und dem Grundeigentümer stehende genossenschaftliche Nutzungsrecht gesichert. Mit dem Ende der Zwangskollektivierung mußte das gesetzliche Nutzungsrecht fallen, was am 1. Juli 1990 mit dem Gesetz über die Änderung oder Aufhebung von Gesetzen der DDR vom 28. Juni 1990 (GBl. I Nr. 38 S. 483) erfolgte. Die Folge ist ein Gebäudeeigentum ohne Bodennutzungsrecht. Für diese Fälle ergibt sich ein Regelungsbedarf infolge der Änderung gesetzlicher Bestimmungen in der ehemaligen DDR nach der Wende.

— Eine weitere regelungsbedürftige Fallgruppe ergibt sich aus der Überlassung von Bauland an Gemeinden und andere juristische Personen durch landwirtschaftliche Produktionsgenossenschaften. Eine solche Überlassung von Boden an staatliche Organe, sozialistische Betriebe und Einrichtungen war nach § 18 Abs. 2 Buchstabe h LPG-Gesetz 1982 zulässig. Es fehlte jedoch an gesetzlichen Regelungen, nach denen die Gemeinden dann ihrerseits den Bürgern an diesen Flächen Nutzungsrechte bestellen können. In der Praxis sind die Bebauungen solcher Flächen dann häufig aufgrund von Nutzungsverträgen erfolgt. Dieser Besitz wäre nach allgemeinen Regeln gegenüber dem Eigentümer nicht geschützt, da der Ausschluß des Herausgabeanspruches grundsätzlich eine geschlossene Besitzkette voraussetzt. Die überlassende Gemeinde konnte ihr Besitzrecht nur auf die Übertragung von der landwirtschaftlichen Produktionsgenossenschaft stützen, deren Besitzrecht jedoch aufgehoben wurde.

— Eine vertragliche Nutzungsregelung liegt auch den sog. Überlassungsverträgen zugrunde. Damit sind Verträge gemeint, die nach im Ministerium der Finanzen der ehemaligen DDR entwickelten Mustern von den staatlichen Verwaltern über sog. Westgrundstücke abgeschlossen wurden.

Hiervon betroffen ist das in der ehemaligen DDR belegene Grundvermögen der in den alten Bundesländern und in West-Berlin lebenden Eigentümer, das gemäß § 6 der Verordnung zur Sicherung von Vermögenswerten vom 17. Juli 1952 (GBl. I Nr. 100 S. 615) unter staatliche Verwaltung gestellt worden war. In geringerem Umfang wurden Überlassungsverträge auch nach dem Mauerbau aufgrund Nr. VI.2 der Anordnung des Berliner Magistrats vom 18. November 1961 über das in Ost-Berlin befindliche Grundvermögen der West-Berliner abgeschlossen.

Die Überlassung des Grundstücks erfolgte gegen Hinterlegung eines Geldbetrages. Ein Nutzungsentgelt war nicht zu entrichten. Den Überlassungsnehmern war auch die Bebauung des Grundstücks mit einem Wohngebäude gestattet.

Eine gesetzliche Regelung hat dieser Vertragstyp weder im BGB, das in der DDR bis zum 31. Dezember 1975 fortgalt, noch im ZGB gefunden. Gleichwohl wird man den Überlassungsvertrag noch dem Recht der ehemaligen DDR entsprechenden Rechtsformen zuordnen können.

— Bei den im Rahmen der Sachenrechtsbereinigung ebenfalls zu regelnden sog. unechten Datschen ist dies nicht mehr der Fall. Als unechte Datschen werden die zu Wohnhäusern umgebauten Garten- und Wochenendhäuser bezeichnet, die auf Flächen errichtet wurden, die Bürgern durch Vertrag zur Erholung überlassen wurden (§§ 312 — 315 ZGB). Die Bebauung solcher Flächen mit Wohnhäusern war nach den gesetzlichen Regelungen nicht vorgesehen und führte nicht zu selbständigem Gebäudeeigentum. Sie ist jedoch in zahlreichen Fällen erfolgt, wobei die gesetzlich vorgesehene Begründung von Nutzungsrechten ausblieb.

— Die sog. „hängenden" Fälle beruhen allein auf rechtswidriger, allerdings häufig geübter Praxis. In diese Kategorie fallen die Bebauungen volkseigener und genossenschaftlich genutzter Flächen, die mit Billigung staatlicher Stellen erfolgten. Den Bürgern wurden häufig Baugenehmigungen und auch die nach § 3 Eigenheimverordnung (vom 31. August 1978 — GBl. I Nr. 40 S. 425) zu beantragende Zustimmung für den Bau eines Einfamilienhauses erteilt. Die gesetzlich vorgesehene Begründung von Nutzungsrechten, die oft erst lange Zeit nach Baubeginn erfolgte, blieb hier jedoch aus. Im ländlichen Bereich erfolgte die „Zuweisung" einer Fläche oft allein durch Entscheid des LPG-Vorsitzenden, wobei man sich über die für die Bereitstellung von Bauland vorgesehenen rechtlichen Regelungen (Verordnung über die Bereitstellung von genossenschaftlich genutzten Bodenflächen zur Errichtung von Eigenheimen auf dem Lande vom 9. September 1976, GBl. I Nr. 35 S. 426; Ber. Nr. 42 S. 500) einfach hinwegsetzte.

Für den betroffenen Bürger hing es oft vom Zufall ab, ob die Nutzungsrechtsverleihung seinem Bau nachfolgte oder nicht. Mit Rechtshandlungen erzwingen konnten die Bürger die Ausstellung solcher Nutzungsrechtsurkunden nicht.

(2) Staatlicher und genossenschaftlicher Wohnungsbau

Die Sachenrechtsbereinigung muß auch Regelungen für viele im staatlichen und genossenschaftlichen Wohnungsbau errichtete Gebäude finden. Dies sind die meist in Plattenbauweise errichteten Wohnblocks.

— *Kein Gegenstand der Sachenrechtsbereinigung ist der nach den gesetzlichen Regelungen vorgesehene Normalfall, die Bebauung nach Überführung der Grundstücke in Volkseigentum. Diese Sachverhalte werden durch Art. 22 Abs. 4 des Einigungsvertrages und die Protokollerklärung Nr. 13 für den von den Wohnungsbaugenossenschaften genutzten vormals volkseigenen Grund und Boden erfaßt. Dieses Vermögen wurde in das Eigentum der Kommunen übertragen. Den Kommunen wurde die Verpflichtung auferlegt, dieses Eigentum schrittweise in eine marktwirtschaftliche Wohnungswirtschaft zu überführen und den Genossenschaften den genutzten Grund und Boden zu übertragen.*

— Die Überbauung im Privateigentum der Bürger stehender Grundstücke hat besondere Problemlagen geschaffen.

— Die nach den DDR-Gesetzen (zuerst gemäß § 14 Aufbaugesetz vom 6. September 1950 — GBl. Nr. 104 S. 965 — in Verbindung mit § 4 der 2. Durchführungsbestimmung vom 29. September 1972 — GBl. II Nr. 59 S. 641 — sowie seit dem 1. Januar 1985 gemäß §§ 12, 13 Baulandgesetz vom 15. Juni 1984 — GBl. I Nr. 17 S. 201) vorgesehenen Überführungen ins Volkseigentum waren vielfach ausgeblieben. Um zu rechtlichen Regelungen der Grundstücksnutzung zu kommen, schlossen vereinzelt Bürger und vor allem die staatlichen Verwalter privater Grundstücke Nutzungsverträge mit den Betrieben der Wohnungswirtschaft oder den Arbeiterwohnungsbaugenossenschaften ab.

— Nach den Regelungen des ZGB entstand nunmehr aufgrund der Bebauung im staatlichen Wohnungsbau an den Gebäuden kraft Gesetzes Volkseigentum (§ 459 Abs. 1 Satz 1 ZGB); für die Bebauung privater Grundstücke durch Wohnungsbaugenossenschaften aufgrund solcher Nutzungsverträge war „nur" die Entstehung eines der Werterhöhung entsprechenden Miteigentumsanteils vorgesehen (§ 459 Abs. 4 ZGB).

Die Regelung in § 459 ZGB ist nur vor dem Hintergrund der im sozialistischen Wirtschaftssystem bestehenden Wertverhältnisse zu verstehen. Das Grundstück war in der Regel nicht werthaltig. Die Sicherung der Aufwendungen aus Mitteln des Volkseigentums durch das selbständige Gebäudeeigentum war hiernach werthaltiger als die Begründung von Miteigentumsanteilen für die Genossenschaften.

Nach Aufhebung der staatlichen Verwaltung ist die Kündigung vieler dieser Verträge durch die Eigentümer zu erwarten. Die weitere Nutzung der Grundstücke ist insoweit nicht gesichert. Die Aufnahme grundpfandrechtlich gesicherter Kredite für eine oft dringende Sanierung der Gebäude scheitert daran, daß im genossenschaftlichen Wohnungsbau kein Gebäudeeigentum begründet wurde und die vertragliche Nutzung der Grundstücke nicht beleihbar ist.

— In manchen Bezirken wurden aufgrund von Entscheidungen örtlicher Partei- oder Staatsfunktionäre ganze Stadtteile ohne Klärung der Eigentumsverhältnisse an Grund und Boden errichtet. Selbständiges Gebäudeeigentum konnte hier nach DDR-Recht nicht entstehen.

Gebäudeeigentum wurde nur begründet, wo dies durch Rechtsvorschriften festgelegt worden war (§ 295 Abs. 2 Satz 1 ZGB). Solche Vorschriften bestanden für die Verleihung von Nutzungsrechten (§ 7 Abs. 4 der Verordnung über die Arbeiterwohnungsbaugenossenschaften vom 21. November 1963 i. d. Neufassung vom 23. Februar 1973 — GBl. I Nr. 12 S. 109) und für die vertragliche Nutzung nach § 459 Abs. 1 Satz 1 ZGB. Für den Überbau ohne Klärung der Eigentumsverhältnisse an Grund und Boden gab es keine gesetzliche Begründung selbständigen Gebäudeeigentums.

Nach Art. 233 § 2b EGBGB in der Fassung durch das Zweite Vermögensrechtsänderungsgesetz vom 14. Juli 1992 (BGBl. I S. 1257) besteht an den

Bauten, die Wohnungsgenossenschaften auf vormals volkseigenen Grundstücken errichtet haben, nunmehr selbständiges Gebäudeeigentum. Mit der Regelung sollten die Genossenschaften schnell eine Beleihungsgrundlage für die dringlichen Investitionen im Wohnungsbau erhalten. Eine grundsätzliche Lösung des Problems konnte dies nicht sein, da die Ermittlung eines Beleihungswertes für das Gebäude schwierig ist, solange das Recht zur Nutzung des Grundstücks nicht geregelt ist. — Im Staatlichen Wohnungsbau bestand die Notwendigkeit zu einer ähnlichen vorläufigen Regelung nicht. Das vormals volkseigene Grundeigentum (einschl. der aufstehenden Gebäude) ist nach Art. 22 Abs. 4 Einigungsvertrag den Kommunen zugeordnet worden und somit grundsätzlich beleihbar. Es fehlt jedoch vielfach noch an einer der Vermögenszuordnung entsprechenden Eintragung im Grundbuch.

Besondere Probleme ergeben sich dann, wenn — wie es in hier angesprochenen Fällen häufig ist — die Wohnblocks quer über die Grundstücksgrenzen verlaufen. Das führt dazu, daß die Eigentumsgrenzen nunmehr vertikal die Gebäude durchschneiden.

Dies hat zu zum Teil paradoxen Eigentumslagen geführt. So kann z. B. der Teil eines Wohnblocks mit den Bädern dem Eigentümer A, der mit den Schlafzimmern und der Küche dem Eigentümer B und der mit dem Wohnzimmer der Gemeinde gehören. Daß ein solches Gebäude weder verkehrsfähig noch beleihbar ist, bedarf keiner weiteren Begründung.

In diesen Fällen kann eine sinnvolle Eigentumsregelung nur in der Weise erfolgen, daß der Nutzer des Gebäudes die Grundstücke hinzuerwirbt, auf denen das Gebäude steht (Komplettierung). Erbbaurechte über mehrere Grundstücke hinweg führen zu unübersichtlichen Rechtsverhältnissen und sind — soweit nicht ein Gesamterbbaurecht für das Gebäude bestellt wird — auch rechtlich nicht zulässig.

(3) Behördliche, gewerblich, land- und forstwirtschaftlich genutzte Bauten

Gegenstand der Sachenrechtsbereinigung sind schließlich die öffentlichen, gewerblichen oder landwirtschaftlichen Zwecken dienenden Gebäude, für die die Nutzung des Grundstücks nicht geregelt ist. Dies betrifft:

(a) Vormals volkseigene Betriebe, staatliche Bauten

Für die gewerblichen Bauten der vormals volkseigenen Betriebe ist eine weitgehende Klärung der Eigentumsverhältnisse an Grund und Boden durch das Treuhandgesetz und die Fünfte Durchführungsverordnung dazu getroffen worden. Das Eigentum an den volkseigenen Grundstücken wurde den Betrieben zugeordnet. Ungeregelt sind die Rechtsverhältnisse an den im Privateigentum stehenden Grundstücken, die durch solche Betriebe genutzt werden. Hier stellen sich dieselben Probleme wie im staatlichen Wohnungsbau.

Beim Überbau ganzer Stadtteile vor Klärung der Eigentumsverhältnisse an Grund und Boden wurden auch behördliche Bauten errichtet. Diese Inanspruchnahme fremder Grundstücke ist nach den Grundsätzen der Sachenrechtsbereinigung zu regeln.

(b) Genossenschaften mit einem handwerklichen oder gewerblichen Geschäftsgegenstand

Die handwerkliche oder gewerbliche Tätigkeit der Genossenschaften (Konsum, Genossenschaftskassen, handwerkliche Produktionsgenossenschaften) fällt nicht unter das Treuhandgesetz. Die darin geregelte Eigentumszuordnung findet hier keine Anwendung. Die vormals volkseigenen Grundstücke gehören zum Finanzvermögen, das nach Art. 22 Abs. 1 Einigungsvertrag der Treuhandverwaltung des Bundes unterliegt. Die Regelung der künftigen Nutzung dieser Grundstücke ist ebenfalls Gegenstand der Sachenrechtsbereinigung, da auch hier Nutzungsrechte sowie mit Billigung staatlicher Stellen vorgenommene bauliche Investitionen betroffen sind.

(c) Landwirtschaftliche Produktionsgenossenschaften

An den Bauten landwirtschaftlicher Produktionsgenossenschaften entstand kraft Gesetzes selbständiges Gebäudeeigentum (§ 27 LPG-Gesetz 1982; § 13 Abs. 2 LPG-Gesetz 1959). Mit der Aufhebung des genossenschaftlichen Nutzungsrechts ist Gebäudeeigentum ohne ein Recht zur Nutzung des Grundstücks entstanden, für das das Zweite Vermögensrechtsänderungsgesetz nur eine vorläufige Besitzregelung getroffen hat. Diese Gebäude sind — trotz der nach Art. 233 § 2 b Abs. 2 EGBGB in der Fassung durch das Zweite Vermögensrechtsänderungsgesetz eröffneten Möglichkeit zur Anlegung eines Gebäudegrundbuchs — gegenwärtig nicht beleihbar und im rechtsgeschäftlichen Verkehr auch nicht zu veräußern, solange die Rechtsverhältnisse bezüglich des künftigen Besitzes am Grundstück nicht gesichert sind.

cc) Nicht im Rahmen der Sachenrechtsbereinigung zu regelnde Bebauungen fremder Grundstücke

In die Sachenrechtsbereinigung nicht einzubeziehen sind diejenigen Nutzungen, die in der ehemaligen DDR auf der Grundlage schuldrechtlicher Verträge erfolgten und für die nach dem Recht der DDR eine „Verdinglichung" durch Bestellung eines Nutzungsrechts nicht vorgesehen war. Dies betrifft im wesentlichen zwei Bereiche:

— die Nutzung von Grundstücken durch Bürger zur Erholung, Freizeitgestaltung und kleingärtnerischen Bewirtschaftung nach den §§ 312 ff. ZGB sowie

— die Nutzung von Grundstücken aufgrund von Miet- oder Pachtverträgen sowie den Nutzungsverträgen nach § 71 des Vertragsgesetzes der DDR vom 25. März 1982 (vgl. GBl. I S. 293).

Dies gilt auch dann, wenn der Nutzer das Grundstück bebaut hat. Aus der Sachenrechtsbereinigung heraus fallen damit folgende Bauten:

— alle aufgrund eines Nutzungsvertrages nach §§ 312 ff. ZGB von Bürgern für ihre persönlichen Zwecke errichteten Bauwerke; in der Terminologie des ZGB Baulichkeiten genannt (§ 296 Abs. 1 Satz 1 ZGB),

— die häufigen Um- und Ausbauten an bestehenden Gebäuden durch Mieter,

— die Errichtung neuer Betriebsgebäude sowie Um- und Ausbauten an bestehenden Gebäuden durch Handwerker und Kleingewerbetreibende. Hiervon ausgenommen sind die Neubauten und Wiederherstellungen verfallener Gebäude (Rekonstruktionen) auf den vormals volkseigenen Grundstücken.

(1) Nutzungen zur Erholung, Freizeitgestaltung oder kleingärtnerischen Bewirtschaftung

(a) Rechtliche und tatsächliche Grundlagen

Die Nutzung der Grundstücke erfolgte in diesen Fällen meist auf vertraglicher Grundlage. Die meisten der von den staatlichen Verwaltern mit Bürgern in der ehemaligen DDR abgeschlossenen Überlassungsverträge über sog. West-Grundstücke betrafen Nutzungen zur Erholung. In diese Fallgruppe gehören ferner die vertraglichen Nutzungen nach §§ 312 bis 315 ZGB. Diese Verträge wurden in sehr vielen, vielleicht den meisten Fällen nicht unmittelbar von den Grundstückseigentümern abgeschlossen. Solche Verträge können z. B. mit den Bürgern abgeschlossen worden sein:

— von einer landwirtschaftlichen Produktionsgenossenschaft, der Gemeinde oder dem Verband der Kleingärtner, Siedler und Kleintierzüchter aufgrund des § 18 Abs. 2 Satz 2 des LPG-Gesetzes 1982 (Überlassung nicht bewirtschafteter Kleinstflächen),

— von den nach § 1 Abs. 2 der Anordnung Nr. 2 über die Behandlung des Vermögens von Personen, die die DDR nach dem 10. Juni 1953 verlassen, vom 20. August 1958 (GBl. I Nr. 57 S. 664) eingesetzten staatlichen Treuhändern,

— von Verwaltern, die durch Personen, die die ehemalige DDR mit Zustimmung staatlicher Stellen verlassen hatten, eingesetzt worden waren, oder schließlich auch

— von den staatlichen Verwaltern über sog. Westgrundstücke nach dem Inkrafttreten des ZGB.

Vereinzelt wurden für den Bau massiver Wochenendhäuser auch dingliche Nutzungsrechte nach § 2 Abs. 1 des Gesetzes über die Verleihung von Nutzungsrechten an volkseigenen Grundstücken vom 14. Dezember 1970 (GBl. I Nr. 24 S. 372) verliehen. Solche Nutzungsrechte waren nicht typisch, sondern Ausnahmen. Diese Sachverhalte sollen ihrer wirtschaftlichen und sozialen Bedeutung entsprechend im Zusammenhang mit der Bereinigung der Nutzungsverträge zur Erholung gesetzlich geregelt werden. Daß die Inhaber solcher Nutzungsrechte ihrem Besitzstand entsprechend vielleicht ein dingliches Recht am Grundstück erhalten, kann an dieser Stelle weder ausgeschlossen noch vorweggenommen werden.

(b) Gründe für eine andere Regelung dieser Sachverhalte

Die Regelung der Nutzung von Grundstücken zur Erholung, Freizeitgestaltung und kleingärtnerischen Bewirtschaftung soll nicht im Rahmen der Sachenrechtsbereinigung, sondern in Ausfüllung des Anpassungsvorbehalts in Art. 232 § 4 Abs. 1 EGBGB in der Fassung durch die Anlage I zum Einigungsvertrag erfolgen. Die Gründe hierfür liegen darin, daß

— in diesen Fällen keine dingliche Belastung des Grundstücks vorliegt und nach dem Recht der DDR auch nicht zu begründen war und

— den vom Nutzer errichteten Bauwerken weder rechtlich noch wirtschaftlich dieselbe Bedeutung zukommt wie den von der Sachenrechtsbereinigung erfaßten Gebäuden.

Diese Nutzungen waren nach dem ZGB vertraglich zu regeln. Ein wesentlicher Unterschied zu den verliehenen, zugewiesenen oder gesetzlich begründeten Nutzungsrechten bestand darin, daß die Verträge durch Kündigung oder nach Bau eines Wochenendhauses oder einer Garage durch den Nutzer durch gerichtliche Entscheidung beendet werden konnten (§ 314 Abs. 3 und 4 ZGB).

Im Einigungsvertrag wurden diese Nutzungen entsprechend im schuldrechtlichen Teil der Änderungen des EGBGB aufgenommen (Art. 232 § 4 Abs. 1) und ein Vorbehalt für abweichende Regelungen durch besonderes Gesetz begründet.

Eine Verdinglichung der vertraglichen Nutzungen und die Begründung eines gesetzlichen Ankaufsrechts wäre eine wesentliche Veränderung der bisherigen Rechte zugunsten der Nutzer, die vom Stellenwert der Nutzungen für die Betroffenen nicht gerechtfertigt ist. Nutzungen zur Erholung haben nicht die gleiche zentrale Bedeutung für die persönliche Lebensgestaltung wie die Wohnung. Die gesetzliche Regelung für den Interessenausgleich zwischen Eigentümer und Nutzer muß dies berücksichtigen. Das gilt auch für die vom Nutzer vorgenommenen baulichen Investitionen. Das Interesse des Nutzers, eine Baulichkeit weiter zu nutzen zu können, hatte schon nach dem Recht der ehemaligen DDR, das nach dem Einigungsvertrag insoweit einstweilen fortgilt, keinen Schutz vor den Eigentümerinteressen wie eine Wohnbebauung. Für eine gesetzliche Regelung unter Geltung des Grundgesetzes gilt dies erst recht.

Die Wochenendhäuser und Lauben (sog. Datschen) wie auch die Garagen, die ebenfalls Baulichkeiten im Sinne der §§ 296, 312 ff. ZGB waren (vgl. § 314 Abs. 3 Satz 2 ZGB), wurden den Gebäuden nicht gleichgestellt. Die Abgrenzung zwischen den Gebäuden und den sog. Baulichkeiten ist bereits im Recht der ehemaligen DDR angelegt. An den Baulichkeiten entstand kein Gebäudeeigentum, auf das die Vorschriften über das Eigentum am Grundstück entsprechend anzuwenden waren (§ 295 Abs. 2 Satz 2 ZGB). Das Eigentum an den vom Nutzer errichteten Baulichkeiten war zwar ebenfalls vom Eigentum am Grundstück getrennt; es wurde jedoch den Vorschriften über das Eigentum an beweglichen Sachen unterworfen (§ 296 Abs. 1 Satz 2 ZGB).

Diese Unterscheidung entsprach hier der wirtschaftlichen Bedeutung. Von einzelnen durchaus luxuriösen Bungalows abgesehen, sind die meisten Baulichkeiten kleine, mehr oder weniger feste Lauben und Garagen. Die technische und wirtschaftliche Nutzungsdauer dieser Baulichkeiten ist kürzer als die von Gebäuden; als Gegenstand grundpfandrechtlicher Beleihung kommen solche Baulichkeiten ebenfalls nicht in Betracht. Insofern ist eine Gleichstellung dieser Baulichkeiten mit den beweglichen Sachen und eine vertragliche Grundlage für die Nutzung des Grundstücks in den allermeisten Fällen vollkommen ausreichend.

Eine Verdinglichung im Wege der Sachenrechtsbereinigung würde in gleicher Weise zu unangemessenen Ergebnissen führen. Die Begründung von Erbbaurechten oder von Ansprüchen zum Ankauf (zum Erwerb des Eigentums) für Lauben und Garagen wäre unüblich. Sie würde zu unangemessenen Erschwernissen im Verkehr führen (Grundbucheintragung, Erfordernis notarieller Beurkundung), denen mangels Beleihbarkeit solcher Objekte kein Vorteil gegenüberstünde.

(2) Nutzungen aufgrund von Miet-, Pacht- oder Nutzungsverträgen nach dem Vertragsgesetz

(a) Rechtliche und tatsächliche Grundlagen

In der ehemaligen DDR haben die Mieter häufig Instandsetzungs- und Instandhaltungsmaßnahmen durchgeführt, die nach der vertraglichen Regelung der Vermieter durchzuführen hatte (vgl. § 536 BGB, ebenso § 101 ZGB).

Die Vorschriften über die staatliche Wohnraumlenkung sahen ausdrücklich die Durchführung solcher Maßnahmen durch die Mieter vor. Die Herrichtung zweckentfremdeter oder bisher für Wohnzwecke ungeeigneter Räume wurde ausdrücklich als Voraussetzung für die erstmalige Vergabe an einen Wohnungssuchenden bestimmt (§ 15 Abs. 1 der Verordnung über die Lenkung des Wohnraumes vom 14. September 1967 — GBl. II Nr. 105 S. 733; zuletzt Verordnung vom 16. Oktober 1985 — GBl. I Nr. 27 S. 301). In den §§ 111, 112 Abs. 1 ZGB war schließlich angeordnet, daß Vermieter und Mieter sich wegen der baulichen Veränderungen durch den Mieter, insbesondere hinsichtlich der Erstattung der Kosten, zu einigen hatten.

Für die Gewerberaumlenkung galten bis 1986 dieselben Bestimmungen wie für die Wohnraumlenkung. Eine besondere Regelung für die Lenkung des Gewerberaumes wurde erst mit der Verordnung vom 6. Februar 1986 (GBl. I Nr. 16 S. 249) eingeführt. Die Verordnung stellte in § 1 Abs. 3 abgegrenzte Freiflächen, die zur Erbringung von Produktions-, Dienst-, Reparatur-, Betreuungs- und Versorgungsleistungen, für Verwaltungszwecke oder für Lagerhaltung genutzt wurden oder dafür geeignet waren, den Gewerberäumen gleich. Die Vorschrift trug damit dem Umstand Rechnung, daß schon vorher von privaten Handwerkern und Kleingewerbetreibenden Freiflächen mit betrieblichen Zwecken dienenden Bauwerken bebaut worden waren. Dies war in der ehemaligen DDR die einzige Möglichkeit, solche Bebauungen auf fremden Grundstücken zu errichten. Die Bestellung von Nutzungsrechten für die Errichtung von Betriebsgebäuden durch private Handwerker und Gewerbetreibende war im Recht der DDR nicht vorgesehen.

Erst § 1 des Gesetzes über den Verkauf volkseigener Gebäude vom 7. März 1990 (GBl. I Nr. 18 S. 157), das sog. Modrow-Gesetz, sah den Verkauf volkseigener Gebäude und die Verleihung von Nutzungsrechten an volkseigenen Grundstücken auch für gewerblich genutzte Gebäude an private Handwerker und Gewerbetreibende vor. Auf den vormals volkseigenen Grundstücken war von diesem Zeitpunkt an eine „Verdinglichung" durch Nutzungsrechtsverleihung möglich.

Für die Rechtsbeziehungen zwischen den Betrieben der volkseigenen Wirtschaft galten die Regelungen im Vertragsgesetz. Die staatliche Aufgaben und Planauflagen erfüllenden Betriebe konnten Nutzungsverträge nach § 71 des Vertragsgesetzes vom 25. März 1982 (GBl. I Nr. 14 S. 293) abschließen. Der Inhalt dieser Verträge war nicht vorgeschrieben. Die errichteten Gebäude und Anlagen konnten nach der Verordnung über den Verkauf und Kauf unbeweglicher Grundmittel durch Betriebe der volkseigenen Wirtschaft vom 28. August 1968 (GBl. II Nr. 99 S. 797) veräußert werden.

(b) Gründe für eine Herausnahme dieser Sachverhalte aus der Sachenrechtsbereinigung

Soweit durch die Mieter solche baulichen Veränderungen erfolgt sind, die in der Regel Um- und Ausbauten vorhandener Gebäude waren, in Einzelfällen jedoch in ihrem Umfang einem Neubau vergleichbar sind, hat ein Ausgleich auf vertraglicher Basis zu erfolgen. Eine Belastung des Grundstücks durch Bestellung von Nutzungsrechten war nicht vorgesehen. Der Mieter hatte aus seinen Investitionen einen besonderen Besitzschutz und Anspruch auf Verwendungsersatz, jedoch kein Recht am Grundstück erworben. Es ist deshalb auch nicht möglich, Mieter den Inhabern dinglicher Nutzungsrechte, den Eigentümern von Gebäuden auf fremden Grundstücken oder denjenigen gleichzustellen, denen die Bestellung von

Nutzungsrechten oder die Begründung von Rechtsträgerschaften nach einer Überführung in das sog. Volkseigentum in Aussicht gestellt war. Andernfalls würde man nicht nur Zufälligkeiten im Verwaltungshandeln auffangen, sondern eine im Recht der ehemaligen DDR nicht vorgesehene Belastung des Grundstücks begründen.

Das gleiche muß auch für die aufgrund von Miet- und Pachtverträgen errichteten gewerblich genutzten Bauten auf in Privateigentum stehenden Grundstücken gelten. Der Umstand, daß für jene Bauwerke der privaten Handwerker und Gewerbetreibenden keine Nutzungsrechte bestellt werden konnten, hatte allerdings ideologische Gründe.

Die auf vertraglicher Grundlage errichteten Bauten des Staates, der vormals volkseigenen Betriebe und der sozialistischen Genossenschaften wurden über § 459 ZGB im Vergleich hierzu besonders opulent abgesichert, indem kraft Gesetzes selbständiges Gebäudeeigentum oder ein Miteigentumsanteil am Grundstück entstand.

Diese Benachteiligung der privaten Handwerker und Gewerbetreibenden im Recht der DDR kann nicht im Wege der Sachenrechtsbereinigung in der Weise aufgefangen werden, daß nachträglich als Folge der Bebauung eine einem Nutzungsrecht vergleichbare Belastung des Grundstücks unterstellt wird. Hierdurch hätte man den Grundstückseigentümern eine Belastung auferlegt, die es in der DDR nicht geben konnte. Insoweit würde mit der Sachenrechtsbereinigung nicht mehr ein Interessenausgleich aus in der DDR begründeten, vorgefundenen Berechtigungen für die Nutzer und Belastungen für die Grundstückseigentümer durchgeführt, sondern erst eine Belastung des Grundeigentums begründet.

Die Bebauungen volkseigener Grundstücke sind aufgrund der in der Wendezeit getroffenen Bestimmungen anders zu behandeln. Nach dem bereits genannten Verkaufsgesetz vom März 1990 war für diese Fälle die Begründung von Nutzungsrechten wie bei den Eigenheimen möglich. Eine Unterscheidung zwischen den gewerblichen Bauten und den Eigenheimen wäre insoweit nicht gerechtfertigt, da die benachteiligenden Regelungen für die privaten Handwerker und Gewerbetreibenden in diesem Bereich aufgehoben wurden.

Für den Bereich der Beziehungen zwischen Betrieben der vormals volkseigenen Wirtschaft galten besondere Regelungen, die die Betriebe im wesentlichen frei gestalten konnten. Der Ersatz für bauliche Investitionen erfolgte über die Bestimmungen zur Veräußerung von Grundmitteln. Das Treuhandgesetz und die Fünfte Durchführungsverordnung vom 12. September 1990 (GBl. I Nr. 60 S. 1466) haben die für die Vermögenszuordnung erforderlichen Regelungen geschaffen. Ergänzende Bestimmungen erscheinen nicht nötig, sie wären auch nicht Gegenstand der Sachenrechtsbereinigung, sondern stünden im Zusammenhang mit den Regelungen zur Zuordnung des vormals einheitlichen Volksvermögens.

b) **Notwendigkeit der Sachenrechtsbereinigung**

aa) Anpassung der Nutzungsrechte

— Die Anpassung ist zunächst ein Gebot der Rechtsvereinheitlichung, die infolge der Umstellung der Rechts- und Wirtschaftsordnung erforderlich und aus Gründen der Rechtssicherheit zweckmäßig ist. Die Einheitlichkeit der Rechtsanwendung und die Rechtssicherheit im Grundstücksverkehr wären erschwert, wenn nur in den neuen Ländern (einem Teil der Bundesrepublik) auf Dauer besondere sachenrechtliche Rechtsformen weiterbestünden, die es in den alten Ländern nicht gibt.

— Eine Anpassung ist auch deshalb geboten, um zu rechtlichen Gestaltungen zu kommen, die auch unter den jetzt bestehenden Verhältnissen einen Sinn ergeben. Die vom Staat oder von landwirtschaftlichen Produktionsgenossenschaften bestellten Nutzungsrechte sind wesentlich anders ausgestaltet als die Rechte, die das Sachenrecht des BGB kennt.

Die Nutzer waren zahlreichen Beschränkungen gegenüber den Ausgebern der Nutzungsrechte unterworfen, die mit der Änderung der wirtschaftlichen Rahmenbedingungen keinen Sinn mehr ergeben. Nutzungsrechte an Grundstücken für den Eigenheimbau waren nur für ein Gebäude zu verleihen, die Veräußerung bedurfte der Zustimmung des Ausgebers. Vom Nutzungsrecht mußte bestimmungsgemäß Gebrauch gemacht werden, und es konnte bei anderer Nutzung wieder entzogen werden. Die zitierten Regelungen bezweckten die Sicherung einer den gesellschaftlichen Erfordernissen und Möglichkeiten entsprechenden Nutzung sozialistischen Eigentums. Ob sie mit dem Wegfall des sozialistischen Eigentums als Rechtsinstitut und der darauf bezogenen Bestimmungen (§ 21 Abs. 2 ZGB) gegenstandslos geworden sind, ist streitig (vgl. Eickmann, Grundstücksrecht in den neuen Bundesländern, 3. Aufl., Rdn. 120 einerseits; v. Oefele in Münch. Komm., Sonderband zum Einigungsvertrag, Rdn. 315 andererseits). Die Frage ist von nicht unerheblicher Bedeutung; durch ein neues Gesetz muß eine Klarstellung der gegenseitigen Rechte erfolgen.

— Schließlich ist eine Anpassung auch erforderlich, um die aufgrund Nutzungsrechts errichteten Gebäude marktgängig zu machen, damit diese veräußert und beliehen werden können. Dies ist in der Praxis vielfach nicht gegeben.

Nach dem ZGB konnte das Gebäude allerdings veräußert und vererbt werden, mit dem Übergang des Eigentums am Gebäude ging das Nutzungsrecht auf den Erwerber über (§ 289 Abs. 1, 2; § 293 Abs. 1, 2). Nach dem Einigungsvertrag ist eine Beleihung des Gebäudeeigentums nach den sich auf das Grundstück beziehenden Vorschriften zulässig (Art. 233 § 4 Abs. 1 EGBGB). In der Praxis scheitert die Beleihung jedoch zumeist, weil viele Gebäude aufgrund ihres baulichen Zustands keine hinreichende Sicherheit für umfangreichere Darlehen bieten, bei den im staatlichen oder genossenschaftlichen Wohnungsbau errichteten Gebäuden die Ertragslage schlecht ist und vor allem die Konditionen der künftigen Nutzung des Grundstücks ungewiß sind. Die Rechtssicherheit, die wirtschaftliche Dispositionen ermöglicht, muß hier geschaffen werden.

bb) Begründung von Rechten für nicht gesicherte Bebauungen

Für die mit Billigung staatlicher Stellen errichteten Gebäude ohne Bestellung eines Nutzungsrechts muß zunächst ein die bauliche Investition sicherndes Recht zum Besitz oder zum Erwerb des Grundstücks geschaffen werden. Hier erweist sich das Fehlen eines dinglichen Rechts am Grundstück nunmehr als ein schwerwiegender Mangel.

Nach der jetzt bestehenden Rechtslage ist weder der Besitz gesichert noch die Verkehrsfähigkeit der Gebäude gegeben.

Nach den Bestimmungen des BGB ist nur der gegenüber dem Eigentümer berechtigte Besitz geschützt. Ohne ein Besitzrecht aus § 986 BGB kann der Eigentümer vom Besitzer nach § 985 BGB die Herausgabe verlangen.

Die Folgen wären wirtschaftlich unvertretbar und im Wohnungsbau auch sozialpolitisch verheerend. Die mit den baulichen Investitionen geschaffenen Werte wären dem Nutzer durch das begründete Herausgabeverlangen entzogen. Ohne gesetzliche Sicherung würden Eigenheimer und zahlreiche Bewohner von Mietshäusern ihre Wohnungen verlieren. Für diese Bauten muß deshalb zunächst **Besitzschutz** begründet werden.

Über den Besitzschutz hinaus muß in den Fällen der Bebauung ohne eine dingliche Absicherung die Verkehrsfähigkeit für diese Investitionen hergestellt werden. Hierzu bedarf es der Begründung eines übertragbaren und beleihbaren dinglichen Rechts oder eines Anspruches des Nutzers zum Erwerb des Grundstücks (Komplettierung). Diese muß mit der Sachenrechtsbereinigung erfolgen, in der die durch die staatliche Zuweisung begründeten Besitzstände der Errichter oder Erwerber von Gebäuden in dem BGB konforme Rechte zu überführen sind.

cc) Interessenausgleich

— Es ist schließlich ein Interessenausgleich zu finden, mit dem den veränderten Verhältnissen Rechnung getragen wird. Sowohl das Nutzungsrecht als auch die Bebauung eines fremden Grundstücks, die zwar mit staatlicher Billigung, aber ohne rechtliche Absicherung erfolgte, beruhten auf dem sozialistischen Wirtschaftssystem, bei dem das Privateigentum an Grundstück kein werthaltiges Wirtschaftsgut war. Die in der DDR begründeten Befugnisse zur Nutzung des Grundstücks und das Eigentum am Grundstück müssen im Hinblick auf die durch Einführung der Marktwirtschaft eingetretenen Veränderungen neu bewertet und in bezug hierauf muß ein Interessenausgleich zwischen Nutzern und Grundstückseigentümern gefunden werden.

— *Die Nutzungsrechte sind mit marktwirtschaftlichen Rahmenbedingungen nicht vereinbar, die auf einer privatnützigen Eigentumsverwendung beruhen. Hier sind befristete, entgeltliche Nutzungen die Regel. — Die Nutzungsrechte wurden unbefristet verliehen (vgl. § 3 Abs. 2 des Gesetzes über die Verleihung von Nutzungsrechten an volkseigenen Grundstücken vom 14. Dezember 1970 — GBl. I Nr. 24 S. 372 sowie die Anlage 1 zur Verordnung über die Bereitstellung von genossenschaftlich genutzten Bodenflächen zur Errichtung von Eigenheimen auf dem Lande vom 9. September 1976 — GBl. I Nr. 35 S. 426, Ber. Nr. 42 S. 500). — Die Nutzungsrechte für den Wohnungsbau wurden in aller Regel unentgeltlich bestellt.*

§ 288 Abs. 3 Satz 1 ZGB sah zwar für den Regelfall eine Nutzungsrechtsverleihung gegen Entgelt vor; durch § 9 Abs. 5 der Durchführungsbestimmung (vom 31. August 1978 — GBl. I Nr. 40 S. 428) zur Eigenheimverordnung (vom gleichen Tage — GBl. I Nr. 40 S. 425) war für den Eigenheimbau und nach § 7 Abs. 1, 4 der Verordnung über die Arbeitswohnungsbaugenossenschaften (vom 21. November 1963 in der Fassung vom 23. Februar 1973 — GBl. I Nr. 12 S. 109) für den genossenschaftlichen Wohnungsbau die unentgeltliche Bereitstellung von Bauland vorgesehen.

Eine Anpassung der Nutzungsrechte an das BGB und seine Nebengesetze unter Beibehaltung ihres bisherigen Inhalts (wofür nur das Erbbaurecht als geeignete Rechtsform in Betracht käme) würde in einem Teilbereich die Grundsätze der Bodenordnung des sozialistischen Staates fortleben lassen. Unter den veränderten Umständen würde den Eigentümern ein besonderes Opfer auferlegt, als sie von den Folgen der Umstellung auf marktwirtschaftliche Verhältnisse ausgeschlossen blieben.

Bei den nicht durch ein Nutzungsrecht abgesicherten Bebauungen ist erst recht eine Berücksichtigung der veränderten Verhältnisse geboten. Diese Nutzer können nicht besser gestellt werden als diejenigen, für die ein Nutzungsrecht bestellt wurde.

2. Andere Gegenstände der Sachenrechtsbereinigung

a) Alte Erbbaurechte

§ 5 Abs. 2 des Einführungsgesetzes zum ZGB der DDR hat die in der Regel befristeten Erbbaurechte in unbefristete Rechte umgewandelt. Diese Erbbaurechte waren größtenteils von Kirchen, öffentlichen Gebietskörperschaften und gemeinnützigen Organisationen ausgegeben worden.

Sie können nicht als „ewige" Rechte fortbestehen. Hier ist eine gleichartige Anpassung an das BGB wie bei den Nutzungsrechten geboten.

b) Miteigentumsanteile

Nach § 459 Abs. 1 Satz 2 und Abs. 4 des ZGB sind kraft Gesetzes durch bauliche Investitionen staatlicher Stellen, volkseigener Betriebe und der Genossenschaften — mit Ausnahme der landwirtschaftlichen Produktionsgenossenschaften — Miteigentumsanteile entstanden, die in den meisten Fällen nicht im Grundbuch eingetragen sind. Hier ist dafür zu sorgen, daß

— die Grundbücher die Eigentumsverhältnisse wiedergeben,

— die Auflösung dieser durch DDR-Gesetz zusammengebrachten Miteigentümergemeinschaften nicht zur Zerschlagung von Werten führt, die für öffentliche oder betriebliche Zwecke benötigt werden.

c) Mitbenutzungen

Gesetzlich zu regeln sind auch die nicht abgesicherten Mitbenutzungen fremder Grundstücke. Dies sind die über fremde Grundstücke laufenden Wege, Leitungen usw.

Solche Sachverhalte sind vor allem (aber nicht ausschließlich) auf den vormals genossenschaftlich genutzten Flächen anzutreffen. Nach Aufhebung des Bodennutzungsrechts sind diese Inanspruchnahmen fremder Grundstücke nicht geregelt.

3. Änderung der Verordnung über das Erbbaurecht

Die Sachenrechtsbereinigung in der vorgeschlagenen Form wird zur Bestellung vieler Erbbaurechte führen. Es bietet sich daher an, in diesem Zusammenhang ein allgemeines, nicht nur das Beitrittsgebiet betreffendes Problem des Erbbaurechts zu regeln.

Hierbei geht es um die Sicherung des Erbbauzinses, die nach geltendem Recht nur durch eine Reallast erfolgen kann. Diese steht in einem Rangverhältnis zu den Grundpfandrechten. Die Bebauung des Grundstücks durch den Erbbauberechtigten macht es jedoch oft erforderlich, den erstrangigen Finanzierungsraum für einen grundpfandrechtlich gesicherten Kredit freizumachen. Die Reallast tritt deshalb im Rang zurück.

Wird der Erbbauberechtigte nun insolvent und das Erbbaurecht aus der erstrangigen Grundschuld versteigert, so fällt die Reallast nicht in das geringste Gebot und erlischt in der Regel mit dem Zuschlag (§ 44 Abs. 1, § 52 Abs. 1, § 91 Abs. 1 Zwangsversteigerungsgesetz). Der Ersteher erwirbt ein erbbauzinsloses Erbbaurecht. Die nicht zum Inhalt des Erbbaurechts gehörenden vertraglichen Abreden über den Erbbauzins wirken „nur" schuldrechtlich zwischen dem Schuldner (früheren Erbbauberechtigtem) und dem Grundstückseigentümer. Sie gehen nicht auf den Ersteher über.

In der Sachenrechtsbereinigung muß ein solcher Rangrücktritt durch gesetzliche Regelung erzwungen werden, damit die Nutzer (Erbbauberechtigten) ihr Erbbaurecht für Investitionen in die Gebäude beleihen können. Der Grundstückseigentümer wäre damit der Gefahr ausgesetzt, erbbauzinslose Erbbaurechte hinnehmen zu müssen, wenn der Erbbauberechtigte insolvent und das Erbbaurecht versteigert wird. Eine solche durch Gesetz erzwungene zusätzliche Belastung durch den Rangrücktritt ist nur gerechtfertigt, wenn der Anspruch auf den Erbbauzins gesichert bleibt.

Es ist deshalb eine Sicherung für den Erbbauzins vorzusehen, bei der gleichzeitig die Beleihbarkeit des Erbbaurechts erhalten bleiben muß.

C. Gesetzliche Ausgangslage

Der Einigungsvertrag hat das selbständige Gebäudeeigentum (Art. 231 § 5 EGBGB) und die in der ehemaligen DDR begründeten Nutzungsrechte und Miteigentumsanteile mit ihrem bisherigen Inhalt und Rang übernommen, jedoch zugleich Vorbehalte für die spätere Anpassung und Bereinigung dieser Rechtsverhältnisse bestimmt (Art. 233 §§ 3, 8 EGBGB, jeweils in der Fassung durch die Anlage I zum Einigungsvertrag). Die Übernahme dem BGB fremder Rechtsgestaltungen aus dem Bodenrecht des sozialistischen Staates war erforderlich, um Rechtssicherheit und Rechtsfrieden im Beitrittsgebiet zu wahren. — Es wurde der Besitz gesichert. Eine Anpassung an eine auf der Nutzung des Privateigentums an Grund und Boden beruhende Zivilrechtsordnung konnte dadurch nicht herbeigeführt werden. Auch die Verkehrs- und Beleihungsfähigkeit der in der DDR begründeten Nutzungsrechte war damit nicht erreicht, da insbesondere für die Vergabe eines Realkredits in der Regel der Erwerb des Eigentums am Grundstück oder eines dem Eigentum in wesentlichen Teilen gleichstehenden Erbbaurechts Voraussetzung ist.

Mit dem Zweiten Vermögensrechtsänderungsgesetz wurde auch der Besitz an den Gebäuden (unter Ausschluß der für Erholungszwecke errichteten Baulichkeiten) geschützt, die nicht durch ein Nutzungsrecht abgesichert waren (Art. 233 § 2 a EGBGB). Das Moratorium ist von vornherein als befristete Übergangsregelung konzipiert worden.

Die Sachenrechtsbereinigung hat darauf aufzubauen und eine dem BGB entsprechende Rechtsgestaltung zu finden.

D. Grundsätze (Eckwerte) für die Sachenrechtsbereinigung

1. Bebauung fremder Grundstücke

Die Neuregelung der für den Bau von Gebäuden verliehenen Nutzungsrechte und der Schutz der mit Billigung staatlicher Stellen durchgeführten Bebauungen fremder Grundstücke ist der größte und schwierigste Teil der Sachenrechtsbereinigung. Der

Entwurf für eine Neuregelung dieser Rechtsverhältnisse unter Anpassung an das BGB und seine Nebengesetze geht von folgenden Eckwerten aus:

a) Von der rechtlichen Absicherung unabhängiger Bestandsschutz für bauliche Investitionen

Die Nutzer, die fremde Grundstücke mit staatlicher Billigung bebaut haben, haben wirtschaftliche Werte geschaffen. Hierfür ist grundsätzlich ein von der vorgefundenen rechtlichen Absicherung unabhängiger Bestandsschutz zu gewähren.

Bestands- und Vertrauensschutz müssen an die Verhältnisse zu der Zeit anknüpfen, als die baulichen Investitionen vorgenommen wurden.

Die bauliche Inanspruchnahme der Grundstücke wurde in der ehemaligen DDR weitgehend von behördlichen Entscheidungen bestimmt. In dem Rechts- und Wirtschaftssystem der ehemaligen DDR kam den behördlichen Entscheidungen in weiten Bereichen eine größere Bedeutung zu als den Rechtssätzen. Die bauliche Nutzung fremder Grundstücke beruhte auf einem System öffentlich-rechtlicher Zuweisung.

Das Verwaltungshandeln folgte dabei in weiten Bereichen nicht rechtsstaatlichen Grundregeln. Der Zugriff auf fremde Grundstücke vor Klärung der Eigentumsverhältnisse und ohne Absicherung aufgrund planerischer Vorgaben war zwar auch nach den rechtlichen Regelungen der DDR rechtswidrig. Ein derartiges Vorgehen war jedoch so häufig, daß es als systemimmanent bezeichnet werden muß.

Dieser Befund hat auch Folgen für die Sachenrechtsbereinigung. Eine gesetzliche Regelung, die einen Ausgleich der Interessen von Nutzern und Grundstückseigentümern herbeiführen muß, kann nicht rechtsstaatliches Handeln unterstellen, wie es in den alten Ländern üblich ist und war. Eine Bestandssicherung der Bebauung nach den vorgefundenen Rechtsformen müßte zu willkürlichen, den Betroffenen nicht mehr zu vermittelnden Ergebnissen führen. Für denjenigen, dem ein Grundstück zur baulichen Nutzung zugewiesen wurde, hing es von nicht beeinflußbaren Zufälligkeiten ab, ob und wann eine Überführung des Grundstücks in Volkseigentum und Verleihung eines Nutzungsrechts oder die Zuweisung eines solchen Rechts auf einer genossenschaftlich genutzten Fläche erfolgte.

Die Nutzer, die eine Bebauung eines fremden Grundstücks mit Billigung staatlicher Stellen vorgenommen haben, sind deshalb gegenüber etwaigen Herausgabeverlangen der Eigentümer zu schützen, soweit dies aus dem Gedanken des Investitionsschutzes begründet ist.

Das entspricht dem Gebot von Bestands- und Vertrauensschutz. Der Errichter des Gebäudes verstieß nicht gegen die Befugnisse des Eigentümers, da die Bebauung dem Rechtssystem oder den Entscheidungen staatlicher Stellen in der ehemaligen DDR entsprach. Die bauliche Inanspruchnahme war seinerzeit berechtigt, was im Interesse des Erhalts der damals geschaffenen Werte den Ausschluß der Herausgabe- und Beseitigungsansprüche aus dem Eigentum (§§ 985, 1004 BGB) gebietet.

Der Schutz baulicher Investitionen hat im Nachbarrecht durch die Überbauregelung — für einen kleinen Anwendungsbereich — Vorrang vor den Eigentümerbefugnissen erhalten, obwohl der Überbau ein Eingriff in die Rechte des Nachbarn ist. Die Regelung in § 912 BGB bewertet das Interesse des Errichters des Gebäudes vor wertvernichtender Zerstörung höher. Erst recht ist eine gesetzliche Verpflichtung zum Schutz von Investitionen zu begründen, wo die Bebauung nach den damaligen Verhältnissen keinen Eingriff in Eigentümerrechte darstellte.

Es können allerdings nur die Bebauungen dinglich gesichert werden, bei denen eine solche Absicherung nach dem Recht der DDR vorgesehen war, jedoch infolge der Verwaltungspraxis unterblieben ist. Eine Verdinglichung ist aus den bereits genannten (B. 1. a) cc)) Gründen dort nicht möglich, wo die Bebauung auf vertraglicher Grundlage erfolgt ist und nach dem Recht der ehemaligen DDR keine Verdinglichung vorgesehen war. In diesen Fällen gibt es keine Grundlage für einen Bestands- und Vertrauensschutz, an den der Entwurf anknüpfen könnte.

b) Anerkennung der in der DDR begründeten Rechte und Besitzstände entsprechend ihrer wirtschaftlichen Bedeutung

Grund und Boden wurden in der ehemaligen DDR nicht durchgängig in Volkseigentum überführt (verstaatlicht) und durch staatliche Stellen bewirtschaftet. Eigentum und Nutzungsrecht wurden vielmehr im sozialistischen Staat in weiten Bereichen voneinander getrennt. Die Bestellung von Nutzungsrechten wie auch die Billigung der Bebauung vor Klärung der Eigentumsverhältnisse an Grund und Boden beruhte auf staatlich verliehenen Nutzungsrechten.

Die Nutzungsrechte haben, da sie als rechtliche Regelung vorgefunden wurden, eine besondere Anerkennung durch den Einigungsvertrag — allerdings mit dem Vorbehalt zu einer Anpassung an das BGB oder an die veränderten Verhältnisse — erfahren (Art. 233 EGBGB in der Fassung durch die Anlage I zum Einigungsvertrag). Diese Belastung des Eigentums muß in der Sachenrechtsbereinigung angemessen berücksichtigt werden. Es sind jedoch auch die Grenzen des Inhalts und der wirtschaftlichen Bedeutung (des Zuweisungsgehalts) dieser Rechte zu beachten. Die Nutzungsrechte höhlten zwar die aus dem Eigentum fließenden Befugnisse weitgehend aus, das Eigentum und der Bodenwert wurden hingegen nicht auf den Nutzer übertragen.

Die Nutzungsrechte berechtigten und verpflichteten zu bestimmungsgemäßer Nutzung, insbesondere zur Bebauung. Sie waren indessen bei nicht bestimmungsgemäßer Nutzung zu entziehen (§ 290 Abs. 1, § 294 Abs. 1 ZGB; § 6 Abs. 1 des Gesetzes über die Verleihung von Nutzungsrechten an volkseigenen Grundstücken vom 14. Dezember 1970 — GBl. I Nr. 24 S. 372). Den Nutzern wurde weder Eigentum an

Grund und Boden übertragen noch waren sie zur Verfügung darüber befugt. Dies ist bei der Zuordnung der nach dem Beitritt entstandenen Bodenwerte zu berücksichtigen.

Daraus ergibt sich eine besondere Sicherung des Besitzes durch das Nutzungsrecht, wenn noch keine Bebauung erfolgt ist. Diese Möglichkeit muß den Nutzern verbleiben; ist allerdings eine Bebauung nach den konkreten Umständen nicht mehr zu erwarten, so ist auch eine dem BGB entsprechende Belastung aufgrund des Nutzungsrechts nicht begründet.

c) Aufteilung der nach den heutigen Verkehrswerten zu bemessenden Bodenwerte im Verhältnis 50:50

Durch den Übergang zur Marktwirtschaft haben sich Bodenwerte gebildet, wie es sie im Sozialismus nicht gab. Jede Neuregelung der Nutzungsrechte hat auch Auswirkungen auf die Verteilung der Bodenwerte zwischen Eigentümer und Nutzer (Nutzungsrechte, für die keine den üblichen Liegenschaftszinsen entsprechende Entgelte zu zahlen sind, führen dazu, daß ein Teil des Bodenwerts beim Nutzungsrecht anfällt und bei dessen Veräußerung auch realisiert werden kann — vgl. Ziffer 5.2.1.5 der Wertermittlungsrichtlinien 1991 für das Erbbaurecht). Für eine sachgerechte Überführung der in der DDR begründeten Nutzungen fremder Grundstücke ist es daher unerläßlich, die wirtschaftlichen Auswirkungen zu bedenken und einen Maßstab zur Zuordnung des Bodenwerts zu finden.

Hierbei erweist sich die hälftige Teilung zwischen Eigentümern und Nutzern als sachgerecht. Dies ergibt sich aus einer von den jeweiligen Extrempositionen ausgehenden Abwägung.

Eine Zuweisung des Bodenwerts zu 100% auf den Eigentümer ließe sich aus folgenden Erwägungen begründen:

— Die Bodenwerte sind Teil des Eigentums. Die Bodenwertsteigerungen fallen deshalb in einer Marktwirtschaft (wie die Veränderungen der Preise für andere Wirtschaftsgüter) beim Eigentümer an.

— Nutzungsrechte sind eine auf dem sozialistischen System beruhende Rechtsform und müssen in diesem Zusammenhang bewertet werden. Die Rechte gestatteten allein die Nutzung, ließen jedoch Verfügungen über das Grundeigentum durch die Nutzer nicht zu.

Marktgerechte Bodenwerte konnten in der DDR nicht entstehen. Die weitgehende Vergesellschaftung und der rigide Preisstopp schlossen dies aus. Die Bodenwerte waren damit aber nicht den Nutzern zugewiesen. Das sozialistische System wollte alle Bodenwertsteigerungen und alle Verfügungen darüber verhindern. Eine Zuweisung des Bodenwerts auf die Nutzer war hiernach ebenfalls nicht beabsichtigt. Ein Wert, der den Nutzern mit der Bestellung von Nutzungsrechten nicht übertragen werden sollte, müßte deshalb bei der Neuordnung des Sachenrechts zur Anpassung an das BGB den Eigentümern verbleiben.

Eine Zuweisung des Bodenwerts zu 100 % auf die Nutzer ließe sich folgendermaßen begründen:

— Die Nutzungsrechte vermittelten eine eigentümerähnliche Rechtsstellung. Das Grundstück wurde zur unbefristeten und in der Regel auch unentgeltlichen Nutzung übertragen. Eine solche Befugnis würde den im Eigentum steckenden Wert aufzehren. Der Wert des Eigentums könnte nicht von den Nutzungs- und Gebrauchsvorteilen gelöst werden, die alle dem Nutzer zugewiesen wurden.

Aus dieser Gegenüberstellung wird der Gegensatz zwischen einer Bodenwertverteilung nach dem Zweck und nach der Ausgestaltung der in der ehemaligen DDR begründeten Berechtigungen zur Nutzung der Grundstücke deutlich. Die alleinige Ausrichtung nur an einem dieser Eckpunkte würde — je nach Ansatz — zu diametral entgegengesetzten Ergebnissen führen. Für die Frage der Berechtigung an Grund und Boden müssen beide Gesichtspunkte als gleichwertig angesehen werden. Es gibt kein überzeugendes Argument, den wirtschaftlichen Zuweisungsgehalt des Nutzungsrechts oder die konkrete Ausgestaltung unter den veränderten Verhältnissen höher zu bewerten.

Der Mehrzahl der zu regelnden Fälle liegt auch kein Konflikt zwischen den in den alten Ländern lebenden Grundstückseigentümern und in den neuen Ländern lebenden Nutzern zugrunde. Es kann auch nicht davon ausgegangen werden, daß die Grundstückseigentümer in der Regel finanziell besser gestellt sind als die Nutzer. Ob aus solchen Erwägungen sich Unterscheidungen rechtfertigen ließen, kann dahingestellt bleiben, da sie sachlich nicht zutreffen.

Im ländlichen Bereich stehen sich nach Aufhebung des gesetzlichen Nutzungsrechts der landwirtschaftlichen Produktionsgenossenschaften in der Regel Eigentümer und Nutzer aus den neuen Ländern gegenüber. Viele Nutzungen in schönen Lagen sind Folgen einer auch Bürger in den neuen Ländern betreffenden Zwangsverwaltung und staatlichen Zuweisung des Besitzes auf eine dem damaligen Regime genehmere Person. Solche Fälle lassen sich in der Regel nicht mit dem Ausschluß unredlichen Verhaltens auffangen, da die Nutzer an den vorangegangenen Machenschaften meist nicht beteiligt gewesen sind.

Aus den vorstehenden Erwägungen folgt, daß sich durch den Übergang zur Marktwirtschaft Bodenwerte gebildet haben, über deren Verteilung nicht durch den Zuweisungsakt des sozialistischen Staates (erst recht nicht durch Rechtsgeschäft zwischen Eigentümer und Nutzer) entschieden wurde. Mit der Sachenrechtsbereinigung muß ein für beide Seiten unerwarteter Gewinn zugeordnet werden. Eine andere als eine 50:50-Teilung wäre ein besonderer Vorteil für die eine und ein entsprechender Nachteil für die andere Seite, für den es aus der grundsätzlichen Verpflichtung des Gesetzgebers zur Gleichbehandlung einer Rechtfertigung bedürfte. Eine allgemeine

Begründung für eine Ungleichbehandlung läßt sich unter Berücksichtigung der Berechtigungen beider Seiten am heutigen Bodenwert nicht finden.

d) Gleichwertigkeit verschiedener Lösungen im Gesetz

In die gesetzliche Regelung sollen mehrere Ansprüche (auf Bestellung von Erbbaurechten oder zum Ankauf des Grundstücks) eingestellt werden, die nach Wahl der Nutzer ausgeübt werden können. Es muß darauf geachtet werden, daß die Alternativen wirtschaftlich gleichwertig sind und das Gesetz in sich stimmig bleibt.

e) Bestimmung des Bodenwerts nach dem vorhandenen Verkehrswert

aa) Wert des unbebauten Grundstücks als Ausgangspunkt

Die gesetzliche Regelung muß zu einer Verteilung des vorhandenen Bodenwerts, nicht des Werts der baulichen Investition des Nutzers führen. Daraus ergibt sich, daß grundsätzlich vom Verkehrswert des unbebauten Grundstücks auszugehen ist. Das ist im übrigen auch die im Grundstücksverkehr übliche Grundlage für die Bemessung des Erbbauzinses.

bb) Berücksichtigung von Freilegungskosten, soweit sich diese wertmindernd auswirken

In der Sachenrechtsbereinigung kann nur der jetzt vorhandene Wert verteilt werden. Die vorhandene Bebauung ermöglicht jedoch häufig keine dem Bodenwert entsprechende Verzinsung. Im Falle der Veräußerung des Grundstücks an einen Dritten müssen deshalb im Grundstücksverkehr Abschläge wegen der Abrißkosten hingenommen werden, soweit die Erforderlichkeit des Abbruchs nicht auf unterlassener Gebäudeeinstandhaltung beruht und deshalb allein dem Nutzer zuzurechnen ist. Solche auf den Bodenwert durchschlagenden Wertminderungen müssen in die Bemessungsgrundlage für den Erbbauzins und den Ankaufpreis mit einfließen.

cc) Korrekturen nach der Substanz- und Ertragslage im staatlichen und genossenschaftlichen Wohnungsbau

Im staatlichen und genossenschaftlichen Wohnungsbau liegt eine schlechte Substanz- und Ertragslage vor. Die auf dem Grundstück stehenden Wohnhäuser sind oft sanierungsbedürftig; sie können aus wohnungspolitischen Gründen auf lange Zeit nicht abgerissen werden. Die Mieteinkünfte sind durch die Bestimmungen der Grundmietenverordnungen gesetzlich begrenzt. Eine Anhebung auf ein kostendeckendes und schließlich marktübliches Niveau kann nur langsam und in kleinen Schritten erfolgen.

Auf dem Markt schlägt dies auf den Bodenwert eines so bebauten Grundstücks durch. Für die mit Wohnblocks bebauten Grundstücke gibt es keinen einem unbebauten Grundstück entsprechenden Bodenwert. Dieser müßte erst durch den — auf lange Zeit nicht möglichen — Abriß des Gebäudes geschaffen werden. Bei der Bemessung von Erbbauzinsen und Grundstückspreisen ist deshalb ein Bodenwert zugrunde zu legen, bei dem der Erhaltungszustand der aufstehenden Bausubstanz und die eingeschränkte Ertragsfähigkeit sowohl der Höhe als auch der Dauer nach angemessen zu berücksichtigen sind.

f) Angemessene Übergangsregelungen

Bei der Ausgestaltung der Sachenrechtsbereinigung ist nicht nur darauf zu achten, daß die entstandenen Bodenwerte gerecht verteilt werden. Bei der Festlegung der Grundsätze für den Interessenausgleich muß auch darauf geachtet werden, daß die Nutzung in der ehemaligen DDR in der Regel unentgeltlich war und der Umbruch von der sozialistischen Plan- zu einer Marktwirtschaft im Beitrittsgebiet für längere Zeit mit erheblichen Problemen behaftet ist. Hieraus sind folgende Einschränkungen vom Prinzip einer hälftigen Teilung begründet:

— Die Nutzer müssen sich auf die finanziellen Belastungen für die künftige Nutzung der Grundstücke einstellen können. Bei der Belastung mit den Erbbauzinsen ist zu berücksichtigen, daß die Wirtschafts- und Einkommensverhältnisse in den neuen Bundesländern noch nicht denjenigen in den alten Ländern entsprechen. Dem muß durch eine längere Anpassungsphase Rechnung getragen werden.

— Viele Nutzer wollen zwar das Eigentum am Grundstück erwerben, verfügen jedoch derzeit nicht über die dafür erforderlichen Mittel. Die Befugnis, das Grundstück kaufen zu können, muß deshalb nicht nur einmal für kurze Zeit nach dem Inkrafttreten dieses Gesetzes, sondern für eine längere Zeit eingeräumt werden.

g) Kein Ausgleich für in der Vergangenheit erlittenes Unrecht

Die Sachenrechtsbereinigung soll für die Zukunft einen Interessenausgleich für die Fälle herbeiführen, in denen eine vom sozialistischen Staat verliehene Befugnis zur Bebauung und das Eigentum am Grundstück auseinanderfallen. Das Instrumentarium hierfür sind gesetzliche Ansprüche, die es den Beteiligten ermöglichen, für die Zukunft einen Ausgleich unter Begründung dem BGB entsprechender Rechtsformen herbeizuführen.

Was die Sachenrechtsbereinigung nicht leisten kann, ist eine Entschädigung des Eigentümers für in der Vergangenheit erlittenes Unrecht zu gewähren. Die dafür einschlägigen Regelungen finden sich im Vermögensgesetz und im Entwurf für ein Zweites Unrechtsbereinigungsgesetz. Ein darüber hinausgehendes Entgelt für in der Vergangenheit gezogene

Nutzungen kann es nicht geben; dies bestimmt sich ausschließlich nach den Regelungen, die in der DDR galten und durch den Einigungsvertrag übernommen wurden.

2. Andere Gegenstände der Sachenrechtsbereinigung

Die Neuregelungen müssen für die durch das Einführungsgesetz zum ZGB umgestalteten Erbbaurechte, die kraft Gesetzes nach § 459 ZGB entstandenen Miteigentumsanteile sowie für die nicht abgesicherten Mitbenutzungen ebenfalls eine Anpassung an das BGB, seine Nebengesetze sowie an die marktwirtschaftlichen Rahmenbedingungen vornehmen. Die Sachenrechtsbereinigung kann auch in diesen Fällen nur für die Zukunft einen Interessenausgleich herbeiführen, aber keine rückwirkenden Veränderungen vornehmen.

a) Alte Erbbaurechte

Die gemäß § 5 Abs. 2 des Einführungsgesetzes zum ZGB in unbefristete Erbbaurechte umgewandelten Erbbaurechte müssen wie die Nutzungsrechte wieder in befristete Rechte umgewandelt werden. Wenn eine solche Anpassung bei den unbefristeten Nutzungsrechten vorgenommen werden muß, gilt dies erst recht dort, wo durch Eingriff des Gesetzgebers der DDR als befristet vereinbarte Rechte in unbefristete umgestaltet wurden. Bei der Anpassung ist den allgemeinen Grundsätzen zur Sachenrechtsbereinigung entsprechend zu unterscheiden, ob aufgrund der Veränderung der Rechtslage bauliche Investitionen vorgenommen wurden oder nicht.

b) Miteigentumsanteile nach § 459 ZGB

Die Miteigentumsanteile wurden in der ehemaligen DDR zur Sicherung baulicher Investitionen auf vertraglich genutzten Grundstücken begründet. Eine Korrektur der Miteigentumsanteile ist nach den Grundsätzen der Sachenrechtsbereinigung nicht möglich, obwohl die Größe des seinerzeit begründeten Miteigentumsanteils des damaligen Investors nach den heutigen Wertverhältnissen zwischen Bauwerk und Grundstück viel zu groß wäre.

Die Miteigentumsanteile wurden beim Beitritt vorgefunden. Die jetzt entstandenen Bodenwerte sind den Miteigentumsanteilen genauso zuzuordnen wie dem Alleineigentum an den Grundstücken.

c) Nicht abgesicherte Mitbenutzungen

Die in der ehemaligen DDR begründeten nicht abgesicherten Mitbenutzungen fremder Grundstücke sind entsprechend den allgemeinen Grundsätzen der Sachenrechtsbereinigung zu behandeln.

Diese Mitbenutzungen sind — soweit zur Erschließung oder Entsorgung von Grundstücken oder Bauwerken erforderlich — durch Dienstbarkeiten nach dem BGB abzusichern. Der Schutz der baulichen Investitionen läßt sich nur dann erreichen, wenn auch die Erschließung gesichert bleibt. Mit der Bestellung solcher Dienstbarkeiten werden die Rechtsverhältnisse an den Grundstücken wieder aus dem Grundbuch ersichtlich. Solche Mitbenutzungen können allerdings entsprechend den allgemeinen Grundsätzen zur Sachenrechtsbereinigung nicht auf Dauer unentgeltlich bleiben. Wie für die Bestellung von Erbbaurechten für Gebäude muß auch für die weitere Mitbenutzung in Zukunft ein Entgelt in Form einer Rente entrichtet werden.

E. Grundzüge des Entwurfs

Das Kapitel 1 des Gesetzes bestimmt die schon erwähnten Gegenstände der Sachenrechtsbereinigung und beschreibt damit den Anwendungsbereich des Gesetzes. Die das Gesetz bestimmenden materiell-rechtlichen Regelungen befinden sich in den nachstehenden Kapiteln.

1. Neuregelung der Nutzung fremder Grundstücke

Das Kapitel 2 umfaßt den größten Teil des Gesetzes. Es enthält mit den Bestimmungen zur Begründung von Erbbaurechten und für den Ankauf des Grundstücks durch die Nutzer den für das Beitrittsgebiet bedeutendsten Teil des Gesetzes.

a) Erfaßte Nutzungsrechte und Bebauungen

aa) Bestimmung der Fallgruppen (§ 1 Abs. 1 Nr. 1, §§ 4 bis 7)

Gegenstand der Sachenrechtsbereinigung sind nach § 1 Abs. 1 Nr. 1

— die Nutzungsrechte für den Bau und den Erwerb von Gebäuden,

— das selbständige, vom Eigentum am Grundstück getrennte Eigentum an Gebäuden und baulichen Anlagen und

— die Bebauung fremder Grundstücke mit Billigung staatlicher Stellen.

Die einzelnen Fallgruppen werden in den §§ 4 bis 7 näher bezeichnet.

Der Entwurf geht dabei in der Weise vor, daß zunächst der Grundsatz beschrieben wird und anschließend die zahlenmäßig bedeutendsten Fallgruppen als Regelbeispiele bezeichnet werden (§ 5 Abs. 1 Nr. 2 Buchstabe a bis f und § 7 Abs. 2 Nr. 1 bis 7). Diese Darstellung ist gewählt worden, weil die vorgefundenen Sachverhalte sich noch mehrfach dargestellten Gründen vielgestaltig sind und daher nicht ausgeschlossen werden kann, daß eine in gleicher Weise zu regelnde Fallgruppe nicht erfaßt worden ist.

Die Regelbeispiele ermöglichen für die benannten Fallgruppen eine eindeutige Zuordnung. Der den Grundsatz darstellende Obersatz erlaubt den Rechtsanwendern, einen zwar nicht in den Regelbeispielen beschriebenen, aber in den wesentlichen Elementen gleichgelagerten Sachverhalt in die Regelung mit einzubeziehen.

bb) *Auszuschließende Fallgruppen (§ 2)*

Mit dem Entwurf sollen Ansprüche auf Bestellung von Erbbaurechten und zum Erwerb des Eigentums an Grundstücken begründet werden. Dies kann allerdings nicht für alle in der ehemaligen DDR begründeten Nutzungen fremder Grundstücke zutreffen.

§ 2 bezeichnet die Fallgruppen, die nicht von der Sachenrechtsbereinigung erfaßt werden, obwohl auch dort eine Bebauung eines fremden Grundstücks mit Billigung staatlicher Stellen erfolgt sein kann.

In Absatz 1 werden die Sachverhalte genannt, für die andere gesetzliche Regelungen einschlägig oder für die noch neue Regelungen zu schaffen sind.

Nummer 1 schließt die Nutzungen von Grundstücken zur Erholung, Nummer 2 diejenigen aus Miet- und Pachtverträgen vom Anwendungsbereich des Gesetzes aus. Die vertraglichen Grundstücksnutzungen sind — wie bereits ausgeführt (B. 1. a) cc)) — nicht in die Sachenrechtsbereinigung einzubeziehen, da hier keine einem Nutzungsrecht vergleichbare Belastung des Grundstücks vorliegt. Für diese Fallgruppen ist eine besondere Regelung im Entwurf für ein Gesetz zur Anpassung der schuldrechtlichen Grundstücksnutzungen zu treffen, der derzeit ausgearbeitet wird und demnächst vorgelegt werden soll.

Nach Nummer 3 sind die Meliorationsanlagen nicht in die Sachenrechtsbereinigung einzubeziehen. Dies sind z. B. Beregnungsanlagen und Drainagen, die der Verbesserung der landwirtschaftlichen Bodennutzung dienen. Im Gegensatz zu Gebäuden und baulichen Anlagen, für deren Errichtung ein Grundstück notwendige Voraussetzung ist, dienen Meliorationsanlagen der Bodennutzung. Diese Anlagen fördern oder ermöglichen die Gewinnung von Feldfrüchten; sie haben jedoch — anders als Gebäude oder vergleichbare bauliche Anlagen — keinen von der Bodennutzung trennbaren Vermögenswert. Diese Anlagen sind in der Regel ein Instrument der großflächigen Bodenbewirtschaftung, die auf dem die Kollektivierung stützenden gesetzlichen Bodennutzungsrecht beruhte. Eine Verdinglichung kann insoweit nicht erfolgen. Die Sachenrechtsbereinigung darf nämlich nicht durch Begründung von Erbbaurechten und Ankaufsrechten die Aufhebung des gesetzlichen Bodennutzungsrechts der landwirtschaftlichen Produktionsgenossenschaften unterlaufen. Die Meliorationsanlagen können insoweit auch keine Beteiligung des Errichters am Bodenwert begründen, selbst wenn selbständiges Eigentum der ehemaligen landwirtschaftlichen Produktionsgenossenschaft nach § 27 LPG-Gesetz 1982 enstanden ist. Sie und die Anpflanzungen werden in dem Gesetz zur Anpassung der schuldrechtlichen Grundstücksnutzungen Berücksichtigung finden.

Nummer 4 schließt die Regelung der Rechtsverhältnisse an den Grundstücken von der Sachenrechtsbereinigung aus, die in der DDR für dem Gemeingebrauch dienende Anlagen in Anspruch genommen worden sind. Die Sachenrechtsbereinigung kann nicht eine umfassende Lösung für alle Fälle des sog. rückständigen Grunderwerbs bereitstellen. Unter dem Begriff rückständiger Erwerb werden alle Sachverhalte zusammengefaßt, in denen in der DDR fremde, in Privateigentum stehende Grundstücke für Bebauungen im komplexen Wohnungsbau oder für öffentliche Anlagen (Straßen, Grünflächen etc.) ohne Erwerb durch die öffentliche Hand oder Enteignung in Anspruch genommen wurden.

Die Sachenrechtsbereinigung sieht einen privatrechtlichen Ausgleich zwischen dem Nutzer und dem Grundstückseigentümer vor. Der Schutz des Besitzes und das Interesse am Erhalt der durch die Investitionen geschaffenen baulichen Werte sind dabei den Befugnissen der Eigentümer gegenüberzustellen.

Eine zivilrechtliche Sachenrechtsbereinigung kann nur dort erfolgen, wo Nutzungsrechte bestellt oder Gebäude auf fremden Grundstücken errichtet wurden und sich nunmehr Gebäudeeigentümer oder -errichter und Grundstückseigentümer gegenüberstehen. Das Instrumentarium der Sachenrechtsbereinigung besteht in der Begründung zivilrechtlicher Ansprüche auf Bestellung von Erbbaurechten und den Kauf des Grundstücks (in Ausnahmefällen auch des Gebäudes) durch den Grundstückseigentümer).

Eine rein zivilrechtliche Lösung ist indessen dort ausgeschlossen, wo aus öffentlichen Zwecken ein Grunderwerb durch die öffentliche Körperschaft geboten ist. Die Übergänge von einem Interessenausgleich zwischen Eigentümer und Nutzer zu einer Entschädigung für den rückständigen Grunderwerb sind allerdings fließend.

Dies zeigt sich bei den Überbauungen von Grundstücken im sog. komplexen Wohnungsbau, wo sowohl die Wohnblocks als auch die zur Erschließung eines solchen Gebietes notwendige Infrastruktur quer über die Grundstücksgrenzen hinweg verlaufen. In den im komplexen Wohnungsbau überbauten Gebieten ist eine Bereinigung der Rechtsverhältnisse nur durchführbar, wenn in die Bodenneuordnung auch dem Gemeingebrauch dienende Flächen einbezogen werden. Andernfalls wäre eine Neubildung der Grundstücke nach der baulichen Nutzung für solch ein Gebiet nicht möglich. Damit muß zugleich eine Regelung für den Ausgleich der Grundstückseigentümer gefunden werden, der auch die dem Gemeingebrauch gewidmeten Flächen einschließt. Ein Entwurf für ein Bodenneuordnungsverfahren liegt inzwischen ebenfalls vor.

Auf andere bauliche Anlagen der öffentlichen Hand (Straßenbau, Parkanlagen usw.) kann das Gesetz zur Sachenrechtsbereinigung hingegen keine Anwendung finden. Erbbaurecht und Ankaufsrecht sollen die aufgrund Nutzungsrechts oder ohne vergleichbare Absicherung errichtete Bebauung sichern und einen Interessenausgleich zwischen Nutzer und Grundstückseigentümer herbeiführen. — Die in der Sachenrechtsbereinigung begründeten Ansprüche (insbesondere das gesetzliche Ankaufsrecht) sind jedoch kein geeignetes Mittel, um Enteignungen nachzuholen, die im Interesse des Wohls der Allgemeinheit (Art. 14 Abs. 3 Satz 1 Grundgesetz) erforderlich sein können. Soweit vertragliche Regelungen scheitern und Enteignungen für öffentliche Zwecke durchgeführt werden müssen, muß in einem Verwaltungsverfahren eine Enteignung unter Einhaltung der hierfür erforderlichen Kriterien nachgeholt werden.

Nummer 5 stellt klar, daß die öffentlich-rechtlich begründeten, nach dem Einigungsvertrag fortgeltenden Besitzrechte (dies betrifft vor allem die weitgefaßten sog. Mitbenutzungen für die Energiewirtschaft) nicht Gegenstand der Sachenrechtsbereinigung sind.

Absatz 2 schließt zwei Fallgruppen aus dem Anwendungsbereich des Gesetzes aus, für die wegen der Nähe zum Staat oder der nicht an rechtsstaatlichen Grundsätzen orientierten Geschäftspraxis besondere Regelungen gelten, die ihre Einbeziehung in die Sachenrechtsbereinigung ausschließen.

Nummer 1 betrifft die Parteien und Massenorganisationen in der ehemaligen DDR, deren Vermögen nach §§ 20a, 20b des Parteiengesetzes der DDR in Verbindung mit der Maßgabenregelung zum Einigungsvertrag (Anlage II Kapitel II Sachgebiet A Abschnitt III Nr. 1 Buchstabe d) einer treuhänderischen Verwaltung unterliegt. Vermögen kann den Parteien nur insoweit zurückgegeben werden, wie es nachweislich nach materiell-rechtsstaatlichen Grundsätzen im Sinne des Grundgesetzes erworben wurde. In welchem Umfang diese Organisationen Rechte an Grundstücken erworben haben, ist allein nach den genannten Kriterien zu bestimmen.

Nummer 2 betrifft die zum Bereich der Kommerziellen Koordinierung gehörenden Unternehmen. Diese Unternehmen wurden in besonderer Weise für einen „Außenhandel" zur Devisenbeschaffung durch Waffenhandel, Verkauf enteigneter Kunstgegenstände und Antiquitäten, Erwirtschaftung von Zwangsvertreterprovisionen usw. eingesetzt. Für die Ausübung dieser Geschäfte wurden den Unternehmen Rechtsträgerschaften über vormals volkseigene Grundstücke übertragen. Die für die Vornahme solcher Rechtsgeschäfte begründeten Rechtsträgerschaften sind keine redlich erworbenen, schützenswerten Besitzpositionen, aus denen Ansprüche nach dem Sachenrechtsbereinigungsgesetz begründet werden könnten. Im Zweiten Vermögensrechtsänderungsgesetz wurden diese Nutzer ausdrücklich aus dem Schutzbereich des Moratoriums herausgenommen (Art. 233 § 2a Abs. 6 a bb EGBGB). Art. 1 § 2 Abs. 2 Nr. 2 des Entwurfs greift die darin zum Ausdruck kommende gesetzliche Entscheidung auf und schließt diese Sachverhalte auch von den hier begründeten Ansprüchen aus.

Absatz 3 regelt das Konkurrenzverhältnis zwischen den nach diesem Gesetz begründeten Ansprüchen und solchen nach dem Landwirtschaftsanpassungsgesetz bezüglich der von LPG-Mitgliedern eingebrachten Wirtschaftsgebäude. Das Landwirtschaftsanpassungsgesetz sieht insoweit eine Rückübereignung eingebrachter Wirtschaftsgebäude vor. Die für diese Fälle im Landwirtschaftsanpassungsgesetz getroffenen speziellen Bestimmungen sollen den allgemeineren Vorschriften des Sachenrechtsbereinigungsgesetzes vorgehen.

b) Zeitliche Begrenzung (§ 8)

Der Entwurf regelt nur die in der ehemaligen DDR begründeten Nutzungsrechte sowie die vor dem Beitritt begonnenen baulichen Investitionen. Für Bebauungen, die nicht aufgrund eines durch den Einigungsvertrag fortbestehenden Nutzungsrechts erfolgten und mit denen erst nach dem Beitritt begonnen worden ist, müssen die allgemeinen Regelungen zur Anwendung kommen.

c) Begriffsbestimmungen (§§ 9 bis 12)

aa) Nutzer (§ 9)

Die Begriffsbestimmung stellt klar, wer Anspruchsberechtigter im Sinne des Entwurfs ist. Dies sind der eingetragene Eigentümer des Gebäudes, der Inhaber eines dinglichen Nutzungsrechts, der Eigentümer eines nicht im Grundbuch eingetragenen Gebäudes, der aus einem Überlassungsvertrag Berechtigte und schließlich der Errichter des Gebäudes oder deren Rechtsnachfolger. Im Interesse der Rechtsklarheit für die andere Seite, den Grundstückseigentümer, geht der Entwurf von einer an den Eintragungen im Grundbuch, in einer Urkunde und zuletzt an tatsächlichen Umständen orientierten Reihenfolge der Anspruchsberechtigungen aus (Absatz 1).

Absatz 1 betrifft das Außenverhältnis (des Nutzers zum Grundstückseigentümer). Nehmen mehrere Personen für sich in Anspruch, nach dem Entwurf berechtigt zu sein, so bedarf es zwischen ihnen einer Bestimmung des Anspruchsberechtigten.

Die materiell-rechtliche Regelung für diesen Fall befindet sich in § 13 Abs. 1 Satz 2. Im Verhältnis derjenigen, die als Nutzer Ansprüche nach dem Entwurf geltend machen wollen, soll es darauf ankommen, wer die bauliche Investition vorgenommen hat oder wem sie als Erwerber des Gebäudes oder der baulichen Anlage zuzurechnen ist.

Die Verfahrensregelung findet sich in § 109 Abs. 3. Die Nutzer können untereinander auf Feststellung klagen, wer von ihnen anspruchsberechtigt ist. Die Nutzer können dem Grundstückseigentümer den Streit verkünden, damit die Entscheidung auch ihm gegenüber wirkt.

Der Entwurf hat ferner den Umständen (Absatz 2) Rechnung zu tragen, daß

— in der ehemaligen DDR auch Gebäude verkauft wurden, an denen kein selbständiges Gebäudeeigentum entstanden war, und

— die Wohnungsbaugenossenschaften im wesentlichen nicht selbst Gebäude errichtet haben, sondern von staatlichen Hauptauftraggebern hergestellte Gebäude nach deren Fertigstellung zur Bewirtschaftung zur Verfügung gestellt bekamen.

Absatz 3 enthält eine Begriffsbestimmung für die landwirtschaftlichen Produktionsgenossenschaften. Nutzer sind nicht nur landwirtschaftliche, sondern auch gärtnerische Produktionsgenossenschaften, Produktionsgenossenschaften der Binnenfischer sowie Kooperationsbeziehungen dieser Genossenschaften.

Schließlich ist auch der besonderen Regelung über den gemeinschaftlichen Eigentumserwerb von Ehegatten Rechnung zu tragen (Absatz 4).

bb) Billigung staatlicher Stellen (§ 10)

Die Billigung staatlicher Stellen für die Bebauung des fremden Grundstücks ist grundsätzlich Voraussetzung für einen Anspruch nach Maßgabe dieses Gesetzes, wenn nicht Nutzungsrechte bestellt oder nach anderen Rechtsvorschriften selbständiges Gebäudeeigentum entstanden ist. Die Begriffsbestimmung stellt klar, daß Billigung nicht im Sinne einer aufgrund rechtmäßigen Verwaltungshandelns erteilten Genehmigung zu verstehen ist, sondern darunter alle Handlungen auch nichtstaatlicher Stellen (wie der LPG-Vorstände und der Parteisekretäre) zu fassen sind, die nach der in der DDR üblichen Praxis die Bebauung anordneten oder gestatteten. Zugleich wird eine Vermutung für eine Billigung in den Fällen begründet, in denen Baugenehmigungen oder -zustimmungen erteilt wurden, die auch in der DDR grundsätzlich unbeschadet privater Rechte Dritter erfolgten (vgl. § 5 Abs. 8 der Verordnung über die Verantwortung der Räte der Gemeinden, Stadtbezirke, Städte und Kreise bei der Errichtung und Veränderung von Bauwerken der Bevölkerung vom 22. März 1972 — GBl. II Nr. 26 S. 293 — geändert 1984, 1989).

cc) Bebauung (§ 11)

Ist weder ein Nutzungsrecht bestellt worden noch selbständiges Eigentum am Gebäude entstanden, so muß entschieden werden, welche anderen baulichen Investitionen der Errichtung eines Gebäudes (Neubau) gleichstehen. Der Entwurf stellt die Wiederherstellung (Rekonstruktion) eines nicht mehr nutzbaren Gebäudes sowie die Änderung der Nutzungsart mit einem Neubau entsprechenden baulichen Aufwand (z. B. den Umbau einer Scheune zu einem Wohnhaus) einer Neuerrichtung eines Gebäudes gleich. Diese Bebauungen hätten wie ein Neubau durch Nutzungsrechtsbestellung gesichert werden können.

Absatz 2 trifft eine weitergehende Regelung für die Überlassungsverträge. Hier wurden den Nutzern in der Regel Grundstücke mit einem — allerdings meist stark renovierungsbedürftigen — Haus überlassen. Die Nutzer, denen der Erwerb in Aussicht gestellt worden war, haben hier über die Jahre hinweg meist erhebliche Investitionen in das Gebäude vorgenommen. Der Entwurf stellt diese Nutzer bereits dann den Inhabern dinglicher Nutzungsrechte gleich, wenn sie über die Jahre Aus- und Umbauten, die die Wohn- oder Nutzfläche des Gebäudes um mehr als 50 vom Hundert vergrössert haben, oder bauliche Aufwendungen vorgenommen haben, die die Hälfte des seinerzeitigen Sachwerts des Gebäudes überstiegen.

Eine besondere Regelung ist für die sog. notwendigen Verwendungen der Überlassungsnehmer vorgesehen, die diese nach dem Beitritt vorgenommen haben. Hierunter fallen alle Aufwendungen auf das Gebäude, die zu dessen Erhalt oder ordnungsgemäßer Bewirtschaftung erforderlich sind. Dies sind insbesondere die Reparaturen am Gebäude. Diese Regelungen sollen Härten ausgleichen, die sonst bei den Nutzern entstünden, die nach dem 2. Oktober 1990 dringend notwendige Reparaturen ausführen konnten, für die zuvor kein Material vorhanden gewesen sein mag. Diese Aufwendungen sind den baulichen Investitionen des Nutzers zuzurechnen, wenn sie bis zur Kabinettsbefassung dieses Gesetzes vorgenommen worden sind. Dies kann zur Folge haben, daß auch der Überlassungsnehmer die Ansprüche nach dem Entwurf geltend machen kann, dessen Aufwendungen für bauliche Investitionen in das Gebäude erst aufgrund nach dem 2. Oktober 1990 vorgenommener Reparaturen die Hälfte des Sachwerts des Gebäudes übersteigen.

Die Errichtung baulicher Anlagen wird nach dem Entwurf (§ 11 Abs. 3) dem Bau von Gebäuden gleichgestellt, wenn sie den Grundstückseigentümer von der Nutzung des Grundstücks insgesamt oder auf Teilflächen ausschließen. Im Ergebnis wird damit eine den Gebäuden vergleichbare Absicherung für größere bauliche Investitionen, z.B. in Fabrikanlagen und Sportstätten, herbeigeführt, während für Wege, Leitungsmasten und Rohranlagen Ansprüche auf Dienstbarkeiten begründet werden.

dd) Abtrennbare, selbständig nutzbare Teilflächen (§ 12)

Die selbständige bauliche Nutzbarkeit hat Bedeutung für die Fälle, in denen über die für den Eigenheimbau vorgesehene Regelgröße von 500 Quadratmetern hinausgehende Nutzungsrechte bestellt wurden. Eine Abtrennung soll hier nur im Falle der selbständigen baulichen Nutzbarkeit (also vor allem, wenn ein weiterer Bauplatz geschaffen werden kann) erfolgen.

d) Anspruchslösung (§§ 3, 32, 62)

Der Entwurf sieht keine Umwandlung bestehender Nutzungsrechte kraft Gesetzes vor. Den Beteiligten (Eigentümern und Nutzern) werden vielmehr gesetzliche Ansprüche eingeräumt, aus denen sie den Abschluß eines Erbbaurechts- oder (dies gilt grundsätzlich nur für die Nutzer) eines Grundstückskaufvertrages verlangen können. Die Bestimmungen über den Inhalt des Vertrages sind dispositiv; sie greifen dann ein, wenn die Beteiligten sich nicht in anderer Weise einigen.

Eine Umwandlung käme ohnehin nur für die bestehenden Nutzungsrechte in Frage. Es wäre allenfalls denkbar, diese kraft Gesetzes in Erbbaurechte mit einem bestimmten Inhalt umzuwandeln. Eine Begründung kraft Gesetzes hätte jedoch Nachteile, die diejenigen aus einem zeitweiligen Fortbestand der alten Rechtslage und einer Neuregelung im Wege einer Vereinbarung erheblich überwiegen. Im einzelnen ist folgendes auszuführen:

— Der Erbbauzins ist vom Verkehrswert abhängig. Bei einer Begründung von Erbbaurechten kraft Gesetzes wäre nur eine Festsetzung des Erbbauzinses nach allgemeinen Pauschalen möglich. Diese können und werden in den meisten Fällen nicht dem tatsächlichen Verkehrswert des Grundstücks entsprechen. Die Anpassung des Erbbauzinses müßte aufgrund einer Vereinbarung zwischen Nutzer und Grundstückseigentümer nachfolgen.

Der Verkehrswert wird jedoch häufig streitig sein. Hierüber wird es oft zu Rechtsstreiten kommen. Schon deshalb ist zu befürchten, daß durch die vorangegangene Begründung von Erbbaurechten kraft Gesetzes kein wesentlicher Entlastungseffekt für die Gerichte einträte.

— Es ist darüber hinaus fraglich, ob ein solches Erbbaurecht eine bessere Beleihungsgrundlage wäre als das jetzt bestehende Gebäudeeigentum.

Die Höhe des Erbbauzinses könnte nicht — wie in § 9 Abs. 2 der Verordnung über das Erbbaurecht (im folgenden: ErbbauVO) angeordnet — nach Höhe und Zeit im voraus bestimmt sein und durch eine Reallast gesichert werden, wenn der zu zahlende Zins erst nach einem noch zu ermittelnden Verkehrswert für das jeweilige Grundstück festgestellt werden müßte. Der Zweck der Bestimmung in § 9 Abs. 2 Satz 1 ErbbauVO besteht darin, eine sichere Grundlage für die Beleihung des Erbbaurechts zu schaffen (BGHZ 22, 220, 222). Ein nachrangiger Geldgeber soll die vorrangige Erbbauzins-Reallast exakt berechnen können.

Je größer die Unsicherheit hinsichtlich des Verkehrswerts und damit der Höhe eines vorrangigen Erbbauzinses wird, um so enger wird der nachrangige Finanzierungsraum. Bei der Beleihung des Gebäudes gibt es dieses Problem nicht. Entscheidend hierfür ist, wie sicher das Recht zum Besitz des Grundstücks ist. Eine wesentliche Absicherung des Besitzrechts des Nutzers wird bereits dadurch erreicht, daß das Nutzungsrecht gesichert ist und ihm ein Anspruch auf Begründung von Erbbaurechten oder zum Ankauf des Grundstücks gewährt wird.

— Das kraft Gesetzes entstehende Erbbaurecht würde oft im Widerspruch zur tatsächlichen Nutzung stehen und erforderliche Nutzungsänderungen in Zukunft behindern.

Die Nutzungsrechte wurden für bestimmte Zwecke bestellt. Die Höhe des Erbbauzinses ist von der jeweiligen Nutzung abhängig. Für eine Nutzung zu Wohnzwecken wird ein geringerer Zinssatz in Ansatz gebracht als für eine Nutzung zu gewerblichen Zwecken.

Eine gesetzliche Umwandlung bestehender Nutzungsrechte müßte wegen der Zinsabhängigkeit der zulässigen Nutzung grundsätzlich einen Maßstab für die zulässige bauliche Nutzung vorgeben und diesen entsprechend § 2 Nr. 1 ErbbauVO als Inhalt des Erbbaurechts festlegen. Die gesetzliche Regelung könnte dazu an die bisher zulässige Nutzung anknüpfen, die aber nicht mehr mit den tatsächlichen Gegebenheiten übereinstimmen muß. Zudem wären hierdurch notwendige Nutzungsänderungen erschwert.

— Die Eintragung der Erbbaurechte würde auf unvermessenen Flächen erhebliche Schwierigkeiten bereiten.

Die Nutzungsrechte stimmen häufig nicht mit den Grundstücksgrenzen überein. Die Erbbaurechtsgrenzen müssen in diesen Fällen erst aufgrund der im Einzelfall vor Ort bestehenden Umstände festgelegt werden. Eine gesetzlich angeordnete Umwandlung könnte in solchen Fällen im Grundbuch nicht nachvollzogen werden. Es läßt sich nicht abstrakt im Gesetz bestimmen, welche Grundstücke von der Umwandlung des nicht vermessenen Nutzungsrechts betroffen sind und auf welchen Grundbuchblättern das Erbbaurecht mit welchem Inhalt einzutragen ist.

— Die gesetzliche Umwandlung ließe schließlich auch dort BGB-konforme dingliche Rechte entstehen, wo dies nicht gerechtfertigt wäre.

Nutzungsrechte wurden für eine bestimmte bauliche Nutzung des Grundstücks bestellt. Sie waren auf einen vorgegebenen Nutzungszweck bezogen. Der Nutzer sollte das Grundstück in einer bestimmten Weise bebauen und bewirtschaften. Ein Liegenlassen des Grundstücks und eine spätere Veräußerung zum Zwecke der Gewinnerzielung entsprach nicht dem Inhalt des Nutzungsrechts.

Ist das vom Nutzer errichtete Gebäude nur noch eine nicht mehr nutzbare Ruine oder wird die Nutzung nachhaltig nicht mehr ausgeübt und ein dem Nutzungsrecht entsprechender Gebrauch durch den Nutzer auch in Zukunft nicht mehr erwartet, so ist der mit der Nutzungsrechtsbestellung verfolgte Zweck verfehlt. Das Nutzungsrecht hätte in der DDR entzogen werden müssen (vgl. §§ 290 Abs. 1, 294 Abs. 1 ZGB). Der Einigungsvertrag hat die Nutzungsrechte mit ihrem bisherigen Inhalt anerkannt (Art. 233 § 3 Abs. 1 EGBGB). Der Fortbestand eines gewandelten, nunmehr zur Spekulation geeigneten Nutzungsrechts wäre auch sachlich nicht gerechtfertigt. Der Entwurf gibt dem Grundstückseigentümer insoweit eine Einrede, aus der er in diesen Fällen die Bestellung des Erbbaurechts oder den Ankauf des Grundstücks verweigern kann (§ 29 Abs. 2). Eine gesetzliche

Umwandlung bestehender Nutzungsrechte ließe jedoch stets Erbbaurechte entstehen, mit der Folge, daß eine veräußerbare Rechtsposition kraft Gesetzes auch dann entstanden wäre, wenn der bisherige Nutzer von diesem Recht nur in spekulativer Weise, z. B. durch gewinnbringende Veräußerung eines Bauplatzes an einen Bauträger, Gebrauch machen kann.

Die gesetzliche Umwandlung in Erbbaurechte hätte die gleichen Rechtsfolgen in den Fällen des unredlichen Erwerbs eines Nutzungsrechts. Eine gesetzliche Umwandlung der Nutzungsrechte in Erbbaurechte würde auch in diesen Fällen vollendete Tatsachen schaffen.

Die Anspruchslösung hat demgegenüber folgende Vorteile:

— Sie ermöglicht eine größere Flexibilität. Das Erbbaurecht ist kein Sachenrecht mit einem allgemein gesetzlich fixierten Inhalt. Die Ausgestaltung des dinglichen Rechts wird vielmehr in wesentlichen durch die Vereinbarungen der Parteien bestimmt. In einem Erbbaurechtsvertrag sind deshalb oft viele Einzelfragen zu regeln. Die Bestimmung des Inhalts des Erbbaurechts durch Gesetz wäre den im Einzelfall anzutreffenden Verhältnissen nicht angepaßt. Die Anspruchslösung ermöglicht dagegen eine individuelle Vertragsgestaltung nach den Vorstellungen der Parteien. Erst dann, wenn die Parteien sich nicht einigen können, greifen die dispositiven gesetzlichen Bestimmungen zum Inhalt des Vertrages ein.

— Sie vermeidet doppelte Belastungen der Grundbuchämter. In der überwiegenden Zahl der Fälle wird die Sachenrechtsbereinigung durch Ankauf des Grundstücks durch den Nutzer erfolgen. Dies ist für beide Seiten vorteilhafter. Der Erwerb des Grundstücks ermöglicht dem Nutzer, mit dem Grundstück nach Belieben zu verfahren; der Grundstückseigentümer erhält sogleich einen namhaften Geldbetrag, den er anlegen oder anderweitig verwenden kann.

Die vorher kraft gesetzlicher Umwandlung einzutragenden Erbbaurechte führten hier nur zu Doppelbuchungen.

— Die Beteiligten können für eine lange Zeit noch den alten Rechtszustand belassen, wenn sie derzeit keine Änderung wünschen. Damit tritt eine zeitliche Entspannung ein; die Grundbuchämter werden nicht sofort mit einer Unzahl von Berichtigungen überschwemmt.

Der vorliegende Entwurf enthält aus den vorstehend genannten Gründen eine Anspruchslösung für alle Fälle der Sachenrechtsbereinigung. Die Gründe gegen eine Umwandlung der Nutzungsrechte in Erbbaurechte kraft Gesetzes sind jedoch nicht prinzipieller Natur, sondern beruhen auf mehr praktischen Gesichtspunkten (Abweichung vom bisherigen System ohne erkennbare Vorteile für Nutzer oder Grundstückseigentümer, große Probleme bei der Umsetzung einer solchen Lösung). Das Modell einer Umwandlung kraft Gesetzes wird aus diesen Gründen nicht weiter verfolgt. Eine Ergänzung des Entwurfs wäre jedoch denkbar, wenn sich im Verlauf der Diskussion herausstellen sollte, daß eine solche Umwandlung große Vorteile für die Betroffenen hätte und auch ohne großen Aufwand durchführbar wäre.

e) **Verhältnis der Ansprüche, Wahlrecht (§§ 13 bis 15)**

aa) Anspruchsberechtigte und -verpflichtete

Berechtigt und verpflichtet zum Vertragsschluß sind die Nutzer und die Grundstückseigentümer (§ 13).

Der Entwurf bestimmt, daß grundsätzlich die Nutzer wählen können, ob sie einen Erbbaurechtsvertrag schließen oder ankaufen wollen (§ 14 Abs. 1). Hiermit wird dem Zweck der Nutzungsrechte entsprochen und auch der beschränkten Belastbarkeit der Nutzer Rechnung getragen.

Hat der Nutzer allerdings erklärt, einen Kaufvertrag schließen zu wollen, so kann auch der Grundstückseigentümer den Abschluß eines Grundstückskaufvertrages verlangen (§ 62 Abs. 2 Nr. 2). Andernfalls könnte der Nutzer einen Stillstand herbeiführen, indem er sein Wahlrecht in der genannten Weise ausübt, dann aber kein Vertragsangebot vorlegt.

Eine Ausnahme ist dann gegeben, wenn das Grundstück einen niedrigen Verkehrswert hat. Der Entwurf sieht vor, daß bis zu Verkehrswerten bis zu 100 000 DM, bei einem Eigenheim bis zu 30 000 DM, das Wahlrecht entfällt und nur noch ein Anspruch auf Ankauf des Grundstücks begründet ist (§ 14 Abs. 2). In diesen Fällen ist die für die Nutzer aus dem Erwerb des Grundstücks entstehende Belastung tragbar. Die Bestellung eines Erbbaurechts bei einem Erbbauzins von weniger als 292 DM — bei Eigenheimen 50 DM — monatlich ist in Anbetracht des Aufwands für die Bestellung der Erbbaurechte sowie der langfristigen Bindung der Vertragsschließenden unüblich und den Beteiligten auch nicht zuzumuten.

Der Entwurf sieht in § 122 zudem eine Härteklausel für die Nutzer vor, die aus besonderen wirtschaftlichen oder persönlichen Gründen derzeit nicht in der Lage sind, die für den Ankauf des Grundstücks oder dessen Finanzierung notwendigen Mittel aufzubringen. Sie können vom Grundstückseigentümer für längstens sechs Jahre den Abschluß eines schuldrechtlichen Nutzungsvertrages verlangen. In dieser Zeit haben sie ein Erbbauzinsen entsprechendes Nutzungsentgelt zu zahlen, das — wegen der Eingangsphase (§ 52) — in diesem Zeitraum besonders niedrig ist.

Bei den Wirtschaftsgebäuden kann in Einzelfällen auch der „umgekehrte" Ankauf des Gebäudes durch den Grundstückseigentümer die nach den abzuwägenden wirtschaftlichen Interessen der Beteiligten angemessenere Lösung sein. In diesen Fällen ist der in der DDR begründeten baulichen Nutzung eines fremden Grundstücks nicht ohne weiteres Vorrang vor den betrieblichen Belangen des Grundstückseigentümers einzuräumen; es ist vielmehr eine Abwägung der wirtschaftlichen Interessen der Beteiligten geboten. Ein Ankaufsrecht für den Grundstückseigentümer kann in Frage kommen, wenn das Gebäude z. B. auf dem Betriebsgrundstück des Grundstückseigentümers steht und dessen land-, forstwirtschaftliche oder gewerbliche Tätigkeit erheblich behindert oder das Gebäude oder die Gebäudegrundfläche für besondere Investitionszwecke in Anspruch genommen werden muß oder der bisherige Nutzer des Gebäudes keine Gewähr für eine Fortsetzung seiner bisher ausgeübten gewerblichen Tätigkeit bietet (§ 14 Abs. 3 in Verbindung mit § 82 Abs. 1).

bb) Ausübung des Wahlrechts (§ 15)

Der Nutzer hat sich nach Aufforderung durch den Grundstückseigentümer binnen einer Frist von fünf Monaten zu erklären, ob er einen Erbbaurechtsvertrag schließen oder das Grundstück ankaufen will. Ihm wird damit eine längere Überlegungs- und Vorbereitungszeit eingeräumt. Seine Erklärung ist dann verbindlich.

Erklärt der Nutzer sich innerhalb dieser Frist nicht, so kann der Grundstückseigentümer eine angemessene Nachfrist setzen und mit deren fruchtlosem Ablauf das Wahlrecht an sich ziehen.

f) Verkehrswert (§§ 18 bis 20)

aa) Grundsätze (§ 18)

(1) Wertermittlungszeitpunkt

Der Verkehrswert zum Zeitpunkt des Vertragsangebots ist Grundlage für die Bemessung des Erbbauzinses und des Kaufpreises.

Das folgt aus dem Eckwert des Entwurfs, den durch Einführung der Marktwirtschaft entstandenen Bodenwert zu teilen. Dieser ist der aktuelle Verkehrswert des Grundstücks. Der Verkehrswert ist wiederum der Preis, der für das Grundstück zur Zeit des Vertragsangebots nach den konkret vorliegenden rechtlichen Gegebenheiten und tatsächlichen Eigenschaften zu erzielen wäre. Jede andere Bemessungsgrundlage wäre nicht sachgerecht, da dem Nutzer ein solcher Wert zufließt.

Kauft der Nutzer das Grundstück vom Eigentümer und veräußert es alsbald an einen Dritten, so erzielt er den genannten marktüblichen Preis. — Die Festlegung des Bewertungsstichtags auf den Zeitpunkt der Vorlage des Angebots verfolgt den Zweck, Verzögerungen beim Vertragsschluß aus Gründen der Spekulation auf niedrigere oder höhere Verkehrswerte auszuschließen. Der Entwurf trägt hier den entgegengesetzten Interessen der Beteiligten Rechnung. Jede Seite hat die gleiche Möglichkeit, eine verbindliche Wertbestimmung zu dem ihr günstig erscheinenden Zeitpunkt zustande zu bringen.

Da die Regelung im Entwurf einen gesetzlichen Kontrahierungszwang begründet, wäre eine Anknüpfung an andere, nicht mehr aktuelle Werte bedenklich. Die Beteiligten hätten sich andernfalls auf einer Preisbasis zu einigen, der jeder Bezug zu dem Wert des Grundstücks fehlte, über den sie kraft gesetzlich begründeter Ansprüche jedoch verfügen müssen.

(2) Qualität des Grundstücks

Zugrunde gelegt wird der Bodenwert eines unbebauten Grundstücks, da nur insoweit ein Ausgleich herbeizuführen ist (Absatz 2 Satz 1). Bei der Bewertung ist die Qualität des Grundstücks zum Wertermittlungsstichtag Basis für die Berechnung. Das nach dem Entwurf zu bewertende Grundstück wird in der Regel bebaut sein. Es ist deshalb als nach öffentlich-rechtlichen Vorschriften baulich nutzbares baureifes Land zu bewerten (§ 4 Abs. 4 der Wertermittlungsverordnung).

Die Bewertung des Grundstücks nach der Qualität zum Wertermittlungsstichtag entspricht nicht nur allgemeinen Grundsätzen und dem Eckwert des Entwurfs, den jetzt vorhandenen, durch die Einführung der Marktwirtschaft entstandenen Bodenwert zu teilen. Sie ist nicht zuletzt auch deshalb sachgerecht, weil der Eigentümer das Grundstück in demselben Umfang wie der Nutzer bebauen könnte. Dies zeigt sich deutlich bei den Baulücken in einer Siedlung; auf diesen Grundstücken kann nun der Eigentümer ein Haus bauen. Man kann die nach öffentlich-rechtlichen Vorschriften zu beurteilende Baulandqualität schlecht für den Grundstückseigentümer verneinen, für den Nutzer jedoch bejahen.

Abzuziehen ist in der Regel jedoch der anteilige Vermessungs- und Erschließungsaufwand, wenn das Grundstück vor der Bebauung nicht vermessen und nicht erschlossen war.

In der DDR wurden zwar von den Gemeinden keine Erschließungsbeiträge erhoben, so daß die Erschließungskosten insoweit auch nicht von den Nutzern getragen wurden. Anders ist es bei dem Anschluß des Gebäudes an das öffentliche Versorgungsnetz. Für den Eigenheimbau wurden manchmal nur die Materialien bereitgestellt; der Anschluß wurde meist von den Nutzern in Eigenarbeit vorgenommen.

Der Abzug des im Baulandpreis enthaltenen anteiligen Vermessungs- und Erschließungsaufwands ist jedoch deshalb gerechtfertigt, weil diese Aufwendungen im Hinblick auf das Bauvorhaben des Nutzers erbracht worden sind. Eine Ausnahme ist dann zu machen, wenn das Grundstück bereits während der Dauer des Besitzes des Eigentümers erschlossen und vermessen war (Absatz 2 Satz 2). Dazu gehören im wesentlichen diejenigen Fälle, in denen bereits eine Altbebauung vorhanden war.

Der anteilige Aufwand für die Erschließung kann zum Beispiel nach dem Unterschied für ein erschließungsbeitragsfreies und ein erschließungsbeitragspflichtiges Baugrundstück in gleicher Lage bestimmt werden. Der Entwurf sieht insoweit eine Verordnungsermächtigung vor, mit der nähere Grundsätze für die Berechnung bestimmt werden können (§ 20).

Soweit Bodenrichtwerte vorliegen, sollen diese grundsätzlich herangezogen werden (Absatz 3).

bb) Verkehrswertermittlung in besonderen Fällen (§ 19)

(1) Abbruchkosten

Kosten eines bevorstehenden Abbruchs mindern in der Regel den Verkehrswert des Grundstücks. Die Bemessungsgrundlage für den Erbbauzins und für den Kaufpreis ist an die dadurch eingetretene Minderung des Verkehrswerts anzupassen. Insoweit ist kein Verkehrswert entstanden, der dem eines unbebauten (bereits freigelegten) Grundstücks entspricht. Es kann jedoch grundsätzlich nur der vorhandene Wert von Grund und Boden verteilt werden.

Die Abbruchkosten, die durch unterlassene Instandhaltung des Gebäudes oder der baulichen Anlage entstanden sind, sollen jedoch nicht abgezogen werden. Dies wäre nicht gerechtfertigt, da diese Kosten allein dem Nutzer zugerechnet werden müssen.

(2) Berücksichtigung von Substanz- und Ertragswertgesichtspunkten

Bei den im staatlichen oder genossenschaftlichen Wohnungsbau überbauten Grundstücken ist — wie bei der Darlegung der Eckwerte bereits ausgeführt — die besonders ungünstige Substanz- und Ertragssituation zu berücksichtigen, da sie auf den Bodenwert durchschlägt (Absatz 2).

Bei den durch Maßnahmen des komplexen Wohnungsbaus überbauten Flächen bedarf es auch einer Bewertung der mit öffentlichen Anlagen überbauten Grundstücke und Grundstücksteile. Deren Verkehrswert kann Null sein. Der Entwurf legt hier die Entschädigung, die für den Entzug des Eigentums gezahlt worden wäre, als Untergrenze fest (Absatz 3). Der Entschädigungsanspruch verköpert den Mindestbetrag, der im Eigentum noch vorhanden ist. Diese Regelung wahrt zugleich die Parallelität zum Entwurf des Entschädigungsgesetzes.

(3) Einheitliche Bewertung

Die Regelungen über die nach dem Bodensonderungsgesetz zu leistenden Ausgleichszahlungen für den Rechtsverlust stehen in engem Zusammenhang mit den Grundsätzen über die Kaufpreisbestimmung nach dem Entwurf. Die Bemessungsgrundsätze müssen gleichartig sein. Bei der Bestimmung der Ausgleichsleistungen und der Art ihrer Auskehrung muß der Ausgestaltung und den Zwecken des Verfahrens Rechnung getragen werden.

Eine grundlegend andere Bemessung der Ausgleichszahlung im Bodenneuordnungsverfahren für den in § 5 des Entwurfs zum Bodensonderungsgesetz genannten komplexen Wohnungs- und Siedlungsbau und der Ankaufspreise in den nach dem Entwurf geregelten Fällen der Bebauung fremder Grundstücke wäre weder von der wirtschaftlichen Bedeutung noch von den rechtlichen Regelungen der DDR gerechtfertigt.

Sind Grundstücke im Zuge einer Bebauungskonzeption für ein Sanierungs- oder Entwicklungsvorhaben überbaut worden, so ist jedoch ein auf das gesamte überbaute Gebiet bezogener einheitlicher Verkehrswert zu ermitteln (Absatz 4). Hiermit werden sonst entstehende Willkürlichkeiten bei der Bewertung der in einem solchen Gebiet belegenen Grundstücke ausgeschlossen; denn für die betroffenen Eigentümer hing es vom Zufall ab, ob und welches Gebäude gerade auf ihrem Grundstück gebaut wurde.

Die auf ein Gebiet bezogene einheitliche Bewertung stellt zwar die notwendige Gleichbehandlung der Grundstückseigentümer her, kann jedoch bei den Nutzern zu einer ungerechtfertigten Gleichbehandlung führen. So kann z. B. die Gemeinde für den Erwerb der Grünflächen und Straßen infolge der einheitlichen Bewertung einen zu hohen, gewerbliche Nutzer jedoch einen zu niedrigen Ankaufspreis in bezug auf den ihnen zufließenden Wert zu zahlen haben.

In einem Bodenneuordnungsverfahren können solche Diskrepanzen durch unterschiedliche Bemessung der Beiträge für die Entschädigungs- und Verteilungsmasse aufgefangen werden. Absatz 5 sieht hierfür die Erhebung von Ausgleichsabgaben und die Zahlung von Ausgleichsleistungen vor. Über diesen Ausgleich zwischen denjenigen, denen Rechte im Verfahren zugewiesen werden, kann neben dem Sonderungsbescheid entschieden werden, um das Verfahren der Bodensonderung zügig durchführen zu können. Der Ausgleich soll jedoch spätestens ein Jahr nach Eintritt der Bestandskraft des Sonderungsbescheids vorgenommen werden, um keine zu großen Nachteile durch etwaige Zwischenfinanzierungen entstehen zu lassen.

Soweit nach dem Baugesetzbuch förmlich Sanierungsgebiete festgelegt werden, werden die durch die Aussicht auf Sanierung, ihre Vorbereitung und ihre Durchführung eingetretenen besonderen Werterhöhungen durch Ausgleichsbeträge abgeschöpft (§ 153 Abs. 1, § 154 Abs. 1 des Baugesetzbuchs). Die Werterhöhungen, die der Grundstückseigentümer wieder an die Gemeinde abzuführen hat, sind nicht endgültig zugeflossen und können deshalb auch kein Gegenstand der Teilung sein (Absatz 6).

g) Erfaßte Flächen (§§ 21 bis 27)

Eines der schwierigen Probleme bei der Sachenrechtsbereinigung besteht darin, daß die Grenzen der Nutzungsrechte und -befugnisse und die Grundstücksgrenzen in weiten Bereichen nicht übereinstimmen. Hier sind verschiedene Fallgruppen zu regeln, für die der Entwurf in den Grundzügen folgende Lösungen bereitstellt:

— Soweit die Nutzungsrechtsgrenzen und Grundstücksgrenzen übereinstimmen, erstrecken sich die nach diesem Gesetz begründeten Ansprüche auf das Grundstück insgesamt (§ 21).

— Die Einbeziehung anderer Flächen richtet sich grundsätzlich nach
  — ehemaliger Liegenschaftsdokumentation,
  — Vereinbarungen in Nutzungsverträgen,
  — tatsächlich zugewiesener Nutzung auf LPG-Flächen,
  — zweckentsprechender ortsüblicher Nutzung für das Gebäude, sofern für die Nutzungsgrenzen keine anderen Anhaltspunkte vorliegen.

— Bei den aufgrund des aufgehobenen gesetzlichen Nutzungsrechts der landwirtschaftlichen Produktionsgenossenschaften errichteten Wirtschaftsgebäuden und baulichen Anlagen ist nur die bauliche Investition zu schützen und deshalb das Nutzungsrecht auf die Funktionsflächen zu beschränken. Betriebliche Gesichtspunkte des Nutzers sind zu berücksichtigen; sie können im Einzelfall eine Einbeziehung größerer Flächen rechtfertigen (§ 22 Abs. 3).

— Bei städtebaulichen Entwicklungen vor Klärung der Eigentumsverhältnisse stehen den Nutzern der Gebäude (meist: Kommunen, Wohnungsgenossenschaften, Gewerbebetriebe) die Ansprüche auf Bestellung von Erbbaurechten und zum Ankauf des Grundstücks entsprechend den allgemeinen Grundsätzen dieses Gesetzes zu. Erfaßt werden jedoch allein die durch die Bebauung betroffenen Flächen.

Für die nicht nutzbaren Restflächen wird ein Ankaufsanspruch des Nutzers gegen die Gemeinden begründet, der dem Übernahmeanspruch für solche Flächen nach Durchführung von Sanierungs- und Entwicklungsmaßnahmen (§ 145 Abs. 5 Satz 1, § 168 des Baugesetzbuchs) entspricht. Dem Grundstückseigentümer kann auch hier nicht zugemutet werden, solche Restflächen, die infolge städtebaulicher Maßnahmen ohne Klärung der Eigentumsverhältnisse entstanden sind, auf Dauer behalten zu müssen. Durch die Ausübung der Ansprüche können für einige Gemeinden Belastungen (in der Regel allerdings weniger durch den Ankauf, als durch die Verantwortung für diese Flächen) entstehen. Der Entwurf sieht eine langfristige Übergangsregelung durch die Bestimmung vor, daß der Grundstückseigentümer solche Ansprüche nicht vor dem 1. Januar 2000 geltend machen kann. Abweichende Regelungen in der Zwischenzeit durch Enteignung, Umlegung oder Bodenneuordnungsverfahren nach dem Entwurf für ein Bodensonderungsgesetz bleiben vorbehalten.

— Im Eigenheimbau können die Grundstückseigentümer bei Überschreitung der Regelgröße von 500 Quadratmetern eine Übertragung abtrennbarer, selbständig nutzbarer Teilflächen gegen Entschädigung der aufstehenden Bauwerke (Garagen, Ställe für Kleintierhaltung usw.) und der Anpflanzungen verlangen. Der Nutzer kann einer solchen Begrenzung seiner Ansprüche widersprechen, wenn dies zu einer unvertretbaren Härte führt. Hierdurch werden Investitionen des Nutzers auf diesen Teilflächen (z. B. durch den Bau von Garagen, Werkstätten) geschützt, wenn in der Nähe kein Ersatz bereitgestellt werden kann, sofern die Gesamtgröße der Nutzfläche 1 000 Quadratmeter nicht übersteigt. Grundstücksteilungen, die zu einer Wertminderung wegen ungünstig geschnittener Grundstücke führten, berechtigen den Nutzer ebenfalls zum Widerspruch.

— Nicht nutzbare Restflächen sollen durch die Beschränkung der Ansprüche auf Teilflächen grundsätzlich nicht entstehen (§ 27). Eine vollkommen befriedigende Lösung hierfür kann es mit dem Instrumentarium des Zivilrechts allerdings nicht geben.

Es läßt sich z.B. keine Ankaufspflicht des Nutzers für eine Restfläche von z. B. 3 000 Quadratmetern (ca. 6 Bauplätze) begründen, wenn das Nutzungsrecht des Nutzers so ungünstig geschnitten wird, daß es die Erschließung und den Zugang dieser Fläche von der Straße abschneidet. Der Entwurf sieht hierfür die Bewilligung von Wege- und Leitungsrechten durch den Nutzer (Absatz 2) sowie ein erweitertes Notwegerecht über benachbarte Grundstücke (Absatz 3) vor.

Das Wege- und Leitungsrecht kann helfen, wenn das Grundstück des Nutzers hinreichend Raum für einen solchen Weg bietet. Andernfalls wird eine vorübergehende Lösung nur durch das Notwegerecht über benachbartes Grundstück gefunden werden können. Eine solche Erschließung über benachbarte Grundstücke ist in den neuen Ländern aufgrund des umfassenden gesetzlichen Nutzungsrechts der landwirtschaftlichen Produktionsgenossenschaften vielfach erfolgt.

Eine langfristige, zweckmäßige Lösung wird sich indessen in solchen Fällen oft nur über Bodenordnungs-, Umlegungs- und notfalls Enteignungsverfahren herbeiführen lassen, die das Gesetz zur Sachenrechtsbereinigung nicht zur Verfügung stellen kann.

Der Entwurf schließt solche nicht nutzbaren Restflächen in die Ansprüche grundsätzlich mit ein. Der Nutzer kann die Erstreckung seiner Nutzungsbefugnis und des Ankaufsrechts auf diese Flächen verlangen, die für den Grundstückseigentümer in der Regel nur eine Belastung darstellen. Der Grundstückseigentümer kann vom Nutzer auch die Übernahme dieser Flächen durch Erbbaurecht oder Ankauf verlangen, wenn hierdurch nach Lage, Form und Größe ein zweckmäßig gestaltetes Erbbaurecht oder Grundstück entsteht. Der Nutzer braucht Übergrößen in bezug auf die vorhandene Bebauung nur dann in den Erbbaurechtsvertrag einzubeziehen oder anzukaufen, wenn die Belastung für ihn zumutbar bleibt. Im Einzelfall wird es darauf ankommen, wie groß die vom Nutzer zusätzlich zu übernehmende Restfläche ist, welche Nutzungsvorteile sich für den Nutzer hieraus ergeben und schließlich wie hoch die zusätzliche finanzielle Belastung für den Nutzer ist.

Der Entwurf sieht insoweit vor, daß beide Seiten bei der Durchsetzung der ihnen vom Gesetz eingeräumten Ansprüche nicht nur eigene Ziele verfolgen dürfen, sondern im Interesse der anderen Seite an der Herstellung zweckmäßig gestalteter Grundstücksgrenzen mitwirken müssen. Diesem Zweck dient auch die in Absatz 2 begründete Verpflichtung des Nutzers zur Bestellung eines Wegerechts und dessen Absicherung durch eine Dienstbarkeit und durch eine Baulast.

Im Städtebau vor Klärung der Eigentumsverhältnisse paßt ein solcher Übernahmeanspruch gegen den Nutzer nicht, da die Restflächen nach den faktischen Verhältnissen oder bauplanerischen Ausweisungen meist für andere Zwecke (Straßen, öffentliche Anlagen) in Anspruch genommen oder vorgesehen worden sind. Der Entwurf trifft hierfür besondere Bestimmungen (§ 24 Abs. 2).

h) Einwendungen und Einreden (§§ 28 bis 31)

Die Ausübung der nach diesem Gesetz entstandenen Ansprüche soll unter bestimmten Voraussetzungen ausgeschlossen sein.

aa) Anderweitige Verfahren und Entscheidungen (§ 28)

Verfahren für die Vermögenszuordnung und zur Bodenordnung können mit der Verfolgung der Ansprüche nach diesem Gesetz konkurrieren.

Nach diesem Gesetz vorgenommene Grundstücksgeschäfte können den Zuordnungen, wie sie in Umlegungsverfahren nach § 51 des Baugesetzbuchs oder in der Bodensonderung vorgenommen werden sollen, widersprechen und damit dem Zweck dieser Verfahren, die eine Bodenneuordnung in einem größeren Gebiet zum Ziel haben, zuwiderlaufen. Der Entwurf sieht deshalb vor, daß während solcher Verfahren die auf einzelne Grundstücke bezogenen Ansprüche auf Erbbaurechtsbestellung oder Ankauf nicht verfolgt werden können.

Die Verfahren zur Zusammenführung von Grundstücks- und Gebäudeeigentum nach § 64 des Landwirtschaftsanpassungsgesetzes konkurrieren mit den nach diesem Gesetz geltend zu machenden Ansprüchen. Im ländlichen Bereich haben die Beteiligten die Wahl, ob sie zur Bereinigung der Rechtsverhältnisse an den Grundstücken in Bodenordnungsverfahren nach §§ 56 ff. des Landwirtschaftsanpassungsgesetzes beantragen oder zivilrechtlich nach den Bestimmungen dieses Gesetzes einen Vertragsschluß herbeiführen wollen. Soweit allerdings in einem solchen Verfahren Anordnungen getroffen worden sind, soll die Verfolgung der nach dem Entwurf begründeten Ansprüche für das betroffene Gebiet ausgeschlossen sein. Der Zweck der Bodenordnung wäre gefährdet, wenn einige der daran Beteiligten nach der Eröffnung des Verfahrens abweichende vertragliche Vereinbarungen treffen könnten.

Der Entwurf muß jedoch darauf Rücksicht nehmen, daß es sich insoweit um Antragsverfahren handelt. Die Beteiligten können ihren Antrag auch wieder zurücknehmen. Ist das Verfahren vor der Flurneuordnungsbehörde ohne eine bestandskräftige Entscheidung für die Betroffenen beendet worden, kann kein dauerndes Hindernis für die Verfolgung der nach dem Gesetz bestimmten Ansprüche vorliegen. Der Entwurf sieht vor, daß die zivilrechtlichen Ansprüche nach einer solchen Verfahrenseinstellung wieder verfolgt werden können.

bb) Nicht mehr nutzbare Gebäude, nicht ausgeübte Nutzungen (§ 29)

Der Gedanke des Investitionsschutzes greift in diesen Fällen nicht. Der Zweck der Sachenrechtsbereinigung, bauliche Investitionen zu sichern, wird verfehlt, wenn das Bauwerk wegen schwerwiegender Bauschäden nicht mehr nutzbar ist oder der Gebrauch eines noch nutzbaren Bauwerks auf Dauer nicht mehr stattfindet. In diesen Fällen ist auch kein Erbbaurecht oder Ankaufsrecht zu begründen. Ein Bodenwertanteil aus der baulichen Investition ist dann ebenfalls nicht mehr vorhanden.

Der letztgenannte Gesichtspunkt setzt eine Prognose voraus. Eine dahingehende Entscheidung kann in den Fällen getroffen werden, in denen der Inhaber des Nutzungsrechts sich in Liquidation oder in Konkurs befindet und eine Fortsetzung des Unternehmensgegenstandes wegen der strukturellen Änderungen ausgeschlossen werden kann.

In den anderen Fällen sind die tatsächlichen Umstände, die eine solche Prognose begründen, nur schwer oder überhaupt nicht darzulegen. Der Entwurf sieht insofern eine Erleichterung für den Vortrag vor; ist das Bauwerk ein Jahr nicht genutzt worden, so soll davon ausgegangen werden, daß auch in Zukunft eine Nutzung nicht stattfinden wird. Es ist dann Sache des Nutzers, Umstände vorzutragen, die den gegenteiligen Schluß zulassen, daß er das Bauwerk künftig wieder nutzen wird.

Die vorstehenden Erwägungen treffen auch auf die Nutzungsrechte zu. Diese waren bei nicht bestimmungsgemäßer Nutzung zu entziehen (§§ 290, 294 ZGB). Die Begründung von Ansprüchen gegen den Grundstückseigentümer ist deshalb dort nicht mehr gerechtfertigt, wo kein Neubau, sondern allenfalls ein Ankauf zum halben und anschließende Veräußerung zum vollen Verkehrswert zu erwarten ist. Das ist jedoch ein Ausnahmefall. Im Zweifel ist nach dem Entwurf davon auszugehen, daß von dem Nutzungsrecht bestimmungsgemäß Gebrauch gemacht werden wird.

cc) Unredlicher Erwerb (§ 30)

Die Nutzer, die ein Nutzungsrecht unredlich im Sinne des § 4 des Vermögensgesetzes erworben haben, sollen auch keine Ansprüche nach dem Entwurf auf Erbbaurechtsbestellung oder Ankauf des Grundstücks geltend machen können. In diesen Fällen lag kein schutzwürdiger Erwerb eines Nutzungsrechts vor; eine dem BGB konforme Verfestigung dieser Rechtsposition durch Begründung verkehrsfähiger und beleihbarer dinglicher Rechte wäre nicht gerechtfertigt. Zudem sind Wertungswidersprüche auszuschließen. § 16 Abs. 3 und Abs. 4 des Vermögensgesetzes sehen in diesen Fällen zugunsten des Alteigentümers die Aufhebung solcher Nutzungsrechte durch Bescheid des Amtes zur Regelung offener Vermögensfragen vor. Es wäre nicht gerechtfertigt, wenn enteignete Alteigentümer die Aufhebung solcher Nutzungsrechte verlangen, diejenigen, die Eigentümer ihrer Grundstücke geblieben sind, aber auch unredlich erworbene Nutzungsrechte hinnehmen müßten.

Diese Einrede soll nur geltend gemacht werden können, wenn gleichzeitig die Aufhebung eines Nutzungsrechts beim Amt für offene Vermögensfragen beantragt oder Klage auf Aufhebung des Nutzungsrechts durch gerichtliche Entscheidung erhoben worden ist. Andernfalls könnte ein auf Dauer nicht zu bereinigendes Auseinanderfallen zwischen Gebäude- und Grundstückseigentum entstehen, wenn zwar die Einrede erfolgreich erhoben, das dingliche Nutzungsrecht jedoch nicht aufgehoben wurde.

Die Anträge auf Aufhebung des Nutzungsrechts durch das Amt zur Regelung offener Vermögensfragen sowie eine Klage mit diesem Antrag, die für die nicht unter das Vermögensgesetz fallende Sachverhalte zulässig sein soll (vgl. Art. 2 § 2 Nr. 3 a), sollen nur innerhalb bestimmter Ausschlußfristen verfolgt werden können. Nach Ablauf dieser Ausschlußfristen kann daher aus den bereits genannten Gründen auch die Einrede des unredlichen Erwerbs des Nutzungsrechts nicht mehr zugelassen werden.

dd) Geringe Restnutzungsdauer des Gebäudes (§ 31)

Die Ansprüche auf Bestellung von Erbbaurechten und zum Ankauf des Grundstücks sollen bei geringer Restnutzungsdauer des Gebäudes ausgeschlossen sein, wenn

— kein Nutzungsrecht bestellt wurde und

— das vom Nutzer errichtete Gebäude öffentlichen Zwecken dient oder land-, forstwirtschaftlich oder gewerblich genutzt wird.

Der Ausschluß begründet sich daraus, daß eine Verdinglichung des Nutzungsrechts dem Nutzer keine Vorteile bietet, da ein Erbbaurecht mit kurzer Laufzeit nicht mehr vernünftig beleihbar ist (vgl. § 20 Nr. 3 ErbbauVO). Zudem ist der Bodenwertanteil des Nutzers bei kurzer Restlaufzeit eines ihm zu gewährenden Nutzungsrechts nur gering (vgl. dazu Nr. 5.2.3.1 der Wertermittlungsrichtlinien 1991). Bei einem sehr kleinen Bodenwertanteil ist es geboten, den Nutzern hieraus kein Ankaufsrecht zu geben.

Der Restwert der baulichen Investition ist allerdings auch in diesen Fällen zu schützen. Der Entwurf gibt hier den Nutzern einen Anspruch auf Abschluß eines nach der Restnutzungsdauer der Gebäude zu bemessenden Mietvertrages über die für die Nutzung des Gebäudes erforderliche Fläche (Funktionsfläche). § 31 des Entwurfs enthält nähere Bestimmungen über den Inhalt eines solchen Mietvertrages.

Die Erwägungen zum Ausschluß der Ansprüche bei geringer Restnutzungsdauer des Gebäudes treffen jedoch nicht zu, wenn Nutzungsrechte bestellt worden sind. In diesen Fällen ist der Nutzer zum Neubau berechtigt; ihm ist deshalb ein nach der Nutzungsdauer eines Neubaus zu bemessendes Erbbaurecht zu gewähren.

Dient das Gebäude Wohnzwecken, so soll ebenfalls kein Ausschluß der Ansprüche auf Erbbaurechtsbestellung und Ankauf stattfinden. Bei diesen Gebäuden sind häufig erhebliche Aufwendungen zur Beseitigung erheblicher Bauschäden zu erwarten. Zudem sind neben dem Gedanken des Investitionsschutzes auch sozial- und wohnungspolitische Aspekte zu berücksichtigen. Da die Begründung von Nutzungsrechten oft von Zufälligkeiten abhing, ist es hier gerechtfertigt, die durch Handlungen der Behörden der ehemaligen DDR begründete Erwartung der Nutzer, auf den ihnen zugewiesenen Grundstücken wohnen bleiben zu können, besonders zu schützen.

i) Gesetzliche Ansprüche auf Erbbaurechtsbestellung (§§ 32 bis 61)

Die Regelungen über die Bestellung von Erbbaurechten bilden — zusammen mit den Bestimmungen über das Ankaufsrecht — den Kern der Neuregelungen des Entwurfs zur Sachenrechtsbereinigung. Beide Teile, die Ansprüche auf Bestellung eines Erbbaurechts oder zum Ankauf des Grundstücks, sind aufeinander abgestimmt. Es führte zu unverträglichen Ergebnissen, nur einen Teil zu ändern.

aa) Gesetzliche Ansprüche

(1) Abschluß des Erbbaurechtsvertrages (§ 32)

Das Erbbaurecht ist im Vertrag über die Bestellung des Erbbaurechts festzulegen. Der Entwurf sieht deshalb gesetzliche Ansprüche auf Abschluß eines Erbbaurechtsvertrages für Grundstückseigentümer und Nutzer vor.

(2) Herstellung der Erstrangigkeit des Erbbaurechts (§ 33)

Die Bestellung des Erbbaurechts kann nach § 10 Abs. 1 ErbbauVO nur zur ersten Rangstelle erfolgen. Die Einhaltung dieser Bestimmung ist für die nach diesem Gesetz zu bestellenden Erbbaurechte unabdingbar. Andernfalls könnte das Erbbaurecht bei einer Versteigerung wegen vorrangiger Rechten erlöschen; die Beleihbarkeit des Erbbaurechts wäre damit erheblich gefährdet.

— Der Entwurf trifft Vorsorge dafür, daß die Erstrangigkeit herbeigeführt werden kann. Es wird ein gesetzlicher Anspruch gegen die Inhaber am Grundstück eingetragener dinglicher Rechte begründet, einem Rangrücktritt zuzustimmen (§ 33).

— Wo selbständiges Gebäudeeigentum nach den Rechtsvorschriften der ehemaligen DDR entstanden ist, wurde dieses nicht von der grundpfandrechtlichen Haftung erfaßt.

Der Anspruch auf Rangrücktritt bedarf hier keiner Einschränkung oder eines (Gegen-) Anspruchs der Inhaber dinglicher Rechte am Grundstück, eine ihrem Recht entsprechende Belastung des Erbbaurechts verlangen zu können (§ 34).

— Wenn hingegen kein selbständiges Gebäudeeigentum begründet wurde, ist das Gebäude und die vom Nutzer genutzte (Teil-) Fläche mit dem auf dem Grundstück ruhenden dinglichen Recht belastet. Die Inhaber dieser Rechte werden gesichert, indem sie unter bestimmten Voraussetzungen Ansprüche auf Bestellung gleichrangiger Rechte auf dem Erbbaurecht erhalten (§§ 35, 36).

— Für die Inhaber solcher dinglicher Rechte, die keinen Anspruch auf Zahlung oder Befriedigung aus dem Grundstück gewähren (also: Grunddienstbarkeiten, Nießbrauchsrechte, Wohnungsrechte), wird ein Anspruch auf Bestellung eines der Belastung des dinglichen Rechts entsprechenden Rechts auf dem Erbbaurecht nur dann vorgesehen, wenn dies zur Ausübung des dinglichen Rechts erforderlich ist. § 1026 BGB sieht ein Erlöschen von Dienstbarkeiten bei einer Teilung des dienenden Grundstücks vor, wenn der abzuschreibende Teil außerhalb des Bereichs der Ausübung der Dienstbarkeit liegt. Der Entwurf (§ 35) wendet diesen Gedanken für alle vorbezeichneten Erbbaurechte an. Die Erbbaurechte sind nur dort zu belasten, wo das Gebäude oder die von der Nutzungsbefugnis des Erbbauberechtigten erfaßte Fläche Gegenstand der Ausübung des dinglichen Rechts ist.

— Die Rechte, die Zahlung oder Befriedigung aus dem Grundstück gewähren, erfassen dagegen grundsätzlich die gesamte Fläche nebst aufstehenden Gebäuden (§ 1120 BGB). Probleme hieraus können sich vor allem im ländlichen Raum ergeben, wo häufig Bebauungen ohne Nutzungsrechtszuweisung erfolgt sind. Die umgewandelten landwirtschaftlichen Produktionsgenossenschaften, aus diesen ausgeschiedene Landwirte oder Wiedereinrichter können Kredite aufgenommen haben, für die die von den Nutzern erworbenen oder errichteten Gebäude nun mithaften.

Eine Gesamthaftung des Grundstücks und des Erbbaurechts wäre eine für die Nutzer untragbare Belastung. Die Sachenrechtsbereinigung könnte in den erwähnten Fällen daran scheitern. Der Entwurf (§ 36 Abs. 1 Satz 1) sieht deshalb vor, daß die Nutzer nur in Höhe eines Teilbetrages haften, der dem Verhältnis des Werts des Erbbaurechts zu dem des belasteten Grundstücks entspricht. Dieser Anspruch besteht allerdings dann nicht, wenn

— dem Inhaber des Grundpfandrechts oder der Reallast bekannt war, daß der Grundstückseigentümer vorsätzlich seiner Verpflichtung nach Art. 233 § 2 a Abs. 3 Satz 2 EGBGB in der Fassung durch das Zweite Vermögensrechtsänderungsgesetz zuwiderhandelte oder

— das vom Nutzer errichtete oder erworbene Gebäude nicht als Grundlage für einen Realkredit oder die Reallast dienen sollte oder für den Inhaber des dinglichen Rechts bei dessen Bestellung oder Erwerb die Nichtzugehörigkeit des Gebäudes oder der baulichen Anlage des Nutzers zum Haftungsverband erkennbar war.

Es muß eine sachgerechte Regelung dafür gefunden werden, daß

— *einerseits die Nutzer mit dem von ihnen geschaffenen Vermögen Risiken aus Absicherungen für Kredite ausgesetzt werden, auf deren Vergabe sie überhaupt keinen Einfluß hatten,*

— *andererseits die Gebäude nach dem BGB als Bestandteile des Grundstücks in den Haftungsverband einbezogen sind.*

Die Gebäude der Nutzer waren nach DDR-Recht zwar auch Bestandteile des Grundstücks. Diese rechtliche Zuordnung konnte jedoch mit der späteren Zuweisung eines Nutzungsrechts geändert werden, wobei nötigenfalls auch so verfahren wurde. Solche Sachverhalte müssen jetzt bereinigt werden. Die Inhaber der dinglichen Rechte auf Zahlung oder Befriedigung aus dem Grundstück konnten insoweit nicht darauf vertrauen, daß die von den Nutzern geschaffenen baulichen Werte den Grundstückseigentümern (also ihren Schuldnern) zugewiesen bleiben. Andererseits darf die durch den Haftungsverband begründete Sicherheit dem Inhaber des dinglichen Rechts nicht völlig genommen werden.

Der Entwurf erhält deshalb den Inhabern solcher Rechte einen anteiligen Wert. Die Übernahme einer anteiligen Belastung des Erbbaurechts führt zu einer angemessenen Begrenzung. Dem Gläubiger wird die Sicherheit erhalten, die dem Wert des Gebäudes und der diesem zuzuordnenden Fläche in bezug auf das Grundstück insgesamt entspricht. Zugleich wird das Risiko des Nutzers auf seinen Vermögensanteil an dem bisherigen Haftungsverbund beschränkt.

Eine ähnliche Aufteilung enthält § 55 des Flurbereinigungsgesetzes für den Fall, daß ein Siedlungsunternehmen am Flurbereinigungsverfahren beteiligt ist.

Die anteilige Haftung bedarf weiterer Einschränkungen. Der Nutzer ist dann nicht zu belasten, wenn dem Inhaber des dinglichen Rechts bei der Bestellung des Rechts bekannt war, daß der Grundstückseigentümer vorsätzlich dem gesetzlich begründeten Belastungsverbot zuwiderhandelte.

Abgesehen von diesem Fall der Mitwirkung an vorsätzlich rechtswidrigem Handeln soll der Nutzer auch dann keine anteilige Haftung auf seinem Erbbaurecht zu übernehmen haben, wenn das von ihm errichtete oder erworbene Gebäude und die hierfür in Anspruch genommene Fläche nach der Vereinbarung zwischen dem Inhaber des dinglichen Rechts und dem Grundstückseigentümer nicht als Haftungsgrundlage dienen sollten (§ 36 Abs. 1 Satz 2 Nr. 2). Die dingliche Haftung des Nutzers wird damit durch den Inhalt der schuldrechtlichen Abrede begrenzt. Die dinglichen Rechte werden insoweit einer Akzessorietät (Abhängigkeit zwischen dinglicher Sicherung und Grundgeschäft) unterworfen, die vom Nutzer im Wege einer Einrede gegenüber dem Anspruch des Inhabers des dinglichen Rechts auf Belastung des Erbbaurechts geltend gemacht werden kann. Dies ist deshalb gerechtfertigt, weil im Beitrittsgebiet noch dingliche Rechte außerhalb des Grundbuchs bestehen können (vgl. Art. 231 § 5 Abs. 1 und Art. 233 §§ 4, 5 EGBGB in der Fassung durch die Anlage I zum Einigungsvertrag) und insoweit auch kein gutgläubiger Erwerb eines anderen dinglichen Rechts möglich ist. Die Einbeziehung der (anteiligen) Haftung des Nutzers kann daher nicht erfolgen, wenn nach den der Bestellung des dinglichen Rechts zugrundeliegenden Erklärungen und Unterlagen eine solche Erklärung des Schuldners nicht vorgelegen hat.

Bei den für den Betrieb des Grundstückseigentümers gegebenen Krediten wird bei Eigenheimen deren Nichtzugehörigkeit zum Haftungsverband vermutet. Die Einbeziehung der von Dritten errichteten Gebäude (vor allem der Eigenheime) wäre hier ungewöhnlich. Der Beweis des Gegenteils kann durch die Vorlage abweichender Erklärungen in den Beleihungsunterlagen geführt werden.

Der Entwurf gibt dem Nutzer darüber hinaus eine Einwendung auch gegenüber demjenigen Inhaber eines dinglichen Rechts, dem die Nichtzugehörigkeit zum Haftungsverband erkennbar war. Wegen der besonderen Verhältnisse im Beitrittsgebiet muß ein Kreditgeber damit rechnen, daß nicht eingetragene dingliche Nutzungsrechte am Grundstück bestehen oder außerhalb des Grundbuchs selbständiges Gebäudeeigentum entstanden ist. Hieraus ergeben sich bei der Bestellung dinglicher Rechte Obliegenheiten; der Gläubiger ist gehalten, danach zu fragen, ob seinem Schuldner die auf dem Grundstück befindlichen Gebäude auch gehören. Derjenige, der dieser Obliegenheit nicht nachgekommen ist, ist gegenüber dem Nutzer nicht schutzwürdig.

— Der Entwurf sieht weiter vor, daß der Nutzer die zu übernehmende Haftung durch Zahlung auf die Schuld zum nächstmöglichen Kündigungstermin ablösen kann (§ 36 Abs. 2). Der Nutzer kann sich damit der für ihn lästigen, die Finanzierung für eigene Zwecke erschwerenden grundpfandrechtlichen Belastung entledigen und vom Eigentümer Ersatz verlangen.

— Soweit der Nutzer nach den vorstehenden Grundsätzen eine anteilige grundpfandrechtliche Haftung auf dem zu bestellenden Erbbaurecht zu übernehmen hat, kann er vom Grundstückseigentümer auch Befreiung von dieser Haftung verlangen (§ 37), die aus einer von diesem begründeten Belastung des Grundstücks herrührt.

(3) Erbbaurechtsbestellung für Überlassungsverträge (§ 38)

Die Überlassungsverträge betreffen die unter staatliche Verwaltung gestellten sog. West-Grundstücke. Soweit auf diesen Grundstücken bauliche Investitionen im Sinne des Entwurfs vorgenommen wurden, sollen die Überlassungsnehmer denjenigen gleichgestellt werden, die ein Grundstück aufgrund Nutzungsrechts bebaut haben. Die Sachenrechtsbereinigung kann auch hier allein einen privatrechtlichen Ausgleich zwischen Grundstückseigentümern und Nutzern herbeiführen. Die Bereinigung des durch die staatlichen Verwalter begangenen Unrechts ist nicht Gegenstand dieses Gesetzes.

Bei der Bestellung von Erbbaurechten kommt es insoweit darauf an, welche Zahlungen des Nutzers, die dieser bei Abschluß des Überlassungsvertrages zu entrichten hatte, dem Grundstückseigentümer mit der Bestellung des Erbbaurechts zugute kommen und welche Zahlungen des Nutzers zur Ablösung von Verbindlichkeiten des Grundstückseigentümers verwendet worden sind. Im Verhältnis zwischen Grundstückseigentümer und Nutzer kann der diskriminierende Charakter (Begründung von Verpflichtungen ohne sachliche Veranlassung mit dem Ziel, eine Überschuldung herbeizuführen) der vom Verwalter begründeten Verbindlichkeiten nicht berücksichtigt werden. Soweit der Grundstückseigentümer dem Nutzer Aufwendungen zu erstatten hat, die aus der Ablösung solcher Verbindlichkeiten entstanden sind, soll dem Eigentümer in Ergänzung zu § 16 des Vermögensgesetzes ein Erstattungsanspruch gegen den Entschädigungsfonds zustehen (§ 38 Abs. 2 Satz 2).

Der Grundstückseigentümer kann hiernach vom Nutzer den Verzicht auf die Hypotheken verlangen (§ 38 Abs. 1), die zur Sicherung von wertsteigernden Aufwendungen des Nutzers auf dem Grundstück von den staatlichen Verwaltern bewilligt worden sind. Diese Wertsteigerungen kommen dem Erbbaurecht zugute, so daß kein Grund für eine weitere Haftung des Grundstücks besteht.

Die Wertansprüche und die zu ihrer Sicherheit bestellten Hypotheken sind in einigen Fällen an das Kreditinstitut abgetreten worden, das die baulichen Maßnahmen finanziert hat. In diesen Fällen kann der Nutzer nicht auf das für die Werterhöhung begründete dingliche Recht am Grundstück verzichten. Der Grundstückseigentümer muß in solchen Fällen von den Ansprüchen der Kreditgeber und der dinglichen Haftung freigestellt werden (§ 38 Abs. 1 Satz 2).

Soweit aus dem vom Nutzer an den Verwalter gezahlten Betrag jedoch Verbindlichkeiten des Grundstückseigentümers abgelöst wurden, hat dieser dem Nutzer den Aufwand zu ersetzen. Der Entwurf (§ 38 Abs. 2 Satz 1) sieht vor, daß der Grundstückseigentümer die zur Ablösung seiner Verbindlichkeiten verwandten Beträge zu erstatten hat (gesetzlicher Aufwendungsersatzanspruch).

Die vom Nutzer gezahlten und hinterlegten Beträge sind — mit Ausnahme der aufgelaufenen Zinsen, die nach den Verträgen den Grundstückseigentümern zustehen sollten — an den Nutzer auszukehren.

bb) *Besondere Gestaltungen*

Die Grenzen der Nutzungsrechte und der tatsächlich ausgeübten Nutzungen stimmen im Beitrittsgebiet in weitem Umfang nicht mit den Grundstücksgrenzen überein. Die Regelungen in diesem Abschnitt des Entwurfs (§§ 39 bis 41) sollen insoweit den Vollzug der Sachenrechtsbereinigung erleichtern. Die Erbbaurechtsbestellung hat im Vergleich zum Ankaufsrecht den Vorteil, daß keine Abtrennung der mit dem Erbbaurecht belasteten Teilfläche vom Stammgrundstück erfolgen muß (wenngleich eine solche Abtrennung klarere Rechtsverhältnisse schafft und deshalb zweckmäßig ist).

Nach dem Entwurf können deshalb

— mehrere Erbbaurechte an einem Grundstück im Gleichrang an erster Rangstelle bestellt werden,

— sog. Gesamterbbaurechte bestellt werden, die sich auf mehrere Grundstücke erstrecken,

— unter bestimmten Voraussetzungen auch Erbbaurechte auf dem benachbarten Grundstück zur Absicherung einer sich auf dieses Grundstück erstreckenden Bebauung bestellt werden (sog. Nachbarerbbaurechte).

Die in §§ 39 ff. vorgesehenen Neuregelungen sind nicht das Ergebnis eines besonderen Drangs nach Innovationen im Bereich des Sachenrechts oder die Vorwegnahme einer Novellierung der ErbbauVO. Sie beruhen vielmehr auf der Notwendigkeit, angesichts der vorgefundenen, vielfach verworrenen Verhältnisse an den Grundstücken im Beitrittsgebiet und der meist noch unzureichenden Ausstattung in den Verwaltungen den Interessenausgleich zwischen den Grundstückseigentümern und den Nutzern vornehmen und dabei verkehrsfähige und beleihbare Rechte an den Grundstücken begründen zu müssen. Die Sachenrechtsbereinigung steht dazu unter einem erheblichen Zeitdruck; die gesetzlichen Grundlagen müssen, will man den Betroffenen nicht auf lange Zeit Rechtsunsicherheit zumuten und Investitionshindernisse hinnehmen, so schnell wie es eben geht geschaffen werden. Unter diesen Umständen sind auch atypische und nicht immer einfach zu begründende Vertragsgestaltungen eher zu vertreten als ein langes Zuwarten bis eine der Bebauung entsprechende Gestaltung der Grundstücksgrenzen vorliegt.

Die Bestellung von Wohnungserbbaurechten (§ 40) wird dort erforderlich, wo mehrere Nutzungsrechte an einem Gebäude bestellt worden sind oder eine Genehmigung zu einer Teilung der mit Erbbaurechten belasteten Grundstücke nach § 120 versagt wird. Mehrere Nutzer verschiedener Gebäude können dann von den anderen Nutzern und dem Grundstückseigentümer die Begründung von Wohnungserbbaurechten verlangen, wenn eine Teilung des Grundstücks wegen gemeinschaftlicher Erschließungsanlagen oder gemeinschaftlich genutzter Anbauten unzweckmäßig ist. Die Wohnungserbbaurechte vereinfachen eine Nutzung der gemeinschaftlichen Anlagen und damit oft die Erschließung der Gebäude. Auch in den alten Ländern wird in solchen Fällen meist Wohnungseigentum begründet oder werden Wohnungserbbaurechte bestellt, anstatt eine umständliche Realteilung vorzunehmen.

Die Bestimmung, daß jede baurechtlich zulässige Zahl und Art von Gebäuden Inhalt eines nach diesem Gesetz bestellten Erbbaurechts sein kann (§ 41), stellt klar, daß der Vertrag insoweit keinen Anforderungen hinsichtlich der Bestimmtheit des vom Erbbauberechtigten zu errichtenden Gebäudes unterworfen ist. Der Entwurf schafft damit die größtmögliche Flexibilität und erleichtert Änderungen der Bebauung, die insbesondere aus Gründen der Strukturanpassung im Beitrittsgebiet in weitem Umfange erforderlich sein werden.

cc) *Inhalt des Erbbaurechtsvertrages (§§ 42 bis 61)*

Der Inhalt des Erbbaurechts muß durch vertragliche Vereinbarungen festgelegt werden. Der Entwurf (§ 42) erwähnt zunächst die Bestimmungen, die zum Inhalt des Erbbaurechts gehören müssen (Absatz 1).

In Absatz 2 werden die Bestimmungen genannt, die schuldrechtlicher Art sind, aber durch Vereinbarung und Eintragung als vertragsgemäßer Inhalt des Erbbaurechts bestimmt werden können, womit sie durch Eintragung in das Grundbuch gegenüber den Rechtsnachfolgern wirken (vgl. § 2 ErbbauVO). Absatz 2 stellt klar, daß jeder Beteiligte am Vertragsschluß eine solche „Verdinglichung" verlangen kann.

dd) *Erbbauzins (§§ 43 bis 53)*

(1) Der regelmäßige Erbbauzins ist dann anzuwenden, wenn Nutzungsrechte bestellt wurden oder vor dem Beitritt auf den landwirtschaftlichen Produktionsgenossenschaften genutzten Flächen vor der Aufhebung des gesetzlichen Nutzungsrechts mit dem Bau eines Gebäudes begonnen wurde (§ 43 Abs. 1).

Der Erbbauzins wird durch die Nutzungsart bestimmt. Er beträgt 4 bis 4,5 vom Hundert im Wohnungsbau und zwischen 6 und 10 vom Hundert bei gewerblichen Nutzungen (vgl. Vogels, Grundstücks- und Gebäudebewertung S. 263). Nach dem Entwurf ist der halbe Zinssatz im Vertrag anzusetzen. Darin kommt die Belastung des Grundstücks und die Beteiligung des Nutzers am Bodenwert zum Ausdruck.

Die Beteiligung des Nutzers am Bodenwert kann grundsätzlich beim Zins oder bei der Bemessungsgrundlage in Ansatz gebracht werden. Für die in der Sachenrechtsbereinigung zu regelnden Sachverhalte ist die Beteiligung beim Zins der richtige Maßstab, wenn man den Inhalt der Nutzungsrechte zugrunde legt. Dem Nutzer wurde eine begünstigende Nutzung (die sich allerdings wirtschaftlich wie eine Beteiligung am Bodenwert auswirkt) und nicht ein Miteigentumsanteil am Grundstück zugewiesen.

Wegen der großen Bandbreite des Erbbauzinssatzes bei den land-, forstwirtschaftlichen, gewerblichen Nutzungen sowie bei den öffentlichen Bauten ist der mittlere Ansatz (von 3,5 vom Hundert für den halben Zinssatz) abänderbar, wenn für die konkrete Nutzung ein anderer Zinssatz üblich wäre.

(2) (a) Bemessungsgrundlage für den Zins ist grundsätzlich der Verkehrswert eines unbebauten Grundstücks (§ 18). Dies ist die übliche Bemessungsgrundlage, wenn Erbbaurechte bestellt werden. Sie ist grundsätzlich auch in der Sachenrechtsbereinigung zugrunde zu legen. Der Nutzer hat an den Grundstückseigentümer einen Zins für den ihm überlassenen Boden zu zahlen; das vom Nutzer errichtete oder erworbene Gebäude kann nicht Gegenstand einer Verzinsung sein.

(b) Soweit sich aus der aufstehenden Bebauung in Einzelfällen allerdings eine Verminderung des Bodenwertes ergibt, ist dies bei der Bemessungsgrundlage zu berücksichtigen.

Auf den Wert des Bodens wirken sich der bauliche Zustand und die Ertragslage durch das aufstehende Gebäude in der Regel nicht aus, solange aus der Bebauung ein im Verhältnis zum Bodenwert angemessener Ertrag erwirtschaftet werden kann. Geringe Abrißkosten für eine unzweckmäßige Bebauung fallen ferner dann nicht ins Gewicht, wenn der Bodenwert im Verhältnis hierzu sehr hoch ist. Anders ist es allein bei einer im Verhältnis zum Bodenwert ungünstigen Ertragslage und hohen Abbruchkosten. Für diese Fälle kann eine Wertminderung des Bodens durch die Kosten des Abbruchs der vorhandenen Bausubstanz eintreten.

Gegenstand der Verzinsung kann nur der tatsächlich vorhandene Bodenwert sein; wertmindernde Umstände sind zu berücksichtigen, auch wenn sie auf der Bebauung des Grundstücks beruhen. Die Sachenrechtsbereinigung muß nämlich im Unterschied zu den üblichen Bestellungen von Erbbaurechten eine Regelung der Bodennutzung für eine bereits vorhandene Bebauung bereitstellen. Dabei ist davon auszugehen, daß diese Bebauung aufgrund Nutzungsrechts oder mit Billigung staatlicher Stellen erfolgte und deshalb gegenüber dem Grundstückseigentümer als rechtmäßig anzuerkennen ist.

Die in der ehemaligen DDR durch die Bebauung eingetretenen Veränderungen auf dem Grundstück beruhten auf staatlicher Entscheidung. Sie sind im Wege der Sachenrechtsbereinigung nicht zu korrigieren, sondern Grundlage für den Interessenausgleich, der für die künftige Nutzung des Grundstücks herbeizuführen ist. Die Erbbaurechte auf der Grundlage dieses Entwurfs können nach dem Inkrafttreten der Regelung bestellt werden.

Der Ausgleich wird dadurch herbeigeführt, daß der Nutzer in der Zukunft für die bauliche Nutzung fremden Eigentums Erbbauzinsen zu zahlen hat, dafür aber auch ein vom Grundeigentum abgespaltenes, durch Rechtsgeschäft (und nicht durch staatlichen Zuweisungsakt) begründetes, veräußerbares und beleihbares dingliches Recht erhält.

Der Beginn der Zinspflicht wird dementsprechend davon abhängig gemacht, daß sich der Grundstückseigentümer in Richtung auf den Abschluß eines derartigen Geschäfts mit dem Nutzer bewegt. Die Verzinsung soll nach dem Entwurf (§ 44 Abs. 2) beginnen, wenn

— *der Grundstückseigentümer ein den Vorschriften des Gesetzes entsprechendes Angebot dem Nutzer unterbreitet,*

— *der Grundstückseigentümer ein entsprechendes Angebot des Nutzers annimmt oder*

— *der Grundstückseigentümer ein notarielles Vermittlungsverfahren mit dem Ziel der Erbbaurechtsbestellung beantragt hat oder sich in einem vom Nutzer beantragten Vermittlungsverfahren auf eine Verhandlung über den Inhalt des abzuschließenden Vertrages einläßt.*

(c) Im staatlichen und genossenschaftlichen Wohnungsbau schlagen Substanz- und Ertragswertgesichtspunkte entsprechend den in § 20 Abs. 2, 3 der Wertermittlungsverordnung formulierten Grundsätzen auf den Bodenwert durch. Hier liegt eine ungünstige Substanz- und Ertragssituation vor, die auf voraussichtlich lange Zeit nicht behoben werden kann. Die Mieten sind noch auf lange Zeit nicht kostendeckend; ein Abriß der Gebäude, um eine bessere Verzinsung zu erzielen, kommt aus Gründen der wohnungspolitisch begründeten Zweckbindung nicht in Betracht. Der Bodenwert eines solchen Grundstücks beträgt deshalb nur einen Bruchteil eines vergleichbaren unbebauten Grundstücks.

Der Entwurf (§ 45) gewährt den Nutzern in diesen Fällen einen Anspruch darauf, eine Ermäßigung auf den Erbbauzins zu verlangen, der sich unter Zugrundelegung dieses Bodenwertes ergibt. Der Anspruch auf die Ermäßigung ist zeitlich befristet. Die Frist kann durch Rechtsverordnung verlängert werden, da sich die künftige Entwicklung der Substanz- und Ertragssituation im Wohnungswesen im Beitrittsgebiet nicht voraussehen läßt. Bei nachhaltiger Besserung der Lage wäre eine solche

Erbbauzinsberechnung jedoch nicht gerechtfertigt.

(3) Bei den Überlassungsverträgen ist dem Nutzer häufig ein bebautes Grundstück übergeben worden. Diesem Nutzer wurde insoweit ein zusätzlicher Wert übertragen. Sofern der Nutzer das Gebäude nicht abgerissen, sondern Aus- und Umbauten vorgenommen hat, wird ihm mit dem Abschluß des Erbbaurechtsvertrages auch der Restwert des Gebäudes überlassen. Der Grundstückseigentümer ist deshalb berechtigt, vom Nutzer eine Verzinsung auch dieses Wertes für die Zeit der Restnutzungsdauer des Gebäudes zu verlangen.

Der zu verzinsende Betrag ist nach dem Wert des Gebäudes zum Zeitpunkt der Überlassung zu bestimmen, wobei vom Ausgangsbetrag die Wertminderung durch Abnutzung abzuziehen ist. Bei der Wertermittlung kann auf die Grundlagen zurückgegriffen werden, nach denen gemäß den Mustertexten für den Überlassungsvertrag der Wert des Gebäudes festgestellt wurde.

Auf diesen Betrag ist nach dem Entwurf (§ 46) der volle Zins in Ansatz zu bringen. Insoweit sind keine neu entstandenen Bodenwerte zu verteilen, sondern es ist die Nutzung einer Sache des Grundstückseigentümers zu verzinsen.

(4) Der Entwurf (§ 47) gewährt dem Grundstückseigentümer einen Anspruch auf Zinsanpassung an eine Veränderung der allgemeinen wirtschaftlichen Verhältnisse. Wegen der langen Laufzeit von Erbbaurechtsverträgen ist eine solche Anpassung sachgerecht, wenn gravierenden Störungen im Verhältnis von Leistung und Gegenleistung entgegengewirkt werden soll. Der Anspruch kann erstmals zehn Jahre nach Abschluß des Erbbaurechtsvertrages geltend gemacht werden. (Zuvor tritt eine schrittweise Anhebung der Zinssätze durch die Eingangsphase ein.)

Die Anpassung wird für Wohnhäuser nach dem sozialen Maßstab des § 9a ErbbauVO bestimmt.

Bei den anderen Bauten soll ebenfalls keine Anpassung nach den Bodenwertsteigerungen erfolgen, da sich oft abweichend von den Einkommen und den Preisen für die allgemeine Lebenshaltung entwickeln. Auf die Bodenpreise bezogene Klauseln zur Preisanpassung sind unüblich und werden in der Regel auch nicht genehmigt (vgl. Mitteilung der Bundesbank zu den Genehmigungsgrundsätzen vom 9. September 1969 — BAnz. Nr. 169 vom 12. September 1969). Eine Anpassung an die Einkünfte ist bei den gewerblichen und landwirtschaftlichen Nutzungen nicht durchführbar. Der Entwurf sieht deshalb eine Anpassung nach Faktoren vor, die die Einkünfte wesentlich bestimmen (Preissteigerungsrate für Industrieprodukte für gewerbliche Nutzungen, Preissteigerungsrate für landwirtschaftliche Erzeugnisse für land- und forstwirtschaftliche Nutzungen). Fehlen solche Maßstäbe, sind die Preise für die allgemeine Lebenshaltung Anpassungsmaßstab.

(5) Nutzungsänderungen sind bei der Bemessung der Höhe des Erbbauzinses grundsätzlich zu berücksichtigen, da der Zinssatz von der Art der Nutzung des Grundstücks abhängt. Der Entwurf (§ 48 Abs. 1) unterscheidet dabei drei Sachverhalte:

(a) Aufgabe einer zinsbegünstigten Nutzung,

(b) Änderung der Nutzung eines Gebäudes innerhalb der bisherigen Nutzungsart,

(c) Wechsel der Nutzungsart.

zu (a) Der Entwurf trägt der Aufgabe der zinsbegünstigten Nutzung dadurch Rechnung, daß die besondere Ermäßigung für den staatlichen und genossenschaftlichen Wohnungsbau durch den Ansatz niedriger Bodenwerte entfällt, wenn Neubauten errichtet werden, die nicht den Beschränkungen der Grundmietenverordnungen unterliegen.

zu (b) Bei den anderen Nutzungsänderungen sieht der Entwurf zunächst eine Öffnung für die Nutzer vor. Im sozialistischen Staat hatten die Nutzer keinen Spielraum; sie durften die Nutzungsrechte nur zu dem bestimmten Zweck ausüben. Hier ist eine Anpassung des Inhalts der Nutzungsbefugnisse an die veränderten Verhältnisse geboten. Die Nutzungsrechte und die baulichen Investitionen würden sonst entwertet. — Die gesetzliche Anpassung muß nach beiden Seiten erfolgen; für die Eigentümer durch Begründung einer Verzinsung, für die Nutzer durch Öffnung der Nutzungsbeschränkungen.

Im Eigenheim ist die Ausübung freiberuflicher Tätigkeit, eines Handwerks-, Gewerbe- oder Pensionsbetriebes zulässig und für den Zins unschädlich (§ 48 Abs. 1, § 55 Abs. 2). Diese Änderungen sollen zur Anpassung an die veränderten wirtschaftlichen Verhältnisse zulässig sein, auch wenn insoweit die Nutzungsart des Eigenheimes verändert wird. Bei den Eigenheimen handelt es sich um kleinere, mit eigenen Mitteln errichtete Gebäude. Veränderungen in der Nutzung dieses Gebäudes lassen Geschäfte mit spekulativem Charakter in der Regel nicht zu.

zu (c) Bei den anderen Gebäuden ist dies nicht der Fall. Nutzungsänderungen innerhalb derselben Nutzungsart sollen zulässig sein, um strukturelle Anpassungen für den Betrieb des Nutzers zu ermöglichen. Die Überlassung der Nutzung an einen Dritten oder der Übergang zu einer anderen Nutzungsart (z. B. von landwirtschaftlicher zu gewerblicher Nutzung) haben mit der in der DDR begründeten Nutzungsbefugnis nichts mehr zu tun. Insoweit soll dem Nutzer zwar die bauliche Investition erhalten bleiben. Er muß nicht das Gebäude abreißen und das Grundstück räumen. Das zu bestellende Erbbaurecht beruht jedoch allein auf dem Gebot, wirtschaftliche Werte zu erhalten. Hierfür ist — z. B. wie bei einer Überbaurente — das übliche Entgelt zu zahlen (§ 48 Abs. 1 und 3, § 55 Abs. 3 und 4).

(6) Die in der DDR begründete Nutzungsbefugnis berechtigte zur Eigennutzung. Die Anpassung an marktwirtschaftliche Verhältnisse macht grundsätzlich auch die Veräußerbarkeit des Erbbaurechts erforderlich. Der Entwurf muß jedoch Vorsorge dagegen treffen, daß die zinsgünstige Erbbaurechtsbestellung als Instrument zu spekulativen Geschäften eingesetzt wird, wenn der Nutzer eine Fortsetzung der Nutzung gar nicht beabsichtigt.

Eine Nachzahlungspflicht für den Fall der Weiterveräußerung des Erbbaurechts in einem kurzen Zeitraum nach dessen Bestellung ist erforderlich, um Wertungswidersprüche zu dem Inhalt der in der DDR begründeten Nutzungsbefugnis auszuschließen und Umgehungen der Regelungen im Entwurf zu vermeiden.

Dem Nutzer wäre seine Befugnis entzogen worden, wenn er die Nutzung aufgegeben hätte. Eine nicht mehr ausgeübte Nutzung soll dem Grundstückseigentümer eine Einrede geben, aus der er die Erfüllung der im Entwurf begründeten Ansprüche auf Erbbaurechtsbestellung oder auf Ankauf des Grundstücks verweigern kann(vgl. § 29). Der Nutzer könnte diese Beschränkungen umgehen, indem er die Nutzung nur noch bis zur Bestellung des Erbbaurechts fortsetzt, dieses danach aber veräußert.

Der Entwurf (§ 49) sieht deshalb vor, daß in den Erbbaurechtsvertrag auf Verlangen des Grundstückseigentümers eine Klausel aufgenommen werden soll, die zu einer Zinsanpassung verpflichtet, wenn

— nach Veräußerung des Erbbaurechts eine Nutzungsänderung erfolgt,

— das Grundstück unbebaut oder mit einem abbruchreifen Gebäude veräußert wird oder

— ein land-, forstwirtschaftlich oder gewerblich genutztes oder öffentlichen Zwecken dienendes Erbbaurecht veräußert wird.

Der Umfang der Anpassung soll sich danach richten, welche Zeit seit der Bestellung des Erbbaurechts vergangen ist. Anpassungen sind längstens sechs Jahre nach Bestellung des Erbbaurechts möglich. Die Übernahme der Verpflichtung durch den Erwerber kann durch einen Zustimmungsvorbehalt zur Veräußerung (§ 50) gesichert werden.

(7) Die Eingangsphase von neun Jahren (§ 52) soll aus sozialen, wohnungspolitischen und wirtschaftlichen Gründen einen allmählichen Übergang von der bisherigen zinslosen Nutzung auf die nach diesem Gesetz zu zahlenden Zinsen herbeiführen, womit zugleich auch der wirtschaftlichen Entwicklung in den neuen Ländern Rechnung getragen wird.

(8) Die Sicherung des Erbbauzinses erfolgt — wie im geltenden Recht (§ 9 Abs. 1 ErbbauVO) — durch Eintragung einer Reallast. Zudem ist im Entwurf (Art. 2 § 1) eine Änderung der Verordnung über das Erbbaurecht vorgesehen, nach der die Verpflichtung zur Zahlung der künftig fällig werdenden Erbbauzinsen, deren Höhe bestimmt sein muß, zum Inhalt des Erbbaurechts erklärt werden kann.

Der Entwurf gibt dem Grundstückseigentümer einen Anspruch darauf, eine solche Vereinbarung verlangen und zum Inhalt des Erbbaurechts machen zu können. Indem der jeweilige Erwerber die künftigen, nach dem Erwerb fällig werdenden Erbbauzinsen zu zahlen verpflichtet ist, werden für den Grundstückseigentümer die Risiken aus dem von der Kreditwirtschaft oft verlangten und in einigen Fällen auch (bei Ausschöpfung des in § 11 Abs. 1 des Hypothekenbankgesetzes genannten Finanzierungsraumes) notwendigen Rangrücktritt der Erbbauzinsreallast gemindert.

Der Entwurf gibt deshalb dem Erbbauberechtigten unter engen Voraussetzungen einen gesetzlichen Anspruch gegen den Grundstückseigentümer, aus dem er den Rücktritt der Erbbauzinsreallast für die Finanzierung bestimmter baulicher Maßnahmen verlangen kann (§ 53 Abs. 1).

ee) Dauer des Erbbaurechts (§ 54)

(1) Grundlagen

Für die Bemessung der Dauer des Erbbaurechts sind drei Prinzipien miteinander in Übereinstimmung zu bringen:

1. Schutz der aufgrund Nutzungsrechts oder mit Billigung staatlicher Stellen geschaffenen baulichen Investitionen,

2. Anerkennung der durch die Bestellung von Nutzungsrechten geschaffenen Besitzstände, jedoch nicht über deren rechtliche Gestaltung und wirtschaftliche Bedeutung hinaus,

3. Gleichbehandlung der rechtlich nicht gesicherten Nutzer mit den Inhabern von Nutzungsrechten, soweit dies aus anderen (sozial- und wohnungspolitischen) Gründen geboten und unter Abwägung mit den Belangen der Grundstückseigentümer gerechtfertigt ist.

zu 1) Der Grundsatz für den Werterhalt der baulichen Investitionen, unabhängig von der angetroffenen Rechtsform, ist bereits bei der Darstellung der Eckwerte ausführlich begründet worden. Dieses Prinzip würde indessen allein eine Bemessung nach der Restnutzungsdauer der Gebäude rechtfertigen.

zu 2) Nutzungsrechte berechtigten auch zum Neubau. Eine klarstellende Bestimmung ist in Art. 233 § 4 Abs. 3 EGBGB getroffen worden. Die Erbbaurechte sind deshalb grundsätzlich für die gesamte Restnutzungsdauer eines Neubaus zu bestellen, soweit Nutzungsrechte bestehen.

zu 3) Nach der Praxis der Verwaltung und der LPG-Vorstände in der ehemaligen DDR hing es vom Zufall ab, ob Nutzungsrechte bestellt wurden oder nicht. Dieser Ansatz rechtfertigt es, nicht an die vorgefundenen rechtlichen Verhältnisse anzuknüpfen, sondern die zu regelnden Sachverhalte gleichzubehandeln, soweit dies aus sachlichen Gründen geboten ist. Dies trifft dort zu, wo es um den Schutz vorhandener Bausubstanz geht. Über diesen Gesichtspunkt hinaus ist eine Gleichbehandlung der Nutzer angezeigt, wo diese aus sozial- und wohnungspolitischen Gründen unter Abwägung der Belange der Grundstückseigentümer geboten ist.

Ein besonderer Vertrauensschutz im Hinblick auf die in der ehemaligen DDR geschaffenen faktischen Besitzstände ist dort begründet, wo es um Wohnhäuser geht. Die Zweckbindung des Grundstücks muß hier — wie bei der Begründung von Nutzungsrechten — gewahrt bleiben. Die Versorgung mit Wohnraum gehört zu den Grundbedürfnissen. Die betroffenen Nutzer haben sich darauf eingerichtet, auf diesen Grundstücken bauen und wohnen zu können. Die Bemessung der Dauer der Erbbaurechte allein nach der technischen und wirtschaftlichen Nutzungsdauer würde — insbesondere bei Altbauten — zu Härten führen, die allein auf Willkürlichkeit und Zufälligkeit des behördlichen Handelns in der DDR zurückzuführen wären.

Dies ist im übrigen auch aus dem Grund gerechtfertigt, daß (vor allem Eigenheime) nicht allein unter wirtschaftlichen Gesichtspunkten erhalten werden. Die technische Restnutzungsdauer wäre hier ein unsicherer Maßstab, da in solche Gebäude zur Erhaltung und Steigerung ihres Wohnwertes oft Bauinvestitionen vorgenommen werden, die zu einer wesentlichen Verlängerung der Restnutzungsdauer des Gebäudes führen.

Bei den land-, forstwirtschaftlichen und gewerblichen Bauten sowie bei den Dienstgebäuden treffen diese sozialen und wohnungspolitischen Erwägungen nicht zu. Hier treten ökonomische Erwägungen in den Vordergrund. Investitionen in Gebäude werden in der Regel nur dann vorgenommen, wenn sie sich u. a. unter Berücksichtigung des Erhaltungszustands des Gebäudes noch „lohnen". Ein besonderer Vertrauensschutz aus anderen Gründen, der über einen Investitionsschutz hinausginge, ist deshalb hier nicht gerechtfertigt.

(2) Ausgestaltung

— Der Entwurf (§ 54 Abs. 1) geht demnach von dem Inhalt des Nutzungsrechts und dort, wo ein solches Recht nicht bestellt wurde, von der tatsächlichen baulichen Inanspruchnahme des Grundstücks aus, sofern diese nach den Rechtsvorschriften zulässig war oder mit Billigung staatlicher Stellen erfolgt ist. Die regelmäßige Dauer des Nutzungsrechts (§ 54 Abs. 2) wird nach der typischen Nutzungsdauer eines Neubaus bestimmt, wobei im Interesse der Vereinfachung eine Differenzierung nach drei Kategorien vorgesehen wird. Die vorgesehenen Laufzeiten von 90 Jahren für Ein- und Zweifamilienhäuser und bestimmten öffentlichen Zwecken dienende Bauten, von 80 Jahren für die im staatlichen und genossenschaftlichen Wohnungsbau errichteten Gebäude sowie für Büro- und Dienstgebäude und von 50 Jahren für alle anderen Bauwerke, ist einfacher zu handhaben als eine Suche nach der technischen Nutzungsdauer des betroffenen Gebäudes in jedem Einzelfall.

— Bei den land-, forstwirtschaftlich, gewerblich genutzten oder den staatlichen Stellen dienenden Gebäuden ist, sofern kein zu einem Neubau berechtigendes Nutzungsrecht bestellt wurde, allein der Wert der vorhandenen baulichen Investition zu sichern. Der Entwurf sieht ein Erbbaurecht mit einer nach der Restnutzungsdauer bestimmten Vertragszeit vor (§ 54 Abs. 3). Beträgt diese weniger als 25 Jahre, so ist eine dingliche Belastung des Grundstücks mit einem Erbbaurecht nicht gerechtfertigt.

Ein Anspruch auf Bestellung von Erbbaurechten wäre in diesen Fällen unzweckmäßig. Die Verdinglichung brächte keine Vorteile, da ein solches Recht nicht vernünftig beleihbar ist (vgl. § 20 Nr. 3 ErbbauVO). Die Aufwendungen für die Bestellung des Erbbaurechts wären unverhältnismäßig, im Vergleich zu den sich aus der Verdinglichung ergebenden Vorteilen; ein nach der Restnutzungsdauer des Gebäudes bemessener Miet- oder Pachtvertrag ist hier die angemessenere Gestaltung (§ 31).

ff) Bauliche Nutzung (§ 55)

Vereinbarungen über die Verwendung des Bauwerks bestimmen den vertragsmäßigen Inhalt des Erbbaurechts (§ 42 Abs. 1 Nr. 2 in Verbindung mit § 2 Nr. 1 ErbbauVO).

Die bauliche Nutzung bestimmt sich grundsätzlich nach dem Inhalt des Nutzungsrechts und, falls kein Nutzungsrecht bestellt wurde, nach der am 2. Oktober 1990 oder — auf den LPG-Flächen — zum Zeitpunkt der Aufhebung des gesetzlichen Nutzungsrechts ausgeübten baulichen Nutzung. Der Entwurf gibt dem Nutzer einen Anspruch, auch andere Vereinbarungen über die Verwendung des Bauwerks im Vertrag zu treffen. Soweit die in den Absätzen 2 und 3 genannten Grenzen überschritten sind, braucht der Grundstückseigentümer in einen solchen Vertragsschluß nur einzuwilligen, wenn der Nutzer sich zur Zahlung des vollen Erbbauzinses verpflichtet, der für solche Nutzungen üblich ist.

Die Bestimmung der nach dem Vertrag zulässigen Nutzung des Bauwerks hängt eng mit der Zinsregelung zusammen. Insoweit ist auf die vorstehenden Ausführungen zu dd) zu verweisen.

gg) Nutzungsbefugnis des Erbbauberechtigten, Grundstücksteilung (§ 56)

Hierzu ist auf die Ausführungen über die von den nach diesem Gesetz begründeten Ansprüchen erfaßten Flächen (Buchstabe g) Bezug zu nehmen, die in gleicher Weise für die Bestellung von Erbbaurechten als auch für das gesetzliche Ankaufsrecht gelten.

hh) Errichtung und Unterhaltung des Gebäudes, Heimfall (§ 57)

Die Nutzungsrechte wurden zur Errichtung von Gebäuden bestellt (§ 287 Abs. 1, § 291 ZGB). Das „Liegenlassen" unbebauter Grundstücke widersprach dem Zweck des Nutzungsrechts. — Der Inhalt des Erbbaurechts besteht darin, auf einem fremden Grundstück ein Gebäude haben zu dürfen (§ 1 Abs. 1 ErbbauVO).

Im Falle der nicht bestimmungsgemäßen Nutzung war das Nutzungsrecht dem Berechtigten von dem dafür zuständigen staatlichen Organ zu entziehen (§ 290 Abs. 1, § 294 Abs. 1 ZGB). Eine solche Befugnis, die auf staatlicher Planwirtschaft beruhte, kann dem privaten Grundstückseigentümer nicht zustehen, der keine vergleichbaren öffentlichen Zwecke verfolgt. Diese Eigentümer werden in der Regel allein an den Einnahmen durch den Erbbauzins interessiert sein.

Anders ist es jedoch bei den öffentlichen Körperschaften und anderen Institutionen, die mit der Ausgabe des Erbbaurechts besondere sozial- oder wohnungspolitische Zwecke verfolgen. Diese sollen berechtigt sein, als Ausgeber der Erbbaurechte ihre Ziele verfolgen zu können. Der Status des Nutzers wird hierdurch nicht in unzumutbarer Weise beeinträchtigt, da dieser auch vorher zu bestimmungsgemäßer Nutzung des Grundstücks verpflichtet war.

(1) Der Entwurf (§ 57) enthält daher die Bestimmung, daß der Grundstückseigentümer die Aufnahme einer Bebauungspflicht als Inhalt des Erbbaurechtsvertrags (§ 2 Nr. 1 ErbbauVO) verlangen kann, wenn er als Ausgeber des Erbbaurechts ein besonderes Interesse an der Bebauung des Erbbaugrundstücks hat. Dies trifft auf Gemeinden, Kirchen usw. zu, die mit der Ausgabe von Erbbaurechten besondere wohnungsbauliche und soziale Zwecke verfolgen.

Die Inhaber solcher Nutzungsrechte werden in vielen Fällen derzeit zur Bebauung des Grundstücks nicht in der Lage sein. Der Entwurf sieht deshalb eine Frist von sechs Jahren für die Bebauung des Grundstücks vor, die unter besonderen Umständen auf zwölf Jahre nach dem Abschluß des Erbbaurechtsvertrages erstreckt werden kann, wenn der Erbbauberechtigte aus besonderen persönlichen oder wirtschaftlichen Gründen zur Bebauung des Grundstücks innerhalb der Sechs-Jahres-Frist nicht in der Lage war.

Für die Behebung von Bauschäden wird ebenfalls eine Frist von maximal sechs Jahren vorgesehen. Eine Frist ist erforderlich, weil der oft erhebliche Sanierungsbedarf von vielen Eigentümern nicht sogleich durchgeführt werden kann. In der ehemaligen DDR wurden Bauerhaltungsmaßnahmen oft vernachlässigt. Dadurch ist jetzt ein erheblicher Stau von zu beseitigenden erheblichen Bauschäden eingetreten. Bei den die Bausicherheit gefährdenden Bauschäden kann diese Frist allerdings nicht zur Anwendung kommen; hier muß sofort Abhilfe geschaffen werden.

(2) Eine Vertragsbestimmung, die den Erbbauberechtigten zur Versicherung des Gebäudes verpflichtet, ist in vielen Erbbaurechtsverträgen enthalten. Eine solche Versicherung liegt im Interesse sowohl des Erbbauberechtigten wie des Grundstückseigentümers, weil das Gebäude auch eine Sicherheit für den Erbbauzins ist. Die Kosten einer Gebäudeversicherung sind im Vergleich zu den sonstigen Aufwendungen für die Finanzierung und Bewirtschaftung eines Gebäudes relativ gering und damit tragbar. Der Entwurf sieht daher vor, daß auf Verlangen des Grundstückseigentümers eine Verpflichtung zum Abschluß einer Versicherung zum Inhalt des Erbbaurechtsvertrages bestimmt werden kann.

(3) Der Entwurf gibt einen Anspruch auf eine Heimfallklausel für die Fälle, in denen einer Instandhaltungs- oder Unterhaltungspflicht für das Gebäude nicht nachgekommen worden ist.

Der Heimfallanspruch ist eine Ergänzung zur Einwendung gegen die Bestellung eines Erbbaurechts für nachhaltig nicht mehr baulich nutzbare Gebäude (§ 29). Erbbaurechte sind nicht zu bestellen, wenn eine bestimmungsgemäße Nutzung nicht erfolgt und auch nicht mehr zu erwarten ist. Von daher ist es sachgerecht, unter den gleichen Voraussetzungen auch einen Anspruch auf Rückübertragung bereits bestellter Erbbaurechte an den Ausgeber vorzusehen, wenn die vorstehend unter (1) genannten Fristen abgelaufen und der Erbbauberechtigte auch nach einer angemessenen Nachfrist nicht seinen Instandhaltungspflichten nachgekommen ist.

ii) Ankaufsrecht im Erbbaurechtsvertrag (§ 58)

Ein solches Ankaufsrecht im Erbbaurechtsvertrag kann nach § 2 Nr. 7 der ErbbauVO als Inhalt des Erbbaurechts vereinbart werden. Der Entwurf gibt dem Nutzer das Recht, vom Grundstückseigentümer die Vereinbarung eines auf die ersten zwölf Jahre nach Bestellung des Erbbaurechts befristeten Ankaufsrechts zu verlangen.

Wegen der allgemeinen Begründung für ein Ankaufsrecht ist auf die nachstehenden Ausführungen (Buchstabe j) zu verweisen.

Der Ankauf durch den Nutzer führt im Vergleich zum Erbbaurecht zwar zu einer völligen Lösung des oft konfliktträchtigen Verhältnisses von Nutzer und Grundstückseigentümer, führt jedoch für den Nutzer zu einer größeren finanziellen Belastung, die der Nutzer oft — jedenfalls nicht gleich — wird aufbringen können. Ein Ankaufsrecht kommt seinem Interesse entgegen, das Grundstück auch später — nach einem

Ansparen der für den Erwerb nötigen Mittel — kaufen zu können.

Für den Grundstückseigentümer ist ein Ankaufsrecht im Erbbaurechtsvertrag eine zusätzliche Belastung. Er kann sich nicht auf fortlaufende Zinseinnahmen und das Behalten des wertbeständigen Grundstücks einrichten, da der Erbbauberechtigte jederzeit sein Ankaufsrecht ausüben kann. Diese Ungewißheit kann ihm deshalb nicht auf die gesamte Dauer des Erbbaurechts, sondern nur für eine befristete Zeit zugemutet werden. Ein während der gesamten Zeit des Erbbaurechtsvertrages ausübbares Ankaufsrecht würde zudem zu einer wirtschaftlichen Schieflage führen, als der Vorteil für den Erbbauberechtigten immer größer würde. Der sich aus der Zinsersparnis ergebende Bodenwertanteil des Erbbauberechtigten wird gegen Ende der Laufzeit des Erbbaurechts zunehmend geringer. In den letzten Monaten der Vertragslaufzeit tendiert der Bodenwertanteil des Erbbauberechtigten gegen Null. Der Erbbauberechtigte könnte sich einen zusätzlichen Vorteil verschaffen, wenn er das Grundstück für neunzig Jahre zum halben Zins nutzte und dann im letzten Jahr der Vertragslaufzeit zum halben Verkehrswert ankaufte.

Ein Ankaufsrecht im Erbbaurechtsvertrag ist erforderlich, um auch denjenigen Nutzern den Ankauf zu ermöglichen, die nicht sogleich über die dafür nötigen Mittel verfügen. Eine Befristung dieses Ankaufsrechts ist aus den vorstehenden Gründen ebenfalls vorzusehen. Es kann — wenn das Ankaufsrecht im Erbbaurechtsvertrag einen Sinn haben soll — nicht zu kurz, anderenseits aber auch nicht zu lang bemessen werden, um keine unzumutbaren Belastungen für den Grundstückseigentümer und wirtschaftlichen Ungleichgewichte zwischen Erbbaurecht und einem nach §§ 62 ff. sogleich ausgeübten Ankaufsrecht eintreten zu lassen. Der Entwurf (§ 58 Abs. 1) sieht eine Frist von zwölf Jahren vor, die der Nutzer als Frist für ein Ankaufsrecht im Erbbaurechtsvertrag verlangen kann. Dies ist eine ausreichende Zeit zum Ansparen (in der z. B. die meisten Bausparverträge zuteilungsreif werden).

jj) Öffentliche Lasten (§ 59)

Der Grundstückseigentümer soll — falls nicht anderes vereinbart wird — eine Regelung verlangen können, nach der der Erbbauberechtigte auch die auf dem Grundstück ruhenden öffentlichen Lasten zu tragen hat, soweit sie dem Gebäude oder der von ihm genutzten Fläche zuzuordnen sind. Dies entspricht den bisher für die Nutzungsrechte üblichen gesetzlichen Bestimmungen (§ 3 Abs. 3 des Gesetzes über die Verleihung von Nutzungsrechten an volkseigenen Grundstücken vom 14. Dez. 1970 — GBl. I Nr. 24 S. 372) sowie Vereinbarungen in den Nutzungs- und Überlassungsverträgen, die bis zum Abschluß des Erbbaurechtsvertrages weitergelten.

Die Übernahme der Lasten durch den Grundstückseigentümer wäre bei einem Zinssatz von zwei vom Hundert des Verkehrswertes auch wirtschaftlich unangemessen, da bei niedrigen Grundstückswerten die Lasten die Höhe des Erbbauzinses erreichen können.

kk) Folgen der Bestellung des Erbbaurechts (§§ 60, 61)

Ein auf dem mit dem Erbbaurecht belasteten Grundstück stehendes Gebäude wird wesentlicher Bestandteil des Erbbaurechts, und zwar unabhängig davon, ob es nach Bestellung des Erbbaurechts errichtet oder schon vorher vorhanden gewesen ist (§ 12 Abs. 1 Satz 1, 2 ErbbauVO). Im letztgenannten Fall findet ein Eigentumsübergang kraft Gesetzes statt. Soweit das Gebäude bisher Bestandteil des Grundstücks war, ist es nunmehr Bestandteil des Erbbaurechts (vgl. Ingenstau, Erbbaurecht, 6. Auflage, § 12 Rdn. 13; v. Oefele/Winkler, Handbuch des Erbbaurechts, Rdn. 51). Der Entwurf (§ 60 Abs. 1) ordnet dieselbe Rechtsfolge für das selbständige Gebäudeeigentum an, das damit gegenstandslos wird und kraft Gesetzes erlischt.

Dasselbe trifft auf die vom Staat oder der landwirtschaftlichen Produktionsgenossenschaft bestellten Nutzungsrechte zu. Der Entwurf ordnet das Erlöschen der Nutzungsrechte an (§ 60 Abs. 2). An die Stelle des durch öffentlich-rechtliche Zuweisung begründeten Nutzungsrechts ist das vertraglich begründete, BGB-konforme dingliche Recht zwischen Grundstückseigentümer und Erbbauberechtigten getreten. Das Erbbaurecht unterliegt dann den allgemeinen Bestimmungen für Erbbaurechte (§ 61).

j) Gesetzliches Ankaufsrecht (§§ 62 bis 85)

Das gesetzliche Ankaufsrecht ist die zweite Säule, auf der die Sachenrechtsbereinigung ruht.

Der Entwurf kommt damit dem Wunsch vor allem der Nutzer nach dem Erwerb des Eigentums am Grundstück entgegen. Insbesondere bei den Eigentümern von Eigenheimen im Beitrittsgebiet bestehen häufig Vorbehalte gegen das Erbbaurecht. Ein Hinzuerwerb des Eigentums am Grundstück wird demgegenüber als die sichere Alternative bevorzugt.

Das Interesse der Nutzer an einem Erwerb des Eigentums am Grundstück allein würde indessen ein gesetzliches Ankaufsrecht nicht rechtfertigen. Dieses Recht zwingt den Grundstückseigentümer zum Verkauf und führt damit — im Gegensatz zum Erbbaurecht — zum Eigentumsverlust (wenn auch gegen einen geldwerten Ausgleich durch den Kaufpreis). Eine gesetzliche Regelung, die einem Dritten ein Recht zum Ankauf des Grundstücks gäbe, wäre nicht zu begründen und verfassungsrechtlich bedenklich. Das ist jedoch nicht der Sachverhalt, der mit der Sachenrechtsbereinigung zu regeln ist.

Das gesetzliche Ankaufsrecht ist eine gesetzliche Lösung des Konflikts, daß zwei Parteien (Grundstückseigentümer und Nutzer) an einem Grundstück berechtigt sind und zwischen ihnen ein Ausgleich gefunden werden muß. Das Verhältnis zwischen Grundeigentum und in der ehemaligen DDR begründeter öffentlich-rechtlicher Nutzungszuweisung muß aufgelöst und dabei ein BGB-konformes, verkehrsfähiges Recht begründet werden. Der Hinzuerwerb des Grundstückseigentums durch den Nutzer (Komplettierung) ist hierbei eine Möglichkeit, die Rechtsverhältnisse schnell zu bereinigen und die Parteien — anders als beim Erbbaurecht — nicht über viele Jahre aneinander zu „ketten". Unter Berücksichtigung dieser Grundlagen erweist sich auch das gesetzliche Ankaufsrecht aus den nachfolgenden Erwägungen als gerechtfertigt.

— Unter wirtschaftlichen Gesichtspunkten ist die Ausübung des Ankaufsrechts für den Eigentümer in den meisten Fällen günstiger als die Bestellung eines Erbbaurechts. Er erhält mit dem Kaufpreis sofort einen nennenswerten Geldbetrag, über den er disponieren kann. Beim Erbbaurecht ist er auf die Einkünfte aus den im Vergleich hierzu geringen Erbbauzinsen angewiesen, die er zudem erst nach und nach über einen langen Zeitraum gestreckt erhält.

— Der Erwerb des Eigentums am Grundstück durch die Nutzer ist im ländlichen Raum bereits Gegenstand gesetzlicher Regelungen. Das Verfahren zur Zusammenführung von Grundstücks- und Gebäudeeigentum nach § 64 Landwirtschaftsanpassungsgesetz sieht eine Eigentumsübertragung an den Nutzer gegen Abfindung des Grundstückseigentümers vor. Eine ungleiche Behandlung gleicher Konfliktlagen nach dem Landwirtschaftsanpassungsgesetz und dem Gesetz zur Sachenrechtsbereinigung würde zu Wertungswidersprüchen führen und ist deshalb zu vermeiden.

— Im Städtebau ohne Klärung der Eigentumsverhältnisse an den Grundstücken (§ 24) kann die Sachenrechtsbereinigung sich in vielen Fällen sinnvoll nur durch den Hinzuerwerb der überbauten Grundstücksteilflächen vollziehen. Hier können einige der überbauten Grundstücke den Nutzern bereits gehören, andere in fremdem Eigentum stehen. Eine Bereinigung dieser Rechtsverhältnisse durch Erbbaurechte in Verbindung mit dem an einem Teil der Grundfläche des Gebäudes bestehenden Grundeigentum ist nicht möglich.

Hier müßten über viele Grundstücke hinweg sog. Nachbarerbbaurechte bestellt werden. Der Entwurf (§ 39 Abs. 3) läßt diese Rechtskonstruktion aber nur zur Absicherung des Überbaus auf einem benachbarten Grundstück zu. Das Problem des Nachbarerbbaurechts besteht darin, daß der Grundsatz der Rechtseinheit am Gebäude durchbrochen wird. In das Grundeigentum oder in das Erbbaurecht könnte getrennt vollstreckt werden, womit verschiedene Berechtigungen an einem Gebäude entstünden, die dann wieder bereinigt werden müßten (vgl. v. Oefele/Winkler, Handbuch des Erbbaurechts, Rdn. 78). Aus diesem Grunde wird das Nachbarerbbaurecht nach dem Entwurf nur für einen eng begrenzten Bereich zugelassen.
— *Zudem führen Nachbarerbbaurechte über viele Grundstücke hinweg zu schwierigen und unübersichtlichen Rechtsverhältnissen.*

In den genannten Fällen muß eine Bereinigung durch Komplettierung herbeigeführt werden.

aa) Inhalt der Ansprüche

(1) Gesetzliche Ansprüche auf Vertragsschluß (§ 62)

Das Ankaufsrecht gibt einen Anspruch zum Abschluß eines Grundstückskaufvertrages, für den der Entwurf dispositive Bestimmungen bereitstellt. Anspruchsinhaber ist grundsätzlich der Nutzer, der insoweit ein Wahlrecht zwischen Erbbaurecht und Ankauf hat (vgl. §§ 14, 15). Der Grundstückseigentümer kann nur bei geringen Grundstückswerten, bei denen sich die Bestellung von Erbbaurechten nicht „lohnt", den Ankauf des Grundstücks verlangen.

Eine Ausnahme hiervon ist das Recht des Grundstückseigentümers zum Ankauf eines Wirtschaftsgebäudes bei land-, forstwirtschaftlicher oder gewerblicher Grundstücksnutzung (§§ 82 bis 85). Bei einer betrieblichen Nutzung ist den Investitionen des Nutzers in das Gebäude vor denen des Grundstückseigentümers nicht in jedem Fall Vorrang einzuräumen, sondern eine auf den Einzelfall bezogene Abwägung des Interesses des Nutzers an der weiteren Nutzung seiner baulichen Investition und der Nutzung des Grundstücks für betriebliche oder investive Zwecke durch den Grundstückseigentümer durchzuführen (vgl. dazu unten zu dd).

(2) Gesetzliche Ansprüche wegen dinglicher Rechte (§§ 63 bis 65)

Der Entwurf verfolgt hier die gleiche Konzeption wie bei der Bestellung der Erbbaurechte.

Ist ein Teil eines Grundstücks abzuschreiben, so sollen die dinglichen Rechte, die keine Ansprüche auf Zahlung oder Befriedigung aus dem Grundstück gewähren, die abzuschreibende Teilfläche nur dann belasten, wenn sie auf dieser auszuüben waren (§ 63 Abs. 1).

Soweit dem Inhaber des dinglichen Rechts ein vorsätzlicher Verstoß des Grundstückseigentümers gegen dessen Verpflichtung nach Art. 233 § 2a Abs. 3 Satz 2 EGBGB in der Fassung des Zweiten Vermögensrechtsänderungsgesetzes, das vom Nutzer bebaute Grundstück nicht zu belasten, bekannt war, sieht § 64 Abs. 1 einen schuldrechtlichen Anspruch des Nutzers gegen den Inhaber des dinglichen Rechts auf Löschung vor. Der Anspruch beschränkt sich auf den Fall der Kenntnis des Inhabers des dinglichen Rechts von vorsätzlicher Schädigung des Nutzers durch die Belastung, da das o. g. Verbot keine Verfügungsbeschränkung im Sinne des § 135 BGB enthielt (vgl. Begründung zum Entwurf des Zweiten Vermögensrechtsänderungsgesetzes, BT-Drucksache 12/2480, S. 78 rechte Spalte).

Bei den Reallasten und Grundpfandrechten ist grundsätzlich eine Aufteilung der Belastung vorgesehen. Der Nutzer kann die lastenfreie Um- oder Abschreibung verlangen, wenn das vom Nutzer errichtete Gebäude und die von ihm genutzte Fläche nicht als Sicherheit für den Kredit dienen sollten oder die Nichtzugehörigkeit des Gebäudes oder der baulichen

Anlage zum Haftungsverband für den Inhaber des dinglichen Rechts erkennbar war (§ 64 Abs. 2).

Durch die lastenfreie Um- oder Abschreibung wird die Kreditsicherheit entwertet, die das Grundpfandrecht darstellte. Der Entwurf gibt den Inhabern der Grundpfandrechte und der Reallasten ein Pfandrecht an dem Kaufpreisanspruch; insoweit soll eine Surrogation für das durch lastenfreie Um- oder Abschreibung untergehende oder entwertete Grundpfandrecht eintreten (§ 65 Abs. 3). — Hierdurch wird den Inhabern dieser Rechte insoweit eine Ersatzsicherheit gestellt. Die Surrogation ist deshalb sachgerecht, weil der Grundstückseigentümer insoweit dem Kreditgeber eine wegen der Fremdbebauung nicht werthaltige Sicherheit gestellt hat.

Soweit der Grundstückseigentümer den Kreditgeber auf die Fremdbebauung und auf das Erfordernis einer lastenfreien Abschreibung einer Teilfläche hingewiesen hat, kann er aus dem Grundverhältnis die Pfandfreigabe des Kaufpreises beanspruchen. Ob und in welchem Umfang ein solcher Anspruch besteht, hängt von den Abreden im Sicherungsvertrag zwischen Grundstückseigentümer und Kreditgeber ab. Eine den konkreten Vereinbarungen gerecht werdende gesetzliche Regelung kann wegen der Vielgestaltigkeit solcher Absprachen nicht getroffen werden. Sofern die vertragliche Vereinbarung eine solche Freigabeverpflichtung ergibt, ist eine gesetzliche Regelung auch nicht erforderlich.

bb) Dispositive Bestimmungen zum Inhalt des Vertrages

(1) Kaufgegenstand (§§ 66 bis 68)

Kaufgegenstand ist grundsätzlich das mit dem Nutzungsrecht belastete oder bebaute Grundstück. Hinsichtlich der Bestimmung abzuschreibender Teilflächen gelten die vorstehend unter 1 g) dargestellten allgemeinen Grundsätze.

Soweit eine Teilung des bebauten Grundstücks nicht möglich oder wegen gemeinsam genutzter Anbauten oder Erschließungsanlagen unzweckmäßig ist, muß zunächst Sonder- oder Teileigentum nach dem Wohnungseigentumsgesetz begründet werden. Der Entwurf gibt insoweit Ansprüche auf Bestellung von Wohnungs- oder Teileigentum (§ 68). Inhalt des Kaufvertrages sind dann die Verpflichtungen zur Übertragung des Wohnungs- oder Teileigentums.

(2) Preis (§§ 69 bis 75)

(a) Regelmäßiger Preis (§ 69)

Der regelmäßige Preis beträgt die Hälfte des Verkehrswertes eines unbebauten Grundstücks zum Zeitpunkt des Vertragsschlusses. Dies entspricht dem Grundsatz der Aufteilung der Bodenwerte und wahrt die Parallelität zum Erbbaurecht.

Bei Ausübung des Ankaufsrechts im ersten Jahr nach dem Inkrafttreten des vorgeschlagenen Gesetzes soll der Nutzer (Käufer) einen Teilerlaß in Höhe von 5 vom Hundert, im zweiten Jahr von 2,5 vom Hundert verlangen können, wenn der Kaufpreis beglichen wird, sobald alle zur Eigentumsumschreibung erforderlichen Voraussetzungen vorliegen. Hiermit soll ein besonderer Anreiz zum Abschluß des Grundstückskaufvertrages und zu pünktlicher Bezahlung geschaffen werden. Der Ankauf ist im Vergleich zum Erbbaurecht die einfachere Form der Bereinigung. Der Grundstückseigentümer erhält in diesen Fällen den Kaufpreis sofort und hat damit die Möglichkeit, durch die Anlage dieses Betrages Zinsgewinn zu erzielen. Zudem wird hier auch ein Ausgleich beim Ankaufsrecht dafür geschaffen, daß der Erbbauzins erst in neun Jahren auf den regelmäßigen Zinssatz ansteigt.

(b) Preisanhebung bei kurzer Restnutzungsdauer (§ 70)

Die Erhöhung des Preises folgt aus den Grundsätzen

1. wirtschaftlich gleichwertige Lösungen anbieten zu müssen,

2. den Ankaufspreis daran orientieren zu müssen, welche Beteiligung am Bodenwert durch die bauliche Investition des Nutzers begründet ist.

zu 1: Der Bodenwertanteil eines Erbbaurechts bestimmt sich nach der restlichen Vertragslaufzeit. Ist diese wegen der Restnutzungsdauer des Gebäudes kürzer, so ist auch der Bodenwertanteil des Erbbaurechts geringer. Ein Erbbaurecht mit einer Laufzeit von nur 25 Jahren kann deshalb nicht den gleichen Bodenwertanteil vermitteln wie eines mit der für land-, forstwirtschaftlich, gewerblich genutzten oder öffentlichen Zwecken dienenden Bauten üblichen Laufzeit von 50 Jahren. Daher muß eine Anpassung des Kaufpreises erfolgen.

zu 2: Die ohne dingliches Nutzungsrecht erfolgte Bebauung ist aufgrund der in der ehemaligen DDR bestehenden Verhältnisse zu schützen. Dies gilt jedoch nur, soweit es vom Zweck des Investitionsschutzes geboten ist. Besteht das Gebäude aus einem nicht mehr nutzbaren Bauwerk (Ruine), so ist dem Nutzer auch kein Besitzrecht mehr zuzusprechen. Seine Beteiligung am Bodenwert ist deshalb mit Null anzusetzen. Ist das errichtete Gebäude hingegen ein Neubau, so ist der Nutzer den Inhabern von Nutzungsrechten gleichzustellen. Er ist — gleich ihnen — mit 50 vom Hundert am Bodenwert beteiligt. Seine Beteiligung am Bodenwert muß deshalb von der Restnutzungsdauer des Gebäudes abhängig sein.

Die Lösung des Entwurfs besteht darin, in diesen Fällen den Erhöhungsbetrag von der Restnutzungsdauer des Gebäudes abhängig zu machen. Der Betrag ergibt sich aus der Differenz zwischen den Bodenwertanteilen eines Erbbaurechts mit der regelmäßigen Laufzeit und eines Erbbaurechts mit einer nach der

Restnutzungsdauer des Gebäudes bemessenen Laufzeit. Die Symmetrie zwischen Ankaufsrecht und Erbbaurecht wird damit gewahrt. Die vorgeschlagene Berechnung durch Ermittlung der Barwerte entspricht den Wertermittlungsrichtlinien und üblicher Bewertungspraxis.

(c) Preisbemessung nach dem vollen Verkehrswert (§ 71)

Die Zugrundelegung des Verkehrswertes entspricht dem Ansatz des vollen, üblichen Erbbauzinses. Der volle Verkehrswert ist in Ansatz zu bringen, wenn die Nutzung des Grundstücks geändert oder über die Regelgröße für den Eigenheimbau hinausgehende, selbständig nutzbare Teilflächen angekauft werden sollen.

Wie beim Erbbauzins sind auch für die Bemessung des Ankaufspreises Öffnungen für bestimmte Nutzungsänderungen vorgesehen, die zu keiner Preisbemessung nach dem vollen Verkehrswert führen.

Im übrigen wird auf die Begründung zur Bemessung des Zinssatzes für das Erbbaurecht Bezug genommen.

(d) Nachzahlungsverpflichtungen (§ 72)

Die Nachzahlungspflicht ist dadurch begründet, daß die Beteiligung des Nutzers am Bodenwert auf dem Nutzungsrecht oder der mit Billigung staatlicher Stellen begründeten Bebauung des Grundstücks beruht.

Diese Befugnisse waren in der ehemaligen DDR nur für bestimmte Nutzungszwecke verliehen. Dies wirkt sich auch auf die Bemessung des Erbbauzinses aus, dessen Höhe nur nach der Nutzung des Grundstücks bestimmt wird. Nutzungsänderungen führen daher zu einer Anpassung des Erbbauzinses (§ 48 Abs. 1 Satz 2).
— Für das Ankaufsrecht sieht der Entwurf dementsprechend einen nach dem vollen Verkehrswert zu bemessenen Preis dann vor, wenn die Nutzung des Grundstücks vor Abschluß des Kaufvertrages in einer mit dem Zweck des Nutzungsrechts nicht mehr zu vereinbarenden Weise verändert wurde.

Ähnliches muß jedoch auch dann gelten, wenn solche Nutzungsänderungen kurz nach dem Vertragsschluß erfolgen. Andernfalls käme dem aus der Sicht des Eigentümers zufälligen Umstand, wann die Nutzungsänderung erfolgt ist, eine zu große Bedeutung zu. Es entstünde zudem ein ungerechtfertigter Vorteil auch für diejenigen Nutzer, die das Grundstück nicht mehr entsprechend der verliehenen Nutzungsbefugnis nutzen wollen, das Grundstück zum halben Verkehrswert ankaufen und sogleich zum vollen Preis weiter veräußern, um damit einen Spekulationsgewinn in Höhe des halben Verkehrswerts des Grundstücks zu erzielen. Solche Entwicklungen wären insbesondere im land-, forstwirtschaftlichen und gewerblichen Bereich zu erwarten. Viele der früheren Betriebe werden nicht oder nicht mehr in der bisherigen Form weiterbetrieben werden können. Durch die An- und Verkäufe könnten hier besondere Liquidationsgewinne erzielt werden.

Aus Gründen der Wahrung der Parallelität zum Erbbaurecht sieht der Entwurf deshalb eine Nachzahlungsklausel für Nutzungsänderungen und Veräußerungen der zum regelmäßigen Preis erworbenen land-, forstwirtschaftlich oder gewerblich genutzten Grundstücke vor.

Die Nachzahlungspflicht muß allerdings zeitlich befristet werden. Die Nutzer erwerben nach dem Kauf Eigentum am Grundstück, über das sie auch verfügen können. Die Verpflichtungen aus dem Kaufvertrag, die eine Spekulation verhindern sollen, können nicht zeitlich unbegrenzt nachwirken. Vergleichbare gesetzliche Regelungen (wie § 13 der Höfeordnung) sind ebenfalls zeitlich befristet.

Der Entwurf sieht insoweit eine Nachzahlungspflicht in voller Höhe der Differenz zwischen Verkaufspreis und Verkehrswert bei einem Verkauf in den ersten drei Jahren nach Vertragsschluß und in Höhe der Hälfte der Differenz bei einem Weiterverkauf in den folgenden drei Jahren vor.

(e) Preisanpassung wegen abweichender Grundstücksgröße (§ 73)

In den Beitrittsländern werden häufig Grundstücksteilflächen ohne Vermessung nach Grundstücksliste und -plan, die nach dem Entwurf für ein Bodensonderungsgesetz bis zur Übernahme in das Liegenschaftskataster als amtliches Verzeichnis der Grundstücke im Sinne des § 2 Abs. 2 Grundbuchordnung dienen sollen, abgeschrieben werden müssen. Die Vermessung wird erst längere Zeit später nachfolgen können.

Bei einer Bestimmung der Grundstücksgröße nach der Karte können sich Ungenauigkeiten ergeben. Diese hängen unter anderem von dem zugrunde gelegten Maßstab ab.

Die Angabe der Grundstücksgröße kann insoweit nur eine „Circa-"Bestimmung sein. In den alten Bundesländern gibt es vergleichbare Probleme bei dem Erwerb eines Hauses auf noch zu vermessenden Flächen von einem Bauträger. Die Fragen, ob „Circa-"Angaben Zusicherungen im Sinne des § 468 BGB sind und welche Größendifferenz vorliegen muß, um Ansprüche des Käufers zu begründen, sind im Einzelfall schwierig zu entscheiden und gaben oft Anlaß zu gerichtlichen Auseinandersetzungen (vgl. BGH — Urteil vom 27. April 1984 — V ZR 137/83 — WM 1984, 941, 942). Der Entwurf trifft für diese Sachverhalte eine besondere Regelung, durch die solche Streitigkeiten vermieden werden sollen.

Der Entwurf sieht Ausgleichsansprüche für diese Fälle nur dann vor, wenn der Kaufpreis nach der Quadratmeterzahl des Grundstücks bestimmt wurde, die tatsächliche Größe von der im Vertrag zugrunde gelegten mehr als geringfügig abweicht und im Vertrag eine entsprechende Verpflichtung zu solchen Ausgleichszahlungen aufgenommen wurde (Absatz 1 Satz 1). Ansprüche aus § 468 BGB werden ausgeschlossen (Absatz 1 Satz 2), es sei denn, daß die Vertragsschließenden ausdrücklich eine Gewährleistung hierfür vereinbaren.

Die Regelung im Entwurf trägt dem Umstand Rechnung, daß Karte und Liste, aus denen die Größenangaben entnommen wurden, von keinem Beteiligten, sondern von einer Behörde erstellt wurden und beiden Beteiligten die noch ausstehende Vermessung und die sich daraus ergebenden Ungenauigkeiten bekannt sind. Es ist deshalb Sache der Beteiligten, darüber zu befinden, ob sie Ausgleichsansprüche in den Vertrag aufnehmen oder im Interesse einer „endgültigen" Regelung hierauf verzichten wollen.

§ 73 Abs. 2 regelt in Abhängigkeit von der Höhe der Grundstückspreise für den Quadratmeter, bis zu welchem Umfang Größenabweichungen als verhältnismäßig geringfügig anzusehen sind. Absatz 3 sieht im Interesse einer schnellen Klärung kurze Verjährungsfristen nach der Vermessung vor.

(f) Preisbemessung im Wohnungsbau (§ 74)

Der Anspruch auf Ermäßigung des Ankaufspreises in diesen Fällen entspricht der Regelung für den Erbbauzins (§ 45). Sie beruht auf denselben Erwägungen. Die Bestimmung des Preises nach dem Verkehrswert des unbelasteten Grundstücks ist dann nicht sachgerecht, wenn die schlechte Substanz- und Ertragssituation der aufstehenden Gebäude nachhaltig nicht verändert werden kann und deshalb auf den Bodenwert durchschlägt. Die gesetzliche Regelung kann hier nicht einen Verkehrswert der Kaufpreisbemessung zugrunde legen, den das Grundstück nicht hat.

Die Kaufpreisermäßigung unter Ansatz des nach Substanz- und Ertragswertgesichtspunkten ermittelten (abgezinsten) Bodenwertes beruht auf der Erwartung, daß die Zweckbindung des Gebäudes als Wohnhaus und die bauliche Nutzung des Grundstücks sich auf lange Zeit nicht ändern werden. Dies wird in den meisten Fällen zutreffen.

Wird das Gebäude jedoch abgerissen und ein Neubau (§ 74 Abs. 2) errichtet, so ist für die gesetzliche Regelung ein Sachverhalt zugrunde gelegt worden, der im konkreten Fall der tatsächlichen Entwicklung nicht entspricht. Im Entwurf ist Vorsorge dafür zu treffen, daß der (frühere) Grundstückseigentümer nicht auch in diesen Fällen eine Preisermäßigung wegen der nachhaltig schlechten Substanz- und Ertragslage hinzunehmen hat, wo dies aufgrund der folgenden Entwicklung ungerechtfertigt wäre. Das Fehlen einer Preisanpassungsregelung würde im übrigen einen Anreiz für die Nutzer schaffen, Gewinne durch den Erwerb des Grundstücks zu den aufgrund der bisherigen Situation besonders niedrigen Kaufpreisen und durch den anschließenden Abriß und Neubau oder die Umwandlung in eine gewerbliche Nutzung zu erzielen.

Der nach Sach- und Ertragswertgesichtspunkten zu bestimmende Preis von Grund und Boden, der in der Regel erheblich unter dem Verkehrswert eines vergleichbaren unbebauten Grundstücks liegen wird, wird vielfach nur rechnerisch (unter Berücksichtigung eines Abzinsungsfaktors) ermittelt werden können. Wird bei einer Weiterveräußerung in den folgenden Jahren ein wesentlich höherer Kaufpreis für den Grund und Boden erzielt, so wäre es unbillig, diesen Mehrerlös allein dem Nutzer zuzuweisen. § 74 Abs. 3 sieht vor, daß für diese Fälle eine Teilung des bei der Weiterveräußerung erzielten Mehrerlöses vereinbart werden kann.

(g) Preisbemessung bei Überlassungsverträgen (§ 75)

Der Entwurf hat auch insoweit die Parallelität zu den Vorschriften über die Bestellung von Erbbaurechtsverträgen herzustellen.

Soweit beim Abschluß des Kaufvertrages noch ein dem Grundstückseigentümer zuzurechnender Gebäuderestwert vorhanden ist, ist dies bei der Kaufpreisbemessung zu berücksichtigen. Wie bei der Berechnung des zusätzlichen Zinses im Erbbaurechtsvertrag (§ 46) ist auch hier der Zeitwert des Gebäudes zum Zeitpunkt der Überlassung abzüglich der bis zum Zeitpunkt des Kaufs üblicherweise eintretenden Wertminderung in Ansatz zu bringen. Für den Zustand des Gebäudes zum Zeitpunkt der Überlassung kann auf die Grundlagen zurückgegriffen werden, nach denen beim Abschluß des Überlassungsvertrages eine Wertermittlung durchzuführen war.

Zahlungen des Nutzers, die zur Ablösung von Verbindlichkeiten des Eigentümers verwandt wurden, sind auf den Kaufpreis anzurechnen (§ 75 Abs. 2). Die hinterlegten Beträge sind (mit ihrem heutigen Wert) auf den Kaufpreis anzurechnen, wenn sie verfügbar sind (§ 75 Abs. 3).

Ist dies nicht der Fall, so hat der Grundstückseigentümer seine Ansprüche auf Auskehr und Schadensersatz auf den Nutzer zu übertragen (§ 75 Abs. 4). Der Entwurf legt der Hinterlegung keine Erfüllungswirkung bei. Dies entspricht allgemeinen Grundsätzen, da eine schuldbefreiende Wirkung nur im Falle des Ausschlusses der Rücknahme in Betracht kommt (§ 378 BGB). Zum Zeitpunkt der Hinterlegung bestand eine solche Schuld nicht, da noch nicht feststand, daß es zum Abschluß eines Grundstückskaufvertrages kommen würde. Der staatliche Verwalter oder in der Regel die staatliche Stelle verwahrte die Beträge im Interesse beider Parteien. Zahlungen an eine Vermittlungsperson haben jedoch keine Erfüllungswirkung (vgl. für den Notar: BGH — Urteil vom 25. März 1983 — V ZR 168/91 — NJW 1983, 1605, 1606).

(3) Sonstige Regelungen

(a) Lasten, Gewährleistung und Kosten (§§ 76 bis 78)

Da der Besitz und die Nutzungen des Grundstücks bereits den Nutzern zustehen, haben sie vom Vertragsschluß an die Lasten des Grundstücks zu tragen, soweit sie diese nicht schon vorher getragen haben oder dazu verpflichtet waren.

Die Haftung für Sachmängel ist ebenfalls auszuschließen, da die Nutzer das Grundstück seit vielen Jahren nutzen, ihnen sein Zustand bekannt ist und die Grundstückseigentümer mit ihnen abschließen müssen.

Die Kosten des Vertrages einschließlich der eventuell erforderlichen Vermessungen sind den allgemeinen Grundsätzen entsprechend zu teilen.

(b) Rechtsfolgen des Kaufs (§ 79)

Bei der Bestellung von Erbbaurechten bleibt die Trennung des dinglichen Rechts des Nutzers vom Grundstückseigentum bestehen. Dort konnte das selbständige Gebäudeeigentum erlöschen und die Rechte daran auf das Erbbaurecht übergehen.

Bei dem Ankauf des Grundstücks ist eine gesetzliche Anordnung des Erlöschens des Gebäudeeigentums dagegen nicht möglich, da Grundstücks- und Gebäudeeigentum unterschiedlich belastet sein können. Hier kann nur eine Zusammenführung durch Aufhebung des Nutzungsrechts nach Art. 233 § 4 Abs. 5 EGBGB in der Fassung des Zweiten Vermögensrechtsänderungsgesetzes stattfinden, zu der die Inhaber dinglicher Rechte zustimmen müssen. Grundstücks- und Gebäudeeigentum werden deshalb auch nach dem Zusammenführen in einer Hand oft noch eine geraume Zeit fortbestehen. Eine gesonderte Belastung des Gebäudeeigentums widerspricht jedoch den Zwecken des Gesetzes, BGB-konforme Rechtsgestaltungen zu schaffen. Der Entwurf sieht deshalb vor, daß selbständige Verfügungen über das Grundstück oder das Gebäude nicht mehr zulässig sein sollen, wenn Grund- und Gebäudeeigentum in einer Hand zusammenfallen (§ 79 Abs. 1). In der Praxis wird dies dadurch erreicht, daß die Grundbuchämter solche Eintragungen nicht vornehmen. Nur die Veräußerungen in der Zwangsversteigerung oder zur Abwehr derselben bleiben zulässig, weil andernfalls die auf dem Gebäudeeigentum eingetragenen Rechte entwertet werden würden.

Um schnell eine Bereinigung herbeiführen zu können, wird angeordnet, daß die Grundstückseigentümer von den Inhabern dinglicher Rechte am Gebäude die Zustimmung zur Aufhebung ihres dinglichen Rechts verlangen können, wenn gleichrangige Belastungen des Grundstücks eingetragen werden und das Gebäude damit zum Bestandteil des Grundstücks werden kann.

Wird das Grundstück oder das Gebäude wegen einer nur auf einer Sache ruhenden Belastung versteigert oder zur Abwendung der Versteigerung veräußert, fallen Grundstücks- und Gebäudeeigentum wieder auseinander. Der Entwurf (§ 79 Abs. 3) muß auch insoweit Vorsorge dafür treffen, daß eine Zusammenführung von Grundstücks- und Gebäudeeigentum durch den Ersteher oder Erwerber möglich bleibt.

Der Erwerber hat in diesen Fällen ein gesetzliches Ankaufsrecht. Da er jedoch am Bodenwert nicht aufgrund einer in der DDR begründeten Nutzungsbefugnis beteiligt ist, hat er beim Ankauf des Grundstücks dessen Verkehrswert zu zahlen (§ 79 Abs. 3 Satz 2).

Auch diese Veräußerung muß Nachzahlungsansprüche auslösen (§ 79 Abs. 3 Satz 3). Andernfalls könnten diese Ansprüche dadurch umgangen werden, daß das Grundstück zur Versteigerung gebracht wird.

cc) Leistungsstörungen (§§ 80, 81)

Der Zweck der Sachenrechtsbereinigung macht besondere Regelungen für die Fälle erforderlich, in denen der vereinbarte Kaufpreis vom Nutzer nicht gezahlt wird.

Eine Vollstreckung wegen des Kaufpreisanspruches in das Gebäude würde das Auseinanderfallen von Grundstücks- und Gebäudeeigentum perpetuieren. Eigentümer des Grundstücks würde der Nutzer, Eigentümer des Gebäudes würde der Ersteher, der in der Regel kein akzeptables Gebot abgegeben haben wird.

Bei einem Rücktritt nach Nachfristsetzung bliebe alles wie bisher. Schadensersatzansprüche wegen Nichterfüllung führen in der Regel nur zum Ersatz des Differenzschadens.

Das ist der Unterschied zwischen dem vereinbarten Kaufpreis und dem bei anderweitiger Veräußerung erzielten Erlös zuzüglich weiterer Schäden — wie Verzugsschäden, doppelte Vertragskosten usw.

Der Entwurf sieht deshalb folgende Lösungen vor:

1. Der Grundstückseigentümer kann in das Gebäude des Nutzers wegen seiner Kaufpreisforderung nur dann vollstrecken, wenn er auch das dem Nutzer zu übereignende Grundstück lastenfrei mitversteigern läßt. Der Ersteher erwirbt damit Eigentum am Grundstück und am Gebäude (§ 80).

2. Ist der Nutzer im Verzug und zahlt er auch innerhalb einer vom Grundstückseigentümer gesetzten Nachfrist nicht, kann der Grundstückseigentümer abweichend von § 326 Abs. 1 Satz 2 BGB

   a) den Abschluß eines Erbbaurechtsvertrages verlangen oder

   b) das Gebäude oder die bauliche Anlage des Nutzers ankaufen.

Die Ziele der Sachenrechtsbereinigung werden damit in anderer, in der Regel in einer für den vertragsuntreuen Nutzer allerdings nachteiligen Weise erreicht.

dd) Besondere Bestimmungen für den Hinzuerwerb des Gebäudes durch den Grundstückseigentümer (§§ 82 bis 85)

Bei den vom Nutzer mit Billigung staatlicher Stellen errichteten Wirtschaftsgebäuden ist dem Schutz der Investitionen des Nutzers ebenfalls grundsätzlich Vorrang vor dem Interesse des Grundstückseigentümers an der Wiedererlangung des Besitzes am Grundstück einzuräumen. Der Entwurf gewährt für vier

Fallgruppen (§ 82 Abs. 1) allerdings dem Grundstückseigentümer ein Recht zum Ankauf des Gebäudes.

Im einzelnen sind dies Fälle, in denen das Interesse des Grundstückseigentümers an der Bewirtschaftung seines Grundstücks höher zu bewerten ist als das Interesse des Nutzers an der Sicherung seiner früheren Investition.

— Die Nutzung landwirtschaftlicher Höfe und Flächen kann den Ankauf von Wirtschaftsgebäuden landwirtschaftlicher Produktionsgenossenschaften durch ausgeschiedene Mitglieder und Wiedereinrichter erforderlich machen. Nummer 1 läßt in diesen Fällen den Ankauf des Gebäudes zu.

— Bei Ruinen und nicht ausgeübten Nutzungen besteht kein Investitionsschutzinteresse des Nutzers (Nummer 2).

— Bei kurzer Restnutzungsdauer des Gebäudes liegt keine besonders werthaltige Investition mehr vor. Der Grundstückseigentümer soll hier ankaufen können, wenn er auf die Nutzung des Grundstücks besonders angewiesen ist (Nummer 3).

— Nummer 4 ist das Ergebnis einer Abwägung der investiven Interessen von Grundstückseigentümer und Nutzer. Bei erheblicher Beeinträchtigung der betrieblichen Nutzung des Grundstücks oder im Falle der Schaffung neuer Arbeitsplätze soll der Grundstückseigentümer in der Regel den Vorzug haben.

In den genannten Fällen hat der Grundstückseigentümer nicht nur Wertersatz für das Gebäude zu leisten, sondern auch den durch das Nutzungsrecht oder die bauliche Investition begründeten Bodenwertanteil des Nutzers abzulösen (Absatz 2).

Soweit der Nutzer nach § 31 Abs. 2 den Abschluß eines Mietvertrages für die Restnutzungsdauer des Gebäudes verlangen könnte, kann er eine Entschädigung für die ihm durch die vorzeitige Beendigung seines Besitzes nachweisbar entstandenen Vermögensnachteile verlangen.

Hinsichtlich der Abbruchkosten verfolgt der Entwurf das schon bei den Erläuterungen zu § 19 Abs. 1 dargestellte Prinzip, daß

— Abbruchkosten, die den Verkehrswert des Grundstücks beeinträchtigen, grundsätzlich vom Wert des unbebauten Grundstücks abzuziehen sind,

— die auf unterlassener Gebäudeinstandhaltung beruhenden Aufwendungen jedoch zu Lasten des Nutzers gehen.

§ 83 betrifft den Fall, in dem die Abbruchkosten den Verkehrswert des freigelegten Grundstücks übersteigen.

Nach dem Ankauf des Gebäudes oder der baulichen Anlage steht dem Nutzer noch ein auf ein Jahr befristetes, entgeltliches Besitzrecht zu. In Härtefällen, in denen es dem Nutzer nicht gelungen ist, in dieser Zeit eine andere Betriebsstätte zu finden, kann der Nutzer den Abschluß eines längstens auf fünf Jahre befristeten Mietvertrages verlangen (§ 84).

k) Verfahrensvorschriften (§§ 86 bis 109)

Der Entwurf begründet gesetzliche Ansprüche zwischen den Nutzern und den Grundstückseigentümern. Die Beteiligten werden grundsätzlich nicht in ein Verwaltungs- oder gerichtliches Verfahren zur Bereinigung der Rechtsverhältnisse an den Grundstücken gezwungen. Da der Inhalt des abzuschließenden Vertrages durch die dispositiven Normativbestimmungen festgelegt ist, besteht für die Beteiligten in der Regel keine Veranlassung einen Rechtsstreit anzustrengen, was nur mit zusätzlichen Belastungen verbunden wäre. Insofern ist davon auszugehen, daß sich viele der zu bereinigenden Sachverhalte durch einen Vertragsschluß vor den Notaren erledigen werden.

aa) Feststellungen der Nutzungs- und Grundstücksgrenzen (§§ 86, 87)

Grundstückseigentümer und Nutzer können im Rahmen der Vertragsfreiheit auch die Grenzen der Teilfläche eines Grundstücks bestimmen, auf die sich die Nutzungsbefugnis aus dem Erbbaurecht erstrecken oder die vom Stammgrundstück abgeschrieben werden soll (§ 86 Abs. 2). Der Notar kann hierzu im Rahmen des Vermittlungsverfahrens mit Einverständnis der Beteiligten — gegebenenfalls nach Anhörung eines betroffenen Nachbarn — einen Vermessungsingenieur beauftragen.

Kann zwischen den Beteiligten keine Einigung erzielt werden, muß die Bestimmung der Grundstücks- und Nutzungsrechtsgrenzen in einem behördlichen Verfahren stattfinden. In diesem Verfahren werden die Grenzen in einem von der Behörde festgelegten Gebiet für alle Beteiligten festgestellt.

Das Verfahren wird in einem besonderen Entwurf für ein Gesetz zur Bodensonderung geregelt. Dieser Entwurf wird zeitgleich vorgelegt. Auf die entsprechenden Vorschriften wird hier verwiesen (§ 86 Abs. 1). § 86 des Entwurfs stellt klar, daß die gesetzlichen Regelungen zum Bodenordnungsverfahren nach dem Flurbereinigungsgesetz, zur Feststellung der Eigentumsverhältnisse nach §§ 53 bis 64a des Landwirtschaftsanpassungsgesetzes, zur Umlegung und Grenzregelung nach den §§ 45 bis 84 des Baugesetzbuchs sowie zur Bodenneuordnung nach § 5 des Entwurfs für ein Gesetz zur Bodensonderung unberührt bleiben.

bb) Notarielles Vermittlungsverfahren (§§ 88 bis 103)

Die Klage auf Abschluß eines Vertrages ist üblicherweise so zu führen, daß der Kläger ein notarielles Angebot einholt und auf dessen Annahme klagt. Dies führt in der Praxis zu erheblichen Schwierigkeiten, wenn viele Punkte zwischen den Beteiligten streitig sind. Der Kläger kann dann gezwungen sein, nach Erörterung der Sache durch das Gericht ein weiteres

Angebot (eventuell mehrere Hilfsangebote) beurkunden zu lassen. Dies führt zu einer zusätzlichen Belastung für den Kläger. Die Erörterung vieler Streitpunkte des abzuschließenden Vertrages durch das Prozeßgericht ist zudem zeitaufwendig und teuer.

Der Entwurf sieht für die Verfolgung der hier begründeten Ansprüche ein gerichtliches Verfahren nach der Zivilprozeßordnung (§§ 104 bis 109) vor, in dem die Bindung der richterlichen Entscheidung an den Klageantrag insoweit gelockert werden soll. Das gerichtliche Verfahren würde jedoch überlastet, wenn erst im Prozeßstadium alle für den Vertragsschluß wesentlichen Punkte erörtert und geklärt werden müßten.

Die notarielle Vermittlung ist ein geeignetes Mittel, um in den Fällen, in denen sich die Parteien vor dem Notar nicht einigen konnten, zu einer Konzentration des Streitstoffes beizutragen. Das Vermittlungsverfahren soll deshalb ein zwingendes Vorverfahren vor einem Rechtsstreit über den Abschluß eines Erbbaurechtsvertrages oder eines Grundstückskaufvertrages sein (§ 105 Satz 1). Die Klage soll unter Vorlage des notariellen Vermittlungsvorschlages und des vom Notar gefertigten Abschlußprotokolls geführt werden (§ 107). Die Formulierung eines Vertragstextes im Urteilstenor wird damit für das Gericht wesentlich erleichtert.

Der Entwurf sieht deshalb ein notarielles Vermittlungsverfahren vor. Dieses ist in Anlehnung an die Regelungen über die Vermittlung der Nachlaßauseinandersetzung (§§ 86 bis 98 des Gesetzes über die Angelegenheiten der freiwilligen Gerichtsbarkeit — im folgenden: FGG) ausgestattet worden.

Der Notar hat auf Antrag die Beteiligten (Nutzer und Grundstückseigentümer) und — falls zur Durchführung des Vertrages erforderlich — auch die Inhaber dinglicher Rechte zu laden. In der Verhandlung sind die für einen Vertragsschluß erforderlichen Elemente abzufragen und dabei die streitigen und die unstreitigen Punkte in einem Eingangsprotokoll festzuhalten. Der Notar soll mit den Beteiligten Erörterungen mit dem Ziel des Vertragsschlusses führen und ist auf Antrag eines Beteiligten auch berechtigt, Ermittlungen zu Streitpunkten zu erheben.

Kommt es durch notarielle Vermittlung zu einer Einigung, so hat der Notar den Vertrag in einer für den Vollzug im Grundbuch geeigneten Weise zu protokollieren. Hierin liegt der besondere Vorteil einer Vermittlung durch den Notar, zu dessen Aufgaben die Beurkundung gehört und der deshalb im Falle des Konsenses sogleich auch den Vertragsschluß beurkunden kann. — Kommt es zu keiner Einigung, so hat der Notar nach dem Ergebnis der Verhandlung einen den Vorgaben im Sachenrechtsbereinigungsgesetz entsprechenden Vorschlag in Form eines Vertragsentwurfs zu fertigen und die unstreitig gewordenen und die streitig gebliebenen Punkte in einem Abschlußprotokoll festzuhalten. Die Einigung über unstreitige Punkte kann mit Zustimmung der Beteiligten für das künftige Verfahren verbindlich werden.

Das Vermittlungsverfahren dient zugleich dem Rechtsfrieden, da eine solche Erörterung mit Hilfe des Notars viele Streitfragen erledigen und oft zur Beurkundung führen wird. Auch soweit es nicht zu einem Vertragsschluß kommt, wird die Rechtsverfolgung erleichtert, weil der Vertragsvorschlag nach dem Ergebnis des Vermittlungsverfahrens zu formulieren ist.

cc) *Gerichtliches Verfahren (§§ 104 bis 109)*

Das gerichtliche Verfahren hat die Feststellung der Rechte und Pflichten der Parteien zum Inhalt. Das Urteil ist für die Parteien in gleicher Weise wie ein Vertragsschluß verbindlich.

Vorbild für die Wirkung der richterlichen Feststellung ist die Regelung über die Wirkung des Bestätigungsbeschlusses zur Nachlaßauseinandersetzung in § 97 Abs. 1 FGG.

Das Verfahren soll nach den Vorschriften der Zivilprozeßordnung erledigt werden. Dies ist die geeignete Verfahrensart, da sich in den Rechtsstreitigkeiten Parteien mit entgegengesetzten Interessen gegenüberstehen werden und eine Ermittlung von Tatsachen auch nur in dem Umfang erforderlich und angezeigt ist, wie dies von den Parteien beantragt wird.

Die Verfahrensvorschriften in den §§ 104 bis 109 bezwecken im wesentlichen Erleichterungen

— für die Parteien bei der Formulierung der Anträge auf Vertragsschluß und

— für die Gerichte bei der Entscheidung über den Inhalt der durch Urteil festzustellenden Rechte und Pflichten der Parteien,

indem die Bindung der Entscheidung an die Anträge gelockert wird (§ 107 Abs. 1) und der notarielle Vermittlungsvorschlag und das Abschlußprotokoll in das Verfahren als Grundlage für die Erörterung des Sach- und Streitstands einzuführen sind (§ 106). In der Entscheidung soll das Gericht nicht nur die schuldrechtlichen Verpflichtungen feststellen, sondern auch die Grundlagen für deren Erfüllung schaffen, um — soweit möglich — Klagen auf Erfüllung und Vollstreckungsverfahren zu vermeiden. Das Gericht kann deshalb im Urteil auf Antrag einer Partei einen Notar und eine andere geeignete Person beauftragen, zur Erfüllung notwendigen Rechtshandlungen vorzunehmen, sobald die dafür nach dem Vertrag erforderlichen Voraussetzungen vorliegen (§ 107 Abs. 3). Diese Personen können insoweit die Parteien vertreten.

Die Beauftragung zweier Personen ist erforderlich, da der Notar nicht zugleich die Auflassung für die Parteien erklären und als Amtsperson entgegennehmen kann.

2. Andere Gegenstände der Sachenrechtsbereinigung

a) Alte Erbbaurechte (§ 112)

Die alten Erbbaurechte, die durch das Einführungsgesetz zum ZGB in unbefristete Erbbaurechte umgestaltet wurden, werden wieder in befristete Rechte umgewandelt.

Soweit keine baulichen Investitionen nach der Verlängerung des Erbbaurechts auf unbestimmte Zeit durch das Einführungsgesetz zum ZGB vorgenommen wurden, sieht der Entwurf (§ 112 Abs. 1) den 31. Dezember 1995 als frühesten Zeitpunkt für die Beendigung des Erbbaurechts vor. Der Zeitpunkt verschiebt sich auf den 31. Dezember 2005, wenn aufgrund des Erbbaurechts ein Wohnhaus errichtet wurde und der Eigentümer keine Gründe geltend machen kann, die eine Eigenbedarfskündigung bei Mietwohnungen rechtfertigen.

Soweit im Vertrauen auf die veränderte Rechtslage bauliche Investitionen vorgenommen wurden, ist der Inhaber eines unbefristeten Erbbaurechts dem Inhaber eines Nutzungsrechts gleichzustellen. Der Entwurf (§ 112 Abs. 2) sieht hier eine Befristung der Erbbaurechte vor, wie sie den zur Anpassung der Nutzungsrechte an BGB-konforme Rechtsgestaltungen begründeten Erbbaurechten entspricht. Der Verlängerung der Vertragszeit wie bei den Nutzungsrechten um 50 bis 90 Jahre — je nach Art der Bebauung — entspricht es, auch eine Anhebung des Erbbauzinses bis zu den Sätzen zu ermöglichen, die für die anstelle eines Nutzungsrechts getretenen Erbbaurechte zu zahlen sind.

b) Rechte aus Miteigentum nach § 459 ZGB (§§ 113 bis 115)

Hier kann — aus den schon bei der Vorstellung der Eckwerte benannten Gründen (D.2.b) — im Wege der Sachenrechtsbereinigung keine Veränderung der Miteigentumsanteile vorgenommen werden. Im Interesse der Sicherheit des Verkehrs mit Grundstücken muß jedoch dafür gesorgt werden, daß das Grundbuch die Rechtsverhältnisse an den Grundstücken richtig wiedergibt. Hierzu dienen der vorgesehene Berichtigungsanspruch und das Aufgebotsverfahren, falls es nicht binnen fünf Jahren nach dem Inkrafttreten dieses Gesetzes zur Berichtigung des Grundbuchs kommt.

Viele dieser Grundstücke sind in der DDR durch gewerbliche Anlagen oder mit Dienstgebäuden staatlicher Stellen überbaut worden. Eine Auflösung der Miteigentümergemeinschaften soll durch Verkauf (§ 753 BGB) erfolgen, wodurch die durch die Investitionen geschaffenen Werte zerschlagen werden könnten. Die im Vertrauen auf den Bestand der Entscheidungen in der ehemaligen DDR vorgenommenen Investitionen müssen nach den Grundsätzen der Sachenrechtsbereinigung auch hier gesichert werden. Für den Fall der Auseinandersetzung wird deshalb ein Anspruch auf Übernahme des anderen Miteigentumsanteils gegen Zahlung des Verkehrswerts begründet, wenn dies durch öffentliche oder betriebliche Interessen gerechtfertigt ist.

c) Ansprüche auf Bestellung von Dienstbarkeiten (§§ 116 bis 119)

Erschließungs- und Versorgungsanlagen sind nicht durch Erbbaurechte zu sichern. Ein solcher Eingriff wäre zu weitgehend, dem Grundstückseigentümer ist die Nutzung zu belassen. Es muß jedoch auch insoweit eine Regelung für die vorgefundenen, nicht abgesicherten Mitbenutzungen durch Leitungen, Wege usw. gefunden werden. Entsprechend den allgemeinen Grundsätzen der Sachenrechtsbereinigung können auch solche Mitbenutzungen nicht mehr unentgeltlich bleiben. Nach dem Entwurf (§ 118) ist für diese Fälle grundsätzlich ein Entgelt entsprechend den allgemeinen Preisbemessungsgrundsätzen in Höhe der Hälfte üblicher Sätze vorgesehen. Diese Regelung soll nicht gelten, wo durch Zustimmung das Einverständnis zu einer unentgeltlichen Mitbenutzung begründet wurde.

Wirkt die Mitbenutzung sich besonders störend aus und ist ein Verzicht auf die Verlegung möglich, soll der Grundstückseigentümer diese verlangen können, wenn sie keinen unverhältnismäßigen Aufwand verursachen würde. Die Kosten der Verlegung sind grundsätzlich von den Beteiligten je zur Hälfte zu tragen. Die Verlegung kann bei öffentlichen Versorgungsleitungen nicht verlangt werden, da hier das öffentliche Interesse am Bestand der Mitbenutzung überwiegt.

3. Änderung anderer Vorschriften

a) Sicherung des Erbbauzinses

Der Entwurf sieht in Artikel 2 § 1 eine Änderung der Erbbaurechtsverordnung vor. Zur Sicherung des Erbbauzinses soll dieser zum vertragsmäßigen Inhalt des Erbbaurechts bestimmt werden können.

Dies ist keine Frage der Sachenrechtsbereinigung in den neuen Ländern, sondern ein allgemeines sachenrechtliches Problem. Es sind — wie bereits ausgeführt — die Risiken aus einem Rangrücktritt der Erbbauzinsreallast gegen einen Ausfall in der Zwangsvollstreckung und der Entstehung eines erbbauzinslosen Erbbaurechts aufzufangen.

Eine adäquate Sicherung besteht darin, den Erbbauzins zum Inhalt des Erbbaurechts bestimmen zu können. Diese Möglichkeit wird allerdings nur für die künftig fällig werdenden Erbbauzinszahlungen eröffnet. Damit wird eine Kapitalisierung der Rückstände in einem Zwangsversteigerungsverfahren ausgeschlossen, was die Beleihbarkeit des Erbbaurechts erheblich gefährden würde.

b) Änderungen des Einführungsgesetzes zum Bürgerlichen Gesetzbuche

aa) Verlängerung des Moratoriums

Der Entwurf zwingt Grundstückseigentümer und Nutzer nicht dazu, eine Bereinigung nach diesem Gesetz vorzunehmen. Er stellt es ihnen auch frei, wann sie ein dem Entwurf entsprechendes Rechtsgeschäft abschließen. Für die Zeit bis zur Bestellung des Erbbaurechts oder des Ankaufs bleiben die bisherigen Rechte, auch das Recht zum Besitz aus dem Moratorium, bestehen.

Es darf allerdings keine Verlängerung der unentgeltlichen Nutzung durch Verzögerung der Verfahren eintreten. Der Entwurf sieht deshalb vor, daß der Nutzer vom 1. Januar 1995 an ein Entgelt in Höhe des Erbbauzinses zahlen soll, wenn ein notarielles Vermittlungsverfahren oder ein Bodenordnungsverfahren nach dem Landwirtschaftsanpassungsgesetz eingeleitet worden ist.

bb) Heilung beim Erwerb von Gebäudeeigentum

Es ist zweifelhaft, ob selbständiges Gebäudeeigentum nach § 27 des LPG-Gesetzes 1982 vor dem 22. Juli 1992 (Inkrafttreten des Zweiten Vermögensrechtsänderungsgesetzes) wie ein Recht am Grundstück oder wie eine bewegliche Sache zu übereignen war. Der Entwurf sieht vor, daß vorher vorgenommene Übereignungen solcher Gebäude nicht deshalb unwirksam sind, weil sie wie eine bewegliche Sache allein durch Einigung und Übergabe erfolgt sind.

cc) Vorkaufsrechte nach dem ZGB

Inhalt und Ausübung des Vorkaufsrechts sollen sich nach dem BGB bestimmen. Das ZGB-Vorkaufsrecht, nach dem der Grundstückseigentümer zunächst dem Berechtigten den Vertragsschluß anbieten mußte, paßte nur bei einem System administrierter Preise.

dd) Aufhebung unredlich erworbener Nutzungsrechte

Die Klage auf Aufhebung solcher Nutzungsrechte ist notwendige Folge der Regelungen im Vermögensgesetz. Es wäre ein Wertungswiderspruch, wenn der Alteigentümer die Aufhebung solcher Nutzungsrechte durch das Amt zur Regelung offener Vermögensfragen verlangen könnte, der Eigentümer diese aber hinnehmen müßte.

c) Änderung des Landwirtschaftsanpassungsgesetzes

Die in eine landwirtschaftliche Produktionsgenossenschaft eingebrachten Wirtschaftsgebäude sind nach § 47 des Landwirtschaftsanpassungsgesetzes an das ausscheidende Mitglied zurückzuübereignen. Der neue § 64 b macht den dieser Bestimmung zugrundeliegenden Gedanken auch für Zwecke der Sachenrechtsbereinigung nutzbar. Der Grundstückseigentümer soll nunmehr die Zusammenführung der eingebrachten Wirtschaftsgebäude mit dem Eigentum am Grundstück verlangen können.

F. Alternativen

1. Modell faktischer Enteignung

a) Grundlagen und Argumente

Dieses Modell geht davon aus, daß die in der ehemaligen DDR begründeten Befugnisse zur Nutzung fremder Grundstücke zu einer faktischen Enteignung der Grundstückseigentümer geführt haben. Der Nutzer könne deshalb das Grundstück weiterhin zu den gleichen Konditionen wie bisher nutzen und müsse bei einem Ankauf nur den Preis bezahlen, den ein enteigneter Alteigentümer als Entschädigung beanspruchen könnte. Für dieses Modell wird vorgetragen:

— Die in der DDR begründeten Nutzungsrechte waren in der Regel unbefristet und unentgeltlich. Der Grundstückseigentümer hatte (spätestens) mit der Bebauung alle Gebrauchs- und Nutzungsvorteile verloren. Wirtschaftlich sei er damit enteignet gewesen.

— *Entgelte waren nur für die Nutzung volkseigener Grundstücke vorgesehen (§ 288 Abs. 3 Satz 1 ZGB in Verb. mit § 3 Abs. 4 des Gesetzes über die Verleihung von Nutzungsrechten an volkseigenen Grundstücken vom 14. Dezember 1970, GBl. I Nr. 24 S. 372). Nutzungsentgelte waren von Freiberuflern und selbständigen Handwerkern zu zahlen, soweit diese in den auf volkseigenen Grundstücken errichteten Eigenheimen ihre berufliche Tätigkeit ausübten.*

— *Für die Nutzung im Privateigentum befindlicher Grundstücke gab es keine vergleichbaren Regelungen. Hier war die unentgeltliche Nutzung die Regel.*

Die Bereitstellung von Bauland auf sog. LPG-Grundstücken erfolgte unentgeltlich. §§ 291—294 ZGB und die Verordnung über die Bereitstellung von Bodenflächen zur Errichtung von Eigenheimen auf dem Lande (vom 9. September 1976 — GBl. I Nr. 35 S. 426; Ber. Nr. 42 S. 500) enthielten keine Bestimmungen über etwaige Zahlungen von Entgelten. Die landwirtschaftliche Produktionsgenossenschaft konnte kein Entgelt für die Zuweisung eines Nutzungsrechts beanspruchen. Dies galt erst recht für den privaten Grundstückseigentümer, der mit dem Eintritt in die Produktionsgenossenschaft seine Bewirtschaftungsbefugnis verloren hatte.

— *Ähnliches galt für die Flächen, die aufgrund des § 1 der Verordnung über die einheitliche Bewirtschaftung landwirtschaftlicher Nutzflächen durch die* landwirtschaftlichen Produktionsgenossenschaften (vom 20. Januar 1955 — GBl. I Nr. 10 S. 97) über den Rat des Kreises den landwirtschaftlichen Produktionsgenossenschaften zur kostenlosen Nutzung übergeben wurden. In der Einleitung (A.1.a) wurde bereits darauf hingewiesen, daß die Pachtverträge meist in Nutzungsverträge überführt wurden. Der Nutzer hatte hier keine Pacht mehr zu zahlen, sondern nur noch die Lasten des Grundstücks zu begleichen.

— Schließlich sahen auch die von den staatlichen Verwaltern über die sog. Westgrundstücke geschlossenen Überlassungsverträge keine Zahlung von Nutzungsentgelten vor.

— Es sei zudem in der ehemaligen DDR in weiten Bereichen nur von Zufälligkeiten abhängig gewesen, ob der wirtschaftlich enteignete Grundstückseigentümer auch rechtlich enteignet worden sei. Der enteignete Alteigentümer erhalte nach § 4 Abs. 2 des Vermögensgesetzes das belastete Grundstück nicht zurück; er sei auf die im Vergleich zum heutigen Wert des Grundstücks niedrige Entschädigung angewiesen. § 4 Abs. 2 des Vermögensgesetzes habe dem Rechtsfrieden im Beitrittsgebiet zu dienen, aber nicht den durch die Enteignung Begünstigten (das ist in den meisten Fällen die Gemeinde) Vorteile zu verschaffen. Es sei daher geboten, alle Eigentümer, deren Grundstücke überbaut worden seien, wie Enteignete zu behandeln.

b) Einwendungen gegen diese Konzeption

Der Entwurf folgt dieser Konzeption nicht. Eine solche Lösung begegnet durchgreifenden Bedenken, die bei der Darstellung der Eckwerte bereits aufgezeigt worden sind. An dieser Stelle sollen sie noch einmal kurz zusammengefaßt werden:

— Die Sachenrechtsbereinigung muß nicht nur die Sachverhalte regeln, in denen Nutzungsrechte bestellt worden sind. Es muß auch eine Lösung für die Fälle gefunden werden, in denen Bebauungen ohne eine vergleichbare rechtliche Absicherung vorgenommen wurden. Hier ist aus den bereits dargestellten Gründen eine Gleichbehandlung angezeigt, da die rechtliche Absicherung für die Betroffenen von Zufälligkeiten abhängig war und die staatlichen Stellen sich vielfach nicht um eine Klärung kümmerten.

In den letztgenannten Fällen müssen im Wege der Sachenrechtsbereinigung erst Rechte zur Nutzung des fremden Grundstücks begründet werden. Hier ist es unvertretbar, die betroffenen Eigentümer wie Enteignete zu behandeln und damit rechtlich Enteignungen auch dort vorzunehmen, wo es die ehemalige DDR nicht getan hat.

— Die Entscheidungen im Landwirtschaftsanpassungsgesetz weisen in eine andere Richtung. Dort sind noch in der ehemaligen DDR die Folgen der Zwangskollektivierung aufgehoben worden; die LPG-Bauern und diejenigen, die ihre Grundstücke zwangsweise über den Rat des Kreises den landwirtschaftlichen Produktionsgenossenschaften zur Verfügung stellen mußten, erhalten ihre Grundstücke zur eigenen Bewirtschaftung zurück. Die Wirkungen einer durch Kollektivierung begründeten faktischen Enteignung wurden hiermit rückgängig gemacht. Es wäre damit unvereinbar, wenn für den Teilbereich der aufgrund Nutzungsrechts durchgeführten Bebauungen durch Bundesgesetz die enteignenden Wirkungen zementiert werden würden.

— Die Sachenrechtsbereinigung führt zu einer Verteilung nach dem Beitritt entstandener Bodenwerte, die für beide Seiten in gleicher Weise zufällig eingetreten sind. Mit der Bestellung der Nutzungsrechte war keine Entziehung der im Eigentum steckenden Bodenwerte von Volkseigentum zugunsten der Nutzer beabsichtigt. Eine gesetzliche Regelung, die die Eigentümer von ihren ihnen zuzuordnenden Bodenwerten ausschlösse, nähme den Eigentümern etwas, was der sozialistische Staat den Nutzern nicht zugewiesen hatte.

2. Raten- oder Rentenkauf

a) Konzeption

Eine Raten- oder Rentenkauflösung hätte eine gesetzliche Verpflichtung des Grundstückseigentümers zur langfristigen Kreditierung des Kaufpreises zum Inhalt. Zum Teil wird eine solche Lösung auch unter dem falschen Titel Erbbaurecht mit „umgekehrtem Heimfall" bezeichnet. Letzteres ist unzutreffend, da das Erbbaurecht allein eine Überlassung des Grundstücks zur baulichen Nutzung, aber nicht eine Übereignung herbeiführt. Das Entgelt wird beim Erbbaurecht nach dem Liegenschaftszins bemessen, der im Verhältnis zum Kapitalmarktzins deshalb niedrig ist, weil der Eigentümer das Grundstück als wertbeständiges Vermögensgut behält.

b) Gründe gegen ein Raten- oder Rentenkaufmodell

Der Entwurf sieht kein Raten- oder Rentenkaufmodell vor. In diesem Fall müßte in die Raten- oder Rentenbeträge eine Verzinsung eingerechnet werden, da der Eigentümer/Verkäufer den Kaufpreis erst nach sehr langer Zeit erhielte. Eine Verzinsung nach dem niedrigen Liegenschaftszins wäre aus den bereits genannten Gründen ein sachwidriger Maßstab. Eine Verzinsung nach dem Kapitalmarktzins brächte für die Nutzer im Vergleich zu einer Bankfinanzierung keine Entlastung und würde allein den Eigentümern durch die Vorenthaltung des Preises auf eine lange Zeit Nachteile bringen.

Eine niedrige Verzinsung würde im übrigen zu Unstimmigkeiten innerhalb des Gesetzes führen. Die Alternativen, Zahlung sofort oder Raten- oder Rentenkauf, wären nicht mehr wirtschaftlich gleichwertig. Bliebe der Zinssatz noch hinter den für Geldanlagen üblichen Zinssätzen zurück, so bestünde für den Nutzer/Käufer kein Anreiz zu einer sofortigen Zahlung, selbst wenn er das Geld hierfür zur Verfügung hätte. Durch dessen Anlage könnte er einen Zinsgewinn in Höhe der Differenz zwischen dem Anlagezins und dem in die Raten oder Renten eingerechneten Zinsanteil erzielen.

Schließlich läßt sich eine Finanzierung über Banken flexibler an die individuellen Verhältnisse (Höhe des Eigengeldes, Zuteilung durch Bausparkassen usw.) anpassen als eine durch Gesetz festgeschriebene Raten- oder Rentenfinanzierung.

G. Kosten

1. Bund

Keine.

2. Länder

Bei den Ländern entstehen Belastungen durch Klagen auf Bestellung von Erbbaurechten oder den Ankauf der Grundstücke sowie durch die Eintragungen bei den Grundbuchämtern. Die Kosten für die nach diesem Gesetz zu erledigenden Verfahren können nur grob geschätzt werden, da schon die Ausgangsdaten ungewiß sind.

a) Ausgangszahlen

Im Eigenheimbereich kann davon ausgegangen werden, daß von den rund 300 000 in der ehemaligen DDR gebauten Eigenheimen etwa 250 000 auf Grundstücken gebaut wurden, die nicht den Errichtern der Gebäude gehörten.

Wie viele dieser Fälle durch Verkäufe nach dem Gesetz über den Verkauf volkseigener Grundstücke vom 7. März 1990 (GBl. I Nr. 18 S. 157), sog. Modrow-Gesetz, erledigt worden sind und in welcher Anzahl bereits vor dem Inkrafttreten des Gesetzes vertragliche Einigungen zwischen den Grundstückseigentümern und den Nutzern zustande gekommen sind, kann nicht angegeben werden. Darüber gibt es keine statistischen Angaben.

Im gewerblichen Bereich sind im Bundesministerium für Ernährung, Landwirtschaft und Forsten etwa 70 000 Fälle bekannt, für die eine Zusammenführung von Grund- und Gebäudeeigentum nach den Vorschriften des Landwirtschaftsanpassungsgesetzes beantragt worden ist. Dies dürfte insoweit auch die bei weitem größte Fallgruppe darstellen. Insgesamt wird man hier von etwa 90 000 Fällen ausgehen können.

Beim staatlichen und genossenschaftlichen Wohnungsbau liegen ebenfalls keine Zahlen dazu vor, wie viele Gebäude ganz oder teilweise auf fremden privaten Grundstücken stehen. Die Verhältnisse sind hier auch in den Regionen unterschiedlich. In einigen Bezirken wurden durchgängig Enteignungen nach dem Aufbau-, später nach dem Baulandgesetz vorgenommen; in anderen kümmerte man sich weniger um die Rechtsverhältnisse an Grund und Boden. In einer Schätzung kann man von etwa 1 000 000 Wohnungen und 20 000 im komplexen Wohnungsbau errichteten Gebäuden ausgehen, die auf fremden Grundstücken errichtet wurden.

Die durch Nummer 13 der Protokollerklärung zum Einigungsvertrag den Kommunen zugewiesenen Grundstücke bleiben außer Betracht, da gerichtliche Auseinandersetzungen in diesem Bereich nach gesetzlicher Festlegung der Preisbemessungsgrundlagen jedenfalls nicht in erheblichem Umfang zu erwarten sein dürften.

Schließlich werden die meisten dieser großflächigen Überbauungen nicht individuell über den Ankauf der Grundstücke durch die Nutzer, sondern durch eine gebietsbezogene Bereinigung im Wege eines Bodenordnungsverfahrens geregelt werden müssen.

b) Notarielle und gerichtliche Verfahren

aa) Schätzung der zu erledigenden Sachen

Hier bestehen wegen Fehlens statistischen Materials erhebliche Unsicherheiten. Nach den vorstehenden Schätzungen könnte eine Ausgangszahl von 350 000 Fällen (250 000 Eigenheime, 90 000 Verfahren für Wirtschaftsgebäude, 10 000 Sachen für städtebauliche Überbauungen) realistisch sein.

Welche Anzahl bereits nach dem Modrow-Gesetz oder durch spätere vertragliche Einigung erledigt worden ist, ist nicht bekannt. Hier gibt es auch erhebliche regionale Unterschiede. Eine Schätzung von 1/7 aller Fälle (50 000) dürfte nicht zu optimistisch angesetzt sein.

Die überwiegende Anzahl der Eigenheimer und der Grundstückseigentümer im ländlichen Bereich hat bereits Anträge auf Verfahren zur Zusammenführung von Grund- und Gebäudeeigentum nach § 64 des Landwirtschaftsanpassungsgesetzes gestellt; es liegen derzeit über 100 000 Anträge vor; hinzu kommen bei den gewerblichen Bauten auf genossenschaftlich genutzten Bodenflächen über 70 000 Anträge. Wie sich diese Verfahren nach Herausgabe der Empfehlungen des Bundesministeriums für Ernährung, Landwirtschaft und Forsten zur Zusammenführung von Boden und Gebäudeeigentum nach § 64 des Landwirtschaftsanpassungsgesetzes weiter entwickeln, kann zur Zeit noch nicht eingeschätzt werden. Da in all denjenigen Fällen, in denen die äußeren Grenzen der Grundstücke und Nutzungsrechte verändert werden müssen, eine Bereinigung durch ein Bodenordnungsverfahren erforderlich ist, kann davon ausgegangen werden, daß die überwiegende Zahl der bereits anhängigen Verfahren auch dort erledigt werden wird.

Es bleiben etwa 150 000 bis 200 000 Fälle übrig. Hiervon ist der Vom-Hundert-Satz zu schätzen, der sich trotz der vorgegebenen gesetzlichen Grundlagen nicht außergerichtlich zu einigen vermag, sondern das Vermittlungsverfahren in Anspruch nehmen wird. Prognosen hierüber sind nur schwer möglich.

In den Verfahren über die Herausgabe nach dem Vermögensgesetz sind gütliche Einigungen selten. Es geht dort allerdings für die Beteiligten meist um alles oder nichts; in der Mehrzahl der Fälle treffen dort ein im Beitrittsgebiet lebender Eigentümer und ein in den alten Bundesländern lebender Alteigentümer aufeinander, zwischen denen nur schwer eine Einigung erzielt werden kann. — Für die von der Sachenrechtsbereinigung erfaßten Sachverhalte wird hingegen von Notaren und Rechtsanwälten aus den neuen Ländern berichtet, daß dort vor allem im ländlichen Raum bereits häufig Einigungen über den Hinzuerwerb des Grundstücks durch den Nutzer erzielt werden. Nach der gesetzlichen Festlegung der für einen Vertragsschluß erforderlichen Grundlagen dürfte sich diese Anzahl nicht verringern, sondern eher erhöhen.

Diese Quote der außergerichtlichen Einigungen ohne notarielles Vermittlungs- und eventuell ein anschließendes Gerichtsverfahren wird zwischen ½ und ¼ angenommen.

bb) Kostenaufwand

Die Zahl der verbleibenden Verfahren läßt sich nur schwer abschätzen. Es dürften für das notarielle Vermittlungsverfahren etwa 100 000 und für das gerichtliche Vertragsverfahren etwa 50 000 Verfahren übrig bleiben.

Notarielle Vermittlung

Das notarielle Vermittlungsverfahren führt zu keinen zusätzlichen Personalkosten bei den Ländern. Kosten werden insoweit nur in den Fällen entstehen, in denen die Beteiligten Prozeßkostenhilfe für die Durchführung der Verfahren beantragen. Insoweit muß mit einer jährlichen Kostenbelastung von ungefähr 1,0 bis 1,3 Millionen DM gerechnet werden, die bei den neuen Ländern insgesamt durch die Verfolgung der Ansprüche in notariellen Vermittlungsverfahren anfallen könnte.

Der Umfang der auf die Länder zukommenden Kostenbelastung hängt insoweit von drei Faktoren ab:

1. der Anzahl der Verfahren, die im Vermittlungsverfahren zu erledigen sind,

2. dem Anteil der Beteiligten, die Prozeßkostenhilfe beantragen und erhalten werden und

3. der Höhe der voraussichtlich entstehenden Gebühren.

Statistische Angaben darüber, in welchem Umfang in Rechtsstreitigkeiten Prozeßkostenhilfe beantragt und gewährt wurde, gibt es für die neuen Länder noch nicht. Es ist insoweit auf die für die alten Länder vorhandenen statistischen Unterlagen zurückzugreifen und wegen der noch ungünstigeren wirtschaftlichen Verhältnisse im Beitrittsgebiet ein höherer Anteil der Verfahren anzunehmen, in denen Prozeßkostenhilfe zu gewähren sein wird.

Nach den vom Statistischen Bundesamt veröffentlichten Zahlen wurde in 5,3 % aller Verfahren vor den Landgerichten und in 5,6 % aller Verfahren vor den Amtsgerichten 1989 einer oder beiden Parteien Prozeßkostenhilfe bewilligt (Quelle: Stat. Bundesamt, Fachreihe 10, Rechtspflege, S. 24 bis 48). In rund 10 % dieser Fälle wurde die Prozeßkostenhilfe beiden Parteien bewilligt.

Für die neuen Länder ist zu schätzen, daß in etwa 7,5 % aller Verfahren Prozeßkostenhilfe bewilligt wird. Dies wären ungefähr 7 500 Verfahren. Unter Hinzurechnung der Verfahren, in denen beide Seiten einen Antrag auf Prozeßkostenhilfe stellen werden, käme man auf etwa 8 250 Anträge.

Der durchschnittliche Quadratmeterpreis für baureifes Land in den neuen Ländern beträgt nach der vom Statistischen Bundesamt für das Jahr 1991 veröffentlichten Erhebung über die Kaufwerte für Bauland in den neuen Ländern 20,43 DM. Der höchste Durchschnittspreis für die Grundstücke in Geschäftsgebieten mit Wohngebiet lag bei 29,44 DM für den Quadratmeter.

Legt man den letztgenannten (höchsten) Durchschnittspreis für die Kostenschätzung zugrunde, so ergibt sich für ein Grundstück in der Regelgröße für den Eigenheimbau von 500 Quadratmetern ein Verkehrswert von 14 720 DM (rd. 15 000 DM). Der Gegenstandswert beträgt infolge des Teilungsmodells die Hälfte des Verkehrswertes, also rd. 7 500 DM. Für das Vermittlungsverfahren sollen vier volle Gebühren erhoben werden; dies wären 900 DM. Zuzüglich Mehrwertsteuer und Schreibauslagen würde in diesem Fall ein Gebührenaufwand von rd. 1 050 DM entstehen. Weitere Auslagen können infolge der Erhebung von Beweisen anfallen. Hierfür wäre noch einmal die Hälfte des Gebührenaufwands in Ansatz zu bringen, so daß mit einer Belastung von rd. 1 600 DM je Verfahren gerechnet werden kann. Dieser Aufwand ist zwischen den Beteiligten zu teilen, so daß für jeden Antragsteller 800 DM in Ansatz zu bringen wären.

Bei 8 250 Anträgen ergäbe sich eine Belastung von ca. 6,6 Millionen DM, die in einem Zeitraum von 5 Jahren anfallen könnten.

Gerichtliches Verfahren

Für das gerichtliche Verfahren wäre von 50 000 verbleibenden Prozessen auszugehen, die sich auf einen Zeitraum von ca. 5 Jahren verteilen; so ergäbe sich rechnerisch unter Berücksichtigung des Pensenschlüssels eine Personalkostenbelastung für die richterliche und das nichtrichterliche Personal von jährlich 9 bis 20 Millionen DM. Dem dürften jährliche Gebühreneinnahmen von 7 bis 19 Millionen DM gegenüberstehen.

Personalausstattung und Geschäftsbelastung in den neuen Ländern haben noch nicht den Stand der Altländer erreicht. Die vorübergehende Mehrbelastung kann durch die im Rahmen des Neuaufbaus der Justiz ohnehin notwendigen Personaleinstellungen weitgehend aufgefangen werden. Die tatsächlichen Kosten werden demnach durch die anfallenden Gebühren gedeckt werden können.

c) Grundbuchverfahren:

Mit der Sachenrechtsbereinigung werden Erbbaurechte bestellt oder wird das Eigentum an Grundstücken übertragen. Alle diese Vorgänge bedürfen einer Eintragung in das Grundbuch. Insoweit ergibt sich in den nächsten Jahren eine Mehrbelastung der Grundbuchämter von etwa 300 000 bis 400 000 zusätzlichen Anträgen auf Eintragung von Rechtsänderungen in das Grundbuch. Diese Belastung ist unvermeidbar, wenn die Sachenrechtsbereinigung durchgeführt und gleichzeitig das Grundbuch seine für den Rechtsverkehr wichtige Funktion behalten soll, Auskunft über die Rechte am Grundstück zu geben.

Eine zusätzliche Kostenbelastung für die neuen Länder dürfte sich hieraus insofern nicht ergeben, als die Einnahmen für die Eintragungen die Ausgaben für das Grundbuchwesen in der Regel decken und oft übersteigen.

3. Gemeinden

Keine.

H. Auswirkungen auf das Verbraucherpreisniveau

Die Sachenrechtsbereinigung verbessert die Verkehrsfähigkeit und Beleihbarkeit von Grundstücken und Gebäuden; in vielen Fällen werden diese erst hergestellt. Mit der Sachenrechtsbereinigung wird das Angebot an Grundstücken und Gebäuden steigen. Die zunehmende Normalisierung des Verhältnisses von Angebot und Nachfrage läßt preisdämpfende Auswirkungen, insbesondere auf das Verbraucherpreisniveau, erwarten. Exakt beziffern lassen sich diese Folgen jedoch nicht, da die weitere Entwicklung auf dem Grundstücksmarkt von sehr vielen Faktoren bestimmt wird.

I. Gesetzgebungsbefugnis, Zustimmungspflichtigkeit

Das Gesetzgebungsrecht des Bundes ergibt sich aus Artikel 74 Nr. 1 des Grundgesetzes. Der Entwurf trifft Regelungen auf dem Gebiet des Bürgerlichen Rechts und der Notariatsverfassung.

Das Gesetz bedarf der Zustimmung des Bundesrates nach Artikel 84 Abs. 1 des Grundgesetzes, da es in § 86 Abs. 1 auf ein Verfahren zur Feststellung von Grundstücksgrenzen verweist, das die Vermessungsämter als Landesbehörden durchführen sollen.

3. Einzelbegründung zum Gesetzesentwurf

ZWEITER TEIL

Einzelbegründung

Zu Artikel 1 — Gesetz zur Sachenrechtsbereinigung im Beitrittsgebiet (Sachenrechtsbereinigungsgesetz — SachenRBerG)

Zu Kapitel 1 — Gegenstände der Sachenrechtsbereinigung

Zu § 1 — Betroffene Grundstücke

Zu Absatz 1

Absatz 1 bestimmt die Gegenstände dieses Gesetzes und bezeichnet die betroffenen Grundstücke sowie die zu bereinigenden Rechtsverhältnisse. Es wird zunächst klargestellt, daß nur die Rechtsverhältnisse an den im Beitrittsgebiet belegenen Grundstücken Gegenstand der Sachenrechtsbereinigung sind. Auf die in den alten Ländern belegenen Grundstücke ist das Sachenrechtsbereinigungsgesetz nicht anwendbar. Im Anschluß hieran werden die vier Fallgruppen bezeichnet, die im Gesetz zu regeln sind:

Zu Nummer 1

Nummer 1 erfaßt die Nutzungsrechte, das selbständige Eigentum an Gebäuden oder baulichen Anlagen und die mit Billigung staatlicher Stellen ohne vergleichbare rechtliche Absicherung durchgeführten Bebauungen fremder Grundstücke. Die Regelung dieser Rechtsverhältnisse ist Kern der Sachenrechtsbereinigung. Die näheren Bestimmungen über die erfaßten Sachverhalte sind im Kapitel 2 des Entwurfs des Gesetzes zur Sachenrechtsbereinigung (§§ 4 bis 7) enthalten.

Zu Nummer 2

Nummer 2 schließt die Erbbaurechte in die Sachenrechtsbereinigung ein, die vor dem Inkrafttreten (1. Januar 1976) des ZGB bestanden. Diese Erbbaurechte wurden durch das Einführungsgesetz zum ZGB (§ 5 Abs. 2) insoweit in ihrem Inhalt verändert, als sie nunmehr auf unbefristete Zeit fortbestehen sollten und vertraglich vereinbarte Heimfallrechte entfielen. Hiervon betroffen wurden vor allem die von den Kirchen, aber auch die von den anderen Organisationen ausgegebenen Erbbaurechte. Die Sachenrechtsbereinigung muß auch für diese umgestalteten Erbbaurechte eine dem BGB und den veränderten Verhältnissen entsprechende Anpassung vornehmen.

Zu Nummer 3

Nummer 3 bezeichnet die nach dem ZGB kraft Gesetzes entstandenen Miteigentumsanteile. Es handelt sich hierbei einmal um Erweiterungs- und Erhaltungsmaßnahmen an vertraglich genutzten, in Privateigentum stehenden Grundstücken durch staatliche Stellen und vormals volkseigene Betriebe (§ 459 Abs. 1 Satz 2 ZGB), weiter um die durch bauliche Maßnahmen der Genossenschaften auf solchen Grundstücken entstandenen Miteigentumsanteile (§ 459 Abs. 4 ZGB). Der Bereinigungsvorbehalt ergibt sich aus Art. 233 § 8 EGBGB.

Zu Nummer 4

Auch die baulichen Anlagen, die der Erschliessung (Wege, Leitungen), Entsorgung (Kläranlagen) oder Versorgung dienen, sind vielfach auf fremden Grundstücken errichtet worden, ohne daß die Inanspruchnahme des Grundstücks durch ein Mitbenutzungsrecht nach §§ 321, 322 ZGB gesichert wurde. Hier bedarf es ebenfalls einer sachenrechtlichen Bereinigung, in der die Inanspruchnahme der Grundstücke geregelt wird.

Zu Absatz 2

Der Zweck des Absatzes 2 besteht in einer Klarstellung. Aufgabe der Sachenrechtsbereinigung ist die Regelung des Rechtsverhältnisses zwischen dem Nutzer und dem Grundstückseigentümer. Ist das Eigentum an dem Grundstück jedoch dem Nutzer kraft Gesetzes zugewiesen worden oder zu übertragen, fehlt es an einem regelungsbedürftigen Sachverhalt.

Absatz 2 stellt klar, daß die Sachenrechtsbereinigung nicht anzuwenden ist, soweit das Eigentum am Grundstück bereits nach § 11 Abs. 2 Satz 2 des Treuhandgesetzes vom 17. Juni 1990 (GBl. I S. 300), nach § 2 Abs. 1 der Fünften Durchführungsverordnung zum Treuhandgesetz vom 12. September 1990 (GBl. I S. 1466) sowie nach § 1 des Entwurfs für ein Wohnungsgenossenschafts-Vermögensgesetz (BT-Drucksache 12/4801, S. 115) dem Nutzer zugeordnet worden ist oder zugeordnet werden soll.

Zu § 2 — Nicht einbezogene Rechtsverhältnisse

In § 2 werden die Sachverhalte bezeichnet, die nach den in § 1 Abs. 1 Nr. 1 genannten Merkmalen Gegenstand der Sachenrechtsbereinigung sein könnten, die aber aus den nachstehend ausgeführten Gründen nicht in den Entwurf einbezogen werden können.

In den in § 2 genannten Fällen kann insbesondere ein vom Eigentum am Grundstück getrenntes Eigentum an einem Gebäude oder an einem kleinen Bauwerk (in § 296 Abs. 1 ZGB wurden diese Bauwerke als Baulichkeiten bezeichnet und den Regeln über das Eigentum an beweglichen Sachen unterstellt) entstanden oder eine Bebauung mit Billigung staatlicher Stellen erfolgt sein.

Der Ausschluß dieser Sachverhalte aus der Sachenrechtsbereinigung ist jedoch geboten, weil

— eine Verdinglichung des Besitzes und eine Beteiligung des Nutzers am Bodenwert nicht begründet werden können (Absatz 1 Nr. 1 bis 3) oder

— für die bauliche Inanspruchnahme des Grundstücks oder die Zusammenführung von Grund- und Gebäudeeigentum bereits andere spezialgesetzliche Bestimmungen bestehen oder eine öffentlich — rechtliche Regelung für die künftige Inanspruchnahme des Grundstücks und die Entschädigungsleistung erfolgen muß (Absatz 1 Nr. 3 bis 5 und Absätze 2 und 3).

Zu Absatz 1

Zu Nummer 1

Die Regelung schließt die Nutzung von Grundstücken zur Erholung, Freizeitgestaltung und kleingärtnerischen Bewirtschaftung aus dem Anwendungsbereich des Gesetzes aus. Der Grund hierfür liegt in der geringeren Schutzbedürftigkeit.

Die meisten der sogenannten Datschen sind relativ kleine Baulichkeiten, die im Vergleich zu den Eigenheimen und erst recht zu den im komplexen Wohnungsbau erstellten Gebäuden einen verhältnismäßig geringen Wert haben. Einige der Freizeitbungalows sind jedoch auch im Vergleich zu den kleinen Eigenheimen von geradezu luxuriösem Umfang. Hier liegen durchaus erhebliche bauliche Investitionen vor.

Bei der Sachenrechtsbereinigung ist eine Abwägung zwischen Eigentümer- und Nutzerinteressen vorzunehmen. Bei den baulichen Investitionen zu Wohnzwecken ist es gerechtfertigt, dem Gedanken des Erhalts der Investition für den Erwerb und die Schaffung von Wohnraum grundsätzlich Vorrang vor den Eigentümerinteressen auf Herausgabe des Grundstücks zu geben, da Wohnraum ein für die Lebensführung unverzichtbares Gut ist. Bei den Nutzungen zu Freizeitzwecken ist dies nicht in gleicher Weise der Fall.

Die Rechtsstellung dieser Nutzer war auch im DDR-Recht im Vergleich zu den für die Errichtung von Wohnhäusern verliehenen Nutzungsrechten wesentlich schwächer ausgestaltet. Nach dem ZGB sollten die Nutzungen an Grundstücken zur Erholung vertraglich geregelt werden (§§ 312 bis 315 ZGB). Für diese Verträge war — anders als bei den Nutzungsrechten — eine Kündigung oder Aufhebung durch gerichtliche Entscheidung vorgesehen (§ 314 Abs. 3, 4 ZGB). Insbesondere war eine Kündigung wegen dringenden Eigenbedarfs möglich, wozu die Nutzung für Wohnzwecke des Eigentümers gehörte.

In Einzelfällen sind — vor allem vor Inkrafttreten des ZGB — auch Nutzungsrechte für Freizeitbungalows bestellt worden. Hier könnte — insbesondere aufgrund der Verdinglichung der Nutzungsrechte durch den Einigungsvertrag — ein über die Anpassung der

Nutzungsrechte hinausgehender Bestandsschutz zu gewähren sein. Diese Nutzungsrechte sollen ihrem sachlichen Zusammenhang entsprechend bei der Anpassung der Nutzungsverträge zur Erholung mit geregelt werden, da sich auch dort eine Orientierung nach der Art der tatsächlichen Nutzung und weniger nach der für die Betroffenen mehr oder weniger zufälligen Rechtsform empfiehlt.

Satz 2 ergänzt die Nummer 1. Der Entwurf nimmt die notwendige Abgrenzung zwischen den von § 286 Abs. 4 ZGB und den von § 459 Abs. 1 Satz 1 ZGB erfaßten Sachverhalten vor.

§ 286 Abs. 4 ZGB ordnete an, daß die Bestimmungen des Vierten Teils des ZGB, also insbesondere die Regelungen über die Nutzung von Grundstücken zur Erholung nach §§ 312 bis 315 ZGB, auch für Betriebe galten, soweit besondere Rechtsvorschriften nicht bestanden.

§ 459 Abs. 1 Satz 1 ZGB ordnete zur Sicherung des sozialistischen Eigentums bei Baumaßnahmen auf vertraglich genutzten Grundstücken an, daß die von volkseigenen Betrieben, staatlichen Organen oder Einrichtungen errichteten Gebäude und Anlagen unabhängig vom Eigentum an den Grundstücken Volkseigentum seien.

Die Rechtsfolgen waren unterschiedlich. § 296 Abs. 1 ZGB unterstellte die vom Nutzer errichteten Wochenendhäuser und anderen Baulichkeiten den Regeln über das Eigentum an beweglichen Sachen und war außerdem dispositiv. So konnten Nutzer und Grundstückseigentümer zum Beispiel vereinbaren, daß kein selbständiges Eigentum an der vom Nutzer errichteten Baulichkeit entstehen, sondern der Grundstückseigentümer anderweit Verwendungsersatz leisten sollte. — § 459 Abs. 1 Satz 1 ZGB ordnete dagegen das Entstehen selbständigen Gebäudeeigentums kraft Gesetzes an. Eine Abgrenzung der Anwendungsbereichs der Normen ist im ZGB nicht zu finden.

Eine solche ist jedoch geboten. Es muß entschieden werden, wann eine Belastung des Grundstücks durch fortbestehendes selbständiges Gebäudeeigentum entstanden ist, die eine Verdinglichung und eine Beteiligung des Nutzers am Bodenwert rechtfertigt. Satz 2 nimmt die notwendige Abgrenzung vor.

Nicht in die Sachenrechtsbereinigung einbezogen werden sollen danach die der Erholung, Freizeitgestaltung oder kleingärtnerischen Bewirtschaftung dienenden Gebäude, wenn sie allein zur persönlichen Nutzung bestimmt waren. Nach Satz 2 sollen die von den Betrieben errichteten Wochenendhäuser und Bungalows nicht in die Sachenrechtsbereinigung fallen, wohl aber die Ferienheime und Hotels.

Es sollen danach die von den Betrieben und von den Bürgern errichteten Bauwerke zur Erholung, Freizeitgestaltung und kleingärtnerischen Bewirtschaftung gleich behandelt und von den nur durch Betriebe errichteten Ferienheimen und Hotels abgegrenzt werden. Für Wochenendhäuser und Bungalows werden keine dinglichen Rechte und keine Beteiligung des Nutzers am Bodenwert begründet. Insoweit sind die gesetzlichen Rahmenbedingungen für die Veräußerung solcher Bauwerke durch Bürger und Betriebe gleich.

Zu Nummer 2

Die Nutzung eines Grundstücks aufgrund eines Miet- oder Pachtvertrages oder eines Nutzungsvertrages nach § 71 des Vertragsgesetzes der DDR erfolgt weiterhin auf vertraglicher Grundlage, wobei die besonderen Regelungen für die Anpassung der Miet- und Pachtverträge in Art. 232 §§ 2 und 3 EGBGB zur Anwendung kommen. Eine Verdinglichung dieser Rechtsverhältnisse mit einer Beteiligung des Nutzers am Bodenwert ist insoweit nicht erforderlich, weil der Nutzer durch das Fortgelten der Mietverträge geschützt ist. Eine Beteiligung des Nutzers am Bodenwert wäre gegenüber dem Eigentümer auch nicht gerechtfertigt, weil das Grundstück nicht mit einem dinglichen Nutzungsrecht oder einer Bebauung, für die nach den Rechtsvorschriften der DDR ein Nutzungsrecht zu bestellen war, belastet ist.

Die Herausnahme der schuldrechtlichen Nutzungsverträge entspricht den gesetzlichen Regelungen der ehemaligen DDR sowie auch den in den alten Bundesländern üblichen Rechtsfolgen. Auch hier erwirbt der Mieter oder Pächter, der auf dem Grundstück ein Gebäude errichtet, kein dingliches Recht am Grundstück, auf das ein Teil des Bodenwertes entfallen kann.

Die Abgrenzung schafft in einigen Fällen für die Nutzer eine scharfe Schnittstelle, die ein Grundstück neu bebaut haben. Im Bereich der Wohnungsmiete sah § 15 der Verordnung über die Lenkung des Wohnraums vom 14. September 1967 (GBl. II Nr. 105 S. 733) die Herrichtung von zweckentfremdeten oder für Wohnzwecke ungeeigneten Räumen durch Wohnungssuchende mit anschließender Vermietung vor. Im gewerblichen Bereich war sogar die Vermietung oder Verpachtung von Freiflächen zur Bebauung nach § 3 der Verordnung über die Lenkung des Gewerberaumes vom 6. Februar 1986 (GBl. I Nr. 16 S. 249) vorgesehene Rechtsgestaltung. Sie war im übrigen dort die einzig mögliche, da die Bestellung von Nutzungsrechten für gewerbliche Bauten privater Kleinunternehmer und Handwerker nicht vorgesehen war.

Der im Hinblick auf die baulichen Aufwendungen der Nutzer sachgerechte Interessenausgleich kann und muß im Rahmen einer Anpassung der Verträge für die Zeit nach Ablauf des in Art. 233 § 2a Abs. 1 EGBGB begründeten, auch diese Fälle erfassenden Moratoriums erfolgen. Eine einem dinglichen Recht vergleichbare Belastung läßt sich nicht begründen, wo nach dem Recht der ehemaligen DDR keine Nutzungsrechte hätten bestellt werden können.

Der Umstand, daß an Handwerker und Gewerbetreibende für den Bau von Betriebsgebäuden keine Nutzungsrechte oder zugewiesen werden konnten, mag auch auf ideologischen Gründen beruht haben. Volkseigentum und genossenschaftliches Eigentum sollten insoweit nicht für eine private gewerbliche Tätigkeit zur Verfügung gestellt werden. Eine

Auflockerung dieser Grundsätze trat erst mit dem Gesetz über den Verkauf volkseigener Gebäude vom 7. März 1990 (GBl. I Nr. 18 S. 157) ein.

Das Grundprinzip des Entwurfs rechtfertigt die im letzten Satzteil begründete Ausnahme für die Handwerker und Gewerbetreibenden, die Gebäude auf vormals volkseigenen Grundstücken errichtet haben. Insoweit wurde mit § 1 des Gesetzes über den Verkauf volkseigener Gebäude vom 7. März 1990 eine Möglichkeit zum Erwerb von Gebäuden und zur Bestellung von Nutzungsrechten eröffnet.

Diese nach dem Recht der DDR bestehende Möglichkeit zur Verdinglichung ist auch in der Sachenrechtsbereinigung zu berücksichtigen. Es hing insoweit von dem Vorgehen der Verwaltung ab, ob Nutzungsrechte verliehen wurden oder nicht. In einigen Städten und Gemeinden sind diese Nutzungsrechte bestellt worden, in anderen hat man entsprechende Anträge einfach unbearbeitet gelassen und statt dessen Verkäufe auch von mit Datschen bebauten Grundstücken vorgenommen.

Die Gleichstellung dieser Sachverhalte mit den in der DDR vor der Wende begründeten Nutzungsrechten stimmt im übrigen mit den Grundprinzipien für die Behandlung dieser Fälle im Vermögensgesetz überein. Der Erwerb nach § 1 des Gesetzes über den Verkauf volkseigener Gebäude ist gegenüber restitutionsberechtigten Alteigentümern anerkannt; er fällt nach § 4 Abs. 2 Satz 2 Buchstabe b des Vermögensgesetzes nicht unter die sog. Stichtagsregelung.

Zu Nummer 3

Die Anlagen zur Verbesserung der land- und forstwirtschaftlichen Bodennutzung werden nicht in die Sachenrechtsbereinigung einbezogen, obwohl auch insoweit nach 27 LPG-Gesetz 1982 selbständiges Eigentum entstand. Mit einer Verdinglichung durch ein Recht des Nutzers zur Erbbaurechtsbestellung oder zum Ankauf des Grundstücks würden indessen im Wege der Sachenrechtsbereinigung die Folgen der Aufhebung des gesetzlichen Bodennutzungsrechts und die Neuordnung nach dem Landwirtschaftsanpassungsgesetz unterlaufen. § 64a des Landwirtschaftsanpassungsgesetzes sieht im übrigen für die Waldflächen eine Zusammenführung mit dem Eigentum am Grundstück und das Erlöschen des selbständigen Eigentums an diesen Anpflanzungen vor.

Die vorstehenden Ausführungen sind nicht dahin zu verstehen, daß für die oben genannten Anlagen kein Regelungsbedarf besteht. Für sie sind keine dinglichen Rechte am Grundstück zu bestellen, und aus ihnen ist keine Beteiligung des Nutzers am Bodenwert zu begründen. Eine gesetzliche Regelung dieser Sachverhalte im Zusammenhang mit der Anpassung der schuldrechtlichen Nutzungsverträge wird jedoch geprüft.

Zu Nummer 4

Die Regelung der Inanspruchnahme von Grundstükken für Verkehrsflächen und andere dem Gemeingebrauch dienende Anlagen sowie die Bestimmung der Höhe rückständiger Entschädigungen haben — wie in dem Allgemeinen Teil der Begründung bereits ausgeführt — nach öffentlich — rechtlichen Grundsätzen zu erfolgen. Die Nutzung des Grundstücks darf insoweit nicht aus einer Abwägung des Besitzinteresses des Eigentümers mit dem Investitionsschutzinteresse und den sozialen Belangen des Nutzers begründet werden, sondern muß im Interesse des Wohls der Allgemeinheit erforderlich sein.

Die Verkehrsflächen und die dem Gemeingebrauch gewidmeten Anlagen sind dann in die Sachenrechtsbereinigung einzubeziehen, wenn sie Teil eines im komplexen Wohnungs- oder Siedlungsbau nach einheitlicher Bebauungskonzeption überbauten Gebiets sind. Diese Anlagen sind der Bebauung des Gebiets mit Gebäuden zuzuordnen. Die Sachenrechtsbereinigung wie auch eine Bodenneuordnung nach dem Entwurf des Bodensonderungsgesetzes können ohne eine Einbeziehung dieser Verkehrsflächen und der dem Gemeingebrauch gewidmeten Anlagen nicht durchgeführt werden.

Die Sachenrechtsbereinigung setzt hier in der Regel eine Bodenneuordnung voraus, die in den meisten Fällen nur in einem Verfahren nach § 5 des Entwurfs für ein Bodensonderungsgesetz wird durchgeführt werden können. Hierbei müssen neue Grundstücke entsprechend der in diesem Gebiet vorhandenen Bebauung gebildet werden. Dies ist ohne eine Einbeziehung der in dem Gebiet belegenen Verkehrsflächen und der dem Gemeingebrauch gewidmeten Anlagen nicht möglich. Insoweit muß die Sachenrechtsbereinigung eine Bodenordnung in diesem Gebiet ermöglichen und auch einen Maßstab für die Bewertung dieser Flächen vorgeben.

Zu Nummer 5

Die Bestimmung läßt die öffentlich-rechtlichen Befugnisse zur Nutzung und Mitbenutzung von Grundstücken unberührt, die nach dem Einigungsvertrag in der Regel zeitlich befristet fortbestehen. Ein Beispiel hierfür sind die nach Anlage II Kapitel V Sachgebiet D Abschnitt III Nr. 4 zum Einigungsvertrag bis zum 31. Dezember 2010 fortbestehenden Mitbenutzungsrechte für Energiefortleitungsanlagen nach § 29 Abs. 1 bis 3, §§ 30, 31, 48 und 69 Abs. 4 der Energieverordnung vom 1. Juni 1988 (GBl. I Nr. 10 S. 89) sowie den dazu ergangenen Durchführungsbestimmungen.

Zu Absatz 2

Zu Nummer 1

Die Rechtsverhältnisse an Grundstücken im Beitrittsgebiet, die von Parteien und Massenorganisationen genutzt werden, deren Vermögen den Sonderregelungen der §§ 20a, 20b des Parteiengesetzes der DDR in Verbindung mit der Maßgabenregelung in Anlage II Kapitel II Sachgebiet A Abschnitt III Buchstabe d des Einigungsvertrages unterliegt, können vom Geltungsbereich des Sachenrechtsbereinigungsgesetzes nicht erfaßt werden.

Durch das Sachenrechtsbereinigungsgesetz wird ein Interessenausgleich zwischen Grundstückseigentümern und Nutzern angestrebt. Der Interessengegensatz wird zum Schutz privater Rechtspositionen und zur Anpassung des Rechtssystems der DDR an das BGB und seine Nebengesetze dadurch aufgelöst, daß dem Nutzer eine Erweiterung der ihm durch DDR-Recht verliehenen Rechtsposition ermöglicht wird (Erwerb eines dinglichen Rechts bzw. Erwerb des Grundstückseigentums).

Dieses gesetzgeberische Ziel kann jedoch bei den Nutzungsverhältnissen der Parteien und Massenorganisationen keine Anwendung finden. Denn hier ist durch das Parteiengesetz der DDR in Verbindung mit der Maßgabenregelung des Einigungsvertrages durch den Gesetzgeber festgelegt, die den Organisationen durch DDR-Recht unentziehbar zugewiesenen Rechtspositionen nach materiell-rechtsstaatlichen Grundsätzen des Grundgesetzes zu überprüfen und ggf. wieder zur Verfügung zu stellen. Aufgrund der besonderen Stellung der Parteien und der Massenorganisationen in der DDR, ihrer Nähe und Verbindung zum Staat, hat der Einigungsvertrag für das Vermögen dieser Organisationen besondere Regelungen getroffen, nach denen jeder Erwerb an materiell-rechtsstaatlichen Grundsätzen des Grundgesetzes zu messen ist. Nach den Regelungen im Einigungsvertrag ist nicht beabsichtigt, die Begründung von Rechtsträgerschaften oder den Erwerb von Nutzungsrechten in der DDR durch Parteien und Massenorganisationen wie bei Bürgern und Wirtschaftsunternehmen durch Einräumung dinglicher Rechte bzw. Kaufoptionen im Verhältnis zum DDR-Recht zu erweitern und zu sichern.

Zu Nummer 2

Für die zum Bereich der Kommerziellen Koordinierung gehörenden Unternehmen soll die Anwendung des Sachenrechtsbereinigungsgesetzes ebenfalls ausgeschlossen werden.

Ein schutzwürdiges Interesse von Unternehmen des ehemaligen Bereichs der Kommerziellen Koordinierung (KoKo) am Eigentum der ausnahmslos in Rechtsträgerschaft genutzten Immobilien ist generell nicht gegeben. Es ist entschieden worden, den Bereich KoKo lückenlos aufzulösen.

Hintergrund für diese Entscheidung war, zu verhindern, daß bestehende Strukturen weiterhin durch den „belasteten Personenkreis" aus dem Umfeld KoKo mit den dort üblichen, nicht an rechtsstaatlichen Grundsätzen orientierten Geschäftspraktiken aufrechterhalten werden. Beispielsweise wurden die Unternehmen des Bereichs Kommerzielle Koordinierung zur Devisenbeschaffung durch Waffenhandel, Verkauf angeeigneter Kunstgegenstände und Antiquitäten, Erwirtschaftung von Zwangsvertreterprovisionen und zur Beschaffung von Embargowerten genutzt.

Zu Absatz 3

Das Landwirtschaftsanpassungsgesetz bestimmt in seinem 6. Abschnitt die Rechtsfolgen des Ausscheidens von Mitgliedern aus einer landwirtschaftlichen Produktionsgenossenschaft. Das Mitglied bekommt nach § 47 (sowie nach § 64b entspr. Art. 2 § 5 dieses Entwurfs) des Landwirtschaftsanpassungsgesetzes die eingebrachten Wirtschaftsgebäude zurück; ein in die Genossenschaft als Inventarbeitrag eingebrachtes Wirtschaftsgebäude wird zurückübereignet.

Die Rückübereignung eingebrachter Gebäude führt in der Regel zugleich zu einer Sachenrechtsbereinigung, da das Mitglied meist Eigentümer des Grundstücks ist, auf dem das seinerzeit eingebrachte Wirtschaftsgebäude steht. Die Rückgabe erfolgt hier aus genossenschaftsrechtlichen Prinzipien; für die Rückgabe eines Inventarbeitrags hat das Mitglied keinen Bodenwertanteil abzulösen. Folge dieser Regelungen im Landwirtschaftsanpassungsgesetz ist, daß der Grundsatz der Teilung des Bodenwerts im Sachenrechtsbereinigungsgesetz, der auf einer vorgefundenen, in der DDR begründeten Berechtigung zur baulichen Nutzung des Grundstücks gegenüber dem Grundstückseigentümer beruht, hier keine Anwendung finden kann.

Zu Kapitel 2 — Bebauung fremder Grundstücke

Zu Abschnitt 1 — Allgemeine Bestimmungen

Zu Unterabschnitt 1 — Grundsätze

Zu § 3 — Regelungsinstrumente und Regelungsziele

§ 3 beschreibt die Ziele der Sachenrechtsbereinigung. Die Regelung ist eine Hilfe zur Auslegung der nachfolgenden Bestimmungen.

Eine solche Grundsatznorm ist deshalb zweckmäßig, weil die vom Gesetz erfaßten Sachverhalte nicht alle enumerativ aufgezählt, sondern nur in Regelbeispielen in den §§ 5 bis 7 bezeichnet werden können. In einem nicht in den Regelbeispielen erfaßten Zweifelsfall ist die Grundsatznorm eine Hilfe für die Entscheidung, ob der Sachverhalt nach dem Entwurf zu lösen ist oder nicht.

Zu Absatz 1

Absatz 1 beschreibt die Instrumente. Die Sachenrechtsbereinigung erfolgt durch Begründung eines Erbbaurechts für den Nutzer oder durch Zusammenführung von Grund- und Gebäudeeigentum durch Ankauf vom Nutzer oder Grundstückseigentümer.

Soweit kein selbständiges Gebäudeeigentum entstanden ist, ist die Ablösung der durch die bauliche Investition begründeten Rechte des Nutzers durch den Grundstückseigentümer Inhalt des Kaufvertrages (vgl. § 82 Abs. 1). Satz 2 stellt klar, daß von den Bestimmungen zum Vertragsinhalt im Entwurf abweichende, auf einem Konsens beruhende Vereinbarungen möglich sind. Diese sind auch erwünscht, da eine von den Parteien im Verhandlungswege erreichte Einigung in der Regel mehr befriedet als eine bloße Hinnahme der gesetzlichen Vorgaben.

Zu Absatz 2

Satz 1 bezeichnet die Ziele des Gesetzes in den Fällen, in denen der Nutzer aufgrund einer in der DDR begründeten Rechtsposition das Grundstück bebaut hat.

Die Rechte an den Grundstücken haben infolge der Umwälzungen in der Zeit nach der Wende in der ehemaligen DDR und im Prozeß der Beitrittsverhandlungen ein unterschiedliches Schicksal erfahren.

Die Nutzungsrechte bestehen als dingliche Rechte an den Grundstücken fort; hier bedarf es einer Anpassung. Das selbständige Eigentum besteht fort; die das Eigentum begründenden gesetzlichen und vertraglichen Besitzrechte sind entfallen. Die Rechtsträgerschaften sind erloschen; soweit eine Genossenschaft Rechtsträgerin war, ist das Eigentum am Grundstück gem. Art. 22 des Einigungsvertrages Finanzvermögen der öffentlichen Gebietskörperschaften geworden.

Die Sachenrechtsbereinigung behandelt diese Sachverhalte gleich. Absatz 2 zählt die drei Fallgruppen auf, in denen die Bebauung aufgrund eines Rechtstitels der DDR erfolgt ist, und verweist in allen Fällen auf Absatz 1.

Satz 2 schließt die sog. hängenden Fälle in die Sachenrechtsbereinigung ein, in denen bauliche Investitionen erfolgt sind, zu deren Absicherung die Bestellung eines Nutzungsrechts, die Entstehung selbständigen Gebäudeeigentums oder die Übertragung einer Rechtsträgerschaft vorgesehen war, diese aber ausgeblieben ist. Auch diese baulichen Investitionen sollen in gleicher Weise abgesichert werden.

Zu Unterabschnitt 2 — Anwendungsbereich

Zu § 4 — Bauliche Nutzungen

§ 4 bestimmt die vier Fallgruppen, in denen bauliche Nutzungen vom Gesetz zur Sachenrechtsbereinigung erfaßt werden. Der Kreis wird weit gezogen. Es werden mit Ausnahme der in § 1 Abs. 2 und § 2 bezeichneten Fallgruppen alle Gebäude und baulichen Anlagen erfaßt.

Zu § 5 — Eigenheimbau

Unter § 5 werden die von Bürgern errichteten oder erworbenen Ein- und Zweifamilienhäuser erfaßt und in die Sachenrechtsbereinigung einbezogen.

Zu Absatz 1

Zu Nummer 1

Diese Fallgruppe bezieht die verliehenen Nutzungsrechte auf vormals volkseigenen Grundstücken (§§ 287 bis 290 ZGB in Verbindung mit § 2 des Gesetzes über die Verleihung von Nutzungsrechten auf volkseigenen Grundstücken vom 14. Dezember 1970 — GBl. I Nr. 24 S. 372) sowie die von den Vorständen der landwirtschaftlichen Produktionsgenossenschaften zugewiesenen Nutzungsrechte (§§ 291 bis 294 ZGB in Verbindung mit der Verordnung zur Bereitstellung von genossenschaftlich genutzten Bodenflächen zur Errichtung von Eigenheimen auf dem Lande vom 9. September 1976 — GBl. I Nr. 35 S. 426; Ber. Nr. 42 S. 500) in den Anwendungsbereich des Gesetzes ein. Diese Fallgruppe ist tatbestandlich am einfachsten zu erfassen. Die Nutzungsrechte sind durch Artikel 233 § 3 Abs. 1 EGBGB in dingliche Rechte am Grundstück umgewandelt worden; die in Artikel 233 § 3 Abs. 2 EGBGB vorgesehene Bereinigung und Anpassung an das BGB und die veränderten Verhältnisse werden durch die Einbeziehung dieser Rechte sichergestellt.

Zu Nummer 2

Nummer 2 erfaßt diejenigen Sachverhalte, bei denen es an einer durch Urkunde dokumentierten Bestellung eines Nutzungsrechts fehlt. Es liegen dort nicht die im ZGB geregelten „Normalfälle" vor. Mit der Sachenrechtsbereinigung beim Eigenheimbau ein Konglomerat verschiedenartigster Fallgestaltungen geregelt werden, denen allein gemein ist, daß das Grundstück mit Billigung staatlicher Stellen in Besitz genommen und bebaut wurde. Unter der Auflistung in den Buchstaben a bis f werden diese Sachverhalte näher bezeichnet. Hierbei handelt es sich um Regelbeispiele. Diese Form ist gewählt worden, weil bei den rechtstatsächlichen Erhebungen die verschiedenartigsten Fallgestaltungen angetroffen wurden. Trotz aller Bemühungen um eine vollständige Erfassung kann nicht ausgeschlossen werden, daß es noch weitere „unentdeckte" Fallgruppen gibt, wo dem Grundprinzip entsprechend fremde Grundstücke mit Billigung staatlicher Stellen bebaut wurden.

Zu Buchstabe a

Nach den Musterstatuten (z.B. Nr. 69 des Musterstatuts für landwirtschaftliche Produktionsgenossenschaften — Typ III — vom 9. April 1959 — GBl. I Nr. 26 S. 350) erhielten die Mitglieder landwirtschaftlicher Produktionsgenossenschaften kleinere Flächen zur Bewirtschaftung und zum Bau von Wohn- und Stallgebäuden (persönliche Hauswirtschaft). Das Eigentum an den Gebäuden war unabhängig vom Eigentum an Grund und Boden. An den bebauten Parzellen sollte ein Nutzungsrecht zugewiesen und im Bodenbuch der Genossenschaft eingetragen werden. Hierzu ist es oft nicht gekommen.

Zu Buchstabe b

In diese Fallgruppe gehören die Erwerber von im Bau befindlichen oder fertiggestellten Gebäuden und ihre Rechtsnachfolger. Genossenschaften konnten mit dem Eigenheimbau beginnen, auch wenn der als Eigentümer vorgesehene Erwerber noch unbekannt war (§ 2 Abs. 2 der Eigenheimverordnung). Der Eigenheimer erwarb das Gebäude dann durch Eintritt in die Bauleistungs- und Kreditverträge (§ 4 der Durchführungsbestimmung zur Eigenheimverordnung vom 18. August 1987 — GBl. I Nr. 21 S. 215) oder durch Kauf des fertiggestellten Gebäudes. Blieb die Bestellung des Nutzungsrechts aus, so liegt ein hängender Fall vor. Buchstabe b erfaßt diese Fälle für die Sachenrechtsbereinigung.

Zu Buchstabe c

Überlassungsverträge sind die nach Mustern, die im Ministerium der Finanzen erarbeitet wurden, abgeschlossenen Verträge über Grundstücke, die in den alten Bundesländern oder in West-Berlin lebenden Bürgern gehörten und die nach § 6 der Verordnung der DDR zur Sicherung von Vermögenswerten vom 17. Juli 1952 (GBl. Nr. 100 S. 615) in die staatliche Verwaltung der Organe der DDR genommen wurden. Die Verträge wurden auf befristete Zeit (meist 20 oder 30 Jahre, vereinzelt aber auch auf Lebenszeit des Überlassungsnehmers) abgeschlossen. Den Überlassungsnehmern wurde — unverbindlich — der Erwerb des Grundstücks in Aussicht gestellt; ein Nutzungsentgelt war für die Dauer des Vertrages nicht zu zahlen. Nach den Verträgen waren die Überlassungsnehmer in den meisten Fällen berechtigt, die Grundstücke zu bebauen.

In diese Gruppe fallen auch einige der Überlassungsverträge, die nach dem Mauerbau über die West-Berlinern gehörenden Grundstücke nach der Anweisung des Magistrats vom 18. November 1961 über die Behandlung der in der Hauptstadt der DDR befindlichen Vermögenswerte Westberliner Bürger und juristischer Personen mit Sitz in den Westsektoren abgeschlossen wurden. Diese Grundstücke kamen grundsätzlich in die vorläufige Verwaltung der VEB Kommunale Wohnungsverwaltung, die gemäß Abschnitt VI.2 der Anweisung mit Zustimmung des Rates des Stadtbezirkes die verwalteten Grundstücke „geeigneten" Bürgern miet- oder pachtweise überlassen konnte. Tatsächlich sind aufgrund dieser Anweisung jedoch auch Überlassungsverträge ähnlich dem oben dargestellten Inhalt abgeschlossen worden.

Zu Buchstabe d

Die landwirtschaftlichen Produktionsgenossenschaften konnten gemäß § 18 Abs. 2 Buchstabe h LPG-Gesetz 1982 den Gemeinden auch Bauland zur Nutzung übertragen. Die Gemeinden waren jedoch nicht berechtigt, auf den dem genossenschaftlichen Nutzungsrecht unterliegenden Flächen Nutzungsrechte zu bestellen. Den Bürgern wurde in solchen Fällen von den Gemeinden Bauland aufgrund eines Nutzungsvertrages überlassen, obwohl dies eine nach dem ZGB für den Bau von Eigenheimen nicht zugelassene Rechtsform war.

Zu Buchstabe e

Die Nutzung von Bodenflächen zur Erholung (§§ 312 bis 315 ZGB) wird von der Sachenrechtsbereinigung nach § 2 Abs. 1 Nr. 1 des Entwurfes nicht erfaßt.

Dies gilt grundsätzlich auch, wenn ein Wohngebäude errichtet wurde. Für die nach Gesetz und Vertrag verbotenen Schwarzbauten soll kein Anspruch auf Bestellung von Erbbaurechten oder zum Ankauf des Grundstücks begründet werden. Der Bau eines Wohnhauses auf der Grundlage eines solchen Vertrages war unzulässig. In diesem Fall fehlt es nicht nur an nachholbaren gesetzlichen Erfordernissen für die Begründung von Gebäudeeigentum und die Sicherung der Nutzungsrechte, die Bebauung stand vielmehr im eklatanten Widerspruch zu den vertraglichen und gesetzlichen Regelungen. Eine Behebung der Mängel war hier nicht möglich.

Für den Bau von Eigenheimen hätte die Rechtsform der Nutzung des Grundstücks geändert und ein Nutzungsrecht bestellt werden müssen. In der Praxis wurde jedoch selten so vorgegangen. Häufig wurden allein Genehmigungen zum Neu- oder Umbau von Gebäuden erteilt, die vertragliche Grundlage der Nutzung des Grundstücks jedoch nicht verändert. Buchstabe e schließt die Sachverhalte in die Sachenrechtsbereinigung ein, wenn die Billigung staatlicher Stellen für eine solche Bebauung vorlag und der Überlassende der Bebauung nicht widersprochen hatte. Das entspricht dem Grundsatz, die baulichen Investitionen unabhängig von der vorgefundenen Rechtsform zu schützen.

In diesen Fällen liegt eine vertragskonforme, mit Billigung staatlicher Stellen erfolgte Bebauung vor.

Das Eigentum an Baulichkeiten war nach den Bestimmungen über das Eigentum an beweglichen Sachen zu behandeln (§ 296 Abs. 1 Satz 2 ZGB). Beleihbares Gebäudeeigentum konnte aufgrund eines Vertrages über die Nutzung von Bodenflächen zur Erholung (§§ 312 bis 315 ZGB) nicht entstehen. Im übrigen kam der Differenzierung wegen des weitgehenden Ausschlusses des Kündigungsrechts für die Nutzungsverträge keine große Bedeutung zu.

Die Ansprüche nach diesem Entwurf sind auch dann begründet, wenn eine Billigung der Bebauung durch staatliche Stellen vorgelegen hat, die Zustimmung des Überlassenden jedoch fehlte oder nicht nachweisbar ist. Dies gilt nicht, wenn der Grundstückseigentümer der Bebauung des Grundstücks mit einem Wohngebäude ausdrücklich widersprochen hatte.

Die Regelung ist ein Kompromiß zwischen einem an der Verwaltungspraxis orientierten Schutz der baulichen Investition und einer an den rechtlichen Regelungen orientierten Betrachtung.

Nach der Praxis der DDR war die Billigung durch staatlicher Stellen die entscheidende Voraussetzung für die Zulässigkeit der baulichen Nutzung eines vertraglich zu Erholungszwecken überlassenen Grundstücks. Soweit es sich um ein staatlich verwaltetes Grundstück handelte, lag die baurechtliche und die vertragliche Zustimmung zur Bebauung ohnehin in der Hand der Gemeinde. In den anderen Fällen konnte der Grundstückseigentümer zwar nach den vertraglichen Regelungen gegen den Nutzer wegen nicht bestimmungsgemäßer Nutzung vorgehen; in der Praxis ist dies jedoch meist nicht erfolgt, sondern die Bebauung auch mit einem Eigenheim entweder gebilligt oder hingenommen worden.

Der Entwurf trägt diesen Umständen durch eine Beweiserleichterung für den Nutzer Rechnung, der im Streitfalle nur die Billigung staatlicher Stellen nach § 10 für die Errichtung eines Eigenheimes auf solch einem Grundstück nachzuweisen hat. Der Grundstückseigentümer, der die Bebauung des Grundstücks seinerzeit hingenommen hat, soll nicht wegen der inzwischen eingetretenen Veränderungen dem Nutzer die notwendige dingliche Absicherung der Bebauung nach Maßgabe dieses Gesetzes versagen können.

Dies kann nicht gelten, wenn der Grundstückseigentümer oder der diesen vertretende Verwalter der Bebauung des Grundstücks mit einem Wohngebäude ausdrücklich widersprochen hatte. Der Nutzer, der nach den vertraglichen und den gesetzlichen Bestimmungen über die Nutzung von Grundstücken zur Erholung nicht befugt war, das Grundstück mit einem Wohngebäude zu bebauen, und sich über den Widerspruch des Grundstückseigentümers hinwegsetzte, verdient nicht den Schutz seiner baulichen Investition nach Maßgabe dieses Gesetzes. Nach der rechtlichen Regelung in den §§ 312 ff. ZGB war seine bauliche Investition in der DDR nicht geschützt. Für eine weitere Verstärkung des Investitionsschutzes durch Bundesgesetz besteht keine Veranlassung.

Zu Buchstabe f

Hiermit wird der Bau von Einfamilienhäusern durch Bürger mit staatlicher Billigung, insbesondere mit einer Zustimmung nach § 3 der Eigenheimverordnung vom 31. August 1978 (GBl. I Nr. 40 S. 425), jedoch ohne die vorgesehene Bestellung eines Nutzungsrechts (sog. hängender Fall), in die Sachenrechtsbereinigung einbezogen. Aus den im Eingang zur Begründung dieser Vorschriften genannten Gründen bedarf es hier eines Schutzes der baulichen Investition; dem rechtsförmlichen Mangel (fehlendes Nutzungsrecht) kann aus den bereits genannten Gründen keine ausschlaggebende Bedeutung zukommen.

Zu Absatz 2

Absatz 2 enthält Ergänzungen zur Bestimmung des Eigenheimbaus. Der Anwendungsbereich des Gesetzes wird insoweit über den Bereich erweitert, der sich für den Wohnungsbau üblichen Begriffsbestimmung nach § 9 Abs. 1 des Zweiten Wohnungsbaugesetzes (BGBl. III 2330-2 in der Fassung der Bekanntmachung vom 14. August 1990) ergeben würde.

Eigenheimbau im Sinne der Bestimmungen der ehemaligen DDR war nicht nur der Bau von Einfamilienhäusern. Auch der Bau von Zweifamilienhäusern war Eigenheimbau (vgl. § 1 Abs. 2 der Durchführungsbestimmung zur Verordnung über den Neubau, die Modernisierung und Instandsetzung von Eigenheimen vom 18. August 1987 — GBl. I Nr. 21 S. 215). Auch die Bebauung eines Grundstücks mit einem Werkstattgebäude oder einer kleinen Lagerhalle durch einen Bürger entsprach den gesetzlichen Regelungen in der DDR, wenn dieses Bauwerk ein Nebengebäude war oder das Gebäude weiterhin im wesentlichen Wohnzwecken diente. Absatz 2 schließt solche Sachverhalte in den Anwendungsbereich des Gesetzes ein.

Zu Absatz 3

Absatz 3 stellt klar, daß die vor dem Beitritt von den Nutzern zur persönlichen Erholung, Freizeitgestaltung und zur kleingärtnerischen Bewirtschaftung genutzten Gebäude keine Eigenheime sind. Dies gilt auch dann, wenn sie inzwischen zu Wohnzwecken genutzt werden.

Die Nutzung von Grundstücken zu diesen Zwecken ist aus den zu § 2 Abs. 1 Nr. 1 genannten Gründen kein Gegenstand der Sachenrechtsbereinigung.

Die Bereinigung der Rechtsverhältnisse an den mit Billigung staatlicher Stellen bebauten Grundstücken muß von den am Beitrittstage vorgefundenen Besitzständen ausgehen. Spätere Nutzungsänderungen können grundsätzlich nicht dazu führen, daß der Nutzer dadurch die nach dem Gesetz für die Errichtung von Eigenheimen vorgesehenen Rechte begründen kann. Der Nutzer hätte es andernfalls in der Hand, einen Anspruch auf Erbbaurechtsbestellung oder zum Ankauf des Grundstücks in der Weise herbeizuführen, daß er während der Dauer der Auseinandersetzung mit dem Grundstückseigentümer in das Wochenendhaus einzieht und dieses zu Wohnzwecken nutzt.

Bei der Neuregelung der Nutzungsverhältnisse aus §§ 312 ff. ZGB wird indessen eine Regelung zu finden sein, die dem Umstand Rechnung trägt, daß das als „Datsche" errichtete Gebäude mittlerweile zu Wohnzwecken genutzt wird. In diesen Fällen ist zu erwägen — möglicherweise wie in § 18 des Bundeskleingartengesetzes —, eine Bestimmung zu treffen, die dem Nutzer eine Weiterbenutzung des Gebäudes zu Wohnzwecken ermöglicht.

Satz 2 trifft eine Klarstellung für die Fälle, in denen Gebäude sowohl für Freizeitzwecke als auch für Wohnzwecke genutzt werden. (Ein Beispiel ist der Fall, daß der Nutzer eine Stadtwohnung hat, das

Gebäude außerhalb der Stadt jedoch im Sommer auch für mehrere Monate bewohnt.)

Der Entwurf geht zugunsten des Nutzers davon aus, daß Gebäude, die für den Wohnbedarf bestimmt sind und eine oder zwei Wohnungen enthalten, Eigenheime sind und nicht der Erholung, Freizeitgestaltung oder kleingärtnerischen Bewirtschaftung dienen (Absatz 2 Satz 1). Ein für den Wohnbedarf bestimmtes und wie ein Eigenheim ausgestattetes Gebäude kann jedoch auch zu den letztgenannten Zwecken genutzt werden. Der Entwurf sieht in Absatz 3 Satz 2 vor, daß eine solche Nutzung vorlag, wenn der Nutzer in dem Gebäude bis zum Ablauf des 2. Oktober 1990 nicht seinen Lebensmittelpunkt hatte.

Der Entwurf knüpft insoweit an die tatsächlichen Verhältnisse und nicht an formelle Kriterien an (z.B. den Ort, an dem der Nutzer nach § 7 der Meldeordnung der DDR vom 15. Juli 1965 — GBl. II S. 761 seine Hauptwohnung angemeldet hatte). Letzteres hätte zwar den Vorteil einfacherer Handhabung, würde jedoch dort zu ungerechten Ergebnissen führen, wo die Eintragungen in den Melderegistern nicht den tatsächlichen Verhältnissen entsprechen.

Zu § 6 — Staatlicher oder genossenschaftlicher komplexer Wohnungsbau

§ 6 schließt den staatlichen und genossenschaftlichen Wohnungsbau in die Sachenrechtsbereinigung mit ein, sofern es sich um Gebäude handelt, die ganz oder teilweise auf Privateigentümern gehörenden Grundstücken stehen.

Die Vorschrift bezieht sowohl die Bebauung durch die ehemals volkseigenen Betriebe der Wohnungswirtschaft und die Genossenschaften als auch den Ersterwerb der fertiggestellten Gebäude von den sogenannten Hauptauftraggebern ein.

Nach den gesetzlichen Bestimmungen der DDR war den Arbeiterwohnungsbaugenossenschaften Bauland zur Verfügung zu stellen (§ 7 Abs. 1 der Verordnung über die Arbeiterwohnungsbaugenossenschaften vom 21. November 1963 — GBl. Nr. 12 S. 109); die Genossenschaften waren als Investitionsauftraggeber vorgesehen, die mit den staatlichen Hauptauftraggebern Wirtschaftsverträge über die Durchführung der Investitionen im komplexen Wohnungsbau abschließen sollten (§ 11 der Ersten Durchführungsbestimmung zur Verordnung über die Vorbereitung von Investitionen vom 10. Dezember 1985 — GBl. I Nr. 35 S. 393). Soweit nach diesen Regelungen verfahren worden ist, sind die Wohnungsbaugenossenschaften die Errichter von Gebäuden im Sinne dieses Gesetzes.

In der Praxis erfolgte die Bebauung im komplexen Wohnungsbau zunehmend in der Weise, daß die staatlichen Hauptauftraggeber nach den planerischen Vorgaben als Rechtsträger der volkseigenen Grundstücke die Bebauung durchführten und erst nach Fertigstellung des Investitionsvorhabens die Gebäude den Wohnungsbaugenossenschaften zur Verfügung stellten. In diesen Fällen sind die Genossenschaften Ersterwerber, die nach § 9 Abs. 1 Nr. 5 und

Abs. 2 Nr. 2 Nutzer im Sinne des Entwurfs sind und die hierin begründeten Ansprüche geltend machen können.

Die Regelung erfaßt zwei Fallgruppen:

Zu Nummer 1

Staatliche Investitionsauftraggeber sowie ehemalige Betriebe der Wohnungswirtschaft schlossen vereinzelt mit Grundstückseigentümern oder deren Verwaltern Nutzungsverträge, die die Bebauung gestatteten.

Solche Verträge wurden insbesondere dann geschlossen, wenn man nicht enteignen konnte oder wollte. Das betraf zum Beispiel ausländisches Grundvermögen, über das grundsätzlich nicht hätte verfügt werden dürfen (§ 4 der Verordnung über die Verwaltung und den Schutz ausländischen Eigentums in der DDR vom 6. September 1951 — GBl. Nr. 111 S. 839). Bei den aufgrund eines solchen Vertrages von den volkseigenen Betrieben der Wohnungswirtschaft errichteten Bauten entstand kraft Gesetzes selbständiges Gebäudeeigentum nach § 459 Abs. 1 Satz 1 ZGB. Das Gebäudeeigentum besteht nach dem Einigungsvertrag fort, es sind jedoch Regelungen zur Anpassung und Abwicklung solcher Rechtsverhältnisse vorbehalten worden (Art. 233 § 8 EGBGB). — Ist das vertragliche Nutzungsrecht — insbesondere nach Aufhebung einer staatlichen Verwaltung — bereits beendet worden oder wird es beendet, so bedarf es einer Regelung zur Sicherung der baulichen Investition.

Zu Nummer 2

Hiermit werden in die Sachenrechtsbereinigung diejenigen Sachverhalte einbezogen, in denen Grundstücke im komplexen Wohnungsbau ohne Klärung der Eigentumsverhältnisse überbaut wurden. Auch in diesen Fällen sind Gebäude auf fremdem Grundstückseigentum errichtet worden. Diese baulichen Investitionen sind im Wege der Sachenrechtsbereinigung zu sichern, und ein Ausgleich zwischen Nutzer und Grundstückseigentümer ist herbeizuführen.

Zu § 7 — Andere bauliche Nutzungen

Zu Absatz 1

§ 7 bezeichnet die zwei Fallgruppen anderer baulicher Nutzung fremder Grundstücke, die nach den Grundsätzen der Sachenrechtsbereinigung zu regeln sind. Dies sind:

— der Bau und der Erwerb von Wohn- und Wirtschaftsgebäuden sowie von in § 11 Abs. 3 bezeichneten Anlagen durch landwirtschaftliche Produktionsgenossenschaften und

— die Bebauung eines Grundstücks mit land-, forstwirtschaftlich, gewerblich genutzten oder öffentlichen Zwecken dienenden Gebäuden.

Zu Absatz 2

In Absatz 2 werden — wie in § 5 Abs. 1 Nr. 2 — Regelbeispiele benannt, in denen die in Absatz 1 allgemein beschriebenen Voraussetzungen vorliegen. Der Grund für die Struktur der Bestimmung (Bezeichnung des Grundsatzes mit anschließender Aufzählung von Regelbeispielen) liegt auch hier darin, daß sich wegen der Vielgestaltigkeit der anzutreffenden Sachverhalte eine vollständige, enumerative Aufzählung nicht durchführen läßt, auf der anderen Seite die genannten Regelbeispiele für die meisten Fälle eine sichere Zuordnung zur Sachenrechtsbereinigung ermöglichen.

Zu Nummer 1

Hiermit werden die Nutzungsrechte in die Sachenrechtsbereinigung einbezogen. Den Genossenschaften (Konsumgenossenschaften, Produktionsgenossenschaften des Handwerks usw.) konnten — wie den Bürgern — auf volkseigenen Grundstücken auch Nutzungsrechte verliehen werden. Rechtsgrundlage hierfür war § 1 des Gesetzes über die Verleihung von Nutzungsrechten vom 14. November 1970 (GBl. I Nr. 24 S. 372). An den aufgrund Nutzungsrechts genutzten Gebäuden entstand selbständiges Gebäudeeigentum. Das Grundeigentum steht in diesen Fällen nunmehr nach Art. 22 Abs. 1 des Einigungsvertrages unter der Treuhandverwaltung des Bundes. Grundstücks- und Gebäudeeigentum fallen auseinander. Die Sachenrechtsbereinigung hat eine dem BGB entsprechende Gestaltung herbeizuführen.

Zu Nummer 2

Bebauungen durch Genossenschaften waren jedoch nicht nur aufgrund eines verliehenen Nutzungsrechts möglich. Die Genossenschaften konnten nach § 2 Abs. 1 Buchstabe c der Anordnung über die Rechtsträgerschaft an volkseigenen Grundstücken vom 7. Juli 1969 (GBl. II Nr. 68 S. 433) Rechtsträger volkseigener Grundstücke sein. Die Rechtsträgerschaften sind spätestens mit Ablauf des 2. Oktober 1990 erloschen. Auch diese gewerblich genutzten, vormals volkseigenen Grundstücke sind Teil des Finanzvermögens, das nach Art. 22 Abs. 1 des Einigungsvertrages der Treuhandverwaltung des Bundes unterliegt. Ist eine Bebauung erfolgt, so ergibt sich hier die gleiche Problematik wie bei den durch Nummer 1 erfaßten Sachverhalten.

Zu Nummer 3

Das ZGB kannte keine rechtsfähigen Vereine. Die Gründung rechtsfähiger Vereine blieb jedoch nach der Verordnung über die Gründung und die Tätigkeit von Vereinigungen nach dem 6. November 1975 (GBl. I Nr. 44 S. 723) möglich. Soweit solchen Vereinigungen, wenn sie keine Massenorganisationen sind, Nutzungsrechte verliehen wurden oder sie Grundstücke aufgrund einer ihnen übertragenen Rechtsträgerschaft bebaut haben, sind ihre baulichen Nutzungen fremder Grundstücke in die Sachenrechtsbereinigung einzubeziehen.

Zu Nummer 4

Zur Sachenrechtsbereinigung gehören ebenfalls die Bebauungen im Privateigentum stehender Grundstücke aufgrund Nutzungsvertrages durch Betriebe der vormals volkseigenen Wirtschaft oder durch staatliche Stellen. Hier entstand kraft Gesetzes nach § 459 Abs. 1 Satz 1 ZGB selbständiges Gebäudeeigentum. Die Sachverhalte entsprechen in ihren Voraussetzungen und den Rechtsfolgen der Überbauung solcher Grundstücke im komplexen Wohnungs- oder Siedlungsbau. Auf die Begründung zu § 6 Nr. 1 kann insoweit Bezug genommen werden.

Zu Nummer 5

Die landwirtschaftlichen Produktionsgenossenschaften hatten kraft Gesetzes ein umfassendes Bodennutzungsrecht (§ 10 LPG-Gesetz 1959, § 18 LPG-Gesetz 1982), in dessen Ausübung konnten sie u. a. Neubauten errichten (z. B. § 18 Abs. 2 Buchstabe b LPG-Gesetz 1982). Diese Bauten wurden unabhängig vom Eigentum an Grund und Boden Eigentum der landwirtschaftlichen Produktionsgenossenschaften (§ 27 Satz 1 LPG-Gesetz 1982). Sie konnten Wohngebäude errichten (§ 28 Abs. 1 LPG-Gesetz 1982), an denen selbständiges genossenschaftliches Eigentum entstand. Gebäudeeigentum der Genossenschaft entstand schließlich auch an den eingebrachten Wirtschaftsgebäuden (§ 13 Abs. 1 LPG-Gesetz 1959 in Verbindung mit § 27 Satz 2 LPG-Gesetz von 1982).

Nach Fortfall des gesetzlichen Bodennutzungsrechts durch das Gesetz vom 28. Juni 1990 über die Änderung und Aufhebung von Gesetzen der DDR (GBl. I Nr. 38 S. 483) besteht zwar das Gebäudeeigentum fort, das Recht zur Nutzung des Grundstücks ist jedoch nicht gesichert. Auch insoweit bedarf es einer gesetzlichen Neuregelung der Grundstücksnutzung. Nummer 5 erfaßt diese Sachverhalte für die Regelung nach dem vorgeschlagenen Gesetz zur Sachenrechtsbereinigung.

Zu Nummer 6

Diese Ziffer erfaßt die Bebauungen von vormals volkseigenen Grundstücken durch Handwerker und Kleingewerbetreibende, die in der Regel auf vertraglicher Grundlage erfolgt sind. Für diese Fälle wurde durch § 1 des Gesetzes über den Verkauf volkseigener Gebäude vom 7. März 1990 (GBl. I Nr. 18 S. 157) eine Verdinglichung durch Nutzungsrechtsverleihung ermöglicht. Diese baulichen Investitionen sollen deshalb wie die Eigenheime in die Sachenrechtsbereinigung einbezogen werden. Im einzelnen wird auf die Begründung zu § 2 Abs. 1 Nr. 2 Bezug genommen.

Zu Nummer 7

Nummer 7 erfaßt die Bebauung in Privateigentum befindlicher Grundstücke durch staatliche Stellen, vormals volkseigene Betriebe und die sog. sozialistischen Genossenschaften vor Klärung der Eigentumsverhältnisse an den Grundstücken und ohne vertragliche Berechtigung. Solche Bebauungen sind in der ehemaligen DDR aufgrund des faktischen Vorrangs der Verwirklichung im Plan vorgesehener Investitionsvorhaben vor der Regelung der Rechtsverhältnisse an den Grundstücken in weitem Umfang erfolgt. Die rechtliche Absicherung dieser Bebauungen blieb dann jedoch vielfach aus.

Die Sachenrechtsbereinigung muß auch für diese Bebauungen einen Ausgleich zwischen denjenigen, die solche in der Regel erheblichen baulichen Investitionen über fremde, in Privateigentum verbliebenen Grundstücksstreifen getätigt haben und den Eigentümern dieser Parzellen herbeiführen. Der Schutz dieser Investitionen muß nach den gleichen Grundsätzen wie die Bebauung von Grundstücken durch andere natürliche Personen oder landwirtschaftliche Produktionsgenossenschaften erfolgen. Für den Interessenausgleich, der hier in der Regel nur durch Eigentumserwerb des Nutzers gegen Abfindung des Grundstückseigentümers wird erfolgen können (d.h. durch Ausübung des Ankaufsrechts, wenn keine Bodenneuordnung stattfindet), gibt es keine Rechtfertigung, zwischen einer Überbauung durch einen volkseigenen Betrieb oder einen Bürger zu unterscheiden.

Zu Buchstabe a)

Zur ersten Fallgruppe der Überbauungen ohne Klärung der Eigentumsverhältnisse gehören die von staatlichen Stellen auf fremden, in Privateigentum stehenden Grundstücken errichteten Gebäude und baulichen Anlagen. Verwaltungsgebäude, Schulen, Kindergärten u.a. sind vielfach über solche Grundstücke hinweg errichtet worden.

Zu Buchstabe b)

Die zweite Fallgruppe bezieht die betrieblich genutzten Bauwerke sowie die baulichen Anlagen (im Sinne des § 11 Abs. 3) in der Regelung ein. Dies sind z. B. die Fabrikgebäude, Lagerhallen und dazugehörige Anlagen.

Die Einbeziehung dieser Fälle in die Sachenrechtsbereinigung ermöglicht insoweit die für die Verkehrsfähigkeit dieser Investitionen notwendige Verdinglichung.

Zu § 8 — Zeitliche Begrenzung

Die Sachenrechtsbereinigung ist grundsätzlich nur auf die in der DDR begründeten Nutzungsrechte und auf die mit Billigung staatlicher Stellen erfolgte Errichtung von Gebäuden anzuwenden.

Zu Nummer 1

Soweit Nutzungsrechte begründet wurden, die durch den Einigungsvertrag anerkannt und in dingliche Rechte am Grundstück umgewandelt wurden, besteht das Recht zur Bebauung fort. Es kann deshalb in diesen Fällen mit dem Bau auch nach dem Beitritt begonnen worden sein. Zeitliche Begrenzungen sieht der Entwurf insoweit nicht vor.

Zu Nummer 2

Anders ist es bei den Bebauungen ohne Bestellung solcher Nutzungsrechte. Die in der ehemaligen DDR geübte Praxis kann nur solange als ausreichende Legitimation für die bauliche Inanspruchnahme eines fremden Grundstücks herangezogen werden, wie die DDR nicht nach der Wende andere Rechtsvorschriften erlassen hatte, die eine Wiederherstellung der Eigentümerrechte herbeiführten. Im landwirtschaftlichen Bereich geschah dies mit der Aufhebung des gesetzlichen Nutzungsrechts der landwirtschaftlichen Produktionsgenossenschaften. Das Wort des LPG-Vorsitzenden konnte hiernach keine Rechte zur Nutzung fremder Grundstücke mehr begründen. Vergleichbare Regelungen für andere Grundstücksnutzungen gibt es nicht.

Der Investitionsschutz des Gesetzes zur Sachenrechtsbereinigung greift deshalb auf den von den landwirtschaftlichen Produktionsgenossenschaften genutzten Flächen nur dann, wenn bis zum Ablauf des 30. Juni 1990 mit dem Bau des Gebäudes begonnen wurde; in den anderen Fällen muß vor dem Beitrittstage mit dem Bau begonnen worden sein.

Zu Unterabschnitt 3 — Begriffsbestimmungen

Zu § 9 — Nutzer

§ 9 enthält die Begriffsbestimmung darüber, wer Nutzer im Sinne des Entwurfs ist. Ansprüche als Nutzer können nur die Besitzer geltend machen, die hier genannt sind. Eine solche Regelung ist erforderlich, da die Rechte zur Bestellung von Erbbaurechten und die gesetzlichen Ankaufsrechte den Gebäudeeigentümern und — soweit kein Gebäudeeigentum entstanden ist — den Errichtern von Gebäuden sowie deren Rechtsnachfolgern einzuräumen sind. Mieter solcher Gebäude sind keine Nutzer im Sinne des Gesetzes.

Zu Absatz 1

In Absatz 1 werden die anspruchsberechtigten Nutzer benannt. Der einleitende Satzteil bringt zum Ausdruck, daß jede natürliche und juristische Person des privaten wie des öffentlichen Rechts Nutzer im Sinne des Entwurfs sein kann.

Zu Nummer 1

Ist selbständiges Gebäudeeigentum begründet und im Grundbuch eingetragen worden, so steht die Aktivlegitimation fest. Der Eigentümer des Gebäudes ist dann berechtigt, eine dingliche Absicherung durch ein Erbbaurecht oder den Ankauf des Grundstücks verlangen zu können.

Zu Nummer 2

Ist das Nutzungsrecht bestellt, aber mit dem Bau des Gebäudes noch nicht begonnen worden, so soll der Inhaber dieses Rechts die nach dem Entwurf bestimmten Ansprüche geltend machen können, um auf dem Grundstück ein Gebäude errichten zu können.

Zu Nummer 3

Ist außerhalb des Grundbuchs kraft Gesetzes selbständiges Gebäudeeigentum entstanden (z. B. nach § 27 LPG-Gesetz 1982 oder nach § 459 Abs. 1 Satz 1 ZGB), so sind die Eigentümer dieser Gebäude anspruchsberechtigte Nutzer.

Zu Nummer 4

Anspruchsberechtigt sind auch diejenigen, die aufgrund eines sog. Überlassungsvertrages den Besitz an einem staatlich verwalteten Grundstück erhalten haben, wenn sie das Grundstück entsprechend der Begriffsbestimmung in § 11 Abs. 2 bebaut haben.

Zu Nummer 5

Wenn es an der Begründung selbständigen Gebäudeeigentums und an der Bestellung von Nutzungsrechten fehlte (sog. hängende Fälle), kann nur an die tatsächlichen Verhältnisse angeknüpft werden. Anspruchsberechtigt sind hier die Errichter der Gebäude.

Die in Satz 1 bezeichnete Reihenfolge schafft im Verhältnis zwischen demjenigen, der als Nutzer Ansprüche nach diesem Gesetz verfolgt, und dem Grundstückseigentümer Klarheit, wer als Nutzer im Sinne des Entwurfs anspruchsberechtigt ist.

Der Entwurf knüpft in erster Linie an die Eintragungen in öffentlichen Registern und Urkunden an, die insoweit eine Vermutung der Richtigkeit in sich tragen. Der Inhalt der Urkunden kann jedoch auch unrichtig sein oder nicht denjenigen ausweisen, der die bauliche Investition vorgenommen hat und deshalb als anspruchsberechtigt anzusehen ist.

Ein Beispiel hierfür wäre der Fall, in dem einem Bürger ein Nutzungsrecht bestellt wurde, der davon jedoch keinen Gebrauch gemacht hat. Das Nutzungsrecht wurde jedoch nicht entzogen, sondern das Grundstück wurde einem anderen Bürger faktisch zugewiesen, der das Grundstück dann mit Billigung staatlicher Stellen bebaut hat. Nutzer im Sinne des Entwurfs muß derjenige sein, der die bauliche Investition vorgenommen hat.

Der Streit darüber, wer Nutzer im Sinne des Entwurfs ist, muß grundsätzlich zwischen den Prätendenten entschieden werden. Ist jedoch eine solche Entscheidung ergangen und die Interventionswirkung als Folge einer Streitverkündung nach § 109 Abs. 3 eingetreten, so wirkt die gerichtliche Entscheidung auch gegenüber dem Grundstückseigentümer. Dieser kann dann nicht mehr geltend machen, daß in Wirklichkeit die im Rechtsstreit zwischen den Prätendenten unterlegene Partei anspruchsberechtigt sei.

Zu Absatz 2

Absatz 2 enthält ergänzende Bestimmungen zur Rechtsnachfolge.

Zu Nummer 1

Nach § 295 Abs. 2 ZGB konnte selbständiges Gebäudeeigentum nur dort entstehen, wo dies durch Rechtsvorschriften festgelegt worden war. Dies galt für die Bebauungen aufgrund Nutzungsrechts sowie für die Bebauungen aufgrund Vertrages durch volkseigene Betriebe und staatlichen Stellen nach § 459 Abs. 1 Satz 1 ZGB. Bebauungen aufgrund Rechtsträgerschaft oder Überlassungsvertrages führten nicht zur Entstehung selbständigen Gebäudeeigentums.

Gleichwohl wurden solche rechtlich nicht selbständigen Gebäude verkauft. Für die volkseigenen Betriebe wurde die Veräußerbarkeit durch § 1 Abs. 3 der Verordnung über den Verkauf und Kauf volkseigener unbeweglicher Grundmittel durch Betriebe der volkseigenen Wirtschaft vom 28. August 1968 (GBl. II Nr. 99 S. 797) begründet. Solche Kaufverträge wurden zunehmend auch außerhalb der volkseigenen Wirtschaft abgeschlossen. Wegen der vielen Ausnahmeregelungen, die die Entstehung selbständigen Gebäudeeigentums oder die Verfügbarkeit über die Gebäude als sog. Grundmittel zuließen, entstand die unzutreffende Vorstellung, daß das auf fremdem Grund errichtete Gebäude dem Nutzer gehöre oder er jedenfalls darüber verfügen könne.

Die Nichtigkeit solcher Verträge wegen anfänglicher Unmöglichkeit der Leistung (§ 68 Abs. 1 Nr. 3 ZGB) wäre eine unangemessene Rechtsfolge, da sich die Vertragsparteien (zu denen auch staatliche Stellen gehörten) oft über Jahrzehnte entsprechend dem Vertrag verhalten haben und das Geschäft als abgeschlossen betrachteten.

Der Entwurf sieht deshalb für diese Fälle vor, daß mit dem schuldrechtlichen Geschäft die Ansprüche aus diesem Gesetz auf den jetzigen Nutzer des Grundstücks übergegangen sein sollen, was den tatsächlichen Verhältnissen gerecht wird und dem zu vermutenden Willen der Parteien entsprechen dürfte. — Für die nach dem 3. Oktober 1990 abgeschlossenen Verträge verzichtet der Entwurf auf eine gesetzliche Bestimmung der Rechtsfolgen. Auf diese Verträge sind die Regelungen des BGB anzuwenden. In den meisten Fällen wird eine Umdeutung nach § 140 BGB des nach § 306 BGB nichtigen Vertrages zu demselben Ergebnis führen. Soweit allerdings eine besondere Gewährleistungspflicht übernommen worden ist, wird eine Haftung des Verkäufers aus dem Kaufvertrag in Betracht kommen, die insoweit dem Parteiwillen mehr gerecht wird als eine Heilung dieser Verträge.

Zu Nummer 2

Die Bebauung im sog. komplexen Wohnungsbau erfolgte in der Regel auf der Grundlage staatlicher Investitionsentscheidungen durch sog. Hauptauftraggeber. Die fertiggestellten Gebäude oder auch Teile eines Gebäudes wurden den volkseigenen Betrieben der Wohnungswirtschaft sowie den Wohnungsbaugenossenschaften zur Verfügung gestellt. Nummer 2 stellt klar, daß diejenigen, denen solche Gebäude zur eigenen Bewirtschaftung übertragen worden sind, Nutzer im Sinne dieses Gesetzes sind.

Zu Absatz 3

Der Anwendungsbereich der Sachenrechtsbereinigung erstreckt sich auf die Bebauungen durch landwirtschaftliche Produktionsgenossenschaften (vgl. § 5 Abs. 1 Nr. 2b, § 7 Abs. 1 und Abs. 2 Nr. 5). Die Begriffsbestimmung stellt klar, daß auch die in § 46 des LPG-Gesetzes 1982 genannten Genossenschaften und rechtsfähigen Kooperationsbeziehungen sowie die nach dem Landwirtschaftsanpassungsgesetz entstandenen Nachfolgeunternehmen insoweit Nutzer der Gebäude und baulichen Anlagen sind, an denen selbständiges Eigentum fortbesteht.

Zu Absatz 4

Die Ansprüche aus diesem Gesetz folgen aus dem Nutzungsrecht oder der Bebauung. Soweit das Nutzungsrecht für eine Mehrheit von Personen bestellt wurde, besteht eine gemeinschaftliche Berechtigung nach dem Bürgerlichen Gesetzbuch.

Für Ehegatten gab es in der DDR eine besondere Regelung. Die Immobilien wurden nach § 299 Abs. 1 ZGB grundsätzlich gemeinschaftliches Eigentum der Ehegatten. Die Anspruchsberechtigung nach diesem Gesetz hat daran anzuknüpfen. Nach Satz 1 wird daher eine gemeinschaftliche Berechtigung der Ehegatten für den Rechtserwerb bis zum Ablauf des 2. Oktober 1990 vermutet, sofern sich nicht aus der Eintragung im Grundbuch oder der Urkunde über das Nutzungsrecht etwas anderes ergibt. Satz 2 verweist auf § 299 Abs. 2 ZGB; die Ausnahmeregelung, nach der ein Ehegatte Alleineigentum erwarb, gilt damit sinngemäß.

Zu § 10 — Billigung staatlicher Stellen

Zu Absatz 1

Die Bestimmung des Begriffs „Billigung staatlicher Stellen" ist erforderlich, um klarzustellen, daß die Sachenrechtsbereinigung insoweit weder an rechtsförmliche Genehmigungen, Zustimmungen usw. noch überhaupt an Entscheidungen von Behörden anknüpfen kann. Die Inanspruchnahme fremder Grundstücke hing häufig nicht von in einem Verwaltungsverfahren getroffenen Entscheidungen ab, das die Bestellung von Nutzungsrechten, die Enteignung oder die Begründung einer Rechtsträgerschaft zum Gegenstand hatte; die Inanspruchnahme erfolgte vielmehr häufig aufgrund von ad hoc geäußerten Willensbekundungen von LPG-Vorständen oder Parteifunktionären.

Die Sachenrechtsbereinigung muß auch für die auf solcher Grundlage vorgenommenen Bebauungen eine Lösung finden. Im Allgemeinen Teil der Begründung wurde bereits ausgeführt, daß der Entwurf insoweit eine Gleichbehandlung vorsieht, um vor dem Hintergrund nicht rechtsstaatlichen Handelns willkürliche Unterscheidungen zu vermeiden.

Absatz 1 bezweckt, daß auch ein mit den Verhältnissen in der ehemaligen DDR nicht vertrauter Rechtsanwender den Begriff der Billigung nicht nach dem Maßstab für eine öffentlich-rechtliche Zustimmung im Sinne des Verwaltungsverfahrensrechts, sondern nach der Üblichkeit in der ehemaligen DDR bestimmt. Dies ist der Maßstab, an dem sich die Bürger orientieren mußten, zumal sie eine Verleihung oder Zuweisung eines Nutzungsrechts für ihre Bauten nicht erzwingen konnten.

Satz 2 stellt klar, daß eine Billigung auch dann vorliegen kann, wenn die nach dem Recht der DDR zu beachtenden Vorschriften für die bauliche Nutzung fremder Grundstücke in dem zu entscheidenden Fall nicht eingehalten worden sind.

Zu Absatz 2

Eine Billigung staatlicher Stellen im Sinne des Absatzes 1 ist unter anderem deshalb, weil die Entscheidungen häufig nicht in förmlichen Verwaltungsverfahren getroffen wurden, für den Nutzer oft schwer nachzuweisen. Zeugen sind nicht vorhanden oder wollen sich insoweit an ihre auch nach den Rechtsvorschriften der DDR unrechtmäßigen Entscheidungen nicht erinnern.

Satz 1 stellt insoweit eine Vermutung auf, daß dann, wenn eine Baugenehmigung erteilt wurde, die auch nach dem Recht der DDR unbeschadet von Rechten Dritter erging (§ 5 Abs. 6 der Verordnung über Bevölkerungsbauwerke vom 8. November 1984 — GBl. I Nr. 36 S. 433), auch die Inanspruchnahme des Grundstücks mit Billigung staatlicher Stellen erfolgt ist. Diese Vermutung rechtfertigt sich daraus, daß die Durchführung der Bautätigkeit weitgehend von den staatlichen Planentscheidungen bestimmt wurde und deshalb bei einem genehmigten Bauvorhaben davon ausgegangen werden kann, daß auch die Errichtung auf fremdem Grund von den über die Zulässigkeit solcher Bebauungen befindenden Stellen gebilligt wurde.

Satz 2 sieht eine weitere Erleichterung vor, nach der eine Billigung auch bei längerer Duldung des Bauwerks zu vermuten ist. Die Hinnahme der Bebauung eines fremden Grundstücks durch staatliche Stellen kann für die Sachrechtsbereinigung, die den Interessengegensatz zwischen dem Nutzer und dem Grundstückseigentümer auflösen muß, nur dann wie eine erklärte Billigung zu behandeln sein, wenn ihr in der ehemaligen DDR auch die gleiche Bedeutung zukam. Die eigenmächtige Bebauung eines fremden Grundstücks durch den Nutzer hatte auch in der DDR nicht diese Bedeutung. Die Behörden konnten den Abriß solcher „Schwarzbauten" verfügen.

Eine Ausnahme enthielt § 11 Abs. 3 der o.g. Verordnung. Hiernach konnte eine solche Verfügung fünf Jahre nach Fertigstellung des Bauwerks nicht mehr ergehen; die zunächst rechtswidrige Bebauung wurde danach kraft Gesetzes toleriert und in ihrem Bestand geschützt. Eine längerfristige Duldung der Bebauung durch staatliche Stellen kann insofern einer Billigung der Inanspruchnahme des Grundstücks durch staatliche Stellen gleichgestellt werden. Satz 2 erweitert daher die in Satz 1 aus der Erteilung einer Baugenehmigung folgende Vermutung auf die Fälle, in denen fünf Jahre nach Fertigstellung des Bauwerks keine Verfügung zum Abriß ergangen ist.

Der Duldung eines Gebäudes oder einer baulichen Anlage kann die erwähnte Bedeutung allerdings nur bis zum Ablauf des 2. Oktober 1990 zukommen. Die o.g. Verordnung gilt nach dem Beitritt nicht mehr. Behördliches Nichteinschreiten gegen Schwarzbauten kann schon deshalb keine Vermutung für eine Billigung staatlicher Stellen zur baulichen Nutzung eines fremden Grundstücks mehr begründen, da die Behörden in der Bundesrepublik keine vergleichbaren „Befugnisse" zum Eingriff in fremdes Privateigentum haben, wie sie Behörden und andere Stellen der DDR hatten oder sich angemaßt haben.

Zu § 11 — Bebauung

Die Sachenrechtsbereinigung muß über den Neubau von Gebäuden hinaus auch die Wiederherstellung, den Um- und Ausbau von Gebäuden sowie die Errichtung anderer Bauwerke erfassen. § 11 trifft Bestimmungen darüber, unter welchen Voraussetzungen solche anderen baulichen Investitionen in den Anwendungsbereich der Sachenrechtsbereinigung einzubeziehen sind.

Zu Absatz 1

Absatz 1 enthält Regelungen für bauliche Maßnahmen an bestehenden Gebäuden. Diese Regelungen werden vornehmlich für die Fälle entscheidungserheblich, in denen weder Nutzungsrechte für den Erwerb oder den Neubau eines Gebäudes begründet wurden noch selbständiges Gebäudeeigentum kraft Gesetzes entstanden ist.

Im Bereich der genossenschaftlichen Bodennutzung erwarb die landwirtschaftliche Produktionsgenossenschaft das Eigentum an den von ihr neu errichteten Gebäuden und Anlagen (§ 13 Abs. 2 LPG-Gesetz 1959 und § 27 LPG-Gesetz 1982). Aus- und Umbauten an anderen Gebäuden führten dagegen nicht zu einem Eigentumserwerb kraft Gesetzes am Gebäude.

In diesen Fällen ist zu regeln, in welchem Umfang der Nutzer in ein bestehendes Gebäude Investitionen vorgenommen haben muß, damit ein einem Neubau vergleichbarer Sachverhalt vorliegt, der durch ein Nutzungsrecht hätte abgesichert werden müssen oder der zur Begründung selbständigen Gebäudeeigentums nach § 27 LPG-Gesetz 1982 geführt hätte.

In Absatz 1 werden neben dem Neubau zwei Fallgruppen erfaßt:

— die Wiederherstellung (Rekonstruktion) eines infolge schwerer Bauschäden nicht mehr nutzbaren Gebäudes sowie

— die Veränderung der bestimmungsgemäßen Nutzung eines Gebäudes (z.B. der Umbau einer Scheune zu einem Wohngebäude),

wobei die baulichen Maßnahmen des Nutzers nach ihrem Umfang und Aufwand einer Neuerrichtung entsprechen müssen. In diesen Fällen ist durch bauliche Maßnahmen des Nutzers das bestehende Bauwerk nicht nur verändert worden, sondern ein im wesentlichen neues Bauwerk entstanden.

Zu Absatz 2

Absatz 2 enthält eine besondere Regelung für die sog. Überlassungsverträge. Den Überlassungsnehmern wurden von den staatlichen Verwaltern für eine lange Zeit (üblich waren 20, 30 Jahre oder vereinzelt Verträge auf Lebenszeit) die Grundstücke gegen Hinterlegung eines Betrages in Höhe des nach den seinerzeitigen Bestimmungen zu zahlenden Kaufpreises übergeben, wobei die Möglichkeit zum Erwerb des Grundstücks nach dem Ende der Vertragszeit den Nutzern unverbindlich in Aussicht gestellt wurde. Die Nutzer hatten während der Vertragszeit die üblicherweise einem Grundstückseigentümer zustehenden Rechte und Pflichten. Aus diesem Grunde haben die Überlassungsnehmer häufig in der Erwartung, das Grundstück auch über die Vertragszeit hinaus behalten und später einmal kaufen zu können, wie ein Eigentümer Verwendungen in das aufstehende Gebäude vorgenommen. Ohne die Aufwendungen wäre das Gebäude in der Regel verfallen.

Die gesetzliche Regelung muß darüber entscheiden, unter welchen Voraussetzungen dem Nutzer aufgrund seiner baulichen Investitionen in das Grundstück wie dem Inhaber eines für den Neubau verliehenen Nutzungsrechts die nach dem Entwurf begründeten Rechte auf Erbbaurechtsbestellung und Ankauf zustehen sollen und wann er „nur" ein für eine längere Zeit vertraglich geregeltes Besitzrecht haben soll.

Die Extremfälle sind nach der Grundkonzeption der Sachenrechtsbereinigung einfach zu entscheiden. Hat der Überlassungsnehmer einen Neubau errichtet, so sind ihm die in Entwurf begründeten Ansprüche zuzusprechen. Der Nutzer hat dann die gleichen Investitionen vorgenommen wie derjenige, der ein Haus aufgrund eines Nutzungsrechts gebaut hat; für die Bebauung des Überlassungsnehmers war nach den rechtlichen Regelungen (§ 2 Abs. 2 des Baulandgesetzes vom 15. Juni 1984 — GBl. I Nr. 17 S. 201) eine Sicherung durch Enteignung und Bestellung eines Nutzungsrechtes vorgesehen. Hat der Nutzer dagegen das Haus nur bewohnt und kleinere Reparaturen ausgeführt, die auch ein Mieter üblicherweise vornimmt, so ist kein Grund für eine Verdinglichung und eine Beteiligung des Nutzers am Bodenwert gegeben.

Die meisten Fälle liegen zwischen diesen Extremen; es sind mehr oder weniger umfängliche Investitionen in ein vorhandenes Gebäude erfolgt. Der Entwurf verfolgt für die Abgrenzung zwischen Verdinglichung und schuldrechtlicher Absicherung das Modell, daß der Nutzer die in diesem Gesetz bestimmten Ansprüche erhalten soll, wenn

— er entweder durch Um- oder Ausbau die Wohn- oder Nutzfläche des Gebäudes um mehr als 50 vom Hundert vergrößert hat oder

— seine Aufwendungen in das Gebäude die Hälfte des seinerzeitigen Gebäudewerts überstiegen.

Die erste Alternative ist im Streitfall leicht zu entscheiden, da die Wohn- und Nutzfläche eines Gebäudes entsprechend den Regelungen in §§ 42 ff. der Zweiten Berechnungsverordnung in der Fassung der Bekanntmachung vom 12. Oktober 1990 (BGBl. I S. 2178) verhältnismäßig einfach zu bestimmen sind.

Die zweite Alternative ist schwieriger zu handhaben, da sich die für die Entscheidung wesentlichen Umstände leicht in die eine oder die andere Richtung verschieben lassen. Eine Ermittlung des Gebäudewerts nach den Wertansätzen in den Überlassungsverträgen würde die Nutzer begünstigen, da darin das Grundstück nebst aufstehendem Altbau niedrig und insbesondere der Materialaufwand des Nutzers wegen der Knappheit relativ hoch bewertet wurden. Würde man hingegen entsprechend Nr. 3.8 der Wertermittlungsrichtlinien die Investitionen des Nutzers mit ihrem heutigen Restwert und das Grundstück ohne Berücksichtigung der Investition mit seinem heutigen Wert bewerten, würde der Nutzer insofern benachteiligt, als

1. seine Aufwendungen in der Regel Bauteile und Einrichtungen mit einer geringeren Restnutzungsdauer als die zum Gebäuderohbau gehörenden Teile betrafen und

2. das Grundstück nach dem Beitritt einen außergewöhnlichen Wertzuwachs erfahren hat.

Der Entwurf geht einen mittleren Weg, indem der Sachwert des Gebäudes, der nach §§ 21 ff. der Wertermittlungsverordnung zu ermitteln ist, mit dem Wert der Aufwendungen zum Zeitpunkt ihrer Vornahme verglichen werden soll.

Einzelne Investitionen des Nutzers, die dieser in der Regel im Laufe mehrerer Jahre vorgenommen haben wird, sind mit ihren jeweiligen Restwerten zu berücksichtigen. Es genügt, wenn der Wert der Aufwendungen des Nutzers zu einem Zeitpunkt einmal die Hälfte des Sachwerts des Gebäudes überschritten hat.

Ist der Zeitpunkt der Vornahme der Aufwendungen nicht festzustellen, so ist der Tag vor dem Beitritt als Wertermittlungsstichtag zugrunde zu legen.

Notwendigen Verwendungen, die der Erhaltung der Substanz oder Nutzbarkeit des Gebäudes dienen, kann sich ein Nutzer nicht entziehen. Insofern wäre es unbillig, wenn die dem Nutzer daraus entstandenen Aufwendungen allein deshalb nicht angerechnet werden könnten, weil er sie erst nach dem Beitritt vornehmen mußte. Satz 4 läßt deshalb die Zurechnung dieser Aufwendungen zu dem zu ermittelnden Wert des baulichen Aufwands zu. Der Nutzer, der erst nach dem Beitritt notwendige Verwendungen vorgenommen hat, kann daher ebenfalls die in diesem Gesetz bestimmten Ansprüche geltend machen, wenn dadurch seine Investitionen in das Gebäude insgesamt die Hälfte des Sachwerts des Gebäudes übersteigen.

Die Regelung in Satz 4 ist jedoch zeitlich zu befristen. Andernfalls bestünde besonderer Anreiz für diejenigen, die lange notwendige Erhaltungsmaßnahmen unterlassen haben, nunmehr diese vorzunehmen, um damit noch die Ansprüche nach diesem Gesetz ausüben zu können und so eine Beteiligung an der Hälfte des nach dem Beitritt entstandenen Bodenwerts zu begründen. Dies widerspräche den Grundlagen des Entwurfs. Dieser knüpft an die in der DDR begründete Berechtigung des Nutzers an. Satz 4 sieht nur deshalb eine Ausnahme vor, um Härten für diejenigen zu vermeiden, die in Unkenntnis der künftigen gesetzlichen Regelung notwendige Verwendungen nach dem Beitritt vorgenommen haben. Nach Satz 5 sind daher Werterhöhungen durch Verwendungen in das Gebäude nicht mehr den mit dem Sachwert des Gebäudes zu vergleichenden baulichen Investitionen zuzurechnen, wenn mit den Arbeiten erst nach dem 20. Juli 1993 (Tag des Kabinettsbeschlusses) begonnen worden ist. Insoweit bleiben die Ansprüche des Nutzers auf Verwendungsersatz beschränkt.

Zu Absatz 3

Absatz 3 enthält die Bestimmung darüber, wann andere Bauwerke als Gebäude nach den Bestimmungen des Kapitels 2 zu behandeln sind, wann also gesetzliche Ansprüche auf Bestellung von Erbbaurechten oder zum Ankauf des Grundstücks begründet sind.

Der Entwurf gewährt Ansprüche aus Bebauungen. Eine Bebauung ist die Errichtung eines Gebäudes. Gebäude sind alle Bauwerke, die durch räumliche Umfriedung Menschen oder Sachen Schutz gewähren.

(BGH-Urteil vom 22. September 1972 — VZR 8/92 — DB 1972, 2298). Eine dem BGB konforme Neuregelung der Rechte aus der Bebauung fremder Grundstücke kann sich indessen nicht auf in der DDR errichtete Gebäude beschränken. Der Zweck der Neuregelung, bauliche Investitionen zu schützen, erfordert eine Erweiterung des Anwendungsbereiches des Gesetzes auf andere bauliche Anlagen. In solchen Bauwerken stecken zum Teil wesentlich größere Werte als in vielen Gebäuden.

Es können allerdings nicht alle Bauwerke in die Sachenrechtsbereinigung einbezogen werden. Bauwerke sind alle durch Verwendung von Arbeitskraft und Verwendung von bodenfremdem Material in Verbindung mit dem Erdboden hergestellten Sachen (vgl. RGZ 56, 41, 43). Hiermit wären auch bauliche Anlagen auf dem fremden Grundstück erfaßt, für die es nicht der Bestellung eines Erbbaurechts bedarf, sondern eine Dienstbarkeit ausreicht. Die Lösung des Entwurfs besteht darin, hier die baulichen Anlagen zu beschreiben, für die die Begründung von Erbbaurechten oder der Erwerb des Grundeigentums üblich und erforderlich ist. Dies sind solche baulichen Anlagen,

— deren bestimmungsgemäße Nutzung einen Ausschluß des Grundstückseigentümers von Besitz und Nutzung des Grundstücks voraussetzt,

— bei denen die zur bestimmungsgemäßen Nutzung des Bauwerks erforderliche Fläche (Funktionsfläche) sich über das gesamte Grundstück erstreckt oder

— bei denen diese Funktionsfläche nach den baurechtlichen Bestimmungen selbständig nutzbar ist und abgetrennt werden kann.

Zu § 12 — Abtrennbare, selbständig nutzbare Teilflächen

Diese Begriffsbestimmung hat für die Regelungen über den Eigenheimbau besondere Bedeutung. Abtrennbare, selbständig baulich nutzbare Teilflächen, die über die für den Eigenheimbau vorgesehene Regelgröße (vgl. § 7 der Eigenheimverordnung vom 31. August 1978 — GBl. I Nr. 40 S. 425 und § 2 Abs. 1 der Verordnung über die Bereitstellung von genossenschaftlich genutzten Bodenflächen zur Errichtung von Eigenheimen auf dem Lande vom 9. September 1976 — GBl. I Nr. 35 S. 426) hinausgehen, kann der Grundstückseigentümer herausverlangen (§ 26). Soweit der Nutzer diese behält, hat er ein höheres, nach dem (vollen) Verkehrswert bestimmtes Entgelt zu zahlen.

Zu Absatz 1

Eine Abtrennbarkeit setzt voraus, daß die Teilfläche nach Vermessung vom Stammgrundstück abgeschrieben werden kann. Dies trifft für fast alle Fälle zu.

Zu Absatz 2

Die selbständige Bebaubarkeit ist nach der gegenwärtigen oder der zu erwartenden baulichen Nutzung zu bestimmen. Die gegenwärtige bauliche Nutzung ist nach den Bestimmungen über die Zulässigkeit von Bauvorhaben nach §§ 29 bis 38 des Baugesetzbuchs und den Bauordnungen der Länder festzustellen. Die zu erwartende bauliche Nutzung ist — wie bei der Feststellung, ob Bauerwartungsland vorliegt (§ 4 Abs. 2 der Wertermittlungsverordnung vom 6. Dezember 1988 — BGBl. I S. 2209) — nach den Ausweisungen in Flächennutzungsplänen, dem Verhalten der Gemeinde sowie der allgemeinen städtebaulichen Entwicklung zu bestimmen.

Die abzutrennende Teilfläche ist dann selbständig baulich nutzbar, wenn sie nach Abschreibung vom Stammgrundstück ein selbständig bebaubares Grundstück (ein neuer Bauplatz) ist (Satz 1). Eine selbständige bauliche Nutzbarkeit ist auch dann gegeben, wenn die Teilfläche zusammen mit einem anderen Grundstück oder mit einer von diesem abzuschreibenden Teilfläche einen neuen Bauplatz ergibt (Satz 2). Die Möglichkeit, ein benachbartes bebaubares Grundstück in der Weise zu vergrößern, daß von dem mit dem Nutzungsrecht belasteten Grundstück ein Teil abgeschrieben und dem benachbarten Grundstück zugeschrieben wird, soll hingegen keine selbständige Bebaubarkeit begründen. Der Nutzer muß dann keine Abschreibung dieser Fläche hinnehmen (§ 26 Abs. 1) und auch keinen erhöhten Zins oder Kaufpreis für diese Teilfläche bezahlen (§ 43 Abs. 2 Nr. 1b und § 71 Abs. 3).

Zu Absatz 3

Die Regelung enthält eine Klarstellung. Soweit die erforderliche Teilungsgenehmigung nach § 120 des Entwurfs in Verbindung mit §§ 19 ff. des Baugesetzbuchs erteilt wird, liegen die in Absatz 1 und 2 bestimmten Voraussetzungen vor. Absatz 2 begründet insoweit eine unwiderlegliche Vermutung.

Die Abtrennbarkeit und bauliche Nutzbarkeit können allerdings nicht nur nach diesem Merkmal bestimmt werden. Teilbarkeit und künftige bauliche Nutzbarkeit können auch dann gegeben sein, wenn das Grundstück zwar geteilt, aber (noch) keine Teilungsgenehmigung für ein Bauvorhaben erteilt werden kann, weil z. B. der das Vorhaben ermöglichende Bebauungsplan noch nicht in Kraft getreten ist.

Zu Unterabschnitt 4 — Erbbaurecht und Ankauf

Zu § 13 — Berechtigte und Verpflichtete

Zu Absatz 1

Die Sachenrechtsbereinigung kann nur dann durchgeführt werden, wenn der jeweilige Grundstückseigentümer und der jeweilige Nutzer des Grundstücks berechtigt und verpflichtet werden. Ansprüche auf Erbbaurechtsbestellung oder zum Ankauf des Grundstücks oder des Gebäudes gegen Dritte können eine Bereinigung der Rechtsverhältnisse an den Grundstücken nicht herbeiführen. Absatz 1 zieht die sich daraus ergebenden Konsequenzen, indem die Rechte und Pflichten an die Rechtsstellung als Grundstückseigentümer oder als Nutzer angebunden werden.

Satz 2 enthält die materiell-rechtliche Regelung der Frage, wer von mehreren Nutzern (Prätendenten) anspruchsberechtigt ist, die nach dem Entwurf gewährten Ansprüche für sich in Anspruch zu nehmen. Der Entwurf gibt demjenigen den Anspruch, der das Grundstück bebaut und damit die zu schützende Investition erbracht hat. Über die Berechtigung müssen diese Personen untereinander streiten. Ein zwischen ihnen ergehendes Urteil wirkt gegenüber dem Grundstückseigentümer nur, wenn er durch Streitverkündung einbezogen worden ist (§ 109 Abs. 3, § 9 Abs. 1 Satz 2).

Zu Absatz 2

Die Regelung ist Folge davon, daß die nach dem Entwurf begründeten Ansprüche nur dem jeweiligen Nutzer oder Grundstückseigentümer zustehen können. Der Entwurf sieht — wie § 1153 Abs. 2 BGB im Verhälnis von Hypothek und gesicherter Forderung — vor, daß die vorgenannten Ansprüche nur zusammen mit dem Eigentum am Grundstück oder dem selbständigen Eigentum an einem Gebäude, dem Nutzungsrecht, den Rechten des Nutzers aus einem Überlassungsvertrag oder dem Besitz an dem Gebäude übertragen werden können. Es wird insoweit eine sog. Akzessorietät zwischen den bestehenden Rechten am Grundstück und den Ansprüchen nach dem Entwurf begründet.

Es ist erwogen worden, die Abtretbarkeit der Ansprüche schlechthin auszuschließen und diese entsprechend § 401 Abs. 1 BGB als unselbständige Nebenrechte kraft Gesetzes auf den Erwerber übergehen zu lassen. Der Entwurf folgt dem nicht.

In den Fällen, in denen für den Nutzer in der DDR kein Recht am Grundstück begründet wurde, sondern die Bebauung allein auf der Billigung staatlicher Stellen beruht hat (sog. hängender Fall), ist der nach dem Entwurf begründete Anspruch die rechtlich gesicherte, übertragbare Rechtsposition. Gleiches gilt für die Fälle, in denen eine Bebauung durch eine Genossenschaft aufgrund einer mit dem Beitritt erloschenen Rechtsträgerschaft erfolgt ist. In diesen Fällen sind einem Erwerber die im Entwurf begründeten Ansprüche zu übertragen und der Besitz an dem vom Nutzer errichteten oder erworbenen Gebäude zu übergeben.

Eine Ausnahme von dem Verbot einer Abtretung allein der in diesem Entwurf begründeten Ansprüche ist für den Fall vorgesehen, in dem erst der Bebauung entsprechende Grundstücke gebildet und daran Erbbaurechte bestellt oder die Grundstücke an die Nutzer veräußert werden müssen. Dies ist insbesondere im komplexen Wohnungs- oder Siedlungsbau der Fall. Die Abtretung der Ansprüche, die insoweit nur an eine Gebietskörperschaft denkbar ist oder einen Träger betreffen kann, der eine Bodenneuordnung durch Erwerb aller Grundstücke in dem Gebiet, Neuparzellierung nach der Bebauung und anschließender Veräußerung oder Erbbaurechtsbestellung durchführt, verhindert nicht, sondern erleichtert oder ermöglicht erst die Sachenrechtsbereinigung. Der Entwurf läßt insoweit eine Abtretung der gesetzlich begründeten Ansprüche ohne eine Übertragung des Besitzes an den Gebäuden an einen Dritten (Zessionar) zu.

Zu Absatz 3

Ein Vertrag, mit dem die in diesem Gesetz begründeten Ansprüche übertragen werden, läßt beim Erwerber Verpflichtungen entstehen,

— das Grundstück oder ein Gebäude zu veräußern oder zu erwerben oder

— ein Erbbaurecht zu bestellen oder zu erwerben.

Die Verträge, durch die eine rechtsgeschäftliche Verpflichtung zu einer solchen Veräußerung oder einem solchen Erwerb des Eigentums an einem Grundstück oder an einem Erbbaurecht begründet wird, bedürfen nach § 313 Satz 1 BGB und § 11 Abs. 2 ErbbauVO in Verbindung mit § 313 Satz 1 BGB notarieller Beurkundung. § 313 Satz 1 BGB wäre in den vom Entwurf geregelten Fällen unmittelbar anzuwenden, soweit der Vertrag auch die Verpflichtung zur Übereignung eines Grundstücks oder eines selbständigen Gebäudeeigentums begründet.

Das Gebäudeeigentum ist ein grundstücksgleiches Recht, auf das die Vorschriften über Grundstücke anzuwenden sind — vgl. Art. 233 § 2b Abs. 5 und § 4 Abs. 1 EGBGB. Das schuldrechtliche Geschäft über ein Gebäude unterliegt wie das Geschäft über ein Grundstück dem gesetzlichen Formzwang aus § 313 Satz 1 BGB (vgl. Münch-Komm/v.Oefele, Einigungsvertrag, Rdn. 329; Palandt/Heinrichs, BGB, 52. Auflage, § 313, Rdn. 3).

Soweit lediglich ein durch das Moratorium nach Art. 233 § 2a EGBGB geschützter Besitz vorliegt, wäre der Vertrag keinem Formzwang unterworfen. Eine Übertragung des Besitzes und mündliche Abtretung der daraus begründeten Rechte wäre möglich, obwohl sich hieran nach dem Entwurf weitreichende Ansprüche und Verpflichtungen knüpfen. Die Zwecke des § 313 Satz 1 BGB,

— Warnfunktion für die Beteiligten,

— Beweisfunktion der beurkundeten Vereinbarung,

— Gültigkeitsgewähr für den Vertrag und

— Beratungsfunktion für die Beteiligten,

treffen auch auf die Übertragung des Besitzes an einem Gebäude zu, wenn sich daraus Ansprüche auf Erbbaurechtsbestellung oder Ankauf des Grundstücks ergeben. Die wirtschaftliche Bedeutung des Geschäfts hängt zudem nach den Grundsätzen des Entwurfs nicht davon ab, ob selbständiges Gebäudeeigentum entstanden ist oder nicht.

Alle Verträge, aus denen ein Teil verpflichtet ist, Ansprüche auf Bestellung eines Erbbaurechts oder zum Kauf eines Grundstücks oder eines Gebäudes oder einer baulichen Anlage nach dem Entwurf zu übertragen, sollen im Interesse einer gleichen Behandlung wirtschaftlich gleichartiger Sachverhalte und klarer, nachweisbarer Vertragsverhältnisse vom Inkrafttreten des Gesetzes an notarieller Beurkundung bedürfen.

Satz 2 enthält eine Heilungsvorschrift, die sich an § 313 Satz 2 BGB wie an § 518 Abs. 2 BGB anlehnt. Die Formwirksamkeit des Vertrages wird geheilt, wenn

— die Übertragung der Ansprüche durch eine die Berechtigung des Erwerbers dokumentierende Eintragung im Grundbuch ausgewiesen wird oder

— die Ansprüche nach dem Entwurf durch Abschluß eines Erbbaurechts- oder eines Kaufvertrages über das Grundstück oder das Gebäude erfüllt worden sind.

Eine Heilung soll aus Gründen der Rechtssicherheit für den Verkehr eintreten, wenn der Rechtserwerb des Erwerbers im Grundbuch dokumentiert wird. Zudem soll Rechtsfrieden eintreten, wenn der Grundstückseigentümer oder Nutzer gegenüber dem Erwerber des Anspruches seine Verpflichtungen nach dem Entwurf erfüllt hat. Eine etwaige Rückabwicklung mehrerer Verträge würde mehr Verwirrung stiften als nützen und nach Vollzug der Sachenrechtsbereinigung auch den Zielen des Gesetzes widersprechen.

Zu § 14 — Verhältnis der Ansprüche

Zu Absatz 1

Absatz 1 enthält die Grundaussage, wonach der Nutzer zwischen den im Gesetz angebotenen Möglichkeiten, Erbbaurechtsbestellung und Ankaufsrecht, soll wählen können.

Das Wahlrecht für den Nutzer begründet sich daraus, daß der Entwurf im Interesse des Erhalts der durch die bauliche Investition geschaffenen Werte dem Nutzer hinsichtlich des Besitzes am Grundstück Vorrang vor den Interessen des Grundstückseigentümers einräumt.

Die Gründe hierfür sind bereits in dem Allgemeinen Teil der Gesetzesbegründung benannt worden — vgl. unter E.1.e) aa).

Folge dieses Vorrangs ist, daß der Nutzer auch die Wahl hat, auf welche Weise er seinen Besitz sichern und dem Grundstückseigentümer einen finanziellen Ausgleich verschaffen will. Der Nutzer, für den in der ehemaligen DDR ein Nutzungsrecht oder eine vergleichbare Berechtigung am fremden Grundstück begründet wurde, soll entscheiden, in welcher Weise er eine dem BGB und seinen Nebengesetzen entsprechende Absicherung seiner baulichen Investition herbeiführen will. Für den Grundstückseigentümer geht es darum, daß die bauliche Nutzung seines Grundstücks nicht auf Dauer unentgeltlich bleiben kann, sondern daß er für die Zukunft einen finanziellen Ausgleich verlangen kann.

Die Rechte des Grundstückseigentümers werden durch die Zuweisung des Wahlrechts auf den Nutzer nicht verletzt. Sein Eigentum ist mit dem Nutzungsrecht oder einer staatlich bewilligten Nutzungsbefugnis belastet in den Regelungsbereich des Gesetzgebers gekommen. Die Anpassung der Nutzungsrechte an die veränderten Verhältnisse gebietet, daß die Nutzung fremden Eigentums nicht unentgeltlich fortgesetzt werden darf. Eine sofortige Kapitalisierung des Grundstückswerts durch eine Ankaufsverpflichtung des Nutzers ginge über den Inhalt der gebotenen Anpassung hinaus.

Zu dem gleichen Ergebnis führt die sozialpolitische Erwägung, daß allein durch die Zuweisung des Wahlrechts an den Nutzer eine für diesen tragbare Belastung entsteht. Für den Grundstückseigentümer wird der Verkauf des Grundstücks in den meisten Fällen die attraktivere Alternative sein, da er hierdurch sofort einen nennenswerten Kapitalbetrag erhält, den er anlegen oder über den er anderweitig verfügen kann. Für viele Nutzer ist ein Ankauf dagegen — jedenfalls nicht sogleich — finanzierbar. Ein Kaufzwang würde dann dazu führen, daß die Nutzer das Haus und das hinzuzuerwerbende Grundstück gleich weiterveräußern müßten, um den Kaufpreis bezahlen zu können. Das in seinen finanziellen Folgen für die Nutzer günstigere Erbbaurecht vermeidet die sich aus einer Ankaufsverpflichtung ergebenden Härten.

Zu Absatz 2

Absatz 2 schränkt das Wahlrecht des Nutzers dahin ein, daß dieser zum Ankauf verpflichtet ist.

Das Erbbaurecht bringt für den Grundstückseigentümer oft einen hohen Verwaltungsaufwand bei vergleichsweise niedrigen Zinseinnahmen mit sich. Besondere Belastungen können weiter entstehen, wenn der Grundstückseigentümer (wie z. B. die Treuhandanstalt) zur Privatisierung durch Veräußerung angehalten ist. Eine Erbbaurechtsbestellung kann dazu führen, daß das Grundvermögen über lange Jahre im Eigentum der öffentlichen Hand bleibt.

Aus diesem Grund soll der Nutzer eine Erbbaurechtsbestellung für ein land-, forstwirtschaftlich, gewerblich genutztes oder öffentlichen Zwecken dienendes Gebäude erst dann verlangen können, wenn der Verkehrswert des Grundstücks 100 000 Deutsche Mark übersteigt. Der sich daraus ergebende Ankaufspreis von 50 000 Deutsche Mark stellt bei einer solchen Nutzung keine übermäßige Belastung dar.

Bei einer Vollfinanzierung des Grunderwerbs ergibt sich bei einem Zinssatz von 8 vom Hundert und einer Tilgung von 1 vom Hundert eine monatliche Belastung von 375 DM.

Bei den Eigenheimen ist eine Herabsetzung der das Wahlrecht ausschließenden Grenze zugunsten der Nutzer geboten. Eine Ankaufspflicht ist erst dann zu begründen, wenn die Grundstückswerte so niedrig sind, daß sich die Bestellung eines Erbbaurechts wegen der sehr geringen Zinsbeträge nicht „lohnt" und die Belastung aus dem Ankauf auch in Anbetracht der Nutzung als Eigenheim für die Nutzer zu keinen unzuträglichen Belastungen führt. Diese Grenze ist nach dem Entwurf für die Fälle vorgesehen, wo der Verkehrswert des Grundstücks weniger als 30 000 DM beträgt. Dies würde zu einem monatlichen Erbbauzins von weniger als 50 DM führen. Die Bestellung solcher Erbbaurechte macht wirtschaftlich keinen Sinn. Die auf die Laufzeit umgelegten Vertragskosten und die Verwaltungs- und Überweisungskosten machen hier bereits einen wesentlichen Teil des Erbbauzinses aus. Den Nutzern ist auf der anderen Seite zuzumuten, den Aufwand für einen Ankaufspreis von 15 000 DM zu tragen. Die Belastung ist gering und bleibt weit unter den Belastungen zurück, die die meisten Mieter zu tragen haben.

§ 122 eröffnet den Nutzern in Härtefällen die Möglichkeit, für eine auf sechs Jahre beschränkte Zeit das Grundstück wie ein Mieter weiter nutzen zu können und in dieser Zeit ein Entgelt in Höhe des Erbbauzinses als Miete an die Grundstückseigentümer zu zahlen.

Zu Absatz 3

Absatz 3 schränkt das Wahlrecht des Nutzers in der Weise ein, daß nur die Bestellung eines Erbbaurechts verlangt werden kann.

Juristische Personen können aus ihren Statuten verpflichtet sein, Grundvermögen nicht zu veräußern. Dies gilt insbesondere für die Kirchen und die Stiftungen. Ein gesetzlicher Zwang zur Veräußerung widerspricht insoweit den Zwecken solcher Organisationen und kann in Einzelfällen die Erfüllung der Aufgaben unmöglich machen oder wesentlich erschweren. Der Grundstückseigentümer soll in diesen Fällen den Nutzer auf die Bestellung eines Erbbaurechts verweisen können.

Dies kann wiederum nicht gelten, wenn die Grundstücke im komplexen Wohnungs- oder Siedlungsbau verwendet oder einer gewerblichen Nutzung zugeführt wurden und die Grundstücke entsprechend der Bebauung neu gebildet werden müssen. Die Sachenrechtsbereinigung würde scheitern, wenn in solchen Fällen nur Erbbaurechtsbestellungen möglich wären. Eine dingliche Absicherung der die Grundstücksgrenzen überschreitenden Bebauungen durch Begründung von Erbbaurechten, die sich allein auf einen Teil der Gebäudegrundfläche erstrecken, ist nur in Form von sog. Nachbarerbbaurechten möglich. Die Zulässigkeit dieser Rechtsform ist strittig; der Entwurf läßt sie aus den zu § 39 Abs. 3 genannten Gründen nur in engen Grenzen zu. Die Verweisung des Nutzers auf eine Erbbaurechtsbestellung an dem überbauten Grundstück würde die Sachenrechtsbereinigung in derartigen Fällen meist scheitern lassen.

Zu Absatz 4

Absatz 4 verweist auf die in § 82 bezeichneten Fälle, in denen dem Grundstückseigentümer ein Recht zum Ankauf eines Wirtschaftsgebäudes und der vom Nutzer errichteten baulichen Anlagen zustehen soll. Dort geht es um die Abwägung zwischen betrieblichen Interessen des Nutzers und des Grundstückseigentümers, die unter bestimmten Voraussetzungen auch ein „umgekehrtes" Ankaufsrecht des Grundstückseigentümers begründen können. Macht der Grundstückseigentümer von diesem Recht Gebrauch, so muß das die Ansprüche des Nutzers auf Erbbaurechtsbestellung oder Ankauf des Grundstücks ausschließen.

Zu § 15 — Ausübung des Wahlrechts

Zu Absatz 1

Die Wahlentscheidung ist Voraussetzung dafür, daß die Beteiligten ihre nach dem Entwurf begründeten Ansprüche verfolgen können. Absatz 1 schreibt für die Ausübung der Wahl aus Gründen der Rechtssicherheit und Beweisbarkeit die Schriftform vor.

Der Entwurf sieht von dem Erfordernis einer notariellen Beurkundung schon dieser Wahlentscheidung ab. Hierfür sind folgende Erwägungen ausschlaggebend:

— Die Ansprüche zwischen den Beteiligten werden erst durch den Abschluß des beurkundungsbedürftigen Erbbaurechts- oder Grundstückskaufvertrages begründet. Hierfür ist eine notarielle Tätigkeit unverzichtbar, die der Entwurf daher auch vorsieht.

— Eine notarielle Mithilfe für die Wahlerklärung ist entbehrlich, da die Abgabe der Erklärung kaum Schwierigkeiten bereiten wird; der Vollzug der Sachenrechtsbereinigung würde durch das Erfordernis einer Beurkundung der Erklärung zu § 15 Abs. 1 hingegen unnötig erschwert werden.

— Die Entscheidung zwischen gesetzlich begründeten Ansprüchen ist auch in anderen gesetzlich geregelten Fällen formfrei (vgl. § 326 Abs. 1 Satz 2 BGB), selbst wenn hiervon ein Grundstücksgeschäft betroffen ist. Die Wahl löst in diesen Fällen ebenfalls allein die Rechtsfolge aus, daß sich die nach dem Sachenrechtsbereinigungsgesetz vorgesehene Alternative nunmehr auf einen Vertragstyp konzentriert.

Zu Absatz 2

Der Entwurf sieht eine Verbindlichkeit der Wahlentscheidung vor. Aus diesem Grunde wird die Frist für die Abgabe der Wahlerklärung auf den verhältnismäßig langen Zeitraum von fünf Monaten bestimmt.

Dies beruht auf der Erwägung, daß eine unverbindliche Erklärung Unsicherheiten in das Vertragsverhältnis hineintragen würde und die spätere Abänderung der Wahl Ersatzansprüche begründen müßte, die sich oft nur schwer durchsetzen lassen werden und Streitigkeiten zwischen den Nutzern und den Grundstückseigentümern nur verschärfen würden. Eine Verbindlichkeit der Wahlentscheidung vermeidet dies und ist den Nutzern zumutbar, wenn die Frist für die Wahl — wie im Entwurf — auf einen längeren Zeitraum festgesetzt wird.

Zu Absatz 3

Der Entwurf hat schließlich auch Regelungen für den Fall zu treffen, daß der Nutzer trotz Aufforderung keine Wahlerklärung abgibt. Der Entwurf folgt hier der in § 264 Abs. 2 BGB für die vertraglich begründeten Wahlschulden vorgesehenen Lösung. Der Grundstückseigentümer kann hiernach eine angemessene Nachfrist setzen und nach deren fruchtlosem Ablauf das Wahlrecht an sich ziehen. Nach dem Übergang des Wahlrechts kann der Grundstückseigentümer den Schwebezustand beenden.

Eines Schutzes des Nutzers vor einer Ankaufsverpflichtung bedarf es dann nicht mehr, da dieser zuvor über eine lange Zeit Gelegenheit hatte, sich für ein Erbbaurecht zu entscheiden, das ihm nach dem Entwurf (§ 32) zugestanden hätte.

Zu § 16 — Pfleger für Grundstückseigentümer und Inhaber dinglicher Rechte

Es bedarf keiner gesetzlichen Bestimmung dazu, wer Grundstückseigentümer im Sinne dieses Gesetzes ist. Berechtigt und verpflichtet ist der jeweilige Eigentümer; die Feststellung der Rechtsinhaberschaft wird durch die sich an die Eintragung im Grundbuch anknüpfende Vermutung aus § 891 BGB erleichtert.

Probleme für die Nutzer bei der Verfolgung ihrer Ansprüche können sich jedoch daraus ergeben, daß die betroffenen Flächen nicht vermessen und die Liegenschaftskarten nicht fortgeführt worden sind, die erforderlichen Umschreibungen im Grundbuch nicht vorgenommen wurden und viele Eigentümer oder ihr gegenwärtiger Aufenthaltsort unbekannt sind.

Die Bereinigung der sachenrechtlichen Verhältnisse an diesen Grundstücken wäre auf Jahre hinaus blockiert, wenn der Nutzer auch hier darauf warten müßte, bis die Eigentumsverhältnisse an den nicht vermessenen Grundstücken geklärt, der unbekannte Eigentümer ermittelt und sein Aufenthaltsort festgestellt ist.

Das gleiche gilt dann, wenn die Inhaber im Grundbuch eingetragener dinglicher Rechte oder ihr Aufenthaltsort unbekannt sind.

Der Entwurf gibt dem Nutzer in den genannten Fällen das Recht, die Bestellung eines Pflegers für den Grundstückseigentümer oder den Inhaber eines dinglichen Rechts am Grundstück herbeizuführen.

Das geltende Recht sieht vergleichbare Pflegschaften zur Durchsetzung von Ansprüchen in § 1961 BGB (Nachlaßpflegschaft auf Antrag) und in § 58 der Zivilprozeßordnung (Prozeßpfleger bei herrenlosen Grundstücken) vor. § 207 des Baugesetzbuchs enthält im Interesse einer zügigen Verfahrensdurchführung eine umfängliche Regelung für die Bestellung von Vertretern von Amts wegen, auf die das Pflegschaftsrecht Anwendung findet.

Die Regelung des Entwurfs über die Pflegschaft ist in ihrem Anwendungsbereich ähnlich weit gefaßt wie § 207 des Baugesetzbuchs, wobei bei der Ausgestaltung der einzelnen Tatbestände den besonderen Bedürfnissen im Beitrittsgebiet Rechnung getragen wird.

Zu Absatz 1

Absatz 1 bringt die Befugnis des Nutzers zum Ausdruck, die Bestellung eines Pflegers zur Verfolgung seiner gesetzlichen Ansprüche verlangen zu können, und beschreibt in den nachfolgenden fünf Fallgruppen die Voraussetzungen für eine Pflegerbestellung.

Zu Nummer 1

Die Bestimmung betrifft ein besonderes Problem im Beitrittsgebiet, das es in dieser Form in den alten Ländern nicht gibt. Hier sind in einigen Bezirken Grundstücke nie vermessen und parzelliert worden (ungetrennte Hofräume), in einigen infolge Kriegseinwirkung zerstörten Städten hat man einen Aufbau über die Grundstücksgrenzen hinweg vorgenommen, ohne die Liegenschaftskarten zu berichtigen. In solchen Fällen ist es häufig derzeit nicht möglich zu bestimmen, auf welchem im Grundbuch eingetragenen Grundstück das vom Nutzer errichtete oder erworbene Gebäude steht.

Die zweite Fallgruppe betrifft die Sachverhalte, in denen die Eintragungen in den Abteilungen des Grundbuchs nicht fortgeführt wurden und der Eigentümer oder Inhaber eines dinglichen Rechts deshalb vom Nutzer nicht ermittelt werden kann.

Zu Nummern 2, 3

Die Pflegschaft für den unbekannten Rechtsinhaber entspricht den im geltenden Recht üblichen Bestimmungen (§ 1913 BGB; § 207 Satz 1 Nr. 1 des Baugesetzbuchs). — Gleiches gilt für die Pflegschaft für den abwesenden Eigentümer mit unbekanntem Aufenthaltsort (§ 1911 BGB, § 207 Satz 1 Nr. 2 und 3 des Baugesetzbuchs).

Zu Nummer 4

Die Pflegschaft für den Fall, daß die Beteiligung in Gesamthands- oder Bruchteilsgemeinschaften unbekannt ist und die Gemeinschaft keinen gemeinsamen Vertreter bestellt hat, ist eine Ergänzung zur Bestimmung in Nummer 2. Ein Vertragsschluß wäre auch dann nicht durchführbar, wenn nur einzelne Mitglieder einer Gesamthands- oder anderen Eigentümergemeinschaft ermittelt werden können, die die Beteiligten insgesamt nicht vertreten können oder bei denen die Vertretungsbefugnis für die anderen zweifelhaft ist.

Eine ähnliche Regelung sieht § 207 Satz 1 Nr. 4 des Baugesetzbuchs zum Zwecke der Durchsetzbarkeit der bauplanerischen Belange vor. Sie ist auch für die Durchführbarkeit der Sachenrechtsbereinigung erforderlich.

Zu Nummer 5

Ist das Grundstück durch Aufgabe des Eigentums herrenlos geworden (§ 928 BGB), so bedarf es für den Abschluß eines auf dieses Grundstück bezogenen Geschäfts ebenfalls der Bestellung eines Pflegers.

Zu Absatz 2

Die Bestellung eines Pflegers gehört zu den Aufgaben, mit denen die Amtsgerichte als Vormundschaftsgerichte betraut sind (§ 35 FGG). Der Entwurf sieht deshalb die Zuständigkeit des mit diesen Angelegenheiten befaßten Gerichts vor. Örtlich zuständig ist das Gericht der belegenen Sache, wo es um die Eigentumsverhältnisse am Grundstück geht.

Die Ausübung des Amts des Pflegers weist im übrigen keine Besonderheiten im Vergleich zu anderen Pflegschaftsfällen auf. Der Entwurf sieht deshalb (wie die Regelung in § 207 des Baugesetzbuchs) die entsprechende Anwendung der Bestimmungen des BGB für die Pflegschaft vor.

Zu Absatz 3

§ 11b des Vermögensgesetzes sowie Art. 233 § 2 Abs. 3 EGBGB [in der Fassung des Art. 13 des Entwurfs für ein Registerverfahrenbeschleunigungsgesetz] sehen die Bestellung gesetzlicher Vertreter für die Grundstückseigentümer durch die Gemeinden vor. Dies ist wegen der geringen Justizkapazitäten in den neuen Ländern zweckmäßig und solange unbedenklich, wie der Pfleger Geschäfte der laufenden Verwaltung vornimmt.

Bei den nach dem Entwurf zu bestellenden Erbbaurechten auf dem verwalteten Grundstück oder den Verkäufen dieser Grundstücke sind jedoch gesetzliche Einschränkungen der Vertretungsmacht wegen der zu befürchtenden Interessenkollisionen erforderlich. Der Vertreter kann nach dem Gesetz gehalten sein, Erbbaurechte für sich selbst, einen Verwandten oder die Gebietskörperschaft, bei der er angestellt ist, zu bestellen oder das Grundstück an eine dieser Personen zu verkaufen. Absatz 3 Satz 1 bestimmt, daß ein nach Maßgabe der vorstehenden Regelungen bestellter Vertreter auch die nach dem Entwurf vorgesehenen Grundstücksgeschäfte vornehmen darf. Zur Verhinderung von Mißbräuchen aus Interessenkollisionen sehen die Sätze 2 bis 4 jedoch Einschränkungen vor.

Satz 2 sieht eine an § 1795 Abs. 1 Nr. 1 BGB und § 20 des Verwaltungsverfahrensgesetzes orientierte Einschränkung der gesetzlichen Vertretungsmacht für Grundstücksgeschäfte mit sich selbst, seinem Ehegatten, Verwandten oder juristischen Personen vor, bei denen der gesetzliche Vertreter als Organ tätig oder gegen Entgelt beschäftigt ist.

Damit ist z. B. die Veräußerung eines Grundstücks durch den Bürgermeister als gesetzlicher Vertreter des abwesenden Eigentümers an die Gemeinde ausgeschlossen.

Die Beschränkungen für das Selbstkontrahieren, von denen die vorgenannten Bestimmungen den gesetzlichen Vertreter befreien, sind für die nach dem Entwurf vorzunehmenden Grundstücksgeschäfte nicht ausgeschlossen (Satz 3).

Satz 4 ordnet schließlich an, daß die nach § 1821 BGB erforderliche Genehmigung für die Geschäfte über das Grundstück durch das Vormundschaftsgericht und nicht durch den Landkreis zu erteilen ist, der den gesetzlichen Vertreter bestellt hat.

Zu § 17 — Aufgebotsverfahren gegen den Nutzer

Zu Absatz 1

Die Sachenrechtsbereinigung kann auch dann nicht durchgeführt werden, wenn ein Nutzungsrecht keiner Person zugeordnet werden kann oder der Nutzer oder sein Aufenthalt unbekannt ist. Diese Fälle werden jedoch im Vergleich zu den in § 16 bezeichneten Sachverhalten, in denen der Grundstückseigentümer oder ein Inhaber eines dinglichen Rechts am Grundstück unbekannt ist, verhältnismäßig selten sein.

Es ist erwogen worden, auch insoweit die Bestellung eines Pflegers vorzusehen. Hiervon ist deshalb Abstand genommen worden, weil

— ein vom Pfleger abgeschlossener Vertrag auf Erbbaurechtsbestellung oder Kauf des Grundstücks zu hohen finanziellen Belastungen für den Nutzer führen kann, die für diesen nicht finanzierbar sein könnten, und

— dem Grundstückseigentümer ein Zahlungsanspruch gegen einen unbekannten Nutzer nichts nützen würde.

In Absatz 1 wird dem Grundstückseigentümer in diesen Fällen die Möglichkeit eingeräumt, den Nutzer im Wege eines Aufgebotsverfahrens mit seinen Rechten auszuschließen.

Zu Absatz 2

Da das Aufgebotsverfahren zum Verlust aller dinglichen Rechte, vertraglichen Ansprüche gegen den Grundstückseigentümer und der nach dem Entwurf begründeten Ansprüche führt, muß eine hinreichend lange Frist vor dem Besitzverlust und — falls ein Recht im Grundbuch eingetragen worden ist — der letzten Eintragung in das Grundbuch verstrichen sein. Eine Frist von 30 Jahren — wie nach § 927 BGB — würde die Sachenrechtsbereinigung allerdings für eine zu lange Zeit aufschieben und zu lang anhaltenden Investitionshindernissen führen. Der Entwurf sieht insoweit eine Frist von zehn Jahren als angemessen an, wie sie zum Beispiel für die Ersitzung beweglicher Sachen in § 937 Abs. 1 BGB vorgesehen ist.

Zu Absatz 3

Absatz 3 verweist auf die Verfahrensvorschriften in der Zivilprozeßordnung für das Aufgebotsverfahren zum Zwecke der Ausschließung eines Inhabers eines Grundpfandrechts, die insoweit entsprechend anzuwenden sind.

Zu Absatz 4

Absatz 4 bezeichnet die Rechtsfolgen des Ausschlußurteils. Die Ansprüche des Nutzers erlöschen. Dingliche Rechte am Grundstück, an denen Rechte Dritter bestehen können, gehen auf den Grundstückseigentümer über. Dem Nutzer verbleibt ein schuldrechtlicher Ausgleichsanspruch für den Rechtsverlust nach den Vorschriften über die ungerechtfertigte Bereicherung.

Zu Unterabschnitt 5 — Verkehrswertermittlung

Zu § 18 — Grundsätze

Zu Absatz 1

Absatz 1 bringt den Grundsatz zum Ausdruck, daß Erbbauzins und Ankaufspreis sich nach dem Verkehrswert des Grundstücks bestimmen. Ein gesetzlich bestimmter Maßstab für den Interessenausgleich zwischen Nutzer und Grundstückseigentümer muß sich an dem Wert orientieren, den das Grundstück in einer Marktwirtschaft hat. Dies ist der Wert, über dessen Verteilung mit der gesetzlichen Regelung entschieden wird.

Der Verkehrswert ist in einer Marktwirtschaft keine feststehende Größe; er verändert sich entsprechend den Gegebenheiten auf dem Grundstücksmarkt. Bei einer am Verkehrswert orientierten Preisbemessung muß auch der Zeitpunkt für dessen Festsetzung bestimmt werden. Hierfür gäbe es drei Möglichkeiten:

1. Gesetzlicher Stichtag: Eine solche Festlegung schließt Manipulationen der Beteiligten durch Verzögerung des Vertragsschlusses in der Hoffnung auf eine für sie günstige Preisentwicklung aus.

Einer solchen Stichtagsregelung wohnte indessen ein Element willkürlicher Festsetzung inne; es gibt kein überzeugendes Argument dafür, die Beteiligten an den Wert zu binden, den das Grundstück gerade an dem gesetzlich festgelegten Tag hatte. Die Beteiligten sind nach dem Entwurf nicht gezwungen, sogleich einen Vertrag nach Maßgabe dieses Gesetzes abzuschließen. Daher ist zu erwarten, daß viele Erbbaurechts- und Grundstückskaufverträge erst mehrere Jahre nach Inkrafttreten dieses Gesetzes abgeschlossen werden, weil z. B. beide Seiten eine Änderung des derzeitigen Zustands nicht für dringlich erachten. Je weiter der Vertragsschluß indessen von einem gesetzlich festgelegten Stichtag für die Wertermittlung entfernt ist, um so unrealistischer kann eine auf einen gesetzlichen Stichtag bezogene Wertbemessung ausfallen.

2. Zeitpunkt des Vertragsschlusses: Dies wäre insofern der beste Zeitpunkt, als mit dem Vertragsschluß dem Nutzer auch ein entsprechender Wert zufließt. Zwischen Vertragsangebot und Vertragsschluß kann allerdings eine Zeitspanne liegen, die vom Empfänger des Vertragsangebots verlängert werden kann, wenn dieser auf eine für ihn günstige Entwicklung auf dem Grundstücksmarkt spekuliert. Bei starken Preisschwankungen kann es sich „lohnen", den Vertragsschluß zu verzögern. Läßt es z.B. eine Seite auf einen Rechtsstreit ankommen, kann unter ungünstigen Umständen zwischen dem Vertragsangebot und dem Vertragsschluß ein Zeitraum von einem oder mehreren Jahren liegen.

3. Zeitpunkt des Vertragsangebots: Hier kann jede Seite selbst den für die Wertermittlung maßgebenden Zeitpunkt festlegen, indem sie der anderen Seite ein Angebot macht. Kein Beteiligter kann die andere Seite durch Verzögerung des Vertragsschlusses benachteiligen.

Der Entwurf legt deshalb für die Wertermittlung den Zeitpunkt des Angebots als maßgebend fest.

Derselbe Rechtsgedanke findet sich auch im Enteignungsrecht, wo Werterhöhungen nach Abgabe eines Kauf- oder Tauschangebots mit angemessenen Bedingungen bei der Festsetzung der Entschädigung unberücksichtigt bleiben (vgl. § 95 Abs. 2 Nr. 3 des Baugesetzbuchs).

Zu Absatz 2

Als Verkehrswert ist grundsätzlich der Preis des unbebauten Grundstücks in Ansatz zu bringen. Dies entspricht den allgemeinen Grundsätzen zur Ermittlung des Bodenwertes (§§ 13, 14, 15 Abs. 2 der Wertermittlungsverordnung vom 6. Dezember 1988 — BGBl. I S. 2209). Der Bodenwert muß Anknüpfungspunkt für die Bemessung der nach diesem Gesetz zu entrichtenden Entgelte sein. Das Gebäude ist dem Nutzer zuzurechnen. Die gesetzliche Regelung begründet Ansprüche auf ein dingliches Recht zur baulichen Nutzung des Bodens (Erbbaurecht) oder auf Übertragung des Eigentums auf den Errichter des Gebäudes.

Der Verkehrswert kann aus den in der Allgemeinen Begründung — vgl. unter D.1.e) — bereits genannten Gründen nur nach dem heute üblichen Preisniveau bestimmt werden. Die gesetzliche Begriffsbestimmung des Verkehrwerts entspricht bis auf den Hinweis, daß der Wert des unbebauten Grundstücks festzustellen ist, derjenigen in § 194 des Baugesetzbuchs.

Die Qualität des Grundstücks bestimmt sich bei der Sachenrechtsbereinigung nach dem Stand, auf den sich die Wertermittlung bezieht (vgl. § 3 Abs. 1 der Wertermittlungsverordnung). Dies entspricht dem Grundsatz, den vorhandenen Wert zu teilen. — Dies wäre allerdings dort nicht angemessen, wo der Nutzer, sein Rechtsvorgänger oder die Gemeinde im Hinblick auf das Bauvorhaben des Nutzers oder seines Rechtsvorgängers Vermessungs- oder Erschließungsmaßnahmen vorgenommen hat. Der Entwurf sieht deshalb grundsätzlich den Abzug des anteiligen Vermessungs- und Erschließungsaufwands vor, der im Preis für erschlossenes Bauland enthalten ist.

Ausnahmen sind nur in den Fällen vorgesehen, in denen der Eigentümer selbst die Vermessungs- und Erschließungskosten getragen hat oder das Grundstück bereits während der Dauer seines Besitzes erschlossen und vermessen war. Letzteres betrifft die Fälle, in denen ein Altbau vom Nutzer übernommen wurde. War das Grundstück bereits zu der Zeit vermessen und erschlossen, als es sich noch im Besitz des Eigentümers befand, so können diese Kosten dem Nutzer nicht zugerechnet werden.

In der DDR wurden von den Gemeinden keine Erschließungsbeiträge erhoben. Eine nachträgliche Erhebung eines Erschließungsbeitrags für fertiggestellte Erschließungsanlagen ist aufgrund der Regelung in der Anlage I Kapitel XIV Abschnitt II Nr. 1.11 des Einigungsvertrages ausgeschlossen. Nach dieser Regelung im Einigungsvertrag ist eine Zuweisung des im heutigen Baulandpreis enthaltenen anteiligen Erschließungsaufwands an die Gemeinde nicht möglich. Dies verstieße gegen die Bestimmung des Einigungsvertrages und auch gegen die Regelungen im Baugesetzbuch, die allein die Erhebung eines Beitrags zu den Kosten der Erschließung, jedoch nicht die Abschöpfung einer durch die Erschließung eingetretenen Wertsteigerung des Grundstücks zulassen.

Zu Absatz 3

Absatz 3 trifft ergänzende Regelungen für die Bemessung des Kaufpreises auf Vergleichswertbasis, die eine Vereinfachung des Verfahrens bezwecken. Die Bestimmung des Verkehrswerts im Vergleichswertverfahren nach Bodenrichtwerten ist üblich und anerkannt (vgl. § 13 Abs. 2 der Wertermittlungsverordnung). Der Entwurf sieht vor, daß diese herangezogen werden sollen. Jeder Beteiligte kann jedoch eine hiervon abweichende Verkehrswertbestimmung verlangen, wenn

— er Anhaltspunkte vorträgt, daß die Bodenrichtwerte nicht den tatsächlichen Marktverhältnissen entsprechen, oder

— die Richtwerte wegen besonderer Umstände als Wertermittlungsgrundlage ungeeignet sind.

Diese Möglichkeit muß den Beteiligten erhalten bleiben, da die aus Kaufpreissammmlungen der Gutachterausschüsse nach § 195 des Baugesetzbuchs ermittelten Bodenrichtwerte nur durchschnittliche Werte zum jeweiligen Jahresende enthalten können. Die am Markt erzielbaren Preise können wegen konjunktureller Schwankungen und der jeweiligen Lage des Grundstücks hiervon nicht unerheblich abweichen.

Zu § 19 — Verkehrswertermittlung in besonderen Fällen

Die Regelung enthält Bestimmungen für die Fälle, in denen es nicht sachgerecht wäre, den Wert von Grund und Boden eines vergleichbaren unbebauten Grundstücks zugrunde zu legen. Grundlage für die Teilung zwischen Nutzern und Grundstückseigentümern können nur die vorhandenen Werte sein. Ist der Wert von Grund und Boden infolge einer in der DDR erfolgten Bebauung geringer, so kann nur dieser Wert der Bemessung von Erbbauzins und Ankaufspreis zugrunde gelegt und so die Teilung herbeiführen.

Zu Absatz 1

Der Grundsatz, wonach der Verkehrswert eines unbebauten Grundstücks zugrunde zu legen ist, kann einer Korrektur für die Fälle bedürfen, in denen die Kosten für die Freilegung des Grundstücks (Abbruchkosten) zu einer Verminderung des Bodenwerts führen. Diese Situation ist dort anzutreffen, wo aus der auf dem Grundstück vorhandenen Bebauung kein dem Bodenwert angemessener Ertrag erzielt werden kann, was insbesondere bei mit alten Gewerbe- und Industriebauten überbauten Grundstücken der Fall sein wird. Sie ist dort gerechtfertigt, wo die Notwendigkeit des Abbruchs auf den durch den Übergang herbeigeführten wirtschaftlichen Veränderungen beruht. Die Wertminderung des Grundstücks durch die Abbruchkosten ist dann die Kehrseite der durch den Übergang zur Marktwirtschaft eingetretenen Bodenwertsteigerungen.

Grundprinzip des Entwurfs ist es, einen Interessenausgleich durch Teilung des **vorhandenen** Bodenwertes herbeizuführen. Wenn ein alsbaldiger Abbruch für die ordnungsgemäße Bewirtschaftung des Grundstücks erforderlich ist und im Verkehr die Kosten einer künftigen Freilegung des Grundstücks sich bereits jetzt wertmindernd auswirken, würde der Ansatz des Bodenwertes eines vergleichbaren unbebauten Grundstücks ohne diese Korrektur zu einem unzutreffenden Ergebnis führen.

Soweit die Notwendigkeit alsbaldigen Abbruchs auf unterlassener Instandhaltung des Gebäudes oder der baulichen Anlage durch den Nutzer beruht oder der Nutzer aufgrund Vertrags zum Abbruch verpflichtet ist, würde der Abzug der Abbruchkosten nicht zu einem Ausgleich der durch den Übergang von der Plan- zur Marktwirtschaft entstandenen Vermögensnachteile, sondern zu einer ungerechtfertigten Entlastung des Nutzers wegen eigener Versäumnisse oder entgegen vertraglicher Absprachen führen. Satz 2 sieht deshalb vor, daß in diesen Fällen kein Abzug der

Abbruchkosten erfolgen kann, selbst wenn sich diese im Verkehr bei einer Veräußerung preismindernd auswirken.

Satz 3 bestimmt, daß mindestens der in Absatz 3 genannte Entschädigungsbetrag in Ansatz zu bringen ist; der Anspruch auf die Entschädigung beläuft sich auf den Mindestwert, der im bebauten Grundstück noch vorhanden ist.

Zu Absatz 2

Absatz 2 enthält Ausnahmevorschriften, die im staatlichen und genossenschaftlichen Wohnungsbau zur Anwendung kommen. Hier sind die Bauweise und der bauliche Zustand des Gebäudes sowie die eingeschränkte Ertragsfähigkeit des Grundstücks zu berücksichtigen, weil sie auf den Bodenwert durchschlagen. Dies ergibt sich daraus, daß aus dem Wohngebäude wegen gesetzlicher Mietbegrenzungen in der Regel keine dem Bodenwert angemessene Verzinsung erzielt wird und einem Abriß des Gebäudes längerfristig tatsächliche und rechtliche Hindernisse entgegenstehen.

In der Wertermittlungspraxis wird in diesen Fällen eine Abzinsung beim Bodenwert in Ansatz gebracht. Der Entwurf sieht vor, daß die einschlägige Bestimmung der Wertermittlungsverordnung (§ 20) hier entsprechend anzuwenden ist.

Zu Absatz 3

Die Bewertung der Grundstücke, die für öffentliche Zwecke in Gemeingebrauch überführt wurden (Straßen, Grünanlagen usw.), nach dem Verkehrswert würde zu unangemessenen Ergebnissen führen. Diese Grundstücke sind mit der Inanspruchnahme dem Grundstücksmarkt entzogen worden und haben deshalb keinen Verkehrswert.

Auch in solchen Fällen muß ein Interessenausgleich zwischen dem Nutzer und dem Grundstückseigentümer stattfinden. Der Entwurf geht hier von dem Grundsatz aus, daß für die in dieser Weise genutzten Grundstücke mindestens der Betrag zu zahlen ist, der in der ehemaligen DDR als Enteignungsentschädigung hätte beansprucht werden können. Der Grundstückseigentümer wäre selbst im sozialistischen Staat wenigstens mit diesem Betrag abgefunden worden. Die Entschädigung ist der Mindestwert, der auch im überbauten Eigentum noch vorhanden ist.

Diese Bewertung trägt zugleich dem Umstand Rechnung, daß der Eigentümer eines solchen Grundstücks nicht weniger erhalten darf als derjenige, der entschädigungslos enteignet wurde und nunmehr einen Anspruch auf Entschädigung nach § 9 Abs. 1 des Vermögensgesetzes in Verbindung mit dem Entwurf für ein Entschädigungsgesetz hat. Für den Alteigentümer ist darin eine Abfindung auf dieser Grundlage vorgesehen.

Zu Absatz 4

Absatz 4 trifft eine Regelung für die Bestimmung der Ausgleichszahlungen für den Rechtsverlust nach § 15 Abs. 1 des Entwurfs für ein Bodensonderungsgesetz. Der Entwurf des Bodensonderungsgesetzes verweist insoweit auf die in diesem Entwurf für den Ankaufsfall begründeten Ansprüche. Die Regelungen im Bodensonderungsgesetz und diejenigen in diesem Entwurf müssen, was die Grundprinzipien für die Bemessung des Ausgleichs für den sein Eigentum verlierenden Grundstückseigentümer angeht, übereinstimmen. Insoweit ist auf die Ausführungen im Allgemeinen Teil der Begründung zum Entwurf Bezug zu nehmen. Dies gilt sowohl für den das Recht verlierenden Grundstückseigentümer als auch für den Nutzer, der das Eigentum durch Ankauf nach diesem Entwurf oder durch Begründung des Eigentums nach § 13 Abs. 1 Satz 2 des Entwurfs für ein Bodensonderungsgesetz erhält.

Eine Unterscheidung zwischen den in § 5 des Entwurfs zum Bodensonderungsgesetz genannten Sachverhalten des komplexen Wohnungs- und Siedlungsbaus und den sonstigen Fällen der Bebauung fremder Grundstücke wäre weder von der wirtschaftlichen Bedeutung noch von der rechtlichen Regelung in der DDR her gerechtfertigt.

Die Regelung in § 19 Abs. 4 sieht allerdings vor, daß für die im komplexen Wohnungs- und Siedlungsbau, in vergleichbarer Weise oder für damit im Zusammenhang stehende Maßnahmen der Infrastruktur genutzten Grundstücke ein einheitlicher Wert nach der baulichen Nutzung aller in solch einem Gebiet belegenen Grundstücke zu ermitteln ist. Dies entspricht dem Gebot zu einer sachgerechten Bemessung der an die Eigentümer für den Rechtsverlust zu zahlenden Ausgleichsleistungen in einem aufgrund einer einheitlichen Bebauungskonzeption überbauten Gebiet. Zugleich wird hiermit die Bewertung wesentlich erleichtert und in vielen Fällen eine Durchführung der Bodenneuordnung erst möglich gemacht.

Die Regelung erfaßt diejenigen Fälle, in denen Bauvorhaben des sog. komplexen Wohnungsbaus aufgrund von Plänen, die in der ehemaligen DDR als Bebauungskonzeption bezeichnet wurden (vgl. die Anlage 3 zur Ersten Durchführungsbestimmung zur Verordnung über die Vorbereitung von Investitionen vom 10. Dezember 1985 — GBl. I Nr. 35 S. 393), durchgeführt wurden. Hierbei wurden zum Teil ganze Stadtteile „auf der grünen Wiese" neu gebaut. Solche Bauvorhaben wurden oft ohne Klärung der Rechtsverhältnisse an Grund und Boden verwirklicht. Die baulichen Anlagen verlaufen häufig quer über die Grundstücksgrenzen hinweg. Die Folge einer solchen Bebauung ohne Rücksichtnahme auf die Eigentumsverhältnisse ist, daß nunmehr Wohnblocks und die gesamte für ein Wohngebiet erforderliche Infrastruktur sich in weiten Bereichen auf in Privateigentum stehenden Grundstücken befinden.

Diese Sachverhalte sind nur in beschränktem Umfang durch einen bürgerlich-rechtlichen Ankauf der Grundstücke nach den Bestimmungen dieses Gesetzes zu regeln. Eine Bereinigung dieser Rechtsverhält-

nisse durch den Abschluß von Grundstückskaufverträgen mit den Eigentümern wird nur dann in Betracht kommen, wenn es sich um wenige Grundstücke handelt und diese Grundstücke nicht mehreren Nutzern zugeordnet werden müssen. Im übrigen müssen diese Sachverhalte in einem erweiterten, auch die im Privateigentum befindlichen Grundstücke einschließenden, die Zuordnung ergänzenden oder an deren Stelle tretenden Bodenneuordnungsverfahren geregelt werden.

Die Regelungen für dieses Verfahren sind im Entwurf für ein Bodensonderungsgesetz (Art. 14 des Entwurfs für ein Registerverfahrenbeschleunigungsgesetz) enthalten. Satz 1 nimmt insoweit auf die Tatbestandsmerkmale in § 5 Abs. 3 jenes Entwurfs Bezug und gibt damit den Maßstab sowohl für den in jenem Verfahren nach § 15 Abs. 1 zu zahlenden Ausgleich für den Rechtsverlust wie auch für die außerhalb eines solchen Verfahrens abzuschließenden Grundstücksgeschäfte nach diesem Entwurf vor.

Die aufgrund einer solchen Bebauungskonzeption in Anspruch genommenen Grundstücke sollen nach einem einheitlichen Verkehrswert für alle im bebauten Gebiet belegenen Grundstücke bewertet werden, weil eine Bewertung für jedes einzelne Grundstück außerordentlich aufwendig und auch nicht sachgerecht wäre.

1. Den zu regelnden Rechtsverhältnissen liegen großflächige Bebauungen vieler Grundstücke zugrunde. Eine Ermittlung der Bodenwerte für die einzelnen Grundstücke wäre außerordentlich aufwendig, weil die Grundstücke in ganz unterschiedlichem Umfang in Anspruch genommen und in verschiedener Weise überbaut wurden. Die Bewertung für ein einzelnes Grundstück wird dadurch erschwert, daß das Grundstück insgesamt, mal nur eine Teilfläche bebaut worden ist. Da die Gebäude teilweise quer über die Grundstücksgrenzen hinweg errichtet wurden, können auf einem Grundstück Gebäude (oder -teile) ganz verschiedener Art stehen.

2. Eine unterschiedliche Bewertung der Grundstücke, je nach Art und Umfang der aufstehenden Bebauung, wäre nicht sachgerecht. Für den betroffenen Grundstückseigentümer hing es von einem nicht zu beeinflussenden Zufall ab, ob und was für ein Gebäude oder was für eine bauliche Anlage auf seinem Grundstück gebaut wurde. Die verwirklichte bauplanerische Konzeption nahm auf die Grundstücksgrenzen und die Eigentumsverhältnisse keine Rücksicht. Der Grundstückseigentümer konnte auf die Bauplanung in der ehemaligen DDR in der Regel keinen Einfluß nehmen.

Die Bebauung der Grundstücke beruhte andererseits auf einem einheitlichen planerischen Konzept. Alle überbauten Grundstücke haben insoweit ein gleiches Schicksal erlitten. Die Nutzer konnten das Grundstück infolge der Verwirklichung des Planes in Anspruch nehmen. Eine Bestimmung des für Erbbauzins und Kaufpreis maßgebenden Verkehrswerts nach der zufälligen Betroffenheit des Grundstücks würde insofern zu willkürlichen Ergebnissen führen. Der Maßstab für den Interessenausgleich ist deswegen eher vom Gedanken einer einheitlichen Entschädigung des Eigentümers für die durch den Plan bestimmte bauliche Inanspruchnahme (auch) seines Grundstücks zu bestimmen.

Die einheitliche Verwendung der Grundstücke für Maßnahmen des komplexen Wohnungsbaus erfordert auch einen gleichmäßigen Interessenausgleich zwischen den Nutzern und den Eigentümern auf einer einheitlichen Grundlage. Dem entspricht die Zugrundelegung eines durchschnittlichen Verkehrswerts für alle in einem solchen Gebiet belegenen Grundstücke.

Befindet sich in dem Bodenneuordnungsgebiet noch ein Grundstück, das nicht bebaut ist und einem Grundstückseigentümer gehört (Baulücke), wird in der Regel eine Rückgabe auch dieses einen Grundstücks nicht in Betracht kommen, da es in die bauplanerische Gesamtkonzeption einbezogen wurde und vom Grundstückseigentümer in der Regel auch nicht in einer bauplanungsrechtlich zulässigen Weise bebaut werden kann. Eine Teilung des Bodenwerts aufgrund in der DDR mit Billigung staatlicher Stellen erfolgter baulicher Inanspruchnahme kann hier jedoch nicht erfolgen. Satz 3 sieht deshalb vor, daß in diesem Fall die Ausgleichszahlung nach dem vollen Verkehrswert bemessen werden muß.

Zu Absatz 5

Die einheitliche Preisermittlung führt die gebotene Gleichbehandlung zwischen den Grundstückseigentümern in einem solchen Gebiet herbei. Auf der Seite derjenigen, denen Eigentum oder dingliche Rechte im Bodenneuordnungsverfahren zugewiesen werden, tritt durch die Bestimmung eines einheitlichen Verkehrswertes für alle Grundstücke in dem überbauten Gebiet jedoch insofern eine Verzerrung ein, als der Nutzer eines gewerblichen Zwecken dienenden Gebäudes zuwenig, die Gemeinde für den Erwerb der im Gemeingebrauch stehenden Flächen jedoch zuviel zahlen muß.

Der Entwurf des Bodensonderungsgesetzes sieht in § 15 Abs. 5 eine allein auf die Flächen bezogene Zahlungspflicht zur Deckung aller Entschädigungsleistungen vor. Ein solches Verfahren ist einfach, führt zu einer schnellen Kostendeckung und damit zur raschen Erledigung der Ausgleichsansprüche derjenigen, die ihr Eigentum oder andere Rechte an Grundstücken in dem Verfahren verlieren.

Die vorgenannten Ungleichheiten aus der einheitlichen Preisbemessung im Hinblick auf die durch die Zuweisung des Eigentums an Grundstücken entstandenen Vorteile werden dadurch nicht ausgeglichen. Absatz 6 sieht insofern vom Bodensonderungsträger zu ermittelnde und festzusetzende Ausgleichsabgaben und -zahlungen vor (Satz 1). Die Abgabe ist zu erheben, nachdem der Sonderungsbescheid bestandskräftig geworden ist und damit die Grundlagen für eine endgültige Ausgleichung der Vor- und Nachteile durch die einheitliche Verkehrswertbemessung feststehen (Satz 2). Das Verfahren zur Erhebung der

Abgabe und zur Zahlung der Ausgleichsleistungen ist vom Träger der Sonderungsbehörde, in der Regel also der Gemeinde, durchzuführen (Satz 3). Die Entscheidungen können außerhalb des Sonderungsbescheids erfolgen; Abgabe und Ausgleichszahlungen sind spätestens ein Jahr nach Bestandskraft des Sonderungsbescheids festzusetzen und werden einen Monat nach dessen Bekanntgabe fällig (Sätze 4 und 5).

Zu Absatz 6

Liegen die von der Sachenrechtsbereinigung betroffenen Grundstücke in einem förmlich festgelegten städtebaulichen Sanierungsgebiet oder Entwicklungsbereich, so können allein durch die Aussicht auf die Sanierung oder Entwicklung Werterhöhungen eintreten. Die hierdurch entstandene Erhöhung des Bodenwerts ist durch einen Ausgleichsbetrag an die Gemeinde abzuführen (§ 154 Abs. 1, § 153 Abs. 1 des Baugesetzbuchs).

Solche Wertsteigerungen sind bei dem Ausgleich zwischen dem Nutzer und dem Grundstückseigentümer nicht zu berücksichtigen. Die nach Durchführung der Sanierung oder Stadtentwicklung eintretenden Wertsteigerungen führen zu einer Steigerung des Bodenwerts, die dem Grundstückseigentümer zugute kommt, der dafür wiederum mit einem Ausgleichsbetrag belastet wird (vgl. Battis/Krautzberger/Löhr, Baugesetzbuch, 3. Aufl., § 154 Rdn. 7). Die Verweisung auf § 153 Abs. 1 des Baugesetzbuchs stellt klar, daß die sanierungs- und entwicklungsbedingten Wertsteigerungen nicht in die Preisbemessungsgrundlage einzubeziehen sind.

Zu § 20 — Verordnungsermächtigung

Für die Verkehrswertermittlung nach dem Baugesetzbuch bestehen bereits Regelungen in der Wertermittlungsverordnung, die durch Richtlinien ergänzt werden. Die bestehenden Bestimmungen und Richtlinien enthalten jedoch keine speziell auf die Bestimmung des Grundstückswerts für die Sachenrechtsbereinigung bezogenen Regelungen. Ergänzende Regelungen können die Umsetzung dieses Gesetzes wesentlich erleichtern.

In die Verordnung sollen insbesondere aufgenommen werden können:

1. Bestimmungen über die Feststellung für eine Verkehrswertermittlung nach Sach- und Ertragswertgesichtspunkten. Die dort genannten wertmindernden Faktoren hängen insbesondere von der Lage des Grundstücks, dem Alter des Gebäudes und den Mieterträgen ab. Im Wege einer Verordnung sollen insoweit Maßstäbe für eine einheitliche Bewertung festgelegt werden können, um so Unsicherheiten in der Wertermittlung abzubauen.

Hierzu können auch durchschnittliche, am Wert eines vergleichbaren unbebauten Grundstücks orientierte Richtwerte festgelegt werden.

2. Nähere Bestimmungen können auch die Ermittlung des abzugsfähigen anteiligen Erschließungsaufwands erleichtern. Dieser Aufwand kann zum Beispiel durch Vergleich der Preise für erschließungsbeitragsfreies (wo der Beitrag schon bezahlt wurde) und erschließungsbeitragspflichtiges Bauland in ähnlichen Lagen bestimmt werden.

Zu Unterabschnitt 6 — Erfaßte Flächen

Der Unterabschnitt 6 regelt die Frage, auf welche Flächen die nach dem Entwurf begründeten Ansprüche zu erstrecken sind. Der Entwurf sieht eine nach bestimmten Fallgruppen differenzierende Regelung vor. Eine Lösung aller Fallgruppen nach einheitlichen Abgrenzungskriterien ist nicht durchführbar.

Soweit die Nutzungsrechtsgrenzen formgerecht festgelegt worden sind, müssen die Ansprüche des Nutzers sich grundsätzlich daran orientieren, da ihm eine Beteiligung am Bodenwert nur im Umfang seines in der DDR begründeten Besitzstands zustehen kann. Bei einem auf die Gebäudegrundfläche bezogenen Nutzungsrecht muß jedoch ein meist zusätzlich abgeschlossener Nutzungsvertrag oder die ortsübliche Bestimmung der Nutzungsrechtsgrenzen ergänzend herangezogen werden. Auf die Gebäudegrundfläche bezogene Nutzungsrechte gab es jedoch fast nur auf unvermessenen volkseigenen Grundstücken, so daß es auch nur dort einer vom Nutzungsrecht abweichenden Bestimmung des Umfangs der nach diesem Gesetz begründeten Ansprüche bedarf.

Auf den genossenschaftlich genutzten Flächen erfolgte die Bestimmung des Umfangs der Nutzungsbefugnisse in der Regel durch Entscheidung der landwirtschaftlichen Produktionsgenossenschaften. Insofern ist die zugewiesene Fläche der richtige Ausgangspunkt für die Bestimmung des Umfangs der nach diesem Gesetz begründeten Ansprüche.

Für die Fälle, in denen der Umfang der Berechtigung des Nutzers nach den Bestimmungen des Entwurfs zu

— den genossenschaftlich genutzten Flächen (§ 22),

— den unvermessenen volkseigenen Grundstücken (§ 23) oder

— den Wohn-, Gewerbe- und Industriebauten ohne Klärung der Eigentumsverhältnisse (§ 24)

nicht ermittelt werden kann, muß eine notwendigerweise allgemein gefaßte Auffangbestimmung (§ 25) eingreifen. In diesen Fällen muß der Umfang der im Entwurf begründeten Ansprüche des Nutzers nach der für ein Gebäude der entsprechenden Art ortsüblichen Flächengröße festgelegt werden. Bei Eigenheimen ist die Größe auf das in den sog. Flächennormativen nach § 7 Satz 2 der Eigenheimverordnung vom 31. August 1978 (GBl. I Nr. 40 S. 425) und § 2 der Verordnung über die Bereitstellung von genossenschaftlich genutzten Bodenflächen zur Errichtung von Eigenheimen auf dem Lande vom 9. September 1976 (GBl. I Nr. 35 S. 426; Ber. Nr. 42 S. 500) genannten Sollgröße von 500 Quadratmetern zu beschränken. Dieser Maßstab entspricht dem für die Bestimmung der Ausübungsbefugnis aus einem auf die Gebäudegrundfläche bezogenen Nutzungsrecht in Art. 233 § 4 Abs. 3 Satz 2 EGBGB. Der Entwurf trifft insoweit Vorsorge für eine gleichmäßige Regelung über den Umfang der Berechtigung des Nutzers, wenn andere Kriterien nicht greifen.

Zu § 21 — Vermessene Flächen

§ 21 ist die Norm für vermessene Grundstücke, wenn die Verleihung des Nutzungsrechts oder die vertraglich begründete Nutzungsbefugnis das Grundstück insgesamt betrifft. Dies war als Regelfall für die auf volkseigenen Grundstücken verliehenen Nutzungsrechte vorgesehen. Hier erstrecken sich auch die im Entwurf begründeten Ansprüche auf das Grundstück insgesamt. Eine Sonderregelung für übergroße Nutzungsrechte enthält § 26.

Zu § 22 — Genossenschaftlich genutzte Flächen

§ 22 enthält die Regelungen zum Umfang der in diesem Gesetz begründeten gesetzlichen Ansprüche auf den Flächen, die dem genossenschaftlichen Nutzungsrecht der landwirtschaftlichen Produktionsgenossenschaften unterlagen.

Der Entwurf regelt in Absatz 1 den Eigenheimbau, in Absatz 2 die anderen Bauten, soweit sie auf der Grundlage eines zugewiesenen Nutzungsrechts errichtet wurden, und in Absatz 3 die aufgrund des gesetzlichen Nutzungsrechts errichteten Bauwerke und baulichen Anlagen, soweit sie nicht Eigenheime sind.

Die Eigenheime sind insoweit besonders zu regeln, da für diese Bauten der Umfang der dem Nutzer zugewiesenen Fläche durch ein sog. Flächennormativ auf 500 Quadratmeter festgelegt war.

Zu Absatz 1

Für den Eigenheimbau orientiert sich der Entwurf an den drei Kriterien, nach denen die Grenzen der Nutzungsrechte in der ehemaligen DDR bestimmt wurden. Den Betroffenen soll insoweit grundsätzlich (für Übergrößen ist in § 26 eine besondere Regelung getroffen) weder etwas genommen noch mehr gegeben werden, als sie in der DDR hatten. Der Entwurf bestimmt deshalb die Flächen nach Kriterien, die in der DDR die Grenzen der Nutzungsrechte festlegten. Dies waren in nachstehender Reihenfolge:

1. Liegenschaftsdokumentation,
2. Nutzungsverträge, wenn Flächen von den landwirtschaftlichen Produktionsgenossenschaften den Gemeinden zur Nutzungsübertragung und von diesen an Bürger zur Bebauung überlassen wurden,
3. Entscheidungen der LPG-Vorstände oder der Gemeinden über den Umfang der zugewiesenen Flächen.

Zu Absatz 2

Bei den land-, forstwirtschaftlich oder gewerblich genutzten Gebäuden gelten die vorstehenden Bestimmungen entsprechend, wenn den Nutzern ein Nutzungsrecht zugewiesen wurde. Der Umfang des Anspruchs des Nutzers bestimmt sich hier nach dem Nutzungsrecht.

Zu Absatz 3

Bei der üblichen Bebauung aufgrund des gesetzlichen Nutzungsrechts der landwirtschaftlichen Produktionsgenossenschaften muß allerdings der Aufhebung des gesetzlichen Nutzungsrechts mit dem Ziel der Wiederherstellung einer auf dem Privateigentum beruhenden Bewirtschaftung der Fläche Rechnung getragen werden. Hier ist allein Vorsorge dafür berechtigt und geboten, daß der Wert der baulichen Investition erhalten bleibt. Die Ansprüche der Nutzer haben sich deshalb grundsätzlich auf die für die Nutzung der Gebäude notwendigen Flächen (Funktionsflächen) zu beschränken. Wenn die Nutzung der Gebäude — wie in der Regel — innerhalb eines Betriebes erfolgt, sind die für die zweckentsprechende Nutzung des Gebäudes innerhalb eines Betriebes notwendigen Flächen einzubeziehen.

Zu § 23 — Unvermessene volkseigene Grundstücke

Die Nutzungsrechte auf volkseigenen Grundstücken bereiten bezüglich des Umfangs der einzubeziehenden Flächen vor allem dann ein Problem, wenn die Nutzungsrechte auf unvermessenen Grundstücken — dann meist auf die Gebäudegrundfläche beschränkt — verliehen wurden.

Soweit es sich um die Abgrenzung von Nutzungsrechten ehemaliger Rechtsträger volkseigenen Vermögens handelt, sind an erster Stelle die Entscheidungen über die Vermögenszuordnung der Grundstücke zugrunde zu legen, soweit diese über die Grenzen der Nutzungsrechte Aufschluß geben. Der Bescheid über die Zuordnung eines z. B. von einer Konsumgenossenschaft oder einer Produktionsgenossenschaft des Handwerks genutzten Grundstücks oder Grundstücksteilfläche entspricht in der Regel dem Umfang der Nutzungsbefugnis der Genossenschaften aus vormaliger Rechtsträgerschaft oder aus dem Nutzungsrecht und gibt damit auch Aufschluß über die nach diesem Gesetz begründeten Ansprüche.

An zweiter Stelle sind die Regelungen in den Nutzungsverträgen anzuwenden, die bis zu einer Vermessung und Teilung der Grundstücke die Nutzungsbefugnisse auf dem ungeteilten Grundstück abgrenzen sollten.

Nutzungsrechte auf unvermessenen volkseigenen Grundstücken konnten auf die Grundflächen der Gebäude bezogen werden; die Nutzungsbefugnisse an den Gemeinschaftsanlagen und am Gartenland waren in Nutzungsverträgen zu regeln (Nr. 75, 76 der Colido-Grundbuchanweisung des Ministers des Innern und Chefs der Deutschen Volkspolizei vom

27. Oktober 1987, erlassen aufgrund § 37 der Grundbuchverfahrensordnung vom 30. Dezember 1975 — GBl. 1976 I Nr. 3 S. 42).

Schließlich ist die erfaßte Fläche danach zu bestimmen, welche Fläche für die Nutzung von Gebäuden der entsprechenden Art zweckmäßig und ortsüblich ist. Auch in diesen Fällen muß dann auf die in Art. 233 § 4 Abs. 3 Satz 3 EGBGB festgelegten Maßstäbe zurückgegriffen werden.

Zu § 24 — Wohn-, Gewerbe- und Industriebauten ohne Klärung der Eigentumsverhältnisse

Zu Absatz 1

Die Bestimmung regelt die schwierigen Fragen einer großflächigen Überbauung ohne Klärung der Eigentumsverhältnisse an Grund und Boden. Nach den rechtlichen Regelungen der ehemaligen DDR wäre hier grundsätzlich eine enteignende Inanspruchnahme nach § 14 des Aufbaugesetzes vom 6. September 1950 (GBl. Nr. 104 S. 965) in Verbindung mit § 9 des Entschädigungsgesetzes vom 25. April 1960 (GBl. I Nr. 26 S. 257), seit dem 1. Januar 1985 nach § 12 des Baulandgesetzes vom 15. Juni 1984 (GBl. I Nr. 17 S. 201) erforderlich gewesen. Für diese Flächen hätten dann Rechtsträgerschaften begründet oder den Genossenschaften Nutzungsrechte verliehen werden können.

In der Praxis hat man sich darum oft nicht gekümmert. Die Folgen solcher Nachlässigkeiten sind unter den veränderten marktwirtschaftlichen Umständen verheerend. Die Grundstücksgrenzen verlaufen z. T. quer unter den Gebäuden; da — jedenfalls auf den im Privateigentum stehenden Flächen — kein selbständiges Gebäudeeigentum entstanden ist, verlaufen die Eigentumsgrenzen z. T. vertikal durch die Gebäude. Für die Verkehrsfähigkeit und Beleihbarkeit ist eine unverzügliche Neuordnung der Eigentumsverhältnisse erforderlich.

Eine Bereinigung dieser Rechtsverhältnisse kann nur in seltenen Fällen allein auf der Grundlage dieses Gesetzes erfolgen, das zivilrechtliche Ansprüche zwischen den Grundstückseigentümern und den Nutzern begründet. Eine Lösung auf dieser Grundlage wird insoweit nur in Fällen möglich sein, in denen durch die Nutzer nur noch wenige Grundstücke in dem überbauten Gebiet hinzuerworben werden müssen und es keiner Umlegung im Hinblick auf die jetzt vorhandene Bebauung bedarf. Meistens wird sich eine Lösung nur in einem alle Grundstücke in dem überbauten Gebiet erfassenden Bodenneuordnungsverfahren finden lassen, das zweckmäßigerweise mit der Zuordnung der in dem Gebiet belegenen volkseigenen Grundstücke erfolgen sollte. Die Bestimmungen für die schwierige Durchführung solcher Verfahren befinden sich im Entwurf für ein Bodensonderungsgesetz.

Die Regelung in § 24 hat insofern Bedeutung nur für die Fälle, in denen es nicht zur Durchführung solcher Verfahren kommt, weil die hierfür erforderlichen personellen und sachlichen Kapazitäten in der Verwaltung nicht zur Verfügung stehen, sich ein solches Verfahren wegen der geringen Zahl der noch betroffenen Grundstücke nicht „lohnt" oder die Nutzer (vor allem Wohnungsbau- oder Konsumgenossenschaften) sogleich den Grund und Boden für die Gebäude hinzuerwerben wollen.

§ 24 ermöglicht den Errichtern der Gebäude, von den betroffenen Grundstückseigentümern die Bestellung von Erbbaurechten oder den Hinzuerwerb des Eigentums nach den allgemeinen Grundsätzen dieses Gesetzes (50:50-Teilung des Bodenwerts u. a.) zu verlangen.

Eine privatrechtliche Bereinigung durch Hinzuerwerb der jeweils betroffenen Flächen durch die Nutzer ist auch hier unverzichtbar. Die ungeklärten Eigentumsverhältnisse wirken sich in diesem Bereich besonders investitionshemmend aus. Die Dringlichkeit, die baulichen Investitionen (Wohnblocks, gewerbliche Bauten) verkehrsfähig und beleihbar machen zu müssen, erfordert die Einbeziehung auch dieser Fälle in die Sachenrechtsbereinigung.

Ein Ankaufsrecht kann den Nutzern allerdings nur insoweit gewährt werden, als die betroffenen Grundstücke am Tage vor dem Beitritt bereits baulich in Anspruch genommen waren. Die diesem Gesetz zugrunde liegenden Eckwerte passen auch nur für diese Sachverhalte.

— Die Abgrenzung der Flächen erfolgt dann nach den schon eventuell vorhandenen Aufteilungs- oder Vermessungsunterlagen, wenn die geplante Teilung der Grundstücke mit der Bebauung vor dem Beitritt in die Wege geleitet wurde. Diese Grundstücke waren bereits durch die bauliche Nutzung belastet und werden deshalb in die Befugnis zur Bestellung von Erbbaurechten einbezogen.

— Sehr häufig sind in den im komplexen Wohnungs- oder Siedlungsbau überbauten Gebieten die meisten Flurstücke in Volkseigentum überführt worden, nur einzelne der überbauten Grundstücke befinden sich noch im Privateigentum. Über die Zuordnung der vormals volkseigenen Flächen wird durch einen Feststellungsbescheid nach dem Vermögenszuordnungsgesetz entschieden. Die Zuordnung dieser Flächen kann in einem Zuordnungsplan nach § 2 Abs. 2a und Abs. 2b Vermögenszuordnungsgesetz erfolgen, der insoweit die neuen Grundstücksgrenzen und -bezeichnungen festlegt.

Die Festlegungen im Zuordnungsplan ergeben in der Regel auch Aufschluß für die Bestimmung der Grundstücksgrenzen in den dazwischen liegenden, im Privateigentum verbliebenen Grundstücksstreifen. Für die zweckentsprechende Nutzung der zugeordneten Grundstücke wird eine Inanspruchnahme dieser Grundstücksstreifen entsprechend dem Zuordnungsplan erforderlich sein. § 1 Nr. 3 und § 5 Abs. 2 des Entwurfs für ein Bodensonderungsgesetz sehen insoweit eine ergänzende Bodenneuordnung durch Fortschreibung des Zuordnungsplanes vor. — Für die Bestimmung des Umfangs der nach dem Entwurf vorgesehenen Ansprüche (wobei in diesen Fällen in der Regel nur ein Ankauf der überbauten, im Privateigentum befindlichen Teilfläche in Betracht kommen wird) kann kein anderer Maßstab zur Anwendung kommen. Der Anspruch des Nutzers erstreckt sich demnach auf die Fläche, die zur zweckentsprechenden Nutzung der zugeordneten Grundstücke erforderlich ist.

— Läßt sich der Umfang des Anspruchs nicht nach den vorgenannten in Nummer 1 festgelegten Kriterien bestimmen, kann nur eine Abgrenzung nach der für die Gebäude der entsprechenden Art zweckmäßigen, ortsüblichen Nutzung erfolgen (Nummer 2).

Zu Absatz 2

Der Ankauf von Teilflächen durch die Errichter der Gebäude kann dazu führen, daß den Eigentümern Restflächen verbleiben, die baulich oder wirtschaftlich nicht mehr nutzbar sind. Für die innerhalb eines festgelegten Entwicklungsgebietes belegenen Grundstücke stellen § 145 Abs. 5, § 168 des Baugesetzbuchs eine Regelung bereit, nach der der Eigentümer die Übernahme solcher Grundstücke durch die Gemeinde verlangen kann, wenn deren Nutzung ihm infolge von Sanierungs- oder Stadtentwicklungsmaßnahmen nicht mehr wirtschaftlich zumutbar ist.

In den im Entwurf zu regelnden Sachverhalten ist eine vergleichbare Lage durch in der ehemaligen DDR durchgeführte großflächige Überbauungen entstanden, die auf staatlichen Investitionsmaßnahmen beruhten. Auch in diesen Fällen ist es dem Eigentümer nicht auf Dauer zuzumuten, die für ihn nicht mehr nutzbaren Restflächen behalten zu müssen. Der Entwurf gibt dem Grundstückseigentümer einen dem Übernahmeverlangen im geltenden Bauplanungsrecht entsprechenden Anspruch, aus dem er von der Gemeinde den Ankauf dieser Restflächen verlangen kann. Die Nutzbarkeit dieser Flächen kann — falls erforderlich — im Wege einer Umlegung oder Grenzregelung wieder herbeigeführt werden.

Das Ankaufsverlangen kann für die Gemeinden eine finanzielle Belastung darstellen, wenn diese die Restflächen nicht einer baulichen oder wirtschaftlichen Nutzung zuführen können. Der Entwurf suspendiert deshalb diesen Anspruch bis zum 31. Dezember 1999. Die Gemeinden haben dadurch Zeit, gegebenenfalls Verfahren zur Umlegung, Grenzregelung oder Bodenneuordnung einzuleiten, um diese Restflächen wieder nutzbar zu machen.

Der Preis für die Veräußerung dieser Flächen ist nach den allgemeinen Grundsätzen für die Verkehrswertermittlung und den Ankauf im Entwurf zu bestimmen. Der Grundstückseigentümer soll für die von der Gemeinde zu übernehmende Fläche nicht mehr erhalten als bei einem Ankauf durch den Nutzer.

Die Regelung in Absatz 2 ist eine Notordnung, die nur in Kraft tritt, wenn die Verhältnisse an diesen Flächen nicht durch ein anderes Verfahren (Umlegung, Enteignung oder Bodenneuordnung) bereinigt worden sind. Eine abweichende Regelung dieser Sachverhalte durch neue baurechtliche Bestimmungen bleibt ebenfalls vorbehalten.

Zu § 25 — Andere Flächen

Die Bestimmung enthält einen Auffangtatbestand, der dann eingreift, wenn sich der Umfang der Nutzungsbefugnis nicht nach den vorstehenden Bestimmungen ermitteln läßt. Der Zweck dieser Regelung ist bereits in den Ausführungen vor der Begründung zu § 21 erläutert worden.

Zu § 26 — Übergroße Flächen für den Eigenheimbau

Die Bestimmung regelt die Fälle, in denen bei der Bebauung von Grundstücken mit Eigenheimen die in den Rechtsvorschriften der DDR vorgesehene Regelgröße von 500 Quadratmetern (§ 7 Satz 2 der Eigenheimverordnung vom 31. August 1978 — GBl. I Nr. 40 S. 425 — und § 2 der Bereitstellungsverordnung vom 9. September 1976 — GBl. I Nr. 35 S. 426; Ber. Nr. 42 S. 500) überschritten worden ist und ein abzutrennendes Teilstück selbständig baulich nutzbar wäre. In diesen Fällen ist es sowohl nach dem Zweck des Nutzungsrechts als auch aus dem Gedanken des Investitionsschutzes eine Abtrennung der selbständig bebaubaren Teilflächen gerechtfertigt, zumal hier in der Regel mit den Vorschriften über die Vergabe von Nutzungsrechten unvereinbare Vorteile zugewandt wurden.

Zu Absatz 1

Der Entwurf geht bei der Abwägung der Interessen von Grundstückseigentümern und Nutzern davon aus, daß die Eigentümer einer Erstreckung der Erbbaurechts und des Ankaufsrechts über die gesetzliche Regelgröße hinaus widersprechen können. Erbbaurechte sind damit nur auf der bebauten Teilfläche bis zur Regelgröße zu bestellen; die Nutzer können den Ankauf auch nur insoweit verlangen.

Der Entwurf sieht insofern eine Unterscheidung nach der Größe der in der DDR begründeten Nutzungsbefugnis vor. Bei einer Größe unter 1 000 Quadratmetern soll der Grundstückseigentümer nur dann den Ansprüchen auf Erbbaurechtsbestellung und Ankauf widersprechen können, wenn die abzutrennende Fläche baulich selbständig nutzbar ist. Nutzungsrechte auf Grundstücken mit einer Größe von 600 bis 700 Quadratmetern sind häufig. Ein Zurückschneiden auf die Sollgröße ist hier nur dann vertretbar, wenn dem Grundstückseigentümer dadurch ein wesentlicher Vorteil in Form eines nunmehr neu bebaubaren Grundstücks (neuer Bauplatz) entsteht.

Grundstücksgrößen von mehr als 1 000 Quadratmetern liegen weit außerhalb der gesetzlichen Sollgröße. Sie begründen besondere Annehmlichkeiten durch Nutzung fremden Eigentums. Der Grundstückseigentümer soll hier nicht deshalb zurückstehen müssen, damit der Nutzer diese Annehmlichkeiten behalten kann. Der Entwurf sieht insoweit einen schärferen Maßstab vor. Jede wirtschaftlich sinnvolle Nutzung abtrennbarer Teilflächen soll insoweit den Grundstückseigentümer zu einem Widerspruch gegen eine Erstreckung der Ausübungsbefugnis aus dem Erbbaurecht oder des Ankaufsrechts auf die 1 000 Quadratmeter übersteigende Teilfläche berechtigen.

Zu Absatz 2

Die Folge eines solchen Widerspruchs ist, daß das Nutzungsrecht insoweit erlöschen und die bisher mit Billigung staatlicher Stellen begründete Nutzung eingeschränkt werden muß. Der Nutzer ist dann berechtigt, vom Grundstückseigentümer die Übernahme der abzutrennenden Teilflächen gegen Entschädigung der aufstehenden Bauwerke und Anpflanzungen zu verlangen. Der Grundstückseigentümer ist seinerseits nach Bestellung des Erbbaurechts oder dem Ankauf des mit dem Eigenheim bebauten Grundstücksteils berechtigt, vom Nutzer die Räumung der abzutrennenden Teilfläche gegen eine Entschädigung für die darauf stehenden Bauwerke und Anpflanzungen zu verlangen.

Eine Entschädigung eines Bodenwertanteils sieht der Entwurf insoweit nicht vor. Es ist weder geboten noch gerechtfertigt, dem Nutzer eine Beteiligung am Bodenwert auf den Flächen zuzuerkennen, die zum Bau eines Eigenheims nicht erforderlich sind und mit einem weiteren Gebäude bebaut werden können. Diese Flächen dürfen unter Beachtung der für die Bestellung von Nutzungsrechten geltenden gesetzlichen Bestimmungen den Nutzern grundsätzlich nicht verbleiben, da die Nutzungsrechte nur für den Bau eines Eigenheims und die dafür erforderliche Fläche bestellt werden durften. Die Bestellung eines Nutzungsrechts für Parks und gärtnerische Nutzungen wäre unzulässig gewesen (vgl. § 2 Abs. 1, 2 des Gesetzes über die Verleihung von Nutzungsrechten an volkseigenen Grundstücken vom 14. Dezember 1970 — GBl. I Nr. 24 S. 372).

Zu Absatz 3

Satz 1 trägt dem Gesichtspunkt Rechnung, daß solche Aufteilungen nicht zu unvertretbaren Härten durch Zerschlagung wirtschaftlicher Einheiten oder zu durch die Trennung bedingten erheblichen Wertminderungen führen dürfen. Das Interesse des Grundstückseigentümers, die trennbare Teilfläche selbst nutzen zu können, hat gegenüber dem Interesse des Nutzers, die Fläche behalten zu können, zurückzutreten; zumal der Eigentümer für die Nutzung dieser Flächen das übliche Entgelt zu fordern berechtigt ist (§ 43 Abs. 2 Satz 1 Nr. 1 Buchstabe b, § 71 Abs. 3).

Der Entwurf bestimmt in Satz 2 Regelbeispiele, in denen solche Härten zu vermuten sind. Die Errichtung von Bauwerken, die den Wert der Nutzung des Eigenheims erhöhen und für die in der Nähe kein Ersatz bereitgestellt werden kann, sowie eine erhebliche Wertminderung der Grundstücke durch die Teilung infolge ungünstig geschnittener Grenzen werden ausdrücklich benannt.

Satz 3 macht wiederum eine Einschränkung von Satz 2. Die Abtrennung von Teilflächen führt indessen für den Nutzer in der Regel nur dann zu unvertretbaren Härten, wenn die Überschreitung der Regelgröße nicht außergewöhnlich ist. Für die Flächen, die über eine Gesamtgröße von 1 000 Quadratmetern hinausgehen, ist die Härteklausel grundsätzlich nicht anzuwenden. Dem Nutzer ist hier zuzumuten, sich auf die Nutzung der nicht durch das Eigenheim in Anspruch genommenen Fläche bis zu der genannten Größe zu beschränken.

Zu Absatz 4

Der Nutzer soll aus den bereits genannten Gründen keine Ansprüche nach dem Entwurf geltend machen können, die über das hinausgehen, was er nach den gesetzlichen Regelungen der DDR als Fläche für den Bau eines Eigenheims hätte beanspruchen können. Die Abtrennung der über die Sollgröße hinausgehenden Teilfläche und deren Räumung führt zu erheblichen Nachteilen für den Nutzer, die er dann abwenden können soll, wenn er dem Grundstückseigentümer ein gleichwertiges Grundstück zur Verfügung stellt.

Wenn dem Grundstückseigentümer ein in jeder Hinsicht gleichwertiger Ersatz bereitgestellt wird, ist es ihm zumutbar, auf die Herausgabe einer selbständig baulich nutzbaren Teilfläche seines Grundstücks zu verzichten und — falls er selbst ein Gebäude errichten will — dies an anderer Stelle zu tun.

Zu Absatz 5

Absatz 5 stellt die entsprechende Anwendbarkeit der vorstehenden Regelungen auf vertragliche Nutzungen her. Derjenige, der ein Eigenheim auf einem mit einem sog. Überlassungsvertrag überlassenen fremden Grundstück errichtet hat, soll nicht besser gestellt werden als derjenige, dem zum Beispiel nach einer Enteignung ein Nutzungsrecht auf volkseigenem Grundstück verliehen wurde.

Zu § 27 — Restflächen

Zu Absatz 1

§ 27 des Entwurfs enthält eine Regelung für die Restflächenproblematik außerhalb der in § 24 bezeichneten Überbauung (Städtebau, Errichtung von industriellen Anlagen) ohne Klärung der Eigentumsverhältnisse.

Absatz 1 Satz 1 bringt das Prinzip zum Ausdruck, daß die Ansprüche nach diesem Gesetz auch die nicht mehr baulich oder wirtschaftlich nutzbaren Restflächen erfassen. Nutzer und Grundstückseigentümer können grundsätzlich nach Satz 2 die Einbeziehung dieser Flächen in den Erbbaurechts- oder Grundstückskaufvertrag verlangen, damit nach Lage, Form und Größe zweckmäßig gestaltete Rechtsverhältnisse entstehen. Satz 3 gibt schließlich dem Nutzer eine Einrede, aus der er die Übernahme solcher Restflächen verweigern kann, wenn sich daraus für ihn eine unzumutbare Mehrbelastung ergäbe.

Zu Absatz 2

Die Nutzungsrechte wurden — vor allem im ländlichen Raum auf den LPG-Flächen — häufig ohne Rücksicht auf die Grundstücksgrenzen bestellt. Die Nutzungsrechte können z. B. alle entlang der Straße belegen sein und dadurch größere rückwärtig belegene Teilflächen vom Zugang zur Straße abgeschnitten haben. Die Belastung von Teilflächen mit Erbbaurechten oder die Abschreibung und Übereignung der mit einem Nutzungsrecht belasteten Teilfläche hätte hier zur Folge, daß eine größere Restfläche nicht mehr baulich oder wirtschaftlich nutzbar wäre. Der Entwurf will auch in solchen Fällen eine den Nutzungsrechten entsprechende Parzellierung nicht verhindern, muß andererseits aber Vorsorge dafür treffen, daß hieraus keine Härten für den Grundstückseigentümer entstehen, weil ihm große, nicht mehr nutzbare Flächen verbleiben.

Der Entwurf gibt in diesen Fällen dem Eigentümer gegen den Nutzer einen dem Notwegrecht entsprechenden Anspruch auf ein Wege- und Leitungsrecht.

Was zu dessen Sicherung erforderlich ist, hängt von den jeweiligen landesrechtlichen Bestimmungen ab. Nach der Rechtsprechung des Bundesverwaltungsgerichts ist eine Baulast eine hinreichende Sicherung der Erschließung (BVerwG-Beschluß vom 27. September 1990 — 4 B 34 und 35/90 — NJW 1991, 713, 714); eine allein privatrechtliche Absicherung durch eine Grunddienstbarkeit kann jedoch genügen (BVerwG-Beschluß vom 3. Mai 1988 — 4 C 54/85 — NVwZ 1989, 353). Der Bundesgerichtshof vertritt in ständiger Rechtsprechung die Auffassung, daß die Baulast keine privaten Rechte begründet, so daß es neben der Baulast der Bestellung einer Grunddienstbarkeit bedarf (BGHZ 79, 201 = NJW 1981, 981, 982; BGHZ 88, 97 = NJW 1984, 124, 125). Im Ergebnis kann daher sowohl die Übernahme einer Baulast gegenüber der Behörde als auch die Begründung einer privatrechtlichen Duldungspflicht durch eine Dienstbarkeit erforderlich sein, um die Nutzung der dem Eigentümer verbleibenden Restflächen sicherzustellen. Der Entwurf begründet deshalb einen Anspruch sowohl auf Übernahme einer Baulast als auch auf Bewilligung einer Grunddienstbarkeit.

Für einen Fortbestand der Duldungspflicht gibt es allerdings keine Veranlassung, sobald eine anderweitige Erschließung des Grundstücks hergestellt werden kann. Der Eigentümer der Restfläche ist grundsätzlich verpflichtet, sich um eine anderweitige Erschließung zu bemühen. Ist diese möglich, so soll die für den Nutzer belastende Inanspruchnahme seines Grundstücks nicht auf Dauer fortbestehen. Der Entwurf gibt dem Nutzer einen gesetzlichen Anspruch, in diesem Fall die Aufhebung der Grunddienstbarkeit verlangen zu können. Der Anspruch kann erforderlichenfalls durch eine Vormerkung gegenüber Rechtsnachfolgern gesichert werden. Mit der Verweisung auf § 117 Abs. 2 wird schließlich klargestellt, daß die weitere Nutzung des Grundstücks durch den Nutzer für eine angemessene Übergangszeit zu dulden ist, die für die Herstellung der Erschließungsanlagen erforderlich ist.

Zu Absatz 3

Ist dem Nutzer eine Übernahme der Restfläche nicht zumutbar und erscheint diese Fläche über das Grundstück des Nutzers aus objektiven Gründen (z.B. zu geringe Breite der zur Straße belegenen Grundstücksseite, geschlossene Bauweise) nicht möglich, so ist dem Eigentümer gegen den Nachbarn der in § 917 Abs. 1 BGB bestimmte gesetzliche Anspruch auf ein Notwegrecht zu geben, damit die Restfläche für ihn nutzbar bleibt.

Nach § 918 Abs. 1 BGB tritt die Verpflichtung des Nachbarn zur Duldung des Notwegs nicht ein, wenn das Grundstück infolge willkürlicher Teilung durch den Grundstückseigentümer die bisherige Verbindung mit einem öffentlichen Weg verliert. Satz 2 stellt klar, daß diese Regelung keine Anwendung findet, wenn das Restgrundstück infolge Abschreibung der mit dem Nutzungsrecht belasteten oder vom Nutzer bebauten Teilfläche die Verbindung mit einem öffentlichen Weg verliert. Die Teilung ist nicht willkürlich, sondern zeichnet nur die tatsächlich bereits bestehende, in der DDR begründete Grenzziehung nach.

Zu Absatz 4

Absatz 4 nimmt die Überbauungen durch Großvorhaben (insbesondere im komplexen Wohnungsbau) mit ihrer besonderen Problematik ausdrücklich aus dem Anwendungsbereich des § 27 aus. Wegen der meist engen Bebauung, der Überlagerung der Restflächenproblematik mit bauplanerischen Gesichtspunkten und der meist hohen Grundstückswerte bedarf es hier besonderer Regelungen durch Bodenordnungs- oder Enteignungsverfahren; notfalls müssen die Ansprüche aus der Ankaufsverpflichtung der Gemeinde erhoben werden.

Zu Unterabschnitt 7 — Einwendungen und Einreden

Der Unterabschnitt 7 enthält die Einreden im weiteren Sinne (Einwendungen und Einreden), die der Durchsetzung der Ansprüche auf Erbbaurechtsbestellung und zum Ankauf des Grundstücks entgegenstehen können.

Zu § 28 — Anderweitige Verfahren und
Entscheidungen

Nach § 28 können Ansprüche nach diesem Kapitel nicht geltend gemacht werden, wenn ein amtswegiges Bodenneuordnungsverfahren eingeleitet wird und das betroffene Grundstück darin einbezogen ist oder in den Verfahren nach §§ 53 ff. des Landwirtschaftsanpassungsgesetzes eine Anordnung zum freiwilligen Landtausch oder zur Bodenordnung eine bestandskräftige Entscheidung über die Neuordnung der Eigentumsverhältnisse ergangen ist.

§ 28 enthält einen Ausschluß der Ansprüche aus verfahrensrechtlichen Gründen für den Fall, daß andere Verfahren anhängig sind, in denen die Eigentumsverhältnisse am Grundstück und am aufstehenden Gebäude neu geordnet werden und über eventuelle Ausgleichszahlungen und Abfindungen entschieden wird. In diesen Verfahren wird der Gegenstand der Sachenrechtsbereinigung erledigt. Deren Zweck wäre gefährdet, wenn während dieser Verfahren und erst recht nach deren Abschluß noch Ansprüche aus dem Sachenrechtsbereinigungsgesetz erhoben werden könnten.

Satz 2 läßt die Verfolgung der Ansprüche aus diesem Gesetz (wieder) zu, wenn ein Verfahren nach §§ 53 ff. des Landwirtschaftsanpassungsgesetzes ohne Landtausch oder bestandskräftige Entscheidung zur Feststellung und Neuordnung der Eigentumsverhältnisse beendet worden ist. Diese Verfahren sind Antragsverfahren. Die Beteiligten können durch Rücknahme des Antrags eine Beendigung dieser Verfahren herbeiführen. Der Grund für den Ausschluß der Ansprüche nach diesem Gesetz infolge Einleitung eines Bodenordnungsverfahrens entfällt deshalb, wenn das Verfahren nach §§ 53 ff. des Landwirtschaftsanpassungsgesetzes z.B. durch Rücknahme des Antrages ohne Entscheidung endet.

Zu § 29 — Nicht mehr nutzbare Gebäude und nicht ausgeübte Nutzungen

Zu Absatz 1

Diese Vorschrift gibt dem Grundstückseigentümer eine Einrede, aus der er die Bestellung eines Erbbaurechts oder den Verkauf des Grundstücks verweigern kann, wenn

1. das Gebäude nicht mehr nutzbar und eine Wiederherstellung auch nicht mehr zu erwarten ist (Ruinengrundstück) oder

2. das Gebäude nicht mehr genutzt wird und mit einem Gebrauch auch in Zukunft nicht mehr zu rechnen ist.

Für eine wertlose Bausubstanz oder eine nicht mehr ausgeübte Nutzung hätte kein Nutzungsrecht mehr bestellt werden können; ein bestelltes Nutzungsrecht hätte entzogen werden müssen. Es ist in diesen Fällen weder eine bauliche Investition noch eine Nutzung zu schützen. Es wäre deshalb nicht zu rechtfertigen, den (ehemaligen) Nutzer noch am Bodenwert des Grundstücks zu beteiligen.

Für die Entscheidung, ob mit einer Nutzung des Gebäudes nicht mehr zu rechnen ist, bedarf es einer Prognose. Diese kann nur anhand des bisherigen Verhaltens und der auf dem Grundstück vorgefundenen objektiven Umstände getroffen werden und im Einzelfall schwierig sein. Satz 2 sieht deshalb eine Vermutung für den Grundstückseigentümer vor. Hat der Nutzer das Gebäude ein Jahr nicht mehr genutzt, so ist unter gewöhnlichen Umständen davon auszugehen, daß er es auch in Zukunft nicht mehr nutzen wird. Der Nutzer hätte dann im Streitfall nachzuweisen, daß er das Grundstück in Zukunft wieder nutzen wird.

Zu Absatz 2

Ein Nutzungsrecht kann hingegen auch Grundlage für einen Neubau sein (Art. 233 § 4 Abs. 3 Satz 2 EGBGB). Dem Nutzungsrecht ist hier Rechnung zu tragen, so daß grundsätzlich dem Verlangen des Nutzers auf Bestellung eines Erbbaurechts oder Ankauf des Grundstücks zu entsprechen ist.

Die Ansprüche nach dem Entwurf lassen sich nicht aus einem Nutzungsrecht begründen, das der Nutzer nicht in Anspruch genommen hat und auch nicht zu dem Zweck, zu dem es bestellt wurde, in Anspruch nehmen kann. In den vorstehend genannten Fällen wäre das Nutzungsrecht nach den gesetzlichen Bestimmungen der DDR zu entziehen gewesen (vgl. § 290 Abs. 1, § 294 Abs. 1 ZGB). Die Nutzungsrechte bestehen im Interesse des Schutzes der Nutzer nunmehr als dingliche Rechte am Grundstück fort, jedoch grundsätzlich nicht über ihren bisherigen Inhalt hinaus. Ein Nutzungsrecht, das nicht seinem Zweck entsprechend ausgeübt wird, kann deshalb auch nicht zum Nachteil des Grundstückseigentümers einen Anspruch auf Erbbaurechtsbestellung oder zum Ankauf unter Zugrundelegung einer hälftigen Beteiligung des Nutzers am Bodenwert begründen.

Satz 1 begründet insoweit eine Einrede für den Grundstückseigentümer. Der Grundstückseigentümer soll die Erfüllung der Ansprüche nach dem Entwurf verweigern können, wenn

— der Bau eines neuen Hauses durch den Nutzer ausgeschlossen erscheint oder

— das Gebäude an anderer Stelle als auf der zugewiesenen Fläche errichtet wurde.

Die erste Alternative betrifft den Fall, in dem nach den persönlichen oder wirtschaftlichen Verhältnissen des Nutzers (weil sich dieser z.B. in Liquidation oder in Konkurs befindet) keine Bebauung des Grundstücks, sondern allenfalls dessen Verwertung durch Ankauf zum halben und anschließenden Verkauf zum vollen Verkehrswert zu erwarten ist. Das Nutzungsrecht wird hier nicht zweckentsprechend in Anspruch genommen und soll es auch nicht. Gewinnzielung durch Veräußerung eines mit einem nicht mehr nutzbaren Gebäude bebauten oder eines unbebauten Grundstücks ist nicht Zweck des Nutzungsrechts. Der Nutzer darf insoweit nicht den halben Bodenwert an sich ziehen können. Der Grundstückseigentümer soll daher der Geltendmachung der gesetzlichen Ansprüche nach diesem Gesetz widersprechen können.

Die zweite Alternative betrifft die Fälle, in denen die Nutzungsrechte auf bestimmten Flächen bestellt, die Gebäude jedoch — aufgrund späterer Änderungen der Planung — an anderer Stelle errichtet worden sind. Auf die erforderliche Berichtigung der Nutzungsrechtsurkunden oder Entziehung des Nutzungsrechts mit gleichzeitiger Neubegründung eines Nutzungsrechts an anderer Stelle hat man oft verzichtet. Rechtsvorschriften der DDR, die Regelungen für diese atypischen Sachverhalte enthalten, gibt es nicht.

Da das verliehene Nutzungsrecht auf volkseigenem Grundstück auf ein bestimmtes Grundstück (§ 3 Abs. 1 und § 4 Abs. 3 des Gesetzes über die Verleihung von Nutzungsrechten an volkseigenen Grundstücken vom 14. Dezember 1970 — GBl. I Nr. 24 S. 372) und die zugewiesenen Nutzungsrechte auf genossenschaftlich genutzten Böden auf eine bestimmte Fläche (§ 3 Abs. 1 der Verordnung über die Bereitstellung von genossenschaftlich genutzten Bodenflächen auf dem Lande vom 9. September 1976 — GBl. I Nr. 35 S. 426; Ber. Nr. 42 S. 500 in Verbindung mit der Musterurkunde über die Übertragung des Nutzungsrechts) bezogen waren, dürfte in solchen Fällen von einem Fortbestehen der Nutzungsrechte auszugehen sein, obwohl deren Zweck durch die Errichtung des Gebäudes an anderer Stelle verfehlt wurde.

Ein derartiges Nutzungsrecht, das bei ordnungsgemäßem Vorgehen hätte entzogen und an anderer Stelle, dort wo das Gebäude planungsgemäß errichtet wurde, hätte bestellt werden müssen, kann nicht zu einer Verdinglichung und Beteiligung des Nutzers am Bodenwert berechtigen. Die Folge des Fehlers bei der Bestellung des Nutzungsrechts wäre andernfalls eine Verdoppelung der Rechte des Nutzers, dem die Ansprüche nach diesem Entwurf sowohl an dem Grundstück, an dem das Nutzungsrecht bestellt wurde, als auch an dem Grundstück, das er bebaut hat, zustünden. Dem Eigentümer des nicht bebauten Grundstücks ist vielmehr die Einrede zu gewähren, die Bestellung eines Erbbaurechts und den Ankauf des Grundstücks verweigern und die Aufhebung des Nutzungsrechts verlangen zu können (§ 82 Abs. 3 Satz 2).

Die Regelung in Satz 2 ist erforderlich, um Umgehungen durch Veräußerung des Nutzungsrechts an einem unbebauten oder mit einem nicht mehr nutzbaren Gebäude oder einer solchen baulichen Anlage bebauten Grundstück zu verhindern. Der Nutzer, bei dem die in Satz 1 Nr. 1 bezeichneten Voraussetzungen vorliegen, könnte die Einrede des Grundstückseigentümers gegen seine Ansprüche nach diesem Entwurf andernfalls durch Veräußerung des Nutzungsrechts an einen bauwilligen Dritten umgehen. Wenn der Dritte das Grundstück zum halben Verkehrswert ankaufen könnte, bliebe dem Nutzer die Möglichkeit zur Gewinnerzielung durch Veräußerung nicht des Grundstücks, aber des Nutzungsrechts mit dem Ankaufsanspruch erhalten. Die Erstreckung der Einrede gegenüber dem Erwerber schließt dies aus.

Gegenwärtig bestehen die Ansprüche nach dem Entwurf noch nicht; andererseits kann das Nutzungsrecht wie ein anderes dingliches Recht am Grundstück übertragen werden. Eine rückwirkende Rechtsänderung würde die Rechtsstellung der Nutzer beeinträchtigen, die nach dem Beitritt Nutzungsrechte erworben haben. Den Nutzern muß jedoch für die Zukunft der Anreiz zu Veräußerungsgeschäften bei Mitnahme des hälftigen Bodenwertanteils genommen werden. Der Entwurf sieht deshalb vor, daß der Eigentümer die Einrede erheben kann, wenn die Übertragung des Nutzungsrechts an einem unbebauten oder mit einem nicht mehr nutzbaren Bauwerk bebauten Grundstück nach dem 20. Juli 1993 (Tag des Beschlusses des Gesetzentwurfs durch das Kabinett) erfolgt.

Zu Absatz 3

Die Regelung in Absatz 3 bezweckt, dem Nutzer eine Verwertung des nicht mehr genutzten Gebäudes zu ermöglichen. Dies ist insbesondere in dem Verfahren der Gesamtvollstreckung erforderlich, wenn eine betriebliche Nutzung infolge Verfahrenseröffnung aufgegeben wurde. Der Entwurf eröffnet dem Nutzer die Möglichkeit, vom Grundstückseigentümer den Ankauf des Gebäudes oder der baulichen Anlage verlangen zu können.

Der Grundstückseigentümer, der das Gebäude nicht ankaufen kann oder will, erhält die Befugnis, den Ankaufsanspruch dadurch abzuwenden, daß er das Grundstück oder die Teilfläche, auf die sich die Ansprüche nach diesem Gesetz erstrecken, zum Verkauf mit dem Gebäude bereitstellt. Dem Interesse des Nutzers an der Verwertung des Gebäudes wird dadurch genügt, da erst durch die gemeinschaftliche Verwertung von Grundstück und Gebäude ein akzeptabler Erlös erzielt werden kann.

Zu § 30 — Unredlicher Erwerb

Zu Absatz 1

Zweck der in Absatz 1 Satz 1 bestimmten Einrede ist es,

— unredliche Erwerber von Nutzungsrechten und vergleichbaren Befugnissen zur Bebauung fremder Grundstücke von den nach diesem Gesetz begründeten Ansprüchen auszuschließen und

— Wertungswidersprüche zu § 16 Abs. 3 und § 4 des Vermögensgesetzes zu vermeiden.

Die gesetzliche Regelung hat zwar die in der DDR begründeten Nutzungsrechte und vergleichbaren Nutzungsbefugnisse zu berücksichtigen. Dies gilt jedoch nicht, wenn dieser Besitzstand unredlich im Sinne des § 4 des Vermögensgesetzes, also z.B. durch Korruption, Ausnutzung persönlicher Machtstellungen usw. erworben wurde.

Das Vermögensgesetz läßt im Falle der Unredlichkeit des Erwerbs eines Nutzungsrechts nicht nur die Restitution (Rückgabe) des belasteten Grundstücks zu (vgl. § 3 Abs. 1, § 4 Abs. 2 und 3), sondern ordnet zudem die Aufhebung des Nutzungsrechts durch Entscheidung des Vermögensamts an (vgl. § 16 Abs. 3).

Die Regelungen im Vermögensgesetz betreffen indessen nur die Rückübertragung des Eigentums an enteignete Alteigentümer und die Aufhebung der staatlichen Verwaltung (vgl. § 16 Abs. 1). Nutzungsrechte, die an anderen Grundstücken bestellt wurden, werden vom Vermögensgesetz nicht erfaßt. Das Vermögensgesetz ist insbesondere auf die von den landwirtschaftlichen Produktionsgenossenschaften (auf nicht volkseigenen Flächen) zugewiesenen Nutzungsrechte nicht anwendbar. Es ließe sich jedoch nicht begründen, daß der enteignete Alteigentümer die Aufhebung eines unredlich begründeten Nutzungsrechts verlangen, der Eigentümer der früher von einer landwirtschaftlichen Produktionsgenossenschaft genutzten Fläche ein solches Nutzungsrecht und die hieraus aus dem vorliegenden Entwurf eines Sachenrechtsbereinigungsgesetzes sich ergebenden Rechtsfolgen jedoch hinnehmen müßte. Eine Gleichbehandlung dieser Sachverhalte ist deshalb zwingend.

Satz 2 läßt die Erhebung der Einrede jedoch nur dann zu, wenn gleichzeitig die Aufhebung des Nutzungsrechts beantragt wird. Der Grund für dieses Junktim besteht darin, eine Verstetigung eines zu bereinigenden Tatbestandes zu vermeiden. Würde nämlich der vom Nutzer geltend gemachte Anspruch auf Erbbaurechtsbestellung oder Ankauf des Grundstücks aufgrund der vom Grundstückseigentümer erhobenen Einrede zurückgewiesen, das Nutzungsrecht jedoch nicht aufgehoben, so müßte dieses auf „ewige" Zeit fortbestehen. Eine Anpassung an das BGB und seine Nebengesetze wäre damit ausgeschlossen.

Zu Absatz 2

Anträge auf Aufhebung des Nutzungsrechts sollen sowohl in den vom Vermögensgesetz geregelten Fällen nach der Fassung durch Art. 10 Nr. 14b des Entwurfs für ein Entschädigungsgesetz wie nach diesem Entwurf (Art. 2 § 2 Nr. 3a) nur innerhalb einer gesetzlich bestimmten Ausschlußfrist gestellt werden können. Sind diese Ausschlußfristen verstrichen, so kann aus den bereits vorstehend genannten Gründen auch die Erhebung der Einrede unredlichen Erwerbs nicht mehr zulässig sein.

Zu Absatz 3

Für die Grundstücke, die dem Gemeingebrauch gewidmet oder die im komplexen Wohnungs- oder Siedlungsbau verwendet worden sind, muß eine Sachenrechtsbereinigung auch dann erfolgen können, wenn der Nutzer nicht redlich gewesen ist.

— Eine Nutzung der dem Gemeingebrauch dienenden Flächen durch den privaten Grundstückseigentümer ist schon wegen der fortbestehenden Widmung (der Straße, Wege, Parks usw.) ausgeschlossen. Die Einrede wäre insoweit sinnlos.

— Ein Recht des Grundstückseigentümers, die Sachenrechtsbereinigung bei der Verwendung seines Grundstücks im komplexen Wohnungs- und Siedlungsbau verweigern zu können, würde zur Zerschlagung erheblicher Werte führen, die zudem auch aus wohnungspolitischen Gründen nicht hingenommen werden kann.

In den genannten Fällen ist auch eine Restitution an den Alteigentümer aus tatsächlichen Gründen nach § 5 Abs. 1 Buchstabe b und c des Vermögensgesetzes ausgeschlossen. Auf die Redlichkeit des Erwerbs kommt es insoweit nicht an. Die Einschränkung der Einrede des Grundstückseigentümers entspricht insoweit den Wertungen im Vermögensgesetz.

Zu § 31 — Geringe Restnutzungsdauer

Zu Absatz 1

Die Bestimmung gibt dem Grundstückseigentümer eine Einrede, aus der er bei geringer Restnutzungsdauer eines öffentlichen Zwecken dienenden oder land-, forstwirtschaftlich oder gewerblich genutzten Gebäudes den Abschluß eines Erbbaurechtsvertrages oder den Ankauf des Grundstücks aus den bereits in der Allgemeinen Begründung genannten Gründen — vgl. unter E.1.h) dd) — verweigern kann, wenn kein Nutzungsrecht bestellt worden ist. Die Bestellung von Erbbaurechten wäre untunlich; der auf den Nutzer entfallende Bodenwertanteil ist so gering, daß er kein Ankaufsrecht rechtfertigt.

Zu Absatz 2

Absatz 2 gibt dem Nutzer einen Anspruch auf Abschluß eines nach der Restnutzungsdauer des Gebäudes zu bemessenden Mietvertrages über die für den Gebrauch des Gebäudes erforderliche Funktionsfläche (§ 11 Abs. 3 Nr. 2). Dem Nutzer bleibt dadurch der Wert seiner baulichen Investition für diesen Zeitraum erhalten.

Zu Absatz 3

Der Anspruch auf Abschluß des Mietvertrages erstreckt sich auf die für die Nutzung des Bauwerks erforderliche Fläche des Grundstücks, nicht auf das Bauwerk. Für die Nutzung des vom Nutzer errichteten Bauwerks braucht dieser kein Entgelt zu zahlen; der Nutzer hat allerdings auch selbst für die Instandhaltung des Bauwerks zu sorgen.

Dem Nutzer wird in gleicher Weise wie den anderen Errichtern von Gebäuden mit einer längeren Restnutzungsdauer eine Beteiligung am Bodenwert aus der in der DDR begründeten Nutzungsbefugnis eingeräumt. Diese Beteiligung am Bodenwert kommt darin zum Ausdruck, daß der für diese Zeit zu entrichtende Zins nach der Hälfte des ortsüblichen Entgelts für solche Nutzungen zu bemessen ist.

Da der Mietvertrag in diesen Fällen an die Stelle eines Erbbaurechts tritt, dessen Bestellung der Nutzer bei längerer Restnutzungsdauer des Gebäudes hätte verlangen können, sind einige der Vorschriften des Entwurfs für den Erbbaurechtsvertrag auf den nach dieser Bestimmung abzuschließenden Mietvertrag entsprechend anzuwenden.

Die Bestimmung über die Eingangsphase (§ 52), in der der Zins stufenweise anzuheben ist, ist entsprechend anzuwenden. Der Grund hierfür liegt darin, daß auch der Mietvertrag an die Stelle einer zuvor in der Regel unentgeltlichen Grundstücksnutzung tritt.

Entsprechend anzuwenden sind weiter die Bestimmungen über Nutzungsänderungen in den §§ 48 und 55. Eine Mietzinsbemessung nach der Hälfte des ortsüblichen Entgelts beruht auf der durch die bisherige bauliche Nutzung bestehenden Belastung. Wird diese verändert, so ist der Bezug zu der in der DDR begründeten Berechtigung am Grundstück nicht mehr vorhanden. In diesen Fällen ist — wie im Falle einer Erbbaurechtsbestellung — für die Zukunft eine Anhebung auf den ortsüblichen Zins möglich.

Zu Absatz 4

Die Regelung über die Zinsanpassung ist an diejenige für den Erbbauzins angelehnt. Eine Anpassungsklausel ist wegen der möglichen Länge des Mietverhältnisses (bis zu 25 Jahren) erforderlich. Kündigungen zum Zwecke der Durchsetzung eines höheren Mietzinses sind ausgeschlossen.

Die Durchsetzung des Erhöhungsverlangens soll in ähnlicher Weise wie nach § 2 Abs. 2 und 3 des Gesetzes zur Regelung der Miethöhe vom 18. Dezember 1974 (BGBl. I S. 3603, zuletzt geändert durch den Einigungsvertrag vom 31. August 1990 — BGBl. II S. 889, 1126) erfolgen. Die Anhebung des Mietzinses muß schriftlich geltend gemacht und begründet werden. Der angepaßte Zins wird vom Beginn des dritten auf den Zugang des Anpassungsverlangens folgenden Kalendermonats geschuldet. Weitere Anforderungen sind im Hinblick darauf, daß es sich um die Vermietung einer Grundstücksfläche für ein Wirtschaftsgebäude handelt, nicht zu stellen.

Zu Absatz 5

Nach dem Ende des Mietverhältnisses muß eine Regelung bezüglich des aufstehenden Gebäudes oder der baulichen Anlage erfolgen. In der Regel wird das Gebäude oder die Anlage noch einen Restwert haben, obwohl der Mietvertrag auf die Zeit der Restnutzungsdauer des Gebäudes geschlossen wurde. Die als Anlage 5 zu den Wertermittlungsrichtlinien und in der Fachliteratur veröffentlichten Tabellen über die Nutzungsdauer von Gebäuden gehen von durchschnittlichen Werten für die Nutzung von Gebäuden entsprechender Art und Bauweise aus. Die nach Ablauf dieser Zeit noch stehenden und nutzbaren Gebäude haben noch einen Restwert (vgl. Vogels, Grundstücks- und Gebäudebewertung — marktgerecht, S. 92 m.w.N.).

In diesen Fällen muß eine Regelung für das selbständige Gebäudeeigentum, falls solches begründet worden ist, und über den Wertausgleich erfolgen. Der Entwurf sieht in diesem Fall einen Anspruch des Nutzers gegen den Grundstückseigentümer auf Ankauf des Gebäudes oder der Anlage oder auf Wertersatz vor (Satz 1). Der Entwurf ordnet nicht das Erlöschen des Gebäudeeigentums, sondern den Ankauf an, weil am selbständigen Gebäudeeigentum Rechte Dritter bestehen können.

Die sich daraus ergebende Belastung kann für den Grundstückseigentümer nicht finanzierbare Belastungen mit sich bringen; dies gilt insbesondere dann, wenn er für das Gebäude keine Verwendung hat. Satz 2 sieht deshalb vor, daß der Grundstückseigentümer den Anspruch abwenden kann, indem er dem Nutzer die Verlängerung des Mietverhältnisses für die voraussichtliche Standdauer des Bauwerks anbietet. Die Regelung im Entwurf entspricht insoweit den Bestimmungen in § 27 Abs. 3 ErbbauVO. Die Verpflichtung zur Entschädigung des Gebäuderestwerts und die Abwendungsbefugnis durch Angebot einer Vertragsverlängerung schaffen einen angemessenen Ausgleich wie im Falle einer Erbbaurechtsbestellung. Es wird dadurch auch eine unterschiedliche Behandlung zwischen den Fällen einer Erbbaurechtsbestellung und eines Mietvertragsschlusses wegen kurzer Restnutzungsdauer des Gebäudes vermieden.

Satz 3 trifft eine Regelung für die Fälle, wo eine weitere Nutzung nicht mehr möglich ist. Dem Grundstückseigentümer sollen dann die in § 83 bezeichneten Ansprüche zustehen. Dies werden in der Regel die in § 83 Abs. 1 bezeichneten Ansprüche auf Erstattung der Abbruchkosten oder auf Übernahme der Fläche gegen Entgelt sein. Hat der Nutzer das Grundstück aufgrund eines Mietvertrages genutzt und das aufstehende Gebäude oder die bauliche Anlage bewirtschaftet, so wird in der Regel nicht davon auszugehen sein, daß die Notwendigkeit des Abbruchs bei Vertragsbeendigung Folge des Übergangs von sozialistischer Planwirtschaft zur sozialen Marktwirtschaft ist.

Zu Abschnitt 2 — Bestellung von Erbbaurechten

Zu Unterabschnitt 1 — Gesetzliche Ansprüche auf Erbbaurechtsbestellung

Zu § 32 — Grundsatz

§ 32 enthält den Grundsatz, daß Nutzer und Grundstückseigentümer, wenn der Nutzer das Erbbaurecht gewählt hat oder das Wahlrecht auf den Grundstückseigentümer übergegangen ist, von der anderen Seite den Abschluß eines Erbbaurechtsvertrages verlangen können, wenn der Inhalt ihres Vertragsangebots den gesetzlichen Bestimmungen entspricht.

In der Praxis erfolgt dies regelmäßig in der Weise, daß die eine Seite der anderen ein Vertragsangebot vorlegt und sie zur Annahme auffordert (vgl. BGH-Urteil vom 7. Oktober 1983 — V ZR 261/81 — NJW 1984, 479). Der Entwurf schreibt diesen Weg vor.

Eine Aufforderung zur Abgabe eines Angebots, die der Bundesgerichtshof für zulässig angesehen hat, damit ein Vertragspartner nicht Gefahr läuft, eine Fülle von Angeboten beurkunden lassen zu müssen, wenn sein erstes Angebot nicht vorvertraglichen — oder hier den gesetzlichen — Vorgaben entspricht (BGHZ 97, 147 = NJW 1986, 1983), sieht der Entwurf dagegen nicht vor. Dieses Verfahren ist umständli-

cher, da mit der Verurteilung der Vertrag noch nicht zustande kommt und zudem das erwähnte Risiko nur auf die andere Seite verlagert wird.

Erleichterungen im Verfahren sind jedoch erforderlich, da man dem Kläger nicht die Last auferlegen kann, eine Vielzahl von zu beurkundenden Vertragsangeboten in einem Rechtsstreit einholen zu müssen, bis das Gericht den Beklagten zur Abgabe der Vertragsannahme verurteilt. Der Entwurf trägt diesem Bedürfnis dadurch Rechnung, daß einem eventuellen Rechtsstreit ein notarielles Vermittlungsverfahren vorgeschaltet ist. Das Verfahren endet entweder mit der Beurkundung eines Vertrages oder mit einem notariellen Vermittlungsvorschlag (§ 99), dessen Vorlage Prozeßvoraussetzung in einem anschließenden Gerichtsverfahren ist (§ 105). Die vorangegangene Ausarbeitung eines dem Gesetz entsprechenden Vertragstextes stellt bereits eine wesentliche Hilfe für den anschließenden Rechtsstreit dar. Beide Parteien können sich daran orientieren, was der mit der Durchführung von Vermittlungen und der Beurkundung vertraute Notar in ihrem Fall als die dem Gesetz entsprechende Vertragsgestaltung niedergelegt hat.

Eine weitere wesentliche Erleichterung ist für das Gerichtsverfahren durch die im Entwurf begründete Klage auf Vertragsschluß durch Urteil vorgesehen. Der Vertrag kommt hier nicht durch Verurteilung zur Annahme eines vom Kläger vorzulegenden Angebots, sondern durch richterliches Gestaltungsurteil (§ 107) zustande. Das Gericht kann dabei auch eine vom Klageantrag abweichende vertragliche Regelung begründen.

Zu Unterabschnitt 2 — Gesetzliche Ansprüche wegen dinglicher Rechte

Zu § 33 — Verpflichtung zum Rangrücktritt

Die Bestimmung enthält den Grundsatz, nach dem die Inhaber dinglicher Rechte am Grundstück grundsätzlich verpflichtet sind, einem Rangrücktritt zuzustimmen, damit das Erbbaurecht die erste Rangstelle erhält.

Zu § 34 — Regelungen bei bestehendem Gebäudeeigentum

Zu Absatz 1

Die Regelung gilt für die Fälle, in denen nach den Rechtsvorschriften der ehemaligen DDR selbständiges Gebäudeeigentum begründet wurde. Satz 1 stellt klar, daß die Inhaber dinglicher Rechte am Grundstück hier keine Belastung des Erbbaurechts verlangen können; Belastungen des Gebäudes bestehen dagegen nunmehr als Belastung des nach § 60 Abs. 1 an die Stelle des Gebäudeeigentums tretenden Erbbaurechts fort.

Satz 1 trägt den Bestimmungen über die dingliche Haftung in der ehemaligen DDR Rechnung. Das Gebäudeeigentum war vom Eigentum am Grundstück zu trennen und fiel nicht in den Haftungsverband einer Vollstreckung in das Grundstück (§ 8 Abs. 2 der Grundstücksvollstreckungsverordnung vom 6. Juni 1990 — GBl. I Nr. 32 S. 288). Für die dinglichen Nutzungsrechte war bestimmt, daß die von den Nutzern errichteten Gebäude, Anlagen und Anpflanzungen Gegenstand des selbständigen Eigentums sind (§ 288 Abs. 4, § 292 Abs. 3 ZGB). Der Entwurf stellt deshalb das an die Stelle des Gebäudeeigentums tretende Erbbaurecht von den auf dem Grundstück liegenden Belastungen frei.

Zu Absatz 2

Erstreckt sich das Nutzungsrecht nur auf eine Teilfläche des Grundstücks, so muß der Inhaber des dinglichen Rechts befugt sein, sein Recht auf dem nicht mit dem Nutzungsrecht belasteten Grundstücksteil mit dem bisherigen Rang behalten zu können. Dies ist in der Weise möglich, daß die Fläche, auf die sich das Nutzungsrecht erstreckt, abgeschrieben und dann mit dem Erbbaurecht belastet wird. Dieser Anspruch nach Satz 1 ist gegenüber dem Grundstückseigentümer geltend zu machen.

Solche Sachverhalte bestehen im ländlichen Raum, wo eine mehrere Hektar umfassende Fläche eines landwirtschaftlichen Betriebes mit einem Nutzungsrecht oder einer geringen Anzahl von Nutzungsrechten mit einer Größe von jeweils ca. 500 Quadratmetern belastet sein kann.

Satz 2 gibt dem Inhaber des dinglichen Rechts die Möglichkeit, diesen Anspruch gegen den Grundstückseigentümer einredeweise gegenüber dem Anspruch des Nutzers auf Rangrücktritt nach § 33 geltend zu machen. Dieser Einwendungsdurchgriff ist erforderlich, um dem Inhaber des dinglichen Rechts seinen Rang am Stammgrundstück zu erhalten.

Zu Absatz 3

Die Regelung stellt sicher, daß die durch die Grundstücksteilung entstehenden Kosten von Grundstückseigentümer und Nutzer, nicht vom Inhaber dinglicher Rechte am Grundstück, zu tragen sind. Dem Grundstückseigentümer und dem Nutzer erwachsen insoweit durch eine den Grenzen der Nutzungsbefugnis entsprechende Teilung des Grundstücks Vorteile, so daß diese Kosten den Kosten der Vertragsdurchführung zugerechnet werden müssen.

Zu § 35 — Dienstbarkeit, Nießbrauch, Wohnungsrecht

Zu Satz 1

Die Inhaber derjenigen dinglichen Rechte am Grundstück, die keinen Anspruch auf Zahlung oder Befriedigung aus dem Grundstück gewähren, müssen gemäß § 33 grundsätzlich einem Rangrücktritt zur Bestellung eines erstrangigen Erbbaurechts zustimmen. Sie können vom Nutzer allerdings eine entsprechende Belastung des zu bestellenden Erbbaurechts verlangen, wenn das Recht im Gebäude des Nutzers (z. B. ein Wohnungsrecht) oder auf der der Nutzungsbefugnis des Nutzers unterliegenden Fläche (z. B. ein Leitungs- oder Wegerecht) auszuüben ist. Die tatsächlichen Befugnisse aus solchen Rechten am Grundstück werden durch den Anspruch auf Belastung des Erbbaurechts gesichert und die Nutzer nur dann dazu verpflichtet, wenn ihr Gebäude oder die von ihnen genutzte Fläche bereits zuvor innerhalb des Bereichs der Ausübung dieser dinglichen Rechte lag.

Zu Satz 2

Die Belastung des Erbbaurechts mit einer Dienstbarkeit nach Satz 1 sichert zwar deren tatsächliche Ausübung, jedoch nicht deren Ausfall bei einer Zwangsvollstreckung in das Grundstück aus einer Entschädigungsforderung für das Bauwerk.

Nach der Beendigung des Erbbaurechts durch Zeitablauf hat der Grundstückseigentümer nach § 27 Abs. 1 Satz 1 ErbbauVO dem Erbbauberechtigten eine Entschädigung für das Bauwerk zu leisten. Das Grundstück haftet für diese Forderung an Stelle und mit dem Rang des Erbbaurechts nach § 28 ErbbauVO. Ist der Grundstückseigentümer insolvent, so kann aus der erstrangigen Forderung in das Grundstück vollstreckt werden und mit dem Zuschlag das nachrangige dingliche Recht erlöschen (§ 52 Abs. 1 Satz 2, § 91 Abs. 1 des Gesetzes über die Zwangsversteigerung und die Zwangsverwaltung).

Der Bundesgerichtshof hat deshalb einen Anspruch auf Rangrücktritt gegen den Inhaber einer Dienstbarkeit, wie er nach diesem Gesetz begründet wird, auf der Grundlage des geltenden Rechts verneint, selbst wenn die Eintragung einer gleichrangigen Dienstbarkeit auf dem Erbbaurecht bewilligt wurde (BGH-Urteil vom 15. Februar 1974 — V ZR 47/92 — DNotZ 1974, 692, 693).

Der Entwurf begründet deshalb zugleich eine gesetzliche Verpflichtung des jeweiligen Erbbauberechtigten, eine Versteigerung nur mit der Bedingung des Bestehenbleibens dieser Rechte zu betreiben, wenn ein solcher Rangrücktritt bei der Bestellung des Erbbaurechts erfolgt ist. Solche abweichenden Feststellungen des geringsten Gebotes sind nach § 59 des Gesetzes über die Zwangsversteigerung und die Zwangsverwaltung möglich. Sie haben zur Folge, daß die nicht durch Zahlung zu deckende Dienstbarkeit beim Zuschlag bestehen bleibt und vom Ersteher zu übernehmen ist.

Zu § 36 — Hypothek, Grundschuld, Rentenschuld, Reallast

Zu Absatz 1

Dem § 36 liegt folgende Konzeption zugrunde: Die Inhaber der Reallasten, der Rentenschulden und der Grundpfandrechte erhalten grundsätzlich einen Anspruch auf anteilige Belastung des Erbbaurechts; sie können diesen Anspruch einredeweise gegenüber dem Anspruch des Nutzers aus § 33 auf Zustimmung zum Rangrücktritt geltend machen (§ 36 Abs. 1 Satz 1).

Die Nutzer können im Wege einer Replik geltend machen, daß das dingliche Recht unredlich (in Kenntnis des Belastungsverbots des Grundstückseigentümers) erworben worden sei oder das vom Nutzer errichtete oder erworbene Gebäude oder die bauliche Anlage und die hierfür in Anspruch genommenen Flächen nach den Abreden, die der Bestellung des dinglichen Rechts am Grundstück zugrunde lagen, nicht zum Haftungsverband gehören sollten oder die Nichtzugehörigkeit zum Haftungsverband erkennbar war (§ 36 Abs. 1 Satz 2). Bei den für Betriebe gewährten Krediten wird dem Nutzer eines Eigenheims ein solcher Nachweis durch eine gesetzliche Vermutung erleichtert (§ 36 Abs. 1 Satz 3).

Die Ansprüche und Einreden sind auch im Vermittlungsverfahren (zum Zwecke der Herbeiführung einer gütlichen Einigung) zu erörtern (§ 94 Abs. 4); wird keine Einigung erzielt, so muß im Streitfall nur im Prozeßwege herbeigeführt werden. Ein behördliches Verfahren durch Erteilung von Unschädlichkeitszeugnissen durch Kataster- oder Grundbuchämter entsprechend Art. 120 EGBGB in Verbindung mit den jeweiligen Landesgesetzen ist dort nicht vorgesehen.

Die Voraussetzungen sind dort insoweit anders, als die Behörden festzustellen haben, daß die lastenfreie Abschreibung für die Berechtigten unschädlich ist. Das ist jedoch nur der Fall, wenn das Trennstück einen im Verhältnis zu den verbleibenden Grundstücken oder Grundstücksteilen geringen Wert und Umfang hat oder ein Nachteil für die Berechtigten nicht zu besorgen ist, weil sein Recht nur geringfügig betroffen ist. — Beides wird in den von diesem Gesetz betroffenen Fällen häufig nicht vorliegen. Der eingeräumte Anspruch des Nutzers auf Zustimmung zum Rangrücktritt ist davon unabhängig; der Inhaber der dinglichen Rechte wird vielmehr durch einen Anspruch auf anteilige Belastung des Erbbaurechts gesichert.

Die Verhandlung und Entscheidung über die Ansprüche sollten zudem aus Gründen der Verfahrensökonomie auch dort angesiedelt werden, wo über die Bestellung des Erbbaurechts insgesamt zu befinden ist.

Zu Satz 1

Satz 1 enthält den Grundsatz, wonach der Inhaber einer Reallast oder eines Grundpfandrechts nur eine anteilige Belastung des Erbbaurechts beanspruchen kann, die dem Vermögensanteil des Nutzers am bisherigen Haftungsverband entspricht. Der Entwurf erhält dem Inhaber des dinglichen Rechts eine den Wertverhältnissen zum Zeitpunkt der Beleihung entsprechende Sicherheit, sieht jedoch keine Gesamthaftung des Nutzers mit dem Grundstückseigentümer vor.

Die Wertverhältnisse für das Erbbaurecht und das Grundstück sind dabei nach den allgemeinen Wertmittlungs- und nicht nach Beleihungsgrundsätzen festzusetzen. Dies hat insofern Bedeutung, als auch der Bodenwertanteil des Erbbaurechts zu berücksich-

tigen ist, der im Grundstücksverkehr vom Wert des zu belastenden Grundstücks abgezogen wird.

Eine solche Haftung würde den Nutzer unverhältnismäßigen Belastungen aus der Bestellung von Reallasten und Kreditsicherheiten aussetzen, auf deren Vergabe er keinen Einfluß hatte. Wegen der dem Entwurf zugrunde liegenden grundsätzlichen Erwägungen wird auf die Ausführungen im Allgemeinen Teil — vgl. unter E.1. i) aa) — verwiesen.

Zu Satz 2

Der Anspruch auf eine anteilige, gleichrangige Belastung des für den Nutzer zu bestellenden Erbbaurechts besteht nicht, wenn dem Inhaber des dinglichen Rechts bei seiner Bestellung bekannt war, daß der Grundstückseigentümer vorsätzlich seiner Verpflichtung aus Art. 233 § 2a Abs. 3 Satz 2 EGBGB zuwiderhandelte, das Grundstück nicht zu belasten, oder das vom Nutzer errichtete oder erworbene Gebäude und die ihm zuzuordnende Fläche nicht als Haftungsgrundlage dienen sollten.

Zu Nummer 1

Der Ausschluß des Anspruchs auf Übernahme einer dem dinglichen Recht am Grundstück entsprechenden anteiligen Belastung des Erbbaurechts bei vorsätzlichem Verhalten des Inhabers des dinglichen Rechts (in der Regel eines Kreditgebers) in Satz 2 Nr. 1 entspricht allgemeinen Rechtsgrundsätzen.

Das Zweite Vermögensrechtsänderungsgesetz, das das Belastungsverbot in Art. 233 § 2a Abs. 3 Satz 2 EGBGB aufgenommen hat, hat im Interesse des Grundstücksverkehrs und insbesondere der Beleihbarkeit allein eine schuldrechtliche Verpflichtung des Grundstückseigentümers gegenüber dem Nutzer begründet, das vom Nutzer bebaute Grundstück nicht zu belasten. An der Wirksamkeit der Verfügung sollte kein Zweifel aufkommen (vgl. die Begründung des Entwurfs, BT-Drucksache 12/2480 zu Art. 7 Nr. 2 b (d)).

Die gesetzlich begründete Verpflichtung hat die gleichen Wirkungen wie rechtsgeschäftlich vereinbarte Verpflichtungen, bestimmte Verfügungen zu unterlassen (§ 137 Satz 2 BGB). Im Interesse der Sicherheit des Rechtsverkehrs, der Unveränderlichkeit des gesetzlichen Inhalts dinglicher Rechte sowie der Unerwünschtheit der Begründung verkehrsunfähiger Rechte kann die Unterlassungsverpflichtung keine dinglichen Wirkungen entfalten (vgl. § 137 Satz 1 BGB).

Die Folge des Belastungsverbots ist, daß der Grundstückseigentümer im sog. Außenverhältnis gegenüber Dritten eine über die Verpflichtung im Innenverhältnis gegenüber dem Nutzer hinausgehende Verfügungsbefugnis hat. Die Rechtsstellung des Grundstückseigentümers ist insoweit derjenigen eines Treuhänders vergleichbar, der ebenfalls eine im Außen-

verhältnis unbeschränkte Verfügungsbefugnis hat, im Innenverhältnis jedoch seine Verpflichtungen gegenüber dem Treugeber zu beachten hat.

Eine Mißachtung der Verpflichtungen des Treuhänders gegenüber dem Treugeber ist im Außenverhältnis zum Dritten grundsätzlich unbeachtlich. Insoweit hat es keine Bedeutung, wenn der Dritte die schuldrechtliche Bindung oder ihre Überschreitung durch den Treuhänder fahrlässig nicht erkannt hat (vgl. BGH-Urteil vom 4. April 1968 — II ZR 26/67 — NJW 1968, 1471 sowie die Anmerkung von U. Huber, JZ 1968, 791, 792; a. A. Timm, JZ 1989, 13, 23 jeweils m. w. N.).

Vorsätzliches Verhalten des Dritten verdient jedoch keinen Schutz. Weiß der Dritte, daß der Treuhänder seinen Verpflichtungen vorsätzlich zuwiderhandelt, so begeht er eine Beihilfe zum Treubruch (vgl. Huber, a.a.O.). Der Treugeber hat dann einen Schadensersatzanspruch, aus dem er die Freistellung von den durch den Treubruch begründeten Verbindlichkeiten verlangen kann.

Für gesetzlich begründete Verpflichtungen, ein Grundstück im Interesse des Nutzers nicht zu belasten, kann nichts anderes gelten. § 36 Abs. 1 Satz 2 Nr. 1 gibt deshalb dem Nutzer in solch einem Fall eine Einrede gegenüber dem Anspruch des Inhabers des dinglichen Rechts auf anteilige Belastung des Erbbaurechts. Im Ergebnis erhält der Nutzer dann ein insoweit unbelastetes Erbbaurecht.

Zu Nummer 2

Der andere Ausschlußtatbestand (Satz 2 Nr. 2) beruht darauf, daß es in diesen Fällen nicht gerechtfertigt wäre, der dinglichen Haftung einen Umfang zu verleihen, die sie nach den ihr zugrunde liegenden Absprachen nicht haben sollte oder der über die dem Kreditgeber erkennbaren Verhältnisse hinaus auch das Gebäude oder die bauliche Anlage dem Haftungsverband zuordnet.

Dies ist aus den besonderen Verhältnissen im Beitrittsgebiet gerechtfertigt. Die Grundbuchlage hat hier nicht die gleiche Aussagekraft wie in den alten Bundesländern, da hier Nutzungsrechte und Gebäudeeigentum entstanden sein können, ohne daß dies im Grundbuch dokumentiert werden mußte. Eine Erkundigung über die am Grundstück bestehenden rechtlichen und tatsächlichen Verhältnisse ist insoweit vor dem Erwerb des Eigentums und der Bestellung dinglicher Rechte geboten.

Es wäre insofern nicht berechtigt, aus Gründen des Verkehrsschutzes der dinglichen Haftung eine Wirkung beizulegen, die sie nach den ihr zugrunde liegenden Abreden nicht haben sollte. Der Nutzer kann deshalb seine Haftung nach den dem dinglichen Recht zugrunde liegenden Abreden begrenzen. Wurden hiernach Dispositionen getroffen, in die das vom Nutzer errichtete Gebäude und die diesem zuzuordnende Fläche nicht einbezogen waren, so ist es weder geboten noch gerechtfertigt, dem Inhaber des dinglichen Rechts eine über die Bestellung des Rechts hinausgehende Sicherheit zu erhalten.

Es wird insoweit eine Akzessorietät (Abhängigkeit) zwischen den dinglichen Rechten und den ihrer Bestellung zugrunde liegenden Abreden herbeigeführt, die der Nutzer auch jedem Erwerber des dinglichen Rechts entgegenhalten kann.

War für den Kreditgeber erkennbar, daß das vom Nutzer errichtete oder erworbene Gebäude oder die bauliche Anlage nicht dem Vermögen des Grundstückseigentümers zuzurechnen waren und damit nicht dem Haftungsverband aus einem von diesem bestellten Grundpfandrecht zugeordnet werden konnten, so soll der Nutzer ebenfalls den Rangrücktritt und die Bestellung eines insoweit unbelasteten Erbbaurechts verlangen können. Dies ist eine Folge einer Verletzung der wegen der zahlreichen außerhalb des Grundbuchs bestehenden dinglichen Rechte am Grundstück, des nicht eingetragenen Gebäudeeigentums und der zahlreichen Bebauungen ohne Nutzungsrechtsbestellung gebotenen Erkundungspflicht. In diesen Fällen ist die Berufung des Inhabers des dinglichen Rechts auf die Reichweite der dinglichen Haftung nach dem Bürgerlichen Gesetzbuch ein vorwerfbarer Verstoß gegen eigene Belange, der nicht zu Lasten des Nutzers gehen soll.

Zu Satz 3

In die Sicherheit für Kredite, die für einen Betrieb des Grundstückseigentümers gewährt wurden, sind die von den Nutzern errichteten Eigenheime in der Regel nicht einbezogen. Der Entwurf knüpft hieran eine tatsächliche Vermutung, um dem Nutzer die Durchsetzung der Einrede aus Satz 2 Nr. 2 zu erleichtern. Der Inhaber der Kreditsicherheit wird hierdurch nicht unzumutbar belastet, da er durch Vorlage der Kreditunterlagen andere Sicherungsabreden nachweisen kann.

Zu Absatz 2

Für den Nutzer wird ein Ablöserecht entsprechend §§ 1150, 268 BGB durch anteilige Befriedigung des Gläubigers zum nächstmöglichen Kündigungstermin vorgesehen. Der Nutzer soll sich schnell seiner Haftung entledigen und Ansprüche gegen den Grundstückseigentümer (nach § 37) verfolgen können. Es wäre deshalb nicht sachgerecht, das Ablöserecht erst im Falle einer unmittelbar bevorstehenden oder bereits eingeleiteten Zwangsvollstreckung eintreten zu lassen.

Die Gläubiger werden hierdurch nicht unverhältnismäßig belastet. Ihre Erwartungen aus dem bisherigen Kredit und seinem Tilgungsplan entsprechenden Rückzahlungen und Zinseinkünfte sind nur bis zum nächsten Kündigungstermin rechtlich gesichert. Danach sind die Konditionen neu zu verhandeln.

Zu § 37 — Anspruch auf Befreiung von dinglicher Haftung

Der Nutzer hat eine vorgefundene Belastung anteilig auf sein Erbbaurecht zu übernehmen, auf deren Bestellung er keinen Einfluß hatte und deren wirtschaftliche Vorteile (meist im Erhalt der Darlehnsvaluta) ihm nicht zugute gekommen sind. Der Entwurf gibt dem Nutzer gegen den Grundstückseigentümer — wie einem Bürgen nach § 775 BGB gegen den Hauptschuldner in den Fällen der Verschlechterung von dessen Vermögensverhältnissen, der Erschwerung der Rechtsverfolgung durch Wohnsitzverlegung usw. — einen Anspruch auf Befreiung von der übernommenen dinglichen Haftung.

Ist eine Kreditschuld noch nicht ablösbar, so kann der Nutzer statt Befreiung die Leistung einer Sicherheit fordern.

Zu Unterabschnitt 3 — Überlassungsverträge

Zu § 38 — Bestellung eines Erbbaurechts für einen Überlassungsvertrag

Zu Absatz 1

Der Entwurf gibt dem Grundstückseigentümer einen Anspruch, vom Nutzer den Verzicht auf die Ansprüche auf Verwendungsersatz und Aufgabe der Hypotheken zu verlangen, die für vom Nutzer vorgenommene Werterhöhungen auf dem Grundstück eingetragen wurden.

Die vom Ministerium der Finanzen der DDR herausgegebenen Muster für die Überlassungsverträge (wiedergegeben in Fieberg/Reichenbach, Enteignung und offene Vermögensfragen in der ehemaligen DDR, Ergänzungsband oder Band II, 2. Aufl. Nr. 3.5.11.1) enthielten meist in § 10 eine Regelung, nach der staatliche Verwalter dem Nutzer eine Höchstbetragssicherungshypothek für dessen bauliche Investitionen auf dem Grundstück bestellen sollte. Dieses Grundpfandrecht sicherte den Anspruch des Nutzers wegen seiner Verwendungen auf das Grundstück.

Nach Bestellung des Erbbaurechts gibt es keine Rechtfertigung mehr für eine solche Absicherung am Grundstück. Da das Grundstück nicht herausgegeben wird, kommen mit der Bestellung eines Erbbaurechts die Verwendungen dem Nutzer zugute. Das auf dem Grundstück stehende Gebäude wird Bestandteil des Erbbaurechts (§ 12 Abs. 1 Satz 2 ErbbauVO).

Die Nutzer haben in einigen Fällen ihre Ansprüche auf Wertersatz und die zu ihrer Sicherung eingetragene Hypothek an das die werterhöhenden Maßnahmen finanzierende Kreditinstitut (meist eine Sparkasse) abgetreten. In diesen Fällen kann die Enthaftung des Grundstücks nicht durch Verzicht des Nutzers auf die Hypothek herbeigeführt werden. Satz 2 gibt für diesen Fall dem Grundstückseigentümer einen Anspruch auf Freistellung von der dinglichen Haftung.

Zu Absatz 2

Aus den vom Nutzer eingezahlten Beträgen hatte der staatliche Verwalter zunächst die Verbindlichkeiten des Grundstückseigentümers und danach die eingetragenen Grundpfandrechte abzulösen (§ 5 Abs. 2 der Vertragsmuster a.a.O.). Diese Beträge sind dem Grundstückseigentümer zugute gekommen. Da bei der Bestellung des Erbbaurechts kein Kaufpreis zu zahlen ist, auf den der zu erstattende Betrag angerechnet werden könnte, wird durch Satz 1 ein Aufwendungsersatzanspruch begründet.

Die abgelösten Verbindlichkeiten können allerdings einen diskriminierenden Charakter gehabt haben, die der Grundstückseigentümer, wenn sie nicht abgelöst worden wären, nach § 16 des Vermögensgesetzes nicht zu übernehmen hätte. Der Grundstückseigentümer erhält nach Satz 2, soweit er dem Nutzer seine Aufwendungen ersetzt hat, die von der staatlichen Verwaltung zur Ablösung solcher Verbindlichkeiten verwendet worden sind, einen Anspruch gegen den Entschädigungsfonds. Der Grund hierfür liegt darin, daß der Grundstückseigentümer nicht Nachteile daraus erleiden soll, daß mit Geldern des Nutzers Verbindlichkeiten abgelöst wurden, die er als Eigentümer bei Aufhebung der staatlichen Verwaltung nicht zu übernehmen und auch nicht abzulösen hätte.

Zu Absatz 3

Die noch vorhandenen hinterlegten Beträge — mit Ausnahme der Zinsen, die nach den Verträgen den Grundstückseigentümern zustehen sollen — können die Nutzer zurückfordern. Die Zustimmung des Nutzers zur Auszahlung der Zinsen stellt die Anspruchsberechtigung des Grundstückseigentümers klar.

Zu Unterabschnitt 4 — Besondere Gestaltungen

Zu § 39 — Mehrere Erbbaurechte auf einem Grundstück, Gesamterbbaurechte, Nachbarerbbaurechte

§ 39 trägt dem Umstand Rechnung, daß in der DDR — vor allem im ländlichen Raum — die Nutzungsrechte ohne Rücksicht auf die Grundstücksgrenzen zugewiesen wurden und die Bebauungen häufig über Grundstücksgrenzen hinweg erfolgten. Daraus ergeben sich jetzt erhebliche Schwierigkeiten bei der Begründung von Erbbaurechten. Soweit sich die Grenzen der Nutzungsrechte oder der tatsächlichen Bebauungen nicht mit den Grundstücksgrenzen decken, wäre für die Eintragung der Belastung gemäß § 14 Abs. 2 ErbbauVO in Verbindung mit § 7 Abs. 1 der Grundbuchordnung eine Abschreibung des mit dem Erbbaurecht zu belastenden Grundstücks und seine Eintragung als selbständiges Grundstück in das Grundbuch erforderlich. Hierzu bedürfte es einer Neuvermessung. Der Veränderungsnachweis des Vermessungsamtes ist wiederum Voraussetzung dafür, die Teilfläche als selbständiges Grundstück gemäß § 28 der Grundbuchordnung hinreichend bezeichnen zu können (BGH-Urteil vom 21. Februar 1986 — V ZR 246/84 — NJW 1986, 1867, 1868).

In den neuen Ländern sind die erforderlichen Kapazitäten in den Vermessungs- und Grundbuchämtern — jedenfalls in der nächsten Zeit — noch nicht vorhanden. Mit § 39 soll insoweit eine Erleichterung geschaffen werden, als alle denkbaren Gestaltungsformen für die Belastung von Grundstücken mit Erbbaurechten, deren Zulässigkeit in der juristischen Fachliteratur teilweise umstritten ist, soweit dies vertretbar ist, zulässig sein sollen.

Zu Absatz 1

Hierdurch wird eine Belastung eines Grundstücks mit mehreren Erbbaurechten statthaft. Die Frage, ob eine solche Belastung nach der gegenwärtigen Rechtslage möglich ist, ist strittig (bejahend: Weitnauer, DNotZ 1958, 413, 414; Erman/Hagen, BGB, 8. Aufl., ErbbauVO, § 1 Rdn. 11; verneinend: OLG Frankfurt, Beschluß vom 13. Dezember 1966 — 13 W 155/66 — DNotZ 1967, 688, 689; v. Oefele/Winkler, Handbuch des Erbbaurechts, 2. Kapitel, Rdn. 104, jeweils m.w.N.). Eine solche Belastung wird auch von denjenigen, die sie nach geltendem Recht verneinen, dann für zulässig erachtet, wenn ein Gesetz eine Belastung des Grundstücks mit mehreren gleichrangigen Erbbaurechten ermöglichen würde (OLG Frankfurt, a.a.O.). Diese Rechtsgrundlage wird mit dem Absatz 1 geschaffen.

Eine solche Belastung ist jedoch atypisch; sie kann zu unklaren Grenzverhältnissen führen und erschwert die Belastung eines Grundstücksteils, der von der Ausübungsbefugnis aus den Erbbaurechten nicht erfaßt wird. Der Entwurf schreibt deshalb vor, daß der Vertrag die Verpflichtung für alle Teile enthalten muß, einer Abschreibung und Eintragung als selbständiges Grundstück im Grundbuch zuzustimmen.

Die Belastung eines Grundstücks mit mehreren Erbbaurechten kann nicht durch die Begründung mehrerer gleichrangiger Vormerkungen auf Bestellung künftiger Erbbaurechte ersetzt werden. Solche Vormerkungen würden allein eine Sicherung für die Zeit bis zum Rechtserwerb herbeiführen, jedoch keine beleihbare Rechtsposition am Grundstück begründen.

Die Zwangsversteigerung aus einem erstrangigen Recht führt zum Erlöschen eines gleichrangigen Rechts. Würde diese Rechtsfolge im Falle der Versteigerung eines Erbbaurechts oder bei einer Versteigerung in das Grundstück aus der Entschädigungsforderung nach § 28 ErbbauVO eintreten, wäre die Beleihbarkeit der gemeinsam an erster Rangstelle bestellten Erbbaurechte nicht gegeben. Absatz 1 Satz 5 schreibt deshalb vor, daß die Erbbaurechte insoweit wie Rechte an verschiedenen Grundstücken zu behandeln sind. Ein Erbbaurecht wird bei der Versteigerung eines anderen oder aus der Entschädigungsforderung nicht berührt.

Zu Absatz 2

Ein Gesamterbbaurecht ist ein Erbbaurecht, das sich auf mehrere Grundstücke erstreckt. Die Zulässigkeit einer solchen Belastung wird von der Rechtsprechung (BGHZ 65, 345, 346; OLG Hamm, Beschluß vom 3. Februar 1972 — 15 W 11/72 — Rechtspfleger 1972, 171, 172 und BayObLG, Beschluß vom 30. August 1989 — 2 Z 95/89 — Rechtspfleger 1989, 503) und von den meisten Autoren im Schrifttum bejaht (Demharter, DNotZ 1989, 457, 458; v. Oefele/Winkler a.a.O., 3. Kap., Rdn. 39; Stahl-Sura, DNotZ 1981, 604). Die Bestimmung dient insoweit der Klarstellung.

Ein Gesamterbbaurecht hat im Vergleich zur Belastung der Grundstücke mit mehreren Einzelerbbaurechten den Vorteil, daß für die Bebauung ein einheitliches Recht am Grundstück entsteht und somit eine sog. vertikale Teilung des Gebäudes vermieden wird.

Zu Absatz 3

Ein Nachbarerbbaurecht ist ein Erbbaurecht, das zusammen mit dem Eigentum an einem benachbarten Grundstück oder einem weiteren Erbbaurecht auf einem Nachbargrundstück als dingliche Sicherung für ein Gebäude dient. Das Nachbarerbbaurecht würde sich insbesondere dafür eignen, einen Überbau über die Regelungen in §§ 912, 913 BGB hinaus abzusichern. Das Rechtsinstitut erweist sich für das Beitrittsgebiet als notwendig, da bei der Bebauung über die Grundstücksgrenzen hinweg auch viele Überbaulagen entstanden sind.

Die Regelung in § 912 Abs. 1 BGB wird diesen Sachverhalten nicht gerecht. Die Zuweisung der Nutzungsrechte auf den genossenschaftlich genutzten Flächen bezog sich auf eine Fläche, nicht auf ein Grundstück (vgl. §§ 1, 3 der Verordnung über die Bereitstellung von genossenschaftlich genutzten Bodenflächen zur Errichtung von Eigenheimen auf dem Lande vom 9. September 1976 — GBl. I Nr. 35 S. 426). Die Bebauung entsprach daher den Grenzen der Nutzungsrechte und nicht der Grundstücke. Die Regelung in § 912 Abs. 1 BGB ist nicht auf solche Sachverhalte zugeschnitten.

Die Bebauung nach den Nutzungsrechtsgrenzen kann dazu geführt haben, daß der größte Teil oder das Gebäude insgesamt auf dem Nachbargrundstück steht und sich nur noch kleine Anbauten oder Nebengebäude auf dem eigenen Grundstück befinden. Spätestens in dem letztgenannten Fall wäre § 912 BGB nicht mehr anwendbar, da kein Überbau vorliegt, wenn das Gebäude insgesamt auf dem Nachbargrundstück steht.

Bei den Überbauungen kann es sich im übrigen auch um andere Bauwerke als Gebäude handeln. Auch dann wäre § 912 BGB — zumindest nach seinem Wortlaut — nicht anwendbar.

Schließlich muß der Umstand berücksichtigt werden, daß das Nutzungsrecht nach dem Entwurf einen Anspruch auf ein Erbbaurecht begründet. Es würde ein Widerspruch im Gesetz entstehen, wenn in den Fällen, in denen sich das zugewiesene Nutzungsrecht auf ein Nachbargrundstück erstreckt, kein (Nachbar-) Erbbaurecht bestellt werden, sondern „nur" eine Absicherung durch die Überbauregelung erfolgen könnte.

Die Zulässigkeit des Nachbarerbbaurechts wird überwiegend abgelehnt, weil der Grundsatz der Rechtseinheit am Gebäude ausgehöhlt werde, wenn ein Bauwerk mehreren Grundstücken oder Erbbaurechten als Bestandteil zuzuordnen sei (vgl. v. Oefele/Winkler, a.a.O., 3. Kapitel, Rdn. 76 bis 78; Räfle, ErbbauVO, § 1 Rdn 50; a. A. OLG Düsseldorf, Beschluß vom 23. März 1973 — 3 W 8/73 — DNotZ 1974, 698, 699; Esser, NJW 1974, 921 ff.; Rothoeft, NJW 1974, 665 ff.). Die Probleme treten im Falle der nur in ein Grundstück oder Erbbaurecht betriebenen Zwangsvollstreckung oder eines nur von einem Grundstückseigentümer geltend gemachten Heimfallanspruches zutage. Die Frage, was der Ersteher erwirbt und welche Rechte am Gebäude auf einen Grundstückseigentümer übergehen, werden dann nahezu unlösbar.

Es ist deshalb im Gesetz Vorsorge dafür zu treffen, daß das aus den erwähnten Gründen für das Beitrittsgebiet zweckmäßige Nachbarerbbaurecht in der Praxis anwendbar bleibt und den vorstehend genannten Gefahren entgegengewirkt wird. Dies wird dadurch erreicht, daß das Nachbarerbbaurecht nur zur Absicherung eines mit Billigung staatlicher Stellen erfolgten Überbaus bestellt werden kann und Vorsorge dafür getroffen wird, daß

— Grundstückseigentum und Nachbarerbbaurecht in einer Hand bleiben,

— nur einheitliche Belastungen des Nachbarerbbaurechts mit dem Grundstückseigentum oder einem anderen Erbbaurecht statthaft sind,

— Heimfallrechte im Erbbaurechtsvertrag nicht oder nur für die Fälle aufgenommen werden, in denen alle das Gebäude betreffenden Rechte an Grundstücken in einer Hand bleiben.

Über das Eigentum am Grundstück des Überbauenden und das Eigentum am benachbarten Grundstück kann nur zusammen verfügt werden. Die Klarstellung der Rechtsverhältnisse im Grundbuch erfolgt durch die Bezeichnung des Erbbaurechts als Nachbarerbbaurecht im Erbbaugrundbuch und im Grundbuch des belasteten Grundstücks sowie durch einen Vermerk im Grundbuch des Grundstücks des Überbauberechtigten.

Zu § 40 — Wohnungserbbaurecht

Wohnungserbbaurechte sind dort erforderlich, wo mehrere natürliche oder juristische Personen ein Gebäude errichtet oder erworben haben, wegen des Grundsatzes der Rechtseinheit am Gebäude eine Realteilung ausscheidet oder wo eine Teilung des bebauten Grundstücks nach § 120 Abs. 1 dieses Entwurfs, der auf §§ 19, 20 des Baugesetzbuchs Bezug nimmt, ausscheidet.

Sie sind dort zweckmäßig, wo für mehrere Gebäude gemeinsame Erschließungsanlagen geschaffen wurden und eine Realteilung des Grundstücks die Begründung vieler wechselseitiger Dienstbarkeiten, den Abschluß von Verträgen über die Unterhaltung dieser Anlagen usw. erforderlich machen würde. Eine Verdinglichung solcher Abreden wäre nur über die Bestellung von Dienstbarkeiten nach § 1021 Abs. 1 BGB mit einer in das Grundbuch einzutragenden Vereinbarung über die Unterhaltspflichten möglich; für diese wären dann die Vorschriften über die Reallasten entsprechend anzuwenden (§ 1021 Abs. 2 BGB). Hierdurch können durch die auf vielen Grundstücken vorzunehmenden Eintragungen unübersichtliche Rechtsverhältnisse entstehen. Vereinbarungen über die Ersthersteilung und über eine Versicherung können nach herrschender Auffassung nicht in dieser Weise gesichert werden (vgl. Palandt/Bassenge, BGB 52. Auflage, § 1021, Rdn. 3 m.w.N.). Das Wohnungseigentumsgesetz stellt hingegen mit den Vorschriften über die gemeinschaftliche Verwaltung den Betroffenen ein fertiges Instrumentarium für diese Fälle bereit.

Ist das Erbbaurecht für gewerbliche Zwecke zu bestellen, so ist der Anspruch auf Bestellung sog. Teilerbbaurechte zu richten. Durch die Verweisung auf § 30 des Wohnungseigentumsgesetzes ist dies klargestellt.

Der Entwurf bestimmt in Absatz 1 die Sachverhalte, in denen die Bestellung von Wohnungserbbaurechten notwendig ist und läßt in Absatz 2 die Bestellung solcher Erbbaurechte auf Verlangen eines Teils zu, wo dies aus den genannten Gründen zweckmäßig ist. Die Formulierung des Satzes 1 trägt dem Umstand Rechnung, daß zunächst ein Erbbaurecht bestellt werden muß und erst anschließend die Begründung der Wohnungserbbaurechte erfolgen kann.

Zu Absatz 1

Im ersten Absatz sind die Fälle bezeichnet, in denen Wohnungserbbaurechte bestellt werden müssen.

Zu Satz 1

Nutzungsrechte konnten zur Errichtung von Mehrfamilien- und zusammenhängenden Siedlungshäusern verliehen werden. Für das Eigentum an den Gebäuden war dann Miteigentum zu vereinbaren und im Gebäudegrundbuch auszuweisen (Ziffer 1.2.3. der internen Hinweise des Ministeriums der Finanzen der DDR für die Verleihung von Nutzungsrechten vom 31. Dezember 1986). Werden Teile eines Gebäudes genutzt, kommt eine Realteilung nicht in Betracht. In diesem Fall ist die Begründung von Wohnungserbbaurechten, bei denen ein Sondererbbaurecht an der Wohnung begründet wird, die den bisherigen Rechten und den Interessen der Parteien zweckmäßige Rechtsgestaltung.

Im komplexen Wohnungsbau wurden Wohnbauten in einigen Fällen von den volkseigenen Betrieben der Wohnungswirtschaft und Wohnungsbaugenossenschaften nach Fertigstellung zur gemeinsamen Nutzung übernommen. Vermieter der Wohnungen an einem Hausflur ist jetzt die Gemeinde, derjenigen an einem anderen Hausflur eine Genossenschaft. Auch insoweit müssen sachenrechtlich einheitliche Rechtsverhältnisse am Gebäude hergestellt werden. Auf der Basis eines Erbbaurechts ist das Wohnungserbbaurecht die zur Bewältigung dieser tatsächlichen Gestaltungen geeignete Rechtsform.

Zu Satz 2

Schließlich müssen Wohnungserbbaurechte auch dort bestellt werden, wo zwar mehrere selbständige Gebäude errichtet wurden, eine Teilung des Grundstücks aber aus Rechtsgründen nicht herbeigeführt werden kann. (In der Praxis werden diese Fälle dahin geregelt, daß in den Vereinbarungen nach §§ 3, 10 Abs. 2 des Wohnungseigentumsgesetzes sich die Wohnungserbbauberechtigten untereinander diejenigen Rechte und Pflichten einräumen, die sie als Inhaber selbständiger Rechte hätten.)

Zu Absatz 2

Satz 1 gibt jedem Nutzer gegen den anderen und gegen den Grundstückseigentümer einen Anspruch auf Abschluß eines Vertrages, in dem Wohnungserbbaurechte begründet werden, wenn eine Realteilung und eine Bestellung selbständiger Erbbaurechte unzweckmäßig wäre. In Satz 2 wird das normative Tatbestandsmerkmal „unzweckmäßig" durch Regelbeispiele näher bestimmt. Eine Realteilung ist unzweckmäßig, wenn zur Sicherung der Nutzung der Gebäude mehrere Dienstbarkeiten bestellt und mehrere Verträge über die Unterhaltung gemeinschaftlicher Anlagen abgeschlossen werden müßten. Letztere würden Rechtsnachfolger nicht ohne weiteres binden, der Erwerber müßte jeweils in die Verträge eintreten. Nach § 10 Abs. 2 des Wohnungseigentumsgesetzes können solche Vereinbarungen zum Inhalt des Sondererbbaurechts bestimmt werden und wirken dann für und gegen jeden Erwerber.

Zu Absatz 3

Die einzelnen Erbbauberechtigten haften aus den Wohnungserbbaurechten dem Grundstückseigentümer gegenüber als Gesamtschuldner, wenn solche Rechte nach § 30 des Wohnungseigentumsgesetzes begründet werden (vgl. v. Oefele/Winkler, Handbuch des Erbbaurechts, 3. Kap., Rdn. 119). Dies ist unzweckmäßig und auch nicht sachgerecht, da nach den Regelungen dieses Gesetzes die Erbbaurechte einschließlich der Zinspflicht durch die Abreden der Parteien erst begründet werden können. Der Entwurf gibt den Nutzern deshalb den Anspruch, Teilschulden nach § 420 BGB in Höhe ihrer Anteile begründen zu können, was einer in der Praxis häufigen Gestaltung entspricht (v. Oefele/Winkler a.a.O., Rdn. 120). Der Zustimmung der Hypothekengläubiger, die für eine Vertragsänderung erforderlich wäre, bedarf es bei dem Neuabschluß eines Erbbaurechtsvertrages, der eine Zinspflicht begründet, nicht.

Zu Absatz 4

Absatz 4 verpflichtet alle Beteiligten, an den für die Begründung von Wohnungserbbaurechten notwendigen Unterlagen (Aufteilungsplan, Abgeschlossenheitsbescheinigung) mitzuwirken. Die dadurch entstehenden Kosten sind nicht zwischen dem Grundstückseigentümer und den Nutzern zu teilen, sondern von den künftigen Wohnungserbbauberechtigten, die allein aus dieser Aufteilung Vorteile haben, nach dem Verhältnis ihrer Anteile zu tragen.

Zu § 41 — Bestimmung des Bauwerks

Die Vorschrift soll Erleichterungen dadurch schaffen, daß in dem von den Beteiligten abzuschließenden Erbbaurechtsvertrag die Zahl und Art der errichteten oder zu errichtenden Gebäude nicht festgelegt sein muß.

Die Rechtsprechung zu § 1 Abs. 1 ErbbauVO geht davon aus, daß wenigstens die Anzahl der zulässigen Bauwerke und deren ungefähre Beschaffenheit im Erbbaurechtsvertrag bestimmt sein müssen (BGHZ 47, 143, 190). Eine Bezugnahme auf die künftigen Festsetzungen in einem Bebauungsplan ist ebenfalls zulässig (BGHZ 101, 143, 146).

Für das Beitrittsgebiet sind jedoch zivilrechtliche Gestaltungen zu sichern, die den notwendigen Strukturwandel — auch soweit dieser noch nicht bauplanerisch festgelegt worden ist — fördern oder ihm jedenfalls nicht im Wege stehen. Die künftige bauliche Inanspruchnahme des Grundstücks oder Nutzung eines Gebäudes wird sich oft bei Vertragsschluß noch nicht absehen lassen. Die vorgeschlagene Regelung im Entwurf läßt insoweit flexible Erbbaurechtsverträge ausdrücklich zu.

Zu Unterabschnitt 5 — Gesetzlicher und vertragsmäßiger Inhalt des Erbbaurechts

Zu § 42 — Bestimmungen zum Inhalt des Erbbaurechts

Die vertraglichen Vereinbarungen in einem Erbbaurechtsvertrag sind in drei Kategorien einzuordnen:

1. dinglich wirkende Abreden, die den gesetzlichen Inhalt des Erbbaurechts festlegen,
2. Vereinbarungen, die zum Inhalt des Erbbaurechts bestimmt werden können,
3. schuldrechtliche Vereinbarungen, die nur zwischen den Vertragspartnern Gültigkeit haben

(vgl. Ingenstau, ErbbauVO, 6. Aufl., § 1 Rdn. 2 bis 4; v. Oefele/Winkler, Handbuch des Erbbaurechts, 4. Kap., Rdn. 5 bis 7). Der Entwurf legt in § 42 fest, welche der im nachfolgenden Unterabschnitt bezeichneten Vereinbarungen den gesetzlichen Inhalt des Erbbaurechts bestimmen und welche Vereinbarungen (in Verbindung mit § 2 ErbbauVO) zum vertragsgemäßen Inhalt des Erbbaurechts gemacht werden können. Alle anderen Abreden wirken „nur" schuldrechtlich zwischen den Vertragsparteien.

Zu Absatz 1

Zum gesetzlichen Inhalt des Erbbaurechts gehören:

1. Abreden über die Dauer des Erbbaurechts (vgl. Ingenstau a. a. O., § 1 Rdn 113 ff.),
2. die Bestimmung über die zulässige Bebauung (vgl. Ingenstau a. a. O., § 1 Rdn 61),
3. die Bestimmung über die Flächen, auf die sich die Nutzungsbefugnis des Erbbauberechtigten erstreckt.

Die Bestimmung zu den Abreden über die Einbeziehung der nicht überbauten Flächen (§ 1 Abs. 2 ErbbauVO) ist Teil der Regelungen zum gesetzlichen Inhalt des Erbbaurechts. In Literatur und Rechtsprechung werden Abreden, die die Nutzungsbefugnis des Erbbauberechtigten auf bestimmte Flächen des belasteten Grundstücks beschränken (sog. negative Erstreckung), unterschiedlich zugeordnet. Sie werden zum Teil den Vereinbarungen zur Bestimmung des gesetzlichen Inhalts des Erbbaurechts, teilweise den vertraglichen Vereinbarungen, die zum Inhalt des Erbbaurechts bestimmt werden können, und schließlich den nur zwischen den Vertragspartnern geltenden schuldrechtlichen Vereinbarungen zugerechnet (zum Meinungsstand: Ingenstau a.a.O., § 1 Rdn. 23 und v. Oefele/Winkler a.a.O., 4. Kap., Rdn. 73 und 74).

Der Entwurf entscheidet diese Frage für die nach diesem Gesetz bestellten Erbbaurechte dahin, daß diese Abreden zum gesetzlichen Inhalt des Erbbaurechts gehören. In den neuen Bundesländern werden aus schon erwähnten Gründen oft auch mehrere Erbbaurechte auf einem Grundstück bestellt werden müssen. Die Abgrenzung der Nutzungsbefugnis hinsichtlich der Teilflächen ist dort unabdingbar. Schuldrechtliche Abreden, die gegenüber den Erwerbern, insbesondere in der Zwangsversteigerung des Erbbaurechts, nicht fortwirkten, wären hier unvertretbar.

Zu Absatz 2

Absatz 2 betrifft die Vereinbarungen, die auf Verlangen eines Beteiligten zum Inhalt des Erbbaurechts zu bestimmen sind. Der Unterschied zu den in Absatz 1 bezeichneten Abreden besteht darin, daß die Parteien bei der Erbbaurechtsbestellung solche Vereinbarungen treffen können (nicht müssen) und es in der Hand haben, ob die Absprachen nur zwischen ihnen gelten oder auch für ihre jeweiligen Rechtsnachfolger verbindlich sein sollen.

In der Praxis erfolgt dies in der Weise, daß die Vereinbarungen im Vertrag über die Bestellung des

Erbbaurechts als dessen Inhalt festgestellt werden und das Erbbaurecht mit diesem Inhalt in das Grundbuch eingetragen wird (vgl. Ingenstau a.a.O., § 2 Rdn. 4).

Absatz 2 enthält eine Aufzählung der Bestimmungen zum Vertragsinhalt aus den nachfolgenden dispositiven Regelungen des Entwurfs, die die Parteien zum vertragsgemäßen Inhalt des Erbbaurechts bestimmen können. Das sind Vereinbarungen über

1. die Errichtung und die Unterhaltung des Gebäudes sowie einen Heimfallanspruch (vgl. § 2 Nr. 1, 4 ErbbauVO),
2. ein Ankaufsrecht (vgl. § 2 Nr. 7 ErbbauVO),
3. die Tragung öffentlicher Lasten (vgl. § 2 Nr. 3 ErbbauVO),
4. eine Zustimmung des Grundstückseigentümers zur Veräußerung (vgl. § 5 Abs. 1 ErbbauVO) und
5. eine Sicherung der Verpflichtung zur Zahlung der künftig fällig werdenden Erbbauzinsen, die durch eine mit diesem Gesetz geschaffene Ergänzung der Verordnung über das Erbbaurecht ermöglicht wird (vgl. Art. 2 § 1 Nr. 1).

Zu Unterabschnitt 6 — Bestimmungen zum Vertragsinhalt

Zu § 43 — Regelmäßiger Zins

Die wirtschaftlich entscheidenden Parameter eines Erbbaurechts ergeben sich aus zwei Faktoren: Dem Erbbauzins und der Dauer des Erbbaurechts. § 43 enthält die Regelungen über den regelmäßigen Erbbauzins. Dieser beträgt grundsätzlich die Hälfte des für die entsprechenden Nutzungen üblichen Zinssatzes (Absatz 1). Die Beteiligung des Nutzers am Bodenwert durch die Nutzungsrechte oder die ihnen gleichzustellende Bebauung mit Billigung staatlicher Stellen kommt beim Erbbaurecht in dem ermäßigten Zins zum Ausdruck.

Zu Absatz 1

Der erste Halbsatz bringt den Grundgedanken des Teilungsmodells zum Ausdruck, wonach der regelmäßige Zins die Hälfte des für die entsprechende Nutzungen üblichen Zinses beträgt. Der Zinssatz wird dabei auf den heutigen Verkehrswert des Grundstücks bezogen.

Der zweite Halbsatz enthält eine besondere Regelung für die Grundstücke, die für Zwecke des Gemeingebrauchs (Straßen, öffentliche Grünflächen usw.) in Anspruch genommen worden sind und die deshalb dem Grundstücksmarkt entzogen sind und keinen Verkehrswert haben. Für diese Grundstücke wird die übliche Verzinsung nach dem Betrag zugrunde gelegt, den der Grundstückseigentümer in der DDR als Entschädigung erhalten hätte und der auch Grundlage für die im Entwurf eines Entschädigungsgesetzes vorgesehene Entschädigung des enteigneten Altei-

gentümers ist. Die übliche Verzinsung dieses Betrages ist das Minimum, was dem Eigentümer zu gewähren ist, da er andernfalls schlechter als der enteignete Alteigentümer gestellt würde.

Zu Absatz 2

Sätze 1 Nr. 1 a, 2 und 3 enthalten den Ansatz gemittelter Zinssätze in Höhe der Hälfte der für vergleichbare Nutzungen üblichen Sätze.

Satz 1 Nr. 1 b enthält für den Eigenheimbau eine Sonderregelung hinsichtlich der Flächen, die die vorgeschriebene Regelgröße von gewöhnlich 500 Quadratmetern (vgl. § 7 Satz 2 der Eigenheimverordnung vom 31. August 1978 — GBl. I Nr. 40 S. 425) übersteigen und selbständig baulich nutzbar sind.

Die Regelung steht in engem Zusammenhang mit den Bestimmungen in § 26. Diejenigen Nutzer, die solche selbständig baulich nutzbaren Übergrößen behalten können, erlangen besondere Vorteile, auf die sie nach den Rechtsvorschriften der DDR keinen Anspruch hatten. Solche Übergrößen sind grundsätzlich an den Grundstückseigentümer herauszugeben. (Auf die Begründung zu § 26 wird Bezug genommen.) An diesen Flächen kann deshalb auch keine Beteiligung in Höhe des halben Bodenwertes aufgrund eines in der DDR bestellten, gegenüber dem Grundstückseigentümer fortwirkenden Nutzungsrechts begründet werden. Für die Nutzung dieser Flächen ist vielmehr der übliche Zinssatz zu entrichten.

Aus Gründen der einfachen Handhabung der gesetzlichen Regelung wird für den Wohnungsbau der Zinssatz gesetzlich festgeschrieben. Das bedeutet, daß das Verfahren über die Bestellung des Erbbaurechts insoweit nicht mit gutachterlichen Feststellungen über die Höhe der üblichen Zinssätze belastet wird.

Im Bereich der land- und forstwirtschaftlichen Nutzungen gibt es jedoch im Gegensatz zum Wohnungsbau keine allgemeinen Erfahrungswerte über die Höhe üblicher Zinssätze. Erbbaurechte sind dort relativ selten. Im gewerblichen Bereich differieren die Erbbauzinsen in einem relativ breiten Spektrum zwischen 6 und 10 vom Hundert des Bodenwertes jährlich je nach Art der gewerblichen Nutzung. Der Ansatz von 3,5 vom Hundert ist ein gemittelter Wert, der im konkreten Fall jedoch erheblich von dem Zinssatz abweichen kann, der nach dem in Satz 1 bestimmten Grundsatz in Ansatz zu bringen wäre. Deshalb ist hier jeder Beteiligte berechtigt, eine individuelle Bestimmung der sich nach Satz 1 ergebenden Zinshöhe zu verlangen.

Zu Absatz 3

Die in Absatz 2 bezeichneten Zinssätze sind auf den Verkehrswert des Grundstücks in Ansatz zu bringen. Absatz 3 verweist auf die in §§ 18, 19 Abs. 1, 3 und 6 niedergelegten Grundsätze.

Zu § 44 — Fälligkeit des Anspruches auf den Erbbauzins

Zu Absatz 1

Die vierteljährliche Zahlungsweise ist für viele auf dem Grundstück ruhenden Lasten üblich. Der Entwurf sieht deshalb eine solche Zahlungsweise als gesetzlichen Regelfall vor.

Zu Absatz 2

Die Zinszahlungspflicht ist unter anderem daraus begründet, daß der Nutzer ein verkehrsfähiges und beleihbares dingliches Erbbaurecht am Grundstück erhält. Die Verpflichtung des Nutzers zur Zinszahlung soll demnach erst dann beginnen, wenn der Grundstückseigentümer die nach diesem Gesetz begründeten Ansprüche nicht bestreitet, sondern seinerseits an den für die Bestellung eines Erbbaurechts erforderlichen Rechtshandlungen mitwirkt. Dies ist der Fall, wenn

1. das notarielle Vermittlungsverfahren zur Herbeiführung des Vertragsschlusses beginnt und der Grundstückseigentümer entweder die Einleitung des Verfahrens beantragt hat oder sich in dem Verfahren auf die Verhandlung über den Inhalt des Erbbaurechts einläßt, also das Bestehen des Anspruchs nicht schlechthin bestreitet, oder

2. der Grundstückseigentümer ein Angebot auf Abschluß eines Erbbaurechtsvertrages nach Maßgabe dieses Gesetzes vorlegt oder ein entsprechendes Angebot des Nutzers annimmt.

Die Formulierung eines exakt dem Gesetz entsprechenden Angebots ist insbesondere wegen der Unsicherheiten in der Ermittlung des Verkehrswertes schwierig. Es ist daher wahrscheinlich, daß in vielen Fällen der Inhalt des Vertrages von einem vorgelegten Angebot abweichen wird, selbst wenn sich derjenige, der den Vertragsschluß anträgt, um eine den gesetzlichen Vorgaben entsprechende Verkehrswertermittlung bemüht hat. Verhältnismäßig geringfügige Abweichungen des Angebots vom Vertragsinhalt sollen deshalb gleichwohl die Pflicht zur Zahlung eines dem künftigen Erbbauzins entsprechenden Nutzungsentgelts begründen (Satz 2).

Die Bestimmung, daß bis zur Eintragung in das Grundbuch ein dem Erbbauzins entsprechendes Nutzungsentgelt zu zahlen ist, entspricht üblichen Vertragsgestaltungen in Erbbaurechtsverträgen.

Zu § 45 — Zinsermäßigung für den staatlichen oder genossenschaftlichen komplexen Wohnungsbau

Zu Absatz 1

Die Bestimmung gibt den Wohnungsbaugesellschaften einen Anspruch, aus dem sie eine besondere Zinsermäßigung für die ersten neun Jahre nach Bestellung des Erbbaurechts verlangen können. In der Allgemeinen Begründung — vgl. unter D.1.e) cc) — ist ausgeführt, daß in diesem Bereich eine schlechte Substanz- und Ertragssituation vorliegt, die auf den Bodenwert durchschlägt. Die Zinsermäßigung entspricht dem Wert der Grundstücke und ist auch aus wohnungspolitischen Gründen gerechtfertigt.

Die Ermäßigung ist im Entwurf als ein befristeter Anspruch ausgestaltet. Wenn sich eine nachhaltige Verbesserung der Substanz- und Ertragslage in der Wohnungswirtschaft ergibt, ist die weitere Bemessung des Erbbauzinses nach einem niedrigen Verkehrswert, wie er zur Zeit der Erbbaurechtsbestellung aufgrund der genannten besonderen Umstände bestand, nicht mehr gerechtfertigt.

Zu Absatz 2

Wann eine solche nachhaltige Verbesserung eintritt, läßt sich derzeit nicht vorhersehen. Der Entwurf sieht aus diesem Grunde vor, daß die in Absatz 1 bestimmte Frist durch Rechtsverordnung verlängert werden kann, solange dies wegen der Mietentwicklung im Beitrittsgebiet angezeigt ist.

Zu § 46 — Verzinsung bei Überlassungsverträgen

Zu Absatz 1

§ 46 begründet einen zusätzlichen Zinsanspruch neben dem für die Nutzung des Grundstücks zu zahlenden Erbbauzins, wenn dem Nutzer mit einem Überlassungsvertrag auch Gebäude- und Grundstückseinrichtungen zur Nutzung übertragen wurden. Der zusätzliche Zins rechtfertigt sich — wie in der Allgemeinen Begründung — vgl. unter E.1.i) dd) (3) ausgeführt — daraus, daß hier zusätzliche Werte genutzt werden, die der Grundstückseigentümer geschaffen hat.

Das Entgelt muß jedoch auch insoweit nur für die künftige Nutzung entrichtet werden. Die unentgeltliche Nutzung in der Vergangenheit entsprach den Regelungen des sozialistischen Staates. Sie bleibt hier unberührt. Die Sachenrechtsbereinigung ist keine Unrechtsbereinigung, sondern trifft eine in die Zukunft gerichtete Regelung für die Nutzung unter den veränderten marktwirtschaftlichen Verhältnissen.

Bei der Bemessung des Zinses für das Gebäude und die Einrichtungen muß der durch Alter und Abnutzung verminderte Wert in Ansatz gebracht werden. Besondere bauliche Maßnahmen des Nutzers zur Werterhaltung des Gebäudes können dem Eigentümer nicht zugute kommen, da sie nicht auf dessen Investitionen beruhen. Die Zinspflicht kann nicht für die gesamte Laufzeit des Erbbaurechts, sondern nur für die Restnutzungsdauer nach dem Beginn der Zinszahlungspflicht bestehen. Zu verzinsen ist deshalb der überlassene Wert nur für die Zeit der gewöhnlichen Restnutzungsdauer.

Ausgangspunkt für die Wertbestimmung nach dem Entwurf soll insoweit der Wert zum Zeitpunkt der

Überlassung sein, für den die vorgesehenen Feststellungen beim Vertragsschluß (meist in § 4 der Vertragsmuster) einen Aufschluß geben. Die Restnutzungsdauer und der Wertverlust sind grundsätzlich pauschal nach den Aufstellungen zur technischen Lebensdauer von baulichen Anlagen und Bauteilen sowie von Außenanlagen (Anlagen 5 und 6 zu den Wertermittlungsrichtlinien) und den Tabellen zur Berechnung der Wertminderung wegen des Alters von Gebäuden in vom Hundert des Herstellungswertes (vgl. Anlage 6 zu den Wertermittlungsrichtlinien) zu bestimmen. Im Entwurf wird dies dadurch zum Ausdruck gebracht, daß die übliche Restnutzungsdauer und die gewöhnliche Wertminderung bis zum Angebot auf Abschluß des Erbbaurechtsvertrags zugrunde zu legen sind. Besondere Erhaltungsmaßnahmen des Nutzers wie auch das Unterlassen der üblicherweise anfallenden Gebäudereparaturen bleiben hierdurch unberücksichtigt, da sie dem Nutzer und nicht dem Grundstückseigentümer zuzurechnen sind.

Zu Absatz 2

Die zusätzliche Verzinsung des Gebäuderestwerts tritt mit dem Beginn der Zahlungspflicht nach § 44 Abs. 2 ein. Für die Nutzung des Gebäudes wurde vom Nutzer bisher kein Entgelt entrichtet; der Grundstückseigentümer war nach dem Vertrag auf die aus dem hinterlegten Geldbetrag aufgelaufenen Zinsen verwiesen. Die Verzinsung des Gebäuderestwerts soll — wie der Erbbauzins — nicht sofort, sondern in Stufen auf die vorgesehene volle Verzinsung des Gebäuderestwerts ansteigen. Dies wird durch die Verweisung auf § 52 Abs. 1 sichergestellt.

Zu Absatz 3

Die Bestimmung stellt klar, daß nach einem Neubau durch den Nutzer kein Restwert für frühere Gebäude und Einrichtungen mehr zu verzinsen ist.

Zu § 47 — Zinsanpassung an veränderte Verhältnisse

Die Erforderlichkeit einer Anpassungsklausel an die Veränderung der wirtschaftlichen Verhältnisse für die langfristigen Erbbaurechtsverträge ist im Allgemeinen Teil der Begründung — vgl. unter E.1.i) dd) (4) — dargelegt.

Satz 1 verpflichtet den Nutzer dazu, eine solche Anpassungsklausel in den Vertrag einzustellen. Die Anpassungsklausel ist in ein Vertragsangebot einzustellen, damit dieses den Bestimmungen des Entwurfs entspricht. Satz 2 legt fest, daß die Anpassung erst nach Ablauf der Eingangsphase verlangt werden kann. Es soll keine doppelte Anpassung beim Zinssatz und der zugrunde liegenden Bemessungsgrundlage erfolgen.

Für die Nutzungen zu Wohnzwecken gibt es in § 9a ErbbauVO bereits einen Anpassungsmaßstab, dessen Grundsätze inzwischen durch höchstrichterliche Rechtsprechung gefestigt sind (BGHZ 75, 279, 283; 77, 188, 190). Die Anpassung ist hiernach nach dem Mittelwert aus dem Anstieg der Lebenshaltungskosten und der Arbeitnehmereinkommen vorzunehmen.

Für die anderen Nutzungen gibt es keinen vorgegebenen Anpassungsmaßstab. Der Entwurf gibt insoweit nur einen Maßstab vor, der sich an den von den Nutzern für ihre Produkte erzielten Preisen orientiert. Diese sind ein grober Orientierungsrahmen für die Einkommensentwicklung.

Die Maßstäbe für die Anpassungsklausel müssen festgelegt werden. Der Entwurf muß Beteiligte mit in der Regel entgegengesetzten Interessen auf Verlangen eines Teils zum Vertragsschluß zwingen. Gäbe der Entwurf keinen Maßstab für die Anpassung, so würden viele Vertragsschlüsse scheitern, weil die Beteiligten keinen Konsens erzielen können und die gesetzliche Regelung keine Grundlagen für eine richterliche Entscheidung enthält.

Anpassungen des Erbbauzinses nach verschiedenen Kriterien (sog. Mischklauseln) werden von der Bundesbank als bedenklich eingestuft (vgl. Schreiben der Bundesbank an die Bundesnotarkammer vom 17. Februar 1982 — DNotZ 1982, 329). Der Entwurf sieht aus diesem Grunde von der Vorgabe solcher Anpassungsklauseln ab. Der Entwurf schreibt weiter vor, daß die Anpassungsklauseln nur nach währungsrechtlich erforderlicher Genehmigung wirksam werden. Es wird dadurch sichergestellt, daß die Beteiligten keine den Genehmigungsrichtlinien der Bundesbank widersprechenden Anpassungsklauseln verbindlich vereinbaren können.

Zu § 48 — Zinsanpassung an Nutzungsänderungen

Zu Absatz 1

§ 48 regelt die Zinsanpassung an Nutzungsänderungen. In Satz 1 und Satz 2 wird zunächst klargestellt, daß nur die über die in § 55 Abs. 2 und 3 bestimmten Öffnungen hinausgehenden Nutzungsänderungen einen Anspruch des Grundstückseigentümers auf Anpassung des Erbbauzinses begründen.

Satz 2 Nr. 1 sieht eine Heraufsetzung auf den vollen Zinssatz vor, wenn eine Nutzungsänderung erfolgt, die mit dem Inhalt des Erbbaurechts oder der in der DDR ausgeübten baulichen Nutzung nicht mehr in Einklang gebracht werden kann. Ein solcher Nutzer steht einem Neuansiedler gleich, der grundsätzlich bei Abschluß eines Erbbaurechtsvertrages auch den vollen Zins zu zahlen hätte.

Satz 2 Nr. 2 sieht Herabsetzungen für die Fälle vor, in denen bisher geduldete gewerbliche Nutzungen, die es vor allem in ehemaligen Wirtschaftsgebäuden landwirtschaftlicher Produktionsgenossenschaften gibt, nicht mehr ausgeübt werden können. Da der Erbbauzins von der zulässigen baulichen Nutzung bestimmt wird, ist auch hier eine Korrektur auf Verlangen der Nutzer zuzulassen.

In den Fällen von Satz 2 Nr. 2 ergibt sich aufgrund behördlichen Handelns eine Einschränkung der bisher ausgeübten Nutzung. Eine Zinsbestimmung nach dem üblichen vollen Zinssatz wegen einer solchen Nutzungsänderung wäre hier nicht zu vertreten, da durch die Einschränkung der bisherigen Nutzung das Grundstück nicht stärker, sondern weniger in Anspruch genommen wird. Satz 3 ordnet deshalb an, daß der Zins nach dem üblichen Satz zu bemessen ist.

Satz 4 liegt derselbe Regelungsgedanke wie dem § 43 Abs. 2 Satz 2 zugrunde. Wegen der breiten Streuung der Zinssätze im land-, forstwirtschaftlichen und gewerblichen Bereich soll hier eine an die konkrete Nutzung angepaßte Zinsbestimmung möglich sein.

Zu Absatz 2

Der Anspruch auf eine besondere Zinsermäßigung für den kommunalen und den genossenschaftlichen Wohnungsbau muß entfallen, wenn ein Neubau errichtet wird und damit die den Bodenwert herabdrückende schlechte Substanz- und Ertragslage entfallen ist. Der Grundstückseigentümer ist deshalb berechtigt, von dem Zeitpunkt an den regelmäßigen Zins zu verlangen, an dem das Grundstück zur Errichtung eines Neubaus freigelegt wird. Das ist der Beginn des Abbruchs des Altbaus.

Zu Absatz 3

Die Verpflichtungen im Vertrag über die Bestellung eines Erbbaurechts zur Zinsanpassung binden nur die Vertragsschließenden, jedoch nicht ihre Rechtsnachfolger. Der Anpassungsanspruch kann vom Vertragspartner jedoch nicht mehr erfüllt werden, wenn er das Erbbaurecht veräußert hat. In den notariellen Verträgen wird insoweit in der Regel eine Verpflichtung des ersten Erbbauberechtigten aufgenommen, den Vertrag über die Veräußerung des Erbbaurechts in der Weise abzuschließen, daß der Erwerber die Anpassungsverpflichtung gegenüber dem Grundstückseigentümer übernimmt.

Zu § 49 — Zinserhöhung nach Veräußerung

Die Zinsanpassung beim Erbbaurecht nach Veräußerung ist die notwendige Parallele zu der im Entwurf vorgesehenen Nachzahlung bei einer Weiterveräußerung kurz nach dem Ankauf des Grundstücks (§ 72).

Die Nachzahlungspflichten sind erforderlich, um einen spekulativen, dem Zweck des Nutzungsrechts widersprechenden Erwerb und eine anschließende Veräußerung in kurzer Frist unattraktiv zu machen und dem Grundstückseigentümer insoweit einen der tatsächlichen Nutzung des Grundstücks entsprechenden angemessenen wirtschaftlichen Ausgleich zu erhalten. Im einzelnen kann insoweit auf die Ausführungen zu § 72 verwiesen werden.

Erbbaurechtsbestellungen zum halben Zins und anschließende Weiterveräußerungen des Erbbaurechts werden seltener sein als ein Ankauf und anschließender Weiterverkauf nach diesem Gesetz. Durch einen Verkauf des Grundstücks läßt sich leichter ein Gewinn erzielen als durch einen Verkauf eines zinsgünstigen Erbbaurechts. Sähe man eine Nachzahlungsklausel jedoch nur bei den Bestimmungen über das Ankaufsrecht des Nutzers vor, ergäbe sich durch die Bestellung eines Erbbaurechts mit einem Zins in Höhe der Hälfte des üblichen und durch die Möglichkeit zur Veräußerung dieses zinsgünstigen Erbbaurechts eine attraktive Möglichkeit zur Umgehung der beim Ankauf vorgesehenen Nachzahlungspflicht.

Zu Absätzen 1 und 2

Absatz 1 sieht für die in § 72 Abs. 1 benannten Fälle eine Zinsanpassung vor. Absatz 2 bestimmt den Maßstab. Nach dem Ablauf einer Weiterveräußerung des Erbbaurechts in den ersten drei Jahren nach dessen Bestellung soll der volle Zins gezahlt werden. Der Anreiz zu spekulativen Veräußerungen entfällt, wenn ein Erwerber des Erbbaurechts den üblichen Zins zahlen muß.

Zu Absatz 3

Entsprechend § 72 Abs. 2 sieht der Entwurf eine Anhebung von der Hälfte auf drei Viertel des üblichen Zinses bei einer Weiterveräußerung in den folgenden drei Jahren vor. Auf die Begründung zu § 72 Abs. 2 wird insoweit Bezug genommen.

Zu Absatz 4

Die Regelung entspricht § 43 Abs. 2 Satz 2 und § 48 Abs. 1 Satz 4. Wegen der von der konkreten Nutzung abhängenden weiten Spanne der Höhe der Erbbauzinsen ist die Anpassung nach dem jeweils üblichen Zinssatz vorzunehmen, wenn dieser von dem im Entwurf festgelegten Mittelwert von sieben vom Hundert jährlich des Verkehrswerts des Grundstücks abweicht.

Zu Absatz 5

Absatz 5 stellt klar, daß eine weitere Zinsanpassung wegen Nutzungsänderung möglich bleibt. Diese ist erforderlich, wenn der Erwerber die Art der Nutzung ändert.

Zu § 50 — Zustimmungsvorbehalt

Die Bestimmung eröffnet dem Grundstückseigentümer die Möglichkeit, die Veräußerung des Erbbaurechts von seiner Zustimmung abhängig zu machen und auf diese Weise die Weitergabe der Verpflichtung zur Zinsanpassung nach Weiterveräußerung oder Nutzungsänderung zu sichern.

§ 5 ErbbauVO läßt eine Vereinbarung zu, nach der der Erbbauberechtigte zur Veräußerung oder Belastung des Erbbaurechts der Zustimmung des Grundstückseigentümers bedarf. Nach § 7 Abs. 1 ErbbauVO ist die Zustimmung zu erteilen, wenn die Veräußerung den mit der Bestellung des Erbbaurechts verfolgten Zweck nicht wesentlich beeinträchtigt oder gefährdet.

In der Praxis hat sich daraus die Frage ergeben, ob auch die Sicherung des Erbbauzinses und einer Anpassungsverpflichtung zu den Zwecken gehört, die mit einem Zustimmungsvorbehalt gesichert werden können (vgl. Kammergericht OLGZ 1984,171 einerseits; OLG Hamm, OLGZ 1986, 385 andererseits). Der Bundesgerichtshof hat die Erzielung von Erbbauzinsen als einen mit dem Zustimmungsvorbehalt zu sichernden Zweck bezeichnet (BGHZ 100, 107, 114). Die Bedeutung des Zustimmungsvorbehalts wird aber dadurch wieder eingeschränkt, als er nicht geltend gemacht werden kann, wenn das Erbbaurecht wegen einem der Erbbauzinsrealast vorrangigen Grundpfandrecht versteigert wird. Mit dem Rangrücktritt habe der Grundstückseigentümer selbst die Verfolgung dieses Zwecks eingeschränkt (BGHZ a.a.O., 114).

Der Entwurf trifft die Bestimmung, daß der Grundstückseigentümer sich in dem Erbbaurechtsvertrag die Zustimmung zur Veräußerung vorbehalten kann, diese jedoch erteilen muß, wenn die in §§ 48, 49 bezeichneten Verpflichtungen zur Zinsanpassung eingehalten wurden. Der Zustimmungsvorbehalt soll danach als Instrument für Zinsanpassungen infolge Nutzungsänderung oder Weiterveräußerung eingesetzt werden können. Dies ist insofern unbedenklich, als sich hierdurch nur Anhebungen bis zur Höhe des für die ausgeübte Nutzung üblichen Zinses ergeben. Eine Beeinträchtigung der Veräußerbarkeit und Beleihbarkeit tritt insoweit nicht ein. Das Erbbaurecht wird am Markt nicht schlechter gestellt als andere Erbbaurechte. Für dieses Erbbaurecht kommt insoweit nach dem Erwerb oder der Nutzungsänderung höchstens der marktübliche Zinssatz zur Anwendung. Am Erwerb des Erbbaurechts Interessierte gehen jedoch in der Regel davon aus, daß sie den üblichen Zins zu entrichten haben.

Zu § 51 — Zinsanpassung wegen abweichender Grundstücksgröße

In den neuen Ländern werden die Erbbaurechte häufig auf nicht vermessenen Flächen bestellt werden müssen. Die Grenzen werden oft vorläufig nur durch grafische Darstellungen mit großen Maßstäben (1:1000 oder 1:500) festgelegt werden können. Bei der späteren Vermessung können sich dann Abweichungen hinsichtlich der Größe der Fläche ergeben, auf die sich die Nutzungsbefugnis des Erbbauberechtigten erstreckt.

§ 51 läßt für diese Fälle eine Zinsanpassung für die Zukunft zu, wenn die Abweichung mehr als nur geringfügig ist. Im einzelnen wird hierzu auf die Ausführungen zum Ankaufsrecht (§ 73) verwiesen, wo dieses Problem eine größere Bedeutung hat.

Zu § 52 — Eingangsphase

Zu Absatz 1

Die Eingangsphase soll einen allmählichen Übergang auf die gesetzlich vorgesehene Verzinsung herstellen. Eine solche Übergangszeit ist insbesondere dort erforderlich, wo die Nutzung bisher unentgeltlich erfolgt ist. Zugleich wird damit der wirtschaftlichen Entwicklung in den neuen Bundesländern Rechnung getragen. Die Erträge der Unternehmen und die Einkommen der privaten Haushalte werden voraussichtlich erst nach einer Übergangszeit ein den alten Bundesländern entsprechendes Niveau erreichen.

Die Eingangsphase erfolgt stufenweise für alle Nutzungen; der nach diesem Entwurf vorgesehene regelmäßige Zinssatz wird erst nach neun Jahren erreicht.

Die Zinsanpassung soll mit dem Beginn der Zahlungspflicht, spätestens jedoch mit dem vorgesehenen Ende des Moratoriums in Art. 233 § 2a EGBGB beginnen, durch das ein befristetes unentgeltliches Besitzrecht für die nicht gesicherten Bebauungen begründet wurde. Die Eingangsphase bezweckt die Anpassung des Zinses im Hinblick auf die gegenwärtigen wirtschaftlichen Verhältnisse im Beitrittsgebiet. Dieser Zweck ist jedoch entfallen, wenn ein Vertrag erst viele Jahre nach dem Inkrafttreten dieses Gesetzes abgeschlossen wird. Ein fester Zeitpunkt, in dem die Eingangsphase beginnt, verhindert zudem große Unterschiede bei den Zinsbelastungen für gleichartige Grundstücksnutzungen.

Zu Absatz 2

Eine Eingangsphase ist in den Fällen nicht erforderlich und wäre dort auch nicht berechtigt, wo aufgrund vertraglicher Vereinbarungen bereits ein Nutzungsentgelt gezahlt wird. Die Beteiligten haben durch die Einigung selbst den für sie geltenden Maßstab festgelegt. Die Eingangsphase, in der sich der Nutzer auf die Verzinsung einrichten soll, darf grundsätzlich nicht zu einem Anspruch auf eine Ermäßigung unter das vereinbarte Entgelt führen.

Eine Ausnahme ist dort zu machen, wo das vereinbarte Entgelt den nach dem Ende der Eingangsphase zu zahlenden Zins übersteigt. In den neuen Ländern sind vereinzelt auch solche Nutzungsentgelte vereinbart worden. Die Gründe hierfür waren vielfältig (Not oder Unerfahrenheit der Nutzer; vor dem Moratorium die Furcht vor Klagen auf Herausgabe), beruhen jedoch alle auf dem durch die Einführung der Marktwirtschaft eingetretenen Umbruch, was die Begründung eines gesetzlichen Anpassungsanspruches auf den nach dem Entwurf nach Ablauf der Eingangsphase zu zahlenden Erbbauzins rechtfertigt.

Zu § 53 — Sicherung des Erbbauzinses

Zu Absatz 1

Mit der Bestellung des Erbbaurechts hat der Grundstückseigentümer das Grundstück dem Erbbauberechtigten für einen sehr langen Zeitraum zu überlassen. Die künftige wirtschaftliche Entwicklung beim Erbbauberechtigten ist nicht vorhersehbar. Der Entwurf gibt deshalb dem Grundstückseigentümer einen Anspruch, eine Absicherung des Erbbauzinses im Vertrag verlangen zu können. Dieser muß vom Grundstückseigentümer in den Verhandlungen gegenüber dem Nutzer geltend gemacht werden.

Entsprechend § 9 Abs. 1 ErbbauVO wird daher angeordnet, daß der Erbbauzins durch eine an rangbereiter Stelle einzutragende Reallast gesichert werden kann. Dies entspricht den üblichen (und nach geltendem Recht) bislang allein möglichen Absicherungen.

Die Reallast kann jedoch in der Regel nicht an erster Rangstelle eingetragen bleiben. Eine dort eingetragene Reallast versperrt den Raum für einen zinsgünstigen erstrangigen Realkredit. Der Entwurf gibt deshalb dem Nutzer in Absatz 2 einen Anspruch darauf, vom Grundstückseigentümer einen Rangrücktritt verlangen zu können.

Ein Rangrücktritt ist zwar für den Realkredit nicht mehr unbedingt erforderlich, da § 11 des Hypothekenbankgesetzes insoweit nicht mehr die Erstrangigkeit der grundpfandrechtlichen Belastung verlangt. Die Kreditwirtschaft verlangt gleichwohl weiterhin einen solchen Rangrücktritt; dieser bleibt unverzichtbar, wenn anfalls der für die Beleihung im Wege des Realkredits vorgesehene Finanzierungsraum nach § 12 Abs. 1 des Hypothekenbankgesetzes überschritten würde (vgl. Groth, DNotZ 1984, 372). § 89 Abs. 5 des Zweiten Wohnungsbaugesetzes sieht für die öffentlichen Ausgabe von Erbbaurechten deshalb eine Regelung zum Rangrücktritt mit der Erbbauzins-Reallast vor, um dem Erbbauberechtigten eine angemessene Möglichkeit zur Finanzierung seines Bauvorhabens durch einen Realkredit zu eröffnen.

Der Grundstückseigentümer bedarf insoweit jedoch einer zusätzlichen Sicherung des Anspruches auf den Erbbauzins, da eine nachrangige Reallast in der Zwangsvollstreckung ausfallen kann und vom Ersteher des Erbbaurechts möglicherweise nicht übernommen werden muß. Der Entwurf enthält deshalb auch eine Änderung der Verordnung über das Erbbaurecht (Art. 2 § 1), die es ermöglicht, die Verpflichtung zur Zahlung der künftig fällig werdenden Erbbauzinsen als Inhalt des Erbbaurechts zu bestimmen. Zur Begründung der Rechtsänderung wird auf die Ausführungen zu Artikel 2 § 1 verwiesen. Der Grundstückseigentümer kann vom Nutzer verlangen, daß der Anspruch auf Zahlung der künftig fällig werdenden Zinsen zum Inhalt des Erbbaurechts bestimmt wird.

Zu Absatz 2

Der erforderliche Rangrücktritt des Grundstückseigentümers birgt trotz der Sicherung der künftig fällig werdenden Erbbauzinsen Risiken wegen der Rückstände. (Eine Sicherung der rückständigen Erbbauzinsen als Inhalt des Erbbaurechts ist nicht möglich, da sich hieraus erhebliche Gefahren für die Beleihbarkeit des Erbbaurechts ergäben; vgl. im einzelnen die Begründung zu Art. 2 § 1). Ein solcher Rangrücktritt ist daher — soweit möglich — gegen einen Ausfall in einer Zwangsversteigerung abzusichern.

Der Entwurf bedient sich hierbei einer Konzeption, die an Vertragsgestaltungen anknüpft, die in der notariellen Praxis üblich sind. Der Rangrücktritt braucht nur zur Finanzierung durch Kreditinstitute ausgesprochen zu werden, die Verwendung der Darlehensvaluta für bestimmte Baumaßnahmen auf dem Grundstück muß gesichert sein, das künftige Recht auf Aufgabe der Grundschuld nach Rückzahlung des Darlehens und Rückübertragung des Grundpfandrechts auf den Reallastberechtigten übertragen und im Falle der Sicherung durch eine Hypothek eine Löschungsvormerkung für den Inhaber der nachrangigen Reallast eingetragen werden.

Zu § 54 — Dauer des Erbbaurechts

§ 54 enthält die Regelungen für die Bestimmung der Dauer der nach diesem Gesetz bestellten Erbbaurechte. Die Lösung des Entwurfs besteht darin, daß grundsätzlich — die Ausnahmen enthält Absatz 3 — Erbbaurechte begründet werden können, die der durchschnittlichen Nutzungsdauer eines Neubaus entsprechen. Hierbei war im Interesse einer einfachen Rechtsanwendung allerdings eine gewisse Schematisierung unvermeidbar. Die Nutzer erhalten damit ein Erbbaurecht, dessen Laufzeit in der Regel über die Restnutzungsdauer des Gebäudes hinausgeht. Die bauliche Investition enthält damit mindestens den Schutz, den sie nach den in der DDR begründeten Rechten hatte. Für die Inhaber unbefristeter Nutzungsrechte wirkt sich die Neuregelung allenfalls in Zukunft dann nachteilig aus, wenn sie sich später zu einem Neubau entschließen sollten, dessen Nutzungsdauer die Restlaufzeit des Erbbaurechts überschreiten würde. Eine solche Beeinträchtigung scheint bei Abwägung der sich aus der Anpassung ergebenden Vor- und Nachteile jedoch hinnehmbar.

Zu Absatz 1

Absatz 1 enthält die Grundsätze für die Bemessung der Dauer des Erbbaurechts. Soweit Nutzungsrechte begründet wurden, ist an die zulässige bauliche Nutzung anzuknüpfen. Der Inhalt der Rechte ist als Anknüpfungspunkt hingegen da untauglich, wo Bebauungen ohne rechtliche Absicherung behördlich gebilligt und durchgeführt wurden. In diesen Fällen muß die tatsächlich vorhandene Bebauung zugrunde gelegt werden, soweit diese zulässig war oder mit Billigung staatlicher Stellen vorgenommen wurde.

Damit scheiden nur die Bebauungen als Maßstab für die Bemessung der Dauer des Erbbaurechts aus, die auch nach den in der DDR üblichen Verfahren als „Schwarzbauten" angesehen werden müssen.

Zu Absatz 2

Die durchschnittliche Nutzungsdauer eines Neubaus läßt sich nach Erfahrungswerten für die Nutzungsdauer bestimmter Arten von Gebäuden bestimmen. (Solche Werte sind u. a. in der Anlage 5 zu den Wertermittlungsrichtlinien 1991 veröffentlicht.) Der Entwurf geht in Absatz 2 von solchen Erfahrungswerten aus, wobei im Interesse der einfachen Handhabung der gesetzlichen Bestimmungen eine Schematisierung allerdings unvermeidlich ist. Es soll kein Gutachten zur Schätzung der Nutzungsdauer für das zulässige oder das jeweils vorhandene Gebäude eingeholt werden müssen.

Zu Nummer 1

Für alle Eigenheimbauten wird im Hinblick auf die gleiche Schutzbedürftigkeit ein Anspruch auf ein Erbbaurecht mit einer Laufzeit von 90 Jahren begründet. Dies entspricht der üblichen Nutzungsdauer eines Neubaus und geht über die Lebenserwartung der Erbauer oder Käufer hinaus.

Die Lebensdauer der sozialen Zwecken dienenden Gebäude (wie Schulen, Krankenhäuser, Kindergärten) entspricht oft derjenigen der Eigenheime oder überschreitet diese. Aus diesen Gründen ist auch hier ein Erbbaurecht mit einer Laufzeit von 90 Jahren vorgesehen.

Zu Nummer 2

Hier werden die den Wohnungsbaugenossenschaften verliehenen Nutzungsrechte sowie die Bebauungen mit Wohngebäuden ohne Nutzungsrechte erfaßt. Ein Erbbaurecht von 80 Jahren entspricht in der Regel der Lebensdauer dieser baulichen Investitionen. Für Büro- und Dienstgebäude ist ein Erbbaurecht von 80 Jahren im Hinblick auf die Nutzungsdauer dieser Objekte ebenfalls angemessen.

Zu Nummer 3

Für alle anderen Gebäude (wie Lagerhallen, Ställe usw.) wird eine Laufzeit von 50 Jahren vorgesehen, die der üblichen Nutzungsdauer eines solchen Gebäudes entspricht.

Zu Absatz 3

Für die land-, forstwirtschaftlich oder gewerblich genutzten oder öffentlichen Zwecken dienenden Bauten sieht Absatz 3 eine Bestimmung der Laufzeit des Erbbaurechts nach der Restnutzungsdauer des vorhandenen Gebäudes vor, wenn kein über diesen Zeitraum hinausgehendes Nutzungsrecht begründet wurde. In diesen Fällen ist allein die bauliche Investition zu schützen, was einen gesetzlichen Anspruch rechtfertigt, bei dem das zu bestellende Erbbaurecht nach der Restnutzungsdauer des Gebäudes bemessen wird.

Ein vertragliches Nutzungsrecht kann einen Anspruch auf Bestellung eines Erbbaurechts mit der in Absatz 3 bestimmten Dauer nur dann begründen, wenn es allein aus besonderen Gründen gekündigt werden kann oder die Vertragslaufzeit über die Restnutzungsdauer des Gebäudes hinausgeht. Im letztgenannten Fall besteht ein Anspruch auf Bestellung des Erbbaurechts wenigstens für die Restlaufzeit des Vertrages, jedoch nicht über den in Absatz 2 bestimmten Zeitraum hinaus. Bei einer Restnutzungsdauer von weniger als 25 Jahren wäre die Bestellung von Erbbaurechten unangemessen; hier führt ein schuldrechtlicher Vertrag zu einem angemessenen Interessenausgleich (vgl. die Begründung zu § 31).

Zu § 55 — Vertraglich zulässige bauliche Nutzung

Die zulässige bauliche Nutzung eines Grundstücks war in der ehemaligen DDR genau festgelegt. Der Inhaber eines Nutzungsrechts war zur bestimmungsgemäßen Nutzung berechtigt und verpflichtet (vgl. § 3 Abs. 1 Satz 1 des Gesetzes über die Verleihung von Nutzungsrechten an volkseigenen Grundstücken vom 14. Dezember 1970 — GBl. I Nr. 24 S. 372). Dies entsprach den Vorgaben in einer sozialistischen Planwirtschaft, die eine Nutzung und Bewirtschaftung nach individuellen Entscheidungen nicht zuließen. Mit dem Übergang zur Marktwirtschaft müßten diese Beschränkungen grundsätzlich entfallen.

Dem steht jedoch entgegen, daß der Erbbauzins wesentlich von der ausgeübten Nutzung bestimmt wird (vgl. Ingenstau, ErbbauVO, 6. Aufl., § 9 Rdn. 14; v. Oefele/Winkler, Handbuch des Erbbaurechts, 6. Kap., Rdn. 52 bis 54). Eine vom Nutzungsrecht abweichende Bestimmung der zulässigen Nutzung im Erbbaurechtsvertrag kann der Erbbauberechtigte deshalb grundsätzlich nur dann beanspruchen, wenn dem durch eine Zinsanpassung Rechnung getragen wird.

Zu Absatz 1

Der Entwurf sieht vor, daß die zulässige bauliche Nutzung im Erbbaurechtsvertrag nach dem Inhalt des Nutzungsrechts oder der vorhandenen baulichen Nutzung bestimmt wird. Dies ist das Minimum, das dem in der DDR begründeten Besitzstand entspricht.

Die baurechtliche Zulässigkeit wird hiervon nicht berührt. Sie bestimmt sich nach den öffentlich-rechtlichen Regelungen.

Zu Absätze 2 und 3

Diese Regelungen enthalten die für den Erbbauzins unschädlichen Öffnungsklauseln. Hiermit werden notwendige Anpassungen an die marktwirtschaftlichen Verhältnisse erleichtert. Solche Änderungen sind typisch und stellen keine wesentlichen Veränderungen der baulichen Inanspruchnahme des Grundstücks dar. Die in diesen Absätzen bezeichneten Veränderungen liegen noch im Rahmen des Nutzungsrechts oder der mit Billigung staatlicher Stellen begründeten Bebauung.

Absatz 2 bezeichnet solche Nutzungen von Eigenheimen, wie sie jetzt im Beitrittsgebiet vielfach anzutreffen und in Kleinsiedlungs- oder allgemeinen Wohngebieten bauplanungsrechtlich auch zulässig sind (vgl. §§ 2 und 4 der Baunutzungsverordnung). Er gibt den Nutzern einen Anspruch, aus dem sie verlangen können, daß im Erbbaurechtsvertrag eine insoweit über das Nutzungsrecht hinausgehende Nutzung als vertragsgemäß vereinbart wird.

Absatz 3 erfaßt Änderungen in der Nutzung land-, forstwirtschaftlich oder gewerblich genutzter Bauten durch diejenigen, die diese Gebäude bereits vor dem Beitrittstage nutzten, wenn sich hierdurch die bauliche Inanspruchnahme des Grundstücks nicht wesentlich verändert hat. Hierdurch wird den notwendigen und schwierigen Strukturanpassungen durch die bisherigen Nutzer Rechnung getragen. Solche Anpassungen an die veränderten wirtschaftlichen Verhältnisse sollen zu keiner höheren Zinsbelastung führen.

Zu Absatz 4

Die vorgeschlagene Regelung enthält eine unbegrenzte Öffnungsklausel. Diese erfaßt auch die in § 71 Abs. 1 bezeichneten Wechsel der Nutzungsart. Der Nutzer kann damit ein Erbbaurecht auch für solche Nutzungen der vorhandenen Gebäude beanspruchen, die überhaupt keinen Bezug mehr zu den in der DDR begründeten Nutzungsrechten haben. Nutzer kann in diesem Fall auch ein Investor sein, der erst nach der Wiedervereinigung das Gebäude erworben hat. Der Zweck dieser Regelung besteht darin, eine sinnvolle Nutzung vorhandener Bausubstanz zu ermöglichen. Für solche Nutzungen ist dann allerdings auch der volle (für diese Nutzung übliche) Erbbauzins zu entrichten.

Zu § 56 — Nutzungsbefugnis des Erbbauberechtigten, Grundstücksteilung

Zu Absatz 1

Satz 1 verweist auf die §§ 21 bis 27 des Entwurfs, die die Nutzungsbefugnis an in Anspruch genommenen Flächen festlegen. Da die Berechtigung des Nutzers beim Erbbaurecht und beim Ankaufsrecht insoweit gleich ist, sind die Regelungen hierzu in den Abschnitt 1 (Allgemeine Bestimmungen) eingestellt worden.

Satz 2 enthält eine Klarstellung. Die Belastung des Grundstücks mit einem Erbbaurecht erfaßt dieses insgesamt; die Befugnis des Erbbauberechtigten zur Nutzung der nicht für das Gebäude benötigten Teilflächen kann jedoch beschränkt werden (BayObLG-Beschluß vom 16. Juli 1957 — 2 Z 78/57 — DNotZ 1958, 409). Für die nach der Verordnung über das Erbbaurecht bestellten Rechte ist strittig, wie weit die Nutzungsbefugnisse des Erbbauberechtigten reichen, wenn im Erbbaurechtsvertrag hierzu nichts bestimmt ist (vgl. BayObLG-Beschluß vom 26. April 1984 — 2 Z 33 — 35/84 — Rechtspfleger 1984, 313, 314 — die Frage wird im Beschluß angesprochen, jedoch nicht entschieden). Der Entwurf legt fest, daß die Ausübungsbefugnis des Erbbauberechtigten sich auch auf die nicht bebauten Flächen erstreckt. Die Abgrenzung der Flächen erfolgt nach den in §§ 21 bis 27 genannten Kriterien.

Zu Absatz 2

Die Grenzen der Erbbaurechte sollten grundsätzlich mit den Grundstücksgrenzen übereinstimmen. Nur dies führt zu klar überschaubaren Rechtsverhältnissen an den Grundstücken. Im Beitrittsgebiet fehlt es jedoch derzeit vielfach noch an den erforderlichen technischen Voraussetzungen, insbesondere den Vermessungskapazitäten. Der Entwurf gibt den Vertragsparteien grundsätzlich einen Anspruch darauf, solche Abschreibungen der Grundstücke verlangen zu können, macht den Anspruch jedoch von der Erteilung der baurechtlichen Genehmigung und dem Vorhandensein der Vermessungskapazitäten abhängig. Die Vermessungskosten sollen geteilt werden.

Zu § 57 — Errichtung und Unterhaltung des Gebäudes, Heimfall

Zu Absätzen 1 bis 3

Absätze 1 bis 3 gewähren bestimmten Grundstückseigentümern Ansprüche, die Aufnahme von Bebauungs- und Instandhaltungspflichten als Inhalt des zu bestellenden Erbbaurechts verlangen zu können. Zur Begründung wird auf die Ausführungen bei der Darstellung der Grundzüge des Entwurfs im Ersten Teil — vgl. unter E.1.i) hh) — Bezug genommen.

Zu Absatz 4

Die Bestimmung enthält den Heimfallanspruch bei nachhaltiger Verletzung von Bebauungs- und Instandhaltungspflichten. Wegen der für den Erbbauberechtigten schwerwiegenden Folgen ist vom Grundstückseigentümer vor Ausübung des Heimfallanspruchs eine angemessene Nachfrist zu setzen, der der Erbbauberechtigte schuldhaft nicht nachgekommen sein muß.

Zu Absatz 5

Der Abschluß einer Gebäudeversicherung liegt im Interesse beider Seiten. Der Grundstückseigentümer kann sie vom Erbbauberechtigten verlangen, da das Gebäude auch Sicherheit für den Erbbauzins ist.

Zu § 58 — Ankaufsrecht

Zur Begründung der Regelungen über das Ankaufsrecht im Erbbaurechtsvertrag ist auf die vorstehenden Ausführungen zu den Grundzügen des Entwurfs im Ersten Teil — vgl. unter E.1. i) ii) — zu verweisen.

Zu § 59 — Öffentliche Lasten

Die Übernahme der auf dem Grundstück ruhenden öffentlichen Lasten durch den Erbbauberechtigten nach Satz 1 ist eine häufig anzutreffende Vertragsgestaltung. Sie ist auch deshalb angemessen, weil andernfalls die dem Grundstückseigentümer verbleibenden Kosten über die Einkünfte aus den Erbbauzinsen hinausgehen können. Die Verpflichtung des Nutzers, die auf dem Grundstück ruhenden Lasten zu tragen, kann allerdings nur so weit gehen, wie diese Lasten dem Gebäude und der vom Erbbauberechtigten genutzten Fläche zuzurechnen sind. Der letzte Teil des Satzes 1 stellt dies klar.

In vielen Fällen haben die Nutzer diese Lasten bereits getragen. Die bisherigen Grundsätze über die Pflichten der Nutzer bleiben bis zur Bestellung der Erbbaurechte unberührt (Satz 2).

Zu Unterabschnitt 7 — Folgen der Erbbaurechtsbestellung

Zu § 60 — Erlöschen des Gebäudeeigentums und des Nutzungsrechts

Mit der Bestellung des Erbbaurechts wird das Gebäude dessen Bestandteil. Gebäudeeigentum und Nutzungsrecht erlöschen. Die Sachenrechtsbereinigung ist damit vollzogen. Der Nutzer hat ein verkehrsfähiges und beleihbares dingliches Recht erhalten.

Zu § 61 — Anwendbarkeit der Verordnung über das Erbbaurecht, Kosten

Zu Absatz 1

Die Bestimmung stellt klar, daß auf dieses Erbbaurecht die Regelungen der Verordnung über das Erbbaurecht Anwendung finden.

Zu Absatz 2

Die Kostenteilung entspricht den Grundsätzen des Teilungsmodells.

Zu Abschnitt 3 — Gesetzliches Ankaufsrecht

Zu Unterabschnitt 1 — Gesetzliche Ansprüche auf Vertragsschluß

Zu § 62 — Grundsatz

Zu Absatz 1

Absatz 1 bringt den gesetzlichen Anspruch des Nutzers zum Ausdruck, vom Grundstückseigentümer den Abschluß eines Kaufvertrags über das mit dem Nutzungsrecht belastete oder mit Billigung staatlicher Stellen bebaute Grundstück verlangen zu können.

Zu Absatz 2

Die Bestimmung enthält die Ausnahmen. Der Grundstückseigentümer kann hiernach vom Nutzer den Ankauf des Grundstücks verlangen, wenn

— der Verkehrswert des Grundstücks nicht mehr als 100 000 DM oder im Falle der Bebauung mit einem Eigenheim nicht mehr als 30 000 DM beträgt,

— der Nutzer sich dahin erklärt hat, das Grundstück ankaufen zu wollen oder

— das Wahlrecht auf den Grundstückseigentümer übergegangen ist und dieser den Abschluß eines Grundstückskaufvertrags verlangt.

Die Regelung ist Folge der in § 14 getroffenen Entscheidung über das Verhältnis der Ansprüche auf Erbbaurechtsbestellung und zum Ankauf des Grundstücks.

Zu Unterabschnitt 2 — Gesetzliche Ansprüche wegen dinglicher Rechte

Die Bestimmungen des Unterabschnitts 2 betreffen die auf dem Grundstück ruhenden Belastungen.

Zu § 63 — Dienstbarkeit, Nießbrauch, Wohnungsrecht

Zu Absatz 1

Die Dienstbarkeiten, der Nießbrauch sowie die Wohnungsrechte bleiben grundsätzlich bestehen. Die Veräußerung des Grundstücks hat für diese Rechte keine Bedeutung. Etwas anderes gilt nur dann, wenn Teilflächen abgetrennt und veräußert werden, die außerhalb der Ausübungsbefugnis des Inhabers des dinglichen Rechts lagen. In diesen Fällen sieht der Entwurf ein Erlöschen der dinglichen Rechte auf diesen Flächen vor (Satz 1 und 2). Nutzer und Grundstückseigentümer können in diesem Fall vom Inhaber dieses Rechts die Bewilligung der Berichtigung des Grundbuchs verlangen (Satz 3).

Die Rechte sind individuell, d.h. auf der jeweiligen Fläche auszuüben, auf die sich die Befugnis nach dem Inhalt des Rechts erstreckt. Die Haftung beider Trennstücke nach einer Teilung des Grundstücks hat allein Bedeutung für die Zwangsvollstreckung, als der Inhaber des Rechts jeweils gemäß § 92 des Gesetzes über die Zwangsversteigerung und die Zwangsverwaltung Wertersatz aus dem Versteigerungserlös für ein durch Zuschlag erloschenes Recht beanspruchen kann (vgl. Hampel, Rechtspfleger 1962, 126, 128 m.w.N.).

§ 1026 BGB sieht darüber hinaus ein Erlöschen von Dienstbarkeiten bei einer Teilung des dienenden Grundstücks auf dem abzuschreibenden Teilstück vor, wenn dieses außerhalb des Bereichs der Ausübung der Dienstbarkeit liegt. Dies wurde damit begründet, daß die hypothekarische Sicherung im ursprünglichen Zwecke der Dienstbarkeit liege (Motive zum Bürgerlichen Gesetzbuch III S. 488 f.). Der Entwurf wendet diesen Gedanken für alle vorbezeichneten Rechte an. Das ist deshalb gerechtfertigt, weil in der DDR diese Rechte in keinem Rangverhältnis zu den Grundpfandrechten standen und nur dann abzufinden waren, wenn sie auf dem zur Versteigerung gebrachten Grundstück auch ausgeübt wurden (§ 13 Abs. 2 Satz 3 der Grundstücksvollstreckungsverordnung vom 6. Juni 1990 — GBl. I Nr. 32 S. 288).

Zu Absatz 2

Die Verweisung auf § 64 Abs. 1 bewirkt, daß der Nutzer vom Inhaber des Rechts dessen Löschung verlangen kann, wenn diesem das Belastungsverbot nach Art. 233 § 2a Abs. 3 Satz 2 EGBGB bekannt war.

Zu § 64 — Hypothek, Grundschuld, Rentenschuld, Reallast

Zu Absatz 1

Absatz 1 regelt den Fall, daß der Inhaber des dinglichen Rechts bei seiner Begründung Kenntnis davon hatte, daß der Grundstückseigentümer vorsätzlich seiner Verpflichtung aus Art. 233 § 2a Abs. 3 Satz 2 EGBGB zuwiderhandelte. In diesem Fall kann der Nutzer vom Inhaber des dinglichen Rechts verlangen, einer Löschung des Rechts auf dem vom Nutzer zu erwerbenden Grundstück zuzustimmen. Insoweit wird auf die Ausführungen in der Begründung zu § 36 Abs. 1 verwiesen.

Zu Absätzen 2 und 3

Die Bestimmungen regeln, wann der Nutzer vom Inhaber einer Reallast oder eines Grundpfandrechts die lastenfreie Um- oder Abschreibung eines Trennstücks verlangen kann. Letztere erfolgt dadurch, daß der Inhaber des dinglichen Rechts eine Verteilungserklärung nach § 1132 Abs. 2 BGB abgibt, die insoweit eine Aufhebung der Gesamthaftung herbeiführt.

Die Regelung folgt denselben Grundsätzen, wie sie in § 36 für das Erbbaurecht bestimmt wurden.

Zu § 65 — Ansprüche gegen den Grundstückseigentümer

Zu Absatz 1

Die grundsätzliche Verpflichtung zur lastenfreien Übertragung entspricht den allgemeinen kaufrechtlichen Bestimmungen (§ 434 BGB).

Vorkaufsrechte (Satz 2 Nr. 1), die zugunsten des Nutzers eingetragen sind, braucht der Grundstückseigentümer deshalb nicht zur Löschung zu bringen, weil diese den Nutzer nicht belasten. Vorkaufsrechte, die aufgrund anderer gesetzlicher Bestimmungen für Dritte eingetragen worden sind, kann der Grundstückseigentümer nicht zur Löschung bringen. Insoweit muß der Nutzer das Grundstück mit der eingetragenen Belastung erwerben.

Dingliche Rechte nach § 63 Abs. 1 (also Dienstbarkeiten, Nießbrauch, Wohnrechte), die keine Ansprüche auf Zahlung oder Befriedigung aus dem Grundstück gewähren, wird der Grundstückseigentümer nur selten gegen Wertersatz ablösen können. Die Begründung einer derartigen Verpflichtung des Grundstückseigentümers im Entwurf wäre zudem für die meisten Fälle unangemessen. Satz 2 Nr. 2 nimmt deshalb folgende Rechte aus der Verpflichtung des Grundstückseigentümers zur Lastenfreistellung heraus.

Zu Buchstabe a

Dies sind die bereits vor der Bestellung des Nutzungsrechts oder der Bebauung des Grundstücks durch den Nutzer begründeten Belastungen. Die Belastung lag hier der Nutzung zugrunde. Der Nutzer hat seine Berechtigung an einem belasteten Grundstück erworben. Eine Verpflichtung des Grundstückseigentümers zur lastenfreien Übereignung des Grundstücks würde dem Nutzer insoweit mehr Rechte geben als jemals bestanden.

Zu Buchstaben b und c

Belastungen, die auf Veranlassung staatlicher Stellen vor dem Ablauf des 2. Oktober 1990 erfolgt sind, waren von dem Grundstückseigentümer in der Regel ebenso hinzunehmen wie diejenigen, die aufgrund gesetzlicher Verpflichtung begründet wurden. Der Nutzer hätte wie der Grundstückseigentümer solche Rechte, in der Regel sind dies Mitbenutzungen nach § 321 ZGB, hinnehmen müssen.

Zu Buchstabe d

Hat der Nutzer der Belastung zugestimmt, so verstieße eine gesetzliche Verpflichtung zur Lastenfreistellung gegen den von den Beteiligten selbst geschaffenen Vertrauenstatbestand. Die gesetzliche Regelung würde dem Nutzer einen Anspruch gewähren, dessen Ausübung sich als treuwidriger Verstoß gegen das Verbot widersprüchlichen Verhaltens (venire contra factum proprium) darstellte.

Zu Absatz 2

Soweit der Nutzer nach den vorstehenden Bestimmungen eine (anteilige) Haftung für eine vom Grundstückseigentümer begründete Belastung zu übernehmen hat, kann er von diesem die Befreiung von der Haftung verlangen. Die Bestimmung entspricht der Regelung für das Erbbaurecht in § 37. Auf die dortige Begründung wird Bezug genommen.

Zu Absatz 3

Die Inhaber der Rechte, die einer lastenfreien Um- oder Abschreibung zuzustimmen verpflichtet sind, verlieren damit ihr Recht am Grundstück, das ihnen der Eigentümer bestellt hat. Mit dem Untergang der Sicherheit durch den Ankauf des Nutzers entsteht die Kaufpreisforderung des Grundstückseigentümers.

Der Entwurf begründet Pfandrechte am Kaufpreisanspruch für die Inhaber solcher Rechte auf Zahlung oder Befriedigung aus dem Grundstück, die infolge des Ankaufsverlangens des Nutzers auf ihre Sicherheit am Grundstück ganz oder teilweise verzichten müssen (Satz 1). Die Kaufpreisforderung gilt entsprechend dem Umfang und dem Inhalt der bisherigen Rechte am Grundstück als mehrfach verpfändet.

Bei den Rechten, die nicht auf Zahlung gerichtet sind, ist ein Pfandrecht für den Anspruch auf Wertersatz zu begründen (Satz 2).

Jeder Inhaber eines solchen dinglichen Rechts soll die Hinterlegung des Kaufpreises verlangen können (Satz 3). Diese Abweichung von §§ 1281, 1282 BGB ermöglicht auch den Inhabern nachrangiger Rechte, für eine Sicherung ihrer Ansprüche zu sorgen.

Zu Unterabschnitt 3 — Bestimmungen zum Inhalt des Vertrages

Wie beim Erbbaurecht müssen auch beim gesetzlichen Ankaufsrecht die Konditionen des Kaufvertrages bestimmt werden, damit die Beteiligten von den ihnen nach diesem Gesetzentwurf eingeräumten Rechten auch Gebrauch machen können. Der Unterabschnitt 3 enthält die gesetzlichen Vorgaben für den Abschluß der Kaufverträge. Die nachfolgenden Bestimmungen sind auch hier dispositiv. Den Beteiligten bleibt unbenommen, andere Vereinbarungen zu treffen.

Zu § 66 — Kaufgegenstand

Zu Absatz 1

Gegenstand des gesetzlichen Ankaufsrechts ist grundsätzlich das belastete oder bebaute Grundstück. Erstrecken sich die Ansprüche nach dem Entwurf (§§ 21 bis 27) nur auf eine Teilfläche des Grundstücks, so ist diese Vertragsgegenstand.

Zu Absatz 2

Die Bestimmung soll die Ausübung des gesetzlichen Ankaufsrechts in den Fällen sichern, in denen eine Teilung eines bebauten Grundstücks nicht möglich ist oder wegen gemeinschaftlicher Erschließungsanlagen unzweckmäßig wäre. Hier ist allein ein Verkauf von Wohnungs- oder Teileigentum nach dem Wohnungseigentumsgesetz möglich. Die Regelung des Entwurfs entspricht der Bestimmung über die Bestellung von Wohnungserbbaurechten in § 40 Abs. 1.

Zu § 67 — Teilflächen

Zu Absatz 1

Die abzuschreibenden Teilflächen sind nach den allgemeinen, in §§ 22 bis 27 bezeichneten Grundsätzen festzulegen. Sie müssen im Grundstückskaufvertrag hinreichend genau bezeichnet werden, andernfalls ist die Vereinbarung schon wegen Verletzung gesetzlicher Formvorschriften gemäß § 313 Satz 1, § 125 Satz 1 BGB nichtig (vgl. BGHZ 74, 103 = NJW 1979, 1350). Der Entwurf benennt in Satz 2 Nr. 1 bis 3 drei Methoden, die abzuschreibende Teilfläche im Kaufvertrag zu bezeichnen.

— Ist ein Bodensonderungsplan nach dem im Entwurf für ein Bodensonderungsgesetz vorgesehenen Verfahren aufgestellt worden, so sind die abzuschreibenden Teilflächen danach zu bestimmen. Der bestandskräftige Sonderungsbescheid legt die Grenzen der Ausübungsbefugnis aus den Nutzungsrechten verbindlich fest; Ansprüche auf eine vom Sonderungsbescheid abweichende Festlegung der abzusondernden Flächen können nach rechtskräftigem Abschluß eines Bodensonderungsverfahrens nicht mehr geltend gemacht werden [vgl. § 13 Abs. 1 bis 3 des Entwurfs für ein Bodensonderungsgesetz].

— Ist ein Sonderungsbescheid nicht ergangen, wird die abzuschreibende Teilfläche in der Regel in einem Lageplan darzustellen sein. Üblicherweise werden die Grenzen der Grundstücke auf einem Auszug aus der Katasterkarte eingezeichnet.

— Ist eine solche Karte nicht vorhanden oder gibt diese — was im Beitrittsgebiet häufiger der Fall ist — über die Lage des Grundstücks und der abzuschreibenden Teilfläche keinen Aufschluß, da das Liegenschaftsregister nicht fortgeführt wurde, kommt nur eine Bezeichnung der abzuschreibenden Teilflächen nach festen Merkmalen in der

Natur in Betracht. (Eine entsprechende Regelung enthält § 113 Abs. 4 des Baugesetzbuchs für das Enteignungsverfahren.)

In den beiden letztgenannten Fällen bedarf es für die Umschreibung im Grundbuch allerdings entweder einer Ausweisung der abzuschreibenden Teilfläche in einem Sonderungsplan, der bis zur Übernahme in das Liegenschaftskataster als amtliches Verzeichnis der Grundstücke dienen soll [vgl. § 7 Abs. 2 des Entwurfs für ein Bodensonderungsgesetz] oder einer Vermessung und Fortführung des Liegenschaftskatasters. Eine Skizze in einem notariellen Vertrag und erst recht eine Beschreibung der abzuschreibenden Teilfläche anhand fester Merkmale in der Natur sind keine § 28 der Grundbuchordnung genügenden Bezeichnungen abzutrennender Grundstücksteilflächen (vgl. BGH — Urteil vom 21. Febr. 1986 — V ZR 264/84 — NJW 1986, 1867, 1868).

Zu Absatz 2

Absatz 2 regelt entsprechend § 40 Abs. 1 und 2, wann eine Teilung nicht durchgeführt werden kann oder wann eine Teilung unzweckmäßig ist. Wohnungs- oder Teileigentum soll begründet werden können, wenn

— mehrere Nutzungsrechte an einem Gebäude begründet wurden,

— die Teilungsgenehmigung nach § 120 des Entwurfs in Verbindung mit § 19 des Baugesetzbuchs versagt wird oder

— eine Realteilung wegen gemeinschaftlich genutzter Nebengebäude und Anbauten (Garagen) oder wegen eines hohen Aufwands für die Neuanlage von Erschließungsanlagen wirtschaftlich unvernünftig wäre.

Zu § 68 — Begründung von Wohnungs- oder Teileigentum

Zu Absatz 1

Wohnungs- oder Teileigentum muß vor einem Verkauf und anschließender Übertragung zunächst begründet werden. Der Entwurf gibt den Beteiligten einen Anspruch, nach dem sie entweder entsprechend § 3 des Wohnungseigentumsgesetzes den Abschluß eines darauf gerichteten Vertrages oder vom Grundstückseigentümer eine Teilungserklärung nach § 8 des Wohnungseigentumsgesetzes verlangen können.

Der unterschiedliche Inhalt des Anspruchs ergibt sich daraus, daß § 3 des Wohnungseigentumsgesetzes nach seinem Wortlaut nur anzuwenden ist, wenn die Vertragsschließenden bereits Miteigentümer des Grundstücks sind. Eine entsprechende Anwendung ist nach dem Entwurf für den Fall vorgesehen, daß die Nutzer selbständiges Gebäudeeigentum erworben haben. In diesem Fall ist entsprechend § 3 des Wohnungseigentumsgesetzes das vormalige Miteigentum am Gebäude nach § 34 Abs. 2 ZGB, das-

durch Art. 232 § 9 EGBGB als Miteigentum nach Bruchteilen nach § 1008 BGB fortbesteht, in Sonder- und Miteigentum aufzuteilen. Das hiervon getrennte Eigentum am Grundstück ist gem. § 8 des Wohnungseigentumsgesetzes zu teilen. Die Zusammenführung der im Sonder- und Miteigentum stehenden Anteile am Gebäude und der Miteigentumsanteile am Grundstück in einer Person erfolgt mit dem Vollzug der Kaufverträge.

Haben die Nutzer dagegen bisher weder Gebäudeeigentum noch Rechte am Grundstück erworben, kommt nur eine entsprechende Anwendung von § 8 des Wohnungseigentumsgesetzes in Betracht. Hiernach hat der Grundstückseigentümer zunächst das Grundstück in Miteigentumsanteile unter Verbindung mit Sondereigentum zu teilen, was der Nutzer von ihm verlangen kann.

Zu Absatz 2

Die Bestimmung entspricht der in § 14 Abs. 2 getroffenen Entscheidung. Beträgt der von einem Nutzer zu zahlende Preis bei der Bestellung von Wohnungseigentum nicht mehr als 30 000 DM oder bei der Bestellung von Teileigentum (nicht zu Wohnzwecken dienendes Sondereigentum und Miteigentumsanteil) nicht mehr als 100 000 DM, so hat der Nutzer das Wohnungs- oder Teileigentum anzukaufen. Andernfalls kann er der Begründung von Wohnungs- oder Teileigentum widersprechen. Es sind dann Wohnungserbbaurechte zu bestellen.

Zu Absatz 3

Die Vorschrift stellt — wie § 40 Abs. 3 für die Begründung der Wohnungserbbaurechte — klar, daß die Wohnungseigentümer nur Teilschuldner des auf den Erwerb ihres Miteigentumsanteils entfallenden Kaufpreisanteiles sind.

Zu Absatz 4

Es kann insoweit auf die Begründung zu § 40 Abs. 4 (Bestellung von Wohnungserbbaurechten) verwiesen werden.

Zu § 69 — Regelmäßiger Preis

Zu Absatz 1

§ 69 Abs. 1 enthält die Grundregelung für die Preisbestimmung, in der die hälftige Beteiligung des Nutzers am Bodenwert beim Ankaufsrecht zum Ausdruck kommt. Der Mindestbetrag ist auch hier auf das 1,3fache des nach den Vorschriften des Reichsbewertungsgesetzes von 1934 (RGBl. I S. 1035) zu ermittelnden Verkehrswertes festzusetzen, da der Eigentümer mindestens den Betrag als Kaufpreis beanspruchen kann, den er in der DDR als Enteignungsentschädigung erhalten hätte und der jetzt als Grundlage für die

Entschädigung der entschädigungslos enteigneten Alteigentümer festgesetzt werden soll.

Satz 2 verweist für die Ermittlung des Verkehrswerts auf die allgemeinen Bemessungsgrundsätze.

Zu Absatz 2

Absatz 2 gibt dem Nutzer einen Anspruch auf eine besondere Ermäßigung im Falle der schnellen Entscheidung für das Ankaufsrecht und der unverzüglichen Begleichung des Kaufpreises, nachdem die für die Umschreibung erforderlichen Unterlagen vorliegen. Dem Nutzer wird insoweit eine besondere Art eines Barzahlungsskontos eingeräumt. Dies ist ein Ausgleich dafür, daß der Grundstückseigentümer den Betrag sofort anlegen und damit Zinsen erzielen kann, die über die Summe aus zwischenzeitlich gezahlten Erbbauzinsen und später gezahltem Kaufpreis hinausgehen.

Dieser Zinsvorteil entsteht jedoch nur dann, wenn man einen festen Ankaufspreis zugrunde legt. Bei einer längerfristigen Betrachtung müßte jedoch auch die Wertentwicklung auf dem Grundstücksmarkt berücksichtigt werden, über die jedoch keine sicheren Prognosen möglich sind. Die Vom-Hundert-Sätze beruhen auf einer Abwägung der genannten Umstände. Ein Abzug für Zwischenzinsen ist deshalb nur bei unverzüglicher Entscheidung für das Ankaufsrecht und Bezahlung und nur in einer Höhe vertretbar, die voraussichtlich in einem kurzen Zeitraum durch Zinseinkünfte wieder ausgeglichen wird.

Der Anspruch auf Ermäßigung besteht nicht, wenn Nutzer sich für den Abschluß eines Erbbaurechtsvertrages entschieden haben und deshalb Erbbauzinsen oder Nutzungsentgelte in Höhe der Erbbauzinsen zu zahlen hätten. Der Zweck der Regelung in Satz 2 besteht darin, daß der Nutzer den Grundstückseigentümer nicht zugleich für einen — wenngleich befristeten — Zeitraum auf die niedrigen Einkünfte aus den Erbbauzinsen verweisen und danach dennoch die Kaufpreisermäßigung in Anspruch nehmen kann.

Der Nutzer kann den Teilerlaß nicht verlangen, wenn sich der Abschluß des Kaufvertrages oder die Zahlung aus einem von ihm zu vertretenden Umstand verzögert. Der Anspruch auf einen teilweisen Erlaß soll

— für den Nutzer einen Anreiz schaffen, durch die Entscheidung für das Ankaufsrecht einen schnellen Ausgleich der Interessen zwischen ihm und dem Grundstückseigentümer herbeizuführen und

— zugleich allzu großen Unterschieden zwischen den Grundstückseigentümern, die einen Erbbaurechtsvertrag mit erst allmählich ansteigenden Zinseinkünften (vgl. § 52) abzuschließen haben, und denjenigen, die durch den Kaufvertragsschluß sogleich den Kaufpreis erhalten, vermeiden.

Diese Zwecke werden nicht erreicht, wenn der Nutzer zwar sogleich den Ankauf wählt, aber danach den Vertragsschluß oder die Kaufpreiszahlung verzögert. Ein schneller Interessenausgleich und Rechtsfrieden können nur dann eintreten, wenn das Wahlrecht sogleich ausgeübt und weder der Vertragsschluß noch dessen Erfüllung aus vom Nutzer zu vertretenden Gründen verzögert werden. Zudem ist dem Grundstückseigentümer, der aus vom Nutzer zu vertretenden Gründen auf den Kaufpreis warten muß, nicht zuzumuten, dem Nutzer noch den einem Skonto entsprechenden Teilerlaß zu gewähren.

Zu § 70 — Preisanhebung bei kurzer Restnutzungsdauer des Gebäudes

Die Vorschrift regelt die Preisanhebung wegen kurzer Restnutzungsdauer des Gebäudes. Absatz 1 bestimmt die Voraussetzungen, Absatz 2 enthält die Grundsätze für die Berechnung der Preisanhebung.

Zu Absatz 1

Nummer 1 schließt die Nutzung für Wohnzwecke vom Anwendungsbereich dieser Vorschrift aus, da insoweit auch keine Verkürzung der Dauer der zu bestellenden Erbbaurechte nach der Restnutzungsdauer der Gebäude stattfindet (vgl. § 54 Abs. 3).

Durch Nummer 2 werden die Fälle aus dem Anwendungsbereich der Bestimmung herausgenommen, in denen dingliche Nutzungsrechte bestellt wurden oder vertragliche Berechtigungen mit einer Restlaufzeit bestehen, die die Dauer der nach diesem Entwurf zu bestellenden Erbbaurechte übersteigen (vgl. § 54 Abs. 3). Die Berechtigung des Nutzers übersteigt in diesen Fällen die Restnutzungsdauer des Gebäudes, weshalb hier Erbbaurechte mit der Laufzeit nach § 54 Abs. 1 zu bestellen wären. Dem Nutzer steht deshalb der Bodenwertanteil des Erbbaurechts insgesamt zu, der grundsätzlich mit der Hälfte des Verkehrswerts in Ansatz gebracht wird.

Nummer 3 stellt schließlich klar, daß die Restnutzungsdauer des Gebäudes kürzer sein muß als die regelmäßige Dauer eines nach dem Entwurf zu bestellenden Erbbaurechts. Andernfalls ist aus Gründen des Investitionsschutzes ein Erbbaurecht mit der in § 54 Abs. 2 bestimmten Laufzeit zu bestellen.

Zu Absatz 2

Die Ermittlung des zu zahlenden Preises ist durch Vergleich der Bodenwertanteile von entsprechenden Erbbaurechten mit der Restnutzungsdauer des Gebäudes (Bodenwertanteil 1) und nach der üblichen Laufzeit (Bodenwertanteil 2) vorzunehmen. Für die Errechnung kann auf die Grundsätze in Ziffer 5.2.2.3.2 der Wertermittlungsrichtlinien 1991 zurückgegriffen werden. Die Preisbestimmung ergibt sich dann aus der Formel:

$$\text{Preis} = \text{Verkehrswert} \cdot \frac{\text{regelmäßiger Preis} \times \text{Bodenwertanteil 1}}{\text{Bodenwertanteil 2}}$$

Beispiel:
Verkehrswert: 100 000 DM
regelmäßiger Preis: 50 000 DM

übliche Laufzeit eines Erbbaurechts:	50 Jahre
Restnutzungsdauer des Gebäudes:	30 Jahre

Berechnung der Bodenwertanteile:

Differenz zwischen üblichem und gesetzlichem Erbbauzins (üblich 7 vom Hundert; gesetzlich 3,5 vom Hundert)	3 500 DM jhrl.
Wertfaktor (wegen starker Belastung des Grundeigentums durch Ankaufsrecht)	1,0
Vervielfältiger (vgl. Anlage 4 zu den Wertermittlungsrichtlinien 1991) bei 50 Jahren Laufzeit und übl. Zins von 7 vom Hundert	13,8
bei 30 Jahren Laufzeit und übl. Zins von 7 vom Hundert	12,41

Bodenwertanteile
(Formel: Zinsdifferenz × Vervielfältiger × Wertfaktor)

Erbbaurecht mit Laufzeit von 50 Jahren	48 300 DM
Erbbaurecht mit Laufzeit von 30 Jahren	43 435 DM

Berechnung des Ankaufspreises:

Ankaufspreis (nach vorstehender Formel)	55 036,23 DM.

Zu § 71 — Preisbemessung nach dem vollen Verkehrswert

Diese Regelung des Entwurfs sieht eine Preisbestimmung nach dem vollen Verkehrswert im Falle der Nutzungsänderung sowie bei der Inanspruchnahme übergroßer, selbständig baulich nutzbarer Teilflächen für Eigenheime vor. Sie entspricht der für den Erbbauzins in § 48 Abs. 1 getroffenen Bestimmung. Absatz 1 bringt diesen Grundsatz zum Ausdruck.

Zu Absatz 1

Absatz 1 bezeichnet die preisrelevanten Nutzungsänderungen. Nach Satz 1 sind dies drei Fallgruppen:

— Übergang von einer Nutzung zu Wohnzwecken in eine solche zu land-, forstwirtschaftlichen oder gewerblichen Zwecken oder zu einer Nutzung für Dienstgebäude staatlicher Stellen,

— Umwandlung einer land- oder forstwirtschaftlichen Nutzung, die aufgrund des früheren gesetzlichen Nutzungsrechts der landwirtschaftlichen Produktionsgenossenschaften ausgeübt wurde, in eine gewerbliche,

— Änderung der Art der Nutzung, zu dem das Nutzungsrecht bestellt wurde oder die bei Ablauf des 2. Oktober 1990 ausgeübt wurde.

Die Preisbemessung nach dem halben Verkehrswert aufgrund des in der DDR bestellten Nutzungsrechts oder einer vergleichbaren Berechtigung soll dem Nutzer auch dann erhalten bleiben, wenn er infolge des Strukturwandels nach dem Beitritt den Gegenstand seiner unternehmerischen Tätigkeit wesentlich verändert hat. Die aus der sozialistischen Planwirtschaft folgende strikte Bindung des Nutzers an den Zweck, zu dem das Nutzungsrecht bestellt wurde, kann nicht Grundlage einer in die Zukunft orientierten, auf marktwirtschaftlichen Rahmenbedingungen beruhenden Regelung sein. Die Bindungen aus dem Zweck der Nutzungsrechte müssen unter Berücksichtigung der Interessen der Nutzer und der Grundstückseigentümer bewertet werden.

Nutzungsänderungen innerhalb derselben Nutzungsart (z.B. die Umstellung des Warensortiments) führen in der Regel zu keiner höheren Belastung des Grundstückseigentümers. Üblicherweise werden bei solchen Nutzungsänderungen weder höhere Erbbauzinsen noch höhere Entgelte für den Fall des Ankaufs des Grundstücks gezahlt.

Bei dem in § 71 Abs. 2 bezeichneten Übergang von einer Nutzungsart zur anderen ist dies anders. Hier werden Anpassungen sowohl bei den Erbbauzinsen als auch bei den Grundstückspreisen an die veränderte Nutzungsart vorgenommen. Nach einer solchen Nutzungsänderung ist zwar die bauliche Investition noch vorhanden, der Nutzung des Grundstücks fehlt jedoch der Bezug zu den in der DDR begründeten Rechten und Nutzungsbefugnissen.

Die Gewährung von Ansprüchen auf Begründung von Erbbau- und Ankaufsrechten ist in diesen Fällen nicht mehr aus einem in der DDR vorgefundenen Nutzungsrecht oder einer anderen Berechtigung, sondern allein aus dem Grund gerechtfertigt, Nutzbarkeit und Wert der baulichen Investition erhalten zu müssen. Daraus läßt sich keine Beteiligung des Nutzers am Bodenwert aus einer in der DDR begründeten Belastung, sondern allein eine Befugnis zum Ankauf in Höhe des vollen Verkehrswerts begründen.

Zu Absatz 2

Absatz 2 enthält den Verweis auf die entsprechenden Öffnungsklauseln beim Erbbaurecht in § 55 Abs. 2 und 3. Nutzungsänderungen, die den veränderten wirtschaftlichen Strukturen Rechnung tragen, ohne die bauliche Inanspruchnahme des Grundstücks wesentlich zu verändern, sind — wie beim Erbbauzins — auch für die Bemessung des Ankaufspreises ohne Bedeutung. Dies gilt allerdings nur für diejenigen, die Inhaber eines Nutzungsrechts sind oder das Grundstück bereits vor dem 3. Oktober 1990 mit Billigung staatlicher Stellen in Anspruch genommen hatten.

Zu Absatz 3

In diesem Absatz wird schließlich die Anpassung des Kaufpreises im Eigenheimbau für die Teilflächen vorgenommen, die über die Regelgröße der Gesetze der DDR hinausgehen und selbständig baulich nutzbar sind. Auch dies entspricht der Regelung für die Bemessung des Erbbauzinses in § 43 Abs. 2 Nr. 1b.

Zu § 72 — Nachzahlungsverpflichtungen

Zu Absatz 1

Die Regelung gibt dem Grundstückseigentümer, der zum halben Verkehrswert (regelmäßiger Preis) verkaufen muß, einen Anspruch, vom Nutzer die Übernahme einer Nachzahlungsverpflichtung verlangen zu können. Voraussetzung ist, daß

— ein unbebautes oder ein mit einem abbruchreifen, nicht mehr nutzbaren Gebäude bebautes Grundstück veräußert wird,

— eine Nutzungsänderung nach § 71 Abs. 1 erfolgt oder

— ein Verkauf eines land-, forstwirtschaftlich oder gewerblich genutzten Grundstücks vorgenommen wird.

Eine solche Nachzahlungspflicht bedarf besonderer Begründung. Geht man nämlich davon aus, daß das Nutzungsrecht oder die einem Nutzungsrecht gleichzustellende Bebauung mit Billigung staatlicher Stellen eine Beteiligung des Nutzers am vorhandenen Bodenwert begründet, so ist eine Nachzahlungspflicht grundsätzlich nicht zu rechtfertigen. Die eine Hälfte des Bodenwerts stand dem Nutzer aufgrund Nutzungsrechts zu, die andere hat er beim Ankauf des Grundstücks bezahlt. Mit der anschließenden Veräußerung verfügt der Nutzer nur über das, was ihm zuzuordnen war und was er bezahlt hat.

Die Beteiligung des Nutzers am Bodenwert beruht jedoch nicht auf dem Besitz, sondern auf einem zweckgebundenen Nutzungsrecht. Der Ankauf des Grundstücks zum halben und die anschließende Weiterveräußerung zum vollen Verkehrswert in der Absicht, aus den durch Übergang zur Marktwirtschaft entstandenen Bodenwerten Gewinn zu erzielen, ist eine Verfehlung des Zwecks des Nutzungsrechts.

Das Nutzungsrecht war einer Zweckbindung unterworfen. Der Nutzer konnte insbesondere keinen Gewinn durch Verfügung über das Eigentum an Grund und Boden erzielen. Die Belastung des Grundstücks am 3. Oktober 1990 bestand insoweit nur im Rahmen der durch die Zweckbindung des Nutzungsrechts dem Nutzer gezogenen Grenzen.

Die Anerkennung einer Beteiligung des Nutzers am Bodenwert kann diese Zweckbindung nicht übergehen. Dem Nutzer ist sein durch das Nutzungsrecht oder eine vergleichbare Befugnis zur Bebauung begründeter Besitzstand zu erhalten, jedoch nicht darüber hinaus eine Möglichkeit zu spekulativen Veräußerungen oder zu einer völlig veränderten Nutzung zu eröffnen.

Damit bleibt zugleich eine Parallelität zu den dem Erbbaurecht zugrunde liegenden Wertungen gewahrt. Der Erbbauzins ist nutzungsabhängig; der Wechsel in der Nutzung führt zu einer Erhöhung des Erbbauzinses (vgl. § 48 Abs. 1). Es wäre nicht gerechtfertigt, wenn der Nutzer gleich nach dem Ankauf die bisherige Nutzung aufgeben könnte, ohne zu einer Nachzahlung verpflichtet werden zu können.

Der Entwurf gibt deshalb den Grundstückseigentümern in drei in § 72 Abs. 1 bezeichneten Fällen einen Anspruch, die Aufnahme einer Bestimmung in den Grundstückskaufvertrag verlangen zu können, die den Nutzer im Falle der Nutzungsänderung oder der Weiterveräußerung in einer bestimmten Zeit nach Vertragsschluß zu einer Nachzahlung verpflichtet.

Zu Nummer 1

Die Nachzahlungsverpflichtung entspricht den in § 29 Abs. 1 bezeichneten Umständen, aus denen der Grundstückseigentümer der Geltendmachung der in diesem Entwurf bezeichneten Ansprüche widersprechen könnte.

Ist das Grundstück nicht oder nur mit einem nicht mehr nutzbaren Bauwerk bebaut, so kann der Grundstückseigentümer den vom Nutzer erhobenen Ansprüchen entgegentreten, wenn mit einer Bebauung, einer Rekonstruktion oder einer Nutzung des Bauwerks durch den Nutzer nicht mehr zu rechnen ist.

Die kurze Zeit nach dem Ankauf erfolgende Weiterveräußerung eines unbebauten oder mit einem nicht mehr nutzbaren Bauwerk (Verkauf auf Abbruch) bebauten Grundstücks dokumentiert, daß die Voraussetzungen für den Ankauf eigentlich nicht vorgelegen haben. Die Nachzahlungspflicht trägt hier dazu bei, Wertungswidersprüche in den Fällen zu vermeiden, in denen die in § 29 bezeichneten Voraussetzungen der Einrede vor dem Kauf nicht nachgewiesen werden konnten, sich jedoch nachträglich als richtig herausstellen.

Zu Nummer 2

Wechsel in der Nutzungsart nach § 71 Abs. 1, für die beim Erbbaurecht eine Zinsanpassung an marktübliche Sätze vorgesehen ist (vgl. § 48 Abs. 1 in Verbindung mit § 55 Abs. 4), sollen ebenfalls eine Nachzahlungspflicht begründen. Nur die bisherige Nutzungsart ist geschützt und vermittelt dem Nutzer eine Beteiligung am Bodenwert.

Zu Nummer 3

Schließlich sind auch die Weiterveräußerungen land-, forstwirtschaftlich oder gewerblich genutzter Gebäude innerhalb bestimmter Fristen zu erfassen. In diesen Fällen wird das Gebäude nicht mehr im Rahmen seiner bisherigen Zweckbestimmung im Betrieb des Nutzers genutzt.

Nicht einbezogen werden hierin die Veräußerungen von Wohngebäuden. In diesen Fällen soll keine Nachzahlungspflicht entstehen, weil Veräußerungen aus persönlichen Gründen (Arbeitsplatz- und Wohnungswechsel) zulässig waren und insoweit auch in Zukunft keine Hindernisse begründet werden sollen.

Satz 2 bestimmt eine Ausnahme für den Fall, daß das Grundstück als Teil eines Unternehmens veräußert wird und der Erwerber das Geschäft weiterführt. Wird das Unternehmen insgesamt veräußert und das Geschäft vom Erwerber fortgeführt, so liegt weder eine Nutzungsänderung noch ein spekulatives Grundstücksgeschäft vor, so daß auch eine Nachzahlungsverpflichtung des Nutzers bis zur Höhe des vollen Verkehrswertes unberechtigt wäre. — Diese Regelung führt im übrigen dazu, daß Veräußerungen an Dritte zur Sanierung eines Unternehmens nicht mit Nachzahlungsansprüchen belastet werden.

Zu Absatz 2

Die vorgeschlagene Regelung sieht einen abgestuften Wegfall der Bindung durch die Nachzahlungsverpflichtung vor. Die Bindung kann nicht zu lang sein; der Nutzer soll andererseits nicht bereits nach Ablauf einer dreijährigen Frist die Vorteile aus Nutzungsänderungen und aus Weiterverkäufen in vollem Umfang für sich beanspruchen können. Für diese Fälle wird daher für die folgenden drei Jahre eine Nachzahlungspflicht in Höhe der Hälfte des in Absatz 1 bestimmten Differenzbetrags für zulässig erachtet.

Zu Absatz 3

Entscheidend für die Berechnung der Fristen ist der Abschluß des jeweiligen schuldrechtlichen Geschäfts, nicht dessen Erfüllung. Diese kann bei den von der Eintragung in das Grundbuch abhängigen Verträgen zum Teil erheblich später erfolgen.

Zu Absatz 4

Die Bestimmung bezweckt, daß auch Rechtsgestaltungen, durch die — wie bei einem Verkauf — eigentümerähnliche Nutzungsbefugnisse auf einen Dritten übertragen werden, die Nachzahlungspflicht des Nutzers begründen. Mit solchen Vereinbarungen wird der Anreiz zu Umgehungen genommen, weil sich an diese Geschäfte die gleichen Rechtsfolgen knüpfen.

Zu § 73 — Ausgleich wegen abweichender Grundstücksgröße

Zu Absatz 1

Die Regelung gibt jedem Beteiligten einen Anspruch darauf, einen vertraglichen Ausgleichsanspruch zu begründen, wenn die tatsächliche Grundstücksgröße nach dem Ergebnis einer Vermessung von der im Vertrag zugrunde gelegten mehr als geringfügig abweicht.

Das Regelungsproblem wird in den neuen Bundesländern wegen der zahlreichen Bebauungen auf unvermessenen Grundstücken vermehrt auftreten. Auch die im Entwurf für ein Bodensonderungsgesetz vorgesehene Bildung von Grundstücken auf der Grundlage einer Grundstückskarte im Maßstab bis zu 1:1000 kann im Einzelfall zu erheblichen Abweichungen bei der Feststellung der tatsächlichen Grundstücksgröße nach dem Ergebnis einer späteren Vermessung führen.

Ähnliche Probleme gibt es auch in den alten Ländern, wenn ein Bauträger von ihm bebaute Grundstücke vor Abschreibung der Einzelparzellen von einem bebauten Areal verkauft. In solchen Verträgen wird die Grundstücksgröße meist mit einer sog. „Circa"-Angabe versehen.

Solche Flächenangaben werden in der Regel als Zusicherung einer Grundstücksgröße nach § 468 BGB ausgelegt, da der Grundstückswert eines mit einem Wohnhaus bebauten Grundstücks nicht nur vom Wohnwert, sondern auch von der Grundstücksflächengröße mitbestimmt wird (BGH-Urteil vom 27. April 1984 — V ZR 137/83 — WM 1984, 941, 942). Außerhalb der üblichen Vermessungsrisiken liegende Größenabweichungen begründen dann Gewährleistungsansprüche (BGH, a.a.O.).

Die Regelung im Entwurf eröffnet den Beteiligten die Möglichkeit, eine spezielle Kaufpreisanpassungsklausel für diese Fälle zu vereinbaren.

Diese Regelung stellt einen angemessenen Ausgleich her. Gewährleistungsansprüche aus dem dispositiven Gesetzesrecht werden insoweit ausgeschlossen. Dies kann dann nicht gelten, wenn im Vertrag insoweit ausdrücklich eine Gewährleistung wegen abweichender Grundstücksgröße vereinbart wird. Die Parteien müssen insoweit die Gewährleistung für diesen Fall wollen und dies im Vertrag zum Ausdruck bringen. Die Rechte des Käufers ergeben sich dann aus einer auch die Rechtsfolgen einschließenden Vereinbarung und nicht als Rechtsfolge dispositiven Gesetzesrechts.

Zu Absatz 2

In Absatz 2 wird ein pauschaler Maßstab dafür festgelegt, bis zu welcher Abweichung Unterschiede im Verhältnis zur im Vertrag angegebenen Größe als geringfügig anzusehen sind und damit keine Preisanpassung rechtfertigen. Die Staffelung in Absatz 2 beruht darauf, daß die Hinnehmbarkeit der Abweichung von der Höhe des Quadratmeterpreises bestimmt wird. Je teurer das Grundstück, um so eher wird die von den Beteiligten hinzunehmende Belastung aus der Abweichung der Grundstücksgrößen überschritten sein.

Zu Absatz 3

Mit dem Ergebnis der Vermessung steht die Größenabweichung fest. Die Beteiligten sollen sich schnell entscheiden, ob sie hieraus Ansprüche herleiten wollen, damit in dem Verhältnis der Parteien wieder Rechtssicherheit eintritt. Dem dient die einjährige Verjährungsfrist.

Zu § 74 — Preisbemessung im Wohnungsbau

§ 74 enthält besondere Regelungen für die Ermittlung des Ankaufspreises im staatlichen und genossenschaftlichen Wohnungsbau. Er trägt dem Umstand Rechnung, daß hier aufgrund der aufstehenden Bebauung und der für deren Bewirtschaftung geltenden gesetzlichen Beschränkungen keine Bodenwerte entstanden sind, die denen eines unbebauten Grundstücks entsprechen.

Zu Absatz 1

Satz 1 gibt dem Nutzer einen Anspruch, hier eine Ermittlung des Ankaufspreises nach Sach- und Ertragswertgesichtspunkten verlangen zu können. Der Nutzer kann dies fordern, muß es aber nicht. Letzteres kann zum Beispiel dann zweckmäßig sein, wenn das Grundstück in absehbarer Zeit freigelegt und durch einen Neubau ersetzt werden soll.

Dies kann für die Kommune oder die Wohnungsgenossenschaft günstiger sein als eine spätere Nachzahlung nach Absatz 2. In die Differenzzahlung fließen inzwischen eingetretene Bodenwertsteigerungen ein. Die Zahlung berechnet sich auf der Grundlage des Verkehrswerts zum Zeitpunkt der Nutzungsänderung oder des Abrisses des Altbaus. Der Nutzer kann diese Risiken ausschalten, wenn er sogleich zum halben Verkehrswert eines unbebauten Grundstücks ankauft.

Satz 2 bestimmt die Voraussetzungen, unter denen eine Verkehrswertbestimmung nach Sach- und Ertragswertgesichtspunkten verlangt werden kann. Es sind die Sachverhalte zu erfassen, in denen der Sachwert der Bebauung und die Ertragsfähigkeit des Grundstücks auf den Wert von Grund und Boden durchschlagen; dies sind die Fälle, in denen ein Erwerber des Grundstücks beim Bodenwert eine Abzinsung vornehmen würde. Solche Sachverhalte werden in § 20 Abs. 3 der Wertermittlungsverordnung vom 6. Dezember 1988 (BGBl. I S. 2209) beschrieben. Der Entwurf knüpft an diese Regelung an. Die Preisbestimmung auf der Grundlage abgezinster Bodenwerte ist hiernach nur dann gerechtfertigt, wenn

— keine dem Bodenwert angemessene Verzinsung erzielt wird und

— einem Abriß der unrentablen Bebauung längerfristig rechtliche oder tatsächliche Gründe entgegenstehen.

Zu Absatz 2

Absatz 2 begründet einen Nachzahlungsanspruch des Grundstückseigentümers für den Fall, daß sich die den niedrigen Preis rechtfertigenden Prognosen nachträglich als unzutreffend herausstellen. Satz 1 enthält den Grundsatz, daß bei einer Nutzungsänderung oder einem Abriß des Gebäudes innerhalb von zwanzig Jahren nach Vertragsschluß eine Nachzahlung verlangt werden kann. Sätze 2 und 3 enthalten die Regelung für die Bemessung des Anspruchs, zu deren Erläuterung auf die Allgemeine Begründung — vgl. unter E.1. j) bb) (2) (f) — zu verweisen ist.

Zu Absatz 3

Die besondere Ermäßigung des Kaufpreises aus den vorstehenden Gesichtspunkten, die den besonderen Verhältnissen beim Wohnungsbau Rechnung trägt, erweist sich auch dann als nicht gerechtfertigt und für den Grundstückseigentümer nicht zumutbar, wenn bei einer Veräußerung in den folgenden Jahren ein höherer Preis für den Grund und Boden erzielt wird, selbst wenn der Erwerber das Gebäude in der bisherigen Weise weiter nutzt. Der bei der Weiterveräußerung erzielte Mehrerlös ist ein Indiz dafür, daß ein für den Ankauf durch den Nutzer nach § 19 Abs. 2 rechnerisch ermittelter Verkehrswert zu niedrig angesetzt war und nicht den tatsächlichen Marktverhältnissen entsprach.

Der Entwurf sieht insoweit eine Klausel zur Auskehr der Hälfte des aus der Veräußerung von Grund und Boden erzielten Mehrerlöses vor. Eine ähnliche Bestimmung enthält § 3 Abs. 4 des Entwurfs für ein Wohnungsgenossenschafts-Vermögensgesetz (BT-Drucksache 12/4801, S. 115), der den Gemeinden einen in Verhältnis zum Bodenwert niedrigen Ausgleich für den gesetzlich angeordneten Eigentumsübergang des von den Wohnungsbaugenossenschaften genutzten ehemals volkseigenen Grund und Bodens gewährt.

Die Verpflichtung zur Auskehr eines Teils des Mehrerlöses beteiligt den Grundstückseigentümer an dem im Wege der Weiterveräußerung in einer kürzeren Frist am Markt realisierten Wert des Grundstücks. Wird ein solcher Mehrerlös erzielt, so soll dieser geteilt werden und nicht allein von dem Nutzer vereinnahmt werden können, der wegen der besonderen Lage auf dem Wohnungsmarkt Gelegenheit zu einem außerordentlich günstigen Ankauf des Grundstücks hatte.

Der Entwurf sieht auch insoweit eine zeitliche Staffelung für die Höhe des Anteils des auszukehrenden Mehrerlöses vor (Satz 2). Je länger der Ankauf durch den Nutzer zurückliegt, um so eher ist anzunehmen, daß der bei der Weiterveräußerung erzielte Mehrerlös auf der allgemeinen Entwicklung am Grundstücksmarkt und nicht auf einer falschen Einschätzung des Sachwerts und der Ertragssituation beim Ankauf des Gebäudes durch den Nutzer beruhte. Steigerungen des Werts von Grund und Boden, die in einer längeren Zeit nach dem Erwerb eingetreten sind, müssen allein dem Nutzer als neuen Eigentümer zugute kommen, der die Vor- wie die Nachteile aus der Entwicklung der Grundstückspreise zu tragen hat.

Bei der Weiterveräußerung werden das Grundstück und das Gebäude als Einheit verkauft. Der Mehrerlös kann jedoch nur nach dem Anteil des Kaufpreises bestimmt werden, der auf Grund und Boden entfällt (Satz 3). Die Verpflichtungen des Nutzers, im Vertrag mit dem Dritten den Anteil für den Grund und Boden gesondert auszuweisen und dem früheren Grundstückseigentümer die Veräußerung anzuzeigen

(Satz 4), sollen diesem die Verfolgung seines Anspruchs erleichtern.

Zu Absatz 4

Die Vorschrift schließt eine Sicherung des Nachzahlungsanspruches in dem durch § 11 des Hypothekenbankgesetzes bezeichneten erstrangigen Finanzierungsraum aus.

Zu Absatz 5

Absatz 2 gibt einen Nachzahlungsanspruch bis zum regelmäßigen (hälftigen) Verkehrswert. Absatz 3 verpflichtet zur Auskehr der Hälfte eines Mehrerlöses.

Die Anpassung des Preises auf den vollen Verkehrswert im Falle einer Änderung durch Übergang zu einer gewerblichen Nutzung nach § 72 bleibt hiervon unberührt.

Zu § 75 — Preisbemessung bei Überlassungsverträgen

Zu Absatz 1

In diesem Absatz wird die Bemessung der Anhebung des Kaufpreises für einen noch vorhandenen Restwert des vom Grundstückseigentümer errichteten Gebäudes und der von ihm geschaffenen Grundstückseinrichtungen geregelt. Satz 1 bestimmt den Grundsatz. Satz 2 sieht eine pauschale Berechnung vor, was zu einer Bestimmung des zum Preis für das Grundstück hinzukommenden Betrages führen soll.

Satz 3 ermöglicht schließlich eine individuelle Bestimmung beim Vorliegen besonderer Umstände. Dies ist zum Beispiel dann erforderlich, wenn der Nutzer schwere, für ein Gebäude dieses Alters nicht typische Bauschäden beseitigen mußte und nur dadurch eine Erhaltung des Werts und der Nutzbarkeit des Gebäudes möglich war. Denkbar ist auch, daß der Grundstückseigentümer zu solchen Werterhöhungen beigetragen hat, die bei der Wertfeststellung im Überlassungsvertrag nicht berücksichtigt wurden.

Zu Absatz 2

Zahlungen des Nutzers im Zusammenhang mit dem Überlassungsvertrag, die zur Ablösung von Verbindlichkeiten des Grundstückseigentümers verwendet wurden, begründen einen Aufwendungsersatzanspruch. Insoweit ist — wie in den Vertragsmustern vorgesehen — eine Verrechnung mit der Kaufpreisforderung des Grundstückseigentümers vorzunehmen. Satz 2 begründet durch die Verweisung auf § 38 Abs. 2 aus den dort dargestellten Erwägungen einen Anspruch des Grundstückseigentümers gegen den Entschädigungsfonds für solche Beträge, die er nicht zu übernehmen hätte, wenn die Verbindlichkeit nicht mit Mitteln des Nutzers abgelöst worden wäre.

Zu Absätze 3 und 4

Hinterlegte Geldbeträge sind zur Erfüllung der Kaufpreisforderung zu verwenden, wenn sie hierfür verfügbar sind. Ist dies nicht der Fall, so sieht der Entwurf eine Verpflichtung des Grundstückseigentümers zur Abtretung von Ersatzansprüchen gegen den staatlichen Verwalter auf den Nutzer vor. Die Aktivlegitimation des Nutzers zur Verfolgung des Anspruchs auf Rückzahlung des hinterlegten Betrages sowie von Ersatzansprüchen gegen den staatlichen Verwalter steht dann fest.

Zu Unterabschnitt 4 — Folgen des Ankaufs

Zu § 76 — Gefahr, Lasten

Zu Absatz 1

Der Nutzer hat nach Satz 1 die Sachgefahr zu tragen. Soweit selbständiges Gebäudeeigentum begründet wurde, trifft sie ihn als Eigentümer ohnehin. Für die von ihm genutzten Gebäude ist die gleiche Verteilung der Sachgefahr anzuordnen, da der Nutzer allein Vorsorge für den Schutz des Gebäudes treffen kann.

Bezüglich der auf dem Grundstück ruhenden Lasten wird in Satz 2 der Zeitpunkt des Vertragsschlusses als Zeitpunkt für den Übergang der Verpflichtung im Verhältnis der Beteiligten untereinander angeordnet. Erst mit Vertragsschluß ist zwischen Nutzer und Grundstückseigentümer klargestellt, daß der Nutzer das Grundstück behalten und dieses bis zur Vollendung des Rechtserwerbs durch Eintragung in das Grundbuch bewirtschaften darf. Der Vertragsschluß löst insoweit die Rechtsfolgen einer Übergabe nach § 446 BGB aus.

Zu Absatz 2

Die bisherigen Regelungen, die den Nutzer verpflichteten, die auf dem Grundstück ruhenden Lasten zu tragen, bleiben nach Satz 1 bis zum Vertragsschluß bestehen. Sie tragen dem Umstand Rechnung, daß der Nutzer die Früchte und Gebrauchsvorteile ziehen kann. Satz 2 schließt Aufwendungsersatzansprüche des Nutzers insoweit aus.

Zu § 77 — Gewährleistung

Die Bestimmung schließt die Haftung des Grundstückseigentümers für Sachmängel aus den im Allgemeinen Teil der Begründung — vgl. unter E.1.j) bb) (3) (a) — bereits genannten Erwägungen aus.

Zu § 78 — Kosten

Die Teilung der Kosten des Vertrages entspricht den allgemeinen Grundsätzen des Entwurfs. Die Bodenwerte sind beiden Beteiligten je zur Hälfte anzurech-

Zu § 79 — Rechtsfolgen des Erwerbs des
Grundstückseigentums durch den Nutzer

Zu Absatz 1

Nach dem Entwurf ist dafür Sorge zu tragen, daß das Eigentum an Grund und Boden und dasjenige am Gebäude nicht wieder auseinanderfallen. Ein Erlöschen des Gebäudeeigentums kraft Gesetzes kann in diesen Fällen aus den in der Allgemeinen Begründung — vgl. unter E.1.j) bb) (3) (b) — bereits genannten Gründen nicht angeordnet werden.

Satz 1 ordnet für diese Fälle an, daß Verfügungen über das selbständige Eigentum durch den Eigentümer des Grundstücks nicht zulässig sind. Satz 2 macht hiervon im Interesse des Erhalts des Werts der dinglichen Rechte am Gebäude eine Ausnahme für die Veräußerungen im Wege der Zwangsversteigerung des Gebäudes oder zu deren Abwendung. Die Regelung enthält ein (absolut wirkendes) gesetzliches Verfügungsverbot, von dem nur für die Befriedigung der Inhaber dinglicher Rechte eine Ausnahme zugelassen wird.

Satz 3 begründet eine gesetzliche Pflicht für den Grundstückseigentümer, das selbständige Gebäudeeigentum aufzugeben, sobald dieses unbelastet ist. Nach Satz 4 erfolgt die Durchsetzung dieser Pflicht durch die entsprechende Anwendung der Bestimmungen über den Grundbuchberichtigungszwang. Sobald das Eigentum am Gebäude infolge Löschung eines dort eingetragenen Rechts unbelastet wird, hat das Grundbuchamt dem Grundstückseigentümer die Abgabe einer Löschungserklärung aufzugeben und diese erforderlichenfalls durch Zwangsmaßnahmen nach § 33 FGG durchzusetzen.

Zu Absatz 2

Die Bestimmung kommt Interessen der Eigentümer entgegen, möglichst schnell ein verkehrsfähiges Eigentum am Grundstück zu erhalten, das das aufstehende Gebäude als Bestandteil des Grundstücks umfaßt. Die Regelung begründet einen gesetzlichen Anspruch gegen die Inhaber dinglicher Rechte am Gebäude, ihre Rechte aufzugeben, wenn sie dafür gleichrangige Rechte am Grundstück erhalten, von dem das Gebäude ein Bestandteil wird. Der Wert dieser dinglichen Rechte wird hierdurch nicht beeinträchtigt, sondern allenfalls verbessert.

Zu Absatz 3

Absatz 3 regelt den Fall, daß nach einer Zusammenführung von Grund- und Gebäudeeigentum durch den Nutzer eine Versteigerung allein des Gebäudes oder eine Veräußerung zu deren Abwendung erfolgt. Es fallen dann wieder das Eigentum am Grundstück und das Eigentum am Gebäude auseinander.

Der Entwurf muß auch in diesen — wohl nicht allzu häufigen Fällen — dafür Sorge tragen, daß der Erwerber des Gebäudes auch das Eigentum am Grundstück ankaufen kann. Andernfalls würden bei ihm alle die Nachteile verbleiben, zu deren Abhilfe der Entwurf entstanden ist.

Der Erwerber soll unter diesen Voraussetzungen ein gesetzliches Ankaufsrecht gegen den Nutzer erhalten, der das Eigentum am Grundstück erworben hat (Satz 1). Der Preis ist insofern nach dem vollen Verkehrswert des Grundstücks zu bestimmen (Satz 2). Dieser Erwerber des Gebäudes hat keine in der DDR begründete, eine Beteiligung am Bodenwert vermittelnde Rechtsposition erlangt. Der Nutzer hat zudem für das Grundstück bezahlt; es besteht kein Grund dafür, ihm eine Verpflichtung aufzuerlegen, das Eigentum am Grundstück zum halben Verkehrswert auf den Erwerber des Gebäudes zu übertragen.

Die Weiterveräußerung innerhalb der in § 72 genannten Zeiträume muß dort begründete Nachzahlungspflichten gegenüber dem früheren Grundstückseigentümer auslösen (Satz 3). Andernfalls könnte der Nutzer die dort begründeten Pflichten umgehen, indem er das Gebäude versteigern läßt und anschließend dem Erwerber das Grundstück aufgrund des Ankaufsrechts aus Satz 1 überträgt.

Bei einer Weiterveräußerung an ein anderes Wohnungsunternehmen müssen auch die in § 74 Abs. 1 benannten besonderen Preisermittlungsgrundlagen zur Anwendung kommen (Satz 4). Andernfalls wäre eine Versteigerung oder eine Veräußerung zur Abwendung der Versteigerung bei solchen Gebäuden praktisch nicht durchzuführen. Es wird sich in der Regel kein Erwerber für ein solches Gebäude finden, wenn dieser für den notwendigen Hinzuerwerb des Grundstücks den vollen Verkehrswert eines unbebauten Grundstücks in vergleichbarer Lage zu zahlen hätte.

Soweit durch die Weiterveräußerung des Grundstücks Nachzahlungsansprüche gegenüber dem Nutzer als Folge einer späteren Nutzungsänderung gegenüber dem Erwerber entstehen, soll der frühere Grundstückseigentümer ein vorrangiges gesetzliches Pfandrecht an den Ansprüchen des Nutzers auf Nachzahlung erwerben (Satz 5). Das Pfandrecht an der Forderung des Nutzers gegen den Erwerber ist erforderlich, um die Ansprüche auf Nachzahlung wegen Nutzungsänderung nach § 74 Abs. 2 zu sichern. Andernfalls würde der Grundstückseigentümer, der wegen der besonderen Situation im komplexen Wohnungsbau das Grundstück zu einem wesentlich unter der Hälfte des Verkehrswerts liegenden Preis veräußern mußte, seinen Nachzahlungsanspruch wegen Nutzungsänderung oft nicht durchsetzen können. Der Nachzahlungsanspruch besteht nur gegenüber dem Nutzer, der oft insolvent sein wird. Insoweit wären für Nutzer und Erwerber zudem günstige Möglichkeiten zur Umgehung der Nachzahlungspflicht durch Weiterveräußerung eröffnet.

Zu Unterabschnitt 5 — Leistungsstörungen

Erfüllt der Nutzer nach Abschluß des notariellen Kaufvertrages seine Zahlungspflicht nicht, wird der Grundstückseigentümer entweder auf Zahlung des Kaufpreises klagen oder seine Ansprüche aus § 326 BGB geltend machen.

Eine Versteigerung in das Gebäude zur Beitreibung des Kaufpreises würde dazu führen, daß ein Dritter das Gebäude und der Nutzer in Erfüllung des Kaufvertrages das Grundstück erwerben würde. Das Ziel der Sachenrechtsbereinigung würde dadurch verfehlt werden. Ebenso wäre es, wenn der Grundstückseigentümer nach Ablauf einer Nachfristsetzung nach § 326 Abs. 1 BGB vom Kaufvertrag zurücktreten würde. Aus diesen Gründen sind besondere, von den allgemeinen Bestimmungen des Bürgerlichen Gesetzbuchs abweichende Regelungen erforderlich.

Zu § 80 — Durchsetzung des Erfüllungsanspruchs

Zu Absatz 1

Hat der Grundstückseigentümer seinen Zahlungsanspruch tituliert, kann er wegen dieser Forderung in das gesamte Vermögen des Nutzers vollstrecken. Soweit an dem vom Nutzer errichteten Gebäude oder der baulichen Anlage selbständiges Eigentum entstanden ist, sind auch diese Gegenstände geeignete Vollstreckungsobjekte. Bei erfolgreicher Versteigerung würde das Eigentum am Grundstück auf den Nutzer übergehen und dem Ersteher das selbständige Gebäudeeigentum zugeschlagen. Grundstücks- und Gebäudeeigentümer wären nach wie vor personenverschieden.

Dieses Ergebnis wird dadurch vermieden, daß der Grundstückseigentümer die Zwangsversteigerung des dem Nutzer gehörenden Gebäudes nur betreiben darf, wenn er sein Grundstück mitversteigern läßt. Grundstück und Gebäude können — obwohl es sich um rechtlich selbständige Vermögensgegenstände handelt — nur als Einheit ausgeboten werden (Satz 1).

Die Regelung im Entwurf ermöglicht eine Versteigerung des dem Nutzer gehörenden Gebäudes und einen sog. Deckungsverkauf im Wege der Versteigerung des an den Nutzer zu übereignenden Grundstücks. Wegen dieser weitreichenden Folgen für den Nutzer, dem nach der Versteigerung nur der Anspruch auf Auskehr des Resterlöses nach Befriedigung des Grundstückseigentümers aus der Versteigerung von Gebäude und Grundstück verbleibt, soll die Versteigerung, obwohl der Zahlungsanspruch tituliert ist und der Nutzer sich im Zahlungsverzug befindet, erst nach Androhung der Versteigerung und fruchtloser Nachfristsetzung zur Zahlung erfolgen.

Zu Absatz 2

Mit Ausnahme der Teilungsversteigerung nach §§ 180 bis 185 des Gesetzes über die Zwangsversteigerung und die Zwangsverwaltung (ZVG) ist die Zwangsvollstreckung in ein Grundstück nur zulässig, wenn ein Vollstreckungstitel vorliegt (§ 704 Abs. 1, § 794 Abs. 1 ZPO). Satz 1 läßt insoweit einen Titel gegen den Nutzer ausreichen.

Voraussetzung ist allerdings nach Satz 2 Nr. 1, daß der Antragsteller (§ 15 ZVG) als Eigentümer des Grundstücks im Grundbuch eingetragen ist. Denn es muß sichergestellt werden, daß nur derjenige, der sein Eigentum förmlich nachweisen kann, eine Versteigerung des Grundstücks soll einleiten können. Dem eingetragenen Eigentümer gleichgestellt wird dessen Erbe, der sein Recht am Grundstück in grundbuchmäßiger Form nachweist (§ 35 GBO).

Satz 2 Nr. 2 ordnet an, daß der Grundstückseigentümer nur dann einen Deckungsverkauf im Wege der Versteigerung seines Grundstücks vornehmen kann, wenn er das Grundstück zuvor von den Rechten auf Zahlung und Befriedigung aus dem Grundstück freigestellt hat. Der Grundstückseigentümer ist insoweit nach § 65 Abs. 1 Satz 1 zur lastenfreien Übereignung des Grundstücks verpflichtet. Mit der Regelung wird verhindert, daß auch der Grundstückseigentümer aus dem Erlös die titulierte Kaufpreisforderung in voller Höhe erhält, wenn die abzulösenden Rechte als Teil des geringsten Gebots nach § 52 Abs. 1 Satz 1 ZVG bestehen geblieben sind. Der Grundstückseigentümer, der insoweit der Verpflichtung zur Lastenfreistellung nicht nachgekommen ist, ist nicht berechtigt, den Kaufpreis aus dem Versteigerungserlös zu erhalten.

Zu Absatz 3

Satz 1 stellt ausdrücklich klar, daß der Zuschlag für Grundstück und Gebäude an dieselbe Person erteilt werden muß. Auf diese Weise wird sichergestellt, daß Grundstücks- und Gebäudeeigentum in der Person des Erstehers zusammenfallen (§ 90 Abs. 1 ZVG). Ist der Zuschlag aus einem der in § 83 ZVG genannten Gründe für Grundstück oder Gebäude zu versagen, darf auch der andere Gegenstand nicht versteigert werden.

Mit dem Zuschlag erlöschen das Eigentum am Grundstück und am Gebäude sowie die hieran bestehenden, bei der Feststellung des geringsten Gebots nicht berücksichtigten dinglichen Rechte (§ 91 Abs. 1 ZVG). Frühere vertragliche (oder gesetzliche) Besitzrechte, die dem Grundstückseigentümer gegenüber dem Nutzer zustanden, bleiben hiervon unberührt. Satz 2 ordnet deshalb an, daß diese Ansprüche mit dem Zuschlag ebenfalls untergehen.

Zu Absatz 4

Die Regelung stellt klar, daß der Nutzer statt des Anspruchs auf Übereignung den nach Deckung der Kosten und Befriedigung des Grundstückseigentümers verbleibenden Resterlös erhalten soll.

Der Anspruch des Nutzers auf Übereignung des Grundstücks aus dem Grundstückskaufvertrag bliebe grundsätzlich bestehen, wenn der Grundstückseigentümer wegen seiner Kaufpreisforderung in das

Gebäude vollstreckt. Da der Grundstückseigentümer diesen Anspruch infolge der gesetzlich angeordneten Versteigerung auch des Grundstücks nicht mehr erfüllen kann, ordnet Absatz 4 an, daß sich der Übereignungsanspruch des Nutzers am Erlös fortsetzt. Dem Nutzer gebührt der Erlös, soweit der Grundstückseigentümer bereits aus der Versteigerung des Gebäudes in vollem Umfang Befriedigung erlangen kann. Andernfalls steht auch ein erstrangiger Teil des Erlöses aus der Versteigerung des Grundstücks dem Grundstückseigentümer wegen seines Zahlungsanspruchs zu.

Zu § 81 — Rechte aus § 326 des Bürgerlichen Gesetzbuchs

Zahlt der Nutzer den vereinbarten Kaufpreis nicht fristgerecht, könnte der Grundstückseigentümer nach § 326 Abs. 1 BGB vorgehen und Schadensersatz wegen Nichterfüllung verlangen oder vom Vertrag zurücktreten. In beiden Fällen wäre das Rechtsverhältnis nicht bereinigt.

Ein Rücktritt würde die Lage herstellen, wie sie vor Abschluß des Kaufvertrages bestand. Mit Ausnahme des Umstandes, daß nicht unerhebliche Kosten durch den Vertragsschluß aufgelaufen sind, wäre nichts gewonnen.

Die Verfolgung eines Schadensersatzanspruches würde ebenfalls zu keiner Sachenrechtsbereinigung führen. Einen Schadensersatzanspruch kann der Verkäufer auf zwei Wegen verfolgen:

— *Da seine Verpflichtung, die Gegenleistung zu erbringen (in diesem Fall das Grundstück zu übereignen), nach fruchtlosem Fristablauf entfallen ist, könnte der Grundstückseigentümer den Unterschied zwischen dem Wert des Grundstücks und seiner Gegenleistung verlangen. Da die Gegenleistung sich aufgrund des Sachenrechtsbereinigungsgesetzes nach dem halben Verkehrswert bemessen soll, wäre dem Grundstückseigentümer durch die Nichterfüllung des Kaufvertrages insoweit kein Schaden entstanden.*

— *Die andere Möglichkeit bestünde darin, das Grundstück an einen Dritten zu verkaufen und den durch den Deckungsverkauf entstandenen Mindererlös geltend zu machen. In der Regel wird dem Grundstückseigentümer kein Mindererlös entstehen, da er an den Nutzer zum halben Verkehrswert hätte verkaufen müssen. Da der Nutzer jedoch zur Hälfte am Verkehrswert des Grundstücks beteiligt ist, müßte der Grundstückseigentümer aus dem Gedanken, daß der Schadensersatzanspruch nicht zu einer Bereicherung führen darf, vielmehr dazu angehalten werden, insoweit die Veräußerung nur auf Rechnung des Nutzers vorzunehmen. Der Grundstückseigentümer hätte dann den über die Unkosten durch die anderweite Veräußerung und seinen Kaufpreisanspruch hinausgehenden Mehrerlös an den Nutzer abzuführen. Die Veräußerung des Grundstücks an einen Dritten wäre keine Lösung der sich bei der Sachenrechtsbereinigung stellenden Probleme, sondern nur ihre Verlagerung auf andere Personen.*

Satz 1 gewährt daher dem Grundstückseigentümer im Falle des Verzugs des Nutzers wahlweise zwei von § 326 Abs. 1 BGB abweichende Ansprüche. Er kann

— Abschluß eines Erbbaurechtsvertrages oder

— Verkauf des Gebäudes

vom Nutzer verlangen.

Der Abschluß eines Erbbaurechtsvertrages richtet sich nach §§ 32 bis 61. Für den Ankauf des Gebäudes durch den Grundstückseigentümer gelten die §§ 82 bis 85.

Soweit dem Grundstückseigentümer durch den Abschluß des vom Nutzer nicht erfüllten Grundstückskaufvertrages Kosten und sonstige Vermögensnachteile entstanden sind, kann er nach Satz 2 Schadensersatz verlangen. Außerdem muß der Nutzer vom Ablauf der Nachfrist an ein Nutzungsentgelt in Höhe des regelmäßigen Erbbauzinses zahlen. Dies ist ein Ausgleich dafür, daß er dem Grundstückseigentümer den Kaufpreis vorenthält, den er sich vertraglich zu zahlen verpflichtet hatte. Da dem Grundstückseigentümer insoweit Einkünfte aus einer Verzinsung des Kaufpreises entgehen, soll der Nutzer nicht quasi als „Belohnung" für seine Vertragsverletzung noch die besonderen Zinserleichterungen nach § 52 in Anspruch nehmen können, die zur Vereinfachung des Übergangs von einer bislang unverzinslichen zu einer verzinslichen Grundstücksnutzung vorgesehen sind.

Zu Unterabschnitt 6 — *Besondere Bestimmungen für den Hinzuerwerb des Gebäudes durch den Grundstückseigentümer*

Zu § 82 — Voraussetzungen, Kaufgegenstand, Preisbestimmung

Zu Absatz 1

§ 82 bestimmt vier Fälle, in denen der Grundstückseigentümer das vom Nutzer errichtete Gebäude ankaufen kann. Wenn kein selbständiges Gebäudeeigentum entstanden ist, gehört das Gebäude zu den wesentlichen Bestandteilen des Grundstücks und damit bereits dem Grundstückseigentümer (§ 295 Abs. 1 ZGB); in diesen Fällen muß das Gesetz daher anstelle des Ankaufsrechts ein Ablöserecht vorsehen. Das „umgekehrte" Ankaufsrecht betrifft — von den seltenen Ausnahmen in der Nummer 2 abgesehen, in denen ein vom Nutzer errichtetes Wohnhaus nicht mehr nutzbar ist oder nachhaltig nicht mehr genutzt wird — allein Wirtschaftsgebäude und bauliche Anlagen. Die Regelungen in § 82 beruhen insoweit vor allem auf einer Abwägung betrieblicher Belange von Grundstückseigentümer und Nutzer. Die Ansprüche des Grundstückseigentümers sollen insofern denen des Nutzers aus §§ 32 und 62 (§ 14 Abs. 4 Satz 2) vorgehen.

Zu Nummer 1

Im ländlichen Raum muß der Grundstückseigentümer, der als ehemaliges LPG-Mitglied, als Wiedereinrichter oder in anderer Weise selbst Land- oder Forstwirtschaft betreibt, das Recht haben, von einer landwirtschaftlichen Produktionsgenossenschaft errichtete, auf seinem Grundstück stehende Gebäude oder bauliche Anlagen ankaufen zu können. Dem Grundstückseigentümer könnte andernfalls die Bewirtschaftung seiner Flächen unmöglich gemacht oder wesentlich erschwert werden.

Das Ankaufsrecht wird davon abhängig gemacht, daß es den Leitlinien zur Neuordnung der Eigentumsverhältnisse im ländlichen Raum nach § 53 des Landwirtschaftsanpassungsgesetzes entspricht und in einer von der Flurneuordnungsbehörde einzuholenden Stellungnahme befürwortet wird. Hierdurch wird sichergestellt, daß dieses Ankaufsrecht nur aus wichtigen betrieblichen Gründen ausgeübt werden kann.

Betroffen hiervon sind solche Fälle, in denen das Wirtschaftsgebäude auf der Hofstelle des ausgeschiedenen, jetzt selbständigen Landwirts oder eines Wiedereinrichters steht oder das Wirtschaftsgebäude die landwirtschaftliche Nutzung der Flächen des Grundstückseigentümers in anderer Weise erheblich stört.

Zu Nummer 2

Nummer 2 sieht ein Ankaufsrecht für die Fälle vor, in denen das vom Nutzer errichtete Gebäude nicht mehr nutzbar ist oder nicht mehr genutzt wird und der Grundstückseigentümer aus diesem Grunde die Bestellung eines Erbbaurechts oder den Verkauf an den Nutzer verweigert hat. Hier ist ein schützenswertes Interesse des Nutzers am Fortbestand seines Gebäudeeigentums nicht erkennbar.

Zu Nummer 3

Sind die Ansprüche des Nutzers wegen der geringen Restnutzungsdauer des Gebäudes ausgeschlossen, hat der Nutzer im Regelfall einen Anspruch auf Abschluß eines Mietvertrages über die Funktionsfläche des Gebäudes (§ 31 Abs. 2). Ist der Grundstückseigentümer jedoch auf eine Eigennutzung des Grundstücks zu Wohn- oder betrieblichen Zwecken angewiesen, soll er die Möglichkeit der Nutzung des Grundstücks durch Kauf des Gebäudes an sich ziehen können.

Zu Nummer 4

Nummer 4 betrifft die gewerblichen Nutzungen.

Buchstabe a) regelt den Fall, in dem das vom Nutzer errichtete Wirtschaftsgebäude den Betrieb des Grundstückseigentümers erheblich stört. Wie im landwirtschaftlichen Bereich kann auch im gewerblichen Bereich eine fortdauernde Störung der gewerblichen Tätigkeit aus der Altbebauung nicht hingenommen werden. Das Gesetz regelt den Konfliktfall in der Weise, daß es hier dem Grundstückseigentümer einen Ankaufsanspruch gewährt.

Buchstabe b) ist eine gesetzliche Vorgabe aus der Abwägung der betrieblichen Belange des Grundstückseigentümers und des Nutzers. Ist eine Inanspruchnahme des Gebäudes oder der Grundfläche wegen der in § 3 Abs. 1 Nr. 1 des Investitionsvorranggesetzes genannten Zwecke, also zur Sicherung und Schaffung von Arbeitsplätzen, insbesondere durch Errichtung oder Erhaltung einer gewerblichen Betriebsstätte oder eines Dienstleistungsunternehmens des Grundstückseigentümers, erforderlich oder bietet der Nutzer keine Gewähr für eine Fortsetzung der betrieblichen Nutzung, so ist dem Grundstückseigentümer das Ankaufsrecht einzuräumen. Der das Ankaufsrecht des Nutzers tragende Gedanke, ihm den Wert seiner baulichen Investition zu sichern, kann grundsätzlich nicht durchgreifen, wenn der Grundstückseigentümer besondere investive Zwecke verfolgt oder die weitere Nutzung der baulichen Investition durch den Nutzer gefährdet erscheint. Legt der Nutzer jedoch dar, daß seinem Vorhaben eine erheblich höhere Bedeutung zukommt als der durch den Eigentümer beabsichtigten Verwendung des Grundstücks, ist der Ankauf des Gebäudes nach Satz 2 ausgeschlossen. Hierdurch wird sichergestellt, daß der Eigentümer dem Nutzer dessen Betriebsgrundlage nicht unter Berufung auf eine untergeordnete betriebliche Eigennutzung entziehen kann.

Zu Absätze 2 und 3

Absätze 2 und 3 regeln die Grundsätze für die Preisbemessung. Zu zahlen ist grundsätzlich der Wert des Gebäudes und der Bodenwertanteil des Nutzers. Dieser wird bestimmt, indem der Preis, den der Nutzer für den Erwerb des Grundstücks zu zahlen hätte, von dessen Verkehrswert abgezogen wird (Absatz 2).

Hat das Gebäude jedoch nur noch eine kurze Restnutzungsdauer (Absatz 1 Nr. 3), so ist in Übereinstimmung mit der in § 31 zum Ausdruck gebrachten Wertung kein Bodenwertanteil des Nutzers mehr zu begründen. Der Nutzer könnte nach § 31 Abs. 2 den Abschluß eines Mietvertrages für die Restnutzungsdauer des Gebäudes verlangen. Für die vorzeitige Beendigung des Besitzes im Interesse der betrieblichen Interessen des Grundstückseigentümers kann der Nutzer eine Entschädigung verlangen, soweit ihm dadurch nachweisbar Vermögensnachteile entstehen.

Die Beendigung der Nutzungsbefugnis erfolgt hier deshalb, weil den betrieblichen Interessen des Grundstückseigentümers insoweit Vorrang vor denen des Nutzers zuerkannt wird. Soweit auf beiden Seiten rechtlich schützenswerte Interessen gegenüberstehen, ist es geboten, demjenigen, der mit seinen Ansprüchen zurücktreten muß, einen Ausgleich für die dadurch entstehenden Vermögensnachteile zu gewähren. Eine vergleichbare Regelung enthalten §§ 182 bis 185 des Baugesetzbuchs, wenn ein Vertragsverhältnis aus öffentlichen Interessen aufgehoben wird.

Ist das Gebäude jedoch nur noch eine Ruine und wird es nicht mehr genutzt, so sollen grundsätzlich dem Nutzer keine Ansprüche aus der Übernahme des Gebäudes durch den Grundstückseigentümer mehr erwachsen (Absatz 3).

Zu Absatz 4

Die Bestimmung ist Folge der Regelung in § 29 Abs. 1 Nr. 2. Nicht ausgeübte Nutzungen sollen keinen Anteil des Nutzers am Wert von Grund und Boden begründen. Der Bestand der Nutzungsrechte in der ehemaligen DDR hing von der Ausübung des Rechts ab. Wurde das Recht nicht ausgeübt, war es zu entziehen.

Der Nutzer, der das Recht nicht ausübt oder das Gebäude nicht nutzt, obwohl er dies könnte, hat seine Beziehung zum Grundstück verloren. Die Sachenrechtsbereinigung darf ihm nicht wieder eine Beteiligung am Bodenwert verschaffen, die nur zu spekulativen Grundstücksgeschäften dienen könnte.

Zu Absatz 5

Das Eigentum am Grundstück und das selbständige Eigentum am Gebäude vereinigen sich auch bei einem Ankauf des Gebäudes durch den Grundstückseigentümer in einer Person. In diesem Fall müssen die gleichen Rechtsfolgen gelten, die der Entwurf für den Kauf des Grundstücks durch den Nutzer in § 79 bestimmt. Es ist auch hier Vorsorge dafür zu treffen, daß Grundstücks- und Gebäudeeigentum nicht wieder auseinanderfallen, sondern das Gebäude Bestandteil des Grundstücks wird.

Zu § 83 — Übernahmeverlangen des Grundstückseigentümers

Die von den Nutzern, insbesondere den landwirtschaftlichen Produktionsgenossenschaften, hinterlassenen Bauruinen schaffen erhebliche Probleme für die betroffenen Grundstückseigentümer. Es sind zum Teil enorme Aufwendungen vorzunehmen, um das Grundstück freizulegen und wieder bewirtschaften zu können. Außerdem kann der Grundstückseigentümer als Zustandsstörer auch für die auf seinem Grundstück stehenden Gebäude verantwortlich werden.

Hinsichtlich der Abbruchkosten könnte von zwei Extrempositionen ausgegangen werden. Der Nutzer könnte berechtigt sein, das nicht mehr nutzbare Gebäude auf dem Grundstück zu belassen, womit der Eigentümer mit den Kosten der Beseitigung belastet bliebe. Dies entspräche den Rechtsfolgen eines Erbbaurechtsvertrages, bei dem der Eigentümer nach dem Ende der Vertragszeit grundsätzlich das Bauwerk in dem Zustand zu übernehmen hat, in dem es sich befindet (vgl. § 27 ErbbauVO). Die Gegenposition wäre, daß der Nutzer die Ruine auf seine Kosten zu beseitigen hätte. Dies entspräche den Rechtsfolgen nach Beendigung eines Miet- oder Pachtvertrages (vgl. BGHZ 104, 6, 11). Für das (vertragslose) Eigentümer-Besitzer-Verhältnis ist strittig, ob der Besitzer auch zum Abriß des auf fremdem Boden gebauten Gebäudes verpflichtet ist (vgl. Palandt/Bassenge, BGB, 51. Aufl., § 993, Rdn. 1 m.w.N.).

Die Lösung des Entwurfs besteht darin, die Abbruchkosten, die Folge unterlassener Gebäudeinstandhaltung sind, grundsätzlich dem Nutzer aufzuerlegen (Absatz 1 Nr. 1). Die anderen Abbruchkosten, insbesondere bei Aufgabe der Nutzung des Gebäudes oder der baulichen Anlage wegen der infolge der Wiedervereinigung eingetretenen Veränderungen, sind als Teil der Wertentwicklung des Grundstücks zu berücksichtigen (vgl. § 19 Abs. 1). Diese Kosten sind ein negatives Element für die Wertentwicklung des Grundstücks; sie sollen deshalb vom Verkehrswert eines unbebauten, freigelegten Grundstücks abgezogen werden. Ergibt sich hierdurch ein negatives Gesamtergebnis, weil die Kosten des Abbruchs den Verkehrswert des unbebauten Grundstücks übersteigen, so soll auch insoweit eine Halbteilung stattfinden (Absatz 2 Nr. 1).

Zu Absatz 1

Die Bestimmung regelt die Rechtsfolgen, in denen die Notwendigkeit des Abbruchs Folge unterlassener Gebäudeinstandhaltung ist. In diesen Fällen soll der Grundstückseigentümer vom Nutzer entweder den Ersatz seiner Aufwendungen für den Abbruch des Gebäudes oder der baulichen Anlage (Absatz 1 Nr. 1) oder den Erwerb der Fläche, auf der das Gebäude oder die bauliche Anlage errichtet wurde (Absatz 1 Nr. 2) verlangen können.

Die zweite Alternative ist insbesondere dann sinnvoll, wenn sich der Abbruch wegen des geringen Werts der Fläche nicht „lohnt". Hier ist die Möglichkeit des Erwerbs der Fläche durch den Nutzer, auf den insoweit dann die Verkehrssicherungspflicht für das nicht mehr genutzte Bauwerk übergeht, in der Regel die für beide Beteiligten kostengünstigere Lösung.

Zu Absatz 2

Beruhen die Abbruchkosten nicht auf unterlassener Gebäudeinstandhaltung und übersteigen sie den Verkehrswert des freigelegten Grundstücks, so kann der Grundstückseigentümer entweder die Hälfte der Kosten fordern, um die die Abbruchkosten den Verkehrswert des unbebauten Grundstücks im Zeitpunkt des Inkrafttretens dieses Gesetzes übersteigen (Absatz 2 Nr. 1), oder den Erwerb der Fläche durch den Nutzer gegen Zahlung eines nach dem 1,3fachen Einheitswert von 1935 (Absatz 2 Nr. 2) bestimmten Preises verlangen.

Nummer 1 führt zu einer Teilung eines vorgefundenen Verlustes, die den Grundsätzen der dem Entwurf zugrunde liegenden Konzeption entspricht.

Nummer 2 ermöglicht dem Grundstückseigentümer, dem Nutzer die Verkehrssicherungspflicht für ein ihm lästig gewordenes Gebäude oder eine bauliche Anlage einschließlich des Teiles des Grundstücks, auf dem dieses Gebäude oder die bauliche Anlage errichtet wurde, zu übertragen. Der Nutzer hat insoweit das Grundstück zu erwerben, hierfür aber nur den auf den Einheitswert von 1935 bezogenen Mindestpreis zu zahlen, der nach dem Entwurf dann in Ansatz zu bringen ist, wenn sich nach dem Beitritt keine Bodenwerte gebildet haben.

Zu Absatz 3

Bevor der Grundstückseigentümer den Abriß vornimmt oder von einem Dritten durchführen läßt, soll er dem Nutzer Gelegenheit zur Wiederherstellung des ursprünglichen Zustandes auf eigene Kosten geben. Unter Umständen kann der Nutzer die Beseitigung selbst kostengünstiger vornehmen oder von ihm eingebrachte Teile wegnehmen wollen.

Der Ausgleichsanspruch nach Absatz 1 Nr. 1 soll in einer Frist von drei Jahren verjähren. Die kurze Frist ist notwendig, um schnell Klarheit und Rechtsfrieden eintreten zu lassen. Die Kürze der Frist ist auch dem Eigentümer gegenüber zumutbar. Er muß lediglich das Grundstück in Augenschein nehmen, um das Vorhandensein größerer nicht mehr genutzter Bauten mit hohen Abrißkosten festzustellen.

Zu Absatz 4

Der Anspruch aus Absatz 2 Nr. 1 kann für den Nutzer zu einer zu hohen, für ihn nicht mehr tragbaren Belastung führen. Der Entwurf gibt dem Nutzer die Möglichkeit, diesen Anspruch durch Erwerb der Fläche, auf der das Gebäude steht, gegen Zahlung des nach dem Einheitspreis von 1935 zu bemessenden Bodenwerts des Grundstücks abzuwenden.

Zu Absatz 5

Absatz 5 stellt klar, daß vertragliche Vereinbarungen über den Abbruch und die Tragung der Kosten der gesetzlichen Regelung vorgehen. Hat der Nutzer sich vertraglich zum Abbruch verpflichtet, so wäre es nicht gerechtfertigt, ihm entsprechend Absatz 2 eine Entlastung zu gewähren. Umgekehrt darf Absatz 1 nicht zur Anwendung kommen, wenn der Grundstückseigentümer sich vertraglich zur Instandhaltung des Gebäudes verpflichtet hatte.

Zu § 84 — Ende des Besitzrechts, Härteklausel

Zu Absatz 1

Nach Abschluß des Kaufvertrages steht für den Nutzer definitiv fest, daß er sein Betriebsgebäude räumen muß. Um ihm eine angemessene Zeit für die Suche eines neuen Standorts zu geben, gewährt Absatz 1 ein auf ein Jahr nach Vertragsabschluß befristetes entgeltliches Besitzrecht.

Zu Absatz 2

Die Härteklausel sichert dem Nutzer für eine Übergangszeit den Gebrauch der für seinen Betrieb notwendigen Gebäude auch in den Fällen, in denen der Grundstückseigentümer das Gebäude ankaufen konnte. Die Sicherung erfolgt in der Weise, daß dem Nutzer ein gesetzlicher Anspruch auf Abschluß eines Mietvertrages zu üblichen Mietzinsen eingeräumt wird. Die Vertragszeit ist auf Verlangen des Grundstückseigentümers auf längstens fünf Jahre zu begrenzen, womit einer zu langen Fortsetzung eines strukturell unerwünschten Zustands entgegengewirkt wird, die auch das Ankaufsrecht des Grundstückseigentümers entwerten würde.

Zu § 85 — Rechte des Nutzers bei Zahlungsverzug

Zu Absatz 1

Besteht selbständiges Gebäudeeigentum, ergeben sich bei der Vollstreckung des Nutzers wegen seines Zahlungsanspruchs aus dem Kaufvertrag in das Grundstück die gleichen Probleme wie im Falle des § 80. Bei erfolgreicher Zwangsvollstreckung erlangt der Grundstückseigentümer das Eigentum am Gebäude, verliert jedoch das Grundstück an den Ersteher. Satz 1 ordnet deshalb an, daß die Vollstreckung des Nutzers in das Grundstück nur möglich ist, wenn er gleichzeitig das dem Grundstückseigentümer geschuldete Gebäude mitversteigern läßt. Für das Verfahren gelten die Bestimmungen des § 80 entsprechend (Satz 2).

Zu Absatz 2

Zahlt der vom Nutzer in Verzug gesetzte Grundstückseigentümer bis zum Ablauf der Nachfrist nicht, könnte der Nutzer nach § 326 Abs. 1 BGB vom Vertrag zurücktreten oder Schadensersatz wegen Nichterfüllung verlangen. Wie im Falle des § 81 würde auch hier das Ziel der Sachenrechtsbereinigung nicht erreicht. Die Rechte des Nutzers bei Zahlungsverzug des Grundstückseigentümers werden daher auch hier entsprechend der in § 81 getroffenen Regelung modifiziert.

Zu Abschnitt 4 — Verfahrensvorschriften

Zu Unterabschnitt 1 — Feststellung von Nutzungs- und Grundstücksgrenzen

Zu § 86 — Unvermessene Flächen

Zu Absatz 1

Die Bereinigung der Rechtsverhältnisse an den Grundstücken durch die Bestellung von Erbbaurechten oder den Ankauf des Grundstücks ist ohne Bestimmung der Grenzen nicht durchführbar, wenn

— der Teil des Grundstücks, auf den sich das Nutzungsrecht erstreckt, nicht vermessen ist, oder

— mit Billigung staatlicher Stellen eine Bebauung des Grundstücks ohne tatsächliche Bestimmung der Grundstücks- und Nutzungsrechtsgrenzen durch Neuvermessung erfolgt ist.

Die Feststellung der Nutzungsrechtsgrenzen soll in einem Verfahren erfolgen, in dem wie bei den ungetrennten Hofräumen zunächst der Besitzstand zum Ablauf des 2. Oktober 1990 ermittelt und auf dieser Basis eine grafische Darstellung (Karte) angefertigt wird. Die Bestimmung der Teile des Grundstücks, auf die sich die Nutzungsbefugnis aus dem Erbbaurechtsvertrag erstreckt oder die vom Stammgrundstück abgeschrieben werden sollen, muß zugleich den materiell-rechtlichen Vorgaben aus §§ 21 bis 27 entsprechen.

Die Festlegung der Grundstücksgrenzen in einem behördlichen Verfahren hat den Vorteil, daß auch Dritte, insbesondere Nachbarn, darin einbezogen werden können. Der Grenzverlauf wird dann für alle Beteiligten mit Eintritt der Bestandskraft der Entscheidung festgelegt.

Die Vorschriften zur Bestimmung der Grundstücksgrenzen sollen an anderer Stelle geregelt werden, da der Anwendungsbereich dieser Vorschriften allgemeiner ist. Er betrifft auch die Feststellung der Grenzen unvermessener Grundstücke und geht insofern über die Regelung der Rechtsverhältnisse zwischen Nutzern und Grundstückseigentümern hinaus, die Gegenstand der Sachenrechtsbereinigung ist. Der Entwurf dieses Gesetzes enthält an dieser Stelle „nur" die Verweisung auf jenes Verfahren.

Zu Absatz 2

Soweit Dritte nicht betroffen sind, können Grundstückseigentümer und Nutzer sich auch untereinander über den Verlauf der Grenzen einigen und die Vermessung einer abzuschreibenden Teilfläche beantragen. Die öffentlichen Interessen werden dadurch gewahrt, daß diese Teilungen nach § 120 einer Genehmigung entsprechend § 19 des Baugesetzbuchs bedürfen.

Zu § 87 — Bodenordnungsverfahren

Grenzregelungen können auch in Bodenordnungsverfahren erfolgen, die zugleich zu einer Bereinigung der Rechtsverhältnisse zwischen Eigentümern und Nutzern führen. Diese Verfahren gehen jedoch insofern darüber hinaus, als in ihnen eine völlige Neuordnung der Grenzen und der Eigentumsverhältnisse an den im Bodenordnungsgebiet belegenen Grundstücken erfolgt. Die Feststellung von Besitzständen ist allenfalls Voraussetzung, aber nicht Ziel eines solchen Verfahrens. § 87 stellt klar, daß eine sachenrechtliche Bereinigung durch solche Verfahren unberührt bleibt.

Zu Unterabschnitt 2 — Notarielles Vermittlungsverfahren

Zu § 88 — Antragsgrundsatz

Zu Absätzen 1 und 2

Nutzer und Grundstückseigentümer werden in vielen Fällen nicht in der Lage sein, selbst die für eine vertragliche Einigung notwendigen Punkte festzulegen und auf dieser Basis den Notar um die Beurkundung eines Erbbaurechts- oder Grundstückskaufvertrages zu bitten.

Der Entwurf sieht deshalb ein Vermittlungsverfahren vor, in dem die für die Bestellung eines Erbbaurechts oder den Kauf eines Grundstücks nach diesem Gesetz erforderlichen Eckwerte (Verkehrswert, Größe der zu belastenden Fläche, zulässige Nutzung usw.) für den Einzelfall ermittelt und vertragliche Einigungen herbeigeführt werden sollen. — Selbst in den Fällen, in denen es nicht in diesem Verfahren zu einem Vertragsschluß kommt, ist eine solche Vermittlung sinnvoll, da hierdurch der Streitstoff für ein anschließendes Gerichtsverfahren beschränkt wird. Die Rechtsverfolgung wird dadurch in den meisten Fällen wesentlich erleichtert.

§ 88 bestimmt den Grundsatz, daß der Nutzer und der Grundstückseigentümer berechtigt sind, bei einem Notar einen Antrag auf Vermittlung eines Erbbaurechts- oder Grundstückskaufvertrages nach Maßgabe dieses Gesetzes zu stellen.

Das Vermittlungsverfahren nach diesem Entwurf entspricht in seiner Ausgestaltung in weiten Teilen dem Verfahren zur Vermittlung der Nachlaßauseinandersetzung nach §§ 86 bis 98 FGG. Die Notare nehmen insoweit richterliche Geschäfte wahr, deren Erledigung ihnen nach § 194 FGG durch Landesgesetz übertragen werden kann. Hiervon haben die Länder Bayern (Art. 38 AGGVG), Hessen (§§ 24 ff. HessFGG) und Niedersachsen (§§ 14 ff. NdsFGG) Gebrauch gemacht.

Zu § 89 — Sachliche und örtliche Zuständigkeit

Zu Absatz 1

Für die Begründung der sachlichen Zuständigkeit der Notare spricht die Sachnähe zum Beurkundungsverfahren. Der Notar kann und soll die Beurkundung vornehmen, sobald die dafür notwendige vertragliche Einigung vorliegt. Zum anderen ist die Justiz in den neuen Ländern stark belastet; ein zusätzlicher Geschäftsanfall bei den Gerichten durch Vermittlungsverfahren soll deshalb vermieden werden.

Was die örtliche Zuständigkeit angeht, so wurde zunächst wegen der Art des Verfahrens eine auf den Amtsbezirk des Notars beschränkte Zuständigkeit erwogen. Allerdings führt das vorgesehene Vermittlungsverfahren zu einer enormen Mehrbelastung der in den neuen Bundesländern zugelassenen Notare, deren Zahl für die Erledigung der sich aus diesem Gesetz ergebenden Geschäfte nicht ausreichen wird.

Die starke Belastung der Notare mit Beurkundungen und die nach diesem Entwurf hinzukommende Vermittlungstätigkeit kann nicht durch eine entsprechende Erhöhung der Notarzulassungen in den neuen Ländern ausgeglichen werden, da es sich insoweit um einen vorübergehenden hohen Arbeitsanfall handelt. Im Interesse einer zügigen Durchführung der Sachenrechtsbereinigung soll daher die Möglichkeit eröffnet werden, daß

— alle Notare des Bundeslandes, in dem das betroffene Grundstück belegen ist, und darüber hinaus

— mit Einverständnis der Beteiligten auch Notare aus den alten Bundesländern

mit den nach diesem Gesetz vorgesehenen Aufgaben betraut werden können. Satz 2 stellt klar, daß die Beteiligten sich abweichend von Satz 1 einvernehmlich auch auf einen anderen, an sich nicht zuständigen Notar verständigen können.

Eine Amtstätigkeit des Notars außerhalb seines Amtsbezirks kann von den zuständigen Landesjustizverwaltungen genehmigt werden. Insoweit ist — wie bisher — eine großzügige Praxis angezeigt.

Zu Absatz 2

Grundstückseigentümer und Nutzer sind in gleicher Weise berechtigt, einen Notar nach ihrer Wahl zu bestimmen. In der Praxis werden sich die Beteiligten in einigen Fällen nicht einigen können, weil jede Seite dem Vorschlag der anderen widerspricht. In diesem Fall soll eine Bestimmung des zuständigen Notars durch das Landgericht, in dessen Bezirk das Grundstück ganz oder zum größten Teil belegen ist, erfolgen.

Die Bestimmung des zuständigen Notars durch das Landgericht ist unanfechtbar, da keine Sachentscheidung ergeht. Die Regelung entspricht damit den vergleichbaren Bestimmungen in der Zivilprozeßordnung (§ 37 Abs. 2) und im Gesetz über die Angelegenheiten der freiwilligen Gerichtsbarkeit (§ 5 Abs. 2).

Zu Absatz 3

Soweit Zustellungen zu bewirken sind, muß der Notar auch die Aufgaben eines Urkundsbeamten der Geschäftsstelle erledigen. Die Regelung im Entwurf entspricht der Bestimmung in Art. 38 Abs. 4 BayAGGVG für das notarielle Vermittlungsverfahren zur Nachlaßauseinandersetzung.

Zu § 90 — Verfahrensart

Zu Absatz 1

Die Anwendung des FGG entspricht dem Inhalt des Vermittlungsverfahrens. Dieses ist wie die Vermittlung zur Nachlaßauseinandersetzung nach §§ 86 bis 98 FGG eine Hilfe zum Vertragsschluß und kein streitentscheidendes Verfahren.

Zu Absatz 2

Da der Notar an die Stelle eines sonst für das Vermittlungsverfahren zuständigen Amtsgerichts tritt, ist die Beschwerde an das Landgericht als nächsthöhere Instanz zu richten. Absatz 2 stellt dies klar.

Zu § 91 — Inhalt des Antrages

Ein Vermittlungsverfahren kann nur in Gang kommen, wenn im Antrag das Grundstück und diejenigen Personen bezeichnet werden, denen Rechte am Grundstück zustehen.

Zu Absatz 1

Hier werden die notwendigen Angaben benannt. Im Antrag sind zu bezeichnen

— der Nutzer und der Eigentümer als unmittelbar interessierte Beteiligte,

— das betroffene Grundstück unter Angabe seiner Bezeichnung im Grundbuch sowie das Gebäude, soweit selbständiges Eigentum entstanden ist,

— die Inhaber dinglicher Rechte am Grundstück und am Gebäude, die insbesondere dann betroffen sind, wenn ein Erbbaurecht zur ersten Rangstelle bestellt werden oder eine lastenfreie Um- oder Abschreibung erfolgen soll,

— schließlich das vom Antragsteller begehrte Ziel des Verfahrens, damit der Notar weiß, in welche Richtung er vermitteln soll.

Zu Absatz 2

Soll ein Erbbaurecht bestellt werden, muß der Inhalt des Erbbaurechtsvertrages weiter festgelegt werden. Der Entwurf sieht für die Antragstellung hier Sollbestimmungen vor. Der Antrag ist nicht zu verwerfen, wenn es an näheren Erklärungen zum Vertragsinhalt fehlt. Solche Angaben sind zwar für einen zügigen Fortgang des Verfahrens wünschenswert, da der Notar dann sogleich über die Vorstellungen des Antragstellers informiert ist. Viele der Beteiligten werden indessen nicht ohne vorherige Erörterung zu einer solchen Bestimmung des Vertragsinhalts in der Lage sein. Das Verfahren soll den Vertragsschluß erst vermitteln; hierzu gehört, daß der Notar den Beteiligten die in Frage kommenden Gestaltungen aufzeigt und sich dabei um einen Konsens bemüht.

Im Vergleich zu den Anforderungen an die Bestellung eines Erbbaurechts ist der Abschluß eines Kaufvertrages einfacher. Hier müssen „nur" das Grundstück oder die davon abzutrennende Teilfläche und der Preis im Vertrag bestimmt sein; die anderen Elemente der Vertragsgestaltung (Zahlungs- und Abwicklungsmodalitäten) sind nicht zwingend und würden gegebenenfalls durch das dispositive Gesetzesrecht ergänzt.

Der Entwurf sieht auch hier nur Sollanforderungen für die Antragsschrift vor, da abzutrennende Teilflächen und eine vom Verkehrswert abhängige Kaufpreisbestimmung vielfach erst im Verfahren festgestellt werden können.

Zu Absatz 3

Der Antragsteller soll weiterhin erklären, ob Anträge auf Rückübertragung des Grundstücks, Aufhebung des Nutzungsrechts oder Einleitung von Bodensonderungs-, Bodenneuordnungs- oder Verfahren nach § 64 des Landwirtschaftsanpassungsgesetzes gestellt worden sind.

Die Angaben sollen dem Notar Klarheit darüber verschaffen, ob Aussetzungs- (§ 95) oder Einstellungsgründe (§ 96) vorliegen.

Der Antragsteller soll ferner Angaben über die Nutzung vor dem Beitrittstag oder die jetzige Nutzung machen, da dies für den Inhalt eines Erbbaurechtsvertrags und die Höhe der Zahlungspflicht entscheidende Bedeutung haben kann (vgl. §§ 48, 55, 71).

Zu Absatz 4

Fehlen die für den Antrag notwendigen Angaben, so soll der Notar den Antragsteller darauf hinweisen und ihm eine Frist zur Behebung des Mangels setzen. Wird dem Mangel nicht abgeholfen, ist die Eröffnung des Verfahrens auf Kosten des Antragstellers zurückzuweisen. Vervollständigt der Antragsteller später seinen Antrag, so ist das Verfahren nun einzuleiten und der Antragsgegner zu einem Erörterungstermin zu laden.

Zu § 92 — Akteneinsicht und Anforderung von Abschriften durch den Notar

Eine notarielle Mithilfe für die Bestellung von Erbbaurechten oder bei der Formulierung eines Grundstückskaufvertrages läßt sich nur dann sinnvoll gestalten, wenn der Notar den Inhalt des Grundbuchs und andere das Grundstück und Gebäude betreffende Unterlagen kennt (Archivunterlagen über geschlossene Grundbücher, Unterlagen bei den Katasterämtern und den Ämtern zur Regelung offener Vermögensfragen). Der Entwurf sieht vor, daß der Notar diese Unterlagen einsehen und Abschriften hieraus anfordern kann.

Verfügungen nach dem Sachenrechtsbereinigungsgesetz können nicht erfolgen, wenn ein Anspruch auf Rückgabe des Grundstücks oder Gebäudes angemeldet und über den Antrag noch nicht entschieden worden ist (§ 3 Abs. 3 des Vermögensgesetzes). Eine notarielle Ausarbeitung des Vertragstextes macht keinen Sinn, wenn der Grundstückseigentümer dem Nutzer unredlichen Rechtserwerb vorhält und einen Antrag auf Aufhebung des Nutzungsrechts gestellt hat. Der Entwurf sieht deshalb vor, daß sich der Notar bei dem gemäß § 3 Abs. 5 des Vermögensgesetzes zuständigen Vermögensamt danach zu erkundigen hat, ob solche Anträge gestellt worden sind.

Die Behörden leisten dem Notar Amtshilfe für das von ihm durchzuführende Vermittlungsverfahren, das eine Angelegenheit der freiwilligen Gerichtsbarkeit ist. Der Entwurf sieht deshalb vor, daß für die Erteilung von Auskünften und die Anfertigung von Abschriften aus Akten keine Gebühren erhoben werden.

Zu § 93 — Ladung zum Termin

Zu Absatz 1

Zur Erörterung der Einzelheiten des abzuschließenden Vertrages ist eine Ladung der Parteien des künftigen Vertrages unentbehrlich. Eine mindestens zweiwöchige Ladungsfrist ist für die Vorbereitung der anderen Seite auf das Vermittlungsverfahren notwendig. Die Regelungen im Entwurf über die Notwendigkeit der Ladung und die Fristen entsprechen denjenigen für das Vermittlungsverfahren zur Nachlaßauseinandersetzung in §§ 89, 90 FGG.

Eine Ladung durch öffentliche Zustellung soll wegen der in § 97 aus der Säumnis eines Beteiligten entstehenden Folgen unzulässig sein.

Zu Absatz 2

Die Bestellung eines Erbbaurechts, das an erster Rangstelle begründet werden muß, beeinträchtigt die Inhaber der dinglichen Rechte am Grundstück. Der Rang ihrer Rechte verschlechtert sich mit der Eintragung des Erbbaurechts.

Die Teilung eines Grundstücks zum Verkauf einer abzuschreibenden Teilfläche berührt die Inhaber der dinglichen Rechte am Grundstück insofern in gleicher Weise, als das abzuschreibende Grundstück nicht oder nur anteilig haftet. Die Abschreibung kann gleichwohl ohne Zustimmung der Inhaber der dinglichen Rechte erfolgen. Das Trennstück haftet dann insgesamt für die auf dem bisherigen Grundstück eingetragenen Rechte. Die gänzliche oder teilweise Haftungsfreistellung muß vom Nutzer gegen die Inhaber der dinglichen Rechte durch Verfolgung seiner nach dem Gesetz begründeten Ansprüche herbeigeführt werden.

Der Entwurf sieht deshalb vor, daß die Inhaber dinglicher Rechte vom Termin zu unterrichten sind, damit sie dort ihre Anliegen vorbringen können.

Eine Ladung ist dann notwendig, wenn die erforderlichen Zustimmungen für einen Rangrücktritt zugunsten des zu bestellenden Erbbaurechts fehlen (Satz 2 Nr. 1). In diesem Fall muß der Sachverhalt mit den Inhabern der dinglichen Rechte erörtert werden, da ohne einen Rangrücktritt der dinglichen Rechte die Bemühungen um Bestellung eines Erbbaurechts aussichtslos sind. Kommt keine Einigung zustande, so muß der Notar das Vermittlungsverfahren aussetzen und den Nutzer und den Inhaber des dinglichen Rechts auf den Klageweg verweisen (§ 95 Abs. 2).

Eine Ladung ist ebenfalls für den Fall vorgesehen, daß Ansprüche auf Freistellung einer abzuschreibenden Teilfläche gegen den Inhaber eines dinglichen Rechts am Grundstück geltend gemacht werden (Satz 2 Nr. 2). Die Haftungsfreistellung ist hier zwar keine für die Abschreibung der Teilfläche rechtlich notwendige Voraussetzung, sie wird jedoch aus wirtschaftlichen Gründen in der Praxis oft Bedingung für die Durchführbarkeit eines Vertrages sein. Gerichtliche Vermittlungsbemühungen zwischen dem Nutzer und dem Grundstückseigentümer sind deshalb meist nicht sinnvoll, wenn die Frage der Haftungsfreistellung nicht zugleich mit erörtert wird.

Zu Absatz 3

Ist ein Antrag nach § 30 des Vermögensgesetzes gestellt worden, so ist der Verfügungsberechtigte verpflichtet, eine Verfügung nach Maßgabe des Entwurfs über das Grundstück oder das Gebäude, dessen Rückgabe verlangt wird, zu unterlassen. Das Vermittlungsverfahren ist nach § 95 Abs. 1 grundsätzlich auszusetzen, da der Notar kein Rechtsgeschäft gegen die Verpflichtung eines Beteiligten aus § 3 Abs. 3 Satz 1 des Vermögensgesetzes beurkunden soll.

Die Durchführung eines Termins mit dem Anmelder kann gleichwohl sinnvoll sein und soll deshalb stattfinden, wenn die anderen Beteiligten dies wünschen.

Ist z. B. dem Nutzer kein Nutzungsrecht bestellt worden, ist eine Rückgabe des Grundstücks an den Alteigentümer nach § 4 Abs. 2 des Vermögensgesetzes nicht ausgeschlossen. Der Alteigentümer wäre aber gegenüber dem Nutzer verpflichtet, das Grundstück nach den im Entwurf vorgesehenen Bestimmungen zu veräußern, wenn der Nutzer nicht unredlich gewesen ist. In solch einem Fall könnte versucht werden, eine Einigung des Inhalts herbeizuführen, daß die Beteiligten und der Anmelder das Verfahren vor dem Amt zur Regelung offener Vermögensfragen nach § 30 Abs. 1 Satz 3 des Vermögensgesetzes für erledigt erklären und die Ansprüche des Verfügungsberechtigten aus dem Grundstückskaufvertrag an den Anmelder abgetreten werden und der vom Nutzer zu zahlende Kaufpreis für den Anmelder hinterlegt wird.

Es wären auch andere Vereinbarungen der Beteiligten zur Abfindung des Anmelders denkbar.

Eine Verhandlung zwischen den Beteiligten kann dazu führen, daß die Beteiligten und der Anmelder eine Lösung finden, die sowohl den Rückgabeanspruch als auch die nach diesem Gesetz begründeten Ansprüche in einer Vereinbarung erledigt. Die Regelung im Entwurf will solche gütlichen Vereinbarungen fördern.

Zu Absatz 4

Die Regelung in Satz 1 entspricht § 89 Satz 3 FGG; sie erspart die häufig mit erheblichem Aufwand verbundenen wiederholten Ladungen an Beteiligte, die durch Ausbleiben im Termin zu erkennen gegeben haben, daß sie am Fortgang des Verfahrens nicht interessiert sind. Die Zusendung von Akten ist zeit- und arbeitsintensiv. Die Rechte der interessierten Beteiligten sind gewahrt, wenn sie die Akten auf der Geschäftsstelle einsehen können. Die vorgeschlagene Regelung entspricht insoweit § 89 Satz 4 FGG.

Zu Absatz 5

Der Notar ist nach Absatz 5 gehalten, ein Ersuchen zur Eintragung eines Vermerks über die Eröffnung des Vermittlungsverfahrens an das Grundbuchamt zu richten. Der Vermerk ist in den Grundbüchern der Grundstücke einzutragen, die mit einem Erbbaurecht belastet oder nach den Vorschriften dieses Gesetzes angekauft werden sollen. Ein solcher Vermerk ist auch in einem Gebäudegrundbuch einzutragen, falls dieses angelegt worden ist.

Zu Absatz 6

Absatz 6 legt fest, daß der Vermerk nicht nur eine den gutgläubigen Erwerb ausschließende Warnfunktion, sondern auch materiell-rechtliche Wirkungen hat.

Der Vermerk schließt anderweitige Verfügungen über das Grundstück in der Zeit bis zum Abschluß des Verfahrens nicht aus. Dies gilt auch für etwaige im Wege der Zwangsvollstreckung vorgenommene Verfügungen. Der Vermerk hat jedoch Wirkungen wie eine Vormerkung nach §§ 883, 885 BGB: Verfügungen über das Grundstück, die der Eigentümer nach Eintragung des Vermerks im Grundbuch vornimmt, muß der Nutzer nicht gegen sich gelten lassen. Er kann z. B. die Löschung einer nach Eintragung dieses Vermerks vom Grundstückseigentümer bewilligten Eintragung eines Grundpfandrechts verlangen (§ 888 Abs. 1 BGB).

[Ist im Grundbuch bereits ein Vermerk nach Art. 233 § 2c Abs. 2 EGBGB eingetragen, der den Anspruch auf Sachenrechtsbereinigung in der vorbeschriebenen Art sichert, bedarf es dort allein eines Hinweises, daß das notarielle Vermittlungsverfahren eingeleitet worden ist.]

[Die Eintragung solcher Vermerke soll ferner die Sicherheit des Grundstücksverkehrs erhöhen und die Voraussetzungen für die im Entwurf des Registerverfahrenbeschleunigungsgesetzes vorgesehenen Regelungen schaffen, nach der nicht eingetragene Rechte und Berechtigungen nach dem 31. Dezember 1996 erlöschen sollen, wenn dem Erwerber des Grundstücks oder eines Rechts daran das Vorhandensein selbständigen Gebäudeeigentums, eines Nutzungsrechts oder einer nach diesem Entwurf begründeten gesetzlichen Verpflichtung nicht bekannt war.]

Ebenso sollen die vorgenannten Berechtigungen in einer Zwangsversteigerung mit dem Zuschlag erlöschen, wenn die Rechte weder aus dem Grundbuch ersichtlich noch im Verfahren angemeldet worden sind [vgl. Art. 12 und Art. 13 Nr. 1a des Entwurfs für ein Registerverfahrenbeschleunigungsgesetz].

Die Wiederherstellung der sog. Publizität des Grundbuchs, die Grundlage für die in § 891 BGB begründete Vermutung ist, ist unverzichtbar, um die Verkehrsfähigkeit und Beleihbarkeit der Grundstücke und Gebäude im Beitrittsgebiet herbeizuführen. Da im Beitrittsgebiet grundsätzlich mit dem Bestehen nicht eingetragener Nutzungsrechte oder mit Zustimmung staatlicher Stellen vorgenommener baulicher Investitionen auf fremden Grundstücken gerechnet werden muß, stellt der Erwerb oder die Beleihung solcher Grundstücke oft ein hohes Risiko dar. Die nötige Sicherheit für Erwerber und Kreditgeber kann nur durch Wiederherstellung des öffentlichen Glaubens des Grundbuchs geschaffen werden.

Dies setzt auf der anderen Seite allerdings voraus, daß diejenigen, die Rechte am Grundstück haben oder für die nach diesem Entwurf Ansprüche auf Erwerb oder Erbbaurechtsbestellung begründet werden sollen, die Möglichkeit erhalten, ihre Rechte oder Ansprüche im Grundbuch wenigstens vermerken zu lassen, um so einen gutgläubigen Erwerb Dritter zu verhindern. Diese Sicherungen für die Nutzer werden durch die nach Art. 13 Nr. 3d des Entwurfs des Registerverfahrenbeschleunigungsgesetzes und durch den § 93 Abs. 5 dieses Entwurfs vorgesehenen Vermerk bereitgestellt.

Zu § 94 — Erörterung

Zu Absatz 1

Der Notar hat den Sachverhalt umfassend zu erörtern. Vor einer Erörterung zur Sache über die einzelnen Punkte eines von den Beteiligten abzuschließenden Vertrages soll der Notar mit den Beteiligten besprechen, ob Gründe für eine Aussetzung oder Einstellung des Verfahrens vorliegen. Ist dies der Fall, so ist nach §§ 95, 96 zu verfahren.

Zu Absatz 2

Für die Vermittlung muß der Notar zuerst die Vorstellungen der Beteiligten über den Inhalt des abzuschließenden Vertrages feststellen. Der Entwurf sieht vor, daß der Notar hierfür ein sog. Eingangsprotokoll fertigt, in dem er die unstreitigen und die streitigen Punkte festhält. Das Eingangsprotokoll hat auch den Zweck, auf die darin dokumentierten Vorstellungen in einem nachfolgenden Gerichtsverfahren wieder zugreifen zu können, wenn das Verfahren scheitert und es nicht zum Vertragsschluß vor dem Notar kommt.

Zu Absatz 3

Eine bloße Entgegennahme und Protokollierung der oft gegensätzlichen Vorstellungen der Beteiligten nützt diesen häufig wenig. Das Vermittlungsverfahren bekommt einen besonderen Sinn erst dadurch, daß der Notar Vorschläge unterbreitet, die nach seiner Beurteilung und Erfahrung eine dem Gesetz entsprechende und zugleich angemessene vertragliche Regelung des Interessengegensatzes darstellen.

Zu Absatz 4

Der Notar soll mit den Inhabern der dinglichen Rechte am Grundstück Erörterungen nicht nur über die den Beteiligten nach diesem Recht eingeräumten Ansprüche auf Herstellung der Erstrangigkeit des Erbbaurechts und auf lastenfreie Abschreibung einer Teilfläche herbeiführen, sondern auch nach Möglichkeiten suchen, ob und wie dem Inhaber eines Grundpfandrechtes eine anderweitige Sicherheit gestellt werden kann. Streitigkeiten zwischen Nutzer und Grundpfandrechtsgläubiger wegen der Mithaftung des Gebäudes als Grundstücksbestandteil können in manchen Fällen dadurch behoben werden, daß der Grundstückseigentümer, dem die Auszahlung der Darlehensvaluta zugute gekommen ist, eine anderweitige Sicherheit erhält.

Zu § 95 — Aussetzung des Verfahrens

Das notarielle Vermittlungsverfahren ist auszusetzen, wenn vor der Ausarbeitung eines Vermittlungsvorschlages und dem anschließenden Vertragsschluß Vorfragen geklärt werden müssen.

Zu Absatz 1

In diesem Absatz werden die Fälle benannt, in denen solche Vorfragen in behördlichen Verfahren geklärt werden.

Zu Nummern 1 und 2

Das Vermittlungsverfahren muß ausgesetzt werden, wenn Ansprüche auf Rückübertragung nach dem Vermögensgesetz oder auf Aufhebung des Nutzungsrechts gestellt worden sind und noch keine Entscheidung des Vermögensamts hierzu ergangen ist.

Zu Absatz 2

Absatz 2 bezeichnet die Sachverhalte, in denen die notarielle Vermittlung ausgesetzt werden soll. Im Unterschied zu den in Absatz 1 bezeichneten Fällen verstieße hier der Vertragsschluß nicht gegen eine gesetzliche Verpflichtung, Verfügungen über das Grundstück zu unterlassen. Die Ausarbeitung eines Vertrages vor Klärung der Vorfragen wäre nur unzweckmäßig, wenn

— der notarielle Vorschlag sich auf andere Flächen bezieht, als diejenigen, auf die sich das Nutzungsrecht oder die Nutzungsbefugnis nach dem Ergebnis eines Bodensonderungsverfahrens erstreckt,

— der Grundstückseigentümer Einreden erhoben hat, die sich später als begründet herausstellen und der Erbbaurechtsbestellung oder dem Verkauf entgegenstehen, oder

— der Nutzer auf dem Erbbaurecht oder dem erworbenen Grundstück — anders als erwartet — eine dingliche Belastung zu übernehmen hat.

In den beiden letztgenannten Fällen sind die Beteiligten vom Notar, falls sich keine gütliche Einigung herbeiführen läßt, auf den Klageweg zu verweisen, in dem diese Vorfragen geklärt werden.

Zu Absatz 3

Absatz 3 stellt klar, daß der Notar die in § 101 Abs. 1 Satz 2 Nr. 2 bestimmte (halbe) Gebühr bereits dann verlangen kann, wenn das Verfahren durch Aussetzung für eine längere Zeit unterbrochen wird.

Zu § 96 — Einstellung des Verfahrens

Zu Absatz 1

Das notarielle Vermittlungsverfahren ist einzustellen, wenn in behördlichen Verfahren sowohl über die Neuregelung der Grundstücksgrenzen als auch über die an den Grundstückseigentümer zu zahlende Abfindung entschieden wird. Die notarielle Vermittlung ist dann gegenstandslos.

Dies trifft auf die im Entwurf für ein Bodensonderungsgesetz geregelten Bodenneuordnungsverfahren wie für die Verfahren über die Zusammenführung von Grundstücks- und Gebäudeeigentum nach § 64 des Landwirtschaftsanpassungsgesetzes zu.

Zu Absatz 2

Absatz 2 trifft eine spezielle Regelung für den Fall, daß ein Beteiligter in einem bereits anhängigen Vermittlungsverfahren einen Antrag auf Einleitung eines Bodenordnungsverfahrens bei der Flurneuordnungsbehörde stellt. Das Bodenordnungsverfahren nach § 64 des Landwirtschaftsanpassungsgesetzes ist ein Antragsverfahren, das durch Rücknahme des Antrags wieder beendet werden kann. Um hier ein Pendeln zwischen verschiedenen Verfahren zu vermeiden, hat der Notar die Beteiligten unter Fristsetzung aufzufordern, ob einer von ihnen jenes Verfahren weiter betreiben will. Ist dies der Fall, so wird über die Eigentumszuordnung im Bodenordnungsverfahren entschieden. Das notarielle Vermittlungsverfahren ist dann einzustellen.

Zu § 97 — Verfahren bei Säumnis eines Beteiligten

Das Verfahren bei Säumnis eines Beteiligten (des Nutzers oder des Grundstückseigentümers) im Termin ist an die Vorschrift in § 91 Abs. 3 FGG für die Vermittlung der Nachlaßauseinandersetzung angelehnt. Der Notar soll auch in dem Vermittlungsverfahren nach dem Entwurf bei Nichterscheinen eines Beteiligten einen Vermittlungsvorschlag vorlegen und diesen auf Antrag des Erschienenen beurkunden können. Beantragt der nicht erschienene Beteiligte keinen neuen Verhandlungstermin, so ist der Vertrag zu bestätigen, wodurch dieser Vertrag die gleichen Wirkungen wie eine vertragsgemäße Vereinbarung entfaltet. Ein solches Verfahren begegnet hier noch weniger Bedenken als bei der Nachlaßauseinandersetzung, da der Notar die gesetzlichen Vorgaben zum Inhalt des abzuschließenden Vertrages zu beachten und nicht allein entsprechend den Vorstellungen eines Beteiligten eine Beurkundung vorzunehmen hat.

Zu Absatz 1

Absatz 1 bringt den Grundsatz zum Ausdruck, daß der Notar auf den Antrag des Erschienenen einen Vermittlungsvorschlag nach § 99 anzufertigen hat.

Zu Absatz 2

Der Vermittlungsvorschlag ist beiden Beteiligten mit einer Ladung zum folgenden Termin zuzustellen. Die Ladung hat den Hinweis zu enthalten, daß im Falle des Nichterscheinens das Einverständnis mit dem Vermittlungsvorschlag vermutet und der Vorschlag auf Antrag des Erschienenen beurkundet werde.

Zu Absatz 3

Ist im Termin nur ein Beteiligter erschienen, so ist auf dessen Antrag der Vermittlungsvorschlag zu beurkunden. In der Urkunde ist anzugeben, daß das Einverständnis des anderen Beteiligten wegen Nichterscheinens angenommen worden ist.

Andernfalls ist das Verfahren beendet und die Beteiligten können aufgrund des Vermittlungsvorschlags mit den von ihnen beantragten Änderungen und Ergänzungen Klage auf Vertragsschluß durch gerichtliche Entscheidung nach § 106 erheben.

Zu Absätzen 4 und 5

Ist die Beurkundung erfolgt, so ist der Vertrag dem nicht erschienenen Beteiligten zuzustellen und, falls dieser nicht innerhalb einer Notfrist von zwei Wochen nach der Zustellung einen Termin beantragt oder in dem neuen Termin nicht erscheint, zu bestätigen.

Der bestätigte Vertrag hat die Wirkungen einer Vereinbarung zwischen den Beteiligten (vgl. § 97 Abs. 1 FGG).

Soweit ein Beteiligter ohne Verschulden an der Beantragung eines Termins oder am Erscheinen im Termin verhindert war, muß ihm auf Antrag Wiedereinsetzung in den vorigen Stand gewährt werden.

Zu Absatz 6

Wie bei einer bestätigten Nachlaßauseinandersetzung ist auch gegen eine nach dem Entwurf bestätigte Vereinbarung sowie die Versagung einer Wiedereinsetzung in den vorigen Stand die sofortige Beschwerde zulässig. § 96 FGG ist insoweit entsprechend anzuwenden.

Zu § 98 — Ermittlungen des Notars

Die Vorbereitung eines Vermittlungsvorschlags nach § 99 setzt voraus, daß der Notar die für die Durchführung des Vermittlungsverfahrens notwendigen Maßnahmen zur Bodensonderung in die Wege leiten und sich die für die Beurteilung der streitigen Punkte nötige Sachkunde verschaffen kann.

Zu Absatz 1

Absatz 1 behandelt die Einholung amtlicher Auskünfte sowie die Einleitung von Verfahren für die Feststellung der Nutzungs- und Grundstücksgrenzen, ohne die das Vermittlungsverfahren in den meisten Fällen überhaupt nicht durchgeführt werden könnte.

Der Notar ist hier auf Antrag eines Beteiligten berechtigt,

— Auskünfte über den Wert des Grundstücks von den Gutachterausschüssen einzuholen,

— ein Verfahren zur Bodensonderung zu beantragen, oder

— die das Liegenschaftskataster führende Stelle oder einen Vermessungsingenieur zu beauftragen.

Zu Absatz 2

Absatz 2 betrifft Beweiserhebungen, die sonst ein Gericht vorzunehmen hätte. Der Entwurf sieht insofern nur die Einholung von Gutachten, jedoch nicht die Erhebung anderer Beweise, insbesondere die Einvernahme von Zeugen, vor.

Die Gutachten können notfalls auch in einem anschließenden Rechtsstreit vorgelegt und verwendet werden. Bei einer Zeugenvernehmung wird oft eine Wiederholung unumgänglich sein. Zudem eignet sich die notarielle Verhandlung nicht für die Einvernahme von Zeugen und die Würdigung ihrer Aussagen.

Der Notar kann auf Antrag eines Beteiligten Gutachten einholen über:

— den Verkehrswert des zu belastenden Grundstücks,

— das Verhältnis der Werte des abzuschreibenden oder des zu belastenden Grundstücks zu dem des Gesamtgrundstücks und

— den Wert baulicher Investitionen.

Zu Absatz 3

Auf eine Beweisaufnahme im Vermittlungsverfahren würde oft verzichtet werden, wenn die Beweisergebnisse in einem anschließenden Rechtsstreit nicht verwertbar wären und deswegen über dieselben Streitpunkte nochmals Beweis erhoben werden müßte. Für die Beweiserhebung im notariellen Vermittlungsverfahren gelten nach § 90 des Entwurfs und § 15 Abs. 1 FGG die Vorschriften der Zivilprozeßordnung über den Sachverständigenbeweis entsprechend. Bei Beachtung dieser Vorschriften bestehen gegen die Verwertbarkeit des Beweises in einem anschließenden Rechtsstreit keine Bedenken. Der Entwurf sieht daher vor, daß die Beweiserhebung im Vermittlungsverfahren einer selbständigen Beweisaufnahme vor dem Amtsgericht gleichstehen soll.

Das Beweisergebnis ist damit für die Beteiligten in einem anschließenden Rechtsstreit auch verwertbar, wenn das notarielle Vermittlungsverfahren scheitert.

Zu § 99 — Vermittlungsvorschlag des Notars

Zu Absatz 1

Der Vermittlungsvorschlag steht am Abschluß des Verfahrens. Er hat alle für einen Vertragsschluß erforderlichen Punkte zu umfassen.

Der Vermittlungsvorschlag des Notars soll auf Antrag einer Partei auch die für die Erfüllung des Geschäfts erforderlichen Erklärungen enthalten. Der Zweck besteht darin, für das anschließende Gerichtsverfahren auch eine das Erfüllungsgeschäft umfassende Vorlage ausgearbeitet zu haben.

Zu Absatz 2

Sobald sich eine Einigung zwischen den Parteien ergibt, ist eine Beurkundung vorzunehmen. Die Vermittlung gerade durch den Notar ist in besonderer Weise dafür geeignet, auch zu einem beurkundeten Vertragsschluß zu kommen, wenn eine Einigung zwischen den Parteien erzielt worden ist.

Mit der Beurkundung sind die gesetzlichen Ansprüche auf Vertragsschluß erfüllt und das notarielle Vermittlungsverfahren beendet. Der die Ansprüche sichernde Vermerk nach § 93 Abs. 5 ist mit der Beantragung der Eintragung der Rechtsänderung durch den Notar im Grundbuch zu löschen.

Der Vermerk muß deshalb spätestens dann gelöscht werden, wenn die aufgrund des nach diesem Gesetz abgeschlossenen Vertrags begründeten Ansprüche erfüllt sind. Der auf das Verfahren hinweisende Vermerk darf jedoch auch dann nicht auf unbeschränkte Zeit bestehen bleiben, wenn der Vertrag zustande gekommen ist, die Beteiligten jedoch von den hierdurch begründeten Ansprüchen keinen Gebrauch machen.

Andernfalls würde das Grundbuch unrichtig werden. Zudem bestünden tatsächliche Hindernisse für eine Veräußerung oder Belastung fort, ohne daß hierfür schutzwürdige Gründe einer Seite erkennbar sind. Der Vermerk sichert die gesetzlich begründeten Ansprüche wie eine Vormerkung aus einem bereits abgeschlossenen Vertrag. Er hindert den Grundstückeigentümer damit faktisch, wenn auch nicht rechtlich, an Verfügungen über das Grundstück. Eine Veräußerung oder Belastung des Grundstücks wird in der Regel daran scheitern, daß der Erwerber eines Rechts am Grundstück nach § 888 Abs. 1 BGB gegenüber dem Nutzer zur Bewilligung der Löschung verpflichtet ist, soweit diese zur Verwirklichung des hierdurch gesicherten gesetzlichen Anspruchs notwendig ist. Dies ist für den Grundstückseigentümer insbesondere dann belastend, wenn die gesetzlichen Ansprüche nur Teilflächen des Grundstücks betreffen. Im übrigen werden durch den Fortbestand des Vermerks über den Sicherungszweck hinaus für Dritte die Möglichkeiten zur Vollstreckung in das Grundstück beeinträchtigt und insofern Gläubigern an sich bestehende Möglichkeiten zur Befriedigung ihrer Ansprüche genommen.

Der Entwurf sieht folgenden Lösungsweg vor, um das Interesse an der Richtigkeit des Grundbuchs und das Sicherungsinteresse des Nutzers in Übereinstimmung zu bringen. Ist der Notar mit dem Vollzug des Geschäfts betraut, so hat er mit den zur Eintragung der Rechtsänderungen in das Grundbuch erforderlichen Anträgen auch den Antrag auf Löschung des Vermerks zu stellen. Wird der Notar nicht mit dem Vollzug des Geschäfts beauftragt, so ist das Verfahren gleichwohl beendet und der weitere Vollzug des Geschäfts liegt in den Händen der Beteiligten. In beiden Fällen ist der Notar gehalten, spätestens sechs Monate nach Beurkundung die Löschung des Vermerks zu beantragen.

Diese Frist dürfte in den meisten Fällen für die zur Beschaffung aller zur Beantragung der Umschreibung erforderlichen Unterlagen ausreichen. Ist abzusehen, daß diese Frist nicht ausreicht, so kann die Eintragung einer Vormerkung für den nunmehr bestehenden Anspruch von vornherein vereinbart oder später gemäß § 885 BGB durchgesetzt werden.

Die Frist von sechs Monaten kann zu kurz bemessen sein, wenn es für den Vollzug des Geschäfts der Durchführung eines behördlichen oder gerichtlichen Verfahrens bedarf (z. B.: Einholung einer baurechtlichen Teilungsgenehmigung nach § 120 oder einer vormundschaftsgerichtlichen Genehmigung). Die Dauer dieser Verfahren liegt nicht in der Hand der Beteiligten. Der Entwurf bestimmt deshalb, daß der Vollzug der Vereinbarung für die Dauer dieser Verfahren gehemmt ist. Die Zeit vom Antrag bis zu einer bestandskräftigen behördlichen Entscheidung ist danach bei der Frist von sechs Monaten nicht zu berücksichtigen.

Zu § 100 — Abschlußprotokoll über Streitpunkte

Die Vorschrift des Entwurfs regelt, wie der Notar in den Fällen zu verfahren hat, in dem das Ermittlungsverfahren erfolglos geblieben ist.

Der Notar hat in einem Abschlußprotokoll die unstreitigen und die streitig gebliebenen Punkte aufzustellen. Durch dieses Protokoll wird eine Konzentration des Streitstoffs in dem anschließenden Gerichtsverfahren erreicht.

Auf Antrag der Beteiligten hat der Notar auch wesentliche Punkte festzuhalten, über die in der Vermittlung Einigung erzielt wurde. Eine solche Auflistung (Punktuation) im Abschlußprotokoll kann nach dem Willen der Parteien im anschließenden Gerichtsverfahren auch in Abweichung von der in § 154 Abs. 1 Satz 2 BGB bestimmten Auslegungsregel verbindlich werden.

Zu § 101 — Kosten

Zu Absatz 1

Die Gebührenregelung des Entwurfs lehnt sich an die Kostenregelung für die gerichtliche Vermittlung einer Nachlaßauseinandersetzung in § 116 der Kostenordnung an.

Der Entwurf sieht in Absatz 1 für das Verfahren das Vierfache der vollen Gebühr vor. Die Vermittlungsaufgabe nach dem Entwurf geht über eine Beurkundungstätigkeit weit hinaus.

Die in Satz 2 vorgesehenen Ermäßigungen tragen sowohl dem für die Beteiligten erreichten Verfahrensstand als auch dem geminderten Aufwand des Notars Rechnung, wenn das Verfahren vorzeitig endet.

Zu Nummer 1

Wird das Verfahren vor der Ausarbeitung eines Vermittlungsvorschlags eingestellt, so soll der Notar die Hälfte der ihm für das Verfahren zustehenden Gebühren erhalten.

Zu Nummer 2

Der Aufwand für die Vermittlung ist nicht entstanden, wenn sich das Verfahren vor dem Erörterungstermin erledigt. Entsprechend den Regelungen in anderen Gebührenordnungen ist eine Ermäßigung auf die Hälfte einer vollen Gebühr geboten.

Zu Absatz 2

Die Bestimmung des Geschäftswerts trägt dem Umstand Rechnung, daß der Erwerber (in der Regel der Nutzer) bereits zur Hälfte am Bodenwert beteiligt ist und deshalb mit dem Vertragsschluß auch nur dieser Wert übertragen wird.

Eine Heraufsetzung des Gegenstandswerts über die vereinbarte Gegenleistung hinaus auf den (vollen) Wert des Grundstücks ist nicht vorgesehen. Sie wäre auch unter Berücksichtigung der allgemeinen Grundsätze für die Ermittlung des Geschäftswerts in den §§ 18 bis 30 der Kostenordnung nicht sachgerecht. Bei der Ermittlung des Geschäftswerts werden zwar Verbindlichkeiten, die auf dem Gegenstand lasten, nicht abgezogen (§ 18 Abs. 3 Kostenordnung); Wertminderungen eines Grundstücks durch dingliche, vom Grundstückseigentümer nicht allein ablösbare Belastungen sind jedoch vom Wert des Grundstücks, der nach § 19 Abs. 2 der Kostenordnung zu bestimmen ist, abzuziehen. Solche Belastungen sind insbesondere Erbbaurechte (vgl. BayObLG — Beschluß vom 10. Dezember 1980 — 3 Z 60/77 — Rechtspfleger 1981, 163 und OLG Hamm — Beschluß vom 28. August 1986 — 15 W 54/86 — Rechtspfleger 1987, 129). Dem Entwurf liegt die Konzeption zugrunde, daß der Nutzer aufgrund Nutzungsrechts oder einer vergleichbaren Berechtigung an der baulichen Nutzung grundsätzlich zur Hälfte am Verkehrswert von Grund und Boden beteiligt ist. Insofern ist auch bei der Wertbestimmung für die Gebühren von einem auf die Hälfte des Verkehrswerts geminderten Wert des Grundstücks auszugehen und dieser Betrag als untere Grenze des Gegenstandswerts der notariellen Tätigkeit zu bestimmen.

Zu Absatz 3

Vermittelt der Notar eine Vereinbarung mit Dritten, insbesondere den Inhabern dinglicher Rechte am Grundstück, soll er dafür eine gesonderte Gebühr erhalten. Hiermit wird ein besonderer Gebührenansatz für diese Verhandlungen außerhalb der Gebühren für die Vermittlung zwischen Nutzer und Grundstückseigentümer erreicht. Dies ist sachgerecht, da den Verhandlungen mit Dritten ein besonderer Gegenstand zugrunde liegt und der Dritte nicht über sein Interesse hinaus am Vermittlungsverfahren beteiligt ist.

Für die Ermittlung des Geschäftswerts gelten die Bestimmungen der Kostenordnung mit einer Besonderheit. Für Vereinbarungen des Nutzers mit dem Dritten über die Belastung des Erbbaurechts oder die lastenfreie Abschreibung ist der Geschäftswert nicht nach § 23 Abs. 2 der Kostenordnung zu bestimmen. Nach der Vorschrift ist für die Entlassung aus der Mithaft grundsätzlich der Nennbetrag der Schuld maßgebend. Dies würde im Hinblick auf die gesetzlich vorgesehene Haftungsbeschränkung zu einem unvertretbar hohen Geschäftswert führen. Dieser Wert ist nach dem Entwurf auf den Betrag zu beschränken, für den der Nutzer nach diesem Gesetz eine anteilige Haftung zu übernehmen hätte.

Zu § 102 — Kostenpflicht, Beschwerde

Zu Absatz 1

Die Beteiligten haften dem Notar für seine Kosten und Auslagen als Gesamtschuldner. Im Innenverhältnis sind die Kosten grundsätzlich zu teilen. Die hälftige Teilung der Kosten entspricht dem Grundprinzip des Entwurfs. Eine Erstattung der den Beteiligten entstandenen Auslagen findet nicht statt.

Zu Absatz 2

Abweichend vom Grundsatz der Kostenteilung soll bei einer Einstellung des Vermittlungsverfahrens der Beteiligte die Kosten tragen, der den Grund für die Einstellung gegeben hat.

Im Falle der Einstellung wegen eines von Amts wegen eingeleiteten Bodenordnungsverfahrens (Nummer 1) hat kein Beteiligter die Ursache für die Einstellung des Verfahrens gesetzt. Hier bleibt es bei der Teilung.

Hat der Antragsteller jedoch das notarielle Vermittlungsverfahren beantragt, obwohl bereits ein Antrag auf Einleitung des Bodenordnungsverfahrens gestellt worden war, so hat er die zusätzlichen Kosten des Vermittlungsverfahrens verursacht. Er soll deshalb die im Vermittlungsverfahren entstandenen Kosten allein tragen.

Zu § 103 — Prozeßkostenhilfe

Zu Absatz 1

Das notarielle Vermittlungsverfahren ist Voraussetzung für eine Klageerhebung (§ 105). Für ein notwendiges Vorverfahren ist einem Beteiligten, der die erforderlichen Kosten nicht aufzubringen vermag, Prozeßkostenhilfe zu gewähren.

Die Beiordnung eines Rechtsanwalts ist in der Regel nicht geboten, da der Notar beide Seiten sachkundig und unabhängig zu beraten hat. Die Vorschriften über die Beiordnung eines Anwalts in § 121 Abs. 1 bis 3 ZPO finden daher grundsätzlich keine Anwendung.

Vorstehende Erwägung kann allerdings dann nicht greifen, wenn die andere Seite mit anwaltlicher Vertretung erscheint.

Der Entwurf sieht in diesem Fall nicht automatisch die Beiordnung eines Rechtsanwalts für den anderen Beteiligten vor. Hier kann die Vermittlung durch den zur Neutralität verpflichteten Notar ausreichen, wenn weder komplexe Rechtsfragen zu entscheiden noch Ermittlungen durchzuführen und deren Ergebnisse zu würdigen sind.

Vorgesehen ist eine Prüfung in jedem Einzelfall, um die Kosten durch Beiordnung von Rechtsanwälten trotz der neutralen Vermittlung durch den Notar nur dann entstehen zu lassen, wenn dies auch zur zweckentsprechenden Rechtsverfolgung erforderlich ist.

Zu Absatz 2

Für die Entscheidung über die Gewährung der Prozeßkostenhilfe soll das Gericht der Hauptsache zuständig sein.

Zu Absatz 3

Die Antragsunterlagen legt der Notar dem Gericht vor. Dies ist sachgerecht, da es hierbei um Vorschüsse aus der Staatskasse für ein notarielles Verfahren geht.

Zu Unterabschnitt 3 — Gerichtliches Verfahren

Zu § 104 — Allgemeine Vorschriften

Das gerichtliche Verfahren über die Ansprüche nach diesem Gesetz ist ein Streitverfahren nach den Vorschriften der ZPO.

Zu Absatz 1

Der Zivilprozeß ist für die Erledigung der Ansprüche die geeignetere Rechtsform als ein Verfahren nach den Grundsätzen der freiwilligen Gerichtsbarkeit. In den Verfahren werden sich Parteien mit entgegengesetzten Interessen gegenüberstehen. Eine richterliche Ermittlung von Tatsachen ist nur in dem Umfang angezeigt, wie dies von den Parteien beantragt wird. Für eine Aufklärung von Amts wegen, wie sie im Verfahren der freiwilligen Gerichtsbarkeit vorgesehen ist (§ 12 FGG), besteht hingegen keine Veranlassung. Die Parteien haben auf der Grundlage des Vermittlungsvorschlags die Punkte darzulegen, über die sie sich streiten, und dementsprechend Beweis anzutreten.

Ausschließlich örtlich zuständig ist das Gericht der belegenen Sache. Für die Klagen aus den Nutzungsrechten und vergleichbaren Berechtigungen gilt insoweit das gleiche wie für die Klagen, durch die das Eigentum am Grundstück geltend gemacht wird (vgl. § 24 Abs. 1 ZPO).

Zu Absatz 2

Der Entwurf eröffnet die Möglichkeit, Kammern für die Erledigung der Verfahren zur Sachenrechtsbereinigung zu bilden, wenn hierfür ein Bedürfnis besteht.

Zu § 105 — Verfahrensvoraussetzungen

Klagen aus den im Entwurf begründeten Ansprüchen sollen nur dann zulässig sein, wenn der Kläger den notariellen Vermittlungsvorschlag (§ 99) und das Abschlußprotokoll über die unstreitigen und die streitig gebliebenen Punkte (§ 100) vorlegt. Dies gibt dem Gericht eine schnelle Orientierung über den Sach- und Streitstand und einen für den zu entscheidenden Fall von einem Organ der Rechtspflege bereits vorbereiteten Vorschlag.

Sind diese Unterlagen nicht vorgelegt worden, so ist der Kläger unter Fristsetzung zur Vorlage aufzufordern. Verstreicht die Frist fruchtlos, ist die Klage als unzulässig abzuweisen. Die Entscheidung kann ohne mündliche Verhandlung getroffen werden.

Zu § 106 — Inhalt der Klageschrift

§ 106 eröffnet eine neue Klageart für die Verfolgung der in dem Entwurf begründeten Ansprüche. Der Inhalt der Rechte und Pflichten der Parteien aus diesem Gesetz wird durch gerichtliche Entscheidung festgestellt. Im Urteil werden — wie in einem Erbbaurechts- oder einem Grundstückskaufvertrag oder einem Vertrag über den Verkauf des Gebäudes — die Ansprüche und Verpflichtungen der Beteiligten ausgesprochen; die gerichtliche Entscheidung ist für die Parteien in gleicher Weise verbindlich wie ein Vertragsschluß (§ 107 Abs. 2 Satz 2).

Der Inhalt der Klageschrift hat dem Ziel des Verfahrens zu entsprechen. Der Kläger hat dem Gericht durch Vorlage des notariellen Vermittlungsvorschlags und Darlegung, in welchen Punkten er eine von diesem Vorschlag abweichende Entscheidung begehrt, den Streitgegenstand und die entscheidungserheblichen Tatsachen vorzutragen.

Mit der Vorlage des notariellen Vermittlungsvorschlags, des Abschlußprotokolls und eines daran ausgerichteten Parteivortrags erhält das Gericht eine geeignete Grundlage für eine schnelle Orientierung über den Sach- und Streitstand und eine sachgemäße Entscheidung. Die Zahl der Fälle, in denen die Entscheidungsgrundlagen erst durch intensive Befragung der Parteien nach § 139 ZPO — oft in mehreren Verhandlungstagen — ermittelt werden müssen, wird sich durch die Anforderungen für die Klageschrift in § 106 erheblich reduzieren.

Das Feststellungsverfahren führt zugleich zu einer Erleichterung der Rechtsverfolgung für den Kläger.

Der Kläger hat nach geltendem Recht genau das notariell beurkundete Angebot vorzulegen, zu dessen Annahme der Beklagte verpflichtet ist. Nur dann kann nach § 894 ZPO eine Verurteilung zur Annahme dieses Angebots erfolgen. Mit Eintritt der Rechtskraft gilt die Willenserklärung des Beklagten als abgegeben und der Vertrag ist zustande gekommen.

Weicht das Angebot des Klägers, das den Text des Vertrags enthalten muß, den der Beklagte annehmen soll, jedoch nach Auffassung des Gerichts auch nur in einem Punkt von den gesetzlichen Vorgaben ab, so muß der Kläger ein neues Angebot beurkunden lassen. Hierdurch entstehen Verzögerungen und Mehrkosten. Das Ganze muß sich mehrfach wiederholen, wenn im Instanzenzug die Auffassung des Obergerichts von derjenigen der Vorinstanz abweicht.

Der Entwurf lockert deshalb die Bindung der gerichtlichen Entscheidung an den Klageantrag. Das Gericht kann in derartigen Fällen sogleich den Inhalt des Vertrags feststellen und braucht dem Kläger nicht die Vorlage eines neuen Angebots aufzugeben.

Diese Klage hat auf der Grundlage des notariellen Vermittlungsvorschlags zu erfolgen. In dem Klageantrag hat der Kläger anzugeben, in welchen Punkten er eine vom Vorschlag abweichende Entscheidung begehrt.

Zu § 107 — Entscheidung

Zu Absatz 1

Eine vom Antrag abweichende Feststellung der gegenseitigen Ansprüche und Verpflichtungen kann nur dann zustande kommen, wenn das Gericht in den Einzelheiten nicht an den Klageantrag gebunden ist. § 107 sieht wie § 308a ZPO insoweit eine Lösung der gerichtlichen Entscheidung von den Anträgen der Parteien vor (Satz 1).

Das Gericht hat vor der Entscheidung den Parteien bekanntzugeben, wie es zu entscheiden gedenkt, und hierzu die Parteien zu hören (Satz 2). Die Parteien haben hierdurch eine (letzte) Möglichkeit, zu einer einvernehmlichen, von der beabsichtigten Entscheidung abweichenden Lösung zu kommen.

Auch wenn das Gericht in den Einzelheiten seiner Feststellung nur an die gesetzlichen Vorgaben für die Bestellung von Erbbaurechten und den Abschluß eines Grundstückskaufvertrages und nicht an die Parteianträge gebunden ist, muß der Dispositionsbefugnis der Parteien Rechnung getragen werden. Das Gericht darf die Rechte und Pflichten der Parteien nach dem Gesetz zur Sachenrechtsbereinigung nicht in einer Weise feststellen, die dem übereinstimmenden Willen beider Parteien widerspricht.

Satz 3 bestimmt insoweit die Grenzen für die Feststellung. Das Gericht darf keine Feststellungen treffen, die

1. einem von beiden Parteien beantragten Grundstücksgeschäft (es darf also keine Verpflichtung zur Erbbaurechtsbestellung begründen, wenn die Beteiligten darüber einig sind, einen Grundstückskaufvertrag abschließen zu wollen),

2. einer Verständigung der Parteien über einzelne Punkte oder

3. einer von beiden Parteien akzeptierten Regelung im notariellen Vermittlungsvorschlag

widersprechen.

Zu Absatz 2

Die Regelung bringt zum Ausdruck, daß die wechselseitigen Ansprüche und Verpflichtungen durch gerichtliche Entscheidung festzustellen sind und die rechtskräftige Feststellung — wie der Bestätigungsbeschluß zu einer Nachlaßauseinandersetzung nach § 97 Abs. 1 FGG — für die Parteien wie ein Vertragsschluß verbindlich ist.

Zu Absatz 3

Das Gericht soll zugleich den Vollzug vorbereiten, um den Parteien schwierige Vollstreckungsverfahren zu ersparen. Hierzu bedarf es in der Regel eingehender Prüfung, ob die für die Erbbaurechtsbestellung oder die Umschreibung des Eigentums notwendigen Voraussetzungen vorliegen. Insbesondere ist zu prüfen, ob Gegenleistungen erbracht worden sind und der Eintragung zur vorgesehenen Rangstelle keine Hindernisse entgegenstehen. Der Entwurf sieht insofern vor, daß das Gericht auf Antrag einer Partei im Urteil einen Notar und eine andere geeignete Person im Namen beider Parteien beauftragen kann, die zur Vertragserfüllung notwendigen Rechtshandlungen vorzunehmen.

In der Praxis erfolgt dies häufig so, daß eine beim Notar angestellte Person im Namen der Vertragsparteien die Auflassung erklärt und der Notar diese entgegennimmt und alle weiteren zum Vollzug erforderlichen Rechtshandlungen (insbesondere die Antragstellung beim Grundbuchamt) vornimmt.

Die gerichtliche Beauftragung führt dazu, daß beide Beauftragten für die Parteien vertretungsberechtigt sind. Der Notar wird dann als Treuhänder tätig und hat alle zur Eintragung des Erbbaurechts oder zur Umschreibung des Eigentums notwendigen Rechtshandlungen (wie die Erklärung der Auflassung und die Antragstellung beim Grundbuchamt) vorzunehmen.

Zu Absatz 4

Das Gericht hat den Notar, der das Vermittlungsverfahren durchgeführt hat, vom Inhalt seiner Entscheidung in Kenntnis zu setzen. Dieser hat — sofern er hierzu von den Parteien beauftragt worden ist — die für die Eintragung des Erwerbs notwendigen Erklärungen vor dem Grundbuchamt abzugeben und nach § 99 Abs. 2 Satz 2 mit dem Eintragungsantrag oder spätestens sechs Monate nach dem Zustandekommen des Vertrages durch Urteil die Löschung des Vermerks im Grundbuch zu beantragen.

Zu § 108 — Kosten

Wenn keine Bindung der gerichtlichen Entscheidung an die Anträge besteht, kann die Kostenentscheidung auch nicht nach einem daran bestimmten Maß für das Obsiegen oder Unterliegen einer Partei bestimmt werden. Nach § 108 hat das Gericht über die Kosten unter Berücksichtigung des Sach- und Streitstands nach billigem Ermessen zu entscheiden (Satz 1). Dieser Maßstab wird in Satz 2 insoweit konkretisiert, als das Gericht dabei berücksichtigen kann, inwieweit der Inhalt der Feststellung von den im Antrag zum Ausdruck kommenden Vorstellungen der Parteien abweicht und inwiefern eine Partei zur Erhebung im Rechtsstreit zusätzlich entstandener Kosten (z. B.

durch eine Beweisaufnahme) Veranlassung gegeben hat. Hierdurch wird eine auch an den Handlungen der Parteien im Prozeß orientierte Kostenentscheidung ermöglicht.

Zu § 109 — Feststellung der Anspruchsberechtigung

Zu Absatz 1

Die Klage betrifft die gerichtliche Entscheidung über das Bestehen der Anspruchsberechtigung. Dies ist eine Vorfrage für die Ausarbeitung eines Vertragstextes oder ein notarielles Vermittlungsverfahren. Mit der Feststellung über die Anspruchsberechtigung wird insbesondere über etwaige Einreden des Grundstückseigentümers (Ausschluß der Ansprüche wegen Aufgabe der Nutzung, Unredlichkeit des Nutzers usw.) entschieden. Absatz 1 stellt die Zulässigkeit einer solchen Feststellungsklage sicher.

Zu Absatz 2

Ein Feststellungsinteresse für die in Absatz 1 bezeichnete Klage ist jedoch zu verneinen, wenn infolge der Anmeldung eines Rückübertragungsanspruches nach § 3 Abs. 1 des Vermögensgesetzes über das Grundstück, das Gebäude oder die bauliche Anlage noch nicht verfügt werden kann. Wird der Anspruch vom Amt zur Regelung offener Vermögensfragen später zuerkannt, wäre eine Entscheidung des Gerichts zwischen dem derzeit Verfügungsberechtigten und dem Nutzer über das Bestehen der Anspruchsberechtigung nach diesem Gesetz von rein theoretischer Natur.

Zu Absatz 3

Absatz 3 regelt die Auseinandersetzung zwischen zwei Personen, die beide für sich in Anspruch nehmen, Nutzer im Sinne des Entwurfs zu sein. In diesem Fall muß durch gerichtliche Entscheidung festgestellt werden, wer von den Prätendenten anspruchsberechtigt ist.

Eine solche Entscheidung wirkt jedoch nur zwischen den Parteien des Rechtsstreits. Das vom Nutzer erstrittene Urteil würde diesem nichts nützen, wenn der Grundstückseigentümer weiterhin einwenden könnte, daß die unterlegene Partei ihm gegenüber entsprechend der in § 9 Abs. 1 Satz 1 bestimmten Reihenfolge anspruchsberechtigt sei. Absatz 3 sieht deshalb die Zulässigkeit der Streitverkündung für diese Fälle vor. Folge der durch die Streitverkündung herbeigeführten Interventionswirkung nach § 68 der Zivilprozeßordnung ist, daß der Grundstückseigentümer nicht mehr geltend machen kann, daß der Prätendentenstreit unrichtig entschieden worden sei.

Zu Absatz 4

Soweit ein bis zur Entscheidung über die Feststellungsklage ausgesetztes Vermittlungsverfahren anhängig ist, ist der Notar durch den Urkundsbeamten der Geschäftsstelle vom Ausgang des Rechtsstreits zu unterrichten.

Zu Abschnitt 5 — Nutzungstausch

Zu § 110 — Tauschvertrag über Grundstücke

Die Vorschrift stellt eine besondere Regelung für den nach § 20 des Gesetzes über die landwirtschaftlichen Produktionsgenossenschaften vom 2. Juli 1982 (GBl. I Nr. 25 S. 443) durchgeführten Nutzungstausch bereit. Wie beim Ankauf des Grundstücks durch den Nutzer führt der Tausch des Eigentums an den Grundstücken dazu, daß die genutzte Fläche beim Nutzer verbleibt.

Der Nutzungstausch war ein Instrument, das vor allem dort eingesetzt wurde, wo die landwirtschaftliche Produktionsgenossenschaft das Grundstück des Eigentümers benötigte, diesem aber kein Nutzungsrecht zuweisen konnte. Ein Gewerbetreibender konnte im Wege eines Nutzungstausches eine ähnliche Rechtsstellung wie bei der Verleihung eines Nutzungsrechts erlangen; die landwirtschaftliche Produktionsgenossenschaft erhielt im Gegenzug die Möglichkeit zur Nutzung einer nicht dem genossenschaftlichen Nutzungsrecht unterliegenden Fläche.

Der Entwurf sieht vor, daß der Nutzungstausch nunmehr zu einem Anspruch auf Tausch des Eigentums an den Grundstücken führen kann.

Dies gilt auch gegenüber dem Eigentümer einer vormals dem genossenschaftlichen Nutzungsrecht unterliegenden Fläche, obwohl dieser nicht am Tauschgeschäft beteiligt war. Die Begründung einer dem Nutzungstausch entsprechenden Verpflichtung für diesen Eigentümer ist zumutbar, weil

— der Eigentümer andernfalls sein Grundstück nach dem Entwurf an den Nutzer zu verkaufen hätte, der das Grundstück mit Billigung staatlicher Stellen bebaut hat,

— er in diesem Fall das getauschte Grundstück des Nutzers als Ersatzland erhält und allein eine Wertdifferenz zwischen den Grundstücken zur Hälfte ausgeglichen wird und

— der Tausch in einer Stellungnahme der Flurneuordnungsbehörde befürwortet sein muß.

Die Stellungnahme der Flurneuordnungsbehörde ist aus agrarstrukturellen Erwägungen vorgesehen worden. Die Behörde wird den Tausch dann nicht befürworten, wenn hierdurch ein aufgesplitterter, schwer zu bewirtschaftender Grundbesitz entstehen würde. *Falls der Eigentümer deshalb den Tausch verweigert, kommen die allgemeinen Grundsätze des Entwurfs* zur Anwendung. Es ist dann zu prüfen, ob der Nutzer einen Anspruch auf Bestellung eines Erbbaurechts oder auf Abschluß eines Grundstückskaufvertrages hat oder der Grundstückseigentümer aus § 82 zum Ankauf des Gebäudes berechtigt ist.

Zu Absatz 1

Ist eine der im Wege des Nutzungstausches getauschten Flächen bebaut worden und sind die Parteien des Tauschvertrages auch Eigentümer der betroffenen Grundstücke, so ist ein Tausch des Eigentums an den Grundstücken in der Regel leichter durchzuführen als ein Ankauf der jeweiligen Flächen durch den Nutzer.

Zu Absatz 2

Derjenige, der bei dem Tausch ein von einem Dritten bebautes Grundstück erhielte, würde durch den Tausch nichts gewinnen. Denn nach der Übereignung müßte er sich wiederum mit dem Dritten über die Ansprüche nach diesem Gesetz auseinandersetzen. Er kann daher nach Absatz 2 den Abschluß des Tauschvertrages verweigern.

Zu Absatz 3

Ein Unterschied in den Werten von Grund und Boden der getauschten Grundstücke ist dem allgemeinen Prinzip der Sachenrechtsbereinigung entsprechend zur Hälfte auszugleichen.

Zu Absatz 4

Im übrigen sind die Vorschriften über den Kaufvertrag entsprechend anzuwenden.

Zu Abschnitt 6 — Nutzungsrechte für ausländische Staaten

Zu § 111 — Vorrang völkerrechtlicher Abreden

Die DDR hat anderen Staaten Nutzungsrechte an Grundstücken, Gebäuden und Gebäudeteilen nach der Verordnung vom 26. September 1974 (GBl. I Nr. 59 S. 555) verliehen. Soweit die Verleihung dieser Nutzungsrechte auf innerstaatlichem Recht der DDR beruhte, ist die Anpassung nach den gleichen Regeln wie bei den an Bürger und Genossenschaften verliehenen Nutzungsrechten vorzunehmen.

Zwischen den Staaten des ehemaligen Ostblocks wurden viele dieser Nutzungsrechte nicht nach dem innerstaatlichen Recht des Gastlandes, sondern aufgrund von Regierungsabkommen begründet. Es ist zweifelhaft, ob und welchen dieser Abkommen der Rang völkerrechtlicher Vereinbarungen zukommt. Soweit völkerrechtliche Vereinbarungen einer Anpassung der Nutzungsrechte nach innerstaatlichem Recht entgegenstehen sollten, muß es beim Inhalt der Vereinbarungen bleiben. Für diese Vereinbarungen ist dann nach Artikel 12 Abs. 1 des Einigungsvertrages ihre Fortgeltung, Anpassung oder ihr Erlöschen zu regeln bzw. festzustellen.

Zu Kapitel 3 — Alte Erbbaurechte

Zu § 112 — Umwandlung alter Erbbaurechte

Zu Absatz 1

Die vor dem Inkrafttreten des ZGB begründeten Erbbaurechte sind durch § 5 Abs. 2 Satz 1 des Einführungsgesetzes zum ZGB in unbefristete Rechte umgewandelt worden. Dies betraf u. a. die von den Kirchen ausgegebenen Erbbaurechte. Die Verlängerung auf „ewige" Zeit erfolgte gegen den im Vertragsinhalt zum Ausdruck gebrachten Parteiwillen. Der Entwurf will — soweit nicht bauliche Investitionen auf der neuen Rechtsgrundlage erfolgt sind — nach einer Übergangszeit für die Zukunft die Wirkungen der Befristung wiederherstellen.

Die alten Erbbaurechte enden grundsätzlich zu den vertraglich bestimmten Zeitpunkten (wobei eine einverständliche Verlängerung selbstverständlich möglich ist). Für die Verträge, deren Laufzeit bereits beendet ist oder in Kürze beendet sein wird, ist vorgesehen, daß diese frühestens am 31. Dezember 1995 enden. Für Wohngebäude verlängert sich diese Frist um weitere zehn Jahre, wenn der Eigentümer nicht ein berechtigtes Interesse nach den für eine Eigenbedarfskündigung eines Wohnraummietvertrages genannten Gründen nachweisen kann.

Zu Absatz 2

Eine andere Behandlung ist dort angezeigt, wo im Vertrauen auf die veränderte Rechtslage Neubauten errichtet oder bauliche Investitionen in erheblichem Umfang entsprechend § 11 Abs. 1 vorgenommen wurden. Hier muß das Grundprinzip zur Anwendung kommen, wonach die im Vertrauen auf die damalige Rechtslage vorgenommenen Bebauungen zu schützen sind.

Das Erbbaurecht wird deshalb gemäß den in § 54 bestimmten Maßstäben für die Begründung von Erbbaurechten zum Schutz baulicher Investitionen verlängert.

Da nach § 5 Abs. 2 Satz 3 des Einführungsgesetzes zum ZGB Heimfallrechte ausgeschlossen wurden, bestanden diese zum Zeitpunkt der Bebauung nicht. Etwaige vertragliche Heimfallrechte sind deshalb auf die in § 57 genannten Gründe zu beschränken. Ein Heimfallanspruch soll also nur noch dann ausgeübt werden können, wenn der Erbbauberechtigte das Gebäude verfallen läßt und im Erbbaurechtsvertrag für diesen Fall ein Heimfallrecht ausbedungen worden ist. Es ist kein schützenswertes Interesse des Erbbauberechtigten erkennbar, durch Verfallenlassen des Gebäudes die Sicherheit für den Erbbauzins zu vermindern und nach Ablauf des Erbbaurechtsvertrags eine Ruine zurücklassen zu können.

Satz 3 schreibt vor, daß die Eintragung im Grundbuch im Hinblick auf die Verlängerung der Dauer des Erbbaurechts zu berichtigen ist.

Satz 4 gibt dem Grundstückseigentümer schließlich einen gesetzlichen Anspruch, eine Anpassung des Erbbauzinses bis auf den im Entwurf bestimmten regelmäßigen Zinssatz verlangen zu können. Diese Erbbaurechte sind aufgrund der Bebauung nach der Veränderung der Rechtslage durch das Einführungsgesetz zum ZGB wie die Nutzungsrechte zu behandeln. Der Nutzer kann eine Verlängerung der Vertragszeit wie nach einer Bestellung eines Nutzungsrechts verlangen. Der Grundstückseigentümer eines mit einem solchen Erbbaurecht belasteten Grundstücks soll deshalb nicht schlechter gestellt werden als der Eigentümer eines mit einem Nutzungsrecht belasteten Grundstücks.

Zu Absatz 3

Für die auf volkseigenen Grundstücken bestellten Erbbaurechte war in § 5 Abs. 2 Satz 5 des Einführungsgesetzes zum ZGB eine Verleihung von Nutzungsrechten in Aussicht gestellt. Von dieser Ermächtigung ist vielfach Gebrauch gemacht worden; in einigen Fällen blieben die Erbbaurechte jedoch als unbefristete Rechte bestehen. Die Betroffenen hatten darauf keinen Einfluß. Für diese Rechte ist die im Einführungsgesetz zum ZGB gewollte Gleichbehandlung mit den dinglichen Nutzungsrechten sachgerecht. Absatz 3 sieht diese vor.

Zu Absatz 4

Schließlich wird klargestellt, daß für die Anpassung alter Erbbaurechte nur die Bestimmungen dieses Gesetzes maßgeblich sind; die Überleitungsbestimmungen des Einführungsgesetzes zum ZGB finden keine Anwendung. Durch die nunmehr wieder in vollem Umfang gegebene Geltung der Erbbaurechtsverordnung ist insbesondere das in § 5 Abs. 2 Satz 4 des Einführungsgesetzes zum ZGB vorgesehene Vorkaufsrecht obsolet. Es sicherte nach Inkrafttreten des ZGB den Erbbauberechtigten für den Fall des Grundstücksverkaufs, bei dem das Erbbaurecht nach § 5 Abs. 2 Satz 2 des Einführungsgesetzes zum ZGB erlosch. Der Verkauf des Grundstücks läßt nunmehr den Bestand des Erbbaurechts unberührt, weswegen das gesetzliche Vorkaufsrecht entfallen kann.

Zu Kapitel 4 — Rechte aus Miteigentum nach § 459 des Zivilgesetzbuchs der Deutschen Demokratischen Republik

Zu § 113 — Berichtigungsanspruch

Erweiterungs- und Erhaltungsmaßnahmen führen grundsätzlich nicht zur Entstehung eines Miteigentums am Grundstück. Für das BGB ergibt sich das aus §§ 946, 94. Das ZGB traf keine grundsätzlich andere Regelung. Nach § 295 Abs. 1 ZGB umfaßte das Eigentum am Grundstück das aufstehende Gebäude; wurden durch Erhaltungs- und Erweiterungsmaßnahmen Sachen in das Gebäude eingebaut und mit diesem untrennbar verbunden, so erwarb der Grundstückseigentümer gemäß § 30 Abs. 1 Satz 2 ZGB das Eigentum daran, da das Grundstück, dessen Bestandteil das Gebäude war, als die Hauptsache anzusehen war.

Eine solche Rechtsfolge hätte auf vertraglich genutzten, in Privateigentum stehenden Grundstücken dazu geführt, daß Investitionen aus volkseigenen Mitteln zu einem Wertzuwachs des privaten Eigentums geführt hätten (für den es nur einen schuldrechtlichen Ausgleichsanspruch gegeben hätte). Dies war für den sozialistischen Staat — schon aus ideologischen Gründen — nicht hinnehmbar. § 459 Abs. 1 Satz 2 und Abs. 4 Satz 1 ZGB ordneten deshalb an, daß bei bedeutenden Erweiterungs- und Erhaltungsmaßnahmen in solche Grundstücke durch volkseigene Betriebe, staatliche Organe oder sozialistische Genossenschaften (mit Ausnahme der landwirtschaftlichen Produktionsgenossenschaften) kraft Gesetzes ein volkseigener Miteigentumsanteil entstand.

Das Problem dieser gesetzlichen Anordnung im ZGB bestand darin, daß Bestimmungen darüber, was bedeutende Erweiterungs- und Erhaltungsmaßnahmen sind und in welcher Weise das Grundbuch zu berichtigen war, zunächst fehlten. Erst am 1. Juli 1983 trat eine Verordnung über die Sicherung des Volkseigentums bei Baumaßnahmen von Betrieben auf vertraglich genutzten nichtvolkseigenen Grundstücken vom 7. April 1983 in Kraft (GBl. I Nr. 12 S. 129), welche die notwendigen Ausführungsbestimmungen enthielt.

Die Grundbücher wurden gleichwohl in den meisten Fällen nicht nach § 7 Abs. 2 und 3 und § 10 Abs. 2 der vorbezeichneten Verordnung berichtigt. Die kraft Gesetzes entstandenen Miteigentumsanteile bestehen nach Art. 233 § 8 Satz 1 EGBGB in der Fassung durch die Anlage I zum Einigungsvertrag fort; gutgläubiger Erwerb des Alleineigentums durch Dritte entsprechend § 892 Abs. 1 BGB ist jedoch möglich (Eickmann, Grundstücksrecht in den neuen Ländern, Anm. 2.1.4; MünchKomm/v. Oefele, Ergänzungsband zum Einigungsvertrag, Rdn. 418). — Um Rechtssicherheit im Grundstücksverkehr herzustellen, ist dafür zu sorgen, daß die Grundbuchlage mit der wahren Rechtslage am Grundstück in Übereinstimmung gebracht wird.

Zu Absatz 1

Der Entwurf gibt beiden Parteien des Nutzungsvertrages einen gesetzlichen Anspruch, vom anderen die Eintragung des Miteigentumsanteils in das Grundbuch verlangen zu können. Dies geschieht durch Abgabe einer Bewilligung zur Berichtigung des Grundbuchs nach § 19 der Grundbuchordnung.

Zu Absatz 2

Bedeutende Erweiterungs- und Erhaltungsmaßnahmen lagen nach § 2 Nr. 2 der zitierten Verordnung aus 1983 nur dann vor, wenn sie zu einer Werterhöhung des Grundstücks um mindestens 30 000 Mark der DDR führten. Da ein Miteigentumsanteil nur bei Überschreiten dieser Wertgrenze entstanden ist, muß auch der Entwurf hieran anknüpfen.

Ist zwischen den Parteien streitig, ob diese Wertgrenze erreicht wurde, so hat derjenige, der die Eintragung des Miteigentumsanteils begehrt, die Voraussetzungen dafür durch ein Gutachten nachzuweisen und die dadurch entstehenden Kosten zu tragen.

Zu § 114 — Aufgebotsverfahren

Zu Absatz 1

Der Grundstückseigentümer, an dessen Grundstück ein Miteigentumsanteil nach § 459 Abs. 1 Satz 2 oder Abs. 4 Satz 1 ZGB entstanden sein kann, hat ein berechtigtes Interesse an einer Klarstellung. Solange das Grundbuch nicht die richtige Rechtslage wiedergibt, ist eine dementsprechende Belastung oder Veräußerung des Miteigentumsanteils nicht möglich. Um eine Ungewißheit auf unbestimmte Dauer auszuschließen, stellt § 114 ein Aufgebotsverfahren zur Verfügung, das zum Erlöschen des nach § 459 ZGB entstandenen Miteigentumsanteils und zum Erwerb des Alleineigentums des eingetragenen Eigentümers führen kann, wenn nicht binnen fünf Jahren nach dem Inkrafttreten dieses Gesetzes eine Eintragung dieser Miteigentumsanteile erfolgt oder wenigstens beantragt worden ist.

Zu Absatz 2

Für dieses Aufgebotsverfahren sind die Vorschriften, die für das Aufgebotsverfahren zur Ausschließung eines Grundstückseigentümers aufgrund Eigenbesitzes nach § 927 BGB gelten, entsprechend anzuwenden. Es stehen insoweit passende und den Rechtsanwendern bekannte Verfahrensvorschriften bereit.

Meldet der andere Miteigentümer sein Recht im Aufgebotstermin an, so kann er gemäß § 981 der Zivilprozeßordnung nicht ausgeschlossen werden. Mit dieser Anmeldung wird indessen der Zweck des Verfahrens nicht erreicht, eine Übereinstimmung des Grundbuchs mit der tatsächlichen Rechtslage herbeizuführen. Wird der Miteigentumsanteil im Termin nur angemeldet, aber der Berichtigungsanspruch nicht weiter verfolgt, so besteht möglicherweise die Unrichtigkeit des Grundbuchs mit den für die Beteiligten nachteiligen Folgen auf unbestimmte Zeit fort. Der Entwurf legt deshalb dem Miteigentümer, der sich eines kraft Gesetzes entstandenen Miteigentumsanteils berühmt, die Obliegenheit auf, den Anspruch auf Berichtigung des Grundbuchs gegenüber dem das Ausschlußverfahren betreibenden Antragsteller geltend zu machen. Die Ausschließung soll nur dann nicht eintreten, wenn der Berichtigungsanspruch des nicht eingetragenen Miteigentümers bis dahin rechtshängig gemacht oder vom Antragsteller anerkannt wurde.

Diese Rechtsfolge kann nur dann eintreten, wenn der Miteigentümer, der sich erst im Termin meldet, zuvor entsprechend belehrt wurde. Das Aufgebot muß diese Belehrung enthalten.

Zu Absatz 3

Mit dem Ausschlußurteil erwirbt der eingetragene Eigentümer den Miteigentumsanteil, so daß wieder Alleineigentum entsteht. Der ausgeschlossene Miteigentümer behält einen schuldrechtlichen Wertersatzanspruch.

Zu § 115 — Ankaufsrecht bei Auflösung der Gemeinschaft

Das Innenverhältnis der kraft alten DDR-Rechts entstandenen Miteigentümergemeinschaft bedarf gesetzlicher Regelungen, wofür das BGB mit den Bestimmungen über das Miteigentum (§§ 1008 bis 1011) und die Gemeinschaft nach Bruchteilen (§§ 741 bis 758) bereits eine Ordnung dieser Rechtsverhältnisse bereitstellt. Die Verweisung in Satz 1 stellt klar, daß diese Vorschriften auch für diese Miteigentümergemeinschaften gelten.

Die Aufhebung dieser Gemeinschaften erfolgt, soweit eine Teilung in Natur nicht in Betracht kommt, durch Verkauf der gemeinschaftlichen Sache (§§ 752, 753 BGB). Diese Regelung erweist sich für die nach § 459 ZGB entstandenen Miteigentumsanteile oft als unpassend. Die Um- und Erweiterungsbauten auf den vertraglich genutzten Grundstücken betreffen meist Betriebs- oder Dienstgebäude, deren Verwertung nur schwer möglich wäre und für die andererseits der Betrieb oder die Behörde sich nur schwer Ersatz beschaffen könnte. Der Entwurf läßt in diesen Fällen die Aufhebung der Gemeinschaft durch Kauf des Miteigentumsanteils des anderen Teilhabers zum Verkehrswert zu, wenn hierfür ein dringendes öffentliches oder betriebliches Bedürfnis besteht.

Zu Kapitel 5 — Ansprüche auf Bestellung von Dienstbarkeiten

Zu § 116 — Bestellung einer Dienstbarkeit

In der DDR wurden vielfach Wege, Versorgungs- und Entsorgungsleitungen über andere Grundstücke verlegt, ohne daß hierfür Mitbenutzungsrechte nach §§ 321, 322 ZGB begründet oder die Mitbenutzung durch besondere Rechtsvorschriften gestattet wurden.

Solche Benutzungen fremder Grundstücke werden im BGB als Benutzungen in einzelnen Beziehungen — vgl. § 1018 BGB —, in der Terminologie des ZGB als Mitbenutzungsrechte — vgl. § 321 ZGB — bezeichnet. Ein sachlicher Unterschied besteht nicht. Der Entwurf verwendet beide Ausdrücke.

Auf eine rechtliche Absicherung der Mitbenutzung wurde insbesondere im ländlichen Bereich verzichtet, da die landwirtschaftlichen Produktionsgenossenschaften ein umfassendes gesetzliches Bodennutzungsrecht hatten. Die Grundstückseigentümer mußten deshalb bei der Inanspruchnahme ihrer Grundstücke nicht befragt werden. Viele Anlagen auf diesen Grundstücken sind hier gegen den erklärten Willen der Grundstückseigentümer entstanden.

Die Benutzung der fremden Grundstücke in einzelnen Beziehungen ist gegenwärtig nicht gesichert. Eine Verlegung und Neuerrichtung solcher Anlagen wird oft gar nicht oder nur mit unverhältnismäßigen Aufwendungen möglich sein. Der Entwurf gibt demjenigen, der das Grundstück mit Billigung staatlicher Stellen mitbenutzt, für diese Fälle einen Anspruch auf die Bestellung von Grunddienstbarkeiten und beschränkten persönlichen Dienstbarkeiten, dem der Grundstückseigentümer aber unter den in § 117 genannten Voraussetzungen widersprechen darf.

Die über fremde Grundstücke verlaufenden Anlagen öffentlicher Versorgungsunternehmen sind zum Teil durch weitergehende öffentlich-rechtliche Nutzungsbefugnisse abgesichert. Soweit dies nicht der Fall ist, sind sie in gleicher Weise abzusichern wie die über fremde Grundstücke verlaufenden Erschließungs- und Versorgungsanlagen für Gebäude. Satz 2 eröffnet die Möglichkeit einer entgeltlichen Absicherung der Mitbenutzung des fremden Grundstücks durch eine Dienstbarkeit.

Zu § 117 — Einwendungen des Grundstückseigentümers

Zu Absatz 1

Die Begründung einer Dienstbarkeit kann für den Eigentümer zu einer besonderen Belastung führen, wenn die Nutzbarkeit seines Grundstücks wesentlich eingeschränkt wird. Es muß insoweit eine Abwägung zwischen dem Interesse des Nutzers an einer Bestandssicherung und dem des Grundstückseigentümers an einer sinnvollen Nutzung seines Eigentums erfolgen.

Eine solche Abwägung ist im BGB für die Bestellung von Grunddienstbarkeiten in §§ 1020 und 1023 vorgesehen. Die Dienstbarkeiten sind in schonender Weise auszuüben; der Grundstückseigentümer kann eine Verlegung der Ausübung verlangen, wenn die Ausübung an der bisherigen Stelle für ihn besonders beschwerlich ist. Mit der letztgenannten Regelung wird sogar eine vertragliche Vereinbarung über den Ort der Ausübung einer Dienstbarkeit abgeändert, womit dem Gedanken der volkswirtschaftlichen Nützlichkeit Rechnung getragen werden sollte (vgl. Motive zum Bürgerlichen Gesetzbuch III S. 485). Dieser Gedanke ist erst recht auf die von der Sachenrechtsbereinigung zu regelnden Sachverhalte anzuwenden, wo den vorgefundenen Mitbenutzungen keine vertragliche Vereinbarung zugrunde liegt.

In Nummer 1 und 2 werden diejenigen Sachverhalte bezeichnet, an denen das Interesse an einer Aufhebung der Mitbenutzung und Beseitigung der Anlagen auf dem fremden Grundstück das Bestandssicherungsinteresse überwiegt. In diesen Fällen soll der Grundstückseigentümer berechtigt sein, die Bestellung einer Grunddienstbarkeit verweigern zu können.

Zu Nummer 1

Die Vorschrift regelt die Sachverhalte, in denen die Mitbenutzung zu einer erheblichen Beeinträchtigung des belasteten Grundstücks führt.

Ein Beispiel hierfür wäre der Ausschluß der Bebaubarkeit durch ein ungünstig verlaufendes Wegerecht oder eine Versorgungsleitung, die das Grundstück „zerschneidet".

In diesen Fällen kann der Grundstückseigentümer einen Verzicht auf die Mitbenutzung seines Grundstücks verlangen, wenn der Mitbenutzer des Wegerechts oder der Anlage auf dem fremden Grundstück nicht bedarf oder eine Verlegung der Ausübung der Mitbenutzung möglich ist und keinen unverhältnismäßigen Aufwand zwischen den Vorteilen für den Eigentümer und den Kosten für den Nutzer verursacht.

Zu Nummer 2

Unterhalb der Schwelle zu einer erheblichen Beeinträchtigung des belasteten Grundstücks hat eine Abwägung der Interessen der Betroffenen stattzufinden. Stellt sich dabei heraus, daß die Nachteile für den Grundstückseigentümer die Vorteile für den Mitbenutzer überwiegen und kann eine anderweitige Erschließung oder Entsorgung des Grundstücks des Mitbenutzers hergestellt werden, so soll der Grundstückseigentümer ebenfalls die Bestellung einer Grunddienstbarkeit verweigern können.

Ist eine anderweitige Erschließung oder Entsorgung herzustellen, so haben die Beteiligten die Kosten der Verlegung je zur Hälfte zu tragen (Satz 2). Auch dies folgt aus dem Grundgedanken des Gesetzes, eine gleichmäßige Verteilung der Vor- und Nachteile bei der Bereinigung der durch den sozialistischen Staat geschaffenen Verhältnisse vorzusehen.

Zu Absatz 2

Absatz 2 schafft eine Übergangsregelung. Die Verlegung von Erschließungs- und Entsorgungsanlagen erfordert oft eine gewisse Zeit. Der Grundstückseigentümer soll dem Mitbenutzer hierfür eine Übergangszeit einräumen. Können sich die Beteiligten darüber nicht einigen, so muß hierüber entschieden werden. Eine richterliche Entscheidung ist nach dem Entwurf der Mitbenutzung zuzuordnen (die auch als Mitbenutzungsrecht nicht der Eintragung in das Grundbuch bedurfte) und soll deshalb auch gegenüber den Rechtsnachfolgern wirken.

Zu Absatz 3

Bei Leitungen öffentlicher Versorgungsunternehmen besteht ein überwiegendes Interesse an der Sicherung der Anlage in ihrem bisherigen Bestand. Der Grundstückseigentümer kann die Bestellung einer Dienstbarkeit in diesen Fällen daher nicht verweigern.

Zu § 118 — Entgelt

Zu Absatz 1

Die Bestellung einer Grunddienstbarkeit führt zu einem geldwerten Vorteil für das herrschende und zu einem entsprechenden Nachteil für das belastete Grundstück. Für die Bestellung einer Dienstbarkeit wird üblicherweise ein Entgelt gezahlt. Die weitere Mitbenutzung und ihre Absicherung kann deshalb von der Zahlung eines Entgelts abhängig gemacht werden.

Dieses Entgelt beträgt entsprechend der Grundkonzeption des Gesetzes die Hälfte des üblichen, wenn die Mitbenutzung des Grundstücks bis zum Ablauf des 30. Juni 1990 auf den LPG-Flächen, im übrigen bis zum Ablauf des 2. Oktober 1990 mit Billigung staatlicher Stellen begründet wurde und in der bisherigen Weise ausgeübt wird. Das Grundstückseigentum ist auch durch diese Mitbenutzung belastet gewesen, so daß es auch hier gerechtfertigt ist, dem Mitbenutzer einen geldwerten Vorteil zu erhalten.

Ist die Nutzung des herrschenden Grundstücks geändert worden und wird die Mitbenutzung des belasteten Grundstücks nicht mehr dem ursprünglichen Zweck gemäß ausgeübt, so kann entsprechend den allgemeinen Grundsätzen für die Begründung einer die Mitbenutzung sichernden Dienstbarkeit das dafür übliche Entgelt verlangt werden.

Zu Absatz 2

Ein Recht zur Mitbenutzung kann einmal durch eine Vereinbarung nach § 321 Abs. 1 Satz 1 ZGB begründet worden sein. (Für eine dauernde Mitbenutzung war die Schriftform erforderlich.) Dann liegt ein Mitbenutzungsrecht vor, das gemäß Art. 233 § 5 EGBGB in der Fassung des Einigungsvertrages als Recht am belasteten Grundstück fortgilt. Für diese Sachverhalte sind die Regelungen im Entwurf nicht einschlägig. Durch § 119 Alternative 1 werden diese Rechte aus dem Anwendungsbereich dieses Gesetzes herausgenommen.

Eine Ausnahme ist für die Fälle zu bestimmen, in denen das Mitbenutzungsrecht erloschen ist. In diesen Fällen besteht der frühere Duldungstitel nicht fort. Soweit nach dem 2. Oktober 1990 die Rechte zur Mitbenutzung durch gesetzliche Bestimmung oder vertragliche Vereinbarung aufgehoben wurden, ist ein Anspruch auf Absicherung des früheren Zustands auch nach dem Entwurf nicht begründet.

Ein Entgelt soll der Eigentümer auch in den Fällen nicht fordern können, in denen er sich mit der Mitbenutzung seines Grundstücks einverstanden erklärt hatte. Der Inhalt der zu bestellenden Grunddienstbarkeit entspricht dann dem mit dem Einverständnis des Eigentümers begründeten Mitbenutzung, die in der DDR in der Regel nicht förmlich abgesichert wurde. In diesen Fällen soll deshalb für die dem BGB entsprechende Absicherung kein Entgelt verlangt werden können.

Zu § 119 — Fortbestehende Rechte, andere Ansprüche

§ 119 nimmt die Sachverhalte aus dem Anwendungsbereich des Entwurfs heraus, in denen die Mitbenutzung durch andere (meist öffentlich-rechtliche) Rechtsvorschriften begründet ist.

Ein Recht zur Mitbenutzung des Grundstücks kann durch Rechtsvorschriften der DDR begründet sein, das nach dem Einigungsvertrag weiter bestehen. Ein Beispiel hierfür sind die Mitbenutzungsrechte nach der Energieverordnung der DDR vom 1. Juni 1988 (GBl. I Nr. 10 S. 89), zuletzt geändert durch Verordnung vom 25. Juli 1990 zur Änderung der Energieverordnung (GBl. I Nr. 46 S. 812) sowie die dazu ergangenen Rechtsvorschriften in der Fassung der Fünften Durchführungsbestimmung zur Energieverordnung — Anpassungsvorschriften — vom 27. August 1990 (GBl. I Nr. 58 S. 1423), die nach Kap. V, Sachgebiet D, Abschnitt III, Nr. 4 b der Anlage II zum Einigungsvertrag bis zum 31. Dezember 2010 fortgelten.

Andere Rechte zur Nutzung des Grundstücks in einzelnen Beziehungen können sich aus den Bestimmungen des Nachbarrechts oder anderen privat- und öffentlich-rechtlichen Rechtsnormen ergeben. Soweit eine solche besondere gesetzliche Regelung die Nutzung des Grundstücks gestattet, kommt ihr Vorrang vor den Regelungen des Kapitels 5 zu.

Zu Kapitel 6 — Schlußvorschriften

Zu *Abschnitt 1* — Behördliche Prüfung der Teilung

Zu § 120 — Genehmigungen nach dem Baugesetzbuch

Grundstücksteilungen bedürfen nach § 19 des Baugesetzbuchs einer Genehmigung, die durch die Baugenehmigungsbehörde erteilt wird. Der Zweck dieser Genehmigung besteht darin, erstens die Bauleitplanung im Hinblick auf die mit der Teilung verfolgte Nutzung zu sichern und zweitens dem Erwerber der Teilfläche eine Sicherung hinsichtlich der Zulässigkeit der von ihm bezweckten baulichen Nutzung des Grundstücks zu verschaffen (vgl. Krautzberger in Battis/Krautzberger/Löhr, BauGB, 3. Aufl. Rdn. 1).

Bei der Sachenrechtsbereinigung geht es dagegen im wesentlichen um die Festlegung bestehender Nutzungsrechtsgrenzen für bereits vorhandene Bebauungen. Gebäude und Nutzungsrechte genießen insoweit Bestandsschutz, so daß erwogen wurde, auf eine behördliche Prüfung der Teilung gänzlich zu verzichten.

Dies wäre jedoch nur gerechtfertigt, wenn die Nutzungsrechtsgrenzen stets in einer Liegenschaftsdokumentation ausgewiesen und in der Natur entsprechend feststellbar wären. Dies ist jedoch häufig nicht der Fall, so daß für die Feststellung der Nutzungsrechtsgrenzen oft auf die in Art. 233 § 4 Abs. 3 Satz 3 EGBGB genannten Kriterien zurückgegriffen werden muß. Die für Gebäude der errichteten Art zwecksprechende ortsübliche Flächengröße, bei Eigenheimen begrenzt auf 500 Quadratmeter, ist jedoch hinsichtlich der Festlegung konkreter Nutzungsrechtsgrenzen ein unbestimmter Maßstab.

In diesen Fällen überschneidet sich die der Sachenrechtsbereinigung gestellte Aufgabe, eine Bodensonderung nach dem Bestand durchzuführen, mit der des Bauplanungsrechts, keine Grenzziehungen zuzulassen, die mit den Festsetzungen eines Bebauungsplanes, einer geordneten städtebaulichen Entwicklung usw. unvereinbar wären.

Die Regelung im Entwurf ist ein Kompromiß, mit dem die unterschiedlichen Belange einer vertraglich geregelten Bodensonderung und des Bauplanungsrechts — soweit möglich — in Übereinstimmung gebracht werden sollen.

Zu Absatz 1

Teilungen nach diesem Gesetz unterliegen der Genehmigungspflicht nach § 19 des Baugesetzbuchs. Es sollen grundsätzlich auch alle in § 20 des Baugesetzbuchs genannten Versagungsgründe zur Anwendung kommen (Absatz 1 Satz 2).

Die Vorteile dieser Regelung liegen darin, daß es erstens bei einem bereits vorgesehenen Verfahren bleibt und zweitens mit der Teilung von Grundstücken zur Bodensonderung auch zugleich über eine Nutzungsänderung oder -erweiterung mitentschieden werden kann (z.B. eine neue Bebauung einer abzutrennenden Teilfläche). In dem letztgenannten Fall ist insoweit über die Teilung wie in allen anderen von § 19 des Baugesetzbuchs erfaßten Sachverhalten zu entscheiden.

In den folgenden Sätzen des Absatzes 1 wird den besonderen Bedürfnissen der Bodensonderung nach einem vorhandenen Bestand an Bebauung und bestellten, von den Grundstücksgrenzen abweichenden Nutzungsrechten Rechnung getragen.

Es ist darauf hinzuweisen, daß die in § 120 festgelegten Maßgaben zum Teilungsgenehmigungsverfahren nach dem Baugesetzbuch, mit welchen die Belange des Bauplanungsrechts soweit möglich in Übereinstimmung zu den Belangen der Bodensonderung gebracht werden, allein nicht geeignet sind, Hemmnisse im Vollzug zu beseitigen. Die Länder sind gehalten, ihrerseits bezüglich der durch Landesrecht vorgegebenen bauordnungsrechtlichen Teilungsgenehmigung entsprechende Regelungen zu treffen.

Zu Nummer 1

Sind die Grenzen eines Nutzungsrechts in der ehemaligen Liegenschaftsdokumentation oder in einer Nutzungsrechtsurkunde mit einer grafischen Darstellung (Karte) festgelegt, so ist eine danach beantragte Teilungsgenehmigung zu erteilen. Die Entscheidung der Behörde beschränkt sich hier auf die Prüfung, ob diese Voraussetzungen vorliegen.

Zu Nummer 2

Soweit die betroffenen Grundstücke aufgrund eines Vermögenszuordnungsbescheides abgegrenzt werden können, ist dieser der Teilungsgenehmigung zugrunde zu legen.

Zu Nummer 3

Lassen sich die Grundstücksgrenzen nach Nummer 1 und 2 nicht feststellen, ist die Teilungsgenehmigung für die tatsächlich vorhandene bauliche Inanspruchnahme, also „nach dem Bestand", zu erteilen.

Zu Nummer 4

Nummer 4 regelt den Fall, daß gleichzeitig mit dem Antrag auf eine Teilung nach diesem Gesetz eine Nutzungsänderung oder -erweiterung beantragt wird, die aus einem der Gründe in § 20 des Baugesetzbuchs zu versagen wäre. Die Behörde kann in diesem Fall die Genehmigung zur Teilung zum Zwecke der Bodensonderung nach dem Bestand erteilen. Da es hier nicht nur um die Sicherung des vorhandenen Bestandes geht, steht die Erteilung der Genehmigung nach Nummer 4 im pflichtgemäßen Ermessen der Behörde (in den Fällen der Nummern 1 bis 3 muß die Genehmigung erteilt werden).

Eine auf den konkreten Bestand orientierte Teilungsgenehmigung kann natürlich keine verbindlichen Aussagen über die künftige Erteilung weiterer Baugenehmigungen treffen. Satz 3 schließt deshalb für Teilungsgenehmigungen, die nach Satz 2 ausgesprochen worden sind, die in § 21 des Baugesetzbuchs vorgesehene Bindungswirkung aus.

Die dargestellten Prinzipien gelten entsprechend, soweit in einem förmlich festgelegten Sanierungsgebiet oder in einem städtebaulichen Entwicklungsbereich nach den Bestimmungen des Baugesetzbuchs eine Teilungsgenehmigung erforderlich ist (Satz 4).

Zu Absatz 2

Absatz 2 erweitert die Genehmigungspflicht nach § 19 Abs. 1 des Baugesetzbuchs auch auf die Fälle der Bestellung von Erbbaurechten, wenn sich die Nutzungsbefugnis nicht auf das gesamte Grundstück erstreckt. Diese Erweiterung gegenüber § 19 Abs. 1 des Baugesetzbuchs ist erforderlich, weil eine Erbbaurechtsbestellung mit einer auf Teilflächen begrenzten Nutzungsbefugnis in der Regel eine entsprechende Grundstücksteilung vorbereiten wird.

Zu Absatz 3

Absatz 3 zieht die Folgen aus dem Erfordernis der Teilungsgenehmigung auch für die Erbbaurechtsbestellung. Die Behörde hat in den folgenden sieben Jahren die Genehmigung zu einer Grundstücksteilung entsprechend den im Erbbaurechtsvertrag bestimmten Nutzungsbefugnissen zu erteilen, wenn sie eine Genehmigung nach Absatz 2 erteilt hatte.

Zu Absatz 4

Absatz 4 schließt das Genehmigungserfordernis für Grundstücksveräußerungen und Erbbaurechtsbestellungen in förmlich festgelegten Sanierungsgebieten und Entwicklungsbereichen nach § 144 Abs. 2 Nr. 1 und 2, § 169 Abs. 1 Nr. 1 des Baugesetzbuchs aus.

Zu Absatz 5

Im übrigen gelten die Bestimmungen des Baugesetzbuchs uneingeschränkt. Dies gilt auch für die in § 19 Abs. 3 des Baugesetzbuchs bestimmten Fristen für die Entscheidung über den Antrag auf Erteilung der Teilungsgenehmigung.

Zu Abschnitt 2 — Rückübertragung von dinglichen Rechten

Zu § 121 — Entsprechende Anwendung des Sachenrechtsbereinigungsgesetzes

§ 121 trifft eine Regelung für die Fälle, in denen das Amt zur Regelung offener Vermögensfragen aufgrund eines Rückübertragungsanspruchs für ein entzogenes Nutzungsrecht ein unbefristetes zinsloses Erbbaurecht oder ein anderes beschränkt dingliches Recht begründet hat. Eine solche Entscheidung hat das Amt zum Beispiel nach § 3 Abs. 1a Satz 1 und 4 des Vermögensgesetzes zu treffen.

Die früheren Inhaber solcher Rechte, die durch Entscheidung des Amtes zur Regelung offener Vermögensfragen insoweit wieder ihre Rechte erlangt haben, sind nicht schlechter, aber auch nicht besser zu stellen als diejenigen, die Inhaber der Nutzungsrechte geblieben sind. Der Entwurf sieht für diese Fälle die entsprechende Anwendung der Bestimmungen zur Sachenrechtsbereinigung vor.

Soweit Erbbaurechte bestellt wurden, hat der Grundstückseigentümer einen Anspruch auf Anpassung ihres Inhalts nach den Normativbestimmungen des Entwurfs.

Im übrigen müssen die im Entwurf begründeten Ansprüche — wie in den anderen Fällen — von den Beteiligten verfolgt werden.

Zu Abschnitt 3 — Übergangsregelung

Zu § 122 — Härteklausel bei niedrigen Grundstückswerten

Zu Absatz 1

Bei Verkehrswerten unter 100 000 DM oder 30 000 DM beim Eigenheimbau soll der Nutzer keine Erbbaurechtsbestellung, sondern nur den Ankauf des Grundstücks verlangen können. Die Last aus der Finanzierung eines Ankaufspreises von 50 000 DM — oder 15 000 DM beim Bau eines Eigenheimes — kann für einige Nutzer — jedenfalls zum Zeitpunkt des Inkrafttretens des Gesetzes — wegen der persönlichen oder wirtschaftlichen Verhältnisse (z. B. Arbeitslosigkeit, hohe Schuldenbelastung usw.) nicht tragbar sein.

Der Entwurf gibt dem Nutzer in diesen Fällen eine vom Grundsatz der unbeschränkten Einstandspflicht für seine finanzielle Leistungsfähigkeit (vgl. BGHZ 28, 123, 128; 83, 293, 300) abweichende Einrede. Diese ist daraus begründet, daß die Ankaufsverpflichtung des Nutzers durch Gesetz begründet wird. Ein dem Preis (halber Verkehrswert) entsprechender Vermögenswert ist zwar mit dem Ankauf vorhanden, die zur Finanzierung auch eines niedrigen Kaufpreises erforderliche Liquidität kann dem Nutzer, der Grundstück und Gebäude für eigene Zwecke nutzen will, jedoch fehlen.

Der Nutzer soll in diesen Fällen den Abschluß eines auf längstens sechs Jahre nach dem Inkrafttreten dieses Gesetzes befristeten Nutzungsvertrages verlangen können.

Zu Absatz 2

In dieser Zeit soll der Nutzer ein Entgelt in Höhe des Betrags zahlen, der dem nach diesem Entwurf zu zahlenden Erbbauzins entspräche. Dies wären monatlich maximal 72,92 DM — oder 12,50 DM für ein Eigenheim — in den ersten drei und maximal 145,84 DM — oder 25 DM für ein Eigenheim — in den folgenden drei Jahren. Im übrigen sollen die Rechte und Pflichten der Beteiligten in diesem Zeitraum unberührt bleiben.

Der Entwurf verschafft damit auch in diesen Fällen den Nutzern eine angemessene Übergangszeit, um die für die Finanzierung des Grunderwerbs erforderlichen Mittel ganz oder teilweise anzusparen und sich somit die Finanzierungslast zu erleichtern.

II. Sonstige Vorschriften (Art. 2 und 3 SachenRÄndG)
1. Gesetzestexte gem. dem Regierungsentwurf (RegE)

ARTIKEL 2
Änderung anderer Vorschriften, Schlußbestimmungen

§ 1
Änderung der Verordnung über das Erbbaurecht

Die Verordnung über das Erbbaurecht in der im Bundesgesetzblatt Teil III, Gliederungsnummer 403-6, veröffentlichten bereinigten Fassung, zuletzt geändert durch das Gesetz vom 8. Juni 1988 (BGBl. I S. 710), wird wie folgt geändert:

1. Dem § 2 wird folgende Nummer 8 angefügt:

   „8. eine Verpflichtung des jeweiligen Erbbauberechtigten, ein in bestimmter Höhe und in wiederkehrenden Leistungen ausbedungenes Entgelt (Erbbauzins nach § 9 Abs. 1 und 2) zu den jeweiligen Fälligkeitszeitpunkten nach dem Erwerb des Erbbaurechts zu zahlen."

2. Dem § 19 Abs. 2 wird folgender Satz angefügt:

   „Dies gilt nicht für eine nach § 2 Nr. 8 zum Inhalt des Erbbaurechts bestimmte Zahlungspflicht."

§ 2
Änderung des Einführungsgesetzes zum Bürgerlichen Gesetzbuche

Artikel 233 des Einführungsgesetzes zum Bürgerlichen Gesetzbuche in der im Bundesgesetzblatt Teil III, Gliederungsnummer 400-1, veröffentlichten bereinigten Fassung, zuletzt geändert durch Artikel 8 des Gesetzes vom 14. Juli 1992 (BGBl. I S. 1257), wird wie folgt geändert:

1. In § 2a Abs. 1 werden nach Satz 2 folgende Sätze eingefügt:

   „In den in § 4 des Sachenrechtsbereinigungsgesetzes bezeichneten Fällen besteht das in Satz 1 bezeichnete Recht zum Besitz bis zur Bereinigung dieser Rechtsverhältnisse nach jenem Gesetz fort. Erfolgte die Nutzung bisher unentgeltlich, kann der Grundstückseigentümer vom 1. Januar 1995 an vom Nutzer ein Entgelt bis zur Höhe des nach dem Sachenrechtsbereinigungsgesetz zu zahlenden Erbbauzinses verlangen, wenn ein Verfahren zur Bodenneuordnung nach dem Bodensonderungsgesetz eingeleitet wird, er ein notarielles Vermittlungsverfahren nach den §§ 88 bis 103 des Sachenrechtsbereinigungsgesetzes oder ein Bodenordnungsverfahren nach dem 8. Abschnitt des Landwirtschaftsanpassungsgesetzes beantragt oder sich in den Verfahren auf eine Verhandlung zur Begründung dinglicher Rechte oder eine Übereignung eingelassen hat. Vertragliche oder gesetzliche Regelungen, die ein abweichendes Nutzungsentgelt oder einen früheren Beginn der Zahlungspflicht begründen, bleiben unberührt."

2. Dem § 2b wird folgender Absatz 7 angefügt:

„(7) Eine bis zum Ablauf des 21. Juli 1992 vorgenommene Übereignung des nach § 27 des Gesetzes über die landwirtschaftlichen Produktionsgenossenschaften oder nach § 459 Abs. 1 Satz 1 des Zivilgesetzbuchs der Deutschen Demokratischen Republik entstandenen selbständigen Gebäudeeigentums ist nicht deshalb unwirksam, weil sie nicht nach den für die Übereignung von Grundstücken geltenden Vorschriften des Bürgerlichen Gesetzbuchs vorgenommen worden ist. Gleiches gilt für das Rechtsgeschäft, mit dem die Verpflichtung zur Übertragung und zum Erwerb begründet worden ist. Die Sätze 1 und 2 sind nicht anzuwenden, soweit eine rechtskräftige Entscheidung entgegensteht."

3. In § 3 wird Absatz 2 gestrichen. Der bisherige Absatz 3 wird Absatz 2. Dem Absatz 2 werden folgende Absätze 3 und 4 angefügt:

„(3) Die Anpassung dieser Rechtsverhältnisse an das Bürgerliche Gesetzbuch und seine Nebengesetze und an die veränderten Verhältnisse sowie die Begründung von Rechten zur Absicherung der in § 2a bezeichneten Bebauungen erfolgen nach Maßgabe des Sachenrechtsbereinigungsgesetzes durch die Bestellung von Erbbaurechten oder den Ankauf des Grundstücks, des Gebäudes oder der baulichen Anlage. Eine Anpassung im übrigen bleibt vorbehalten.

(4) Auf nach den Vorschriften des Zivilgesetzbuchs der Deutschen Demokratischen Republik bestellte Vorkaufsrechte sind vom [einsetzen: Tag des Inkrafttretens dieses Gesetzes] an die Bestimmungen des Bürgerlichen Gesetzbuchs nach den §§ 1094 bis 1104 anzuwenden."

4. § 4 wird wie folgt geändert:

a) Nach Absatz 4 wird folgender Absatz 5 eingefügt:

„(5) War der Nutzer beim Erwerb des Nutzungsrechts unredlich im Sinne des § 4 des Vermögensgesetzes, kann der Grundstückseigentümer die Aufhebung des Nutzungsrechts durch gerichtliche Entscheidung verlangen. Der Anspruch nach Satz 1 ist ausgeschlossen, wenn er nicht bis zum 31. Dezember 1996 rechtshängig geworden ist. Ein Klageantrag auf Aufhebung ist unzulässig, wenn der Grundstückseigentümer zu einem Antrag auf Aufhebung des Nutzungsrechts durch Bescheid des Amtes zur Regelung offener Vermögensfragen berechtigt oder berechtigt gewesen ist. Grundpfandrechte an einem aufgrund des Nutzungsrechts errichteten Gebäude setzen sich am Wertersatzanspruch des Nutzers gegen den Grundstückseigentümer fort. § 16 Abs. 3 Satz 5 des Vermögensgesetzes ist entsprechend anzuwenden."

b) Die Absätze 5 und 6 werden Absätze 6 und 7.

5. § 8 Satz 1 wird wie folgt gefaßt:

„Soweit Rechtsverhältnisse und Ansprüche aufgrund des § 459 des Zivilgesetzbuchs der Deutschen Demokratischen Republik und der dazu ergangenen Ausführungsvorschriften am Ende des Tages vor dem Wirksamwerden des Beitritts bestehen, bleiben sie vorbehaltlich des § 2 und der im Sachenrechtsbereinigungsgesetz getroffenen Bestimmungen unberührt."

§ 3
Änderung der Bundesnotarordnung

Die Bundesnotarordnung in der im Bundesgesetzblatt Teil III, Gliederungs-Nr. 393-1, veröffentlichten bereinigten Fassung, zuletzt geändert durch das Gesetz vom 29. Januar 1991 (BGBl. I S. 150), wird wie folgt geändert:

1. In § 14 Abs. 4 Satz 1 werden nach den Worten „ist es" die Worte „abgesehen von den ihm durch Gesetz zugewiesenen Vermittlungstätigkeiten" eingefügt.

2. § 20 wird wie folgt geändert:

a) Nach Absatz 3 wird folgender Absatz 4 eingefügt:

„(4) Die Notare sind auch zur Vermittlung nach den Bestimmungen des Sachenrechtsbereinigungsgesetzes vom [einsetzen: Tag der Ausfertigung dieses Gesetzes] zuständig."

b) Der bisherige Absatz 4 wird Absatz 5.

§ 4
Änderung der Verordnung über die Tätigkeit
von Notaren in eigener Praxis

Die Verordnung über die Tätigkeit von Notaren in eigener Praxis vom 20. Juni 1990 (GBl. I Nr. 37 S. 475), zuletzt geändert durch § 24 des Gesetzes vom 26. Juni 1992 (BGBl. I S. 1147, 1155), nach Anlage II Kapitel III Sachgebiet A Abschnitt III Nr. 2 des Einigungsvertrages vom 31. August 1990 in Verbindung mit Artikel 1 des Gesetzes vom 23. September 1990 (BGBl. II S. 885, 1156) fortgilt, wird wie folgt geändert:

1. § 2 wird wie folgt geändert:

a) Nach Absatz 4 wird folgender Absatz 5 eingefügt:

„(5) Die Notare sind auch zur Vermittlung nach den Bestimmungen des Sachenrechtsbereinigungsgesetzes vom [einsetzen: Tag der Ausfertigung dieses Gesetzes] zuständig."

b) Der bisherige Absatz 5 wird Absatz 6.

2. In § 8 Abs. 4 Satz 1 werden nach den Worten „ist es" die Worte „abgesehen von den ihm durch Gesetz zugewiesenen Vermittlungstätigkeiten" eingefügt.

§ 5
Änderung des Landwirtschaftsanpassungsgesetzes

Nach § 64a des Landwirtschaftsanpassungsgesetzes in der Fassung der Bekanntmachung vom 3. Juli 1991 (BGBl. I S. 1418), das zuletzt durch Artikel 10 des Gesetzes vom 14. Juli 1992 (BGBl. I S. 1257) geändert worden ist, wird folgender § 64 b angefügt:

„§ 64 b

Eingebrachte Gebäude

(1) Der Gesellschafter eines durch Umwandlung einer LPG entstandenen Unternehmens neuer Rechtsform kann von diesem die Rückübereignung der nach § 13 Abs. 1 des Gesetzes über die landwirtschaftlichen Produktionsgenossenschaften vom 3. Juni 1959 (GBl. I S. 577) eingebrachten Wirtschaftsgebäude zum Zwecke der Zusammenführung mit dem Eigentum am Grundstück verlangen. Der in Satz 1 bestimmte Anspruch steht auch einem Rechtnachfolger des Grundstückseigentümers zu, der nicht Gesellschafter ist.

(2) Wird der Anspruch nach Absatz 1 geltend gemacht, hat der Grundstückseigentümer dem Unternehmen einen Ausgleich in Höhe des Verkehrswerts des Gebäudes zum Zeitpunkt des Rückübereignungsverlangens zu leisten.

(3) § 84 des Sachenrechtsbereinigungsgesetzes ist entsprechend anzuwenden

(4) Das Unternehmen kann dem Grundstückseigentümer eine Frist von mindestens drei Monaten zur Ausübung seines in Absatz 1 bezeichneten Anspruchs setzen, wenn dieser nicht innerhalb eines Jahres nach dem [einsetzen: Tag des Inkrafttretens dieses Gesetzes] die Rückübereignung des eingebrachten Wirtschaftsgebäudes verlangt hat. Nach fruchtlosem Ablauf der in Satz 1 bezeichneten Frist kann das Unternehmen von dem Grundstückseigentümer den Ankauf der für die Bewirtschaftung des Gebäudes erforderlichen Funktionsfläche zum Verkehrswert verlangen. Macht das Unternehmen den Anspruch geltend, erlischt der Rückübereignungsanspruch.

(5) Die Ansprüche nach den Absätzen 1 bis 4 können in einem Verfahren nach den Vorschriften dieses Abschnitts geltend gemacht werden."

ARTIKEL 3
Inkrafttreten

Dieses Gesetz tritt am [1. Juli 1994] in Kraft.

2. Gesetzesbegründung (BT-Drucks. 12/5992)

Zu Artikel 2 — Änderung anderer Vorschriften, Schlußbestimmungen

Zu § 1 — Änderung der Verordnung über das Erbbaurecht

Zu Nummer 1 — § 2 Nr. 8 der Verordnung — neu —

Mit der Änderung erhalten die Parteien des Erbbaurechtsvertrages die Möglichkeit zu einer Vertragsgestaltung, welche das Risiko einer nachrangigen Sicherung des Erbbauzinses durch eine Reallast vermindert und den Erwerb eines erbbauzinslosen Erbbaurechts im Wege der Zwangsversteigerung ausschließt.

Die zur Sicherung des Erbbauzinses nach § 9 Abs. 1 ErbbauVO bestellte Reallast muß in der Regel im Rang hinter ein erstrangiges Grundpfandrecht zurücktreten, wenn der Erbbauberechtigte einen zinsgünstigen erstrangigen Realkredit, z. B. für die Bebauung des Erbbaugrundstücks, in Anspruch nehmen will. Zwar ist die Beleihung zur ersten Rangstelle für einen solchen Kredit nach § 11 des Hypothekenbankgesetzes (BGBl. III Nr. 7628-1, zuletzt geändert durch Art. 1 des Gesetzes vom 8. Juni 1988 — BGBl. I S. 701) nicht mehr gesetzlich vorgeschrieben. In der Praxis wird jedoch von der Kreditwirtschaft auf den Vorrang des Grundpfandrechts vor der Erbbauzinsreallast bestanden, da Deckungshypotheken nicht durch vorrangige Lasten gefährdet sein dürfen (Fleischmann/Bellinger/Kerl, Hypothekenbankgesetz, 3. Aufl. § 11 Anm. 2). Dies ist gerade bei der Erbbauzinsreallast der Fall. Für die Bestimmung des nach §§ 11 und 12 des Hypothekenbankgesetzes beleihbaren Finanzierungsraumes muß die Reallast gemäß § 21 Abs. 2 und § 19 Abs. 2 ErbbauVO kapitalisiert und vom Wert des Erbbaurechts abgezogen werden. Die Bank, die einen durch ein zweitrangiges Grundpfandrecht gesicherten Kredit gewährte, liefe Gefahr, zur Erhaltung ihrer Forderung die Ablösesumme für die Erbbauzinsreallast ganz oder teilweise aufbringen zu müssen.

Ein Rangrücktritt birgt für den Grundstückseigentümer indessen die Gefahr, daß bei einer Zwangsversteigerung ein erbbauzinsloses Erbbaurecht entsteht. Wird die Versteigerung aus dem erstrangigen Grundpfandrecht betrieben, so fällt die nachrangige Reallast nicht ins geringste Gebot und erlischt deshalb mit dem Zuschlag (§ 44 Abs. 1, § 52 Abs. 1 Satz 2, § 91 Abs. 1 des Gesetzes über die Zwangsversteigerung und die Zwangsverwaltung). Der Ersteher erwirbt ein erbbauzinsloses Erbbaurecht. Der Grundstückseigentümer ist auf seinen Anspruch gegen den früheren Erbbauberechtigten verwiesen, der wegen dessen Insolvenz meist wertlos ist.

Der Grundstückseigentümer hat nach geltendem Recht keine Möglichkeit, sich gegen diese negativen Folgen eines Rangrücktritts zu sichern. Ein Zustimmungsvorbehalt für die Veräußerung nach § 5 ErbbauVO kann nicht zu dem Zweck ausgeübt werden, den Ersteher zu einer Übernahme der Verpflichtung zur Zahlung des Erbbauzinses zu veranlassen. Das Erlöschen der Reallast ist Folge des Rangrücktritts, dem der Grundstückseigentümer zugunsten eines vorrangigen Kreditgebers zugestimmt hat. Der Grundstückseigentümer hat dadurch die Verfolgbarkeit seines Zwecks, Einkünfte aus Erbbauzinsen zu erzielen, selbst eingeschränkt und kann deshalb nicht in Verfolgung dieses Zwecks die Zustimmung zum Zuschlag an den Ersteher verweigern (BGHZ 100, 107, 114).

Diese Wirkungen eines Rangrücktritts werden in der Literatur zu Recht als unbefriedigend angesehen (vgl. Groth, DNotZ 1983, 652 und Weirich, Grundstücksrecht, Rdn. 776). Nach geltendem Recht erhält der Ersteher unverdientermaßen ein erbbauzinsloses Erbbaurecht. Hierfür besteht auch aus dem Interesse des Gläubigers keine Rechtfertigung. Für den erstrangigen Grundpfandrechtsgläubiger wäre die Übernahme des Erbbauzinses durch den Ersteher — wie die auf dem Erbbaurecht ruhenden öffentlichen Lasten — hinnehmbar, wenn keine Kapitalisierung der Rückstände einträte.

Der Entwurf geht den auch in der Literatur vorgeschlagenen Weg, eine Vereinbarung zuzulassen, nach der der Erbbauzins als Inhalt des Erbbaurechts bestimmt werden kann. Der Ersteher erwirbt dann immer ein Recht, dem die Verpflichtung zur Zahlung von Erbbauzinsen innewohnt.

Um Nachteile für die Beleihbarkeit eines solchen Erbbaurechts einzuschränken, muß allerdings Vorsorge dafür getroffen werden, daß nur die Verpflichtung zur Zahlung eines regelmäßig wiederkehrenden Entgelts in im voraus bestimmter Höhe als Inhalt des Erbbaurechts vereinbart werden kann. Die Zahlung von Rückständen und eines kapitalisierten Ablösebetrages kann nicht Inhalt des Erbbaurechts sein. Hierdurch ist für ein Kreditinstitut sofort erkennbar, welche Belastung ein Erwerber durch den Erbbauzins übernehmen müßte.

Für die Vollstreckung des Grundstückseigentümers in das Erbbaurecht wegen der fälligen und der rückständigen Erbbauzinsen verbleibt es bei der bisherigen Regelung. Eine Zwangsvollstreckung in das Erbbaurecht erfolgt insoweit aus der nachrangigen Reallast oder aus einem titulierten schuldrechtlichen Anspruch, der den Ansprüchen aus den am Grundstück eingetragenen Rechten (der Rangklasse 4 nach § 10 Abs. 1 des Gesetzes über die Zwangsversteigerung und die Zwangsverwaltung) im Range nachgeht. § 2 Nr. 8 ErbbauVO in der Fassung des Entwurfs sieht allein vor, daß ein solcher Anspruch zum Inhalt des Erbbaurechts bestimmt werden kann. Hierdurch wird dieser, wie die anderen in § 2 der Verordnung bezeichneten Abreden zwischen dem Grundstückseigentümer und dem Erwerber, auch in der Weise „verdinglicht", daß der Erwerber an die Vereinbarung gebunden wird. Für ihn entsteht also mit dem Erwerb, der auch durch den Zuschlag erfolgen kann, die Verpflichtung gegenüber dem Grundstückseigentümer, die darauf fällig werdenden Erbbauzinsen zu zahlen.

Liegt der vom Ersteher zu übernehmende Zins nicht über den marktüblichen Zinssätzen, so führt die Zinsbelastung regelmäßig zu keiner Einschränkung für die Veräußerung oder Verwertung des Erbbaurechts.

Zu Nummer 2 — Änderung des § 19 Abs. 2 der Verordnung

§§ 19 und 21 ErbbauVO bestimmen die Sicherheitsgrenzen für Beleihungen. Wäre ein zum Inhalt des Erbbaurechts bestimmter Erbbauzins zu kapitalisieren, so wäre der Finanzierungsraum stark eingeengt. Eine solche Kapitalisierung wäre aber nicht sachgerecht, da „allein" die Verpflichtung zur Zahlung künftiger Zinsbeträge zum Inhalt des Erbbaurechts bestimmt werden kann und in der Zwangsversteigerung auch keine Kapitalisierung zur Ablösung dieser Verpflichtung erfolgt.

Zu § 2 — Änderungen des Einführungsgesetzes zum Bürgerlichen Gesetzbuche

Zu Nummer 1 — Änderung des Artikels 233 § 2a Abs. 1 EGBGB

Die Bestimmung paßt die Regelung über das im Zweiten Vermögensrechtsänderungsgesetz begründete Moratorium dem Entwurf an. Das Besitzrecht für die rechtlich nicht gesicherten Bebauungen wird bis zur Bereinigung der Rechtsverhältnisse nach dem Entwurf verlängert, die Nutzer und Grundstückseigentümer jederzeit herbeiführen können, aber nicht müssen.

Die Nutzung fremden Grundeigentums kann allerdings nicht auf Dauer unentgeltlich bleiben. Der Entwurf gibt deshalb dem Grundstückseigentümer nach dem Ablauf des 31. Dezember 1994 einen gesetzlichen Anspruch darauf, ein Entgelt für die künftige Nutzung bis zur Höhe des im Entwurf für ein Gesetz zur Sachenrechtsbereinigung bestimmten Erbbauzinses verlangen zu können.

Die Zinszahlungspflicht soll einmal dann beginnen, wenn nach dem 31. Dezember 1994 ein Bodenneuordnungsverfahren nach dem Bodensonderungsgesetz eingeleitet wird. In dem Verfahren werden die Rechtsverhältnisse am Grundstück neu geordnet. In der Regel wird dem Nutzer das Eigentum am bebauten Grundstück übertragen. Auf die Dauer des von der Behörde betriebenen Verfahrens haben die Beteiligten keinen oder nur einen geringen Einfluß. Für die Zeit des Verfahrens soll deshalb bereits ein Nutzungsentgelt gezahlt werden.

Die Zinszahlungspflicht soll ferner dann beginnen, wenn der Grundstückseigentümer ein notarielles Vermittlungsverfahren oder ein Verfahren nach dem 8. Abschnitt (§§ 53 ff.) des Landwirtschaftsanpassungsgesetzes beantragt oder sich dort auf eine Verhandlung zur Sache eingelassen hat. Die Regelung entspricht insoweit dem in § 44 Abs. 2 des Entwurfs für ein Sachenrechtsbereinigungsgesetz zum Ausdruck kommenden Grundsatz, daß nur der Grundstückseigentümer ein Entgelt bis zur Höhe des gesetzlich festgelegten Erbbauzinses soll verlangen können, der an einer Bereinigung durch Begründung dinglicher Rechte oder durch Verkauf mitwirkt. Die Dauer der Verfahren soll sich nicht zum Nachteil des Grundstückseigentümers auswirken. Eine Flucht der Nutzer in langdauernde Bodenordnungsverfahren, um sich einer Verpflichtung zur Zahlung eines Nutzungsentgelts zu entziehen, wird damit ausgeschlossen.

Zu Nummer 2

Die Bestimmung dient der Heilung evtl. nicht wirksamer Übereignungen des in Art. 233 § 2b Abs. 1 EGBGB bezeichneten selbständigen Gebäudeeigentums. Dies betrifft vor allem Verfügungen über das nach der Aufhebung des gesetzlichen Nutzungsrechts der landwirtschaftlichen Produktionsgenossenschaften fortbestehende selbständige Gebäudeeigentum. Vor dem Inkrafttreten des Zweiten Vermögensrechtsänderungsgesetzes war streitig, ob dieses Eigentum wie eine bewegliche Sache oder — wie das nach Bestellung eines Nutzungsrechts entstandene Gebäudeigentum — wie das Eigentum am Grundstück zu übertragen ist.

Durch Art. 233 § 2b Abs. 2 und 6 EGBGB ist festgelegt worden, daß auf dieses Gebäudeeigentum vom Inkrafttreten des Zweiten Vermögensrechtsänderungsgesetzes an die Vorschriften des Immobiliarsachenrechts anzuwenden sind. Nach Anlegung eines Gebäudegrundbuchblatts konnte das Gebäudeeigentum vom Inkrafttreten des Gesetzes an durch Auflassung und Umschreibung im

Grundbuch übereignet werden (§ 873 Abs. 1, § 925 Abs. 1 BGB).

Vor dem Inkrafttreten des Zweiten Vermögensrechtsänderungsgesetzes wurden indessen viele Gebäude wie bewegliche Sachen durch Einigung und Besitzverschaffung (§§ 929 ff. BGB) übereignet. Eine Übergangsvorschrift wurde im Zweiten Vermögensrechtsänderungsgesetz nur für den besonderen Fall der Sicherungsübereignung aufgenommen (Art. 233 § 2b Abs. 6 EGBGB). Die Wirksamkeit anderer Übereignungen wird daher zum Teil in Frage gestellt. Absatz 7 bestimmt nun, daß die dort genannten nach §§ 929 ff. BGB vorgenommenen Gebäudeübereignungen formwirksam sind.

Zu Nummer 3 — Änderung des Artikels 233 § 3 Abs. 2, 3 EGBGB

Zu Absatz 3 — neu —

Das Sachenrechtsbereinigungsgesetz nach Artikel 1 des Entwurfs füllt den Anpassungsvorbehalt im bisherigen Art. 233 § 3 Abs. 2 EGBGB aus und führt eine endgültige Regelung für die bisher nur durch ein vorläufiges Besitzrecht (Moratorium) geschützten Bebauungen fremder Grundstücke herbei. Die Verweisvorschrift stellt den Zusammenhang zwischen den im EGBGB getroffenen vorläufigen Bestimmungen und den Regelungen im Sachenrechtsbereinigungsgesetz her.

Satz 2 stellt klar, daß die Sachverhalte, die nicht unter das Sachenrechtsbereinigungsgesetz fallen, noch einer Regelung zur Anpassung an das BGB bedürfen. Diese soll mit der Neuregelung der Nutzungen von Grundstücken zur Erholung und zur Anpassung der schuldrechtlichen Nutzungsverhältnisse erfolgen.

Zu Absatz 4 — neu —

Für die nach dem Recht der DDR bestellten Vorkaufsrechte gelten gem. Art. 233 § 3 Abs. 1 EGBGB in der Fassung durch den Einigungsvertrag bis zu einer endgültigen Bereinigung die §§ 306 ff. ZGB fort. Danach ist der Grundstückseigentümer verpflichtet, vor Abschluß des Kaufvertrages mit einem Dritten das Grundstück zunächst dem Vorkaufsberechtigten anzubieten. Die Regelung macht Sinn in einer Wirtschaftsordnung, in der die Preise staatlich festgelegt werden. Wenn jedoch der Preis zwischen den Parteien frei ausgehandelt werden kann, stellt sich diese Pflicht als erhebliche Einschränkung der Dispositionsbefugnis des Eigentümers dar. Für Inhalt und Ausübung dieser Vorkaufsrechte sollen nun die entsprechenden Bestimmungen des BGB über das dingliche Vorkaufsrecht maßgeblich sein (Absatz 4). Der Grundstückseigentümer kann danach mit einem Dritten einen frei ausgehandelten Vertrag abschließen, in den der Vorkaufsberechtigte zu dort vereinbarten Konditionen einsteigen kann.

Zu Nummer 4 — Änderungen in Artikel 233 § 4 EGBGB

Zu Buchstabe a — Einfügung eines neuen Absatzes 5

Der neue Absatz 5 ist erforderlich, um Wertungswidersprüche zum Vermögensgesetz zu vermeiden, das in § 16 Abs. 3 die Aufhebung der Nutzungsrechte vorsieht, wenn der Nutzer bei deren Begründung nicht redlich im Sinne des § 4 Abs. 3 des Vermögensgesetzes gewesen ist.

Das Vermögensgesetz trifft jedoch allein Regelungen für die sog. restitutionsbelasteten und die ehemals staatlich verwalteten Grundstücke. Die Nutzungsrechte auf anderen, insbesondere den genossenschaftlich genutzten Grundstücken, werden vom Vermögensgesetz nicht erfaßt. Es wäre jedoch nicht zu vertreten, wenn nur der enteignete Alteigentümer und der Eigentümer eines vormals staatlich verwalteten Grundstücks die Aufhebung eines in unredlicher Weise erworbenen Nutzungsrechts verlangen könnten, andere Eigentümer aber solche Nutzungsrechte und die daraus nach dem Entwurf eines Sachenrechtsbereinigungsgesetzes begründeten Ansprüche hinnehmen müßten.

Die letztgenannten Grundstücke fallen allerdings nicht in die Regelungszuständigkeit der Ämter zur Regelung offener Vermögensfragen. In diesen Fällen ist auch keine behördliche Aufhebung einer enteignenden Maßnahme oder staatlich angeordneten Verwaltung zu verfügen. Es handelt sich vielmehr um eine Auseinandersetzung zwischen dem Nutzer und dem Grundstückseigentümer, der dem Nutzer unredliches Verhalten bei der Bestellung des Nutzungsrechts vorwirft. Zur Entscheidung über solche Streitigkeiten sind die Zivilgerichte berufen. Der Entwurf gibt dem Grundstückseigentümer einen Anspruch, aus dem er die Aufhebung des Nutzungsrechts durch gerichtliche Entscheidung soll verlangen können.

Dieses Recht des Grundstückseigentümers führt zu einer erheblichen Rechtsunsicherheit zwischen den Betroffenen. Eine Ausschlußfrist für den in Satz 1 bestimmten Anspruch hat zwar den Nachteil, daß der Grundstückseigentümer das Nutzungsrecht und die aus ihm nach dem Entwurf des Sachenrechtsbereinigungsgesetzes folgenden Ansprüche hinnehmen muß, wenn ihm erst im Nachhinein die die Unredlichkeit des Nutzers begründenden Umstände bekannt werden; die Ausschlußfrist ist jedoch unverzichtbar, da die Rechtsunsicherheit bald beseitigt und die Verkehrsfähigkeit eines vom Nutzer errichteten Gebäudes wiederhergestellt werden muß. Andernfalls würde eine langanhaltende Lähmung bei den Investitionen in die aufgrund Nutzungsrechts errichteten Gebäude eintreten. Der Nutzer kann nicht investieren, ein Dritter die Investition nicht beleihen, solange mit der Aufhebung des Nutzungsrechts und dem Erlöschen des Gebäudeeigentums gerechnet werden muß.

Der Entwurf für ein Entschädigungsgesetz sieht deshalb kurze Ausschlußfristen für solche Anträge vor. Nach dem Entwurf des Sachenrechtsänderungsgesetzes sollen auch in den anderen Fällen kurze Ausschlußfristen gelten. Eine Klage auf Aufhebung des Nutzungsrechts muß spätestens bis zum 31. Dezember 1996, also zweieinhalb Jahre nach dem in Aussicht genommenen Inkrafttreten des Gesetzes nach diesem Entwurf, rechtshängig gemacht werden.

Satz 3 schließt eine doppelte Zuständigkeit der Ämter für offene Vermögensfragen und der Zivilgerichte aus. Soweit die Ämter zur Entscheidung über die Aufhebung eines Nutzungsrechts zuständig sind oder waren, können Klagen auf Aufhebung des Nutzungsrechts nicht erhoben werden. Dies trifft vor allem auf die Eigentümer eines ehemals staatlich verwalteten Grundstücks zu.

Satz 4 enthält eine dem § 16 Abs. 3 Satz 4 des Vermögensgesetzes entsprechende Regelung für die Inhaber von Grundpfandrechten an dem aufgrund Nutzungsrechts errichteten Gebäude. Satz 5 verweist auf die Schutzvorschrift für die Nutzer eines selbst genutzten Wohnhauses, die nach Aufhebung des Nutzungsrechts durch Urteil entsprechend gelten soll.

Zu Buchstabe b — Die Änderung der Absatzzählung ist Folge des Einfügens des Absatzes 5.

Zu Nummer 5 — Änderung des Artikels 233 § 8 Satz 1 EGBGB

Auch hier ist auf die Bestimmungen des Sachenrechtsbereinigungsgesetzes zu verweisen. Für das nach § 459 Abs. 1 Satz 1 ZGB entstandene selbständige Gebäudeeigentum kann ein Erbbaurecht bestellt werden; die kraft Gesetzes nach § 459 Abs. 1 Satz 2 und Abs. 4 Satz 1 ZGB entstandenen Miteigentumsanteile bestehen fort. Die Miteigentümer können jedoch mit ihren Rechten ausgeschlossen werden, wenn keine Eintragung der Miteigentumsanteile in das Grundbuch erfolgt.

Zu § 3 — Änderung der Bundesnotarordnung

Zu § 4 — Änderung der Verordnung über die Tätigkeit von Notaren in eigener Praxis

Die vorgeschlagenen Regelungen sind Folge der Aufnahme eines notariellen Vermittlungsverfahrens in den Entwurf. Der Kreis der den Notaren zugewiesenen Geschäfte wird in den Vorschriften über deren Amtstätigkeit entsprechend erweitert.

Zu § 5 — Änderung des Landwirtschaftsanpassungsgesetzes

Der durch den Entwurf eingefügte § 64b trifft besondere Regelungen für das selbständige Gebäudeeigentum an von Mitgliedern in landwirtschaftliche Produktionsgenossenschaften eingebrachten Wirtschaftsgebäuden.

Die von den Mitgliedern eingebrachten Wirtschaftsgebäude wurden genossenschaftliches Eigentum. Auf die Genossenschaft ging nur das Eigentum am Gebäude über, so daß selbständiges vom Eigentum am Grundstück getrenntes Gebäudeeigentum entstand (vgl. § 13 LPG-Gesetz 1959 und § 27 Satz 2 LPG-Gesetz 1982).

Soweit das Mitglied nach Inkrafttreten des Landwirtschaftsanpassungsgesetzes (20. Juli 1990) ausgeschieden ist, gelten für die Auseinandersetzung mit der landwirtschaftlichen Produktionsgenossenschaft die Sondervorschriften der §§ 43 ff. des Landwirtschaftsanpassungsgesetzes. Die Regelung der Rechtsfolgen des Ausscheidens aus einer landwirtschaftlichen Produktionsgenossenschaft oder des durch Umwandlung entstandenen (Nachfolge-)Unternehmens ist nicht Gegenstand des Entwurfs. Im Zusammenhang mit der Sachenrechtsbereinigung muß jedoch auch eine Regelung gefunden werden, die das Zusammenführen des Eigentums an den eingebrachten Gebäuden und des Eigentums am Grundstück ermöglicht.

Zu Absatz 1

Die erforderlichen Bestimmungen trifft der neue § 64b des Landwirtschaftsanpassungsgesetzes. Der Entwurf verfolgt dabei das Prinzip, daß die jeweiligen Grundstückseigentümer zur Bereinigung der Rechtsverhältnisse am Grundstück die Rückübereignung eines ehemals eingebrachten Gebäudes verlangen können. Dieser Anspruch steht ihnen als Rechtsnachfolger des Grundstückseigentümers zu, der seinerzeit durch Beitritt in die landwirtschaftliche Produktionsgenossenschaft die Trennung von Grundstücks- und Gebäudeeigentum herbeigeführt hat.

Zu Absatz 2

Die Ausübung des in Absatz 1 begründeten Anspruchs führt dazu, daß das Nachfolgeunternehmen der landwirtschaftlichen Produktionsgenossenschaft einen Bestandteil seines Gesellschaftsvermögens auf den Grundstückseigentümer zu übereignen hat. Dies läßt sich nur dann rechtfertigen, wenn das Unternehmen hierfür vollständigen Wertersatz für das Gebäude enthält. Absatz 2 stellt klar, daß der Grundstückseigentümer insoweit Ersatz in Höhe des Verkehrswerts des Gebäudes zum Zeitpunkt des Rückübereignungsverlangens zu leisten hat.

Zu Absatz 3

Das Unternehmen würde mit der Übereignung des Gebäudes auch das Recht zum Besitz verlieren. Dies gilt zumindest in den Fällen, in denen der Grundstückseigentümer nicht oder nicht mehr Gesellschafter ist.

Die Folge der Ausübung des in Absatz 1 begründeten Anspruchs könnte mithin in einigen Fällen ein schneller Verlust eines für die Fortführung des Unternehmens möglicherweise wichtigen Wirtschaftsgebäudes sein.

Die Verweisung auf § 84 des Sachenrechtsbereinigungsgesetzes schafft hier für eine Übergangszeit dem Unternehmen Besitzrechte an dem veräußerten Gebäude. Das Unternehmen kann für ein Jahr nach der Veräußerung das Gebäude gegen Zahlung eines Entgelts in Höhe des ortsüblichen Mietzinses weiter nutzen und den Abschluß eines Mietvertrages für fünf Jahre verlangen, wenn das Gebäude für den Betrieb unentbehrlich und ein anderes Gebäude kurzfristig nicht zu beschaffen ist.

Zu Absatz 4

Absatz 4 ermöglicht eine Bereinigung durch Ankauf der Funktionsfläche des Gebäudes durch das Nachfolgeunternehmen, wenn die nach Absatz 1 oder 2 Berechtigten ihre Ansprüche nicht geltend machen und eine Nachfrist fruchtlos verstreicht. Das Nachfolgeunternehmen der landwirtschaftlichen Produktionsgenossenschaft kann den Ankauf der Fläche zum Verkehrswert verlangen.

Der Preis für den Ankauf des Grundstücks ist nach dem Verkehrswert zu bestimmen. Ein Bodenwertanteil des Unternehmens aufgrund des selbständigen Gebäudeeigentums besteht insoweit nicht, da

— dieses Gebäudeeigentum nicht durch bauliche Investition, sondern durch Einbringung durch den jetzigen oder einen früheren Grundstückseigentümer entstanden ist, und

— nach der in § 47 des Landwirtschaftsanpassungsgesetzes enthaltenen Grundentscheidung die Verpflichtung zur Rückübertragung des Gebäudes im Falle des Ausscheidens des Mitglieds begründet war oder ist.

Der Umstand, daß die Ansprüche aus § 47 nicht geltend gemacht worden sind, läßt sich nicht nachträglich wie eine Einlage in Höhe des halben Werts des Grund und Bodens zu Lasten des Grundstückseigentümers bewerten.

Zu Absatz 5

Ansprüche auf Rückgabe des Gebäudes oder auf Ankauf des Grundstücks sollen in dem Bodenordnungsverfahren nach dem Landwirtschaftsanpassungsgesetz verfolgt werden können. Dies ist wegen des engen Zusammenhangs zu den Verfahren nach § 64 des Landwirtschaftsanpassungsgesetzes und der oft nur in einem Bodenordnungsverfahren zu lösenden Fragen einer Grenzregelung zweckmäßig.

Zu Artikel 3 — Inkrafttreten

Das Gesetz soll am 1. Juli 1994 in Kraft treten. Die gesetzliche Regelung enthält wesentliche Änderungen im Sachenrecht. Den Betroffenen sollte ein ausreichender Zeitraum gegeben werden, sich auf die Änderungen einrichten zu können.

III. Stellungnahme des Bundesrates vom 24. 9. 1993 (BT-Drucks. 12/5992)

1. **Zu Artikel 1 (§ 3 Abs. 2 Satz 2 SachenRBerG)**

In Artikel 1 sind in § 3 Abs. 2 Satz 2 nach den Wörtern „bauliche Investitionen" die Wörter „oder der Kauf eines Gebäudes" einzufügen.

Begründung

Nach dem Gesetz über den Verkauf volkseigener Eigenheime, Miteigentumsanteile und Gebäude für Erholungszwecke vom 19. Dezember 1973 (GBl. I Nr. 58 S. 578) konnten in der ehemaligen DDR volkseigene Eigenheime an Bürger der DDR verkauft werden. Für das Gebäude war ein besonderes Grundbuchblatt (Gebäudegrundbuchblatt) anzulegen, auf dem der Käufer als Eigentümer einzutragen war. Mit der Eintragung des Käufers als Eigentümer des Gebäudes ging das Gebäude in das persönliche Eigentum des Käufers über (§ 1 Abs. 3 Satz 2 des Gesetzes vom 19. Dezember 1973). Außerdem war gemäß § 2 des Gesetzes für den zum Gebäude gehörigen volkseigenen Grund und Boden ein Nutzungsrecht zu verleihen.

Soweit diese Verkäufe ordnungsgemäß von den staatlichen Stellen der DDR abgewickelt worden sind, d. h. Gebäudegrundbuchblätter angelegt und Nutzungsrechte verliehen wurden, werden sie von den Regelungen der Sachenrechtsbereinigung erfaßt.

Nicht eindeutig ist dieser Tatbestand jedoch für die Fälle, wo aufgrund unterbliebenen Verwaltungshandelns weder ein Gebäudegrundbuchblatt angelegt noch ein Nutzungsrecht für den Grund und Boden verliehen wurde. Um redliche Erwerber solcher Gebäude nicht einer Rechtsunsicherheit auszusetzen, sollte § 3 Abs. 2 Satz 2 des Gesetzentwurfs in der vorgeschlagenen Weise ergänzt werden.

2. **Zu Artikel 1 (§ 11 Abs. 2 Satz 4 SachenRBerG)**

Der Bundesrat bittet, im weiteren Gesetzgebungsverfahren zu prüfen, ob die Begrenzung auf notwendige Verwendungen des Nutzers in Artikel 1 § 11 Abs. 2 Satz 4 sachgerecht ist.

Begründung

Die Begrenzung auf notwendige Verwendungen im Sinne des § 994 BGB erscheint vor allem dann problematisch, wenn der Nutzer in der Zeit zwischen dem 2. Oktober 1990 und 20. Juli 1993 zum Beispiel aus Anlaß einer dringend notwendigen Reparatur auch werterhöhende, wirtschaftlich sinnvolle Investitionen zur Modernisierung und Erhaltung des Gebäudes vorgenommen hat, die jedoch nicht unter den eng auszulegenden Begriff der „notwendigen Verwendungen" fallen. Da alle baulichen Investitionen des Nutzers bis zum 2. Oktober 1990 in vollem Umfang zu berücksichtigen sein sollen, erscheint die Grenzziehung eher willkürlich. Es ist davon auszugehen, daß in zahlreichen Fällen der Nutzer ab dem Jahr 1990 erhebliche Investitionen in das Gebäude vorgenommen hat; wenn die ab dem 3. Oktober 1990 durchgeführten Investitionen für die hier zu entscheidende Frage im wesentlichen außer Betracht bleiben müßten, erscheint dies problematisch.

3. **Zu Artikel 1 (§ 11 Abs. 3 SachenRBerG)**

Der Bundesrat bittet, im weiteren Gesetzgebungsverfahren zu prüfen, ob im Hinblick auf die in Artikel 1 in § 11 Abs. 3 Satz 1 angeordnete Gleichstellung der in Artikel 1 in § 11 Abs. 3 Satz 2 definierten baulichen Anlage mit einem Gebäude die Erwähnung der baulichen Anlage in den anderen Vorschriften des Gesetzes neben dem Gebäude gestrichen werden sollte oder zur Klarstellung die in Artikel 1 in § 11 Abs. 3 Satz 2 bestimmte bauliche Anlage als „bauliche Anlage im Sinne der Kapitel 1 und 2" bezeichnet werden sollte.

Begründung

Nach der Begründung zu § 11 Abs. 3 sollen von den baulichen Anlagen nur die in § 11 Abs. 3 Satz 2 beschriebenen baulichen Anlagen in die Sachenrechtsbereinigung einbezogen werden. Im Hinblick auf die Gleichstellung einer solchen baulichen Anlage mit einem Gebäude gemäß § 11 Abs. 3 Satz 1 braucht die bauliche Anlage in den anderen Vorschriften des Kapitel 1 und 2 neben dem Gebäude nicht erwähnt zu werden. Hinzu kommt, daß die bauliche Anlage neben dem Gebäude nicht einheitlich angeführt wird (s. z. B. § 43). In § 19 Abs. 1 Satz 1 ist von „baulichen Anlage nach § 11 Abs. 3" die Rede. Daraus dürfte aber nicht entnommen werden können, daß die in den anderen Vorschriften des Gesetzes genannte bauliche Anlage nicht den Anforderungen des § 11 Abs. 3 Satz 2 genügen muß. Auf der anderen Seite wird die in § 26 Abs. 2 Satz 1 genannte und auch in dem Begriff „Bauwerk" in § 26 Abs. 3 Satz 2 Nr. 1 enthaltene bauliche Anlage, für die der Nutzer unter den Voraussetzungen des § 26 Abs. 1 Entschädigung verlangen kann, nicht die Anforderungen des § 11 Abs. 3 Satz 2 erfüllen müssen. Gleiches könnte für die Anlagen nach § 2 Abs. 1 Satz Nr. 4, § 19 Abs. 3 gelten. Daß eine bauliche Anlage einem Neubau und einer baulichen Maßnahme nach § 11 Abs. 1, wie sie in § 2 Abs. 1 Satz 1 Nr. 2 genannt sind, nicht nach § 11

Abs. 3 gleichgestellt werden dürfe, wird sich allerdings nicht sagen lassen können.

4. **Zu Artikel 1 (§ 14 Abs. 1 und § 62 Abs. 1 SachenRBerG)**

Der Bundesrat bittet, im weiteren Gesetzgebungsverfahren zu prüfen, ob bei land-, forstwirtschaftlicher und gewerblicher Nutzung von Gebäuden auf fremden Grundstücken lediglich ein gesetzlicher Anspruch auf Einräumung eines Erbbaurechts begründet werden sollte.

Begründung

Der Bundesrat hält es nicht für erforderlich, daß den genannten Nutzern auch ein Ankaufsrecht gesetzlich eingeräumt wird. Zur Fortführung des Gewerbebetriebes erscheint es ausreichend, einen Anspruch auf Bestellung eines Erbbaurechtes gesetzlich festzuschreiben und den weitergehenden Abschluß eines Kaufvertrages den Vereinbarungen der Parteien zu überlassen.

Gerade im gewerblichen Bereich besteht die erhebliche Gefahr von Spekulationsgewinnen, zumal vielfach die Nutzungsmöglichkeit des Betriebsgrundstückes der einzige verbliebene Vermögenswert des Unternehmens sein kann. In diesen Fällen soll zur Sicherstellung der hälftigen Beteiligung von Eigentümer und Nutzer am Bodenwert ausgeschlossen werden, daß das Eigentum am Grundstück „zum halben Preis" angekauft wird, nach drei Jahren als Industriefläche zum dann maßgebenden Verkehrswert weiterveräußert und der frühere Betrieb unter Verlust der Arbeitsplätze „still liquidiert" wird.

Die unterschiedliche Behandlung gegenüber den „Häuslebauern" läßt sich dadurch rechtfertigen, daß diese das Grundstück zu Wohnzwecken nutzen, welches für die gesamte Familie oft den Lebensgrundlage und den Lebensmittelpunkt darstellt. An diesem persönlichen Einschlag wird es bei den ausschließlich zu wirtschaftlichen Zwecken genutzten Gebäuden in der Regel fehlen, da das Betriebsgrundstück lediglich als Mittel zur Fortführung des Betriebes benötigt wird. Diesem rein wirtschaftlichen Interesse kann ausreichend Rechnung getragen werden, wenn die bisherige Nutzung fremden Grund und Bodens durch Umwandlung in ein langfristiges Erbbaurecht verdinglicht wird.

5. **Zu Artikel 1 (§ 17 Abs. 1 SachenRBerG)**

In Artikel 1 ist in § 17 Abs. 1 die Angabe „§ 16 Abs. 1 Nr. 1 bis 3" durch die Angabe „§ 16 Abs. 1 Nr. 1, 2 oder 3 (erste Alternative)" zu ersetzen.

Begründung

Ist der Nutzer nur an der Besorgung seiner Angelegenheiten verhindert, aber bekannt und sein Aufenthaltsort ebenfalls, so ist das Aufgebotsverfahren nicht zulässig. Vielmehr ist entsprechend der Regelung in § 16 ein Pfleger zu bestellen.

6. **Zu Artikel 1 (§ 19 Abs. 1 SachenRBerG)**

Der Bundesrat bittet, im weiteren Gesetzgebungsverfahren zu prüfen, ob in Artikel 1 § 19 Abs. 1 allgemeiner gehalten werden sollte, um alle denkbaren Fälle hierdurch abzudecken.

Begründung

Das Nutzungsrecht ist wesentlicher Bestandteil des Gebäudes, das in Ausübung des Nutzungsrechts vom Nutzungsberechtigten errichtet wurde. Von daher ist eine Belastung durch ein wirtschaftlich nicht mehr nutzbares Gebäude allein dem Bodenwertanteil des Nutzungsberechtigten zuzurechnen. Unter diesen Umständen ist es daher sachgerecht, beim Bodenwertanteil des Grundstückseigentümers von Wert des Grund und Bodens eines vergleichbaren unbebauten Grundstücks und beim Bodenwertanteil des Nutzungsberechtigten von dem Bodenwert auszugehen, der sich unter Berücksichtigung der von ihm bewirkten Wertänderung ergibt.

7. **Zu Artikel 1 (§ 30 SachenRBerG)**

Der Bundesrat bittet, im weiteren Gesetzgebungsverfahren zu prüfen, ob in Artikel 1 in § 30 die Ansprüche des Nutzers bei erfolgreicher Erhebung der Einrede des unredlichen Erwerbs durch den Grundstückseigentümer näher geregelt werden sollten.

Begründung

Nach den Vorschriften des Gesetzes besteht bei Erhebung der Einrede des unredlichen Erwerbs durch den Eigentümer im Streitfalle das Besitzrecht des Nutzers bis zur Entscheidung nach § 107 oder § 109 und zur Aufhebung des Nutzungsrechts durch gerichtliche Entscheidung gemäß Artikel 233 § 4 Abs. 5 Satz 1 EGBGB in der Entwurfsfassung, möglicherweise verlängert um sechs Monate nach Artikel 233 § 4 Abs. 5 Satz 5 EGBGB in der Entwurfsfassung im Falle des § 16 Abs. 3 Satz 5 des Vermögensgesetzes.

Keine Einwendungen sind auch dagegen zu erheben, daß der Grundstückseigentümer sich in einem notariellen Vermittlungsverfahren auf eine Verhandlung zur Begründung dinglicher Rechte oder zur Übereignung einlassen und dort die Einrede nach § 30 erheben muß, wenn er bis zur Bereinigung des Rechtsverhältnisses Anspruch auf ein Nutzungsentgelt haben will (Artikel 233 § 2a Abs. 1 Satz 4 EGBGB in der Entwurfsfassung). Hinzunehmen ist auch, daß der Grundstückseigentümer kein Nutzungsentgelt nach Artikel 233 § 2a Abs. 1 Satz 4 EGBGB in der Entwurfsfassung erhält, wenn der Nutzer zwar Ankauf verlangt, aber kein notarielles Vermittlungsverfahren beantragt (der Grundstücksei-

III. Stellungnahme des Bundesrates

gentümer selbst kann dies wohl im Fall des § 30 nicht), weil diese Konstellation kaum eintreten dürfte.

Bedenken bestehen aber dagegen, daß die weitere Bereinigung des Rechtsverhältnisses nicht geregelt ist. Eine dem § 29 Abs. 3 entsprechende Vorschrift fehlt. §§ 82 f. sind nicht anwendbar, weil der Fall des § 31 in § 82 Abs. 1 Satz 1 nicht erwähnt ist. Lediglich aus Artikel 233 § 4 Abs. 5 Satz 4 EGBGB in der Entwurfsfassung ergibt sich, daß dem Nutzer ein Wertersatzanspruch gegen den Grundstückseigentümer zustehen soll. Die entsprechende Anwendung der Vorschriften des Vermögensgesetzes ist nicht angeordnet. Es sollten daher Regeln für die abschließende Bereinigung des Rechtsverhältnisses zur Verfügung gestellt werden.

8. **Zu Artikel 1 (§ 36 Abs. 1 Satz 1, § 79 Abs. 2 SachenRBerG)**

Der Bundesrat bittet, im weiteren Gesetzgebungsverfahren zu prüfen, ob in Artikel 1 in § 36 Abs. 1 Satz 1 das Wort „gleichrangigen" durch das Wort „gleichwertigen" und in § 79 Abs. 2 das Wort „gleichrangige" durch das Wort „gleichwertige" ersetzt werden sollten.

Begründung

Klarstellung des Gewollten.

Der Begriff „Rang" ist in § 879 BGB bestimmt als die Reihenfolge, in der die auf demselben Grundstück lastenden Rechte zur Geltung kommen. In diesem Sinne kann der Begriff „gleichrangig" hier nicht gemeint sein. Es kann auch nicht darum gehen, daß der Gläubiger ein Recht am Grundstück erhält, das nach der numerischen Bezeichnung dem Rang des Rechts am Gebäude entspricht. Entscheidend ist, daß die Belastung des Grundstücks den gleichen wirtschaftlichen Wert hat wie die Belastung des Gebäudes. Dies sollte in den Bestimmungen zweifelsfrei zum Ausdruck gebracht werden.

9. **Zu Artikel 1 (§ 39 Abs. 1 Satz 5 und 6 — neu — SachenRBerG)**

In Artikel 1 sind nach § 39 Abs. 1 Satz 4 folgende Sätze einzufügen:

„Werden in Satz 1 bezeichnete Erbbaurechte nacheinander an verschiedenen Tagen in das Grundbuch eingetragen, kann jeder Erbbauberechtigte von dem anderen verlangen, daß die Erbbaurechte gleichrangig an erster Rangstelle eingetragen werden. Einer Zustimmung des Grundstückseigentümers und der Inhaber der dinglichen Rechte am Erbbaurecht bedarf es nicht."

Begründung

Die in Satz 1 bezeichneten Erbbaurechte werden nicht immer zur gleichen Zeit bestellt werden können. Die Verhandlungen zwischen dem Grundstückseigentümer und einem Nutzer werden schnell zu einem Abschluß kommen, während sich jedoch ein Nutzer mit dem Grundstückseigentümer geeinigt hat, besteht kein Grund, die dingliche Sicherung dieses Nutzers wegen der noch ausstehenden Einigung mit dem anderen Nutzer hinauszuzögern.

Das später eingetragene Erbbaurecht hätte jedoch den schlechteren Rang (vgl. § 879 Abs. 1 BGB und für die Buchung der Eintragungen § 45 Abs. 1 GBO). Dies entspräche nicht den Zielen des Entwurfs. Es besteht kein sachlicher Grund dafür, daß das später entstandene Erbbaurecht im Rang zurücktreten muß. (Ein nachrangig eingetragenes Erbbaurecht verstieße im übrigen gegen den in § 10 Abs. 1 Satz 1 ErbbauVO enthaltenen Grundsatz, daß die Bestellung eines Erbbaurechts ausschließlich zur ersten Rangstelle zulässig ist.) Die Möglichkeit, mehrere Erbbaurechte auf einem Grundstück bestellen zu können, wird vor allem deshalb in Absatz 1 eröffnet, weil eine Realteilung des Grundstücks und die Bestellung von (Einzel-)Erbbaurechten auf den neu entstandenen Grundstücken wegen nicht vorhandener Kapazitäten in der Verwaltung — insbesondere im Bereich der Vermessung — in den neuen Ländern vielfach nicht wird durchgeführt werden können.

Die Sätze 5 und 6 sollen den Entwurf insoweit ergänzen, daß das Instrument einer gleichrangigen Bestellung mehrerer Erbbaurechte zur ersten Rangstelle auch dann verfügbar bleibt, wenn die Erbbaurechte nacheinander bestellt werden.

Satz 5 gibt jedem Erbbauberechtigten gegen den anderen einen Anspruch darauf, die gleichrangige Eintragung der Erbbaurechte zur ersten Rangstelle verlangen zu können. In der Sache wird damit ein Anspruch auf eine nachträgliche Rangänderung entsprechend § 880 Abs. 1 BGB gewährt. Das erstrangig eingetragene Erbbaurecht tritt im Rang zurück, damit eine gleichrangige Belastung hergestellt wird.

Satz 6 sieht vor, daß diese Veränderung des Rangverhältnisses nicht der Zustimmung des Grundstückseigentümers wie der Inhaber dinglicher Rechte an dem zuerst eingetragenen, vorrangigen Erbbaurecht bedarf.

Ein Erfordernis einer Zustimmung des Grundstückseigentümers entsprechend § 880 Abs. 2 Satz 2 BGB wäre eine unnötige Förmelei. Der Grundstückseigentümer erfüllt mit der Erbbaurechtsbestellung den durch den Entwurf begründeten gesetzlichen Anspruch, der ihn auch zur Bestellung mehrerer Erbbaurechte mit gleichem Rang verpflichtet, wenn sein Grundstück mit mehreren Häusern bebaut wurde und eine Realteilung zumindest auf absehbare Zeit nicht durchgeführt werden kann. Hat der Grundstückseigentümer eine Belastung des Grundstücks mit zwei an erster Rangstelle einzutragenden Erbbaurechten bewilligt, so wäre das Erfordernis einer ergänzenden Zustimmung zur nachfolgenden Rangänderung eine unnötige Förmlichkeit.

Der Zustimmung der Inhaber dinglicher Rechte am Erbbaurecht soll es deshalb nicht bedürfen, weil sich deren Rechtsposition durch die Bestellung eines weiteren Erbbaurechts im gleichen Rang nicht verschlechtert. Die Inhaber dinglicher Rechte am Erbbaurecht haben allein Berechtigungen an einem Erbbaurecht, dessen Schicksal nicht vom Bestand des anderen Erbbaurechts abhängig ist. Dies wird in Satz 7 (Satz 5 im Entwurf) dadurch zum Ausdruck gebracht, daß die im Gleichrang zu bestellenden Erbbaurechte in der Zwangsversteigerung wie Rechte an einem anderen Grundstück behandelt werden.

Die Ansprüche des Nutzers gegen die Inhaber dinglicher Rechte am Grundstück sind in den §§ 33 bis 37 des Entwurfs geregelt. Der Fall, daß mehrere Erbbaurechte auf einem Grundstück zu bestellen sind, bedarf keiner abweichenden oder ergänzenden Regelung.

10. **Zu Artikel 1 (§ 39 Abs. 2 Satz 2 — neu — SachenRBerG)**

In Artikel 1 ist dem § 39 Abs. 2 folgender Satz anzufügen:

„Die Belastung durch das Gesamterbbaurecht kann ein Grundstück einbeziehen, das nicht bebaut worden ist, wenn der Anspruch des Nutzers auf Erbbaurechtsbestellung nach den §§ 21 bis 27 sich auch auf dieses Grundstück erstreckt."

Begründung

Bei der Bestellung von Gesamterbbaurechten, deren Zulässigkeit von der Rechtsprechung bejaht wird (BGHZ 65, 345, 346) und die im Schrifttum nahezu unstrittig geworden ist (vgl. Ingenstau, ErbbauVO, 6. Auflage, § 1 Rn. 35 m. w. N.), sind die allgemeinen Einschränkungen für die Zulässigkeit von Erbbaurechten aus § 1 Abs. 2 und 3 ErbbauVO zu beachten.

Das Erbbaurecht kann danach zwar auf einen für das Bauwerk nicht erforderlichen Teil des Grundstücks erstreckt werden, das Bauwerk muß jedoch wirtschaftlich die Hauptsache bleiben (§ 1 Abs. 2 ErbbauVO). Für das Gesamterbbaurecht ist fraglich, ob auch die Belastung eines Grundstücks zulässig ist, auf dem kein Teil des Gebäudes steht. Es gibt Entscheidungen, die die Zulässigkeit der Belastung eines weiteren Grundstücks mit einem Gesamterbbaurecht auch dann bejahen, wenn das weitere Grundstück nur eine sog. Nebenfläche ist (BayObLG, Beschluß vom 26. April 1984, BReg. 2 Z 33—35/84, DNotZ 1985, 375, 378 — unter Aufhebung der abweichenden vorinstanzlichen Entscheidung).

Da das Gesamterbbaurecht nicht gesetzlich geregelt ist und es insoweit noch an einer gefestigten höchstrichterlichen Rechtsprechung fehlt, soll Satz 2 die Zulässigkeit solcher Belastungen klarstellen. Dies ist insbesondere für die Sachenrechtsbereinigung sinnvoll, weil bei der in der Deutschen Demokratischen Republik — vor allem auf den genossenschaftlich genutzten Flächen — üblichen Bebauung über die Grundstücksgrenzen hinweg häufig der Fall auftreten wird, daß ein nicht bebauter Teil eines zugewiesenen Nutzungsrechts sich auf ein Nachbargrundstück erstreckt.

11. **Zu Artikel 1 (§ 39 Abs. 3 Satz 1 Nr. 1 SachenRBerG)**

In Artikel 1 ist § 39 Abs. 3 Satz 1 Nr. 1 wie folgt zu fassen:

„1. der Nutzer Eigentümer des herrschenden Grundstücks und Inhaber eines auf dem benachbarten Grundstück bestellten Nachbarerbbaurechts wird,".

Begründung

Der Entwurf geht von der Gestaltung aus, daß der Eigentümer über die Grenze gebaut hat und zur Absicherung des Überbaus ein Nachbarerbbaurecht bestellt werden soll. Dies ist die Fallgestaltung, für die das Nachbarerbbaurecht im Schrifttum meist erörtert wird (vgl. v. Oefele/Winkler, Handbuch des Erbbaurechts, 3. Kapitel, Rn. 7).

In den neuen Ländern wird die grenzüberschreitende Bebauung zweier fremder Grundstücke aufgrund Nutzungsrechts oder mit Billigung staatlicher Stellen häufiger sein als der Überbau auf das Nachbargrundstück durch den Grundstückseigentümer. Das Nachbarerbbaurecht soll auch für diese Fälle Anwendung finden, wenn der Nutzer lediglich ein von ihm bebautes Grundstück ankaufen kann oder will und auf dem anderen Grundstück ein (Nachbar-)Erbbaurecht bestellt werden soll. Dies wird durch die Neufassung der Nummer 1 ermöglicht.

12. **Zu Artikel 1 (§ 39 Abs. 3 Satz 3 SachenRBerG)**

In Artikel 1 ist § 39 Abs. 3 Satz 3 wie folgt zu fassen:

„Das Erbbaurecht ist im Grundbuch als Nachbarerbbaurecht zu bezeichnen, im Grundbuch des belasteten Grundstücks als Belastung und im Grundbuch des herrschenden Grundstücks als Bestandteil einzutragen."

Begründung

Beim Nachbarerbbaurecht muß — wie in der Begründung zum Entwurf ausgeführt — dafür Sorge getragen werden, daß das Eigentum an dem (herrschenden) Grundstück, das dem Eigen-

III. Stellungnahme des Bundesrates

tümer des Bauwerks gehört, und die Inhaberschaft am Erbbaurecht nicht auseinanderfallen und so eine vertikale Teilung des Eigentums am Gebäude entsteht. Dies wird dann sichergestellt, wenn das Nachbarerbbaurecht mit dem herrschenden Grundstück als dessen Bestandteil verbunden wird. Diesem Zweck dient § 39 Abs. 3 Satz 3. Die Bestandteilseigenschaft des Nachbarerbbaurechts wird durch entsprechende Eintragungen im Grundbuch auch zum Ausdruck gebracht.

13. **Zu Artikel 1 (§ 43 Abs. 2 Satz 1 Nr. 1 Buchstabe b SachenRBerG)**

Der Bundesrat bittet, im weiteren Gesetzgebungsverfahren zu prüfen, ob in Artikel 1 in § 43 Abs. 2 Satz 1 Nr. 1 Buchstabe b nach dem Wort „ist" die Worte „oder die Größe des belasteten Grundstücks 1 000 Quadratmeter übersteigt und die darüber hinausgehende Fläche abtrennbar und angemessen wirtschaftlich nutzbar ist" eingefügt werden sollten.

Begründung

§ 26 Abs. 1 Satz 2 stellt eine über 1 000 qm hinausgehende Fläche, die abtrennbar und angemessen wirtschaftlich nutzbar ist, der 500 qm übersteigenden Fläche, die abtrennbar und selbständig baulich nutzbar ist, gleich. Im Hinblick darauf ist eine Ergänzung des § 43 Abs. 2 Satz 1 Nr. 1 Buchstabe b geboten.

14. **Zu Artikel 1 (§ 47 Abs. 2 — neu — und § 53 Abs. 1 und 2 SachenRBerG), Artikel 2 § 1 Nr. 1 (§ 9 Abs. 2 Satz 1, Satz 2 und 3 — neu —, Abs. 3 — neu — ErbbauVO), Artikel 2 § 1 Nr. 2 (§ 19 Abs. 2 Satz 2 ErbbauVO) und Artikel 2 § 1a — neu — (§ 52 Abs. 2 Satz 2 — neu — ZVG)**

a) In Artikel 1 ist § 47 wie folgt zu ändern:

aa) Der bisherige Wortlaut wird Absatz 1.

bb) Nach Absatz 1 ist folgender Absatz anzufügen:

„(2) Die Anpassung nach Absatz 1 Satz 3 und 4 ist auf den Betrag zu begrenzen, der sich aus der Entwicklung der Grundstückspreise ergibt. Die Begrenzung ist auf der Grundlage der Bodenrichtwerte nach § 196 des Baugesetzbuchs, soweit diese vorliegen, anderenfalls in folgender Reihenfolge nach der allgemeinen Entwicklung der Grundstückspreise in dem Land, in dem das Grundstück ganz oder zum größten Teil belegen ist, dem in § 1 bezeichneten Gebiet oder im gesamten Bundesgebiet zu bestimmen. Abweichende Vereinbarungen und Zinsanpassungen sind gegenüber den Inhabern dinglicher Rechte am Erbbaurecht, die einen Anspruch auf Zahlung oder Befriedigung gewähren, unwirksam, es sei denn, daß der Erbbauzins nur als schuldrechtliche Verpflichtung zwischen dem Grundstückseigentümer und dem Nutzer vereinbart wird."

b) In Artikel 1 ist § 53 wie folgt zu fassen:

„§ 53
Sicherung des Erbbauzinses

(1) Der Grundstückseigentümer kann die Absicherung des Erbbauzinses durch Eintragung einer Reallast an rangbereiter Stelle sowie eine Vereinbarung über die Sicherung der Reallast nach § 9 Abs. 3 der Verordnung über das Erbbaurecht verlangen.

(2) Auf Verlangen des Nutzers ist in den Erbbaurechtsvertrag eine Bestimmung aufzunehmen, nach der sich der Grundstückseigentümer zu einem Rangrücktritt der Reallast zugunsten eines für Baumaßnahmen des Nutzers innerhalb des in den §§ 11, 12 des Hypothekenbankgesetzes und § 21 der Verordnung über das Erbbaurecht bezeichneten Finanzierungszeitraums verpflichtet, wenn nach § 9 Abs. 3 der Verordnung über das Erbbaurecht das Bestehenbleiben des Erbbauzinses als Inhalt der Reallast vereinbart wird."

c) Artikel 2 § 1 Nr. 1 ist wie folgt zu fassen:

‚1. § 9 wird wie folgt geändert:

a) Absatz 2 wird wie folgt geändert:

aa) Satz 1 wird wie folgt gefaßt:

„Der Erbbauzins kann nach Zeit und Höhe für die gesamte Erbbauzeit im voraus bestimmt werden."

bb) Nach Satz 1 werden folgende Sätze 2 und 3 eingefügt:

„Inhalt des Erbbauzinses kann auch eine Verpflichtung zu seiner Anpassung an veränderte Verhältnisse sein, wenn die Anpassung nach Zeit und Wertmaßstab bestimmbar ist. Zu einer Änderung der Vereinbarung über die Anpassung des Erbbauzinses ist die Zustimmung der Inhaber dinglicher Rechte am Erbbaurecht erforderlich; § 880 Abs. 2 Satz 3 des Bürgerlichen Gesetzbuchs ist entsprechend anzuwenden."'

b) Nach Absatz 2 wird folgender Absatz 3 eingefügt:

„(3) Als Inhalt des Erbbauzinses kann vereinbart werden, daß die Reallast abweichend von § 52 Abs. 1 des Gesetzes über die Zwangsversteigerung und die Zwangsverwaltung mit ihrem Hauptanspruch bestehenbleibt, wenn der Grundstückseigentümer aus der Reallast oder der Inhaber eines im Range vorgehenden oder gleichstehenden dinglichen Rechts die Zwangsversteigerung des Erbbaurechts betreibt. Ist das Erbbaurecht mit dinglichen Rechten belastet, ist für die Wirksamkeit der Vereinbarung die Zustimmung der Inhaber der der Erbbauzinsreallast im Rang vorgehenden oder gleichstehenden dinglichen Rechte erforderlich."

c) Der bisherige Absatz 3 wird Absatz 4.'

d) In Artikel 2 § 1 Nr. 2 ist § 19 Abs. 2 Satz 2 wie folgt zu fassen:

„Dies gilt nicht, wenn eine Vereinbarung nach § 9 Abs. 3 Satz 1 getroffen worden ist."

e) In Artikel 2 ist nach § 1 folgender § 1 a einzufügen:

‚§ 1 a

Änderung des Gesetzes über die Zwangsversteigerung und Zwangsverwaltung

Dem § 52 Abs. 2 des Gesetzes über die Zwangsversteigerung und die Zwangsverwaltung in der im Bundesgesetzblatt Teil III, Gliederungsnummer 310-14, veröffentlichten bereinigten Fassung, das zuletzt durch . . . geändert worden ist, wird folgender Satz angefügt:

„Satz 1 ist entsprechend auf den Erbbauzins anzuwenden, wenn nach § 9 Abs. 3 der Verordnung über das Erbbaurecht das Bestehenbleiben des Erbbauzinses als Inhalt der Reallast vereinbart worden ist."'

Begründung

Zu Buchstabe a

Die Ergänzung der Regelung zur Anpassung des Erbbauzinses ist Folge der vorgeschlagenen Änderungen zur Wertsicherung des Erbbauzinses in Artikel 2 § 1 (Änderung der ErbbauVO).

Die Erbbauzinsreallast soll hiernach — einschließlich der Vereinbarung zur Wertsicherung — in der Zwangsversteigerung bestehenbleiben, und zwar auch dann, wenn sie gegenüber Grundpfandrechten nachrangig ist und bei der Feststellung des geringsten Gebots nicht zu berücksichtigen wäre. Damit stellt sich jedoch das Problem, daß die Befriedigung aus den vorrangigen Grundpfandrechten durch über die Wertentwicklung auf dem Grundstücksmarkt hinausgehende Anpassungen des Erbbauzinses beeinträchtigt werden könnte (vgl. Götz, DNotZ 1980, 3, 18f.). Der Ersteher wird für das Erbbaurecht weniger bieten, wenn die Zinsbelastung infolge einer die Verhältnisse am Grundstücksmarkt nicht berücksichtigenden Anpassung überdurchschnittlich hoch geworden ist. Die vorgeschlagene Begrenzung der Anpassung nach den Wertverhältnissen am Grundstück wirkt dem entgegen.

Die Entwicklung des Grundstückswerts kann für die Zwecke der Zinsanpassung nicht durch ein auf das konkrete Grundstück bezogenes Gutachten festgestellt werden. Dies würde zwar die Wertverhältnisse exakt wiedergeben, die Zinsanpassung wegen des damit verbundenen Aufwands aber praktisch undurchführbar machen. Der Vorschlag sieht vor, daß der Maßstab für eine Begrenzung der Zinsanpassung nach den Bodenrichtwerten ermittelt werden soll, die die Wertentwicklung für die in dem Gebiet der Gemeinde belegenen Grundstücke relativ genau wiedergeben.

Sind die Bodenrichtwerte nicht vorhanden, muß auf statistische Unterlagen zurückgegriffen werden, wobei die die Wertentwicklung des konkreten Grundstücks am nächsten liegende statistische Unterlage herangezogen werden soll.

Grundstückseigentümer und Nutzer können den Zins lediglich als schuldrechtliche Verpflichtung vereinbaren (vgl. Ingenstau, ErbbauVO, 6. Auflage, § 9 Rn. 4 m. w. N.). Ist dies der Fall, werden Dritte — insbesondere die Grundpfandgläubiger — durch solche Vereinbarungen nicht betroffen. Der Normalfall wird allerdings die Vereinbarung der Zinsanpassung als Inhalt der Reallast sein, die durch Änderung des § 9 Abs. 2 Satz 1 ErbbauVO möglich werden soll. Satz 3 stellt für diese Fälle sicher, daß Zinsanpassungen nur in dem zugelassenen Rahmen gegenüber den Grundpfandgläubigern wirksam und auch nur insoweit in einer Zwangsversteigerung vom Ersteher zu übernehmen sind.

Zu Buchstabe b

In Artikel 1 in § 53 Abs. 1 wird auf § 2 Nr. 8 der ErbbauVO verwiesen, der gestrichen werden soll. Die Neufassung von § 53 Abs. 1 SachenRBerG und die Änderung von Artikel 2 § 1 Nr. 1 des vorliegenden Entwurfs tragen dem Rechnung.

Dem § 53 Abs. 2 in der Fassung des Entwurfs liegt das bisherige System zugrunde, wonach der Rangrücktritt mit der Gefahr des Erlöschens der Erbbauzinsreallast und der Vormerkung zur Sicherung des Anspruchs auf Anpassung des Erbbauzinses an veränderte Verhältnisse verbunden ist. (Der Entwurf schafft — wie in der Begründung ausgeführt — nur einen teilweisen Ausgleich, indem er das Bestehenbleiben eines Anspruchs auf Zahlung des künftig fällig werdenden Erbbauzinses vorsieht, wobei allerdings insoweit keine Möglichkeit zur Anpassung eröffnet worden ist.) Aus diesem Grund enthält § 47 Abs. 2 zahlreiche Bestimmungen, die den in der notariellen Praxis üblichen Abreden entsprechen, die das Risiko eines Rangrücktritts für den Grundstückseigentümer — soweit möglich — auffangen sollen.

Mit den vorgeschlagenen Rechtsänderungen soll ermöglicht werden,

1. eine Wertsicherung und

2. das Bestehenbleiben des Erbbauzinses als Inhalt der Reallast vereinbaren zu können. Damit entfällt jedoch das Erfordernis für die in § 53 Abs. 2 des Gesetzentwurfs bezeichneten

Abreden. Die vorgeschlagene Fassung der Bestimmung sieht deshalb vor, daß der Nutzer die Vereinbarung eines Rangrücktritts für alle der Baufinanzierung dienenden Kredite in dem im Antrag bezeichneten Beleihungsraum für Realkredite verlangen kann, wenn das Bestehenbleiben des Erbbauzinses im Falle der Zwangsversteigerung als Inhalt der Reallast vereinbart wird.

Zu Buchstabe c

Die Vorschläge zu § 9 Abs. 2 sollen eine Anpassung der Erbbauzinsreallast an durch Zeitablauf eintretende veränderte wirtschaftliche Verhältnisse ermöglichen. Die bisherige Regelung in § 9 Abs. 2 Satz 1 ErbbauVO, wonach der Erbbauzins im voraus für die ganze Erbbauzeit bestimmt sein mußte, entspricht nicht den wirtschaftlichen Erfordernissen des Grundstückseigentümers und ist auch nicht erforderlich, um das Ziel zu erreichen, die Beleihbarkeit des Erbbaurechts zu sichern.

Satz 1 stellt klar, daß der Erbbauzins — wie bisher — für die ganze Erbbauzeit im voraus bestimmt werden kann. Dies entspricht der Vertragsgestaltung bei den alten Erbbaurechten. Eine solche Gestaltung kann auch dann sinnvoll sein, wenn das Erbbaurecht für eine nicht allzulange Zeit bestellt werden soll und die Vertragschließenden eine Festlegung für die gesamte Vertragszeit wünschen.

Satz 2 bringt die Neuerung, daß auch eine Wertsicherung zum Inhalt der Erbbauzinsreallast bestimmt werden kann. Dies ist für andere Reallasten nach §§ 1105 ff. BGB anerkannt (BGHZ 111, 324, 326; OLG Celle, Beschluß vom 13. April 1977 — 4 Wx 5/77 — DNotZ 1977, 548, 549). Die Bestimmung macht die heute übliche Wertsicherung durch eine schuldrechtliche Vereinbarung auf Anpassung des Erbbauzinses und die Sicherung dieses Anspruchs durch eine Vormerkung entbehrlich (vgl. dazu BGHZ 22, 220, 224; 61, 209, 211). Die gegenwärtige Regelung hat im Falle der Veräußerung des Erbbaurechts den Nachteil, daß der schuldrechtliche Anspruch auf Zinsanpassung gegenüber dem früheren Erbbauberechtigten geltend gemacht und durchgesetzt werden muß und erst danach der jetzige Erbbauberechtigte die Änderung der Erbbauzinsreallast gemäß § 888 BGB zu bewilligen hat. Die Erhöhung des Erbbauzinses tritt erst nach Eintragung der Rechtsänderung (Zinsanpassung) in das Grundbuch ein (BGH — Urteil vom 18. April 1986 — 5 ZR 8/85) — NJW-RR 1987, 94). Die Änderung führt dazu, daß die Anpassung unmittelbar gegenüber dem jeweiligen Erbbauberechtigten, der auch den erhöhten Zins zu zahlen hat, durchzusetzen ist.

Satz 3 ist Folge der Änderung, daß eine nachrangige Erbbauzinsreallast in der Zwangsversteigerung des Erbbaurechts bestehenbleiben soll, auch wenn sie bei der Feststellung des geringsten Gebots nicht zu berücksichtigen ist. Die Erbbauzinsreallast geht damit auf den Ersteher über und wirkt sich daher auch auf dessen Gebot in der Zwangsversteigerung des Erbbaurechts aus. Die Veränderung der Vereinbarungen über die Anpassung des Erbbauzinses beeinflussen damit die Werthaltigkeit anderer, auf dem Erbbaurecht ruhender dinglicher Rechte. Aus diesem Grunde sieht der Vorschlag vor, daß die Änderung solcher Vereinbarungen der Zustimmung der Inhaber dieser Rechte bedarf. Für die Erklärung der Zustimmung sollen die Bestimmungen des BGB über die Zustimmung zu einem Rangrücktritt entsprechend anzuwenden sein.

Ohne die neue Regelung in § 9 Abs. 3 ErbbauVO könnte aufgrund eines Rangrücktritts der Erbbauzinsreallast die in der Entwurfsbegründung zu Recht kritisierte Rechtsfolge eintreten, daß bei einer Zwangsversteigerung aus einem vorrangigen Grundpfandrecht der Erbbauzins mit dem Zuschlag erlischt und ein erbbauzinsloses Erbbaurecht entsteht. Der neue Absatz 3 soll — zusammen mit der Ergänzung des § 52 Abs. 2 ZVG — dieses Risiko ausschließen. Absatz 3 ermöglicht es, als Inhalt der Erbbauzinsreallast zu bestimmen, daß diese in der Zwangsversteigerung bestehenbleiben soll, wenn aus einem vorrangigen Grundpfandrecht die Zwangsversteigerung in das Erbbaurecht betrieben wird. Eine solche Vereinbarung soll nach der vorgeschlagenen Änderung des § 52 Abs. 2 ZVG dingliche Wirkung haben und in der Zwangsversteigerung zu beachten sein. Im Falle der Zwangsversteigerung aus einem vorrangigen Grundpfandrecht bleibt die Erbbauzinsreallast bestehen und ein erbbauzinsloses Erbbaurecht kann nicht entstehen.

Das Erlöschen der Erbbauzinsreallast könnte jedoch dadurch eintreten, daß der Grundstückseigentümer aus der Reallast die Versteigerung in das Erbbaurecht betreibt. Dies berührt zwar keine schutzwürdigen Belange des Grundstückseigentümers, schränkt aber die Möglichkeiten zu einer Beleihung des Erbbaurechts durch ein der Erbbauzinsreallast nachrangiges Grundpfandrecht erheblich ein. Insbesondere müßte § 19 Abs. 2 ErbbauVO für der Erbbauzinsreallast im Rang nachgehende grundpfandrechtliche Beleihungen bestehenbleiben, da der Erbbauzins für diese Fälle in vollem Umfang kapitalisiert werden müßte.

Die Änderung sieht vor, daß auch das Bestehenbleiben der Erbbauzinsreallast in diesen Fällen vereinbart werden kann. Der Ersteher hat dann die Erbbauzinsreallast zu übernehmen und der Grundstückseigentümer kann eine Befriedigung nur wegen der rückständigen und der laufenden Beträge erlangen. Im Ergebnis entspricht dies einer sog. Nichtkapitalisierungsvereinbarung oder Stillhalteerklärung, wie sie zwischen dem Grundstückseigentümer und dem durch ein nachrangiges Grundpfandrecht abzusichernden Kreditgeber des Erbbauberechtigten häufig vereinbart wird (vgl. Ingenstau, ErbbauVO, 6. Auflage, § 9 Rn. 64; v. Oefele/Winkler, Handbuch des

Erbbaurechts, 6. Kapitel Rn. 231). Eine Kapitalisierung nach § 19 Abs. 2 ErbbauVO wird jedoch trotz solcher Stillhalteerklärungen für erforderlich gehalten, weil die schuldrechtliche Vereinbarung zwischen Grundstückseigentümer und Kreditgeber für etwaige Rechtsnachfolger des Grundstückseigentümers nicht verbindlich ist, wenn diese nicht die Verpflichtungen aus der Nichtkapitalisierungsvereinbarung oder Stillhalteerklärung übernehmen (vgl. Götz, DNotZ 1980, 1, 27). Die Änderung des § 9 Abs. 3 eröffnet die Möglichkeit, die Wirkung solcher Vereinbarungen zum Inhalt der Erbbauzinsreallast zu bestimmen, wodurch die Abreden der Nichtkapitalisierung auch für einen Rechtsnachfolger des Grundstückseigentümers verbindlich werden.

Die Änderung ersetzt damit die im Entwurf vorgeschlagene Regelung, nach der der Anspruch auf den Erbbauzins zum Inhalt des Erbbaurechts bestimmt werden kann.

Zu Buchstabe d

Der Vorschlag zu § 19 Abs. 2 Satz 2 ErbbauVO ist die Folge der vorgeschlagenen Änderung des § 9 Abs. 3 ErbbauVO für die Bestimmung der Beleihungsgrenzen in § 19 Abs. 2 ErbbauVO. Wird die Nichtkapitalisierung als Inhalt der Erbbauzinsreallast vereinbart, besteht kein Grund, bei einer nachrangigen Beleihung den Erbbauzins in voller Höhe zu kapitalisieren und von der Beleihungsgrenze in Abzug zu bringen. Die Ergänzung des § 19 Abs. 2 ErbbauVO erweitert für diese Fälle den Raum für nachrangige Beleihungen des Erbbaurechts.

Die Vereinbarung, daß die Erbbauzinsreallast bei einer Zwangsversteigerung in das Erbbaurecht bestehenbleibt, kann die Rechte der vorrangigen Grundpfandgläubiger beeinträchtigen. Satz 2 sieht deshalb vor, daß die Inhaber solcher Rechte einer solchen Vereinbarung zustimmen müssen. — Die vorgeschlagenen Änderungen werden daher in der Praxis vornehmlich bei der Neubestellung von Erbbaurechten, auf denen noch keine Belastungen ruhen, im Fall der Neuvalutierung von Grundschulden, die nach Rückzahlung des Darlehens an den Erbbauberechtigten abgetreten worden sind, zur Anwendung kommen.

Zu Buchstabe e

Die Änderung ist die Folge der vorgeschlagenen Änderungen der Verordnung über das Erbbaurecht. Eine solche Ergänzung der Regelung des Gesetzes über die Zwangsversteigerung ist bereits im Schrifttum mehrfach vorgeschlagen worden (vgl. Winkler, DNotZ 1970, 390, 397 f. m. w. N.). Der Entwurf sieht dies jedoch nicht zwingend für alle Erbbauzinsreallasten, sondern nur für die Fälle vor, in denen eine dahin gehende Vereinbarung getroffen und zum Inhalt des dinglichen Rechts bestimmt worden ist.

Die Änderung verkürzt damit nicht die Rechte der Inhaber bereits bestellter dinglicher Rechte, gibt den Beteiligten künftig jedoch einen breiten Spielraum, eine zinsgünstige erstrangige Beleihung des Erbbaurechts zu ermöglichen, ohne daß der Grundstückseigentümer den Verlust des Erbbauzinses in der Zwangsversteigerung befürchten muß.

15. **Zu Artikel 1 (§ 48 Abs. 1 Satz 2 Nr. 1 Buchstabe a SachenRBerG)**

Der Bundesrat bittet, im weiteren Gesetzgebungsverfahren zu prüfen, ob in Artikel 1 in § 48 Abs. 1 Satz 2 Nr. 1 Buchstabe a vor dem Wort „gewerblichen" die Wörter „land-, forstwirtschaftlichen," eingefügt werden sollten.

Begründung

Durch die Ergänzung würde die Vorschrift an die entsprechende Bestimmung beim Ankauf in § 71 Abs. 1 Satz 2 Nr. 1 angepaßt.

16. **Zu Artikel 1 (§ 48 Abs. 1 Satz 2 Nr. 2 und Satz 3 SachenRBerG)**

Der Bundesrat bittet, im weiteren Gesetzgebungsverfahren zu prüfen, ob in Artikel 1 § 48 Abs. 1 Satz 2 Nr. 2 und Satz 3 folgende Fassung erhalten sollte:

„2. Kann eine am 2. Oktober 1990 ausgeübte, gewerbliche Nutzung nicht mehr ausgeübt werden, so ist der Zinssatz

a) von dreieinhalb auf zwei vom Hundert jährlich des Verkehrswerts herabzusetzen, wenn das Gebäude zu Wohnzwecken genutzt wird, oder

b) beizubehalten, wenn das Gebäude zu land- oder forstwirtschaftlichen Zwecken genutzt wird."

Begründung

Im Falle eines Wechsels von gewerblicher zu land- oder forstwirtschaftlicher Nutzung scheidet im Hinblick auf § 43 Abs. 2 Satz 1 Nr. 3 eine Herabsetzung des Zinssatzes aus.

17. **Zu Artikel 1 (§ 48 Abs. 1 Satz 4 letzter Halbsatz SachenRBerG)**

Der Bundesrat bittet, im weiteren Gesetzgebungsverfahren zu prüfen, ob in Artikel 1 § 48 Abs. 1 Satz 4 letzter Halbsatz gestrichen werden sollte.

Begründung

Der Anordnung der entsprechenden Anwendung des § 43 Abs. 2 Satz 2 in § 48 Abs. 1 Satz 4 letzter Halbsatz bedarf es nicht, weil die Regelung bereits in § 48 Abs. 1 Satz 4 getroffen ist.

III. Stellungnahme des Bundesrates

18. Zu Artikel 1 (§ 49 Abs. 2 SachenRBerG)

Der Bundesrat bittet, im weiteren Gesetzgebungsverfahren zu prüfen, ob in Artikel 1 in § 49 Abs. 2 auch Regelungen für den Wechsel von Wohnnutzung zu land-, forstwirtschaftlicher, gewerblicher oder zu öffentlichen Zwecken dienender Nutzung (Erhöhung von zwei auf sieben vom Hundert jährlich des Verkehrswerts) und umgekehrt (Erhöhung von dreieinhalb auf vier vom Hundert jährlich des Verkehrswerts) getroffen werden sollten.

Begründung

§ 49 Abs. 2 regelt die Zinserhöhung bei den beiden genannten Nutzungsänderungen nicht, obwohl sie in § 49 Abs. 1 Nr. 1 in Verbindung mit § 71 Abs. 1 Nr. 1 und 3 vorgesehen sind. Insoweit kommt eine Ergänzung des § 49 Abs. 2 oder eine dem § 49 Abs. 3 entsprechende Formulierung in Betracht.

19. Zu Artikel 1 (§ 69 Abs. 2 SachenRBerG)

In Artikel 1 ist § 69 Abs. 2 wie folgt zu fassen:

„(2) Macht der Nutzer dem Grundstückseigentümer im ersten Jahr nach dem ... (einsetzen: Tag des Inkrafttretens dieses Gesetzes) ein Angebot für einen Grundstückskaufvertrag oder beantragt er innerhalb dieser Zeit das notarielle Vermittlungsverfahren zum Abschluß eines solchen Vertrages, so kann er eine Ermäßigung des nach Absatz 1 ermittelten Kaufpreises um fünf vom Hundert für den Fall verlangen, daß der ermäßigte Kaufpreis innerhalb eines Monats gezahlt wird, nachdem der Notar dem Käufer mitgeteilt hat, daß alle zur Umschreibung erforderlichen Voraussetzungen vorliegen. Wird das Angebot im zweiten Jahr nach dem ... (einsetzen: Tag des Inkrafttretens dieses Gesetzes) gemacht oder innerhalb dieser Zeit das notarielle Vermittlungsverfahren beantragt, so beträgt die Ermäßigung zweieinhalb vom Hundert. Die Ermäßigung ist ausgeschlossen, wenn zuvor ein Erbbauzins an den Grundstückseigentümer zu zahlen war. Die Ermäßigung fällt weg, wenn der Käufer den Vertragsschluß wider Treu und Glauben erheblich verzögert."

Begründung

Es ist angezeigt, die Vorschrift so umzugestalten, daß sie leichter handhabbar und weniger streitträchtig ist.

Die Entwurfsfassung von § 69 Abs. 2 Satz 1 könnte so verstanden werden, daß der Käufer, um in den Genuß der Preisreduzierung zu kommen, zunächst den ungekürzten Kaufpreis zahlen und dann vom Verkäufer den Teilerlaß verlangen müßte, nachdem die Voraussetzungen hierfür erfüllt sind. Anschließend hätte der Verkäufer den zuviel gezahlten Betrag zurückzuerstatten. Dies wäre offensichtlich nicht sachgerecht. Ein solches Verständnis der Vorschrift kann vermieden werden, wenn nicht der Weg über einen teilweisen nachträglichen Erlaß gewählt wird, sondern über eine Preisermäßigung, die bereits beim Vertragsschluß verlangt werden kann, die aber nur bei rechtzeitiger Kaufpreiszahlung eintritt.

Wenn der Entwurf die erste Voraussetzung für die Ermäßigung als Entscheidung des Käufers für den Ankauf umschreibt, so wird dem Käufer damit nicht genügend abverlangt. Diese Voraussetzung wäre schon erfüllt, wenn der Nutzer das Wahlrecht fristgerecht ausübte. Mit diesem Schritt wird die Bereinigung der Rechtsbeziehungen jedoch noch nicht so weit gefördert, daß eine Preisermäßigung gerechtfertigt wäre. Verlangt werden sollte vielmehr, daß innerhalb der Frist entweder das Kaufvertragsangebot vorgelegt oder das notarielle Vermittlungsverfahren beantragt wird.

Für die Zahlung nach Umschreibungsreife sollte darüber hinaus eine kurze, aber ausreichende Frist festgelegt werden, um den Beteiligten eine sichere Kalkulation zu ermöglichen.

Mit dem vorgeschlagenen § 69 Abs. 2 Satz 2 soll die Regelung aus dem Entwurf, daß sich bei einem Tätigwerden des Nutzers im zweiten Jahr die Ermäßigung auf 2,5 vom Hundert verringert, unverändert beibehalten werden. Dabei braucht nicht ausdrücklich ausgesprochen zu werden, daß auch in diesem Fall die vereinbarte Ermäßigung nur eintritt, wenn der Kaufpreis innerhalb eines Monats nach Umschreibungsreife gezahlt wird; dies ergibt sich bereits aus der vorgeschlagenen Formulierung.

Die Monatsfrist für die Kaufpreiszahlung macht die Bestimmung in § 69 Abs. 2 Satz 3 des Entwurfs überflüssig, soweit diese Zahlungsverzögerungen betrifft.

Soweit § 69 Abs. 2 Satz 3 des Entwurfs sich auf Verzögerungen des Vertragsschlusses bezieht, erscheint die Regelung nicht unbedenklich. Solche Verzögerungen können vielerlei Ursachen haben. Der Anteil verschiedener Ursachen wird sich oft kaum feststellen lassen. Auch wird ein fahrlässiges Verhalten, das zur Verzögerung führt, nicht immer leicht von einem Verhalten zu unterscheiden sein, das der Wahrnehmung berechtigter eigener Interessen dient. Schließlich wäre es unbillig, wenn jede, auch die kleinste, vom Käufer fahrlässig verursachte Verzögerung ohne jede Differenzierung zum Wegfall der Preisermäßigung führen würde. Eine solche Vorschrift wäre im besonderen Maße streitträchtig und würde die Gerichte ohne Not zusätzlich belasten. Der Wegfall der Preisermäßigung sollte deshalb — nach dem Vorbild des § 162 BGB — auf Verzögerungen beschränkt werden, die auf einem treuwidrigen Verhalten des Käufers beruhen. Außerdem ist es angezeigt, die unter Umständen gravierende Sanktion nur für erhebliche Verzögerungen vorzusehen.

20. **Zu Artikel 1 (§ 71 Abs. 3 Satz 2 — neu — SachenRBerG)**

Der Bundesrat bittet, im weiteren Gesetzgebungsverfahren zu prüfen, ob in Artikel 1 dem § 71 Abs. 3 folgender Satz angefügt werden sollte:

„Gleiches gilt hinsichtlich einer über 1 000 Quadratmeter hinausgehenden Fläche, wenn diese abtrennbar und angemessen wirtschaftlich nutzbar ist."

Begründung

In § 26 Abs. 1 wird die Fläche, die die Regelgröße von 500 qm übersteigt und abtrennbar und selbständig baulich nutzbar ist, der über 1 000 qm hinausgehenden Fläche, die abtrennbar und angemessen wirtschaftlich nutzbar ist, gleichgestellt. § 49 Abs. 3 sollte an diese Regelung angepaßt werden.

21. **Zu Artikel 1 (§ 72 SachenRBerG)**

Der Bundesrat bittet, im weiteren Gesetzgebungsverfahren zu prüfen, ob in Artikel 1 in § 72 der Nutzer verpflichtet werden sollte, dem früheren Grundstückseigentümer die durch § 72 erfaßten Nutzungsänderungen, Veräußerungen und Rechtsgeschäfte anzuzeigen.

Begründung

§ 74 Abs. 3 Satz 4 sieht für die dort genannten Fälle eine Verpflichtung des Nutzers vor, die Weiterveräußerung dem früheren Grundstückseigentümer anzuzeigen. Angesichts der Schwierigkeit des früheren Grundstückseigentümers, insbesondere die in § 72 Abs. 4 genannten Rechtsgeschäfte in Erfahrung zu bringen, sollte auch für die Fälle des § 72 eine Unterrichtungsverpflichtung des Nutzers geschaffen werden, damit für das Auskunftsbegehren des früheren Grundstückseigentümers eine klare Rechtsgrundlage besteht.

22. **Zu Artikel 1 (§ 73 Abs. 2 SachenRBerG)**

In Artikel 1 ist § 73 Abs. 2 wie folgt zu fassen:

„(2) Größenunterschiede sind als geringfügig anzusehen, wenn sie bei einem nach § 18 in Ansatz zu bringenden Verkehrswert je Quadratmeter von

1. unter 100 Deutsche Mark fünf vom Hundert,
2. unter 200 Deutsche Mark vier vom Hundert oder
3. ab 200 Deutsche Mark drei vom Hundert

nicht überschreiten."

Begründung

Bei der Entwurfsfassung würde die in § 51 Satz 2 vorgesehene entsprechende Anwendung Schwierigkeiten bereiten, weil sich der Erbbauzins nicht nach dem im Fall eines Ankaufs zu zahlenden Preis bemißt, sondern nach dem Verkehrswert und weil der zu zahlende Erbbauzins nach § 43 Abs. 2 außerdem von der Nutzungsart und bei Eigenheimen auch von der Grundstücksgröße abhängt.

Diese Schwierigkeiten können vermieden werden, wenn hier als Vergleichsgröße nicht der Preis, sondern der (doppelt so hohe) Verkehrswert genommen wird. In § 73 Abs. 2 ergibt sich daraus kein sachlicher Unterschied, für § 51 wird aber klargestellt, daß die Geringfügigkeitsgrenze nur vom Verkehrswert abhängt und nicht auch vom Satz des Erbbauzinses.

23. **Zu Artikel 1 (§ 74 Abs. 2 SachenRBerG)**

Der Bundesrat bittet, im weiteren Gesetzgebungsverfahren zu prüfen, ob in Artikel 1 in § 74 Abs. 2 der Nutzer verpflichtet werden sollte, dem früheren Grundstückseigentümer eine Nutzungsänderung oder eine Beseitigung des Gebäudes, die einen Nachzahlungsanspruch auslöst, anzuzeigen.

Begründung

§ 74 Abs. 3 Satz 4 sieht für die dort genannten Fälle eine Verpflichtung des Nutzers vor, die Weiterveräußerung dem früheren Grundstückseigentümer anzuzeigen. Die Verpflichtung soll dem früheren Grundstückseigentümer die Verfolgung seines Nachzahlungsanspruchs erleichtern. Die Interessenlage ist im Fall des § 72 Abs. 2 gleich. Es sollte daher ebenfalls eine Unterrichtungsverpflichtung des Nutzers geschaffen werden.

24. **Zu Artikel 1 (§ 76 Abs. 1 SachenRBerG)**

Der Bundesrat bittet, im weiteren Gesetzgebungsverfahren zu prüfen, ob in Artikel 1 in § 76 Abs. 1 auch eine Regelung getroffen werden sollte, bis zu welchem Zeitpunkt der Nutzer im Falle des Ankaufs ein Nutzungsentgelt zu entrichten hat.

Begründung

Das Sachenrechtsbereinigungsgesetz enthält für den Fall des Ankaufs keine ausdrückliche Regelung, bis zu welchem Zeitpunkt der Nutzer das Entgelt nach Artikel 233 § 2a Abs. 1 Satz 4 EGBGB in der Fassung des Entwurfs zu entrichten hat. Aus § 44 Abs. 2 Satz 3 könnte entnommen werden, daß das Nutzungsentgelt grundsätzlich bis zur Rechtsänderung, also zur Eintragung im Grundbuch, zu zahlen ist. Andererseits ergibt sich aus § 76 Abs. 1 Satz 2, daß der Nutzer vom Kaufvertragsschluß an die auf dem Grundstück ruhenden Lasten zu tragen hat. Danach könnte der Abschluß dieses schuldrechtlichen Geschäftes die Bereinigung des Rechtsverhältnisses im Sinne von Artikel 233 § 2a Abs. 1 Satz 3 EGBGB in der Fassung des Entwurfs darstellen. Dagegen spricht allerdings im Hinblick auf § 44 Abs. 2 Satz 3 die Bestimmung des § 59 Satz 1. Vernünftige Beteiligte werden bei Fehlen einer gesetzlichen Bestimmung eine vertragliche Regelung treffen.

Bei der Sachenrechtsbereinigung besteht aber ein Regelungsbedarf, da zwischen dem Abschluß des Kaufvertrages und der Eintragung im Grundbuch wegen der häufig erforderlichen Teilungsgenehmigungen nach § 120 oftmals ein erheblicher Zeitraum liegen wird. Im Hinblick darauf könnte bestimmt werden, daß der Nutzer bis zur Zahlung des Kaufpreises ein Nutzungsentgelt zu entrichten hat, aber von diesem die auf dem Grundstück ruhenden Lasten abziehen kann, soweit sie auf den entsprechenden Nutzungszeitraum entfallen und von ihm getragen wurden.

25. **Zu Artikel 1 (§ 77 SachenRBerG)**

Der Bundesrat bittet, im weiteren Gesetzgebungsverfahren zu prüfen, ob es sachgerecht ist, anstelle des in § 77 SachenRBerG vorgesehenen Gewährleistungsausschlusses eine Ausgleichsregelung für den Fall vorzusehen, daß beim Ankauf, bei der Erbbaurechtsbestellung und beim „umgekehrten Ankauf" das Entgelt unzutreffend bestimmt worden ist. Dafür kann als eine Möglichkeit die Sachmängelgewährleistung in Betracht kommen.

Begründung

(1) Der Entwurf will in § 77 für den Fall des Ankaufs die Haftung für Sachmängel des Grundstücks ausschließen, weil den Nutzer der Zustand des Grundstücks bekannt sei und die Grundstückseigentümer mit ihnen abschließen müßten [Abschnitt E.1.j. bb. (3) (a) des Allgemeinen Teils der Begründung].

Gegen diesen Haftungsausschluß bestehen aus zwei Gründen Bedenken. Zum einen kann hinsichtlich der Gewährleistung für den Ankauf des Grundstücks nichts anderes gelten als für den Erbbaurechtsvertrag und den Vertrag über den Hinzuerwerb des Gebäudes durch den Grundstückseigentümer (§ 82); insoweit sieht der Entwurf jedoch keine entsprechende Regelung vor. Zum anderen ist ein Gewährleistungsausschluß bei einem Vertrag, dessen Konditionen die Parteien nicht frei ausgehandelt haben, problematisch.

a) Ankaufsrecht und Bestellung eines Erbbaurechts dürfen hinsichtlich der Sachmängelhaftung nicht unterschiedlich behandelt werden. Die Vorschriften der §§ 459 ff. BGB gelten auch für den auf Bestellung eines Erbbaurechts gerichteten Vertrag, entweder weil es sich um einen Rechtskauf nach § 433 Abs. 1 Satz 2 BGB handelt oder weil gemäß § 493 BGB die Belastung einer Sache gegen Entgelt vorgesehen ist. Dabei stellt ein Sachmangel des Grundstücks zugleich einen Sachmangel des Erbbaurechts dar, auf die die §§ 459 ff. BGB entsprechend anzuwenden sind (BGH NJW 1986, 1605 m. w. N.). Wenn der Entwurf in § 77 für den Ankauf die Sachmängelhaftung ausschließen will, für den Vertrag über die Bestellung eines Erbbaurechts aber nicht, so stellt das einen gravierenden Wertungswiderspruch dar. Das Prinzip der Gleichwertigkeit von Erbbaurechtsbestellung und Ankauf würde verletzt.

Für den Fall des „umgekehrten Ankaufsrechts" gemäß §§ 82 ff. sieht der Entwurf ebenfalls keinen Gewährleistungsausschluß vor, obwohl bei frei ausgehandelten Grundstückskaufverträgen nicht zuletzt im Hinblick auf Gebäude die Sachmängelhaftung ausgeschlossen zu werden pflegt, und zwar auch dann, wenn dem Käufer der Zustand des Gebäudes nicht näher bekannt ist. Auch insoweit enthält der Entwurf also einen Wertungswiderspruch.

b) Aber auch für den Fall des Ankaufs ist ein Gewährleistungsausschluß zweifelhaft. Der in der Begründung herangezogene Umstand, daß die Grundstückseigentümer verpflichtet sind, mit den Nutzern abzuschließen, spricht nicht für einen Gewährleistungsausschluß. Zwar wird bei frei ausgehandelten Grundstückskaufverträgen sehr häufig die Sachmängelhaftung ausgeschlossen. Eine solche Handhabung ist auf das Interesse des Verkäufers zurückzuführen, der nach der Vertragsabwicklung nicht mehr in Anspruch genommen werden möchte; der Käufer kann das damit verbundene Risiko in die Gesamtbewertung der Vertragskonditionen, insbesondere des Preises, einbeziehen und sich dann entscheiden, ob er das Grundstück trotzdem kaufen will. Dies ist jedoch bei einem nicht frei ausgehandelten Vertrag, bei dem beide Parteien darauf angewiesen sind, mit der jeweils anderen abzuschließen und bei dem die Vertragskonditionen gesetzlich festgelegt sind, nicht möglich.

Auch wenn die Nutzer das Grundstück in der Regel gut kennen, können der tatsächliche Zustand und die für die Verkehrswertbestimmung angenommenen Faktoren erheblich auseinanderfallen: Vorhandene Altlasten und öffentlich-rechtliche Baubeschränkungen des anzukaufenden Grundstücks kommen in Betracht; es ist aber auch daran zu denken, daß alle Beteiligten annehmen, ein Nachbargrundstück sei nicht bebaubar und deshalb wegen vermeintlich unverbaubarer Aussicht einen zu hohen Verkehrswert zugrunde legen. Es wäre bedenklich, wenn der Nutzer in solchen Fällen an einem Kaufpreis festgehalten werden soll, auf dessen Zustandekommen er keinen Einfluß hatte und der objektiv zu hoch ist.

(2) Für diesen Fall müßte eine Ausgleichsregelung zur Verfügung stehen, die die Äquivalenzstörungen beseitigt. Die Gewährleistungsvorschriften des Kaufrechts können insofern in Betracht kommen. Eine uneingeschränkte Anwendung der Gewährleistungsvorschriften wäre allerdings nicht zweckmäßig. Die Wandelung müßte ausgeschlossen werden, damit das Gesetzesziel, Bereinigung der Rechtsverhältnisse und möglichst Zusammenführung von Grundstücks- und Gebäudeeigentum, erreicht wird. Die Interessen der Nutzer wären ausreichend gewahrt, wenn die Äquivalenzstörungen in Geld ausgeglichen werden. Daß der Vertrag rückgängig gemacht und damit der unbereinigte Zustand wiederhergestellt wird, kann dagegen nicht erwünscht sein.

26. **Zu Artikel 1 (§ 79 Abs. 1 Satz 2 SachenRBerG)**

Der Bundesrat bittet, im weiteren Gesetzgebungsverfahren zu prüfen, ob in Artikel 1 in § 79 Abs. 1 Satz 2 die Ausnahmen von dem Verfügungsverbot des Artikels 1 § 79 Abs. 1 Satz 1 praxisgerechter formuliert werden können.

Begründung

Das in § 79 Abs. 1 Satz 1 SachenRBerG vorgesehene Verfügungsverbot soll dinglich wirken und ist auch vom Grundbuchamt zu beachten. Die in Satz 2 dieser Bestimmung vorgesehene Ausnahme von diesem Verfügungsverbot bei Veräußerung des Gebäudeeigentums zur Abwendung der Zwangsversteigerung erscheint nicht praktikabel, da die Voraussetzungen hierfür nicht in grundbuchmäßiger Form nachgewiesen werden können. Damit die Vorschriften in der Praxis angewandt werden können, erscheint eine andere Formulierung notwendig. In Betracht kommen könnte zum Beispiel eine Ausnahme vom Veräußerungsverbot für den Fall, daß die Zwangsversteigerung bereits angeordnet ist, da diese Tatsache dem Grundbuchamt bekannt ist.

27. **Zu Artikel 1 (§ 82 Abs. 1 Satz 1 Nr. 1 SachenRBerG)**

Der Bundesrat bittet, im weiteren Gesetzgebungsverfahren zu prüfen, ob in Artikel 1 in § 82 Abs. 1 Satz 1 Nr. 1 auch der Fall des Wiedereinrichters aufgenommen werden sollte.

Begründung

Der Fall des Wiedereinrichters sollte geprüft werden, weil sich § 53 des Landwirtschaftsanpassungsgesetzes nicht ausdrücklich auf ihn erstreckt.

28. **Zu Artikel 1 (§§ 88, 89, 105 SachenRBerG)**

Der Bundesrat bittet, im weiteren Gesetzgebungsverfahren zu prüfen, wie die zu erwartenden enormen Engpässe bei dem als Klagevoraussetzung vorgesehenen notariellen Vermittlungsverfahren vermieden werden können, um erhebliche Verzögerungen in der Verwirklichung der mit dem Gesetz gewährten, nur schuldrechtlichen Rechtspositionen der Beteiligten zu verhindern.

Begründung

Zur Entlastung der Gerichte sieht der Entwurf als zwingende Voraussetzung für eine Klage auf Abschluß eines Erbbaurechtsvertrages oder eines Kaufvertrages die Durchführung von Vermittlungsverfahren durch Notare vor. Das im einzelnen geregelte Verfahren (§§ 88 bis 103) kann auf Antrag des Nutzers oder Grundstückseigentümers eingeleitet werden; verständigen sie sich nicht auf einen Notar des Landes der Belegenheit, so ist der zuständige Notar durch das Landgericht zu bestimmen. Der Notar erörtert den Sachverhalt und die Streitpunkte mit den Beteiligten, führt erforderliche Sachverhaltsaufklärungen durch und hat im Falle der Nichteinigung abschließend einen Vermittlungsvorschlag sowie ein Abschlußprotokoll über die unstreitigen und die streitig gebliebenen Punkte als Grundlage des Klageverfahrens zu erstellen (§§ 99, 100, 105, 106). Die anwaltliche Vertretung der Beteiligten, auch die Beiordnung eines Rechtsanwalts sowie die Gewährung von Prozeßkostenhilfe sind möglich (§ 103). Weitere, mit dem notariellen Verfahren verbundene Rechtsbehelfsverfahren betreffen Beschwerden gegen die Amtstätigkeit des Notars (§ 90), über Entscheidungen zur Wiedereinsetzung in den vorigen Stand und über die rechtsverbindliche Entscheidung (Bestätigung) des Notars über seinen vermittelten Vorschlag bei Terminversäumung (§ 97).

In den neuen Ländern sind von der Sachenrechtsbereinigung ca. 300 000 Eigenheime und 90 000 Wirtschaftsgebäude (Wohnungen im komplexen Wohnungsbau sollen hier unberücksichtigt bleiben) betroffen. Geht man davon aus, daß von den 390 000 Sachen etwa 1/5 (78 000) auf Sachsen-Anhalt entfällt und davon sicherlich 2/3 der Verfahren streitig durchgeführt werden, so hätten die ca. 110 Notare jeweils 472 Vermittlungsverfahren zu bearbeiten. Da die Notare in diesen Fällen die streitigen und unstreitigen Punkte in einem Eingangsprotokoll festzuhalten haben, mit den Beteiligten Erörterungen durchführen, Ermittlungen anstellen sowie Vermittlungsvorschläge und Abschlußprotokolle zu erarbeiten haben, dürfte pro Vermittlungsverfahren sicherlich durchschnittlich der Einsatz eines Tages anzunehmen sein. Damit hätte jeder Notar in Sachsen-Anhalt neben seiner allgemeinen Arbeitsbelastung durchschnittlich 236 Arbeitstage aufzuwenden. Da jedoch bereits die allgemeine Arbeitsbelastung der Notare hoch ist, werden sie kaum mehr als ein bis zwei Arbeitstage der Woche auf Vermittlungsverfahren verwenden können. Dies hätte zur

Folge, daß allein für die Durchführung der Vermittlungsverfahren ohne Berücksichtigung zwischengeschalteter Rechtsbehelfsverfahren und anschließender Klageverfahren ein Zeitraum von ca. fünf Jahren realistischerweise anzusetzen ist.

Der Entwurf geht daher zutreffend davon aus, daß die Zahl der Notare in den neuen Ländern für die Durchführung der Vermittlungsverfahren, die mit enormen Mehrbelastungen verbunden sind, nicht ausreicht und nicht wegen eines nur vorübergehenden besonderen Arbeitsanfalls die Zahl der Notarzulassungen entsprechend erhöht werden kann (Begründung zu § 89). Der Entwurf verspricht sich Abhilfe davon, daß den Beteiligten die Möglichkeit eröffnet wird, einvernehmlich auch Notare aus den alten Ländern zu beauftragen. Dabei ist aber zu berücksichtigen, daß in Fällen ausgeprägten Interessengegensatzes zwischen hiesigen Nutzern und westdeutschen Eigentümern die Vermittlungsaufgabe erschwert und beiderseitiges Vertrauen belastet wird; in solchen Fällen werden hiesige Nutzer vielfach nicht bereit sein, die Wahrnehmung ihrer Belange einem „West-Notar" anzuvertrauen. Zudem ist fraglich, inwieweit diese bereit sein werden, eine so zeitaufwendige, mit Reisen, Besprechungen und Ermittlungen in einem der neuen Länder verbundene Tätigkeit zu übernehmen. Daher müssen weitere Möglichkeiten unverzögerter Abwicklung der Vermittlungsverfahren geprüft werden, um einen unvertretbaren Verfahrensstau zu verhindern. Insbesondere kommt in Betracht, die Durchführung von Vermittlungsverfahren neben den Notaren auf weitere erfahrene Berufsgruppen zu verteilen wie Rechtsanwälte, Steuerberater, Wirtschaftsprüfer, auf dem Gebiet des Grundstücks- und Wohnungswesens öffentlich bestellte Sachverständige, deren sich die Beteiligten als Beauftragte und Vertreter ihres Vertrauens zur Herbeiführung einer Einigung bedienen können. Dabei kann den Beteiligten freigestellt werden, ob sie so verfahren oder sich eines Notars bedienen wollen.

Diese Berufsgruppen sind mit Vertragsverhandlungen, den Verfahren der außerprozessualen Regelung und der Vorbereitung von Vertragsentwürfen vertraut. Erfahrungsgemäß werden zum Beispiel etwa 70 % streitiger Rechtsangelegenheiten von den beiderseits beauftragten Anwälten einer außerprozessualen Einigung zugeführt. Der Klage wäre eine privatschriftliche Vereinbarung über die Punkte, über die Einigung erzielt ist, und über die offenen Punkte sowie ein darauf basierender vollständiger Vertragsentwurf als Vertragsangebot des Klägers beizufügen sein (die gerichtliche Entscheidung ersetzt die notarielle Form). Dies hätte zudem den Vorteil, daß der Verfahrensaufwand gemindert wird, da förmliche Verfahrensregeln in einem nicht hoheitlich geordneten Verfahren entfallen. Insbesondere entfallen auch zusätzliche Belastungen der Gerichte bei Beschwerden gegen Maßnahmen und Entscheidungen des Notars.

29. **Zu Artikel 1** (§ 89 Abs. 1 Satz 3 und 4 — neu — SachenRBerG)

In Artikel 1 sind in § 89 Abs. 1 nach Satz 2 folgende Sätze 3 und 4 anzufügen:

„§ 10a Abs. 2 der Bundesnotarordnung und § 10 Abs. 2 der Verordnung über die Tätigkeit von Notaren in eigener Praxis vom 20. Juni 1990 (GBl. I Nr. 37 S. 475), die zuletzt durch ... geändert worden ist, sind nicht anzuwenden. Die Genehmigung von Urkundstätigkeiten und Amtshandlungen außerhalb des Amtsbezirks (§ 11 Abs. 2 der Bundesnotarordnung, § 11 Abs. 2 Satz 1 der Verordnung über die Tätigkeit von Notaren in eigener Praxis) soll erteilt werden, sofern nicht die Belange einer geordneten Rechtspflege entgegenstehen."

Begründung

§ 89 Abs. 1 Satz 2 des Entwurfs ermöglicht es den Beteiligten, abweichend von der örtlichen Zuständigkeitsregelung des Satzes 1 die Zuständigkeit eines anderen Notars zu vereinbaren. Ohne weitere Regelungen würde es für die Urkundstätigkeit (§§ 20 bis 22a BNotO) bzw. die Amtstätigkeit von Notarinnen und Notaren bei den lokalen Beschränkungen der BNotO (§ 10a Abs. 2, § 11 Abs. 2) und der VONot (§ 10 Abs. 2, § 11 Abs. 2 Satz 1) verbleiben. Im Rahmen des notariellen Vermittlungsverfahrens kann es jedoch häufig zweckmäßig sein, daß die Amts- bzw. Urkundstätigkeiten außerhalb der Geschäftsstelle der Notarinnen und Notare und auch deren Amtsbereiche und -bezirke etwa am Wohnort eines Beteiligten oder in räumlicher Nähe zum Verhandlungsgegenstand vorgenommen werden.

Um unnötige Hemmnisse und Verzögerungen zu vermeiden, sollen die in § 10a Abs. 2 BNotO, § 10 Abs. 2 Satz 1 VONot errichteten Schranken für Amtstätigkeiten im Rahmen des notariellen Vermittlungsverfahrens entfallen und das Regel-Ausnahmeverhältnis der allgemeinen berufsrechtlichen Bestimmungen (§ 11 Abs. 2 BNotO, § 11 Abs. 2 Satz 1 VONot) umgekehrt werden.

Indem Notarinnen und Notare ihr Amt in den Grenzen auszuüben haben, die die Landesjustizverwaltungen für die Notarstellen bestimmen, soll eine leistungsstarke, flächendeckende Versorgung mit notariellen Dienstleistungen sichergestellt werden. Ein Bedürfnis, Amtshandlungen außerhalb des Amtsbezirks zuzulassen, liegt im allgemeinen nur selten vor. Dementsprechend beschränken die allgemeinen Ausführungsbestimmungen der Länder die Erteilung von Genehmigungen nach § 11 Abs. 2 BNotO auf besondere Ausnahmefälle. Für den Bereich der Sachenrechtsbereinigung ist demgegenüber festzustellen, daß Urkundstätigkeit zur Durchführung des notariellen Vermittlungsverfahrens im Regelfall auch zuzulassen ist, wenn die von den Beteiligten ausgewählten Notarinnen und Notare dabei außerhalb des zugewiesenen Amtsbezirks tätig werden müssen.

Das Genehmigungsverfahren stellt der Dienstaufsicht ein flexibel zu handhabendes Instrumentarium zur Kontrolle und — nötigenfalls — Einflußnahme zur Verfügung, auf das im Interesse einer geordneten Rechtspflege nicht verzichtet werden kann. Andererseits gilt es, zur zügigen Durchführung der Sachenrechtsbereinigungsverfahren Verwaltungsaufwand soweit wie möglich und sachlich gerechtfertigt zu vermeiden. Die vorgeschlagene Regelung eröffnet den Justizverwaltungen die Möglichkeit, je nach regionalen Bedürfnissen mehr oder weniger konkret gefaßte Genehmigungen zu erteilen. Dies kann in genereller Form durch allgemeine Ausführungsbestimmungen der Landesjustizverwaltungen oder auch einzelfallbezogen in Genehmigungen der nachgeordneten Aufsichtsbehörden geschehen. Es kann an Anträge einzelner Notare angeknüpft werden. Es wäre aber auch zulässig, in allgemeiner Form zeitlich oder örtlich begrenzte Erlaubnisse auszusprechen.

Eines zusätzlichen Hinweises auf § 5 Abs. 2 VONot bedarf es nicht, da diese Bestimmung sachlich eine lokale Beschränkung der Amtstätigkeit des Notars nach den allgemeinen berufsrechtlichen Bestimmungen (BNotO, VONot) voraussetzt.

30. **Zu Artikel 1 (§ 91 SachenRBerG)**

Der Bundesrat bittet, im weiteren Gesetzgebungsverfahren zu prüfen, ob in Artikel 1 in § 91 eine Angabe über die Art der Nutzung vor und nach den in § 5 Abs. 3 und § 8 genannten Stichtagen vorgesehen werden sollte.

Begründung

Die Änderung erscheint erforderlich, damit der Notar im Vermittlungsverfahren eine Erklärung über die Art der Nutzung mit der Folge des Artikels 1 § 91 Abs. 4 SachenRBerG verlangen kann.

Die Art der Nutzung ist nicht nur maßgeblich für die Ausgestaltung des Vertragsinhalts.

Auch für die Entscheidung, ob überhaupt ein Anspruch nach dem SachenRBerG besteht, kommt es auf die Art der Nutzung zu den in Artikel 1 § 5 Abs. 3 und § 8 genannten Stichtagen an. So besteht zum Beispiel kein Anspruch auf Verdinglichung der Rechtsposition, wenn eine ursprünglich „echte" Datsche erst nach dem 2. Oktober zu einem Eigenheim „umgewidmet" wird (§ 5 Abs. 3 SachenRBerG).

Dem im Vermittlungsverfahren tätigen Notar muß es möglich sein, die grundlegenden Anspruchsvoraussetzungen zu überblicken, bevor er seine Ermittlungstätigkeit von Amts wegen aufnimmt.

Zwar wird der Notar in der Regel den Antragsteller zu einer entsprechenden Erklärung auffordern. Wegen Artikel 1 § 91 Abs. 4, der sich nur auf Angaben nach Artikel 1 § 91 Abs. 1 bezieht, bliebe ein Unterlassen der Erklärung über die Art der Nutzung aber ohne rechtliche Folgen.

Dem Nutzer ist es auch zuzumuten, sich über die Art der Nutzung bereits im Antrag zu erklären. Aus den dargelegten Gründen handelt es sich nicht um eine Tatsache von untergeordneter Bedeutung.

31. **Zu Artikel 1 (§ 91 Abs. 2 Satz 2 SachenRBerG)**

a) In Artikel 1 ist § 91 Abs. 2 Satz 2 wie folgt zu fassen:

„Wird der Ankauf des Grundstücks oder des Gebäudes begehrt, soll der Antrag auch Angaben über

1. das Grundstück oder die davon abzutrennende Teilfläche oder das Gebäude und

2. den Kaufpreis

enthalten."

Begründung

§ 91 Abs. 2 Satz 2 bestimmt den Inhalt des Antrags, wenn der Antragsteller von einem Ankaufsrecht Gebrauch machen will. Nicht geregelt sind die Fälle, in denen der Grundstückseigentümer vom Nutzer den Ankauf des Grundstücks verlangt; z. B. § 62 Abs. 2, § 83 Abs. 1 Nr. 2 und die Fälle, in denen das Wahlrecht auf den Grundstückseigentümer übergegangen ist.

Umgekehrt sind die Fälle nicht erfaßt, in denen der Nutzer den Ankauf des Gebäudes verlangen kann; § 29 Abs. 3.

b) Der Bundesrat bittet, im weiteren Gesetzgebungsverfahren zu prüfen, ob in Artikel 1 in § 91 Abs. 2 Satz 2 zusätzlich auch der Inhalt des Antrags geregelt werden sollte, der auf Abschluß eines Vertrages zur Ablösung der aus der baulichen Investition begründeten Rechte nach § 82 gerichtet ist.

Begründung

Nach § 88 Abs. 1 kann auch zum Abschluß eines Vertrages zur Ablösung der aus der baulichen Investition begründeten Rechte nach § 82 ein notarielles Vermittlungsverfahren stattfinden. Im Hinblick darauf sollte auch der Inhalt des Antrags für diesen Fall klargestellt werden.

32. **Zu Artikel 1 (§ 95 Abs. 2 Satz 1 Nr. 2 SachenRBerG)**

In Artikel 1 ist § 95 Abs. 2 Satz 1 Nr. 2 wie folgt zu fassen:

„2. der Grundstückseigentümer oder der Nutzer die Anspruchsberechtigung bestreitet oder".

III. Stellungnahme des Bundesrates

Begründung

Der Entwurf sieht in § 95 Abs. 2 Nr. 2 vor, daß der Notar das Vermittlungsverfahren einstellen soll und die Beteiligten auf den Klageweg zu verweisen sind, wenn der Grundstückseigentümer die Einreden nach den §§ 29 bis 31 erhebt.

Das Bestreiten der übrigen Voraussetzungen des Bestehens des Anspruches bleibt nach dem Entwurf im Vermittlungsverfahren ohne rechtliche Konsequenzen.

Gemeint sind damit unter anderem folgende Fallgruppen:

a) Der Grundstückseigentümer bestreitet die Berechtigung des Nutzers, weil z. B. die Nutzereigenschaft im Sinne des § 9 fehle oder die Stichtage des § 8 nicht eingehalten seien.

b) Der Nutzer bestreitet die Berechtigung des Grundstückseigentümers im Sinne des § 82, z. B. weil sich das Gebäude nicht auf dem Betriebsgrundstück befindet oder eine Betriebserweiterung nicht behindert wird.

Zwar sieht § 109 die Feststellungsklage über das Bestehen oder Nichtbestehen der Anspruchsvoraussetzungen auch vor Durchführung des notariellen Vermittlungsverfahrens vor. Dem Notar wird aber nicht die Möglichkeit eingeräumt, die Parteien auf den Klageweg zu verweisen. Er muß seine Vermittlungstätigkeit auch bei unter Umständen unbegründeten Ansprüchen durchführen.

Die vorgeschlagene Neufassung lehnt sich an die Begründung zu § 109 des Entwurfes an. Dabei wird zusätzlich berücksichtigt, daß auch der Nutzer in den Fällen des Ankaufs des Gebäudes durch den Grundstückseigentümer nach § 82ff. des Entwurfes dessen Anspruchsberechtigung bestreiten kann.

Schließlich könnte bei der vorgeschlagenen Änderung die Belastung der Notare und Gerichte gleichmäßiger verteilt werden.

33. **Zu Artikel 1 (§ 98 Abs. 4 — neu — SachenRBerG)**

In Artikel 1 ist in § 98 nach Absatz 3 folgender Absatz 4 anzufügen:

„(4) Werden Zeugen und Sachverständige von dem Notar zu Beweiszwecken herangezogen, so werden sie in entsprechender Anwendung des Gesetzes über die Entschädigung von Zeugen und Sachverständigen entschädigt."

Begründung

Das Gesetz über die Entschädigung von Zeugen und Sachverständigen ist nicht unmittelbar anzuwenden, da es eine Heranziehung des Beweismittels durch das Gericht oder einen Staatsanwalt voraussetzt. Absatz 4 stellt die entsprechende Anwendung jenes Gesetzes sicher. Hierdurch wird zugleich klargestellt, daß es sich bei der Entschädigung um Auslagen nach § 137 Nr. 4 der Kostenordnung handelt, die der Notar nach § 101 erheben kann.

34. **Zu Artikel 1 (§ 101 Abs. 1, § 102 Abs. 1 SachenRBerG)**

Artikel 1 ist wie folgt zu ändern:

a) In § 101 Abs. 1 ist nach Satz 2 folgender Satz 3 anzufügen:

„Außerdem werden dem Notar alle Entgelte erstattet, die von Behörden und Personen für seine Ermittlungen nach § 98 erhoben werden."

b) In § 102 Abs. 1 Satz 1 sind nach dem Wort „Vermittlungsverfahrens" die Wörter „einschließlich der bei Ermittlungen nach § 98 erhobenen Entgelte" einzufügen.

Begründung

Die §§ 101 und 102 enthalten die Kostenregelungen für das notarielle Vermittlungsverfahren. Hier sollte verdeutlicht werden, daß zusätzlich zu den Gebühren nach § 32 der Kostenordnung auch die für die Ermittlungen des Notars notwendigen Aufwendungen für Auskünfte aus der Kaufpreissammlung, für die ggf. durchzuführenden Katastervermessungen und für die Erstattung von Gutachten als Auslagen erhoben werden und von den Beteiligten zu tragen sind.

35. **Zu Artikel 2 § 1 Nr. 3 — neu — (§ 33 ErbbauVO)**

Der Bundesrat bittet, im weiteren Gesetzgebungsverfahren zu prüfen, ob § 33 der Verordnung über das Erbbaurecht dahin gehend abgeändert werden sollte, daß beim Heimfall des Erbbaurechts auch ein daran bestehendes Untererbbaurecht bestehenbleibt.

Begründung

Die Änderung der Erbbaurechtsverordnung durch das Sachenrechtsänderungsgesetz und der Entwurf des Registerverfahrenbeschleunigungsgesetzes geben Veranlassung zu überprüfen, ob das von der Rechtsprechung (BGHZ 62, 179) zugelassene, in der Literatur jedoch umstrittene, im künftigen § 6a Grundbuchordnung in der Fassung durch das Registerverfahrenbeschleunigungsgesetz vorausgesetzte Erbbaurecht an einem anderen Erbbaurecht (= Untererbbaurecht) systemgerecht eingefügt werden kann. Der wesentlichste Grund, der gegen die genannte Rechtsprechung eingewandt wird, ist die Nichterwähnung des Erbbaurechts in § 33 Abs. 1 Erbbaurechtsverordnung und das daraus folgende Erlöschen des Untererbbaurechts beim Heimfall des Erbbaurechts. Da durch das Registerverfahrenbeschleunigungsgesetz erstmals in einem Gesetz das Untererbbaurecht vorausgesetzt wird, gegen dessen Zulässigkeit aus dem genannten Grund beachtliche Bedenken jedoch geltend gemacht werden, erscheint die sachlich unproblematische Änderung des § 33 Abs. 1 Erbbaurechtsverordnung naheliegend.

36. **Zu Artikel 2 § 5 (§ 64 b Abs. 1 Landwirtschaftsanpassungsgesetz)**

In Artikel 2 § 5 ist § 64 b Abs. 1 wie folgt zu fassen:

„(1) Der Anteilsinhaber eines aus einer LPG durch Formwechsel hervorgegangenen Unternehmens neuer Rechtsform oder eines durch Teilung einer LPG entstandenen Unternehmens kann von diesem die Rückübereignung der nach § 13 Abs. 1 des Gesetzes über die landwirtschaftlichen Produktionsgenossenschaften vom 3. Juni 1959 (GBl. I S. 577) eingebrachten Wirtschaftsgebäude zum Zwecke der Zusammenführung mit dem Eigentum am Grundstück verlangen. Der in Satz 1 bestimmte Anspruch steht auch einem Rechtsnachfolger des Grundstückseigentümers zu, der nicht Anteilsinhaber ist."

Begründung

Anteilsinhaber ist der Oberbegriff, unter den im Umwandlungsrecht sowohl das Mitglied einer Genossenschaft, der GmbH-Gesellschafter als auch der Gesellschafter einer Personengesellschaft fallen sollen.

Satz 1 soll nicht nur für den Formwechsel, sondern auch für die Unternehmensteilung anwendbar sein.

IV. Gegenäußerung der Bundesregierung vom 13. 10. 1993 (BT-Drucks. 12/5992)

A. Zu den Vorschlägen

Zu Nummer 1 (Artikel 1 — § 3 Abs. 2 Satz 2 SachenRBerG)

Die Bundesregierung stimmt dem Vorschlag des Bundesrates grundsätzlich zu. Die Einbeziehung der nicht ausgeführten, „hängenden" Verkäufe von Gebäuden in die Sachenrechtsbereinigung erfordert jedoch umfangreiche Änderungen im Entwurf.

a) § 3 Abs. 2 sollte unverändert bleiben.

Dem § 3 wird folgender Absatz 3 angefügt:

„(3) Nach diesem Gesetz sind auch die Fälle zu bereinigen, in denen der Nutzer ein Gebäude oder eine bauliche Anlage gekauft hat, die Bestellung eines Nutzungsrechts aber ausgeblieben und selbständiges, vom Eigentum am Grundstück getrenntes Eigentum am Gebäude nicht entstanden ist, wenn der Nutzer auf Grund des Vertrags Besitz am Grundstück erlangt hat oder den Besitz ausgeübt hat. Dies gilt nicht, wenn der Vertrag

1. wegen einer Pflichtverletzung des Käufers nicht erfüllt worden ist,
2. wegen Versagung einer erforderlichen Genehmigung aus anderen als den in § 6 der Verordnung über die Anmeldung vermögensrechtlicher Ansprüche in der Fassung der Bekanntmachung vom 3. August 1990 (BGBl. I S. 1481) genannten Gründen nicht durchgeführt werden konnte oder
3. nach dem 18. Oktober 1989 abgeschlossen worden ist und das Grundstück nach den Vorschriften des Vermögensgesetzes an den Grundstückseigentümer zurückzuübertragen oder zurückübertragen worden ist."

b) aa) In Kapitel 6 ist die Überschrift des Abschnitts 2 wie folgt zu fassen:

„Rückübertragung von Grundstücken und dinglichen Rechten".

bb) Vor § 121 wird folgender § 120a eingefügt:

„§ 120a
Ansprüche nach Abschluß
eines Kaufvertrags

(1) Der Nutzer, der bis zum Ablauf des 18. Oktober 1989 mit einer staatlichen Stelle der Deutschen Demokratischen Republik einen Kaufvertrag über ein Gebäude oder eine bauliche Anlage abgeschlossen hat, kann auch gegenüber dem Grundstückseigentümer, an den das Grundstück nach den Vorschriften des Vermögensgesetzes durch Entscheidung des Amtes zur Regelung offener Vermögensfragen zurückübertragen worden ist, die in Kapitel 2 begründeten Ansprüche geltend machen.

(2) Erbbauzins und Ankaufspreis sind nach dem Wert des Bodens und dem Restwert eines vom Grundstückseigentümer errichteten oder erworbenen Gebäudes oder einer baulichen Anlage und der Grundstückseinrichtungen zu bemessen. Für die Bestimmung des Restwerts des Gebäudes, der baulichen Anlage oder der Grundstückseinrichtungen ist § 75 Abs. 1 Satz 2 bis 4 entsprechend anzuwenden.

(3) Der Nutzer hat auf Verlangen des Grundstückseigentümers innerhalb der in § 15 Abs. 2 bestimmten Frist zu erklären, ob er von den Ansprüchen auf Erbbaurechtsbestellung oder Ankauf des Grundstücks Gebrauch machen will und die Wahl auszuüben. Erklärt der Nutzer, daß er die in Satz 2 bestimmten Ansprüche nicht geltend machen will, ist § 17 Satz 5 des Vermögensgesetzes entsprechend anzuwenden.

(4) Der Nutzer kann von der Gemeinde oder der Gebietskörperschaft, die den Kaufpreis erhalten hat, nach § 323 Abs. 3 und § 818 des Bürgerlichen Gesetzbuchs die Herausgabe des Geleisteten verlangen, soweit diese durch seine Zahlung bereichert ist. Ansprüche auf Schadensersatz wegen Nichterfüllung sind ausgeschlossen.

Begründung

Zu a)

Die Einbeziehung der Fälle, in denen zwar Kaufverträge über Gebäude oder bauliche Anlagen abgeschlossen worden sind, der Kaufvertrag jedoch nicht vollzogen worden ist, entspricht den Grundsätzen des Entwurfs. Hierbei kann es sich um ein Eigenheim handeln, das eine sozialistische Genossenschaft, eine landwirtschaftliche Produktionsgenossenschaft oder ein volkseigener Betrieb für einen noch nicht bekannten Bürger errichtet hat (§ 2 Abs. 2 der Eigenheimverordnung vom 31. August 1978 — GBl. I Nr. 40 S. 425). In den meisten Fällen wird jedoch ein Bauwerk Gegenstand des Vertrags sein, das nach den Gesetzen über den Verkauf volkseigener Gebäude (die Bezeichnung wechselte entsprechend der Art der veräußerbaren Gebäude)

— vom 15. September 1954 (GBl. I Nr. 81 S. 784),

— vom 19. Dezember 1973 (GBl. I Nr. 58 S.578) und schließlich

— vom 7. März 1990 (GBl. I Nr. 18 S. 157), dem sog. Modrow-Gesetz,

verkauft worden ist, wenn die Verleihung des Nutzungsrechts und die Eintragung des Gebäudes im Grundbuch jedoch unterblieben ist. Wie in den Fällen der Errichtung eines Gebäudes liegen auch bei den nicht vollzogenen Verkäufen sog. „hängende" Fälle vor, wenn die Nutzungsrechtsbestellung und die Begründung selbständigen Gebäudeeigentums aus behördlicher Nachlässigkeit unterblieben ist. Auch der Käufer eines Gebäudes soll aus solchen gesetzeswidrigen Nachlässigkeiten keine Nachteile erleiden.

Zu Absatz 3 — neu

Die „hängenden" Gebäudekaufverträge sind neben den „hängenden" Bebauungen eine selbständige Fallgruppe, deren Einbeziehung in die Sachenrechtsbereinigung einen größeren Regelungsaufwand erfordert, da diesen Fällen eine bauliche Investition des Nutzers nicht zugrunde liegt.

Absatz 3 bestimmt insoweit Voraussetzungen (Satz 1) und Grenzen (Satz 2) für eine Einbeziehung dieser Fälle in die Sachenrechtsbereinigung.

Zu Satz 1

Es muß sich um einen Kaufvertrag über ein Gebäude gehandelt haben, dessen Erfüllung die Bestellung eines Nutzungsrechts und die Begründung selbständigen Gebäudeeigentums voraussetzte. Eine einem Nutzungsrecht oder bestehendem Gebäudeeigentum vergleichbare Belastung liegt nur dort vor, wo nach dem Recht der DDR eine Verdinglichung vorgesehen war, diese aber infolge dem Nutzer nicht zuzurechnender Umstände ausgeblieben ist. Der Nutzer soll grundsätzlich keine Nachteile dadurch erleiden, daß die zur Absicherung seines Erwerbs vorgesehenen Rechtsvorschriften nicht eingehalten worden sind. Die Sachenrechtsbereinigung kann jedoch nicht über die einschlägigen rechtlichen Regelungen der DDR hinaus zum Nachteil der Grundstückseigentümer Verdinglichungen neu begründen und hieraus eine Beteiligung des Nutzers am Bodenwert anordnen. Dies entspricht dem Grundgedanken, wie er in Absatz 2 Satz 2 des Entwurfs für die Bebauungen zum Ausdruck gebracht worden ist.

In den „hängenden" Kaufvertragsfällen ist keine bauliche Investition, sondern eine durch den Kaufvertrag begründete Besitz- und Nutzungsberechtigung zu schützen. Das Gebäude muß daher an den Nutzer entweder auf Grund des Kaufs zur Nutzung übergeben worden sein oder es muß vom Nutzer, der bereits zuvor als Mieter, Pächter usw. Besitz am Gebäude hatte, nunmehr als Käufer genutzt worden sein. Erst mit Besitzerlangung hatte der Nutzer die wirtschaftlichen Vorteile erlangt; die nachfolgende Bestellung des Nutzungsrechts und der Erwerb des Eigentums am Gebäude war dann allein eine vom Handeln staatlicher Stellen abhängige Formalität.

Zu Satz 2

Die Nummern 1 und 2 stellen klar, daß nur die „hängenden", jedoch nicht die wegen einer Pflichtverletzung des Käufers oder wegen Versagung einer staatlichen Genehmigung gescheiterten Verträge Ansprüche des Nutzers nach dem Sachenrechtsbereinigungsgesetz begründen. Nummer 3 trägt den Regelungen des Vermögensgesetzes für die restitutionsbelasteten Grundstücke Rechnung.

Zu Nummer 1

Ist der Kaufvertrag infolge einer Pflichtverletzung des Käufers (falsche Angaben beim Vertragsschluß, Zahlungsverzug usw.) nicht erfüllt worden, so liegt kein „hängender" Fall, sondern ein gescheiterter Vertrag vor. Die Erfüllung des Vertrags auf Begründung selbständigen Gebäudeeigentums ist nunmehr unmöglich, da nach dem Bürgerlichen Gesetzbuch dieses nicht neu bestellt werden kann.

Hat der Käufer das Scheitern des Vertrags selbst herbeigeführt, so ist es ausgeschlossen, seine Vertragsuntreue noch durch einen gesetzlichen Anspruch auf Verdinglichung unter Beteiligung am Bodenwert zu belohnen.

Zu Nummer 2

Verträge, die wegen Versagung einer staatlichen Genehmigung nicht durchgeführt werden konnten und deshalb gescheitert sind, können grundsätzlich ebenfalls keine dem Erwerb des Gebäudeeigentums, für den es einer Eintragung im Grundbuch bedurft hätte (§ 297 ZGB), gleichartigen Rechte begründen. Hier war der Kaufvertrag infolge Versagung einer notwendigen Genehmigung unwirksam geworden.

Nummer 2 betrifft vor allem die Fälle, in denen die nach § 2 der Grundstücksverkehrsverordnung vom 15. Dezember 1977 (GBl. I Nr. 5 S. 73) erforderliche Genehmigung aus den in § 3 Abs. 4 genannten Gründen versagt worden ist. Mit der Versagung der Genehmigung war das Geschäft gescheitert.

Hiervon auszunehmen sind die Fälle, in denen die Genehmigung nach § 6 der Verordnung über die Anmeldung vermögensrechtlicher Ansprüche versagt oder das Genehmigungsverfahren ausgesetzt worden ist. Die Versagung oder Aussetzung der Genehmigung sollte die Durchsetzung der mit dem Vermögensgesetz begründeten Rückgabeansprüche sichern, jedoch nicht Ansprüche aus einer Sachenrechtsbereinigung ausschließen. Das Verhältnis zwischen Restitution und Sachenrechtsbereinigung wird in der Begründung zu Nummer 3 weiter ausgeführt.

Zu Nummer 3

Nummer 3 enthält die Regelung für die Fälle, in denen das Grundstück an den Alteigentümer nach § 3 Abs. 1 des Vermögensgesetzes zurückzugeben ist. Für diese Grundstücke müssen die in den Nummern 3 b und 13 d der Gemeinsamen Erklärung der Bundesrepublik Deutschland und der Deutschen Demokratischen Republik zur Regelung offener Vermögensfragen vom 15. Juni 1990 (Anlage III des Einigungsvertrages) festgelegten Grundsätze, denen in § 4 Abs. 2 Satz 2 des Vermögensgesetzes Rechnung getragen wird, beachtet werden.

Für das Verhältnis zwischen Restitution und Sachenrechtsbereinigung ergibt sich hieraus folgendes:

— Ist der Kaufvertrag über das Gebäude vor dem Ablauf des 18. Oktober 1989 (sog. Stichtag) geschlossen worden, so schließt der Vertragsschluß die Restitution nicht aus, da der Nutzer weder ein Nutzungsrecht noch Eigentum an einem Gebäude erworben hat (§ 4 Abs. 2 Satz 1 des Vermögensgesetzes).

Der Nutzer, der vor dem Stichtag ein Gebäude auf einem zurückzugebenden Grundstück gekauft hat, darf gegenüber dem Alteigentümer jedoch nicht schlechter stehen als derjenige, der ein Gebäude auf einem nicht restitutionsbelasteten Grundstück gekauft hat, wenn die Erfüllung des Kaufvertrages aus behördlicher Nachlässigkeit ausgeblieben ist. Die Rückgabe soll zwar die Folgen der in § 1 des Vermögensgesetzes bezeichneten Maßnahmen ausgleichen, aber keine Besserstellung des Restitutionsgläubigers im Vergleich zu nicht enteigneten Grundstückseigentümern herbeiführen.

Eine solche Benachteiligung könnte z. B. in dem Fall eintreten, in dem eine landwirtschaftliche Produktionsgenossenschaft ein von ihr errichtetes Wohnhaus an einen Nutzer verkauft, jedoch kein Nutzungsrecht zugewiesen hat und der Grundstückskaufvertrag nicht durch Eintragung des Gebäudes in das Grundbuch vollzogen worden ist. Ein solches Gebäude kann auf einem nicht restitutionsbelasteten Grundstück eines ehemaligen Mitgliedes der landwirtschaftlichen Produktionsgenossenschaft oder auch auf einem enteigneten, jedoch von der landwirtschaftlichen Produktionsgenossenschaft bewirtschafteten Grundstück stehen. In dem zuerst genannten Fall stehen dem Nutzer gegen den Grundstückseigentümer die Ansprüche nach dem Entwurf zu, da es wegen der Willkürlichkeit staatlichen Handelns in der ehemaligen DDR grundsätzlich nicht darauf ankommt, ob das Nutzungsrecht zugewiesen worden ist oder nicht. Der Umstand, daß der restitutionsberechtigte Alteigentümer enteignet worden ist, darf diesen gegenüber einem Nutzer grundsätzlich nicht besser stellen.

— Das Sachenrechtsbereinigungsgesetz kann jedoch dann keine Anwendung finden, wenn das Grundstück nach den Vorschriften des Vermögensgesetzes zurückzugeben und der Kaufvertrag erst nach dem 18. Oktober 1989 abgeschlossen worden ist.

Die Regelungen im Vermögensgesetz beruhen auf dem Grundsatz, daß ein Erwerb in der Krise der sozialistischen Eigentums- und Sozialordnung keinen Schutz vor dem Rückgewährinteresse des Eigentümers verdient (vgl. die Begründung zu § 4 des Vermögensgesetzes, Drucksache 11/7831 S. 5). Das Bestandsschutzinteresse des Nutzers, der ein Grundstück oder Gebäude gekauft hat, soll dann, wenn das seinem Erwerb zugrundeliegende Rechtsgeschäft erst im unmittelbaren zeitlichen Vorfeld der eigentumsrechtlichen Zuordnung zum Vermögen des Alteigentümers abgeschlossen wurde, nach der Gemeinsamen Erklärung und den Regelungen im Vermögensgesetz hinter das Rückgewährinteresse des Alteigentümers zurücktreten (vgl. die Gegenäußerung der Bundesregierung zur Stellungnahme des Bundesrates zum Regierungsentwurf des 2. VermRÄndG, Drucksache 12/2695 S. 28).

Nach den Regelungen im Vermögensgesetz setzt sich in diesen Fällen der Rückgewähranspruch selbst gegenüber einem vollzogenen Geschäft nach Nutzungsrechtsbestellung und Eintragung des Nutzers als Eigentümer des Gebäudes in das Grundbuch durch. Der nicht vollzogene Kaufvertrag kann keine besseren Rechte gegenüber dem Alteigentümer begründen.

Zu b)

Der in den Entwurf einzustellende § 120a enthält Vorschriften über die Bemessung des Erbbauzinses und des Ankaufspreises nach Rückgabe des Grundstücks an den Alteigentümer.

Zu Absatz 1

Absatz 1 beschreibt den Anwendungsbereich der die Sachenrechtsbereinigung ergänzenden Regelung. Die Bestimmung ist nur auf die „hängenden" Gebäudekaufverträge anzuwenden, wenn der Vertrag mit der staatlichen Stelle vor dem 19. Oktober 1989 abgeschlossen worden ist. Ist das Gebäude vor dem Stichtag erworben worden, findet keine Restitution statt. Ein Vertragsschluß nach dem Stichtag vermag gegenüber dem Restitutionsanspruch kein schützenswertes Recht zu begründen. Insoweit ist auf die Begründung zu § 3 Abs. 3 zu verweisen.

Zu Absatz 2

Absatz 2 enthält die Grundsätze zur Bestimmung des Erbbauzinses und des Ankaufspreises in diesen Fällen. Die Vereinbarungen in dem von der staatlichen Stelle oder dem staatlichen Verwalter mit dem Nutzer abgeschlossenen Kaufvertrag können hier nicht zur Anwendung kommen. Dies ergibt sich schon aus der in § 1 Abs. 1 Buchstabe c des Vermögensgesetzes getroffenen Regelung, die hier die Restitution vorsieht. Diese Bestimmung wäre sinnlos, wenn der Alteigentümer in den Kaufvertrag einzutreten hätte und danach wieder zur Veräußerung des Grundstücks oder des Gebäudes zu denselben Bedingungen verpflichtet wäre.

Die Teilung des Bodenwerts entspricht den allgemeinen Grundsätzen der Sachenrechtsbereinigung. Alteigentümer und Eigentümer auf der einen und der Nutzer auf der anderen Seite werden insoweit gleich behandelt; es kommt nicht darauf an, ob das Grundstück restitutionsbelastet gewesen ist oder nicht.

Der Wert des Gebäudes, der baulichen Anlage oder der Grundstückseinrichtungen ist grundsätzlich nicht zu teilen, wenn dieser Wert dem restituierten Alteigentümer zuzurechnen ist. Dies ist der Fall, wenn der Alteigentümer das Gebäude errichtet oder erworben hatte. In diesen Fällen ist aber für eine sachgerechte Bewertung zu sorgen, die werterhöhende bauliche Investitionen des Nutzers ausschließt und zudem Abschreibungen und besondere Wertminderungen wegen solcher Bauschäden vornimmt, die bei Übernahme des Gebäudes vorhanden waren. Nach Absatz 2 ist nur der noch vorhandene, dem Alteigentümer zuzurechnende Restwert in Ansatz zu bringen. Wegen der Grundlagen für die Bestimmung dieses Restwertes ist auf die entsprechenden Regelungen für die Preisbemessung beim Überlassungsvertrag (§ 75 Abs. 1 Satz 2 bis 4) zu verweisen.

Zu Absatz 3

Der Nutzer muß die Ansprüche nach dem Entwurf nicht in Anspruch nehmen. Er kann sich z. B. auch dahin entscheiden, das Gebäude wieder als Mieter oder Pächter zu nutzen. Die Verweisung auf § 17 Abs. 1 Satz 5 des Vermögensgesetzes bewirkt, daß ein mit Abschluß des Kaufvertrages erloschenes Miet- oder anderes Nutzungsverhältnis wieder auflebt, wenn der Nutzer erklärt, daß er weder ankaufen will noch ein Erbbaurecht begehrt.

Zu Absatz 4

Absatz 4 regelt die Ansprüche gegen die Körperschaft, die den Kaufpreis vereinnahmt hat. (Nach § 3 Abs. 1 der Durchführungsbestimmung zum Gesetz über den Verkauf volkseigener Eigenheime, Miteigentumsanteilen und Gebäude vom 19. Dezember 1973 — GBl. I Nr. 59 S. 590 — waren z. B. die Räte der Städte oder Gemeinden für den Abschluß der Kaufverträge zuständig.)

Die Erfüllung der mit den Nutzern abgeschlossenen Kaufverträge ist infolge der Rückgabe durch Entscheidung des Amtes zur Regelung offener Vermögensfragen unmöglich geworden. Den Nutzern ist daher entsprechend der allgemeinen Regelung in § 323 Abs. 3 BGB ein Anspruch auf Herausgabe der Gegenleistung nach den Bestimmungen über die ungerechtfertigte Bereicherung zu gewähren. Die Haftung der Städte und Gemeinden beruht nicht auf einer Rechts- oder Funktionsnachfolge für die Handlungen der Räte der Städte und Gemeinden, sondern auf dem rechtsgrundlosen Erwerb der Gegenleistung. Die Haftung ist daher auf die vorhandene Bereicherung zu beschränken. In der Regel verblieb der Erlös den Städten und Gemeinden als außerplanmäßige Einnahme (vgl. § 5 Abs. 3 der Durchführungsbestimmung zum Gesetz über den Verkauf volkseigener Eigenheime, Miteigentumsanteile und Gebäude für Erholungszwecke vom 19. Dezember 1973 — GBl. I Nr. 59 S. 590).

Schadensersatzansprüche wegen Nichterfüllung nach § 325 Abs. 1 Satz 1 BGB (§ 90 Abs. 3 ZGB enthielt eine vergleichbare Verpflichtung zum Schadensersatz im Falle einer vom Schuldner zu vertretenden Unmöglichkeit) sind auszuschließen, da die spätere Restitution in der Regel nicht vorhergesehen werden konnte und eine unvertretbare Belastung für die Gebietskörperschaft herbeiführen würde, die zwar in den Besitz der Gegenleistung gelangt ist, mit dem Rat der Stadt, der Gemeinde oder des Kreises aber nicht identisch ist.

Zu Nummer 2 (Artikel 1 — § 11 Abs. 2 Satz 4 SachenRBerG)

Die Bundesregierung spricht sich gegen eine Erweiterung des § 11 Abs. 2 Satz 4 aus.

§ 11 Abs. 2 regelt das Problem, unter welchen Voraussetzungen bauliche Investitionen des Nutzers, der das Grundstück auf Grund eines sog. Überlassungsvertrages zur Nutzung erhalten hat, vom Vertragsinhalt abweichend einen Anspruch auf Verdinglichung durch Erbbaurechtsbestellung oder Ankauf des Grundstücks begründen sollen. Die Regelung im Entwurf beruht darauf, daß in den vom Ministerium der Finanzen der DDR herausgegebenen Vertragsmustern (abgedruckt z. B. in der Dokumentation von Fieberg/Reichenbach, Enteignung und offene Vermögensfragen in der ehemaligen DDR, Ergänzungsband, Nr. 3.5.11.1) unverbindlich der Abschluß eines Kaufvertrages in Aussicht gestellt worden war und viele Nutzer daher — wie ein Eigentümer — Verwendungen auf das aufstehende Gebäude vorgenommen haben.

Die baulichen Aufwendungen des Nutzers rechtfertigen aus diesem Grund die Begründung von Ansprüchen nach dem Entwurf, soweit sie den in § 11 Abs. 2 Satz 1 bezeichneten Umfang erreicht oder überschritten haben und der Nutzer annehmen konnte, das Grundstück auf Grund des mit dem staatlichen Verwalter abgeschlossenen Vertrags einmal kaufen zu können. Nach dem Beitritt und dem Inkrafttreten des Vermögensgesetzes, das in den §§ 11 ff. die Aufhebung der staatlichen Verwaltung als ein Ziel des Gesetzes bestimmt hatte, konnte der Nutzer nicht mehr — wie in der DDR — darauf vertrauen, daß sein Besitz über die vereinbarte Vertragsdauer Bestand haben werde und er das Grundstück voraussichtlich auf Grund des mit dem staatlichen Verwalter geschlossenen Vertrages werde kaufen können.

Verwendungen, die der Nutzer erst nach dem Beitritt vorgenommen hat, sind deshalb allein nach dem insoweit fortgeltenden Überlassungsvertrag zu beurteilen, der einen umfassenden Anspruch auf Ersatz begründet. Erst nach dem Beitritt vorgenommene bauliche Investitionen auf fremden Grundstücken vermögen daher grundsätzlich keine weitergehenden

IV. Gegenäußerung der Bundesregierung

gesetzlichen Ansprüche auf Erbbaurechtsbestellung oder zum Ankauf des Grundstücks zu begründen. Dieser Grundsatz ist im übrigen in § 8 Nr. 2 zum Ausdruck gebracht worden.

Die Regelung in § 11 Abs. 2 Satz 3 des Entwurfs ist eine Bestimmung zum Ausgleich von Härten zugunsten der Nutzer, die keiner Erweiterung zugänglich ist. Die Bestimmung läßt es zu, nach dem Beitritt vorgenommene notwendige Verwendungen zu berücksichtigen. Notwendige Verwendungen sind solche, die zur Erhaltung oder ordnungsgemäßen Bewirtschaftung der Sache objektiv erforderlich sind, die also der Nutzer dem Grundstückseigentümer, der sie sonst hätte vornehmen müssen, erspart hat (vgl. statt aller BGHZ 64, 333, 339). Solchen Verwendungen (z. B. die Reparatur eines undicht gewordenen Hausdaches) konnte sich der Nutzer nicht entziehen; der Grundstückseigentümer hätte die Verwendungen sonst ebenfalls vornehmen müssen. Hier würde eine unangemessene Härte entstehen, wenn der Nutzer solche Verwendungen in den Vergleich zwischen seinen baulichen Investitionen und dem Restwert des Gebäudes nicht einbeziehen könnte.

Nützliche Verwendungen sind hingegen alle Aufwendungen, die nicht erforderlich sind, jedoch den Wert oder die Brauchbarkeit der Sache erhöhen (z. B. der Einbau einer Zentral- anstelle einer funktionsfähigen Ofenheizung). Derartige Aufwendungen mußte der Nutzer nicht zu diesem Zeitpunkt vornehmen. Der Nutzer, der erst nach dem Beitritt solche Verwendungen vorgenommen hat, handelte zwar auf der Grundlage des fortbestehenden Vertrags, der einen umfassenden Anspruch auf Ersatz der Verwendungen vorsieht, jedoch unter veränderten rechtlichen Rahmenbedingungen, die die Aufhebung der staatlichen Verwaltung und den Eintritt des Grundstückseigentümers in seine früheren Rechte bei Beendigung der Vertragszeit vorsahen. Es fehlt insoweit an jeder Grundlage, diese Investitionen über den Vertrag hinaus zu schützen und hieraus eine Beteiligung des Nutzers am Bodenwert und Ansprüche auf Erbbaurechtsbestellung oder zum Ankauf des Grundstücks zu begründen.

Zu Nummer 3 (Artikel 1 — § 11 Abs. 3 SachenRBerG)

Der Referentenentwurf enthielt in § 4 Abs. 3 eine Begriffsbestimmung für Gebäude im Sinne des Entwurfs, die auch die baulichen Anlagen (Fabrikationsanlagen, Sportstätten usw.) einbezog. Gegen diese Gleichstellung (gesetzliche Fiktion) wurde in den Beratungen zum Entwurf eingewandt, daß sie sich zu sehr von dem allgemeinen und auch sonst in gesetzlichen Regelungen üblichen Sprachgebrauch entferne. Man solle statt dessen im Entwurf von Gebäuden und — wo zur Klarstellung erforderlich — von Gebäuden und baulichen Anlagen sprechen. Der Entwurf der Bundesregierung ist dieser Anregung gefolgt.

Dies erschien auch insofern zweckmäßig, als der Entwurf auf das Gebäudeeigentum als Rechtsinstitut der DDR Bezug nimmt (z. B. § 9 Abs. 1 Nr. 1, § 13 Abs.2) und insoweit die Bezeichnung des selbständigen Eigentums am Gebäude ausreicht. Im Eigenheimbau (§ 5) und im staatlichen oder genossenschaftlichen komplexen Wohnungsbau (§ 6) sind Gebäude Gegenstand der von den Nutzern vorgenommenen baulichen Investitionen. Allein bei den anderen baulichen Nutzungen kann es sich sowohl um Gebäude als auch um bauliche Anlagen handeln.

Die Prüfbitte des Bundesrates gab Anlaß, die Bezeichnungen „Gebäude, Bauwerke und bauliche Anlagen" in den einzelnen Bestimmungen des Entwurfs noch einmal redaktionell zu überprüfen. Hiernach sind folgende Änderungen angezeigt:

a) In § 7 Abs. 2 Nr. 7 Buchstabe b sollte es statt „Bauwerken oder baulichen Anlagen" „Gebäuden oder baulichen Anlagen" heißen. Das Begriffspaar „Gebäude oder bauliche Anlage" entspricht dem üblichen Sprachgebrauch des Entwurfs.

b) Aus dem gleichen Grund sollte in § 11 Abs. 1 Nr. 1 statt „Bauwerks" „Gebäudes" gesetzt werden.

c) In § 19 Abs. 1 sollte nach den Wörtern „einer baulichen Anlage" der Verweis „nach § 11 Abs. 3" gestrichen werden. Der Entwurf verzichtet im übrigen auf einen Hinweis auf die Begriffsbestimmung in § 11 Abs. 3. Der Verweis an dieser Stelle könnte zu dem Mißverständnis Anlaß geben, daß an anderen Stellen des Entwurfs, in denen eine „bauliche Anlage" bezeichnet wird, die Bestimmung in § 11 Abs. 3 nicht anzuwenden sei.

d) In § 26 Abs. 2 sollte statt „baulichen Anlagen" „Anlagen" gesetzt werden. Der Grundstückseigentümer soll in den dort bezeichneten Fällen dem Nutzer Entschädigung nicht nur für die in § 11 Abs. 3 des Entwurfs bezeichneten, sondern für sämtliche noch vorhandenen Anlagen leisten. Die Bestimmung einer Ersatzpflicht für alle Anlagen entspricht dem in der DDR üblichen Sprachgebrauch (vgl. § 315 Abs. 2 ZGB).

e) In § 26 Abs. 3 sollte statt „Bauwerk" entsprechend dem allgemeinen Sprachgebrauch „Gebäude oder baulichen Anlage" gesetzt werden.

Zu Nummer 4 (Artikel 1 — § 14 Abs. 1 und § 62 Abs. 1 SachenRBerG)

Die Regelung des Entwurfs ist Ergebnis einer langen Abwägung widerstreitender Gesichtspunkte. Die Bundesregierung hält im Ergebnis diese Lösung, die auch bei land-, forstwirtschaftlicher und gewerblicher Nutzung ein Ankaufsrecht vorsieht, für sachgerecht.

Für eine Beschränkung der Ansprüche des Nutzers auf die Bestellung eines Erbbaurechts bei land-, forstwirtschaftlicher und gewerblicher Nutzung von Gebäuden auf fremden Grundstücken sprächen allerdings folgende Gesichtspunkte:

— Viele der bisher ausgeübten Nutzungen sind infolge des durch den Beitritt bedingten Strukturwandels aufgegeben worden oder werden noch in den nächsten Jahren aufgegeben werden.

— In diesen Bereichen ist deshalb weit mehr als im Eigenheim- und im komplexen Wohnungsbau damit zu rechnen, daß ein gesetzliches Ankaufsrecht zum halben Verkehrswert vielfach zu dem Zweck ausgeübt wird, aus einer späteren Weiterveräußerung des Grundstücks Gewinn zu erzielen. Dies gilt insbesondere für die landwirtschaftlichen Produktionsgenossenschaften, die vielfach ihren Betrieb eingestellt haben und ihre Wirtschaftsgebäude veräußern.

— Ein Erbbaurecht böte mit den Möglichkeiten,

— einen Zustimmungsvorbehalt des Eigentümers zu einer Veräußerung (§ 5 ErbbauVO) in den Vertrag aufzunehmen,

— einen Heimfallanspruch für den Fall bestimmter Nutzungsänderungen (§ 2 Nr. 4 und §§ 32, 33 ErbbauVO) vorzusehen und

— eine Erbbauzinsanpassung für den Fall einer Nutzungsänderung oder einer Veräußerung zu vereinbaren,

größere Steuerungsmöglichkeiten als die jetzt in § 72 des Entwurfs vorgesehene, zeitlich befristete Nachzahlungspflicht.

Für die Begründung eines Ankaufsrechts auch für die gewerblichen Nutzungen sprechen dagegen folgende Gründe:

— Mit dem Einigungsvertrag wurden alle in der DDR begründeten Nutzungsrechte in dingliche Rechte am Grundstück umgewandelt (Artikel 233 § 3 Abs. 1 EGBGB). Eine Unterscheidung nach der Art der Nutzung ist nicht vorgenommen worden, so daß insoweit aus Gründen der Gleichbehandlung die Begründung eines Ankaufsrechts auch bei land-, forstwirtschaftlicher oder gewerblicher Nutzung angezeigt ist.

— In der Beleihungspraxis wird beim Erbbaurecht von den Banken in der Regel nur das Gebäude und nicht der Wert des Bodens beliehen. (Ob sich der Beleihungsrahmen für die nach dem Entwurf zu bestellenden Erbbaurechte erhöhen wird, weil der Nutzer kraft gesetzlicher Anordnung nur die Hälfte des üblichen Erbbauzinses zu zahlen hat, bleibt abzuwarten.) Nach der gegenwärtigen Beleihungspraxis ist das Erbbaurecht jedenfalls keine gleichwertige Beleihungsgrundlage. Der Ankauf des Grundstücks wird insoweit den Unternehmen günstigere Kreditmöglichkeiten verschaffen und kann dadurch Investitionen fördern.

— Das Erbbaurecht ist in sog. komplexen Lagen (Überbauung mehrerer Grundstücksstreifen) die technisch schwierigere Lösung. Der Entwurf schafft hier zwar in § 39 Erleichterungen, indem er die Bestellung mehrerer Erbbaurechte auf einem Grundstück sowie die Begründung von grenzüberschreitenden Gesamterbbaurechten und Nachbarerbbaurechten ausdrücklich zuläßt. Eine Grundstücksteilung entsprechend der vorhandenen Bebauung, die Gegenstand der Bodensonderung ist, sowie der Erwerb wird in vielen Fällen die angemessenere und einfachere Lösung sein als die Belastung vieler Grundstücke mit Gesamt- und Nachbarerbbaurechten.

Im Ergebnis kommt den drei letztgenannten Gesichtspunkten die größere Bedeutung zu. Der Gefahr rein spekulativer Grundstücksgeschäfte wird mit den Regelungen in §§ 29, 48 bis 50 und §§ 71 bis 72 in einem weiten Rahmen Rechnung getragen. Dem Argument, daß allein mit der Beschränkung auf das Erbbaurecht Mißbräuche verhindert werden könnten, kann daher keine ausschlaggebende Bedeutung zuerkannt werden.

Zu Nummer 5 (Artikel 1 — § 17 Abs. 1 SachenRBerG)

Die Bundesregierung stimmt dem Vorschlag des Bundesrates zu.

Zu Nummer 6 (Artikel 1 — § 19 Abs. 1 SachenRBerG)

Die Bundesregierung schlägt auf die Prüfbitte des Bundesrates vor, eine Änderung bei den §§ 18 und 19 vorzunehmen:

a) § 18 Abs. 2 wird wie folgt gefaßt:

„(2) Die Bemessungsgrundlage nach Absatz 1 ist, vorbehaltlich der Regelung in § 19, der Verkehrswert im Sinne des § 194 des Baugesetzbuchs, der sich ergeben würde, wenn das Grundstück unbebaut wäre (Bodenwert). Der Bodenwert ist zu vermindern um

1. die durch die Vermessung und die Erschließung des Grundstücks bewirkte Erhöhung des Bodenwerts, es sei denn, daß der Grundstückseigentümer diese Kosten getragen hat oder das Grundstück bereits während der Dauer seines Besitzes erschlossen und vermessen war, und

2. die gewöhnlichen Kosten des Abbruchs eines aufstehenden Gebäudes oder einer baulichen Anlage, wenn ein alsbaldiger Abbruch erforderlich und zu erwarten ist, soweit diese Kosten im gewöhnlichen Geschäftsverkehr berücksichtigt werden.

Der Abzug nach Satz 2 Nr. 2 ist nicht vorzunehmen, wenn die Erforderlichkeit alsbaldigen Abbruchs auf unterlassener Instandhaltung des Gebäudes oder der baulichen Anlage durch den Nutzer beruht oder der Nutzer sich vertraglich zum Abbruch verpflichtet hat. Für das Grundstück ist mindestens der in § 19 Abs. 2 bestimmte Wert in Ansatz zu bringen."

b) § 19 Abs. 1 des Entwurfs entfällt. Die Absätze 2 bis 6 werden die Absätze 1 bis 5.

IV. Gegenäußerung der Bundesregierung

Begründung

Die Prüfbitte des Bundesrates, § 19 Abs. 1 allgemeiner zu fassen, gibt nach Auffassung der Bundesregierung keine Veranlassung, die genannte Bestimmung in ihrem Inhalt zu verändern. Auch die Ausführung in der Begründung, daß die Abbruchkosten stets dem Nutzungsrecht zuzurechnen und deshalb vom Bodenwertanteil des Nutzers abzusetzen seien, widerspricht den Grundsätzen des Entwurfs. Die Prüfbitte gibt allerdings Veranlassung, die Bestimmung zur Wertermittlung — wie vorgeschlagen — zu formulieren.

Ausgangspunkt für die Wertermittlung ist der Wert des Grundstücks, der sich ergeben würde, wenn das Grundstück unbebaut wäre (Bodenwert). Von diesem Wert sind

— in der Regel die anteilige Werterhöhung durch den Vermessungs- und Erschließungsaufwand und

— die Kosten des Abbruchs eines Gebäudes oder einer baulichen Anlage, soweit diese im gewöhnlichen Geschäftsverkehr berücksichtigt werden und nicht auf unterlassener Instandhaltung des Gebäudes oder der baulichen Anlage beruhen und keine vertragliche Verpflichtung zum Abbruch besteht,

abzuziehen. Da es sich bei der zu regelnden Materie typischerweise um bebaute Grundstücke handelt, sind die Abbruchkosten — wie der anteilige Vermessungs- und Erschließungsaufwand — in die Bestimmung über die Grundsätze zur Wertermittlung einzustellen.

Der Entwurf sieht vor, daß bei der Wertermittlung zwei den Bodenwert regelmäßig beeinflussende Umstände berücksichtigt und vom Wert abgesetzt werden können. Dies ist der anteilige Erschließungs- und Vermessungsaufwand und die Kosten eines Abbruchs aufstehender Gebäude oder baulicher Anlagen, wenn dieser alsbald erforderlich ist.

Eine Berücksichtigung aller in der Vergangenheit liegenden Umstände (Werterhöhungen oder -minderungen durch den Nutzer) würde die Wertermittlung unverhältnismäßig erschweren und in vielen Fällen unmöglich machen. Bei der Wertermittlung müßte andernfalls die Entwicklung des Grundstücks in den letzten Jahrzehnten zurückverfolgt und anschließend festgestellt werden, welche Maßnahmen des Nutzers zu einer Erhöhung oder Minderung des zum Wertermittlungsstichtag festzustellenden Werts geführt haben. Eine solche Rückverfolgung würde das Ergebnis kaum beeinflussen können und wäre daher nicht angemessen, weil der gegenwärtige Bodenwert im wesentlichen von der sich aus öffentlich-rechtlichen Vorschriften ergebenden baulichen Nutzbarkeit bestimmt wird und die jetzige Höhe vor allem Folge des Übergangs von der Planwirtschaft, in der die Bodenpreise auf Vorkriegsniveau eingefroren waren, zur Marktwirtschaft ist.

Die Kosten des Abbruchs eines Gebäudes oder einer baulichen Anlage sind danach zu teilen, soweit sie sich im Grundstücksverkehr auf den Bodenwert auswirken. Dem Umstand, daß das Gebäude oder die bauliche Anlage dem Nutzungsrecht zugerechnet werden kann, kann keine ausschlaggebende Bedeutung zukommen. Der Entwurf folgt einer wirtschaftlichen Betrachtungsweise. Nach dem Entwurf sollen die durch den Systemwechsel entstandenen Vor- und Nachteile geteilt werden. Soweit die Kosten eines erforderlichen Abbruchs eines Gebäudes oder einer baulichen Anlage dem Übergang von sozialistischer Plan- zur Marktwirtschaft zuzuordnen sind, ist deshalb auch eine Teilung dieser Nachteile sachgerecht.

Zu Nummer 7 (Artikel 1 — § 30 SachenRBerG)

Die Rechtsfolgen der Aufhebung eines Nutzungsrechts durch gerichtliche Entscheidung sind in Artikel 2 § 2 Nr. 4 Buchstabe a (Artikel 233 § 4 Abs. 5 EGBGB — neu) geregelt. Die Prüfbitte des Bundesrates gibt zu folgenden Ergänzungen des Entwurfs Anlaß:

In Artikel 233 § 4 Abs. 5 EGBGB in der Fassung des Entwurfs werden nach Satz 3 folgende Sätze eingefügt:

„Mit der Aufhebung des Nutzungsrechts erlischt das Eigentum am Gebäude nach § 288 Abs. 4 und § 292 Abs. 3 des Zivilgesetzbuchs der Deutschen Demokratischen Republik. Das Gebäude wird Bestandteil des Grundstücks. Der Nutzer kann für Gebäude, Anlagen und Anpflanzungen, mit denen er das Grundstück ausgestattet hat, Ersatz verlangen, soweit der Wert des Grundstücks hierdurch noch zu dem Zeitpunkt der Aufhebung des Nutzungsrechts erhöht ist."

Begründung

Die Sätze 4 und 5 entsprechen den Bestimmungen in § 16 Abs. 3 Satz 2 und 3 des Vermögensgesetzes. Eine Aufhebung des Nutzungsrechts durch gerichtliche Entscheidung muß insoweit die gleichen Rechtsfolgen herbeiführen wie eine Aufhebung durch Entscheidung des Amtes zur Regelung offener Vermögensfragen.

Die Regelung in Satz 6 begründet einen Wertersatzanspruch des Nutzers für ein von ihm errichtetes Gebäude. Das Bestehen eines solchen Anspruchs wird bereits in der bisherigen Fassung des Entwurfs durch die Regelung vorausgesetzt, daß sich die Grundpfandrechte am Gebäude am Wertersatzanspruch des Nutzers gegen den Grundstückseigentümer fortsetzen sollen. Der einzufügende Satz 6 regelt das Bestehen und den Umfang des Anspruchs. Die Bestimmung stellt klar, daß der Nutzer nur Ersatz für eine Bebauung, die Ausstattung des Grundstücks mit anderen Anlagen und für die Anpflanzungen verlangen kann, die er auf dem Grundstück vorgenommen hat und dessen Wert zum Zeitpunkt der Aufhebung des Nutzungsrechts noch erhöhen.

Die Regelung ist an die Bestimmung über den Ersatz nützlicher Verwendungen des zur Herausgabe verpflichteten Besitzers in § 996 BGB angelehnt. Es besteht keine Veranlassung, den Nutzer, der sein Recht in unredlicher Weise erworben hat, besser zu stellen als einen unrechtmäßigen Besitzer. Unredlichkeit liegt vor allem dann vor, wenn dem Nutzer eine sittlich anstößige Manipulation beim Erwerbsvorgang zur Last fällt (vgl. BGHZ 118, 34, 42 und Hinweis auf die Begründung zu § 4 Abs. 3 Vermögensgesetz, Drucksache 11/7831 S. 6). Ein solcher Nutzer verdient keinen Schutz seiner Erwartung, seine Verwendungen auf das Grundstück in vollem Umfang erstattet zu bekommen. Der Grundstückseigentümer hat vielmehr allein die tatsächlich bei Aufhebung des Nutzungsrechts noch vorhandene Werterhöhung auszugleichen.

Zu Nummer 8 (Artikel 1 — § 36 Abs. 1 Satz 1, § 79 Abs. 2 SachenRBerG)

Der Prüfbitte des Bundesrates kann in der Weise nachgekommen werden, daß

a) in § 36 Abs. 1 Satz 1 das Wort „gleichrangigen" gestrichen und nach den Wörtern „dinglichen Recht" die Wörter „an der gleichen Rangstelle wie am Grundstück und" eingefügt werden und

b) in § 79 Abs. 2 das Wort „gleichrangige" gestrichen und nach den Wörtern „Rechte am Grundstück" die Wörter „an der gleichen Rangstelle und im gleichen Wert" eingefügt werden.

Aus dem Kontext der Regelungen im Entwurf ergibt sich, daß mit dem Adjektiv „gleichrangig" nicht die gleiche Rangstelle an einem Belastungsgegenstand gemeint ist. In § 879 BGB kommt der Ausdruck „gleichrangig" ebenfalls nicht vor. Die hier vorgeschlagene Änderung bringt allerdings noch klarer zum Ausdruck, daß nicht dieselbe Rangstelle an einem Belastungsgegenstand gemeint ist.

Die Bezeichnung „gleichwertig" könnte allerdings zu dem Mißverständnis Anlaß geben, daß allein eine gleichartige wirtschaftliche Werthaltigkeit gemeint sei. Letzteres kann auch für ein auf einem anderen Belastungsgegenstand (Grundstück oder Erbbaurecht) an nachrangiger Rangstelle bestelltes Grundpfandrecht zutreffen, wenn dieses Grundstück einen hinreichenden Wert hat und dem an nachstehender Rangstelle bestellten Grundpfandrecht keine dessen Sicherheit aushöhlenden Grundpfandrechte vorgehen. Ein nachrangiges Grundpfandrecht stellt den Gläubiger jedoch insofern schlechter, als er in einer vom Inhaber eines vorrangigen Rechts betriebenen Zwangsversteigerung auf den Erlös verwiesen ist und nicht selbst über das Fortbestehen seines Rechts oder dessen Verwertung bestimmen kann. Einen solchen Nachteil sollen die Inhaber eingetragener Rechte nicht hinnehmen müssen. Sie können nur dann auf einen anderen Pfandgegenstand verwiesen werden, wenn ihnen insoweit rechtlich und wirtschaftlich gleiche Befriedigungsmöglichkeiten eingeräumt werden.

Zu Nummer 9 (Artikel 1 — § 39 Abs. 1 Satz 5 und 6 — neu — SachenRBerG)

Die Bundesregierung stimmt der Änderung grundsätzlich zu, regt jedoch an in § 39 Abs. 1

a) Satz 1 — wie folgt —:

„An einem Grundstück können mehrere Erbbaurechte bestellt werden, wenn jedes von ihnen nach seinem Inhalt nur an einer jeweils anderen Grundstücksteilfläche ausgeübt werden kann."

und

b) die nach Satz 4 einzufügenden Sätze — wie folgt — zu fassen:

„Mehrere nach Satz 1 bestellte Erbbaurechte haben untereinander Gleichrang, auch wenn sie zu unterschiedlichen Zeiten in das Grundbuch eingetragen werden. Der Gleichrang ist im Grundbuch zu vermerken; einer Zustimmung der Inhaber der anderen Erbbaurechte wie der Inhaber dinglicher Rechte an diesen bedarf es nicht."

Begründung

Der geänderte Satz 1 bringt das Ziel des Entwurfs besser zum Ausdruck, die Bestellung mehrerer Erbbaurechte an einem Grundstück dann zuzulassen, wenn diese jeweils nur auf verschiedenen Teilflächen ausgeübt werden können. Wenn diese Voraussetzung vorliegt, ist die Bestellung eines weiteren Erbbaurechts wie die Bestellung eines Erbbaurechts auf einem anderen Grundstück zu behandeln.

Das Grundbuchamt darf ein weiteres Erbbaurecht nur dann eintragen, wenn die vorgenannte Voraussetzung erfüllt ist. Einer Zustimmung des Inhabers des anderen Erbbaurechts sowie der Inhaber dinglicher Rechte am Erbbaurecht bedarf es unter diesen Voraussetzungen nicht, da deren Rechte durch die Bestellung eines weiteren Erbbaurechts nicht berührt werden.

Weitere Änderungen gegenüber dem Vorschlag in der Stellungnahme des Bundesrates ergeben sich aus der vorgeschlagenen Formulierung nicht.

Zu Nummer 10 (Artikel 1 — § 39 Abs. 2 Satz 2 — neu — SachenRBerG)

Die Bundesregierung stimmt dem Vorschlag zu.

Zu Nummer 11 (Artikel 1 — § 39 Abs. 3 Satz 1 Nr. 1 SachenRBerG)

Die Bundesregierung stimmt dem Vorschlag zu.

IV. Gegenäußerung der Bundesregierung

Zu Nummer 12 (Artikel 1 — § 39 Abs. 3 Satz 3 SachenRBerG)

Die Bundesregierung stimmt dem Vorschlag zu.

Zu Nummer 13 (Artikel 1 — § 43 Abs. 2 Satz 1 Nr. 1 Buchstabe b SachenRBerG)

In § 43 Abs. 2 Satz 1 Nr. 1 Buchstabe b werden nach dem Wort „ist" die Wörter „oder soweit die Größe des belasteten Grundstücks 1 000 Quadratmeter übersteigt und die darüber hinausgehende Fläche abtrennbar und angemessen wirtschaftlich nutzbar ist" eingefügt.

Begründung

Die Prüfbitte des Bundesrates gibt Anlaß, die vorstehende Ergänzung des Entwurfs anzuregen.

Der Entwurf beruht darauf, daß der Nutzer den halben Erbbauzins grundsätzlich nur für die Fläche zahlen soll, die ihm bei einem gesetzeskonformen Vorgehen der Behörden und der Vorstände landwirtschaftlicher Produktionsgenossenschaften nach den Soll-Vorschriften über die Größe der für den Bau eines Eigenheimes zur Verfügung zu stellenden Flächen hätten zugewiesen werden können. Übergrößen sind nach § 26 Abs. 1 grundsätzlich herauszugeben, soweit die Größe

— 500 Quadratmeter übersteigt, abtrennbar und selbständig baulich nutzbar ist oder

— 1 000 Quadratmeter übersteigt, abtrennbar und angemessen wirtschaftlich nutzbar ist.

Soweit der Nutzer nach dem Entwurf unter besonderen Umständen (vgl. § 26 Abs. 3) einen Anspruch darauf hat, daß die Nutzungsbefugnis aus dem zu bestellenden Erbbaurecht auch auf diese Teilfläche erstreckt wird, erlangt er einen Vorteil, der über das hinausgeht, was er bei einem gesetzeskonformen Vorgehen der DDR-Behörden hätte erlangen können. Die Erweiterung des Anspruchs läßt sich in diesen Fällen nicht allein durch die vorgefundene Belastung, sondern durch die gebotene Berücksichtigung besonderer Nutzerinteressen (Härteklausel) rechtfertigen.

Eine Erstreckung des Erbbaurechts auf solche Flächen wegen besonderer Nutzerinteressen ist nur dann vertretbar, wenn der Nutzer hierfür das für solche Nutzung übliche Entgelt entrichtet. Dies gilt für alle Fälle, in denen das Erbbaurecht auf eine abtrennbare Fläche zu erstrecken ist. Insoweit war bei der Bestimmung des Zinses nach dem üblichen Zinssatz von vier vom Hundert jährlich auch für die über eine Größe von 1 000 Quadratmetern hinausgehende, abtrennbare, wirtschaftlich angemessen nutzbare Teilfläche vorzusehen.

Zu Nummer 14 (Artikel 1 — § 47 Abs. 2 — neu — und § 48 Abs. 1 und 2 SachenRBerG,
Artikel 2 § 1 Nr. 1 — § 9 Abs. 2 Satz 1, Satz 2 und 3 — neu —, Abs. 3 — neu — ErbbauVO,
Artikel 2 § 1 Nr. 2 — § 19 Abs. 2 Satz 2 ErbbauVO und
Artikel 2 § 1 a — neu — § 52 Abs. 2 Satz 2 — neu — ZVG)

a) Die Bundesregierung stimmt den Vorschlägen des Bundesrates zu. Die in der Stellungnahme des Bundesrates angeregten Ergänzungen werden über die Regelungen in Artikel 2 § 1 des Entwurfs hinaus ermöglichen, daß

— der Erbbauzins in der Zwangsversteigerung des Erbbaurechts gesichert werden kann, indem auch eine dem Grundpfandrecht des betreibenden Gläubigers im Rang nachgehende Reallast in der Zwangsversteigerung des Erbbaurechts bestehen bleibt, und

— eine Vereinbarung über die Wertsicherung des Erbbauzinses gegenüber späteren Erwerbern und Erstehern des Erbbaurechts fortwirkt, indem sie als Inhalt der Reallast vereinbart werden kann.

Die Bundesregierung wird im weiteren Verfahren prüfen, ob entsprechend der Regelung in § 18 Abs. 3 die Verweisung auf die Bodenrichtwerte und die anderen Maßstäbe als Soll-Vorschrift zu bestimmen ist. Die Steigerung des Bodenwerts könnte dann auch an einem anderen Maßstab (z. B. einem Gutachten) nachgewiesen werden. Im Interesse der Praktikabilität wird jedoch darauf zu achten sein, daß die Begrenzung der Zinsanpassung aus § 47 Abs. 2 nicht anhand eines Gutachtens dargestellt werden muß.

b) Für die Beratung im Deutschen Bundestag und in den Ausschüssen des Deutschen Bundestages ist seitens der Bundesregierung darauf hinzuweisen, daß die Bundesbank Bedenken gegen die in § 47 Abs. 1 des Entwurfs enthaltene Anpassungsregelung geltend gemacht hat und darum bittet, ihren Standpunkt in den parlamentarischen Beratungen vortragen zu können.

Die Bedenken richten sich gegen die Aufnahme einer Anpassungsregelung überhaupt sowie gegen den in § 47 Abs. 1 Satz 3 bestimmten Maßstab.

Die Bundesregierung teilt im Grundsatz den Standpunkt der Bundesbank, daß das Nominalwertprinzip des § 3 Währungsgesetz unverzichtbare Basis für die Stabilität unserer Währung ist. Dennoch hält die Bundesregierung aus den nachstehenden Gründen die Aufnahme einer Regelung für die Ausgestaltung einer Zinsanpassung für unverzichtbar:

— Die Sachenrechtsbereinigung wäre — jedenfalls was die Bestellung von Erbbaurechten angeht — nicht durchführbar, wenn der Entwurf dem Grundstückseigentümer keinen Anspruch auf Aufnahme einer Regelung für eine Zinsanpassung gewähren und Maßstäbe für dessen Ausgestaltung vorgeben würde.

Das Gesetz begründet auf Verlangen des Nutzers einen Kontrahierungszwang. Der Grundstückseigentümer muß einen Erbbaurechtsvertrag abschließen, der nach dem Entwurf eine Laufzeit von 50 bis zu 90 Jahren hat (§ 54 Abs. 2). Wenn ein Gesetz einen Beteiligten in eine derartig langfristige vertragliche Bindung zwingt, muß es auch Möglichkeiten schaffen, die Wertverschiebungen im Verhältnis von Leistung und Gegenleistung (Äquivalenzstörungen) zum Nachteil eines der Beteiligten entgegenwirken.

Andernfalls müßte der zum Vertragsschluß gezwungene Grundstückseigentümer ein besonderes Risiko auf sich nehmen, dem üblicherweise in Erbbaurechtsverträgen durch eine Vereinbarung zur Wertsicherung des Erbbauzinses Rechnung getragen wird. Ohne eine dem § 47 Abs. 1 Satz 1 entsprechende Regelung wird der Nutzer im allgemeinen nicht bereit sein, einer Zinsanpassung an den Geldwertverlust zuzustimmen, die für ihn in der Regel zu einer Anhebung des nominell zu zahlenden Zinsbetrags führen wird.

Die Bestimmung über die Zinsanpassung ist auch deshalb erforderlich, um die im Entwurf vorgesehene Teilung des Bodenwerts durchzuführen, die beim Erbbaurecht durch Ansatz der Hälfte des für die Nutzung üblichen Zinses erfolgen soll. Andernfalls würde mit der Störung des Verhältnisses von Leistung und Gegenleistung durch Zeitablauf und Geldwertverlust auch der Grundsatz der Teilung immer mehr zum Nachteil des Grundstückseigentümers verändert.

Das Gesetz muß auch einen Maßstab für die Gestaltung der Zinsanpassung vorgeben. In den von der Sachenrechtsbereinigung zu regelnden Fällen werden sich Beteiligte mit entgegengesetzten Interessen gegenüberstehen, von denen einer durch gesetzlich begründete Ansprüche zum Vertragsschluß gezwungen werden kann. Bei dieser Ausgangslage ist für den Regelfall davon auszugehen, daß sich die Beteiligten einander nur das gewähren, was sie nach den gesetzlichen Vorgaben dem anderen einräumen müssen. Ist jedoch kein Maßstab für die Anpassung im Gesetz vorgegeben und können sich die Beteiligten nicht einigen, muß der Vertragsschluß wegen Dissenses in einem für den Vertragsschluß wesentlichen Punkt scheitern (vgl. § 154 Abs. 1 Satz 1 BGB).

Die gesetzliche Regelung für eine Zinsanpassung betrifft insoweit einen durch den Beitritt entstandenen Sonderfall, der nur durch einen gesetzlichen Kontrahierungszwang gelöst werden kann. Die Regelung kann und soll keine präjudizielle Wirkung für den Abschluß anderer Erbbaurechtsverträge haben. Hier muß es bei der freien Vertragsgestaltung durch die Parteien bleiben, für die der Gesetzgeber keine Maßstäbe vorzugeben hat.

— Der Entwurf sieht keine Vereinbarung von Anpassungsklauseln in einem Bereich vor, in dem diese bisher nicht üblich waren. Eine dem Grundgedanken der Währungsstabilität abträgliche Verbreitung von Index- und anderen Anpassungsklauseln wird nicht gefördert. Der Entwurf gibt einem Beteiligten, dem Grundstückseigentümer, das Recht, beim Erbbauzins die Aufnahme einer Anpassungsklausel in den Erbbaurechtsvertrag verlangen zu können. § 47 trifft mithin eine Regelung in einem Bereich, in dem Anpassungsklauseln zulässig, üblich und sachgerecht sind.

Seit der Grundsatzentscheidung des Bundesgerichtshofs aus dem Jahr 1956 (BGHZ 22, 220, 222) ist die Zulässigkeit schuldrechtlicher Abreden zur Erbbauzinsanpassung in Erbbaurechtsverträgen zivilrechtlich anerkannt. Im Schrifttum sind daraufhin verschiedene Vorschläge für die Gestaltung von Anpassungsklauseln entwickelt worden (vgl. z. B. Ripfel, DNotZ 1958, 455, 469 und Wangemann, DNotZ 1959, 174, 181), die in der notariellen Praxis beim Abschluß von Erbbaurechtsverträgen durchgängig verwendet werden. Der Bundesgesetzgeber hat mit der Einfügung des § 9 a ErbbauVO im Jahre 1974, der eine Begrenzung für die Anpassung des Erbbauzinses vorschreibt, die Zulässigkeit der in den jüngeren Erbbaurechtsverträgen durchgängig vereinbarten Anpassungsklauseln anerkannt.

— Aus währungsrechtlichen Gründen bedürfen die sog. echten Wertsicherungsklauseln, die eine „automatische" Anpassung des Erbbauzinses an einen Indikator vorsehen, einer Genehmigung nach § 3 Satz 2 des Währungsgesetzes. Der Entwurf betritt aber auch hier nicht einen Bereich, in dem derartige Wertsicherungen bisher unzulässig waren. Für Erbbaurechtsverträge mit einer über zehn Jahre hinausgehenden Laufzeit wird die Genehmigung in der Regel von den Landeszentralbanken erteilt. Die Bundesbank hat in ihren Grundsätzen für die Entscheidung über Genehmigungsanträge nach § 3 Satz 2 des Währungsgesetzes (BAnz Nr. 109 vom 15. Juni 1978) die Genehmigung für Klauseln in Erbbaurechtsverträgen in Aussicht gestellt, die entweder auf die Änderung der Löhne und Gehälter oder auf die Entwicklung der Lebenshaltungskosten Bezug nehmen.

Das Erfordernis einer währungsrechtlichen Genehmigung wird nicht aufgehoben. Der Entwurf sieht in § 47 Abs. 1 Satz 4 ausdrücklich vor, daß eine Vereinbarung über die Zinsanpassung nur wirksam wird, wenn die Genehmigung nach § 3 des Währungsgesetzes erteilt wird. Eine restriktive Genehmigungspraxis unter den sich aus § 3 Satz 2 des Währungsgesetzes ergebenden währungsrechtlichen Gesichtspunkten wird durch den Entwurf nicht ausgeschlossen.

IV. Gegenäußerung der Bundesregierung

Der vorgegebene Maßstab für vertragliche Zinsanpassungen für Wohngebäude in § 47 Abs. 1 Satz 3 entspricht der in § 9a Abs. 1 Satz 2 ErbbauVO benannten Begrenzung für bereits vereinbarte Zinsanpassungen in Erbbaurechtsverträgen, wenn das errichtete Bauwerk Wohnzwecken dient. Auch insoweit orientiert sich der Entwurf an einer bereits bestehenden Regelung.

In den Ausschußberatungen war seinerzeit eine Bestimmung der Obergrenze zulässiger Erbbauzinserhöhungen nach dem Preisindex für die Lebenshaltung gefordert, von der Mehrheit aber wegen währungspolitischer Bedenken verworfen und die jetzige allgemein gehaltene Fassung gewählt worden (vgl. Drucksache 7/1285 S. 3 und 4).

Der Bundesgerichtshof hat daraufhin den unbestimmten Rechtsbegriff in § 9a Abs. 1 Satz 2 ErbbauVO im Sinne eines Durchschnittswerts aus der Steigerung der Lebenshaltungskosten und der Einkommen ausgelegt und ist dem in ständiger Rechtsprechung gefolgt (BGHZ 75, 279, 283; 77, 180, 190; 87, 198, 199). Die Bundesbank erachtet derartige Mischklauseln unter währungsrechtlichen Gesichtspunkten für nicht zulässig (vgl. Schreiben der Bundesbank an die Bundesnotarkammer vom 17. Februar 1982 — abgedruckt in DNotZ 1982, 329 sowie die Antwort der Bundesnotarkammer vom 23. Juni 1982 — abgedruckt in DNotZ 1983, 201).

Der Entwurf trifft keine Entscheidung der o. g. Streitfrage durch gesetzliche Regelung, sondern läßt die nach § 9a ErbbauVO bestehende Rechtslage insoweit unverändert. In der Entwurfsbegründung ist dies auf Seite 142 ausdrücklich klargestellt worden. Das Erfordernis der Genehmigung ist gerade zu dem Zweck in den Entwurf eingestellt worden, daß die Beteiligten keine von den nach währungsrechtlichen Prinzipien aufgestellten Genehmigungsgrundsätzen abweichende Zinsanpassung vereinbaren können.

Die für die Anpassung der Erbbaurechtsverträge zu gewerblichen und zu landwirtschaftlichen Nutzungen genannten Maßstäbe wurden auch in Anlehnung an die Grundsätze der Bundesbank für die Entscheidung über Genehmigungsanträge nach § 3 Satz 2 des Währungsgesetzes bestimmt.

Zu Nummer 15 (Artikel 1 — § 48 Abs. 1 Satz 2 Nr. 1 Buchstabe a SachenRBerG)

Die Bestimmung ist entsprechend der Prüfbitte des Bundesrates zu ergänzen. In § 48 Abs. 1 Satz 2 Nr. 1 sind nach dem Wort „gewerblichen" die Wörter „, land-, forstwirtschaftlichen" einzufügen.

Zu Nummer 16 (Artikel 1 — § 48 Abs. 1 Satz 2 Nr. 2 und 3 SachenRBerG)

Zu Nummer 17 (Artikel 1 — § 48 Abs. 1 Satz 4 letzter Halbsatz SachenRBerG)

Die Bundesregierung sieht die in den Prüfbitten vorgetragenen Vorschläge als begründet an. Sie regt jedoch an, die Bestimmung abweichend von den Vorschlägen in den Prüfbitten zu fassen:

a) § 48 Abs. 1 Satz 2 Nr. 2 sollte — wie folgt — gefaßt werden:

„2. der Zinssatz ist von dreieinhalb auf zwei vom Hundert jährlich des Verkehrswerts herabzusetzen, wenn eine am 2. Oktober 1990 ausgeübte, gewerbliche Nutzung nicht mehr ausgeübt werden kann und das Gebäude zu Wohnzwecken genutzt wird."

b) Die Sätze 3 und 4 sollten — wie folgt — gefaßt werden:

„In den Fällen des Satzes 2 Nr. 1 kann jeder Beteiligte verlangen, daß ein anderer Zinssatz zugrunde gelegt wird, wenn der für diese Nutzung übliche Zins mehr oder weniger als sieben vom Hundert jährlich beträgt. Wird in den Fällen des Satzes 2 Nr. 2 das Gebäude nunmehr zu land- oder forstwirtschaftlichen Zwecken genutzt, kann der Nutzer eine Anpassung des regelmäßigen Zinses verlangen, wenn der für diese Nutzung übliche Zins weniger als sieben vom Hundert jährlich beträgt."

Begründung

Eine Regelung, wonach ein vereinbarter Erbbauzins trotz Nutzungsänderung beizubehalten ist, erscheint entbehrlich. Soweit ein Anspruch auf Zinsanpassung nicht besteht, ist der vereinbarte Zins weiter zu entrichten.

Die vorgeschlagene Fassung bringt den mit der Regelung verfolgten Zweck deutlicher zum Ausdruck als die Formulierung im Entwurf.

Soweit der Nutzer eine Nutzungsänderung in dem in § 55 Abs. 4 bezeichneten Umfang vornimmt, soll er für diese Nutzung den üblichen Zins entrichten (Satz 2 Nr. 1). Beträgt der übliche Zins für die jetzt ausgeübte land-, forstwirtschaftlichen, gewerblichen oder öffentlichen Zwecken dienende Nutzung mehr als sieben vom Hundert, so soll der für die Nutzung übliche Zins zugrunde gelegt werden (Satz 3).

Kann eine am 2. Oktober 1990 ausgeübte, gewerbliche Nutzung nicht mehr ausgeübt werden und ist der Nutzer z. B. auf Grund behördlichen Handelns zu einer Nutzungsänderung zu Wohnzwecken gezwungen, soll eine Zinsherabsetzung auf den regelmäßigen Zins für diese Art der Nutzung (zwei vom Hundert jährlich) erfolgen (Satz 2 Nr. 2). Muß das Gebäude nun wieder zu land- oder forstwirtschaftlichen Zwecken genutzt werden, kann eine Anpassung des regelmäßigen (hälftigen) Zinses verlangt werden, wenn der übliche Zins mehr oder weniger als sieben vom Hundert jährlich des Verkehrswerts beträgt (Satz 4).

Zu Nummer 18 (Artikel 1 — § 49 Abs. 2 SachenRBerG)

Die Prüfbitte des Bundesrates gibt Anlaß, folgende Änderungen anzuregen:

1. § 49 des Entwurfs wird wie folgt geändert:

   a) Absatz 1 wird wie folgt gefaßt:

   „(1) Der Grundstückseigentümer kann verlangen, daß in den Erbbaurechtsvertrag eine Bestimmung aufgenommen wird, in der sich der Erbbauberechtigte im Falle einer Veräußerung des Erbbaurechts in den ersten drei Jahren nach dessen Bestellung verpflichtet, einen Vertrag über die Veräußerung des Erbbaurechts in der Weise abzuschließen, daß der Erwerber des Erbbaurechts gegenüber dem Grundstückseigentümer zu einer Zinsanpassung nach Absatz 2 verpflichtet ist, wenn die in § 72 Abs. 1 Nr. 1 und 3 bezeichneten Voraussetzungen vorliegen."

   b) Absatz 5 wird wie folgt gefaßt:

   „(5) Der Grundstückseigentümer kann verlangen, daß der Nutzer sich im Erbbaurechtsvertrag ihm gegenüber verpflichtet, einen Vertrag über die Veräußerung des Erbbaurechts so abzuschließen, daß der Erwerber die Pflichten zur Zinsanpassung wegen der in § 71 Abs. 1 bezeichneten Nutzungsänderungen übernimmt."

2. In § 50 werden nach den Wörtern „§ 49 Abs. 1 bis 3" die Wörter „und Abs. 5" eingefügt.

Begründung

Die vorgeschlagene Neufassung bringt die Regelungsabsicht klarer zum Ausdruck. Der Inhalt der Regelung bleibt unverändert.

Grundlage der Regelung in §§ 49 und 50 des Entwurfs ist, daß diese Pflichten nicht zum gesetzlichen Inhalt des Erbbaurechts gehören und auch nicht zum vertragsmäßigen Inhalt bestimmt werden können und daher nur schuldrechtlich wirken. Die zwischen dem Grundstückseigentümer und dem Veräußerer vereinbarten Zinsanpassungen können nur auf den Erwerber des Erbbaurechts übergehen, wenn in dem Vertrag über die Veräußerung des Erbbaurechts der Erwerber diese Verpflichtung übernimmt. Solche Vereinbarungen zwischen dem Nutzer als Veräußerer des Erbbaurechts und dem Erwerber sind Schuldübernahmen nach § 415 Abs. 1 Satz 1 BGB, wobei die Zustimmung des Grundstückseigentümers in der Regel bereits im Vertrag über die Erbbaurechtsbestellung erteilt wird.

Zinserhöhungen sind in zwei Fällen geboten:

1. wenn der Nutzer kurze Zeit nach Bestellung des Erbbaurechts dieses

   a) als unbebauten oder mit einem Haus auf Abbruch als Bauplatz veräußert, oder

   b) land-, forstwirtschaftlichen, gewerblichen oder öffentlichen Zwecken dient und das Erbbaurecht nicht zum Zweck der Fortführung des Geschäfts als Teil eines Unternehmens veräußert wird, oder

2. wenn im Zusammenhang mit oder nach der Veräußerung eine Nutzungsänderung erfolgt.

In den erstgenannten Fällen ist die Zinsanpassung deshalb erforderlich, um spekulativen Geschäften durch den Nutzer entgegenzuwirken, der das Erbbaurecht nicht dem Zweck des Nutzungsrechts entsprechend nutzt, sondern allein durch die Weiterveräußerung des zinsgünstigen Erbbaurechts einen Gewinn erzielen will. Solchen Spekulationsgeschäften wird die Grundlage entzogen, wenn im Falle der Veräußerung entsprechend § 49 Abs. 1 und 2 des Entwurfs eine Zinserhöhung auf den üblichen Zins erfolgt. Hat der Erwerber des Erbbaurechts den üblichen Zins zu entrichten, so wird der Erwerber dem Veräußerer keinen zusätzlichen Preis für einen Bodenwertanteil zahlen, der beim Erbbaurecht im niedrigeren Zins zum Ausdruck kommt.

In den in Nummer 2 bezeichneten Fällen ist die Zinsanpassung Folge der Nutzungsänderung. Die Voraussetzungen hierfür sind in § 48 Abs. 1 bestimmt worden. In § 49 ist insoweit allein Vorsorge dafür zu treffen, daß der Grundstückseigentümer auch im Falle einer Veräußerung den Anspruch auf eine Zinsanpassung wegen Nutzungsänderung gegen den Erwerber des Erbbaurechts geltend machen kann.

In Absatz 5 des Entwurfs ist dies so geregelt worden, daß der Anspruch auf Zinsanpassung unberührt bleibt und entsprechend Absatz 1 eine Verpflichtung zur Übertragung auf den Erwerber begründet werden soll. Die vorgeschlagene Neufassung verzichtet auf die möglicherweise etwas komplizierte Verweisung und bringt den Regelungsgedanken, daß auch die Verpflichtung zur Zinsanpassung wegen Nutzungsänderung nach § 48 übertragen werden soll, allein in Absatz 5 zum Ausdruck.

Zu Nummer 19 (Artikel 1 — § 69 Abs. 2 SachenRBerG)

Die Bundesregierung stimmt dem Vorschlag zu.

Zu Nummer 20 (Artikel 1 — § 71 Abs. 3 Satz 2 — neu — SachenRBerG)

Die Bundesregierung stimmt der in Form einer Prüfbitte gefaßten Anregung zu. § 71 Abs. 3 Satz 2 sollte — wie vom Bundesrat vorgeschlagen — ergänzt werden. Auf die Ausführungen zu Nummer 13 wird Bezug genommen.

IV. Gegenäußerung der Bundesregierung

Zu Nummer 21 (Artikel 1 — § 72 SachenRBerG)

Die Bundesregierung vermag sich diesem Vorschlag nicht anzuschließen. Eine allgemeine Anzeigepflicht in allen Fällen der Nutzungsänderung und der Veräußerung könnte eher zu einer größeren Zahl von Rechtsstreitigkeiten Veranlassung geben, der kein ins Gewicht fallender Vorteil gegenüberstünde.

1. Die Folge der Verletzung einer gesetzlich begründeten Anzeigepflicht wäre ein Schadensersatzanspruch des Grundstückseigentümers. Dieser wäre so zu stellen, wie er im Falle (rechtzeitiger) Anzeige gestanden hätte. Die Bemessung dieser Vermögensnachteile wäre nicht einfach und würde zu zahlreichen Streitigkeiten führen.

   Die Entscheidung für den Nutzer, wann er zur Anzeige verpflichtet ist, wäre nur in den Fällen der Veräußerung klar, andernfalls jedoch schwierig.

   In den Fällen der Veräußerung bedarf es allerdings in der Regel keiner Anzeige, da in diesen Fällen die Rechtsänderung im Grundbuch dokumentiert wird und somit auch für den (früheren) Grundstückseigentümer durch Einsichtnahme in das Grundbuch jederzeit erkennbar ist.

   In den Fällen der Nutzungsänderung wäre eine Anzeige nur dann sinnvoll, wenn hieraus eine Nachzahlungspflicht nach § 72 Abs. 1 Satz 1 Nr. 2 in Verbindung mit § 71 begründet wäre. Eine Nachzahlungspflicht wird jedoch nicht bei allen Nutzungsänderungen begründet. Insbesondere bei den Eigenheimen sind nach § 71 Abs. 2 in weitem Umfang Nutzungsänderungen möglich, ohne daß sich hieraus ein Anspruch auf eine Anhebung des Kaufpreises ergibt. Zudem kann die Entscheidung, ob eine Nutzungsänderung nach § 71 Abs. 1 vorliegt, schwierig sein, wenn nur Teile des Gebäudes anders als bisher genutzt werden. Würde jedoch eine Anzeigepflicht begründet und deren Verletzung mit Sanktionen verbunden, müßte der Nutzer vorsorglich in allen Fällen Nutzungsänderungen anzeigen, auch wenn diese keine Nachzahlungspflichten begründen. Solche Anzeigen würden den (früheren) Grundstückseigentümer jedoch regelmäßig zu einem Nachzahlungsverlangen veranlassen und so zusätzliche Streitigkeiten hervorrufen. Es sollte daher bei der allgemeinen Regel bleiben, daß derjenige, der einen Anspruch geltend machen will, sich selbst darüber zu informieren hat, ob die dafür erforderlichen Voraussetzungen vorliegen.

2. Der Anzeigepflicht aus § 74 Abs. 3 Satz 4 liegt eine von den anderen Weiterveräußerungen abzugrenzende Fallkonstellation zugrunde. Aus dieser Bestimmung läßt sich nicht begründen, daß auch eine Anzeigepflicht in allen anderen Fällen erforderlich ist.

   Die in § 74 Abs. 3 Satz 4 begründete Anzeigepflicht beruht darauf, daß im komplexen Wohnungsbau besondere Bestimmungen zur Wertermittlung zur Anwendung kommen, die der besonderen Ertragslage Rechnung tragen. Bei der Bewertung nach § 19 Abs. 2 wird in der Regel eine auf die Restnutzungsdauer des Gebäudes bezogene Abzinsung des Bodenwerts vorzunehmen sein.

   Wird das Grundstück weiterveräußert, so ist ein hierbei erzielter Mehrerlös ein Indiz dafür, daß der zunächst rechnerisch ermittelte Bodenwert zu niedrig angesetzt war. Der Entwurf sieht vor, daß in solch einem Falle ein Teil des aus der Veräußerung des Grundstücks erzielten Mehrerlöses an den früheren Grundstückseigentümer auszukehren ist. Zu diesem Zweck hat der Nutzer im Veräußerungsvertrag mit dem Dritten den auf Grund und Boden entfallenden Teil des Kaufpreises gesondert auszuweisen.

   Die Anzeigepflicht nach § 74 Abs. 3 Satz 4 soll den (früheren) Grundstückseigentümer nicht allein über die Veräußerung informieren, sondern eine Überprüfung des im Vertrag des Nutzers mit dem Dritten für den Grund und Boden angesetzten Teils des Kaufpreises ermöglichen. In diesen Fällen besteht die Gefahr, daß der Kaufpreis für Grund und Boden von den tatsächlichen Verhältnissen abweichend zu niedrig angesetzt wird, um der Verpflichtung zur Auskehr des Mehrerlöses zu entgehen. Eine Prüfung der Ansätze im Kaufvertrag ist in der Regel nur dann möglich, wenn diese zeitnah nach dem Abschluß des Kaufvertrages erfolgt.

   Eine gleichartige Situation liegt in allen anderen Fällen nicht vor, wo der Veräußerung an den Nutzer keine besondere Verkehrswertberechnung zugrunde liegt.

Zu Nummer 22 (Artikel 1 — § 73 Abs. 2 SachenRBerG)

Die Bundesregierung stimmt dem Vorschlag zu.

Zu Nummer 23 (Artikel 1 — § 74 Abs. 2 SachenRBerG)

Die Bundesregierung vermag aus den unter Nummer 21 genannten Gründen der Begründung einer Anzeigepflicht nicht zuzustimmen.

Zu Nummer 24 (Artikel 1 — § 76 Abs. 1 SachenRBerG)

Die Bundesregierung hält eine Ergänzung des Entwurfs nicht für erforderlich. Die in der Begründung des Bundesrates für angemessen erachtete Rechtsfolge ergibt sich bereits aus allgemeinen Rechtsgrundsätzen des Kaufrechts. Haben die Vertragschließenden keine Vereinbarung getroffen, so wird eine Verpflichtung zur Zahlung eines Nutzungsentgelts in dem Zeitpunkt enden, in dem die Verpflichtung zur Zahlung des Kaufpreises fällig wird. Dies folgt aus dem in § 452 BGB zum Ausdruck gebrachten Rechtsgrundsatz, daß der Käufer nicht gleichzeitig Kaufgegenstand und Kaufpreis soll nutzen können (vgl. statt aller: Palandt/Putzo, BGB, 52. Auflage, § 452 Rn. 1).

Auf den Verkäufer bezogen folgt daraus, daß dieser nicht zugleich ein Entgelt für die Nutzung der Kaufsache und den für Übergabe und Übereignung vereinbarten Kaufpreis verlangen kann. Im Sachenrechtsbereinigungsgesetz müssen die für den Vertrag zwischen Grundstückseigentümer und Nutzer wesentlichen Vertragsbestandteile benannt werden. In diesem sollten jedoch keine allgemeinen Rechtsfolgen des Kaufrechts gesetzlich geregelt werden.

Zu Nummer 25 (Artikel 1 — § 77 SachenRBerG)

1. Die Bundesregierung schlägt auf die Prüfbitte des Bundesrates vor, § 61 wie folgt zu ändern:

   a) In der Überschrift sind nach dem Wort „Kosten" die Wörter „und Gewährleistung" einzufügen.

   b) Nach Absatz 2 wird folgender Absatz 3 angefügt:

   „(3) Der Grundstückseigentümer haftet nicht für Sachmängel des Grundstücks."

2. Die Bundesregierung hält im übrigen am Entwurf fest. Der Ausschluß der Gewährleistung für das Grundstück ist sachgerecht. Ein Ausschluß der Haftung im Falle des Verkaufs des Gebäudes ist jedoch nicht angezeigt.

Begründung

1. Der Vertrag über die Bestellung eines Erbbaurechts ist, wenn der Erbbauberechtigte sich zur Zahlung eines Erbbauzinses verpflichtet, ein kaufähnlicher Vertrag nach § 493 BGB (vgl. BGHZ 96, 385, 387). Insoweit ist es zweckmäßig, für den Vertrag über die Erbbaurechtsbestellung im Gesetz dieselbe Rechtsfolge anzuordnen, wie sie in § 77 für die Grundstückskaufverträge angeordnet worden ist.

2. a) Eine Gewährleistung des Verkäufers für das Grundstück wäre mit den Grundlagen der Haftung des Verkäufers wegen Sachmängeln nicht zu vereinbaren. Sie würde dem Verkäufer Risiken auferlegen, die allein dem Verantwortungsbereich des Käufers zuzurechnen sind.

Nach § 459 Abs. 1 Satz 1 BGB hat der Verkäufer dafür einzustehen, daß der Kaufgegenstand zum Zeitpunkt des Gefahrübergangs die vertragsgemäße Beschaffenheit hat.

Grundlage der Haftung für Sachmängel ist demnach, daß ein Übergang der Gefahr stattfindet. Die Gefahr geht nach § 446 Abs. 1 Satz 1 BGB grundsätzlich mit der Übergabe des Kaufgegenstands auf den Käufer über. Die Bestimmungen zur Gewährleistung passen jedoch nicht auf die Fälle, in denen der Käufer sich (oft auch gegen den Willen des Grundstückseigentümers) mit Billigung staatlicher Stellen in den Besitz der Sache gesetzt hat.

Die Beschaffenheit, daß das Grundstück bebaut ist, hat der Käufer selbst herbeigeführt. Es wäre daher nicht sachgerecht, das Risiko der Bebaubarkeit dieses Grundstücks nunmehr dem Verkäufer aufzuerlegen und diesen dafür einstehen zu lassen, wenn das Grundstück aus baurechtlichen oder tatsächlichen Gründen nicht oder nicht so bebaubar ist, wie der Käufer (Nutzer) es bebaut hat.

Eine andere Frage ist, ob eine Kaufpreisanpassung dann in Betracht kommt, wenn beide Parteien (eventuell auch der, den Wert des Grundstücks ermittelnde Gutachter) bei der Bestimmung des Werts des Grundstücks von dessen Bebaubarkeit ausgegangen sind und sich diese Erwartung im Nachhinein als unbegründet herausstellt. Ob in solchen Fällen eine Preisanpassung nach den Grundsätzen über das Fehlen oder den Wegfall der Geschäftsgrundlage in Betracht kommt, soll der Rechtsprechung überlassen bleiben.

Der Bundesgerichtshof hat allerdings in den Fällen, in denen es um Eigenschaften der Kaufsache geht, die Gegenstand einer Sachmängelgewährleistung sein können, die Anwendbarkeit der Grundsätze über den Wegfall der Geschäftsgrundlage verneint, da die allgemeinen Vorschriften durch die Bestimmungen über die Gewährleistung verdrängt würden (BGHZ 60, 319, 321; 98, 100, 103). Eine Verdrängung allgemeiner Grundsätze durch eine sogenannte lex specialis kommt allerdings nur in Betracht, wenn der zu beurteilende Sachverhalt unter die speziellere Regelung fallen kann. — Der Entwurf bestimmt deshalb, daß der Verkäufer für Sachmängel des Grundstücks nicht haftet. Die Eigenschaften des Grundstücks, insbesondere seine Bebaubarkeit, liegen damit außerhalb der vertraglichen Gewährleistung des Verkäufers. Eine Korrektur gravierender Äquivalenzstörungen in Einzelfällen ist daher nicht ausgeschlossen.

b) Soweit der Nutzer dem Grundstückseigentümer in den Fällen des § 82 ein Gebäude zu verkaufen hat, findet ein Gefahrübergang durch Übergabe des Besitzes statt. Das Gebäude hat der Nutzer oder sein Rechtsvorgänger errichtet; der Zustand des Gebäudes ist dem Nutzer zuzurechnen.

Insoweit besteht kein Grund für eine Anordnung, daß der Nutzer als Verkäufer des Gebäudes nicht für bauliche Mängel und Bauschäden, wie z. B. Schwamm- oder Hausbockbefall, haftet.

Zu Nummer 26 (Artikel 1 — § 79 Abs. 1 Satz 2 SachenRBerG)

Der Nachweis, daß die Veräußerung zur Abwendung der Zwangsversteigerung erfolgt, kann außer in den Fällen einer bereits angeordneten Zwangsversteigerung dadurch geführt werden, daß dem Grundbuchamt mit dem Umschreibungsantrag die für den Beginn einer Zwangsversteigerung nach § 16 Abs. 2 ZVG erforderlichen Urkunden vorgelegt werden.

IV. Gegenäußerung der Bundesregierung

Zu Nummer 27 (Artikel 1 — § 82 Abs. 1 Satz 1 Nr. 1 SachenRBerG)

Die Bundesregierung schlägt vor, in § 82 Abs. 1 Satz 1 Nr. 1 die Wörter „die in § 53 Abs. 1 des Landwirtschaftsanpassungsgesetzes bezeichneten Voraussetzungen vorliegen" durch die Wörter „die Rechtsverhältnisse an land- oder forstwirtschaftlich genutzten Grundstücken, Gebäuden oder baulichen Anlagen neu geregelt werden sollen" zu ersetzen.

Begründung

Die Vorschrift wird allgemeiner gefaßt, um keine Zweifel darüber entstehen zu lassen, daß auch der Fall des Wiedereinrichters erfaßt wird.

Zu Nummer 28 (Artikel 1 — §§ 88, 89, 105 SachenRBerG)

Die Vermittlungstätigkeit ist eine dem Bereich der freiwilligen Gerichtsbarkeit zuzuordnende Tätigkeit, für deren Erledigung im allgemeinen die Amtsgerichte zuständig sind. Wegen fehlender personeller Kapazitäten an den Gerichten in den neuen Ländern wird diese Aufgabe den Notaren übertragen. Es wird mithin durch Bundesgesetz das angeordnet, was nach § 193 FGG für bestimmte Verfahren — wie die Vermittlung einer Nachlaßauseinandersetzung — durch Landesgesetz möglich wäre.

Die Bundesregierung sieht keine Möglichkeit, mit der Durchführung der Vermittlungsverfahren Personen zu beauftragen, die kein öffentliches Amt ausüben und kein Organ der Rechtspflege sind.

Der Umstand, daß nur solche Personen Vermittlungstätigkeiten, wie sie im Entwurf vorgesehen sind, ausführen können, ergibt sich schon aus einem Überblick über die im Verfahren vorzunehmenden Amtshandlungen. Diejenigen, die Vermittlungsverfahren nach dem Entwurf durchführen, sollen

— die Beteiligten laden können (§ 93 Abs. 1 Satz 1),

— die Rechte der Beteiligten sichernde Anträge bei den Grundbuchämtern stellen können (§ 93 Abs. 6 Satz 1),

— Säumnisentscheidungen treffen (§ 97 Abs. 1) und

— Ermittlungen durchführen können, die für die Beteiligten in einem anschließenden Gerichtsverfahren verwertet werden können (§ 98 Abs. 3).

Im Vermittlungsverfahren können mithin Entscheidungen getroffen werden, die für einen Beteiligten erhebliche, auch nachteilige Rechtsfolgen haben können. Hiermit können nur Personen beauftragt werden, die ein öffentliches Amt ausüben und über die erforderliche fachliche Eignung verfügen.

Die Beauftragung anderer Personen als der Notare wäre schließlich auch unökonomisch und wenig praktikabel. Die Vermittlungstätigkeit steht im engen Zusammenhang mit der den Notaren übertragenen Beurkundungstätigkeit. Jede erfolgreiche Vermittlung führt zur Beurkundung; bleibt die Vermittlung erfolglos, so ist ein Vertragsentwurf zu fertigen. Es wäre nicht sinnvoll, wenn die Beteiligten nach Abschluß der Vermittlung an einen Notar verwiesen werden müßten, der wiederum den gesamten Vertragsinhalt noch einmal rechtlich zu überprüfen hätte.

Zu Nummer 29 (Artikel 1 — § 89 Abs. 1 Satz 3 und 4 — neu — SachenRBerG)

Die Bundesregierung sieht, daß die Aufgabe der Vermittlungen und der damit zusammenhängenden Beurkundungen in einigen der neuen Länder nur dann in angemessener Zeit bewältigt werden kann, wenn auch sog. West-Notare in diesem Bereich tätig werden können.

Die für solche Amtshandlungen erforderlichen Genehmigungen müssen daher ohne großen Verwaltungsaufwand erteilt werden können. Das Ziel des Vorschlags des Bundesrates, mehr oder weniger weit gefaßte Genehmigungen zu erteilen, wird durch die vorgeschlagene Ergänzung des Entwurfs nicht erreicht. Der Vorschlag des Bundesrates geht darauf hinaus, das Ermessen bei der Erteilung der Genehmigungen einzuschränken. Der Verwaltungsaufwand, der durch eine Vielzahl von Anträgen entstehen wird, wird dadurch nicht geringer.

Es sollte geprüft werden, ob sich das Ziel des Antrags nicht durch Vereinfachungen im Verfahren erreichen läßt. Insbesondere ist hier an Verwaltungsabkommen zwischen den beteiligten Landesjustizverwaltungen zu denken und darin die Möglichkeit zu befristeten und nicht an den Einzelfall gebundenen Genehmigungen vorzusehen.

Solche Abkommen hat es in der Vergangenheit bereits gegeben. Die Bundesregierung wird im weiteren Verfahren prüfen, ob im Hinblick darauf eine Änderung der berufsrechtlichen Bestimmungen erforderlich ist.

Der offen gebliebene Hinweis auf die letzte Änderung der Verordnung über die Tätigkeit von Notaren in eigener Praxis vom 20. Juni 1990 (GBl. I Nr. 37 S. 475) wäre wie folgt zu ergänzen: „zuletzt geändert durch § 12 des Gesetzes zur Prüfung von Rechtsanwaltszulassungen, Notarbestellungen und Berufungen ehrenamtlicher Richter vom 24. Juli 1992 (BGBl. I S. 1386)".

Zu Nummer 30 (Artikel 1 — § 91 SachenRBerG)

Der Prüfbitte des Bundesrates könnte in folgender Weise entsprochen werden:

1. In § 91 wird folgender Absatz 4 eingefügt:

„(4) Beantragt der Nutzer die Durchführung eines Vermittlungsverfahrens, so soll er in dem Antrag auch erklären, wie das Grundstück in den in § 8 genannten Zeitpunkten genutzt worden ist."

2. Der bisherige Absatz 4 wird Absatz 5.

Begründung

Die Angabe über die Nutzung in den genannten Zeitpunkten ist nicht von untergeordneter Bedeutung. Wie in der Begründung zur Stellungnahme des Bundesrates zutreffend ausgeführt worden ist, besteht kein Anspruch auf Verdinglichung, wenn eine Datsche erst nach dem Beitritt in ein Einfamilienhaus umgebaut worden ist.

Der Entwurf begründet auch insoweit kein zwingendes Recht. Die Beteiligten können auch Vereinbarungen treffen, die von den Regelungen im Entwurf abweichen.

Soweit die Anspruchsberechtigung im Streit ist, wird der Notar im Vermittlungsverfahren die Beteiligten in der Regel nach der vor dem Beitritt ausgeübten Nutzung fragen.

Ein Grund, die in § 91 Abs. 1 benannten zwingenden Voraussetzungen für den Antrag um solche Umstände zu erweitern, die Gegenstand der Vermittlungsverhandlung sein können, ist nicht zu erkennen. Die Durchführung der Vermittlungsverfahren wäre vielmehr gefährdet, wenn man die Voraussetzungen überspannt, die an den verfahrenseinleitenden Antrag gestellt werden.

Aus den vorstehenden Erwägungen ist allein eine Ergänzung der Regelung des Entwurfs zum Inhalt des Antrags um eine Sollbestimmung für den Fall gerechtfertigt, daß der Nutzer den Antrag auf Durchführung des Vermittlungsverfahrens stellt. Dies wird mit der vorgeschlagenen Ergänzung erreicht.

Zu Nummer 31a (Artikel 1 — § 91 Abs. 2 Satz 2 SachenRBerG)

Die Bundesregierung stimmt dem Vorschlag zu.

Zu Nummer 31b (Artikel 1 — § 91 Abs. 2 Satz 2 SachenRBerG)

Die Bundesregierung schlägt auf die Prüfbitte des Bundesrates vor, dem § 91 Abs. 2 folgenden Satz anzufügen:

„Satz 2 ist entsprechend anzuwenden, wenn der Antragsteller nach § 82 Abs. 1 Satz 1 die Ablösung der aus der baulichen Investition des Nutzers begründeten Rechte begehrt."

Begründung

Mit der vorgeschlagenen Ergänzung werden auch die Fälle geregelt, in denen selbständiges Gebäudeeigentum nicht entstanden ist. Im Antrag sind dann das Gebäude oder die bauliche Anlage und der Ablösebetrag zu bezeichnen.

Die Ablösung der Rechte aus der baulichen Investition und die Übertragung des Besitzes an dem vom Nutzer errichteten Gebäude werden nach dem Entwurf als kaufähnliche Verträge im Sinne des § 445 BGB behandelt. § 82 Abs. 2 und 3 enthalten die Regelungen für die Bemessung des Kaufpreises. Diese Bestimmungen gelten unabhängig davon, ob selbständiges Gebäudeeigentum entstanden ist oder nicht. Dies entspricht dem in § 13 Abs. 2 zum Ausdruck gebrachten Grundsatz, daß es im Rechtsverhältnis zwischen Grundstückseigentümer und Nutzer nicht darauf ankommen soll, ob ein Nutzungsrecht bestellt und deshalb selbständiges Gebäudeeigentum entstanden ist oder ob die vorgesehene Bestellung des Nutzungsrechts ausgeblieben ist.

Die Gleichbehandlung gilt insoweit sowohl für die Bemessung des Preises als auch für die Rechtsfolgen des Vertrages bezüglich einer etwaigen Gewährleistung für das Gebäude.

Zu Nummer 32 (Artikel 1 — § 95 Abs. 2 Satz 1 Nr. 2 SachenRBerG)

Die Bundesregierung stimmt dem Vorschlag des Bundesrates zu.

Zu Nummer 33 (Artikel 1 — § 98 Abs. 4 — neu — SachenRBerG)

Die Bundesregierung stimmt dem Vorschlag des Bundesrates zu. Sie schlägt vor, nach dem Wort „Notar" die Wörter „nach Absatz 2" einzufügen.

Begründung

Die Ergänzung dient der Klarstellung. Die Einholung von Gutachten nach Absatz 2, die nur nach Erörterung und auf Antrag eines Beteiligten erfolgen kann, ist eine Heranziehung zu Beweiszwecken entsprechend § 1 Abs. 2 des Gesetzes über die Entschädigung von Zeugen und Sachverständigen.

Bei den in Absatz 1 bezeichneten Ermittlungen handelt es sich hingegen um Amtshandlungen des Notars, die nicht in erster Linie der Beweiserhebung, sondern dem Vollzug des Geschäfts dienen. Der Notar wird insoweit als Amtsperson z. B. ein Ersuchen zur Einleitung eines Bodensonderungsverfahrens an die Sonderungsbehörde richten (vgl. die Begründung zu § 6 Abs. 1 des Entwurfs eines Bodensonderungsgesetzes — Drucksache 12/5553 S. 143) oder einen Vermessungsingenieur beauftragen. Für die in diesen Verwaltungsverfahren entstehenden Kosten gelten besondere Bestimmungen, insbesondere die des Verwaltungskostengesetzes vom 23. Juni 1970 (BGBl. I S. 821, geändert durch das Einführungsgesetz zur Abgabenordnung 1977 vom 13. Dezember 1976, BGBl. I S. 3341). Die Bestimmungen sollen unberührt bleiben. Soweit hieraus Kosten entstehen, wird die Erstattung dieser Kosten durch den neuen § 101 Abs. 1 Satz 3 bestimmt.

IV. Gegenäußerung der Bundesregierung

Zu Nummer 34 (Artikel 1 — § 101 Abs. 1, § 102 Abs. 1 SachenRBerG)

Die Bundesregierung stimmt den Vorschlägen des Bundesrates grundsätzlich zu.

a) § 101 Abs. 1 Satz 3 — neu — sollte jedoch — wie folgt — gefaßt werden:

„Als Auslagen des Verfahrens erhebt der Notar auch die durch Ermittlungen nach § 98 Abs. 1 entstandenen Kosten."

b) Die vorgeschlagene Ergänzung des § 102 sollte entfallen.

c) In der Überschrift zu § 102 ist das Komma und das Wort „Beschwerde" zu streichen.

Begründung

a) Die Erstattung der Auslagen des Notars ist geregelt in § 137 der Kostenordnung. Eine Erstattung der Kosten, die in den in § 98 Abs. 1 des Entwurfs genannten Verfahren entstehen, ist darin nicht vorgesehen. Die Beantragung solcher Verfahren gehört grundsätzlich nicht zu den Amtsgeschäften der Notare. Für die Vermittlungstätigkeit bedarf es der Durchführung solcher Verfahren. Die Vorschrift stellt klar, daß der Notar auch diese Aufwendungen den Beteiligten als Auslagen mit seinen Gebühren in Rechnung stellen kann. Die vorstehende Fassung entspricht der Terminologie der Kostenordnung und wird deshalb anstelle der vom Bundesrat gewählten Fassung vorgeschlagen.

b) Kosten sind nach § 1 KostO Gebühren und Auslagen. Da die vorstehend zu a) vorgeschlagene Änderung den Umfang der Auslagen für das Vermittlungsverfahren über die allgemeine Vorschrift in § 137 KostO hinaus erweitern würde, bedürfte es keiner Ergänzung des Kostenbegriffs in § 102 Abs. 1 mehr.

c) Die Streichung ist angezeigt, da der Entwurf keine besondere Bestimmung für ein Beschwerdeverfahren mehr enthält.

Zu Nummer 35 (Artikel 2 — § 1 Nr. 3 — neu — § 33 ErbbauVO)

Die Einführung besonderer Vorschriften zum Untererbbaurecht würde weitreichende Änderungen der Verordnung über das Erbbaurecht erforderlich machen. Geändert werden müßten neben der Regelung über den Heimfall auch die Bestimmungen über den Belastungsgegenstand (§ 1), über die Zustimmung zu Veräußerungen und Belastungen (§§ 5 bis 8) und über die Folgen der Beendigung von Ober- und Untererbbaurecht (§§ 26 bis 30). Eine solche Novellierung kann im Rahmen der Sachenrechtsbereinigung nicht geleistet werden. Diese hat vor allem die dringende Neuordnung an den Grundstücken herbeizuführen, die mit Nutzungsrecht, Gebäudeeigentum belastet sind oder mit Billigung staatlicher Stellen überbaut wurden. Änderungen allgemeiner Rechtsvorschriften, die zur Sachenrechtsbereinigung nicht erforderlich sind, müssen späteren Gesetzesvorhaben vorbehalten bleiben.

Der Entwurf sieht in § 39 SachenRBerG auch insoweit keine Erweiterung der Rechtsformen der Belastung eines Grundstücks mit einem Erbbaurecht vor. Der Bundesgerichtshof hat die Belastung eines Erbbaurechts mit einem Untererbbaurecht für zulässig erachtet (Urteil vom 22. Februar 1974 — V ZR 67/72 — NJW 1974, 1137 = BGHZ 62, 179). Probleme, die eine gesetzliche Regelung dringend erforderlich machen, haben sich daraus bislang nicht ergeben.

Zu Nummer 36 (Artikel 2 § 5 — § 64 b Landwirtschaftsanpassungsgesetz)

Die Bundesregierung stimmt dem Vorschlag des Bundesrates zu.

Zu den Kosten

Die Vorschläge des Bundesrates, denen die Bundesregierung zustimmt, belasten Bund, Länder und Gemeinden nicht mit zusätzlichen Kosten.

Die Bestimmung einer Obergrenze für die Zinsanpassungsklauseln in den nach dem Entwurf abzuschließenden Erbbaurechtsverträgen (Nummer 14) läßt preisdämpfende Auswirkungen erwarten. Eine nach der Entwicklung der Lebenshaltungskosten bemessene Erbbauzinsanpassung soll nicht höher ausfallen können als der Anstieg der Bodenpreise. Die preisdämpfende Wirkung läßt sich nicht beziffern, da dies von der weiteren Entwicklung des Verhältnisses zwischen dem Anstieg der Lebenshaltungskosten und dem Anstieg der Bodenpreise abhängt, über die keine Prognose möglich ist.

V. Beschlußempfehlung und Bericht des Rechtsausschusses vom 27. April 1994 (BT-Drucks. 12/7425)

zu dem Gesetzentwurf der Bundesregierung
— Drucksache 12/5992 —

Entwurf eines Gesetzes zur Änderung sachenrechtlicher Bestimmungen (Sachenrechtsänderungsgesetz — SachenRÄndG)

A. Problem

1. Sachenrechtsbereinigung

In der Deutschen Demokratischen Republik waren die aus dem Eigentum an Grundstücken folgenden Rechte in großen Bereichen aufgehoben worden, oder diese Rechte wurden durch umfängliche Befugnisse staatlicher oder gesellschaftlicher Organe überlagert. Auf der Grundlage einer staatlich gelenkten Bodennutzung nach sozialistischen Prinzipien konnten gesetzliche Nutzungsrechte für landwirtschaftliche Produktionsgenossenschaften begründet oder durch Verwaltungsentscheidung subjektiv-öffentliche Nutzungsrechte an Bürger und andere Genossenschaften verliehen oder zugewiesen werden. Diese Rechte waren wiederum Grundlage für ein vom Eigentum am Grundstück getrenntes Eigentum am Gebäude.

Der Bundesgesetzgeber hat mit dem Beitritt in den neuen Bundesländern Rechtsinstitute vorgefunden, die aus einer von sozialistischen gesellschaftlichen Verhältnissen bestimmten Wirtschafts- und Rechtsordnung hervorgegangen sind, die es nicht mehr gibt. Dies macht eine Anpassung der vorgefundenen Rechtsinstitute an das Bürgerliche Gesetzbuch und seine Nebengesetze erforderlich. Hierbei muß zugleich ein Ausgleich zwischen den Grundstückseigentümern und den Nutzern unter den veränderten marktwirtschaftlichen Verhältnissen gefunden werden. Unbefristete und unentgeltliche Nutzungsrechte, die auf den noch in Privateigentum befindlichen Flächen in der Regel ohne oder gegen den Willen des Grundstückseigentümers begründet wurden, können in einer marktwirtschaftlich bestimmten Ordnung so nicht fortbestehen.

Die Sachenrechtsbereinigung muß nicht nur gesetzliche Bestimmungen für die rechtlich geregelten Tatbestände, sondern auch für die sogenannten „hängenden" Fälle bereitstellen. Selbständiges Eigentum an einem Gebäude konnte nach dem Recht der DDR nur dort entstehen, wo dies gesetzlich bestimmt war (§ 295 Abs. 2 Satz 1 des Zivilgesetzbuchs — im folgenden: ZGB). Einen allgemeinen Rechtssatz des Inhalts, daß ein mit Billigung staatlicher Stellen errichtetes (oder an einen Bürger verkauftes) Gebäude unabhängig vom Eigentum am Boden Eigentum des Investors wird, gab es nicht. Wegen der zahlreichen Ausnahmen entstand bei vielen Betroffenen (Bürgern, aber auch staatlichen Stellen) die Überzeugung, daß es einen solchen Rechtssatz gäbe. Nicht selten erfolgte daher die bauliche Inanspruchnahme privater Grundstücke allein aufgrund formlos erteilter Billigung einer staatlichen Stelle und ohne Rücksicht auf bestehende Eigentumsverhältnisse. Auch für diese Fälle muß in der Sachenrechtsbereinigung eine dem Bürgerlichen Gesetzbuch (im folgenden: BGB) und seinen Nebengesetzen entsprechende Regelung gefunden und ein Interessenausgleich zwischen den Nutzern und den Grundstückseigentümern herbeigeführt werden.

Neben der Neuregelung von Rechtsverhältnissen aus der mit Billigung staatlicher Stellen erfolgten baulichen Nutzung fremden Grundeigentums sind im Entwurf Regelungen zu treffen für

— alte, durch das Einführungsgesetz zum Zivilgesetzbuch umgestaltete Erbbaurechte,

— kraft Gesetzes entstandene Miteigentumsanteile an Grundstücken,

— Nutzungen der Grundstücke in einzelnen Beziehungen.

2. Andere Änderungen im Immobiliarsachenrecht

a) Nachbarrecht

Im Bereich des zivilrechtlichen Nachbarschutzes ist streitig, welche Bedeutung den Vorschriften des öffentlichen Immissionsschutzrechts im Rahmen des bürgerlich-rechtlichen Abwehranspruchs nach den §§ 1004, 906 BGB zukommen soll. Zum Teil wird ihnen die Bedeutung eines ersten Anhalts, eines antizipierten Sachverständigengutachtens oder gar eine „indizielle Wirkung" zugesprochen, zum Teil lehnen die Zivilgerichte aber auch jeden Einfluß der öffentlich-rechtlichen Umweltstandards auf das Zivilrecht ab.

Dieser Befund läßt es wünschenswert erscheinen, auch im Blick auf die anzustrebende Einheit der Rechtsordnung, einen ersten Schritt in Richtung auf eine Harmonisierung des öffentlichen und des privaten Immissionsschutzrechts zu machen. Dabei geht die vorgeschlagene Lösung davon aus, daß es sich hierbei um ein Querschnittsproblem handelt, das nicht nur die von Sportanlagen ausgehenden Geräuschbelästigungen, sondern sämtliche störende Einwirkungen auf benachbarte Grundstücke, seien diese gewerblicher wie nicht gewerblicher Art, betrifft, und einheitlich geregelt werden sollte.

b) Verordnung über das Erbbaurecht

Nach geltendem Recht ist der Erbbauzins durch eine Reallast zu sichern, die — abweichend von den allgemeinen Bestimmungen — nach Zeit und Höhe für die gesamte Laufzeit des Erbbaurechts im voraus bestimmt sein muß. Eine Anpassung des Erbbauzinses kann nur schuldrechtlich zwischen den Parteien des Erbbaurechtsvertrages vereinbart und gegebenenfalls durch eine Vormerkung gesichert werden. Die Durchsetzung des Anspruchs auf Anpassung des Erbbauzinses gegenüber einem Rechtsnachfolger des Erbbauberechtigten (Käufer oder Ersteher des Erbbaurechts) wird dadurch schwierig oder — falls die Vormerkung in der Zwangsversteigerung des Erbbaurechts erlischt — oft unmöglich.

Die Erbbauzinsreallast tritt in der Regel oft hinter ein erstrangiges Grundpfandrecht zurück, um dem Erbbauberechtigten eine erstrangige Finanzierung zu ermöglichen. Dies führt dazu, daß infolge einer Zwangsversteigerung des Erbbaurechts aus dem vorrangigen Grundpfandrecht ein sogenanntes erbbauzinsloses Erbbaurecht entsteht. Die Erbbauzinsreallast erlischt mit dem Zuschlag. In die schuldrechtlichen Verpflichtungen aus dem Vertrag über die Bestellung eines Erbbaurechts tritt der Ersteher nicht ein.

Im Zusammenhang mit der Sachenrechtsbereinigung, die zur Bestellung vieler Erbbaurechte führen wird, sollen daher auch die Folgen aus einem Rangrücktritt des Grundstückseigentümers mit der Erbbauzinsreallast neu bestimmt werden.

B. Lösung

1. Sachenrechtsbereinigung

a) Neuregelung der baulichen Nutzung fremder Grundstücke

Die Sachenrechtsbereinigung soll in folgender Weise erfolgen:

Den Beteiligten (Nutzern und Grundstückseigentümern) werden Ansprüche gegeben, aus denen sie eine solche Veränderung herbeiführen können.

Die Ansprüche sind auf die Bestellung von Erbbaurechten oder den Ankauf der Grundstücke durch die Nutzer oder der Gebäude durch die Grundstückseigentümer gerichtet (duales System). Im Interesse des Investitionsschutzes und des Erhalts von Wohnungen im Eigenheim- und im komplexen Wohnungsbau soll grundsätzlich der Nutzer wählen können, in welcher Form er seine Bebauung absichern will. Bei geringen Grundstückswerten würden die Erbbauzinsen die Kosten der Verwaltung nicht decken; hier soll der Nutzer das Grundstück nur ankaufen können.

In besonderen Fällen soll der Grundstückseigentümer ein Wirtschaftsgebäude ankaufen können, wenn dies aus agrarstrukturellen Gründen oder im gewerblichen Bereich bei überwiegendem Investitionsinteresse des Grundstückseigentümers erforderlich ist.

Erbbauzins und Ankaufspreis sollen auf der Basis der heutigen Bodenwerte geteilt werden. Bei der Preisbemessung sind sowohl die vorhandenen Werte als auch die in der DDR begründeten Nutzungsrechte sowie die gewachsenen faktischen Strukturen zu berücksichtigen. Der vorgesehene Interessenausgleich behandelt die Positionen von Grundstückseigentümer und Nutzer als im Grundsatz gleichwertig. Beide Seiten sollen hälftig an den durch Einführung der Marktwirtschaft entstandenen Bodenwerten teilhaben.

Schließlich ist für die ersten neun Jahre eine schrittweise Anhebung des Erbbauzinses in drei Stufen bis auf den halben üblichen Zins vorgesehen. Bei für den Bau eines Eigenheimes verwendeten teuren Grundstücken mit einem Bodenwert über 250 000 DM soll sich nach dem Ergebnis der Beratungen im Rechtsausschuß die Eingangsphase auf zwölf Jahre verlängern.

Zudem können sich die Nutzer im Erbbaurechtsvertrag für einen Zeitraum bis zu zwölf Jahren eine Option zum Ankauf des Grundstücks vorbehalten. Damit wird den Nutzern die Möglichkeit eröffnet, die für eine Finanzierung nötigen Eigenmittel anzusparen.

Die Grundzüge für die abzuschließenden Erbbaurechts- oder Kaufverträge werden vorgegeben. Abweichende vertragliche Vereinbarungen zwischen den Parteien sind jedoch zulässig.

Die Ansprüche sind in einem obligatorischen notariellen Vermittlungsverfahren geltend zu machen. Die Beteiligten werden oft ohne sachkundige Hilfe nicht in der Lage sein, die Grundlagen für einen Vertragsschluß (Höhe des Verkehrswerts, einzubeziehende Flächen usw.) zu ermitteln und einen den Vorgaben der Regelung entsprechenden Erbbaurechtsvertrag oder Grundstückskaufvertrag zu formulieren. Ziel des Verfahrens ist ein den Vorgaben des Gesetzes entsprechender Vermittlungsvorschlag in Form eines Vertragsentwurfs. Falls sich ein entsprechender übereinstimmender Wille der Beteiligten ergibt, kann der Vertrag sogleich beurkundet werden.

Das notarielle Vermittlungsverfahren ist notwendiges Vorverfahren vor einer gerichtlichen Auseinandersetzung, um insoweit die Gerichte von der Aufgabe einer Vertragsvermittlung zu entlasten.

b) Alte Erbbaurechte

Die alten Erbbaurechte werden wieder in befristete Rechte umgewandelt. Zugunsten der Nutzer sind Anpassungsphasen vorgesehen. Hat der Nutzer das Grundstück neu bebaut, nachdem das Erbbaurecht kraft Gesetzes in ein unbefristetes Erbbaurecht umgewandelt wurde, so soll er insoweit wie der Inhaber eines Nutzungsrechts behandelt werden. Das Erbbaurecht soll hier der Nutzungsdauer eines Neubaus angepaßt sein.

c) Miteigentumsanteile

Die kraft Gesetzes entstandenen Miteigentumsanteile müssen aus dem Grundbuch ersichtlich sein. Dem Miteigentümer wird eine Möglichkeit zur Grundbuchberichtigung eröffnet.

d) Dienstbarkeiten

Soweit in der ehemaligen DDR keine Mitbenutzungsrechte bestellt wurden, wird für diejenigen, die auf anderen Grundstücken Erschließungs- oder Versorgungsleitungen unterhalten, ein Anspruch auf Bestellung von Dienstbarkeiten begründet.

2. Andere Änderungen im Immobiliarsachenrecht

a) Nachbarrecht

Die vorgeschlagene Regelung ist in den Ausschußberatungen in den Entwurf des Sachenrechtsänderungsgesetzes aufgenommen worden. Die vom Ausschuß beschlossene Lösung schafft Regelbeispiele zur Ausfüllung des unbestimmten Rechtsbegriffs der „Unwesentlichkeit der Beeinträchtigung" im Sinne des § 906 Abs. 1 BGB. Dem Zivilrichter wird für die Beurteilung eines privaten Nachbarabwehranspruchs vorgegeben, im Regelfall von der Unwesentlichkeit einer Beeinträchtigung auszugehen, wenn diese die Vorgaben der öffentlich-rechtlichen Umweltstandards einhält.

Es kann sich hierbei handeln um

— in Parlamentsgesetzen oder Rechtsverordnungen enthaltene Grenz- oder Richtwerte oder um

— Werte in allgemeinen Verwaltungsvorschriften (TA Luft, TA Lärm), wenn diese nach § 48 BImSchG erlassen wurden und noch dem Stand der Technik entsprechen.

b) Änderung der Verordnung über das Erbbaurecht

Die Bestimmungen sind gegenüber dem Regierungsentwurf wesentlich erweitert worden. Der Regierungsentwurf enthielt keine vom geltenden Recht abweichende Regelung über die Wertsicherung des Erbbauzinses. Der Regierungsentwurf sah lediglich vor, daß die Abrede über die Verpflichtung zur Zahlung der künftig fällig werdenden Erbbauzinsen in einer bestimmten Höhe zum vertragsmäßigen, auch den Rechtsnachfolger verpflichtenden Inhalt des Erbbaurechts sollte vereinbart werden können. Insoweit wäre der Erbbauzins in der Zwangsversteigerung bestehengeblieben, auch wenn die Erbbauzinsreallast nicht ins geringste Gebot gefallen wäre.

Die vom Ausschuß vorgeschlagene Neuregelung sieht demgegenüber vor, daß eine Wertsicherung der Reallast und ihr Bestehenbleiben im Falle der Zwangsversteigerung des Erbbaurechts künftig als Inhalt des dinglichen Rechts vereinbart werden kann. Da solche Vereinbarungen die Werthaltigkeit anderer dinglicher Rechte am Erbbaurecht beeinträchtigen können, ist für die dingliche Wirkung einer solchen Vereinbarung die Zustimmung der Inhaber anderer dinglicher Rechte am Erbbaurecht erforderlich.

Die vorgeschlagene Veränderung wird in Zukunft die Begründung wertgesicherter und zwangsversteigerungsfester Erbbauzinsreallasten ermöglichen, ohne den Raum für eine Beleihung des Erbbaurechts wesentlich zu beeinträchtigen. Einer in der Literatur seit langem erhobenen Forderung nach einer Änderung der Verordnung über das Erbbaurecht wird damit entsprochen.

Der Rechtsausschuß empfiehlt mit den Stimmen der Fraktionen der CDU/CSU und der F.D.P. gegen die Stimmen der Fraktion der SPD und der Gruppe PDS/Linke Liste bei Abwesenheit des Vertreters der Gruppe BÜNDNIS 90/DIE GRÜNEN die Annahme des Gesetzentwurfs in erheblich geänderter Fassung.

Der Rechtsausschuß empfiehlt ferner einstimmig die Annahme einer Entschließung.

C. Alternativen

Keine

D. Kosten

Für den Bund ergeben sich keine Kosten.

Für die Länder ergeben sich Kosten im wesentlichen durch die im notariellen Vermittlungsverfahren zu zahlende Prozeßkostenhilfe. Die sich daraus ergebenden finanziellen Belastungen lassen sich wegen der unsicheren Ausgangszahlen nur grob schätzen. Es ist insoweit mit einem Kostenaufwand zwischen 1 Mio. und 1,3 Mio. DM jährlich für die neuen Bundesländer und Berlin in den ersten fünf Jahren nach Inkrafttreten des Gesetzes zu rechnen. Die Kostenbelastung wird danach — wegen der Erledigung der meisten der zu bereinigenden Fälle — wesentlich zurückgehen.

Beschlußempfehlung

Der Deutsche Bundestag wolle beschließen,

I. den Gesetzentwurf — Drucksache 12/5992 — in der nachstehenden Fassung anzunehmen,

II. folgende Entschließung anzunehmen:

1. Der Deutsche Bundestag sieht ein wichtiges, noch ungelöstes rechtspolitisches Problem aus dem Beitritt der Deutschen Demokratischen Republik zur Bundesrepublik Deutschland darin, daß

    a) in der Deutschen Demokratischen Republik viele in Privateigentum stehende Grundstücke für öffentliche Zwecke (Gebäude im Verwaltungsgebrauch, dem Gemeingebrauch dienende Anlagen) verwendet worden sind, ohne daß eine der öffentlichen Sachherrschaft an den Grundstücken entsprechende Regelung der Eigentumsverhältnisse erfolgte,

    b) der Gesetzentwurf des Sachenrechtsänderungsgesetzes nur eine vorläufige Regelung (Moratorium) für diese Rechtsverhältnisse enthält, soweit es sich nicht um solche Grundstücke handelt, die in einem im komplexen Wohnungsbau oder im Siedlungsbau bebauten Gebiet belegen sind.

2. Der Deutsche Bundestag ist der Auffassung, daß die Lösung der unter 1. bezeichneten rechtspolitischen Aufgabe aus dem Beitritt durch eine für das gesamte Beitrittsgebiet einheitliche bundesgesetzliche Regelung erfolgen sollte.

3. Der Deutsche Bundestag fordert die Bundesregierung auf

    a) umgehend Erhebungen über den Umfang der betroffenen Sachverhalte vorzunehmen,

    b) auf der Grundlage solcher Erhebungen alsbald einen konzeptionellen Vorschlag für eine solche Regelung zu erstellen und zur Diskussion zu stellen und

    c) sodann alsbald einen Gesetzesentwurf zur Beratung einzubringen.

Bonn, den 27. April 1994

Der Rechtsausschuß

Horst Eylmann	**Dr. Michael Luther**	Detlef Kleinert (Hannover)	Hans-Joachim Hacker
Vorsitzender	**Dr. Eckhart Pick**	Dr. Wolfgang Ullmann	Dr. Uwe-Jens Heuer
	Berichterstatter		

Beschlüsse des 6. Ausschusses*)

Entwurf eines Gesetzes zur Änderung sachenrechtlicher Bestimmungen (Sachenrechtsänderungsgesetz — SachenRÄndG)

Der Bundestag hat mit Zustimmung des Bundesrates das folgende Gesetz beschlossen:

ARTIKEL 1

Gesetz zur Sachenrechtsbereinigung im Beitrittsgebiet (Sachenrechtsbereinigungsgesetz — SachenRBerG)

Inhaltsübersicht

KAPITEL 1
Gegenstände der Sachenrechtsbereinigung

§§ 1 bis 2

KAPITEL 2
Nutzung fremder Grundstücke durch den Bau oder den Erwerb von Gebäuden

§§ 3 bis 111 a

ABSCHNITT 1
Allgemeine Bestimmungen

§§ 3 bis 31

Unterabschnitt 1 Grundsätze § 3
Unterabschnitt 2 Anwendungsbereich §§ 4 bis 8
Unterabschnitt 3 Begriffsbestimmungen §§ 9 bis 12
Unterabschnitt 4 Erbbaurecht und Ankauf §§ 13 bis 17

*) Die vom Rechtsausschuß gegenüber dem Regierungsentwurf beschlossenen Änderungen sind durch **Halbfettdruck** kenntlich gemacht.

Unterabschnitt 5 Bodenwertermittlung §§ 18 bis 20
Unterabschnitt 6 Erfaßte Flächen §§ 21 bis 27
Unterabschnitt 7 Einwendungen und Einreden §§ 28 bis 31

ABSCHNITT 2
Bestellung von Erbbaurechten

§§ 32 bis 61

Unterabschnitt 1 Gesetzliche Ansprüche auf Erbbaurechtsbestellung § 32
Unterabschnitt 2 Gesetzliche Ansprüche wegen dinglicher Rechte §§ 33 bis 37
Unterabschnitt 3 Überlassungsverträge § 38
Unterabschnitt 4 Besondere Gestaltungen §§ 39 bis 41
Unterabschnitt 5 Gesetzlicher und vertragsmäßiger Inhalt des Erbbaurechts § 42
Unterabschnitt 6 Bestimmungen zum Vertragsinhalt §§ 43 bis 59
Unterabschnitt 7 Folgen der Erbbaurechtsbestellung §§ 60 bis 61

ABSCHNITT 3
Gesetzliches Ankaufsrecht

§§ 62 bis 85

Unterabschnitt 1 Gesetzliche Ansprüche auf Vertragsschluß § 62
Unterabschnitt 2 Gesetzliche Ansprüche wegen dinglicher Rechte §§ 63 bis 65
Unterabschnitt 3 Bestimmungen zum Inhalt des Vertrages §§ 66 bis 75
Unterabschnitt 4 Folgen des Ankaufs §§ 76 bis 79
Unterabschnitt 5 Leistungsstörungen §§ 80 bis 81
Unterabschnitt 6 Besondere Bestimmungen für den Hinzuerwerb des Gebäudes durch den Grundstückseigentümer §§ 82 bis 85

ABSCHNITT 4

Verfahrensvorschriften

§§ 86 bis 109

Unterabschnitt 1 Feststellung von Nutzungs- und Grundstücksgrenzen §§ 86 bis 87

Unterabschnitt 2 Notarielles Vermittlungsverfahren §§ 88 bis 103

Unterabschnitt 3 Gerichtliches Verfahren §§ 104 bis 109

ABSCHNITT 5

Nutzungstausch

§ 110

ABSCHNITT 6

Nutzungsrechte für ausländische Staaten

§ 111

ABSCHNITT 7

Rechtsfolgen nach Wiederherstellung des öffentlichen Glaubens des Grundbuchs

§ 111a

KAPITEL 3

Alte Erbbaurechte

§ 112

KAPITEL 4

Rechte aus Miteigentum nach § 459 des Zivilgesetzbuchs der Deutschen Demokratischen Republik

§§ 113 bis 115

KAPITEL 5

Ansprüche auf Bestellung von Dienstbarkeiten

§§ 116 bis 119

KAPITEL 6

Schlußvorschriften

§§ 120 bis 122

ABSCHNITT 1

Behördliche Prüfung der Teilung

§ 120

ABSCHNITT 2

Rückübertragung von Grundstücken und dinglichen Rechten

§§ 120a bis 121

ABSCHNITT 3

Übergangsregelung

§ 122

KAPITEL 1

Gegenstände der Sachenrechtsbereinigung

§ 1

Betroffene Rechtsverhältnisse

(1) Dieses Gesetz regelt Rechtsverhältnisse an Grundstücken in dem in Artikel 3 des Einigungsvertrages genannten Gebiet (Beitrittsgebiet),

1. a) an denen Nutzungsrechte verliehen oder zugewiesen wurden,

    b) auf denen vom Eigentum am Grundstück getrenntes selbständiges Eigentum an Gebäuden oder an baulichen Anlagen entstanden ist,

    c) die mit Billigung staatlicher Stellen von einem anderen als dem Grundstückseigentümer für bauliche Zwecke in Anspruch genommen wurden, **oder**

    d) **auf denen nach einem nicht mehr erfüllten Kaufvertrag ein vom Eigentum am Grundstück getrenntes selbständiges Eigentum am Gebäude oder an einer baulichen Anlage entstehen sollte,**

2. die mit Erbbaurechten, deren Inhalt gemäß § 5 Abs. 2 des Einführungsgesetzes zum Zivilgesetzbuch der Deutschen Demokratischen Republik umgestaltet wurde, belastet sind,

3. an denen nach § 459 des Zivilgesetzbuchs der Deutschen Demokratischen Republik kraft Gesetzes ein Miteigentumsanteil besteht, oder

4. auf denen andere natürliche oder juristische Personen als die Grundstückseigentümer bauliche Erschließungs-, Entsorgungs- oder Versorgungsanlagen, die nicht durch ein mit Zustimmung des Grundstückseigentümers begründetes Mitbenutzungsrecht gesichert sind, errichtet haben.

(2) Ist das Eigentum an einem Grundstück dem Nutzer nach Maßgabe besonderer Gesetze zugewiesen worden oder zu übertragen, finden die Bestimmungen dieses Gesetzes keine Anwendung.

(3) Die Übertragung des Eigentums an einem für den staatlichen oder genossenschaftlichen Wohnungsbau verwendeten Grundstück auf die Kommune erfolgt nach dem Einigungsvertrag und das Vermögenszuordnungsgesetz und auf ein in § 9 Abs. 2 Nr. 2 genanntes Wohnungsunternehmen nach dem Wohnungsgenossenschafts-Vermögensgesetz, wenn das Eigentum am Grundstück

1. durch Inanspruchnahmeentscheidung nach dem Aufbaugesetz vom 6. September 1950 (GBl. Nr. 104 S. 965) und die zu seinem Vollzug erlassenen Vorschriften oder

2. durch bestandskräftigen Beschluß über den Entzug des Eigentumsrechts nach dem Baulandgesetz vom 15. Juni 1984 (GBl. I Nr. 17 S. 201) und die zu seinem Vollzug erlassenen Vorschriften

entzogen worden ist oder in sonstiger Weise Volkseigentum am Grundstück entstanden war. Grundbucheintragungen, die abweichende Eigentumsverhältnisse ausweisen, sind unbeachtlich.

§ 2

Nicht einbezogene Rechtsverhältnisse

(1) Dieses Gesetz ist nicht anzuwenden, wenn der Nutzer das Grundstück

1. am 2. Oktober 1990 **aufgrund eines Vertrages oder eines verliehenen Nutzungsrechts** zur Erholung, Freizeitgestaltung **oder** kleingärtnerischen Bewirtschaftung oder als Standort für ein persönlichen, jedoch nicht Wohnzwecken dienendes Gebäude **genutzt hat,**

2. aufgrund eines Miet-, Pacht- oder **sonstigen** Nutzungsvertrages **zu anderen als den in Nummer 1** genannten Zwecken bebaut hat, es sei denn, daß der Nutzer **auf vertraglicher Grundlage eine bauliche Investition vorgenommen hat,**

    a) die in den §§ 5 bis 7 bezeichnet ist oder

    b) zu deren Absicherung nach den Rechtsvorschriften der Deutschen Demokratischen Republik das Grundstück hätte als Bauland bereitgestellt werden und eine der in § 3 Abs. 2 Satz 1 bezeichneten Rechtspositionen begründet werden müssen,

3. mit Anlagen zur Verbesserung der land- und forstwirtschaftlichen Bodennutzung (wie Anlagen zur Beregnung, Drainagen) bebaut hat,

4. mit Gebäuden, die öffentlichen Zwecken gewidmet sind und bestimmten Verwaltungsaufgaben dienen (insbesondere Dienstgebäude, Universitäten, Schulen), oder mit dem Gemeingebrauch gewidmeten Anlagen bebaut hat, es sei denn, daß die Grundstücke im komplexen Wohnungsbau oder Siedlungsbau verwendet wurden oder in einem anderen nach einer einheitlichen Bebauungskonzeption überbauten Gebiet liegen, oder

5. aufgrund öffentlich-rechtlicher Bestimmungen der Deutschen Demokratischen Republik, die nach dem Einigungsvertrag fortgelten, bebaut hat.

Satz 1 Nr. 1 ist entsprechend anzuwenden auf die von den in § 459 Abs. 1 Satz 1 des Zivilgesetzbuchs der Deutschen Demokratischen Republik bezeichneten juristischen Personen auf vertraglich genutzten Grundstücken zur Erholung, Freizeitgestaltung oder kleingärtnerischen Bewirtschaftung errichteten Gebäuden, wenn diese allein zur persönlichen Nutzung durch Betriebsangehörige oder Dritte bestimmt waren. **Dies gilt auch für Gebäude und bauliche Anlagen, die innerhalb einer Ferienhaus- oder**

Wochenendhaus- oder anderen Erholungszwecken dienenden Siedlung belegen sind und dieser als gemeinschaftliche Einrichtung dienen oder gedient haben.

(2) Dieses Gesetz gilt ferner nicht, wenn der Nutzer

1. eine Partei, eine mit ihr verbundene Massenorganisation oder eine juristische Person im Sinne der §§ 20a und 20b des Parteiengesetzes der Deutschen Demokratischen Republik ist, oder

2. ein Unternehmen oder ein Rechtsnachfolger eines Unternehmens ist, das bis zum 31. März 1990 oder zu einem früheren Zeitpunkt zum Bereich „Kommerzielle Koordinierung" gehört hat.

(3) Die Bestimmungen über die Ansprüche eines Mitglieds einer landwirtschaftlichen Produktionsgenossenschaft oder des Nachfolgeunternehmens nach §§ 43 bis 50 und 64b des Landwirtschaftsanpassungsgesetzes gehen den Regelungen dieses Gesetzes vor.

KAPITEL 2

Nutzung fremder Grundstücke durch den Bau oder den Erwerb von Gebäuden

ABSCHNITT 1

Allgemeine Bestimmungen

UNTERABSCHNITT 1

Grundsätze

§ 3

Regelungsinstrumente und Regelungsziele

(1) In den in § 1 Abs. 1 Nr. 1 bezeichneten Fällen können Grundstückseigentümer und Nutzer (Beteiligte) zur Bereinigung der Rechtsverhältnisse an den Grundstücken Ansprüche auf Bestellung von Erbbaurechten oder auf Ankauf der Grundstücke oder der Gebäude nach Maßgabe dieses Kapitels geltend machen. Die Beteiligten können von den gesetzlichen Bestimmungen über den Vertragsinhalt abweichende Vereinbarungen treffen.

(2) Die Bereinigung erfolgt zur

1. Anpassung der nach dem Recht der Deutschen Demokratischen Republik bestellten Nutzungsrechte an das Bürgerliche Gesetzbuch und seine Nebengesetze,

2. Absicherung aufgrund von Rechtsträgerschaften vorgenommener baulicher Investitionen, soweit den Nutzern nicht das Eigentum an den Grundstücken zugewiesen worden ist, und

3. Regelung der Rechte am Grundstück beim Auseinanderfallen von Grundstücks- und Gebäudeeigentum.

Nach Absatz 1 sind auch die Rechtsverhältnisse zu bereinigen, denen bauliche Investitionen zugrunde liegen, zu deren Absicherung nach den Rechtsvorschriften der Deutschen Demokratischen Republik eine in Satz 1 bezeichnete Rechtsposition vorgesehen war, auch wenn die Absicherung nicht erfolgt ist.

(3) Nach diesem Gesetz sind auch die Fälle zu bereinigen, in denen der Nutzer ein Gebäude oder eine bauliche Anlage gekauft hat, die Bestellung eines Nutzungsrechts aber ausgeblieben und selbständiges, vom Eigentum am Grundstück getrenntes Eigentum am Gebäude nicht entstanden ist, wenn der Nutzer aufgrund des Vertrags Besitz am Grundstück erlangt hat oder den Besitz ausgeübt hat. Dies gilt nicht, wenn der Vertrag

1. wegen einer Pflichtverletzung des Käufers nicht erfüllt worden ist,

2. wegen Versagung einer erforderlichen Genehmigung aus anderen als den in § 6 der Verordnung über die Anmeldung vermögensrechtlicher Ansprüche in der Fassung der Bekanntmachung vom 11. Oktober 1990 (BGBl. I S. 2162) genannten Gründen nicht durchgeführt werden konnte oder

3. nach dem 18. Oktober 1989 abgeschlossen worden ist und das Grundstück nach den Vorschriften des Vermögensgesetzes an den Grundstückseigentümer zurückzuübertragen ist oder zurückübertragen wurde; für diese Fälle gilt § 120a.

UNTERABSCHNITT 2

Anwendungsbereich

§ 4

Bauliche Nutzungen

Die Bestimmungen dieses Kapitels sind anzuwenden auf

1. den **Erwerb oder den Bau eines Eigenheimes** durch oder für natürliche Personen (§ 5),

2. den staatlichen oder genossenschaftlichen Wohnungsbau (§ 6),

3. den Bau von Wohngebäuden durch landwirtschaftliche Produktionsgenossenschaften sowie die Errichtung gewerblicher, landwirtschaftlicher oder öffentlichen Zwecken dienender Gebäude (§ 7) und

4. die von der Deutschen Demokratischen Republik an ausländische Staaten verliehenen Nutzungsrechte (§ 111).

§ 5

Erwerb oder Bau von Eigenheimen

(1) Auf den **Erwerb oder den Bau von Eigenheimen** ist dieses Gesetz anzuwenden, wenn

1. nach den Gesetzen der Deutschen Demokratischen Republik über den Verkauf volkseigener Gebäude vom 15. September 1954 (GBl. I Nr. 81

S. 784), vom 19. Dezember 1973 (GBl. I Nr. 58 S. 578) und vom 7. März 1990 (GBl. I Nr. 18 S. 157) Eigenheime verkauft worden sind und selbständiges Eigentum an den Gebäuden entstanden ist,

2. Nutzungsrechte verliehen oder zugewiesen worden sind (§§ 287, 291 des Zivilgesetzbuchs der Deutschen Demokratischen Republik) oder

3. Grundstücke mit Billigung staatlicher Stellen in Besitz genommen und mit einem Eigenheim bebaut worden sind. Dies ist insbesondere der Fall, wenn

   a) Wohn- und Stallgebäude für die persönliche Hauswirtschaft auf zugewiesenen, ehemals genossenschaftlich genutzten Grundstücken nach den Musterstatuten für die landwirtschaftlichen Produktionsgenossenschaften errichtet wurden,

   b) Eigenheime von einem Betrieb oder einer Produktionsgenossenschaft errichtet und anschließend auf einen Bürger übertragen wurden,

   c) Bebauungen mit oder an Eigenheimen aufgrund von Überlassungsverträgen erfolgten,

   d) Eigenheime aufgrund von Nutzungsverträgen auf Flächen gebaut wurden, die Gemeinden oder anderen staatlichen Stellen von einer landwirtschaftlichen Produktionsgenossenschaft als Bauland übertragen wurden,

   e) als Wohnhäuser geeignete und hierzu dienende Gebäude aufgrund eines Vertrages zur Nutzung von Bodenflächen zur Erholung (§§ 312 bis 315 des Zivilgesetzbuchs der Deutschen Demokratischen Republik) mit Billigung staatlicher Stellen errichtet wurden, es sei denn, daß der Überlassende dieser Nutzung widersprochen hatte,

   f) **Eigenheime auf vormals volkseigenen, kohlehaltigen Siedlungsflächen, für die Bodenbenutzungsscheine nach den Ausführungsverordnungen zur Bodenreform ausgestellt wurden, mit Billigung staatlicher Stellen errichtet worden sind, oder**

   g) Eigenheime aufgrund einer die bauliche Nutzung des fremden Grundstücks gestattenden Zustimmung nach der Eigenheimverordnung der Deutschen Demokratischen Republik vom 31. August 1978 (GBl. I Nr. 40 S. 425) oder einer anderen Billigung staatlicher Stellen errichtet wurden, die Verleihung oder Zuweisung eines Nutzungsrechts jedoch ausblieb, **die nach den Rechtsvorschriften der Deutschen Demokratischen Republik für diese Art der Bebauung vorgeschrieben war.**

(2) Eigenheime sind Gebäude, die für den Wohnbedarf bestimmt sind und eine oder zwei Wohnungen enthalten. Die Bestimmungen über Eigenheime gelten auch für mit Billigung staatlicher Stellen errichtete Nebengebäude (wie Werkstätten, Lagerräume).

(3) Gebäude, die bis zum Ablauf des 2. Oktober 1990 von den Nutzern zur persönlichen Erholung, Freizeitgestaltung oder zu kleingärtnerischen Zwecken genutzt wurden, sind auch im Falle einer späteren Nutzungsänderung keine Eigenheime. Eine Nutzung im Sinne des Satzes 1 liegt auch vor, wenn der Nutzer in dem Gebäude zwar zeitweise gewohnt, dort jedoch nicht seinen Lebensmittelpunkt hatte.

§ 6

Staatlicher oder genossenschaftlicher Wohnungsbau

Auf den staatlichen oder genossenschaftlichen Wohnungsbau findet dieses Kapitel Anwendung, wenn

1. staatliche Investitionsauftraggeber oder ehemals volkseigene Betriebe der Wohnungswirtschaft mit privaten Grundstückseigentümern oder staatlichen Verwaltern Nutzungsverträge, die die Bebauung des Grundstücks gestattet haben, abgeschlossen und die Grundstücke bebaut haben oder

2. Grundstücke mit Billigung staatlicher Stellen ohne eine der Bebauung entsprechende Regelung der Eigentumsverhältnisse mit Gebäuden bebaut worden sind.

§ 7

Andere bauliche Nutzungen

(1) Dieses Kapitel regelt auch die bauliche Nutzung fremder Grundstücke für land-, forstwirtschaftlich, gewerblich (einschließlich industriell) genutzte oder öffentlichen Zwecken dienende Gebäude sowie für Wohnhäuser, die durch landwirtschaftliche Produktionsgenossenschaften errichtet oder erworben worden sind.

(2) Eine bauliche Nutzung im Sinne des Absatzes 1 liegt insbesondere dann vor, wenn

1. Genossenschaften mit gewerblichem oder handwerklichem Geschäftsgegenstand Nutzungsrechte auf volkseigenen Grundstücken verliehen worden sind,

2. den in Nummer 1 bezeichneten Genossenschaften Rechtsträgerschaften an Grundstücken übertragen worden sind, sie die Grundstücke bebaut **und sie den Bau ganz oder überwiegend mit eigenen Mitteln finanziert haben,**

3. Vereinigungen Nutzungsrechte verliehen worden sind oder die Grundstücke als Rechtsträger bebaut **und den Bau ganz oder überwiegend mit eigenen Mitteln finanziert** haben,

4. vormals im Register der volkseigenen Wirtschaft eingetragene oder einzutragende Betriebe oder staatliche Stellen mit privaten Grundstückseigentümern oder staatlichen Verwaltern Nutzungsverträge geschlossen haben, die die Bebauung der Grundstücke gestattet haben, und sie die Grundstücke bebaut haben,

5. landwirtschaftliche Produktionsgenossenschaften ihrem vormaligen gesetzlich begründeten genossenschaftlichen Bodennutzungsrecht unterlie-

gende Grundstücke bebaut oder auf ihnen stehende Gebäude erworben haben,

6. Handwerker oder Gewerbetreibende für die Ausübung ihres Berufes genutzte, vormals volkseigene Grundstücke mit Billigung staatlicher Stellen mit einem Gebäude oder einer baulichen Anlage bebaut haben oder

7. a) staatliche Stellen fremde, in Privateigentum stehende Grundstücke

   aa) mit Gebäuden oder baulichen Anlagen bebaut haben, die nicht öffentlichen Zwecken gewidmet sind und nicht unmittelbar Verwaltungsaufgaben dienen oder

   bb) für den Bau von Gebäuden, baulichen Anlagen, Verkehrsflächen und für Zwecke des Gemeingebrauchs verwendet haben, wenn diese im komplexen Wohnungsbau oder im Siedlungsbau (§ 10a) belegen sind,

   b) vormals volkseigene Betriebe im Sinne der Nummer 4 oder Genossenschaften im Sinne der Nummer 1 fremde, in Privateigentum stehende Grundstücke mit betrieblich genutzten Gebäuden oder baulichen Anlagen ohne eine der Bebauung entsprechende Regelung der Eigentumsverhältnisse oder ohne vertragliche Berechtigung bebaut haben.

§ 8
Zeitliche Begrenzung

Die Bestimmungen dieses Kapitels sind nur anzuwenden, wenn der Bau oder Erwerb des Gebäudes oder der baulichen Anlage nach dem 8. Mai 1945 erfolgt ist und

1. selbständiges Eigentum an einem Gebäude oder an einer baulichen Anlage entstanden ist,

2. ein Nutzungsrecht bis zum Ablauf des 30. Juni 1990 zugewiesen oder bis zum Ablauf des 2. Oktober 1990 verliehen worden ist oder

3. auf den Flächen, die dem aufgehobenen Bodennutzungsrecht der landwirtschaftlichen Produktionsgenossenschaften unterlagen, bis zum Ablauf des 30. Juni 1990, auf allen anderen Flächen bis zum Ablauf des 2. Oktober 1990, mit dem Bau eines Gebäudes oder einer baulichen Anlage begonnen worden ist.

UNTERABSCHNITT 3
Begriffsbestimmungen

§ 9
Nutzer

(1) Nutzer im Sinne dieses Gesetzes sind natürliche oder juristische Personen des privaten und des öffentlichen Rechts in nachstehender Reihenfolge:

1. der im Grundbuch eingetragene Eigentümer eines Gebäudes,

2. der Inhaber eines verliehenen oder zugewiesenen Nutzungsrechts,

3. der Eigentümer des Gebäudes oder der baulichen Anlage, wenn außerhalb des Grundbuchs selbständiges, vom Eigentum am Grundstück unabhängiges Eigentum entstanden ist,

4. der aus einem Überlassungsvertrag berechtigte Nutzer,

5. derjenige, der mit Billigung staatlicher Stellen ein Gebäude oder eine bauliche Anlage errichtet hat,

6. derjenige, der ein Gebäude oder eine bauliche Anlage gekauft hat, wenn die Bestellung eines Nutzungsrechts ausgeblieben und selbständiges, vom Eigentum am Grundstück getrenntes Eigentum am Gebäude nicht entstanden ist,

oder deren Rechtsnachfolger. Satz 1 ist nicht anzuwenden, wenn eine andere Person rechtskräftig als Nutzer festgestellt und in dem Rechtsstreit dem Grundstückseigentümer der Streit verkündet worden ist.

(2) Rechtsnachfolger sind auch

1. Käufer eines Gebäudes oder einer baulichen Anlage, wenn der Kaufvertrag bis zum Ablauf des 2. Oktober 1990 abgeschlossen wurde und nach den Rechtsvorschriften der Deutschen Demokratischen Republik selbständiges Gebäudeeigentum nicht entstanden war,

2. die aus den volkseigenen Betrieben der Wohnungswirtschaft oder Arbeiterwohnungsbaugenossenschaften, gemeinnützigen Wohnungsbaugenossenschaften und sonstigen Wohnungsgenossenschaften, denen Gebäude oder Gebäudeteile nach Durchführung eines Investitionsvorhabens des staatlichen oder genossenschaftlichen Wohnungsbaus zur Nutzung sowie zur selbständigen Bewirtschaftung und Verwaltung übertragen worden waren, hervorgegangenen kommunalen Wohnungsgesellschaften, Wohnungsunternehmen sowie Wohnungsgenossenschaften und die Kommunen, oder

3. Genossenschaften mit gewerblichem oder handwerklichem Geschäftsgegenstand sowie Vereinigungen nach Absatz 3, wenn sie als Investitionsauftraggeber den Bau von Gebäuden oder baulichen Anlagen, die ihnen von staatlichen Hauptauftraggebern nach Errichtung zur Nutzung sowie zur selbständigen Bewirtschaftung und Verwaltung zur Verfügung gestellt worden sind, ganz oder überwiegend mit eigenen Mitteln finanziert haben.

(3) Landwirtschaftliche Produktionsgenossenschaften im Sinne dieses Kapitels sind auch die in § 46 des Gesetzes über die landwirtschaftlichen Produktionsgenossenschaften vom 2. Juli 1982 (GBl. I S. 443), zuletzt geändert durch das Gesetz über die Änderung oder Aufhebung von Gesetzen der Deutschen Demokratischen Republik vom 28. Juni 1990 (GBl. I S. 483),

bezeichneten Genossenschaften und rechtsfähigen Kooperationsbeziehungen sowie die durch Umwandlung, Zusammenschluß oder Teilung entstandenen Nachfolgeunternehmen. Vereinigungen im Sinne dieses Kapitels sind auch gesellschaftliche Organisationen nach § 18 Abs. 4 des Zivilgesetzbuchs der Deutschen Demokratischen Republik, die als rechtsfähige Vereine nach den §§ 21 und 22 des Bürgerlichen Gesetzbuchs fortbestehen und nicht Parteien, mit ihnen verbundene Organisationen, juristische Personen oder Massenorganisationen nach § 2 Abs. 2 Nr. 1 sind.

(4) Auf die Ausübung der in diesem Kapitel begründeten Ansprüche durch Ehegatten sind in den Fällen des Absatzes 1 Nr. 4 und 5 die Bestimmungen über das gemeinschaftliche Eigentum der Ehegatten in Artikel 234 § 4a des Einführungsgesetzes zum Bürgerlichen Gesetzbuche entsprechend anzuwenden, wenn der Vertragsschluß oder die Bebauung des Grundstücks vor Ablauf des 2. Oktober 1990 und während der Ehe erfolgte.

§ 10
Billigung staatlicher Stellen

(1) Billigung staatlicher Stellen ist jede Handlung, insbesondere von Verwaltungsstellen, Vorständen landwirtschaftlicher Produktionsgenossenschaften oder sonstigen Organen, die nach in der Deutschen Demokratischen Republik üblicher Staats- oder Verwaltungspraxis die bauliche Nutzung fremder Grundstücke vor Klärung der Eigentumsverhältnisse oder ohne Bestellung eines Nutzungsrechts ausdrücklich anordnete oder gestattete. Dies gilt auch, wenn die zu beachtenden Rechtsvorschriften nicht eingehalten worden sind.

(2) Ist für die bauliche Maßnahme eine Bauzustimmung oder Baugenehmigung erteilt worden, ist zugunsten des Nutzers zu vermuten, daß die bauliche Nutzung des Grundstücks mit Billigung staatlicher Stellen erfolgt ist. Das gleiche gilt, wenn in einem Zeitraum von fünf Jahren nach Fertigstellung des Gebäudes vor Ablauf des 2. Oktober 1990 eine behördliche Verfügung zum Abriß nicht ergangen ist.

§ 10a
Komplexer Wohnungsbau oder Siedlungsbau

(1) **Komplexer Wohnungsbau im Sinne dieses Gesetzes** sind Wohngebiete für den staatlichen oder genossenschaftlichen Wohnungsbau, die entsprechend den Rechtsvorschriften der Deutschen Demokratischen Republik im Zeitraum vom 7. Oktober 1949 bis zum Ablauf des 2. Oktober 1990 nach einer einheitlichen Bebauungskonzeption oder einem Bebauungsplan für die Gesamtbebauung des jeweiligen Bauvorhabens (Standort) vorbereitet und gebaut worden sind. Wohngebiete im Sinne von Satz 1 sind insbesondere großflächige Wohnanlagen in randstädtischen oder innerstädtischen Lagen sowie Wohnanlagen an Einzelstandorten in städtischen oder dörflichen Lagen jeweils einschließlich Nebenanlagen, Versorgungseinrichtungen und Infrastruktur.

(2) **Siedlungsbau im Sinne dieses Gesetzes** sind Wohngebiete für den Eigenheimbau, die entsprechend den Rechtsvorschriften der Deutschen Demokratischen Republik in dem in Absatz 1 genannten Zeitraum nach einer einheitlichen Bebauungskonzeption oder einem Bebauungsplan für die Gesamtbebauung des jeweiligen Bauvorhabens (Standort) vorbereitet und neu bebaut worden sind.

§ 11
Bebauung

(1) Bebauungen im Sinne dieses Kapitels sind die Errichtung von Gebäuden sowie bauliche Maßnahmen an bestehenden Gebäuden, wenn

1. schwere Bauschäden vorlagen und die Nutzbarkeit des **Gebäudes** wiederhergestellt wurde (Rekonstruktion) oder

2. die Nutzungsart des Gebäudes verändert wurde

und die baulichen Maßnahmen nach ihrem Umfang und Aufwand einer Neuerrichtung entsprechen.

(2) Hat der Nutzer das Grundstück aufgrund eines Überlassungsvertrages vom staatlichen Verwalter erhalten, sind

1. Aus- und Umbauten, durch die die Wohn- oder Nutzfläche des Gebäudes um mehr als 50 vom Hundert vergrößert wurde, oder

2. Aufwendungen für bauliche Investitionen, deren Wert die Hälfte des Sachwerts des Gebäudes ohne Berücksichtigung der baulichen Investitionen des Nutzers zum Zeitpunkt der Vornahme der Aufwendungen übersteigen, baulichen Maßnahmen im Sinne des Absatzes 1 gleichzustellen. Frühere Investitionen des Nutzers sind mit ihrem Restwert zu berücksichtigen. Ist der Zeitpunkt der Aufwendungen nicht festzustellen, ist der 2. Oktober 1990 als Wertermittlungsstichtag zugrunde zu legen. Hat der Nutzer nach Ablauf des 2. Oktober 1990 notwendige Verwendungen vorgenommen, sind die dadurch entstandenen Aufwendungen dem nach Satz 1 Nr. 2 zu ermittelnden Wert seiner baulichen Investitionen hinzuzurechnen. Satz 4 ist nicht anzuwenden, wenn mit den Arbeiten nach dem 20. Juli 1993 begonnen wurde.

(3) Der Bebauung eines Grundstücks mit einem Gebäude steht die Errichtung oder die bauliche Maßnahme an einer baulichen Anlage im Sinne des Satzes 2 gleich. Bauliche Anlagen sind alle Bauwerke, die nicht Gebäude sind, wenn

1. deren bestimmungsgemäßer Gebrauch durch den Nutzer einen Ausschluß des Grundstückseigentümers von Besitz und Nutzung des Grundstücks voraussetzt,

2. die zur bestimmungsgemäßen Nutzung der baulichen Anlage erforderliche Fläche (Funktionsflä-

che) sich so über das gesamte Grundstück erstreckt, daß die Restfläche nicht baulich oder wirtschaftlich nutzbar ist, oder

3. die Funktionsfläche der baulichen Anlage nach den baurechtlichen Bestimmungen selbständig baulich nutzbar ist und vom Grundstück abgetrennt werden kann.

§ 12
Abtrennbare, selbständig nutzbare Teilfläche

(1) Eine Teilfläche ist abtrennbar, wenn sie nach Vermessung vom Stammgrundstück abgeschrieben werden kann.

(2) Eine Teilfläche ist selbständig baulich nutzbar, wenn sie gegenwärtig oder nach der in absehbarer Zeit zu erwartenden städtebaulichen Entwicklung bebaut werden kann. Sie ist auch dann selbständig baulich nutzbar, wenn sie zusammen mit einem anderen Grundstück oder mit einer von einem solchen Grundstück abtrennbaren Teilfläche ein erstmals selbständig bebaubares Grundstück ergibt.

(3) Abtrennbarkeit und selbständige bauliche Nutzbarkeit sind gegeben, wenn eine Teilungsgenehmigung nach § 120 erteilt worden ist.

UNTERABSCHNITT 4
Erbbaurecht und Ankauf

§ 13
Berechtigte und Verpflichtete

(1) Durch die in diesem Kapitel begründeten Ansprüche werden der jeweilige Nutzer und Grundstückseigentümer berechtigt und verpflichtet. Kommen nach § 9 Abs. 1 Satz 1 mehrere Personen als Nutzer in Betracht, ist im Verhältnis zueinander derjenige Nutzer, der eine Bebauung nach § 11 vorgenommen hat.

(2) Die begründeten Ansprüche können nur mit dem Eigentum am Grundstück oder dem selbständigen Eigentum am Gebäude, dem Nutzungsrecht, den Rechten des Nutzers aus dem Überlassungsvertrag oder dem Besitz an dem mit Billigung staatlicher Stellen vom Nutzer errichteten oder erworbenen Gebäude übertragen werden, es sei denn, daß die Abtretung zu dem Zweck erfolgt, Grundstücke entsprechend der Bebauung zu bilden und an diesen Erbbaurechte zu bestellen oder die Grundstücke an die Nutzer zu veräußern.

(3) Ein Vertrag, aus dem ein Teil verpflichtet wird, die Ansprüche auf Bestellung eines Erbbaurechts oder zum Ankauf des Grundstücks oder eines Gebäudes oder einer baulichen Anlage zu übertragen, bedarf vom [einsetzen: Tag des Inkrafttretens dieses Gesetzes] an der notariellen Beurkundung. Ein ohne Beobachtung der Form geschlossener Vertrag wird seinem ganzen Inhalt nach gültig, wenn

1. der Erwerber als neuer Eigentümer des Grundstücks oder Gebäudes in das Grundbuch eingetragen wird,

2. ein die Rechte des Erwerbers sichernder Vermerk nach [Artikel 233 § 2c Abs. 2 des Einführungsgesetzes zum Bürgerlichen Gesetzbuche] oder nach § 93 Abs. 5 in das Grundbuch eingetragen wird oder

3. die in diesem Gesetz für den Grundstückseigentümer oder den Nutzer begründeten Ansprüche erfüllt worden sind.

§ 14
Verhältnis der Ansprüche

(1) Der Nutzer kann wählen, ob er die Bestellung eines Erbbaurechts verlangen oder das Grundstück ankaufen will.

(2) Die gesetzlichen Ansprüche des Nutzers beschränken sich auf den Ankauf des Grundstücks, wenn der nach § 18 in Ansatz zu bringende Bodenwert des Grundstücks nicht mehr als 100 000 Deutsche Mark oder im Falle der Bebauung mit einem Eigenheim nicht mehr als 30 000 Deutsche Mark beträgt.

(3) Ist der Grundstückseigentümer eine juristische Person, die nach ihrem Statut ihr Grundvermögen nicht veräußern darf, so kann er den Nutzer auf die Bestellung eines Erbbaurechts verweisen. Satz 1 ist nicht anzuwenden, wenn das Grundstück im komplexen Wohnungsbau oder Siedlungsbau bebaut oder für gewerbliche Zwecke in Anspruch genommen wurde, die Grenzen der Bebauung die Grundstücksgrenzen überschreiten und zur Absicherung der Bebauung neue Grundstücke gebildet werden müssen.

(4) Der Grundstückseigentümer kann ein vom Nutzer errichtetes oder erworbenes Wirtschaftsgebäude oder eine bauliche Anlage ankaufen oder, sofern selbständiges Gebäudeeigentum nicht besteht, die aus der baulichen Investition begründeten Rechte des Nutzers ablösen, wenn die in § 82 Abs. 1 bezeichneten Voraussetzungen vorliegen. Macht der Grundstückseigentümer von seinem Recht nach Satz 1 Gebrauch, so sind die in Absatz 1 bezeichneten Ansprüche des Nutzers ausgeschlossen.

§ 15
Ausübung des Wahlrechts

(1) Die Wahl erfolgt durch schriftliche Erklärung gegenüber dem anderen Teil. Mit der Erklärung erlischt das Wahlrecht.

(2) Auf Verlangen des Grundstückseigentümers hat der Nutzer innerhalb einer Frist von fünf Monaten die Erklärung über seine Wahl abzugeben.

(3) Gibt der Nutzer eine Erklärung nicht ab, kann der Grundstückseigentümer eine angemessene Nachfrist setzen. Eine Nachfrist von einem Monat ist angemessen, wenn nicht besondere Umstände eine längere Nachfrist erfordern. Mit dem Ablauf der

Nachfrist geht das Wahlrecht auf den Grundstückseigentümer über, wenn nicht der Nutzer rechtzeitig die Wahl vornimmt.

§ 16
Pfleger für Grundstückseigentümer und Inhaber dinglicher Rechte

(1) Zur Verfolgung der Ansprüche des Nutzers ist auf dessen Antrag für den Grundstückseigentümer oder den Inhaber eines eingetragenen dinglichen Rechts ein Pfleger zu bestellen, wenn

1. nach den Eintragungen im Grundbuch das Eigentum oder das dingliche Recht an der mit einem Nutzungsrecht belasteten oder bebauten Fläche einer bestimmten Person nicht zugeordnet werden kann,
2. die Person des Berechtigten unbekannt ist,
3. der Aufenthaltsort des abwesenden Berechtigten unbekannt ist oder dessen Aufenthalt zwar bekannt, der Berechtigte jedoch an der Besorgung seiner Angelegenheiten verhindert ist,
4. die Beteiligung in Gesamthandsgemeinschaften, Miteigentümergemeinschaften nach Bruchteilen oder gleichartigen Berechtigungen an einem dinglichen Recht unbekannt ist und die Berechtigten einen gemeinsamen Vertreter nicht bestellt haben oder
5. das Grundstück herrenlos ist.

(2) Für die Bestellung und die Tätigkeit des Pflegers sind die Vorschriften des Bürgerlichen Gesetzbuchs über die Pflegschaft entsprechend anzuwenden. Zuständig für die Bestellung des Pflegers ist das Vormundschaftsgericht, in dessen Bezirk das Grundstück ganz oder zum größten Teil belegen ist.

(3) Der nach § 11b Abs. 1 des Vermögensgesetzes oder Artikel 233 § 2 Abs. 3 des Einführungsgesetzes zum Bürgerlichen Gesetzbuche bestellte Vertreter nimmt auch die Aufgaben eines Pflegers nach diesem Kapitel wahr. Er kann den Grundstückseigentümer jedoch nicht vertreten bei einem Vertragsschluß zwischen diesem und

1. ihm selbst, seinem Ehegatten oder einem seiner Verwandten in gerader Linie,
2. einer Gebietskörperschaft oder einer von ihr beherrschten juristischen Person, wenn der Vertreter bei dieser als Organ oder gegen Entgelt beschäftigt ist, oder
3. einer anderen juristischen Person des öffentlichen oder privaten Rechts, wenn der Vertreter bei dieser als Mitglied des Vorstands, Aufsichtsrats oder eines gleichartigen Organs tätig oder gegen Entgelt beschäftigt ist.

Der Vertreter ist für den Abschluß von Erbbaurechtsverträgen oder Kaufverträgen über das Grundstück oder das Gebäude von den Beschränkungen des § 181 des Bürgerlichen Gesetzbuchs nicht befreit. Für die Erteilung der Genehmigung nach § 1821 des Bürgerlichen Gesetzbuchs ist statt des Landkreises das Vormundschaftsgericht zuständig.

§ 17
Aufgebotsverfahren gegen den Nutzer

(1) Liegen die in § 16 Abs. 1 Nr. 1, 2 oder 3 (erste Alternative) bezeichneten Umstände in der Person des Nutzers vor, ist der Grundstückseigentümer berechtigt, den Nutzer mit seinen Rechten am Grundstück und am Gebäude, seinen vertraglichen Ansprüchen gegen den Grundstückseigentümer und seinen Ansprüchen aus diesem Kapitel im Wege des Aufgebotsverfahrens auszuschließen.

(2) Das Aufgebotsverfahren ist nur zulässig, wenn der Nutzer den Besitz verloren hat oder nicht ausgeübt hat, und, wenn für den Nutzer ein Recht am Grundstück oder selbständiges Gebäudeeigentum eingetragen worden ist, zehn Jahre seit der letzten sich auf das Recht des Nutzers beziehenden Eintragung in das Grundbuch verstrichen sind.

(3) Für das Aufgebotsverfahren sind die Vorschriften der §§ 983 bis 986 der Zivilprozeßordnung entsprechend anzuwenden.

(4) Mit dem Ausschlußurteil erlöschen die in Absatz 1 bezeichneten Ansprüche. Das Gebäudeeigentum und das Nutzungsrecht gehen auf den Grundstückseigentümer über. Der Nutzer kann von dem Grundstückseigentümer entsprechend § 818 des Bürgerlichen Gesetzbuchs eine Vergütung in Geld für den Rechtsverlust verlangen.

UNTERABSCHNITT 5

Bodenwertermittlung

§ 18
Grundsätze

(1) **Erbbauzins und Ankaufspreis sind nach dem Bodenwert in dem Zeitpunkt zu bestimmen, in dem ein Angebot zum Vertragsschluß nach diesem Kapitel abgegeben wird.**

(2) **Der Bodenwert bestimmt sich nach dem um die Abzugsbeträge nach Satz 3 verminderten Wert eines baureifen Grundstücks. Der Wert eines baureifen Grundstücks ist, vorbehaltlich der Regelung in § 19, der Verkehrswert im Sinne des § 194 des Baugesetzbuchs, der sich ergeben würde, wenn das Grundstück unbebaut wäre. Der Wert des baureifen Grundstücks ist zu vermindern um**

1. **einen nach Absatz 3 zu bemessenden Abzug für die Erhöhung des Werts des baureifen Grundstücks durch Aufwendungen zur Erschließung, zur Vermessung und für andere Kosten zur Baureifmachung des Grundstücks, es sei denn, daß der Grundstückseigentümer diese Kosten getragen hat oder das Grundstück bereits während der**

Dauer seines Besitzes erschlossen und vermessen war, und

2. die gewöhnlichen Kosten des Abbruchs eines aufstehenden Gebäudes oder einer baulichen Anlage, wenn ein alsbaldiger Abbruch erforderlich und zu erwarten ist, soweit diese Kosten im gewöhnlichen Geschäftsverkehr berücksichtigt werden.

(3) Der Abzug nach Absatz 2 Satz 3 Nr. 1 beträgt

1. 25 DM/m² in Gemeinden mit mehr als 100 000 Einwohnern,
2. 15 DM/m² in Gemeinden mit mehr als 10 000 bis zu 100 000 Einwohnern und
3. 10 DM/m² in Gemeinden bis zu 10 000 Einwohnern.

Als Bodenwert ist jedoch mindestens der Wert zugrunde zu legen, der sich für das Grundstück im Entwicklungszustand des Rohbaulandes ergeben würde.

(4) Der Abzug nach Absatz 2 Satz 3 Nr. 2 darf nicht zu einer Minderung des Bodenwerts unter das Doppelte des in § 83 Abs. 5 bestimmten Entschädigungswertes führen. Der Abzug ist nicht vorzunehmen, wenn die Erforderlichkeit alsbaldigen Abbruchs auf unterlassener Instandhaltung des Gebäudes oder der baulichen Anlage durch den Nutzer beruht oder der Nutzer sich vertraglich zum Abbruch verpflichtet hat.

(5) Soweit für das Grundstück Bodenrichtwerte nach § 196 des Baugesetzbuchs vorliegen, soll der Wert des baureifen Grundstücks hiernach bestimmt werden. Jeder Beteiligte kann eine hiervon abweichende Bestimmung verlangen, wenn

1. Anhaltspunkte dafür vorliegen, daß die Bodenrichtwerte nicht den tatsächlichen Marktverhältnissen entsprechen, oder
2. aufgrund untypischer Lage oder Beschaffenheit des Grundstücks die Bodenrichtwerte als Ermittlungsgrundlage ungeeignet sind.

§ 19
Bodenwertermittlung in besonderen Fällen

(1) (wird gestrichen)

(2) Bei der Bemessung des Bodenwerts eines Grundstücks, das vor dem Ablauf des 2. Oktober 1990 im staatlichen oder genossenschaftlichen Wohnungsbau verwendet worden ist, ist nicht die im Gebiet baurechtlich zulässige Nutzung des Grundstücks, sondern die auf dem betreffenden Grundstück vorhandene Bebauung und Nutzung maßgeblich.

(3) § 18 Abs. 2 bis 4 ist auf die Grundstücke nicht anzuwenden, die im komplexen Wohnungsbau oder Siedlungsbau bebaut und für

1. den staatlichen oder genossenschaftlichen Wohnungsbau,

2. den Bau von Gebäuden oder baulichen Anlagen, die öffentlichen Zwecken gewidmet sind und unmittelbar Verwaltungsaufgaben dienen, oder

3. die Errichtung der im Gebiet belegenen Maßnahmen der Infrastruktur

verwendet worden sind. Der Bodenwert dieser Grundstücke ist in der Weise zu bestimmen, daß von dem nach § 18 Abs. 2 Satz 2 ermittelten Wert des baureifen Grundstücks ein Betrag von einem Drittel für die Maßnahmen zur Baureifmachung des Grundstücks und anderer Maßnahmen zur Entwicklung des Gebiets sowie wegen der eingeschränkten oder aufgrund der öffentlichen Zweckbestimmung nicht vorhandenen Ertragsfähigkeit des Grundstücks abzuziehen ist.

(4) In den Verfahren zur Bodenneuordnung nach § 5 des Bodensonderungsgesetzes ist für die Bestimmung der nach § 15 Abs. 1 jenes Gesetzes zu leistenden Entschädigungen der Bodenwert der Grundstücke im Plangebiet nach § 8 des Bodensonderungsgesetzes nach dem durchschnittlichen Bodenwert aller im Gebiet belegenen Grundstücke zu ermitteln. Für die Bemessung der Entschädigung für den Rechtsverlust ist § 69 entsprechend anzuwenden.

(5) Ein im Plangebiet belegenes nicht bebautes und selbständig baulich nutzbares Grundstück oder eine in gleicher Weise nutzbare Grundstücksteilfläche ist in die Ermittlung des durchschnittlichen Bodenwerts nach Absatz 4 nicht einzubeziehen, sondern gesondert zu bewerten. Die Entschädigung für dieses Grundstück oder für diese Teilfläche ist nach § 15 Abs. 2 des Bodensonderungsgesetzes zu bestimmen.

(6) Die den Erwerbern durch den Ansatz eines durchschnittlichen Bodenwerts nach Absatz 4 Satz 1 entstehenden Vor- und Nachteile sind zum Ausgleich zu bringen. Vor- und Nachteile sind nach dem Verhältnis zwischen dem durchschnittlichen Bodenwert und dem Bodenwert, der sich nach §§ 18 und 19 ergeben würde, in dem Zeitpunkt zu bemessen, in dem der Sonderungsbescheid bestandskräftig geworden ist. Die Abgabe hat der Träger der Sonderungsbehörde von denjenigen zu erheben, die durch die gebietsbezogene Bodenwertbestimmung und die darauf bezogene Bemessung der Beträge für Entschädigungsleistungen nach § 15 Abs. 1 des Bodensonderungsgesetzes Vorteile erlangt haben. Die Einnahme aus der Abgabe ist als Ausgleich an diejenigen auszukehren, die dadurch Nachteile erlitten haben. Über Abgaben- und Ausgleichsleistungen kann auch außerhalb des Sonderungsbescheids entschieden werden. Diese sind spätestens ein Jahr nach Eintritt der Bestandskraft des Sonderungsbescheids festzusetzen und einen Monat nach Bekanntgabe des Bescheids fällig.

(7) Liegt das Grundstück in einem städtebaulichen Sanierungsgebiet oder Entwicklungsbereich, bleiben § 153 Abs. 1 und § 169 Abs. 4 des Baugesetzbuchs unberührt.

§ 20
Verordnungsermächtigung

(wird gestrichen)

UNTERABSCHNITT 6

Erfaßte Flächen

§ 21
Vermessene Flächen

Die Ansprüche auf Bestellung eines Erbbaurechts oder den Ankauf erstrecken sich auf das Grundstück insgesamt, wenn dessen Grenzen im Liegenschaftskataster nachgewiesen sind (vermessenes Grundstück) und die Nutzungsbefugnis aus einem Nutzungsrecht oder einem Vertrag mit den Grenzen des Grundstücks übereinstimmt. Im übrigen sind die §§ 22 bis 27 anzuwenden.

§ 22
Genossenschaftlich genutzte Flächen

(1) Soweit ein Nutzungsrecht für den Eigenheimbau zugewiesen worden ist oder ein Eigenheim von oder mit Billigung der landwirtschaftlichen Produktionsgenossenschaft oder aufgrund Nutzungsvertrages mit der Gemeinde errichtet worden ist, beziehen sich die gesetzlichen Ansprüche nach §§ 32, 62 auf die Fläche,

1. auf die sich nach der ehemaligen Liegenschaftsdokumentation das Nutzungsrecht erstreckt,
2. die in den Nutzungsverträgen mit den Gemeinden bezeichnet ist, soweit die Fläche für den Bau des Hauses überlassen worden ist, oder
3. die durch die landwirtschaftliche Produktionsgenossenschaft oder die Gemeinde dem Nutzer für den Bau des Eigenheimes oder im Zusammenhang mit dem Bau zugewiesen worden ist.

(2) Absatz 1 ist auf andere Bebauungen genossenschaftlich genutzter Flächen entsprechend anzuwenden, soweit die Errichtung des Gebäudes oder der baulichen Anlage aufgrund zugewiesenen Nutzungsrechts erfolgte.

(3) Die Ansprüche des Nutzers beschränken sich auf die Funktionsfläche (§ 11 Abs. 3 Satz 2 Nr. 2) des Gebäudes oder der baulichen Anlage, wenn die Bebauung aufgrund des aufgehobenen gesetzlichen Nutzungsrechts der landwirtschaftlichen Produktionsgenossenschaften vorgenommen worden ist oder durch Einbringung des Bauwerks in die landwirtschaftliche Produktionsgenossenschaft selbständiges Gebäudeeigentum entstanden ist. Handelt es sich um Betriebsgebäude, so sind die Flächen einzubeziehen, die für die zweckentsprechende Nutzung des Gebäudes im Betrieb des Nutzers notwendig sind.

§ 23
Unvermessene volkseigene Grundstücke

Soweit Nutzungsrechte auf unvermessenen, vormals volkseigenen Grundstücken verliehen wurden, sind die Grenzen in folgender Reihenfolge zu bestimmen nach

1. einem Bescheid über die Vermögenszuordnung, soweit ein solcher ergangen ist und über die Grenzen der Nutzungsrechte Aufschluß gibt,
2. Vereinbarungen in Nutzungsverträgen oder
3. dem für ein Gebäude der entsprechenden Art zweckentsprechenden, ortsüblichen Umfang oder der Funktionsfläche der baulichen Anlage.

§ 24
Wohn-, Gewerbe- und Industriebauten ohne Klärung der Eigentumsverhältnisse

(1) Soweit im **komplexen Wohnungsbau** oder Siedlungsbau oder durch gewerbliche (einschließlich industrielle) Vorhaben Bebauungen ohne Klärung der Eigentumsverhältnisse über Grundstücksgrenzen hinweg vorgenommen worden sind, erstrecken sich die Ansprüche nach diesem Kapitel in folgender Reihenfolge auf die Flächen,

1. deren Grenzen in Aufteilungs- oder Vermessungsunterlagen als Grundstücksgrenzen bis zum Ablauf des 2. Oktober 1990 ausgewiesen worden sind,
2. die entsprechend den Festsetzungen in einem Zuordnungsplan für die in dem Gebiet belegenen vormals volkseigenen Grundstücke für die zweckentsprechende Nutzung der zugeordneten Grundstücke erforderlich sind, oder
3. die für eine zweckentsprechende Nutzung einer Bebauung der entsprechenden Art ortsüblich sind.

(2) Entstehen durch die Bestellung von Erbbaurechten oder den Ankauf von Grundstücksteilen Restflächen, die für den Grundstückseigentümer nicht in angemessenem Umfang baulich oder wirtschaftlich nutzbar sind, so kann dieser von der Gemeinde den Ankauf der Restflächen verlangen. Der Kaufpreis ist nach den §§ 18, 19, 69 zu bestimmen. Der Anspruch nach Satz 1 kann nicht vor dem 1. Januar 2000 geltend gemacht werden. Eine Bereinigung dieser Rechtsverhältnisse durch Enteignung, Umlegung oder Bodenneuordnung bleibt unberührt.

§ 25
Andere Flächen

Ergibt sich der Umfang der Flächen, auf die sich die Ansprüche des Nutzers erstrecken, nicht aus den vorstehenden Bestimmungen, so ist Artikel 233 § 4 Abs. 3 Satz 3 des Einführungsgesetzes zum

Bürgerlichen Gesetzbuche entsprechend anzuwenden.

§ 26
Übergroße Flächen für den Eigenheimbau

(1) Ist dem Nutzer ein Nutzungsrecht verliehen oder zugewiesen worden, das die für den Eigenheimbau vorgesehene Regelgröße von 500 Quadratmetern übersteigt, so können der Nutzer oder der Grundstückseigentümer verlangen, daß die Fläche, auf die sich die Nutzungsbefugnis des Erbbauberechtigten (§ 56) erstreckt oder die Gegenstand des Kaufvertrages (§ 66) ist, im Vertrag nach Satz 3 abweichend vom Umfang des Nutzungsrechts bestimmt wird. Das gleiche gilt, wenn der Anspruch des Nutzers nach den §§ 21 bis 23 sich auf eine über die Regelgröße hinausgehende Fläche erstreckt. Die Ansprüche aus den Sätzen 1 und 2 können nur geltend gemacht werden, soweit

1. eine über die Regelgröße von 500 Quadratmetern hinausgehende Fläche abtrennbar und selbständig baulich nutzbar oder

2. eine über die Größe von 1 000 Quadratmetern hinausgehende Fläche abtrennbar und angemessen wirtschaftlich nutzbar ist.

(2) Macht der Grundstückseigentümer den in Absatz 1 bestimmten Anspruch geltend, kann der Nutzer von dem Grundstückseigentümer die Übernahme der abzuschreibenden Teilfläche gegen Entschädigung nach dem Zeitwert für die aufstehenden Gebäude, Anlagen und Anpflanzungen verlangen, soweit der Nutzer diese erworben oder in anderer Weise veranlaßt hat. In anderen Fällen hat der Grundstückseigentümer in dem Umfang Entschädigung für die Gebäude, Anlagen und Anpflanzungen zu leisten, wie der Wert seines Grundstücks im Zeitpunkt der Räumung der abzuschreibenden Teilfläche noch erhöht ist. Der Grundstückseigentümer kann nach Bestellung des Erbbaurechts oder dem Ankauf durch den Nutzer von diesem die Räumung der in Absatz 1 bezeichneten Teilfläche gegen eine Entschädigung nach den Sätzen 1 und 2 verlangen.

(3) Der Nutzer darf der Begrenzung seiner Ansprüche nach Absatz 1 widersprechen, wenn diese zu einer unzumutbaren Härte führte. Eine solche Härte liegt insbesondere dann vor, wenn

1. die abzutrennende Teilfläche mit einem Bauwerk (Gebäude oder bauliche Anlage) bebaut worden ist, das

   a) den Wert der Nutzung des Eigenheims wesentlich erhöht oder

   b) für den vom Nutzer ausgeübten Beruf unentbehrlich ist und für das in der Nähe mit einem für den Nutzer zumutbaren Aufwand kein Ersatz bereitgestellt werden kann, oder

2. durch die Abtrennung ein ungünstig geschnittenes und im Wert besonders vermindertes Grundstück entstehen würde.

Auf Flächen, die über eine Gesamtgröße von 1 000 Quadratmetern hinausgehen, ist Satz 1 in der Regel nicht anzuwenden.

(4) Der Nutzer kann den Anspruch des Grundstückseigentümers nach Absatz 1 abwenden, indem er diesem ein nach Lage, Bodenbeschaffenheit und Größe gleichwertiges Grundstück zur Verfügung stellt.

(5) Die Absätze 1 bis 4 sind entsprechend anzuwenden, wenn die Befugnis des Nutzers auf einem Vertrag beruht.

§ 27
Restflächen

(1) Die Ansprüche nach §§ 32 und 62 erfassen auch Restflächen. Restflächen sind Grundstücksteile, auf die sich der Anspruch des Nutzers nach §§ 21 bis 23 und 25 nicht erstreckt, wenn diese nicht in angemessenem Umfang baulich oder wirtschaftlich nutzbar sind. Der Nutzer oder der Grundstückseigentümer ist berechtigt, eine Einbeziehung der Restflächen in den Erbbaurechts- oder Grundstückskaufvertrag zu verlangen, wenn hierdurch ein nach Lage, Form und Größe zweckmäßig gestaltetes Erbbaurecht oder Grundstück entsteht. Der Nutzer kann die Einbeziehung der Restflächen in den Erbbaurechts- oder Grundstückskaufvertrag verweigern, wenn sich dadurch eine für ihn unzumutbare Mehrbelastung ergäbe.

(2) Ist für eine dem Grundstückseigentümer verbleibende Fläche die zur ordnungsgemäßen Nutzung notwendige Verbindung zu einem öffentlichen Weg nicht vorhanden, kann der Grundstückseigentümer vom Nutzer die Bestellung eines Wege- oder Leitungsrechts und zu dessen Sicherung die Übernahme einer Baulast gegenüber der Bauaufsichtsbehörde sowie die Bewilligung einer an rangbereiter Stelle in das Grundbuch einzutragenden Grunddienstbarkeit verlangen. Der Grundstückseigentümer ist zur Löschung der Grunddienstbarkeit verpflichtet, sobald eine anderweitige Erschließung der ihm verbleibenden Fläche hergestellt werden kann. Für die Zeit bis zur Herstellung dieser Erschließung ist § 117 Abs. 2 entsprechend anzuwenden.

(3) Kann ein Wege- oder Leitungsrecht nach Absatz 2 aus tatsächlichen Gründen nicht begründet werden, so hat der Grundstückseigentümer gegen den Nachbarn den in § 917 Abs. 1 des Bürgerlichen Gesetzbuchs bezeichneten Anspruch auf Duldung eines Notwegs. § 918 Abs. 1 des Bürgerlichen Gesetzbuchs ist nicht anzuwenden, wenn das Restgrundstück wegen Abschreibung der mit dem Nutzungsrecht belasteten oder der bebauten und dem Nutzer zuzuordnenden Teilfläche die Verbindung zum öffentlichen Weg verliert.

(4) Für die in § 24 bezeichneten Bebauungen gelten die dort genannten besonderen Regelungen.

UNTERABSCHNITT 7

Einwendungen und Einreden

§ 28
Anderweitige Verfahren und Entscheidungen

Die Beteiligten können Ansprüche nach diesem Kapitel nicht verfolgen, wenn

1. für das Gebiet, in dem das Grundstück belegen ist, ein Bodenneuordnungsverfahren nach dem Bodensonderungsgesetz eingeleitet worden ist, in dem über einen Ausgleich des Grundstückseigentümers für einen Rechtsverlust entschieden wird, oder

2. in einem Verfahren auf Zusammenführung des Grundstücks- und Gebäudeeigentums nach § 64 des Landwirtschaftsanpassungsgesetzes Anordnungen zur Durchführung eines freiwilligen Landtausches oder eines Bodenordnungsverfahrens ergangen sind.

Nummer 2 ist nicht anzuwenden, wenn das Verfahren ohne einen Landtausch oder eine bestandskräftige Entscheidung zur Feststellung und Neuordnung der Eigentumsverhältnisse beendet worden ist.

§ 29
Nicht mehr nutzbare Gebäude und nicht ausgeübte Nutzungen

(1) Der Grundstückseigentümer kann die Bestellung des Erbbaurechts oder den Verkauf des Grundstücks an den Nutzer verweigern, wenn das Gebäude oder die bauliche Anlage

1. nicht mehr nutzbar und mit einer Rekonstruktion durch den Nutzer nicht mehr zu rechnen ist, oder

2. nicht mehr genutzt wird und mit einem Gebrauch durch den Nutzer nicht mehr zu rechnen ist.

Ist die Nutzung für mindestens ein Jahr aufgegeben worden, so ist zu vermuten, daß eine Nutzung auch in Zukunft nicht stattfinden wird.

(2) Ist ein Nutzungsrecht bestellt worden, steht dem Grundstückseigentümer die in Absatz 1 bezeichnete Einrede nur dann zu, wenn

1. die in Absatz 1 bezeichneten Voraussetzungen vorliegen oder der Nutzer das Grundstück nicht bebaut hat und

2. nach den persönlichen oder wirtschaftlichen Verhältnissen des Nutzers nur eine Verwertung durch Veräußerung zu erwarten ist oder das Gebäude oder die bauliche Anlage, für die das Nutzungsrecht bestellt wurde, an anderer Stelle errichtet wurde.

(3) Der Grundstückseigentümer kann die Einreden aus Absatz 1 und 2 auch gegenüber dem Rechtsnachfolger des Nutzers erheben, wenn

1. der Nutzer bei Abschluß des der Veräußerung zugrunde liegenden Vertrages das Grundstück nicht bebaut hatte oder das Gebäude oder die bauliche Anlage nicht mehr nutzbar war,

2. das Eigentum am Gebäude aufgrund eines nach dem 20. Juli 1993 abgeschlossenen Vertrages übertragen worden ist und

3. der Rechtsnachfolger das Grundstück nicht bebaut oder das Gebäude oder die bauliche Anlage nicht wiederhergestellt hat.

Hat der Rechtsnachfolger des Nutzers das Grundstück bebaut, so kann der Grundstückseigentümer die Bestellung eines Erbbaurechts oder den Ankauf des Grundstücks nicht verweigern. In diesem Fall bestimmt sich der Erbbauzins nach § 48 Abs. 4 und der Ankaufspreis nach § 71 Abs. 4.

(4) Die Absätze 1 und 2 sind nicht anzuwenden, wenn

1. das Gebäude oder die bauliche Anlage noch nutzbar ist,

2. als Teil eines Unternehmens veräußert wird und

3. der Erwerber das Gebäude oder die bauliche Anlage nutzt und das Geschäft des Veräußerers fortführt.

Satz 1 ist auf Veräußerungen von Unternehmen oder Unternehmensteilen durch einen Verwalter im Wege eines Verfahrens nach der Gesamtvollstreckungsordnung entsprechend anzuwenden.

(5) Erhebt der Grundstückseigentümer die in den Absätzen 1 und 2 bezeichnete Einrede, kann der Nutzer vom Grundstückseigentümer den Ankauf des Gebäudes oder der baulichen Anlage oder die Ablösung der aus der baulichen Investition begründeten Rechte nach § 82 Abs. 1 Nr. 2 verlangen. Der Grundstückseigentümer kann den Anspruch des Nutzers aus Satz 1 abwenden, indem er das Grundstück oder die Teilfläche, auf die sich die Ansprüche nach diesem Kapitel erstrecken, zu einem Verkauf des Gebäudes oder der baulichen Anlage bereitstellt. § 80 Abs. 1, Abs. 2 Satz 2, Abs. 3 ist entsprechend anzuwenden. Eine Versteigerung ist entsprechend den §§ 180 bis 185 des Gesetzes über die Zwangsversteigerung und die Zwangsverwaltung vorzunehmen.

§ 30
Unredlicher Erwerb

(1) Der Grundstückseigentümer kann die Bestellung eines Erbbaurechts oder den Verkauf verweigern, wenn der Nutzer bei der Bestellung des Nutzungsrechts oder, falls ein Nutzungsrecht nicht bestellt wurde, der Nutzer bei der Erlangung des Besitzes am Grundstück unredlich im Sinne des § 4 des Vermögensgesetzes gewesen ist. Ist ein Nutzungsrecht begründet worden, kann der Grundstückseigentümer die Einrede nach Satz 1 nur dann erheben, wenn er auch die Aufhebung des Nutzungsrechts beantragt.

(2) Der Grundstückseigentümer, der die Aufhebung des Nutzungsrechts nicht innerhalb der gesetzlichen Ausschlußfristen beantragt hat, ist zur Erhebung der

in Absatz 1 Satz 1 bezeichneten Einrede nicht berechtigt.

(3) Die in Absatz 1 Satz 1 bezeichnete Einrede ist ausgeschlossen, wenn das Grundstück dem Gemeingebrauch gewidmet oder im komplexen Wohnungsbau oder Siedlungsbau verwendet wurde. Hatte die für die Entscheidung über den Entzug des Eigentumsrechts zuständige staatliche Stelle vor Baubeginn der Inanspruchnahme des Grundstücks widersprochen, so sind der Erbbauzins nach den für die jeweilige Nutzung üblichen Zinssätzen und der Ankaufspreis nach dem ungeteilten Bodenwert zu bestimmen. § 52 ist nicht anzuwenden.

§ 31
Geringe Restnutzungsdauer

(1) Der Grundstückseigentümer kann den Abschluß eines Erbbaurechtsvertrages oder eines Grundstückskaufvertrages verweigern, wenn das vom Nutzer errichtete Gebäude oder die bauliche Anlage öffentlichen Zwecken dient oder land-, forstwirtschaftlich oder gewerblich genutzt wird, dem Nutzer ein Nutzungsrecht nicht bestellt wurde und die Restnutzungsdauer des Gebäudes oder der baulichen Anlage in dem Zeitpunkt, in dem der Nutzer Ansprüche nach diesem Kapitel geltend macht, weniger als 25 Jahre beträgt.

(2) Der Nutzer kann in diesem Fall vom Grundstückseigentümer den Abschluß eines Mietvertrages über die erforderliche Funktionsfläche (§ 11 Abs. 3 Satz 2 Nr. 2) verlangen, dessen Laufzeit nach der Restnutzungsdauer des Gebäudes zu bemessen ist.

(3) Der Zins ist nach der Hälfte des ortsüblichen Entgelts zu bemessen, wenn ein Erbbaurecht der regelmäßige Zinssatz nach § 43 in Ansatz zu bringen wäre; andernfalls ist der Zins nach dem ortsüblichen Entgelt zu bestimmen. Die §§ 48, 52 und 55 sind entsprechend anzuwenden.

(4) Jede Vertragspartei kann eine Anpassung des Zinses verlangen, wenn

1. zehn Jahre seit dem Beginn der Zinszahlungspflicht oder bei späteren Anpassungen drei Jahre seit der letzten Zinsanpassung vergangen sind und

2. der ortsübliche Zins sich seit der letzten Anpassung um mehr als zehn vom Hundert verändert hat.

Das Anpassungsverlangen ist gegenüber dem anderen Teil schriftlich geltend zu machen und zu begründen. Der angepaßte Zins wird von dem Beginn des dritten Kalendermonats an geschuldet, der auf den Zugang des Anpassungsverlangens folgt.

(5) Nach Beendigung des Mietverhältnisses kann der Nutzer vom Grundstückseigentümer den Ankauf oder, wenn selbständiges Gebäudeeigentum nicht begründet worden ist, Wertersatz für das Gebäude oder die bauliche Anlage verlangen. Der Grundstückseigentümer kann den Anspruch dadurch abwenden, daß er dem Nutzer die Verlängerung des Mietvertrages für die restliche Standdauer des Gebäudes oder der baulichen Anlage anbietet; § 27 Abs. 4 der Verordnung über das Erbbaurecht ist entsprechend anzuwenden. Ist das Gebäude oder die bauliche Anlage nicht mehr nutzbar, bestimmen sich die Ansprüche des Grundstückseigentümers gegen den Nutzer nach § 83.

ABSCHNITT 2
Bestellung von Erbbaurechten

UNTERABSCHNITT 1
Gesetzliche Ansprüche
auf Erbbaurechtsbestellung

§ 32
Grundsatz

Der Nutzer kann vom Grundstückseigentümer die Annahme eines Angebots auf Bestellung eines Erbbaurechts verlangen, wenn der Inhalt des Angebots den §§ 43 bis 59 entspricht. Dasselbe Recht steht dem Grundstückseigentümer gegen den Nutzer zu, wenn dieser eine entsprechende Wahl getroffen hat oder das Wahlrecht auf den Grundstückseigentümer übergegangen ist.

UNTERABSCHNITT 2
Gesetzliche Ansprüche wegen dinglicher Rechte

§ 33
Verpflichtung zum Rangrücktritt

Die Inhaber dinglicher Rechte am Grundstück sind nach Maßgabe der nachfolgenden Bestimmungen auf Verlangen des Nutzers verpflichtet, im Rang hinter das Erbbaurecht zurückzutreten.

§ 34
Regelungen bei bestehendem Gebäudeeigentum

(1) Soweit selbständiges Gebäudeeigentum besteht, können die Inhaber dinglicher Rechte am Grundstück eine Belastung des Erbbaurechts nicht verlangen. Belastungen des Gebäudes bestehen am Erbbaurecht fort.

(2) Erstreckt sich die Nutzungsbefugnis aus dem zu bestellenden Erbbaurecht auf eine Teilfläche des Grundstücks, so kann der Inhaber des dinglichen Rechts vom Grundstückseigentümer die Abschreibung des mit dem Erbbaurecht belasteten Grundstücksteils verlangen. Dieser Anspruch kann gegenüber dem Verlangen des Nutzers auf Rangrücktritt einredeweise geltend gemacht werden.

(3) Der Inhaber kann vom Grundstückseigentümer Ersatz der durch die Abschreibung entstandenen Kosten verlangen. Die Kosten sind den Kosten für die

Vertragsdurchführung zuzurechnen. § 61 Abs. 2 ist entsprechend anzuwenden.

Rechts entsprechende Befriedigung des Gläubigers zum nächstmöglichen Kündigungstermin abzulösen.

§ 35

Dienstbarkeit, Nießbrauch, Wohnungsrecht

Soweit selbständiges Gebäudeeigentum nicht besteht, können die Inhaber solcher dinglichen Rechte, die einen Anspruch auf Zahlung oder Befriedigung aus dem Grundstück nicht gewähren, eine der Belastung des Grundstücks entsprechende Belastung des Erbbaurechts verlangen, wenn diese zur Ausübung ihres Rechts erforderlich ist. Macht der jeweilige Erbbauberechtigte die in den §§ 27, 28 der Verordnung über das Erbbaurecht bestimmten Ansprüche geltend, so darf er die Zwangsversteigerung des Grundstücks nur unter der Bedingung des Bestehenbleibens dieser Rechte am Grundstück betreiben.

§ 36

Hypothek, Grundschuld, Rentenschuld, Reallast

(1) Soweit selbständiges Gebäudeeigentum nicht besteht, können die Inhaber solcher dinglichen Rechte, die Ansprüche auf Zahlung oder Befriedigung aus dem Grundstück gewähren, den Rangrücktritt hinter das Erbbaurecht verweigern, es sei denn, daß der Nutzer ihnen eine Belastung des Erbbaurechts mit einem dinglichen Recht **an gleicher Rangstelle wie am Grundstück und** in Höhe des Betrages bewilligt, der dem Verhältnis des Werts des Erbbaurechts zu dem Wert des belasteten Grundstücks nach den für die Wertermittlung maßgebenden Grundsätzen entspricht. Das in Satz 1 bestimmte Recht besteht nicht, wenn

1. der Antrag auf Eintragung der Belastung nach dem 21. Juli 1992 beim Grundbuchamt einging und dem Inhaber des dinglichen Rechts bekannt war, daß der Grundstückseigentümer vorsätzlich seiner Verpflichtung aus Artikel 233 § 2a Abs. 3 Satz 2 des Einführungsgesetzes zum Bürgerlichen Gesetzbuche zuwiderhandelte, das vom Nutzer bebaute Grundstück nicht zu belasten, oder

2. das vom Nutzer errichtete oder erworbene Gebäude oder dessen bauliche Anlage und die hierfür in Anspruch genommene Fläche nach den vertraglichen Regelungen nicht zum Haftungsverband gehören sollten oder deren Nichtzugehörigkeit zum Haftungsverband für den Inhaber des dinglichen Rechts bei dessen Begründung oder Erwerb erkennbar war.

Ist ein Darlehen für den Betrieb des Grundstückseigentümers gewährt worden, ist zu vermuten, daß ein vom Nutzer errichtetes oder erworbenes Eigentum und die ihm zuzuordnende Fläche nicht als Sicherheit für das Darlehen dienen sollten.

(2) Der Nutzer ist berechtigt, das dingliche Recht nach Absatz 1 Satz 1 durch eine dem Umfang des

§ 37

Anspruch auf Befreiung von dinglicher Haftung

Der Nutzer kann vom Grundstückseigentümer Befreiung von einer dinglichen Haftung verlangen, die er nach § 36 Abs. 1 zu übernehmen hat. Ist eine grundpfandrechtlich gesicherte Kreditschuld noch nicht ablösbar, so hat der Grundstückseigentümer dem Nutzer statt der Befreiung auf Verlangen Sicherheit zu leisten.

UNTERABSCHNITT 3

Überlassungsverträge

§ 38

Bestellung eines Erbbaurechts
für einen Überlassungsvertrag

(1) Ist dem Nutzer das Grundstück aufgrund eines Überlassungsvertrages übergeben worden, so kann der Grundstückseigentümer vom Nutzer verlangen, daß dieser auf seine vertraglichen Ansprüche für Werterhöhungen des Grundstücks verzichtet und die zur Absicherung dieser Forderung eingetragene Hypothek aufgibt. Der Nutzer hat den Grundstückseigentümer freizustellen, wenn er den Anspruch auf Wertersatz und die Hypothek an einen Dritten abgetreten hat.

(2) Der Grundstückseigentümer hat dem Nutzer die Beträge zu erstatten, die der staatliche Verwalter aus den vom Nutzer eingezahlten Beträgen zur Ablösung von Verbindlichkeiten des Grundstückseigentümers und Grundpfandrechten, die zu deren Sicherung bestellt wurden, verwendet hat. Der Aufwendungsersatzanspruch des Nutzers nach Satz 1 gilt als erloschen, soweit aus der Zahlung Verbindlichkeiten und Grundpfandrechte getilgt wurden, die der Grundstückseigentümer nach § 16 Abs. 2 Satz 2, Abs. 5 bis 7 in Verbindung mit § 18 Abs. 2 des Vermögensgesetzes nicht übernehmen müßte, wenn diese im Falle der Aufhebung oder der Beendigung der staatlichen Verwaltung noch fortbestanden hätten. Satz 2 ist auf eine zur Absicherung des Aufwendungsersatzanspruchs des Nutzers eingetragene Hypothek entsprechend anzuwenden. Auf Abtretungen, die nach Ablauf des 31. Dezember 1996 erfolgen, sind die §§ 892, 1157 Satz 2 des Bürgerlichen Gesetzbuchs entsprechend anzuwenden.

(3) Soweit Ansprüche und Rechte nach Absatz 2 Satz 2 und 3 erloschen, ist § 16 Abs. 9 Satz 3 des Vermögensgesetzes entsprechend anzuwenden.

(4) Der Nutzer ist berechtigt, die hinterlegten Beträge mit Ausnahme der aufgelaufenen Zinsen zurückzufordern. Der Grundstückseigentümer kann vom Nutzer die Zustimmung zur Auszahlung der aufgelaufenen Zinsen verlangen.

UNTERABSCHNITT 4
Besondere Gestaltungen

§ 39
Mehrere Erbbaurechte auf einem Grundstück, Gesamterbbaurechte, Nachbarerbbaurechte

(1) An einem Grundstück können mehrere Erbbaurechte bestellt werden, wenn jedes von ihnen nach seinem Inhalt nur an einer jeweils anderen Grundstücksteilfläche ausgeübt werden kann. In den Erbbaurechtsverträgen muß jeweils in einem Lageplan bestimmt sein, auf welche Teilfläche des Grundstücks sich die Nutzungsbefugnis des Erbbauberechtigten erstreckt. Der Lageplan hat den in § 8 Abs. 2 Satz 1 bis 3 des Bodensonderungsgesetzes genannten Anforderungen für eine nach jenem Gesetz aufzustellende Grundstückskarte zu entsprechen. Der Vertrag muß die Verpflichtung für die jeweiligen Erbbauberechtigten und Grundstückseigentümer enthalten, die Teilfläche nach Vermessung vom belasteten Grundstück abzuschreiben und der Eintragung als selbständiges Grundstück in das Grundbuch zuzustimmen. Mehrere nach Satz 1 bestellte Erbbaurechte haben untereinander Gleichrang, auch wenn sie zu unterschiedlichen Zeiten in das Grundbuch eingetragen werden. Der gleiche Rang ist im Grundbuch zu vermerken; einer Zustimmung der Inhaber der anderen Erbbaurechte wie der Inhaber dinglicher Rechte an diesen bedarf es nicht. Wird eines dieser Erbbaurechte zwangsweise versteigert, so sind die anderen im Gleichrang an erster Rangstelle bestellten Erbbaurechte wie Rechte an einem anderen Grundstück zu behandeln.

(2) Das Erbbaurecht kann sich auf mehrere Grundstücke erstrecken (Gesamterbbaurecht). Die Belastung durch das Gesamterbbaurecht kann ein Grundstück einbeziehen, das noch nicht bebaut worden ist, wenn der Anspruch des Nutzers auf Erbbaurechtsbestellung sich nach den §§ 21 bis 27 auch auf dieses Grundstück erstreckt.

(3) Erstreckt sich die Bebauung auf ein benachbartes Grundstück, so kann zu deren Absicherung ein Erbbaurecht bestellt werden (Nachbarerbbaurecht), wenn

1. der Nutzer Eigentümer des herrschenden Grundstücks und Inhaber eines auf dem benachbarten Grundstück bestellten Nachbarerbbaurechts wird,

2. die grundpfandrechtlichen Belastungen und die Reallast zur Absicherung des Erbbauzinses auf dem Grundstückseigentum und dem Erbbaurecht als Gesamtbelastung mit gleichem Rang eingetragen werden und

3. die Erbbaurechtsverträge keinen Anspruch auf den Erwerb des Erbbaurechts (Heimfall) enthalten oder das Heimfallrecht nur dann ausgeübt werden kann, wenn das Grundstückseigentum und die sich auf das Gebäude beziehenden Erbbaurechte in einer Hand bleiben.

Über das Erbbaurecht kann nur zusammen mit dem Eigentum am herrschenden Grundstück verfügt werden. Das Erbbaurecht ist im Grundbuch als Nachbarerbbaurecht zu bezeichnen, im Grundbuch des belasteten Grundstücks als Belastung und im Grundbuch des herrschenden Grundstücks als Bestandteil einzutragen.

§ 40
Wohnungserbbaurecht

(1) Der Anspruch ist auf die Erbbaurechtsbestellung und Begründung von Erbbaurechten nach § 30 des Wohnungseigentumsgesetzes zu richten, wenn

1. natürliche Personen Gebäude (Mehrfamilien- und zusammenhängende Siedlungshäuser) als Miteigentümer erworben oder gemeinsam errichtet haben und abgeschlossene Teile eines Gebäudes unter Ausschluß der anderen nutzen,

2. staatliche Stellen, Gemeinden oder Genossenschaften Gebäude gemeinsam errichtet haben und abgeschlossene Teile des Gebäudes unter Ausschluß der anderen nutzen.

Ein Wohnungserbbaurecht ist auch dann zu bestellen, wenn die Genehmigung zu einer Teilung durch Abschreibung der mit den Erbbaurechten belasteten Grundstücke nach § 120 Abs. 1 versagt wird.

(2) Jeder Nutzer kann von den anderen Nutzern und von dem Grundstückseigentümer den Abschluß der für die Begründung eines Erbbaurechts und die Bestellung von Wohnungserbbaurechten erforderlichen Verträge auch dann verlangen, wenn eine Teilung des Grundstücks wegen gemeinschaftlicher Erschließungsanlagen oder gemeinschaftlich genutzter Anbauten unzweckmäßig ist. Eine Realteilung ist in der Regel unzweckmäßig, wenn zur Sicherung der Nutzung der Gebäude mehrere Dienstbarkeiten auf verschiedenen Grundstücken zu bestellen sind und Verträge über die Unterhaltung gemeinschaftlicher Anlagen und Anbauten zu schließen sind, die auch für Rechtsnachfolger verbindlich sein müssen.

(3) Jeder Nutzer kann von den anderen Beteiligten den Abschluß einer Vereinbarung über den Erbbauzins verlangen, nach der die Nutzer nach der Größe ihrer Erbbaurechtsanteile den Grundstückseigentümer allein zur Zahlung des bezeichneten Erbbauzinses verpflichtet sind. Einer Zustimmung der Grundpfandrechtsgläubiger bedarf es nicht.

(4) Nutzer und Grundstückseigentümer sind verpflichtet, an der Aufteilung und der Erlangung der in § 7 Abs. 4 des Wohnungseigentumsgesetzes bezeichneten Unterlagen mitzuwirken. Die dadurch entstehenden Kosten haben die künftigen Inhaber der Wohnungserbbaurechte nach dem Verhältnis ihrer Anteile zu tragen.

§ 41
Bestimmung des Bauwerks

Ein Erbbaurechtsvertrag nach diesem Kapitel kann mit dem Inhalt abgeschlossen werden, daß der Erbbauberechtigte jede baurechtlich zulässige Zahl und Art von Gebäuden oder Bauwerken errichten darf.

UNTERABSCHNITT 5
Gesetzlicher und vertragsmäßiger Inhalt des Erbbaurechts

§ 42
Bestimmungen zum Inhalt des Erbbaurechts

(1) Zum Inhalt eines nach diesem Kapitel begründeten Erbbaurechts gehören die Vereinbarungen im Erbbaurechtsvertrag über

1. die Dauer des Erbbaurechts (§ 54),
2. die vertraglich zulässige bauliche Nutzung (§ 55) und
3. die Nutzungsbefugnis des Erbbauberechtigten an den nicht überbauten Flächen (§ 56).

(2) Jeder Beteiligte kann verlangen, daß

1. die Vereinbarungen zur Errichtung und Unterhaltung von Gebäuden und zum Heimfallanspruch (§ 57),
2. die Abreden über ein Ankaufsrecht des Erbbauberechtigten (§ 58),
3. die Abreden darüber, wer die öffentlichen Lasten zu tragen hat (§ 59),
4. die Vereinbarung über eine Zustimmung des Grundstückseigentümers zur Veräußerung (§ 50) und
5. die Vereinbarung über die Sicherung künftig fällig werdender Erbbauzinsen (§ 53)

als Inhalt des Erbbaurechts bestimmt werden.

UNTERABSCHNITT 6
Bestimmungen zum Vertragsinhalt

§ 43
Regelmäßiger Zins

(1) Der regelmäßige Zins beträgt die Hälfte des für die entsprechenden Nutzungen üblichen Zinses.

(2) Als Zinssatz ist in Ansatz zu bringen

1. für Eigenheime
   a) zwei vom Hundert jährlich des **Bodenwerts**,
   b) vier vom Hundert jährlich des **Bodenwerts**, soweit die Größe des belasteten Grundstücks die gesetzliche Regelgröße von 500 Quadratmetern übersteigt und die darüber hinausgehende Fläche abtrennbar und selbständig baulich nutzbar ist **oder soweit die Größe des belasteten Grundstücks 1 000 Quadratmeter übersteigt und die darüber hinausgehende Fläche abtrennbar und angemessen wirtschaftlich nutzbar ist.**

2. für im staatlichen oder genossenschaftlichen Wohnungsbau errichtete Gebäude zwei vom Hundert jährlich des **Bodenwerts**,

3. für öffentlichen Zwecken dienende oder land-, forstwirtschaftlich oder gewerblich genutzte Gebäude dreieinhalb vom Hundert jährlich des **Bodenwerts**.

In den Fällen des Satzes 1 Nr. 3 kann jeder Beteiligte verlangen, daß ein anderer Zinssatz der Erbbauzinsberechnung zugrunde gelegt wird, wenn der für diese Nutzungen übliche Zinssatz mehr oder weniger als sieben vom Hundert jährlich beträgt.

(3) (wird gestrichen)

§ 44
Fälligkeit des Anspruchs auf den Erbbauzins

(1) Der Erbbauzins ist vierteljährlich nachträglich am 31. März, 30. Juni, 30. September und 31. Dezember eines Jahres zu zahlen.

(2) Die Zahlungspflicht beginnt mit

1. der Ladung des Nutzers zum Termin im notariellen Vermittlungsverfahren auf Abschluß eines Erbbaurechtsvertrages, wenn der Grundstückseigentümer den Antrag gestellt hat oder sich auf eine Verhandlung über den Inhalt des Erbbaurechts einläßt oder

2. einem § 32 entsprechenden Verlangen des Grundstückseigentümers zur Bestellung eines Erbbaurechts oder der Annahme eines entsprechenden Angebots des Nutzers.

Der Nutzer hat auch dann ein Entgelt zu zahlen, wenn das Angebot von dem Inhalt des abzuschließenden Vertrages verhältnismäßig geringfügig abweicht. Bis zur Eintragung des Erbbaurechts in das Grundbuch hat der Nutzer an den Grundstückseigentümer ein Nutzungsentgelt in Höhe des Erbbauzinses zu zahlen.

§ 45
Zinsermäßigung für den staatlichen oder genossenschaftlichen komplexen Wohnungsbau

(wird gestrichen)

§ 46
Verzinsung bei Überlassungsverträgen

(1) Ist dem Nutzer aufgrund eines mit dem staatlichen Verwalter geschlossenen Vertrages ein Grundstück mit aufstehendem Gebäude überlassen worden,

so ist auf Verlangen des Grundstückseigentümers über den Erbbauzins hinaus der Restwert des überlassenen Gebäudes und der überlassenen Grundstückseinrichtungen für die Zeit der üblichen Restnutzungsdauer zu verzinsen. Der Restwert bestimmt sich nach dem Sachwert des Gebäudes zum Zeitpunkt der Überlassung abzüglich der Wertminderung, die bis zu dem Zeitpunkt der Abgabe eines Angebots auf Abschluß eines Erbbaurechtsvertrages gewöhnlich eingetreten wäre. Er ist mit vier vom Hundert jährlich zu verzinsen.

(2) § 52 Abs. 1 ist auf die Verzinsung des Gebäuderestwerts entsprechend anzuwenden.

(3) Eine Zahlungspflicht nach Absatz 1 entfällt, wenn der Nutzer auf dem Grundstück anstelle des bisherigen ein neues Gebäude errichtet hat.

§ 47
Zinsanpassung an veränderte Verhältnisse

(1) Nutzer und Grundstückseigentümer sind verpflichtet, in den Erbbaurechtsvertrag eine Bestimmung aufzunehmen, die eine Anpassung des Erbbauzinses an veränderte Verhältnisse vorsieht. Die Anpassung kann erstmals nach Ablauf von zehn Jahren seit Bestellung des Erbbaurechts verlangt werden. Bei einer zu Wohnzwecken dienenden Nutzung bestimmt sich die Anpassung nach dem in § 9a der Verordnung über das Erbbaurecht bestimmten Maßstab. Bei anderen Nutzungen ist die Anpassung nach

1. den Erzeugerpreisen für gewerbliche Güter bei gewerblicher oder industrieller Nutzung des Grundstücks,

2. den Erzeugerpreisen für landwirtschaftliche Produkte bei land- und forstwirtschaftlicher Bewirtschaftung des Grundstücks oder

3. den Preisen für die allgemeine Lebenshaltung in allen übrigen Fällen

vorzunehmen. Die Vereinbarung über die Anpassung des Erbbauzinses ist nur wirksam, wenn die Genehmigung nach § 3 des Währungsgesetzes oder entsprechenden währungsrechtlichen Vorschriften erteilt wird. Weitere Anpassungen des Erbbauzinses können frühestens nach Ablauf von drei Jahren seit der jeweils letzten Anpassung des Erbbauzinses geltend gemacht werden.

(2) Die Anpassung nach Absatz 1 Satz 3 und 4 ist auf den Betrag zu begrenzen, der sich aus der Entwicklung der Grundstückspreise ergibt. Die Begrenzung ist auf der Grundlage der Bodenrichtwerte nach § 196 des Baugesetzbuchs, soweit diese vorliegen, andernfalls in folgender Reihenfolge nach der allgemeinen Entwicklung der Grundstückspreise in dem Land, in dem das Grundstück ganz oder zum größten Teil belegen ist, dem in § 1 bezeichneten Gebiet oder im gesamten Bundesgebiet zu bestimmen. Abweichende Vereinbarungen und Zinsanpassungen sind gegenüber den Inhabern dinglicher Rechte am Erbbaurecht, die einen Anspruch auf Zahlung oder Befriedigung gewähren, unwirksam, es sei denn, daß der Erbbauzins nur als schuldrechtliche Verpflichtung zwischen dem Grundstückseigentümer und dem Nutzer vereinbart wird.

§ 48
Zinsanpassung an Nutzungsänderungen

(1) Nutzungsänderungen, zu denen der Erbbauberechtigte nach § 55 Abs. 2 und 3 berechtigt ist, rechtfertigen keine Anpassung des Erbbauzinses. Für Nutzungsänderungen nach § 55 Abs. 1 und 4 kann die Aufnahme der folgenden Zinsanpassungen im Erbbaurechtsvertrag verlangt werden:

1. der Zinssatz ist heraufzusetzen,

   a) von zwei auf sieben vom Hundert jährlich des **Bodenwerts**, wenn ein zu Wohnzwecken errichtetes Gebäude zu gewerblichen, land-, forstwirtschaftlichen oder zu öffentlichen Zwecken genutzt wird,

   b) von dreieinhalb auf sieben vom Hundert jährlich des **Bodenwerts**, wenn land- oder forstwirtschaftlich genutzte Gebäude gewerblich genutzt werden oder wenn ein anderer Wechsel in der bisherigen Art der Nutzung erfolgt;

2. der Zinssatz ist **von dreieinhalb auf zwei vom Hundert jährlich des Bodenwerts** herabzusetzen, wenn eine am 2. Oktober 1990 ausgeübte, gewerbliche Nutzung nicht mehr ausgeübt werden kann und das Gebäude **zu Wohnzwecken genutzt wird.**

In den Fällen des Satzes 2 Nr. 1 kann jeder Beteiligte verlangen, daß ein anderer Zinssatz zugrunde gelegt wird, wenn der für diese Nutzung übliche Zins mehr oder weniger als sieben vom Hundert jährlich beträgt. Wird in den Fällen des Satzes 2 Nr. 2 das Gebäude nunmehr zu land- oder forstwirtschaftlichen Zwecken genutzt, kann der Nutzer eine Anpassung des regelmäßigen Zinses verlangen, wenn der für diese Nutzung übliche Zins weniger als sieben vom Hundert jährlich beträgt.

(2) (wird gestrichen)

(3) Der Grundstückseigentümer kann vom Erbbauberechtigten verlangen, daß sich dieser ihm gegenüber verpflichtet, in einem Vertrag über die Veräußerung des Erbbaurechts die in den Absätzen 1 und 2 bestimmten Pflichten zur Zinsanpassung seinem Rechtsnachfolger aufzuerlegen.

(4) Der Erbbauzins ist nach den in Absatz 1 Satz 2 Nummer 1 Buchstabe a und b genannten Zinssätzen zu bemessen, wenn der Nutzer das Gebäude oder die bauliche Anlage nach dem Ablauf des 20. Juli 1993 erworben hat und zum Zeitpunkt des der Veräußerung zugrunde liegenden Rechtsgeschäfts die in § 29 Abs. 3 Satz 1 bezeichneten Voraussetzungen vorlagen. Satz 1 ist nicht anzuwenden, wenn das Gebäude oder die bauliche Anlage als Teil eines Unternehmens veräußert wird und der Nutzer das Geschäft seines Rechtsvorgängers fortführt.

§ 49
Zinserhöhung nach Veräußerung

(1) Der Grundstückseigentümer kann verlangen, daß in den Erbbaurechtsvertrag eine Bestimmung aufgenommen wird, in der sich der Erbbauberechtigte im Falle einer Veräußerung des Erbbaurechts in den ersten drei Jahren nach dessen Bestellung verpflichtet, einen Vertrag über die Veräußerung des Erbbaurechts in der Weise abzuschließen, daß der Erwerber des Erbbaurechts gegenüber dem Grundstückseigentümer zu einer Zinsanpassung nach Absatz 2 verpflichtet ist, wenn die in § 72 Abs. 1 Satz 1 Nr. 1 und 3 bezeichneten Voraussetzungen vorliegen.

(2) Der Zins erhöht sich von

1. zwei auf vier vom Hundert jährlich des **Bodenwerts**, wenn das Erbbaurecht für eine Nutzung des Gebäudes zu Wohnwecken bestellt wurde, oder

2. dreieinhalb auf sieben vom Hundert jährlich bei land-, forstwirtschaftlicher, gewerblicher oder einer Nutzung des Erbbaurechts für öffentliche Zwecke.

(3) Im Falle einer Veräußerung in den folgenden drei Jahren kann der Grundstückseigentümer eine Absatz 1 entsprechende Verpflichtung des Erbbauberechtigten zur Anpassung des Erbbauzinses bis auf drei vom Hundert jährlich des **Bodenwerts** bei einer Nutzung zu Wohnzwecken und bis auf fünf und ein Viertel vom Hundert jährlich des **Bodenwerts** bei allen anderen Nutzungen verlangen.

(4) Im Falle einer land-, forstwirtschaftlichen oder gewerblichen Nutzung oder einer Nutzung für öffentliche Zwecke kann der Nutzer eine Bemessung des Zinssatzes nach dem für die Nutzung üblichen Zins verlangen, wenn dieser mehr oder weniger als sieben vom Hundert beträgt. Maßgebender Zeitpunkt für die in den Absätzen 2 und 3 bestimmten Fristen ist der Zeitpunkt des Abschlusses des die Verpflichtung zur Übertragung des Erbbaurechts begründenden schuldrechtlichen Geschäfts.

(5) Der Grundstückseigentümer kann verlangen, daß der Nutzer sich im Erbbaurechtsvertrag ihm gegenüber verpflichtet, einen Vertrag über die Veräußerung des Erbbaurechts so abzuschließen, daß der Erwerber die Pflichten zur Zinsanpassung wegen der in § 71 Abs. 1 bezeichneten Nutzungsänderungen übernimmt.

§ 50
Zustimmungsvorbehalt

Der Grundstückseigentümer kann verlangen, daß die Veräußerung nach § 5 Abs. 1 der Verordnung über das Erbbaurecht seiner Zustimmung bedarf. Der Grundstückseigentümer hat diese zu erteilen, wenn die in § 48 Abs. 1, § 49 Abs. 1 bis 3 **und Abs. 5** bezeichneten Voraussetzungen erfüllt sind.

§ 51
Zinsanpassung wegen abweichender Grundstücksgröße

Jeder Beteiligte kann verlangen, daß sich der andere Teil zu einer Zinsanpassung verpflichtet, wenn sich nach dem Ergebnis einer noch durchzuführenden Vermessung herausstellt, daß die tatsächliche Grundstücksgröße von der im Vertrag zugrunde gelegten mehr als geringfügig abweicht. § 73 Abs. 2 und 3 ist entsprechend anzuwenden.

§ 52
Eingangsphase

(1) Der Erbbauberechtigte kann vom Grundstückseigentümer eine Ermäßigung des Erbbauzinses in den ersten Jahren verlangen (Eingangsphase). Der ermäßigte Zins beträgt

1. ein Viertel in den ersten drei Jahren,

2. die Hälfte in den folgenden drei Jahren und

3. drei Viertel in den darauf folgenden drei Jahren

des sich aus den vorstehenden Bestimmungen ergebenden Erbbauzinses. Die Eingangsphase beginnt mit dem Eintritt der Zahlungspflicht nach § 44, spätestens am 1. Januar 1995.

(2) Ist ein Erbbaurecht für ein Eigenheim (§ 5 Abs. 2) zu bestellen und beträgt der zu verzinsende Bodenwert mehr als 250 000 Deutsche Mark, so verlängert sich der für die Stufen der Zinsanhebung in Absatz 1 Satz 2 genannte Zeitraum von jeweils drei auf vier Jahre. Der vom Nutzer zu zahlende Erbbauzins beträgt in diesem Falle mindestens

1. 104 Deutsche Mark monatlich in den ersten drei Jahren,

2. 209 Deutsche Mark monatlich in den folgenden drei Jahren,

3. 313 Deutsche Mark monatlich in den darauf folgenden drei Jahren und

4. 418 Deutsche Mark monatlich in den darauf folgenden drei Jahren.

(3) Haben die Parteien ein vertragliches Nutzungsentgelt vereinbart, kann der Nutzer eine Ermäßigung nur bis zur Höhe des vereinbarten Entgelts verlangen. Übersteigt das vertraglich vereinbarte Entgelt den nach diesem Kapitel zu zahlenden Erbbauzins, kann der Nutzer nur eine Anpassung des Erbbauzinses auf den nach Ablauf der Eingangsphase zu zahlenden Betrag verlangen.

§ 53
Sicherung des Erbbauzinses

(1) Der Grundstückseigentümer kann die Absicherung des regelmäßigen Erbbauzinses durch Eintragung einer Reallast an rangbereiter Stelle sowie eine Vereinbarung über die Sicherung der Reallast nach

§ 9 Abs. 3 der Verordnung über das Erbbaurecht verlangen.

(2) Auf Verlangen des Nutzers ist in den Erbbaurechtsvertrag eine Bestimmung aufzunehmen, nach der sich der Grundstückseigentümer zu einem Rangrücktritt der Reallast zugunsten eines für Baumaßnahmen des Nutzers innerhalb des in den §§ 11, 12 des Hypothekenbankgesetzes und § 21 der Verordnung über das Erbbaurecht bezeichneten Finanzierungsraums verpflichtet, wenn nach § 9 Abs. 3 der Verordnung über das Erbbaurecht das Bestehenbleiben des Erbbauzinses als Inhalt der Reallast vereinbart wird.

§ 54
Dauer des Erbbaurechts

(1) Die regelmäßige Dauer des Erbbaurechts ist entsprechend der nach dem Inhalt des Nutzungsrechts zulässigen Bebauung zu bestimmen. Ist ein Nutzungsrecht nicht bestellt worden, so ist von der tatsächlichen Bebauung auszugehen, wenn sie nach den Rechtsvorschriften zulässig gewesen oder mit Billigung staatlicher Stellen erfolgt ist.

(2) Die regelmäßige Dauer des Erbbaurechts beträgt vom Vertragsschluß an

1. 90 Jahre

   a) für Ein- und Zweifamilienhäuser oder

   b) für die sozialen Zwecken dienenden Gebäude (insbesondere Schulen, Krankenhäuser, Kindergärten),

2. 80 Jahre für die im staatlichen oder genossenschaftlichen Wohnungsbau errichteten Gebäude sowie für Büro- und andere Dienstgebäude,

3. 50 Jahre für die land-, forstwirtschaftlichen oder gewerblichen Zwecken dienenden Gebäude und alle anderen baulichen Anlagen.

(3) Auf Verlangen des Grundstückseigentümers ist eine verkürzte Laufzeit nach der Restnutzungsdauer des Gebäudes zu vereinbaren, wenn diese weniger als 50, jedoch mehr als 25 Jahre beträgt, das Grundstück mit einem land-, forstwirtschaftlich, gewerblich genutzten oder einem öffentlichen Zwecken dienenden Gebäude oder einer baulichen Anlage bebaut worden ist und für die Bebauung ein dingliches Nutzungsrecht nicht bestellt oder ein unbefristeter Nutzungsvertrag, der nur aus besonderen Gründen gekündigt werden konnte, nicht geschlossen wurde. Ist ein Vertrag mit einer über die Restnutzungsdauer des Gebäudes hinausgehenden Laufzeit abgeschlossen worden, kann der Nutzer die Bestellung eines Erbbaurechts für den Zeitraum verlangen, der wenigstens der Restlaufzeit des Vertrages entspricht, jedoch nicht über den in Absatz 2 bestimmten Zeitraum hinaus. Beträgt die Restnutzungsdauer weniger als 25 Jahre, so ist § 31 Abs. 2 bis 5 anzuwenden.

§ 55
Vertraglich zulässige bauliche Nutzung

(1) Die vertraglich zulässige bauliche Nutzung ist nach dem Inhalt des Nutzungsrechts oder, falls ein solches Recht nicht bestellt wurde, nach der Nutzung zu bestimmen, die auf genossenschaftlich genutzten Flächen am 30. Juni 1990, auf anderen Flächen am 2. Oktober 1990, ausgeübt wurde. Befand sich das Gebäude zu dem nach Satz 1 maßgebenden Zeitpunkt noch im Bau, so ist die vorgesehene Nutzung des im Bau befindlichen Gebäudes zugrunde zu legen.

(2) Ist ein Nutzungsrecht für den Bau eines Eigenheimes bestellt oder das Grundstück mit einem Eigenheim bebaut worden, so ist auf Verlangen des Nutzers zu vereinbaren, daß das Gebäude auch zur Ausübung freiberuflicher Tätigkeit, eines Handwerks-, Gewerbe- oder Pensionsbetriebes genutzt werden kann.

(3) Für land-, forstwirtschaftlich oder gewerblich genutzte oder öffentlichen Zwecken dienende Gebäude oder bauliche Anlagen kann der Nutzer, der diese bereits bis zum Ablauf des 2. Oktober 1990 genutzt hat, die Bestellung eines Erbbaurechts unter Anpassung an veränderte Umstände verlangen, wenn sich die bauliche Nutzung des Grundstücks hierdurch nicht oder nur unwesentlich verändert hat. Unwesentliche Veränderungen der baulichen Nutzung des Grundstücks sind insbesondere kleine Aus- oder Anbauten an bestehenden Gebäuden.

(4) Der Nutzer kann eine Vereinbarung beanspruchen, nach der Änderungen zulässig sein sollen, die über den in den Absätzen 2 und 3 benannten Umfang hinausgehen. Zulässig ist auch ein Wechsel der Nutzungsart nach § 71 Abs. 1, wenn dies für eine wirtschaftlich sinnvolle Nutzung der errichteten Gebäude erforderlich ist. Der Grundstückseigentümer kann dem widersprechen, wenn der Nutzer nicht bereit ist, die in § 48 bezeichneten Verpflichtungen in den Vertrag aufzunehmen.

§ 56
Nutzungsbefugnis des Erbbauberechtigten, Grundstücksteilung

(1) Die Befugnis des Erbbauberechtigten, über die Grundfläche des Gebäudes hinausgehende Teile des Grundstücks zu nutzen, ist nach den §§ 21 bis 27 zu bestimmen. Der Erbbauberechtigte ist berechtigt, auch die nicht bebauten Flächen des belasteten Grundstücks zu nutzen.

(2) Grundstückseigentümer und Nutzer können eine Abschreibung des mit dem Erbbaurecht belasteten Grundstücks verlangen, wenn die Nutzungsbefugnis sich nicht auf das Grundstück insgesamt erstreckt, das Restgrundstück selbständig baulich nutzbar ist, eine Teilungsgenehmigung nach § 120 erteilt wird und eine Vermessung durchgeführt werden kann. Die Kosten der Vermessung sind zu teilen.

§ 57
Errichtung und Unterhaltung des Gebäudes, Heimfall

(1) Der Grundstückseigentümer, der mit der Ausgabe von Erbbaurechten besondere öffentliche, soziale oder vergleichbare Zwecke in bezug auf die Bebauung des Grundstücks verfolgt, kann vom Nutzer die Zustimmung zu vertraglichen Bestimmungen verlangen, in denen sich dieser verpflichtet,

1. innerhalb von sechs Jahren nach Abschluß des Erbbaurechtsvertrages das Grundstück zu bebauen,
2. ein errichtetes Gebäude in gutem Zustand zu halten und die erforderlichen Reparaturen und Erneuerungen unverzüglich vorzunehmen.

(2) Die in Absatz 1 Nr. 1 bestimmte Frist ist vom Grundstückseigentümer auf Verlangen des Erbbauberechtigten um weitere sechs Jahre zu verlängern, wenn dieser aus wirtschaftlichen Gründen innerhalb der ersten sechs Jahre nach Abschluß des Erbbaurechtsvertrages zur Bebauung des Grundstücks nicht in der Lage oder aus besonderen persönlichen Gründen daran gehindert war. Eine Veräußerung des Erbbaurechts führt nicht zur Verlängerung der in Satz 1 bezeichneten Fristen.

(3) Sind an dem Gebäude bei Abschluß des Erbbaurechtsvertrages erhebliche Bauschäden vorhanden, so kann im Falle des Absatzes 1 Nr. 2 die Frist zur Behebung dieser Bauschäden auf Verlangen des Erbbauberechtigten bis auf sechs Jahre erstreckt werden, wenn nicht eine sofortige Behebung der Schäden aus Gründen der Bausicherheit erforderlich ist.

(4) Der Grundstückseigentümer hat das Recht, vom Nutzer zu verlangen, daß dieser sich ihm gegenüber verpflichtet, das Erbbaurecht auf ihn zu übertragen, wenn dieser aus den in den Absätzen 1 bis 3 bestimmten Pflichten auch nach einer vom Grundstückseigentümer zu setzenden angemessenen Nachfrist schuldhaft nicht nachgekommen ist (Heimfallklausel).

(5) Jeder Grundstückseigentümer kann verlangen, daß der Erbbauberechtigte sich zum Abschluß einer den Wert des Gebäudes deckenden Versicherung verpflichtet.

§ 58
Ankaufsrecht

(1) Der Nutzer kann verlangen, daß in den Erbbaurechtsvertrag eine Verpflichtung des Grundstückseigentümers aufgenommen wird, das Grundstück an den jeweiligen Erbbauberechtigten zu verkaufen. Die Frist für das Ankaufsrecht ist auf zwölf Jahre von der Bestellung des Erbbaurechts an zu beschränken, wenn der Grundstückseigentümer eine Befristung verlangt.

(2) Der Preis ist entsprechend den Vorschriften in Abschnitt 3 über das Ankaufsrecht zu vereinbaren.

Der Bodenwert ist auf den Zeitpunkt festzustellen, in dem ein den Vereinbarungen im Erbbaurechtsvertrag entsprechendes Angebot zum Ankauf des Grundstücks abgegeben wird. Die Grundlagen der Bemessung des Preises sind in den Vertrag aufzunehmen.

(3) Im Falle einer Weiterveräußerung des Grundstücks nach dem Ankauf ist § 72 entsprechend anzuwenden.

§ 59
Öffentliche Lasten

Der Grundstückseigentümer kann verlangen, daß der Erbbauberechtigte vom Tage der Bestellung des Erbbaurechts an die auf dem Grundstück ruhenden öffentlichen Lasten zu tragen hat, soweit diese dem Gebäude und der vom Erbbauberechtigten genutzten Fläche zuzurechnen sind. Die gesetzlichen und vertraglichen Regelungen über die entsprechenden Verpflichtungen des Nutzers bleiben bis zur Bestellung des Erbbaurechts unberührt.

UNTERABSCHNITT 7

Folgen der Erbbaurechtsbestellung

§ 60
Erlöschen des Gebäudeeigentums und des Nutzungsrechts

(1) Das Gebäude wird Bestandteil des Erbbaurechts. Das selbständige Gebäudeeigentum erlischt mit dessen Entstehung.

(2) Mit der Bestellung des Erbbaurechts erlöschen zugleich ein nach bisherigem Recht begründetes Nutzungsrecht und etwaige vertragliche oder gesetzliche Besitzrechte des Nutzers.

§ 61
Anwendbarkeit der Verordnung über das Erbbaurecht, Kosten und Gewährleistung

(1) Auf die nach den Bestimmungen dieses Kapitels bestellten Erbbaurechte findet, soweit nicht Abweichendes gesetzlich angeordnet oder zugelassen ist, die Verordnung über das Erbbaurecht Anwendung.

(2) Die Kosten des Vertrages und seiner Durchführung sind zwischen den Vertragsparteien zu teilen.

(3) Der Grundstückseigentümer haftet nicht für Sachmängel des Grundstücks.

ABSCHNITT 3

Gesetzliches Ankaufsrecht

UNTERABSCHNITT 1

Gesetzliche Ansprüche auf Vertragsschluß

§ 62
Grundsatz

(1) Der Nutzer kann vom Grundstückseigentümer die Annahme eines Angebots für einen Grundstückskaufvertrag verlangen, wenn der Inhalt des Angebots den Bestimmungen der §§ 66 bis 75 entspricht.

(2) Der Grundstückseigentümer kann vom Nutzer den Ankauf des Grundstücks verlangen, wenn

1. der in Ansatz zu bringende **Bodenwert** nicht mehr als 100 000 Deutsche Mark, im Falle der Bebauung mit einem Eigenheim nicht mehr als 30 000 Deutsche Mark, beträgt,
2. der Nutzer eine entsprechende Wahl getroffen hat oder
3. das Wahlrecht auf den Grundstückseigentümer übergegangen ist.

UNTERABSCHNITT 2

Gesetzliche Ansprüche wegen dinglicher Rechte

§ 63
Dienstbarkeit, Nießbrauch, Wohnungsrecht

(1) Dingliche Rechte am Grundstück, die einen Anspruch auf Zahlung oder Befriedigung aus dem Grundstück nicht gewähren, erlöschen auf den nach § 67 abzuschreibenden Teilfläche, die außerhalb der Ausübungsbefugnis des Inhabers der dinglichen Rechts liegen. Dasselbe gilt, wenn diese Rechte seit ihrer Bestellung nur auf einer Teilfläche ausgeübt wurden. Die Vertragsparteien können von den Inhabern dieser Rechte am Grundstück die Zustimmung zur Berichtigung des Grundbuchs verlangen.

(2) Für die nach dem 21. Juli 1992 beantragten Belastungen des Grundstücks ist § 64 Abs. 1 entsprechend anzuwenden.

§ 64
Hypothek, Grundschuld, Rentenschuld, Reallast

(1) Der Nutzer kann von den Inhabern dinglicher Rechte, die einen Anspruch auf Zahlung oder Befriedigung aus dem Grundstück gewähren, verlangen, auf ihr Recht zu verzichten, wenn der Antrag auf Eintragung der Belastung nach dem 21. Juli 1992 beim Grundbuchamt einging und dem Inhaber des dinglichen Rechts bekannt war, daß der Grundstückseigentümer vorsätzlich seiner Verpflichtung aus Artikel 233 § 2a Abs. 3 Satz 2 des Einführungsgesetzes zum Bürgerlichen Gesetzbuche zuwiderhandelte, das vom Nutzer bebaute Grundstück nicht zu belasten. Erwirbt der Nutzer eine Teilfläche, so beschränkt sich der Anspruch nach Satz 1 auf die Zustimmung zur lastenfreien Abschreibung.

(2) Der Nutzer kann von dem Inhaber eines in Absatz 1 bezeichneten Rechts verlangen, einer lastenfreien Um- oder Abschreibung einer von ihm zu erwerbenden Teilfläche zuzustimmen, wenn das vom Nutzer errichtete oder erworbene Gebäude oder dessen bauliche Anlage und die hierfür in Anspruch genommene Fläche nach den vertraglichen Regelungen nicht zum Haftungsverband gehören sollten oder deren Nichtzugehörigkeit zum Haftungsverband für den Inhaber des dinglichen Rechts bei Bestellung oder Erwerb erkennbar war. Ist ein Darlehen für den Betrieb des Grundstückseigentümers gewährt worden, so ist zu vermuten, daß ein vom Nutzer bewohntes Eigenheim und die ihm zuzuordnende Fläche nicht als Sicherheit für das Darlehen haften sollen.

(3) Liegen die in Absatz 2 genannten Voraussetzungen nicht vor, kann der Nutzer verlangen, daß der Inhaber des dinglichen Rechts die Mithaftung des Trennstücks auf den Betrag beschränkt, dessen Wert im Verhältnis zu dem beim Grundstückseigentümer verbleibenden Grundstück entspricht. § 1132 Abs. 2 des Bürgerlichen Gesetzbuchs findet entsprechende Anwendung.

§ 65
Ansprüche gegen den Grundstückseigentümer

(1) Der Grundstückseigentümer ist vorbehaltlich der nachfolgenden Bestimmungen verpflichtet, dem Nutzer das Grundstück frei von Rechten Dritter zu übertragen, die gegen den Nutzer geltend gemacht werden können. Satz 1 ist nicht anzuwenden auf

1. Vorkaufsrechte, die aufgrund gesetzlicher Bestimmungen oder aufgrund Überlassungsvertrags eingetragen worden sind, und
2. die in § 63 Abs. 1 bezeichneten Rechte, wenn
   a) das Grundstück bereits vor der Bestellung des Nutzungsrechts oder der Bebauung des Grundstücks belastet war,
   b) die Belastung vor Ablauf des 2. Oktober 1990 auf Veranlassung staatlicher Stellen erfolgt ist,
   c) der Grundstückseigentümer aufgrund gesetzlicher Bestimmungen zur Belastung seines Grundstücks mit einem solchen Recht verpflichtet gewesen ist oder
   d) der Nutzer der Belastung zugestimmt hat.

(2) Übernimmt der Nutzer nach § 64 Abs. 3 eine dingliche Haftung für eine vom Grundstückseigentümer eingegangene Verpflichtung, so kann er von diesem Befreiung verlangen. Ist die gesicherte Forderung noch nicht fällig, so kann der Nutzer vom Grundstückseigentümer statt der Befreiung Sicherheit fordern.

(3) Der Inhaber eines in § 64 Abs. 1 bezeichneten dinglichen Rechts, der einer lastenfreien Um- oder Abschreibung zuzustimmen verpflichtet ist, erwirbt

im Range und Umfang seines Rechts am Grundstück ein Pfandrecht am Anspruch auf den vom Nutzer zu zahlenden Kaufpreis. Ist das Recht nicht auf Leistung eines Kapitals gerichtet, sichert das Pfandrecht den Anspruch auf Wertersatz. Jeder Inhaber eines solchen Rechts kann vom Nutzer die Hinterlegung des Kaufpreises verlangen.

UNTERABSCHNITT 3

Bestimmungen zum Inhalt des Vertrages

§ 66
Kaufgegenstand

(1) Kaufgegenstand ist das mit dem Nutzungsrecht belastete oder bebaute Grundstück oder eine abzuschreibende Teilfläche.

(2) Ist eine Teilung eines bebauten Grundstücks nicht möglich oder unzweckmäßig (§ 67 Abs. 2), ist als Kaufgegenstand ein Miteigentumsanteil am Grundstück in Verbindung mit dem Sondereigentum an Wohnungen oder dem Teileigentum an nicht zu Wohnzwecken dienenden Räumen eines Gebäudes zu bestimmen.

§ 67
Teilflächen

(1) Die Bestimmung abzuschreibender Teilflächen ist nach den §§ 22 bis 27 vorzunehmen. Die Grenzen dieser Flächen sind in dem Vertrag zu bezeichnen nach

1. einem Sonderungsplan, wenn die Grenzen der Nutzungsrechte in einem Sonderungsbescheid festgestellt worden sind,
2. einem Lageplan oder
3. festen Merkmalen in der Natur.

(2) Eine Abschreibung von Teilflächen ist nicht möglich, wenn mehrere Nutzer oder der Nutzer und der Grundstückseigentümer abgeschlossene Teile eines Gebäudes unter Ausschluß des anderen nutzen oder wenn die Teilungsgenehmigung nach § 120 zu einer Teilung des Grundstücks versagt wird. Eine Teilung ist unzweckmäßig, wenn gemeinschaftliche Erschließungsanlagen oder gemeinsame Anlagen und Anbauten genutzt werden und die Regelungen für den Gebrauch, die Unterhaltung der Anlagen sowie die Verpflichtung von Rechtsnachfolgern der Vertragsparteien einen außerordentlichen Aufwand verursachen würden. § 40 Abs. 2 ist entsprechend anzuwenden.

§ 68
Begründung von Wohnungs- oder Teileigentum

(1) In den Fällen des § 67 Abs. 2 kann jeder Beteiligte verlangen, daß anstelle einer Grundstücksteilung und Veräußerung einer Teilfläche Wohnungs- oder Teileigentum begründet und veräußert wird. Die Verträge sollen folgende Bestimmungen enthalten:

1. Sofern selbständiges Gebäudeeigentum besteht, ist Wohnungs- oder Teileigentum durch den Abschluß eines Vertrages nach § 3 des Wohnungseigentumsgesetzes über das Gebäude und eine Teilung des Grundstücks nach § 8 des Wohnungseigentumsgesetzes zu begründen und auf die Nutzer zu übertragen.

2. In anderen Fällen hat der Grundstückseigentümer eine Teilung entsprechend § 8 des Wohnungseigentumsgesetzes vorzunehmen und Sondereigentum und Miteigentumsanteile an die Nutzer zu veräußern.

(2) Der Anspruch nach Absatz 1 besteht nicht, wenn

1. der von einem Nutzer zu zahlende Kaufpreis bei der Begründung von Wohnungseigentum nach § 1 Abs. 2 des Wohnungseigentumsgesetzes mehr als 30 000 Deutsche Mark oder Teileigentum nach § 1 Abs. 3 jenes Gesetzes mehr als 100 000 Deutsche Mark betragen würde und

2. der betreffende Nutzer die Begründung von Wohnungserbbaurechten verlangt.

(3) Wird Wohnungs- oder Teileigentum begründet, so können die Nutzer eine Kaufpreisbestimmung verlangen, nach der sie dem Grundstückseigentümer gegenüber anteilig nach der Größe ihrer Miteigentumsanteile zur Zahlung des Kaufpreises verpflichtet sind.

(4) Die Beteiligten sind verpflichtet, an der Erlangung der für die Aufteilung erforderlichen Unterlagen mitzuwirken. § 40 Abs. 4 ist entsprechend anzuwenden.

§ 69
Regelmäßiger Preis

(1) Der Kaufpreis beträgt die Hälfte des **Bodenwerts**, soweit nicht im folgenden etwas anderes bestimmt ist.

(2) Macht der Nutzer dem Grundstückseigentümer im ersten Jahr nach dem (einsetzen: Tag des Inkrafttretens dieses Gesetzes) ein Angebot für einen Grundstückskaufvertrag oder beantragt er innerhalb dieser Zeit das notarielle Vermittlungsverfahren zum Abschluß eines solchen Vertrages, so kann er eine Ermäßigung des nach Absatz 1 ermittelten Kaufpreises um fünf vom Hundert für den Fall verlangen, daß der ermäßigte Kaufpreis innerhalb eines Monats gezahlt wird, nachdem der Notar dem Käufer mitgeteilt hat, daß alle zur Umschreibung erforderlichen Voraussetzungen vorliegen. Wird das Angebot im zweiten Jahr nach dem (einsetzen: Tag des Inkrafttretens dieses Gesetzes) gemacht oder innerhalb dieser Zeit das notarielle Vermittlungsverfahren beantragt, so beträgt die Ermäßigung zweieinhalb vom Hundert. Die Ermäßigung ist ausgeschlossen, wenn zuvor ein Erbbauzins an den Grundstückseigentümer zu zahlen war. Die Ermäßigung fällt weg,

wenn der Käufer den Vertragsschluß wider Treu und Glauben erheblich verzögert.

§ 70
Preisanhebung bei kurzer Restnutzungsdauer des Gebäudes

(1) Der nach § 69 zu bestimmende Kaufpreis ist auf Verlangen des Grundstückseigentümers wegen kurzer Restnutzungsdauer des Gebäudes zu erhöhen, wenn

1. das Gebäude zu anderen als zu Wohnzwecken genutzt wird,

2. dem Nutzer ein Nutzungsrecht nicht verliehen oder nicht zugewiesen worden ist oder die Restlaufzeit eines Nutzungs- oder Überlassungsvertrages kürzer ist als die regelmäßige Dauer des Erbbaurechts und

3. die Restnutzungsdauer des Gebäudes zum Zeitpunkt des Ankaufverlangens kürzer ist als die regelmäßige Dauer eines Erbbaurechts.

(2) Zur Bestimmung der Preisanhebung sind die Bodenwertanteile eines Erbbaurechts mit der Restnutzungsdauer des Gebäudes und eines Erbbaurechts mit der regelmäßigen Laufzeit nach § 54 zu errechnen. Der Bodenwertanteil des Nutzers ist nach dem Verhältnis der Bodenwertanteile der in Satz 1 bezeichneten Erbbaurechte zu ermitteln. Der angehobene Preis errechnet sich durch Abzug des Anteils des Nutzers vom Bodenwert.

§ 71
Preisbemessung nach dem ungeteilten Bodenwert

(1) Der Kaufpreis ist nach dem ungeteilten Bodenwert zu bemessen, wenn die Nutzung des Grundstücks geändert wird. Eine Nutzungsänderung im Sinne des Satzes 1 liegt vor, wenn

1. ein Gebäude zu land-, forstwirtschaftlichen, gewerblichen oder öffentlichen Zwecken genutzt wird, obwohl das Nutzungsrecht zu Wohnzwecken bestellt oder das Gebäude am 2. Oktober 1990 zu Wohnzwecken genutzt wurde,

2. ein Gebäude oder eine bauliche Anlage gewerblichen Zwecken dient und das Gebäude auf den dem gesetzlichen Nutzungsrecht der landwirtschaftlichen Produktionsgenossenschaften unterliegenden Flächen errichtet am 30. Juni 1990 land- oder forstwirtschaftlich genutzt wurde oder

3. ein Gebäude oder eine bauliche Anlage abweichend von der nach dem Inhalt des Nutzungsrechts vorgesehenen oder der am Ablauf des 2. Oktober 1990 ausgeübten Nutzungsart genutzt wird.

(2) Die Nutzung eines Eigenheimes für die Ausübung freiberuflicher Tätigkeit, eines Handwerks-, Gewerbe- oder Pensionsbetriebes sowie die Änderung der Art der Nutzung ohne verstärkte bauliche Ausnutzung des Grundstücks durch einen Nutzer, der das Grundstück bereits vor dem 3. Oktober 1990 in Anspruch genommen hatte (§ 55 Abs. 2 und 3), sind keine Nutzungsänderungen im Sinne des Absatzes 1.

(3) Ist ein Nutzungsrecht für den Bau eines Eigenheimes bestellt oder das Grundstück mit einem Eigenheim bebaut worden, ist der **ungeteilte Bodenwert** für den Teil des Grundstücks in Ansatz zu bringen, der die Regelgröße übersteigt, wenn dieser abtrennbar und selbständig baulich nutzbar ist. Gleiches gilt hinsichtlich einer über 1 000 Quadratmeter hinausgehenden Fläche, wenn diese abtrennbar und angemessen wirtschaftlich nutzbar ist.

(4) Der Kaufpreis ist auch dann nach dem ungeteilten Bodenwert zu bemessen, wenn der Nutzer das Gebäude oder die bauliche Anlage nach dem Ablauf des 20. Juli 1993 erworben hat und zum Zeitpunkt des der Veräußerung zugrunde liegenden Rechtsgeschäfts die in § 29 Abs. 3 bezeichneten Voraussetzungen vorlagen. Satz 1 ist nicht anzuwenden, wenn das Gebäude oder die bauliche Anlage als Teil eines Unternehmens veräußert wird und der Nutzer das Geschäft seines Rechtsvorgängers fortführt.

§ 72
Nachzahlungsverpflichtungen

(1) Der Grundstückseigentümer kann im Falle des Verkaufs zum regelmäßigen Preis (§ 69) verlangen, daß sich der Nutzer ihm gegenüber verpflichtet, die Differenz zu dem **ungeteilten Bodenwert** (§ 71) zu zahlen, wenn innerhalb einer Frist von drei Jahren nach dem Erwerb

1. das Grundstück unbebaut oder mit einem nicht mehr nutzbaren, abbruchreifen Gebäude veräußert wird,

2. eine Nutzungsänderung nach § 71 erfolgt oder

3. der Nutzer das erworbene land-, forstwirtschaftlich oder gewerblich genutzte oder öffentlichen Zwecken dienende Grundstück an einen Dritten veräußert.

Dies gilt nicht, wenn das Grundstück als Teil eines Unternehmens veräußert wird und der Erwerber das Geschäft des Veräußerers fortführt.

(2) Für Nutzungsänderungen oder Veräußerungen nach Absatz 1 in den folgenden drei Jahren kann der Grundstückseigentümer vom Nutzer die Begründung einer Verpflichtung in Höhe der Hälfte des in Absatz 1 bestimmten Differenzbetrags verlangen.

(3) Maßgebender Zeitpunkt für die in den Absätzen 1 und 2 bezeichneten Fristen ist der jeweilige Zeitpunkt des Abschlusses des die Verpflichtung zum Erwerb und zur Veräußerung begründenden schuldrechtlichen Geschäfts.

(4) Vermietungen, Verpachtungen sowie die Begründung von Wohnungs- und Nießbrauchsrech-

ten oder ähnliche Rechtsgeschäfte, durch die einem Dritten eigentümerähnliche Nutzungsbefugnisse übertragen werden oder werden sollen, stehen einer Veräußerung nach den Absätzen 1 und 2 gleich.

§ 73
Ausgleich wegen abweichender Grundstücksgröße

(1) Jeder Beteiligte kann verlangen, daß sich der andere Teil ihm gegenüber verpflichtet, eine Ausgleichszahlung zu leisten, wenn der Kaufpreis nach der Quadratmeterzahl des Grundstücks bemessen wird und die Größe des Grundstücks von der im Vertrag zugrunde gelegten nach dem Ergebnis einer Vermessung mehr als geringfügig abweicht. Ansprüche nach den §§ 459 und 468 des Bürgerlichen Gesetzbuchs sind ausgeschlossen, es sei denn, daß eine Gewährleistung wegen abweichender Grundstücksgröße im Vertrag ausdrücklich vereinbart wird.

(2) Größenunterschiede sind als geringfügig anzusehen, wenn sie bei einem Bodenwert je Quadratmeter

1. unter 100 Deutsche Mark fünf vom Hundert,
2. unter 200 Deutsche Mark vier vom Hundert oder
3. ab 200 Deutsche Mark drei vom Hundert

nicht überschreiten.

(3) Ansprüche nach Absatz 1 verjähren in einem Jahr nach der Vermessung.

§ 74
Preisbemessung im Wohnungsbau

(1) Für die im staatlichen oder genossenschaftlichen Wohnungsbau verwendeten Grundstücke ist der Kaufpreis unter Zugrundelegung des sich aus § 19 Abs. 2 und 3 ergebenden Bodenwerts zu bestimmen. Der Grundstückseigentümer kann vom Nutzer eines im staatlichen oder genossenschaftlichen Wohnungsbau verwendeten Grundstücks verlangen, daß der Nutzer sich im Vertrag ihm gegenüber zu einer Nachzahlung verpflichtet, wenn

1. das Grundstück innerhalb von 20 Jahren nach dem Vertragsschluß nicht mehr zu Wohnzwecken genutzt wird (Absatz 2) oder
2. das Grundstück innerhalb von zehn Jahren nach dem Vertragsschluß weiterveräußert wird (Absatz 3).

Der Nutzer kann die Vereinbarung von Nachzahlungspflichten verweigern und verlangen, daß im Grundstückskaufvertrag der Kaufpreis nach dem sich aus § 18 Abs. 2 ergebenden Bodenwert bestimmt wird.

(2) Eine Nutzungsänderung nach Absatz 1 Satz 2 Nr. 1 tritt ein, wenn das Gebäude nicht mehr zu Wohnzwecken genutzt oder abgebrochen wird. Satz 1 ist nicht anzuwenden, wenn nur einzelne Räume des Gebäudes zu anderen Zwecken, aber mehr als 50 vom Hundert der gesamten Nutzfläche zu Wohnzwecken genutzt werden. Die Höhe des Nachzahlungsanspruchs bestimmt sich nach

1. der Differenz zwischen dem gezahlten und dem regelmäßigen Kaufpreis auf der Basis des Werts eines unbebauten Grundstücks nach § 18 Abs. 2, wenn die Veränderung innerhalb von zehn Jahren nach Vertragsschluß eintritt,
2. der Hälfte dieses Betrags in den folgenden zehn Jahren.

Der Bodenwert ist auf den Zeitpunkt festzustellen, in dem der Nachzahlungsanspruch entstanden ist.

(3) Veräußerungen nach Absatz 1 Satz 2 Nr. 2 sind auch die Begründung und Veräußerung von Wohnungseigentum oder Wohnungserbbaurechten sowie ähnliche Rechtsgeschäfte, durch die einem Dritten eigentümerähnliche Rechte übertragen werden. Die Nachzahlungspflicht bemißt sich nach dem bei der Veräußerung erzielten Mehrerlös für den Bodenanteil. Der Mehrerlös ist die Differenz zwischen dem auf den Boden entfallenden Teil des bei der Weiterveräußerung erzielten Kaufpreises und dem bei der Veräußerung zwischen dem Grundstückseigentümer und dem Nutzer vereinbarten Kaufpreis. Der Nutzer ist verpflichtet, in dem Vertrag mit dem Dritten den auf Grund und Boden entfallenden Teil des Kaufpreises gesondert auszuweisen und die Weiterveräußerung dem früheren Grundstückseigentümer anzuzeigen. Die Höhe des Nachzahlungsanspruchs bestimmt sich nach

1. der Hälfte des Mehrerlöses, wenn die Veräußerung in den ersten fünf Jahren nach dem Erwerb des Grundstücks nach diesem Gesetz erfolgt,
2. einem Viertel des Mehrerlöses im Falle einer Veräußerung in den folgenden fünf Jahren.

(4) Der vom Nutzer an den Grundstückseigentümer nach Absatz 1 zu zahlende Kaufpreis sowie eine nach den Absätzen 2 und 3 zu leistende Nachzahlung sind von dem Erlös abzuziehen, der nach § 5 Abs. 2 des Altschuldenhilfe-Gesetzes der Ermittlung der an den Erblastentilgungsfonds abzuführenden Erlösanteile zugrunde zu legen ist.

(5) Der Grundstückseigentümer kann eine Sicherung des Anspruches nach Absatz 2 Satz 1 durch ein Grundpfandrecht innerhalb des in § 11 des Hypothekenbankgesetzes bezeichneten Finanzierungsraums nicht beanspruchen.

(6) Der Anspruch aus § 72 bleibt unberührt.

§ 75
Preisbemessung bei Überlassungsverträgen

(1) Der Grundstückseigentümer kann eine Anhebung des Kaufpreises durch Anrechnung des Rest-

werts des überlassenen Gebäudes und der Grundstückseinrichtungen verlangen. Die Erhöhung des Preises ist pauschal nach dem Sachwert des Gebäudes und der Grundstückseinrichtungen zum Zeitpunkt der Überlassung abzüglich der Wertminderungen, die bis zum Zeitpunkt der Abgabe eines Angebots zum Vertragsschluß eingetreten wären, zu bestimmen. Die Wertminderung ist nach der Nutzungsdauer von Gebäuden und Einrichtungen der entsprechenden Art und den üblichen Wertminderungen wegen Alters und Abnutzung zu berechnen. Eine andere Berechnung kann verlangt werden, wenn dies wegen besonderer Umstände, insbesondere erheblicher Bauschäden zum Zeitpunkt der Überlassung, geboten ist.

(2) Zahlungen des Überlassungsnehmers, die zur Ablösung von Verbindlichkeiten des Grundstückseigentümers verwendet wurden, sind auf Verlangen des Nutzers auf den Kaufpreis anzurechnen. § 38 Abs. 2 und 3 gilt entsprechend.

(3) Die vom Überlassungsnehmer gezahlten und hinterlegten Geldbeträge sind auf den Kaufpreis anzurechnen, wenn sie bereits an den Grundstückseigentümer ausgezahlt wurden oder zur Zahlung an ihn verfügbar sind. Eine Verfügbarkeit der Beträge liegt vor, wenn diese binnen eines Monats nach Vertragsschluß an den verkaufenden Grundstückseigentümer gezahlt werden oder auf einem Treuhandkonto des beurkundenden Notars zur Verfügung bereitstehen.

(4) Ist eine Anrechnung nach Absatz 3 nicht möglich, so ist der Grundstückseigentümer verpflichtet, insoweit seine Ersatzansprüche gegen den staatlichen Verwalter auf den Nutzer zu übertragen und dies dem Verwalter anzuzeigen.

UNTERABSCHNITT 4
Folgen des Ankaufs

§ 76
Gefahr, Lasten

(1) Der Nutzer trägt die Gefahr für ein von ihm errichtetes Gebäude. Er hat vom Kaufvertragsschluß an die auf dem Grundstück ruhenden Lasten zu tragen.

(2) Gesetzliche oder vertragliche Regelungen, nach denen der Nutzer die Lasten schon vorher zu tragen hatte, bleiben bis zum Vertragsschluß unberührt. Ansprüche des Nutzers auf Aufwendungsersatz bestehen nicht.

§ 77
Gewährleistung

Der Verkäufer haftet nicht für Sachmängel des Grundstücks.

§ 78
Kosten

Die Kosten des Vertrages und seiner Durchführung sind zwischen den Vertragsparteien zu teilen.

§ 79
Rechtsfolgen des Erwerbs
des Grundstückseigentums durch den Nutzer

(1) Vereinigen sich Grundstücks- und Gebäudeeigentum in einer Person, so ist eine Veräußerung oder Belastung allein des Gebäudes oder des Grundstücks ohne das Gebäude nicht mehr zulässig. Die Befugnis zur Veräußerung im Wege der Zwangsversteigerung oder zu deren Abwendung bleibt unberührt. Der Eigentümer ist verpflichtet, das Eigentum am Gebäude nach § 875 des Bürgerlichen Gesetzbuchs aufzugeben, sobald dieses unbelastet ist **oder sich die dinglichen Rechte am Gebäude mit dem Eigentum am Gebäude in seiner Person vereinigt haben. Der Eigentümer des Gebäudes und der Inhaber einer Grundschuld sind verpflichtet, das Recht aufzugeben, wenn die Forderung, zu deren Sicherung die Grundschuld bestellt worden ist, nicht entstanden oder erloschen ist**. Das Grundbuchamt hat den Eigentümer **zur Erfüllung der in den Sätzen 3 und 4 bestimmten Pflichten** anzuhalten. Die Vorschriften über den Grundbuchberichtigungszwang im Fünften Abschnitt der Grundbuchordnung finden entsprechende Anwendung.

(2) Der Eigentümer kann von den Inhabern dinglicher Rechte am Gebäude verlangen, die nach § 876 des Bürgerlichen Gesetzbuchs erforderliche Zustimmung zur Aufhebung zu erteilen, wenn sie Rechte am Grundstück **an der gleichen Rangstelle und im gleichen Wert** erhalten und das Gebäude Bestandteil des Grundstücks wird.

(3) Im Falle einer Veräußerung nach Absatz 1 Satz 2 kann der Erwerber vom Eigentümer auch den Ankauf des Grundstücks oder des Gebäudes oder der baulichen Anlage nach diesem Abschnitt verlangen. Der Preis ist nach dem vollen Verkehrswert (§ 71) zu bestimmen. Im Falle der Veräußerung des Grundstücks ist § 72 anzuwenden. Eine Preisermäßigung nach § 74 kann der Erwerber vom Eigentümer nur verlangen, wenn

1. die in § 74 Abs. 1 bezeichneten Voraussetzungen vorliegen und

2. er sich gegenüber dem Eigentümer wie in § 74 Abs. 2 und 3 verpflichtet.

Der frühere Grundstückseigentümer erwirbt mit dem Entstehen einer Nachzahlungsverpflichtung des Eigentümers aus § 74 Abs. 2 ein vorrangiges Pfandrecht an den Ansprüchen des Eigentümers gegen den Erwerber aus einer Nutzungsänderung.

UNTERABSCHNITT 5

Leistungsstörungen

§ 80

Durchsetzung des Erfüllungsanpruchs

(1) Der Grundstückseigentümer kann wegen seiner Ansprüche aus dem Kaufvertrag die Zwangsversteigerung des Gebäudes oder der baulichen Anlage des Nutzers nur unter gleichzeitiger Versteigerung des nach dem Vertrag zu veräußernden Grundstücks betreiben. Der Grundstückseigentümer darf einen Antrag auf Versteigerung des Gebäudes und des Grundstücks erst stellen, wenn er dem Nutzer die Versteigerung des verkauften Grundstücks zuvor angedroht, dem Nutzer eine Nachfrist zur Zahlung von mindestens zwei Wochen gesetzt hat und diese Frist fruchtlos verstrichen ist.

(2) Für die Vollstreckung in das Grundstück ist ein vollstreckbarer Titel gegen den Nutzer ausreichend. Die Zwangsversteigerung darf nur angeordnet werden, wenn

1. der Antragsteller als Eigentümer des Grundstücks im Grundbuch eingetragen oder als Rechtsvorgänger des Nutzers eingetragen gewesen ist oder Erbe des eingetragenen Grundstückseigentümers ist, und

2. das Grundstück frei von Rechten ist, die Ansprüche auf Zahlung oder Befriedigung aus dem Grundstück gewähren.

(3) Der Zuschlag für das Gebäude und das Grundstück muß an dieselbe Person erteilt werden. Mit dem Zuschlag erlöschen die Rechte des Nutzers zum Besitz aus dem Moratorium nach Artikel 233 § 2a des Einführungsgesetzes zum Bürgerlichen Gesetzbuche, aus diesem Gesetz und aus dem Grundstückskaufvertrag.

(4) An die Stelle des Anspruchs des Nutzers auf Übereignung tritt der Anspruch auf Auskehr des nach Berichtigung der Kosten und Befriedigung des Grundstückseigentümers verbleibenden Resterlöses.

§ 81

Rechte aus § 326 des Bürgerlichen Gesetzbuchs

Dem Grundstückseigentümer stehen nach fruchtlosem Ablauf einer nach § 326 Abs. 1 Satz 1 des Bürgerlichen Gesetzbuchs bestimmten Nachfrist statt der in § 326 Abs. 1 Satz 2 bezeichneten Ansprüche folgende Rechte zu. Der Grundstückseigentümer kann

1. vom Nutzer den Abschluß eines Erbbaurechtsvertrages nach Maßgabe des Abschnitts 2 verlangen oder

2. das Gebäude oder die bauliche Anlage nach Maßgabe des nachfolgenden Unterabschnitts ankaufen.

Der Grundstückseigentümer kann über die in Satz 1 bezeichneten Ansprüche hinaus vom Nutzer Ersatz der ihm durch den Vertragsschluß entstandenen Vermögensnachteile sowie vom Ablauf der Nachfrist an ein Nutzungsentgelt in Höhe des nach dem Abschnitt 2 zu zahlenden Erbbauzinses verlangen. Die Regelungen über eine Zinsermäßigung in § 52 sind nicht anzuwenden, auch wenn nach Satz 1 Nr. 1 auf Verlangen des Grundstückseigentümers ein Erbbaurechtsvertrag geschlossen wird.

UNTERABSCHNITT 6

Besondere Bestimmungen für den Hinzuerwerb des Gebäudes durch den Grundstückseigentümer

§ 82

Voraussetzungen, Kaufgegenstand, Preisbestimmung

(1) Der Grundstückseigentümer ist berechtigt, ein vom Nutzer errichtetes oder erworbenes Wirtschaftsgebäude oder dessen bauliche Anlage anzukaufen oder, wenn kein selbständiges Gebäudeeigentum entstanden ist, die aus der baulichen Investition begründeten Rechte abzulösen, wenn

1. **die Rechtsverhältnisse an land- und forstwirtschaftlich genutzten Grundstücken, Gebäuden oder baulichen Anlagen neu geregelt werden sollen** und der Erwerb des Gebäudes oder der baulichen Anlage in einer vom Grundstückseigentümer von der Flurneuordnungsbehörde einzuholenden Stellungnahme befürwortet wird,

2. der Grundstückseigentümer die Bestellung eines Erbbaurechts oder den Ankauf des Grundstücks nach § 29 verweigert hat,

3. der Anspruch des Nutzers auf Bestellung eines Erbbaurechts oder auf Ankauf des Grundstücks nach § 31 wegen geringer Restnutzungsdauer des Gebäudes oder der baulichen Anlage ausgeschlossen ist und der Grundstückseigentümer für Wohn- oder betriebliche Zwecke auf eine eigene Nutzung des Grundstücks angewiesen ist oder

4. der Grundstückseigentümer Inhaber eines Unternehmens ist und

   a) das Gebäude oder die bauliche Anlage auf dem Betriebsgrundstück steht und die betriebliche Nutzung des Grundstücks erheblich beeinträchtigt oder

   b) das Gebäude, die bauliche Anlage oder die Funktionsfläche für betriebliche Erweiterungen in Anspruch genommen werden soll und der Grundstückseigentümer die in § 3 Abs. 1 Nr. 1 des Investitionsvorranggesetzes bezeichneten Zwecke verfolgt oder der Nutzer keine Gewähr für eine Fortsetzung der betrieblichen Nutzung des Wirtschaftsgebäudes bietet.

Satz 1 Nr. 4 Buchstabe b ist nicht anzuwenden, wenn den betrieblichen Belangen des Nutzers eine höhere

Bedeutung zukommt als den investiven Interessen des Grundstückseigentümers.

(2) Der vom Grundstückseigentümer zu zahlende Kaufpreis ist nach dem Wert des Gebäudes oder der baulichen Anlage zu dem Zeitpunkt zu bemessen, in dem ein Beteiligter ein Angebot zum Ankauf macht. In den Fällen des Absatzes 1 Nr. 1 und 4 hat der Grundstückseigentümer auch den durch Nutzungsrecht oder bauliche Investition begründeten Bodenwertanteil abzulösen. Der Bodenwertanteil des Nutzers wird dadurch bestimmt, daß vom Verkehrswert der Betrag abgezogen wird, den der Nutzer im Falle des Hinzuerwerbs des Grundstücks zu zahlen hätte. In den Fällen des Absatzes 1 Nr. 3 kann der Nutzer eine Entschädigung verlangen, soweit ihm dadurch ein Vermögensnachteil entsteht, daß ein Mietvertrag mit einer nach der Restnutzungsdauer des Gebäudes bemessenen Laufzeit (§ 31 Abs. 2) nicht abgeschlossen wird.

(3) Ist das vom Nutzer errichtete oder erworbene Gebäude oder die bauliche Anlage nicht mehr nutzbar oder das Grundstück nicht bebaut, so kann der Nutzer vom Grundstückseigentümer eine Zahlung nach Absatz 2 Satz 2 nur verlangen, wenn ein Nutzungsrecht bestellt wurde. Der Anspruch entfällt, wenn die in § 29 Abs. 2 bestimmten Voraussetzungen vorliegen. In diesem Fall kann der Grundstückseigentümer vom Nutzer die Aufhebung des Nutzungsrechts verlangen.

(4) Ist das Gebäude noch nutzbar, mit einem Gebrauch durch den Nutzer aber nicht mehr zu rechnen (§ 29 Abs. 1), ist der Kaufpreis auch dann nur nach dem Wert des Gebäudes zu bemessen, wenn dem Nutzer ein Nutzungsrecht bestellt wurde.

(5) Erwirbt der Grundstückseigentümer selbständiges Gebäudeeigentum, ist § 79 entsprechend anzuwenden.

§ 83
Übernahmeverlangen des Grundstückseigentümers

(1) Ist das vom Nutzer errichtete oder erworbene Gebäude oder die bauliche Anlage nicht mehr nutzbar und beruht die Erforderlichkeit alsbaldigen Abbruchs auf unterlassener Instandhaltung durch den Nutzer, kann der Grundstückseigentümer vom Nutzer

1. Ersatz seiner Aufwendungen für die Beseitigung der vorhandenen Bausubstanz oder

2. den Erwerb der Fläche, auf der das Gebäude oder die bauliche Anlage errichtet wurde,

verlangen.

(2) Ist die Nutzung des vom Nutzer errichteten oder erworbenen Gebäudes oder der baulichen Anlage aus anderen als den in Absatz 1 genannten Gründen, insbesondere infolge der durch den Beitritt nach dem Einigungsvertrag eingetretenen Veränderungen, aufgegeben worden und der alsbaldige Abbruch des Gebäudes oder der baulichen Anlage zur ordnungsgemäßen Bewirtschaftung des Grundstücks erforderlich, kann der Grundstückseigentümer vom Nutzer

1. den hälftigen Ausgleich des Betrages verlangen, um den die Kosten des Abbruchs der vorhandenen Bausubstanz den Bodenwert des unbebauten Grundstücks im Zeitpunkt des Inkrafttretens dieses Gesetzes übersteigen, oder

2. den Erwerb der Fläche **gegen Zahlung des nach Absatz 5 zu berechnenden Entschädigungswerts** verlangen, auf der das Gebäude oder die bauliche Anlage errichtet wurde.

(3) Der Grundstückseigentümer kann die in den Absätzen 1 und 2 bestimmten Ansprüche erst geltend machen, nachdem er dem Nutzer Gelegenheit gegeben hat, das Gebäude oder die bauliche Anlage zu beseitigen. Der Grundstückseigentümer hat dem Nutzer hierzu eine angemessene Frist zu setzen. Die Ansprüche verjähren in drei Jahren.

(4) Der Nutzer kann den Anspruch des Grundstückseigentümers aus Absatz 2 Nr. 1 durch Erwerb der Fläche, auf der das abzureißende Gebäude steht, **gegen Zahlung des nach Absatz 5 zu berechnenden Entschädigungswerts** abwenden.

(5) Der Entschädigungswert bestimmt sich nach der Höhe der Entschädigung für Grundvermögen in dem nach § 9 Abs. 3 des Vermögensgesetzes zu erlassenden Gesetz.

(6) Abweichende vertragliche Vereinbarungen bleiben unberührt.

§ 84
Ende des Besitzrechts, Härteklausel

(1) Der Nutzer gilt gegenüber dem Grundstückseigentümer bis zum Ablauf eines Jahres nach dem Abschluß des Kaufvertrages als zum Besitz berechtigt. Der Grundstückseigentümer kann für die Nutzung des Gebäudes ein Entgelt in Höhe des ortsüblichen Mietzinses verlangen.

(2) Ist das Gebäude für den Betrieb des Nutzers unentbehrlich und ein anderes Gebäude zu angemessenen Bedingungen nicht zu beschaffen, ist der Nutzer berechtigt, vom Grundstückseigentümer den Abschluß eines Mietvertrages für längstens fünf Jahre nach dem Kauf des Gebäudes durch den Grundstückseigentümer zu verlangen.

§ 85
Rechte des Nutzers bei Zahlungsverzug

(1) Der Nutzer darf wegen seiner Ansprüche aus dem Kaufvertrag die Zwangsversteigerung in das Grundstück nur unter gleichzeitiger Versteigerung seines Gebäudes oder seiner baulichen Anlage, sofern

daran selbständiges Eigentum besteht, sowie mit der Bedingung des Erlöschens seines Rechts zum Besitz aus Artikel 233 § 2a des Einführungsgesetzes zum Bürgerlichen Gesetzbuche betreiben. § 80 Abs. 2 und 3 ist entsprechend anzuwenden.

(2) Nach fruchtlosem Ablauf einer nach § 326 Abs. 1 Satz 1 des Bürgerlichen Gesetzbuchs gesetzten Nachfrist kann der Nutzer vom Grundstückseigentümer

1. den Abschluß eines Erbbaurechtsvertrages nach Abschnitt 2 oder, wenn ein Nutzungsrecht nicht bestellt wurde und die Restnutzungsdauer des Gebäudes weniger als 25 Jahre beträgt, den Abschluß eines Mietvertrages nach § 31 oder

2. den Abschluß eines Grundstückskaufvertrages nach Abschnitt 3

verlangen. Dem Nutzer stehen weiter die in § 81 Satz 2 bezeichneten Ansprüche zu.

ABSCHNITT 4

Verfahrensvorschriften

UNTERABSCHNITT 1

Feststellung von Nutzungs- und Grundstücksgrenzen

§ 86

Unvermessene Flächen

(1) Sind die Grenzen der Flächen, auf die sich das Nutzungsrecht erstreckt, nicht im Liegenschaftskataster nachgewiesen (unvermessene Flächen) oder wurde eine Bebauung nach den §§ 4 bis 7 und 11 ohne Bestellung eines Nutzungsrechts vorgenommen, erfolgt die Bestimmung des Teils des Grundstücks, auf den sich die Nutzungsbefugnis des Erbbauberechtigten erstreckt oder der vom Stammgrundstück abgeschrieben werden soll, nach den Vorschriften des Bodensonderungsgesetzes.

(2) Einigungen der Beteiligten über den Verlauf der Nutzungsrechtsgrenzen und des Grundstücks sind zulässig.

§ 87

Bodenordnungsverfahren

Die Neuregelung der Grundstücksgrenzen in Verfahren zur Flurbereinigung nach dem Flurbereinigungsgesetz, zur Feststellung und Neuordnung der Eigentumsverhältnisse nach den §§ 53 bis 64 b des Landwirtschaftsanpassungsgesetzes, zur Umlegung und Grenzregelung nach den §§ 45 bis 84 des Baugesetzbuchs sowie der Bodenneuordnung nach § 5 des Bodensonderungsgesetzes bleibt unberührt.

UNTERABSCHNITT 2

Notarielles Vermittlungsverfahren

§ 88

Antragsgrundsatz

(1) Auf Antrag ist der Abschluß von Verträgen zur Bestellung von Erbbaurechten oder zum Kauf des Grundstücks oder des Gebäudes oder, wenn kein selbständiges Gebäudeeigentum entstanden ist, zur Ablösung der aus der baulichen Investition begründeten Rechte, nach diesem Gesetz durch den Notar zu vermitteln.

(2) Antragsberechtigt ist der Nutzer oder der Grundstückseigentümer, der den Abschluß eines in Absatz 1 bezeichneten Vertrages geltend machen kann.

§ 89

Sachliche und örtliche Zuständigkeit

(1) Für die Vermittlung ist jeder Notar zuständig, dessen Amtsbezirk sich in dem Land befindet, in dem das zu belastende oder zu veräußernde Grundstück oder Gebäude ganz oder zum größten Teil belegen ist. Die Beteiligten können auch die Zuständigkeit eines nach Satz 1 nicht zuständigen Notars für das Vermittlungsverfahren vereinbaren.

(2) Können sich Grundstückseigentümer und Nutzer nicht auf einen Notar verständigen, so wird der zuständige Notar durch das Landgericht bestimmt, in dessen Bezirk das Grundstück oder Gebäude ganz oder zum größten Teil belegen ist. Die Entscheidung ist unanfechtbar.

(3) Bei den nach den Vorschriften der Zivilprozeßordnung erfolgenden Zustellungen obliegen dem Notar auch die Aufgaben des Urkundsbeamten der Geschäftsstelle.

§ 90

Verfahrensart

(1) Soweit dieses Gesetz nichts anderes bestimmt, sind auf das notarielle Vermittlungsverfahren die Vorschriften des Gesetzes über die Angelegenheiten der freiwilligen Gerichtsbarkeit sinngemäß anzuwenden.

(2) Über Beschwerden gegen die Amtstätigkeit des Notars entscheidet das Landgericht, in dessen Bezirk das Grundstück oder das Gebäude ganz oder zum größten Teil belegen ist.

§ 91
Inhalt des Antrags

(1) In dem Antrag sind anzugeben

1. der Nutzer und der Grundstückseigentümer,
2. das betroffene Grundstück unter Angabe seiner Bezeichnung im Grundbuch und das Gebäude, soweit selbständiges Eigentum besteht,
3. die Inhaber dinglicher Rechte am Grundstück und am Gebäude und
4. die Bezeichnung des gewünschten Vertrages.

(2) Wird die Bestellung eines Erbbaurechts begehrt, soll der Antrag auch Angaben über

1. den Erbbauzins,
2. die Dauer des Erbbaurechts,
3. die Art der nach dem Erbbaurechtsvertrag zulässigen baulichen Nutzung,
4. die Konditionen des Ankaufsrechts sowie
5. die Fläche, auf die sich die Nutzungsbefugnis des Erbbauberechtigten erstrecken soll,

enthalten.

Wird der Ankauf des Grundstücks oder des Gebäudes begehrt, soll der Antrag auch Angaben über

1. das Grundstück oder die davon abzutrennende Teilfläche oder das Gebäude und
2. den Kaufpreis

enthalten. Satz 2 ist entsprechend anzuwenden, wenn der Antragsteller nach § 82 Abs. 1 Satz 1 die Ablösung der aus der baulichen Investition des Nutzers begründeten Rechte begehrt.

(3) Der Antragsteller soll außerdem erklären, ob

1. ein Anspruch auf Rückübertragung des Grundstücks nach den Vorschriften des Vermögensgesetzes angemeldet,
2. die Aufhebung eines Nutzungsrechts nach § 16 Abs. 3 des Vermögensgesetzes beantragt oder eine Klage auf Aufhebung des Nutzungsrechts erhoben,
3. die Durchführung eines Bodensonderungsverfahrens beantragt oder ein Bodenneuordnungsverfahren eingeleitet oder
4. die Zusammenführung von Grundstücks- und Gebäudeeigentum nach § 64 des Landwirtschaftsanpassungsgesetzes beantragt

worden ist. Der Antrag soll weiter Angaben darüber enthalten, wie das Grundstück, das Gebäude oder die bauliche Anlage am Ablauf des 2. Oktober 1990 genutzt wurde und zum Zeitpunkt der Antragstellung genutzt wird.

(4) Beantragt der Nutzer die Durchführung eines Vermittlungsverfahrens, so soll er in dem Antrag auch erklären, wie das Grundstück in den in § 8 genannten Zeitpunkten genutzt worden ist.

(5) Fehlt es an den in Absatz 1 bezeichneten Erklärungen, hat der Notar dem Antragsteller eine angemessene Frist zur Ergänzung des Antrags zu bestimmen. Verstreicht die Frist fruchtlos, so weist der Notar den Antrag auf Kosten des Antragstellers als unzulässig zurück. Der Antragsteller kann ein neues Verfahren beantragen, wenn er seinen Antrag vervollständigt hat.

§ 92
Akteneinsicht und Anforderung von Abschriften durch den Notar

Der Notar ist berechtigt, die Akten der betroffenen Grundstücke und Gebäude bei allen Gerichten und Behörden einzusehen und Abschriften hieraus anzufordern. Er hat beim Amt zur Regelung offener Vermögensfragen, oder, falls das Grundstück zu einem Unternehmen gehört, auch beim Landesamt zur Regelung offener Vermögensfragen, in deren Bezirk das Grundstück belegen ist, nachzufragen, ob ein Anspruch auf Rückübertragung des Grundstücks oder des Gebäudes angemeldet oder ein Antrag auf Aufhebung des Nutzungsrechts gestellt worden ist. Für Auskünfte und Abschriften werden keine Gebühren erhoben.

§ 93
Ladung zum Termin

(1) Der Notar hat den Nutzer und den Grundstückseigentümer unter Mitteilung des Antrages für den anderen Teil zu einem Verhandlungstermin zu laden. Die Ladung durch öffentliche Zustellung ist unzulässig. Die Frist zwischen der Ladung und dem ersten Termin muß mindestens zwei Wochen betragen.

(2) Ist die Bestellung eines Erbbaurechts oder der Verkauf des Grundstücks oder einer abzuschreibenden Teilfläche beantragt, so sind die Inhaber dinglicher Rechte am Grundstück und am Gebäude von dem Termin zu unterrichten. Die Inhaber dinglicher Rechte am Grundstück sind zu laden, wenn

1. die für die erstrangige Bestellung des Erbbaurechts erforderlichen Zustimmungen zu einem Rangrücktritt nicht in der in § 29 der Grundbuchordnung vorgesehenen Form vorgelegt worden sind oder dies einer in § 91 Abs. 1 bezeichneten Beteiligten beantragt,
2. von dem Nutzer oder dem Grundstückseigentümer Ansprüche nach § 33 oder § 64 geltend gemacht werden.

Einer Ladung der Inhaber dinglicher Rechte bedarf es nicht, wenn das Verfahren aus den in den §§ 95, 96 genannten Gründen auszusetzen oder einzustellen ist.

(3) Sind für das Grundstück oder das vom Nutzer errichtete oder erworbene Gebäude Rückübertragungsansprüche nach dem Vermögensgesetz angemeldet worden, hat der Notar auch den Anmelder von dem Termin zu unterrichten.

(4) Ladung und Unterrichtung vom Termin sind mit dem Hinweis zu versehen, daß, falls der Termin vertagt oder ein weiterer Termin anberaumt werden sollte, eine Ladung und Unterrichtung zu dem neuen Termin unterbleiben kann. Sind vom Antragsteller Unterlagen zu den Akten gereicht worden, ist in der Ladung zu bemerken, daß die Unterlagen nach Anmeldung am Amtssitz oder der Geschäftsstelle des Notars eingesehen werden können.

(5) Der Notar hat das Grundbuchamt um Eintragung eines Vermerks über die Eröffnung eines Vermittlungsverfahrens nach dem Sachenrechtsbereinigungsgesetz in das Grundbuch des Grundstücks zu ersuchen, das mit einem Erbbaurecht belastet oder vom Nutzer gekauft werden soll. Das Grundbuchamt hat dem Ersuchen zu entsprechen. Ist ein Gebäudegrundbuch angelegt, sind die Sätze 1 und 2 entsprechend anzuwenden. Für die Eintragung des Vermerks werden Gebühren nicht erhoben.

(6) Der Vermerk hat die Wirkung einer Vormerkung zur Sicherung der nach diesem Gesetz begründeten Ansprüche auf Erbbaurechtsbestellung und Ankauf des Grundstücks oder des Gebäudes oder der baulichen Anlage und des Vollzugs. Artikel 233 § 2c Abs. 2 des Einführungsgesetzes zum Bürgerlichen Gesetzbuche ist entsprechend anzuwenden. Ist bereits eine Eintragung nach jener Bestimmung erfolgt, ist bei dieser die Eröffnung des notariellen Vermittlungsverfahrens zu vermerken.

§ 94
Erörterung

(1) Der Notar erörtert mit den Beteiligten den Sachverhalt in tatsächlicher und rechtlicher Hinsicht. Er hat vor einer Verhandlung über den Inhalt des abzuschließenden Vertrages mit den Beteiligten zu erörtern, ob Gründe für eine Aussetzung oder Einstellung des Vermittlungsverfahrens vorliegen oder geltend gemacht werden und auf welchen rechtlichen oder tatsächlichen Gründen die bauliche Nutzung beruht.

(2) Liegt ein Grund für eine Aussetzung oder Einstellung des Verfahrens nicht vor, fertigt der Notar ein Protokoll an, in dem er alle für die Bestellung des Erbbaurechts oder den Ankauf eines Grundstücks oder Gebäudes unstreitigen und streitigen Punkte feststellt (Eingangsprotokoll).

(3) Der Notar soll dem Grundstückseigentümer und dem Nutzer Vorschläge unterbreiten. Er ist dabei an die von diesen Beteiligten geäußerten Vorstellungen über den Inhalt des abzuschließenden Vertrages nicht gebunden. Ermittlungen nach § 98 darf der Notar jedoch nur innerhalb der gestellten Anträge erheben.

(4) Mit den Inhabern dinglicher Rechte ist zu erörtern

1. im Falle der Bestellung von Erbbaurechten,
   a) welche Hindernisse einem Rangrücktritt entgegenstehen,
   b) ob und welche anderweitige Sicherheit für eine vom Nutzer nach § 36 Abs. 1 Satz 1 zu übernehmende Sicherheit in Betracht kommt,

2. im Falle des Ankaufs des Grundstücks,
   a) welche Hindernisse einer lastenfreien Abschreibung entgegenstehen,
   b) ob und welche andere Sicherheit für eine vom Nutzer nach § 64 übernommene Sicherheit gestellt werden kann.

§ 95
Aussetzung des Verfahrens

(1) Der Notar hat die Vermittlung auszusetzen, wenn

1. eine Anmeldung auf Rückübertragung des Grundstücks oder des Gebäudes oder der baulichen Anlage nach § 3 Abs. 1 des Vermögensgesetzes vorliegt oder
2. ein Antrag auf Aufhebung des Nutzungsrechts nach § 16 Abs. 3 des Vermögensgesetzes gestellt worden ist

und noch keine bestandskräftige Entscheidung des Amtes zur Regelung offener Vermögensfragen vorliegt.

(2) Der Notar soll die Vermittlung aussetzen, wenn

1. ein Antrag auf Feststellung der Eigentums- oder Nutzungsrechtsgrenzen in einem Bodensonderungsverfahren gestellt und das Verfahren noch nicht abgeschlossen worden ist,
2. der Grundstückseigentümer **oder der Nutzer die Anspruchsberechtigung bestreitet** oder
3. ein Inhaber eines dinglichen Rechts am Grundstück dem Anspruch auf Rangrücktritt für ein an erster Rangstelle einzutragendes Erbbaurecht oder einer lastenfreien Um- oder Abschreibung des Grundstücks auf den Nutzer widerspricht.

In den Fällen des Satzes 1 Nr. 2 und 3 sind die Beteiligten auf den Klageweg zu verweisen, wenn in der Erörterung mit den Beteiligten keine Einigung erzielt werden kann.

(3) Der Notar kann die in § 101 Abs. 1 Satz 2 Nr. 2 bestimmte Gebühr bei einer Aussetzung in Ansatz bringen. Die Gebühr ist nach Aufnahme des ausgesetzten Vermittlungsverfahrens auf die danach entstehenden Gebühren anzurechnen.

§ 96
Einstellung des Verfahrens

(1) Der Notar hat die Vermittlung einzustellen, wenn

1. ein Bodenneuordnungsverfahren eingeleitet worden ist, in das Grundstück einbezogen ist, oder

2. ein Antrag auf Zusammenführung von Grundstücks- und Gebäudeeigentum nach § 64 des Landwirtschaftsanpassungsgesetzes vor Einleitung des Vermittlungsverfahrens gestellt worden ist.

(2) Wird ein Antrag nach Absatz 1 Nr. 2 während des notariellen Vermittlungsverfahrens gestellt, so hat der Notar die Beteiligten aufzufordern, mitzuteilen, ob sie das Bodenordnungsverfahren fortsetzen wollen. Wird das von einem Beteiligten erklärt, so ist nach Absatz 1 zu verfahren.

§ 97
Verfahren bei Säumnis eines Beteiligten

(1) Erscheint ein Beteiligter (Grundstückseigentümer oder Nutzer) nicht, hat der Notar auf Antrag des anderen Beteiligten einen Vermittlungsvorschlag nach § 99 anzufertigen.

(2) Der Vermittlungsvorschlag ist beiden Beteiligten mit einer Ladung zu einem neuen Termin zuzustellen. Die Ladung hat den Hinweis zu enthalten, daß das Einverständnis eines Beteiligten mit dem Vermittlungsvorschlag angenommen wird, wenn dieser zu dem neuen Termin nicht erscheint, und auf Antrag des anderen Beteiligten ein dem Vermittlungsvorschlag entsprechender Vertrag beurkundet wird.

(3) Ist in diesem Termin nur ein Beteiligter erschienen, so hat der Notar, wenn der erschienene Beteiligte es beantragt, den Vorschlag als vertragliche Vereinbarung zu beurkunden. In der Urkunde ist anzugeben, daß das Einverständnis des anderen Beteiligten wegen Nichterscheinens angenommen worden ist. Stellt der erschienene Beteiligte keinen Antrag, ist das Vermittlungsverfahren beendet. Die Beteiligten sind unter Zusendung des Abschlußprotokolls und des Vermittlungsvorschlags auf den Klageweg zu verweisen.

(4) Eine Ausfertigung des Vertrages ist dem nicht erschienenen Beteiligten mit dem Hinweis zuzustellen, daß der Notar den Vertrag bestätigen werde, wenn der Beteiligte nicht in einer Notfrist von zwei Wochen nach Zustellung der Ausfertigung einen neuen Termin beantragt oder in dem Termin nicht erscheint.

(5) Beantragt der nicht erschienene Beteiligte rechtzeitig einen neuen Termin und erscheint er in diesem Termin, so ist das Vermittlungsverfahren fortzusetzen. Andernfalls hat der Notar den Vertrag zu bestätigen. War der Beteiligte ohne sein Verschulden verhindert, die Anberaumung eines neuen Termins zu beantragen oder im neuen Termin zu erscheinen, so ist ihm auf Antrag durch den Notar Wiedereinsetzung in den vorigen Stand zu erteilen. § 92 des Gesetzes über die Angelegenheiten der freiwilligen Gerichtsbarkeit ist entsprechend anzuwenden. Die Wirkungen eines bestätigten Vertrages bestimmen sich nach § 97 Abs. 1 des Gesetzes über die Angelegenheiten der freiwilligen Gerichtsbarkeit.

(6) Gegen den Bestätigungsbeschluß und den Beschluß über den Antrag auf Wiedereinsetzung ist die sofortige Beschwerde zulässig. Zuständig ist das Landgericht, in dessen Bezirk das Grundstück ganz oder zum größten Teil belegen ist. § 96 des Gesetzes über die Angelegenheiten der freiwilligen Gerichtsbarkeit ist entsprechend anzuwenden.

§ 98
Ermittlungen des Notars

(1) Der Notar kann auf Antrag eines Beteiligten Ermittlungen durchführen. Er kann insbesondere

1. Auskünfte aus der Kaufpreissammlung und über Bodenrichtwerte (§ 195 Abs. 3 und § 196 Abs. 3 des Baugesetzbuchs) einholen,

2. ein Verfahren zur Bodensonderung beantragen,

3. die das Liegenschaftskataster führende Stelle oder eine Person, die nach Landesrecht zu Katastervermessungen befugt ist, mit der Vermessung der zu belastenden oder abzuschreibenden Flächen beauftragen und den Antrag auf Erteilung einer Teilungsgenehmigung nach § 120 stellen.

(2) Der Notar kann nach Erörterung auf Antrag eines Beteiligten auch schriftliche Gutachten eines Sachverständigen oder des zuständigen Gutachterausschusses für die Grundstückswerte nach § 192 des Baugesetzbuchs über

1. den Verkehrswert des zu belastenden Grundstücks,

2. das in § 36 Abs. 1 und § 64 Abs. 3 bestimmte Verhältnis des Werts der mit dem Erbbaurecht belasteten oder zu veräußernden Fläche zu dem des Gesamtgrundstücks und

3. den Umfang und den Wert baulicher Maßnahmen im Sinne des § 11

einholen und diese seinem Vorschlag nach § 99 zugrunde legen.

(3) Eine Beweiserhebung im Vermittlungsverfahren nach Absatz 2 steht in einem anschließenden Rechtsstreit einer Beweisaufnahme vor dem Prozeßgericht gleich. § 493 der Zivilprozeßordnung ist entsprechend anzuwenden.

(4) Werden Zeugen und Sachverständige von dem Notar nach Absatz 2 zu Beweiszwecken herangezogen, so werden sie in entsprechender Anwendung des Gesetzes über die Entschädigung von Zeugen und Sachverständigen entschädigt.

§ 99
Vermittlungsvorschlag des Notars

(1) Nach Durchführung der Erhebungen macht der Notar einen Vorschlag in Form eines Vertragsentwurfs, der den gesetzlichen Bestimmungen zu entsprechen und alle für einen Vertragsschluß erforderlichen Punkte und, wenn dies von einem Beteiligten beantragt worden ist, auch die für dessen Erfüllung notwendigen Erklärungen zu umfassen hat.

(2) Sobald sich eine Einigung im Sinne des Absatzes 1 zwischen den Beteiligten ergibt, hat der Notar den Inhalt dieser Vereinbarung zu beurkunden. Der Notar hat mit dem Antrag auf Eintragung des Erbbaurechts oder des Nutzers als Erwerber, spätestens jedoch sechs Monate nach der Beurkundung, die Löschung des Vermerks nach § 93 Abs. 5 zu beantragen. Der Ablauf der in Satz 2 bestimmten Frist ist gehemmt, solange ein für den Vollzug der Vereinbarung erforderliches behördliches oder gerichtliches Verfahren beantragt worden, aber noch keine Entscheidung ergangen ist.

§ 100
Abschlußprotokoll über Streitpunkte

Kommt es nicht zu einer Einigung, so hält der Notar das Ergebnis des Verfahrens unter Protokollierung der unstreitigen und der streitig gebliebenen Punkte fest (Abschlußprotokoll). Sind wesentliche Teile des abzuschließenden Vertrages unstreitig, so können die Beteiligten verlangen, daß diese Punkte im Protokoll als vereinbart festgehalten werden. Die Verständigung über diese Punkte ist in einem nachfolgenden Rechtsstreit bindend.

§ 101
Kosten

(1) Für das notarielle Vermittlungsverfahren erhält der Notar das Vierfache der vollen Gebühr nach § 32 der Kostenordnung. Die Gebühr ermäßigt sich auf

1. das Doppelte der vollen Gebühr, wenn das Verfahren vor Ausarbeitung eines Vermittlungsvorschlags beendet wird,

2. die Hälfte einer vollen Gebühr, wenn sich das Verfahren vor dem Erörterungstermin erledigt.

Als Auslagen des Verfahrens erhebt der Notar auch die durch Ermittlungen nach § 98 Abs. 1 entstandenen Kosten.

(2) Die Gebühren nach Absatz 1 bestimmen sich nach dem Geschäftswert, der sich aus den folgenden Vorschriften ergibt. Maßgebend ist das Fünfundzwanzigfache des Jahreswertes des Erbbauzinses ohne Rücksicht auf die Zinsermäßigung in der Eingangsphase oder der Kaufpreis, in jedem Fall jedoch mindestens die Hälfte des nach den §§ 18, 19 Abs. 2 und 5 ermittelten Wertes. Endet das Verfahren ohne eine Vermittlung, bestimmt sich die Gebühr nach dem in Satz 2 genannten Mindestwert.

(3) Wird mit einem Dritten eine Vereinbarung über die Bestellung oder den Verzicht auf dingliche Rechte geschlossen, erhält der Notar für deren Vermittlung die Hälfte der vollen Gebühr. Der Wert richtet sich nach den Bestimmungen über den Geschäftswert in der Kostenordnung; in den Fällen der §§ 36 und 64 jedoch nicht über den Anteil hinaus, für den der Nutzer nach Maßgabe dieser Vorschriften mithaftet.

§ 102
Kostenpflicht

(1) Für die Kosten des Vermittlungsverfahrens haften Grundstückseigentümer und Nutzer als Gesamtschuldner. Sie haben die Kosten zu teilen. Eine Erstattung der den Beteiligten entstandenen Auslagen findet nicht statt.

(2) Die für das notarielle Vermittlungsverfahren im Falle einer Einstellung nach § 96 entstandenen Kosten sind

1. in den Fällen des § 96 Abs. 1 Nr. 1 zwischen Eigentümer und Nutzer zu teilen,

2. in den Fällen des § 96 Abs. 1 Nr. 2 von dem Antragsteller zu tragen,

3. in den Fällen des § 96 Abs. 2 von dem Beteiligten zu tragen, der das Verfahren nach § 64 des Landwirtschaftsanpassungsgesetzes beantragt hat.

§ 103
Prozeßkostenhilfe

(1) Für das notarielle Vermittlungsverfahren finden die Vorschriften der Zivilprozeßordnung über die Prozeßkostenhilfe mit Ausnahme des § 121 Abs. 1 bis 3 entsprechende Anwendung. Einem Beteiligten ist auf Antrag ein Rechtsanwalt beizuordnen, wenn der andere Beteiligte durch einen Rechtsanwalt vertreten ist und die Beiordnung zur zweckentsprechenden Rechtsverfolgung erforderlich ist.

(2) Für die Entscheidung nach Absatz 1 ist das Gericht zuständig, das nach § 104 Abs. 1 über eine Klage auf Feststellung des Erbbaurechts oder des Ankaufsrechts zu entscheiden hat.

(3) Der Notar hat dem Gericht die Antragsunterlagen zu übermitteln.

UNTERABSCHNITT 3

Gerichtliches Verfahren

§ 104
Allgemeine Vorschriften

(1) Die gerichtlichen Verfahren, die die Bestellung von Erbbaurechten oder den Ankauf des Grundstücks oder des Gebäudes oder der baulichen Anlage betreffen, sind nach den Vorschriften der Zivilprozeßordnung zu erledigen. Ausschließlich zuständig ist das Gericht, in dessen Bezirk das Grundstück ganz oder zum größten Teil belegen ist.

(2) Bei den Landgerichten können Kammern für die Verfahren zur Sachenrechtsbereinigung gebildet werden.

§ 105
Verfahrensvoraussetzungen

Der Kläger hat für eine Klage auf Feststellung über den Inhalt eines Erbbaurechts oder eines Ankaufsrechts nach Maßgabe der §§ 32, 62, 82 und 83 den notariellen Vermittlungsvorschlag und das Abschlußprotokoll vorzulegen. Fehlt es an dem in Satz 1 bezeichneten Erfordernis, hat das Gericht den Kläger unter Fristsetzung zur Vorlage aufzufordern. Verstreicht die Frist fruchtlos, ist die Klage als unzulässig abzuweisen. Die Entscheidung kann ohne mündliche Verhandlung durch Beschluß ergehen.

§ 106
Inhalt der Klageschrift

In der Klageschrift hat sich der Kläger auf den notariellen Vermittlungsvorschlag zu beziehen und darzulegen, ob und in welchen Punkten er eine hiervon abweichende Entscheidung begehrt.

§ 107
Entscheidung

(1) Das Gericht kann bei einer Entscheidung über eine Klage nach § 105 im Urteil auch vom Klageantrag abweichende Rechte und Pflichten der Parteien feststellen. Vor dem Ausspruch sind die Parteien zu hören. Das Gericht darf ohne Zustimmung der Parteien keine Feststellung treffen, die

1. einem von beiden Parteien beantragten Grundstücksgeschäft,
2. einer Verständigung der Parteien über einzelne Punkte oder
3. einer im Vermittlungsvorschlag vorgeschlagenen Regelung, die von den Parteien nicht in den Rechtsstreit einbezogen worden ist,

widerspricht.

(2) Im Urteil sind die Rechte und Pflichten der Parteien festzustellen. Die rechtskräftige Feststellung ist für die Parteien in gleicher Weise verbindlich wie eine vertragsmäßige Vereinbarung.

(3) Das Gericht kann auf Antrag einer Partei im Urteil einen Notar und eine andere geeignete Person im Namen der Parteien beauftragen, die zur Erfüllung notwendigen Rechtshandlungen vorzunehmen, sobald die hierfür erforderlichen Voraussetzungen vorliegen. Die Beauftragten sind für beide Parteien vertretungsberechtigt.

(4) Der Urkundsbeamte der Geschäftsstelle teilt dem Notar, der das Vermittlungsverfahren durchgeführt hat, nach Eintritt der Rechtskraft den Inhalt der Entscheidung mit. Der Notar hat entsprechend § 99 Abs. 2 Satz 2 zu verfahren.

§ 108
Kosten

Über die Kosten entscheidet das Gericht unter Berücksichtigung des Sach- und Streitstands nach billigem Ermessen. Es kann hierbei berücksichtigen, inwieweit der Inhalt der richterlichen Feststellung von den im Rechtsstreit gestellten Anträgen abweicht und eine Partei zur Erhebung im Rechtsstreit zusätzlich entstandener Kosten Veranlassung gegeben hat.

§ 109
Feststellung der Anspruchsberechtigung

(1) Nutzer und Grundstückseigentümer können Klage auf Feststellung des Bestehens oder Nichtbestehens der Anspruchsberechtigung nach diesem Gesetz erheben, wenn der Kläger ein rechtliches Interesse an alsbaldiger Feststellung hat.

(2) Ein Interesse an alsbaldiger Feststellung besteht nicht, wenn wegen der Anmeldung eines Rückübertragungsanspruchs aus § 3 des Vermögensgesetzes über das Grundstück, das Gebäude oder die bauliche Anlage noch nicht verfügt werden kann.

(3) Nehmen mehrere Personen die Rechte als Nutzer für sich in Anspruch und ist in einem Rechtsstreit zwischen ihnen die Anspruchsberechtigung festzustellen, können beide Parteien dem Grundstückseigentümer den Streit verkünden.

(4) § 107 Abs. 4 ist entsprechend anzuwenden.

ABSCHNITT 5
Nutzungstausch

§ 110
Tauschvertrag über Grundstücke

(1) Jeder Grundstückseigentümer, dessen Grundstück von einem nach § 20 des LPG-Gesetzes vom 2. Juli 1982 sowie nach § 12 des LPG-Gesetzes vom 3. Juni 1959 durchgeführten Nutzungstausch betroffen ist, kann von dem anderen Grundstückseigentümer verlangen, daß das Eigentum an den Grundstücken entsprechend dem Nutzungstausch übertragen wird, wenn

1. eine oder beide der getauschten Flächen bebaut worden sind und
2. der Tausch in einer von der Flurneuordnungsbehörde einzuholenden Stellungnahme befürwortet wird.

(2) Der andere Grundstückseigentümer kann die Erfüllung des Anspruchs aus Absatz 1 verweigern, wenn das an ihn zu übereignende Grundstück von einem Dritten bebaut worden ist.

(3) Soweit sich die Werte von Grund und Boden der getauschten Grundstücke unterscheiden, kann der Eigentümer des Grundstücks mit dem höheren Wert

V. Beschlußempfehlung/Bericht d. Rechtsausschusses

von dem anderen einen Ausgleich in Höhe der Hälfte des Wertunterschieds verlangen.

(4) Im übrigen finden auf den Tauschvertrag die Vorschriften über den Ankauf in den §§ 66 bis 75 entsprechende Anwendung.

ABSCHNITT 6
Nutzungsrechte für ausländische Staaten

§ 111
Vorrang völkerrechtlicher Abreden

Die von der Deutschen Demokratischen Republik an andere Staaten verliehenen Nutzungsrechte sind nach den Regelungen in diesem Kapitel anzupassen, soweit dem nicht völkerrechtliche Vereinbarungen entgegenstehen. Artikel 12 des Einigungsvertrages bleibt unberührt.

ABSCHNITT 7
Rechtsfolgen nach Wiederherstellung des öffentlichen Glaubens des Grundbuchs

§ 111a
Gutgläubiger lastenfreier Erwerb

(1) Ansprüche nach Maßgabe dieses Kapitels können gegenüber demjenigen, der durch ein nach Ablauf des 31. Dezember 1996 abgeschlossenes Rechtsgeschäft das Eigentum am Grundstück, ein Recht am Grundstück oder ein Recht an einem solchen Recht erworben hat, nicht geltend gemacht werden, es sei denn, daß im Zeitpunkt des Antrags auf Eintragung des Erwerbs in das Grundbuch

1. selbständiges Eigentum am Gebäude oder ein Nutzungsrecht nach Artikel 233 § 4 des Einführungsgesetzes zum Bürgerlichen Gesetzbuche, ein Vermerk nach Artikel 233 § 2c Abs. 2 des Einführungsgesetzes zum Bürgerlichen Gesetzbuche oder ein Vermerk nach § 93 Abs. 5 im Grundbuch des Grundstücks eingetragen oder deren Eintragung beantragt worden ist,

2. ein Zustimmungsvorbehalt zu Verfügungen über das Grundstück in einem Verfahren zur Bodensonderung oder zur Neuordnung der Eigentumsverhältnisse nach dem Achten Abschnitt des Landwirtschaftsanpassungsgesetzes eingetragen oder dessen Eintragung beantragt worden ist oder

3. dem Erwerber bekannt war, daß

   a) ein im Grundbuch nicht eingetragenes selbständiges Eigentum am Gebäude oder dingliches Nutzungsrecht besteht oder

   b) ein anderer als der Eigentümer des Grundstücks mit Billigung staatlicher Stellen ein Gebäude oder eine bauliche Anlage errichtet hatte und Ansprüche auf Erbbaurechtsbestellung oder Ankauf des Grundstücks nach diesem Kapitel bestanden.

(2) Mit dem Erwerb des Eigentums am Grundstück erlöschen die in diesem Kapitel begründeten Ansprüche. Der Nutzer kann vom Veräußerer Wertersatz für den Rechtsverlust verlangen. Artikel 231 § 5 Abs. 3 Satz 2 des Einführungsgesetzes zum Bürgerlichen Gesetzbuche ist entsprechend anzuwenden.

KAPITEL 3
Alte Erbbaurechte

§ 112
Umwandlung alter Erbbaurechte

(1) War das Grundstück am 1. Januar 1976 mit einem Erbbaurecht belastet, so endet das Erbbaurecht zu dem im Erbbaurechtsvertrag bestimmten Zeitpunkt, frühestens jedoch am 31. Dezember 1995, wenn sich nicht aus dem folgenden etwas anderes ergibt. Das Erbbaurecht verlängert sich bis zum 31. Dezember 2005, wenn ein Wohngebäude aufgrund des Erbbaurechts errichtet worden ist, es sei denn, daß der Grundstückseigentümer ein berechtigtes Interesse an der Beendigung des Erbbaurechts entsprechend § 564b Abs. 2 Nr. 2 und 3 des Bürgerlichen Gesetzbuchs geltend machen kann.

(2) Hat der Erbbauberechtigte nach dem 31. Dezember 1975 das Grundstück bebaut oder bauliche Maßnahmen nach § 11 Abs. 1 vorgenommen, so endet das Erbbaurecht mit dem Ablauf von

1. 90 Jahren, wenn

   a) ein Ein- oder Zweifamilienhaus errichtet wurde oder

   b) ein sozialen Zwecken dienendes Gebäude gebaut wurde,

2. 80 Jahren, wenn das Grundstück im staatlichen oder genossenschaftlichen Wohnungsbau bebaut wurde, oder

3. 50 Jahren in allen übrigen Fällen

nach dem Inkrafttreten dieses Gesetzes. Ein Heimfallanspruch kann nur aus den in § 57 genannten Gründen ausgeübt werden. Die Verlängerung der Laufzeit des Erbbaurechts ist in das Grundbuch einzutragen. Der Grundstückseigentümer ist berechtigt, eine Anpassung des Erbbauzinses bis zu der sich aus den §§ 43, 46 bis 49, 52 ergebenden Höhe zu verlangen.

(3) Vorstehende Bestimmungen finden keine Anwendung, wenn das Erbbaurecht auf einem vormals volkseigenen Grundstück bestellt worden ist und bei Ablauf des 2. Oktober 1990 noch bestand. Auf diese Erbbaurechte finden die Bestimmungen dieses Gesetzes für verliehene Nutzungsrechte entsprechende Anwendung.

(4) § 5 Abs. 2 des Einführungsgesetzes zum Zivilgesetzbuch der Deutschen Demokratischen Republik ist vom Inkrafttreten dieses Gesetzes an nicht mehr anzuwenden.

KAPITEL 4

Rechte aus Miteigentum nach § 459 des Zivilgesetzbuchs der Deutschen Demokratischen Republik

§ 113

Berichtigungsanspruch

(1) Haben vormals volkseigene Betriebe, staatliche Organe und Einrichtungen oder Genossenschaften auf vertraglich genutzten, vormals nichtvolkseigenen Grundstücken nach dem 31. Dezember 1975 und bis zum Ablauf des 30. Juni 1990 bedeutende Werterhöhungen durch Erweiterungs- und Erhaltungsmaßnahmen am Grundstück vorgenommen, so können beide Vertragsteile verlangen, daß der kraft Gesetzes nach § 459 Abs. 1 Satz 2 und Abs. 4 Satz 1 des Zivilgesetzbuchs der Deutschen Demokratischen Republik entstandene Miteigentumsanteil in das Grundbuch eingetragen wird.

(2) Eine bedeutende Werterhöhung liegt in der Regel vor, wenn der Wert des Grundstücks durch Aufwendungen des Besitzers um mindestens 30 000 Mark der Deutschen Demokratischen Republik erhöht wurde. Im Streitfall ist die durch Erweiterungs- und Erhaltungsmaßnahmen eingetretene Werterhöhung durch ein Gutachten zu ermitteln. Die Kosten des Gutachtens hat der zu tragen, zu dessen Gunsten der Miteigentumsanteil in das Grundbuch eingetragen werden soll.

(3) Der Anspruch aus Absatz 1 kann gegenüber denjenigen nicht geltend gemacht werden, die durch ein nach Ablauf des 31. Dezember 1996 abgeschlossenes Rechtsgeschäft das Eigentum am Grundstück, ein Recht am Grundstück oder ein Recht an einem solchen Recht erworben haben, es sei denn, daß im Zeitpunkt des Antrags auf Eintragung des Erwerbs in das Grundbuch

1. die Berichtigung des Grundbuchs nach Absatz 1 beantragt worden ist,

2. ein Widerspruch zugunsten des aus Absatz 1 berechtigten Miteigentümers eingetragen oder dessen Eintragung beantragt worden ist oder

3. dem Erwerber bekannt war, daß das Grundbuch in Ansehung eines nach § 459 Abs. 1 Satz 2 oder Abs. 4 Satz 1 des Zivilgesetzbuchs der Deutschen Demokratischen Republik entstandenen Miteigentumsanteils unrichtig gewesen ist.

Ist ein Rechtsstreit um die Eintragung des Miteigentumsanteils anhängig, so hat das Prozeßgericht auf Antrag einer Partei das Grundbuchamt über die Eröffnung und das Ende des Rechtsstreits zu unterrichten und das Grundbuchamt auf Ersuchen des Prozeßgerichts einen Vermerk über den anhängigen Berichtigungsanspruch einzutragen. Der Vermerk hat die Wirkung eines Widerspruchs.

(4) § 111a Abs. 2 ist entsprechend anzuwenden.

§ 114

Aufgebotsverfahren

(1) Der Eigentümer eines nach § 459 des Zivilgesetzbuchs der Deutschen Demokratischen Republik entstandenen Miteigentumsanteils kann von den anderen Miteigentümern im Wege eines Aufgebotsverfahrens mit seinem Recht ausgeschlossen werden, wenn der Miteigentumsanteil weder im Grundbuch eingetragen noch in einer Frist von fünf Jahren nach dem Inkrafttreten dieses Gesetzes die Berichtigung des Grundbuchs nach § 113 beantragt worden ist.

(2) Für das Verfahren gelten, soweit nicht im folgenden etwas anderes bestimmt ist, die §§ 977 bis 981 der Zivilprozeßordnung entsprechend. Meldet der Miteigentümer sein Recht im Aufgebotstermin an, so tritt die Ausschließung nur dann nicht ein, wenn der Berichtigungsanspruch bis zum Termin rechtshängig gemacht oder anerkannt worden ist. Im Aufgebot ist auf diese Rechtsfolge hinzuweisen.

(3) Mit dem Ausschlußurteil erwirbt der andere Miteigentümer den nach § 459 des Zivilgesetzbuchs der Deutschen Demokratischen Republik entstandenen Anteil. Der ausgeschlossene Miteigentümer kann entsprechend der Regelung in § 818 des Bürgerlichen Gesetzbuchs Ausgleich für den Eigentumsverlust verlangen.

§ 115

Ankaufsrecht bei Auflösung der Gemeinschaft

Das Rechtsverhältnis der Miteigentümer bestimmt sich nach den Vorschriften über das Miteigentum und über die Gemeinschaft im Bürgerlichen Gesetzbuch. Im Falle der Auflösung der Gemeinschaft kann der bisher durch Vertrag zum Besitz berechtigte Miteigentümer den Ankauf des Miteigentumsanteils des anderen zum Verkehrswert verlangen, wenn hierfür ein dringendes öffentliches oder betriebliches Bedürfnis besteht.

KAPITEL 5

Ansprüche auf Bestellung von Dienstbarkeiten

§ 116

Bestellung einer Dienstbarkeit

(1) Derjenige, der ein Grundstück in einzelnen Beziehungen nutzt oder auf diesem Grundstück eine Anlage unterhält (Mitbenutzer), kann von dem Eigentümer die Bestellung einer Grunddienstbarkeit oder einer beschränkten persönlichen Dienstbarkeit verlangen, wenn

1. die Nutzung vor Ablauf des 2. Oktober 1990 begründet wurde,

2. die Nutzung des Grundstücks für die Erschließung oder Entsorgung eines eigenen Grundstücks oder Bauwerks erforderlich ist und

3. ein Mitbenutzungsrecht nach den §§ 321 und 322 des Zivilgesetzbuchs der Deutschen Demokratischen Republik nicht begründet wurde.

(2) Zugunsten derjenigen, die durch ein nach Ablauf des 31. Dezember 1996 abgeschlossenes Rechtsgeschäft gutgläubig Rechte an Grundstücken erwerben, ist § 111 a entsprechend anzuwenden. Die Eintragung eines Vermerks über die Klageerhebung erfolgt entsprechend § 113 Abs. 3.

§ 117
Einwendungen des Grundstückseigentümers

(1) Der Grundstückseigentümer kann die Bestellung einer Dienstbarkeit verweigern, wenn

1. die weitere Mitbenutzung oder der weitere Fortbestand der Anlage die Nutzung des belasteten Grundstücks erheblich beeinträchtigen würde, der Mitbenutzer der Inanspruchnahme des Grundstücks nicht bedarf oder eine Verlegung der Ausübung möglich ist und keinen unverhältnismäßigen Aufwand verursachen würde oder

2. die Nachteile für das zu belastende Grundstück die Vorteile für das herrschende Grundstück überwiegen und eine anderweitige Erschließung oder Entsorgung mit einem im Verhältnis zu den Nachteilen geringen Aufwand hergestellt werden kann.

Die Kosten einer Verlegung haben die Beteiligten zu teilen.

(2) Sind Erschließungs- oder Entsorgungsanlagen zu verlegen, so besteht ein Recht zur Mitbenutzung des Grundstücks im bisherigen Umfange für die Zeit, die für eine solche Verlegung erforderlich ist. Der Grundstückseigentümer hat dem Nutzer eine angemessene Frist einzuräumen. Können sich die Parteien über die Dauer, für die das Recht nach Satz 1 fortbesteht, nicht einigen, so kann die Frist durch gerichtliche Entscheidung bestimmt werden. Eine richterliche Fristbestimmung wirkt auch gegenüber den Rechtsnachfolgern der Parteien.

(3) (wird gestrichen)

§ 118
Entgelt

(1) Der Eigentümer des belasteten Grundstücks kann die Zustimmung zur Bestellung einer Dienstbarkeit von der Zahlung eines einmaligen oder in wiederkehrenden Leistungen zu zahlenden Entgelts (Rente) abhängig machen. Es kann ein Entgelt gefordert werden

1. bis zur Hälfte der Höhe, wie sie für die Begründung solcher Belastungen üblich ist, wenn die Inanspruchnahme des Grundstücks auf den von landwirtschaftlichen Produktionsgenossenschaften bewirtschafteten Flächen bis zum Ablauf des 30. Juni 1990, in allen anderen Fällen bis zum Ablauf des 2. Oktober 1990 begründet wurde und das Mitbenutzungsrecht in der bisherigen Weise ausgeübt wird, oder

2. in Höhe des üblichen Entgelts, wenn die Nutzung des herrschenden Grundstücks und die Mitbenutzung des belasteten Grundstücks nach den in Nummer 1 genannten Zeitpunkten geändert wurde.

(2) Das in Absatz 1 bestimmte Entgelt steht dem Eigentümer nicht zu, wenn

1. nach dem 2. Oktober 1990 ein Mitbenutzungsrecht bestand und dieses nicht erloschen ist, oder

2. der Eigentümer sich mit der Mitbenutzung einverstanden erklärt hat.

§ 119
Fortbestehende Rechte, andere Ansprüche

Die Vorschriften dieses Kapitels finden keine Anwendung, wenn die Mitbenutzung des Grundstücks

1. aufgrund nach dem Einigungsvertrag fortgeltender Rechtsvorschriften der Deutschen Demokratischen Republik oder

2. durch andere Rechtsvorschriften

gestattet ist.

KAPITEL 6
Schlußvorschriften

ABSCHNITT 1
Behördliche Prüfung der Teilung

§ 120
Genehmigungen nach dem Baugesetzbuch

(1) Die Teilung eines Grundstücks nach diesem Gesetz bedarf der Teilungsgenehmigung nach den Vorschriften des Baugesetzbuchs. Dabei ist § 20 des Baugesetzbuchs mit folgenden Maßgaben anzuwenden:

1. die Teilungsgenehmigung ist zu erteilen, wenn die beabsichtigte Grundstücksteilung den Nutzungsgrenzen in der ehemaligen Liegenschaftsdokumentation oder dem Inhalt einer Nutzungsurkunde entspricht, in der die Grenzen des Nutzungsrechts in einer grafischen Darstellung (Karte) ausgewiesen sind,

2. für die Teilungsgenehmigung ist ein Vermögenszuordnungsbescheid zugrunde zu legen, soweit dieser über die Grenzen der betroffenen Grundstücke Aufschluß gibt,

3. in anderen als den in den Nummern 1 und 2 bezeichneten Fällen ist die Teilungsgenehmigung nach dem Bestand zu erteilen,

4. ist eine Teilung zum Zwecke der Vorbereitung einer Nutzungsänderung oder baulichen Erweiterung beantragt, die nach § 20 des Baugesetzbuchs nicht genehmigungsfähig wäre, kann eine Teilungsgenehmigung nach dem Bestand erteilt werden.

Wird die Teilungsgenehmigung nach Satz 2 erteilt, findet § 21 des Baugesetzbuchs keine Anwendung. Die Maßgaben nach Satz 2 gelten entsprechend für die Erteilung einer Teilungsgenehmigung nach § 144 Abs. 1 Nr. 2 und § 145 des Baugesetzbuchs im förmlich festgelegten Sanierungsgebiet sowie nach § 169 Abs. 1 Nr. 1 in Verbindung mit § 144 Abs. 1 Nr. 2 und § 145 des Baugesetzbuchs im städtebaulichen Entwicklungsbereich.

(2) Die Bestellung eines Erbbaurechts nach diesem Gesetz bedarf einer Genehmigung entsprechend Absatz 1, wenn nach dem Erbbaurechtsvertrag die Nutzungsbefugnis des Erbbauberechtigten sich nicht auf das Grundstück insgesamt erstreckt.

(3) Ist die Genehmigung für die Bestellung eines Erbbaurechts nach Absatz 2 erteilt worden, gilt § 21 des Baugesetzbuchs entsprechend für den Antrag auf Erteilung einer Teilungsgenehmigung, der innerhalb von sieben Jahren seit der Erteilung der Genehmigung nach Absatz 2 gestellt wurde.

(4) Der Ankauf von Grundstücken sowie die Bestellung eines Erbbaurechts nach diesem Gesetz bedürfen innerhalb eines förmlich festgelegten Sanierungsgebiets nicht der Genehmigung nach § 144 Abs. 2 Nr. 1 und 2 des Baugesetzbuchs und innerhalb eines förmlich festgelegten Entwicklungsbereichs nicht der Genehmigung nach § 169 Abs. 1 Nr. 1 des Baugesetzbuchs.

(5) Im übrigen bleiben die Vorschriften des Baugesetzbuchs unberührt.

ABSCHNITT 2

Rückübertragung von Grundstücken und dinglichen Rechten

§ 120 a

Ansprüche nach Abschluß eines Kaufvertrags

(1) Der Nutzer, der bis zum Ablauf des 18. Oktober 1989 mit einer staatlichen Stelle der Deutschen Demokratischen Republik einen wirksamen Kaufvertrag über ein Grundstück, ein Gebäude oder eine bauliche Anlage abgeschlossen und aufgrund des Vertrags Besitz erlangt oder den Besitz ausgeübt hat, kann auch gegenüber dem Grundstückseigentümer, an den das Grundstück nach § 3 Abs. 1 Satz 1 des Vermögensgesetzes durch Entscheidung des Amtes zur Regelung offener Vermögensfragen zurückübertragen worden ist, die in Kapitel 2 begründeten Ansprüche geltend machen. Satz 1 findet keine Anwendung, wenn der Vertrag aus den in § 3 Abs. 3 Satz 2 Nr. 1 und 2 genannten Gründen nicht erfüllt worden ist. Liegen die in § 4 Abs. 2 Satz 2 Buchstabe a bis c des Vermögensgesetzes bezeichneten Voraussetzungen vor, so stehen dem Nutzer die sich aus Satz 1 ergebenden Ansprüche auch dann zu, wenn der Kaufvertrag nach dem 18. Oktober 1989 abgeschlossen worden ist.

(2) Bei der Bemessung von Erbbauzins und Ankaufspreis ist auch der Restwert eines vom Grundstückseigentümer errichteten oder erworbenen Gebäudes, einer baulichen Anlage und der Grundstückseinrichtungen in Ansatz zu bringen. Für die Bestimmung des Restwerts ist § 75 Abs. 1 Satz 2 bis 4 entsprechend anzuwenden.

(3) Der Nutzer hat auf Verlangen des Grundstückseigentümers innerhalb der in § 15 Abs. 2 bestimmten Frist zu erklären, ob er von den Ansprüchen auf Erbbaurechtsbestellung oder Ankauf des Grundstücks Gebrauch machen will, und die Wahl auszuüben. Erklärt der Nutzer, daß er die in Satz 1 bestimmten Ansprüche nicht geltend machen will, ist § 17 Satz 5 des Vermögensgesetzes entsprechend anzuwenden.

(4) Der Nutzer kann von der Gemeinde oder der Gebietskörperschaft, die den Kaufpreis erhalten hat, nach § 323 Abs. 3 und § 818 des Bürgerlichen Gesetzbuchs die Herausgabe des Geleisteten verlangen, soweit diese durch seine Zahlung bereichert ist. Ansprüche auf Schadensersatz wegen Nichterfüllung sind ausgeschlossen.

§ 121

Entsprechende Anwendung des Sachenrechtsbereinigungsgesetzes

Hat das Amt zur Regelung offener Vermögensfragen nach dem 2. Oktober 1990 für ein entzogenes Nutzungsrecht nach § 287 Abs. 1 und § 291 des Zivilgesetzbuchs der Deutschen Demokratischen Republik ein Erbbaurecht oder ein anderes beschränktes dingliches Recht begründet, so sind die Bestimmungen in Kapitel 2 entsprechend anzuwenden.

ABSCHNITT 3

Übergangsregelung

§ 122

Härteklausel bei niedrigen Grundstückswerten

(1) Der Nutzer eines Grundstücks, dessen Verkehrswert die in § 14 Abs. 2 bezeichneten Beträge nicht übersteigt, kann einem Ankaufsverlangen des Grundstückseigentümers widersprechen und den Abschluß eines längstens auf sechs Jahre nach dem Inkrafttreten dieses Gesetzes befristeten Nutzungsvertrages verlangen, wenn er die für den Ankauf erforderlichen Mittel zum gegenwärtigen Zeitpunkt aus besonderen persönlichen oder wirtschaftlichen Gründen nicht aufzubringen vermag.

(2) Das Entgelt für die Nutzung bestimmt sich nach dem Betrag, der nach diesem Gesetz als Erbbauzins zu zahlen wäre. Im übrigen bleiben die Rechte und Pflichten der Beteiligten für die Vertragsdauer unberührt.

ARTIKEL 2

Änderung anderer Vorschriften, Schlußbestimmungen

§ 1
Änderung der Verordnung über das Erbbaurecht

Die Verordnung über das Erbbaurecht in der im Bundesgesetzblatt Teil III, Gliederungsnummer 403-6, veröffentlichten bereinigten Fassung, zuletzt geändert durch das Gesetz vom 8. Juni 1988 (BGBl. I S. 710), wird wie folgt geändert:

1. § 9 wird wie folgt geändert:

   a) Absatz 2 wird wie folgt geändert:

   aa) Satz 1 wird wie folgt gefaßt:

   „Der Erbbauzins kann nach Zeit und Höhe für die gesamte Erbbauzeit im voraus bestimmt werden."

   bb) Nach Satz 1 werden folgende Sätze 2 und 3 eingefügt:

   „Inhalt des Erbbauzinses kann auch eine Verpflichtung zu seiner Anpassung an veränderte Verhältnisse sein, wenn die Anpassung nach Zeit und Wertmaßstab bestimmbar ist. Für die Vereinbarung über die Anpassung des Erbbauzinses ist die Zustimmung der Inhaber dinglicher Rechte am Erbbaurecht erforderlich; § 880 Abs. 2 Satz 3 des Bürgerlichen Gesetzbuchs ist entsprechend anzuwenden."

   b) Nach Absatz 2 wird folgender Absatz 3 eingefügt:

   „(3) Als Inhalt des Erbbauzinses kann vereinbart werden, daß

   1. die Reallast abweichend von § 52 Abs. 1 des Gesetzes über die Zwangsversteigerung und die Zwangsverwaltung mit ihrem Hauptanspruch aus der Reallast oder der Inhaber eines im Range vorgehenden oder gleichstehenden dinglichen Rechts die Zwangsversteigerung des Erbbaurechts betreibt und

   2. der jeweilige Erbbauberechtigte dem jeweiligen Inhaber der Reallast gegenüber berechtigt ist, das Erbbaurecht in einem bestimmten Umfang mit einer der Reallast im Rang vorgehenden Grundschuld, Hypothek oder Rentenschuld im Erbbaugrundbuch zu belasten.

   Ist das Erbbaurecht mit dinglichen Rechten belastet, ist für die Wirksamkeit der Vereinbarung die Zustimmung der Inhaber der der Erbbauzinsreallast im Rang vorgehenden oder gleichstehenden dinglichen Rechte erforderlich."

   c) Der bisherige Absatz 3 wird Absatz 4.

2. Dem § 19 Abs. 2 wird folgender Satz angefügt:

   „Dies gilt nicht, wenn eine Vereinbarung nach § 9 Abs. 3 Satz 1 getroffen worden ist."

§ 2
Änderung des Gesetzes über die Zwangsversteigerung und die Zwangsverwaltung

Dem § 52 Abs. 2 des Gesetzes über die Zwangsversteigerung und die Zwangsverwaltung in der im Bundesgesetzblatt Teil III, Gliederungsnummer 310-14, veröffentlichten bereinigten Fassung, das zuletzt durch Artikel 12 des Registerverfahrenbeschleunigungsgesetzes vom 20. Dezember 1993 (BGBl. I S. 2182, 2210) geändert worden ist, wird folgender Satz angefügt:

„Satz 1 ist entsprechend auf den Erbbauzins anzuwenden, wenn nach § 9 Abs. 3 der Verordnung über das Erbbaurecht das Bestehenbleiben des Erbbauzinses als Inhalt der Reallast vereinbart worden ist."

§ 3
Änderung des Bürgerlichen Gesetzbuchs

Dem § 906 Abs. 1 des Bürgerlichen Gesetzbuchs in der im Bundesgesetzblatt Teil III, Gliederungsnummer 400-2, veröffentlichten bereinigten Fassung, das zuletzt durch Artikel 4 des Gesetzes vom 18. März 1994 (BGBl. I S. 560) geändert worden ist, werden die folgenden Sätze angefügt:

„Eine unwesentliche Beeinträchtigung liegt in der Regel vor, wenn die in Gesetzen oder Rechtsverordnungen festgelegten Grenz- oder Richtwerte für Einwirkungen der betreffenden Art nicht überschritten werden. Gleiches gilt für Werte in allgemeinen Verwaltungsvorschriften, die nach § 48 des Bundes-Immissionsschutzgesetzes erlassen worden sind und den Stand der Technik wiedergeben."

§ 4
Änderung des Einführungsgesetzes zum Bürgerlichen Gesetzbuche

Das Einführungsgesetz zum Bürgerlichen Gesetzbuche in der im Bundesgesetzblatt Teil III, Gliederungsnummer 400-1, veröffentlichten bereinigten Fassung, zuletzt geändert durch Artikel 13 des Registerverfahrenbeschleunigungsgesetzes vom 20. Dezember 1993 (BGBl. I S. 2182, 2211), wird wie folgt geändert:

1. In Artikel 231 wird nach § 7 folgender § 8 angefügt:

„§ 8
Vollmachtsurkunden staatlicher Organe

Eine von den in den §§ 2 und 3 der Siegelordnung der Deutschen Demokratischen Republik vom 29. November 1966 (GBl. 1967 II Nr. 9 S. 49) und in § 1 der Siegelordnung der Deutschen Demokratischen Republik vom 16. Juli 1981 (GBl. I Nr. 25 S. 309) bezeichneten staatlichen Organen erteilte Vollmachtsurkunde ist wirksam, wenn die Urkunde vom vertretungsberechtigten Leiter des Organs oder einer von diesem nach den genannten Bestimmungen ermächtigten Person unterzeichnet und mit einem ordnungsgemäßen Dienstsiegel versehen worden ist. Die Beglaubigung der Vollmacht nach § 57 Abs. 2 Satz 2 des Zivilgesetzbuchs der Deutschen Demokratischen Republik wird durch die Unterzeichnung und Siegelung der Urkunde ersetzt."

2. Artikel 233 wird wie folgt geändert:

a) § 2a wird wie folgt geändert:

aa) In Absatz 1 werden nach Satz 2 folgende Sätze eingefügt:

„In den in § 4 des Sachenrechtsbereinigungsgesetzes bezeichneten Fällen besteht das in Satz 1 bezeichnete Recht zum Besitz bis zur Bereinigung dieser Rechtsverhältnisse nach jenem Gesetz fort. Erfolgte die Nutzung bisher unentgeltlich, kann der Grundstückseigentümer vom 1. Januar 1995 an vom Nutzer ein Entgelt bis zur Höhe des nach dem Sachenrechtsbereinigungsgesetz zu zahlenden Erbbauzinses verlangen, wenn ein Verfahren zur Bodenneuordnung nach dem Bodensonderungsgesetz eingeleitet wird, er ein notarielles Vermittlungsverfahren nach den §§ 88 bis 103 des Sachenrechtsbereinigungsgesetzes oder ein Bodenordnungsverfahren nach dem 8. Abschnitt des Landwirtschaftsanpassungsgesetzes beantragt oder sich in den Verfahren auf eine Verhandlung zur Begründung dinglicher Rechte oder eine Übereignung eingelassen hat. Vertragliche oder gesetzliche Regelungen, die ein abweichendes Nutzungsentgelt oder einen früheren Beginn der Zahlungspflicht begründen, bleiben unberührt."

bb) Absatz 8 wird wie folgt neu gefaßt.

„(8) Für die Zeit bis zum Ablauf des 31. Dezember 1994 ist der nach Absatz 1 Berechtigte gegenüber dem Grundstückseigentümer sowie sonstigen dinglichen Berechtigten zur Herausgabe von Nutzungen nicht verpflichtet, es sei denn, daß die Beteiligten andere Abreden getroffen haben. Ist ein in Absatz 1 Satz 1 Buchstabe d bezeichneter Kaufvertrag unwirksam oder sind die Verhandlungen auf Abschluß der beantragten Kaufverträge gescheitert, so ist der Nutzer von der Erlangung der Kenntnis der Unwirksamkeit des Vertrages oder der Ablehnung des Vertragsschlusses an nach § 987 des Bürgerlichen Gesetzbuchs zur Herausgabe von Nutzungen verpflichtet."

cc) Es wird folgender Absatz 9 angefügt:

„(9) Für die Zeit vom 1. Januar 1995 bis zum 31. Dezember 1998 kann der Grundstückseigentümer von der öffentlichen Körperschaft, die das Grundstück zur Erfüllung ihrer öffentlichen Aufgaben nutzt oder im Falle der Widmung zum Gemeingebrauch für das Gebäude oder die Anlage unterhaltungspflichtig ist, nur ein Entgelt in Höhe von jährlich 0,8 vom Hundert des Bodenwerts eines in gleicher Lage belegenen unbebauten Grundstücks sowie die Freistellung von den Lasten des Grundstücks verlangen. Der Bodenwert ist nach den Bodenrichtwerten zu bestimmen; § 18 Abs. 5 des Sachenrechtsbereinigungsgesetzes gilt entsprechend. Der Anspruch aus Satz 1 entsteht von dem Zeitpunkt an, in dem der Grundstückseigentümer ihn gegenüber der Körperschaft schriftlich geltend macht. Abweichende vertragliche Vereinbarungen bleiben unberührt."

b) § 2b wird — wie folgt — geändert:

aa) Die Absätze 3 und 4 werden — wie folgt — gefaßt:

„(3) Ob Gebäudeeigentum entstanden ist und wem es zusteht, wird durch Bescheid des Präsidenten der Oberfinanzdirektion festgestellt, in dessen Bezirk das Gebäude liegt. Das Vermögenszuordnungsgesetz ist anzuwenden. Den Grundbuchämtern bleibt es unbenommen, Gebäudeeigentum und seinen Inhaber nach Maßgabe der Bestimmungen des Grundbuchrechts festzustellen; ein Antrag nach den Sätzen 1 und 2 darf nicht von der vorherigen Befassung der Grundbuchämter abhängig gemacht werden. Im Antrag an den Präsidenten der Oberfinanzdirektion oder an das Grundbuchamt hat der Antragsteller zu versichern, daß bei keiner anderen Stelle ein vergleichbarer Antrag anhängig oder ein Antrag nach Satz 1 abschlägig beschieden worden ist.

(4) § 4 Abs. 1 und 3 Satz 1 bis 3 sowie 5 ist entsprechend anzuwenden."

bb) Absatz 5 wird gestrichen. Der bisherige Absatz 6 wird Absatz 5.

cc) Es wird folgender Absatz 6 angefügt:

„(6) Eine bis zum Ablauf des 21. Juli 1992 vorgenommene Übereignung des nach § 27 des Gesetzes über die landwirtschaftlichen Produktionsgenossenschaften oder nach § 459 Abs. 1 Satz 1 des Zivilgesetzbuchs der Deutschen Demokratischen Republik entstandenen selbständigen Gebäudeeigentums ist nicht deshalb unwirksam, weil sie nicht nach den für die Übereignung von

Grundstücken geltenden Vorschriften des Bürgerlichen Gesetzbuchs vorgenommen worden ist. Gleiches gilt für das Rechtsgeschäft, mit dem die Verpflichtung zur Übertragung und zum Erwerb begründet worden ist. Die Sätze 1 und 2 sind nicht anzuwenden, soweit eine rechtskräftige Entscheidung entgegensteht."

c) In § 2c Abs. 2 werden die Wörter „in § 3 Abs. 2 genannten Gesetz" durch das Wort „Sachenrechtsbereinigungsgesetz" ersetzt.

d) § 3 wird — wie folgt — geändert:

aa) In Absatz 1 wird Satz 3 — wie folgt — gefaßt:

„Satz 2 gilt entsprechend für die Bestimmungen des Nutzungsrechtsgesetzes und des Zivilgesetzbuchs über den Entzug eines Nutzungsrechts."

bb) Absatz 2 wird gestrichen. Der bisherige Absatz 3 wird Absatz 2. Dem Absatz 2 werden folgende Absätze 3 und 4 angefügt:

„(3) Die Anpassung des vom Grundstückseigentum unabhängigen Eigentums am Gebäude und des in § 4 Abs. 2 bezeichneten Nutzungsrechts an das Bürgerliche Gesetzbuch und seine Nebengesetze und an die veränderten Verhältnisse sowie die Begründung von Rechten zur Absicherung der in § 2a bezeichneten Bebauungen erfolgen nach Maßgabe des Sachenrechtsbereinigungsgesetzes. Eine Anpassung im übrigen bleibt vorbehalten.

(4) Auf Vorkaufsrechte, die nach den Vorschriften des Zivilgesetzbuchs der Deutschen Demokratischen Republik bestellt wurden, sind vom [einsetzen: Tag des Inkrafttretens des Sachenrechtsänderungsgesetzes] an die Bestimmungen des Bürgerlichen Gesetzbuchs nach den §§ 1094 bis 1104 anzuwenden."

e) § 4 wird wie folgt geändert:

aa) Nach Absatz 4 wird folgender Absatz 5 eingefügt:

„(5) War der Nutzer beim Erwerb des Nutzungsrechts unredlich im Sinne des § 4 des Vermögensgesetzes, kann der Grundstückseigentümer die Aufhebung des Nutzungsrechts durch gerichtliche Entscheidung verlangen. Der Anspruch nach Satz 1 ist ausgeschlossen, wenn er nicht bis zum 31. Dezember 1996 rechtshängig geworden ist. Ein Klageantrag auf Aufhebung ist unzulässig, wenn der Grundstückseigentümer zu einem Antrag auf Aufhebung des Nutzungsrechts durch Bescheid des Amtes zur Regelung offener Vermögensfragen berechtigt oder berechtigt gewesen ist. Mit der Aufhebung des Nutzungsrechts erlischt das Eigentum am Gebäude nach § 288

Abs. 4 und § 292 Abs. 3 des Zivilgesetzbuchs der Deutschen Demokratischen Republik. Das Gebäude wird Bestandteil des Grundstücks. Der Nutzer kann für Gebäude, Anlagen und Anpflanzungen, mit denen er das Grundstück ausgestattet hat, Ersatz verlangen, soweit der Wert des Grundstücks hierdurch noch zu dem Zeitpunkt der Aufhebung des Nutzungsrechts erhöht ist. Grundpfandrechte an einem aufgrund des Nutzungsrechts errichteten Gebäude setzen sich am Wertersatzanspruch des Nutzers gegen den Grundstückseigentümer fort. § 16 Abs. 3 Satz 5 des Vermögensgesetzes ist entsprechend anzuwenden."

bb) Die Absätze 5 und 6 werden Absätze 6 und 7.

f) § 8 Satz 1 wird wie folgt gefaßt:

„Soweit Rechtsverhältnisse und Ansprüche aufgrund des § 459 des Zivilgesetzbuchs der Deutschen Demokratischen Republik und der dazu ergangenen Ausführungsvorschriften am Ende des Tages vor dem Wirksamwerden des Beitritts bestehen, bleiben sie vorbehaltlich des § 2 und der im Sachenrechtsbereinigungsgesetz getroffenen Bestimmungen unberührt."

3. In Artikel 234 wird § 4a Absatz 1 wie folgt geändert:

In Satz 5 werden hinter dem Wort „angeordnet" die Worte „oder wenn bei dem Grundbuchamt die Eintragung einer Zwangshypothek beantragt" eingefügt.

§ 5

Änderung des Grundbuchbereinigungsgesetzes

Das Grundbuchbereinigungsgesetz vom 20. Dezember 1993 (BGBl. I S. 2192) wird wie folgt geändert:

1. § 5 Abs. 2 wird wie folgt geändert:

a) In Satz 1 werden hinter dem Wort „Dienstbarkeiten" ein Komma und das Wort „Vormerkungen" eingefügt.

b) In Satz 2 werden hinter dem Wort „Dienstbarkeit" ein Komma und die Worte „der Vormerkung" eingefügt.

2. In § 6 wird folgender Absatz 1a eingefügt:

„(1a) Soweit auf § 1170 des Bürgerlichen Gesetzbuchs verwiesen wird, ist diese Bestimmung auf die vor dem 3. Oktober 1990 begründeten Rechte auch dann anzuwenden, wenn der Aufenthalt des Gläubigers unbekannt ist. § 1104 Abs. 2 des Bürgerlichen Gesetzbuchs findet die vor dem 3. Oktober 1990 begründeten Vorkaufsrechte und Reallasten keine Anwendung."

3. Dem § 8 wird folgender Absatz 4 angefügt:

„(4) Wird eine Klage nach Absatz 1 rechtshängig, so ersucht das Gericht auf Antrag des Klägers das Grundbuchamt um Eintragung eines Rechtshängigkeitsvermerks zugunsten des Klägers. Der Vermerk hat die Wirkungen eines Widerspruchs. Er wird mit rechtskräftiger Abweisung der Klage gegenstandslos."

4. Dem § 13 wird folgender Satz 2 angefügt:

„Die Bestimmung über die Eintragung eines Zustimmungsvorbehalts für Veräußerungen in § 6 Abs. 4 des Bodensonderungsgesetzes ist entsprechend anzuwenden."

5. § 14 wird wie folgt geändert:

a) Satz 2 wird gestrichen.

b) In dem bisherigen Satz 3 wird das Wort „auch" durch die Worte „durch Berufung auf die Vermutung nach Artikel 234 § 4a Abs. 3 des Einführungsgesetzes zum Bürgerlichen Gesetzbuche oder" ersetzt.

c) Nach dem bisherigen Satz 3 wird folgender Satz angefügt:

„Die Berichtigung ist in allen Fällen des Artikels 234 § 4a des Einführungsgesetzes zum Bürgerlichen Gesetzbuche gebührenfrei."

§ 6
Änderung der Bundesnotarordnung

Die Bundesnotarordnung in der im Bundesgesetzblatt Teil III, Gliederungs-Nr. 303-1, veröffentlichten bereinigten Fassung, zuletzt geändert durch das Gesetz vom 29. Januar 1991 (BGBl. I S. 150), wird wie folgt geändert:

1. In § 14 Abs. 4 Satz 1 werden nach den Wörtern „Darlehen sowie," die Wörter „abgesehen von den ihm durch Gesetz zugewiesenen Vermittlungstätigkeiten" und ein Komma eingefügt.

2. § 20 wird wie folgt geändert:

a) Nach Absatz 3 wird folgender Absatz 4 eingefügt:

„(4) Die Notare sind auch zur Vermittlung nach den Bestimmungen des Sachenrechtsbereinigungsgesetzes vom [einsetzen: Tag des Inkrafttretens des Sachenrechtsänderungsgesetzes] zuständig."

b) Der bisherige Absatz 4 wird Absatz 5.

§ 7
Änderung der Verordnung über die Tätigkeit von Notaren in eigener Praxis

Die Verordnung über die Tätigkeit von Notaren in eigener Praxis vom 20. Juni 1990 (GBl. I Nr. 37 S. 475), die nach den Maßgaben der Anlage II Kapitel III Sachgebiet A Abschnitt III Nr. 2 des Einigungsvertrages vom 31. August 1990 in Verbindung mit Artikel 1 des Gesetzes vom 23. September 1990 (BGBl. II S. 885, 1156) fortgilt, zuletzt geändert durch § 12 des Gesetzes zur Prüfung von Rechtsanwaltszulassungen, Notarbestellungen und Berufungen ehrenamtlicher Richter vom 24. Juli 1992 (BGBl. I S. 1386), wird wie folgt geändert:

1. § 2 wird wie folgt geändert:

a) Nach Absatz 4 wird folgender Absatz 5 eingefügt:

„(5) Die Notare sind auch zur Vermittlung nach den Bestimmungen des Sachenrechtsbereinigungsgesetzes vom [einsetzen: Tag des Inkrafttretens des Sachenrechtsänderungsgesetzes] zuständig."

b) Die bisherigen Absätze 5 und 6 werden Absätze 6 und 7.

2. In § 8 Abs. 4 Satz 1 werden nach den Worten „ist es" die Worte „abgesehen von den ihm durch Gesetz zugewiesenen Vermittlungstätigkeiten" eingefügt.

§ 8
Änderung des Landwirtschaftsanpassungsgesetzes

Nach § 64a des Landwirtschaftsanpassungsgesetzes in der Fassung der Bekanntmachung vom 3. Juli 1991 (BGBl. I S. 1418), das zuletzt durch . . . geändert worden ist, wird folgender § 64b angefügt:

„§ 64b
Eingebrachte Gebäude

(1) Der Anteilsinhaber eines aus einer LPG durch Formwechsel hervorgegangenen Unternehmens neuer Rechtsform oder eines durch Teilung einer LPG entstandenen Unternehmens kann von diesem die Rückübereignung der nach § 13 Abs. 1 des Gesetzes über die landwirtschaftlichen Produktionsgenossenschaften vom 3. Juni 1959 (GBl. I S. 577) eingebrachten Wirtschaftsgebäude zum Zwecke der Zusammenführung mit dem Eigentum am Grundstück verlangen. Der in Satz 1 bestimmte Anspruch steht auch einem Rechtsnachfolger des Grundstückseigentümers zu, der nicht Anteilsinhaber ist.

(2) Wird der Anspruch nach Absatz 1 geltend gemacht, hat der Grundstückseigentümer dem Unternehmen einen Ausgleich in Höhe des Verkehrswerts des Gebäudes zum Zeitpunkt des Rückübereignungsverlangens zu leisten.

(3) § 84 des Sachenrechtsbereinigungsgesetzes ist entsprechend anzuwenden.

(4) Das Unternehmen kann dem Grundstückseigentümer eine Frist von mindestens drei Monaten zur Ausübung seines in Absatz 1 bezeichneten Anspruchs setzen, wenn dieser nicht innerhalb eines Jahres nach dem [einsetzen: Tag des Inkrafttretens des Sachenrechtsänderungsgesetzes] die Rückübereignung des eingebrachten Wirtschaftsgebäudes verlangt hat. Nach fruchtlosem Ablauf der in Satz 1 bezeichneten Frist kann das Unternehmen von dem Grundstücks-

eigentümer den Ankauf der für die Bewirtschaftung des Gebäudes erforderlichen Funktionsfläche zum Verkehrswert verlangen. Macht das Unternehmen den Anspruch geltend, erlischt der Rückübereignungsanspruch.

(5) Die Ansprüche nach den Absätzen 1 bis 4 können in einem Verfahren nach den Vorschriften dieses Abschnitts geltend gemacht werden."

§ 9
Schlußbestimmung

(1) Das jeweils zuständige Bundesministerium kann den Wortlaut der durch diesen Artikel geänderten Gesetze sowie der Grundbuchordnung in ihrer von dem 1. September 1994 an geltenden Fassung neu bekanntmachen.

(2) Soweit vor dem Inkrafttreten dieses Gesetzes Gebühren für die Berichtigung des Grundbuchs in den Fällen des Artikels 234 § 4a des Einführungsgesetzes zum Bürgerlichen Gesetzbuche erhoben und gezahlt worden sind, bleibt es dabei. Erhobene, aber noch nicht gezahlte Gebühren werden niedergeschlagen. Noch nicht erhobene Gebühren werden auch dann nicht erhoben, wenn der Antrag vor Inkrafttreten dieses Gesetzes gestellt worden ist.

ARTIKEL 3

Inkrafttreten

Dieses Gesetz tritt am [1. Juli 1994] in Kraft.

Bericht der Abgeordneten Dr. Michael Luther, Detlef Kleinert (Hannover), Hans-Joachim Hacker, Dr. Eckhart Pick, Dr. Wolfgang Ullmann und Dr. Uwe-Jens Heuer

A. Zum Beratungsverfahren

Der Deutsche Bundestag hat den Gesetzentwurf der Bundesregierung zur Änderung sachenrechtlicher Bestimmungen (Sachenrechtsänderungsgesetz — SachenRÄndG) — Drucksache 12/5992 — in seiner 190. Sitzung am 12. November 1993 in erster Lesung beraten und zur federführenden Beratung an den Rechtsausschuß und zur Mitberatung an den Finanzausschuß, an den Ausschuß für Raumordnung, Bauwesen und Städtebau sowie an den Ausschuß für Ernährung, Landwirtschaft und Forsten überwiesen.

1. Die mitberatenden Ausschüsse haben auf der Grundlage des Regierungsentwurfs und der dort vorgesehenen Reihenfolge der Artikel 1 bis 3 zu der Vorlage wie folgt Stellung genommen:

   a) Der Finanzausschuß hat mit Stellungnahme vom 14. April 1994 einstimmig bei Abwesenheit der Gruppen BÜNDNIS 90/DIE GRÜNEN und PDS/Linke Liste vorgeschlagen, die Annahme der Vorlage zu empfehlen.

   b) Der Ausschuß für Raumordnung, Bauwesen und Städtebau hat in seiner 79. Sitzung vom 20. April 1994 mit den Stimmen der Koalitionsfraktionen gegen die Gruppe PDS/Linke Liste und bei Enthaltung der Fraktion der SPD beschlossen, die Annahme des Gesetzentwurfs in der Fassung der Beschlußempfehlung des Rechtsausschusses zu empfehlen — mit Ausnahme der §§ 10, 26, 30 Abs. 3, § 52 SachenRBerG, § 906 Abs. 1 BGB, deren endgültige Fassung bzw. Änderung durch den Rechtsausschuß nach der Beratung im Ausschuß für Raumordnung, Bauwesen und Städtebau erfolgt ist.

   c) Der Ausschuß für Ernährung, Landwirtschaft und Forsten hat in seiner 89. Sitzung vom 20. April 1994 dem Gesetzentwurf einstimmig — bei einer Stimmenthaltung sowie bei Abwesenheit des Vertreters der Gruppe PDS/Linke Liste — zugestimmt.

   d) Der Sportausschuß hat folgende gutachtliche Stellungnahme vom 20. April 1994 abgegeben:

   „Der Sportausschuß hat den von den Fraktionen der CDU/CSU und der F.D.P. eingebrachten und auf die Initiative des Sportausschusses zuückgehenden Änderungsantrag Nr. 5 (Artikel 2 § 3 — Änderung des Bürgerlichen Gesetzbuchs) beraten. Einstimmig empfiehlt er dem federführenden Rechtsausschuß, dem Änderungsantrag in der vorliegenden Fassung zuzustimmen."

   e) Auch der Ausschuß für Umwelt, Naturschutz und Reaktorsicherheit hat in seiner 75. Sitzung am 20. April 1994 den Gesetzentwurf gutachtlich beraten und den folgenden Änderungsantrag der Koalitionsfraktionen zu § 906 BGB einstimmig angenommen:

   „Dem § 906 Abs. 1 des Bürgerlichen Gesetzbuchs ... werden die folgenden Sätze angefügt:

   ‚Eine unwesentliche Beeinträchtigung liegt in der Regel vor, wenn die in Gesetzen oder Rechtsverordnungen festgelegten Grenz- oder Richtwerte für Einwirkungen der betreffenden Art nicht überschritten werden. Gleiches gilt für solche Werte, die in nach § 48 des Bundes-Immissionsschutzgesetzes erlassenen, dem Stand der Technik noch entsprechenden allgemeinen Verwaltungsvorschriften enthalten sind.' "

2. Der Rechtsausschuß hat die Vorlage in seinen Sitzungen vom 9. Dezember 1993, 28. Januar 1994, 13. April 1994, 20. April 1994 und 27. April 1994 (105., 109., 121., 122. und 125. Sitzung) beraten. In seiner Sitzung vom 28. Januar 1994 hat der Rechtsausschuß eine öffentliche Anhörung von Sachverständigen durchgeführt. Daran teilgenommen haben:

   — Deutscher Mieterbund e. V., Köln,

   — Deutscher Siedlerbund, Leipzig,

   — Haus & Grund Sachsen e. V., Dresden,

   — Interessengemeinschaft „Überlassungsverträge", Lehnitz

   — Mieterbund Land Brandenburg e. V., Potsdam,

   — Zentralverband der Deutschen Haus-, Wohnungs- und Grundeigentümer e. V., Düsseldorf,

   — Deutscher Anwaltverein, Bonn,

   — Verein der Märkischen Eigenheim- und Grundstücksbesitzer e. V.,

   — Bürgerinitiative „Haus und Grundstück", Halle,

   — Prof. Dr. Alexander von Brünneck, Hannover,

   — Prof. Dr. Christoph Degenhart, Leipzig,

   — Prof. Dr. Joachim Göhring, Berlin,

   — Rechtsanwalt Berndt Hoffmeister, Berlin,

   — Prof. Dr. Rolf Stürner, Freiburg.

Hinsichtlich der Ergebnisse der Anhörung wird auf das Protokoll der 109. Sitzung des Rechtsausschusses mit den anliegenden Stellungnahmen der Sachverständigen verwiesen.

Zur Vorbereitung der Beratungen haben zahlreiche Berichterstattergespräche unter Beteiligung des Bundesministeriums der Justiz stattgefunden.

Der Rechtsausschuß empfiehlt mit den Stimmen der Fraktionen der CDU/CSU und der F.D.P. gegen die Stimme der Fraktion der SPD und der Gruppe PDS/Linke Liste bei Abwesenheit des Vertreters der Gruppe BÜNDNIS 90/DIE GRÜNEN die Annahme des Gesetzentwurfs in der aus dem obigen Gesetzestext ersichtlichen Fassung.

B. Zum Inhalt der Beschlußempfehlung

Der Gesetzentwurf hat nach der im Rechtsausschuß beschlossenen Fassung im wesentlichen folgenden Inhalt:

Artikel 1
Gesetz zur Sachenrechtsbereinigung im Beitrittsgebiet

Der Artikel 1 enthält das Kernstück des Entwurfs. Gegenstand des Sachenrechtsbereinigungsgesetzes ist die Neuregelung der Rechtsverhältnisse an Grundstücken, die durch

— die Bebauung oder den Erwerb selbständigen, vom Eigentum am Grundstück getrennten Eigentums am Gebäude,

— die gesetzliche Umgestaltung von Erbbaurechten,

— die nach dem Zivilgesetzbuch der DDR (im folgenden: ZGB) infolge werterhöhender Maßnahmen entstandenen Miteigentumsanteile am Grundstück und

— die Mitbenutzung fremder Grundstücke für Erschließungs-, Entsorgungs- oder Versorgungsanlagen

entstanden sind.

1. Bebauung fremder Grundstücke — Kapitel 2 des Entwurfs des Sachenrechtsbereinigungsgesetzes

Den größten Teil des Entwurfs nehmen die Vorschriften über

— die Anpassung fortbestehender Nutzungsrechte an das Bürgerliche Gesetzbuch,

— die Überführung des selbständigen Eigentums am Gebäude und an baulichen Anlagen in BGB-konforme Rechtsverhältnisse,

— die Absicherung der mit Billigung staatlicher Stellen ohne Bestellung eines Nutzungsrechts erfolgten Bebauungen und

— die Regelung der Rechtsverhältnisse aus nicht erfüllten Gebäudekaufverträgen

ein.

Die einschlägigen Bestimmungen befinden sich im Kapitel 2 (§§ 3 bis 111a des Entwurfs).

a) Ausgangslage

Die rechtlichen Regelungen der DDR beruhten auf den Prinzipien der Planwirtschaft, die mit den Rechtsinstituten des bürgerlichen Rechts unvereinbar sind. Die früheren Bodennutzungsrechte (**Rechtsträgerschaften** für Genossenschaften und Vereinigungen, **gesetzliches Bodennutzungsrecht** der landwirtschaftlichen Produktionsgenossenschaften) sind mit der Wirtschafts- und Währungsunion oder mit dem Beitritt aufgehoben worden. Die von den früheren Berechtigten errichteten Gebäude und baulichen Anlagen, an denen in einigen Fällen selbständiges, vom Eigentum am Grundstück getrenntes Eigentum besteht, werden weiterhin von den früheren Nutzern oder von Rechtsnachfolgern genutzt. Hier bedarf es einer gesetzlichen Bestimmung, die das Rechtsverhältnis zum Grundstückseigentümer klarstellt und eine dem bürgerlichen Recht entsprechende Grundstücksnutzung ermöglicht.

Durch die **Verleihung** oder **Zuweisung** eines **Nutzungsrechts** wurde ein subjektiv-öffentliches Recht begründet, ein Grundstück zu bestimmten Zwecken und in einem bestimmten Umfang nutzen zu können. Die daraus begründeten Rechte und Pflichten bestanden gegenüber dem Ausgeber des Nutzungsrechts (Staat oder landwirtschaftliche Produktionsgenossenschaft), jedoch nicht gegenüber dem Bodeneigentümer. Diese Nutzungsrechte bestehen nach dem Einigungsvertrag zwar nunmehr als dingliche Rechte fort, ihr Inhalt entspricht jedoch nicht dem eines durch Rechtsgeschäft begründeten Rechts am Grundstück. Die Rechte müssen daher an das Bürgerliche Gesetzbuch angepaßt werden. Zugleich ist ein Interessenausgleich zwischen Grundstückseigentümer und Nutzer herbeizuführen, wobei es um die richtige Verteilung der durch die Einführung der Marktwirtschaft entstandenen Bodenwerte geht.

BGB-konforme Rechtsverhältnisse müssen in den Fällen erst begründet werden, in denen die bauliche Nutzung des fremden Grundstücks nicht in gleicher Weise abgesichert worden ist, die Bebauung jedoch mit Billigung staatlicher Stellen erfolgt ist. Die Gründe für die Einbeziehung der sog. **hängenden Fälle** in die Sachenrechtsbereinigung sind in der Begründung zum Regierungsentwurf (Drucksache 12/5992, S. 62) im einzelnen genannt. Darauf wird verwiesen.

Als neue Fallgruppe hat der Rechtsausschuß in den Entwurf die **hängenden Gebäudekaufverträge** aufgenommen. Die Bundesregierung hat in ihrer Gegenäußerung zur Stellungnahme des Bundesrates die Regelungen für diese Fallgruppe vorgeschlagen (Drucksache 12/5992, S. 204 und 207). Insoweit waren die Bestimmungen über die betroffenen Rechtsverhältnisse (§ 1), die Beschreibung des Anwendungsbereichs des

Entwurfs (§ 4) und die Begriffsbestimmung des Nutzers (§ 9) zu ergänzen.

b) Eckwerte

Der Entwurf beruht auf dem Grundsatz, bei der Durchführung der Sachenrechtsbereinigung die Bodenwerte zwischen Nutzer und Grundstückseigentümer zu teilen (Teilungsmodell). Sowohl die Fraktionen der Koalition als auch die SPD-Fraktion halten dieses Prinzip für sachgerecht.

aa) Anpassung an hohe Bodenwerte

Dies gilt auch für die in teuren Lagen belegenen Grundstücke, wo auf die Nutzer zumindest auf lange Sicht nach Ablauf einer beim Erbbaurecht vorgesehenen neunjährigen Eingangsphase (die für die Nutzung eines Grundstücks für ein Eigenheim bei Bodenwerten über 250 000 DM auf zwölf Jahre verlängert werden soll) hohe Belastungen zukommen werden. Eine partielle Abkehr vom Teilungsgrundsatz, z. B. durch Festlegung einer auf die gesamte des Erbbaurechts bezogenen Obergrenze bei der Bemessungsgrundlage für den Erbbauzins und den Ankaufspreis, würde jedoch zu einer ungleichen Verteilung von Vermögen zugunsten des Nutzers führen.

bb) Instrumente gegen ungerechtfertigte Gewinnmitnahmen aus der Bodenwertsteigerung

Der Grundsatz der Teilung der Bodenwerte findet auch auf die für die Nutzung land-, forstwirtschaftlicher oder gewerblicher Bauten verwendeten Grundstücke Anwendung. Die Bodenwertteilung ist in diesem Bereich allerdings in ihren wirtschaftlichen Auswirkungen nicht unproblematisch. Sie eröffnet die Möglichkeit zur Mitnahme von Gewinnen durch Ankauf und anschließende Weiterveräußerung des Grundstücks auch in den Fällen, in denen

— das Gebäude inzwischen verfallen ist oder nicht mehr genutzt wird oder

— die Art der Nutzung des Gebäudes gewechselt hat (der Nutzer hat die gewerbliche Nutzung aufgegeben und erzielt nunmehr Einnahmen aus Vermietung oder Verpachtung des Gebäudes).

Eine Teilung des Bodenwertes auch in diesen Fällen wäre nicht gerechtfertigt, da in den genannten Fällen ein Bezug zu der in der DDR begründeten Nutzung nicht mehr vorhanden ist und die Befugnisse des Nutzers auf dem vorgefundenen Rechtszustand beruhen und daher grundsätzlich nicht über das Nutzungsrecht hinausgehen können.

Ungerechtfertige Mitnahmen von Gewinnen sollen durch Einreden des Grundstückseigentümers (§ 29 SachenRBerG), Regelungen zur Erbbauzins- und zur Preisanpassung (§§ 48 und 71 SachenRBerG) sowie Nachzahlungspflichten (§§ 49 und 72 SachenRBerG) verhindert werden. Diese Bestimmungen sind in ihrer Anwendung kompliziert und werden den Handel mit den von der Sachenrechtsbereinigung betroffenen Grundstücken in den ersten Jahren nach dem Inkrafttreten des Gesetzes zwar nicht aus rechtlichen, jedoch aus wirtschaftlichen Gründen einschränken.

Der Ausschuß sieht jedoch die im Regierungsentwurf verfolgte Lösung insoweit noch als das beste Regelungskonzept an. Ein Verzicht auf die Bodenwertteilung bei land-, forstwirtschaft- oder gewerblicher Bodennutzung würde zu einer Ungleichbehandlung gleichartiger Rechtspositionen und zu einer wirtschaftlichen Benachteiligung der Betriebe führen, die den schwierigen Strukturwandel der Wirtschaft im Beitrittsgebiet gerade überstanden haben. Ein Verzicht auf die Einreden, Zins- und Preisanpassungen sowie die Nachzahlungspflichten würde andererseits den Nutzern Verwertungsmöglichkeiten einräumen, die weit über den eng zweckgebundenen Zuweisungsgehalt der vorgefundenen Rechtspositionen hinausgingen und die Mitnahme von Gewinnen aus unerwünschten Spekulationsgeschäften (aus nicht mehr nutzbaren Gebäuden, nicht ausgeübten Nutzungsrechten usw.) ermöglichen.

c) Instrumente und Regelungsmechanismen

Die Sachenrechtsbereinigung soll in der Weise erfolgen, daß der Nutzer grundsätzlich nach seiner Wahl entweder die Bestellung eines Erbbaurechts oder den Ankauf des Grundstücks verlangen kann. (Das Recht am Gebäude begründet einen Anspruch auf Erwerb von Rechten am Grundstück.) Das Wahlrecht ist eingeschränkt

— bei geringen Grundstückswerten, wonach der Nutzer nur einen Ankauf soll verlangen können, und

— im Falle eines Verkaufsverbots des Grundstückseigentümers durch Satzung, wo ein Ankauf gegen den Willen des Grundstückseigentümers ausgeschlossen wird.

Der Grundstückseigentümer soll seinerseits ein Wirtschaftsgebäude des Nutzers ankaufen können, wenn im ländlichen Raum dies aus agrarstrukturellen Gründen oder im gewerblichen Bereich bei einem überwiegenden Investitionsinteresse des Grundstückseigentümers erforderlich ist. Bei den Wirtschaftsgebäuden kann also auch eine Umkehr des oben genannten Grundprinzips eintreten. (Das Eigentum am Grundstück begründet ein Recht zum Erwerb des Gebäudes.) Bei den Wirtschaftsgebäuden geht es um die Abwägung betrieblicher Interessen des Nutzers und des Grundstückseigentümers. Hier darf z. B. eine im Verhältnis zum Wert des Grundstücks geringwertige bauliche Investition nicht eine wirtschaftlich sinnvolle Nutzung des Grundstücks auf Dauer ausschließen.

d) Inhalt des Erbbaurechts

Bei dem Erbbaurecht soll das Teilungsmodell durch Halbierung des für die jeweilige Nutzungsart üblichen Zinssatzes zur Anwendung gebracht werden.

Bei Nutzungsänderungen und Veräußerungen des Erbbaurechts innerhalb von sechs Jahren nach dessen Bestellung sind Zinsanpassungen auf den für die Nutzung üblichen Zinssatz vorgesehen. (Zur Begründung wird auf die nachfolgenden Ausführungen zum Ankaufsrecht verwiesen.)

Die Dauer des Erbbaurechts soll grundsätzlich an die übliche Nutzungsdauer eines Neubaus angepaßt werden. Der Grund für diese Regelung liegt darin, daß das Nutzungsrecht auch zum Neubau berechtigt (vgl. Artikel 233 § 4 Abs. 3 Satz 2 des Einführungsgesetzes zum Bürgerlichen Gesetzbuche — im folgenden EGBGB). Ist ein Nutzungsrecht nicht bestellt, so soll bei den Wirtschaftsgebäuden die Vertragslaufzeit grundsätzlich nach der Restnutzungsdauer des Gebäudes bestimmt werden, da in solchen Fällen allein der Gebrauchswert der baulichen Investition zu schützen ist. Dieser bemißt sich nach der Restnutzungsdauer des Gebäudes.

e) Inhalt des Ankaufsrechts

Beim Ankaufsrecht wird der Teilungsgrundsatz durch Halbierung des nach dem Verkehrswert bemessenen Kaufpreises umgesetzt.

Ist die Art der Nutzung des Gebäudes oder der baulichen Anlage vor Abschluß des Kaufvertrages geändert worden, so soll der Kaufpreis nach dem ungeteilten Bodenwert bemessen werden (§ 71 SachenRBerG). Wird die Nutzungsart nach Abschluß des Kaufvertrages geändert, das Grundstück als leerer Bauplatz oder ein Betriebsgrundstück bis zu einer Zeit innerhalb von sechs Jahren nach dem Ankauf weiterveräußert, so soll eine Nachzahlungspflicht eintreten (§ 72 SachenRBerG).

Den Bestimmungen zur Preisbemessung liegen folgende Erwägungen zugrunde:

Die Teilung des Bodenwertes beruht darauf, daß das Grundstückseigentum mit einer in der DDR begründeten Belastung in den Geltungsbereich des Grundgesetzes gekommen ist. Eine Preisbemessung nach dem geteilten Bodenwert ist daher nur dort und in dem Umfang gerechtfertigt, wie ein in der DDR begründetes Recht am Grundstück nach dem Einigungsvertrag wie eine Belastung des Grundstücks fortbesteht. Mit dem Einigungsvertrag sind die am Beitrittstage bestehenden Belastungen mit dem sich aus dem bisherigen Recht ergebenden Inhalt und Rang anerkannt worden (vgl. Artikel 233 § 3 Abs. 1 EGBGB). Weitergehende Rechte, die den Nutzer zu einer beliebigen Inanspruchnahme des Grundstücks berechtigen würden, sind hingegen nicht begründet worden.

Die in der DDR begründeten Rechte waren in der Regel auf eine bestimmte Nutzung bezogen. Das Recht durfte nur bestimmungsgemäß ausgeübt werden (vgl. § 3 Abs. 1 Satz 1 des Gesetzes über die Verleihung von Nutzungsrechten an volkseigenen Grundstücken — im folgenden: Nutzungsrechtsgesetz — vom 14. Dezember 1970 — GBl. I Nr. 24 S. 372). Aus diesem Grunde kann in der Sachenrechtsbereinigung auch nicht ein Recht des Nutzers als vorgefunden unterstellt werden, das ihn zu einer beliebigen Nutzung berechtigen würde. Veränderungen in der Art der Nutzung sowie die Veräußerung nicht ausgeübter Rechte zur Bebauung liegen vielmehr außerhalb der vorgefundenen und mit dem Einigungsvertrag übernommenen Nutzungsrechte. Für solche Zwecke kann es deshalb keine Bodenwertteilung aufgrund einer vorgefundenen Belastung des Grundstücks geben.

Von den Gründen, die eine Teilung des Bodenwertes aufgrund einer vorgefundenen Belastung gebieten, sind die Erwägungen zum Schutz der baulichen Investitionen zu trennen. Diese sind — aus denselben Erwägungen, aus denen ein Überbau im Bürgerlichen Gesetzbuch (BGB) geschützt wird — vor einer wertvernichtenden Zerstörung zu bewahren. Der Nutzer soll deshalb auch in solchen Fällen einen Anspruch auf Erbbaurechtsbestellung oder zum Ankauf des Grundstücks geltend machen können. Der Zins oder der Preis sind dann jedoch nach dem ungeteilten Zinssatz und dem vollen Bodenwert zu bemessen.

Die vorstehenden Grundsätze zur Zins- und Preisbemessung führen auch unter wirtschaftlichen Gesichtspunkten zu angemessenen Ergebnissen. Die Fortführung der bisherigen Nutzung wird erleichtert, wobei § 55 Abs. 2 und 3, § 71 Abs. 2 sowie § 72 Abs. 1 Satz 2 SachenRBerG die strukturell notwendigen Anpassungen ermöglichen, ohne daß dies zu einer Veränderung des Zinses oder des Preises führt. Auf der anderen Seite werden Wettbewerbsverzerrungen durch unberechtigte, ungleiche Startbedingungen bei Neugründungen von Unternehmen vermieden. Die Möglichkeit, sich auf Kosten des Grundstückseigentümers Wettbewerbsvorteile dadurch zu verschaffen, daß man einen alten Rechtstitel zu einem anderen als dem bisherigen Zweck ausübt, werden durch die vorstehenden Bestimmungen im gebotenen Maße beschränkt.

Der Ausschuß erachtet auch die Regelungen im Entwurf für sachgerecht, die aus den vorgenannten Gründen die Anwendung des Teilungsprinzips ausschließen oder einschränken.

f) Verfahren

Der Entwurf sieht ein notarielles Vermittlungsverfahren als obligatorisches Vorverfahren vor einer gerichtlichen Auseinandersetzung vor. Dieses Verfahren ist deshalb vorgesehen, weil

— die Beteiligten ohne sachkundige Hilfe oft nicht in der Lage sein dürften, die Grundlagen für einen Vertragsschluß (Höhe des Verkehrswerts, einzubeziehende Flächen usw.) zu ermitteln und so einen den Vorgaben des Gesetzes entsprechenden Vertragstext aufzusetzen, und

— die Durchsetzung eines Anspruchs auf Abschluß eines Erbbaurechts- oder eines Grundstückskaufvertrages durch Klage auf Annahme eines Angebotes nach § 894 ZPO außerordentlich schwierig ist.

Der Kläger kann gehalten sein, nacheinander mehrere Kaufvertragsangebote beurkunden zu lassen, wenn das erste Angebot auch nur in einem

Punkt nach Auffasssung des Gerichts nicht den Vorgaben des Gesetzes entspricht. Ein gerichtliches Feststellungsverfahren auf der Basis eines notariellen Vertragsentwurfs — wie es in den §§ 104 bis 109 vorgesehen ist — setzt jedoch ein notarielles Vermittlungsverfahren voraus, in dem eine Vorprüfung durch einen Notar stattfindet.

Im Falle einer Einigung kann diese sogleich vor dem vermittelnden Notar beurkundet werden.

Im Ausschuß ist darüber hinaus die Alternative eines entsprechenden anwaltlichen Vermittlungsverfahrens neben dem Notariatsverfahren diskutiert worden. Unter dem Gesichtspunkt eines erweiterten Schlichtungsangebots und zusätzlicher Möglichkeiten für die Beteiligten, zu einer einvernehmlichen Lösung zu kommen, soll nach Ansicht von Mitgliedern des Ausschusses diese Alternative nach Klärung der Einzelheiten weiter verfolgt werden.

2. Alte Erbbaurechte — Kapitel 3 des Entwurfs des Sachenrechtsbereinigungsgesetzes

Bei den durch das Einführungsgesetz zum ZGB in unbefristete Rechte umgewandelten alten Erbbaurechten ist grundsätzlich eine Wiederherstellung der vertraglichen Vereinbarungen vorgesehen. Zugunsten der Nutzer, die sich auf die veränderte Rechtslage eingerichtet haben, sind allerdings längere Restlaufzeiten für die Erbbaurechte bestimmt, die nach den vertraglichen Vereinbarungen bereits beendet wären oder in kurzer Zeit beendet sein würden.

Diejenigen Nutzer, die nach der Umwandlung der Erbbaurechte in unbefristete Rechte das Grundstück neu bebaut haben, sollen den Inhabern von Nutzungsrechten gleichgestellt werden.

3. Miteigentumsanteile — Kapitel 4 des Entwurfs des Sachenrechtsbereinigungsgesetzes

Das Sachenrechtsbereinigungsgesetz erkennt die kraft Gesetzes in der DDR nach § 459 Abs. 1 Satz 2 und Abs. 4 ZGB begründeten Miteigentumsanteile an. Die Regelung ist durch Artikel 233 § 8 EGBGB in der Fassung durch den Einigungsvertrag vorgegeben.

Der Entwurf sieht besondere Ansprüche zur Grundbuchberichtigung, zum Ausschluß nicht eingetragener Miteigentumsanteile im Wege des Aufgebotsverfahrens sowie besondere Ankaufsrechte bei Auflösung der Gemeinschaft vor.

4. Bestellung von Dienstbarkeiten — Kapitel 5 des Entwurfs des Sachenrechtsbereinigungsgesetzes

In der DDR sind Erschließungs- und Versorgungsleitungen für Gebäude und bauliche Anlagen oft über Grundstücksgrenzen hinweg verlegt worden. Dies geschah insbesondere auf den Flächen, die dem genossenschaftlichen Bodennutzungsrecht der landwirtschaftlichen Produktionsgenossenschaften unter-

legen haben. Die Grenzen der Grundstücke waren insoweit für die Mitbenutzung ohne Bedeutung.

Die Bestimmungen in Kapitel 5 sollen auf die Leitungen öffentlicher Unternehmen für die Versorgung mit Energie und Wasser und zur Beseitigung von Abwasser keine Anwendung finden. Die noch im Regierungsentwurf vorgesehenen Bestimmungen (§ 116 Satz 2 und § 117 Abs. 3) werden gestrichen. Eines Anspruchs auf Bestellung von Dienstbarkeiten bedarf es insoweit nicht. In § 9 Abs. 1 des Grundbuchberichtigungsgesetzes sind für die Anlagen öffentlicher Energieversorgungsunternehmen insoweit kraft Gesetzes Dienstbarkeiten begründet worden. Für die anderen Anlagen ist in § 9 Abs. 9 jenes Gesetzes eine Ermächtigung begründet worden, durch die die gesetzliche Regelung durch Rechtsverordnung auf solche Anlagen erstreckt werden kann.

Artikel 2
Änderung anderer Vorschriften, Schlußbestimmungen

§ 1 Änderung der Verordnung über das Erbbaurecht

§ 2 Änderung des Gesetzes über die Zwangsversteigerung und die Zwangsverwaltung

Die vorgeschlagenen Änderungen sollen im Schrifttum seit langem erörterte Probleme des Erbbaurechts lösen, nämlich

— die Sicherung der nachrangigen Erbbauzinsreallast in der Zwangsversteigerung und

— die Wertsicherung des Erbbauzinses.

Die Regelungen des geltenden Rechts werden allgemein als unbefriedigend angesehen. Die Kreditgeber verlangen für eine erstrangige Beleihung des Erbbaurechts den Rangrücktritt der Erbbauzinsreallast. Dies hat zur Folge, daß bei einer Versteigerung des Erbbaurechts aus dem erstrangigen Grundpfandrecht die Erbbauzinsreallast erlischt. Es entsteht ein erbbauzinsloses Erbbaurecht.

Eine Wertsicherung der Erbbauzinsreallast ist nach geltendem Recht nicht möglich. Es gibt nur die Möglichkeit, schuldrechtlich mit dem Vertragspartner (dem ersten Erbbauberechtigten) eine Anpassung zu vereinbaren und diesen Anspruch durch eine Vormerkung sichern zu lassen. Die Durchsetzung dieses Anspruches ist — insbesondere nach einer Veräußerung des Erbbaurechts — dann schwierig, wenn der neue Erbbauberechtigte die schuldrechtliche Verpflichtung gegenüber dem Vertragspartner des Grundstückseigentümers nicht übernommen hat. Nach Durchsetzung des Anpassungsanspruchs ist der Inhalt der Reallast, der auf einen bestimmten Betrag lauten muß, im Grundbuch umzuschreiben.

Nach der vom Ausschuß beschlossenen Regelung soll es künftig möglich sein, als Inhalt der Reallast vereinbaren zu können, daß

— in der Versteigerung des Erbbaurechts aus einem vorrangigen Grundpfandrecht die Reallast mit ihrem Hauptanspruch bestehenbleibt und

— eine Anpassung auch der Erbbauzinsreallast an veränderte Verhältnisse verlangt werden kann, wenn deren Umfang nach Zeit und Wertmaßstab bestimmbar ist.

Solche Vereinbarungen bedürfen der Zustimmung der Inhaber dinglicher Rechte am Erbbaurecht, die hierdurch in ihren Rechten beeinträchtigt sein können. — Erbbauzinsreallasten, die in der Zwangsversteigerung mit ihrem Hauptanspruch bestehenbleiben und eine Zinsanpassung erhalten, die nicht über den üblichen Rahmen hinausgehen, vermeiden die oben genannten Nachteile, ohne die Beleihbarkeit des Erbbaurechts wesentlich zu beeinträchtigen.

In der Praxis werden zwischen den Kreditgläubigern, die einen Rangrücktritt verlangen, und den Grundeigentümern sog. Stillhalteerklärungen vereinbart, in denen sich der Kreditgläubiger verpflichtet, die Versteigerung mit der abweichenden Bedingung des Bestehenbleibens der Reallast durchzuführen. Die Stillhalteerklärungen versagen jedoch im Falle der Abtretung oder Pfändung des Grundpfandrechts.

§ 3 Änderung des Bürgerlichen Gesetzbuchs

Im Bereich des zivilrechtlichen Nachbarschutzes ist streitig, welche Bedeutung den Vorschriften des öffentlichen Immissionsschutzrechts im Rahmen des bürgerlich-rechtlichen Abwehranspruchs nach den §§ 1004, 906 BGB zukommen soll. Dieser Umstand läßt es nach Ansicht des Rechtsausschusses wünschenswert erscheinen, einen ersten Schritt in Richtung auf eine Harmonisierung des öffentlichen und des privaten Immissionsschutzrechts zu machen. Der Rechtsausschuß empfiehlt mit der vorgeschlagenen Vorschrift die Schaffung von Regelbeispielen zur Ausfüllung des unbestimmten Rechtsbegriffs der „Unwesentlichkeit der Beeinträchtigung" im Sinne des § 906 Abs. 1 BGB. Damit wird dem Zivilrichter für die Beurteilung eines privaten Nachbarabwehranspruchs vorgegeben, im Regelfall von der Unwesentlichkeit einer Beeinträchtigung auszugehen, wenn diese die Vorgaben der öffentlich-rechtlichen Umweltstandards (in Gesetzen, Rechtsverordnungen und dem Stande der Technik entsprechenden allgemeinen Verwaltungsvorschriften nach § 48 BImSchG) einhält.

§ 4 Änderung des Einführungsgesetzes zum Bürgerlichen Gesetzbuche

1. Artikel 231 § 8 EGBGB — neu —

Die Vorschrift bestimmt, daß die vom Leiter eines staatlichen Organs unterschriebene und mit einem Dienstsiegel versehene Vollmachtsurkunde wirksam ist. Dies entsprach den Bestimmungen in der Grundbuchverfahrensordnung und ihrer Auslegung durch das Oberste Gericht der DDR.

2. Änderung in Artikel 233 EGBGB

a) § 2a Moratorium

Das Moratorium wird in Absatz 1 für die Zeit bis zum Abschluß der Sachenrechtsbereinigung verlängert. Dies ist angesichts der Ungewißheit über die Dauer der Verfahren unumgänglich.

Die Nutzung fremden Grundeigentums kann jedoch nicht auf unabsehbare Zeit unentgeltlich bleiben. Es entstünde sonst ein nicht zu rechtfertigender Widerspruch zwischen dem unentgeltlichen Moratoriumsbesitz und den vertraglich begründeten Nutzungen. Mit Wirkung vom 1. Januar 1995 an soll der Nutzer daher einen Zins in Höhe des im Sachenrechtsbereinigungsgesetz bestimmten Erbbauzinses zahlen, wenn ein Verfahren zur Bodensonderung oder Bodenneuordnung oder ein Vermittlungsverfahren nach dem Sachenrechtsbereinigungsgesetz eingeleitet worden ist oder sich der Grundstückseigentümer auf eine Verhandlung zur Begründung eines dinglichen Rechts oder auf eine Übereignung eingelassen hat. Soweit der Grundstückseigentümer auf eine Rechtsänderung hinwirkt, soll er für die Nutzung seines Grundstücks auch ein Entgelt verlangen können. Die Dauer des Verfahrens soll keiner Seite zum Vorteil oder zum Nachteil gereichen.

Die vom Ausschuß beschlossene Neufassung des Absatzes 8 füllt den dort vorgesehenen Vorbehalt aus. Sie stellt klar, daß der Moratoriumsbesitz — wie in Absatz 3 bestimmt — bis zum Ablauf des Moratoriums (31. Dezember 1994) unentgeltlich bleibt. Der Nutzer soll nicht verpflichtet sein, gezogene Nutzungen herauszugeben. Der Nutzer wird damit so behandelt, wie es in § 993 Abs. 1 BGB für den gutgläubigen unverklagten Besitzer angeordnet worden ist. Hieraus ergeben sich auch die Grenzen für die Unentgeltlichkeit. Wenn der Nutzer das Grundstück aufgrund eines unwirksamen Kaufvertrages besitzt und weiß, daß der Kaufvertrag unwirksam ist oder der Vertragsschluß endgültig abgelehnt und ein Anspruch auf Vertragsschluß zurückgewiesen wird, sollen von der Erlangung der Kenntnis an die allgemeinen Vorschriften des BGB über die Herausgabe von Nutzungen durch den bösgläubig gewordenen Besitzer gelten (§ 990 Abs. 1 BGB in Verbindung mit § 987 BGB).

Der neu angefügte Absatz 9 enthält eine Regelung für die für öffentliche Zwecke verwendeten Grundstücke. Die Rechtsverhältnisse an diesen Grundstücken sollen nach § 2 Abs. 1 Nr. 4 SachenRBerG nicht mit dem Entwurf geregelt werden. Die Neuordnung der Rechtsverhältnisse an diesen Grundstücken wird aus dem Entwurf ausgeklammert. Die Gründe hierfür liegen darin, daß

— hier das Eigentum an den Grundstücken durch eine öffentlich-rechtliche Sachherrschaft überlagert wird, die eine Nutzung des Grundstücks für private Zwecke ausschließt,

— die Grundsätze der Sachenrechtsbereinigung, die eine Halbteilung eines durch den Verkehrswert bestimmten Bodenwerts vorsehen, hier nicht ohne weiteres übertragbar sind, da die Grundstücke infolge der Verwendung für öffentliche Zwecke dem Grundstücksverkehr entzogen sind und insoweit keinen Verkehrswert haben.

Die Regelung dieser Rechtsverhältnisse muß daher noch zu schaffenden gesetzlichen Bestimmungen vorbehalten bleiben. Auch für diese Grundstücke gilt jedoch, daß ihre Nutzung für öffentliche Zwecke nicht auf Dauer unentgeltlich bleiben kann. Insoweit sieht der Entwurf eine dem Eingangszinssatz in der Sachenrechtsbereinigung entsprechende Verzinsung für die Zeit bis zum 31. Dezember 1998 vor. Der Grundstückseigentümer kann zudem die Freistellung von den Lasten des Grundstücks verlangen. Gleichzeitig stellt Absatz 9 klar, daß dem Grundstückseigentümer insoweit keine darüber hinausgehenden Ansprüche zustehen. In der nächsten Legislaturperiode soll eine gesetzliche Lösung auch für diese Grundstücke gefunden werden.

b) § 2b Gebäudeeigentum ohne dingliches Nutzungsrecht

Die Vorschrift bestimmt, daß die seit dem Beitritt und vor dem Inkrafttreten des 2. Vermögensrechtsänderungsgesetzes vorgenommenen Verfügungen und die ihnen zugrundeliegenden Rechtsgeschäfte über nicht im Grundbuch eingetragenes Gebäudeeigentum nicht unwirksam sind, wenn sie nicht nach den für die Übereignung von Grundstücken geltenden Vorschriften vorgenommen worden sind. Vor dem Inkrafttreten des Zweiten Vermögensrechtsänderungsgesetzes war strittig, ob dieses Gebäudeeigentum wie Fahrnis oder wie ein Grundstück zu übereignen oder zu belasten ist. Das 2. Vermögensrechtsänderungsgesetz hat das Gebäudeeigentum insoweit dem Eigentum an Grundstücken gleichgestellt, jedoch keine Regelung für die zuvor abgeschlossenen und vollzogenen Verträge (Altfälle) getroffen.

c) § 2c Grundbucheintragung

Redaktionelle Änderung.

d) § 3 Inhalt und Rang beschränkter dinglicher Rechte

Die Vorkaufsrechte nach §§ 306 bis 309 ZGB sahen keinen Vertragseintritt, sondern einen Abschluß mit dem Vorkaufsberechtigten vor. Sie konnten nicht ausgeübt werden, wenn der Erwerb zugunsten des sozialistischen Eigentums erfolgte.

Diesen Bestimmungen ist durch den Übergang zur Marktwirtschaft und die damit verbundenen Rechtsänderungen die Grundlage entzogen worden. Auf diese Vorkaufsrechte sollen daher die Bestimmungen des BGB anwendbar sein.

e) § 4 Sondervorschriften für dingliche Nutzungsrechte und Gebäudeeigentum

Die Änderung sieht eine gerichtliche Klage auf Aufhebung eines Nutzungsrechts durch den Grundstückseigentümer in den Fällen unredlichen Erwerbs vor, wenn eine Zuständigkeit des Amtes zur Regelung offener Vermögensfragen nicht begründet ist. Das Amt ist nur dann zuständig, wenn ein Rückübertragungsanspruch geltend gemacht wird oder das Grundstück staatlich verwaltet war.

Der Grundstückseigentümer kann jedoch nicht verpflichtet sein, ein Nutzungsrecht zu dulden, dessen Aufhebung der enteignete Alteigentümer verlangen kann.

Wie für die Anträge auf Aufhebung der staatlichen Verwaltung nach § 30a des Vermögensgesetzes soll in das Gesetz eine Befristung für die Erhebung solcher Klagen aufgenommen werden.

f) § 8 — Neufassung — Rechtsverhältnisse nach § 459 ZGB

Redaktionelle Änderung.

§ 5 Änderung des Grundbuchbereinigungsgesetzes

Das Grundbuchbereinigungsgesetz hat in seinem Abschnitt 2 die Voraussetzungen dafür geschaffen, daß

— alte Kohleabbaugerechtigkeiten erlöschen und

— die Löschung alter, nicht mehr ausgeübter Dienstbarkeiten und anderer beschränkter dinglicher Rechte in einem Aufgebotsverfahren herbeigeführt werden kann, wenn der Berechtigte oder sein Aufenthalt unbekannt ist.

Die Ergänzungen zu §§ 5 und 6 erweitern den Anwendungsbereich des § 5 auf Vormerkungen für Kohleabbaugerechtigkeiten und des § 6 auf Vorkaufsrechte und Reallasten.

Es werden weiter die Möglichkeiten zu einer vorläufigen Sicherung nicht eingetragener Mitbenutzungsrechte (§ 8) sowie aller nicht eingetragenen Rechte für die Dauer von Bodenordnungsverfahren nach dem 8. Abschnitt des Landwirtschaftsanpassungsgesetzes geschaffen (§ 13 Satz 2).

§ 6 Änderung der Bundesnotarordnung

§ 7 Änderung der Verordnung über die Tätigkeit von Notaren in eigener Praxis

Die Änderungen passen die Bestimmungen für den Berufsstand an die für das notarielle Vermittlungsverfahren vorgesehenen Regelungen an.

V. Beschlußempfehlung/Bericht d. Rechtsausschusses

§ 8 Änderung des Landwirtschaftsanpassungsgesetzes

Die Regelung sieht eine Bereinigung der sachenrechtlichen Verhältnisse an den in eine landwirtschaftliche Produktionsgenossenschaft eingebrachten Gebäuden vor.

Die allgemeinen Regelungen der Sachenrechtsbereinigung passen hier nicht, da keine bauliche Investition der landwirtschaftlichen Produktionsgenossenschaft erfolgt ist. Nach § 47 des Landwirtschaftsanpassungsgesetzes waren im Fall des Ausscheidens dem Mitglied die eingebrachten Wirtschaftsgebäude zurückzugeben. Der Umstand, daß ein solcher Anspruch nicht geltend gemacht worden ist, kann nicht im Nachhinein als Einlage in Höhe des halben Bodenwerts bewertet werden.

C. Begründung der Beschlußempfehlung

I. Allgemeines

Die Koalitionsfraktionen und die Fraktion der SPD begrüßen übereinstimmend die Zielsetzung sowie die Grundprinzipien des Entwurfs des Sachenrechtsänderungsgesetzes.

Die Sachenrechtsbereinigung (Artikel 1 des Entwurfs) ist dringlich. Der Rechtsausschuß ist der Auffassung, daß es notwendig ist,

— die in der DDR in einer anderen Wirtschafts- und Rechtsordnung begründeten Rechte an Grundstücken an das BGB und seine Nebengesetze anzupassen und damit auf dem Gebiet des Immobiliarsachenrechts Rechtseinheit in Deutschland herzustellen,

— zu verkehrsfähigen, beleihbaren und aus den Eintragungen im Grundbuch erkennbaren Eigentumsverhältnissen sowie dinglichen Rechten auch an Grundstücken zu kommen, die zwar in der DDR mit Billigung staatlicher Stellen bebaut wurden, wo jedoch die nach dem Bodenrecht erforderliche Absicherung der Bebauung ausgeblieben ist,

— die derzeit bestehende Rechtsunsicherheit bei den Betroffenen so schnell wie möglich zu beseitigen und

— schließlich einen sachgerechten Interessenausgleich in bezug auf die durch die Einführung der Marktwirtschaft entstandenen Bodenwerte herbeizuführen.

Die Koalitionsfraktionen und die Fraktion der SPD stimmen insoweit auch den Eckwerten des Entwurfs zu.

Sie sehen die in Artikel 2 vorgeschlagenen Änderungen zur Erbbaurechtsverordnung als sachgerechte Lösung für ein seit längerem ungelöstes Problem an. Sie werden im gesamten Bundesgebiet dazu führen, daß in einer Zwangsversteigerung des Erbbaurechts kein erbbauzinsloses Erbbaurecht entsteht und eine Wertsicherung nicht nur schuldrechtlich, sondern als Inhalt des dinglichen Rechts vereinbart werden kann.

Die gegenwärtige Regelung wird insoweit im rechtswissenschaftlichen Schrifttum als unbefriedigend bezeichnet.

Die Fraktion der SPD hat — obwohl sie die sachenrechtlichen Bestimmungen des Entwurfs grundsätzlich begrüßt — den Entwurf insgesamt abgelehnt. Zur Begründung der Haltung der SPD wird auf den bei der Erläuterung der Einzelvorschriften dargestellten Antrag auf Änderung des § 4 Abs. 2 Satz 1 Vermögensgesetz (im folgenden: VermG) verwiesen. Im übrigen hat sie darauf verwiesen, daß dringend eine Klarstellung seitens des Gesetzgebers zu § 4 Abs. 2 Satz 1 VermG geboten sei. Diejenigen, die im Jahre 1990 nach dem Verkaufsgesetz vom 7. März 1990 redlich einen notariellen Kaufvertrag abgeschlossen haben, müßten vor Herausgabeansprüchen des Alteigentümers geschützt werden. Dies sei auch der Wille des Gesetzgebers bei den Regelungen zum Zweiten Vermögensrechtsänderungsgesetz gewesen. Eine rückwirkende Anwendung der erst im Juli 1990 erlassenen Anmeldeverordnung der DDR auf bereits abgeschlossene notarielle Kaufverträge komme nicht in Betracht. Zum anderen sei nach der Vereinbarung vom 15. Juni 1990 zwischen den beiden deutschen Regierungen die Aufhebung abgeschlossener Rechtsgeschäfte nicht generell beabsichtigt gewesen. Es habe lediglich eine Überprüfung nach Redlichkeitskriterien vorgenommen werden sollen.

Die Gruppe PDS/Linke Liste lehnt den Gesetzentwurf in seiner Gesamtheit ab, weil eine gerechte Berücksichtigung der Interessen der Nutzer der zu Wohnzwecken genutzten Grundstücke nicht gewährleistet sei.

Der Gesetzentwurf führe schon allein dadurch zu ungerechten Ergebnissen, daß er keine Begrenzung der Kaufpreise beim Ankauf von Grundstücken durch die Nutzer vorsehe. Damit sei für die Mehrheit der Nutzer in den Ballungsgebieten die Wahl, das Grundstück zu kaufen, aufgrund der schlechten sozialen Lage dieser Nutzer praktisch ausgeschlossen. Ein Großteil der Nutzer werde so erheblich benachteiligt. In dieser Regelung, aber auch in anderen Regelungen — etwa hinsichtlich im Jahre 1990 abgeschlossener Kaufverträge — zeige sich zudem die einseitige Vertretung der Interessen der Grundstückseigentümer. Es sei dagegen notwendig, die Anpassung der Rechtsverhältnisse sozial ausgewogen und gerecht zu gestalten. Dabei müßten die Interessen der Nutzer an einer persönlichen Nutzung der Grundstücke besonderen Schutz gegenüber marktwirtschaftlich orientierten Interessen genießen.

II. Zu den einzelnen Änderungen

Zur Begründung der einzelnen Vorschriften ist, soweit die Annahme in der Fassung des Regierungsentwurfs empfohlen wird, auf die Begründung in der Drucksache 12/5992 Bezug zu nehmen.

Über die vom Ausschuß beschlossenen Änderungen hinaus wurden seitens der Fraktion der SPD Anträge auf Änderung des Vermögensgesetzes gestellt. Diese wurden mit den Stimmen der Fraktionen der CDU/

CSU und der F.D.P. gegen die Stimmen der Fraktion der SPD und der Gruppe PDS/Linke Liste abgelehnt.

Ferner hatte die Gruppe PDS/Linke Liste eine Reihe von weiteren Änderungsanträgen gestellt, die sämtlich mit den Stimmen der Koalitionsfraktionen und der Fraktion der SPD abgelehnt worden sind.

Die Änderungsanträge werden im folgenden jeweils im Zusammenhang mit den einzelnen Vorschriften am Ende aufgeführt.

Zu Artikel 1

Sachenrechtsbereinigungsgesetz (SachenRBerG)

§ 1 SachenRBerG

Absatz 1 Nr. 1 Buchstabe d — neu —

Die Ergänzung in Nummer 1 ist erforderlich, um die von der Sachenrechtsbereinigung betroffenen Rechtsverhältnisse vollständig zu erfassen. Der Entwurf des Sachenrechtsbereinigungsgesetzes soll nunmehr auch eine Regelung für die „hängenden" Gebäudekaufverträge enthalten (vgl. Nummer 1 der Gegenäußerung der Bundesregierung zur Stellungnahme des Bundesrates, Drucksache 12/5992, S. 204 ff.). Diese Fallgruppe ist daher auch in die Bezeichnung der Gegenstände der Sachenrechtsbereinigung in § 1 des Entwurfs aufzunehmen.

Absatz 3 — neu —

Mit der Vorschrift soll eine Klarstellung herbeigeführt werden. Das Sachenrechtsbereinigungsgesetz ist nicht anzuwenden, wenn die im Wohnungsbau verwendeten Grundstücke entsprechend den jeweils geltenden Rechtsvorschriften der DDR (Aufbaugesetz/Baulandgesetz) in Volkseigentum überführt worden sind.

Das Eigentum an diesen Grundstücken ist — soweit es sich in Rechtsträgerschaft der volkseigenen Betriebe der Wohnungswirtschaft befand — durch Artikel 22 Abs. 4 Satz 3 des Einigungsvertrages auf die Kommunen und — soweit es von Wohnungsgenossenschaften genutzt worden ist — durch § 1 des Wohnungsgenossenschafts-Vermögensgesetzes vom 23. Juni 1993 (BGBl. I S. 989) in der Fassung durch Artikel 17 § 2 des Registerverfahrensbeschleunigungsgesetzes vom 20. Dezember 1993 (BGBl. I S. 2232) kraft Gesetzes auf diese übergegangen.

Die Überführung in das Volkseigentum ist in der DDR oft nicht im Grundbuch dokumentiert worden.

Dies ist insbesondere bei den Bescheiden über die Heranziehung von in den Aufbaugebieten belegenen Grundstücken nach § 3 Abs. 1 der Durchführungsverordnung vom 7. Juni 1951 (GBl. Nr. 69 S. 552) der Fall, soweit diese Entscheidungen vor dem Inkrafttreten des Entschädigungsgesetzes vom 25. April 1960 (GBl. I Nr. 26 S. 257) erfolgt sind. Die Rechtsnatur der Inanspruchnahmeentscheidungen blieb nach dem Aufbaugesetz offen. Die Entscheidungen wurden daher nur in Abteilung 2 des Grundbuchblattes des in Anspruch genommenen Grundstücks — wie eine Belastung des Grundstücks — eingetragen, obwohl der Grundstückseigentümer das Grundstück an den Träger der Aufbaumaßnahme auf dessen Verlangen herauszugeben hatte, der fortan allein zum Besitz und zur Nutzung des Grundstücks berechtigt war. — Erst § 16 Abs. 2 Satz 1 des Entschädigungsgesetzes bestimmte, daß die durch Entzug des Eigentums nach dem Aufbaugesetz in Anspruch genommenen Grundstücke in das Eigentum des Volkes übergingen. Eine Berichtigung der Eintragung des Eigentümers in Abteilung 1 des Grundbuches blieb jedoch oft aus.

Die Eintragungen in den Grundbüchern haben in der Verwaltungspraxis oft zu der rechtsirrigen Annahme geführt, daß das Grundstück sich noch in Privateigentum befindet. Satz 2 stellt klar, daß insoweit für den Eigentumsentzug der Beschluß und nicht die Eintragung in das Grundbuch konstitutiv ist.

§ 2 SachenRBerG

Absatz 1

Nummer 1

Die Bestimmung soll redaktionell an die Tatbestände im Entwurf des Schuldrechtsänderungsgesetzes (Drucksache 12/7135) angepaßt werden.

Der Regierungsentwurf schließt die Rechtsverhältnisse aus seinem Anwendungsbereich aus, in denen das Grundstück am 2. Oktober 1990 zur Erholung, Freizeitgestaltung oder kleingärtnerischen Bewirtschaftung genutzt worden ist.

Der Entwurf des Schuldrechtsänderungsgesetzes unterscheidet insoweit zwischen den vertraglichen Nutzungen (§ 1 Abs. 1 Nr. 1 Schuldrechtsanpassungsgesetz) und den zu Erholungszwecken verliehenen Nutzungsrechten (§ 1 Erholungsnutzungsrechtsgesetz). Beide Fallgruppen gehören nicht in die Sachenrechtsbereinigung. Mit der Erwähnung der vertraglichen Nutzungen **und** der Erholungsnutzungsrechte im Ausschlußtatbestand tritt der sachliche Zusammenhang zu den entsprechenden Regelungen im Schuldrechtsänderungsgesetz deutlich hervor.

Die Gruppe PDS/Linke Liste hatte den Antrag gestellt, den folgenden Satzteil anzufügen:

„... es sei denn, dieses Gebäude kann in einer angemessenen Frist zu einem Dauerwohnsitz umgebaut oder ausgestattet werden und der Nutzer ist dazu in der Lage und bereit."

Nummer 2

Auch diese Vorschrift ist in redaktioneller Hinsicht zu ergänzen, um bei den vertraglichen Nutzungen nicht zu einem zu weit gefaßten Ausschlußtatbestand zu kommen. Die in den folgenden Vorschriften genannten Fälle der Bebauungen auf vertraglicher Grundlage, die in die Sachenrechtsbereinigung einbezogen werden sollen, müssen an dieser Stelle als Unterausnahmen benannt werden.

Der einleitende Satzteil der Nummer 2 nimmt die vertraglichen Nutzungen aus dem Anwendungsbereich der Sachenrechtsbereinigung heraus. Der zweite Halbsatz, der mit den Wörtern „es sei denn, daß" beginnt, beschreibt die Ausnahmen vom Ausschlußtatbestand, in denen Bebauungen in die Sachenrechtsbereinigung einbezogen werden, obwohl sie auf vertraglicher Grundlage erfolgt sind.

Die Ausnahme von dem Ausschlußtatbestand im Regierungsentwurf ist sprachlich zu eng gefaßt. Bei der jetzigen Fassung des Entwurfs besteht die Gefahr, daß der allgemeine Ausschluß der vertraglichen Nutzungen im ersten Halbsatz bereits den Zugang zu den in den §§ 5 bis 7 bezeichneten Fallgruppen versperrt, bei denen es sich ebenfalls um vertragliche Nutzungen handelt.

Die Grundlagen für die Einbeziehung der dort genannten Fälle ergeben sich aus den Ausführungen zu den §§ 5 bis 7 und zu dem in § 3 Abs. 2 Satz 2 genannten Grundprinzip.

Die Regelung in § 3 Abs. 2 Satz 2 des Entwurfs, die eine Generalklausel enthält, ist als Ausnahme von dem Ausschluß der vertraglichen Nutzungen aus der Sachenrechtsbereinigung im Gesetzestext aufzuführen. Die Generalklausel soll die atypischen Sachverhalte auffangen, die sich wegen der häufigen und vielgestaltigen Mißachtung gesetzlicher Regelungen durch die Behörden der DDR nicht lückenlos in gesetzlichen Regelbeispielen erfassen lassen. Insoweit können bei der Anwendung des Gesetzes auch Sachverhalte zu entscheiden sein, die in dem „Katalog" der Regelbeispiele in §§ 5 bis 7 des Entwurfs nicht erwähnt sind, die jedoch nach dem in § 3 Abs. 2 Satz 2 bestimmten Grundprinzip für die Abgrenzung zwischen Sachenrechtsbereinigung und Schuldrechtsanpassung nach den Bestimmungen des Entwurfs zu behandeln sind. — Die in Buchstabe b vorgeschlagene Ergänzung eröffnet dem Richter im Streitfall die Möglichkeit, dem Nutzer auch im Falle einer vertraglichen Bodennutzung die Ansprüche aus dem Entwurf zusprechen zu können, wenn er das Grundstück mit Billigung staatlicher Stellen bebaut hat oder eine im Umfang vergleichbare bauliche Investition vorgenommen hat und ihm hierfür das Grundstück als Bauland hätte bereitgestellt und ein Nutzungsrecht verliehen werden müssen.

Nummer 4

Mit der vorgeschlagenen Neufassung werden die Grundstücke, die für den Bau von Gebäuden, die öffentlichen Zwecken gewidmet sind und im Verwaltungsgebrauch verwendet werden, aus dem Anwendungsbereich der Sachenrechtsbereinigung herausgenommen. Die Regelung bezieht sich auf die Gebäude und baulichen Anlagen, die zum Verwaltungsvermögen im Sinne des Artikels 21 Abs. 1 des Einigungsvertrages gehören und nicht allein zur Erzielung von Einnahmen privatwirtschaftlich genutzt werden.

Der rückständige Grunderwerb ist auch nach der Auffassung des Rechtsausschusses ein gravierendes und noch nicht gesetzlich gelöstes Problem. (Eine Lösung für diese Fälle ist auch durch die Enteignungsgesetze der neuen Länder noch nicht gefunden worden, die keine Bestimmungen für die Fälle enthalten, in denen Grundstücke bereits in der DDR für öffentliche Zwecke in Anspruch genommen worden sind.) Insoweit wäre es günstig, wenn mit der Sachenrechtsbereinigung auch für diese Sachverhalte eine gesetzliche Lösung bereitgestellt werden könnte.

Der Ausschuß empfiehlt nach Einholung einer Stellungnahme der Bundesregierung, die sich auch für eine Herausnahme der für öffentliche Zwecke verwendeten Grundstücke aus der Sachenrechtsbereinigung ausgesprochen hat, die Regelung des rückständigen Grunderwerbs insgesamt einer noch zu schaffenden gesetzlichen Regelung zu überlassen.

Dies gilt sowohl für die Gebäude im Verwaltungsgebrauch als auch für die Verkehrsflächen und die dem Gemeingebrauch gewidmeten Anlagen, soweit diese nicht in einem im komplexen Wohnungsbau oder im Siedlungsbau nach einer einheitlichen Bebauungskonzeption bebauten Gebiet belegen sind. Die Unterscheidung im Regierungsentwurf zwischen den mit Gebäuden bebauten Grundstücken oder Grundstücksteilen und den Verkehrs- sowie anderen dem Gemeingebrauch gewidmeten Flächen wäre zwar rechtstechnisch durchführbar, unter rechtssystematischen und wirtschaftlichen Erwägungen schlägt der Ausschuß jedoch vor, auch die dem Verwaltungsgebrauch dienenden Gebäude aus dem Anwendungsbereich der Sachenrechtsbereinigung herauszunehmen.

Die Regelung der Rechtsverhältnisse an den für die Bebauung mit öffentlichen Bauten verwendeten Grundstücken weist eine viel größere Sachnähe zum Enteignungs- und Entschädigungsrecht als zu einem zivilrechtlichen Interessenausgleich zwischen Gebäude- und Grundstückseigentümern auf. Die mit solchen Gebäuden bebauten Grundstücke sind zudem infolge der Überlagerung des Privateigentums durch die öffentlich-rechtliche Widmung dem Grundstücksverkehr faktisch entzogen und haben demzufolge auch keinen Verkehrswert. Die Instrumente der Sachenrechtsbereinigung, die einen Interessenausgleich durch Teilung des durch die Einführung der Marktwirtschaft entstandenen Bodenwerts vorsehen, greifen hier nicht. Die Bestimmung des Bodenwerts nach dem Verkehrswert eines unbebauten Grundstücks wäre fiktiv. Sie entspräche keinem vorhandenen Wert. Eine Regelung dieser Rechtsverhältnisse sollte daher für bebaute und unbebaute Flächen in einem Gesetz auf der Grundlage einer möglichst genauen Feststellung des Umfangs der betroffenen Sachverhalte und unter Berücksichtigung der Entschädigung der entschädigungslos enteigneten Alteigentümer vorgenommen werden.

Etwas anderes gilt dann, wenn die Rechtsverhältnisse an den Grundstücken in einem öffentlich-rechtlich geregelten Bodensonderungsverfahren neu geordnet werden. Ein Bodensonderungsverfahren für ein nach einer einheitlichen Bebauungskonzeption mit Gebäuden oder Industrieanlagen bebautes Gebiet muß auch diese Flächen erfassen. Sie wäre andernfalls nicht durchführbar. Hier kann die Sachenrechtsbereinigung auch einen Maßstab zum Ausgleich für den Rechtsverlust nach einem durchschnittlichen Verkehrswert der in dem Gebiet belegenen Grundstücke bereitstellen. Dem Umstand, daß die für öffentliche Zwecke verwendeten Grundstücke keinen Verkehrswert haben, wird durch die pauschale Wertermittlung unter Abzug von einem Drittel für alle durch die Bebauung und Bodensonderung herbeigeführten Wertveränderungen ausgeglichen. Mit dem Bodensonderungsverfahren wird eine Umlegung nach Bebauung nachvollzogen. Das Umlegungsverfahren kennt ähnliche Ausgleichsmaßstäbe für die durch die Umlegung herbeigeführten Wertveränderungen.

Die wichtigste Fallgruppe der Bodensonderung ist der komplexe Wohnungsbau oder Siedlungsbau, der deshalb an dieser Stelle besonders erwähnt werden soll.

Absatz 2 Nr. 2

Die Bestimmung wird redaktionell an die Regelung in § 6 des Finanzbereinigungsgesetzes-DDR vom 22. April 1993 (BGBl. I S. 463) angepaßt.

Überschrift des Kapitels 2

Die Änderung der Überschrift soll deutlich machen, daß selbständiges Eigentum an einem Gebäude nicht nur durch Bebauung aufgrund eines Nutzungsrechts, sondern auch durch den Kauf eines vormals volkseigenen Gebäudes entstanden sein kann. Auch diese Fälle müssen von der Sachenrechtsbereinigung erfaßt werden, damit BGB-konforme Rechtsverhältnisse entstehen können. Im übrigen ist auf die Begründung zu Nummer 5a zu verweisen.

§ 3 Abs. 3 SachenRBerG — neu —

Die vorgeschlagene Ergänzung sieht die entsprechende Anwendung des Sachenrechtsbereinigungsgesetzes auf die **nicht vollzogenen** (= hängenden) Gebäudekaufverträge vor, bei deren Vollzug nach Bestellung des Nutzungsrechts mit der Eintragung in das Grundbuch nach Anlegung eines Gebäudegrundbuchblattes selbständiges Eigentum an einem Gebäude entstanden wäre. Diese Verträge können, wenn das Nutzungsrecht nicht verliehen und ein Antrag auf Eintragung des Gebäudes in das Grundbuch nicht mit dem Beitritt gestellt worden ist (vgl. Artikel 233 § 7 EGBGB), infolge der mit dem Beitritt eingetretenen Rechtsänderungen nicht mehr erfüllt werden. Es kann nunmehr weder ein Nutzungsrecht verliehen noch selbständiges Eigentum am Gebäude begründet werden.

Ist dem Nutzer aufgrund solcher Verträge der Besitz am Gebäude eingeräumt worden, so soll er grundsätzlich so gestellt werden, wie er stehen würde, wenn das Nutzungsrecht noch vor dem Beitritt verliehen und die Eintragung des selbständigen Gebäudeeigentums in das Grundbuch beantragt worden wäre. In der DDR lag es allein in der Hand der Behörden, die für die Erfüllung solcher Verträge erforderlichen Rechtshandlungen vorzunehmen. Dem Bürger standen keine Rechtsbehelfe zu, mit denen er die zeitige Erfüllung hätte erzwingen können.

Die Ergänzung beruht auf einem Antrag des Bundesrates (vgl. Nummer 1 der Stellungnahme, Drucksache 12/5992, S. 188).

Die Einbeziehung der hängenden Gebäudekaufverträge in die Sachenrechtsbereinigung bedurfte indessen umfänglicher Änderungen:

— *Es muß im Gesetz bestimmt werden, wann ein nicht erfüllter (sogenannter hängender) und wann ein gescheiterter Vertrag vorliegt.*

— *Zudem waren ergänzende Regelungen für die Kaufverträge über Gebäude auf den restitutionsbelasteten Grundstücken schon deshalb erforderlich, weil hier der Alteigentümer, an den das Grundstück zurückzuübertragen ist, nicht Vertragspartner des Gebäudekaufvertrages war. Diese Regelungen befinden sich in § 120a SachenRBerG.*

Zur Begründung der vorgeschlagenen Einbeziehung der hängenden Kaufverträge über Gebäude auf den nicht restitutionsbelasteten Grundstücken nach § 3 Abs. 3 des Entwurfs nimmt der Rechtsausschuß Bezug auf die Ausführungen in der Gegenäußerung der Bundesregierung (Drucksache 12/5992, S. 204 bis 206).

§ 4 SachenRBerG

Nummer 1

Die Ergänzung dient der Klarstellung des Gewollten und soll die Rechtsanwendung erleichtern. Die Sachenrechtsbereinigung hat alle Sachverhalte zu erfassen, in denen selbständiges Gebäudeeigentum nach den Rechtsvorschriften der Deutschen Demokratischen Republik entstanden ist und daher das Eigentum am Grundstück und das Eigentum am Gebäude auseinanderfallen.

Selbständiges Eigentum an einem Gebäude kann nicht nur nach Verleihung oder Zuweisung eines Nutzungsrechts zur Bebauung, sondern auch nach den Verkaufsgesetzen der DDR

— vom 15. September 1954 (GBl. I Nr. 81 S. 784),

— vom 19. Dezember 1973 (GBl. I Nr. 58 S. 578) und

— vom 7. März 1990 (GBl. I Nr. 18 S. 157)

entstanden sein. Soweit die Verträge über den Verkauf volkseigener Eigenheime erfüllt worden sind, liegt selbständiges Gebäudeeigentum und damit ein in der Sachenrechtsbereinigung zu regelnder Sachverhalt vor. Diese Fälle sind nach dem Wortlaut der Regelung des § 5 Abs. 1 Nr. 1 des Entwurfs bereits erfaßt, da für die auf volkseigenen Grundstücken stehenden Eigenheime Nutzungsrechte bestellt worden sind. Zur Erleichterung der Rechtsanwendung soll diese Fallgruppe ausdrücklich im Gesetz und in den Überschriften erwähnt werden.

Nummer 2

Der Hinweis darauf, daß der Wohnungsbau früher staatlich oder genossenschaftlich war, hat keine bestimmende Bedeutung. Der Begriff „ehemals" wird auch sonst nicht im Gesetz verwendet.

Der Begriff „komplex" soll sich nicht mehr auf den Investor (Staat oder Genossenschaft), sondern auf die gebietsbezogene Überbauung beziehen. Dies wird durch eine neue Begriffsbestimmung (§ 10a SachenRBerG) klargestellt. Zu deren Begründung wird auf die Ausführungen zu § 10a Bezug genommen.

§ 5 SachenRBerG

Änderung der Überschrift und Absatz 1 Nr. 1 — neu

Die Änderungen beruhen auf den gleichen Erwägungen wie der Vorschlag zu § 4 Nr. 1 SachenRBerG. Der Erwerb vormals volkseigener Eigenheime wird als besonderer Fall der Sachenrechtsbereinigung ausdrücklich erwähnt.

Absatz 1 Nr. 3

Buchstabe f — neu —

Der einzufügende Buchstabe f soll die Fälle auffangen, in denen Bebauungen mit Siedlungshäusern auf kohlehaltigen Böden aufgrund sogenannter Bodenbenutzungsscheine erfolgt sind. Nach der Ausführungsverordnung Nr. 8 zur Bodenreform in Brandenburg vom 24. Oktober 1945 (VO-Blatt der Provinzialverwaltung Mark Brandenburg 1945 Nr. 2 S. 34) waren die kohlehaltigen Böden bei der Bodenreform im staatlichen Bodenfonds zu belassen. Sie wurden später volkseigene Grundstücke, für die in der Regel Bergbaubetriebe als Rechtsträger eingesetzt worden sind.

Auf den Flächen, die auf absehbare Zeit nicht zum Kohleabbau anstanden, wurden Siedlerstellen eingerichtet. Den Siedlern wurden dafür sogenannte Bodenbenutzungsscheine ausgestellt. Die Nutzer wurden in einer sogenannten Nutznießerkartei eingetragen, die neben dem Liegenschaftskataster unter Verwendung der Vordrucke des Katasters geführt worden ist.

Die Siedlerstellen durften bebaut werden. Den Siedlern sind dementsprechend Bauzustimmungen erteilt worden.

Bei den Bodenbenutzungsscheinen handelt es sich insoweit um eine Sonderform eines staatlich verliehenen Nutzungsrechts auf Bodenreformland, das wegen seiner Kohlehaltigkeit im staatlichen Bodenfonds verblieben ist und nicht als „Neubauernland" ausgegeben wurde.

Buchstabe g

Die Ergänzung des Buchstaben g (bisher f) soll das in § 3 Abs. 2 Satz 2 genannte Regelungsprinzip für die hängenden Fälle zum Ausdruck bringen. Die Sachenrechtsbereinigung erfaßt diejenigen Fälle, in denen nach den Rechtsvorschriften der DDR für das errichtete Gebäude ein Nutzungsrecht zu bestellen war.

Die Bebauungen auf der Grundlage von Miet- und Pachtverträgen nach einer Zuweisung eines verfallenen Gebäudes oder einer Freifläche gemäß den Wohn- und Gewerberaumlenkungsverordnungen der DDR gehören nicht zur Sachenrechtsbereinigung. Das Zivilgesetzbuch der DDR enthielt in §§ 110 ff. detaillierte Regelungen über die Ersatzansprüche des Mieters infolge von Baumaßnahmen oder von baulichen Veränderungen. Die Bestellung eines Nutzungsrechts wegen extensiver baulicher Maßnahmen des Nutzers war jedoch nicht vorgesehen. Diese rechtliche Regelung ist unter wirtschaftlichen Gesichtspunkten für die Fälle unangemessen, in denen der Nutzer ein neues Gebäude errichtet hat. In den §§ 43 ff. E-SchuldRAnpG soll deshalb für diese Verträge aus Gründen des Investitionsschutzes ein langfristiger Kündigungsschutz herbeigeführt werden.

Diese Fälle können jedoch nicht den dinglichen Rechten gleichgestellt und daraus eine Belastung konstruiert werden, die eine Bodenwertteilung gebietet. Eine solche Umwandlung der Miet- und Pachtverträge in dingliche Rechte, sogar in den Fällen, in denen das Recht der DDR eine Absicherung der Bebauung durch Bestellung eines Nutzungsrechts und die Begründung selbständigen Gebäudeeigentums nicht vorsah, würde nicht nur Willkürlichkeiten im Verwaltungshandeln auffangen, sondern zu einer über das Recht der DDR hinausgehenden Umgestaltung des Rechts zum Nachteil des Grundstückseigentümers führen. Eine solche Veränderung der vorgefundenen Rechte liegt außerhalb des Rahmens der notwendigen Anpassung der vor dem Beitritt begründeten Rechtsverhältnisse.

Die Gruppe PDS/Linke Liste hatte den Antrag gestellt, den § 5 Abs. 3 wie folgt zu fassen:

„(3) Dieses Gesetz findet auch auf Grundstücke und Gebäude Anwendung, die bisher von den Nutzern überwiegend zur persönlichen Erholung, Freizeitgestaltung oder zu kleingärtnerischen Zwecken genutzt wurden, wenn die Gebäude in einer angemessenen Frist zu einem Dauerwohnsitz umgebaut und ausgestattet werden können und die Nutzer dazu in der Lage und bereit sind."

§ 6 SachenRBerG

Wegen der Streichung des Attributes „komplexer" wird auf die Ausführungen zu § 10a — neu — verwiesen.

§ 7 Abs. 2 SachenRBerG

Nummer 2

Der Rechtsausschuß teilt die Auffassung, die dem Regierungsentwurf zugrunde liegt, daß auch die Bebauungen aufgrund einer Rechtsträgerschaft durch Genossenschaften und Vereinigungen in die Sachenrechtsbereinigung einbezogen werden müssen.

Nach Auffassung des Ausschusses ist jedoch insofern eine Einschränkung geboten, als die Nutzer die Bebauungen ganz oder zum größten Teil mit eigenen Mitteln finanziert haben müssen. Für diese Fälle wäre der Genossenschaft grundsätzlich ein Nutzungsrecht zu verleihen gewesen (vgl. Rohde, Bodenrecht (1989), S. 89). Hier stellt sich die Rechtsträgerschaft als eine der Sicherung der Verwendung eigener Mittel für die Bebauung inadäquate Rechtsform dar.

Soweit der Bau hingegen ganz oder überwiegend aus nicht rückzahlbaren Zuwendungen des Staatshaushalts finanziert worden ist, war die Übertragung einer sog. nutznießenden Rechtsträgerschaft die richtige Rechtsform für die treuhänderische Nutzung des volkseigenen Vermögens. Eine Gleichstellung staatlich finanzierter Baumaßnahmen mit der Bebauung aufgrund verliehenen Nutzungsrechts ist aus dem Gedanken, den Nutzer so zu stellen, wie er bei gesetzeskonformem Vorgehen gestanden hätte (Nachzeichnungsprinzip), nicht gerechtfertigt.

Eine solche Gleichstellung wäre auch bei einer Betrachtung unter allein wirtschaftlichen Gesichtspunkten nicht begründet, da hier keine schützenswerte bauliche **Investition** des Nutzers vorliegt. Die staatliche Zuwendung kann nicht dadurch besonders „belohnt" werden, daß der Nutzer nunmehr auf Kosten der öffentlichen Hand auch den im Gebäude steckenden Wert und die Hälfte des Werts des Grundstücks erhält.

Nummer 3

Streichung des Relativsatzes

Der Vorschlag des Ausschusses, den Relativsatz nach dem Wort „Vereinigungen", der sich auf Parteien und Massenorganisationen bezog, wegfallen zu lassen, soll keine inhaltliche, sondern nur eine redaktionelle Veränderung herbeiführen. Der Vorschlag steht in unmittelbarem Zusammenhang mit der Änderung zu § 9 Abs. 3 SachenRBerG, mit der eine Begriffsbestimmung für die vom Entwurf erfaßten Vereinigungen aufgenommen werden soll.

§ 2 Abs. 2 Nr. 1 SachenRBerG stellt bereits klar, daß die Bestimmungen des Entwurfs auf Parteien und Massenorganisationen im Sinne der §§ 20a und 20b des Parteiengesetzes der DDR keine Anwendung finden sollen. Diese Rechtsfolge muß in § 7 Abs. 2 Nr. 3 nicht wiederholt ausgesprochen werden.

Einschränkung des Anwendungsbereiches

Auch die baulichen Investitionen der Vereinigungen, die sie als Rechtsträger durchgeführt haben, können nur dann den Bebauungen aufgrund Nutzungsrechts gleichgestellt werden, wenn sie diese ganz oder zum größten Teil aus eigenen Mitteln und nicht durch Zuwendungen aus dem Staatshaushalt vorgenommen haben. Auf die Ausführungen zu Nummer 2 wird Bezug genommen.

Nummer 7

Buchstabe a

Die Änderung ist Folge davon, daß die Regelung der Rechtsverhältnisse an den Grundstücken, die für Gebäude im Verwaltungsgebrauch verwendet worden sind, aus dem Anwendungsbereich der Sachenrechtsbereinigung herausgenommen werden soll (vgl. den Vorschlag zu § 2 Abs. 1 Nr. 4 SachenRBerG). Gegenstand der Sachenrechtsbereinigung bleibt insoweit noch die Regelung der Grundstücke, die

— zwar mit Gebäuden und baulichen Anlagen im Verwaltungsgebrauch bebaut oder für Zwecke des Gemeingebrauchs verwendet worden sind, aber in einem im komplexen Wohnungsbau oder im Siedlungsbau verwendeten Gebiet belegen sind, oder

— mit anderen, dem Finanzvermögen zuzurechnenden Gebäuden oder Anlagen bebaut worden sind.

Im erstgenannten Fall stellt die Sachenrechtsbereinigung insoweit nur den Maßstab für die im Bodensonderungsverfahren zu zahlenden Entschädigungsleistungen bereit. In diese Verfahren müssen diese Grundstücke einbezogen werden, da andernfalls die Bodensonderung nicht durchführbar wäre.

In dem an zweiter Stelle genannten Fall dient das Gebäude oder die bauliche Anlage nicht unmittelbar öffentlichen Zwecken, sondern soll der Gebietskörperschaft Einnahmen aus wirtschaftlicher Betätigung verschaffen. Die wirtschaftliche Tätigkeit des vom Staat betriebenen Unternehmens erfüllt keine öffentliche Aufgabe. Solche Formen staatlicher Beteiligung an Unternehmen sind regelmäßig auf die Erzielung von Einnahmen aus den Gewinnen ausgerichtet. Insoweit wäre es nicht gerechtfertigt, ein solches Unternehmen bei der Regelung der Rechtsverhältnisse aus der baulichen Nutzung fremden Grundeigentums anders zu behandeln als die gewerblichen Bauten der vormals volkseigenen, nunmehr privatisierten Betriebe.

Buchstabe b

Die Änderungen sind redaktioneller Art. Sie sind Folge der Neufassung.

§ 8 SachenRBerG

§ 8 bestimmt den Zeitraum, in dem die Sachverhalte entstanden sein müssen, auf die das Sachenrechtsbereinigungsgesetz Anwendung finden soll. Die vorgeschlagene Neufassung sieht im Vergleich zum Regierungsentwurf auch eine Bestimmung über einen Anfangszeitpunkt für den Anwendungsbereich und eine ausdrückliche Einbeziehung aller Sachverhalte vor, in denen auch nach Beendigung des genossenschaftlichen Bodennutzungsrechts mit Ablauf des 30. Juni 1990 durch die Regelung in Artikel 233 § 2 b EGBGB selbständiges Gebäudeeigentum entstanden ist.

Die Bestimmung eines Anfangszeitpunktes ist deshalb erforderlich, weil insoweit Zweifel über den zeitlichen Rahmen für den Anwendungsbereich der Sachenrechtsbereinigung entstehen könnten. Als Anfangszeitpunkt ist der 8. Mai 1945 vorgesehen.

Dies entspricht dem Regelungsgegenstand der Sachenrechtsbereinigung. Die Sachenrechtsbereinigung muß die aufgrund der Bodenordnung des sozialistischen Staates entstandenen Sachverhalte in marktgängige BGB-konforme Rechtsgestaltungen überführen. Der sozialistische Staat hat die Bodennutzung „vergesellschaftet" (vgl. Rohde, Bodenrecht (1989), S. 25). Die rechtlichen Instrumente waren die vom Staat verliehenen subjektiv-öffentlichen Nutzungsrechte und die Trennung von persönlichem oder genossenschaftlichem Gebäude- und vergesellschaftetem Grundstückseigentum.

Diese Entwicklung begann auf dem Gebiet der neuen Bundesländer unmittelbar nach der Kapitulation in der sowjetischen Besatzungszeit.

So waren aufgrund des SMAD-Befehles Nr. 209 vom 9. September 1947 37 000 Häuser in den Wirtschaften der Neubauern zu errichten. Viele dieser Häuser wurden aufgrund öffentlicher Zuweisung von Bodenflächen ohne Rücksicht auf die Eigentumsverhältnisse gebaut.

Im Entwurf ist kein Anfangszeitpunkt für den Anwendungsbereich des Gesetzes festgelegt. Als Anfangszeitpunkt für die Regelungen über die Inanspruchnahme fremden Grundstückseigentums ist daher der 8. Mai 1945 zu bestimmen.

Das Bodenrecht des sozialistischen Staates und seine Instrumente sind in mehreren Stufen — zum Teil noch in der DDR nach der Wende und im übrigen mit dem Beitritt — aufgehoben worden. Der Regierungsentwurf hat deshalb unterschiedliche Zeitpunkte für die Nutzungsrechte und die Bebauungen ohne rechtliche Absicherung („hängende Fälle") festgelegt. Da das Bodennutzungsrecht der landwirtschaftlichen Produktionsgenossenschaften aus § 18 LPG-Gesetz 1982 bereits am 1. Juli 1990, die Bestimmungen über die Verleihung von Nutzungsrechten auf volkseigenen Grundstücken aber erst mit dem Beitritt aufgehoben worden sind, ist insoweit nichts zu ändern (Nummern 2 und 3).

Die Sachenrechtsbereinigung muß jedoch auch eine Regelung für das selbständige Gebäudeeigentum bereitstellen, das aufgrund Gesetzes ohne Verleihung oder Zuweisung von Nutzungsrechten entstanden ist (Nummer 1). Insbesondere ist auch das Gebäudeeigentum zu erfassen, das nach den Bestimmungen in Artikel 233 § 2 b EGBGB in der Fassung durch das 2. Vermögensrechtsänderungsgesetz entstanden ist und wobei keine Zusammenführung von Grund- und Gebäudeeigentum im Rahmen der Vermögenszuordnung nach dem Wohnungsgenossenschafts-Vermögensgesetz erfolgt. Das betrifft vor allem die Bauten landwirtschaftlicher Produktionsgenossenschaften nach dem 30. Juni 1990 und vor dem 3. Oktober 1990.

§ 9 SachenRBerG

Absatz 1 Satz 1 Nr. 6

Die Änderung ist Folge der Einbeziehung der „hängenden" Gebäudekaufverträge, bei denen es nicht zur Bestellung eines Nutzungsrechts und damit zur Begründung selbständigen Gebäudeeigentums gekommen ist. Diese Sachverhalte sollen mit dem in der Stellungnahme der Bundesregierung zu einem Antrag des Bundesrates vorgeschlagenen neuen § 3 Abs. 3 SachenRBerG ebenfalls im Entwurf erfaßt und nach den Grundprinzipien der Sachenrechtsbereinigung geregelt werden. Der Rechtsausschuß folgt diesem Vorschlag.

Damit muß auch für diese Fälle bestimmt werden, wer anspruchsberechtigter Nutzer im Sinne des Entwurfs ist. Das ist in den in § 3 Abs. 3 und § 120a SachenRBerG bezeichneten Sachverhalten der Käufer des Gebäudes.

Absatz 2

Nummer 2

Es handelt sich um eine redaktionelle Änderung zur Klarstellung des Gewollten. Die Nummer 2 entspricht inhaltlich dem Regierungsentwurf. Die neue Formulierung bezeichnet alle Rechtsformen kommunaler und genossenschaftlicher Wohnungsunternehmen.

Nummer 3

Die Nummer 3 dient der Klarstellung des Anwendungsbereichs der in § 7 Abs. 2 Nr. 2 und 3 bezeichneten Sachverhalte. Die Genossenschaften und Vereinigungen haben in der DDR in der Regel die Grundstücke nicht selbst bebaut. Die Bebauungen waren Investitionsvorhaben der Genossenschaften und der Vereinigungen, deren Ausführung meist durch staatliche Hauptauftraggeber erfolgte.

In die Begriffsbestimmung des Rechtsnachfolgers sind auch die Bebauungen durch staatliche Hauptauftraggeber für Genossenschaften sowie Vereinigungen einbezogen worden, wenn die Bebauungen ganz oder überwiegend mit eigenen Mitteln der (Investitions-) Auftraggeber finanziert worden sind. Für diese Bebauungen wäre die Verleihung eines Nutzungsrechts die adäquate Rechtsform gewesen. Insoweit ist es sowohl unter rechtlichen als auch unter wirtschaftlichen Gesichtspunkten unerheblich, ob die Genossenschaft oder die Vereinigung selbst den Bau in Auftrag gegeben oder ein staatlicher Hauptauftraggeber eingeschaltet war.

Ein Nutzungsvertrag über ein vom Staat mit eigenen Mitteln erstelltes Gebäude nach § 4 der Anordnung für die Übertragung volkseigener unbeweglicher Grundmittel an sozialistische Genossenschaften vom 11. Oktober 1974 (GBl. I Nr. 53 S. 489) ist allerdings keine Bauinvestition, für die ein Nutzungsrecht zu bestellen war. Insoweit liegt auch keine Rechtsnachfolge im Sinne des § 9 Abs. 2 Nr. 3 vor.

Absatz 3

Absatz 3 Satz 2 enthält eine Begriffsbestimmung für die Vereinigungen, deren bauliche Investitionen in § 7 Abs. 2 Nr. 3 genannt worden sind. Die vorgeschlagene Begriffsbestimmung dient dem Zweck, keine Unklarheiten darüber entstehen zu lassen, was der Entwurf unter „Vereinigungen" versteht. In der Begründung zum Entwurf (Drucksache 12/5992, S. 106) sind die Vereinigungen nach der Verordnung vom 6. November 1975 (GBl. I Nr. 44 S. 723) erwähnt. Nach § 1 Abs. 1 dieser Verordnung handelte es sich um Zusammenschlüsse von Bürgern zur Wahrnehmung gemeinsamer Ziele. Diese Zusammenschlüsse entsprachen in ihrem Charakter den Idealvereinen im Sinne des § 21 BGB.

Gesellschaftliche Organisationen im Sinne des § 18 Abs. 4 ZGB waren insbesondere die Parteien, Massenorganisationen sowie alle anderen Organisationen der Bürger. Hierzu gehörten auch Interessenvertretungen für Mitglieder bestimmter Berufsgruppen. Diese haben sich in der Regel nach dem Vereinigungsgesetz der Deutschen Demokratischen Republik vom 21. Februar 1990 neu konstituiert oder registrieren lassen. Soweit sie nach § 4 des Vereinigungsgesetzes durch Registrierung Rechtsfähigkeit erlangt haben, bestehen die Vereinigungen nach Artikel 231 § 2 Abs. 1 des Einführungsgesetzes zum Bürgerlichen Gesetzbuche (EGBGB) als rechtsfähige Vereine fort. Die Bestimmungen des Sachenrechtsbereinigungsgesetzes sind auch auf solche Vereine anzuwenden, wenn sie keine Parteien oder mit ihnen verbundene Organisationen, keine juristischen Personen oder Massenorganisationen waren und daher die Maßgaberegelung des Einigungsvertrages zu §§ 20 a und 20 b des Parteiengesetzes der ehemaligen DDR keine Anwendung findet. Diese Vereinigungen sollen Nutzer sein, die die Ansprüche aus dem Sachenrechtsbereinigungsgesetz geltend machen können. Das wird in der Begriffsbestimmung zu § 9 Abs. 3 Satz 2 des Entwurfs klargestellt.

Absatz 4

Die Bestimmung ist an die Regelung über das gemeinschaftliche Eigentum von Ehegatten in Artikel 234 § 4a EGBGB in der Fassung durch das Registerverfahrenbeschleunigungsgesetz anzupassen. Soweit Gebäudeeigentum entstanden oder ein Nutzungsrecht bestellt worden ist, sind die Vorschriften über das gemeinschaftliche Eigentum von Ehegatten unmittelbar anzuwenden. Im Zweifel ist in diesen Fällen Eigentum nach Bruchteilen entstanden.

Eine klarstellende Regelung ist nur noch für die Fälle erforderlich, in denen solche Rechte in der DDR nicht entstanden sind, der Entwurf jedoch aus den Baumaßnahmen gesetzliche Ansprüche begründet. Um nicht zu willkürlichen Differenzierungen zu kommen, sollen insoweit die Bestimmungen über das gemeinschaftliche Eigentum entsprechend anzuwenden sein.

§ 10 Abs. 1 SachenRBerG

Die vom Ausschuß empfohlenen Änderungen sollen den Anwendungsbereich der Regelung in den Fällen klarstellen, in denen für die Entscheidung über die Bodennutzung unzuständige, aber über die Verwirklichung der planwirtschaftlichen Vorgaben bestimmende Organe in Staat und Partei über ihre Kompetenzen hinweg die Verhältnisse an den Grundstücken zwar nicht rechtlich, aber faktisch geregelt haben.

Der Hinweis, daß solche Anordnungen „ausdrücklich" erfolgt sein müssen, soll klarstellen, daß in Vollzug dieser Praxis eine Anordnung ergangen sein muß. Die stillschweigende Gewährung besonderer Vorteile durch hierfür unzuständige Organe reicht nicht aus.

§ 10a SachenRBerG — neu —

Die vorgeschlagene Bestimmung dient der Klarstellung, welche Sachverhalte unter den Begriff „komplexer Wohnungsbau oder Siedlungsbau" fallen. Gleichzeitig wird der gebietsbezogene Inhalt der mit dem Begriff bezeichneten Bebauungen von den auf den Investor und den Nutzer bezogenen Fallgruppen des staatlichen und genossenschaftlichen Wohnungsbaus (§ 6) und des Eigenheimbaus (§ 5) abgegrenzt.

Die Begriffsbestimmung hat Bedeutung für den Anwendungsbereich der Bodensonderungsverfahren, für die besondere Bestimmungen zur Verkehrswertermittlung und zur Bemessung von Ausgleichszahlungen gelten (vgl. § 19 Abs. 3 bis 7) oder die der großflächigen Bebauung Rechnung tragen sollen. Eine Bestimmung des Begriffs des komplexen Wohnungsbaus und des Siedlungsbaus ist deshalb erforderlich, weil die Terminologie in der DDR insoweit nicht einheitlich gewesen ist.

Der Begriff „komplexer Wohnungsbau" wurde in der DDR zunächst als eine auf ein ganzes Gebiet bezogene Neuerrichtung von Wohngebieten, als Stadterweiterung auf bisher nicht erschlossenen und nicht bebauten Gebieten durch industriemäßiges Bauen verstanden. Eine solche Auslegung entspricht dem allgemeinen Verständnis von einer komplexen Bebauung.

Der Begriff wurde ab 1972 auf fast alle Gegenstände des staatlichen oder genossenschaftlichen Wohnungsbaus erweitert und erfaßte den Neubau eines einzelnen Gebäudes sowie die Rekonstruktion, Modernisierung oder Instandsetzung von Gebäuden. Die Bezugnahme auf diesen umfassenden Begriff ist jedoch eher irreführend, weil der Maßstab dessen, was eine Bebauung im Sinne des Entwurfs ist, in der Begriffsbestimmung in § 11 festgelegt werden soll.

Es ist deshalb zweckmäßig, auf den Begriff „komplex" dort zu verzichten, wo es allgemein um eine Bezeichnung des staatlichen oder genossenschaftlichen Wohnungsbaus geht, und ihn entsprechend dem allgemeinen Sprachgebrauch nur dann zu verwenden, wenn es um eine gebietsbezogene Baumaßnahme zur Stadterweiterung und zur Anlegung einer neuen Siedlung geht. Diesem Zwecke dient die vorgeschlagene Begriffsbestimmung für den komplexen Wohnungsbau und Siedlungsbau.

§ 14 Abs. 2 SachenRBerG

Die Gruppe PDS/Linke Liste hatte beantragt, diesen Absatz zu streichen.

§ 17 Abs. 1 SachenRBerG

Das Aufgebotsverfahren ist dann nicht zulässig, wenn der Nutzer an der Besorgung seiner Angelegenheiten verhindert ist, er und sein Aufenthalt jedoch bekannt sind. Die Änderung entspricht der Nummer 5 der Stellungnahme des Bundesrates (vgl. Drucksache 12/5992, S. 189).

§ 18 SachenRBerG

§ 18 bestimmt die allgemeinen Grundsätze für die Wertermittlung. Die Prinzipien des Regierungsentwurfs, nach denen

— der Bodenwert grundsätzlich auf der Basis eines vergleichbaren unbebauten Grundstücks bestimmt werden soll,

— zugunsten der Nutzer die durch die Erschließung und die Vermessung eingetretene Werterhöhung abgezogen werden soll, wenn das Grundstück nicht bereits zu der Zeit erschlossen war, als sich noch der Eigentümer im Besitz des Grundstücks befand,

sollen unverändert bleiben. Sie entsprechen den Eckwerten für den Interessenausgleich zwischen Grundstückseigentümer und Nutzer, nach denen der durch die Marktwirtschaft vorhandene Bodenwert zu teilen ist.

Der Regierungsentwurf hat bereits eine Vereinfachung für die Wertermittlung vorgesehen, indem er

bestimmt, daß hierfür grundsätzlich auf die Bodenrichtwerte zurückgegriffen werden soll. Schwierig wäre die Bestimmung des Anteils der Werterhöhung, der durch die Aufwendungen zur Erschließung, Vermessung und durch andere Maßnahmen zur Baureifmachung eingetreten ist. Die Vorstellungen der Beteiligten hierzu gehen oft weit auseinander. Einen sicheren Maßstab für eine Bewertung im Einzelfall gibt es nicht. Zur Erleichterung des Verfahrens und zur Vermeidung von Streitigkeiten schlägt der Ausschuß den Ansatz pauschaler Abzugsbeträge vor (Absatz 3). Die übrigen Änderungen sind redaktioneller Natur.

Absatz 1

Die Änderung ist eine redaktionelle Anpassung. Der Grundsatz, daß Erbbauzins und Ankaufspreis nach dem Bodenwert zu bemessen sind, wird nunmehr in Absatz 1 festgelegt.

Absatz 2

Die Vorschrift entspricht inhaltlich dem Vorschlag der Bundesregierung in der Gegenäußerung zur Stellungnahme des Bundesrates (Drucksache 12/5992, S. 209). Zur Erleichterung der Anwendbarkeit wird die Methode der Berechnung des Bodenwerts verdeutlicht. Ausgangsbasis ist der Wert des baureifen Grundstücks, der nach dem Verkehrswert im Sinne des § 194 des Baugesetzbuchs (BauGB) zu bestimmen ist, der sich ergeben würde, wenn das Grundstück unbebaut wäre. Dieser entspricht in der Regel dem in Absatz 5 genannten Bodenrichtwert. Von dem Wert des baureifen Grundstücks ist die Pauschale für die Werterhöhung durch die Aufwendungen zur Baureifmachung und gegebenenfalls eine Wertminderung durch die Kosten des Abbruchs abzuziehen.

Absatz 3

Die Bestimmung ist neu. Sie enthält die Pauschale für alle Aufwendungen zur Erschließung, zur Vermessung und für andere Kosten der Baureifmachung des Grundstücks.

Die nach Maßgabe des Absatzes 2 Satz 3 Nr. 1 zu berücksichtigende Minderung für diese Aufwendungen ist erfahrungsgemäß von der Größe der Gemeinde abhängig. Insbesondere wegen der höheren Bodenwerte in den großen Gemeinden fallen beim Grunderwerb für Erschließungsanlagen auch höhere Grunderwerbskosten an.

Maßgeblich für die Untergliederung ist die Statistik der Kaufwerte für baureifes Land nach Gemeindegrößenklassen in den neuen Bundesländern, die bis zu einer Gemeindegrößenklasse von unter 10 000 Einwohnern einen durchschnittlichen Kaufpreis von 25 DM/m² für baureifes Land aufweist; erst ab einer Gemeindegrößenklasse von über 100 000 Einwohnern, mit einem durchschnittlichen Bodenwert für baureifes Land von rd. 78 DM/m², verzeichnet die Kaufwertestatistik einen stärkeren Anstieg. Dem tragen die Durchschnittssätze für den Wertanteil der Erschließung, der Vermessung und der sonstigen Kosten der Baureifmachung unter Berücksichtigung des im Beitrittsgebiet vorherrschenden Standards Rechnung.

Nach Satz 2 der Regelung wird als unterste Grenze der Bodenwert des Rohbaulands im Sinne des § 4 Abs. 3 der Wertermittlungsverordnung vorgegeben, wobei die Regelung insbesondere für Gemeindegrößenklassen unter 10 000 Einwohnern und den dort in der Regel niedrigen Bodenwerten von Bedeutung ist.

Absatz 4

Die Regelung behandelt die Abbruchkosten.

Satz 1 ist neu. Er ist deshalb notwendig geworden, weil es eine Bemessung des Bodenwertes nach Entschädigungswerten grundsätzlich nicht mehr geben soll. Die Berücksichtigung der Abbruchkostenbelastung könnte jedoch dazu führen, daß der Bodenwert gegen Null sinkt oder — falls ein Abbruch aus öffentlich-rechtlichen Gründen erforderlich wird — sogar negativ wird. Satz 1 begrenzt den Abzug bis auf das Doppelte des in § 83 Abs. 5 bestimmten Entschädigungswerts. Damit wird sichergestellt, daß der Grundstückseigentümer wenigstens das erhält, was er im Falle einer entschädigungslosen Enteignung bekommen würde.

Satz 2 stellt klar, daß der Abzug nicht vorzunehmen ist, wenn der Nutzer das Gebäude hat verfallen lassen oder vertraglich zum Abriß des Gebäudes verpflichtet ist. Die Regelung entspricht § 19 Abs. 1 des Regierungsentwurfs und § 18 Abs. 2 Satz 3 des Vorschlags der Bundesregierung in der Gegenäußerung zur Stellungnahme des Bundesrates (Drucksache 12/5992, S. 209).

Absatz 5

Absatz 5 entspricht Absatz 3 des Regierungsentwurfs.

§ 19 SachenRBerG

Der Rechtsausschuß schlägt vor, diese Bestimmung in zwei Punkten inhaltlich zu ändern und redaktionell neu zu fassen. Der den Entwurf mitberatende Ausschuß für Raumordnung, Bauwesen und Städtebau hat in seiner Stellungnahme zum Entwurf eine gleichlautende Empfehlung ausgesprochen.

Die beiden inhaltlichen Änderungen liegen darin, daß

— die Bestimmung des Bodenwerts der im staatlichen oder genossenschaftlichen Wohnungsbau verwendeten Grundstücke nicht mehr nach besonderen — Sach- und Ertragswertgesichtspunkten Rechnung tragenden — Wertermittlungsvorschriften erfolgen soll, die durch eine Rechtsverordnung näher

präzisiert werden müßten (§ 19 Abs. 2, § 20 Nr. 1 des Entwurfs), und

— es eine Bestimmung des Bodenwerts nach Entschädigungssätzen (§ 19 Abs. 3) nicht mehr geben soll; die Sachenrechtsbereinigung wird also — soweit möglich — vom Entwurf des Entschädigungsgesetzes abgekoppelt.

Zu den neu gefaßten Absätzen ist im einzelnen folgendes anzuführen:

Absatz 1

Absatz 1 ist zu streichen. Die Regelung über die Behandlung der Abbruchkosten gehört zu den allgemeinen Grundsätzen der Wertermittlung und ist — wie von der Bundesregierung in ihrer Gegenäußerung zur Stellungnahme des Bundesrates zu Nummer 6 (Drucksache 12/5992, S. 209) vorgeschlagen — deshalb in § 18 Abs. 2 Satz 3 Nr. 2 und Abs. 4 aufzunehmen.

Absatz 2

Die Regelung betrifft die Bestimmung des Bodenwerts für die im staatlichen und genossenschaftlichen Wohnungsbau verwendeten Grundstücke.

Der Regierungsentwurf bestimmt allgemein, daß die Bauweise, der bauliche Zustand des Gebäudes sowie die eingeschränkte Ertragsfähigkeit der Grundstücke der Höhe wie der Dauer nach angemessen zu berücksichtigen sind. Die Einzelheiten sollen in einer Verordnung geregelt werden. Die Vorschrift über die Bestimmung des Verkehrswerts unter den vorstehenden Gesichtspunkten soll nach dem Entwurf Grundlage für eine Ermäßigung des Erbbauzinses in § 45 und für die besondere Bemessung des Ankaufspreises in § 74 sein.

Die Erörterungen im Ausschuß für Raumordnung, Bauwesen und Städtebau und im Rechtsausschuß haben ergeben, daß eine differenzierte Regelung für die im staatlichen und genossenschaftlichen Wohnungsbau verwendeten Grundstücke im allgemeinen und für die im komplexen Wohnungsbau und im Siedlungsbau verwendeten Grundstücke im besonderen angezeigt ist.

Absatz 2 enthält eine **allgemeine** Bestimmung zur Ermittlung des Bodenwerts für die im staatlichen oder genossenschaftlichen Wohnungsbau verwendeten Grundstücke. Die Vorschrift besagt, daß bei der Wertermittlung nicht die baurechtlich zulässige höherwertige Nutzung, sondern die vorhandene Bebauung und Nutzung maßgeblich ist.

— Die Vorschrift begründet sich daraus, daß die im Mietwohnungsbau verwendeten Grundstücke im allgemeinen wegen öffentlich-rechtlicher Vorschriften, die eine Zweckentfremdung von Wohnraum verbieten, nicht einer anderen (höherwertigen) Nutzung zugeführt werden können.

Dieser Umstand wirkt sich auf den Bodenwert eines solchen Grundstücks aus. Der Bodenwert eines Grundstücks wird von dem erzielbaren Rohertrag wesentlich bestimmt (vgl. Vogels, Grundstücks- und Gebäudebewertung, marktgerecht, 3. Aufl., S. 71). Kann z. B. die Nutzung eines Grundstücks als Mietwohnhausgrundstück infolge der aufstehenden Bebauung und der daran anknüpfenden rechtlichen Bindungen nicht geändert werden, so kann der Bodenwert nicht nach dem Wert eines unbebauten Nachbargrundstücks bestimmt werden, wenn dessen Wert von der zulässigen baulichen Nutzung als Büro- und Geschäftsgrundstück geprägt wird.

Die Bestimmung entspricht damit den allgemeinen Grundsätzen für die Bewertung bebauter Grundstücke. Die für andere Grundstücke gezahlten Preise sind nur dann heranzuziehen, wenn sie nach Lage und Art der baulichen Nutzung sowie nach Größe und Alter der baulichen Anlagen vergleichbar sind (vgl. § 5 Abs. 5 und § 12 Abs. 1 Satz 2 Wertermittlungsverordnung).

— Darüber hinaus soll es eine von den Bestimmungen in § 18 abweichende Wertfeststellung für die im staatlichen oder genossenschaftlichen Wohnungsbau verwendeten Grundstücke nicht geben. Die Ertragslage für Mietwohnhäuser im Beitrittsgebiet wird zwar derzeit noch durch die gesetzliche Mietzinsbindung beeinträchtigt; besondere Bestimmungen für die Ermittlung des **Bodenwertes** sind deshalb jedoch weder nötig noch gerechtfertigt. Die Feststellung des Bodenwerts soll zudem nicht mit unsicheren Ermittlungen darüber belastet werden, inwieweit der Bodenwert durch die Substanz- und Ertragslage des aufstehenden Gebäudes gemindert ist.

Eine Beeinträchtigung der Ertragsfähigkeit durch die Grundmietenverordnung käme nur in Betracht, wenn das Gebäude vor Ablauf des 2. Oktober 1990 fertiggestellt war und Mietverträge abgeschlossen wurden. Die gesetzliche Mietzinsbindung soll 1995 enden. Bei einer längeren Restnutzungsdauer des Gebäudes ergibt sich deshalb keine nachhaltige Beeinträchtigung des Ertragswerts, die über die bei der Wertermittlung sich ohnehin ergebenden Toleranzen wesentlich hinausgeht.

Es ist daher nicht erforderlich und würde zu nicht auflösbaren Streitigkeiten führen, wenn die Feststellung des Bodenwerts mit unsicheren, spekulativen Ermittlungen über die künftige Mietenentwicklung belastet wäre.

Absatz 3

Der Absatz 3 im Regierungsentwurf enthielt eine Bodenwertbestimmung nach einem Entschädigungswert für Verkehrs- und andere, dem Gemeingebrauch gewidmete Flächen. Der Anwendungsbereich dieser Vorschrift ist auch nach dem Regierungsentwurf beschränkt. Er betrifft nur die in einem im komplexen Wohnungsbau oder im Siedlungsbau bebauten Gebiet belegenen Grundstücke, die für Verkehrsflächen und Zwecke des Gemeingebrauchs verwendet worden sind. Die Rechtsverhältnisse an diesen Grundstücken müssen in einer Bodenneuordnung mit geregelt werden können; andernfalls wäre diese nicht durchführbar. Eine darüber hinausgehende, allgemeine Regelung für die Fälle rückständiger Enteignungen (vgl. den Ausschlußtatbestand in § 2 Abs. 1 Nr. 4) durch die Sachenrechtsbereinigung ist auch im Regierungsentwurf nicht vorgesehen.

Eine Bodenwertbestimmung nach Entschädigungswerten kann jedoch nicht erfolgen, solange das Entschädigungsgesetz nicht in Kraft getreten ist. Bei einer Leerverweisung auf eine künftige gesetzliche Regelung wäre die Bodenneuordnung jedoch auf längere Zeit nicht ausführbar.

Absatz 3 enthält nunmehr eine besondere Bestimmung für die im komplexen Wohnungsbau oder Siedlungsbau verwendeten Grundstücke. Als Alternative zum Regierungsentwurf wird eine Bewertung unter Ansatz eines pauschalen Abzuges für

— Erschließungs-, Vermessungs- und andere Maßnahmen zur Baureifmachung und

— die infolge ihrer Verwendung für den Wohnungsbau, den Bau öffentlichen Zwecken dienender Gebäude oder zum Gemeingebrauch geminderten oder nicht vorhandenen Verkehrswerte

vorgeschlagen.

Die komplexe Überbauung mit den dazu erforderlichen Maßnahmen zur Infrastruktur macht in der Regel eine Bodensonderung erforderlich, die zum Teil die Wirkungen einer nachgeholten Umlegung nach §§ 45 bis 79 BauGB hat. Bei der Umlegung findet ein Ausgleich für die durch die Umlegung bewirkten Vorteile nach Werten oder nach Flächen statt (§§ 57 und 58 BauGB).

Beim Flächenbeitrag ist für erstmalig erschlossene Gebiete — um die es sich beim komplexen Wohnungsbau oder Siedlungsbau in der Regel handelt — *ein Abzug bis zu 30 vom Hundert zulässig.*

Der Abzug von einem Drittel des Wertes eines unbebauten Grundstücks in diesem Gebiet begründet sich

— einmal daraus, daß die Investitionen des Staates oder der Wohnungsbaugenossenschaften im komplexen Wohnungsbau oder Siedlungsbau eine wesentlich höhere Intensität hatten als bei der Bau eines einzelnen Gebäudes und die Grundstücke durch die Bodensonderung eine einer Umlegung vergleichbare Wertsteigerung erfahren, sowie

— aus dem Umstand, daß die für den staatlichen oder genossenschaftlichen Wohnungsbau, für öffentliche Bauten wie für Zwecke des Gemeingebrauchs genutzten Grundstücke einen wesentlich geringeren Wert haben als die im Gebiet belegenen unbebauten, baureifen Grundstücke.

Die vorstehenden Faktoren lassen sich nur schwer oder nicht rechnerisch exakt erfassen. Erforderlich ist zudem eine praktikable Regelung. Mit Rücksicht darauf, daß die oben erwähnten Gesichtspunkte entweder neu sind oder Besonderheiten betreffen, für die es keine Vorbilder gibt, wäre eine allgemein formulierte Regelung, wie sie noch dem Regierungsentwurf zugrunde liegt, nicht praktikabel. Deshalb ist ein pauschaler Abschlag notwendig, der allen Beteiligten die erforderliche Sicherheit für eine schnelle Sachenrechtsbereinigung bietet. Dies ist darüber hinaus auch im Interesse eines raschen Vollzugs erforderlicher Grundstücksneubildungen in den Verfahren nach dem Bodensonderungsgesetz unerläßlich.

Unter Berücksichtigung der oben dargelegten Gesichtspunkte ist der vorgesehene Abzug in Höhe von einem Drittel des Bodenwertes sachgerecht.

Absätze 4 bis 7

Die Absätze 4 bis 7 entsprechen inhaltlich den Absätzen 4 bis 6 des Regierungsentwurfs. Sie sind sprachlich neu gefaßt worden, um das Gewollte besser zum Ausdruck zu bringen.

§ 20 SachenRBerG — alt —

Die Verordnungsermächtigung ist infolge der Änderungen zu § 19 Abs. 2 und 3 entbehrlich geworden. Eine Bodenwertermittlung unter Sach- und Ertragswertgesichtspunkten soll es nicht mehr geben.

§ 24 Abs. 1 SachenRBerG

Die Änderung ist redaktionell. Die Regelung betrifft die Bebauung mehrerer Grundstücke nach einheitlicher Bebauungskonzeption. Hier ist deshalb der Begriff komplexer Wohnungsbau entsprechend der zu § 10a SachenRBerG vorgeschlagenen Begriffsbestimmung zu verwenden, während der Hinweis auf den Investor (Staat, Genossenschaft oder Bürger) entbehrlich ist.

§ 26 SachenRBerG

Absatz 1

Die Regelung betrifft vor allem die Fälle, in denen ein Nutzungsrecht über die für den Eigenheimbau vorgesehene Regelgröße hinausgeht. Die Ansprüche des Nutzers knüpfen an den Umfang des Nutzungsrechts an, lassen jedoch bei großen Grundstücken eine Abtrennung selbständig baulich (oder bei mehr als 1 000 Quadratmetern auch in anderer Weise wirtschaftlich) nutzbarer Teilflächen zu (vgl. im übrigen die Begründung zum Regierungsentwurf Drucksache 12/5992, S. 125).

An einer Abtrennung kann der Grundstückseigentümer interessiert sein, wenn er die Teilfläche selbst nutzen will. Absatz 1 des Regierungsentwurfs trägt diesem Interesse Rechnung.

Auch der Nutzer kann an einer Abtrennung interessiert sein, um die Belastungen zu vermeiden, die sich für ihn sonst aus der Bestellung des Erbbaurechts auf abtrennbaren Teilflächen nach § 43 Abs. 2 Nr. 1

Buchstabe b und aus dem Ankauf solcher Flächen nach § 71 Abs. 3 ergeben würden. Nach dem Regierungsentwurf müßte der Nutzer — wenn der Grundstückseigentümer nicht die Ansprüche auf Abtrennung geltend macht — auch diese abtrennbaren (Teil-)Flächen übernehmen, die der Nutzer dann (durch Verkauf, Vermietung oder Verpachtung) verwerten müßte. Die Änderung gibt dem Nutzer trotz seines über die Regelgröße hinausgehenden Nutzungsrechts den Anspruch, vom Grundstückseigentümer die Übernahme dieser Flächen zu verlangen. Das Verwertungsrisiko liegt dann beim Grundstückseigentümer.

Die Gruppe PDS/Linke Liste hatte den Antrag gestellt, den Absatz 1 wie folgt zu fassen:

"(1) Ist dem Nutzer ein Nutzungsrecht verliehen oder zugewiesen worden, das die Größe von 1 000 Quadratmetern übersteigt, so können der Nutzer und der Grundstückseigentümer im Vertrag nach Satz 3 abweichend vom Umfang des Nutzungsrechts bestimmt wird. Das gleiche gilt, wenn der Anspruch des Nutzers nach den §§ 21 bis 23 sich auf die genannte Größe hinausgehende Fläche erstreckt. Die Ansprüche aus den Sätzen 1 und 2 können nur geltend gemacht werden, soweit die über die Größe von 1 000 Quadratmetern hinausgehende Fläche abtrennbar und angemessen wirtschaftlich nutzbar ist."

Absatz 2

Der Zweck der Ergänzung des Absatzes 1 besteht darin, daß der Nutzer seine Belastung aus Erbbauzins oder Ankaufspreis dadurch reduzieren kann, daß er seine Ansprüche auf eine Teilfläche von 500 Quadratmetern beschränkt. Der Nutzer soll den Anspruch auf Abtrennung aber nicht dazu verwenden können, vom Grundstückseigentümer eine Entschädigung nach dem Zeitwert für die ihm lästig gewordenen Baulichkeiten auf der abzutrennenden Teilfläche zu erlangen, die auch für den Grundstückseigentümer wertlos sind.

Falls dagegen der Nutzer vom Grundstückseigentümer die Übernahme einer bisher von ihm genutzten Teilfläche verlangt, soll es bei den allgemeinen Rechtsgrundsätzen verbleiben. Hiernach schuldet der Grundstückseigentümer nur im Umfang Wertersatz, wie der Wert seines Grundstücks zum Zeitpunkt der Herausgabe noch erhöht ist.

Der vorstehende Vorschlag entspricht den Grundsätzen für die Entschädigung, wie sie in § 12 des Entwurfs des Schuldrechtsanpassungsgesetzes (Drucksache 12/7135) vorgesehen sind. Dort wird ebenfalls unterschieden, ob der Grundstückseigentümer kündigt und die Herausgabe der Fläche verlangt oder ob der Nutzer (weil er z. B. das Nutzungsentgelt nicht mehr zahlen kann oder will) das Vertragsverhältnis beendet und das Grundstück zurückgibt. Die Regelung über die Entschädigung der Baulichkeiten sollte nach einheitlichen Grundprinzipien aufgebaut sein.

§ 29 SachenRBerG

Absatz 3 — neu —

Satz 1 des neuen Absatzes 3 enthält den in § 29 Abs. 2 Satz 2 des Regierungsentwurfs enthaltenen Rechtsgedanken. Die Einreden gegenüber den Ansprüchen aus der Sachenrechtsbereinigung sollen dem Grundstückseigentümer im Falle einer Veräußerung erhalten bleiben.

Der Regierungsentwurf geht noch von der Übertragung des Nutzungsrechts aus. Nach Artikel 233 § 4 Abs. 1 Satz 3 EGBGB in der Fassung des Registerverfahrenbeschleunigungsgesetzes ist nicht das Nutzungsrecht, sondern das Eigentum am Gebäude zu veräußern. Das Nutzungsrecht folgt dem Gebäudeeigentum als Bestandteil nach. Insoweit ist im Text des Entwurfs an die Übertragung des Eigentums am Gebäude anzuknüpfen.

Ist ein Nutzungsrecht bestellt, so wird für das in Artikel 233 § 4 Abs. 1 EGBGB bezeichnete Gebäudeeigentum nach § 144 Abs. 1 Nr. 4 der Nutzungsurkunde ein Grundbuchblatt angelegt, ohne daß die Bebauung des Grundstücks nachgewiesen werden muß. Das eingetragene Gebäudeeigentum wird damit übertragbar, ohne daß eine Bebauung erfolgt sein muß. Für diese Fälle ist dem Grundstückseigentümer die in Absatz 2 bestimmte Einrede zu erhalten, da es wegen Fehlens einer baulichen Investition keiner Absicherung bedarf. Ohne eine solche Einwendungsdurchgriff — wie er bereits in Absatz 2 Satz 2 des Regierungsentwurfs vorgesehen ist — wären Spekulationsgeschäfte mit „leeren" Rechtstiteln möglich.

Die Einrede muß nicht nur im Falle der Veräußerung eines kraft Nutzungsrechts ohne bauliche Investition eingetragenen Gebäudeeigentums, sondern auch in den Fällen eines nach Artikel 233 § 2b oder § 8 EGBGB entstandenen Gebäudeeigentums eingreifen, wenn das Gebäude verfallen ist und eine schützenswerte bauliche Investition des Nutzers nicht mehr vorliegt. Der Durchgriff der Einrede wird daher auf alle Veräußerungen von Gebäudeeigentum erstreckt.

Absatz 4 — neu —

Der Absatz 4 soll Veräußerungen von Anlagevermögen erleichtern, wenn das Unternehmen oder Teile des Unternehmens übertragen werden sollen. Derartige Veräußerungen liegen noch im Rahmen der in der ehemaligen DDR begründeten Nutzungsbefugnis.

Die Art der Nutzung des Gebäudes oder der baulichen Anlage ändert sich hierdurch nicht. — Wird das Gebäude nicht mehr genutzt, so liegt eine bestimmungsgemäße Nutzung nicht mehr vor. Die Veräußerung des Gebäudes soll grundsätzlich nicht dazu führen, daß dem Nutzer eine Beteiligung am Bodenwert verbleibt. Die in der DDR begründete Nutzungsbefugnis sollte wirtschaftlichen oder persönlichen Zwecken dienen. Die Sachenrechtsbereinigung soll diesen Besitzstand erhalten, jedoch keine Möglichkeit zur Gewinnerzielung allein durch Veräußerungen von nicht mehr genutzten Gebäuden eröffnen, denen Ankaufsrechte oder Ansprüche auf Bestellung von Erbbaurechten unter Halbteilung des Bodenwerts folgen.

Die Veräußerung von noch nutzbaren Gebäuden oder baulichen Anlagen, die der Erwerber für die Fortführung des Unternehmens benötigt, im Wege der Übertragung des Unternehmens oder von Unternehmensteilen ist insofern ein Sonderfall, als eine derartige Veräußerung in der Regel auch dem Fortbestand des Unternehmens dient. Der Zweck solcher Veräußerungen ist damit zugleich der Erhalt der vom Fortbestand des Unternehmens abhängigen Arbeitsplätze und der in den Anlagen steckenden wirtschaftlichen Werte.

Der Gesichtspunkt, daß der bisherige Nutzer durch die Veräußerung des Gebäudes mit den nach diesem Gesetz begründeten Ansprüchen auch einen Gewinn aus seiner bisherigen Nutzungsberechtigung erzielen kann, muß hinter die Erwägungen zurücktreten, daß hier keine Änderung der bisherigen Nutzungsart erfolgt und die Durchführung notwendiger Veräußerungen zum Erhalt und zur Sanierung von Unternehmen ausgeschlossen wäre, wenn der Grundstückseigentümer in diesen Fällen die in den Absätzen 1 und 2 bezeichneten Einreden erheben könnte.

Aus den gleichen Gründen ist in § 72 Abs. 1 Satz 2 eine Ausnahme von der Verpflichtung des Nutzers zur Nachzahlung für den Fall einer Weiterveräußerung in den ersten drei Jahren nach dem Ankauf des Grundstücks vorgesehen worden. Es wäre indessen nicht sachgerecht, wenn eine solche Veräußerung vor dem Ankauf oder der Bestellung eines Erbbaurechts zum Verlust der im Entwurf begründeten Ansprüche (und der Beteiligung des Nutzers am Bodenwert) führen würde, kurz nach dem Ankauf oder der Erbbaurechtsbestellung jedoch unschädlich wäre.

Absatz 5

Die Änderung ist redaktionell.

Der Absatz 5 (Absatz 3 im Regierungsentwurf) regelt, welche Rechtsfolgen eintreten, wenn der Grundstückseigentümer mit Erfolg die Bestellung eines Erbbaurechts oder den Ankauf des Grundstücks aus den in den Absätzen 1 und 2 genannten Gründen verweigert hat. Damit wird eine Bereinigung unter Teilung des Bodenwertes unmöglich. Dies darf jedoch nicht dazu führen, daß die Rechtsverhältnisse auf unabsehbare Zeit nicht mehr bereinigt werden können. In diesem Fall muß das Gebäude vom Grundstückseigentümer erworben werden, oder das Gebäude und das Grundstück sind als Einheit an einen Dritten zu veräußern.

Ist kein Gebäudeeigentum entstanden, so ist das Gebäude nicht anzukaufen, sondern es sind die aus der baulichen Investition entstandenen Ansprüche abzulösen. Dies wird durch die Ergänzung klargestellt.

§ 30 Abs. 3 SachenRBerG

Die Verwendung des Grundstücks im komplexen Wohnungsbau oder im Siedlungsbau schließt die Rückgabe an den Alteigentümer nach § 5 Abs. 1 Buchstabe b und c VermG wie die Herausgabe an den Eigentümer nach § 985 BGB aus. Die Bebauung muß aus wirtschaftlichen und wohnungspolitischen Gründen stehenbleiben. Die Rechtsverhältnisse sind nach den Maßgaben des Entwurfs BGB-konform zu regeln.

Die bauliche Inanspruchnahme des Grundstücks vor einer rechtlichen Regelung der Eigentumsverhältnisse entsprach der Praxis in der DDR. Eine mit Billigung staatlicher Stellen erfolgte Bebauung ist deshalb nicht als unredlich anzusehen, auch wenn die rechtliche Regelung der Bodennutzung, z. B. wegen Überlastung der staatlichen Stellen, die den Grunderwerb zu besorgen hatten, noch ausstand. Erbbauzins und Ankaufspreis sind deshalb auch für diese Fälle nach den allgemeinen Grundsätzen zu bestimmen.

Eine andere Regelung ist jedoch dann geboten, wenn die für die Entscheidung über die Anträge auf Entzug des Eigentumsrechts zuständigen staatlichen Stellen (nach § 8 der Durchführungsverordnung zum Baulandgesetz vom 15. Juni 1984 — GBl. I Nr. 17 S. 205 — waren die Räte der Kreise zuständig) der Inanspruchnahme des Grundstücks ausdrücklich widersprochen hatten. Solche Anordnungen sind in der DDR in einigen Fällen — vor allem nach der Wende — ergangen und den Investitionsauftraggebern zugestellt worden. Die Bestimmungen im Entwurf für die sog. „hängenden" Fälle haben die Billigung der staatlichen Stellen zur Voraussetzung. Dies gilt insbesondere für die Halbteilung des Zinssatzes beim Erbbaurecht und des Bodenwerts beim Ankauf. Diejenigen, die sich über solche Anordnungen der für die Enteignungsverfahren zuständigen staatlichen Stellen hinweggesetzt und in fremdes Eigentum eingegriffen haben, können deshalb keine Halbteilung für sich in Anspruch nehmen. Sie sollen für die Nutzung und den Erwerb das übliche Entgelt zahlen.

§ 31 SachenRBerG

Die Gruppe PDS/Linke Liste hatte beantragt, die Bestimmung zu streichen.

§ 30 Abs. 1 SachenRBerG

Die Änderung bezweckt, die Rechtsposition des Inhabers eines dinglichen Rechts am Grundstück im Falle der Bestellung eines Erbbaurechts grundsätzlich nicht zu verkürzen. Die Änderung dient der Klarstellung des Gewollten. Zur Begründung wird auf Nummer 8 der Gegenäußerung der Bundesregierung zur Stellungnahme des Bundesrates (vgl. Drucksache 12/5992, S. 211) verwiesen.

§ 38 SachenRBerG

Grundsätze

Die vorgeschlagene Änderung des § 38 Abs. 2 betrifft die Ansprüche wegen der Verbindlichkeiten, die aus den Zahlungen des Nutzers abgelöst worden sind. Der Nutzer hatte beim Abschluß des Überlassungsvertrages einen Betrag in Höhe des seinerzeit festgestellten Werts für das Gebäude, den Grund und Boden und die Grundstückseinrichtungen an den staatlichen Verwalter zu zahlen.

Aus diesem Betrag waren die aus der Verwaltung entstandenen und die auf dem Grundstück ruhenden Verbindlichkeiten abzulösen. Für den Nutzer wurde in Höhe der hierfür verwandten Beträge ein Anspruch gegen den jeweiligen Eigentümer des Grundstücks begründet, der durch eine auf dem Grundstück einzutragende Hypothek abgesichert werden sollte (vgl. § 5 Abs. 4 des Mustervertrages; abgedruckt in der Dokumentation von Fieberg/Reichenbach, Enteignung und offene Vermögensfragen in der ehemaligen DDR, Ergänzungsband, Nr. 3.5.11.1).

Soweit mit der Zahlung des Nutzers solche Verbindlichkeiten getilgt wurden, die der Grundstückseigentümer ohne die Ablösung nach Aufhebung der staatlichen Verwaltung hätte übernehmen müssen, hat die Zahlung zu einer Entlastung des Eigentümers geführt. Dem Nutzer steht insoweit der vertraglich begründete Aufwendungsersatzanspruch zu. Dies entspricht den Regelungen in § 38 Abs. 2 Satz 1 und § 75 Abs. 2 Satz 2 des Entwurfs.

Eine besondere Regelung ist für den Fall angezeigt, daß mit der Zahlung eine Verbindlichkeit getilgt worden ist, die der Grundstückseigentümer wegen der in § 18 Abs. 2 Satz 2 VermG dargestellten Abschläge oder wegen ihres diskriminierenden oder sonst benachteiligenden Charakters nicht zu übernehmen hätte. Für diese Fälle ist in § 16 Abs. 9 VermG bestimmt, daß diese Verbindlichkeiten und die zu ihrer Sicherung bestellten Grundpfandrechte mit der Aufhebung der staatlichen Verwaltung insoweit als erloschen gelten.

Im Regierungsentwurf ist für den Aufwendungsersatzanspruch des Nutzers (Überlassungsnehmers) gleiches nicht angeordnet, sondern insoweit ein Ersatzanspruch des Grundstückseigentümers gegen den Entschädigungsfonds vorgesehen worden. Die Regelung im Entwurf knüpft an die einschlägige Bestimmung im Überlassungsvertrag (§ 5 Abs. 1 in dem oben bezeichneten Vertragsmuster) an, die insoweit einen uneingeschränkten Aufwendungsersatzanspruch gewährt. Dies beruhte auf der Erwägung, daß für den Nutzer — erst recht für den Hypothekar nach einer Abtretung des durch Hypothek gesicherten Anspruchs — nicht zu erkennen war, ob und in welchem Umfang der Verwalter Verbindlichkeiten getilgt hatte, die später wegen Wegfalls einer Bereicherung des Grundstückseigentümers oder wegen ihres diskriminierenden Charakters nicht zu übernehmen sein würden.

Die vorgeschlagene Änderung des Satzes 2 und der neue Satz 3 stellen den Nutzer oder den Hypothekengläubiger nach Zession des gesicherten Aufwendungsersatzanspruchs den Inhabern solcher Forderungen gleich, die auf den staatlich verwalteten, nicht durch Überlassungsvertrag zur Nutzung übertragenen Grundstücken fortbestanden haben. Der Nutzer oder der Hypothekengläubiger soll in gleichem Umfang einen Verlust seines Rechts hinnehmen müssen.

Das Erlöschen des Aufwendungsersatzanspruchs und/oder der Hypothek führt zu einem Rechtsverlust. Für diese Fälle ist in § 16 Abs. 9 Satz 3 VermG ein Vorbehalt für die mit der Aufhebung oder Beendigung der staatlichen Verwaltung erloschenen Aufbauhypotheken oder vergleichbaren Grundpfandrechte und die diesen zugrunde liegenden Forderungen aufgenommen worden. Wenn in Absatz 2 bestimmt wird, daß auch die aus der Ablösung solcher Verbindlichkeiten begründeten Aufwendungsersatzansprüche und Grundpfandrechte erlöschen, liegt auch insoweit ein Rechtsverlust vor, der vorbehaltlich einer abweichenden Regelung angemessen zu entschädigen ist. Die Bestimmung im neuen Absatz 3 stellt insoweit die gebotene Gleichbehandlung mit § 16 Abs. 9 Satz 3 VermG her.

Absatz 2

Satz 2

Die Regelung führt zum Erlöschen des durch den Überlassungsvertrag begründeten Aufwendungsersatzanspruchs, wenn aus der Zahlung des Nutzers Beträge getilgt worden sind, die der Grundstückseigentümer — wären sie nicht aus dem vom Nutzer gezahlten Betrag getilgt worden — nach den vorstehenden Bestimmungen des Vermögensgesetzes nicht zu übernehmen hätte.

Damit wird eine Übereinstimmung mit den Regelungen in § 16 Abs. 9 Satz 2 VermG hergestellt.

Sätze 3 und 4

Das Erlöschen des (oft als Sicherungshypothek bestellten) Grundpfandrechts entspricht der in § 16 Abs. 9 Satz 1 VermG getroffenen Regelung. Die aus der Ablösung eines Grundpfandrechts entstandene Hypothek soll in gleichem Umfang erlöschen wie das Grundpfandrecht, wenn es nicht abgelöst worden wäre.

Das Erlöschen der (Sicherungs-)Hypothek ist aus dem Grundbuch nicht ersichtlich. Ein gutgläubiger Erwerb der Hypothek bei Nichtbestehen der Forderung nach § 1138 BGB ist bei den Sicherungshypotheken nach § 1184 Abs. 1 BGB ausgeschlossen. Soweit Verkehrshypotheken bestellt worden sind, ist die Vorschrift anzuwenden. Nach den allgemeinen Vorschriften (§§ 892, 1157 Satz 2 BGB) bliebe jedoch ein gutgläubiger Erwerb des dinglichen Rechts möglich, soweit der Grundstückseigentümer nicht den Mangel der Bestellung oder das Bestehen einer Einrede durch Widerspruch geltend gemacht hat (vgl. Palandt/Bassenge BGB, 53. Aufl., § 1157 Rdn. 3). Die Verläßlichkeit des Grundbuchs soll nach den Regelungen in Artikel 13 Nr. 3 Buchstabe d bis f des Registerverfahrenbeschleunigungsgesetzes mit Wirkung vom 1. Januar 1997 auch im Beitrittsgebiet wieder im vollen Umfange gelten. Aus diesem Grund soll auch der gutgläubige Erwerb solcher Hypotheken, die nach Satz 3 ganz oder teilweise erloschen sind, nach dem 1. Januar 1997 möglich sein, wenn inzwischen weder eine Löschung erfolgt noch ein Widerspruch eingetragen worden ist.

Absatz 3 — neu —

Absatz 3 enthält den Vorbehalt für eine Entschädigung wegen des Rechtsverlusts entsprechend der Regelung in § 16 Abs. 9 Satz 3 VermG.

§ 39 SachenRBerG

Absatz 1

Die Bestimmung soll die Umsetzung der nach dem Entwurf zulässigen Bestellung mehrerer Erbbaurechte auf einem Grundstück erleichtern. Der Vorschlag entspricht der Nummer 9 der Stellungnahme des Bundesrates (Drucksache 12/5992, S. 190).

Absatz 2 — Satz 2 — neu —

Die Bestimmung ermöglicht die dem Nutzungsrecht entsprechende Erstreckung eines Gesamterbbaurechts auf ein weiteres Grundstück, wenn dieses nur eine sog. Nebenfläche ist. Der Vorschlag entspricht der Nummer 10 der Stellungnahme des Bundesrates (Drucksache 12/5992, S.191).

Absatz 3

Die Vorschrift ermöglicht die Absicherung der grenzüberschreitenden Bebauung durch ein sog. Nachbarerbbaurecht und trifft zugleich Vorkehrungen dafür, daß über das Nachbarerbbaurecht nicht unabhängig vom Eigentum am herrschenden Grundstück verfügt werden kann. Dies wird dadurch erreicht, daß das Nachbarerbbaurecht dem herrschenden Grundstück als Bestandteil zugeschrieben wird.

Die Änderungen entsprechen den Nummern 11 und 12 der Stellungnahme des Bundesrates (Drucksache 12/5992, S. 191).

§ 43 SachenRBerG

Absatz 1

Die Änderungen in Absatz 1 enthalten eine sprachliche Anpassung an die Neuregelung in § 19 Abs. 2 und 3 sowie an den Umstand, daß es eine Erbbauzinsbemessung nach einem Entschädigungswert nicht mehr gibt. Da die Bemessungsgrundlage nach den §§ 18 und 19 der Bodenwert ist, für dessen Ermittlung der

Verkehrswert des baureifen Grundstücks Ausgangsbasis ist, ist in dieser und den folgenden Bestimmungen das Wort „Verkehrswert" jeweils durch das Wort „Bodenwert" zu ersetzen.

Absatz 2

Nummer 1 Buchstabe b

Die Bestimmung über den Zinssatz beruht auf dem Grundprinzip, daß für die Bodenflächen, die dem Nutzer den Rechtsvorschriften der DDR entsprechend zugewiesen worden sind, nur der halbe Zinssatz in Ansatz gebracht werden soll. Für den Eigenheimbau gab es sog. Flächennormative, die die Sollgröße der zuzuweisenden Fläche auf 500 m² beschränkten.

Soweit der Nutzer Flächen nutzt, die über 500 m² hinausgehen und selbständig baulich nutzbar sind oder über 1 000 m² hinausgehen und angemessen wirtschaftlich nutzbar sind, ist hierfür nicht der halbe, sondern der ungeteilte übliche Zinssatz in Ansatz zu bringen.

Im übrigen wird zur Begründung auf die Nummer 13 der Gegenäußerung der Bundesregierung zur Stellungnahme des Bundesrates (Drucksache 12/5992, S. 212) Bezug genommen.

Die Gruppe PDS/Linke Liste hatte beantragt, Absatz 2 Nr. 1 wie folgt zu fassen:

„*1. für Eigenheime*

a) zwei vom Hundert jährlich des Bodenwertes, höchstens jedoch von 200 DM pro m²,

b) vier vom Hundert jährlich des Bodenwertes, soweit die Größe des belasteten Grundstücks die Größe von 1 000 m² übersteigt und die darüber hinausgehende Fläche abtrennbar und angemessen wirtschaftlich nutzbar ist."

Nummer 2

Der Zinssatz von 2 vom Hundert jährlich ist für den staatlichen oder genossenschaftlichen Wohnungsbau insgesamt — unabhängig von der Art der Bebauung — in Ansatz zu bringen. Das Attribut „komplexen" ist daher zu streichen.

Nummer 3

Redaktionelle Änderung. Der Begriff „öffentliche" Zwecke geht weiter als „behördliche" Zwecke und wird auch sonst im Gesetz verwandt.

Absatz 3 des Regierungsentwurfs

Der Absatz 3 des Regierungsentwurfs ist entbehrlich geworden, weil es besondere Vorschriften über eine Ermittlung des Bodenwerts unter den auf das Gebäude bezogenen Substanz- und Ertragswertgesichtspunkten für die im staatlichen oder genossenschaftlichen Wohnungsbau verwendeten Grundstücke nicht mehr gibt.

§ 45 SachenRBerG des Regierungsentwurfs

Der Ausschuß empfiehlt, diese Bestimmung zu streichen.

Der Regierungsentwurf sieht in § 45 eine besondere Zinsermäßigung für die im staatlichen oder genossenschaftlichen Wohnungsbau verwendeten Grundstücke vor. Die Zinsermäßigung sollte dadurch erfolgen, daß ein nach dem Ertragswert des Gebäudes bestimmter Bodenwert (§ 19 Abs. 2 Regierungsentwurf) für neun Jahre als Bemessungsgrundlage in Ansatz zu bringen wäre.

Die Ermäßigung sollte der besonderen Ertragssituation im Wohnungsbau durch die derzeit noch bestehende gesetzliche Mietzinsbindung Rechnung tragen. Eine Bestimmung des Bodenwerts nach Ertragswertgesichtspunkten (wie in § 19 Abs. 2 des Regierungsentwurfs) ist nicht mehr vorgesehen, da sich keine Minderung des Bodenwerts aus diesem Gesichtspunkt bestimmen läßt, die über die in einer Wertermittlung üblichen Toleranzen hinausgeht. Insoweit ergäbe sich aus § 45 keine den Aufwand rechtfertigende Entlastung für die Wohnungsunternehmen.

Die Ertragsbeeinträchtigung durch die noch bestehende Mietzinsbindung ist eine vorübergehende, da in den nächsten Jahren zu einem Vergleichsmietensystem übergegangen werden soll. Befristete Beeinträchtigungen der Ertragslage sollen durch die Eingangsphase in § 52 aufgefangen werden. Nach Ablauf von neun Jahren sind Ertragsbeeinträchtigungen aus der Mietzinsbindung nicht mehr zu erwarten. Diesem Faktor wird daher durch die allgemeine Eingangsphase nach § 52 hinreichend Rechnung getragen.

§ 46 SachenRBerG

Die Gruppe PDS/Linke Liste hatte beantragt, den § 46 wie folgt zu fassen:

„Hat der Nutzer aufgrund eines Vertrages an staatliche Stellen einen einmaligen Betrag für die Nutzung des Grundstückes entrichtet, vermindert sich der nach § 43 Abs. 2 Nr. 1 bestimmte Bodenwert um diesen Betrag."

§ 47 SachenRBerG

Absatz 1 Satz 6 — neu —

Der Entwurf regelt nicht ausdrücklich, wann weitere Zinsanpassungen nach einer ersten Zinsanpassung verlangt werden können, die nach Ablauf der Eingangsphase möglich werden. Die Bezugnahme auf § 9a ErbbauVO für die zulässige Höhe der Anpassung ließe sich zwar dahin auslegen, daß auch der in § 9a Abs. 1 Satz 5 ErbbauVO bestimmte Zeitrahmen für die Folgeanpassungen gelten solle. Dies ist jedoch nicht

V. Beschlußempfehlung/Bericht d. Rechtsausschusses

eindeutig. Die vorgeschlagene Ergänzung schafft insoweit Eindeutigkeit und einen einheitlichen Zeitraum für zulässige Zinsanpassungen.

Absatz 2 — neu —

Die Bestimmung regelt die Begrenzung der Zinsanpassung für die wertgesicherten Erbbauzinsreallasten, die nach Artikel 2 § 1 Nr. 1 Buchstabe b des Entwurfs (§ 9 Abs. 3 ErbbauVO — neu) künftig zulässig sein sollen. Die Begrenzung ist erforderlich, weil anderenfalls die wertgesicherte und in der Zwangsversteigerung des Erbbaurechts bestehenbleibende Erbbauzinsreallast den Wert vorrangiger Grundpfandrechte aushöhlen könnte.

Der Ausschuß folgt dem Vorschlag unter Nummer 14 Buchstabe a der Stellungnahme des Bundesrates (vgl. Drucksache 12/5992, S. 192), dem die Bundesregierung zugestimmt hat (vgl. Drucksache 12/5992, S. 212).

Der Ausschuß schließt sich — auch unter Berücksichtigung der in der Drucksache mitgeteilten Stellungnahme der Bundesbank — der Auffassung der Bundesregierung in der Gegenäußerung an (vgl. Drucksache 12/5992, a. a. O.), daß die Vorgabe eines gesetzlichen Maßstabes für Anpassungen des Erbbauzinses in einer Regelung, die einen gesetzlichen Kontrahierungszwang begründet, unverzichtbar ist und sich aus der Verweisung auf bereits bestehende gesetzliche Bestimmungen (§ 9a ErbbauVO) keine unvertretbaren währungspolitischen Risiken ergeben werden.

§ 48 SachenRBerG

Absatz 1

Die Änderungen dienen der Klarstellung des Gewollten. Sie entsprechen dem Formulierungsvorschlag der Bundesregierung (vgl. Drucksache 12/5992, S. 214) zur Prüfbitte der Nummern 15 und 16 der Stellungnahme des Bundesrates (vgl. Drucksache 12/5992, S. 195).

Absatz 2 des Regierungsentwurfs

Die Streichung des Absatzes 2 des Entwurfs ist eine Folgeänderung aus der vorgeschlagenen Streichung des § 45 des Regierungsentwurfs.

Eine besondere Zinsermäßigung für den staatlichen oder genossenschaftlichen Wohnungsbau soll es nicht mehr geben. Eine nachhaltige, auf den Bodenwert durchschlagende Ertragsminderung wegen der derzeit noch bestehenden Mietbeschränkungen läßt sich nicht nachweisen. § 45 des Entwurfs soll deshalb gestrichen werden. Die allgemeine Eingangsphase nach § 52 Abs. 1 trägt der zur Zeit noch bestehenden Ertragsminderung hinreichend Rechnung.

Insoweit bedarf es auch keiner besonderen Regelung dafür, wann diese Zinsermäßigung fortfällt.

Absatz 4 — neu —

Die Vorschrift ergänzt die in § 29 Abs. 3 bestimmte Einrede für den Fall, daß der Erwerber des Eigentums am Gebäude das Grundstück aufgrund des Nutzungsrechts neu bebaut oder ein verfallenes Gebäude wiederhergestellt (rekonstruiert) hat. Der Regelung liegt derselbe Rechtsgedanke zugrunde wie dem entsprechenden Vorschlag im Ankaufsrecht (§ 71 Abs. 4 — neu). Auf die Ausführungen zur Begründung jenes Vorschlags wird verwiesen.

§ 49 Abs. 1 und 5 SachenRBerG

Die Vorschriften regeln die Ansprüche des Grundstückseigentümers auf Anpassung des Erbbauzinses in den Fällen der Veräußerung des Erbbaurechts kurz nach dessen Bestellung (§ 49 Abs. 1 in Verbindung mit § 72 Abs. 1 Nr. 1 und 3) sowie der Nutzungsänderung (§ 49 Abs. 5).

Eine inhaltliche Änderung gegenüber dem Regierungsentwurf ergibt sich nicht. Die Beschlußempfehlung des Ausschusses entspricht dem Vorschlag der Bundesregierung zur Stellungnahme des Bundesrates unter Nummer 18 in der Gegenäußerung (vgl. Drucksache 12/5992, S. 215), die das Gewollte klarer als der Entwurf zum Ausdruck bringt.

§ 50 SachenRBerG

Die Änderung der Verweisung ist eine Folge der Neufassung des § 49.

§ 52 Abs. 2 SachenRBerG — neu —

Der vom Ausschuß vorgeschlagene Absatz 2 verlängert die Eingangsphase für ein Erbbaurecht, das für ein Eigenheim in teurer Lage bestellt wird, von neun auf zwölf Jahre.

Die Verlängerung der Eingangsphase ist nur in den in Absatz 2 genannten Fallgruppen gerechtfertigt. Sie trägt besonderen Situationen in den Randlagen der Ballungsgebiete, vor allem in Ost-Berlin und Berliner Umland, Rechnung. Die Grundstückswerte sind dort im Vergleich zum ländlichen Raum nach der Aufhebung der Preisbindung in kurzer Zeit besonders stark angestiegen, was die Verlängerung der zur Anpassung an die marktwirtschaftlichen Verhältnisse vorgesehenen Eingangsphase begründet.

Der Anwendungsbereich des Absatzes 2 ist auf die Eigenheime zu beschränken. Im land-, forstwirtschaft- und gewerblichen Bereich machen sich die veränderten Verhältnisse infolge des Übergangs zur Marktwirtschaft nicht nur auf der Kostenseite, sondern auch auf der Ertragsseite bemerkbar. Der im Entwurf vorgesehene Übergangszeitraum von neun Jahren nach dem Inkrafttreten des Gesetzes (13 Jahre nach der Wirtschafts- und Währungsunion mit den alten Ländern) ist hierfür ausreichend.

Erörtert wurde auch, die Verlängerung der Eingangsphase nicht an den Bodenwert des Grundstücks insgesamt, sondern an den Preis für den Quadratmeter der Bodenfläche zu knüpfen.

Einer solchen Lösung läge die Erwägung zugrunde, daß es nicht Aufgabe des Grundstückseigentümers sei, den Nutzer bei der Nutzung seines Eigenheimes durch einen teilweisen Zinsverzicht zu entlasten. Der Zeitrahmen für die stufenweise Anhebung des Erbbauzinses soll bei extremen Bodenwertsteigerungen, die Folge des Systemwechsels sind, gestreckt werden. Die Betroffenen müßten eine angemessene Zeit haben, um sich auf die schlagartig veränderten Verhältnisse einzustellen und ihre Dispositionen treffen zu können. Eine Verlängerung der Übergangszeit sei jedoch nur dort gerechtfertigt, wo sich eine extreme Preisentwicklung ergeben habe.

Die Mehrheit der Berichterstatter folgte dem nicht. Die Eingangsphase solle in erster Linie die wirtschaftliche Belastung des Nutzers am Anfang der Laufzeit des Erbbaurechts durch eine Zinsermäßigung auffangen. Der Nutzer bedürfe für eine längere Zeit einer Entlastung bei den Aufwendungen für die Nutzung des für den Bau seines Eigenheimes verwendeten Grundstücks. Zudem sei eine an dem Bodenwert bestimmte Regelung für die Bestimmung der Eingangsphase leichter zu handhaben und für die Betroffenen leichter verständlich.

Die wirtschaftlichen Auswirkungen beider Alternativen sind weitgehend gleich. Unterschiede ergäben sich insoweit nur bei den großen Grundstücken. Hier tritt die Zinsermäßigung durch die Eingangsphase auch bei nicht sehr hohen Bodenwerten ein.

Die Mindestverzinsung in Satz 2 stellt sicher, daß sich bei der Überschreitung des Betrages des Bodenwerts, an den die Verlängerung der Eingangsphase anknüpft, nicht eine niedrigere Belastung einstellt als für ein Grundstück, dessen Bodenwert knapp unter diesem Betrag liegt.

§ 53 SachenRBerG

Die Änderungen sind Folge des vorgeschlagenen Wechsels des Systems der Wertsicherung des Erbbauzinses.

Die Wertsicherung ist gegenwärtig nur durch schuldrechtliche Vereinbarung möglich, wobei der Anpassungsanspruch durch eine Vormerkung gesichert werden kann. Künftig soll es eine wertgesicherte Erbbauzinsreallast geben. Dieser Vorschlag entspricht dem Vorschlag des Bundesrates in Nummer 14 seiner Stellungnahme (vgl. Drucksache 12/5992, S. 192ff.), dem die Bundesregierung zugestimmt hat (a.a.O., S. 212ff.) und dessen Annahme der Ausschuß empfiehlt.

Der vorstehende Vorschlag bedingt eine Änderung der Bestimmungen über die Wertsicherung des Erbbauzinses bei den nach dem Sachenrechtsbereinigungsgesetz bestellten Erbbaurechten. Die neue Form der Wertsicherung ist auch hier anzuwenden.

Die zur Annahme empfohlene Formulierung entspricht dem Vorschlag des Bundesrates (a.a.O., S. 192), dem die Bundesregierung zugestimmt hat.

§ 61 Abs. 3 SachenRBerG

Die vorgeschlagene Ergänzung des Absatzes 3 entspricht dem Vorschlag der Bundesregierung in Nummer 25 der Gegenäußerung zur Stellungnahme des Bundesrates (vgl. Drucksache 12/5992, S. 217).

Der Ausschuß folgt dem Vorschlag der Bundesregierung, eine Gewährleistung des Grundstückseigentümers für Sachmängel des Grundstücks auszuschließen. Das Grundstück ist vom Nutzer mit Billigung staatlicher Stellen bebaut worden. Auf den Willen des Grundstückseigentümers kam es insoweit nicht an; die Bebauung erfolgte meist gegen den Willen des Grundstückseigentümers. Es wäre nicht angemessen, den Grundstückseigentümer gegenüber dem Nutzer für tatsächliche Risiken (z. B. Mängel des Baugrundes) oder rechtliche Risiken (z. B. bauordnungs- oder bauplanungsrechtliche Begrenzungen der Bebaubarkeit) haften zu lassen.

Eine Preisanpassung nach den Regeln über den Fortfall der Geschäftsgrundlage, z. B. im Falle einer fehlerhaften Wertermittlung durch einen Gutachter, die zur Herabsetzung wie zur Heraufsetzung des Preises führen kann, wird nicht ausgeschlossen. Sie liegt jedoch außerhalb der kaufrechtlichen Gewährleistung.

§ 62 SachenRBerG

Die Gruppe PDS/Linke Liste hatte beantragt, den Absatz 2 zu streichen.

§ 69 SachenRBerG

Absatz 1

Die allgemeine Bestimmung über die Preisbemessung ist an die vorgeschlagene Fassung der Regelung zur Ermittlung des Bodenwerts anzupassen. Der Änderung liegen dieselben Erwägungen wie den Änderungen zur Bestimmung über den regelmäßigen Zins für das Erbbaurecht zugrunde.

Die Gruppe PDS/Linke Liste hatte beantragt, den Absatz 1 wie folgt zu fassen:

„(1) Der Kaufpreis beträgt die Hälfte des Bodenwertes, soweit nicht im folgenden etwas anderes bestimmt ist, höchstens jedoch 100 DM pro m².“

Absatz 2

Die Neuformulierung dient der Klarstellung des Gewollten. Sie entspricht dem Vorschlag des Bundesrates zu Nummer 19 (vgl. Drucksache 12/5992, S. 196), dem die Bundesregierung zugestimmt hat (a.a.O., S. 215).

Die Gruppe PDS/Linke Liste hatte beantragt, folgenden Absatz 3 anzufügen:

„(3) Verkauft ein Nutzer nach Erwerb des Grundstücks dieses Grundstück bis zum 31. Dezember 2024 weiter, hat er dem Grundstückseigentümer unter Abzug des bereits gezahlten Kaufpreises nach Absatz 1 die Hälfte des durch den Weiterverkauf erzielten Kaufpreises zu zahlen."

§ 70 SachenRBerG

Die Gruppe PDS/Linke Liste hatte beantragt, die Bestimmung zu streichen.

§ 71 SachenRBerG

Überschrift und Absätze 1 und 3

Die Änderung ist redaktionell. Die Wörter „ungeteilten Bodenwert" bringen das Gewollte, daß keine Teilung des Bodenwertes stattfinden soll, besser zum Ausdruck als der Begriff „voller Verkehrswert".

Absatz 3 Satz 2

Der Ausschuß empfiehlt die Annahme der in der Prüfbitte in Nummer 20 der Stellungnahme des Bundesrates (vgl. Drucksache 12/5992, S. 197) enthaltenen Ergänzung. Die Bundesregierung hat dem zugestimmt (a.a.O., S. 215) und eine entsprechende Ergänzung empfohlen. Zur Begründung wird auf die dortigen Ausführungen verwiesen.

Absatz 4 — neu —

Der Zweck dieser Ergänzung besteht darin, ungerechtfertigte Mitnahmen von Gewinnen aus der Bodenwertteilung in solchen Fällen zu verhindern, in denen der Veräußerer die Ansprüche aus der Sachenrechtsbereinigung nicht geltend machen könnte. Die Bestimmung ergänzt die in § 29 Abs. 1 und 2 bestimmten Einreden.

Die Einreden begründen sich daraus, daß in beiden Fällen zwar ein Rechtstitel, aber keine schützenswerte bauliche Investition mehr vorliegt.

— Im Falle des § 29 Abs. 1 ist das Gebäude verfallen oder wird nicht mehr genutzt. Es kann jedoch selbständiges Eigentum am Gebäude bestehen, das übertragen werden kann.

— Im Falle des § 29 Abs. 2 ist ein Nutzungsrecht bestellt worden, für das ein Gebäudegrundbuchblatt angelegt worden ist. Das Grundstück ist jedoch nicht bebaut worden, das vom Nutzer errichtete Gebäude ist verfallen oder wird nicht mehr genutzt.

Unter diesen Voraussetzungen soll der Nutzer nicht berechtigt sein, nach Maßgabe des Entwurfs Rechte am Grundstück zu erwerben. Das gilt auch dann, wenn das Gebäudeeigentum veräußert wird. In solchen Fällen greift die Einrede auch gegenüber dem Rechtsnachfolger durch.

Diese Einrede steht dem Grundstückseigentümer jedoch nicht zu, wenn der Erwerber das Gebäude oder die bauliche Anlage wiederhergestellt oder aufgrund des Nutzungsrechts ein neues Gebäude oder eine neue Anlage errichtet hat. Hier ist das vom Nutzer erworbene Eigentum am Gebäude kein leerer Rechtstitel mehr. Das Gebäude oder die Anlage hat wieder einen Gebrauchswert. Insoweit ist — wie beim Überbau nach §§ 912 ff. BGB — ein Schutz vor wertvernichtender Zerstörung geboten.

Die Veräußerung des Gebäudes oder der baulichen Anlage darf jedoch nicht dazu führen, daß der wegen Aufgabe der Nutzung erloschene Bodenwertanteil des Nutzers nunmehr beim Erwerber des Gebäudes wieder neu entsteht. Andernfalls könnte der Nutzer einen unberechtigten Vorteil daraus erlangen, daß er das nicht mehr nutzbare oder von ihm nicht mehr genutzte Gebäude oder die bauliche Anlage veräußert und einen Gewinn daraus erzielt, daß er dem Erwerber des Gebäudes oder der Anlage ein Recht auf Ankauf zum halben Bodenwert verschaffen kann. Dies ist nicht möglich, wenn der Erwerber — wie im neuen Absatz 4 bestimmt — in solchen Fällen den ungeteilten Bodenwert des Grundstücks zu zahlen hat.

Satz 2 nimmt die Unternehmensübertragungen mit Fortführung des Geschäfts des Veräußerers aus dem Anwendungsbereich der Norm heraus. Das entspricht den in § 29 Abs. 4, § 49 Abs. 1 und § 72 Abs. 1 Nr. 3 vorgesehenen Bestimmungen. Die Regelung ist deshalb geboten, weil bei einer Unternehmensfortführung die bisherige Nutzung nicht aufgegeben wird.

§ 73 Abs. 2 SachenRBerG

§ 73 sieht eine nachträgliche Preisanpassung vor, wenn eine unvermessene Teilfläche veräußert wird und sich nach dem Ergebnis der Vermessung eine andere Grundstücksgröße ergibt, als von den Beteiligten bei Vertragsschluß angenommen worden ist. Diese Größenunterschiede dürfen allerdings nicht geringfügig sein. Absatz 2 besagt, bis zu welcher Größe eine Geringfügigkeit anzunehmen ist.

Die Änderung gegenüber dem Regierungsentwurf ist redaktioneller Natur. Sie entspricht dem Vorschlag des Bundesrates in Nummer 22 seiner Stellungnahme (vgl. Drucksache 12/5992, S. 197), dem die Bundesregierung zugestimmt hat (a.a.O., S. 216).

§ 74 SachenRBerG

Die Bestimmung über die Preisbemessung (Absatz 1), die Nachzahlungspflicht nach einer Nutzungsänderung (Absatz 2) und die Nachzahlungspflicht nach Weiterveräußerung (Absatz 3) sind wegen der Neuregelung zur Bodenwertbestimmung anzupassen. Das Grundprinzip des Regierungsentwurfs soll dabei jedoch nicht verändert werden. — Neu eingefügt wird eine Bestimmung zur Harmonisierung der Regelungen im Sachenrechtsbereinigungsgesetz mit dem Altschuldenhilfe-Gesetz (Absatz 4).

Grundsätze

Der Regierungsentwurf sah vor, daß der Nutzer eines für den Wohnungsbau verwendeten Grundstücks eine Preisbemessung auf der Grundlage eines unter Sach- und Ertragswertgesichtspunkten bestimmten Kaufpreises sollte verlangen können. Dieser Ansatz soll nach den Beratungen in den Ausschüssen des Bundestages so nicht weiter verfolgt werden, da hierdurch die Ermittlung des Bodenwerts mit unsicheren, spekulativen Elementen belastet werden würde. Auf die Begründung zu den zu § 19 Abs. 2 und 3 vorgeschlagenen Änderungen wird Bezug genommen.

Die Bestimmung des Bodenwerts dieser Grundstücke soll jedoch unter Berücksichtigung der aufstehenden Bebauung erfolgen. Dies entspricht allgemeinen Grundsätzen der Wertermittlung (vgl. § 5 Abs. 5 Satz 2 und § 12 Abs. 1 der Wertermittlungsverordnung). Es muß dem Umstand Rechnung getragen werden, daß bei den im staatlichen oder genossenschaftlichen Wohnungsbau verwendeten Grundstücken in der Regel aus öffentlich-rechtlichen Bestimmungen (die z. B. eine Zweckentfremdung von Wohnraum verbieten) ein Übergang zu einer anderen Nutzung des Grundstücks nicht möglich ist.

Der Bodenwert der im staatlichen oder genossenschaftlichen Wohnungsbau verwendeten Grundstücke soll deshalb unter Berücksichtigung der aufstehenden Bebauung (§ 19 Abs. 2) bestimmt werden, die vor allem in den Kerngebieten der Großstädte zu einer erheblichen Minderung des Bodenwerts im Vergleich zu einem unbebauten Grundstück in gleicher Lage führen kann. Für die im komplexen Wohnungsbau verwendeten Grundstücke wird der Umstand, daß der Bodenwert infolge der Nutzung des Grundstücks durch die Verwendung für den Mietwohnhausbau beeinträchtigt sein kann, mit einem pauschalierten Abzug von einem Drittel des Werts eines unbebauten Grundstücks berücksichtigt (§ 19 Abs. 3).

Diese Bodenwertbestimmung erweist sich jedoch dann nicht als gerechtfertigt, wenn

— durch Nutzungsänderung in den Jahren nach dem Erwerb sich die Grundlagen der Wertermittlung im Nachhinein als unrichtig herausstellen oder

— durch Weiterveräußerung des Grundstücks Gewinne erzielt werden.

Die Konzeption des Regierungsentwurfs, der für diese Fälle Ansprüche auf Begründung vertraglicher Nachzahlungsverpflichtungen vorgesehen hat, ist daher im Grundsatz beizubehalten. Der Entwurf muß jedoch redaktionell an die Änderungen bei den Bestimmungen über die Ermittlung des Bodenwertes angepaßt werden.

Absatz 1

Satz 1 bestimmt, daß der Kaufpreis für die im staatlichen oder genossenschaftlichen Wohnungsbau verwendeten Grundstücke auf der Basis einer die Bebauung berücksichtigenden (nutzungsabhängigen) Bodenwertermittlung zu bestimmen ist. Die Norm verweist auf die Vorschriften zur Wertermittlung (§ 19 Abs. 2 und 3), die eine nutzungsabhängige Bodenwertermittlung vorsehen.

Satz 2 faßt die Voraussetzungen und die Fristen für die Nachzahlung zusammen, die im Regierungsentwurf in Absatz 2 Satz 1 und in Absatz 3 Satz 1 bestimmt worden sind. Inhaltlich ergeben sich keine Änderungen.

Satz 3 ermöglicht dem Nutzer, die Übernahme einer Nachzahlungsverpflichtung zu verweigern und eine Bodenwertbestimmung nach dem Wert eines unbebauten Grundstücks zu verlangen. Dieser Bestimmung liegen folgende Erwägungen zugrunde:

— Die Nachzahlungspflichten binden die Beteiligten über den Vertragsschluß hinaus für lange Zeit noch aneinander und sind zudem streitträchtig.

— Eine Verpflichtung zur Nachzahlung im Falle der Nutzungsänderung oder der Weiterveräußerung nach längerer Frist ist jedoch dann nicht zu rechtfertigen, wenn der Kaufpreis auf der Basis des Bodenwerts eines vergleichbaren unbebauten Grundstücks bestimmt worden ist. In solchen Fällen ist der Umstand, daß das Grundstück im staatlichen oder genossenschaftlichen Wohnungsbau verwendet worden ist, für die Preisbemessung irrelevant.

— Der Grundstückseigentümer wird nicht abweichend von den allgemeinen Grundsätzen des Entwurfs benachteiligt, wenn er gleich ein nach dem allgemeinen Grundsatz bemessenes Entgelt erhält, das nach dem Wert eines vergleichbaren unbebauten Grundstücks bemessen ist. Die Nachzahlungspflichten nach dieser Bestimmung rechtfertigen sich allein aus der von der baulichen Nutzung abhängigen Wertermittlung. Der Grundstückseigentümer hat nach der Veräußerung grundsätzlich keinen Anspruch darauf, an der weiteren Wertentwicklung des Grundstücks zu partizipieren. Wird auf eine nutzungsabhängige Wertermittlung verzichtet, so sind grundsätzlich keine über § 72 hinausgehenden Nachzahlungspflichten zu rechtfertigen.

Absätze 2 und 3

Die Änderungen sind redaktioneller Art. Die Formulierung der Absätze 2 und 3 ist an die Neufassung des Absatzes 1 anzupassen. Die Grundsätze des Regierungsentwurfs, die in den Fällen

— der Nutzungsänderung innerhalb von 20 Jahren eine abgestufte Nachzahlungsverpflichtung nach der Differenz zu dem Preis vorsehen, der sich bei einer Bemessung nach dem Wert eines vergleichbaren unbebauten Grundstücks ergäbe, und

— der Weiterveräußerung innerhalb von zehn Jahren eine abgestufte Auskehr des für den Boden erzielten Mehrerlöses vorsehen,

bleiben unverändert.

Absatz 4 — neu —

Die vorgeschlagene Ergänzung bezweckt, die Regelungen im Altschuldenhilfe-Gesetz sowohl mit den zu zahlenden Kaufpreisen als auch mit der Mehrerlösklausel nach dem Entwurf zu harmonisieren. Nach § 4 Abs. 5 Nr. 1 in Verbindung mit § 5 Abs. 1 und 2 Altschuldenhilfe-Gesetz sind die Wohnungsunternehmen bei Inanspruchnahme von Altschuldenhilfen in Form von Teilentlastungen verpflichtet, mindestens 15 vom Hundert ihrer Wohnflächen zu privatisieren und einen Teil des Erlöses, soweit er 150 DM je Quadratmeter Wohnfläche zuzüglich der mit dem Verkauf entstandenen Sanierungskosten übersteigt, an den Erblastentilgungsfonds abzuführen.

Sowohl der vom Nutzer (Wohnungsunternehmen) zu zahlende Kaufpreis für den Erwerb des Grundstücks als auch der Mehrerlös, der nach Absatz 3 an den Grundstückseigentümer infolge der Weiterveräußerung herauszugeben ist, stehen jedoch zur Auskehr an den Erblastentilgungsfonds nicht mehr zur Verfügung.

Der Grundstückskaufpreis und der auszukehrende Mehrerlös sollen deshalb bei der Ermittlung der Erlösanteile nach § 5 Abs. 2 Altschuldenhilfe-Gesetz abgezogen werden. Dies bedeutet, daß bei der Ermittlung der Erlösanteile nach § 5 Abs. 2 Altschuldenhilfe-Gesetz nicht nur 150 DM je Quadratmeter verkaufter Wohnfläche zuzüglich der in Verbindung mit dem Verkauf entstandenen Sanierungskosten abzuziehen sind, sondern auch der für den Erwerb des Grundstücks zu zahlende Kaufpreis und der nach Absatz 3 an den Grundstückseigentümer herauszugebende Mehrerlös.

§ 75 SachenRBerG

Die Verweisung ist infolge der Änderungen in § 38 anzupassen.

Die Gruppe PDS/Linke Liste hatte beantragt, § 75 wie folgt zu fassen:

„Einmalige Zahlungen des Nutzers aufgrund von Verträgen an staatliche Stellen zur Nutzung des Grundstückes oder Zahlungen des Nutzers zur Ablösung von Verbindlichkeiten des Grundstückseigentümers und von Grundpfandrechten sind auf den Kaufpreis anzurechnen."

§ 79 SachenRBerG

Absatz 1

Der Ausschuß empfiehlt insoweit eine Ergänzung des Entwurfs. Sie ist geboten, um das Entstehen eines unveräußerbaren, nicht belastbaren und damit auch pfändungsfreien Eigentums am Gebäude zu verhindern. Der Entwurf verpflichtet den Gebäudeeigentümer nach dem Erwerb des Grundstücks, das Eigentum am Gebäude aufzugeben, sobald dieses unbelastet ist. Das Gebäude wird damit Bestandteil seines Grundstücks.

Das Gebäude ist jedoch auch dann nicht unbelastet, wenn sich das Eigentum an ihm und eine Hypothek in einer Person vereinigt hat (z. B. nach §§ 1163, 1168 und 1177 BGB). Folge der Anordnung in Satz 3 ist, daß der Eigentümer sowohl die Hypothek oder Eigentümergrundschuld als auch das Eigentum am Gebäude aufgegeben hat, wenn sich die dinglichen Rechte und das Eigentum am Gebäude in seiner Person vereinigt haben. Nach dem Vollzug der Sachenrechtsbereinigung kann das Eigentum am Gebäude nicht mehr Objekt für eine Belastung durch den Grundstückseigentümer sein.

Satz 4 trifft eine entsprechende Regelung für die Grundschulden. Diese Grundpfandrechte sind nicht akzessorisch. Ein gesetzlicher Übergang des Grundpfandrechts auf den Eigentümer findet auch dann nicht statt, wenn die zu sichernde Forderung nicht zur Entstehung gelangt oder erloschen ist. In diesem Fall sollen der Inhaber der Grundschuld und der Eigentümer des Gebäudes zur Aufhebung der Grundschuld verpflichtet sein. Eine Neuvalutierung der Grundschuld wird dadurch ausgeschlossen.

Absatz 2

Die vorgeschlagene Änderung dient der Klarstellung des Gewollten. Ihr liegt derselbe Zweck zugrunde wie der Empfehlung des Ausschusses zu einer Änderung des § 36 Abs. 1 Satz 1. Auf die dortige Begründung wird Bezug genommen.

§ 82 Abs. 1 Satz 1 Nr. 1 SachenRBerG

Der Vorschlag ist redaktioneller Natur. Es wird klargestellt, daß auch der Fall des Wiedereinrichters erfaßt werden soll. Auf die Ausführungen in der Gegenäußerung der Bundesregierung zur Prüfbitte in Nummer 27 der Stellungnahme des Bundesrates (vgl. Drucksache 12/5992, S. 199, 218) wird verwiesen.

§ 83 SachenRBerG

Absatz 2 Nr. 2

Die Regelungen über die Entschädigung des Grundstückseigentümers sind an den Umstand anzupassen, daß es in der Sachenrechtsbereinigung eine Bodenwertermittlung nach Entschädigungswerten grundsätzlich nicht mehr geben soll. In den hier zu regelnden Fällen, in denen die Abbruchkosten den Verkehrswert des freigelegten Grundstücks übersteigen, muß jedoch aus den zu b) genannten Gründen eine Bemessung des Entgelts für die Übernahme durch den Nutzer nach Entschädigungswerten erfolgen. Eine

Preisbemessung nach dem Bodenwert eines vergleichbaren unbebauten Grundstücks wäre irreal.

Absatz 5 — neu —

Die in § 83 bezeichneten Grundstücke haben keinen Verkehrswert mehr, da die Abbruchkosten den Wert auch des freigelegten Grundstücks übersteigen. Für die Übernahme des (wertlos gewordenen) Grundstücks durch den Nutzer kann deshalb nur ein Entschädigungswert in Ansatz gebracht werden. Dieser soll sich nach der Höhe der Entschädigung im Entwurf des Entschädigungsgesetzes bestimmen. Diese ist der Mindeststandard für den Interessenausgleich, wenn das Grundstück infolge der Verwendung zur Bebauung wertlos geworden ist. Der Eigentümer eines Grundstücks soll nicht schlechter stehen, wie er im Falle rechtsstaatswidriger Enteignung gestanden hätte. Er muß daher vom Nutzer für den Rechtsverlust des nunmehr wertlosen Grundstücks wenigstens das verlangen können, was ein rechtsstaatswidrig enteigneter Alteigentümer als Entschädigung bekäme.

§ 89 SachenRBerG

Der Ausschuß empfiehlt, aus den in der Gegenäußerung der Bundesregierung zur Stellungnahme des Bundesrates benannten Gründen (vgl. Drucksache 12/5992, S. 218) die Zuständigkeit für das Vermittlungsverfahren — wie im Entwurf — auf die Notare zu beschränken.

Die Umsetzung der Sachenrechtsbereinigung wird nur dann in einem vertretbaren zeitlichen Rahmen gelingen, wenn die Vermittlung nicht nur sachkundig durchgeführt wird, sondern die Beteiligten zur Vermeidung sonst zu befürchtender rechtlicher Nachteile gehalten sind, an den Verfahren mitzuwirken.

Dies setzt jedoch — wie in der Gegenäußerung der Bundesregierung im einzelnen dargelegt worden ist — voraus, daß die Verfahren von Personen geleitet werden, die nicht nur Organe der Rechtspflege sind, sondern auch ein öffentliches Amt ausüben. Die Vermittlungsverfahren wären hiernach am besten bei den Gerichten durchzuführen. Von dieser Lösung wurde deshalb Abstand genommen, weil an den dafür erforderlichen personellen und sachlichen Kapazitäten fehlt. Aus diesem Grund ist das Verfahren analog zu den Bestimmungen über die Vermittlung von Nachlaßauseinandersetzungen auf die Notare übertragen worden. Der Ausschuß sieht die Lösung im Entwurf als sachgerecht an.

Der Ausschuß hat erwogen, ob es auch ein anwaltliches Vorverfahren geben soll, in dem jeder Beteiligte anwaltlich vertreten sein muß. Dies ist deshalb verworfen worden, weil sich hier jeder Beteiligte einem solchen Verfahren entziehen kann, wodurch für den anderen Beteiligten die Rechtsverfolgung wesentlich erschwert wird. Eine Verfahrenskonzentration durch einen Vermittlungsvorschlag des Notars, der Grundlage für das gerichtliche Verfahren nach den §§ 104 ff. des Entwurfs ist und dort die Rechtsverfolgung für den Kläger wesentlich erleichtert, ist im anwaltlichen Vorschaltverfahren ausgeschlossen.

Ein Vertreter einer Seite kann den Vertragsinhalt nicht mit Wirkung für die andere Seite vorformulieren. Die Erleichterung durch den Vermittlungsvorschlag des zur Neutralität verpflichteten Notars kann daher im Falle des Scheiterns eines anwaltlichen Vorverfahrens nicht eintreten. Der Kläger müßte dann vielmehr den Weg gehen, ein eigenes Angebot aufzustellen, beurkunden zu lassen, und auf dessen Annahme zu klagen. Dieser Weg ist in der Begründung des Entwurfs (vgl. Drucksache 12/5992, S. 173) als aufwendig und schwerfällig und daher dem Ziel der Sachenrechtsbereinigung nicht dienlich beschrieben worden.

Ein obligatorisches anwaltliches Vorverfahren vermag insoweit das Ziel der Sachenrechtsbereinigung nicht in annähernd gleicher Weise wie eine neutrale Vermittlung durch den Notar zu fördern und setzt dazu die Beteiligten einer höheren Kostenbelastung aus. Der Ausschuß empfiehlt deshalb, den Entwurf auch hinsichtlich des verfahrensrechtlichen Teils anzunehmen.

§ 91 SachenRBerG

Absatz 2 Satz 2 und 3

Die Änderung betrifft die Angaben im Antrag, wenn der Grundstückseigentümer das Gebäude ankaufen oder die aus der baulichen Investition des Nutzers begründeten Ansprüche ablösen will. Die vorgeschlagene Fassung entspricht der Stellungnahme des Bundesrates in Nummer 31 der Gegenäußerung und der von der Bundesregierung in der Gegenäußerung vorgeschlagenen Ergänzung (vgl. Drucksache 12/5992, S. 201 und 219).

Absatz 4

Die Ergänzung entspricht dem Vorschlag der Bundesregierung auf die vom Bundesrat gestellte Prüfbitte (Drucksache 12/5992, S. 201 und 218).

§ 95 Abs. 2 Satz 1 Nr. 2 SachenRBerG

Das Vermittlungsverfahren ist auszusetzen, wenn der Grund des geltend gemachten Anspruchs bestritten wird. Die häufigsten Fälle werden diejenigen sein, in denen der Grundstückseigentümer die in den §§ 29 bis 31 SachenRBerG bezeichneten Einreden erhebt. Die Vorschrift ist jedoch aus den in Nummer 32 der Stellungnahme des Bundesrates (vgl. Drucksache 12/5992, S. 201 f.) bezeichneten Gründen weiter zu fassen. Die Bundesregierung hat dem Vorschlag zugestimmt (a. a. O., S. 219).

§ 98 Abs. 4 SachenRBerG — neu —

Die Vorschrift regelt die Grundsätze für die Erstattung der Auslagen der im notariellen Vermittlungsverfahren herangezogenen Zeugen und Sachverständigen. Es wird auf das für die gerichtlichen Verfahren geltende Gesetz zur Entschädigung von Zeugen und Sachverständigen verwiesen. Die Regelung entspricht dem Vorschlag des Bundesrates in Nummer 33 seiner Stellungnahme (vgl. Drucksache 12/5992, S. 202) mit der in ihrer Gegenäußerung von der Bundesregierung vorgeschlagenen Ergänzung (a. a. O., S. 219).

§ 101 SachenRBerG

Die Ergänzung der Vorschrift dient der Klarstellung, daß der Notar die im Vermittlungsverfahren entstandenen Kosten als Auslagen des Verfahrens erheben kann. Der Ausschuß verweist insoweit auf die Nummer 34 in der Gegenäußerung der Bundesregierung zur Stellungnahme des Bundesrates (vgl. Drucksache 12/5992, S. 220).

§ 102 SachenRBerG

In der Überschrift ist das Wort „Beschwerde" zu streichen, da der Entwurf keine besonderen Bestimmungen für das Beschwerdeverfahren gegen den Kostenansatz des Notars mehr enthält.

§ 111a SachenRBerG — neu —

Der Regierungsentwurf ist um Bestimmungen zu ergänzen, die den Rechtsänderungen in § 9 a EGZVG und Artikel 231 § 5 Abs. 3 EGBGB, die durch Artikel 12 und 13 Nr. 1 Buchstabe a des Registerverfahrenbeschleunigungsgesetzes aufgenommen worden sind, Rechnung tragen. Die neuen Bestimmungen in §§ 111a, 113 Abs. 3 und 4 und § 116 Abs. 2 dienen diesem Zweck.

Das Ziel der zitierten Regelungen im Registerverfahrenbeschleunigungsgesetz besteht darin, den öffentlichen Glauben des Grundbuchs wiederherzustellen. Im Interesse der Sicherheit im Rechtsverkehr soll vom 1. Januar 1997 an gegenüber gutgläubigen Erwerbern der Inhalt des Grundbuchs als richtig gelten. Die Folge dieser Rechtsänderung ist, daß gutgläubig lastenfreies Eigentum an Grundstücken erworben werden kann, wenn selbständiges Gebäudeeigentum nicht im Grundbuch des Grundstücks eingetragen ist und in Zwangsversteigerungsverfahren nicht eingetragene und nicht angemeldete Rechte an Grundstücken mit dem Zuschlag erlöschen sollen.

Dies muß entsprechende Rechtsfolgen in der Sachenrechtsbereinigung haben. Wenn im Grundbuch des Grundstücks nicht eingetragene dingliche Rechte (Gebäudeeigentum und Nutzungsrecht) im Falle des gutgläubigen Erwerbs erlöschen, muß dies auch für die aus diesen Rechten begründeten gesetzlichen Ansprüche des Nutzers aus der Sachenrechtsbereinigung gelten. Es wäre nichts an Rechtssicherheit gewonnen, wenn zwar die dinglichen Rechte des Nutzers im Falle des gutgläubigen Erwerbs oder durch Zuschlag in der Zwangsversteigerung erlöschen würden, der Nutzer aber seine gesetzlichen Ansprüche aus der Sachenrechtsbereinigung behielte und daraus die Bestellung eines Erbbaurechts oder den Ankauf des Grundstücks verlangen könnte.

Absatz 1

Der erste Halbsatz ordnet an, daß die Ansprüche aus Kapitel 2 gegenüber den Erwerbern, die nach dem 31. Dezember 1996 durch Rechtsgeschäft Rechte am Grundstück erworben haben, nicht geltend gemacht werden können. Damit tritt die gleiche Rechtsfolge ein, wie sie in § 892 Abs. 1 Satz 1 BGB zugunsten der gutgläubigen Erwerber bestimmt ist.

Der Entwurf konnte allerdings nicht wie § 892 Abs. 1 Satz 1 BGB anordnen, daß der Inhalt des Grundbuchs als richtig gilt. Die Sachenrechtsbereinigung gewährt gesetzliche Ansprüche. Diese Ansprüche sind keine dinglichen Rechte und können daher nicht in das Grundbuch eingetragen werden. Eintragungsfähig sind allerdings die Grundlagen der gesetzlichen Ansprüche: das selbständige Gebäudeeigentum und das Nutzungsrecht. Soweit solche Rechte in den sog. „hängenden" Fällen nicht bestehen, kann der künftige Anspruch aus der Sachenrechtsbereinigung durch einen Vermerk, der insoweit die Wirkung einer Vormerkung hat, im Grundbuch publik gemacht werden. Sind jedoch weder das Gebäudeeigentum noch ein Nutzungsrecht und auch kein Vermerk auf die Ansprüche aus der Sachenrechtsbereinigung im Grundbuch eingetragen, so soll ein Erwerber gemäß der Vermutung in § 891 BGB davon ausgehen können, daß Ansprüche aus der Sachenrechtsbereinigung nicht bestehen. Der Nutzer, der seine Rechte nicht im Grundbuch hat eintragen lassen, soll daher nach dem 31. Dezember 1996 seine Ansprüche gegenüber einem gutgläubigen Erwerber nicht mehr durchsetzen können.

Der zweite Halbsatz bestimmt die Ausnahmen, unter denen ein gutgläubiger Erwerb ausgeschlossen ist.

Nummer 1

Ist ein dingliches Recht des Nutzers oder ein Vermerk auf dessen Ansprüche aus der Sachenrechtsbereinigung im Grundbuch eingetragen oder eine solche Eintragung in das Grundbuch in dem Zeitpunkt beantragt, in dem der Antrag auf Eintragung des Erwerbers in das Grundbuch gestellt wird, so fehlt es bereits an der Grundlage für einen gutgläubigen Erwerb. Die Regelung entspricht insoweit allgemeinen Grundsätzen (vgl. die entsprechende Regelung in § 892 Abs. 2 BGB).

Nummer 2

Die Verfahren nach dem Bodensonderungsgesetz (BoSoG) oder zur Bodenneuordnung nach § 64 des Landwirtschaftsanpassungsgesetzes (LwAnpG) führen die Ziele der Sachenrechtsbereinigung nach öffentlich-rechtlichen Grundsätzen herbei. Diese Verfahren ersetzen eine nach den Grundsätzen der Sachenrechtsbereinigung vorzunehmende privatrechtliche Regelung. Nach Eröffnung oder während dieser Verfahren sind die Ansprüche nach dem Entwurf aus § 28 ausgeschlossen.

Ein Erwerb oder eine Belastung des Grundstückseigentums könnte jedoch den Verfahren, soweit sie — wie in § 64 LwAnpG bestimmt — die Zusammenführung von Grundstücks- und Gebäudeeigentum zum Ziel haben, die Grundlage entziehen. Mit dem gutgläubigen Erwerb erlischt die selbständige Gebäudeeigentum, und die Anprüche nach diesem Gesetz können gegenüber dem Erwerber nicht mehr geltend gemacht werden. Diese Wirkungen können dann nicht eintreten, wenn ein auf die Verfahren hinweisender Zustimmungsvorbehalt für Verfügungen über das Grundstück in das Grundbuch eingetragen worden ist. Der Vorbehalt dokumentiert, daß die Eigentumsverhältnisse an dem Grundstück neu geordnet werden sollen.

Die Durchführung einer ergänzenden oder komplexen Bodensonderung nach § 1 Nr. 3 und 4 BoSoG wird hierdurch nicht ausgeschlossen, da an der Neuordnung der Eigentumsverhältnisse an den im komplexen Wohnungsbau oder Siedlungsbau überbauten Grundstücken ein öffentliches Interesse besteht. In diesen Fällen wird jedoch die Entschädigung nicht nach den Grundsätzen der Sachenrechtsbereinigung — mit Teilung der Bodenwerte (§ 15 Abs. 1 BoSoG) —, sondern der Umlegung (§ 15 Abs. 2 BoSoG) zu bestimmen sein.

Nummer 3

Der Erwerber ist dann nicht schutzwürdig, wenn ihm bekannt ist, daß dem Nutzer Ansprüche aus der Sachenrechtsbereinigung zustehen. Auch dieser Ausschlußtatbestand entspricht allgemeinen Grundsätzen (vgl. § 892 Abs. 1 Satz 2 BGB).

Soweit ein dingliches Recht des Nutzers (selbständiges Gebäudeeigentum oder ein Nutzungsrecht) besteht, das im Grundbuch nicht eingetragen ist, schließt die Kenntnis vom Bestehen des Rechts einen gutgläubigen Erwerb aus. Der Erwerber muß die Rechte des Nutzers und die sich daraus nach dem Entwurf ergebenden gesetzlichen Ansprüche akzeptieren.

Bei den rechtlich nicht abgesicherten Bebauungen sowie den nicht erfüllten Kaufverträgen („hängende" Fälle) reicht die Kenntnis der tatsächlichen Umstände nicht aus, um bereits einen gutgläubig lastenfreien Erwerb auszuschließen. Es muß vielmehr die Kenntnis des Erwerbers hinzukommen, daß Ansprüche aus der Sachenrechtsbereinigung auch bestehen.

Der Umstand, daß ein Grundstück von einem anderen als dem Grundstückseigentümer bebaut worden ist, zwingt nicht zu dem Schluß, daß hieraus Ansprüche aus der Sachenrechtsbereinigung begründet sind. Die Bebauung kann z. B. auf vertraglicher Grundlage erfolgen oder aus den daraus ergebenden Rechtsfolgen zwischen Grundstückseigentümer und Nutzer geregelt worden sein. Wenn die Eintragungen im Grundbuch vom 1. Januar 1997 im Interesse der Sicherheit im Grundstücksverkehr als richtig und vollständig gelten sollen, kann den Erwerbern keine Erkundigungspflicht dahin auferlegt werden, ob die Eintragungen nicht doch unvollständig sein könnten und zugunsten des Nutzers ein Vermerk auf Ansprüche aus der Sachenrechtsbereinigung in das Grundbuch hätte eingetragen werden müssen.

Absatz 2

Satz 1 stellt klar, daß im Falle des Erwerbs des Eigentums nach Absatz 1 auch die Ansprüche aus der Sachenrechtsbereinigung erlöschen.

Das Erlöschen des Gebäudeeigentums folgt aus Artikel 231 § 5 Abs. 3 Satz 1 EGBGB, das Erlöschen des Nutzungsrechts aus Artikel 233 § 4 Abs. 2 Satz 1 EGBGB in Verbindung mit §§ 891, 892 BGB.

Wird ein dingliches Recht am Grundstück erworben, so erlöschen die Rechte des Nutzers und die Ansprüche aus der Sachenrechtsbereinigung dagegen grundsätzlich nicht. Es gelten vielmehr insoweit die allgemeinen Bestimmungen des BGB. Das Gebäude des Nutzers gehört dann zum Haftungsverband des Grundstücks nach § 1120 BGB. Der Nutzer kann eine lastenfreie Bestellung eines Erbbaurechts gemäß § 34 oder eine lastenfreie Abschreibung gemäß § 64 Abs. 2 nicht verlangen.

Die Regelung über den Wertersatz verweist auf die Rechtsfolgen, die Artikel 231 § 5 Abs. 3 Satz 2 EGBGB für den Fall angeordnet hat, daß durch die Verfügung über das Grundstück selbständiges Gebäudeeigentum erlischt. Die entsprechende Anwendung ist auch für die Fälle geboten, in denen durch die Verfügung die Ansprüche aus der Sachenrechtsbereinigung erlöschen.

§ 112 Abs. 2 Satz 1 Nr. 2 SachenRBerG

Die Änderung ist redaktioneller Art. Das Wort „komplexen" ist hier aus den zu § 10a SachenRBerG genannten Gründen zu streichen.

§ 113 Abs. 3 und 4 SachenRBerG — neu —

Die Bestimmung ist aus den gleichen Gründen erforderlich wie die vorgesehene Ergänzung des Entwurfs um einen neuen § 111a. Mit Wirkung vom 1. Januar 1997 soll die Publizität des Grundbuchs in den neuen Ländern wiederhergestellt und deshalb auch ein gutgläubiger Erwerb in Ansehung nicht eingetragener Rechte möglich sein. Einen gesetzlichen Berichtigungsanspruch gegenüber einem gutgläubigen Erwerber kann es nicht mehr geben, wenn die sich aus der Publizität des Grundbuchs ergebende Sicherheit im Grundstücksverkehr nicht gefährdet sein soll.

Die nicht eingetragenen Miteigentümer sind daher — wie die nicht eingetragenen Gebäudeeigentümer — gehalten, ihren Miteigentumsanteil eintragen zu lassen und — wenn sich dies nicht in der angegebenen Zeit erreichen läßt — im Eilverfahren einen Widerspruch zu erwirken.

Satz 2 sieht im Falle eines Rechtsstreits die Eintragung eines Vermerks auf Ersuchen des Prozeßgerichts vor. Der Vermerk soll, wie der über die Eröffnung eines notariellen Vermittlungsverfahrens, für die Dauer des Verfahrens einen gutgläubigen Erwerb Dritter ausschließen.

Absatz 4 bestimmt durch die Verweisung auf § 111a Abs. 2, daß der Veräußerer dem früheren Rechtsinhaber zum Wertersatz für den Rechtsverlust verpflichtet ist. Die Erwägungen zum Verlust eines Nutzungsrechts treffen auf den Verlust eines Miteigentumsanteils in gleicher Weise zu.

§ 116 SachenRBerG

Absatz 1 Satz 2 Regierungsentwurf

Für die dingliche Sicherung der Anlagen öffentlicher Versorgungsunternehmen ist in § 9 des Grundbuchbereinigungsgesetzes (in der Fassung durch Artikel 2 des Registerverfahrenbeschleunigungsgesetzes) eine Regelung getroffen worden, die für die Anlagen der Energieversorgungsunternehmen kraft Gesetzes Dienstbarkeiten begründet hat und für die Anlagen der Wasserver- und Abwasserentsorgung, für Hochwasserrückhaltebecken und für gewässerkundliche Meßanlagen die Begründung von Dienstbarkeiten durch Rechtsverordnung zuläßt.

Für eine Anwendung der Vorschriften des Sachenrechtsbereinigungsgesetzes, das einen Anspruch auf Bestellung einer Dienstbarkeit begründet, besteht daher insoweit kein Bedürfnis mehr.

Absatz 2 — neu —

Der neue Absatz 2 stellt klar, daß mit Wirkung vom 1. Januar 1997 auch insoweit ein gutgläubig lastenfreier Erwerb möglich ist. Die Inhaber dieser Ansprüche sind insoweit gehalten, ihre Ansprüche bis zu diesem Zeitpunkt geltend zu machen und notfalls durch eine im Wege einstweiliger Verfügung einzutragende Vormerkung zu sichern. Ist ein Prozeß anhängig, so soll wie in den in § 113 Abs. 3 bestimmten Fällen auf Ersuchen des Prozeßgerichts ein Vermerk darüber in das Grundbuch eingetragen werden.

§ 117 Abs. 3 SachenRBerG des Regierungsentwurfs

Absatz 3 bezieht sich auf die Leitungen öffentlicher Versorgungsunternehmen. Die Vorschrift ist aus den zu § 116 Abs. 1 Satz 2 genannten Gründen entbehrlich geworden.

§ 120a SachenRBerG — neu —

Der in den Entwurf einzustellende § 120a enthält Vorschriften über die Bemessung des Erbbauzinses und des Ankaufspreises nach Rückgabe des Grundstücks an den Alteigentümer. Zudem werden nach dem Beschluß des Ausschusses auch die Fälle einbezogen, in denen durch staatliche Verwalter oder Treuhänder das Grundstück insgesamt nebst aufstehendem Gebäude als Bestandteil verkauft worden ist, obwohl es sich insoweit um keinen Fall der Sachenrechtsbereinigung im engeren Sinne handelt, da auch nach Erfüllung des Vertrags Grundstücks- und Gebäudeeigentum nicht auseinandergefallen wären.

Absatz 1

Absatz 1 ist gegenüber dem Entwurf in der Gegenäußerung der Bundesregierung (Drucksache 12/5992, S. 204) neu gefaßt worden. Der Anwendungsbereich ist erweitert worden. Zudem ist entsprechend der für den Eigentümer geltenden Regelung (§ 3 Abs. 3) klargestellt worden, daß der Käufer aufgrund des Vertrages Besitz erlangt haben oder den bereits vorher als Pächter, Mieter usw. erlangten Besitz nunmehr als Käufer ausgeübt haben muß. Insoweit ist auf die Ausführungen in der Gegenäußerung der Bundesregierung zu § 3 Abs. 3 des Entwurfs zu verweisen (Drucksache 12/5992, S. 205).

Satz 1

Satz 1 beschreibt den Anwendungsbereich der die Sachenrechtsbereinigung ergänzenden Regelung. Die Bestimmung ist nur auf die hängenden Grundstücks- und Gebäudekaufverträge anzuwenden, wenn der Vertrag mit der staatlichen Stelle oder dem staatlichen Verwalter vor dem 19. Oktober 1989 abgeschlossen worden ist oder die in § 4 Abs. 2 Satz 2 Buchstabe a bis c des VermG bestimmten Voraussetzungen vorliegen. Ist das Grundstück oder das Gebäude vor dem Stichtag erworben worden, findet keine Restitution statt. Ein Vertragsschluß nach dem Stichtag vermag gegenüber dem Restitutionsanspruch grundsätzlich keine schützenswerte Rechtsposition zu begründen. Dies gilt allerdings nicht, wenn die in Satz 3 bezeichneten Voraussetzungen vorliegen.

Satz 2

Die Vorschrift entspricht der Regelung in § 3 Abs. 3 des Entwurfs. Der Anspruch ergibt sich nur dann, wenn die Erfüllung des Vertrages aus für die Vertragsparteien zufälligen Umständen steckengeblieben ist. Der Anspruch besteht nicht, wenn der Vertrag aus anderen Gründen (z. B. wegen einer Pflichtverletzung des Käufers) gescheitert ist.

Satz 3

In § 4 Abs. 2 Satz 2 VermG in der Fassung durch das Zweite Vermögensrechtsänderungsgesetz ist die Sperrwirkung des Stichtages durchbrochen worden. Hiernach kann auch der Abschluß eines Vertrages und dessen Vollzug eine schützenswerte Position gegenüber dem Restitutionsanspruch des Alteigentümers begründen. Ist der Vertragsschluß nach dem Stichtag erfolgt, liegen jedoch die in der genannten Bestimmung bezeichneten Voraussetzungen vor, so schließt der Vollzug des Vertrages den Rückgabeanspruch aus. Für den Ausschluß der Restitution nach § 4 Abs. 2 Satz 1 VermG muß jedoch der Erwerb erfolgt sein.

Wenn der Abschluß des Vertrages und die Erlangung des Besitzes (unabhängig vom Vollzug des Rechtsgeschäfts) Ansprüche gegenüber einem Eigentümer des Grundstücks begründen, erscheint es vertretbar, solche Ansprüche auch gegenüber dem Alteigentümer als gerechtfertigt anzusehen, wenn die in § 4 Abs. 2 Satz 2 Buchstabe a bis c VermG benannten Voraussetzungen vorliegen. § 120a des Entwurfs knüpft daran an. Unter diesen Voraussetzungen begründet der Abschluß des Vertrages und die Erlangung des Besitzes auch nach dem Stichtag für den Nutzer eine gleichartige Vertrauensposition wie beim Abschluß des Vertrages vor dem Stichtag. Diese ist jedoch Grundlage für die in § 3 Abs. 3 und § 120a Abs. 1 des Entwurfs begründeten Ansprüche aus hängenden Verträgen gegen den Grundstücks- oder den restituierten Alteigentümer.

Die Erweiterung des Anwendungsbereichs der Regelung erfaßt daher folgende Fallgruppen:

1. die nach dem Stichtag abgeschlossenen beurkundeten **Kaufverträge** über **Gebäude** (Eigenheime sowie Gebäude für Erholungszwecke),

   a) nach § 1 des Verkaufsgesetzes vom 19. Dezember 1973 (GBl. I Nr. 58 S. 578),

   b) nach den §§ 2 und 4 Abs. 1 des Verkaufsgesetzes vom 7. März 1990 (GBl. I Nr. 18 S. 157),

   wenn der Erwerb vor dem Stichtag schriftlich beantragt oder sonst aktenkundig angebahnt worden ist (§ 4 Abs. 2 Satz 2 Buchstabe a VermG) oder der Käufer vor dem Stichtag in einem wesentlichen Umfang werterhöhende oder substanzerhaltende Investitionen vorgenommen hat (§ 4 Abs. 2 Satz 2 Buchstabe c VermG),

2. die nach dem Stichtag abgeschlossenen beurkundeten **Kaufverträge** über **Grundstücke**,

   a) die staatliche Verwalter nach § 1 Abs. 2 der Verordnung über die Rechte und Pflichten des Verwalters des Vermögens von Eigentümern, die die DDR ungesetzlich verlassen haben, gegenüber Gläubigern in der DDR vom 11. Dezember 1968 (GBl. II 1969 Nr. 1 S. 1) oder nach den Beschlüssen des Ministerrates vom 23. Dezember 1976 zur Grundlinie über die Behandlung des in der DDR befindlichen Vermögens von Berechtigten aus kapitalistischen Staaten und Westberlin mit Bürgern in der DDR geschlossen haben,

   b) die nach § 4 Abs. 2 Satz 2 des Verkaufsgesetzes vom 7. März 1990 (GBl. I Nr. 18 S. 157) von den früheren Rechtsträgern der volkseigenen Grundstücke mit Bürgern in der DDR abgeschlossen worden sind,

   wenn der Erwerb vor dem Stichtag schriftlich beantragt oder sonst aktenkundig angebahnt worden ist (§ 4 Abs. 2 Satz 2 Buchstabe a VermG) oder der Käufer vor dem Stichtag in einem wesentlichen Umfang werterhöhende oder substanzerhaltende Investitionen vorgenommen hat (§ 4 Abs. 2 Satz 2 Buchstabe c VermG),

3. beurkundete **Kaufverträge** über **Wirtschaftsgebäude** nach § 1 des Verkaufsgesetzes vom 7. März 1990 (GBl. I Nr. 18 S. 157), die der Rechtsträger mit privaten Handwerkern und Gewerbetreibenden abgeschlossen haben. (Anmerkung: Vorher war ein Verkauf volkseigener Wirtschaftsgebäude für private gewerbliche Zwecke unzulässig.)

Die Erweiterung erstreckt sich dagegen nicht auf die nach dem Stichtag abgeschlossenen Kaufverträge, wenn

1. der Erwerb nicht vor dem Stichtag schriftlich beantragt oder aktenkundig angebahnt worden ist und der Käufer vor diesem Zeitpunkt keine wesentlichen werterhöhenden Maßnahmen durchgeführt hat, oder

2. der Vertrag wegen Nichtbeachtung gesetzlicher Formvorschriften oder aus anderen Gründen nichtig ist.

Kein Gegenstand des § 120a SachenRBerG bleiben die bereits **vollzogenen Kaufverträge**, insbesondere die über Gebäude oder Grundstücke nach dem Verkaufsgesetz vom 7. März 1990 (GBl. I Nr. 18 S. 157). Hier wirkt der Restitutionsausschluß nach § 4 Abs. 2 Satz 1 VermG sich in der Weise aus, daß der Erwerb zu den alten Konditionen bestehenbleibt. Der Alteigentümer ist auf die Entschädigung verwiesen. Nachzahlungsansprüche werden durch § 120a SachenRBerG nicht begründet. Ein solcher Eingriff in abgeschlossene Vertragsverhältnisse hätte eine Rückwirkung zur Folge, die verfassungsrechtlich problematisch wäre.

§ 120a SachenRBerG enthält eine Ergänzung zum neuen § 3 Abs. 3 SachenRBerG, mit dem die hängenden Gebäudekaufverträge in die Sachenrechtsbereinigung einbezogen werden. § 120a SachenRBerG betrifft die restitutionsbelasteten Grundstücke.

In diesen Fällen kann der hängende Gebäudekaufvertrag nicht in der Weise erfüllt werden, daß der Nutzer das Grundstück hinzuerwirbt. Der Alteigentümer ist nicht Vertragspartner im Gebäudekaufvertrag; das Vermögensgesetz sieht insoweit einen Vertragseintritt nicht vor. Ein vor dem Stichtag (18. Oktober 1989) abgeschlossener Vertrag und der daraus erlangte Besitz am Grundstück haben jedoch einen Vertrauenstatbestand beim Nutzer geschaffen. Dieser gebietet es, dem Nutzer gegenüber einem (enteigneten, restitutionsberechtigten) Alteigentümer in gleichem Umfang und mit gleichem Inhalt einen gesetzlichen Anspruch zum Erwerb zu geben wie er nach dem Entwurf gegenüber einem Grundstückseigentümer besteht, wenn auf dessen Grundstück ein Gebäude veräußert worden, die Erfüllung des Vertrages aber hängengeblieben ist. Der Zweck der Restitution ist die Gleichbehandlung, jedoch nicht die Besserstellung gegenüber den Grundstückseigentümern im Beitrittsgebiet.

Absätze 2 bis 4

Die vorgeschlagene Regelung entspricht in ihrem Inhalt dem Vorschlag der Bundesregierung in der Gegenäußerung zur Stellungnahme des Bundesrates. Der Ausschuß verweist insoweit auf die dort enthaltene Begründung (vgl. Drucksache 12/5992, S. 206 f.).

Die Gruppe PDS/Linke Liste hatte beantragt, die Absätze 1 und 2 zu streichen.

Artikel 2
Änderung anderer Vorschriften, Schlußbestimmungen

§ 1
Änderung der Verordnung über das Erbbaurecht

Die in der Empfehlung des Ausschusses vorgeschlagene Formulierung entspricht im wesentlichen der Nummer 14 Buchstabe c in der Stellungnahme des Bundesrates (vgl. Drucksache 12/5992, S. 192).

Die Änderung der Verordnung über das Erbbaurecht (ErbbauVO) verfolgt die Ziele,

— eine dingliche Wertsicherung des Erbbauzinses zu ermöglichen und

— das Bestehenbleiben des Erbbauzinses in der Zwangsversteigerung des Erbbaurechts sicherzustellen, so daß kein erbbauzinsloses Erbbaurecht entsteht.

Der Regierungsentwurf (vgl. Drucksache 12/5992, S. 47) enthält den Vorschlag, den Erbbauzins in der Weise zu sichern, daß er als vertraglicher Inhalt des **Erbbaurechts** vereinbart werden kann. Der Erbbauzins würde damit Inhalt des dinglichen Rechts werden, das im Falle der Zwangsversteigerung auf den Ersteher überginge. Ein erbbauzinsloses Erbbaurecht könnte dann nicht entstehen.

Ungelöst blieb bei diesem Ansatz jedoch die Frage der Wertsicherung. Da der Ersteher nicht an nach geltendem Recht nur schuldrechtlich (zwischen dem Grundstückseigentümer und dem ersten Erbbauberechtigten) wirkenden Abreden zur Sicherung des Erbbauzinses gebunden wäre, wäre der Ersteher dem Grundstückseigentümer gegenüber zu einer Anpassung des Erbbauzinses nicht verpflichtet. Der Anspruch auf den Erbbauzins würde dadurch gegenüber dem Ersteher infolge des allmählichen Geldwertverlustes immer weniger wert.

Diese nachteilige Wirkung konnte nur dadurch behoben werden, daß man die Verpflichtung zur Erbbauzinsanpassung als Inhalt der Erbbauzins**reallast** bestimmt. In der Stellungnahme des Bundesrates ist insoweit (in Verfolgung desselben Zieles) ein anderer Lösungsansatz enthalten. Hiernach müßte nicht die Bestimmung über den Inhalt des Erbbaurechts (§ 2 ErbbauVO), sondern die über den Inhalt der Reallast (§ 9 ErbbauVO) geändert werden.

Mit diesem Vorschlag lassen sich beide Ziele (Wertsicherung und Bestand in der Zwangsversteigerung) erreichen. Die Bundesregierung hat den Vorschlägen des Bundesrates zugestimmt (vgl. Drucksache 12/5992, S. 212ff.). Der Ausschuß sieht die Lösung über eine Änderung des § 9 ErbbauVO als sachgerecht an, um ein seit langer Zeit diskutiertes Problem der ErbbauVO in ihrer derzeit geltenden Fassung zu lösen. Da die Sachenrechtsbereinigung den Grundstückseigentümer auf Verlangen des Nutzers zum Abschluß eines Erbbaurechtsvertrages zwingt, bestand dringende Veranlassung, dieses Regelungsproblem mit dem Entwurf des Sachenrechtsbereinigungsgesetzes einer Lösung zuzuführen.

Nummer 1 — Änderung des § 9 ErbbauVO

a) Absatz 2

Die Änderung führt dazu, daß auch eine Wertsicherung als Inhalt der Reallast vereinbart werden kann. Der Vorschlag des Ausschusses entspricht der Stellungnahme des Bundesrates. Auf die dortigen Ausführungen (vgl. Drucksache 12/5992, S. 194) wird Bezug genommen.

b) Absatz 3 — neu —

Diese Änderung führt dazu, daß auch das Bestehenbleiben eines nachrangig eingetragenen Erbbauzinses als Inhalt der Reallast vereinbart werden kann. Die Empfehlung des Ausschusses entspricht in ihren Grundsätzen dem Vorschlag des Bundesrates in seiner Stellungnahme zum Entwurf der Bundesregierung (vgl. Drucksache 12/5992, S. 192). In Satz 1 waren jedoch zwei Änderungen veranlaßt.

Nummer 1

Die Änderung ist redaktionell. Nach der Fassung in der Stellungnahme des Bundesrates soll die „Änderung" einer Vereinbarung über die Anpassung des Erbbauzinses der Zustimmung der Inhaber dinglicher Rechte bedürfen. Dies gilt selbstverständlich auch für den Fall, daß die alten Erbbauzinsreallasten nunmehr in wertgesicherte Reallasten geändert werden und dabei die Verpflichtung zur Anpassung des Erbbauzinses als Inhalt der Reallast begründet wird. Die vorgeschlagene Fassung bringt deutlicher zum Ausdruck, daß diese Vereinbarungen der Zustimmung der Inhaber dinglicher Rechte bedürfen

Nummer 2

Die vorgeschlagene Regelung soll den Entwurf ergänzen. Nach dem Vorschlag soll die Erbbauzinsreallast mit ihrem Hauptanspruch in einer Zwangsversteigerung des Erbbaurechts bestehenbleiben, auch wenn die Versteigerung aus einem vorrangigen Recht betrieben wird und die Reallast nicht in das geringste Gebot aufzunehmen ist.

Die Regelung hätte jedoch zur Folge, daß das vorrangige Grundpfandrecht mit dem Zuschlag erlöschen und die Reallast im Rang aufrücken würde. Hierdurch würde dem Ersteher der Raum für eine erstrangige Finanzierung verlorengehen, was die Beleihbarkeit des Erbbaurechts einschränken kann. Der Grundstückseigentümer würde eine bessere Rechtsposition erhalten als er sie vor dem Versteigerungsverfahren hatte. Einer solchen erstrangigen Absicherung des Erbbauzinses bedarf der Grundstückseigentümer nicht mehr, da die Reallast auch in einer erneuten Zwangsversteigerung des Erbbaurechts bestehenbliebe.

Um die vorstehenden nachteiligen Wirkungen zu verhindern, soll auch ein Rangvorbehalt zugunsten des jeweiligen Erbbauberechtigten begründet werden können. Hierdurch wird erreicht, daß dem Ersteher des Erbbaurechts die Möglichkeit zu einer erstrangigen Belastung des Erbbaurechts erhalten bleibt.

c) Absatz 4 (Absatz 3 alt)

Redaktionelle Änderung infolge des Einfügens des Absatzes 3.

Nummer 2 — Änderung des § 19 ErbbauVO

Die Änderung ist Folge der Änderung zu § 9 ErbbauVO. Wird als Inhalt der Reallast vereinbart, daß der Erbbauzins in einer Zwangsversteigerung des Erbbaurechts bestehenbleiben wird, so muß bei einer der Reallast im Range nachgehenden Beleihung der Erbbauzins nicht in voller Höhe kapitalisiert und von der Beleihungsgrenze in Abzug gebracht werden. Eine nachrangige Beleihung nach dem Erbbauzins wird dadurch wesentlich erleichtert. Im einzelnen wird auf die Ausführungen in der Stellungnahme des Bundesrates (vgl. Drucksache 12/5992, S. 195) verwiesen.

§ 2
Änderung des Gesetzes über die Zwangsversteigerung und die Zwangsverwaltung

Die Änderung des § 52 Abs. 2 des Gesetzes über die Zwangsversteigerung und die Zwangsverwaltung (ZVG) ist Folge der Änderung der Bestimmungen über den Inhalt der Reallast in der ErbbauVO. Sie ordnet diese Rechtsfolge für das Versteigerungsverfahren an, wenn das Bestehenbleiben der Reallast als Inhalt der Reallast vereinbart worden ist.

§ 3
Änderung des Bürgerlichen Gesetzbuchs

§ 906 Abs. 1 Satz 2 und 3 — neu —

Die gegenseitige Verschränkung des öffentlichen Rechts und des Zivilrechts im Bereich des Nachbarschutzes hat zu einem verwickelten System unterschiedlicher Rechtsbehelfe und verschiedenartiger Rechtsschutzziele geführt. Rechtsbehelfskonkurrenzen sind unvermeidlich, wenn ein durch Immissionen gestörter Nachbar Rechtsschutz sowohl vor den Verwaltungsgerichten als auch vor den ordentlichen Gerichten suchen kann:

— Im Bereich des **Zivilrechts** ist vor allem der Abwehranspruch des Nachbarn aus den §§ 1004, 906 BGB zu nennen. Dieser Anspruch ist begründet, wenn es sich um eine wesentliche Beeinträchtigung des Nachbargrundstücks handelt, die entweder nicht ortsüblich ist oder zwar ortsüblich, aber mit zumutbarem wirtschaftlichen Aufwand verhinderbar ist. Anspruchsberechtigt ist aufgrund der Immobilienbezogenheit des Anspruchs nur der Eigentümer (bzw. jeder andere dinglich Berechtigte) des durch die Einwirkung betroffenen Grundstücks; obligatorisch Berechtigten, wie Mietern und Pächtern, steht der weitgehend inhaltsgleiche Anspruch aus § 862 BGB zu.

— Auch das **öffentliche Recht** kennt einen Störungsabwehranspruch, der vor den Verwaltungsgerichten geltend zu machen ist. Voraussetzung ist, daß die emittierende Anlage im Eigentum einer öffentlich-rechtlichen Körperschaft steht und zudem in einer öffentlich-rechtlichen Nutzungsform betrieben wird. Neben diesem öffentlich-rechtlichen Beseitigungsanspruch kann ein Nachbar gemäß §§ 24, 25 des Bundes-Immissionsschutzgesetzes (BImSchG) mittels einer Verpflichtungsklage nachträgliche Anordnungen der zuständigen Behörde oder gar die Untersagung des Betriebes einer nicht genehmigungsbedürftigen Anlage verlangen, wenn der Betreiber der Anlage seine Pflichten aus § 22 BImSchG verletzt. In gleicher Weise ermöglicht § 17 BImSchG bei genehmigungsbedürftigen Anlagen den Erlaß nachträglicher Anordnungen der zuständigen Behörde.

Nach der herrschenden Lehre von der „Doppelgleisigkeit" des Nachbarschutzes ist dieses Nebeneinander von öffentlich-rechtlichen und zivilrechtlichen Abwehransprüchen unvermeidlich. Dies führt auch und gerade für den bürgerlich-rechtlichen Nachbarschutz des § 906 BGB zu der Streitfrage, welche Bedeutung den im öffentlichen Recht anzusiedelnden Umweltstandards für den zivilrechtlichen Abwehranspruch zukommt. Nicht selten haben Gerichte der ordentlichen Gerichtsbarkeit bauliche Anlagen (insbesondere Sportanlagen), die den öffentlich-rechtlichen Bestimmungen entsprachen, zivilrechtlich für angreifbar gehalten. In diesem Zusammenhang sollen nur die Entscheidung des OLG Koblenz (NVwZ 1993, 301), die einen Rückgriff auf die Richtwerte der Sportanlagenlärmschutzverordnung abgelehnt hat, und die Tennisplatzentscheidung des BGH (NJW 1983, 751), die einen bauplanungsrechtlich zugelassenen Tennisplatz betraf, Erwähnung finden.

Dieser Befund läßt es wünschenswert erscheinen — auch im Interesse einer Einheit der Rechtsordnung — eine gewisse Harmonisierung des öffentlichen und privaten Immissionsschutzrechts herbeizuführen. Eine Analyse der Rechtsprechung des **BVerwG** und des **BGH** ergibt, daß beide obersten Bundesgerichte die Bedeutung dieser Frage erkannt haben und im Bemühen um eine Lösung gegen Ende der 80er Jahre eine gewisse Annäherung ihrer Rechtspositionen vollzogen haben. So hat das BVerwG in seinem Feuersirenen-Urteil (NJW 1988, 2396) zu den Vorschriften des § 906 BGB und des § 3 BImSchG ausgeführt, daß kein Anlaß bestehe, die grundlegenden Maßstäbe, mit denen das private und das öffentliche Immissionsschutzrecht die Grenze für eine Duldungspflicht der Nachbarschaft gegenüber Immissionen bestimmen, nämlich die „Wesentlichkeit" einerseits und die „Erheblichkeit" andererseits, unterschiedlich auszulegen: Was für die Nachbarschaft erhebliche Geräuschbelästigungen und damit schädliche Umwelteinwirkungen i. S. d. §§ 3, 22 BImSchG sind, sind auch Geräuscheinwirkungen, die i. S. d. § 906 Abs. 1 BGB die Benutzung des Nachbargrundstücks wesentlich beeinträchtigen; umgekehrt sind Geräusche, die unerheblich und damit keine schädliche Umwelteinwirkung i. S. d. §§ 3, 22 BImSchG darstellen, auch unwesentlich i. S. d. § 906 Abs. 1 BGB. Auch der BGH hat sich in seiner Volksfestentscheidung (DVBl. 1990, 771) dieser Beurteilung angeschlossen. Übereinstimmung besteht zwischen BGH und BVerwG auch darin, daß den in technischen Regelwerken enthaltenen Standards zwar eine (indizielle) Bedeutung für die Beurteilung der Wesentlichkeit von Beeinträchtigungen bzw. der Erheblichkeit von Umwelteinwirkungen (und damit für die Duldungspflicht des Nachbarn) zukommt, daß jedoch diese Richtwerte nicht starr und schematisch angewendet werden dürfen, sondern daß auch die tatsächlichen Verhältnisse des Einzelfalles — also zum einen die konkreten Gegebenheiten der emittierenden Nutzung, zum anderen des immissionsbetroffenen Nachbarn — in Betracht zu ziehen seien.

Neben dieser in der Rechtsprechung der obersten Bundesgerichte festzustellenden Annäherung kennt auch das geltende Recht einige Beispiele für eine Verzahnung von öffentlichem und privatem Immissionsschutzrecht. Nach diesen Bestimmungen erhalten die öffentlich-rechtlichen Vorschriften eine privatrechtsgestaltende Wirkung für den zivilrechtlichen Nachbarschutz und damit einen Vorrang, der jede Einzelfallprüfung des Zivilrichters ausschließt.

Zu nennen sind hier die folgenden Fälle:

— § 14 BImSchG sieht eine über § 906 BGB hinausgehende Duldungspflicht des gestörten Nachbarn vor. Die Vorschrift soll den Bestand von gefährlichen Anlagen, die aufgrund der 4. BImSchV förmlich genehmigungspflichtig sind, gegenüber privatrechtlichen Abwehransprüchen sichern, sofern diese nicht auf besonderen Titeln beruhen. Der Schutz des betroffenen Nachbarn wird durch seine Beteiligung am Genehmigungsverfahren nach § 10 BImSchG vorverlagert. Macht der Nachbar seine Einwendungen nicht rechtzeitig geltend, wird er mit ihnen unter den Voraussetzungen des § 10 Abs. 3 BImSchG präkludiert. Mit dieser Bestimmung erfährt die privatrechtliche Position des Nachbarn eine Umwandlung in ein öffentlich-rechtliches Beteiligungs- und Klagerecht. Auf § 14 BImSchG wird verwiesen in § 11 Luftverkehrsgesetz, § 7 Abs. 6 Atomgesetz sowie in Artikel 125 EGBGB, wonach landesrechtliche Bestimmungen im Bereich von Eisenbahn-, Dampfschiffahrts- und ähnlichen Verkehrsunternehmungen unberührt bleiben.

— Weiterhin kommt unanfechtbaren Planfeststellungsbeschlüssen eine privatrechtsgestaltende Wirkung zu, da sie den privaten Beseitigungsanspruch aus §§ 1004, 906 BGB ausschließen. Die praktisch wichtigste Vorschrift findet sich in § 17 Abs. 4 Satz 1 Bundesfernstraßengesetz; ferner sind zu nennen § 14 Abs. 1, § 11 Abs. 1 Satz 1 Wasserhaushaltsgesetz und § 21 Bundeswasserstraßengesetz. Fehlen besondere Vorschriften, gilt für die auf Bundesrecht beruhenden Planfeststellungsbeschlüsse § 75 Abs. 2 Satz 1 Bundesverwaltungsverfahrensgesetz entsprechend.

— Die Rechtsprechung des BGH (BGHZ 48, 98; BGHZ 60, 119) hat schließlich trotz Überschreitung der Duldungsgrenze des § 906 Abs. 2 BGB den an sich gegebenen Abwehranspruch des Nachbarn dann verneint, wenn öffentlich-rechtlich organisierte Emittenten die Emissionen auf der Grundlage öffentlich-rechtlicher Vorschriften verursacht haben oder wenn es sich um Emissionen von unmittelbar dem öffentlichen Interesse dienenden lebens- oder gemeinwichtigen Betrieben (Beispiel: Umspannwerk, Mülldeponie) handelt. Für diese Fälle soll dem Nachbarn lediglich ein bürgerlich-rechtlicher Aufopferungsanspruch analog § 906 Abs. 2 Satz 2 BGB zustehen.

Nach dem Vorbild dieser Bestimmungen hat es in der 11. und auch in der 12. Legislaturperiode Bestrebungen gegeben, durch gesetzliche Maßnahmen im Bereich des Sportstättenbaus den öffentlich-rechtlichen Vorschriften eine privatrechtsgestaltende Wirkung beizulegen und damit die bürgerlich-rechtlichen Beseitigungsansprüche zu beschneiden:

— In der **11. Legislaturperiode** hat die Freie und Hansestadt Hamburg eine Gesetzesinitiative des Bundesrates veranlaßt (Bundestags-Drucksache 11/6712), mit der ein § 25a Abs. 3 in das BImSchG eingefügt werden sollte: Danach sollten bei Sportstätten mit gesetzlich zugelassenen Sportlärmemissionen privatrechtliche, nicht auf besonderen Titeln beruhende Ansprüche zur Abwehr der Einwirkungen nur insoweit geltend gemacht werden können, als der Lärm durch wirtschaftlich zumutbare Maßnahmen verhindert werden kann.

— In der laufenden **12. Legislaturperiode** wird nunmehr im Umweltausschuß und im Rechtsausschuß des Deutschen Bundestages eine weitere Bundesratsinitiative der Stadt Hamburg zur Einführung eines § 25a in das BImSchG beraten (Bundestags-Drucksache 12/1866): Danach sollen privatrechtliche, nicht auf besonderen Titeln beruhende Ansprüche zur Abwehr von Einwirkungen durch Sportgeräusche stets dann ausgeschlossen sein, wenn die Sportanlagen in Übereinstimmung mit öffentlich-rechtlichen Immissionsschutzvorschriften zu nicht gewerblichen Zwecken betrieben werden.

Bereits in der Gegenäußerung der Bundesregierung zu dem zuletzt genannten Vorschlag sind Bedenken gegen die ausdrückliche Beschränkung der Regelung auf nicht gewerbliche Sportanlagen zum Ausdruck gebracht worden. In der Tat ließe es sich im Hinblick auf das Gleichbehandlungsgebot des Artikels 3 Abs. 1 Grundgesetz kaum rechtfertigen, wenn der Anwendungsbereich der Vorschrift auf nicht gewerblich betriebene Sportanlagen beschränkt würde. Die Belastung der Anwohner ist unabhängig davon, ob Geräuschimmissionen auf eine städtische Anlage oder eine kommerziell betriebene Sportstätte zurückzuführen sind; das Interesse an der Nutzung einer städtischen Sportanlage ist nicht größer als das Interesse an der Nutzung anderer Anlagen, durch die Lärm verursacht wird. Ziel einer gesetzlichen Lösung für eine Harmonisierung von öffentlichem und privatem Immissionsschutzrecht muß es vielmehr sein, jede Art von Sportanlagen und darüber hinaus auch andere emittierende bauliche Anlagen zu erfassen. Industrie und Gewerbe stehen bei ihr vor der Frage, welchen Grad der Belastung aus einer Grundstücksnutzung der Nachbarschaft (Grundstückseigentümer oder Mieter) zuzumuten ist, in demselben Spannungsverhältnis wie der Sport. Gerade im Blick auf die dringlich zu führende Diskussion um den Wirtschaftsstandort Deutschland wäre es nicht vertretbar, eine auf den Sport beschränkte Regelung zu treffen und an den Interessen des gewerblichen Bereichs einfach vorbeizugehen.

Aus diesem Grund stellt der Vorschlag eine Gesamtlösung dar, die alle Bereiche einer emittierenden Nutzung eines Grundstücks erfaßt. Deshalb soll die Lösung auch nicht in das BImSchG, sondern in die Generalnorm des zivilrechtlichen Nachbarschutzes, also in § 906 BGB, eingestellt werden.

Die hier vorgeschlagene Lösung trägt diesen Überlegungen und Bedenken im Hinblick auf die bisherigen Lösungsansätze Rechnung. Sie billigt dem öffentlichen Recht eben keinen privatrechtsgestaltenden Vorrang mit einem Totalausschluß zivilrechtlicher Abwehransprüche zu. Es soll vielmehr die in der Rechtsprechung des BGH und des BVerwG erkennbar gewordene Entwicklung für eine übergreifende Harmonisierung von öffentlichem und privatem Immissionsschutzrecht nachgezeichnet und in eine klarstellende gesetzliche Lösung umgesetzt werden. Bei der Beurteilung der Grenze einer zivilrechtlichen Duldungspflicht des Nachbarn (auf der Ebene der „Unwesentlichkeit einer Beeinträchtigung" i. S. d. § 906 Abs. 1 BGB) sind in der Regel die öffentlich-rechtlichen Vorgaben heranzuziehen. Dem Zivilrichter bleibt jedoch die Möglichkeit, den besonderen Umständen des Einzelfalles Rechnung zu tragen. Der BGH hat in seiner Kupolofen-Entscheidung (JZ 1984, 1106, 1108) zutreffend ausgeführt, daß die Einhaltung von Emissionswerten nur für den Regelfall den Schluß darauf zuläßt, daß keine schädlichen Immissionen für die umliegenden Grundstückseigentümer vorliegen. Die konkreten Verhältnisse können jedoch anders liegen: „Besondere Umstände" können zu Zweifeln daran Anlaß geben, daß die Beachtung von Emissionswerten nicht ausreicht, um unzulässige Immissionen zu vermeiden (BGH, a.a.O.). In die gleiche Richtung geht die Entscheidung des BGH zu den Fluorabgasen eines Ziegelwerks (BGHZ 70, 102): Danach können die Immissionen auf ein bestimmtes Grundstück, die geringer sind als die (etwa in der TA Luft) festgesetzten Werte, nicht ohne weiteres als solche angesehen werden, die die konkrete Benutzung dieses Grundstücks nur unwesentlich beeinträchtigen; auch wenn die Immissionsbelastung unterhalb der festgesetzten Werte bleibt, braucht nach Ansicht des BGH eine schädliche Einwirkung (z. B. auf bestimmte Pflanzen) im Einzelfall nicht ausgeschlossen zu sein.

Diese in der Rechtsprechung des BGH betonte und auch vom BVerwG für notwendig gehaltene Einzelfallprüfung des Zivilrichters soll — im Gegensatz zu den bisherigen Lösungsansätzen — mit der hier vorgeschlagenen Lösung somit erhalten bleiben.

§ 906 Abs. 1 Satz 2 — neu —

Die Bestimmung schafft ein Regelbeispiel zur Ausfüllung des unbestimmten Rechtsbegriffs der unwesentlichen Beeinträchtigung im Sinne des § 906 Abs. 1 BGB. Der Zivilrichter soll im Regelfall dann von der Unwesentlichkeit einer Grundstücksbeeinträchtigung ausgehen, wenn die Einwirkung die in Gesetzen und Rechtsverordnungen festgelegten Grenz- und Richtwerte nicht überschreitet. Die Frage der Wesentlichkeit oder Unwesentlichkeit einer Beeinträchtigung bestimmt die Grenze der Duldungspflicht des gestörten Nachbarn: Unwesentliche Beeinträchtigungen muß er (entschädigungslos) hinnehmen, wesentliche nur dann, wenn diese ortsüblich oder durch wirtschaftlich zumutbare Maßnahmen nicht verhinderbar sind. Für die Frage der Wesentlichkeit einer Beeinträchtigung kommt es nach herrschender Lehre (Staudinger/Roth, § 906 BGB, Rdn. 159) auf das Empfinden eines verständigen Durchschnittsmenschen an, wobei Natur und Zweckbestimmung des von der Einwirkung betroffenen Grundstücks (z. B. Wohngrundstück oder Industriegrundstück) von entscheidender Bedeutung sind. Bei der Auslegung dieser unbestimmten Tatbestandsmerkmale und der Subsumtion des Sachverhalts durch den Richter soll die gesetzliche Bezugnahme auf die in öffentlich-rechtlichen Vorschriften enthaltenen Umweltstandards helfen, die Grenzen der Zumutbarkeit einer Immissionsbelastung für den Nachbarn zu bestimmen: Hält eine Einwirkung die gesetzlichen Vorgaben ein, muß der Nachbar sie hinnehmen, andernfalls kann er sie abwehren. Dies schafft Rechtssicherheit sowohl für den Störer als auch für den Nachbarn, der die Erfolgsaussichten einer Nachbarschutzklage nunmehr besser abschätzen kann.

Durch die Formulierung „liegt in der Regel vor" soll der Regelbeispielcharakter der Bezugnahme auf öffentliche Umweltstandards zum Ausdruck kommen: Die Einhaltung der Werte wird regelmäßig (muß aber nicht) zur Annahme der Unwesentlichkeit einer Beeinträchtigung führen, wie umgekehrt deren Überschreitung nicht zwingend die „Wesentlichkeit" begründet; stets bleibt eine Prüfung der Einzelfallumstände vorbehalten.

Die Gründe für die Notwendigkeit einer Beibehaltung der richterlichen Einzelfallprüfung sind in der Allgemeinen Begründung bereits dargestellt worden. Dabei ist insbesondere hinsichtlich der praktisch wichtigsten Einwirkung — der Lärmimmission — zu bemerken, daß nach verbreiteter Ansicht die Immissionsschutzvorschriften (wie die TA Lärm und die Sportanlagenlärmschutzverordnung) wegen ihrer rein physikalisch-technischen Betrachtungsweise die besondere Lästigkeit von Lärm nur zum Teil erfassen können (Kutscheidt, NVwZ 1989, 196; BGHZ 46, 35, 38; Bericht des Arbeitskreises „Baulicher Nachbarrecht", BBauBl. 1991, 10, 14). Neben Schallpegel und Schallfrequenz haben eben auch z. B. Impulshaltigkeit, Tonhaltigkeit oder der besondere Informationsgehalt von Lärm Bedeutung für die Bewertung einer Geräuschimmission. Auch aus diesen Gründen muß deshalb ein gewisser einzelfallbezogener tatrichterlicher Bewertungsspielraum erhalten bleiben.

Die vorgeschlagene Lösung bringt jedoch für den Betreiber der emittierenden Anlage im Gegensatz zur geltenden Rechtslage deutliche Vorteile: Bislang muß der Emittent behaupten und beweisen, daß die Beeinträchtigung nur unwesentlich und damit vom Nachbarn zu dulden ist (Staudinger/Roth, § 906 BGB, Rdn. 178). Künftig ist es so, daß eine Verschiebung des Beweisthemas dahin erfolgt, daß der Emittent nur noch die Darlegungs- und Beweislast für die Einhaltung der öffentlich-rechtlichen Grenzwerte trägt, während es nunmehr Sache des Nachbarn ist zu beweisen, daß trotz Einhaltung der Werte eine wesentliche Beeinträchtigung vorliegt. Da es sich bei diesem Beweis des Gegenteils um einen Hauptbeweis handelt, den der Nachbar zur vollen Überzeugung des Gerichts erbringen muß, findet ähnlich wie bei der gesetzlichen Vermutung (vgl. § 292 ZPO) eine Umkehr der Beweislast zu Lasten des Nachbarn statt.

Die vorstehend beschriebene Rechtsfolge des § 906 Abs. 1 Satz 2 BGB (neu) setzt voraus, daß die „in Gesetzen und Rechtsverordnungen bestimmten Grenz- oder Richtwerte" nicht überschritten werden.

Grenz- oder Richtwerte können in Regelwerken von völlig unterschiedlicher Rechtsqualität enthalten sein (dazu Jarass, NJW 1987, 1225). Zu erwähnen sind

— gesetzliche Umweltstandards: hierzu zählen Parlamentsgesetze (Fluglärmgesetz), Rechtsverordnungen (z. B. die BImSchVen) und die vergleichsweise seltenen Gemeindesatzungen zum Schutz vor schädlichen Umwelteinwirkungen (vgl. § 49 Abs. 3 BImSchG);

— administrative Umweltstandards: hier sind die allgemeinen Verwaltungsvorschriften (wie z. B. TA Luft, TA Lärm) zu nennen;

— private Umweltstandards: hierzu zählen die technischen Normen des Deutschen Instituts für Normung (DIN), des Vereins Deutscher Ingenieure (VDI), des Verbandes Deutscher Elektrotechniker (VDE), des Deutschen Vereins des Gas- und Wasserfaches (VDGW) u. a. m.

Um die Handhabbarkeit der Vorschrift zu erhöhen, beschränkt sich § 906 Abs. 1 Satz 2 BGB (neu) auf Parlamentsgesetze und Rechtsverordnungen sowie § 906 Abs. 1 Satz 3 BGB (neu) auf bestimmte (qualifizierte) allgemeine Verwaltungsvorschriften. Die ohnehin praktisch seltenen Gemeindesatzungen zum Schutz der Bevölkerung vor schädlichen Umwelteinwirkungen durch Luftverunreinigungen oder Geräusche (§ 49 Abs. 3 BImSchG) sowie die kaum zu überblickenden Normen privater Regelsetzer sollen ausgeblendet werden. Für die Behandlung dieser Umweltstandards sowie für die Beachtlichkeit von Festsetzungen in gültigen Bebauungsplänen für die Beurteilung von privaten Immissionsschutzkonflikten gelten die in der Rechtsprechung von BVerwG und BGH entwickelten Grundsätze weiter.

In den Anwendungsbereich von § 906 Abs. 1 Satz 2 BGB (neu) fallen demnach vor allem die zum BImSchG erlassenen Rechtsverordnungen. Als Beispiele sind zu nennen:

— *Verordnung über Kleinfeuerungsanlagen — 1. BImSchV,*

— *Verordnung zur Emissionsbegrenzung von leichtflüchtigen Halogenkohlenwasserstoffen — 2. BImSchV,*

— *Rasenmäherlärm-Verordnung — 8. BImSchV,*

— *Verordnung über Großfeuerungsanlagen — 13. BImSchV,*

— *Baumaschinenlärm-Verordnung — 15. BImSchV,*

— *Verkehrslärmschutzverordnung — 16. BImSchV und die*

— *Sportanlagenlärmschutzverordnung — 18. BImSchV.*

Der Begriff der „Grenz- oder Richtwerte" soll sämtliche in den vorstehenden Regelwerken enthaltenen Immissionswerte (d. h. Werte zum Schutz vor schädlichen Umwelteinwirkungen oder zur Vorsorge gegen sie) und Emissionswerte (d. h. Werte zur Begrenzung von durch Anlagen verursachten Emissionen, die durch den Stand der Technik bestimmt werden) erfassen. Die Formel von den Grenz- oder Richtwerten macht zudem deutlich, daß es sich bei den in Bezug genommenen Werten entweder um Maximalwerte oder um Richtwerte handelt, die im Einzelfall überschritten werden können. So läßt etwa die Sportanlagenlärmschutzverordnung (ähnlich wie die TA Lärm) in § 2 Abs. 4 über den Immissionsrichtwerten liegende kurzzeitige Geräuschspitzen zu.

§ 906 Abs. 1 Satz 2 BGB (neu) betrifft allein die Einhaltung von Grenz- oder Richtwerten. Für den Fall der Überschreitung der Werte gelten die in der Rechtsprechung von BVerwG (NJW 1988, 2396) und BGH (DVBl. 1990, 771) entwickelten Grundsätze (Annahme einer „indiziellen Wirkung") nach wie vor weiter.

§ 906 Abs. 1 Satz 3 — neu —

Diese Vorschrift soll nur bestimmte, in einem formellen gesetzlichen Verfahren erlassene allgemeine Verwaltungsvorschriften erfassen. Derartige qualifizierte Verwaltungsvorschriften, in denen sich ein hoher fachlicher Sachverstand dokumentiert, erlangen damit Bedeutung für die Beurteilung der zivilrechtlichen Duldungspflicht des Nachbarn gemäß § 906 Abs. 1 BGB.

Vor allem § 48 BImSchG erlaubt es der Bundesregierung, nach Anhörung der beteiligten Kreise (§ 51 BImSchG) mit Zustimmung des Bundesrates allgemeine Verwaltungsvorschriften zu erlassen, und zwar u. a. über

— Immissionswerte zur Verhinderung der in § 1 BImSchG genannten Zwecke (Schutz vor schädlichen Umwelteinwirkungen) und

— nach dem Stand der Technik vermeidbare Emissionswerte.

Auf dieser Grundlage wurde vor allem die praktisch wichtige Technische Anleitung zur Reinhaltung der Luft — TA Luft — vom 27. Februar 1986 (GMBl. S. 95, 202) erlassen. Wichtig ist auch die über § 66 Abs. 2 BImSchG einbezogene Technische Anleitung zum Schutz gegen Lärm — TA Lärm — vom 16. Juli 1968 (Beilage zum BAnz. Nr. 137 vom 26. Juli 1968).

Verwaltungsvorschriften binden an sich nur die Bediensteten sowie die nachgeordneten Behörden der die Vorschrift erlassenden Behörde; Privatpersonen oder Gerichte werden durch Verwaltungsvorschriften grundsätzlich nicht gebunden (Jarass, § 48 BImSchG, Rdn. 10, 11). Gleichwohl erkennt die überwiegende Literatur und Rechtsprechung den qualifizierten, auf § 48 BImSchG gestützten Verwaltungsvorschriften eine gewisse Außenwirkung (auch für die Gerichte) zu; danach sollen diese Verwaltungsvorschriften eine verbindliche Normkonkretisierung unbestimmter Rechtsbegriffe darstellen, die auch das gerichtliche Verfahren binden und der Rechtsprechung „nur noch" die Aufgabe zuweisen, die Einhaltung der Umweltstandards zu kontrollieren (Jarass, NJW 1987, 1225, 1229; ders., § 48 BImSchG, Rdn. 13; Ule/Laubinger, § 48 BImSchG, Rdn. 3). Eine derartige Außenwirkung wurde etwa für die TA Luft und wegen § 66 Abs. 2 BImSchG auch für die TA Lärm bejaht. Der tiefere Grund für diese Ansicht liegt darin, daß diese Vorschriften oft das Ergebnis einer mehrjährigen Arbeit von Vertretern der Wissenschaft und Praxis, der Wirtschaft, der zuständigen Behörden und anderer interessierter Kreise darstellen, so daß sich in diesen Vorschriften ein „administrativer Sachverstand" dokumentiert, „dem auch die dritte Gewalt den nötigen Respekt zollen sollte" (so Ule/Laubinger, a. a. O., im Anschluß an Ossenbühl). Der Anerkennung einer begrenzten Außenwirkung qualifizierter Verwaltungsvorschriften soll nach dieser Auffassung nicht entgegenstehen, daß der EuGH (NVwZ 1991, 868) kürzlich diese wegen ihrer beschränkten Bindungskraft als nicht zur Umsetzung von EG-Recht geeignet angesehen hat (Jarass, § 48 BImSchG, Rdn. 14).

Diese für das geltende Recht mit guten Gründen vertretene „Außenwirkung" qualifizierter Verwaltungsvorschriften will der Entwurf nunmehr für den Bereich des zivilrechtlichen Nachbarschutzes aufnehmen: In gleicher Weise wie die in Parlamentsgesetzen oder Rechtsverordnungen enthaltenen Werte sollen auch die in qualifizierten Verwaltungsvorschriften aufgeführten Werte grundsätzlich (d. h. im Rahmen der nachfolgend dargestellten Grenzen) die Beurteilung der Unwesentlichkeit der Beeinträchtigung und damit der nachbarlichen Duldungspflicht prägen.

Die Bindungswirkung von qualifizierten Verwaltungsvorschriften unterliegt jedoch Beschränkungen, die mit der vorgeschlagenen Bestimmung nachgezeichnet werden sollen. Es handelt sich hierbei um die folgenden Grenzen:

— Voraussetzung für eine Bindungswirkung ist zunächst, daß die Verwaltungsvorschrift in der Art und Weise zustande gekommen ist, wie sie das Gesetz zur Sicherung von Sachverstand und politischer Legitimation vorsieht (Jarass, NJW 1987, 1230). Voraussetzung ist also, daß das gesetzlich vorgeschriebene Verfahren des § 48 BImSchG zum Erlaß der Verwaltungsvorschriften eingehalten und insbesondere auch die Anhörung der beteiligten Kreise (§ 51 BImSchG) erfolgt ist. Der Zivilrichter muß diese Frage prüfen, ehe er auf die Emissionswerte qualifizierter Verwaltungsvorschriften für die Beurteilung der Wesentlichkeit einer Beeinträchtigung zurückgreifen kann. Dieses Erfordernis wird sicherlich für die am 27. Februar 1986 erlassene TA Luft sowie für weitere allgemeine Verwaltungsvorschriften (Beispiele bei Jarass, § 48 BImSchG, Rdn. 6) zu bejahen sein. Auch die über § 66 Abs. 2 BImSchG einbezogene TA Lärm vom 16. Juli 1968 muß man den nach Maßgabe des § 48 BImSchG erlassenen Verwaltungsvorschriften gleichstellen.

— Die Bindungswirkung von allgemeinen Verwaltungsvorschriften muß ferner dann entfallen, wenn die in der Vorschrift enthaltene Aussage durch neue und gesicherte wissenschaftliche Erkenntnisse überholt und ihre Änderung durch die Bundesregierung noch nicht erfolgt ist (Jarass, § 48 BImSchG, Rdn. 19; Ule/Laubinger, § 48 BImSchG, Rdn. 5; BVerwGE 55, 250, 258; DVBl. 1988, 539). Ein gewichtiges Indiz für derartige neue gesicherte Erkenntnisse wäre es, wenn private Regeln der

Technik schärfere Anforderungen aufstellen. Generell besteht die Tendenz, daß die Bindungswirkung qualifizierter Verwaltungsvorschriften mit ihrem Alter abnimmt.

Für Immissionswerte sind vor allem neue Erkenntnisse der Wirkungsforschung, für Emissionswerte die Weiterentwicklung des Standes der Technik (vgl. § 3 Abs. 6 BImSchG) bedeutsam. Die Formulierung „Stand der Technik" im Gesetzesvorschlag soll beide Fälle erfassen und geht damit über den engeren — auf Emissionswerte bezogenen — Anwendungsbereich des § 3 Abs. 6 BImSchG hinaus. Im hier verstandenen Sinne ist „Stand der Technik" der Entwicklungsstand fortschrittlicher Verfahren, Einrichtungen und Betriebsweisen, der nach herrschender Auffassung führender Fachleute die Erreichung des gesetzlich vorgegebenen Zieles gesichert erscheinen läßt. Verfahren, Einrichtungen und Betriebsweisen sollten sich in der Praxis bewährt haben. Der Zivilrichter muß somit mit sachverständiger Hilfe prüfen, ob eine Verwaltungsvorschrift, auf die er zur Beurteilung der nachbarlichen Duldungspflicht im Rahmen des § 906 Abs. 1 BGB zurückgreifen möchte, aktuellen Erkenntnissen und insbesondere den an den Stand der Technik gestellten Anforderungen noch entspricht oder ob die Vorschrift inzwischen veraltet ist. Nur für den ersten Fall wäre ein Rückgriff auf die Werte dieser Verwaltungsvorschrift zulässig.

Der Grund für die Prüfungskompetenz des Zivilrichters hinsichtlich der Einhaltung des gesetzlich vorgeschriebenen Erlaßverfahrens und der fachlichen Qualität der in Bezug genommenen Verwaltungsvorschrift liegt darin, daß es verfassungsrechtlich nicht zulässig wäre, einen Richter in gleicher Weise an eigentlich nur für den internen Verwaltungsablauf bestimmte Verwaltungsvorschriften wie an Gesetze und Rechtsverordnungen zu binden. Damit würde man der Exekutive einen Einfluß auf die Rechtsprechung einräumen, der mit unserer Verfassungsordnung nicht vereinbar wäre.

— Eine Bindungswirkung von Verwaltungsvorschriften kommt schließlich dann nicht in Betracht, wenn völlig „atypische Fallgestaltungen" vorliegen, d. h. Sachverhalte, die der Vorschriftengeber bei der von ihm notwendigerweise anzustellenden generellen Betrachtung nicht regeln konnte und wollte (Jarass, § 48 BImSchG, Rdn. 20, ders., NJW 1987, 1225, 1230; BVerwGE 55, 250, 261). Der Entwurf trägt dieser Notwendigkeit einer Berücksichtigung atypischer Sachverhalte in der Weise Rechnung, daß er die in § 906 Abs. 1 Satz 2 BGB (neu) bestimmte Rechtsfolge für Verwaltungsvorschriften übernimmt („Gleiches gilt"). Damit hat der Zivilrichter die Möglichkeit, auch bei Einhaltung der in allgemeinen Verwaltungsvorschriften bestimmten Werte die besonderen Umstände des Einzelfalles zu berücksichtigen und etwa wegen der hohen Impulshaftigkeit von Lärm zur Annahme einer wesentlichen Beeinträchtigung zu gelangen. Diese Freistellung des Zivilrichters bei Vorliegen atypischer Sachverhalte ist auch deshalb geboten, weil die Bindung eines Gerichts nicht über die für die Verwaltung angenommene Selbstbindung hinausgehen darf. Denn die Verwaltung darf von ihrer durch die gleichmäßige Verwaltungspraxis und den Gleichheitssatz begründeten Selbstbindung abweichen, wenn sachliche Gründe dies im Einzelfall rechtfertigen (Maurer, Allgemeines Verwaltungsrecht, § 24 Rdn. 21 ff.). Gleiches muß auch für die tatrichterliche Prüfung gelten.

§ 4
Änderung des Einführungsgesetzes zum Bürgerlichen Gesetzbuche

Nummer 1 — Artikel 231 § 8 — neu —

Die Bestimmung soll Rechtsunsicherheiten beseitigen, die bezüglich der Form von Vollmachten entstanden sind, die von Staatsorganen der DDR erteilt worden sind. Die vom Ausschuß vorgeschlagene Regelung ist keine Heilungsvorschrift für solche Rechtsgeschäfte, die mangels formgerecht erteilter Vollmacht unwirksam wären. Die Bestimmung dient vielmehr der Klarstellung, daß die handschriftliche Zeichnung der Urkunde unter Beifügung des Dienstsiegels formgerecht ist. Mängel — insbesondere auf materiell-rechtlichem Gebiet — werden nicht geheilt.

Nach § 57 Abs. 2 Satz 1 ZGB bedurfte eine Vollmacht der für das Rechtsgeschäft bestimmten Form. Soweit für das Rechtsgeschäft notarielle Beurkundung vorgeschrieben war, reichte nach Satz 2 eine Beglaubigung aus.

Das Kammergericht hat in einer Entscheidung (Urteil vom 10. Dezember 1991 — 13 U 5485/91 — NJ 1992, 410, 411) aus diesen Vorschriften des ZGB den Schluß gezogen, daß die für einen Mitarbeiter eines staatlichen Organs durch dessen Leiter schriftlich erteilte und mit Dienstsiegel versehene Vollmacht in einer beurkundungsbedürftigen Grundstücksangelegenheit formunwirksam gewesen und deshalb der Vertrag nichtig sei.

Diese Entscheidung wird den Bestimmungen für das Verfahren in Grundbuchsachen und der Praxis der ehemaligen DDR nicht gerecht. Der Nachweis der Voraussetzungen für Eintragungen in Grundbuchsachen war in § 2 der Grundbuchverfahrensordnung vom 30. Dezember 1975 (GBl. 1976 I Nr. 3 S. 42) geregelt. Die Regelungen in § 2 der Grundbuchverfahrensordnung können nicht nur auf das formelle Verfahren vor den die Grundbücher führenden Behörden des staatlichen Liegenschaftsdienstes bezogen werden. Eine strikte Trennung zwischen den materiell-rechtlichen Anforderungen für die Form des abzuschließenden Rechtsgeschäfts, die Voraussetzung für dessen Wirksamkeit sind, und den förmlichen Nachweisen für die Eintragung in ein öffentliches Register gab es insoweit nicht.

Die Bestimmungen in § 2 Abs. 3 der Grundbuchverfahrensordnung zu den förmlichen Anforderungen an Verträge und Vereinbarungen haben einen materiell-rechtlichen Inhalt. Die Vorschrift, daß die Form der Beurkundung auch dann gewahrt sei, wenn die Erklärung in einem gerichtlichen Vergleich abgegeben wird, ordnet die Wirksamkeit des Vergleichs über ein beurkundungsbedürftiges Rechtsgeschäft an und hat damit wie die entsprechende Bestimmung in § 127a BGB einen materiell-rechtlichen Regelungsgehalt.

Das Oberste Gericht der DDR hat dies für die gerichtlich bestätigte Einigung (Vergleich) im übrigen im Urteil vom 2. September 1980 — 3 OFK 19/80 — NJ 1981, 137, 138 ausgesprochen und in der Begründung ausdrücklich auf die entsprechende Regelung in § 2 Abs. 3 der Grundbuchverfahrensordnung verwiesen.

Im gleichen Kontext steht auch die Bestimmung in § 2 Abs. 2 Satz 2 der Grundbuchverfahrensordnung, die einseitige Erklärungen staatlicher Organe und Kreditinstitute betrifft. Einseitige Erklärungen sind auch Vollmachten. Nach Absatz 2 Satz 2 mußten solche Erklärungen staatlicher Organe und volkseigener Kreditinstitute vom Leiter des staatlichen Organs unterschrieben und mit dem Dienstsiegel versehen sein. Die vorstehende Regelung wird daher in dem Sinne ausgelegt werden müssen, daß eine Vollmacht für ein staatliches Organ den Anforderungen an die Form genügte, wenn sie mit Dienstsiegel versehen war und die Unterschrift des Leiters des staatlichen Organs trug.

Die Vertretungsberechtigung war in den sich auf das jeweilige Staatsorgan beziehenden gesetzlichen Bestimmungen und Statuten geregelt (vgl. § 81 Satz 2 des Gesetzes über die örtlichen Volksvertretungen in der Deutschen Demokratischen Republik vom 4. Juli 1985 — GBl. I Nr. 18 S. 213).

Für diese Auslegung spricht auch der Umstand, daß die DDR-Praxis durchgängig so verfahren ist. Schließlich wäre es auch mit dem Staatsverständnis der DDR nicht zu vereinbaren gewesen, die zivilrechtliche Wirksamkeit der Erklärungen von Staatsorganen, wie dem Staatsrat und dem Ministerrat, in Grundstücksangelegenheiten von einer Beglaubigung durch das staatliche Notariat abhängig zu machen (insoweit wird den Ausführungen von Göhring, NJ 1992, 412, zu folgen sein). War die beim Vertragsschluß vorgelegte Vollmacht wirksam, wenn sie vom Leiter des Organs unterschrieben und mit Dienstsiegel versehen war, so bedarf es keiner Heilungsvorschrift für die abgeschlossenen Verträge, da diese jedenfalls insoweit nicht an einem Mangel leiden. Hierbei wird ein rechtstechnisch anderer Weg als in Artikel 13 Nr. 1 Buchstabe b des Entwurfs für ein Registerverfahrensbeschleunigungsgesetz (vgl. Drucksache 12/5553, S. 25) vorgeschlagen, der jedoch zu demselben Ergebnis führt. Einen Rückholanspruch, wie er im vorgenannten Entwurf enthalten war, soll es aus den oben dargestellten Erwägungen nicht geben. Da durch die oben genannte Entscheidung des Kammergerichts bei den Betroffenen erhebliche Rechtsunsicherheit entstanden ist, ist eine Regelung erforderlich, die die Verhältnisse bei der Vertretung staatlicher Organe der ehemaligen DDR klarstellt.

Nummer 2 — Artikel 233

a) § 2a Moratorium

aa) Absatz 1 Satz 3 bis 5 — neu —

Die vorgeschlagene Bestimmung entspricht dem Artikel 2 § 2 Nr. 1 des Regierungsentwurfs. Zur Begründung wird auf den Regierungsentwurf (vgl. Drucksache 12/5992, S. 184) Bezug genommen.

Der Antrag wurde mit den Stimmen der Fraktionen der CDU/CSU, SPD und F.D.P. angenommen. Die Gruppe PDS/Linke Liste hatte hierzu den ergänzenden Antrag gestellt, einen Satz 7 anzufügen:

„Wird das Grundstück im Sinne des Absatzes 1 zum Zwecke der sozialen Daseinsvorsorge genutzt, bleiben die Rechte nach Absatz 1 bis zum 31. Dezember 2010 bestehen."

bb) Absatz 8

Der nach dem Vorschlag zu ändernde Absatz 8 behielt die Regelung der Ansprüche auf Ersatz von Nutzungen und für Verwendungen einer gesetzlichen Regelung vor. Die Sachenrechtsbereinigung begründet insoweit Ansprüche für die Zukunft.

Durch die vorgeschlagene Änderung wird festgelegt, daß es für die Vergangenheit bis zum Ablauf des Moratoriums keine Ansprüche auf Ersatz von Nutzungen geben soll. Der Nutzer wird insoweit wie der unverklagte redliche Besitzer in § 993 Abs. 1 letzter Satzteil BGB behandelt.

Die vorstehende Bestimmung kann keine Anwendung finden, soweit die Beteiligten anderweitige Vereinbarungen getroffen haben. Dies wird im letzten Halbsatz ausdrücklich klargestellt.

Es wurde erwogen, ob es nicht eine Ergänzung dahin geben sollte, daß der Nutzer auch für die Vergangenheit die Lasten des Grundstücks zu tragen habe, sofern hierzu keine vertraglichen Absprachen getroffen sind. Auf eine solche Bestimmung wurde im Hinblick darauf verzichtet, daß vergleichbare gesetzliche Bestimmungen über solche Entgelte (wie die Nutzungsentgeltverordnung vom 22. Juli 1993 — BGBl. I S. 1339) für die erste Zeit des Übergangs zu marktwirtschaftlichen Prinzipien folgenden Bodennutzung Entgelte vorsehen, die die öffentlichen Lasten nicht decken. Eine rückwirkende Bestimmung, welche eine solche Verpflichtung für die Vergangenheit vorschreibt, wäre daher problematisch gewesen.

Satz 2 enthält eine Regelung für diejenigen, die den Besitz am Grundstück aufgrund eines unwirksamen Kaufvertrages erlangt haben. Das Moratorium schützt grundsätzlich auch diesen Besitz aufgrund eines abgeschlossenen oder beantragten Kaufvertrages. Eine unentgeltliche Nutzung ist jedoch nur solange gerechtfertigt, wie die Erfüllung des abgeschlossenen oder der Abschluß des beantragten Kaufvertrages noch in Betracht kommt. Steht jedoch fest, daß der abgeschlossene Kaufvertrag nichtig ist oder ein Anspruch auf Abschluß des Kaufvertrages nicht

V. Beschlußempfehlung/Bericht d. Rechtsausschusses

besteht, so soll der Nutzer von der Erlangung der Kenntnis an zur Herausgabe der Nutzungen verpflichtet sein. Das Vertrauen darauf, das Grundstück aufgrund des Kaufvertrages erwerben oder einen Kaufvertrag abschließen zu können, ist dann nicht mehr schutzwürdig. Dies entspricht den in § 990 Abs. 1 Satz 2 und § 987 Abs. 1 BGB bestimmten allgemeinen Rechtsprinzipien.

cc) Absatz 9 — neu —

Bei den Gebäuden und Anlagen, die unmittelbar Verwaltungsaufgaben dienen oder die dem Gemeingebrauch gewidmet sind, besteht ein das Privateigentum überlagerndes Besitzrecht bereits aufgrund der öffentlichen Widmung. Soweit in der DDR Inanspruchnahmen für diese Zwecke ohne Klärung der Eigentumsverhältnisse erfolgt sind, wird die Regelung der Rechtsverhältnisse an diesen Grundstücken aus dem Anwendungsbereich des Sachenrechtsbereinigung herausgenommen (§ 2 Abs. 1 Nr. 4 SachenRBerG). Die Kriterien der Sachenrechtsbereinigung für die Bestimmung des Entgelts passen nicht unmittelbar. Zudem erfolgt hier der Erwerb in erster Linie aus Gründen des öffentlichen Wohls und nicht zum Zwecke des Schutzes baulicher Investitionen, die bei den dem Gemeingebrauch gewidmeten Anlagen nicht vorliegen müssen. Hierzu bedarf es einer besonderen gesetzlichen Regelung, die die Voraussetzungen und die Höhe für den Erwerb dieser Eigentumsflächen durch Enteignung für die öffentliche Körperschaft sowie eines Anspruchs auf Übernahme dieser Fläche auf Verlangen des Grundstückseigentümers festlegt.

Solange solche Vorschriften fehlen, ist eine Notordnung für die Entschädigung des Grundstückseigentümers für die Nutzung seiner Grundstücke festzulegen. Diese kann nicht auf „ewige" Zeit unentgeltlich bleiben. Der Absatz 9 gibt dem Grundstückseigentümer für diese Zeit einen Anspruch auf eine Verzinsung, die in Anlehnung an die Eingangsphase in § 52 Abs. 1 Satz 2 Nr. 1 des Entwurfs des Sachenrechtsbereinigungsgesetzes bestimmt worden ist.

b) § 2b Gebäudeeigentum ohne dingliches Nutzungsrecht

aa) Absätze 3 und 4

Die Neufassung stellt klar, daß die in Absatz 3 vorgesehene Feststellung, ob Gebäudeeigentum nach den Absätzen 1 und 2 entstanden ist, auf Antrag durch den Präsidenten der Oberfinanzdirektion zu erfolgen hat. Nach der bisher geltenden Regelung wurde diese Feststellung in einigen Fällen durch Verweis auf ein anhängiges Grundbuchverfahren abgelehnt.

bb) Absatz 5

Redaktionelle Änderung. Die Verweisung in Absatz 5 (alt) ist in den Absatz 4 eingestellt worden, der weitere Verweisungsvorschriften enthält.

cc) Absatz 6 — neu —

Die Vorschrift entspricht der Bestimmung in Artikel 2 § 2 Nr. 2 des Regierungsentwurfs. Sie enthält eine Heilungsvorschrift für eventuell formunwirksame Übereignungen von Gebäuden der landwirtschaftlichen Produktionsgenossenschaften, an denen nach § 27 des LPG-Gesetzes von 1982 selbständiges Gebäudeeigentum entstanden war.

Diese Gebäude wurden bis zum Inkrafttreten des Zweiten Vermögensrechtsänderungsgesetzes meist nicht wie Grundstücke durch Eintragung der Rechtsänderung in das Grundbuch, sondern wie bewegliche Sachen übertragen. Die Wirksamkeit solcher Übereignungen war aufgrund der Regelungen im Zweiten Vermögensrechtsänderungsgesetz zweifelhaft geworden, das die Verfügungen auch über diese Gebäude den Vorschriften des Immobiliarsachenrechts unterstellt hat. Im übrigen wird auf die Begründung zum Regierungsentwurf (vgl. Drucksache 12/5992, S. 184) verwiesen.

c) § 2c Abs. 2 Grundbucheintragung

Redaktionelle Änderung. Die Verweisung erfolgt nicht mehr auf ein künftiges, sondern auf das gemäß Artikel 1 vorgeschlagene Sachenrechtsbereinigungsgesetz.

Die Gruppe PDS/Linke Liste hatte den Antrag gestellt, folgenden § 2c einzufügen:

„(1) Verträge über den Erwerb von Grundstücken oder Gebäuden, die bis zum 2. Oktober 1990 abgeschlossen wurden und den Rechtsvorschriften der DDR entsprachen, sind wirksam, soweit ihre Nichtigkeit nicht nach Abschluß des Vertrages redlich i. S. d. § 4 VermG war. Die Wirksamkeit dieser Verträge wird nicht dadurch berührt, daß die Vertragsregelung dem Gesetz über die Haushaltsordnung vom 15. Juli 1990 nicht entspricht oder die Regelung über ein Vorkaufsrecht nichtig ist.

(2) Hat der Nutzer eines Grundstückes einen Kaufvertrag mit staatlichen Stellen über den Erwerb des von ihm genutzten Grundstückes geschlossen, ohne daß dieser Vertrag notariell beurkundet wurde, hat er einen Anspruch auf notarielle Beurkundung dieses Vertrages, wenn er den vereinbarten Kaufpreis bis zum 2. Oktober 1990 vollständig geleistet hat, der Vertrag im übrigen den Rechtsvorschriften und der Rechtspraxis der DDR entsprach und der Erwerber bei Zahlung des Kaufpreises redlich i. S. d. § 4 VermG war.

(3) Bei einem Verkauf des Grundstücks durch den Erwerber findet § 69 des Sachenrechtsänderungsgesetzes entsprechende Anwendung. Der in der Währung der DDR gezahlte Kaufpreis findet im Verhältnis 2:1 zur Währung der Bundesrepublik Deutschland Anrechnung."

d) § 3 Inhalt und Rang beschränkter dinglicher Rechte

aa) Absatz 1 Satz 3

Die vorgeschlagene Änderung stellt klar, daß die Regelungen über den Entzug eines Nutzungsrechts mit dem Inkrafttreten des Gesetzes nicht mehr anzuwenden sind.

Die Bestimmungen über den Entzug des Nutzungsrechts folgten aus der vergesellschafteten Bodennutzung und der daraus abgeleiteten Befugnis des Staates, ein Bodennutzungsrecht für gemeinnützige Zwecke oder bei nicht bestimmungsgemäßer Nutzung wieder entziehen zu können. Solche Bestimmungen entsprachen dem früheren Charakter der Nutzungsrechte als subjektiv-öffentliche Rechte aufgrund staatlicher Verleihung, jedoch nicht zu einem bürgerlich-rechtlichen dinglichen Recht.

Das Registerverfahrenbeschleunigungsgesetz hat bestimmt, daß diese Regelungen bis zur Regelung in der Sachenrechtsbereinigung ausgesetzt seien. Sie hatten schon vorher keine Bedeutung mehr, da die Grundlagen für die Entziehung mit dem Ende der sozialistischen Bodennutzung entfallen waren. Der vorliegende Entwurf regelt die künftigen Befugnisse zwischen den Betroffenen hinsichtlich der Rechte zur Bodennutzung. Die Bestimmungen des sozialistischen Bodenrechts — auch die über den Entzug des Nutzungsrechts — sind daher entbehrlich geworden und ersatzlos für unanwendbar zu erklären.

bb) Absatz 2 (bisher Absatz 3)
Absätze 3 und 4 — neu —

Der Vorschlag entspricht der Regelung in Artikel 2 § 2 Nr. 3 des Regierungsentwurfs. Auf die Begründung zum Regierungsentwurf (vgl. Drucksache 12/5992, S. 185) wird Bezug genommen.

e) § 4 Sondervorschriften für dingliche Nutzungsrechte und Gebäudeeigentum

aa) Absatz 5 — neu —

Der Vorschlag regelt die Aufhebung eines Nutzungsrechts und deren Folgen, wenn der Nutzer bei Erlangung des Nutzungsrechts unredlich gewesen ist.

Die Empfehlung des Ausschusses entspricht der in Artikel 2 Nr. 4 des Regierungsentwurfs vorgeschlagenen Regelung mit der in der Nummer 7 der Gegenäußerung der Bundesregierung zur Stellungnahme des Bundesrates vorgeschlagenen Ergänzung (vgl. Drucksache 12/5992, S. 185 und S. 210).

bb) Absätze 6 und 7

Redaktionelle Änderung infolge des Einfügens eines neuen Absatzes 4.

f) § 8 — Rechtsverhältnisse nach § 459 des Zivilgesetzbuchs

Die Änderung entspricht Artikel 2 § 2 Nr. 5 des Regierungsentwurfs. Auf die Begründung zum Entwurf (vgl. Drucksache 12/5992, S. 186) wird verwiesen.

Nummer 3 — Artikel 234 § 4a

Klarstellung des Gewollten. Neben der Anordnung der Zwangsverwaltung oder der Zwangsversteigerung ist der Antrag auf Eintragung einer Zwangshypothek als weitere Maßnahme der Zwangsvollstreckung zu nennen.

§ 5
Änderung des Grundbuchbereinigungsgesetzes

Nummer 1 — § 5 Abs. 2

In § 5 Abs. 2 Satz 1 des Grundbuchbereinigungsgesetzes wird bestimmt, das die Kohleabbaugerechtigkeiten sowie Vorkaufsrechte zur Ausübung solcher Kohleabbaugerechtigkeiten erlöschen. Der Grund dafür ist darin zu sehen, daß die begünstigten Unternehmen enteignet und die Kohleabbaugerechtigkeiten durch das Berggesetz der ehemaligen DDR aufgehoben worden sind. Es hat sich herausgestellt, daß es nicht nur Vorkaufsrechte zur Ausübung von Kohleabbaugerechtigkeiten, sondern auch Vormerkungen gibt. Um den Aufwand eines Aufgebotsverfahrens zu vermeiden, sollen wie die Rechte selbst sowie die dazu gehörigen Vorkaufsrechte auch Vormerkungen im Zusammenhang mit Kohleabbaugerechtigkeiten von Gesetzes wegen erlöschen. Sie werden deshalb in Satz 1 der Bestimmung zusätzlich aufgenommen. Da auch für die Vormerkung der Zusammenhang zwischen der Kohleabbaugerechtigkeit und der Vormerkung nachgewiesen werden muß, wird die Nachweisregelung des Satzes 2 auf Vormerkungen erstreckt.

Nummer 2 — § 6 Abs. 1 Buchstabe a — neu —

§ 6 des Grundbuchbereinigungsgesetzes schafft die Möglichkeit, ein Aufgebotsverfahren auch bei beschränkt persönlichen dinglichen Rechten an Grundstücken im Beitrittsgebiet durchzuführen.

Satz 1 bestimmt, daß die Vorschrift über das Aufgebotsverfahren in § 1170 BGB auch anzuwenden ist, wenn der Aufenthalt des Berechtigten unbekannt ist.

Satz 2 erweitert den Anwendungsbereich des Absatzes 1. Die Regelung erfaßt gegenwärtig noch nicht Vorkaufsrechte und Reallasten, die zugunsten des jeweiligen Eigentümers eines anderen Grundstücks bestellt worden sind. Bei solchen Rechten ist nach § 1112 und § 1104 Abs. 2 BGB ein Aufgebotsverfahren im allgemeinen ausgeschlossen, da dieses normalerweise nicht nötig ist. Im Beitrittsgebiet ist der jeweilige

Eigentümer eines anderen Grundstücks aber oft nur unter großen Schwierigkeiten ausfindig zu machen. Es besteht deshalb ein Bedürfnis, auch für solche Rechte ein Aufgebotsverfahren durchführen zu können. Dies soll dadurch erreicht werden, daß für die Geltungsdauer des § 6 die Vorschrift des § 1104 Abs. 2 BGB für das sog. subjektiv-dingliche Vorkaufsrecht ebenso wie für die subjektiv-dingliche Reallast vorübergehend ausgesetzt wird. Mit der Aufnahme eines Absatzes 1a ist zugleich gewährleistet, daß erforderlichenfalls auch die in Absatz 3 bestimmte Frist nach Maßgabe von Artikel 18 Abs. 4 des Registerverfahrensbeschleunigungsgesetzes verlängert werden kann. Diese Regelung läßt die Unterstellung von Vorkaufsrechten unter das Recht des BGB unberührt.

Nummer 3 — § 8 Abs. 4 — neu —

Die Vorschrift soll eine vorläufige Sicherung des nicht eingetragenen Mitbenutzungsrechts bis zur Entscheidung über den Antrag auf Berichtigung des Grundbuchs durch Eintragung eines Vermerks über die Rechtshängigkeit eines Berichtigungsverfahrens sicherstellen. Der Bestimmung liegen die gleichen Erwägungen zugrunde wie der vorgeschlagenen Neuregelung in § 113 Abs. 3 Satz 2 des Sachenrechtsbereinigungsgesetzes für den nicht eingetragenen Miteigentumsanteil, der nach § 459 Abs. 1 Satz 4 oder Abs. 4 ZGB entstanden ist.

Nummer 4 — § 13 Satz 2 — neu —

Der Zustimmungsvorbehalt soll — wie in den Bodensonderungsverfahren — die Durchführung der Verfahren sichern und zugleich die betroffenen Gebäudeeigentümer und Nutzer, deren Rechte nicht im Grundbuch eingetragen und deren Ansprüche nicht durch Vermerk gesichert sind, vor einem Rechtsverlust durch gutgläubigen Erwerb des Eigentums am Grundstück schützen.

Nummer 5 — § 14

Mit Artikel 234 § 4a EGBGB ist das gemeinschaftliche Eigentum von Ehegatten, die früher im gesetzlichen Güterstand nach dem Familiengesetzbuch der DDR gelebt und nicht für die Beibehaltung dieses Güterstandes nach Maßgabe von Artikel 234 § 4 EGBGB optiert haben, von Gesetzes wegen in Bruchteilseigentum umgewandelt worden. Die grundbuchtechnischen Einzelheiten dieser Umwandlung regelt § 14 des Grundbuchbereinigungsgesetzes. In dieser Vorschrift sind die Möglichkeiten der gesetzlichen Vermutung für das Bestehen von hälftigem Bruchteilseigentum nach Artikel 234 § 4a Abs. 3 EGBGB noch nicht ausreichend genutzt. Es ist nicht notwendig, eine Grundbuchbereinigung immer nur auf Antrag des Gläubigers in Verfahren nach §§ 82, 82a der Grundbuchordnung durchführen zu lassen. Vielmehr könnte der Gläubiger einfacher einen Antrag nach § 14 GBO stellen. Es müßte dann nur sichergestellt sein, daß er sich für den Nachweis der Grundbuchberichtigung auf die Vermutung nach Artikel 234 § 4a Abs. 3 EGBGB stützen kann. Zu diesem Zweck sollen Satz 2 gestrichen und die Vermutung als zusätzliche Nachweismöglichkeit in den bisherigen Satz 3 aufgenommen werden.

Bisher nicht eindeutig geregelt ist die Frage, ob und ggfs. welche Gebühren für die Berichtigung des Grundbuchs in den Fällen des Artikels 234 § 4a EGBGB anfallen. Es sind verschiedene Möglichkeiten denkbar. Eine Gebührenerhebung würde hier allerdings zu einem nicht unbeträchtlichen Verwaltungsaufwand führen, der letztlich das Gebührenaufkommen verbrauchen würde. Hinzu kommt, daß in ähnlichen Fällen entweder für befristete Zeit oder auf unbestimmte Zeit keine Gebühr genommen wird. So wird eine Gebühr für die Berichtigung des Grundbuchs in den ersten zwei Jahren nach einem Erbfall nicht erhoben. Im Rahmen der Bodenreform ist die Grundbuchberichtigung nach Artikel 233 § 11 Abs. 3 Satz 2 EGBGB gebührenfrei. Diese zuletzt genannte Regelung beruht auf der Wertung des Gesetzgebers, daß die Neuordnung der Eigentumsverhältnisse hier im wesentlichen im öffentlichen Ordnungsinteresse und nicht im Privatinteresse der Beteiligten liegt. Dies ist im großen und ganzen auch beim gemeinschaftlichen Eigentum der Ehegatten, die jetzt im Güterstand der Zugewinngemeinschaft leben, der Fall. Deshalb soll diese Regelung hier übernommen werden. Sie hat zudem den Vorteil, daß sie vermeidet, für eine verhältnismäßig geringfügige Gebühr einen erheblichen Verwaltungsaufwand zu treiben.

Die Fraktion der SPD hat den Antrag gestellt, den Artikel 2 um folgenden § x zu ergänzen:

„§ x

Änderung des Vermögensgesetzes

Das Vermögensgesetz in der Fassung der Bekanntmachung vom 3. August 1992, zuletzt geändert durch Artikel 15, § 2 des Gesetzes zur Vereinfachung und Beschleunigung registerrechtlicher und anderer Verfahren (Registerverfahrensbeschleunigungsgesetz — RgVBG) vom 20. Dezember 1993 (BGBl. I S. 2182), wird wie folgt geändert:

1. Dem § 2 Abs. 1 wird folgender Satz angefügt:

„Als Rechtsnachfolger im Sinne des Satzes 1 gelten auch Nachfolgeorganisationen von Vereinigungen und deren Gesellschafter gemäß Abs. 6, wenn sie nach ihrem Organisationsstatut, ihrem Personenkreis, ihrer genossenschaftlichen oder gemeinnützigen Finanzordnung oder ihrer Aufgabenstellung im Arbeits- und Tarifsystem der Bundesrepublik Deutschland den aufgelösten oder enteigneten demokratischen Vereinigungen entsprechen oder deren Funktion übernommen haben; insbesondere gilt dies für Organisationen, die aufgrund des Bundesrückerstattungsgesetzes oder aufgrund der in den drei ehemaligen westlichen Besatzungszonen und in Westberlin erlassenen Rückerstattungsregelungen und den nach diesen Bestimmungen ergangenen rechtsbeständigen Verwaltungs- und rechtskräftigen Gerichtsentscheidungen als Nachfolgeorganisationen anerkannt worden sind."

2. In § 4 Abs. 2 Satz 1 wird nach dem Wort „haben" der Satzpunkt durch ein Semikolon ersetzt und folgender Halbsatz angefügt:

„als Erwerb im Sinne dieser Vorschrift gilt der Abschluß des zugrunde liegenden Rechtsgeschäftes."'

Begründung

Nummer 1 — § 2 VermG

Das Gesetz zur Regelung offener Vermögensfragen — Vermögensgesetz (VermG) — ist gemäß § 1 Abs. 6 auf „verfolgungsbedingte Vermögensverluste" in der Zeit vom 30. Januar 1933 bis 8. Mai 1945 entsprechend anzuwenden.

§ 2 VermG bestimmt auch „Rechtsnachfolger" (natürliche und juristische Personen) zu Restitutionsberechtigten.

Bei jüdischen Betroffenen öffnet der Satz 2 des § 2 VermG im Wege der Fiktion u. a. die Rechtsnachfolge auch für „Nachfolgeorganisationen des Rückerstattungsrechts" (hilfsweise für die Claims Conference). Eine vergleichbare Regelung fehlt für andere Vereinigungen, die z. B. aus politischen Gründen verfolgt wurden und deren Vermögen durch die gleichen Maßnahmen wie bei den jüdischen Vereinigungen (z. B. Makkabi-Gewerkschaften) von den nationalsozialistischen Behörden enteignet wurden.

Die Bundesregierung hat dieser offensichtlichen Gesetzeslücke dadurch Rechnung tragen wollen, daß sie in ihrer Denkschrift zum Vermögensgesetz — das Bestandteil des Einigungsvertrages ist — ausgeführt hat, der Begriff „Rechtsnachfolger" sei weit auszulegen.

Das Problem wurde auch bei der Änderung des Vermögensgesetzes im Jahr 1992 von beiden gesetzgeberischen Gremien — Bundestag und Bundesrat — gesehen, jedoch unterschiedlich beurteilt.

Während der Bundesrat am 15. Mai 1992 anregte, als Rechtsnachfolger auch Nachfolgeorganisationen im Gesetz anzuerkennen, die durch rechtskräftige Entscheidung von Wiedergutmachungskammern als Rechtsnachfolger festgestellt worden waren (Drucksache 12/2695), wollte der Rechtsausschuß des Deutschen Bundestages diese Anregung nicht übernehmen. Er stellte aber in seiner Beschlußempfehlung vom 25. Juni 1992 klar, daß in anderen Fällen (als bei jüdischen Berechtigten) die Entscheidung über eine anzuerkennende Rechtsnachfolge der Rechtspraxis und der Rechtsprechung überlassen bleiben sollte.

Bei der Beratung im Rechtsausschuß war die vom Bundesverfassungsgerichtspräsidenten a. D. Prof. Benda erstattete gutachtliche Stellungnahme bekannt, wonach der DGB als Rechtsnachfolger des ADGB anzusehen sei. Der Rechtsausschuß war der Ansicht, daß die Formulierung des § 2 VermG der Meinung im Gutachten Benda nicht entgegenstehe.

Das ist jedoch in der praktischen Durchführung des Gesetzes und im für das Gesetz zuständigen Bundesministerium der Justiz nicht unumstritten, obwohl das Bundesjustizministerium selbst die Auffassung vertreten hat, der Begriff der Rechtsnachfolge sei weit auszulegen. Dafür spricht insbesondere, daß die Vermögenswerte zwangsweise aufgelöster und enteigneter Vereinigungen nicht in die Hand des Fiskus fallen sollen, der selbst (nach dem Gesichtspunkt der Staatenidentität) für die Entziehung — nach dem Kausalitätsprinzip — verantwortlich gewesen sei. Die Bundesrepublik hat ferner in der Vereinbarung mit den Drei Mächten (vom 8. Oktober 1990) versichert, daß die Streichung von Teilen des Überleitungsvertrages die Fortgeltung der Grundsätze der inneren Rückerstattung sowie die Fortgeltung des Bundesrückerstattungsgesetzes nicht beeinträchtige, und sie das Bundesrückerstattungsgesetz auf das Beitrittsgebiet erstrecken werde (siehe dazu Artikel 8 Einigungsvertrag nebst dessen Anlage I). Schon bei der Anwendung des Kontrollratsgesetzes Nr. 2 und der Kontrollratsdirektive Nr. 50 taucht bei der unmittelbaren Rückgabe von Vermögenswerten, die sich am 8. Mai 1945 in Händen von NS-Organisationen (z. B. „Deutsche Arbeitsfront") befunden haben, der Begriff der „Nachfolgeorganisation" und deren Rückgabeberechtigung auf (z. B. Beschluß der Berliner Kommission vom 20. Juni 1953 und des Gewerkschaftsprüfungsausschusses vom 1. April 1954).

Die gleichen Regelungen galten in den „zonalen" Rückerstattungsgesetzen und in der Berliner Rückerstattungsanordnung für Ansprüche gegen Dritterwerber, die (ab 1933) „Eigentum" formal erworben hatten. Auch diese Regelungen und deren Durchführungspraxis müssen bei der Gesetzesauslegung des § 2 VermG — bzw. bei entsprechender Anwendung — berücksichtigt werden.

Nach Inkrafttreten des Bundesrückerstattungsgesetzes (vom 19. Juli 1957 — BGBl. I S. 734 —) sind Schadensersatzansprüche für nicht mehr restituierbare Vermögensgegenstände ebenfalls „Nachfolgeorganisationen" zuerkannt worden.

So hat die Wiedergutmachungskammer des Landgerichts Duisburg am 17. Oktober 1963 entschieden, daß die Vermögensverwaltungs- und Treuhandgesellschaft des Deutschen Gewerkschaftsbundes Nachfolgeorganisation u. a. des Allgemeinen Deutschen Gewerkschaftsbundes (Berlin) sowie des Gesamtverbandes der christlichen Gewerkschaften Deutschlands (Berlin) ist.

Trotz dieser (nahezu) einhelligen Spruchpraxis und Gutachtermeinung besteht in der Rechtsanwendung der Ämter zur Regelung offener Vermögensfragen keine Klarheit.

So hat z. B. ein Amt im Land Brandenburg sich bis jetzt nicht in der Lage gesehen, über einen im November 1991 gestellten Antrag zu entscheiden, obwohl keinerlei tatsächliche Feststellungen zu treffen sind, sondern nur die Frage der Rechtsnachfolge zu würdigen ist. In über 700 Wohnungen unterbleiben deshalb notwendige, z. T. substanzerhaltende Investitionen.

V. Beschlußempfehlung/Bericht d. Rechtsausschusses

Andererseits gibt es Entscheidungen von Ämtern im Freistaat Sachsen, die die Rechtsfrage (für den DGB) positiv entschieden haben.

In Anbetracht des hohen Investitionsstaus in den neuen Bundesländern, der Lage auf dem Arbeitsmarkt und der schlechten Wohnungsversorgung ist es unverantwortlich, die (endgültige) Entscheidung einer einzigen Rechtsfrage für über 7 000 Wohnungen in der Schwebe zu halten und ggf. auf ein (in 6 bis 8 Jahren) ergehendes höchstrichterliches Urteil zu warten.

Diese Konfliktsituation kann nur der Gesetzgeber schnell und endgültig bereinigen. Sachliche oder politische Schwierigkeiten sind nicht zu erwarten.

Für die jüdischen Betroffenen — und deren Nachfolgeorganisationen — ist im Gesetz bereits die Fiktion einer Rechtsnachfolge vorhanden. An diese Regelung kann angeknüpft und damit der Anregung des Bundesrates aus dem Jahr 1992 entsprochen werden.

Nummer 2 — § 4 Abs. 2 VermG

Die vorgeschlagene Regelung dient der Klarstellung.

Die Stichtagsregelung wurde durch das Zweite Vermögensrechtsänderungsgesetz dahingehend modifiziert, daß nicht mehr auf den Abschluß des Veräußerungsvertrages, sondern auf dessen aktenkundige Anbahnung abgestellt wird. Besitzer, die sich bereits vor dem 19. Oktober 1989 ernsthaft um den Eigentumserwerb am Grundstück bemüht hatten oder als Gewerbetreibende hierzu durch das Verkaufsgesetz vom 7. März 1990 berechtigt wurden, sollen von der Stichtagsregelung nicht mehr erfaßt werden. In der Begründung des Regierungsentwurfs (Drucksache 12/2480, S. 44) wird hierzu ausgeführt:

„Auf diese Weise wird vermieden, daß jemand nur deswegen unter die Stichtagsregelung fällt, weil seinem Erwerbsanliegen aus Gründen, auf die er keinen Einfluß hatte, nicht rechtzeitig entsprochen wurde."

Es würde den Intentionen des Gesetzgebers zuwiderlaufen, wenn der vorerwähnte Schutz redlicher Erwerber erst mit Grundbucheintragung einsetzte, zumal diese Erwerber auf den Zeitpunkt der Grundbucheintragung keinen Einfluß nehmen konnten.

Die Koalitionsfraktionen haben diesen Antrag aus folgenden Erwägungen abgelehnt:

Die Stichtagsregelung knüpft an den Abschluß des dem Erwerb zugrunde liegenden Rechtsgeschäfts (Kaufvertrages) an. Im Zweiten Vermögensrechtsänderungsgesetz ist die rigorose Stichtagsregelung insoweit abgeändert worden. Ein Erwerb aufgrund eines nach dem Stichtag abgeschlossenen Vertrages sollte den Rückgabeanspruch auch dann ausschließen, wenn der Erwerb bereits vor dem Stichtag schriftlich beantragt oder aktenkundig angebahnt worden ist oder der Nutzer in einem wesentlichen Umfang werterhöhende oder substanzerhaltende Investitionen vorgenommen hat.

Der Grundsatz, daß nur der Erwerb den Rückgabeanspruch ausschließt, blieb unangetastet. Sowohl nach dem ZGB als auch nach dem BGB vollzog sich der Erwerb mit der Eintragung der Rechtsänderung in das Grundbuch.

Hierbei mag im einzelnen nicht bekannt gewesen sein, daß der Vollzug der Verträge mit der Eintragung des Erwerbers in das Grundbuch aufgrund der tatsächlichen Verhältnisse in der DDR im Jahr 1990 oft nicht erfolgt ist.

Die von der Fraktion der SPD beantragte (erneute) Änderung des § 4 Abs. 2 VermG ist verfassungsrechtlich bedenklich, weil hiermit rückwirkend Ansprüche entzogen würden, die das Vermögensgesetz in seiner ursprünglichen Fassung vom September 1990 begründet hat und den Rückgabeberechtigten auch durch das Zweite Vermögensrechtsänderungsgesetz nicht entzogen worden sind. Die Ansprüche des Berechtigten würden diesem nunmehr rückwirkend entzogen.

Die Lösung nach den Grundsätzen über die Sachenrechtsbereinigung hat demgegenüber folgende Vorteile:

— Sie entspricht den allgemeinen Grundsätzen des Entwurfs, der nach Auffassung der Opposition einen gerechten Ausgleich bereitstellt, der die Härten einer „Alles oder Nichts"-Lösung vermeidet.

— Der Käufer, der das Glück hatte, noch 1990 einen Notartermin zu erhalten und einen Kaufvertrag abschließen zu können, wird nicht besser gestellt als der Häuslebauer, der aufgrund eines früher verliehenen Nutzungsrechts oft unter großen Mühen sein Haus gebaut hat und für den Ankauf des Grundstücks das im Entwurf bestimmte Entgelt zu zahlen hat. Der Käufer könnte nach dem Antrag der Opposition noch zu den alten Preisen erwerben, indem das nach geltendem Recht der Erfüllung des Vertrages entgegenstehende Hindernis beseitigt wird. Der Inhaber eines dinglichen Nutzungsrechts, der nicht das Glück hatte, noch einen Kaufvertrag schließen zu können, hat sich dagegen mit dem Grundstückseigentümer auf der Grundlage einer Teilung der Bodenwerte zu einigen. Diese Bevorzugung einer Gruppe wird auch in den neuen Ländern auf Unverständnis stoßen.

— Das Verschieben aller Vorteile von einer Seite (den Alteigentümern) auf die andere Seite (den Nutzern) wird zu Verbitterung führen und damit eher spalten, denn versöhnen.

Die Lösung über § 120a des Entwurfs führt dagegen zu einem allgemeinen Ausgleich nach den Maßstäben der Sachenrechtsbereinigung auch in den streitigen Restitutionsfällen. Beide Seiten werden nach den gleichen allgemeinen Maßstäben behandelt und stehen am Schluß nicht mit „leeren Händen" da.

— Eine Lösung über § 120a, die sich an allgemeinen Grundsätzen orientiert, ist gerechter als eine Sonderbehandlung und dürfte deshalb im Gegensatz

zum Vorschlag der Fraktion der SPD auch mit der Verfassung vereinbar sein.

§ 6
Änderung der Bundesnotarordnung

§ 7
Änderung der Verordnung über die Tätigkeit von Notaren in eigener Praxis

Der Vorschlag entspricht dem Regierungsentwurf. Auf die dortige Begründung (Drucksache 12/5992, S. 186) wird verwiesen.

§ 8
Änderung des Landwirtschaftsanpassungsgesetzes

Die Regelung entspricht Artikel 2 § 5 des Regierungsentwurfs mit der vom Bundesrat vorgeschlagenen Ergänzung (Drucksache 12/5992, S. 187 und 203).

§ 9
Schlußbestimmung

Absatz 1

Die Änderungen — vor allem zur ErbbauVO und zum EGBGB — sind so umfänglich, daß eine Neubekanntmachung nach dem Stand des Sachenrechtsänderungsgesetzes zweckmäßig ist.

Absatz 2

Dies ist eine Übergangsregelung für die für Anträge auf Berichtigung des Grundbuchs nach Artikel 234 § 4a EGBGB vorgesehene Gebührenfreiheit. Es ist zu regeln, was mit den bereits erhobenen und gezahlten oder den erhobenen und noch nicht gezahlten Gebühren geschehen soll.

III. Begründung der Empfehlung für die Entschließung

Als Folge des Beitritts sind die vorgefundenen, auf dem Bodenrecht der DDR beruhenden Rechtsverhältnisse an Grundstücken an das Recht der Bundesrepublik Deutschland und die veränderten marktwirtschaftlichen Verhältnisse anzupassen. Für die in der DDR nicht geregelten, aber der Verwaltungspraxis entsprechenden Inanspruchnahmen fremder Grundstücke ist eine rechtliche Regelung zu finden.

Der Entwurf des Sachenrechtsänderungsgesetzes und der Entwurf eines Schuldrechtsänderungsgesetzes (Drucksache 12/7135) enthalten Regelungen für die für private Zwecke verwendeten Grundstücke. Die in den Entwürfen genannten Regelungen lassen sich auf die für öffentliche Zwecke verwendeten Grundstücke nicht ohne weiteres übertragen. — Diese Grundstücke sind dem Grundstücksverkehr entzogen. Das Privateigentum wird durch eine öffentliche Sachherrschaft überlagert. Die Grundstücke haben insoweit am Markt auch keinen Verkehrswert. Die Lösung dieser Sachverhalte wird daher auch unter Orientierung an den Maßstäben des Entschädigungsrechts und des Enteignungsrechts erfolgen müssen.

Die rechtliche Form, in der die gesetzliche Regelung erfolgen soll, wird damit nicht vorgegeben. Sie wird Gegenstand der in Nummer 3 Buchstabe b der Entschließung angeforderten Grundkonzeption sein müssen.

Zu Nummer 1

Die Nummer 1 benennt die Gründe, aus denen eine gesetzliche Regelung für diese Rechtsverhältnisse erforderlich ist.

Zu Nummer 2

Die gesetzliche Regelung dieses Problems soll durch Bundesgesetz erfolgen. Regelungsbedürftig ist eine Hinterlassenschaft der DDR. In das Eigentum ist bereits vor Geltung des Grundgesetzes eingegriffen worden. Insoweit besteht ein Unterschied zu den jetzt und in Zukunft vorzunehmenden Enteignungen für öffentliche Zwecke, die nach den Enteignungsgesetzen der Länder durchzuführen sind. Die rechtliche Ausgangslage ist für alle neuen Länder und für die betroffenen Kommunen gleichartig. Die Grundsätze für die Regelung der Eigentumsverhältnisse wie für einen an die Grundstückseigentümer zu leistenden finanziellen Ausgleich sollten daher ebenfalls einheitlich und nicht — je nach Umfang der Betroffenheit des Landes oder der Kommune — unterschiedlich ausgestaltet sein. Die künftigen gesetzlichen Regelungen müssen sowohl den Grundsätzen eines künftigen Entschädigungs- und Ausgleichsleistungsgesetzes entsprechen als auch mit den Grundlagen der Sachenrechtsbereinigung vereinbar sein.

Zu Nummer 3

Die Nummer 3 enthält ein Arbeitsprogramm. Mit der Nummer 3 wird die Bundesregierung aufgefordert, die für eine gesetzliche Regelung erforderlichen Schritte zu unternehmen und dem Deutschen Bundestag nach dem jeweiligen Abschluß der einzelnen Schritte zu berichten.

Buchstabe a

Notwendig sind Erhebungen über den Umfang der betroffenen Fälle, da es eine Statistik der DDR hierüber nicht gibt.

Die Entschließung fordert die Bundesregierung auf, hierzu Erhebungen durchzuführen. Die Entschließung soll die Bundesregierung bei der Durchführung dieser Erhebungen unterstützen, die zweckmäßigerweise in engem Benehmen mit den Ländern und den kommunalen Spitzenverbänden durchzuführen sein werden.

Buchstabe b

Es dürfte sich empfehlen, zunächst eine konzeptionelle Lösung zu erarbeiten und im politischen Raum zur Diskussion zu stellen.

Buchstabe c

Als letzter Schritt ist dann der Gesetzentwurf vorzulegen, der unmittelbar im Anschluß an die Aussprache über die Grundkonzeption auszuarbeiten ist.

Bonn, den 27. April 1994

Dr. Michael Luther   **Detlef Kleinert (Hannover)**   **Hans-Joachim Hacker**
Dr. Eckhart Pick   **Dr. Wolfgang Ullmann**   **Dr. Uwe-Jens Heuer**
Berichterstatter

VI. Anrufung des Vermittlungsausschusses (BT-Drucks. 12/7668 v. 24. 5. 1994)

Unterrichtung
durch den Bundesrat

Gesetz zur Änderung sachenrechtlicher Bestimmungen (Sachenrechtsänderungsgesetz — SachenRÄndG)
— Drucksachen 12/5992, 12/7425 —

hier: Anrufung des Vermittlungsausschusses

Der Bundesrat hat in seiner 669. Sitzung am 20. Mai 1994 beschlossen, zu dem vom Deutschen Bundestag am 28. April 1994 verabschiedeten Gesetz zu verlangen, daß der Vermittlungsausschuß gemäß Artikel 77 Abs. 2 des Grundgesetzes aus den im folgenden wiedergegebenen Gründen einberufen wird:

1. **Zu Artikel 1 (§ 9 Abs. 1 Nr. 7 — neu — SachenRBerG),**
   Artikel 1 (§ 120a Abs. 1 Satz 1 SachenRBerG),
   Artikel 2 § 4 Nr. 2 Buchstabe a Doppelbuchstabe aa (Artikel 233 § 2a Abs. 1 nach Satz 5 EGBGB)

In Artikel 2 § 4 Nr. 2 Buchstabe a Doppelbuchstabe aa ist in Artikel 233 § 2a Abs. 1 nach Satz 5 folgender Satz einzufügen:

„Ein Recht zum Besitz besteht ferner in den Fällen des § 120a des Sachenrechtsbereinigungsgesetzes bis zur Bereinigung dieser Rechtsverhältnisse nach dem Sachenrechtsänderungsgesetz."

Als Folge

a) ist in Artikel 1 in § 9 Abs. 1 nach der Nummer 6 folgende Nummer 7 anzufügen:

„7. der nach § 120a Anspruchsberechtigte,"

b) sind in Artikel 1 in § 120a Abs. 1 Satz 1 die Wörter „aufgrund des Vertrags" durch die Wörter „aufgrund dieses Vertrags oder eines Miet- oder sonstigen Nutzungsvertrags" zu ersetzen.

Begründung

Zu Artikel 233 § 2a Abs. 1 nach Satz 5 EGBGB

Für die neu in die Sachenrechtsbereinigung einbezogenen Fälle des § 120a fehlt es an einem Moratorium. Es handelt sich in diesen Fällen um Mieter oder Pächter, die — grundbuchlich nicht vollzogene — Kaufverträge abgeschlossen haben. Eine Moratoriumsregelung ist notwendig, um — ebenso wie allgemein für die Sachenrechtsbereinigung — vorläufige Sicherheit des Besitzes zu schaffen. Für die Fälle des § 120a fehlt diese Sicherheit bisher, da sich Artikel 233 § 2a Abs. 1 EGBGB — auch in der Neufassung des Artikels 2 § 4 Nr. 2 des Sachenrechtsänderungsgesetzes — auf sie nicht erstreckt:

a) Auch die Neufassung setzt ein Recht zum Besitz nach Artikel 233 § 2a Abs. 1 Satz 1 EGBGB voraus (der nicht geändert wird); diese Vorschrift erstreckt sich nicht auf Grundstückskäufe und schließt zudem Miet- und Pachtverträge ausdrücklich aus (Artikel 233 § 2a Abs. 7 EGBGB).

b) Außerdem beschränkt der neue Satz 3 des Artikels 233 § 2a Abs. 1 EGBGB das Moratorium allgemein auf die Fälle des § 4 des Sachen-

---

Zugeleitet mit Schreiben des Präsidenten des Bundesrates vom 20. Mai 1994.

rechtsbereinigungsgesetzes. Die Voraussetzungen des § 4 liegen hier nicht vor, insbesondere auch nicht diejenigen des § 4 Nr. 1. Die zu sichernden Ansprüche nach § 120a des Sachenrechtsbereinigungsgesetzes sind gegeben, wenn ein Kaufvertrag über ein Grundstück oder ein Gebäude abgeschlossen worden ist. In den Fällen des § 120a liegt also gerade ein „Erwerb" i. S. des § 4 Nr. 1 nicht vor, da es an der nach dem Beschluß des Bundesverwaltungsgerichts vom 29. Oktober 1993 — 7 B 185/93 — für den Erwerbsbegriff erforderlichen Grundbucheintragung fehlt. Zudem bezieht sich § 4 Nr. 1 nicht auf den Grundstückskauf. Da es sich regelmäßig um bisherige Mieter handelt, liegt auch der Fall „Bau eines Eigenheims" nicht vor.

Zu § 9 Abs. 1 Nr. 7 — neu —

Der neue § 120a legt den Begriff „Nutzer" zugrunde. Die für Kapitel 2 des Gesetzes maßgebende Legaldefinition „Nutzer" in § 9 erfaßt jedoch die Fallgruppen des § 120a nicht, bei denen es sich um bisherige Mieter handelt. Die Begründung des Regierungsentwurfs zu § 9 weist ausdrücklich darauf hin, daß nur die dort als Nutzer Bezeichneten Ansprüche geltend machen können, und daß Mieter von Gebäuden keine Nutzer im Sinne des Gesetzes sind (BT-Drucksache 12/5992, S. 107 zu § 9). Um nachträgliche Auslegungsprobleme zu vermeiden, die das mit § 120a Gewollte wieder in Frage stellen, muß daher § 9 Abs. 1 ergänzt werden.

Zu § 120a Abs. 1 Satz 1

In den Fällen des § 120a handelt es sich in der Regel um Mieter. Sie haben Besitz nicht erst aufgrund des Kaufvertrages, sondern schon zuvor durch Miet- oder sonstige vertragliche Rechtsverhältnisse erlangt. Es läßt sich nicht sicher feststellen, daß alle Kaufverträge daneben noch eine ausdrückliche neue Besitzübergabe-Klausel enthalten. Nach der Fassung des § 120a Satz 1 könnte denen, die nach dieser Vorschrift anspruchsberechtigt sein sollen, der etwaige Mangel einer solchen Kaufvertragsklausel entgegengehalten werden. Um daraus entstehende Auslegungsprobleme zu vermeiden, die das mit § 120a Gewollte wieder in Frage stellen, muß daher Satz 1 der Vorschrift entsprechend ergänzt werden.

2. **Zu Artikel 1 (§ 11 Abs. 2 SachenRBerG)**

Der Bundesrat fordert die Einbeziehung der Überlassungsverträge mit aufstehenden Gebäuden in die Sachenrechtsbereinigung, wenn die baulichen Maßnahmen des Nutzers zusammengenommen mehr als die Hälfte des zu Überlassungsbeginn ermittelten und vom Nutzer gezahlten Gebäudewertes überstiegen.

Begründung

Überlassungsvertragsnehmer eines Grundstücks mit aufstehendem Gebäude sollen nach der vom Deutschen Bundestag verabschiedeten Fassung des Sachenrechtsänderungsgesetzes die gesetzlichen Ansprüche auf Ankauf oder Bestellung eines Erbbaurechts nur unter eingeschränkten Bedingungen erhalten.

Von dieser Regelung ist eine Fallgruppe von Nutzern betroffen, die mehr als 20 Jahre im Besitz der ihnen überlassenen Grundstücke sind. Überlassungsverträge waren seit 1952 bis zum Inkrafttreten des Zivilgesetzbuches der DDR am 1. Januar 1976 üblich, wenn staatlich verwaltete Grundstücke an Personen in der DDR vergeben wurden. Aufgrund der Vertragsgestaltung erhielten die Überlassungsvertragsnehmer eine quasi eigentümerähnliche Rechtsposition.

Es ist in diesen Fällen nicht einzusehen, daß für die Anerkennung der bis 1975 erworbenen Rechtspositionen im Sachenrechtsbereinigungsgesetz andere Maßstäbe gelten sollen als im Vermögensgesetz. Nach dem Vermögensgesetz (§ 4 Abs. 2 Satz 2 Buchstabe c) reichen werterhöhende und substanzerhaltende Investitionen in wesentlichem Umfang aus, um die Restitution des Grundstücks auszuschließen. Die Überlassungsverträge mit aufstehendem Wohngebäude sollen aber erst dann der Sachenrechtsbereinigung unterfallen, wenn — sofern nicht durch Aus- und Umbauten die Wohn- oder Nutzfläche des Gebäudes um mehr als 50 vom Hundert vergrößert wurde — die Aufwendungen für die baulichen Investitionen den nach bundesdeutschen Bewertungsrichtlinien ermittelten Sachwert des Gebäudes zum Zeitpunkt der Vornahme der Investitionen um die Hälfte überstiegen. Dies wird der Lebenswirklichkeit in der ehemaligen DDR aber nicht gerecht, da die baulichen Investitionen in aller Regel (oft auch wegen Materialknappheit) zeitlich erheblich gestreckt werden mußten.

Die in der vom Deutschen Bundestag beschlossenen Fassung des Sachenrechtsänderungsgesetzes gewählte Form der Bewertung baulicher Maßnahmen bringt eine Überbewertung des Wertes des Gebäudes bezogen auf den Zeitpunkt der jeweiligen baulichen Investition mit sich. Dieses Bewertungsverfahren kann dazu führen, daß die über einen Zeitraum von 20 Jahren und länger vorgenommenen baulichen Maßnahmen — Schönheitsreparaturen sind davon ausgenommen — nicht für die Begründung sachenrechtlicher Ansprüche ausreichen, weil sie jeweils nur mit ihrem Restwert berücksichtigt werden und so letztlich an keinem Stichtag die Hälfte des (jeweils fortgeschriebenen) Gebäudewertes überstiegen.

Die Voraussetzungen für Ansprüche nach dem Sachenrechtsbereinigungsgesetz sollten daher jedenfalls dann gegeben sein, wenn die baulichen Maßnahmen des Nutzers zusammengenommen mehr als die Hälfte des zu Überlassungsbeginn ermittelten Gebäudewertes überstiegen.

3. **Zu Artikel 1 (§ 120 a Abs. 1, 4 SachenRBerG), Artikel 2 a — neu — (§ 4 Abs. 2 Satz 2 VermG)**

Der Bundesrat fordert in einem neu zu fassenden Artikel 2 a eine klarstellende Regelung dahin, daß schon der Abschluß des notariellen Kaufvertrages und nicht erst die Eintragung des Käufers in das Grundbuch als Erwerb im Sinne des § 4 Abs. 2 des Vermögensgesetzes anzusehen ist.

Begründung

Bei den Beratungen zum Zweiten Vermögensrechtsänderungsgesetz war entscheidender Gesichtspunkt für die Gesetz gewordene Neuregelung des § 4 Abs. 2 VermG, daß auch die Mieter einbezogen werden sollten, die in redlicher Weise nach dem Stichtag das von ihnen bewohnte Grundstück gekauft haben, sofern sie unter eine der drei Ausnahmen (§ 4 Abs. 2 Satz 2 Buchstabe a bis c VermG) fallen. Hintergrund war hierbei der Gedanke, daß es nicht zu Lasten des Käufers gehen darf, wenn seine grundbuchliche Eintragung allein wegen Schwierigkeiten in der Verwaltung vor dem Beitritt nicht mehr durchgesetzt werden konnte. In der Begründung des Regierungsentwurfs (BT-Drucksache 12/2480, S. 44) zum damaligen Vorschlag der Bundesregierung hieß es hierzu beispielsweise:

„... Neu ist, daß mit dem Stichtag nicht mehr — wie es bisher geltendes Recht ist — auf den Abschluß des Veräußerungsvertrages, sondern auf dessen aktenkundige Anbahnung abgestellt wird. Damit wird der Anwendungsbereich der Vorschrift präziser auf den Gesetzeszweck zugeschnitten: Wer sich (in der Regel als Mieter) bereits vor dem 19. Oktober 1989 ernsthaft um einen rechtlich zulässigen Erwerb des Eigentums an einem volkseigenen Gebäude bemüht oder in eine entsprechende Erwerbsaufforderung eingewilligt hat, wird von der Stichtagsregelung nicht mehr erfaßt. Auf diese Weise wird vermieden, daß jemand nur deswegen unter die Stichtagsregelung fällt, weil seinem Erwerbsanliegen aus Gründen, auf die er keinen Einfluß hat, nicht rechtzeitig entsprochen wurde. In diesen Fällen entspricht es der Billigkeit, dem Bestandsschutzinteresse des redlichen Erwerbers den Vorrang vor dem Restitutionsinteresse des Alteigentümers einzuräumen, weil er sein Erwerbsinteresse bereits zu einem Zeitpunkt bekundet hat, zu dem sich der Alteigentümer noch keine konkrete Hoffnung auf Wiederherstellung seiner früheren Rechtsposition machen konnte ..."

In der Stellungnahme des Bundesrates vom 15. Mai 1992 (BT-Drucksache 12/2695, S. 7) findet sich hierzu folgender Passus:

„... Eine bloße Änderung der Stichtagsregelung dadurch, daß nicht mehr auf den Zeitpunkt des Abschlusses des Rechtsgeschäfts, sondern auf den Zeitpunkt der Einleitung des Rechtserwerbs abgestellt wird, schafft zwar für einen Teil der als regelungsbedürftig anerkannten Fälle Abhilfe; es kommen auch diejenigen in den Schutzbereich des Gesetzes, die sich schon seit langem um den Kauf eines Gebäudes und Grundstückes bemüht haben, den Erwerbsvorgang jedoch nicht mehr rechtzeitig abschließen konnten ..."

Und im Bericht des Rechtsausschusses des Deutschen Bundestages vom 25. Juni 1992, Teil C (BT-Drucksache 12/2944, S. 51), heißt es zur (dann Gesetz gewordenen) neuen Fassung:

„... Der Ausschuß hält es aber für notwendig, über den Ansatz des Entwurfs hinauszugehen und zusätzliche Ausnahmen vorzusehen. Diese Ausnahmen sollten Härten ausgleichen, die sonst bei strenger Anwendung der Stichtagsregelung entstünden und über das mit jeder Stichtagsregelung übliche und hinnehmbare Maß hinausgingen ... Die Regelung erfaßt jetzt in Buchstabe a die bisher schon vorgeschlagene Ausnahme für Bürger, die den Erwerb rechtzeitig angebahnt, aber nicht rechtzeitig eine Bescheidung erreicht haben ..."

Bei der Anwendung der Neuregelung hat sich herausgestellt, daß in vielen Fällen des Grundstückskaufes durch Mieter nach dem Stichtag zwar eine der Bedingungen der Buchstaben a bis c der Neuregelung erfüllt ist, aber wegen Überlastung der Liegenschaftsämter die abgeschlossenen Kaufverträge dann nicht mehr grundbuchlich vollzogen werden konnten. Dies kann nicht zu Lasten der Käufer gehen, die auf die Verwaltungsabläufe in den Liegenschaftsämtern keinen Einfluß nehmen konnten. Genau diese Fälle hatte der Gesetzgeber mit der Neuregelung in den Schutzbereich einbeziehen wollen.

4. **Zu Artikel 2 § 2 a — neu — (§ 2 Abs. 1 Satz 4 — neu — VermG)**

In Artikel 2 ist nach § 2 folgender § 2 a einzufügen:

,§ 2 a

Änderung des Vermögensgesetzes

Dem § 2 Abs. 1 des Vermögensgesetzes in der Fassung der Bekanntmachung vom 3. August 1992 (BGBl. I S. 1446), das zuletzt durch ... geändert worden ist, wird folgender Satz angefügt:

„Als Rechtsnachfolger im Sinne des Satzes 1 gelten auch Nachfolgeorganisationen von Vereinigungen und deren Gesellschafter gemäß § 1 Abs. 6, wenn sie nach ihrem Organisationsstatut, ihrem Personenkreis, ihrer genossenschaftlichen oder gemeinnützigen Finanzordnung oder ihrer Aufgabenstellung im Arbeits- und Tarifsystem der Bundesrepublik Deutschland den aufgelösten oder enteigneten demokratischen Vereinigungen entsprechen oder deren Funktion übernommen haben; insbesondere gilt dies für Organisationen, die aufgrund des Bundesrückerstattungsgesetzes oder aufgrund der in den drei ehemaligen westlichen Besatzungszonen und in Westberlin erlassenen Rückerstattungsregelungen und den nach diesen Bestimmungen ergangenen rechtsbeständigen Verwaltungs- und rechtskräftigen Gerichtsentscheidungen als Nachfolgeorganisationen anerkannt worden sind." '

Begründung

Das Gesetz zur Regelung offener Vermögensfragen — Vermögensgesetz (VermG) — ist gemäß § 1 Abs. 6 auf „verfolgungsbedingte Vermögensverluste" in der Zeit vom 30. Januar 1933 bis 8. Mai 1945 entsprechend anzuwenden.

§ 2 VermG bestimmt auch „Rechtsnachfolger" (natürliche und juristische Personen) zu Restitutionsberechtigten. Bei jüdischen Betroffenen öffnet der Satz 2 des § 2 VermG im Wege der Fiktion u. a. die Rechtsnachfolge auch für „Nachfolgeorganisationen des Rückerstattungsrechts" (hilfsweise für die Claims Conference).

Eine vergleichbare Regelung fehlt für andere Vereinigungen, die z. B. aus politischen Gründen verfolgt wurden und deren Vermögen durch die gleichen Maßnahmen wie bei den jüdischen Vereinigungen (z. B. Makkabi-Gewerkschaften) von den nationalsozialistischen Behörden enteignet wurden.

Die Bundesregierung hat dieser offensichtlichen Gesetzeslücke dadurch Rechnung tragen wollen, daß sie in ihrer Denkschrift zum Vermögensgesetz — das Bestandteil des Einigungsvertrages ist — ausgeführt hat, der Begriff „Rechtsnachfolger" sei weit auszulegen.

Das Problem wurde auch bei der Änderung des Vermögensgesetzes im Jahr 1992 von beiden gesetzgeberischen Gremien — Deutscher Bundestag und Bundesrat — gesehen, jedoch unterschiedlich beurteilt.

Während der Bundesrat am 15. Mai 1992 anregte, auch als Rechtsnachfolger Nachfolgeorganisationen im Gesetz anzuerkennen, die durch rechtskräftige Entscheidung von Wiedergutmachungskammern als Rechtsnachfolger festgestellt worden waren (BT-Drucksache 12/2695), wollte der Rechtsausschuß des Deutschen Bundestages diese Anregung nicht übernehmen. Er stellte aber in seiner Beschlußempfehlung vom 25. Juni 1992 klar, daß in anderen Fällen (als bei jüdischen Berechtigten) die Entscheidung über eine anzuerkennende Rechtsnachfolge der Rechtspraxis und der Rechtsprechung überlassen bleiben sollte.

Bei der Beratung im Rechtsausschuß war die vom Bundesverfassungsgerichtspräsidenten a. D. Prof. Dr. Ernst Benda erstattete gutachterliche Stellungnahme bekannt, wonach der DGB als Rechtsnachfolger des ADGB anzusehen sei. Der Rechtsausschuß war der Ansicht, daß die Formulierung des § 2 VermG der Meinung im Gutachten Benda nicht entgegenstehe.

Das ist jedoch in der praktischen Durchführung des Gesetzes und im für das Gesetz zuständigen Bundesministerium der Justiz nicht unumstritten, obwohl das Bundesministerium der Justiz selbst die Auffassung vertreten hat, der Begriff der Rechtsnachfolge sei weit auszulegen. Dafür spricht insbesondere, daß die Vermögenswerte zwangsweise aufgelöster und enteigneter Vereinigungen nicht in die Hand des Fiskus fallen sollen, der selbst

(nach dem Gesichtspunkt der Staatenidentität) für die Entziehung — nach dem Kausalitätsprinzip — verantwortlich gewesen sei.

Die Bundesrepublik Deutschland hat ferner in der Vereinbarung mit den Drei Mächten (vom 8. Oktober 1990) versichert, daß die Streichung von Teilen des Überleitungsvertrages die Fortgeltung der Grundsätze der inneren Rückerstattung sowie der Fortgeltung des Bundesrückerstattungsgesetzes nicht beeinträchtige, und sie das Bundesrückerstattungsgesetz auf das Beitrittsgebiet erstrecken werde (siehe dazu Artikel 8 des Einigungsvertrages nebst dessen Anlage I). Schon bei der Anwendung des Kontrollratsgesetzes Nummer 2 und der Kontrollratsdirektive Nummer 50 taucht bei der unmittelbaren Rückgabe von Vermögenswerten, die sich am 8. Mai 1945 in Händen von NS-Organisationen (z. B. „Deutsche Arbeitsfront") befunden haben, der Begriff der „Nachfolgeorganisation" und deren Rückgabeberechtigung auf (z. B. Beschluß der Berliner Kommission vom 20. Juni 1953 und des Gewerkschaftsprüfungsausschusses vom 1. April 1954).

Die gleichen Regelungen galten in den „zonalen" Rückerstattungsgesetzen und in der Berliner Rückerstattungsanordnung für Ansprüche gegen Dritterwerber, die nach der Entziehung (ab 1933) „Eigentum" formal erworben hatten.

Auch diese Regelung und deren Durchführungspraxis müssen bei der Gesetzesauslegung des § 2 VermG — bzw. bei entsprechender Anwendung — berücksichtigt werden.

Nach Inkrafttreten des Bundesrückerstattungsgesetzes (vom 19. Juli 1957 — BGBl. I S. 734) sind Schadensersatzansprüche für nicht mehr restituierbare Vermögensgegenstände ebenfalls „Nachfolgeorganisationen" zuerkannt worden.

So hat die Wiedergutmachungskammer des Landgerichts Duisburg am 17. Oktober 1963 entschieden, daß die Vermögensverwaltungs- und Treuhandgesellschaft des Deutschen Gewerkschaftsbundes Nachfolgeorganisation u. a. des Allgemeinen Deutschen Gewerkschaftsbundes (Berlin) sowie des Gesamtverbandes der christlichen Gewerkschaften Deutschlands (Berlin) ist.

Trotz dieser (nahezu) einhelligen Spruchpraxis und Gutachtermeinung besteht in der Rechtsanwendung der Ämter zur Regelung offener Vermögensfragen keine Klarheit. So hat z. B. ein Amt im Land Brandenburg sich nicht in der Lage gesehen, über einen im November 1991 gestellten Antrag zu entscheiden, obwohl keinerlei tatsächliche Feststellungen zu treffen sind, sondern nur die Frage der Rechtsnachfolge zu würdigen ist. In über 700 Wohnungen unterblieben deshalb notwendig, z. T. substanzerhaltende Investitionen.

Andererseits gibt es Entscheidungen von Ämtern im Freistaat Sachsen, die die Rechtsfrage (für den DGB) positiv entschieden haben.

In Anbetracht des hohen Investitionsstaus in den neuen Bundesländern, der Lage auf dem Arbeitsmarkt und der schlechten Wohnungsversorgung ist es unverantwortlich, die (endgültige) Entscheidung einer einzigen Rechtsfrage für über 7 000 Wohnungen in der Schwebe zu halten und gegebenenfalls auf ein (in sechs bis acht Jahren) ergehendes höchstrichterliches Urteil zu warten.

Die Konfliktsituation kann nur der Gesetzgeber schnell und endgültig bereinigen. Sachliche oder politische Schwierigkeiten sind nicht zu erwarten. Für die jüdischen Betroffenen — und deren Nachfolgeorganisationen — ist im Gesetz bereits die Fiktion einer Rechtsnachfolge vorhanden. An diese Regelung kann angeknüpft und damit der Anregung des Bundesrates aus dem Jahr 1992 entsprochen werden.

5. **Zu Artikel 2 § 3 (§ 906 Abs. 1 Satz 2 BGB)**

§ 906 Abs. 1 Satz 2 BGB ist so zu verändern, daß die in der nachfolgenden Begründung aufgeführten Bedenken ausgeräumt werden.

Begründung

Das einvernehmlich angestrebte Ziel der Harmonisierung des öffentlichen und privaten Immissionsschutzrechts ist mit der Änderung des § 906 BGB verfehlt worden. Nach wie vor bestehen zivilrechtliche Abwehrmöglichkeiten gegen Sportanlagen, bei deren Betrieb keine höheren Einwirkungen auf die Nachbarschaft entstehen, als das Immissionsschutzrecht zuläßt.

Der Deutsche Bundestag hat für die zivilrechtliche Bewertung durch § 906 Abs. 1 Satz 2 lediglich die „in Gesetzen oder Rechtsverordnungen festgelegten Grenz- oder Richtwerte" für verbindlich erklärt. Er übernimmt aus dem öffentlichen Immissionsschutzrecht, hier insbesondere der Sportanlagenlärmschutzverordnung, aber nicht verbindlich die maßgeblichen Vorgaben für die Ermittlung der mit den Immissionsrichtwerten zu vergleichenden Geräuschwerte und für die im Einzelfall zulässigen Folgerungen. Diese Regelungen der Sportanlagenlärmschutzverordnung sollen bei der Einzelfallprüfung nur eine „indizielle Wirkung" entfalten können.

Die Ermittlung der Sportgeräusche, d. h. das Verfahren zu ihrer Messung und Bewertung, ist von ganz entscheidender Bedeutung. Erstmalig ist mit der Sportanlagenlärmschutzverordnung ein Verfahren vorgeschrieben worden, das die beim Sport entstehenden überwiegend menschlichen Geräusche nicht überzeichnet, sondern angemessen bewertet. Dieses Verfahren beinhaltet z. B., daß die während des Sports entstehenden Geräusche auch über die spielfreie Zeit rechnerisch zu verteilen sind. Ist das Meß- und Bewertungsverfahren der Sportanlagenlärmschutzverordnung bei einer zivilrechtlichen Bewertung nicht bindend, kann es wie bisher dazu kommen, daß ein und dieselbe Geräuscheinwirkung öffentlich-rechtlich zulässig ist, d. h. der Richtwert nicht überschritten wird, zivilrechtlich aber von einer Richtwertüberschreitung ausgegangen wird. Das gilt sogar bei nur kurzzeitig auftretenden Geräuschspitzen, für die ebenfalls die öffentlich-rechtlichen Verfahrensregelungen nicht verbindlich gelten sollen.

Zu den grundlegenden öffentlich-rechtlichen Vorgaben für den Betrieb von Sportanlagen zählt u. a., daß die sog. Altanlagen und ihre Geräusche unter bestimmten Voraussetzungen rechtlich anders behandelt werden als neue Sportanlagen, d. h. Nachbarn können Betriebszeitenbeschränkungen nur unter bestimmten Umständen verlangen. Hervorzuheben ist auch, daß z. B. die Geräusche seltener Ereignisse, die nicht öfter als 18mal im Jahr auftreten, bis zu bestimmten Höchstgrenzen ohne Betriebszeitenbeschränkung öffentlich-rechtlich hingenommen werden müssen. Sind die vorgenannten Regelungen aus dem öffentlich-rechtlichen Immissionsschutzrecht nicht bindend für das zivilrechtlich gestaltete Nachbarverhältnis, so ist wie bisher zu erwarten, daß eine Vereinssportanlage (mit gleichartiger Nutzung und gleicher zeitlicher Auslastung wie eine kommunale Sportanlage) in ihrer Nutzung eingeschränkt werden könnte, während eine gleiche kommunale Sportanlage uneingeschränkt genutzt werden kann.

Angesichts der Tatsache, daß rund 50 vom Hundert der Sportfreianlagen in Vereinsträgerschaft sind, ist die — trotz Änderung des § 906 BGB — immer noch weiter bestehende rechtliche Ungleichbehandlung kommunaler Sportanlagen und vereinseigener Sportanlagen nicht hinnehmbar. Politisch war die Gleichbehandlung wohl von allen Beteiligten gewollt.

Wenn öffentliches und privates Immissionsschutzrecht tatsächlich harmonisiert werden sollen, ist es erforderlich sicherzustellen, daß zivilrechtliche Abwehrmöglichkeiten gegen Sportanlagen, die den Anforderungen der Sportanlagenlärmschutzverordnung genügen, gegen privatrechtliche, nicht auf besonderen Titeln beruhende Abwehransprüche geschützt werden. Eine Änderung des § 906, die dieses Ziel erreicht und für alle Bereiche des Immissionsschutzrechts sachgerecht ist, wird sich im Vermittlungsverfahren finden lassen.